Olaf Groehler
Geschichte des Luftkriegs

Olaf Groehler

Geschichte des Luftkriegs 1910 bis 1980

Militärverlag
der
Deutschen
Demokratischen
Republik

Inhaltsverzeichnis

7   Vorwort

9   I.   Im Feuer des ersten Weltkriegs
9   Am Anfang des Weges
19   Bewegungskrieg und «Kriegsstoß»
37   Stellungskrieg zur Luft?
42   Luftkrieg im Zeichen der Materialschlacht
57   «Eine besondere Art von Menschenjagd»
67   Höhepunkt im Luftkrieg: 1918

101   II.   Die Militärluftfahrt der zwanziger Jahre
101   Rote Falken. Die Entstehung der sowjetischen Luftstreitkräfte
113   Der Douhetismus
126   Technik, Taktik und Prognose

137   III. Im Angesicht der Aggressoren
       Die Entwicklung der Militärluftfahrt
       bis zum zweiten Weltkrieg
137   Die Schattenluftwaffe
148   Einsatzprinzipien, Gliederung und Luftkriegsdoktrinen
       vor Ausbruch des Krieges bei den Weltluftmächten
186   Luftkrieg über Äthiopien, China und Spanien
203   Luftfahrtindustrie und Luftrüstung

217   IV. Luftkrieg 1939 bis 1945
       Der Luftkrieg über Polen
217   und über dem westeuropäischen Kontinent
248   Die Luftschlacht um England
287   Die Vorbereitung des Luftüberfalls auf die UdSSR

298   Der Luftkrieg an der deutsch-sowjetischen Front
           bis zum Scheitern des faschistischen Blitzkriegs vor Moskau

333   Die Folgen der Niederlage bei Moskau
           auf die Luftkriegskonzeption der Luftwaffe

344   Der Kampf um die Luftherrschaft an der deutsch-sowjetischen
           Front (Sommer 1942 bis Sommer 1943)

373   Die Folgen der Schlacht bei Kursk für die Luftwaffe
           Der westalliierte Fernluftkrieg
           und strategische Luftkriegspläne des OKL

397   Faschistische Luftrüstung 1944
           Der Jägerstab

417   Luftwaffe im Zweifrontenkrieg
           Die Wunderwaffen

454   Ardennenoffensive, Luftterror und die endgültige Zerschlagung
           der Luftwaffe an der sowjetisch-deutschen Front

472   Luftkrieg im Fernen Osten 1941 bis 1945

495   Ergebnis und Folgen des Luftkriegs im zweiten Weltkrieg

513   **V. Die Entwicklung der Luftstreitkräfte
       in den Nachkriegsjahren (1945 bis 1953)**

515   Die Entwicklung der sowjetischen
           Luftstreitkräfte nach dem zweiten Weltkrieg (1945 bis 1953)

525   Die Luftkriegsdoktrin des USA-Imperialismus
           im Zeichen des «kalten Krieges»

535   Luftkrieg in Korea

555   Ein Exkurs: Die Luftfahrtindustrie der USA

569   **VI. Luftstreitkräfte, Luftkriegskonzeptionen
       und Luftkriege der jüngsten Vergangenheit**

569   Zwei Strategien – zwei Entwicklungslinien.
           Die sowjetischen und amerikanischen
           Luftstreitkräfte im Kernwaffen- und Raketenzeitalter

608   Der imperialistische Luftkrieg im Nahen Osten

631   Luftkrieg in Vietnam

709   **Epilog**

727   **Quellen und Literatur**

731   **Personenverzeichnis**

735   **Ortsverzeichnis**

739   **Typenverzeichnis**

Vorwort

Mit diesem Buch wird der Versuch unternommen, sieben Jahrzehnte Luftkriegsgeschehen in einem Band für einen größeren Leserkreis darzustellen. Es soll dem mit der Materie Vertrauten Anregungen zu weiteren Überlegungen bieten und dem interessierten Laien einen Überblick über die wichtigsten Entwicklungslinien der Militärluftfahrt geben.

Es konnte sich nicht die Aufgabe stellen, in der Art eines Lexikons einen lückenlosen Abriß zu vermitteln. Dazu hätte weder ein Band noch die Kraft eines Autors ausgereicht. Das Buch ist deshalb mit dem Mut zur Lücke geschrieben, orientiert sich auf die Behandlung von Schwerpunkten und Wendepunkten, die für die Geschichte der Militärluftfahrt und der Luftkriegsgeschichte von Bedeutung sind und es erlauben, so die Geschichte des Luftkriegs von den Anfängen bis in die Gegenwart hinein zusammenhängend darzustellen, wobei dem Verfasser durchaus bewußt ist, daß die Erforschung des Luftkriegsgeschehens nach 1945 gegenwärtig noch in den Anfängen steckt und sich hier eine Reihe von Problemen weitgehend einer Darstellung entziehen.

Möglich war das Gelingen dieses Buches nur durch die Unterstützung, die der Verfasser bei seiner Arbeit von seiten des Zentralinstituts für Geschichte der Akademie der Wissenschaften der DDR erfahren hat. Der Autor hat hier vielfältigen Dank abzustatten. Darüber hinaus ist er der Außenredaktion Luftstreitkräfte/Luftverteidigung, vor allem ihrem ehemaligen Mitarbeiter Wilfried Kopenhagen, zu Dank verpflichtet. Der Dank gilt auch den Archiven und Bibliotheken, die die Arbeit des Verfassers bereitwillig unterstützten, vor allem dem Archiwum Głownej Komisji Badania Zbrodni Hitlerowskich w Polsce, dem Centralne Archiwum Wojskowe Warschau, dem Vojensky Historicky Archiv Prag-Karlin, dem Militärarchiv der Deutschen Demokratischen Republik Potsdam, dem

Zentralen Staatsarchiv Potsdam, dem Bundesarchiv Koblenz, dem Militärachiv Freiburg, dem Archivio Ufficio Storice Stato Maggiore Esercito Rom sowie der Leninbibliothek in Moskau, der Deutschen Staatsbibliothek Berlin, der Bibliothek des Instituts für Internationale Politik und Wirtschaft sowie der Bibliothek des Museums für Deutsche Geschichte.

Berlin, im März 1980

Olaf Groehler

I

Im Feuer des ersten Weltkriegs

Am Anfang des Weges

«Flugzeuge untereinander», so hieß es in einer vor dem ersten Weltkrieg weitverbreiteten halbamtlichen Darstellung von Olszewski und Helmrich von Elgott über das «Flugzeug in Heer und Marine» aus dem Jahre 1912, «werden sich keinen Schaden zufügen können, ohne sich selbst zu opfern. Um sich auf weite Entfernungen bekämpfen zu können, fehlt eine geeignete Bekämpfungswaffe. Das Mitführen von Maschinengewehren verspricht deshalb keinen Erfolg, weil es auch dem Begleiter bei der Schnelligkeit der Fortbewegung kaum möglich sein dürfte, das Ziel richtig anzufassen.»

Die Verfasser dieser Zeilen standen mit ihrem Urteil nicht allein. Als «Apparate für Zirkuskünstler» wertete eine italienische Stimme die im Jahr 1911 vorhandenen Flugzeuge, die erstmals im Italienisch-Türkischen Krieg (September 1911 bis Oktober 1912) in Nordafrika eingesetzt worden waren.

Insgesamt 20 Flugzeuge wurden von den italienischen Militärs in Libyen eingesetzt. Zuerst waren es 5 Flugzeuge, die unter den Piloten Giulio Gavotti, Piazza, Moizo, Possi und de Ruda aufklärten. Bald suchte man ihren Aufgabenbereich zu erweitern und ließ sie Kali-Nitrat-Bomben mitführen, die sie aus 300 bis 500 Meter Höhe auf türkische Truppen abwarfen. Einer der ersten Bombenabwürfe durch Flugzeuge dürfte am 1. November 1911 erfolgt sein, als Giulio Gavotti aus einer Rumpler-Taube vier kleine Bomben über den nordafrikanischen Ortschaften Taguira und Ain Zara abwarf. Doch insgesamt waren die Ergebnisse des «Bombardements» enttäuschend. Die begrenzte Tragfähigkeit der Flugzeuge gestattete nicht die Mitnahme wirksamer Bomben. Zudem war die Treffgenauigkeit überaus gering. Entscheidend war aber, daß die Flugzeuge wenige Wochen nach ihrer Überführung bald alle zu Bruch gingen. Anstatt des Flugzeugs bedienten sich die Militärs wiederum des Fesselballons, den erstmals die Armeen der Französischen Revolution 1794 zur Luftaufklärung benutzt hatten.

Der Italienisch-Türkische Krieg schien auch vor allem die Auffassung derjenigen zu bestätigen, die besonders einflußreich in Deutschland waren, daß das Luftschiff der einzig wirksame Bombenträger sei. In allen Ländern war die Entwicklung des Flugzeugs von den Erfolgen im Luftschiffbau jahrelang überschattet worden. Mit der Schaffung entsprechend leistungsfähiger Benzinmotoren nahm der Luftschiffbau seit der Jahrhundertwende einen raschen Aufschwung, vor allem in Frankreich und in Deutschland. Die imperialistischen Gegensätze zwischen Deutschland und Frankreich, eine Quelle steter Beunruhigung des europäischen Kontinents, führten auch auf dem Gebiet des Luftschiffbaus, wie später auch auf dem des Flugzeugbaus, zu einer scharfen Konkurrenz zwischen beiden Mächten, die sich gegenseitig mißtrauisch belauerten und jeden militärischen Vorsprung der anderen Seite durch vermehrte Anstrengungen wettzumachen suchten.

Etrich VIII Die Etrich-Taube war vom österreichischen Ingenieur Igo Etrich entwickelt worden. Sie flog erstmals am 20. Juli 1909. Die außerordentliche Stabilität machte die Etrich-Taube zu einem vielbegehrten Schul-, aber auch Militärflugzeug. Sie bildete 1914 das Hauptflugzeugmuster der österreichisch-ungarischen Fliegerkräfte.

Am 2. Juli 1900 erhob sich das erste Zeppelinluftschiff über den Bodensee. Frankreich reagierte auf diese Luftbedrohung prompt. Am 19. Oktober 1902 umkreiste ein französisches Luftschiff den Eiffelturm. 1903 blieb ein Lebaudy-Luftschiff 1 Stunde 16 Minuten in der Luft und erreichte eine Durchschnittsgeschwindigkeit von 44 Kilometern in der Stunde. 1905/06 baute Ferdinand Graf von Zeppelin sein zweites und sein drittes Luftschiff. Letzteres legte in 8 Stunden 350 Kilometer zurück, was einer Durchschnittsgeschwindigkeit von 43 Kilometern in der Stunde entsprach. Nachrichten über den Ankauf von Luftschiffen durch die

Seit 1909 bei allen Kaisermanövern dabei: Zeppelin- und Pralluftschiffe als neue Waffe des Generalstabs

französische Militärverwaltung gaben dem deutschen Generalstab den willkommenen Vorwand, beträchtliche Mittel für den Ankauf weiterer Luftschiffe zu fordern und schließlich bereitzustellen. 1907 wurden Graf von Zeppelin für 400 000 Goldmark und 1908 für 2 150 000 Goldmark zwei Luftschiffe abgekauft.

Völlig zu Recht konstatierte der sozialdemokratische «Vorwärts» am 9. Oktober 1907: «Es scheint wirklich, als ob wir zu unserem herrlichen Landheer, und unserer noch nicht ganz so herrlichen, aber darum umso anspruchsvolleren Flotte nun auch noch den Luftmilitarismus bekommen sollten.» Bis 1913 erhielten Heer und Marine 11 Luftschiffe. Damit besaß das deutsche Kaiserreich nicht nur die stärkste Luftschiffflotte, sondern auch die technisch am weitesten entwickelte. In ihr sah der Generalstab ein bedeutsames Kriegsinstrument, das neben der Fernaufklärung zu Bombenangriffen gegen Festungen und Großstädte eingesetzt werden sollte. 1912 erklärte Generalstabschef Helmuth von Moltke: «Wir besitzen in den neuesten Zeppelinschiffen ein Kriegswerkzeug, das allen ähnlichen

Erstflug von Orville Wright am
17. Dezember 1903 in Kitty Hawk

Blériot XI-2 Die Blériot XI wurde aus jenem
Flugapparat entwickelt, mit dem
Louis Blériot im Juli 1909 den Kanal
zwischen Calais und Dover überquerte.
Seit 1910 wurde sie in Frankreich und
Italien als Militärflugzeug eingesetzt.
1914 gehörte sie bei den französischen
Fliegerkräften zu den meistverwendeten
Aufklärungsflugzeugen. ▷

unserer Gegner weit überlegen ist und das in absehbarer Zeit auch nicht nachgemacht werden kann, wenn wir an seiner Vervollkommnung mit Energie arbeiten. Dazu gehört seine beschleunigte Ausgestaltung als Kampfmittel, das uns instand setzen wird, bei Beginn des Krieges einen ersten und wirksamen Schlag zu tun, dessen tatsächliche und moralische Wirkung eine ganz außerordentliche sein kann.»

Die Verwendung des Luftschiffs als Bombenträger, von der die kaiserlichen Generale in den Vorkriegsjahren unverhüllt sprachen, löste vor allem in Westeuropa eine rege Diskussion über die Auswirkungen eines solchen Luftkriegs gegen die Zivilbevölkerung aus. Bezeichnenderweise war es vor allem Großbritannien, das sich unter der Zeppelindrohung der Vorteile seiner insularen Lage beraubt sah und Luftangriffe auf die Flotte und auf London fürchtete. Eine erste Vision von den Schrecken des Luftkriegs, in dem Luftschiffe durch gnadenloses Bombardement des Hinterlands die Kapitulation erzwangen, gab Herbert George Wells 1908 in seinem Buch «War in the Air».

Im Februar 1912 unterzeichneten er, Arthur Conan Doyle und zweihundert weitere Persönlichkeiten einen bemerkenswerten Protest gegen den Luftkrieg, in dem sie davor warnten, daß die Schrecken des Luftkriegs die Regierenden davon nicht abhalten würden, von ihm Gebrauch zu machen. «Die zivilisierte Welt drückt ihren Wunsch nach Frieden und gutem Willen aus und verlangt die Einschränkung der übermäßigen Lasten für die Rüstung. Wenn ihre Proteste nicht hoffnungslose Heuchelei bleiben sollen, so kann sie nicht zusehen, wie die glorreiche Erfindung des menschlichen Geistes – die Eroberung der Luft – gefühllos für Vernichtungszwecke ausgenutzt wird.»

Wells und seine Freunde hatten dabei vor allem das Luftschiff im Auge. Doch das Luftkriegsinstrument, auf das der deutsche Generalstab schwor, hatte 1912 schon an Bedeutung eingebüßt angesichts der raschen Fortschritte, die das Flugzeug machte. Die ersten Luftsprünge der Gebrüder Orville und Wilbur Wright mit ihrem Flugzeug, das am 17. Dezember 1903 in 59 Sekunden 259 Meter zurücklegte, ließen nur wenige ahnen, in welch beispiellos kurzer Zeit das Flugzeug das Luftschiff nicht nur einholen, sondern weit überholen sollte. Am ehesten begriff man in Frankreich, welche Möglichkeiten das Flugzeug auch in militärischer Beziehung bot. Die raschen Steigerungen der Flugleistungen – schon 1908 blieb Wilbur Wright 2 Stunden und zwanzig Minuten in der Luft –, die Erstüberfliegung des Kanals durch Louis Blériot am 25. Juli 1909 und die hervorragenden Ergebnisse, die während der großen Flugwoche im August 1909 in der Champagne erzielt wurden – Henry Farman blieb über 3 Stunden in der Luft –, veranlaßten das französische Kriegsministerium im November 1909, sieben Flugzeuge anzukaufen. 13 Flugzeuge und 4 Luftschiffe nahmen 1910 an den Manövern der französischen Armee in der Picardie teil. Sie wurden zur Luftaufklärung eingesetzt, wobei interessante Versuche durchgeführt wurden. Es wurden unter anderem Luftbildaufnahmen gemacht und durch Funk Aufklärungsangaben übermittelt. In militärischen Kreisen der französischen Armee wurden Fragen des Einsatzes von Flugzeugen gegen Zeppeline, der Abwurf von Bomben durch Flugzeuge und das Schießen vom Flugzeug aus mit Maschinengewehr oder Gewehr erörtert. In Deutschland hatte man zwar die Erfolge der Brüder Wright zur Kenntnis genommen, doch die Meinung der herrschenden Militärs brachte Major August von Parseval Ende 1908 mit den Worten zum Ausdruck:

Serienbau von «Rumpler»-Tauben in der «Flugmaschine Wright GmbH»

«Weniger leistungsfähig als ein Ballon wird der Apparat Wrights immer bleiben.»

Daß sich die Einstellung der führenden Militärs im Kaiserreich ab 1910 änderte, war weniger das Ergebnis wachsender Einsicht als vielmehr Ausdruck der Sorge, von Frankreich auf diesem Gebiet völlig überrundet zu werden, und Folge des starken Druckes, den bestimmte Kreise der deutschen Großbourgeoisie auf die Regierung ausübten. Bereits im Herbst 1908, nach der Zerstörung eines Zeppelins bei Echterdingen, prägte Walter Rathenau, Direktor der AEG, das Wort von der Zeppelinomanie und forderte die Kontrolle des Zeppelin-Konzerns, der vor allem von der Berliner Handelsgesellschaft, der Diskontogesellschaft, der Dresdner Bank, Pintsch und von Albert Ballin finanziert wurde. Es konnte als eine Art Kampfansage verstanden werden, wenn sich im Deutschen Luftflottenverein Rathenau, Vertreter der Deutschen Bank, der Henschelwerke und Ballin als Vertreter der hanseatischen Großreedereien, die gleichermaßen am Luftverkehr durch Luftschiff oder Flugzeug interessiert waren, zusammenschlossen.

Während die Zeppelineiferer behaupteten, das Luftschiff verhielte sich zum Flugzeug wie das Automobil zum Fahrrad, gründete die AEG am 19. Mai 1909 die erste große deutsche Flugzeugfabrik, die «Flugmaschine Wright GmbH», mit einem Stammkapital von 500 000 Reichsmark. Dieser Betrag war eingebracht worden durch die AEG, Krupp, die Ludwig Loewe & Co, die Elektromechanischen Werke Bitterfeld, Ernst von Borsig und Hugo Stinnes. Sie offerierten sofort Heer und Marine unter günstigsten Bedingungen die Ausbildung von Flugzeugführern. Am 15. Juli 1910 begann die Ausbildung der ersten vier Offiziere. Ende 1910 veröffentlichte der englische Marineschriftsteller F. T. Jane die erste uns bekannte Übersicht über die Luftflotten der Welt.

Stärke der Luftflotten der Welt Ende 1910

	Luftschiffe	Flugzeuge
Deutschland	9	5
England	2	4
Frankreich	3	36
Italien	3	2
Österreich	3	2
Japan	1	2
Rußland	3	3
Belgien	2	2
USA	2	2

Im April 1909 wurde in heereseigenen Werkstätten mit dem Bau des ersten deutschen Militärflugzeugs begonnen. Es wurde nach Entwürfen des Stuttgarter Regierungsbaumeisters Siegfried Hoffmann angefertigt. Beim ersten Probeflug stürzte es ab

Trotz der raschen Verbesserung der Flugleistungen beurteilte der preußisch-deutsche Generalstab die Möglichkeiten des Flugzeugs nach wie vor skeptisch. Ein Generalleutnant Metzler erklärte 1912: «Daß die Zukunft planmäßige Schlachten in der Luft bringen wird, das bleibt wohl ein Phantasiegebilde.» Und ein Generalmajor Theodor von Ditfurth erklärte: die Franzosen schießen mit der Annahme, «dem Flugwesen in seiner weiteren Entwicklung einen Einfluß auf die Kriegführung oder wenigstens

15

auf die Schlachtenentscheidung (einräumen zu können) weit über das Ziel»
hinaus.

Infolge dieser verknöcherten Besserwisserei vergrößerte sich 1911 und
1912 der Vorsprung der französischen Fliegerkräfte. Großbritannien, das
im Mai 1912 das Royal Flying Corps aufgestellt hatte, überflügelte
Deutschland 1911 in der Zahl seiner Flugzeuge, während sich das zaristische Rußland 1912 auf den zweiten Platz unter den Luftmächten
vorschob. Der Aufschwung des Flugwesens in Rußland war um so be-
merkenswerter, als dort erst im Juli 1909 das erste Flugzeug geflogen
wurde. Seit der Jahreswende 1909/10 unternahm die Zarenregierung jedoch
beträchtliche Anstrengungen, um entsprechende Fliegerkräfte aufzustellen. Nach den bereits erwähnten Angaben Janes sollen Ende 1911
beziehungsweise im Mai 1912 folgende Flugzeugbestände vorhanden
gewesen sein:

Flugzeugbestände der wichtigsten Länder 1912

	1911 Armee	Flotte	privat	1912 Armee	Flotte	privat
Großbritannien	57	31	167	23	6	130
China	1	–	1	1	–	2
Frankreich	161	10	400	259	1	422
Deutschland	50	2	101	46	2	100
Italien	31	4	36	22	4	50
Japan	4	4	3	10	4	2
Rußland	23	5	41	99	1	50
USA	11	3	301	3	2	750 (?)

Jane schätzte, daß es im Mai 1912 etwa 2 000 Flugzeuge in der Welt gab.

Angesichts der sich zuspitzenden Widersprüche zwischen den Mittel-
mächten – Deutschland, Österreich-Ungarn, Italien – und der Entente
– Frankreich, Rußland und Großbritannien – und angesichts der Prä-
ventivkriegspläne des deutschen Generalstabs wurde 1912 eine nahezu
konzertierte Aktion von Großindustrie und Generalstab eröffnet, um
binnen kürzester Frist die deutschen Fliegerkräfte zahlenmäßig beträchtlich zu vermehren. Im April 1912 wandte sich ein Komitee unter
Leitung von Graf Arthur von Posadowsky-Wehner an die deutsche Öffentlichkeit und bat um die Stiftung von Mitteln für den Flugzeugbau. Neben
Rathenau, der Deutschen Bank und Henschel gehörten diesem Komitee
auch Vertreter der Diskontogesellschaft, des Norddeutschen Lloyd, der
Hapag und des Siemens-Schuckert-Konzerns an. Die über 7 Millionen
eingenommenen Goldmark legten den Grundstein zum Aufbau einer
deutschen Flugzeugindustrie, die 1912 ihre «Gründerjahre» erlebte. Für
den künftigen Absatz sorgte der Generalstab, der in mehreren Denk-

Noch bestaunte Außenseiter bei den Manövern: Flugzeugbesatzungen werden in ihre Erkundungsaufträge eingewiesen

Start des ersten Flugzeugs von einem Schiff aus: 14. November 1910 vom US-Kriegsschiff «Birmingham» durch Eugene Ely

schriften einen beträchtlichen Ausbau der Fliegertruppe forderte. Ab 1912 arbeitete die deutsche Flugzeugindustrie zu 90 Prozent im Auftrag des Heeres. Der Direktor der Albatroswerke, Otto Wiener, stellt fest, daß sich die Militärverwaltung «vom geduldigen Abnehmer in einen gebieterischen Auftraggeber gewandelt» hätte.

Die beträchtlichen Summen, die von nun an in die Luftrüstung geflossen sind, werden aus folgender Aufstellung ersichtlich:

Luftrüstungskosten der imperialistischen Großmächte

	Deutschland	Frankreich	Großbritannien
1910			
Gesamtkosten	3 918 400 M	5 212 350 fr	
davon Flugzeugrüstung	307 500 M	2 600 000 fr	160 000 £st
		(= 4,1 Mill. M)	(= 2,1 Mill. M)
1911			
Gesamtkosten	4 653 500 M	15 279 800 fr	
davon Flugzeugrüstung	2 359 100 M	9 770 000 fr	131 000 £st
		(= 12,2 Mill. M)	(= 2,6 Mill. M)
1912			
Gesamtkosten	10 098 550 M	32 528 000 fr	
davon Flugzeugrüstung	3 959 150 M	23 464 230 fr	232 000 £st
		(= 26 Mill. M)	(= 4,6 Mill. M)
1913			
Gesamtkosten	39 985 650 M	41 211 000 fr	
davon Flugzeugrüstung	17 475 100 M	29 767 800 fr	526 000 £st
		(= 32,9 Mill. M)	(= 10,5 Mill. M)
1914			
Gesamtkosten	62 759 350 M	46 733 900 fr	
davon Flugzeugrüstung	27 029 600 M	29 256 900 fr	1 000 000 £st
		(= 37,3 Mill. M)	(= 20 Mill. M)

Im Ergebnis dieser gewaltigen Aufrüstungskampagne gelang es dem kaiserlichen Deutschland, den Vorsprung der französischen Fliegerkräfte aufzuholen. Insgesamt jedoch maßen die herrschenden Kreise dem Luftschiff und weniger dem Flugzeug eine große Bedeutung im Kriege bei. General Hans Hartwig von Beseler erklärte 1913, als zuverlässige Kriegsmittel könnten Flugzeuge nicht angesehen werden. «Wenn ihre Hilfe für das Erkundungs- und Nachrichtenwesen und gelegentlich auch für die Verkehrsübermittlung von höchster Bedeutung werden kann, so werden sie bei den Kämpfen selbst niemals entscheidend mitwirken.» Ähnlich urteilte die französische Zeitschrift «France militaire», in der zu lesen war: «Man hört und liest oftmals, das Flugzeug werde künftig die Schlacht gewinnen! Man sollte statt dessen danach fragen, ob und wie es dazu helfen kann ... Von einer Ausnutzung als Kampfmittel kann, mindestens für jetzt und auch wohl für absehbare Zeit, gar keine Rede sein. Das Flugzeug ist keine Zerstörungsmaschine. Wohl aber ist es schon jetzt ein brauchbares Erkundungsmittel.»

Bewegungskrieg und «Kriegsstoß»

Der Platz, den das Flugzeug in den Streitkräften der imperialistischen Mächte zu Beginn des ersten Weltkriegs zugewiesen erhielt, ergab sich aus der sterilen, der neuen technischen Entwicklung skeptisch gegenüberstehenden Haltung der meisten militärischen Oberkommandos und unzureichenden objektiven Voraussetzungen, die sich aus dem Stand und dem Niveau der Flugzeugtechnik ableiteten.

Stärke der einsatzbereiten Fliegerkräfte im August 1914

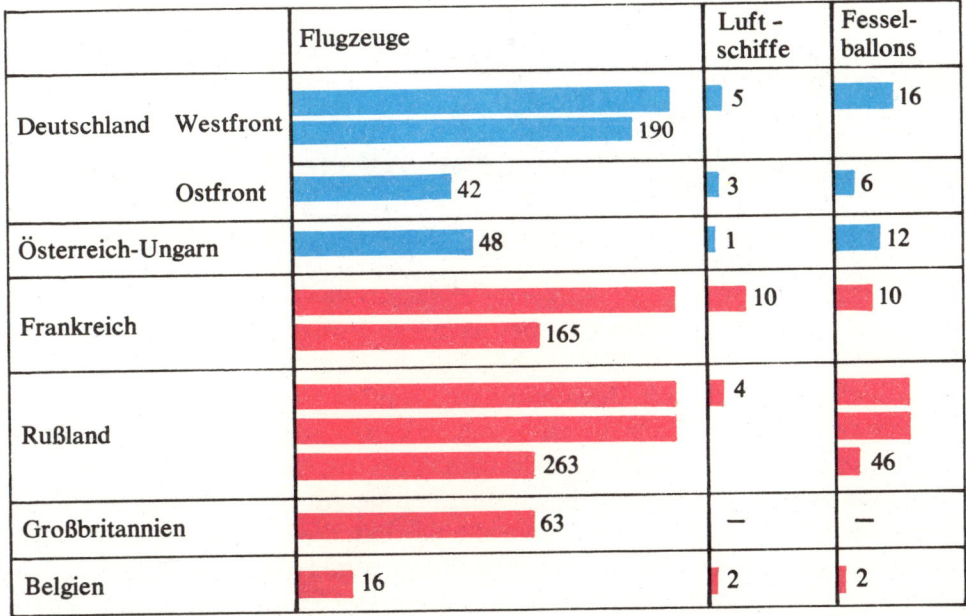

	Flugzeuge	Luft-schiffe	Fessel-ballons
Deutschland Westfront	190	5	16
Ostfront	42	3	6
Österreich-Ungarn	48	1	12
Frankreich	165	10	10
Rußland	263	4	46
Großbritannien	63	–	–
Belgien	16	2	2

Entsprechend den Vorstellungen über den Charakter des künftigen Krieges als Bewegungskrieg war das Flugzeug für die militärische Führung nur als Aufklärungsmittel von Interesse, das unbehindert in die Tiefe des Raumes eindringen konnte, um die strategischen Bewegungen großer Truppenkörper schnell aufzuklären. Als operatives Aufklärungsmittel, das im Zusammenwirken mit Luftschiffen und der Kavallerie, die die strategische und die taktische Aufklärung führen sollten, war es nicht seine

19

Fünf Wochen vor Beginn des ersten Weltkriegs. Konzentration britischer Fliegerkräfte am 29. Juni 1914 bei Netheravon

Aufgabe zu kämpfen, sondern zu beobachten. Von den drei Elementen des bewaffneten Kampfes – Bewegung, Feuer, Stoß – hatte man sich nur eines nutzbar gemacht, die Bewegung, und war bis zu einem gewissen Maße sogar gezwungen, sich darauf zu beschränken.

Das technische Leistungsvermögen der zur Verfügung stehenden Flugzeuge war begrenzt und erlaubte nur, sie für eine einzige Aufgabe einzusetzen. Gefordert wurde vor allem, daß die Flugzeuge eine Eindringtiefe von 150 bis 200 Kilometer besitzen, eine Höhe von 1 200 bis 1 500 Meter erreichen, etwa 90 bis 100 Kilometer in der Stunde zurücklegen und eine Nutzlast von etwa 200 Kilogramm befördern können. Dem Verwendungszweck der Flugzeuge waren durch das technische Limit enge Grenzen gesetzt. Ihre Ausrüstung etwa mit Waffen, Munition, technischen Aufklärungshilfsmitteln, Nachrichtenmitteln hätte das Leistungsvermögen der Flugapparate herabgesetzt oder überfordert, weil zum Beispiel durch verringerte Treibstoffzuladung die Reichweite wesentlich herabgesetzt worden wäre. Flugzeuge für andere Zwecke als für die Aufklärung zu schaffen wurde nicht in Erwägung gezogen.

20

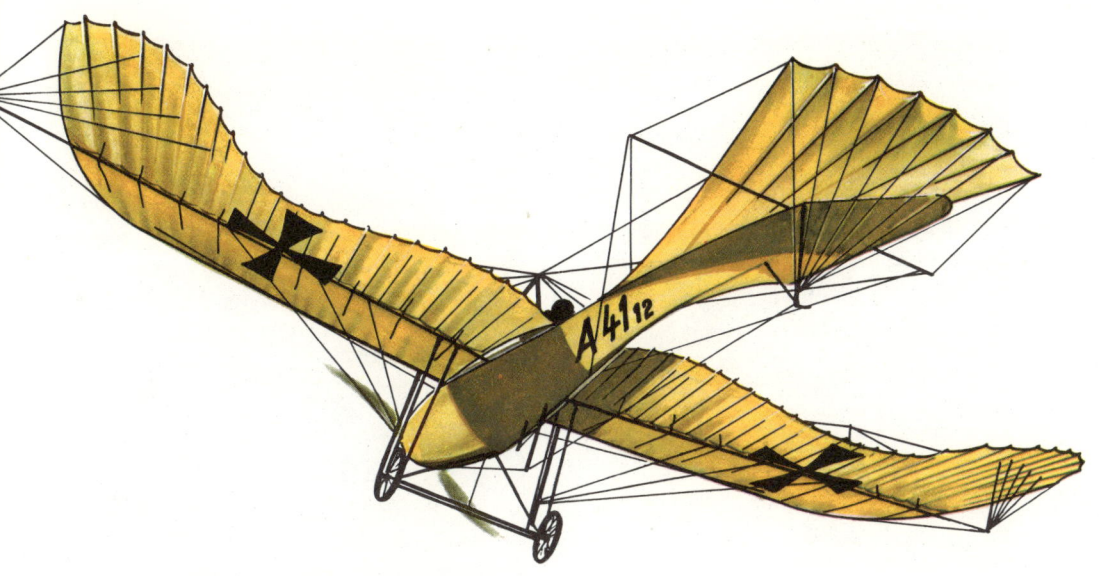

Rumpler-Taube Vom August 1914 bis zum
Frühjahr 1915 war die Rumpler-Taube
das Hauptflugzeugmuster der
deutschen Fliegerkräfte. Sie wurde
seit 1912 in Deutschland von Edmund
Rumpler als Lizenznachbau der
Etrich-Taube gebaut. Insgesamt wurden
etwa 500 Stück gefertigt. 1916 war sie völlig
überaltert und wurde aus dem
Frontdienst gezogen.

Der durchgängige Typ, mit dem die imperialistischen Militärmächte
1914 ihre Luftstreitkräfte ausrüsteten, war das Einheitsflugzeug, im kaiserlichen Deutschland vor allem durch die «Rumpler»- und
«Etrich»-Taube, in Frankreich, England und Rußland durch den Blériot-
Eindecker, den Voisin- und Bréguet-Doppeldecker vertreten.

Das geringe Verständnis, mit dem die imperialistischen Militärs der
Kriegführung zur Luft vor dem Kriege begegneten, setzte sich im Kriege
fort. Obzwar die Aufgaben der Fliegerkräfte im allgemeinen umrissen
waren, machte der Kriegsverlauf deutlich, daß man den Anforderungen
eines modernen Krieges zur Luft weder theoretisch noch praktisch hinreichend gewachsen war. Eingezwängt in eine Militärdoktrin, die den
Bedingungen des vorigen Jahrhunderts entsprach, gerieten die
Fliegerkräfte schon in der Phase des Bewegungskriegs in eine schwierige
Lage, in der Aufwand und Ergebnis in keinem militärisch vertretbaren
Verhältnis mehr standen. Ein Gesamtplan für die Aufklärung bestand bei
den kaiserlichen Fliegerkräften nicht. Jede Fliegerabteilung wurde nach
den Anordnungen des ihm vorgesetzten Armeeoberkommandos und

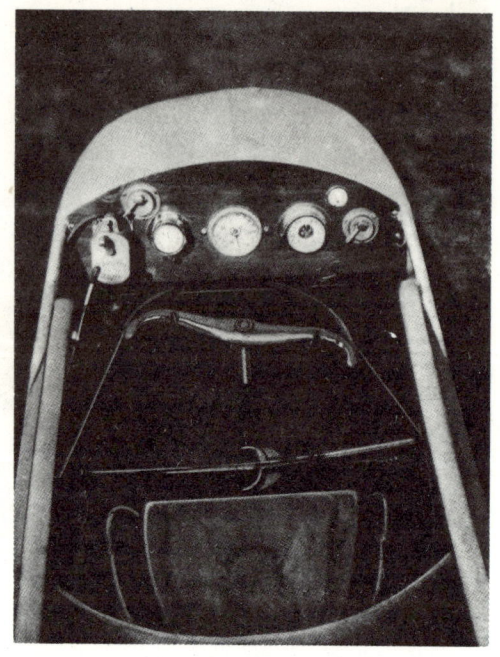

Druckpropellerflugzeug Maurice Farmans aus dem Jahre 1914. Der Beobachter, mit einem leichten MG bewaffnet, sitzt unter dem Flugzeugführer

Instrumentierung eines Druckpropellerflugzeugs (von links nach rechts): Anlaßmagnet, Ausschalter, Uhr, Benzinanzeiger, Motorumdrehungszähler, Benzindruckmesser

Armeekorps eingesetzt, wodurch zum Teil wertvolle Aufklärungsergebnisse im betreffenden Frontsektor erreicht wurden. Eine zentrale Auswertungsstelle, die aus dem Detail ein Gesamtbild zu rekonstruieren versuchte, bestand nicht. Vom französischen Generalstab waren zwar vor Kriegsausbruch 6 Zentralen für die Luftaufklärung an der Grenze eingerichtet worden, die ihre Ergebnisse dem 2. Büro des Generalstabs zu melden hatten, doch dort verfügte man weder über Kräfte noch Mittel, um die Ergebnisse der Luftaufklärung rasch und zweckentsprechend auszuwerten. In einem abendlichen Lagebericht wurden die Aufklärungsergebnisse zwar zusammengefaßt und der obersten Führung zugänglich gemacht, doch sie waren lücken- und fehlerhaft.

Die Ursachen lagen weniger in den zu breiten Aufklärungsstreifen, die die Flugzeuge zu überwachen hatten, als vielmehr in subjektiven und objektiven Hindernissen. Sowohl in der deutschen wie in der französischen Armeeführung stand man der Glaubhaftigkeit von Fliegeraufklärungsmeldungen skeptisch gegenüber; ohne eine Bestätigung durch andere Aufklärungsmittel wurden derartige Meldungen nicht zur Grundlage der Operationsarbeit gemacht. Erklärbar war diese Skepsis zum Teil aus Falsch- und Fehlmeldungen der Luftaufklärung, die aus mangelnder

22

Erfahrung und unzureichender Übung der Beobachter herrührten. So wurde häufig die Stärke marschierender Kolonnen überschätzt, während andererseits nur notdürftig getarnte Truppenkonzentrationen in Ortschaften und Wäldern nicht erkannt wurden. Hinzu kam, daß die Fliegerkräfte gleichmäßig auf die Armeen und Korps aufgeteilt wurden, so daß sie nicht konzentriert einsatzbereit waren.

Weitaus bedeutsamer war jedoch, daß die militärische Führung die technischen Probleme der Führung des Luftkriegs gar nicht oder höchst unzureichend berücksichtigt hatte. Der Nachschub von Flugzeugen, ihre Reparatur, die Vorbereitung von Feldflugplätzen waren Fragen, zu deren Lösung die imperialistischen Militärbehörden kaum etwas unternommen hatten. Einige deutsche Fliegerabteilungen erlitten auf Grund dieser unzureichenden Vorbereitungen Verluste bis zu 50 Prozent ihrer Flugzeuge, bevor sie überhaupt zum Einsatz kamen. Vom August bis zum Oktober 1914 verloren sie so von 232 Flugzeugen 100; 52 Piloten mußten dabei ihr Leben lassen. Ohne wirksam zu werden, waren die deutschen Fliegerkräfte bereits dezimiert. Ähnliche Verhältnisse bestanden bei der französischen, englischen und russischen Armee. Bei der russischen Südwestfront sank die Zahl der Flugzeuge von 99 bei Kriegsausbruch auf 6 im Dezember 1914.

Noch komplizierter wurde die Lage dadurch, daß keine Maßnahmen getroffen worden waren, um einen geregelten Nachschub zu organisieren. Die «Inspektion der Flieger» in Deutschland war nicht in der Lage und wurde durch die bestehende Organisation auch daran gehindert, die über 40 Feldfliegerabteilungen zu führen und zu versorgen. Die Abteilungen gingen deshalb dazu über, ihren stark gelichteten Flugzeugbestand durch Selbstversorgung wieder aufzufüllen. Offiziere wurden beauftragt, selbständig Kontakte mit den für Heeresaufträge arbeitenden 8 Flugzeugfabriken und 4 Motorenfabriken anzuknüpfen und Flugzeuge zu bestellen. Da zudem ab Mitte August neue Feldfliegerabteilungen aufgestellt wurden, entwickelte sich rasch ein heilloses Durcheinander in der deutschen Flugzeugindustrie. An eine den Erfordernissen der militärischen Kriegführung des deutschen Imperialismus entsprechende Vorbereitung und Produktionsplanung in der Flugzeugindustrie war nicht gedacht worden. Die deutschen Flugzeugfirmen wie Albatros, Luftverkehrsgesellschaft, Ago-Flugzeugwerke, Rumpler-Werke, Deutsche Flugzeugwerke, Gothaer Waggonfabrik, Fokker-Flugzeugwerke, Automobil Aviatik und Flugmotorenwerke wie die Benz-Motorengesellschaft, Daimler-Motorengesellschaft, N.A.G.-Berlin und die Argus-Motorengesellschaft, die untereinander in scharfer Konkurrenz standen, hatten ein Produktionsprogramm, das darauf ausgerichtet war, bei einem Minimum von Arbeitskräften und geringster Lagerhaltung von Material die hergestellten Flugzeuge sofort abzusetzen. Sie waren bei Ausbruch des ersten Weltkriegs zu einer wesentlichen Produktionssteigerung nicht in der Lage, so daß bald eine sich stetig vergrößernde Lücke zwischen Verlusten und Neuproduktion auftrat. Die von der Heeresverwaltung nach Kriegsausbruch an die Flugzeug- und Motorenfabriken gerichtete Aufforderung, sich auf eine Höchstproduktion einzurichten, war eine organisatorische Routinemaßnahme, die keinen Einfluß auf die Produktion hatte, weil die Firmen nicht genügend Material und Arbeitskräfte besaßen und ihnen eine ausreichende Finanzkraft fehlte.

Diese Erscheinung war für alle kriegführenden imperialistischen Großmächte symptomatisch, weil sie den ökonomischen Faktor im Kriege und die Bedeutung der Luftstreitkräfte im besonderen grob unterschätzt hatten. Im August 1914 sah man die Fliegerei als Sport, nicht als Waffe an. In Großbritannien war 1913 die Produktion von Flugzeugen auf 115 Stück für das Flying Corps und 49 Flugzeuge für den Naval Air Service für 1914 festgelegt worden. Die hohen Kriegsverluste schon in den ersten Monaten machten deutlich, daß die Produktion viel zu niedrig geplant war. Die Anstrengungen, die daraufhin in Großbritannien unternommen wurden, litten vor allem daran, daß kein geeigneter Flugzeugmotor zur Verfügung stand. Die englische Flugzeugindustrie war zu diesem Zeitpunkt völlig von französischen Lieferungen des 70-PS-Renault- und des 80-PS-Gnôme-Flugmotors abhängig. Die französische Flugzeugindustrie, zu diesem Zeitpunkt technisch am weitesten entwickelt, bildete das Entwicklungs-, Konstruktions- und Fertigungszentrum der Flugzeugindustrie der Ententemächte, die mit Kriegsbeginn von Großbritannien, Rußland und Italien durch Bestellungen von mehr Flugzeugen und vor allem von Motoren überfordert wurde und die überdies die rasch wachsenden Bedürfnisse der eigenen Luftstreitkräfte erfüllen sollte. Auch die französische Flugzeugindustrie litt unter dem sogenannten Kriegsstoß. Es mangelte bald an Kugellagern, Stahlrohren und Kabeln sowie an geeigneten Facharbeitern. Die französische Flugzeugproduktion sank von durchschnittlich 96 Flugzeugen je Monat im Jahre 1913 auf 50 im August 1914, erreichte im September 62 und im Oktober 100 Flugzeuge.

Die Anforderungen dieses Weltkriegs zwangen die Imperialisten aller Länder, die Methoden zur Mobilisierung und zur Ausnutzung ihres kriegswirtschaftlichen Potentials zu verändern. Das traf besonders auf einen so jungen Industriezweig wie die Flugzeugindustrie zu. Sie wurden in ihren Anstrengungen bestärkt durch den neuen Charakter der Kampfhandlungen, der sich an den Fronten herausgebildet hatte. Statt eines Blitzkriegs mußten sich die imperialistischen Militärs auf einen langwierigen Krieg vorbereiten. Aus dem Bewegungskrieg war ein Stellungskrieg geworden, der zum Teil völlig neue Anforderungen an die Streitkräfte und ihre Waffengattungen stellte.

Mit dem Stellungskrieg und den Versuchen beider Seiten, das Durchbruchsproblem zu lösen, ergaben sich für die Fliegerkräfte neue Aufgaben. Die operative Aufklärung trat gegenüber der taktischen und Nahaufklärung zurück. Ihre Hauptaufgabe bestand nun in der fliegerischen Überwachung der Front, der Aufklärung von Batteriestellungen, von Depots, Munitionslagern, von Straßen und Wegen an der Front. Fliegerkräfte dienten vor allem dazu, einen zweckentsprechenden Einsatz der Angriffsmittel in der Durchbruchsschlacht sicherzustellen. Die Bodentruppen beider Seiten gingen dabei rasch dazu über, sich zu tarnen und die Anlagen dem Gelände anzupassen. Durch eine Augenerkundung in Bodennähe konnten präzise Aufklärungsergebnisse nicht mehr gesichert werden. Zur Sicherung ihres weiteren Einsatzes war der Einbau von Fliegerkameras für Beobachtungsflugzeuge durchgängig notwendig geworden. Die bisher vereinzelt eingesetzten Geräte mit 25 cm Brennweite, mit denen Schrägaufnahmen aus der Hand gemacht wurden, ersetzte man durch schwerere Apparate mit 50 und 70 cm Brennweite, die senkrecht nach unten fotografierten und die vor allem Aufnahmen aus größeren Höhen gestatten, um sich der zunehmenden Abwehr von der Erde zu entziehen. Genauso wichtig war, daß das Flugzeug zunehmend zur Artillerieaufklärung herangezogen wurde. Zur Aufklärung versteckter oder eingegrabener gegnerischer Batterien und zur Beobachtung der Wirkung des eigenen Artilleriebeschusses erwiesen sich die bisher bevorzugten Fesselballons auf Grund ihrer ungenügenden Höhe und Beobachtungswinkel als immer unzureichender. Die Lösung wurde vom Flugzeug erwartet, das jedoch unter dem Fehlen eines schnellen und genauen Meldeverfahrens litt. Als wirksamstes Mittel der Signalgebung wurde 1914 die Leuchtpistole angesehen. Bei den französischen Luftstreitkräften war 1914 folgendes Meldeverfahren die Regel: Die Artillerie schoß sich zuerst auf die Entfernung ein, was der Artilleriebeobachter durch rote Leuchtsignale für Weitschuß und durch grüne für Kurzschuß korrigierte. Danach erfolgte das Einschießen nach den Seiten. Statt Leuchtsignale konnte auch durch rechtes oder linkes Kurvenfliegen das Feuer geleitet werden. Dieses Verfahren war nicht nur langwierig, sondern leistete auch vielen Irrtümern und Verwechslungen Vorschub, besonders seitdem die Artillerie massiert eingesetzt wurde und nicht nur eine, sondern zahlreiche Batterien gleichzeitig schossen. Die technische Lösung war durch die Entwicklung der drahtlosen Telegrafie gegeben, deren Einführung jedoch durch die verantwortlichen imperialistischen Militärs in der Vorkriegszeit verzögert worden war. In Deutschland erklärte einer dieser Spezialisten: «Wollen Sie zu den Gefahren des Fluges an sich auch noch die des elektrischen Hinrichtungsstuhls gesellen?»

Die technischen Anforderungen des Krieges zwangen die imperialistischen Militärs jedoch, ihre Auffassungen zu revidieren. Die in Frankreich vor dem Krieg angestellten Versuche, die drahtlose Telegrafie für die Nachrichtenverbindungen mit dem Flugzeug auszunutzen, führten am 25. Oktober 1914 zum ersten durch Funk geleiteten Artillerieschießen. Das imperialistische Deutschland zog rasch nach. Von Telefunken und von der Firma Huth wurde im Februar 1915 ein 15 Kilogramm schweres Funkgerät hergestellt, das eine Reichweite von 30 bis 42 Kilometern hatte.

Aus den neuen Bedingungen des Luftkriegs ergaben sich somit zwangsläufig höhere Anforderungen an die Produktion von Flugzeugen, an das Leistungsvermögen der Kriegsflugzeuge und die Organisation und Einsatzgrundsätze der Fliegerkräfte. Diese Anpassung wurde von den imperialistischen Mächten im Laufe des Jahres 1915 versucht. Auf Grund der allgemeinen Entwicklungstendenzen ähnelte sich dieser Prozeß in allen Ländern. Für das kaiserliche Deutschland war charakteristisch, daß hier auf Grund der einseitigen Orientierung auf den Blitzkrieg große Versäumnisse auf dem Gebiet des Luftkriegswesens aufzuholen waren und der Widerspruch zwischen Kriegszielen und ökonomischen Voraussetzungen eine forcierte staatsmonopolistische Entwicklung erzwang.

Anfang 1915 schlug die Oberste Heeresleitung dem Kriegsministerium vor, die Fliegerkräfte, den Nachschub und das Ersatzwesen zu reorganisieren. Am 11. März 1915 wurde an die Spitze der kaiserlichen Fliegerkräfte der «Feldflugchef» Major Hermann Thomsen gestellt, dem nun alle Fliegerkräfte und das Ersatzwesen mit Ausnahme der Flugabwehrformationen unterstellt waren. Den Armeen wurden nunmehr ständig Feldfliegerabteilungen zugeteilt, und bei jeder Armee wurde ein Stabsoffizier der Flieger geschaffen, der dem Armeeoberkommando fliegerisch beratend zur Seite stand und gleichzeitig für den Nachschub im Armeebereich verantwortlich war. Verbunden mit dieser Reorganisation der Fliegerkräfte war die straffere staatliche Regulierung der Flugzeugindustrie über das Kriegsministerium und die von maßgeblichen Monopolisten beherrschten Kriegsrohstoffabteilungen. Im Zeichen der verstärkten Entwicklung des staatsmonopolistischen Kapitalismus wurden den Flugzeugindustriellen hohe Profite durch großzügige Staatsaufträge garantiert. Durch den Krieg wurde der imperialistische Staat endgültig zum alleinigen Auftraggeber und Abnehmer der kapitalschwachen Flugzeugindustrie. Er sicherte sich ein umfassendes Mitspracherecht bei der Entwicklung und der Produktion von Flugzeugen. Dabei handelten die Flugzeugindustriellen mit dem Staat Bedingungen aus, die Lenins Feststellung bestätigten, das Wesen dieser kriegswirtschaftlichen Regulierung bestehe darin, «daß man die Arbeiter bis zum Hunger ‹durchhalten› und hungern läßt, den Kapitalisten aber (insgeheim auf reaktionär bürokratische Weise) höhere Profite sichert als vor dem Krieg». (W. I. Lenin, Werke, Bd. 25, S. 343).

Die Inspektion der Fliegertruppen lud nach dem Fehlschlag der wirtschaftlichen Mobilisierung die Flugzeugindustriellen zu einer Sitzung ins

Kriegsministerium, um Möglichkeiten der Produktionssteigerung zu erörtern. Die Industrie forderte feste Aufträge über einen längeren Zeitraum, Sicherstellung und Zuweisung von Arbeitskräften und Unterstützung bei der Materialbeschaffung. Sie selbst ging in ihren Betrieben aus Profitgründen zum Mehrschichtensystem über und beutete die Werktätigen – wie es in einem zeitgenössischen Bericht hieß – «bis an die Grenze ihrer Leistungsfähigkeit» aus. Das Kriegsministerium sicherte daraufhin feste Lieferaufträge für mindestens drei Monate zu.

Trotzdem konnte die Produktion nicht wesentlich angehoben werden. Im Reichstagsgebäude trafen nun Vertreter der Heeresverwaltung, von Zivilbehörden, des Reichstags und der Flugzeugindustrie erneut zusammen. Die Flugzeugindustrie forderte ultimativ die Bereitstellung großer Kredite in Form von Anzahlungen auf zukünftige Lieferungen, größere Aufträge, weitere Zuweisung von Personal und Material sowie besondere Hilfeleistungen des Staatsapparats von Fall zu Fall. In einem geheimen Memorandum über die Geschichte der Flugzeugindustrie heißt es dazu: «Von seiten aller Behörden und der Volksvertretung wurde jede zweckdienliche Unterstützung zugesagt, für besonders hervorragende Leistungen Ehrungen in Aussicht gestellt.»

Im Kriegsministerium wurde eine Zentralstelle für die Flugzeugindustrie eingerichtet, welche die Wünsche der Industrie empfing und ihre Durchführung sicherte. Sie setzte sich aus einem hohen Fliegeroffzier, einem Flugzeugindustriellen, einem Reichstagsmitglied und einem Verwaltungsbeamten zusammen. Der Flugzeugindustrie wurden jetzt statt Serien von 6 bis 12 Flugzeugen Aufträge über Hunderte von Flugzeugen zugesprochen, wobei sich der Staat verpflichtete, großzügig die Serienproduktion vorzufinanzieren und für schnellste Bezahlung zu sorgen. Die militärischen Beschaffungsorgane wurden angewiesen, die Lieferungen nicht durch zu lange Preisverhandlungen zu verzögern, weil der Industrie ein «angemessener Gewinn» eingeräumt werden wollte. Wie es in dem schon erwähnten Memorandum wörtlich hieß: «Das Geld des Staates, das in Friedenszeiten nur in sehr geringem Maße zur Verfügung stand, war nunmehr fast unbeschränkt für diesen Zweck vorhanden.»

Die hohen Profite, die in der Flugzeugindustrie auf diese Weise erzielt wurden, veranlaßten einige Großkonzerne – insbesondere Siemens und die AEG –, verstärkt in das Flugzeuggeschäft einzusteigen. Auf Grund ihrer Leitungsfunktionen im staatsmonopolistischen System der Kriegswirtschaft gewannen sie rasch eine bedeutende Stellung in der Flugzeugindustrie. Darüber hinaus regte das Kriegsministerium den Bau neuer Flugzeugfabriken an oder ließ die Produktion bei bestehenden Werken wesentlich erweitern. Von den Flugzeugindustriellen verlangte es neben der Steigerung der Produktion eine wesentliche Verbesserung der Qualität der Flugzeuge und machte davon die Höhe der Aufträge abhängig.

Der Militärapparat begünstigte auftragsgemäß solche Firmen, die sich zur Umstellung auf Serienproduktion eigneten. Sie wurden weitgehend von Reparaturarbeiten befreit, die kleine Firmen als Auflage erhielten, deren Flugzeugentwicklungen nicht den Anforderungen entsprachen. Den Großbetrieben wurde jedes Risiko bei der Flugzeugentwicklung abgenommen, indem sich die Militärbehörden verpflichteten, Entwicklungen, die nicht frontreif waren und zur Einstellung der Produktion führen konnten, durch Füllaufträge zu vergüten. Solche Füllaufträge bestanden in dem Bau von Schulflugzeugen oder Lizenznachbauten. Das enge Zusammenspiel zwischen Militär und Industrie wird auch daran deutlich, daß die Flugzeugwerke in ihren Werksschulen die Ausbildung der Militärpiloten übernahmen und sich der Militärapparat damit begnügte, diese Ausbildung zu beaufsichtigen.

Eine Folge des staatsmonopolistischen Regulierungsprozesses in der Flugzeugindustrie war, daß die Produktion von Flugzeugen 1915 erheblich anstieg und sich ihre Qualität verbesserte. Die veralteten Aufklärungs- und Schulflugzeuge des Jahres 1914, die sogenannten A- und B-Flugzeugtypen, wurden ausgemustert und durch ein neues Flugzeug, das C-Einheitsflugzeug, ersetzt. Es war mit einem 160-PS-Motor ausgestattet, erreichte eine Höhe von 3 000 Metern und verfügte über eine Tragfähigkeit, die die Mitnahme einer Fliegerkamera, eines Funkgeräts und der Bewaffnung gestattete. Im zweisitzigen C-Flugzeug wechselten Beobachter und Pilot ihren Platz. Der nun hinter dem Flugzeugführer sitzende Beobachter war in der Lage, das Lichtbildgerät lotrecht zu bedienen und von zum Teil eingebauten Maschinengewehren auf Drehkranz wirksamer Gebrauch zu machen. Obwohl ein Teil der B-Flugzeuge zur Artillerieaufklärung spezialisiert wurde und jedem Generalkommando eine Abteilung von 4 Flugzeugen zur Verfügung gestellt werden sollte, hielt die Führung der kaiserlichen Fliegerkräfte im Prinzip weiterhin am Einheitsflugzeug fest, das alle Aufgaben erfüllen sollte.

Mit diesem Entschluß geriet sie zunehmend in Gegensatz zur tatsächlichen Entwicklung des Luftkriegs, der im Zeichen des langwierigen Stellungskriegs nicht nur ein immer engeres Zusammenwirken zwischen Fliegerkräften und Bodentruppen forderte, sondern auch Spezialflugzeuge und eine ihnen entsprechende Taktik.

In der britischen Armee zum Beispiel wurde schon Ende 1914 die Schlußfolgerung gezogen, das Royal Flying Corps in Geschwadern auf die Armeen aufzuteilen und Spezialabteilungen für die Artillerie- und Bildaufklärung mit entsprechend geeigneten Flugzeugmustern zu schaffen. Noch wichtiger war die von französischer Seite entwickelte taktische Konzeption, dem Luftkampf eine steigende Bedeutung zuzumessen und für ihn geeignete Flugzeugmuster konstruieren zu lassen. Hatten bei Ausbruch des Krieges die Generalstäbe aller imperialistischen Mächte die

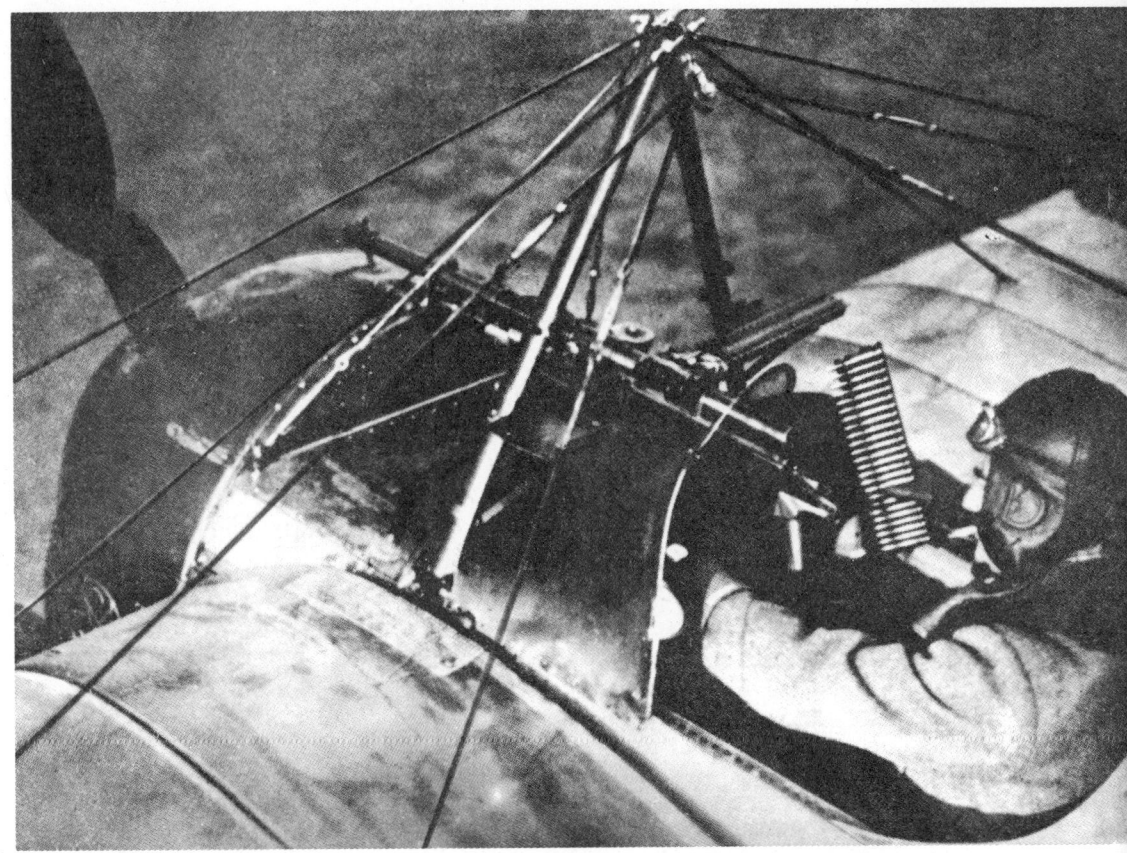

Morane-Saulnier-Jagdflugzeug mit starr angebrachtem, durch den Propellerkreis
schießendem MG

Möglichkeiten des Luftkampfes skeptisch beurteilt, so waren schon im
September 1914 fast alle Flugzeugbesatzungen mit schweren Pistolen,
Karabinern oder Schnellfeuergewehren ausgerüstet worden. Bei den
französischen und später bei den englischen Fliegerkräften wurden seit
Oktober 1914 in Druckpropellerflugzeugen mit Gitterschwanz, deren
Antrieb also im Heck lag, im Bug Maschinengewehre eingebaut. Mit einer
Voisin 3 gelang es Joseph Frantz und Louis Quénault am 4. Oktober 1914
erstmals, eine deutsche Aviatik im Luftkampf abzuschießen. Re-
volutionierend an den französischen Plänen 1914/15 war vor allem die
Erkenntnis, statt der bisherigen Mehrzweckflugzeuge ein Flugzeug vor
allem für einen Hauptzweck verwenden zu wollen und darauf Konstruktion
und Bewaffnung einzustellen. Wegen der wie ein Drahtverhau anmutenden
Verspannungen der damaligen Flugzeuge mußte auf ein bewegliches
Maschinengewehr verzichtet und die Bewaffnung starr mit dem Bug des
Flugzeugs verbunden werden. Bei den ersten gelungenen französischen

29

Jagdflugzeugen, dem Nieuport-11-Bébé-Doppeldecker, wurde das MG vorn auf dem oberen Tragdeck angebracht und schoß am Propellerkreis vorbei. Diese Bewaffnung bewährte sich wegen ihrer komplizierten Bedienung im Luftkampf nicht. Bei dem verbesserten Jagdflugzeug Morane-Saulnier Typ N und L war das MG parallel zur Motorenachse starr angebracht, so daß der Pilot mit dem ganzen Flugzeug zielte. Es wurde durch den Propellerkreis geschossen. Um zu vermeiden, daß die Propellerflügel beschädigt wurden, härtete man sie an der Innenseite mit Stahlbügeln, die die relativ weichen Kupfergeschosse auffingen und ableiteten. Allerdings litt darunter die Motorenleistung.

Bei Jahreswende 1914/15 traten derartige Flugzeugmuster auf seiten der Ententemächte an der Front auf und fügten den unzureichend bewaffneten deutschen Flugzeugen bald schwere Verluste zu. Die deutsche Führung mußte völlig auf eine Fernaufklärung verzichten, und auch die taktische und Artillerieaufklärung war nur möglich bei Hinnahme schwerer Ausfälle. Zum erstenmal in einem Krieg war von einer Seite eine Luftüberlegenheit hergestellt worden. Die deutsche Fliegertruppe fiel für Monate fast völlig aus. Zum Teil konnte die deutsche Führung den Rückstand durch die verbesserten flugtechnischen Eigenschaften und die Ausrüstung der neu ausgelieferten C-Flugzeuge ausgleichen, die im Rücksitz mit beweglichen MGs ausgerüstet waren. Es gelang ihr aber nur, die eigene Lufttätigkeit wieder aufzunehmen, nicht die britisch-französische Luftüberlegenheit zu erschüttern.

Das Kräfteverhältnis in der Luft änderte sich erst, nachdem von der deutschen Flugzeugindustrie im Sommer 1915 gleichfalls ein Spezialflugzeug entwickelt wurde. Am 18. April 1915 war den deutschen Militärs ein französisches Morane-Saulnier-Jagdflugzeug in die Hände gefallen, das von einem der ersten Jagdflieger des Krieges, Roland Garros, gesteuert worden war. In Anlehnung an die französische Entwicklung kopierten und verfeinerten sie das Waffensystem. Anknüpfend an eine Entwicklung des Flugzeugindustriellen August Euler und gleichlaufend mit einer Erfindung des technischen Direktors der Luftverkehrsgesellschaft Franz Schneider

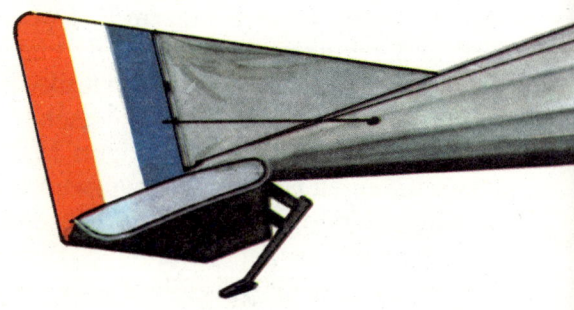

Nieuport 11 C 1 Die Nieuport war mit
einem auf dem oberen Tragdeck mon-
tierten MG bewaffnet und wurde
im Januar 1915 in den Dienst der
französischen Fliegerkräfte gestellt.
Sie trug wegen ihrer geringen Abmessungen
(7,55 m Spannweite und 5,80 m Länge)
den Beinamen Nieuport-Bébé
(Nieuport-Baby). △

Morane-Saulnier Typ N Die Morane-
Saulnier kann als eines der ersten
Jagdflugzeuge angesehen werden,
obwohl es auch als Bomben- und
Aufklärungsflugzeug Verwendung
fand. Es war 1913 entwickelt worden.
Auf ihr erreichte Roland Garros
im März 1915 seine ersten Luftsiege.
Insgesamt wurden etwa 600 Flugzeuge
dieses Typs gebaut. ▽

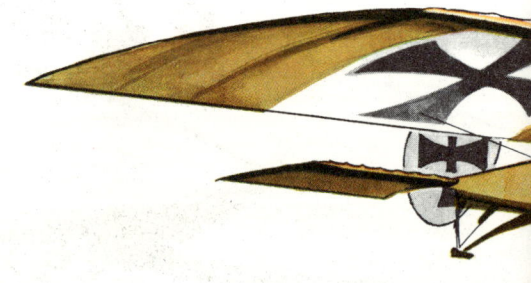

Anthony Fokker vor seinem Jagdeinsitzer E I

Fokker E III Die Fokker-Einsitzer
waren die ersten deutschen Jagdflugzeuge. Sie wurden in vier Versionen
ausgeliefert. Im Juli 1915 erschien
der E I mit einem 80-PS-Motor an
der Westfront, der wenig später durch
den E II ebenfalls mit einem 80-PS-Motor
abgelöst wurde. Von beiden Mustern
wurden 65 Stück gebaut. Die meist-
gefertigte Version war der E III
mit einem 100-PS-Motor und einem
7,92-mm-MG. Ab November 1915
wurde der E IV ausgeliefert, der
mit einem 160-PS-Motor und zwei
MGs ausgerüstet war. Insgesamt wurden
etwa 400 bis 500 Fokker-Einsitzer
produziert.

32

baute der Holländer Anthony Fokker ein gleichfalls parallel zur Motorachse feuerndes MG so in das Flugzeug ein, daß der Mechanismus des Abfeuerns jedesmal so lange blockiert blieb, bis das Propellerblatt die MG-Mündung passiert hatte. Der Fokker E I, das erste Spezialflugzeug auf deutscher Seite, das anfangs allerdings auch für Aufklärungszwecke eingesetzt wurde, besaß auf Grund der besseren Lösung des Schießverfahrens günstigere flugtechnische Eigenschaften. Ausgerüstet mit einem 80-PS-Motor, flog es 130 Kilometer in der Stunde und erreichte eine Gipfelhöhe von 3 000 Metern. Jede Feldfliegerabteilung wurde vorerst mit einem derartigen Jagdflugzeug ausgerüstet. Bis Ende 1915 erkämpften sich die Fliegerkräfte des deutschen Imperialismus die Luftüberlegenheit. Auf seiten der Ententemächte begann man bald von der «Fokkergeißel» zu sprechen, die nun jede Fernaufkärung der britischen und französischen Fliegerkräfte unterband. Um die deutsche Luftüberlegenheit zu brechen, gingen die französischen und britischen Fliegerkräfte systematisch dazu über, mit kleinen, sich gegenseitig schützenden Kampfformationen anzugreifen.

In der Entwicklung des Luftkriegs begann sich auch dadurch eine neue Phase abzuzeichnen, daß neben dem Jagdflugzeug und einer sich herausbildenden Gruppenflugtaktik auch spezielle Bombenfliegerkräfte zusammengestellt wurden. Die Aufstellung von Bombenfliegerstaffeln litt 1914 unter den für diese Zwecke noch technisch unzureichenden Flug-

Bomben mit der Hand abzuwerfen
war in den ersten Kriegsmonaten
die hauptsächlich geübte Methode

zeugtypen sowie den unklaren taktischen und operativen Einsatzgrundsätzen. Ihre Entwicklung war unter dem Eindruck des Stellungskriegs auf beiden Seiten der Front forciert worden, weil man in ihnen ein
Mittel erblickte, das als verlängerter Arm der Artillerie das operative
Hinterland der Front angreifen konnte. Bahnbrechend wirkte auch hier das
französische Beispiel, das in den Voisinflugzeugen über ein Mehrzweckflugzeug verfügte, das auch zu Bombenfliegerangriffen herangezogen werden konnte. Ab 29. September 1914 wurden 2 Voisin-
Staffeln zu einer Bombenfliegergruppe zusammengestellt, und am 13. November 1914 erfolgte die Bildung der I. Bombergruppe. Angesichts

34

Ilja Muromez R Sikorskis «Ilja Muromez» war das erste viermotorige Flugzeug der Welt, das bereits vor der Entfesselung des ersten Weltkriegs flog. Im Frühjahr 1914 wurden zunächst 10, später insgesamt 80 derartiger Riesenflugzeuge von den russischen Militärbehörden bestellt.

Die sehr robust gebauten, 400 bis 700 kg Bombenlast tragenden Flugzeuge flogen bis November 1917 insgesamt 400 Angriffe ins Hinterland des Gegners, bei denen nur ein einziges abgeschossen wurde.

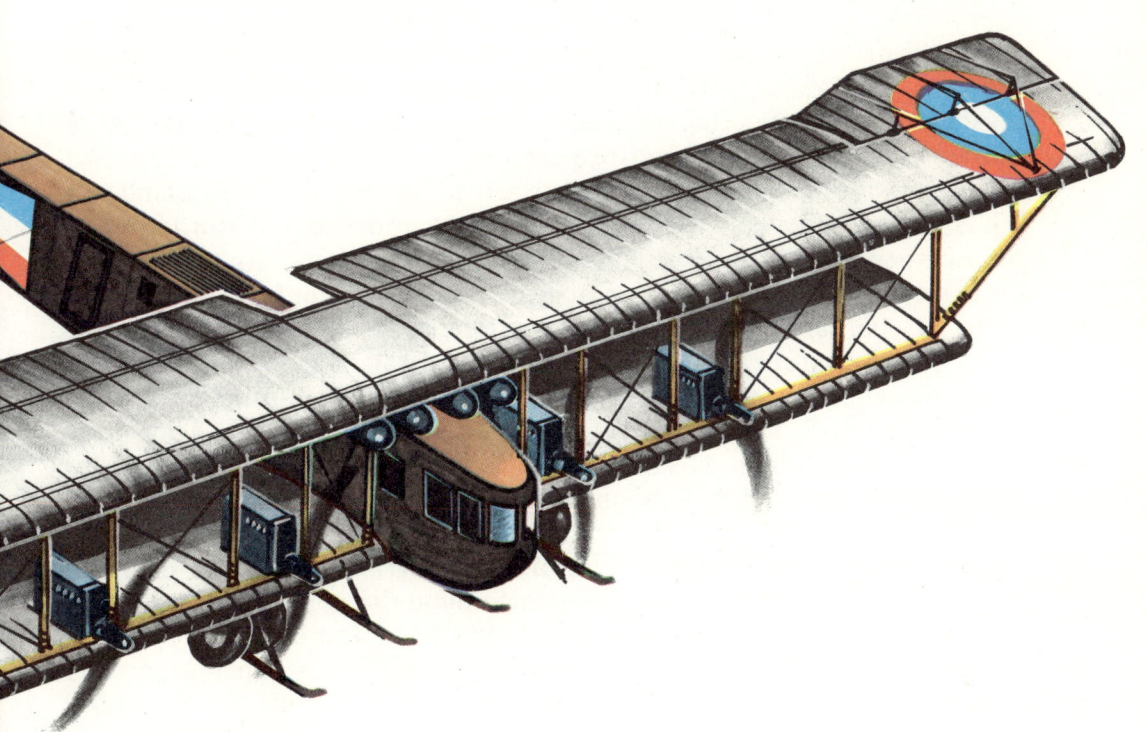

der geringen Tragfähigkeit der zur Verfügung stehenden Flugzeuge und angesichts der in Deutschland gehegten übertriebenen Erwartungen auf den Zeppelin als Bombenträger wurde verhältnismäßig lange die Entwicklung eines Bombenflugzeugs verzögert. Der Bombenabwurf wurde als Nebenaufgabe der Aufklärungsflugzeuge angesehen.

Daran änderte auch die im November 1914 von der Obersten Heeresleitung (OHL) befohlene Aufstellung der Brieftaubenabteilung Ostende (BAO) nichts Grundsätzliches. Sie war nicht – wie die militaristische Geschichtsschreibung behauptet – der erste Bombenfliegerverband in der Luftkriegsgeschichte, sondern ein Eliteverband der militärischen Führung des deutschen Imperialismus, dessen Aufgaben darin bestanden, als Reserve der obersten Führung zu dienen, Schwerpunktfronten fliegerisch zu verstärken, das Einschießen der schweren Artillerie zu leiten, gegnerische Fliegereinbrüche zu verhindern und selbständige Kampfaufträge im Hinterland durchzuführen. Seiner Bildung lag die Vorstellung zugrunde, einen für vielseitige Zwecke einsetzbaren Fliegerverband zu besitzen. Die BAO zählte 36 Flugzeuge in 6 Staffeln und wurde für mannigfaltige Aufgaben eingesetzt, darunter auch für die Bombardierung von Dünkirchen (Dunkerque), Furnes, La Panne und gelegentlich auch von Dover.

Die französische Bombergruppe I griff im Dezember 1914 Freiburg im Breisgau, im Januar 1915 die Badische Anilin- & Soda-Fabrik in Ludwigshafen und im Februar 1915 Karlsruhe an. Auch von britischer Seite wurden einzelne Bombenangriffe gegen die Luftschiffhallen in Köln und Düsseldorf geflogen. Am besten entsprach das bereits 1913 in Rußland von I. I. Sikorski entwickelte Großflugzeug Ilja Muromez den Anforderungen des Bombenkriegs. Am 6. August 1914 wurde bei Petersburg (Leningrad) die erste mit diesen Flugzeugen ausgerüstete Staffel aufgestellt, die vor allem zur Fernaufklärung eingesetzt wurde. Obwohl die engstirnige zaristische Führung am 29. Oktober 1914 alle Aufträge zum Weiterbau dieses Flugzeugs annullierte, weil es angeblich für den Kampfeinsatz untauglich sei, wurde am 8. Dezember 1914 die Aufstellung eines Ilja-Muromez-Geschwaders befohlen, das am 15. Januar 1915 gebildet wurde. Es stellte den Kern der russischen Bombenfliegerkräfte im ersten Weltkrieg dar, die am 15. Feburar 1915 von Jablonna aus ihren ersten Angriff flogen.

Insgesamt jedoch erfüllten diese Bombenangriffe wegen der noch relativen Unvollkommenheit der Flugzeuge nicht die in sie gesetzten Hoffnungen. Sie blieben ohne Einfluß auf den Kampfverlauf. Größere Bedeutung erlangte dagegen der Einsatz von Bombenflugzeugen gegen das unmittelbare Hinterland der Front. Insbesondere auf englischer Seite ging man entsprechend den Vorstellungen des Brigadegenerals Hugh Trenchard Ende 1915 dazu über, systematisch den Bombenkrieg gegen die rückwärtigen Verbindungslinien der gegnerischen Front zu planen und die entsprechenden materiellen Voraussetzungen zu schaffen.

Auf deutscher Seite wurden die BAO und die im August gegründete Brieftaubenabteilung Metz Ende 1915 aufgelöst und daraus 6 Kampfgeschwader der OHL (Kagohl) gebildet, die immer noch als eine Art elitärer Mehrzweckverband angesehen und eingesetzt wurden.

Die erste Periode des Luftkriegs im ersten Weltkrieg (August 1914 bis Februar 1916) war gekennzeichnet durch die unzureichende Vorbereitung aller imperialistischen Mächte auf die organisatorischen und wirtschaftlichen Probleme des Luftkriegs, die einseitige Orientierung auf den Bewegungskrieg und die daraus resultierende Verwendung der Fliegerkräfte ausschließlich zur operativen Aufklärung. Der mit dem Einheitsflugzeug geführte Luftkrieg trug improvisierten Charakter. Mit dem Beginn des langwierigen Stellungskriegs wurde den Problemen des Luftkriegs größere Bedeutung geschenkt. England und Frankreich waren dabei führend bei der Anpassung von Taktik und Einsatzgrundsätzen, Deutschland bei der Mobilisierung und Regulierung seiner kriegswirtschaftlichen Potenzen. Der Einfluß der Luftkriegshandlungen auf den Verlauf der Kampfhandlungen zur Erde war noch sehr begrenzt.

Stellungskrieg zur Luft?

Im Laufe von zwei Kriegsjahren hatten sich die Luftstreitkräfte der imperialistischen Mächte rasch entwickelt. Ihre zahlenmäßige Stärke war beträchtlich angewachsen. Deutschland verfügte Anfang 1916 über mehr als 1 200 Flugzeuge an der Westfront, Frankreich und England über etwa 2 000. Die technischen Daten der Flugzeuge waren verbessert worden; sie besaßen eine Dienstgipfelhöhe von 3 000 Metern und erreichten Geschwindigkeiten von 150 bis 160 Kilometern in der Stunde. Fast alle Flugzeuge waren jetzt mit Maschinengewehren, teilweise mit Funkgeräten und weiter verbesserten Luftbildkameras von 120 Zentimeter Brennweite ausgestattet. Die Entwicklung des Luftkriegs hatte zur Spezialisierung innerhalb der Fliegerkräfte geführt. Neben Nah-, Fern- und Artillerieaufklärern hatten sich Jagdflieger- und Bombenfliegerkräfte herausgebildet. Die zahlenmäßige Stärke der Fliegerkräfte und ihre durch die technische Entwicklung gewachsenen Möglichkeiten erhöhten ihren Einfluß auf den Verlauf der Kampfhandlungen. Ab 1916 begannen die Generalstäbe deshalb, Prinzipien für die einheitliche taktische Ausnutzung und die planmäßige Entfaltung der Fliegerkräfte auszuarbeiten. Ihre Funktion im Rahmen der Durchbruchsschlacht wurde wichtiger. Der deutsche Imperialismus, der 1916 auf dem westeuropäischen Kriegsschauplatz die Entscheidung des Krieges herbeiführen wollte, plante, durch einen Angriff auf Verdun das französische Oberkommando zum Einsatz seiner letzten Kräfte zu zwingen, Frankreich dadurch zu erschöpfen und zur Kapitulation zu veranlassen. Die Festung Verdun sollte trotz der eigenen begrenzten Kräfte im «beschleunigten Verfahren» genommen werden. Dem Überraschungsmoment kam große Bedeutung zu.

Zur Vorbereitung des Angriffs auf Verdun wurden planmäßig zum erstenmal in der Luftkriegsgeschichte relativ starke Fliegerkräfte entfaltet und eingesetzt. Insgesamt wurden der 5. Armee 168 Flugzeuge, darunter 30 bis 40 Jagdeinsitzer, in 12 Fliegerabteilungen und 4 Kampfgeschwader gegliedert, zur Verfügung gestellt. In der Hand des Armeeoberkommandos verblieben die Kampfgeschwader und die Jagdflugzeuge. Jedes Generalkommando erhielt eine Flieger- und eine Artilleriefliegerabteilung, jede

Die Hauptaufgabe der Fliegerkräfte bestand in der Aufklärung: Britische Besatzung
eines RE-8-Aufklärungsflugzeuges wird in ihre Aufgaben eingewiesen

Kampfdivision eine Fliegerabteilung. In Vorbereitung der Operation erfaßten die Fliegerabteilungen den gesamten Angriffsraum lückenlos im
Lichtbild. Um die Angriffsvorbereitungen zu verschleiern, versuchte die
deutsche Führung eine Luftsperre zu errichten, die dem Gegner jede
Möglichkeit nehmen sollte, die eigenen Angriffsabsichten zu erkennen. Zu
diesem Zweck wurde der Bereitstellungsraum in zwei Zonen geteilt, in die
je zwei Kampfgeschwader verlegt wurden, von denen eines an geraden,
das andere an ungeraden Tagen in Staffeln zu je 6 Maschinen Sperre flog.
Auch die Jagdfliegerkräfte, die in Bereitschaft lagen, um durchgebrochene
gegnerische Flugzeuge zu vernichten, wurden im Laufe der Zeit in Patrouillen zu je zwei Flugzeugen zum Sperrefliegen herangezogen.

Mit Angriffsbeginn wurden die deutschen Fliegerkräfte eingesetzt, um
den Bodentruppen weitestgehende Unterstützung zu geben. In tra-
ditioneller Weise flogen sie Einsätze zur Nah- und Artillerieaufklärung
unter dem Schutz von Jagdfliegerkräften. Vereinzelt bombardierten Flugzeuge der Kampfgeschwader die schweren französischen Batteriestellungen, frontnahe Flugplätze und Versorgungsanlagen. Die deutschen
Fliegerkräfte errangen die Luftüberlegenheit. Doch in demselben Maße wie
das französische Oberkommando seine Landstreitkräfte an der Ver-

Beobachter und Flugzeugführer wechselten 1915/16 ihren Platz. Die Bodenabwehr trieb die Besatzungen in immer größere Höhen. Vor der schneidenden Kälte in den offenen Cockpits suchen sie sich durch eine immer stärkere Kleidung zu schützen

dunfront verstärkte, erhöhte sich auch die Zahl der französischen Fliegerkräfte, die das Kräftegleichgewicht zur Luft wiederherzustellen versuchten. Die deutschen Fliegerkräfte verloren im Strudel der abenteuerlichen Kriegführung des deutschen Imperialismus, der seine Kräfte überschätzt und die des Gegners unterschätzt hatte, die Initiative in der Luft.

Die Ursachen dafür lagen nicht nur in der zahlenmäßigen Überlegenheit der französischen Fliegerkräfte, sondern vor allem in ihren neuen Einsatzprinzipien. Der Oberbefehlshaber der französischen Luftstreitkräfte du Peuty gab den Fliegerkräften Anweisung, von der bisher geübten Praxis, alle Jagdfliegerkräfte zum Schutz der Aufklärungsflugzeuge einzusetzen, abzugehen und nur Teile dafür bereitzustellen. Die Hälfte der an der Verdunfront konzentrierten Fliegerkräfte wurde in einer «groupe de combat» (Kampfgruppe) zusammengefaßt. Kern dieser Gruppe waren das dem Fokker E I überlegene Nieuport 16 C 1-Jagdflugzeug, dessen Waffensystem dem Fokker nachgebaut war, das jedoch über eine größere Geschwindigkeit und Wendigkeit verfügte, und Bombenfliegerkräfte. Ihr Auftrag war, nicht die eigenen Flugzeuge unmittelbar zu schützen, sondern die deutschen Fliegerkräfte überall zu stellen, anzugreifen und zu vernichten. Die Bombenflugzeuge sollten die Verbindungslinien und die Flugplätze des Gegners zerstören. Der Luftkampf sollte jetzt planmäßig durch offensive Vorstöße gesucht werden. Zu diesem Zweck wurden die französischen Jagdfliegerkräfte zu Ketten und später zu Staffeln formiert. Den planmäßigen französischen Angriffen mit Jagd- und Bombenfliegerkräften, die nicht nur darauf abzielten, den eigenen Aufklärungsflugzeugen aller Art eine Lufttätigkeit zu ermöglichen, sondern die deutsche fliegerische Tätigkeit überhaupt zu unterbinden – also nicht nur die Luftüberlegenheit, sondern auch die Luftherrschaft zu erringen –, versuchte die deutsche Führung mit verstärktem Sperrefliegen zu begegnen. Damit war von vornherein die Möglichkeit der deutschen Seite, die Initiative in der Luft zu behaupten, in Frage gestellt. Die Flugzeuge der Kampfgeschwader, ausgerüstet mit einem verbesserten C-Flugzeug, das am Bug und am Heck mit je einem MG ausgerüstet war, fielen auf Grund des Sperrefliegens für jede andere Tätigkeit aus und waren überdies wegen ihrer geringeren Geschwindigkeit und unzureichenden Wendigkeit nicht geeignet, die angreifenden französischen Flugzeuge abzuwehren. Die Idee der Luftsperre war überdies von den deutschen Fliegerkräften niemals zu verwirklichen, weil eine wirksame Durchführung dieses Systems gewaltige Kräfte erfordert hätte, die einfach nicht vorhanden waren. Es ist berechnet worden, daß eine wirksame Luftsperre bei Verdun den Einsatz von 800 Flugzeugen erforderlich gemacht hätte. Zur Verfügung standen jedoch an der gesamten Westfront nur 1 000 Flugzeuge und bei Verdun knapp 170. Die französischen Fliegerkräfte durchbrachen deshalb auch regelmäßig die Luftsperre der deutschen Fliegerkräfte, die sich vergeblich mühten, eine Art Stellungskrieg in der Luft zu führen. Auf Grund des sinnlosen Sperrefliegens sank auch die Wirksamkeit der deutschen Luftaufklärung. Die Flugzeuge waren massierten Angriffen ausgesetzt.

Die deutsche Führung, die bis zum Ende der Verdunschlacht nicht vom Sperrefliegen abging, sah sich allerdings gezwungen, wenigstens den Einsatz ihrer Jagdfliegerkräfte den neuen Bedingungen anzupassen. Sie wurden nicht mehr ausschließlich vereinzelt bei den Fliegerabteilungen belassen, sondern der Großteil der Flugzeuge wurde in zwei Gruppen zu je 10 bis 12 Jagdeinsitzern zusammengefaßt und unter eine einheitliche Leitung eines Fliegeroffiziers gestellt. Nur durch den geschlossenen Einsatz von Ketten und Staffeln bestand die Hoffnung, die in Gruppen angreifenden französischen Fliegerkräfte bekämpfen zu können. Der Einsatz der deutschen Jagdfliegerkräfte erfolgte aus der Defensive. Um die Unterlegenheit dieser Kräfte auszugleichen, begann man auf deutscher Seite verstärkt, ein Netz von Fliegerbeobachtungsstellen aufzubauen, die, mit der Gruppenleitung der Jagdflieger verbunden, diese telefonisch oder über Funk über Stärke, Höhe und Verhalten der anfliegenden gegnerischen Fliegerkräfte unterrichteten, um auf diese Weise einen zweckentspre-

Nieuport 17 C1 Die Nieuport 17 war eines der erfolgreichsten französischen Jagdflugzeuge des ersten Weltkriegs, das außerordentlich wendig und steigfähig war. Ursprünglich mit einem MG auf der oberen Tragfläche ausgerüstet, wurde es ab 1916 mit einem synchronisierten MG bewaffnet. Es wurde von den französischen, englischen, italienischen und russischen Fliegerkräften geflogen. Seine Überlegenheit im Luftkampf wurde erst durch das Auftauchen der ersten Albatros- und Halberstadt-Jagdflugzeuge gebrochen.

chenden Einsatz der geringen eigenen Kräfte zu gewährleisten. Die Schlacht bei Verdun führte nicht nur zu einer Modifizierung des Kampfes um die Luftüberlegenheit und Luftherrschaft, sondern führte auch zu einer weiteren Spezifizierung der Fliegerkräfte auf beiden Seiten.

Die Schlacht von Verdun, eine Materialschlacht, die sich zum erstenmal auf engstem Raum über Monate erstreckte, hatte die Feuerleitung durch die Artillerieflieger in dem schwer zerschossenen Gelände, das unter fortwährendem massiertem Artilleriefeuer lag, äußerst erschwert. Die taktischen Aufklärungsflugzeuge, die sich gewohnheitsmäßig in großen Höhen aufhielten, konnten angesichts der zunehmenden Unübersichtlichkeit des Kampfgeländes kaum noch den Verlauf der eigenen und gegenerischen Frontlinie ausmachen. Da überdies durch das Trommelfeuer der Artillerie die Verbindungen zwischen den vordersten Stellungen und den höheren Kommandostellen abrissen, wurden die Flugzeuge dazu eingesetzt, im Tiefflug den Frontverlauf zu erkunden. Eine neue Gattung

Infanterieflieger der deutschen Fliegerkräfte nimmt Proviant für abgeschnittene
Grabenbesatzungen an Bord

von Flugzeugen entstand im Feuer der Schlacht, die eine Mischung von
Verbindungs- und Schlachtflugzeug waren, der «Infanterieflieger», für den
derzeit kaum geeignete Flugzeugmuster bereitstanden und dessen Einsatz
noch darunter litt, daß das Zusammenwirken von Infanterie und Flugzeug
kaum erprobt worden war.

Auf die Entwicklung des Luftkriegs hatten die Kampfhandlungen bei
Verdun einen erheblichen Einfluß. Der Kampf um die Luftüberlegenheit
und Luftherrschaft wurde nun planmäßig vorbereitet und geführt. Eine
entsprechende Struktur der Fliegerkräfte − vor allem der Jagdflieger −
bahnte sich an. Der Gruppenflug prägte das Gesicht des Luftkriegs. Die
Trennung zwischen sogenannten Arbeitsflugzeugen (Aufklärer aller Art
sowie die neu hinzugekommenen Infanterieflugzeuge) und Kampfflugzeugen (Bomben- und Jagdflieger) wurde bei den Ententemächten in
ersten Ansätzen vollzogen.

Luftkrieg im Zeichen der Materialschlacht

An den deutschen Unterständen an der Somme war es im Sommer 1916
üblich geworden, große Aufschriften anzubringen, die lauteten: «Gott
strafe England und unsere Flieger.» Laut ging von Soldat zu Soldat die
Frage: «Haben Sie schon mal einen deutschen Flieger gesehen?» Generalkommandos schlugen vor, alle Fabrikschornsteine niederzulegen,
damit sie den Flugzeugen der Entente bei Nacht nicht zur Orientierung

dienen konnten. Kommandeure forderten zum Beispiel dringend Fliegerunterstützung an, weil seit geraumer Zeit Flugzeuge über den Schützengräben kreisten. Als eilends von hier und dort zusammengeholte eigene Fliegerkräfte schließlich eintrafen, stellten sie fest, daß es sich bei den «Feindflugzeugen» um deutsche Albatrosmaschinen handelte. Trotzdem hielt sich hartnäckig das Gerücht, die anglo-französischen Flugzeuge würden sich deutscher Kennzeichen bedienen. Tagesbefehle der Oberkommandos, die nachwiesen, daß es für derartige Vermutungen nicht den geringsten Anhalt gab, wurde nicht geglaubt. Solche und ähnliche Gerüchte oder Fehldispositionen waren Ausdruck der Tatsache, daß die deutschen Bodentruppen im Sommer 1916 fast schutzlos den Angriffen der anglo-französischen Fliegerkräfte und dem von ihnen geleiteten wirksamen Artilleriefeuer ausgeliefert waren. Sie waren ein Zeichen, daß die kaiserlichen Fliegerkräfte zahlenmäßig, taktisch und technisch von den englisch-französischen Fliegerkräften überrundet worden waren.

Die militärische Führung des deutschen Imperialismus hatte aus den Luftkriegshandlungen bei Verdun kaum Schlußfolgerungen gezogen, ja, die gewonnenen Erfahrungen wurden nicht einmal den Kommandeuren an anderen Frontabschnitten zugänglich gemacht. Taktisch schworen die deutschen Generalstäbler weiterhin auf die Luftsperre, technisch begnügten sie sich mit verbesserten C-Flugzeugen, die in vielerlei Variationen von den Flugzeugfirmen ausgeliefert wurden, und vertrauten auf den Fokker-Einsitzer, dessen Leistungen jedoch taktisch-technisch von den neuen Nieuport-, Vickers- und Sopwith-Jagdeinsitzern überboten wurden.

Von der englischen und französischen Führung dagegen war systematisch der Weg weiter beschritten worden, der von du Peuty und Trenchard im Verlauf der Schlacht bei Verdun eingeschlagen worden war. Technisch wirkte sich ab Anfang 1916 die mit Kriegsbeginn eingeleitete Umstellung und der teilweise Neuaufbau der Flugzeug- und Flugmotorenindustrie zugunsten der englischen und französischen Luftstreitkräfte aus, die nun über zahlreiche und qualitativ überlegene Flugzeuge verfügten. Im taktischen Maßstab hatte das britische und französische Oberkommando die bei Verdun noch improvisierte Trennung zwischen «Arbeits»- und Kampfflugzeugen nunmehr organisatorisch abgeschlossen. War bisher jedem französischen Korps eine Fliegerabteilung zugeordnet worden, die Strukturelement der Landstreitkräfte war, und bei jeder französischen Armee ein chef de service d'aéronautique (Chef des Flugdienstes), der als fliegerischer Berater des Armeestabs diente, wurden nun die Fliegerkräfte aus der Organisation der Landstreitkräfte herausgelöst und einem commandant d'aéronautique d'armée (Kommandeur der Flieger der Armee) unterstellt, der mit einer Armee zusammenwirkte, aber ihr nicht ständig beigeordnet war. Vom Kommandeur wurden die Fliegerkräfte in Kampfverbände, die ihm unmittelbar unterstellt waren, und in Arbeitsverbände

Trotz überlegenen Menschenpotentials konnte auch die Entente nicht auf sie verzichten:
Frauen bei der Endmontage eines Sopwith «Salamander»

eingeteilt. Zu den Kampfverbänden zählten Jagd-, Bomben- und Fern-
aufklärungsflugzeuge. Zu den Arbeitsflugzeugen, die jeweils in 3 bis 4
Abteilungen einem commandant de corps d'armée (Kommandant beim
Armeekorps) unterstellt waren, rechnete man Infanterieflieger,
Artillerieaufklärer und taktische Lichtbildaufklärer. Sie wurden als
Korpsfliegerkräfte bezeichnet. In der britischen Armee war eine ähnliche
Trennung zwischen Korps- und Armeegeschwadern vorgenommen wor-
den. Beide wurden jeweils einer Brigade der Fliegerkräfte unterstellt.

Bei den zaristischen Fliegerkräften minderte 1916 die technische und
wirtschaftliche Rückständigkeit der Flugzeugindustrie erheblich die
Kampfkraft. Der Chef der russischen Feldfliegerverwaltung hatte in einem
Bericht vom 31. Januar 1916 bereits festgestellt, daß die technische
Unterlegenheit der russischen Flugzeuge und das Fehlen von Jagdflugzeugen jede eigene Luftaufklärung unterbinde. Im Frühjahr 1916 traf
eine französische Militärdelegation in Rußland ein, die sich unter anderem
aus einer Jagdstaffel, einer fotografischen Abteilung und einem Funktrupp
zusammensetzte. Am 12. März 1916 wurden die ersten drei russischen
Jagdfliegerstaffeln aufgestellt, die Ende Mai/Anfang Juni an die Front
kamen. Am 12. Mai 1916 wurde beschlossen, neun weitere Jagdstaffeln –
bei jeder Armee eine – zu bilden.

Auf eine hohe Stufe war bei den englischen und französischen Fliegerkräften das Zusammenwirken mit den Landstreitkräften gebracht worden. Bei jedem französischen Armeekorps war eine Fliegerzentrale geschaffen worden, die alle Fliegerabwehrabteilungen des Korps, die Fesselballoneinheiten, alle Fliegerabteilungen, Lichtbildabteilungen, eine Telefonzentrale und eine Fliegernachrichtenzentrale umfaßte, wodurch eine ständige Verbindung zur Front und zum Armeeoberkommando sowie ein zweckentsprechender Einsatz der Fliegerkräfte gewährleistet war.

Für die britischen Fliegerkräfte war charakteristisch, daß sie dem unmittelbaren Eingreifen der Flugzeuge in die Bodenkämpfe steigende Beachtung beimaßen. Das Flugzeug wurde zu einem Mittel der Durchbruchsschlacht. Ein bestimmter Teil der Korpsfliegerkräfte wurde mit der Aufgabe eingesetzt, durch Maschinengewehrfeuer und Bombenabwurf die gegnerischen Grabenbesatzungen niederzuhalten.

Die taktischen Auffassungen der britischen und französischen Führung sahen vor, die Korpsfliegerkräfte zur unmittelbaren Unterstützung einzusetzen, einen Teil der Jagdfliegerkräfte der Armee zu ihrem Schutz im Sperreflug abzustellen und den anderen Teil zusammengefaßt zur Erkämpfung der Luftherrschaft zu verwenden. Die Armeebombenfliegerverbände begannen an der Somme erstmals planmäßig die wichtigsten Verkehrsverbindungen im rückwärtigen Kampfgebiet zu unterbrechen. Neu war auch, daß britische und französische Fliegerkräfte diese Aufgaben zunehmend durch Nachtangriffe sowie durch Massierung der Angriffsverbände auf ein Angriffsziel zu lösen versuchten.

Insgesamt zog das anglo-französische Oberkommando an der Somme etwa 300 Flugzeuge zusammen; auf deutscher Seite befanden sich etwa 110 Flugzeuge.

Die bessere Organisation, Leitung und Taktik der englisch-französischen Fliegerkräfte führte in Verbindung mit der qualitativen und quantitativen Überlegenheit ihrer Flugzeuge schlagartig zu einer absoluten Luftherrschaft an der Somme, an der das Oberkommando der Entente am 1. Juli 1916 die Offensive eröffnet hatte. Erkundungs- und Aufklärungsflüge konnten ohne deutsche Gegenwirkung durchgeführt werden, weil die französischen Jagdstaffeln unter ihren Kommandeuren Georges Guynemer und Armand Pinsard, an Schwerpunkten eingesetzt, den Luftraum freikämpften. Sie bahnten damit ihren Artillerieflieger den Weg, die planmäßig das massierte Artilleriefeuer der Materialschlacht leiteten, und ihren Tieffliegern, die deutsche Truppenansammlungen und Grabenbesatzungen bekämpften und ihnen durch Maschinengewehrfeuer und Bombenabwurf schwere Verluste zufügten. Die deutschen Verbände waren auf diese neue Art des Einsatzes der Fliegerkräfte nicht vorbereitet worden. Die Luftherrschaft versetzte die britische und französische Führung in die Lage, Bombenangriffe bis tief in das Hinterland

Albatros D III Mit der Albatros D III
gelang es den deutschen Fliegerkräften
Anfang 1917, vorübergehend die Luftüberlegenheit gegenüber den englisch-
französischen Jagdflugzeugmustern
zurückzugewinnen. Mit einer den
französischen Nieuportflugzeugen
nachgebauten Flügelkonstruktion
und einem Flugmotor mit hohem
Dichtungsverhältnis für bessere
Leistungen in großen Höhen wurde
es 1917 zum Hauptflugzeugmuster der
deutschen Jagdfliegerkräfte.

zu führen. Im Verlauf der Sommeschlacht wurden 298 Ziele mit 17 600
Bomben belegt. Noch bedeutsamer als der materielle Schaden war die tiefe
Beunruhigung, die das Erscheinen von Fliegerkräften bei den erschöpften
und ruhebedürftigen Verbänden im rückwärtigen Gebiet auslöste. Der
deutsche Generalstab, der seine Offensive bei Verdun nicht einstellen
wollte, zog Fliegerkräfte von der russischen Front zur Verstärkung der
Westfront ab. Doch für die Unterbringung dieser Fliegerkräfte, denen die
Erfahrungen der Materialschlachten des Westens fehlten, waren keine
ausreichenden Vorbereitungen getroffen worden, so daß sich die Flugplätze rasch überfüllten und zur gegenseitigen Behinderung der
Fliegerabteilungen führten. Die Schwierigkeiten erhöhten sich beträchtlich, als anglo-französische Fliegerverbände die überbelegten Flugplätze
systematisch bombardierten. Die deutschen Luftstreitkräfte hatten im
September 1916 an der Somme einen Tiefpunkt erreicht, der dem bei der
Jahreswende 1914/15 glich. Erneut war der deutsche Imperialismus, der
seinen zeitweiligen Vorsprung überschätzt hatte, theoretisch, taktisch,
organisatorisch, qualitativ und quantitativ in der Luft von den Enten-

Französische «Nieuport»
über dem Trichterfeld des Niemandlands

temächten überrundet worden. Das reale ökonomische und militärische Kräfteverhältnis war im Luftkrieg voll zu seinen Ungunsten wirksam geworden, wurde noch verschärft durch die ungenügende Einschätzung der Entwicklungstendenzen im Luftkrieg und das Festhalten an veralteten Anschauungen über die Führung des Luftkriegs. Die herrschenden Kreise des deutschen Imperialismus, wollten sie ihren Eroberungskrieg fortsetzen, sahen sich im Herbst 1916 gezwungen, alle verfügbaren Kampfmittel noch rücksichtsloser einzusetzen und die personellen und wirtschaftlichen Reserven stärker als je zuvor auszuschöpfen. Die Verschärfung der Kriegspolitik des deutschen Imperialismus fand ihren sichtbaren Ausdruck in der Berufung Paul von Hindenburgs zum Chef der OHL und Erich Ludendorffs zum Generalquartiermeister am 29. August 1916.

Um dem überlegenen ökonomischen Potential der Ententemächte zu begegnen, entwickelte die neue OHL ein Rüstungsprogramm, das vorsah, die deutsche Kriegsproduktion wesentlich zu erhöhen. Die Produktion von Flugzeugen sollte bis zum Frühjahr 1917 um das Dreifache gesteigert werden. Der schwierigen Lage der kaiserlichen Fliegerkräfte war jedoch nicht allein durch Produktionssteigerungen beizukommen. Es machte sich gleichfalls eine entsprechende Neuorganisation der Fliegerkräfte erforderlich. Am 8. Oktober 1916 wurde der zweite große Anpassungsversuch der Fliegerkräfte des deutschen Imperialismus an die Erfordernisse des Krieges durch die Ernennung eines «Kommandierenden Generals der Luftstreitkräfte» eingeleitet, dem die gesamten Fliegerkräfte, Feldluftschiffe, Lenkluftschiffe, Flak- und Heimatluftschutz unterstellt wurden und der für den «einheitlichen Ausbau, die Bereitstellung und den Einsatz» dieser Kräfte verantwortlich gemacht wurde. Die Fliegerkräfte im kaiserlichen Deutschland waren damit als eine selbständige Waffengattung anerkannt worden, die jedoch in der Reihenfolge der Waffengattungen hinter den Pionieren und vor den Verkehrstruppen rangierte. Zum Befehlshaber wurde General der Kavallerie Erich von Hoeppner ernannt.

Die Reorganisation der deutschen Luftstreitkräfte, die aus den illusionären Hoffnungen des deutschen Imperialismus erwuchs, durch große militärische Offensiven doch noch zum uneingeschränkten Siegfrieden zu gelangen, hatte zur Folge, daß der deutsche Generalstab vorübergehend noch einmal die Initiative in der Luft ergreifen und seine unvermeidbare Niederlage hinauszögern konnte.

Die Reorganisation erfaßte die Fliegerkräfte an der Front und im Hinterland sowie die Flugzeugindustrie. Sie vollzog sich auf der Grundlage der Verschärfung der imperialistischen Kriegspolitik und der zunehmenden Militarisierung des gesamten gesellschaftlichen Lebens in Deutschland.

Ausgangspunkt war die weiter forcierte staatsmonopolistische Regulierung in der Flugzeugindustrie, in deren Ergebnis Staatsapparat und

Flugzeugkonzerne noch enger zusammenwuchsen. In einem Nachkriegsmemorandum über die deutsche Flugzeugindustrie im ersten Weltkrieg hieß es zutreffend: «Das Flugzeugwesen, im besonderen das militärische, und die Flugzeugbau-Industrie sind auf das engste miteinander verbunden durch welthistorische, unzerreißbare Bande. Die Kriegsgeschichte ist gleichzeitig auch die industrielle Entwicklungsgeschichte.» Zur Zentrale der wirtschaftlichen Mobilisierung der Flugzeugindustrie wurde die Inspektion der Fliegertruppen, an deren Spitze Major Wilhelm Siegert stand. Im Gegensatz zu anderen Wirtschaftszweigen gelang es, in der Flugzeugindustrie offensichtlich mit der Inspektion der Fliegertruppen ein Zentralorgan zu schaffen, das sowohl die Interessen der Flugzeugkonzerne als auch die der Heeresorgane gleichermaßen wahrnahm.

Die im Rahmen der deutschen Großkonzerne eine noch geringe Rolle spielende Flugzeugindustrie benutzte die Inspektion der Flieger als das Hauptmittel, sich im System der Kriegswirtschaft zu behaupten, ihre Aktivität auszudehnen und sich Maximalprofite zu sichern. Diese Politik konnte von ihr um so leichter befolgt werden, weil sich die Inspektion der Flieger außerordentlich großzügig und entgegenkommend gegenüber allen Wünschen der Flugzeugindustriellen verhielt. Siegert urteilte später: «Grundsätzlich wurde der Industrie jegliche Unterstützung und Hilfeleistung durch die Organe der Idflieg zuteil.» Das neue Rüstungsprogramm der OHL führte auch in der Flugzeugindustrie dazu, «daß für die Arbeiter ... ein Militärzuchthaus, für die Bankiers und Kapitalisten aber ein Paradies geschaffen» wurde. (W. I. Lenin, Werke, Bd. 25, S. 343). Von der Inspektion der Fliegertruppen wurde ein zentralisiertes System aufgebaut, das einerseits über die Zentrale Abnahmekommission und die Ende 1916 bei allen Firmen eingerichteten Bauaufsichten die Verbindungen zur Industrie sicherstellte und das andererseits über das Materialdepot in Berlin-Adlershof und die gleichfalls dort beheimatete Prüfungsanstalt und Werft der Fliegertruppen (PuW) der Industrie bei der Rohstoffversorgung, Zuweisung von Arbeitskräften, bei Entwicklungsarbeiten usw. entscheidend unter die Arme griff. Insbesondere bei der kostspieligen Entwicklung neuer Flugzeugmuster wurde von der PuW der notwendige Vorlauf geschaffen und den Flugzeugindustriellen zur Ausbeutung verfügbar gemacht, weil − wie Hoeppner 1921 feststellte − «die Fabriken den Serienbau einmal eingeführter Flugzeuge bevorzugten, aber wenig geneigt waren, grundlegende neue Versuche anzustellen».

Mit den ab Ende 1916 bei allen Flugzeugwerken eingerichteten Bauaufsichten von Fliegeroffizieren war ein typisches Organ der staatsmonopolistischen Regulierung der Kriegswirtschaft geschaffen worden. Einerseits hatten sie die Interessen der Heeresverwaltung wahrzunehmen, indem sie die Herstellung der Flugzeuge und des Flugzeuggeräts überwachten, auf der anderen Seite waren sie faktisch von den Unternehmern in Dienst genommene Staatsbeamte, die zum Nutzen der Industriellen bei der Beschaffung von Materialien, Arbeitskräften und zu allen nur denkbaren Hilfeleistungen eingespannt waren.

Das engere Zusammenwirken von Inspektion der Fliegertruppen und Flugzeugindustrie hatte zur Folge, daß die Produktion von Flugzeugen 1917 gegenüber 1916 zwar nicht um das geforderte Dreifache, jedoch um über das Doppelte gesteigert werden konnte.

Auch die Qualität der bereitgestellten Flugzeuge erhöhte sich vor allem durch die Entwicklung leistungsfähigerer Motoren von 220 bis 260 PS. Zu den bedeutendsten Flugzeugwerken, die über 1 000 Arbeiter beschäftigten, entwickelten sich die Albatrosgesellschaft für Flugzeugunternehmungen, die AEG, Abteilung Flugzeugfabrik, die Deutschen Flugzeugwerke, die Hansa und die Brandenburgischen Flugzeugwerke, die Luftverkehrsgesellschaft, die Rumpler-Werke, die Luftfahrzeuggesellschaft und die Pfalz-Flugzeugwerke.

Das stärkste Flugzeugunternehmen war die Albatrosgesellschaft, die im Verlauf des Krieges ihre Belegschaft von 560 Arbeitern und 80 Beamten auf 2 260 Arbeiter und 350 Beamte erhöhte, daneben im Zuge der imperialistischen deutschen Okkupationspolitik in Warschau, aber auch in Schneidemühl (Piła) und in Friedrichshagen bei Berlin Zweigniederlassungen mit insgesamt 3 537 Arbeitskräften errichtete. Die Produktion war von 339 Flugzeugen im Jahre 1914 auf 3 626 im Jahre 1917 gestiegen. Von ihr wurde während des Krieges jedes fünfte deutsche Flugzeug geliefert. Eine ähnliche rasche Entwicklung nahm der Flugzeugbau bei einzelnen Großkonzernen, zum Beispiel bei der AEG, die 1914 200 Arbeiter bei der Herstellung von 20 Flugzeugen beschäftigte, 1917 jedoch schon 2 300 und 1918 sogar 3 200 Arbeitskräfte in der Flugzeugproduktion einsetzte. Die AEG-Flugzeugwerke wurden damit zu einer der größten Produktionsstätten beim Bau von Bombenflugzeugen. Darüber hinaus vergrößerte die AEG ihren Einfluß auf die Flugzeugindustrie durch Beteiligungen an anderen Firmen. Im Juni 1917 zum Beispiel schloß sie einen Vertrag mit der AGO ab, die daraufhin ihre Produktion verdoppeln konnte. Eines der kapitalkräftigsten Werke der Flugzeugindustrie war die Luftfahrzeuggesellschaft, an der unter anderen die Deutsche Bank, Krupp, Loewe, Stinnes und Hans von Bleichröder beteiligt waren. Einen raschen Aufschwung nahm die Flugzeugproduktion auch in dem 1916 gegründeten Flugzeugwerk von Schütte-Lanz in Zeesen, hinter dem das Kapital des Schwerindustriellen August Röchling stand, während in der Deutschen Flugzeugwerke G.m.b.H. in Leipzig-Lindenthal die Mittel Friedrich Flicks steckten.

Es war charakteristisch für die Jahreswende 1916/17, daß sich innerhalb der führenden Flugzeugwerke eine Spitzengruppe herausbildete, die vor allem hinsichtlich ihres Wachstums und der Entwicklungsarbeit einen

Die Flugzeugproduktion Deutschlands im ersten Weltkrieg
nach Flugzeuggattungen

Typenbe-zeichnung	Verwendungs-zweck	äußere Charakte-ristik	1914	1915	1916	1917	1918	Gesamt
A	Aufklärungs-flugzeug	Doppelsitziger Eindecker mit Bewaffnung	294	13	22	–	–	329
B	Aufklärungs-Schulflugzeug	Doppelsitziger Doppeldecker ohne Bewaffnung	1 054	1 312	440	2 993	25	5 824
C	Aufklärungs-Bomben-, Schutzflugzeug	Doppelsitziger Doppeldecker mit Bewaffnung	–	2 674	4 726	10 337	7 320	25 057
Cl	Schlacht-, Schutzflugzeug	Doppelsitziger Doppeldecker mit Bewaffnung						
E	Jagdflugzeug	Einsitziger Eindecker mit Bewaffnung	–	347	300	–	381	1 028
D	Jagdflugzeug	Einsitziger Doppeldecker mit Bewaffnung	–	1	2 129	4 945	5 132	12 207
Dr	Jagdflugzeug	Einsitziger Dreidecker mit Bewaffnung	–	–	–	338	1	339
I	Schlacht-, Verbindungs-flugzeug	Doppelsitziger gep. Doppeldecker mit Bewaffnung	–	–	–	450	463	913
G	Bombenflugzeug	Mehrsitziges Großflugzeug oder Riesenflugz. mit Bewaffnung	–	185	465	589	789	2 028
N	Nachtbomben-flugzeug	Mehrsitziges Großflugzeug mit Bewaffnung	–	–	100	94	10	204
S	Schlacht-flugzeug	Kompromiß zwischen CL und I-Typ	–	–	–	–	2	2
		Gesamt	1 348	4 532	8 182	19 646	14 123	47 831

bedeutenden Vorsprung gegenüber anderen Werken errang. In der Flugzeugproduktion vollzog sich ebenfalls eine Konzentration der Produktion und, was für die Zukunft dieses Industriezweigs noch bedeutsamer war, eine Konzentration des Entwicklungsvorlaufs, an dem sich nur die kapitalkräftigsten Firmen beteiligen konnten. Die Chancen von industriellen

Die bedeutendsten Flugzeugwerke des deutschen Imperialismus im ersten Weltkrieg

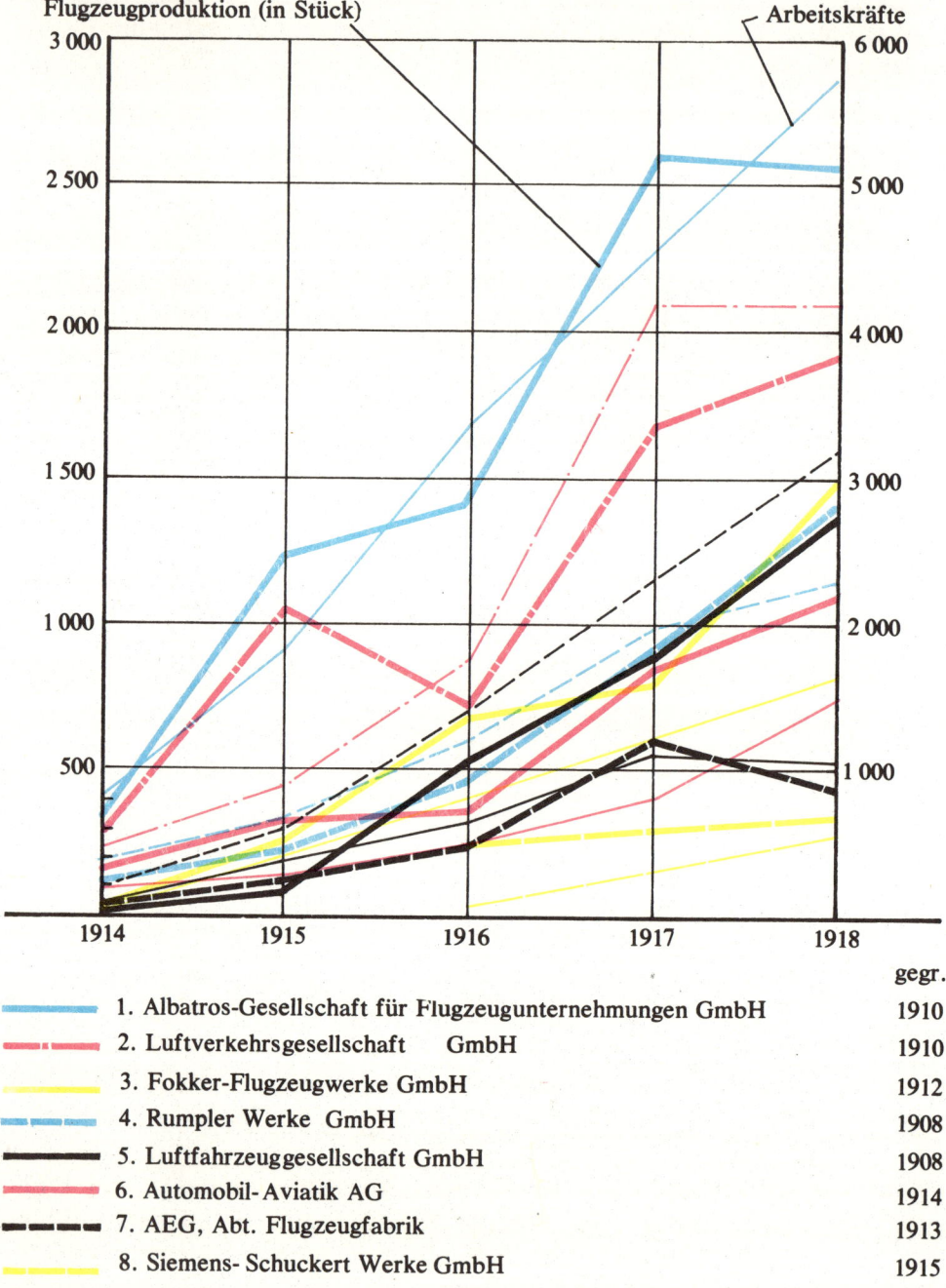

Flugzeugproduktion (in Stück)

Arbeitskräfte

		gegr.
	1. Albatros-Gesellschaft für Flugzeugunternehmungen GmbH	1910
	2. Luftverkehrsgesellschaft GmbH	1910
	3. Fokker-Flugzeugwerke GmbH	1912
	4. Rumpler Werke GmbH	1908
	5. Luftfahrzeuggesellschaft GmbH	1908
	6. Automobil-Aviatik AG	1914
	7. AEG, Abt. Flugzeugfabrik	1913
	8. Siemens-Schuckert Werke GmbH	1915

Außenseitern verminderten sich. In der Produktion von Großflugzeugen nahmen die AEG, Siemens-Schuckert und die Gothaer Waggonfabrik einen führenden Platz ein, in der Produktion von Kampf- und Jagdflugzeugen die Albatroswerke, die Fokker-Flugzeugwerke, die Halberstädter Flugzeugwerke, die Luftverkehrsgesellschaft, die Luftfahrzeuggesellschaft, die AGO-Flugzeugwerke und die Automobilaviatik.

Bezeichnend ist, daß in der Entwicklung mehrmotoriger Großflugzeuge die stärksten Flugzeugfirmen, die in der Regel die Macht eines gewaltigen Konzerns im Rücken hatten, tonangebend waren. Nur durch den Einsatz immer höherer Mittel und einer verbesserten Technologie war es auf diesem Gebiet des Flugzeugbaus möglich, Spitzenleistungen zu erzielen.

Die Profite, die beim Bau von Großflugzeugen erzielt wurden, lagen ebenfalls beträchtlich höher als jene Gewinne, die die Flugzeugindustriellen aus der Produktion von Jagd- oder Aufklärungsflugzeugen zogen, obwohl die Preise für Flugzeuge seit 1914 insgesamt erheblich gestiegen waren. Bei Ausbruch des Krieges hatte eine Rumpler-Taube 25 000 Mark gekostet, die Preise der ersten C-Flugzeuge lagen bei 35 000 Mark. 1917/18 kostete ein C-Flugzeug schon zwischen 40 000 und 60 000 Mark. Die Kosten der von der AEG, Gotha, Staaken und Linke-Hofmann gelieferten Großflugzeuge beliefen sich dagegen auf 500 000 Mark; Siemens-Schuckert forderte für seine sechsmotorigen Bombenflugzeuge vom Typ R VIII sogar 750 000 Mark.

Kleinere Firmen waren nicht in der Lage, in diesem Konkurrenzkampf zu bestehen, obwohl, unter modernen Maßstäben betrachtet, die Entwicklungszeiten noch überaus gering waren. Für ein einmotoriges Flugzeug war – bei Bereitstellung eines entsprechenden Motors, dessen Entwicklung oftmals Jahre beanspruchte – eine einmonatige Entwicklungsarbeit im Werk notwendig. Vom Tag der Auftragserteilung bis zu den ersten Auslieferungen an die Front verstrichen im Durchschnitt nur sechs Wochen, bei zweimotorigen Flugzeugen acht Wochen.

Nur unter Berücksichtigung dieser Umstände ist es auch verständlich, weshalb es in Deutschland gelang, in relativ kurzer Zeit große Teile der Fliegerkräfte auf neue Flugzeugtypen umzurüsten. Die Erfahrungen und die Folgen der Schlachten bei Verdun und an der Somme hatten auf Grund der erwiesenen Unterlegenheit der Fokker-Einsitzer und der C-Flugzeuge die Entwicklung neuer Flugzeugmuster zu einem dringenden Erfordernis für die Luftkriegführung des deutschen Imperialismus gemacht. Die C-Flugzeuge wurden ab August 1916 in neuen Versionen mit 200- bis 260-PS-Motoren ausgeliefert, die größere Geschwindigkeiten und bessere Steigfähigkeit erreichten, mit Funkgeräten zum Senden und Empfangen ausgestattet und durchgängig mit 2 Maschinengewehren ausgerüstet waren. Wenig später begann die Auslieferung neuer Doppeldeckerjagdflugzeuge, die vor allem von den Albatroswerken geliefert wurden. Mit einem 160-PS-

Sopwith Triplane Der Sopwith-Dreidecker
kam ab November 1916 bei den
britischen Fliegerkräften an der
Westfront zum Einsatz. Seine
außerordentliche Wendigkeit und
Steigfähigkeit machten ihn vorübergehend zu einem überlegenen Jagdflugzeug der Entente. Sein Einsatz und
seine Erfolge bewirkten, daß nicht
weniger als 14 deutsche beziehungsweise österreichisch-ungarische
Flugzeugfirmen ebenfalls Dreidecker-
entwürfe vorlegten. Bereits im Sommer
1917 wurde der Sopwith-Dreidecker
durch die Sopwith Camel ersetzt und
nur noch für Ausbildungszwecke verwendet. △

Albatros D V Die Albatros D V war
eine Weiterentwicklung der Albatros
D III. Mit ihr sollte der Mitte 1917
von den englisch-französischen
Fliegerkräften errungene technische
Vorsprung bei den Jagdfliegerkräften
eingeholt werden. Sie erfüllte nicht
die in sie gesetzten Erwartungen.
Trotzdem war die D V der von allen
Albatros-Jagdflugzeugen am meisten
gebaute Typ. ▽

Motor ausgerüstet, erreichten diese D-Flugzeuge eine Höchstgeschwindigkeit von 165 bis 170 Kilometern in der Stunde und eine Flughöhe von 5 000 Metern.

Die Mobilisierung der rüstungswirtschaftlichen Potenzen des deutschen Imperialismus bildete das Rückgrat für die Reorganisation des Flugwesens und die Durchsetzung neuer Einsatzgrundsätze. Im wesentlichen holte die militärische Führung des deutschen Imperialismus damit das nach, was vom französischen und britischen Oberkommando bereits im Ergebnis der Schlacht bei Verdun getan worden war, entwickelte darüber hinaus jedoch bestimmte eigene taktische Grundsätze.

Die Kopie des anglo-französischen Vorbilds trat bei der neuen Struktur besonders deutlich hervor. Wie bei der französischen Armee wurden die beratenden Stabsoffiziere bei den Armeen in Kommandeure der Flieger bei den Armeeoberkommandos umgewandelt, wurden bei den an Hauptkampfabschnitten eingesetzten Generalkommandos Gruppenführer der Flieger eingesetzt, die jeweils 6 bis 8 Abteilungen in sogenannten Flieger-

Luftverkehrsgesellschaft C II (Roland)
Der Roland-Zweisitzer war 1916 eines
der meistverwendeten und besten
Mehrzweckflugzeuge der deutschen
Fliegerkräfte. Der Erstflug fand
im Oktober 1915 statt, ab März 1916
wurden sie an der Front eingesetzt.
Sie fanden als Fern- und Nahaufklärungsflugzeuge, als Artillerieaufklärer und
als Nachtbombenflugzeuge Verwendung.
Insgesamt wurden 250 bis 300 Stück
gebaut. Ab Mitte 1917 wurden sie
aus dem Fronteinsatz gezogen.

leitungen zusammenfaßten. Auf diese Weise sollte ein einheitlicher Einsatz der Aufklärungs-, Artillerie- und Jagdfliegerkräfte sichergestellt werden. Im Zusammenhang damit wurde eine Gewaltaufrüstung der Fliegerkräfte befohlen, die vorsah, die vorhandenen 81 Fliegerabteilungen um 75 Einheiten zu vermehren bzw. sie umzubilden. Schwerpunkt bei der Verstärkung der Fliegerkräfte waren die Jagdfliegerverbände, die Schutz- und die Artillerieaufklärerstaffeln. Die am 1. Oktober 1916 vorhandenen 7 Jagdstaffeln sollten bis zum Frühjahr 1917 auf 36 Staffeln zu je 14 Flugzeugen gebracht werden. Ihre Aufgabe sollte es ausschließlich sein, im zusammengefaßten Einsatz die Luftherrschaft zu erkämpfen und den Weg für die Arbeitsflugzeuge zu bahnen. Auch hier ahmte die deutsche Führung die Ententemächte nach und vollendete die mit der Schlacht bei Verdun eingeleitete Entwicklung. Die noch bei den Fliegerabteilungen vorhandenen E-Einsitzer sollten in dem Maße herausgezogen werden, wie sich die Zuführung von Schutzflugzeugen entwickelte. Aufgabe der Schutzstaffeln, schwer bewaffneter Begleitjagdflugzeuge, von denen 30 gebildet wurden, sollte es sein, die Aufklärungs- und Artillerieflieger bei der Erfüllung ihrer Aufträge zu eskortieren. An die Stelle der aufwendigen Luftsperre traten die aus C-Flugzeugen gebildeten Kampfpatrouillen. Den Stamm für diese neue Art der Fliegerkräfte entnahm man den 7 Kampfgeschwadern der OHL, von denen 4 aufgelöst und in 27 Schutzstaffeln umgewandelt wurden.

Um die gegenüber Frankreich stark ins Hintertreffen geratenen Artillerieaufklärer zu verstärken und die Leistungen der Artillerie angesichts der schwierigen Munitionslage zu verbessern, wurden die 45 Artilleriefliegerabteilungen von je 4 auf 6 Flugzeuge gebracht, 35 Feldfliegerabteilungen in Artillerieaufklärungsabteilungen umgewandelt und 16 derartige Abteilungen neu aufgestellt. Im März 1917 existierten 96 Fliegerabteilungen (A), die alle an der Westfront eingesetzt waren, und 48 Fliegerabteilungen, die an der Ostfront und auf dem Balkan lagen oder zur Fernaufklärung im Westen dienten.

In Organisation und Taktik der Fliegerkräfte hatte die militärische Führung des deutschen Imperialismus auf vielen Gebieten mit Frankreich und Großbritannien gleichgezogen, bei den Methoden zur Erkämpfung der Luftherrschaft sogar durch die aus den Umständen geborene Teilung der Aufgaben zwischen Jagd- und Schutzstaffeln einen Vorsprung errungen, der sich durch das zeitweilig bessere Flugzeugmaterial noch vergrößerte. Zurückgeblieben waren dagegen die Entwicklung der Taktik der Unterstützung der Bodentruppen durch Flugzeuge. Diesem Verwendungszweck schenkte der deutsche Generalstab 1916 noch wenig Beachtung. Der Einsatz von Bombenfliegerverbänden in die operative Tiefe des gegnerischen Frontgebiets stand ebenfalls im Hintergrund, teilweise bedingt durch die Dezimierung der Kampfgeschwader der OHL. Allerdings ging die Führung des deutschen Imperialismus planmäßig daran, den Fernluftkrieg gegen Großbritannien und Frankreich vorzubereiten, worauf später noch einzugehen sein wird.

In der Entwicklung der Luftkriegskunst war die zweite Hälfte des Jahres 1916 dadurch gekennzeichnet, daß die imperialistischen Großmächte begannen, ihre Fliegerkräfte operativ einzusetzen. Die Anstrengungen der Fliegerkräfte wurden mit denen der Landstreitkräfte noch stärker koordiniert. Für die Kampfhandlungen in der Luft war der beginnende Masseneinsatz von Flugzeugen charakteristisch. Starke Jagdfliegerkräfte kämpften planmäßig den Luftraum für die «Arbeitsflugzeuge» frei. Bedeutsam war ferner das Eingreifen von Flugzeugen in die Kampfhandlungen auf der Erde in der Form von Tiefangriffen und des systematischen Bombardements des rückwärtigen Frontgebiets.

«Eine besondere Art von Menschenjagd»

Hatte das französische und britische Oberkommando die Lehren aus der Schlacht von Verdun für die Entwicklung seiner Fliegerkräfte gezogen, so zog das deutsche Oberkommando aus den Erfahrungen der Schlacht an der Somme Vorteile für die Weiterentwicklung seiner Fliegerkräfte, die dazu beitrugen, daß sich der deutsche Imperialismus 1917 zur Luft behaupten konnte.

Insgesamt war der Verlauf des Luftkriegs im Jahre 1917 von einer steigenden zahlenmäßigen Überlegenheit der Fliegerkräfte der Entente bestimmt, die sich auf ein überlegenes Menschen- und Wirtschaftspotential stützen konnten, das schließlich auch den Ausgang des Luftkriegs vorherbestimmte. Die Flugzeugproduktion dieser Mächte lag 1917 fast um das Doppelte höher als in Deutschland. Personal- und Materialschwierig-

Flugmotorenproduktion in den imperialistischen Staaten während des ersten Weltkriegs

	in Stück
Deutschland	40 449
Österreich-Ungarn	4 346
Gesamt	44 795
Frankreich	93 100
Großbritannien	41 034
USA	28 509
Italien	24 300
Rußland	1 511
Gesamt	188 454

Die Flugzeugproduktion der imperialistischen Mächte
im ersten Weltkrieg (in Stück)

	1914	1915	1916	1917	1918	Gesamtproduktion
Deutschland	1 348	4 532	8 182	19 646	14 123	47 831
Österreich-Ungarn	70	238	931	1 714	2 438	5 391
Gesamt	1 418	4 770	9 113	21 360	16 561	53 222
Großbritannien	245	1 933	6 099	14 748	32 036	55 061
Frankreich	541	4 489	7 549	14 915	24 652	52 146
USA	–	–	83	1 807	11 950	13 840
Italien	–	382	1 255	3 871	6 523	12 031
Rußland	535	1 305	1 870	1 897	–	5 607
Gesamt	1 321	8 109	16 856	37 238	75 161	138 685

keiten waren weitgehend überwunden. Die Initiative in der Luft, die teilweise bis zur Luftherrschaft reichte, lag während des gesamten Zeitraums in den Händen der anglo-französischen Fliegerkräfte.

Das hatte zur Folge, daß von den englisch-französischen Fliegerkräften besonders die Taktik und die Einsatzgrundsätze der «Arbeitsflugzeuge» und der Tiefangriffs- und Bombenflugzeuge weiterentwickelt wurden, während der in die Defensive gezwungene deutsche Imperialismus vor allem die Taktik der zur Abwehr eingesetzten Jagdfliegerkräfte vervollkommnete. Die Aufklärungstätigkeit aus der Luft wurde weiter systematisiert und verbessert. Es erfolgte eine klare organisatorische Trennung zwischen Gefechts-, Nah- und Fernaufklärung. Die Gefechtserkundung lag bei den Infanteriefliegern, deren Einsatzmöglichkeiten sich durch den Einbau von Funkgeräten zum Senden und Empfangen beträchtlich vergrößerten. Sie waren während des Gefechts das wichtigste Verbindungsmittel zwischen der vordersten Grabenstellung, den Divisionskommandeuren und der Führung der Artillerie. Die Infanterieflieger leiteten selbst das Feuer von Grabenkanonen und Minenwerfern. Die Artillerieaufklärer bildeten weiterhin einen der entscheidenden Zweige des Luftaufklärungswesens. Auf Grund der sich immer stärker in die Tiefe ausdehnenden Verteidigungsstellungen und der wachsenden Unübersichtlichkeit des Kampfgeländes wuchsen die Bedeutung, aber auch die Schwierigkeiten beim Einschießen. Die Artillerieaufklärer, ab 1917 durchgehend mit Funkgeräten zum Empfang und zum Senden ausgestattet, standen bei dem Royal Flying Corps in ständiger Verbindung mit der Batterie, dem eigenen Squadron, dem Korps und einer Zentralstation. Sie leiteten das Feuer nach Luftbildkarten, die mit einem Quadratnetz überzogen waren und die Massierung des Feuers auf engstem Raum gestatteten. Über die Artillerieaufklärer hinaus wirkten Divisions- und Korpsaufklärer,

Royal Aircraft Factory SE-5 Die SE-5 war als Jagdflugzeug entwickelt worden. Sie flog erstmals am 16. November 1916 und kam ab April 1917 zum Fronteinsatz. Das Flugzeug war zwar schneller als die französischen Spad- und Nieuportflugzeuge, aber im Luftkampf weniger wendig. Trotzdem standen bei Kriegsende etwa 2 700 Flugzeuge dieses Typs im Dienst der RAF.

denen Streifen von 6 bis 8 Kilometer Tiefe zugewiesen waren. Ihre Streifen wurden wiederum überlappt durch die Aufklärungssektoren der Armee, die eine Tiefe bis zu 24 Kilometern erreichten. Darüber hinaus wurde durch Fernaufklärungsflugzeuge der Heeresgruppen oder der Heeresleitung erkundet.

Wesentliche Fortschritte machte bei den britischen Fliegerkräften der Einsatz von Tiefangriffsflugzeugen, die in der Art von Schlachtflugzeugen verwendet wurden. Obwohl dafür keine Spezialflugzeuge konstruiert, sondern Jagdflugzeuge eingesetzt wurden, spielten sie eine immer größere Rolle bei allen Angriffsgefechten. Im Verband von 6 Flugzeugen griffen sie in breiter Front oder in Kiellinie fliegend aus 180 bis 240 Meter Höhe Schützengräben, MG- und Artilleriestellungen, Truppenkolonnen usw. an. Ihre Angriffswaffen waren Maschinengewehre und zwei 9-Kilogramm-Bomben.

Einen weiteren Aufschwung erfuhren auch die Bombenfliegerkräfte. Seit 1917 hatte sich in der französischen und britischen Führung die Auffassung durchgesetzt, daß die Hauptaufgabe der Fliegerkräfte nicht in der Beobachtung, sondern in ihrer Mitwirkung in der Schlacht liege. Neben Tiefangriffen zur unmittelbaren Unterstützung des Angriffs sollten sie in Vorbereitung des Angriffs planmäßig die rückwärtige Frontzone des Gegners desorganisieren, seine Fliegerkräfte und sein Flugstützpunkt-

system niederkämpfen, um bei Angriffsbeginn im Masseneinsatz die Frontzone vom rückwärtigen Armeegebiet zu trennen. Hauptziele derartiger Angriffe waren gegnerische Kolonnen, Truppenunterkünfte, Bahnhöfe, rollendes Material, fahrende Züge, Munitionslager und Flugplätze. Die mit steigender Wucht geführten Luftangriffe trugen erheblich zur Unterstützung der Bodenoperationen der Entente im Jahre 1917 bei.

Der vom britischen und französischen Imperialismus eingeschlagene

Kurs, die Fliegerkräfte vor allem zur Unterstüzung der Landstreitkräfte einzusetzen, sicherte ihnen zwar die Initiative in der Luft, die aber nur unter schwersten Verlusten errungen wurde. Die deutsche Führung sah die Hauptaufgaben ihrer Fliegerkräfte darin, eine eigene Aufklärung durchführen zu können und das Ausmaß der gegnerischen Kampfhandlungen aus der Luft einzuschränken. Die direkte Unterstützung der Bodentruppen durch Angriffe von Schlacht- und Bombenflugzeugen auf die gegnerischen Stellungen war dem untergeordnet. Damit wuchsen die Jagdfliegerkräfte zwangsläufig in eine Führungsrolle innerhalb der kaiserlichen Fliegerkräfte hinein. Ohne Zweifel leisteten die Jagdfliegerstaffeln einen entscheidenden Beitrag bei der erfolgreichen Lösung der defensiven Konzeption der deutschen Luftkriegführung im Jahre 1917/18. In die Verteidigung gedrängt, mußte der deutsche Imperialismus gerade auf diesem Gebiet Lösungen finden, mit denen er eine absolute Luftherrschaft der Entente verhinderte.

Die imperialistische deutsche Luftkriegsgeschichtsschreibung stellt jedoch die Dinge auf den Kopf, wenn sie das Wesen des Luftkriegs im ersten Weltkrieg auf den Einsatz der Jagdflieger reduziert. Der hohe Stand des Jagdfliegerwesens im kaiserlichen Deutschland war nicht Ausdruck der

Spad XIII Die Spad XIII war das Hauptflugzeugmuster der französischen Jagdfliegerkräfte zwischen Frühjahr 1917 und Kriegsende. Sie wurde auch von den in Westeuropa eingesetzten amerikanischen Fliegerkräften geflogen. Der erfolgreiche französische Jagdflieger Georges Guynemer wurde in einer Spad abgeschossen. Ihr wurde vor allem nachgerühmt, daß sie sich ausgezeichnet als Schießplattform eigne. Dem Versuch, in die Spad eine 37-mm-Maschinengewehrkanone einzubauen, war jedoch kein Erfolg beschieden, da der Rückstoß zu heftig war. Sie stand bis 1923 im Dienst der französischen Luftstreitkräfte. Insgesamt wurden 8 472 Spad XIII gebaut.

Stärke, geschweige denn einer angeblichen Überlegenheit der imperialistischen deutschen Luftstreitkräfte, sondern Ausdruck der Schwäche des deutschen Imperialismus, der auf Grund seines begrenzten ökonomischen Potentials nicht in der Lage war, seine Fliegerkräfte allseitig zu entwickeln.

Insofern ist die jahrzehntelange – bis in die Gegenwart fortgesetzte – Heroisierung und Glorifizierung der sogenannten Kanonen wie Oswald Boelcke, Max Immelmann, Manfred von Richthofen, Ernst Udet, Rudolf Berthold, Theo Osterkamp, Eduard Ritter von Schleich durch den deutschen Militarismus nur eine raffinierte Verschleierung der Unterlegenheit des deutschen Imperialismus im Luftkrieg, die obendrein noch dazu benutzt worden ist, eine ganze Generation junger Deutscher mit dem Gift des Chauvinismus zu verseuchen und im Geiste des Völkerhasses zu erziehen.

Die Führer der Jagdfliegerkräfte des imperialistischen Deutschlands waren typische Produkte des kaiserlichen Offizierskorps, die häufig deutlich betont und standesbewußt die Politik des deutschen Imperialismus unterstützten beziehungsweise den Schichten angehörten, die diese Politik machten. Sie repräsentierten nicht nur das herrschende System, das sich im tiefen Gegensatz zu den Interessen des deutschen Volkes befand, sondern waren auch eine Auslese des preußisch-deutschen Offizierskorps.

Vom Durchschnittsoffizier unterschieden sie sich entweder durch eine klassenmäßige exklusive Herkunft – der hohe Anteil adliger Kavallerieoffiziere ist auffallend, erklärt sich zum Teil durch die Bedeutungslosigkeit der Kavallerie im Stellungskrieg –, durch eine gewisse technische Begabung oder Vorbildung oder auch nur durch den Ehrgeiz nach schneller Beförderung und Auszeichnung. Typisch für die klassenmäßige Exklusivität war, daß es innerhalb des mehrere tausend Mann zählenden Offizierskorps der Jagdfliegerkräfte ganze 5 Offiziere gab, deren Väter kleine Handwerker oder Arbeiter waren.

Die Moral dieser Offiziere, bei denen im allgemeinen der vom Kadettenkorps erzogene Offizier überwog, war bestimmt vom Glauben an die Überlegenheit des deutschen Imperialismus und Militarismus, der sich bei einzelnen – wie bei Richthofen – bis zum Rassendünkel des «Germanen» gegenüber dem «Romanen» und «Slawen» übersteigerte, von einem profilierten Elitedenken, das sie zu erbarmungslosen Gegnern der «Masse», des Volkes, machte, und von einem brutalen, erbarmungslosen Vernichtungsdrang. Gewiß lassen sich bei den Jagdfliegern aller imperialistischen Mächte ähnliche Züge nachweisen, nur nahm der vielgerühmte Korpsgeist bei den imperialistischen Luftstreitkräften Deutschlands besonders militante und abstoßende Züge an. Gedanken, wie sie sich der bekannte britische Jagdflieger Albert Ball machte, daß er «es müde sei, nur dem Töten zu leben, und sich allmählich wie ein Mörder vorkomme»,

Der General und sein Vollstrecker: Erich von Hoeppner empfängt Manfred von Richthofen

wären einem Richthofen nie gekommen, der das unmenschliche Wort prägte, Jagdfliegerei sei eine «Art Menschenjagd», die besonders sorgfältig geübt werden müsse.

Elitedenken, Karrierismus, blinder Glauben an den «Siegfrieden» des deutschen Kaiserreichs und gnadenloser Vernichtungsdrang waren für diese Kaderoffiziere moralischer Ansporn genug, sich unter Anspannung aller physischen und psychischen Kräfte einzusetzen. Ihre Kampfmoral wurde zusätzlich dadurch erhöht, daß der Luftkampf 1917/18 unter Bedingungen stattfand, die den Kampfeinsatz der deutschen Jagdfliegerkräfte begünstigten. Charakteristisch war, daß die deutschen Jagdflieger stets aus der Defensive angriffen, d. h., Luftkämpfe fanden in der Regel über der deutschen Front statt. Den Kommandeuren der deutschen Jagdfliegerkräfte blieb es so vorbehalten, Ort, Zeit und Kräfteeinsatz für einen Angriff zu bestimmen. Die vorherrschenden Westwinde begünstigten wohl das Eindringen der anglo-französischen Fliegerkräfte in den deutschen Luftraum einerseits, behinderten jedoch auf dem Rückflug andererseits die zum Teil angeschossenen Flugzeuge erheblich und machten sie häufig zu einem leichten Opfer deutscher Jagdflugzeuge. Hinzu kam, daß durch die ständige Luftaktivität der Entente die deutschen Jagdstaffeln viel häufiger Luftkämpfe mit ihnen technisch unterlegenen Arbeits- und Bombenflugzeugen zu bestehen hatten als mit gegnerischen Jagdflugzeugen. Die Vernichtung der anglo-französischen «Arbeitsflugzeuge»

wurde ihnen noch erleichtert durch das System der Deckung zur Luft, das die Fliegerkräfte der Entente ihren «Arbeitsflugzeugen» 1917 geben konnten. Hatte die deutsche Führung zur Sicherung ihrer «Arbeitsflugzeuge» Schutzstaffeln aufgestellt, die ebenso wie die «Arbeitsflugzeuge» aus C-Maschinen bestanden, so verwendeten die britischen und französischen Luftstreitkräfte dazu ausschließlich Jagdflugzeuge, die sich jedoch auf Grund ihrer flugtechnischen Eigenschaften nicht an das «Arbeitsflugzeug» ketten ließen. Die zum Schutz eingesetzten Jagdflugzeuge flogen deshalb während der hauptsächlichen Zeit der Tätigkeit ihrer Aufklärungsflugzeuge eine Art Luftsperre. Mit dem stoßweisen Einsatz zahlenmäßig starker deutscher Jagdfliegerstaffeln wurde dieser Schutz jedoch hinfällig.

Auch im Kampf Jagdflugzeuge gegen Jagdflugzeuge erwiesen sich die

1917/18 prägten Gruppenluftkämpfe immer stärker das Bild des Luftkriegsgeschehens an der Westfront

Sopwith Camel Mit der Sopwith Camel schossen die Jagdflieger der Entente mehr deutsche Flugzeuge ab als mit jedem anderen Jagdflugzeug des ersten Weltkriegs. Als Nachfolger des Sopwith-Dreideckers kam sie ab Juli 1917 an die Front. Die Camel wurde auch bevorzugt zur Unterstützung der Landstreitkräfte in der Art von Schlachtflugzeugen eingesetzt. Insgesamt sind über 5 000 Camels produziert worden.

neuen Albatros- und Halberstadt-D-Einsitzer den britischen und französischen Flugzeugtypen zeitweilig als überlegen.

Die Kommandeure der deutschen Jagdfliegerstaffeln schufen zudem im Verlauf der Abwehrschlachten des deutschen Imperialismus an der Westfront im Jahre 1917 eine zweckentsprechende Organisation zum Einsatz ihrer Kräfte. Im Frühjahr 1917 wurden je vier Staffeln einem Jagdgruppenführer bei einem Armeeoberkommando unterstellt. Da bei den Jagdfliegern die Ansicht vorherrschte, ihre Haupteinsatzart wäre der Angriff an sich und nicht die Sicherstellung der Tätigkeit der «Arbeitsflugzeuge», ging man im Juli 1917 noch einen Schritt weiter und bildete aus 40 bis 50 Flugzeugen das erste Jagdgeschwader unter Führung Richthofens. Sein Angriffsraum lag über dem aller übrigen Jagdstaffeln. Diese Jagdstaffeln handelten in Höhen von über 4 000 Metern. Ihre Hauptaufgabe sollte es sein, durchgebrochene gegnerische Aufklärer und Bombenflugzeuge zu bekämpfen und zu vernichten. Das Richthofengeschwader wuchs damit immer mehr in die Rolle eines reinen Vernichtungskommandos hinein, das es in der Technik der «Menschenjagd» zu hoher Perfektion brachte. Die Abschußliste wurde von Richthofen selbst angeführt, der 80 Flugzeugabschüsse für sich in Anspruch nahm, gefolgt von Udet, der 62 Flugzeuge abgeschossen haben wollte.

Unter dem Jagdgeschwader lag der Einsatzraum der Jagdstaffeln, die 1918 an Stelle der Schutzstaffeln die Sicherung der in mittleren Höhen handelnden «Arbeitsflugzeuge» übernahmen.

Der deutsche Einsatz der Jagdfliegerkräfte erwies sich dem französischen und dem britischen System überlegen, weil sich die deutschen Jagdfliegerkräfte durch ihren stoßweisen Masseneinsatz stets vorübergehend den Luftraum freikämpfen konnten, während die britisch-französischen Jagdflieger ihre Hauptkräfte beim modifizierten Sperre- und Begleitschutzfliegen verzettelten. Trotzdem erzielten auch die Jagdflieger der Entente hohe Abschußergebnisse. Als erfolgreichster französischer Jagdflieger galt René Fonck, dem 75 Abschüsse zugeschrieben wurden, gefolgt von Georges Guynemer (54) und Charles Nungesser (45), auf englischer Seite sollen Edward Mannock 73 und William A. Bishop 72 Abschüsse

Fokker Dr. I Der Fokker-Dreidecker entstand als Nachahmung des Sopwith Triplane. Er wurde ab Oktober 1917 an das Jagdgeschwader 1 ausgeliefert, mußte jedoch nach wenigen Tagen wegen einer Unfallserie aus der Front gezogen werden, um erst ab November 1917 wieder voll eingesetzt werden zu können.

Richthofen wurde auf einem Fokker-Dreidecker im April 1918 abgeschossen. Ende Mai 1918 wurde dieses Muster endgültig aus der Front gezogen und nur noch in der Luftverteidigung verwendet.

erzielt haben. Als erfolgreichster Jagdflieger Rußlands wurde P. Marinowitsch (22 Abschüsse) geführt, der USA Eddie Rickenbacker (26), Italiens Francesco Barraca (34) und Belgiens Willy Coppens (35).

Nur unwesentlichen Einfluß übten dagegen die deutschen Fliegerkräfte auf den Verlauf der Kampfhandlungen am Boden aus, während die Fliegerkräfte der Entente – darunter auch die Jagdflieger – in zunehmendem Maße die Kampfhandlungen der Landstreitkräfte durch aktives Eingreifen aus der Luft unterstützten. Vom britischen und französischen Oberkommando wurde 1917 eine einheitliche Leitung der Operationen der Fliegerkräfte zur Unterstützung der Bodenoperationen herbeigeführt. Das Zusammenwirken zwischen Land- und Luftstreitkräften verbesserte sich bei ihnen erheblich.

Höhepunkt im Luftkrieg: 1918

Die Kampfhandlungen im Luftkrieg an der Westfront im Jahre 1918 führten auf seiten beider imperialistischer Blöcke zu einer weiteren Ausbildung und Entwicklung der Fliegerkräfte. In Frankreich und Großbritannien näherte man sich am Ausgang des Krieges Organisationsformen und Einsatzgrundsätzen, die für Jahre bestimmend für die Entwicklung der Militärluftfahrt in den imperialistischen Staaten sein sollten.

Charakteristisch für diesen Prozeß war die scharfe Trennung der sogenannten Arbeitsflugzeuge und taktischen Kampfflugzeuge von den operativen Kampfflugzeugen, wobei sich das Schwergewicht des Ausbaus der Fliegerkräfte eindeutig zugunsten der operativen Kampfflugzeuge verschob. Bei den Ententemächten wurde der 1917 eingeschlagene Kurs konsequent weiterverfolgt und im April 1918 in Großbritannien und im Juli 1918 in Frankreich organisatorisch zum Abschluß gebracht. Als wichtigste Lehre des vergangenen Jahres betrachteten dabei das britische und französische Oberkommando unter anderem die Zentralisierung und Vermehrung ihrer Jagdfliegerkräfte. Verfügte Frankreich bis Ende 1917 nur über 5 Jagdgruppen, so erhöhte sich ihre Zahl bis zum Februar 1918 auf 11. Sechs Jagdgruppen wurden am 10. Februar 1918 in 2 Jagdgeschwadern zusammengefaßt, womit der französische Imperialismus auf diesem Gebiet dem deutschen Beispiel nacheiferte. Jedoch wurden die Jagdgeschwader, anders als im imperialistischen Deutschland, nicht einzelnen Armeen unterstellt, sondern blieben in der Hand der Führung der Luftstreitkräfte, die parallel mit der Bildung von Jagdgeschwadern ihre aufgesplitterten Tag- und Nachtbombenfliegergruppen in Geschwadern konzentrierte und sie mit den Jagdflugzeugen kombinierte.

Am 18. Juli 1918 erfuhr dieser Prozeß seinen Abschluß durch die Bildung einer Fliegerdivision unter General Marie-Victor Duval, die sich

Als «Vater der RAF» heroisiert: General-major Hugh Trenchard, erster Kommandeur der Independent Air Force, Vorläuferin des späteren Bomber Command

De Havilland DH-4 Die DH-4 war 1917/18 das meistgeflogene Mehrzweckflugzeug der britischen Fliegerkräfte. Ursprünglich als schnelles Tagbombenflugzeug entworfen, das maximal 2 104 kg oder 4 51 kg Bomben an Bord nehmen konnte, wurde es auf Grund seiner guten Steigfähigkeit und Höheneignung auch als Artilleriebeobachter und Fernaufklärungsflugzeug eingesetzt. Vor allem in den USA blieben umgebaute DH-4 bis 1932 im Dienst der Luft-streitkräfte. ▷

aus zwei Brigaden mit je einem Tagbombengeschwader und einem Jagdgeschwader sowie aus einem Nachtbombengeschwader und zwei Nachtbombengruppen zusammensetzte. Jedes Jagdgeschwader verfügte über 216 Jagdflugzeuge, die beiden Tagbombengeschwader über 195 Bombenflugzeuge und die Nachtbombereinheiten über insgesamt 161 Maschinen. Die Fliegerdivision erreichte damit eine Gesamtstärke von 788 Flugzeugen und war der erste operative Verband der Luftstreitkräfte, der in der Luftkriegsgeschichte zum Einsatz kam. Allerdings war − wie die Kampfhandlungen im Sommer 1918 bewiesen − die Theorie der Praxis vorausgeeilt; die technischen Voraussetzungen für den Einsatz eines derartigen Verbands waren 1918 noch nicht in vollem Umfang gegeben.

Dem Entwicklungsstand der Luftfahrt entsprach das vom britischen Imperialismus durchgeführte Programm in größerem Maße. In Großbritannien war unter dem Eindruck der steigenden Wirksamkeit der Luftstreitkräfte seit Sommer 1917 eine Kampagne von Militärs, Industriellen und Parlamentariern inszeniert worden, die eine bedeutende Verstärkung der Fliegerkräfte und ihrer Verselbständigung als dritte Teilstreitkraft neben Land- und Seestreitkräften forderten. Am 3. Januar 1918 war aus dem Luftrat bei der britischen Regierung ein Luftministerium gebildet worden und am 1. April 1918 aus dem Royal Flying Corps und dem Royal Naval Air Service die Royal Air Force (RAF). Zum erstenmal in der Militärgeschichte war damit neben die traditionellen Land- und Seestreitkräfte eine neue Teilstreitkraft getreten, die mit revolutionierenden Elementen in das Militärwesen eindrang. Ähnlich wie in Frankreich unterschied die RAF zwischen taktischen und operativen Fliegerkräften.

Die Bombardierung von Paris im ersten Weltkrieg

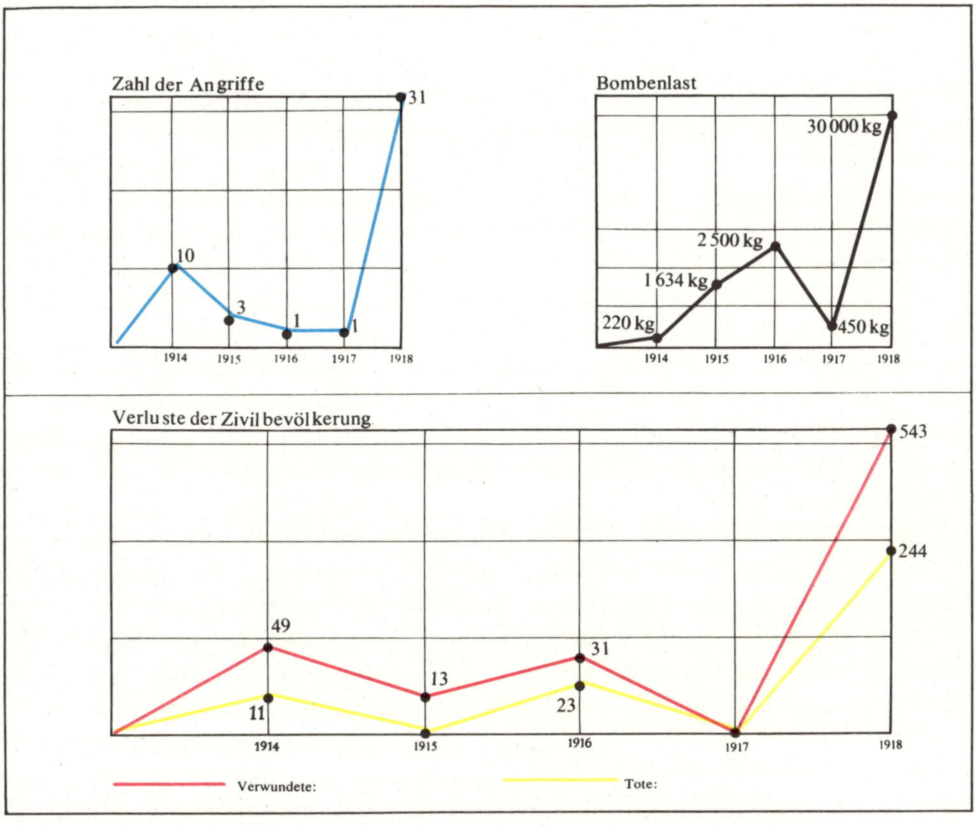

Zahl der Angriffe

31

10

3

1

1

1914 1915 1916 1917 1918

Bombenlast

30 000 kg

2 500 kg

1 634 kg

220 kg

450 kg

1914 1915 1916 1917 1918

Verluste der Zivilbevölkerung

543

244

49

13

31

11

23

1914 1915 1916 1917 1918

Verwundete: Tote:

69

Hauptinstrument des für 1919 geplanten britischen Fernluftkriegs: Handley-Page 0/400.
Die gewaltigen Dimensionen dieses Nachtbombenflugzeugs lassen sich im Vergleich
zum Jagdflugzeug Sopwith Camel ablesen

Während die Mehrheit der Luftbrigaden den Armeen unterstellt blieb,
bildete man aus Teilverbänden am 6. Juni 1918 eine Independent Air Force
unter General Trenchard, Vorläuferin des späteren berühmt-berüchtigten
Bomber Command. Im Juni 1918 verfügte die Independent Air Force über
5 Bombenfliegersquadrons, bei Kriegsende über 9 Bomber- und eine Jagd-
fliegersquadron. Bis zum Frühjahr 1919 sollte sie 54 Squadrons umfassen.

Eine Hauptaufgabe der Independent Air Force wie auch — wenngleich
in minderem Maße — der Fliegerdivision sollte die Bombardierung des
tiefen Hinterlands des Gegners sein. Die britische Führung formulierte
das Ziel dieser Angriffe mit den Worten, «daß materielle Schäden angerichtet werden sollen, die die Herstellung und Beförderung von Kriegsmaterial verzögern und die Haltung der Industriebevölkerung ungünstig
beeinflussen».

Bis zum Jahresende 1918 hoffte der britische Imperialismus seine
Fernfliegerkräfte so ausgebaut zu haben, daß sie Angriffe gegen Berlin
fliegen konnten. Im Frühjahr 1919 sollten schwere Luftangriffe unter
Einsatz von Giftgas gegen die deutsche Hauptstadt geflogen werden. Die
Brutalisierung der Luftkriegführung, die Unmenschlichkeit des Imperialismus und seine skrupellose Mißachtung aller völkerrechtlichen Normen
kulminierten in diesem Programm der herrschenden Kreise Großbritanniens. Allerdings kann nicht übersehen werden, daß sie zu einer derartigen
terroristischen Luftkriegführung gegen die Zivilbevölkerung durch das

Beispiel, das der deutsche Imperialismus ihnen bot, geradezu ermuntert wurden. Was der britische und der französische Imperialismus gegen Ende des Krieges systematisch planten, gehörte seit Kriegsausbruch zur Luftkriegsdoktrin des deutschen Imperialismus und Militarismus.

Wie bereits dargelegt, hatte der deutsche Generalstab seine Fliegerkräfte im Jahre 1914 auch deshalb nur unzureichend entwickelt, weil er in den Lenkluftschiffen ein hervorragendes Mittel nicht nur bei der Fernaufklärung, sondern auch bei der Bombardierung von Zielen im tiefen Hinterland des Gegners sah. Von den Zeppelinen erhoffte sich der deutsche Generalstab, sie könnten Mobilmachung und Aufmarsch der gegnerischen Streitkräfte erkunden und stören, seine Kriegswirtschaft und die Moral seiner Bevölkerung lähmen. Allen Ernstes nahmen die abenteuerlichen Kriegspolitiker des Kaiserreichs an, Luftschiffe könnten Truppenansammlungen zerschlagen und das Leben in einer Großstadt völlig desorganisieren. Man meinte, 20 Zeppeline, auf London oder Paris angesetzt,

Handley-Page 0/400 Die Handley-Page 0/400 war das weitaus wichtigste Bombenflugzeug der britischen Fliegerkräfte im ersten Weltkrieg. Entwickelt aus der 1915 konstruierten Handley-Page 0/100, die die Admiralität zur Bombardierung des deutschen Hinterlands gefordert hatte und die ab Anfang 1917 als Nachtbomber U-Boot-Stützpunkte, Bahnhöfe und Industrieanlagen in Deutschland bombardierte, kam die 0/400 ab April 1917 als Tagbomber zum Einsatz. Während des Krieges wurden 800 Flugzeuge vom Typ 0/400 gebaut. Ab Oktober 1917 konnten sie ebenfalls nur noch bei Nacht eingesetzt werden. Nach Kriegsende dienten sie als Transport- und Verkehrsflugzeug der Imperial Airways.

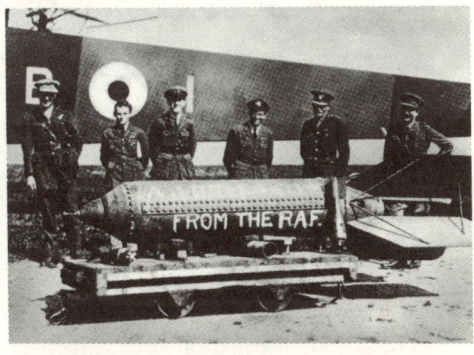

Die schwersten Bomben, die während des ersten Weltkriegs auf Deutschland fielen, waren diese britischen 1650 pound-Bomben

Deutscher Zeppelin, der am 21. März 1915 Paris bombardierte, wird von einem französischen Druckpropellerflugzeug angegriffen

AEG G III Die ersten Großflugzeuge, deren ausschließliche Bestimmung die Bombardierung von Zielen im tiefen Hinterland war, wurden in Deutschland von der Hennigsdorfer Flugzeugabteilung der Allgemeinen Elektrizitätswerke ab Mitte 1915 gebaut. Die G III war ab Ende 1915 einsatzbereit und kam Anfang 1916 an die Front. Sie war mit zwei MGs bewaffnet und konnte eine Last von 300 kg Bomben tragen. Im Oktober 1916 waren 20 G III im Einsatz.

würden durch den Abwurf von 6 000 Bomben so viele Brandherde hervorrufen, daß es nicht möglich wäre, dieses Riesenfeuer einzudämmen.

Die Illusionen des deutschen Imperialismus zerschellten jedoch rasch an der Realität des Krieges. Von den 8 beim Heer eingesetzten Luftschiffen – 5 an der Westfront, 3 an der Ostfront – gingen in den ersten Kriegswochen 4 verloren. Bereits ab September 1914 durften die Lenkluftschiffe nur noch bei Nacht eingesetzt werden. Ungeachtet dessen lieferte der auf Profit bedachte Zeppelin-Konzern eine steigende Anzahl von Luftschiffen aus, die zwar technisch verbessert waren, trotzdem aber eine relativ leichte

Beute der Bodenabwehr wurden. Ab Anfang 1915 wurden deshalb die Luftschiffe fast ausschließlich zur Bombardierung des tiefen, ungeschützten Hinterlands eingesetzt. Mit dem Ziel, «England durch Feuer zu zerstören», griffen am 19. Januar 1915 drei Luftschiffe, von denen zwei England erreichten, Ziele an der englischen Ostküste an. Am 31. Mai 1915 wurde London erstmals aus der Luft angegriffen. In der ersten Phase des Zeppelinluftkriegs gegen England vom Januar 1915 bis November 1915 wurden 50 Zeppelineinsätze geflogen, von denen 37 England erreichten. In 23 Angriffen wurden 35 Tonnen Bomben abgeworfen, die 208 Engländer töteten und 531 verletzten. Sieben Zeppeline gingen dabei verloren.

Bis zum Februar 1916 ruhten auf Grund der ungünstigen Wetterbedingungen die Angriffe, um dann mit voller Wucht und verbesserten Zeppelinen wieder aufgenommen zu werden. Diese Phase des Fernluftkriegs endete mit der Zerschlagung der Lenkluftschiffe als Angriffswaffe. Vom Februar bis November 1916 wurden in 22 Angriffen gegen England 123 Zeppelineinsätze geflogen, wobei 120 Tonnen Bomben abgeworfen wurden, die 193 Briten töteten und 692 verletzten. Im gleichen Zeitraum wurden jedoch allein über England 13 Zeppeline vernichtet, 5 davon durch Jagdflugzeuge. Darüber hinaus fielen weitere 11 Lenkluftschiffe durch Beschädigungen, Brand oder Notlandungen aus. Die englische Luftverteidigung, die ein System von Flakzonen, Licht- und Ballonsperren, Flugmelde- und Beobachtungsposten sowie von Nachtjagdstaffeln geschaffen hatte, fügte den Zeppelinen damit so schwere Verluste zu, daß sich die OHL und der Admiralstab, in dessen Händen die Bombardierung vor allem lag, zur Einstellung derartiger Angriffe gezwungen sahen. Obwohl der Führer der Marineluftschiffe, Korvettenkapitän Peter Strasser, noch am 10. August 1916 erklärt hatte, England könne durch massierte Bombardierung aus der Luft aus dem Kriege ausgeschaltet werden, wobei er dazu riet, vor allem den Luftterror gegen die Zivilbevölkerung zu verschärfen, mußte der deutsche Generalstab dem Umstand Rechnung tragen, daß das Flugzeug 1916 das Lenkluftschiff klar überrundet hatte. Im April 1917 wurden von den vorhandenen 15 Heeresluftschiffen 6 der Marine übergeben und die übrigen im August abgewrackt. Bei den Seestreitkräften dienten sie neben gelegentlichen, stets verlustreichen Angriffen gegen England als Fernerkunder über See.

Der deutsche Militarismus, der Ende 1916 zwar seine Hoffnungen auf den Zeppelin als Träger des Fernluftkriegs begraben mußte, hielt dessenungeachtet an der Absicht fest, durch die Bombardierung des gegnerischen Hinterlands die Moral der Zivilbevölkerung untergraben und die Kriegswirtschaft desorganisieren zu können. Er erachtete es trotz der begrenzten Reichweite und Traglast der zur Verfügung stehenden Trägermittel für möglich, durch den Fernluftkrieg einen entscheidenden Einfluß auf den Ausgang des Krieges nehmen zu können. Als Ersatz für den

Zeppelin boten sich für ihn die in rascher Entwicklung befindlichen Bombenflugzeuge an. Obwohl die Traglast je Flugzeug bedeutend geringer war – die 1916 in Dienst gestellten Luftschiffe konnten maximal 4 Tonnen Bomben tragen, die für Fernluftangriffe zur Verfügung stehenden Flugzeugtypen Gotha G IV im Höchstfall 200 Kilogramm –, boten Flugzeuge der Luftverteidigung ein weitaus kleineres Ziel, erreichten eine Gipfelhöhe von etwa 4 500 Metern gegenüber einer Maximalhöhe von 4 000 Metern der Zeppeline und waren schneller. Legte ein Zeppelin unter günstigsten Bedingungen 100 Kilometer in der Stunde zurück, so flog eine Gotha G IV in derselben Zeit 135 bis 140 Kilometer.

Ab Ende 1916 zog die OHL an der belgischen Kanalküste das Kampfgeschwader 3 unter Hauptmann Ernst Brandenburg mit 25 Gotha G IV-Maschinen zur Führung des Fernluftkriegs gegen England zusammen. Ihr Einsatz stand in unmittelbarem Zusammenhang mit der Erklärung des uneingeschränkten U-Boot-Krieges durch den deutschen Imperialismus am 9. Januar 1917, mit dem man hoffte, England zur Kapitulation zwingen und damit den angestrebten Siegfrieden in greifbare Nähe rücken zu können.

Am 25. Mai 1917 und am 5. Juni 1917 starteten die deutschen Imperialisten ihre ersten Luftangriffe mit Bombenflugzeugen gegen England. Am 13. Juni 1917 erfolgte schließlich der seit Monaten geplante Hauptschlag gegen London, an dem 22 Flugzeuge beteiligt waren. Aus 4 500 Meter Höhe bombardierten 17 Flugzeuge nach zweistündigem Flug die britische Hauptstadt gegen 12.00 Uhr mittags. Es war der schwerste Luftangriff des ersten Weltkriegs. Die Verluste für die Londoner Zivilbevölkerung betrugen 594 Menschen, von denen 162 getötet wurden. In

Gotha G V Die Gotha G V war eine
Weiterentwicklung des Bombenflugzeugs G IV, das ab März 1917 mit
dem Ziel in Dienst gestellt worden war,
Luftangriffe gegen London zu fliegen.
Die G V wurde ab August 1917 ausschließlich zu Nachtangriffen eingesetzt und erhielt deshalb eine
blaue Tarnfarbe. Sie verfügte mit 3 bis
4 MGs über eine starke Abwehrbewaffnung und war im Luftkampf
schwer zu bezwingen. Die meisten
Abschüsse kamen auf das Konto
der britischen Flak.

«Gothas» werden für den Angriff
vorbereitet

Hauptmann Ernst Brandenburg, im ersten
Weltkrieg Kommandeur des Bomben-
geschwaders 3, in der Weimarer Republik
als Chef der Luftfahrtabteilung im
Verkehrsministerium einer der Draht-
zieher bei der geheimen Wiederaufrüstung
der Luftstreitkräfte des deutschen
Imperialismus

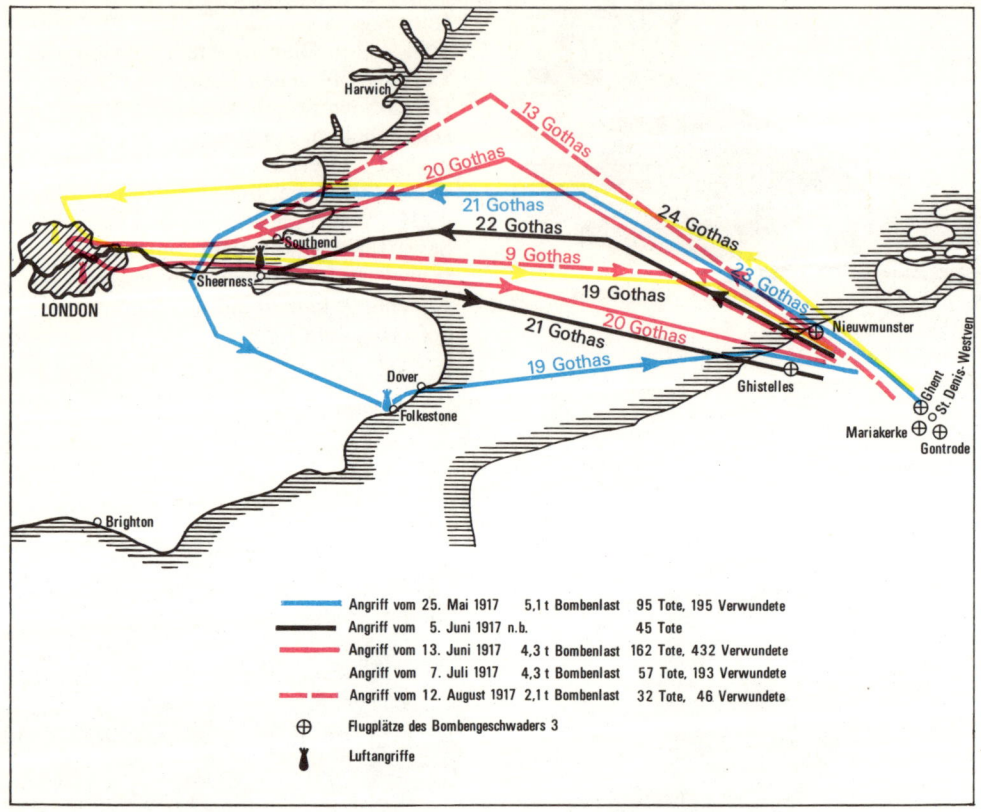

einigen Stadtteilen brach Panik aus, als Einzelheiten dieses grausamen Luftüberfalls bekannt wurden. In einer städtischen Schule waren durch die Terrorflieger 46 Kinder hingemordet worden. Die englische Öffentlichkeit verlangte energisch eine Verstärkung des Luftschutzes und Vergeltungsangriffe gegen Deutschland.

Am 7. Juli wurde London erneut von 18 Flugzeugen bombardiert. 57 Tote und 193 Verletzte waren die blutige Spur, die der deutsche Militarismus diesmal in London hinterließ. Die britische Regierung sah sich nun gezwungen, auf Kosten ihrer in Frankreich stehenden Fliegerkräfte die Luftverteidigung Londons zu verstärken. Im August 1917 setzte das Bombengeschwader 3 seine Angriffe auf Southend, Ramsgate, Margate und Dover fort. Auf Grund der verbesserten britischen Luftabwehr sah sich der deutsche Generalstab jedoch Ende August veranlaßt, die Tagesluftangriffe einzustellen, weil sie zu verlustreich zu werden drohten. Von Mai bis August 1917 hatten 177 Gotha G IV-Flugzeuge 8 Angriffe gegen England geführt und dabei 401 Engländer getötet und 983 verletzt. 20 Tonnen Bomben waren abgeworfen worden. Im Vergleich zu den Zeppelinangriffen im Jahre 1916, die 120 Tonnen Bomben zum Abwurf gebracht hatten, erhöhte sich die Verlustrate schlagartig. Jeder Tagesluftangriff war acht- bis neunmal verlustreicher für die britische Bevölkerung als ein Zeppelinangriff.

Mit der erhöhten Gegenwirkung durch Flakabwehrgeschütze und Jagdflugzeuge hatte die Entwicklung der deutschen Bombenflugzeuge jedoch nicht Schritt halten können. Geringe Steigfähigkeit und Ge-

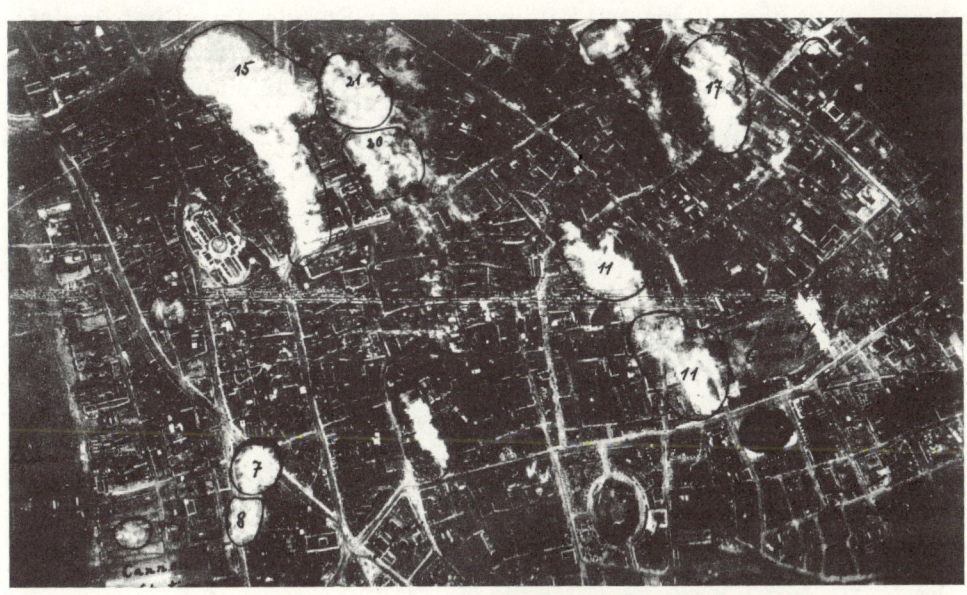

Aufnahme während des Luftangriffs auf London am 7. Juli 1917

Das brennende Londoner Central Telegraph Office nach dem Angriff vom 7. Juli 1917

77

schwindigkeit machten ihren Einsatz bei Tag unmöglich. Sowohl bei Fernangriffen als auch bei Angriffen zur Unterstützung der Landstreitkräfte mußte zu Nachtangriffen übergegangen werden, bei denen beim Bombengeschwader 3 neben verbesserten Gotha-Typen Riesenflugzeuge vor allem der Siemens-Schuckert-Werke zum Einsatz kamen. Sie hatten eine Besatzung von 4 bis 8 Mann, verfügten über 3 bis 7 Maschinengewehre und 3 bis 5 Motoren. Die Riesenflugzeuge konnten bis zu 2 500 Kilogramm Bomben in 3 700 bis 5 900 Meter Höhe tragen und erreichten eine Geschwindigkeit von 130 bis 140 Kilometer in der Stunde. Ihre Eindringtiefe lag bei 600 bis 700 Kilometern. Mit diesen Fluggiganten, deren Zahl allerdings auf Grund der Produktionsschwierigkeiten in der Flugzeugindustrie

Luftverteidigung Südostenglands im September 1918

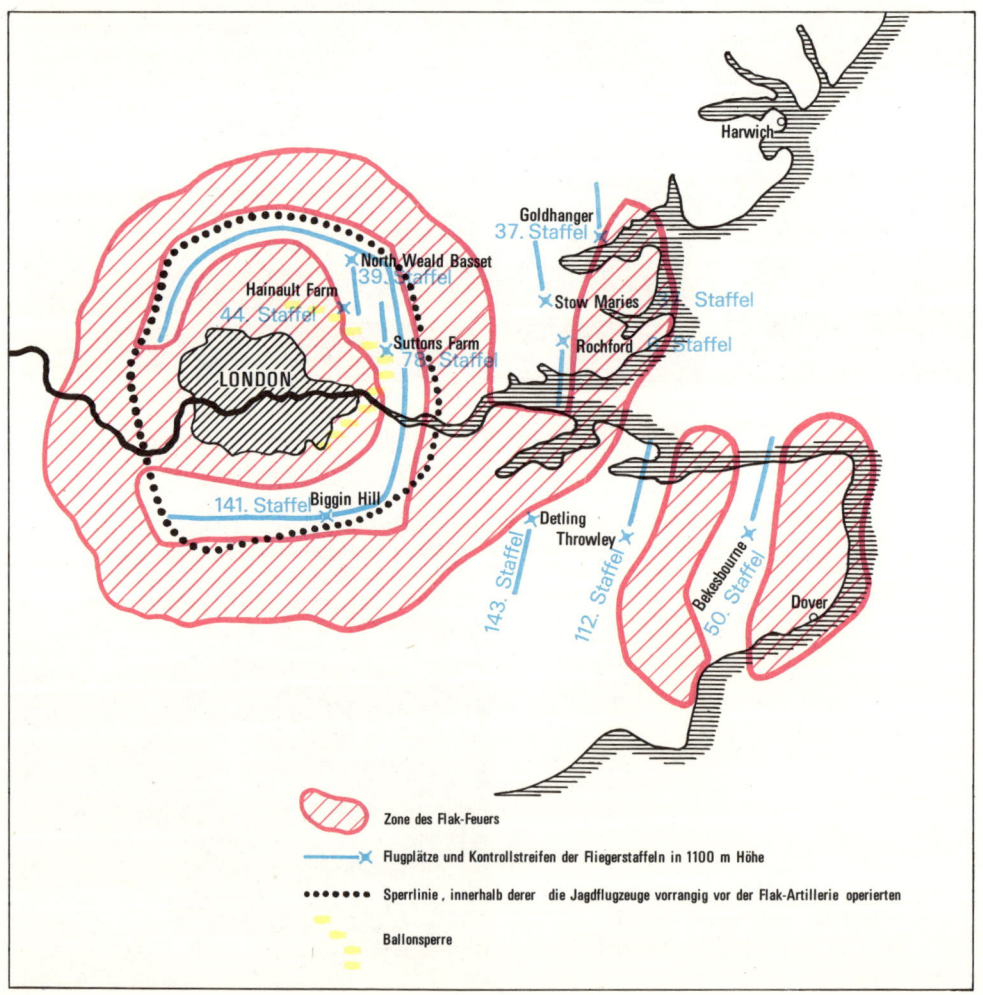

78

Siemens-Schuckert R I Die ersten Riesen-flugzeuge in Deutschland wurden von den Siemens-Schuckert-Werken in Berlin und Nürnberg gebaut. Sie entstanden unter dem Eindruck der russischen Großflug-zeuge Sikorskis. Das erste einsatzfähige Riesenflugzeug war die 1914/15 gebaute R I. Es unterschied sich von anderen Großflugzeugen technisch dadurch, daß an Stelle der dezentralen Motorenanlage in den Flügeln die Motoren zentral im Rumpf des Flugzeuges untergebracht wurden. Die drei 150-PS-Motoren konnten in der doppeletagig gebauten Maschine leichter gewartet und bedient werden. Über ein Zentralgetriebe wurden die beiden Propeller in Bewegung gesetzt.

Über Belgien abgestürzte «Gotha»

gering blieb, nahm der deutsche Imperialismus im September 1917 den Fernluftkrieg gegen England und im Januar 1918 gegen Paris auf. Bis zum August 1918 wurde Großbritannien 20mal bei Nacht angegriffen. 259 Bombenflugzeuge, darunter 30 Riesenflugzeuge, warfen 50 Tonnen Bomben ab. 63 deutsche Bombenflugzeuge wurden abgeschossen. Die englische Bevölkerung hatte 435 Tote und 980 Verletzte zu beklagen. Gegen Paris startete der deutsche Generalstab im Zusammenhang mit der März- offensive von 1918 eine Serie von 28 Angriffen mit insgesamt 483 Bombenflugzeugen, von denen jedoch nur 37 die starke französische Luftverteidigung um Paris durchbrachen und das Stadtinnere bombar- dierten.

Im Verlauf des sich bis zum 16. September 1918 hinschleppenden Luftbombardements wurden 237 Franzosen getötet und 539 verletzt. 13 deutsche Bombenflugzeuge wurden vernichtet. Die Truppen der Luft- verteidigung, die bei Kriegsausbruch in allen imperialistischen Staaten nur in ersten Keimformen existierten, wurden während des Krieges zu einem bedeutenden Teil der Luftstreitkräfte. Die Probleme der Luftverteidigung gewannen stetig an Bedeutung für die Kriegführung der imperialistischen Großmächte. Seitdem das Flugzeug zum Hauptträger des Luftbombar- dements geworden, das Gewicht und die Sprengkraft der Bomben erheblich angewachsen war, immer schnellere, höher fliegende und schwerer beladene Bombenflugzeuge zum geschlossenen Einsatz von bis zu 50 Maschinen je Angriff kamen, zeichnete sich die Gefahr ab, daß die Luftangriffsmittel die Luftverteidigungsmittel überrundeten. Dieser Gefahr sah sich besonders der deutsche Imperialismus gegen Kriegsende ausgesetzt, weil er auf Grund der hohen Kräfteanspannung an der West-front und des Verschleißes des deutschen Kriegspotentials nach 4 Kriegs-jahren nicht mehr in der Lage war, die Luftverteidigung wie in Frankreich und in Großbritannien den Anforderungen des Luftkriegs entsprechend zu verstärken.

Auch Deutschland war seit Kriegausbruch von Fliegerkräften der Entente angegriffen worden, deren Bombardement sich allerdings 1914 auf Flugplätze und Luftschiffhäfen beschränkte. Seit 1915 gingen britische und französische Fliegerkräfte zum systematischen Bombardement des lo-thringisch-luxemburgischen Industriegebiets von Diedenhofen über, auf das während des Krieges über die Hälfte aller abgeworfenen Bomben

Zur Abwehr der «Gotha»-Angriffe wurde 1918 in Großbritannien versucht, Flugzeuge mittels Lenkluftschiffen in der Luft zu stationieren, die damit die Chance erhielten, die hoch und relativ schnell fliegenden Bombenflugzeuge überhaupt abfangen zu können

Der Luftkrieg der Ententemächte gegen das deutsche Hinterland
im ersten Weltkrieg

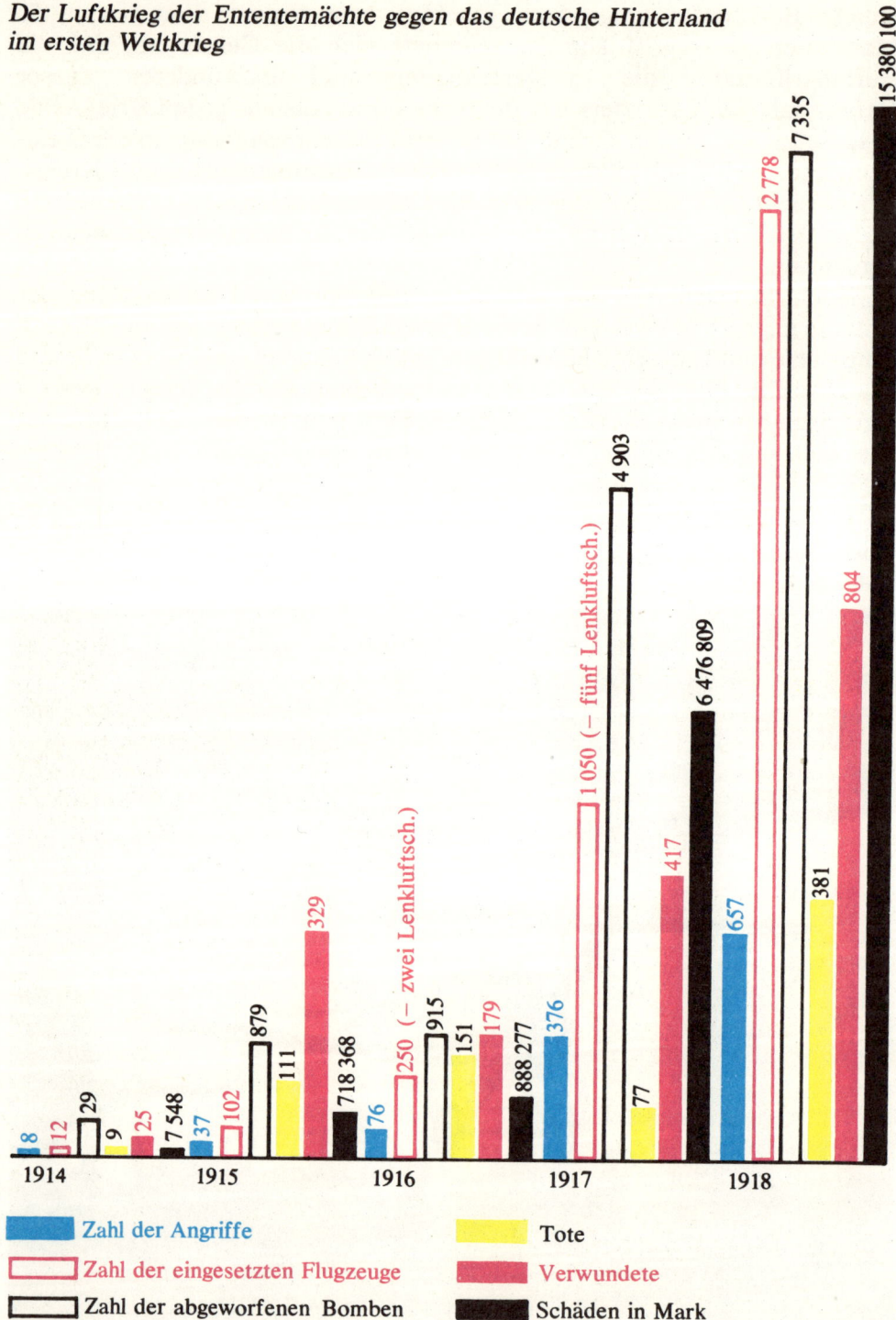

1914   1915   1916   1917   1918

Zahl der Angriffe

Zahl der eingesetzten Flugzeuge

Zahl der abgeworfenen Bomben

Tote

Verwundete

Schäden in Mark

Einsatz eines leichten Feldgeschützes als Fliegerabwehrgeschütz

entfiel. Ein Sechstel aller Bomben fiel auf das Industrierevier um Mosel
und Saar, gefolgt von den Bezirken Freiburg, Mannheim und Köln. Nur
ganz vereinzelte Angriffe trafen Essen, Hamburg und München. Die Zahl
der Luftkriegsopfer im ersten Weltkrieg belief sich in Deutschland auf 729
Tote und 1 754 Verletzte. Besonders hoch waren die Verluste im letzten
Kriegsjahr, weil sich nicht nur die Luftkriegshandlungen über Deutschland
intensivierten, sondern auch die deutsche Luftverteidigung bei der Abwehr
der Luftangriffe in zunehmende Schwierigkeiten geriet. Die deutsche
Luftverteidigung beruhte auf der Flakartillerie, dem Flugmeldedienst, den
Kampfeinsitzerstaffeln und den Luftsperrabteilungen. Die deutschen
Westgebiete waren in vier Bezirke von Flugmeldeabteilungen eingeteilt,
in denen 12 Flakkommandos in der Objektverteidigung standen. Unterstützt
wurden sie durch 9 Kampfeinsitzerstaffeln, die entlang der Rheinlinie
ebenfalls im Objektschutz eingesetzt wurden. Besonders wichtige Indu-
striewerke im Saartal, in Luxemburg, im Moseltal usw. wurden durch
Luftsperrabteilungen gesichert, die sich aus Sperrballons und Sperrdrachen zusammensetzten. 1918 waren in der deutschen Luftverteidigung über 20 000 Mann mit 896 Flakgeschützen, 454 Scheinwerfern,
170 Jagdflugzeugen, 327 Sperrballons und 209 Sperrdrachen eingesetzt.
Gegenüber 1915 hatte sich die Zahl der Flakgeschütze vervierfacht, der
Scheinwerfer verzwanzigfacht und der Sperrballons versechzigfacht.

Von der Luftverteidigung wurden 80 Flugzeuge der Entente zerstört,
davon 36 durch die Flak und 35 durch Jagdflugzeuge. Die personellen und
materiellen Schäden der Luftangriffe blieben jedoch — gemessen an den

Die Entwicklung der Kräfte in der Luftverteidigung Deutschlands 1915 bis 1918

	Zahl der Flakgeschütze	Zahl der MGs	Zahl der Scheinwf.	Zahl der Flugzeuge	Zahl der Sperrbal.	Zahl der Sperrdrachen	Personalbestand
1. 9. 1915	215	114	21	–	–	–	?
15. 12. 1916	500	71	47	82	5	10	7 852
31. 12. 1917	626	110	447	77	279	146	15 210
30. 9. 1918	896	204	454	170	327	209	24 110

Kampfhandlungen der Millionenheere der imperialistischen Mächte – geringfügig und ohne jeden Einfluß auf den Verlauf und Ausgang des Krieges. Das Preußische Kriegsministerium schätzte den Sachschaden auf $23^1/_2$ Millionen Mark, angesichts der 180 Millionen Mark täglicher Kriegskosten des deutschen Imperialismus im Jahre 1918 ein kaum ins Gewicht fallender Betrag. Auch die in England angerichteten materiellen und personellen Schäden wogen im Vergleich gering. England hatte 1 414 Luftkriegstote und 3 416 Verletzte zu beklagen; bei Verkehrsunfällen allein wurden 1913 in England 2 099 Menschen getötet und 42 544 verletzt. Dem materiellen Sachschaden in Höhe von 3 Millionen Pfund Sterling, der durch die Luftangriffe verursacht wurde, standen 1918 tägliche Kriegsausgaben in Höhe von 7 Millionen Pfund Sterling gegenüber.

Zeppelin-Staaken R VI Die Zeppelinwerke bauten neben Luftschiffen in ihren Werken bei Staaken auch sogenannte Riesenflugzeuge wie die R VI, die ab 1917 an die Front kam und in den Riesenflugabteilungen 500 und 501 Angriffe ins französische und britische Hinterland flog. Die R VI war mit 4 MGs bewaffnet und konnte 18 Bomben zu je 100 kg tragen. 17 R VI wurden gebaut, zwei davon wurden abgeschossen, und acht gingen an der Front zu Bruch.

Curtiss JN-4 Das einzige amerikanische Flugzeug, das während des ersten Weltkriegs in großer Serie gebaut wurde und nach Europa kam, war die Curtiss JN-4. Sie diente seit 1916 vor allem in den USA und in Großbritannien als Schulflugzeug. Insgesamt wurden etwa 5 500 Flugzeuge dieses Typs gebaut. Nach dem Kriege kaufte Curtiss zahlreiche Flugzeuge von der Armee zurück, die dann als Privatflugzeuge, Kunstflugzeuge und in der Verkehrsluftfahrt Verwendung fanden.

Trotzdem kann nicht übersehen werden, daß die Fernfliegerangriffe einen Bruch mit dem Bild vom Kriege bedeuteten, das sich Millionen Menschen bisher gemacht hatten. Für Millionen Menschen hatte sich Unerhörtes begeben. Die scharfe Trennung zwischen Front und tiefem Hinterland war plötzlich fragwürdig, wenn nicht gar hinfällig geworden. Große Teile der Bevölkerung wurden sich bewußt, daß sie in einem Krieg genauso wie die Soldaten an der Front Angriffsziele waren. Der Moral und der Standfestigkeit der Bevölkerung im Kriege kam damit eine Bedeutung zu, die von den herrschenden imperialistischen Kreisen am Vorabend des ersten Weltkriegs überhaupt nicht erkannt und auch am Ausgang des Krieges nur bedingt zutreffend beurteilt wurde.

Die Verschärfung des Fernluftkriegs 1917/18 und die barbarischen Pläne des britischen und französischen Imperialismus zur Entfesselung eines Gaskriegs aus der Luft waren für die Nachkriegsentwicklung der imperialistischen Luftstreitkräfte von entscheidender Bedeutung. Der deutsche Imperialismus, der ab Mitte 1918 nicht mehr über die Fliegerkräfte verfügte, die er zur Führung eines Fernluftkriegs gegen Frankreich und England benötigte, beschäftigte sich mit dem abenteuerlichen Plan, 1919 Zeppeline zur Bombardierung New Yorks einzusetzen.

Aber auch die Frontfliegerkräfte der imperialistischen Mächte erfuhren 1918 einen weiteren Aufschwung, der ebenfalls Ausgangspunkt für alle Nachkriegsentwicklungen bis weit in die dreißiger Jahre war. Die Luftoperation wurde zu einem festen Bestandteil der Kampfhandlungen der Landstreitkräfte. Ohne eine entsprechende Vorbereitung zur Luft war es 1918 nicht mehr möglich, Angriffsoperationen durchzuführen. Der deutsche Generalstab, der 1917 weitgehend die Initiative in der Luft verloren hatte, versuchte durch eine dritte Gewaltaufrüstung bis zum Frühjahr 1918 seine Fliegerkräfte so zu vermehren, daß sie zu einem wirksamen Angriffsinstrument wurden, mit dem er im März 1918 die Luftherrschaft erkämpfen konnte. Dieses − unter dem Namen Amerikaprogramm laufende − Rüstungskonzept sah vor, bis zum 1. März 1918 die Jagdfliegerkräfte zu verdoppeln und 17 neue Fliegerabteilungen aufzustellen. Die Realisierung dieses Programms forderte die Erzeugung von monatlich 2 000 Flugzeugen, 2 500 Motoren, 12 000 Tonnen Treibstoff, 1 200 Tonnen Flugmotorenöl und 1 500 Maschinengewehren, 7 000 Facharbeiter sollten aus dem Heer an die Flugzeugindustrie abgegeben und die Fliegertruppe um 24 000 Mann verstärkt werden. Ludendorff billigte diesen Plan wegen der Rolle, die den Luftstreitkräften bei der letzten großen Offensive des deutschen Imperialismus an der Westfront zugedacht war, wo sie von «mitentscheidender Wichtigkeit» sei.

Doch 1917/18 stieß der deutsche Imperialismus endgültig an die Grenzen seiner Möglichkeiten. Das Amerikaprogramm ging weit über seine Kräfte hinaus. Obwohl die OHL innerhalb der Kriegswirtschaft eine Dringlichkeitsklassifizierung einführte, konnte auf Grund der gewachsenen Schwierigkeiten und der Tatsache, daß gleichzeitig zu viele Rüstungsgüter vorrangig produziert werden sollten, kein Programm erfüllt werden. Die Inspektion der Flieger suchte die Rohstoff- und Materialknappheit zu beheben, indem sie eine Altmaterialsammlung bei der Fliegertruppe durchführte. Der deutschen Flugzeug- und Flugmotorenindustrie gelang es trotz intensiver Anspannung nicht, die Produktion zu erhöhen. Im Gegenteil, sie sank im ersten Halbjahr 1918 ab. Durchschnittlich waren 1917 monatlich 1 600 Flugzeuge hergestellt worden, im Januar 1918 wurden 1 009 Flugzeuge, im Februar 890, im März 1 306, im April 1 202, im Mai 930 und im Juni 1 189 Stück produziert. Nur knapp die Hälfte des Amerikaprogramms war damit erreicht worden. Noch katastrophaler entwickelte sich für den deutschen Imperialismus die Flugmotorenproduktion. Sie hatte 1917 je Monat 1 200 Motoren betragen und sollte sich nach dem Amerikaprogramm verdoppeln. Erreicht wurde aber nur eine monatliche Durchschnittsproduktion von etwa 1 500 Motoren. Auch der personelle Ersatz der Fliegertruppe konnte nicht mehr gesichert werden. Das war eine Folge der jahrelangen ungenügenden Ausbildungtätigkeit und der hohen Verluste im Jahre 1917.

In der Agonie geboren: Deutsches Schlachtflugzeug wird zum Einsatz über den Schützengräben mit geballten Ladungen aufmunitioniert

Die OHL sah sich deshalb gezwungen, beträchtliche Abstriche von ihrem ursprünglichen Programm zu machen. Zwar wurden 40 neue Jagdstaffeln aufgestellt, aber sie hatten statt 16 Maschinen je Staffel nur 7 bis 8 Flugzeuge. Vom Aufbau 17 neuer Fliegerabteilungen wurde völlig abgesehen, dafür wurden 37 Fliegerabteilungen statt mit 6 Flugzeugen mit 9 Flugzeugen ausgerüstet. Auf die Verstärkung einiger Fliegerabteilungen übten taktische und organisatorische Überlegungen gleichfalls einen maßgeblichen Einfluß aus. Die verstärkten Fliegerabteilungen sollten in eine sich selbst sichernde Kampfeinheit umgewandelt werden und den Abzug der bis dahin dafür eingesetzten Schutzstaffeln ermöglichen. Die militärische Führung des deutschen Imperialismus hatte nämlich erkennen müssen, daß dem Einsatz von Schlachtfliegern im Angriffs- und Verteidigungsgefecht eine wachsende Bedeutung zukam. Sie suchte deshalb längst Versäumtes eiligst nachzuholen, formierte die Schutzstaffeln am 4. März 1918 in Schlachtstaffeln um, die in drei Schlachtstaffelgruppen zusammengefaßt wurden. Diesem Teil der Fliegerkräfte wendete die militärische Führung des deutschen Imperialismus 1918 die größte Aufmerksamkeit zu. Auf Kosten der Jagdflieger sollten sie bis

Junkers CL I Die Junkers CL I entstand 1918 auf Forderung der Obersten Heeresleitung nach einem Erdkampfflugzeug. Insgesamt wurden 47 Flugzeuge dieses Typs gebaut, des ersten deutschen Ganzmetallflugzeugs, das in größerer Serie produziert wurde und an die Front kam. Es war mit zwei MGs nach vorn und einem nach hinten ausgerüstet und besaß an jeder Seite des Beobachtersitzes Aufhängungen für Handgranaten und andere Sprengkörper.

Kriegsende verdoppelt und auf 10 Schlachtgeschwader − gegenüber 3 Jagdgeschwadern − gebracht werden.

Der deutsche Imperialismus war sich bis zu einem gewissen Grade seiner Kräfteunterlegenheit zur Luft bewußt, die sich aus dem Fehlschlag des Amerikaprogramms ergab. Da er die Luftstreitkräfte zahlenmäßig nicht mehr verstärken konnte und auch seine taktischen Vorteile bei den Methoden zur Erkämpfung der Luftherrschaft von den Ententemächten eingeholt worden waren, suchte er einen Ausweg darin zu finden, die Qualität weniger Flugzeuge gegen die Quantität vieler Flugzeuge zu stellen. Die Führung der Luftstreitkräfte orientierte dementsprechend, daß die «Stärkung des Flugwesens vor allem in der technischen Entwicklung» zu suchen sei.

Doch auch hier war der deutsche Imperialismus weitgehend der Vorteile verlustig gegangen, die er beim Bau von Jagdflugzeugen Anfang 1917 noch besessen hatte. Die technische Entwicklung von Jagdflugzeugen nivellierte sich bei allen imperialistischen Großmächten. Als Reaktion auf die Albatros-Typen entwickelte die britische Flugzeugindustrie den Sopwith-Dreidecker, der durch seine Wendigkeit im Luftkampf den deutschen Jagdflugzeugen eindeutig überlegen war. Von den Fokkerwerken wurde daraufhin ebenfalls ein Dreidecker entwickelt, dem die Ententemächte wiederum verbesserte Doppeldecker vom Typ Spad, Sopwith Camel, Sopwith Delphin und SE 5a entgegenstellten. Von Fokker wurden daraufhin die D VII und die D VIII entwickelt, mit denen wiederum das Gleichgewicht hergestellt wurde. Im Bau von Jagdflugzeugen war 1918 weitgehend ein Gleichgewicht zwischen den imperialistischen Mächten erreicht worden. Die zu Beginn des Krieges beobachtete Tatsache, daß die Neueinführung eines Flugzeugmusters von entscheidender zeitweiliger Bedeutung für die Führung des Luftkriegs war, konnte auf Grund der systematischen technischen und wissenschaftlichen Anstrengungen in den imperialistischen Staaten nicht mehr auftreten. Insofern hatte auch die Einführung neuer Flugzeugtypen bei den deutschen Luftstreitkräften 1917/18 längst nicht mehr jene Auswirkung, wie sie sie in den ersten Kriegsjahren ausgeübt hatte. Für Schlachtfliegerangriffe entwickelte die deutsche Flugzeugindustrie aus den C-Flugzeugen besondere CL-Flugzeuge, die eine Mischung zwischen Jagdflugzeug und Aufklärer darstellten. Sie waren schneller als die Aufklärer, wendiger im Luftkampf und gepanzert. Für die speziellen Zwecke des Infanteriefliegers schuf Hugo Junkers ein Ganzmetallflugzeug.

Taktisch-technische Daten wichtiger Jagd- und Bombenflugzeuge des ersten Weltkriegs

Staat		Baujahr	MGs	Bomben/kg	Motoren Zahl	PS	Höchstgeschwindigkeit (km/h)	Gipfelhöhe (m)
	Jagdflugzeuge							
Deutschland	Fokker E 1	1915	1	−	1	80	130	3 000
Deutschland	Albatros DIII	1916/17	2	−	1	160	165	5 000
Deutschland	Fokker D VII	1918	2	−	1	185	200	6 000
Frankreich	Nieuport 17	1916	1	−	1	80	150	5 600
Frankreich	Spad S XIII	1918	2	−	1	250	210	6 400
England	S E 5a	1917	2	40	1	200	212	6 100
England	Sopwith Camel	1917	2	40	1	150	190	7 300
	Bombenflugzeuge							
Deutschland	Gotha G IV	1916	3	200	2 je	260	135	4 500
Deutschland	Siemens-Schuckert RVII	1917	3	750	3 je	260	130	3 200
Deutschland	Staaken RXIV	1917	4	1 000	5 je	245	130	3 700
Rußland	Ilja Muromez E	1916	7	800	4 je	220	135	4 000
Frankreich	Bréguet XIV B2	1917	3	250	1	300	160	5 800
Italien	Caproni Ca 3	1917	2	400	3 je	190	135	4 000
England	de Havilland DH-4	1917	2−3	100	1	375	220	7 000
England	Handley-Page O/400	1918	4	800	2 je	275	140	2 000

Fokker D VII Die als eines der leistungs-
stärksten Jagdflugzeuge des ersten Weltkriegs bewertete D VII kam ab April 1918
an die Westfront. Sie war mit einem Höhen-
motor ausgerüstet und leitete mit dem
Zellen- und Tragflügelaufbau (Stahl-
rohrkonstruktion und dickes Flügel-
profil) den Übergang zum freitragenden
Eindecker ein. Insgesamt wurden etwa
4 000 Flugzeuge dieses Typs gebaut, die
in den zwanziger Jahren in den Fliegerkräften der Niederlande, Belgiens und
der Schweiz geflogen wurden. △

Fokker D VIII Der Schultereindecker
Fokker D VIII war eines der letzten
deutschen Jagdflugzeuge, die im
Oktober 1918 an die Front kamen. Es
wurden etwa 400 Stück gebaut. Nach dem
Kriege dienten sie in den Fliegerkräften
der Niederlande, Japans und Polens. ▽

Ins Hintertreffen geriet der deutsche Imperialismus am Ausgang des
Krieges bei der Entwicklung von Bombenflugzeugen. Die deutschen
Konstrukteure hatten sich im wesentlichen mit der Vervollkommnung
wirtschaftlicher Standmotoren begnügen müssen, weil es an hochwertigen
Flugtreibstoffen im blockierten imperialistischen Deutschland mangelte.
In Deutschland standen somit 1918 nur Sechszylinderreihenmotoren von
300 PS zur Verfügung, deren Leistungen nur noch geringfügig verbessert

Die Entwicklung der deutschen Luftstreitkräfte nach Fliegergattungen im ersten Weltkrieg (in Prozent)

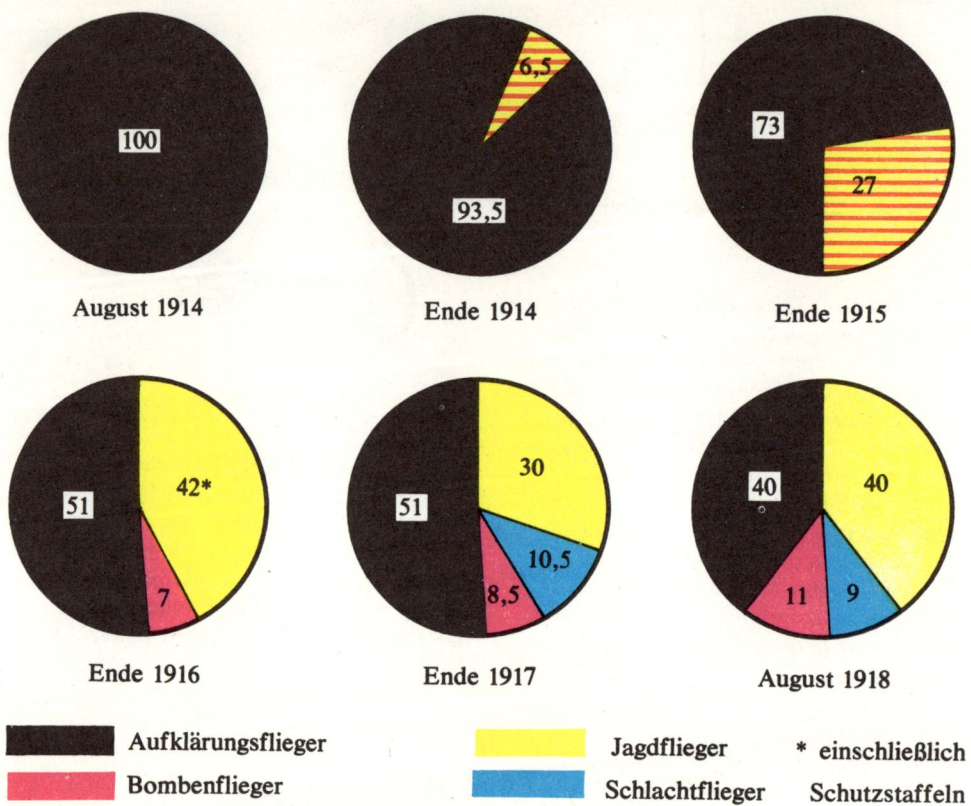

■ Aufklärungsflieger	▬ Jagdflieger * einschließlich
■ Bombenflieger	▬ Schlachtflieger Schutzstaffeln

Steigerung der Leistungsfähigkeit der Flugmotoren von 1914 bis 1918

Jahr	Motorenstärke in PS	Motorenstärke in PS
	England/Frankreich	Deutschland
1914	80–130	80–120
1915	100–150	150–160
1916	150–225	160–220
1917	160–300	160–260
1918	250–400	160–260

werden konnten, während die Ententemächte Zwölfzylindermotoren mit 400 bis 500 PS herausbrachten, was ihnen auf dem Gebiet des Bombenflugwesens eine eindeutige Überlegenheit garantierte. Der britische Nachtbomber Handley-Page 0/400 kündigte mit seinen überlegenen flugtechnischen Eigenschaften die Überrundung des deutschen Imperialismus auf diesem Gebiet an.

Leistungssteigerung der Flugzeuge während des ersten Weltkriegs

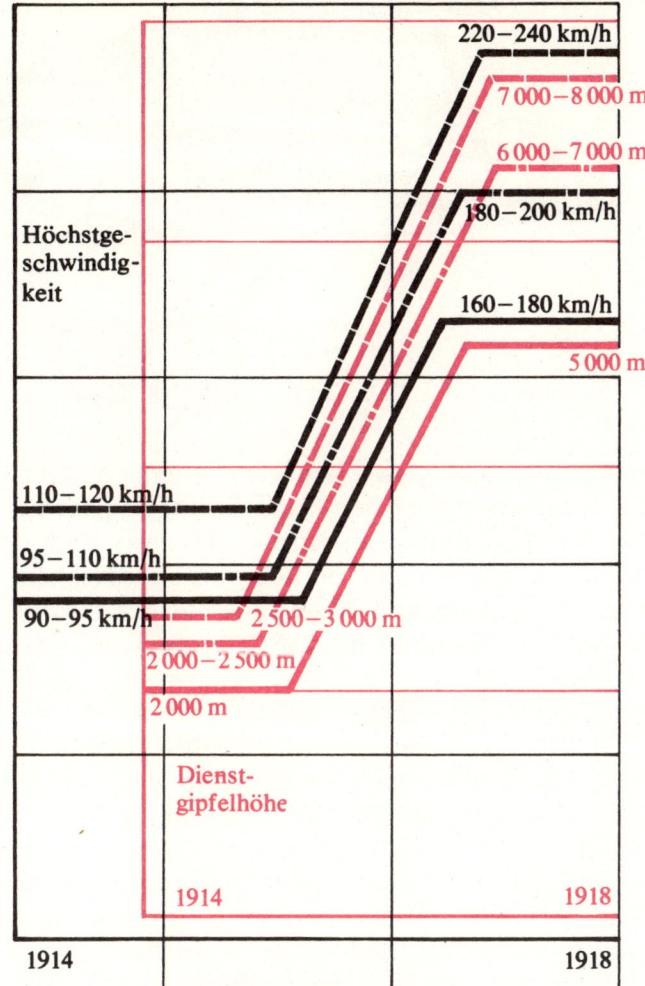

220 – 240 km/h

7 000 – 8 000 m

6 000 – 7 000 m

180 – 200 km/h

160 – 180 km/h

5 000 m

Höchstge-
schwindig-
keit

110 – 120 km/h

95 – 110 km/h

90 – 95 km/h   2 500 – 3 000 m

2 000 – 2 500 m

2 000 m

Dienst-
gipfelhöhe

1914   1918

1914   1918

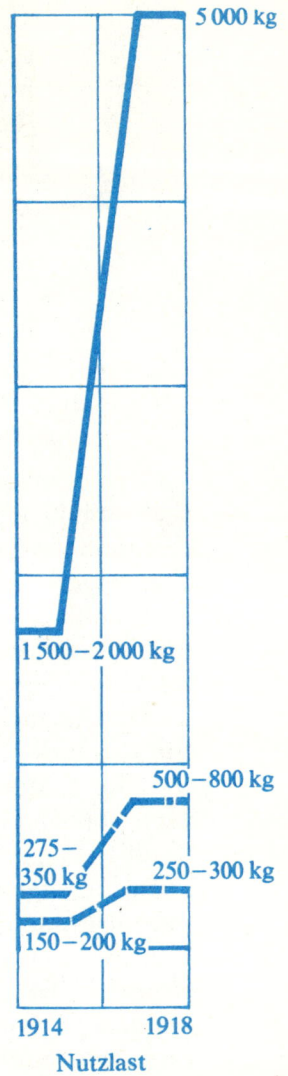

5 000 kg

1 500 – 2 000 kg

500 – 800 kg

275 –
350 kg   250 – 300 kg

150 – 200 kg

1914   1918

Nutzlast

▬ ▬ ▬ ▬ Einsitzige Flugzeuge

▬ ▪ ▬ ▪ Zweisitzige Flugzeuge

▬ ▪ ▬ ▪ Mehrmotorenflugzeug

Der deutsche Imperialismus, dessen Fliegerkräfte zahlenmäßig, taktisch-organisatorisch und technisch von den Luftstreitkräften der Entente eingeholt und überholt wurden, mußte auch im Luftkrieg zwangsläufig unterliegen. Einzelerfolge konnten nicht darüber hinwegtäuschen, daß 1918 auch im Luftkrieg die Kräfte und Möglichkeiten der kaiserlichen Luftstreitkräfte nicht mehr ausreichten, um auf längere Sicht den Krieg weiterschleppen zu können.

Die Einsatzgrundsätze der Fern-, Nah- und Gefechtsaufklärer sowie der Artillerie- und Schlachtflieger änderten sich 1918 kaum noch.

Die Taktik der Jagdfliegerkräfte blieb zwar ebenfalls grundsätzlich auf dem Stand des Vorjahrs, nur trat der Kampf Jäger gegen Jäger sowie Bombenflugzeuge gegen Jagdflugzeuge stärker in den Vordergrund. Luftschlachten, an denen teilweise Hunderte von Jagdflugzeugen beteiligt waren, fanden im März 1918 während der deutschen Frühjahrsoffensive über Ham, Noyon und Amiens statt. Besonders von französischer und britischer Seite wurden im Sommer 1918 planmäßige Angriffe zur Zerschlagung von Verkehrsknotenpunkten, Truppenreserven und Versorgungseinrichtungen geführt.

Mit der Bildung der Fliegerdivision ließ die französische Führung ihre Absicht erkennen, Bombenfliegerverbände im engen Zusammenwirken von mit Begleitschutz fliegenden Jagdfliegerkräften zum Einsatz zu bringen. Dieses Vorhaben ließ sich jedoch nicht verwirklichen. Die Jagdflugzeuge verfügten nicht über die notwendige Reichweite, waren andererseits zu schnell, um einen wirksamen Schutz zu organisieren. Die französischen Bomberverbände erlitten deshalb hohe Verluste bei ihren Angriffen. Zu ihrem Schutz entwickelte die französische Flugzeugindustrie den dreisitzigen Caudron R-11, der mit 4 Maschinengewehren und 2 150-PS-Motoren ausgerüstet und in der Lage war, die Bombenflugzeuge

Während der Frühjahrskämpfe 1918 von
englischen Truppen erbeutetes Pfalz D IIIa-
Jagdflugzeug

Halberstadt C V Die Halberstadt C V war
1918 eines der Hauptflugzeugmuster
für die Fotoaufklärung. Die Kameras
wurden durch eine Falltür im Boden
des hinteren Cockpit nach unten gerichtet.
Außerdem war es mit einem MG
und einer Funkstation ausgerüstet. ◁

Stärke der einsatzbereiten Fliegerkräfte an den Landfronten 1914–1918

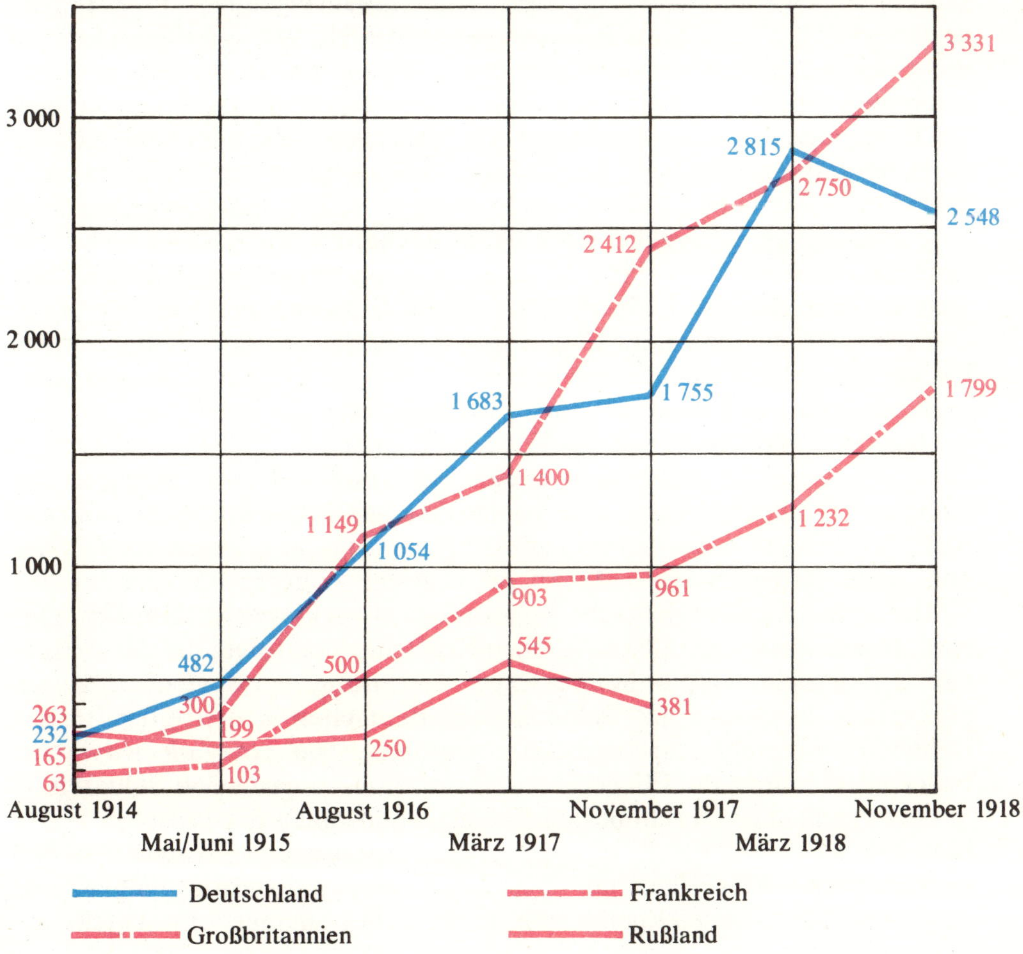

3 000

2 815
2 750
2 548
2 412

2 000

1 799

1 755
1 683

1 400

1 232
1 149
1 054

1 000
961
903
545
500
482
381
300
263
250
232
199
165
103
63

August 1914   August 1916   November 1917   November 1918
        Mai/Juni 1915   März 1917   März 1918

━━━━━ Deutschland   ━ ━ ━ Frankreich
━·━·━ Großbritannien   ━━━━━ Rußland

95

ständig zu begleiten. Ende Juli 1918 wurden die in Brigaden zusammengefaßten Bombenflieger- und Jagdgeschwader wieder getrennt eingesetzt, die Geschwader erneut den Armeen unterstellt, womit die Fliegerdivision ihre Rolle als selbständiger operativer Verband weitgehend eingebüßt hatte. Eine Summe von Faktoren hatte dazu geführt. Wichtig war, daß die französischen Armeen den Einsatz starker Jagdfliegerkräfte unmittelbar über der Front forderten. Diese Jagdflugzeuge konnten nur den Brigaden entnommen werden. Auf der anderen Seite betrachtete man die Ergebnisse des Luftbombardements als enttäuschend und nicht im Einklang stehend mit dem Aufwand.

Völlig offen war jedoch am Ausgang des Krieges die Frage, ob sich ein auf sich selbst gestellter Bombenfliegerverband gegenüber einem Jagdfliegergeschwader behaupten konnte. Eine Reihe am Ende des Krieges erfolgreich durchgeführter Bombenfliegerangriffe bewies nach Ansicht mehrerer bürgerlicher Luftkriegstheoretiker, daß sich die mit zwei bis drei Maschinengewehren ausgerüsteten Tagbombenflugzeuge im eng aufgeschlossenen Formationsflug auch gegenüber starken Jagdfliegerkräften nicht nur behaupten, sondern durchsetzen konnten. Besonders in Großbritannien, Frankreich und Italien sprach man von der Krise des einsitzigen Jagdflugzeugs, die zutage getreten sei. Vielerorts schien man die Lösung eines operativen Einsatzes der Luftstreitkräfte in der Konstruktion eines schnellen, steigfähigen Allzweckflugzeugs zu sehen, das über eine starke Bewaffnung und eine relativ hohe Tragfähigkeit verfügte. Der sogenannte Luftkreuzer dünkte der imperialistischen Militärwissenschaft jenes Flugzeug zu sein, das den Luftkrieg über weite Entfernungen tragen konnte. Die Überprüfung derartiger Theorien in der Praxis erfolgte nicht mehr, sie lag jedoch den Plänen der britischen Führung für die Entfesselung eines unbegrenzten Luftkriegs im Jahre 1919 zugrunde.

Mit der Unterzeichnung des Waffenstillstands am 11. November 1918 durch die deutsche Delegation endete der erste weltweite Krieg in der Epoche des Imperialismus. Die Niederlage des deutschen Imperialismus und Militarismus war auch im Luftkrieg nicht zufällig. Seine Kriegsziele und seine Kriegführung standen im krassen Widerspruch zum realen Kräfteverhältnis. Der deutsche Imperialismus verkörperte die reaktionärsten, überlebtesten gesellschaftlichen Kräfte und verfolgte die räuberischsten Kriegsziele. Der militante Expansionsdrang des deutschen Monopolkapitals kostete 6 300 Soldaten der deutschen Luftstreitkräfte das Leben. Frankreichs Luftstreitkräfte verloren 5 500 Tote, die Royal Air Force 6 166 Mann, die Fliegerkräfte Österreich-Ungarns 360 Soldaten.

In Organisation, Technik und Einsatzgrundsätzen der Luftstreitkräfte hatten sich während des Krieges gewaltige Änderungen vollzogen. Aus den vielfach bespötteltten Flugabteilungen des Jahres 1914, die man nicht einmal als Hilfswaffe zu bezeichnen wagte, waren in den am meisten entwickelten

Bréguet XIV Die Bréguet XIV kam ab
Sommer 1917 als Aufklärungs-, Bomben-
und Begleitjagdflugzeug bei den
französischen Fliegerkräften
zum Einsatz. Insgesamt wurden bis
zur Einstellung der Produktion im Jahre
1926 über 8 000 Flugzeuge dieses Typs
gebaut, das bis Ende der zwanziger
Jahre im Dienst der Armée de l'Air
stand. Sie war ein charakteristischer
Vertreter der Gattung der vielseitig
verwendbaren Mehrzweckflugzeuge
Frankreichs. △

Caudron R-11 Die R-11 war ursprünglich
als Bombenflugzeug entwickelt worden,
bewährte sich im Einsatz jedoch nicht
und wurde ab Juli 1918 mit 5 MGs
bewaffnet als «fliegendes Kanonenboot»
zum Begleitschutz der Bréguetbomben-
flugzeuge eingesetzt. Sie kann als typischer
Vorläufer des nach 1918 in der bürgerlichen Luftkriegstheorie vieldiskutierten
«Luftkreuzers» angesehen werden. ▽

Erwies sich im ersten Weltkrieg
für diesen Zweck noch als untauglich:
Einsatz eines deutschen Schlachtfliegers
gegen Tank der Entente

Zeppelin/Dornier Rs IV Das Riesenflug-
boot See der Zeppelinwerke war das
letzte während des ersten Weltkriegs von
Claudius Dornier für die Marineleitung
entwickelte Fernaufklärungsflugzeug.
Es sollte an Stelle der Luftschiffe,
die 1917/18 auch bei ihren Aufklärungs-
einsätzen hohe Verluste erlitten hatten,
über der Nordsee aufklären. Das Rs IV
wurde unter Benutzung von Stahl und Dur-
alumin gebaut. Der Erstflug fand am
12. Oktober 1918 statt.

imperialistischen Ländern starke operative Fliegerverbände – zum Teil
bereits als selbständiger Teil der Streitkräfte – geworden. Aus den
zweisitzigen Militärflugzeugen vom August 1914 hatten sich Aufklärungs-,
Jagdflieger-, Bombenflieger- und Schlachtfliegerkräfte entwickelt, womit
im Keim fast alle modernen Fliegergattungen vorhanden waren. Ihr Einfluß
auf den Verlauf der Kampfhandlungen war im Kriege beträchtlich gewachsen. Ohne ausreichende Fliegerkräfte war in der letzten Periode des
ersten Weltkriegs keine Angriffs- oder Verteidigungsoperation an der
Westfront mehr möglich. Die Luftoperation wurde zu einem festen
Bestandteil der Gesamtoperation.

Das Ende der Luftstreitkräfte des
deutschen Imperialismus 1918

II

Die Militärluftfahrt der zwanziger Jahre

Rote Falken.
Die Entstehung der sowjetischen Luftstreitkräfte

Die Tätigkeit der Flugzeugfabriken sei nur mit der Arbeit der Lippenstift- und Parfümeriefabriken zu vergleichen. Eine Luftflotte sei ein unnützes und teures Spielzeug, von dem die Revolution keinen Nutzen habe. Sie verdiene abgeschafft zu werden. Die Flugzeugfabriken könnten – da ein unnötiger Luxus – in Holzverarbeitungsbetriebe umgewandelt werden. Ein gewisser Ju. Larin, der diese Meinung am 25. Januar 1918 (d. i. 7. 2. 1918 neuen Stils) im Allrussischen Sowjet für Volkswirtschaft vortrug, handelte gewiß in der festen Überzeugung, die sozialistische Revolution und Volkswirtschaft damit von einem unnützen Ballast befreien zu können. Doch tatsächlich huldigten diese Vertreter damit nur der irrigen Auffassung, das Flugzeug sei ein Produkt und Spielzeug versnobter Bourgeois, das in einer sozialistischen Umwelt nichts zu suchen habe. Völlig zu Recht stellte W. I. Lenin in der Auseinandersetzung mit diesen Ansichten fest: «Jeder wird zugeben, daß es unvernünftig, ja verbrecherisch ist, wenn eine Armee sich nicht darauf vorbereitet, alle Waffengattungen, alle Kampfmittel und Kampfmethoden zu beherrschen, über die der Feind verfügt oder verfügen kann.» (W. I. Lenin, Werke, Bd. 31, S. 83.)

Die Flugzeugindustrie zu zerschlagen, die Luftflotte aufzulösen wären ein solches Verbrechen am sozialistischen Staat gewesen, der sich von seiner Geburtsstunde an dem unversöhnlichen Haß der gestürzten herrschenden Klassen Rußlands und der internationalen Bourgeoisie gegenübersah. Um die Errungenschaften der Revolution zu bewahren, mußte der Friede bewaffnet sein; denn mit der Errichtung des ersten sozialistischen Staates hörte der Kapitalismus ein für allemal auf, das weltbeherrschende System zu sein.

Die Absicht, den Sozialismus zu vernichten oder wenigstens einen antisowjetischen cordon sanitaire zu schaffen, beeinflußte seit 1917 die

Politik aller imperialistischen Staaten. Diese konterrevolutionären Pläne zu vereiteln und den Schutz der sozialistischen Aufbauarbeit zu gewährleisten waren das Grundgesetz, das der Entwicklung der sowjetischen Luftstreitkräfte zugrunde lag. Die sowjetischen Luftstreitkräfte bildeten sich dabei unter Überwindung außerordentlicher Schwierigkeiten heraus. Sie mußten das Erbe des militärisch und ökonomisch rückständigen Zarismus antreten und unter den Bedingungen des Bürgerkriegs und der ausländischen militärischen Intervention überwinden.

Im zaristischen Rußland waren die Möglichkeiten zur Entwicklung der Luftstreitkräfte außerordentlich dürftig gewesen. Obwohl die russische Armee 1914 – im Vergleich zu anderen Großmächten – mit einem zahlenmäßig starken Flugzeugbestand in den Krieg eingetreten war, wirkte sich nach den ersten schweren Verlusten an der Front die ökonomische Rückständigkeit des Landes hemmend auf den weiteren Ausbau der Fliegerkräfte aus. Die russische Flugzeugindustrie, die 7 Fabriken zählte, lieferte 1914 im Durchschnitt monatlich nur 37 Flugzeuge aus. Damit konnten die Frontverluste nicht ersetzt werden. Eine Ursache lag darin, daß der russische Generalstab — ähnlich wie die Militärs anderer Länder — die Bedeutung und Funktion der Luftstreitkräfte im zukünftigen Krieg unterschätzte, ihren Aufbau in kleinem Maßstab plante und den Fragen des Nachschubs und der Versorgung nur geringe Beachtung schenkte. Der russische Flugzeugbestand setzte sich 1914 im wesentlichen aus eingeführten französischen Flugzeugen zusammen, die von der eigenen schwachen Flugzeugindustrie nachgebaut wurden. Obwohl im Verlauf des ersten Weltkriegs die Taktik der russischen Fliegerkräfte dieselbe Entwicklung nahm wie in Westeuropa, hinderten die unzureichenden industriellen Möglichkeiten Rußlands die Fliegerkräfte daran, in annähernd gleicher Weise an den Fronten wirksam zu werden. Im Juni/Juli 1917 verfügten die russischen Fliegerkräfte über insgesamt 128 Fliegerabteilungen, von denen sich 91 bei den Landstreitkräften, 32 bei den Seestreitkräften und 5 schwere Bombenfliegerabteilungen, die mit dem für seine Zeit hervorragenden Flugzeugmuster «Ilja Muromez» ausgerüstet waren, bei der Obersten Heeresleitung befanden. Den Kern der 91 Heeresfliegerabteilungen bildeten 44 Korpsfliegerabteilungen, die je Abteilung einen Bestand von 6 Aufklärungsflugzeugen, 2 Artillerieflugzeugen und 2 Jagdflugzeugen haben sollten; 12 Armeefliegerabteilungen, die je 6 Bombenflugzeuge und 2 Jagdflugzeuge haben sollten; 24 Jagdfliegerabteilungen mit einem Soll von je 8 Flugzeugen sowie 4 Artilleriefliegerabteilungen mit je 22 Flugzeugen.

Die Soll-Stärke der Frontabteilungen betrug 840 Flugzeuge, die Ist-Stärke jedoch nur 461 Flugzeuge, von denen wiederum nur 340 einsatzbereit waren, die sich zudem in nicht weniger als 30 verschiedene Typen aufsplitterten. Am 21. Juli 1917 hatte der russische General A. A. Brussilow an die zaristische Regierung geschrieben: «Die Krisis hat begonnen. Länger kann nicht gewartet werden. Wenn nicht unverzüglich außerordentliche Maßnahmen ergriffen werden, bin ich der Ansicht, daß in zwei Monaten unsere Fliegerkräfte völlig vernichtet sein werden. Ohne ihre volle Unterstützung kann man mit einem Erfolg militärischer Operationen in einem modernen Krieg nicht mehr rechnen.» Die Notrufe der Fliegerkommandeure verhallten bei den Vertretern des korrupten und unfähigen Regimes. Sie hatten es während des gesamten Krieges nicht verstanden, sich den Erfordernissen einer modernen Kriegführung anzupassen. Für die russischen Fliegerkräfte standen während des gesamten Krieges nur 7 407 Flugzeuge zur Verfügung, das heißt ein Fünftel der Produktion Großbritanniens im Jahre 1918. Neben 1 800 importierten Flugzeugen wurden 5 607 nachgebaut beziehungsweise ab 1915 auch selbst entwickelt. 1917 zählte die russische Flugzeugindustrie 12 Werke mit einer Produktion von insgesamt 352 Flugzeugen im Monat. Die bedeutendsten waren die Russisch-Baltische Fabrik, die Russische Luftschiffbaugesellschaft S. S. Stschetinin, die Aktiengesellschaft «W. A. Lebedejew», die Aktiengesellschaft «Dux» und die Flugzeugfabrik «A. A. Anatra». Ein noch größerer Engpaß als in der Flugzellenindustrie herrschte in der Flugmotorenproduktion. Hier befand sich das zaristische Rußland, das sich als unfähig erwies, einen genügend großen Facharbeiterstamm heranzubilden und die Industrie mit den notwendigen Rohstoffen und Fertigteilen zu versorgen, in noch weitaus größerer Abhängigkeit vom Ausland. Auf 1 511 im Lande produzierte Flugmotoren kamen 4 000 importierte Flugmotoren. Gänzlich auf ausländische Einfuhren angewiesen war man bei Propellern. Nach der Februarrevolution und besonders angesichts der sich zuspitzenden revolutionären Situation im Lande begannen die russischen Flugzeugindustriellen, die eng mit dem französischen Kapital verflochten waren, die Produktion zu drosseln und zu sabotieren; ihr Kapital verschoben sie ins Ausland.

Eine der wichtigsten Aufgaben der Sowjetmacht bestand deshalb nach der Oktoberrevolution darin, die materielle Basis der eigenen, wenn auch sehr schwachen Flugzeugindustrie zu erhalten und die Produktion wieder in Gang zu bringen. Dies war einer der ersten Aufträge für das am 28. Oktober 1917 (10. 11. 1917) ins Leben gerufene Büro der Kommissare für Luftfahrt und Aerodynamik beim Revolutionären Militärkomitee, das auf Empfehlung Lenins gebildet wurde. Der Vorsitzende dieses 8-Mann-Gremiums, A. W. Moshajew, das im Smolny Unterkunft fand, sah darüber hinaus seine Hauptaufgabe darin, den Kampf um die Gewinnung der Soldaten der Luftstreitkräfte für die sozialistische Revolution energisch weiterzuführen.

In Moskau wurden rote Fliegerabteilungen auf Initiative des revolutionären Militärkomitees für Luftfahrt beim Kriegskommissariat des

Moskauer Militärbezirks gebildet. Die Situation innerhalb der gesamten russischen Armee und Luftstreitkräfte war kompliziert. Die Armee war desorganisiert und demoralisiert. Die sozialistische Revolution hatte noch nicht im ganzen Lande gesiegt. Teile der Armee befanden sich noch unter dem Einfluß der Konterrevolution. Die Kampfbedingungen waren innerhalb der Armeen höchst unterschiedlich, und der Kampf wurde häufig isoliert geführt. Insgesamt besaßen die Bolschewiki innerhalb der Fliegerabteilungen die Mehrheit, weil sich gerade in diesem technischen Truppenteil ein hoher Prozentsatz von Facharbeitern befand. Zu Zentren der roten Fliegerkräfte entwickelten sich Moskau, Kiew und Leningrad. Jedoch befanden sich zwei Drittel aller Flugzeuge noch in den Händen konterrevolutionärer Offiziere, insbesondere an der Südwestfront und im Kaukasus. Unter Führung der Kommunistischen Partei wurden von den Soldatenräten in zahlreichen Fliegerabteilungen die konterrevolutionären Offiziere entfernt und die Neubildung der Fliegerabteilungen in Angriff genommen. Das Büro der Kommissare nahm von Leningrad aus die Bildung neuer, sozialistischer Fliegerabteilungen tatkräftig in die Hand. Ab 29. Oktober (11. 11.) begann dieses Büro innerhalb von zweieinhalb Monaten 6 Fliegerabteilungen mit je 12 Flugzeugen aufzustellen. Die ersten Fliegerabteilungen der Sowjetmacht waren die 1. und 2. «Sozialistische Fliegerstaffel», die auf der Basis der ehemaligen 12. Armeefliegerabteilung geschaffen wurden, die 3. – ehemalige Kronstädter – Fliegerstaffel, die 4. Fliegerstaffel in Zarskoje Selo, die 5. Fliegerstaffel in Pskow und die 2. Revolutionsabteilung der Nordfront. Zum Kommandeur der 1. Fliegerstaffel, die an der Verteidigung Petrograds gegen die Truppen Kerenskis und Krasnows teilnahm, wurde I. J. Iwanow ernannt.

Am 20. Dezember 1917 (2. 1. 1918) wurde auf Anordnung des Revolutionären Kriegsrates das Büro in ein Allrussisches Kollegium zur Führung der Luftflotte der Republik umgebildet, dem 3 Vertreter der Flugzeugbetriebe, 3 Vertreter der Luftstreitkräfte, ein Vertreter der Land- und ein Vertreter der Seestreitkräfte, ein Vertreter des Petrograder Sowjets und ein Vertreter des ZK der Gewerkschaften angehörten.

Angesichts des deutschen Vormarsches im Baltikum und in der Ukraine, der Interventionsabsichten der Entente und der militärischen Vorbereitungen der konterrevolutionären Kräfte erließ der Volkskommissar für die Militär- und Marineangelegenheiten am 25. Januar 1918 den Befehl Nr. 84, wonach «alle Fliegertruppenteile und Schulen dem werktätigen Volk vollständig zu erhalten» sind. Die Demobilisierung aller Fliegerabteilungen der zaristischen Armee sollte eingestellt, ihre beschleunigte Umwandlung in rote Fliegereinheiten durchgeführt, das Material erhalten und die materiell-technische Versorgung sichergestellt werden. Besondere Aufmerksamkeit schenkte die sowjetische Führung auf Initiative Lenins der Flugzeugproduktion. Bereits ab 27. November 1917 waren in allen Flug-

104

Mitglieder des Allrussischen Kollegiums der Luftflotte der Republik (von links nach rechts) sitzend: P. S. Dubenski, K. W. Akaschew, S. J. Landau, stehend A. W. Sergejew, E. I. Achmatowitsch, A. D. Anostschenko und F. I. Bytschkow

zeugwerken Arbeiterinspektionen eingesetzt worden. Die politisch entmachteten Unternehmer beantworteten diese Mitbestimmung der Arbeiterschaft mit der Sabotage der Produktion. Die Produktion mußte vielfach eingestellt werden. Daraufhin begann die Sowjetmacht das Dekret des Rates der Volkskommissare vom 27. Dezember 1917 (9. 1. 1918) über die Nationalisierung der Banken auf die Flugzeugindustrie auszudehnen. Die Anatra-Werke waren die ersten Flugzeugfabriken, in denen die Ausbeutung des Menschen durch den Menschen ein für allemal abgeschafft wurde.

Am 28. August 1918 wurden die gesamten Flugzeug- und Motorenwerke in Volkseigentum übergeführt, die am 31. Dezember 1918 der Hauptverwaltung der Vereinigten Firmen der Flugzeugindustrie (Glawkoawia) unterstellt wurden.

Eine der ersten Fliegerstaffeln der roten Luftflotte auf dem Feldflugplatz

	Flugzeugwerke	Flugmotorenwerke	Propellerwerke
1914			
Zahl der Arbeiter	1 871	258	–
in Prozent	88	12	–
Zahl der Werke	5	2	–
1915			
Zahl der Arbeiter	2 180	643	–
in Prozent	77	23	–
Zahl der Werke	8	3	–
1916			
Zahl der Arbeiter	5 029	1 168	400
in Prozent	76,4	17,6	6,0
Zahl der Werke	9	5	2
1917			
Zahl der Arbeiter	7 385	1 802	385
in Prozent	77,2	18,8	4,0
Zahl der Werke	11	5	2
1918			
Zahl der Arbeiter	5 893	1 699	369
in Prozent	74	21	5
Zahl der Werke	11	5	2

Trotz der Fürsorge der sowjetischen Regierung für die Flugzeugindustrie konnte auf Grund des Bürgerkriegs und der ausländischen Intervention nicht verhindert werden, daß die Produktion absank.

Bis zur Beendigung des Bürgerkriegs produzierten die sowjetischen Flugzeugfabriken 669 Flugzeuge und 265 Flugmotoren und reparierten 1 574 Flugzeuge sowie 1 740 Flugmotoren. Dank der aufopferungsvollen Tätigkeit der Kommunisten, der Soldatenräte und der sowjetischen Werktätigen gelang es im Frühjahr 1918, aus den Trümmern der einstigen Fliegerkräfte 33 Fliegerabteilungen mit etwa 300 Flugzeugen und 10 Ballonabteilungen neu aufzustellen.

Am 25. April 1918 verfügte die Sowjetmacht über 58 Flugzeugstaffeln mit 238 einsatzbereiten Flugzeugen, und zwar 125 Jagd- und 113 Aufklärungsflugzeuge. Das fliegende Personal zählte 163 Flugzeugführer und 54 Beobachter. Die Gesamtzahl der Flugzeuge in Sowjetrußland betrug 980 Flugzeuge, von denen sich 307 in den Staffeln, 350 in der Reserve, 112 in Lagern und 211 in Flugzeugfabriken befanden.

Organisatorisch trug die sowjetische Führung diesem Umstand durch die Bildung der Hauptverwaltung der Roten Arbeiter-und-Bauern-Militärluftflotte am 25. Mai 1918 Rechnung. An die Spitze der Hauptverwaltung trat der Ingenieur M. A. Solowow, seine Stellvertreter waren K. W. Akaschew und A. W. Sergejew. Sie übernahm im wesentlichen alle

Aufgaben des Kollegiums und unternahm besondere Anstrengungen, um den notwendigen technisch-wissenschaftlichen Vorlauf zu sichern und den Luftstreitkräften die notwendigen personellen Reserven nachführen zu können. Bis zum 1. Juli 1918 erhöhte sich die Zahl des fliegenden Personals auf 494 Flugzeugführer und 225 Beobachter. Am 1. Dezember 1918 wurde in Moskau das Zentrale Aero-Hydrodynamische Institut (ZAGI) unter Leitung von N. E. Shukowski gegründet.

Das umfangreiche Arbeitsprogramm der Hauptverwaltung sowie die Entwicklung der Kampfhandlungen an den Fronten des Bürgerkriegs führte am 22. September 1918 zur Schaffung einer Feldverwaltung für die Luftstreitkräfte und die Luftfahrt beim Feldstab des Revolutionären Kriegsrates (Awiadarm), dem die operative Leitung der Luftstreitkräfte übertragen wurde. An seine Spitze trat der Kommunist A. W. Sergejew.

Von der Awiadarm wurden Leiter der Feldverwaltung der roten Fliegerkräfte bei der Nord- (J. W. Jungmeister), Ost- (A. W. Schiukow), Süd- (I. I. Potrashizki), West- (N. E. Schumski) und Transkaukasusfront (I. W. Wassiljew) eingesetzt.

Während der Interventionskriege waren die in Abteilungen zu je 6 Flugzeugen oder in Gruppen bis zu 12 Flugzeugen zusammengefaßten roten Fliegerkräfte an allen wichtigen Operationen der Roten Armee mit Erfolg beteiligt. Sie flogen etwa 20 000 Einsätze, warfen 94 500 Kilogramm Bomben ab und bestanden 144 Luftkämpfe. Im Vergleich dazu flogen die zaristischen Fliegerkräfte von 1914 bis zum 7. Dezember 1917 53 254 Einsätze – davon 1917 allein 24 587 Einsätze – und führten 1 200 Luftkämpfe durch.

Die Zahl der Fliegerabteilungen erhöhte sich zwar von 65 – Ende 1918 – (45 Aufklärungsfliegerabteilungen, 5 Reservefliegerabteilungen, 12 Jagdfliegerabteilungen, 1 Fotofliegerabteilung und 2 Artilleriefliegerabteilungen) auf 79 Fliegerabteilungen im Jahre 1919 (13 Armeefliegerabteilungen, 47 Aufklärungsfliegerabteilungen, 12 Jagdfliegerabteilungen und 7 Spezialabteilungen), doch blieb die Zahl der einsatzbereiten Flugzeuge im wesentlichen konstant. Sie betrug Ende 1918 349 einsatzbereite Flugzeuge an der Front, im Oktober 1919 314 Flugzeuge und am 1. Januar 1920 340 Flugzeuge. Durchschnittlich kämpften 300 bis 350 Flugzeugführer auf der Seite der Sowjetmacht. Gab es bei Bildung der Fliegerabteilungen kaum Kommunisten unter den Flugzeugführern, so waren im Juni 1919 von 302 Piloten 125 Kommunisten. Bis zum 1. April 1920 büßten die sowjetischen Fliegerkräfte 422 Flugzeuge ein, von denen 365 durch Unfälle verlorengingen, 2 im Luftkampf abgeschossen und 23 vom Gegner erbeutet wurden. 32 Flugzeuge wurden von ihren Piloten, die die Sowjetmacht verrieten, dem Klassenfeind überlassen. Im gleichen Zeitraum verloren die sowjetischen Fliegerkräfte 252 Flugzeugführer.

Der tapfere Einsatz der jungen roten Flieger, die ihre erste Be-

R-1 (DH-9A) Die R-1 gehörte zu den ersten Flugzeugen, die von der sowjetischen Flugzeugindustrie hergestellt wurden. Unter Leitung von N. N. Polikarpow wurde ab 1918 die englische de Havilland DH-9 abgewandelt und − ausgerüstet mit einem USA-Flugmotor − als Aufklärungs-, leichtes Bomben- und Schlachtflugzeug eingesetzt. Im März 1925 fand der Erstflug einer R-1 mit einem sowjetischen Motor statt. Bis 1931 wurden mehrere tausend Flugzeuge dieses Musters gebaut. △

U-2 Die U-2, ab 1944 als Po-2 bezeichnet, gehört mit 33 000 von 1928 bis 1954 in Serie gebauten Flugzeugen wohl zu den meistproduzierten Flugzeugen der Welt. Es wurde 1927 von N. N. Polikarpow als Schulflugzeug entworfen und flog erstmals am 7. Juni 1928. Bis zum faschistischen Überfall auf die UdSSR diente es in erster Linie als Schul-, Reise- und Sanitätsflugzeug. Ab Juni 1941 wurde es darüber hinaus als leichtes Bombenflugzeug eingesetzt, das insbesondere bei Nacht die faschistischen Truppen in Frontnähe angriff und beunruhigte. Es bildete ab 1942 den Kern der leichten Nachtbombenfliegerregimenter und wurde auch von den Frauen des 46. Gardebombenfliegerregiments geflogen. Daneben leistete es als Verbindungsflugzeug zur Partisanenbewegung wertvolle Dienste. ▽

währungsprobe mit einem oft technisch und zahlenmäßig überlegenen Gegner glänzend bestanden, wurde von der Revolution mit der Auszeichnung von 216 Fliegern mit dem Rotbannerorden gewürdigt. Besonders erfolgreich entwickelten die sowjetischen Luftstreitkräfte die Taktik der Teilnahme der Flugzeuge am Bodenkampf weiter. Lenin, dessen Weitsicht wesentlich dazu beitrug, den sowjetischen Fliegerkräften die ersten Schritte zu erleichtern, erkannte deutlich die Rolle, die das Flugzeug auf dem Schlachtfeld spielen konnte. Er setzte sich dafür ein, die Luftstreitkräfte insbesondere dort zu konzentrieren, wo eine besonders gefährliche Lage entstanden war oder wo die Rote Armee ihren Hauptschlag führte. Auf seine Anregung hin wurde im September 1919 eine besonders für den Schlachtfliegereinsatz geeignete Fliegergruppe zusammengezogen und eingesetzt. Ihren Niederschlag fanden die Kampferfahrungen in der ersten von M. W. Frunse erarbeiteten Dienstvorschrift für die sowjetischen Luftstreitkräfte, die 1919 unter dem Titel «Vorschrift über die Verwendung der Fliegerkräfte im Krieg» erarbeitet wurde. Nachdrücklich betonte Frunse darin das Prinzip der Konzentration und der Ökonomie der Kräfte, ein Grundsatz, dem die sowjetischen Fliegerkräfte im Verlauf des Interventionskriegs zunehmend Rechnung trugen, indem sie an Schwerpunktabschnitten bis zu 70 Prozent ihrer Fliegerkräfte zusammenzogen.

Charakteristisch für den politischen Einsatz des Flugzeugs im Bürgerkrieg war der Befehl Nr. 29 des Awiadarm vom 10. Mai 1919, in dem drei Hauptaufgaben genannt wurden, die von den roten Fliegerkräften zu lösen seien. Als Hauptaufgabe wurde der Abwurf von Aufklärungsmaterial hinter den Fronten angesehen, künftig sollte kein Flugzeugstart ohne die Mitnahme entsprechenden Materials erfolgen. Als zweitwichtigste Aufgabe wurde den Fliegerkräften die Herstellung von Verbindungen zu von der Sowjetmacht abgeschnittenen Gebieten zugewiesen, und zum dritten sollten sie durch Tiefangriffe Panik unter den weißgardistischen Banden verbreiten und sie zur Einstellung des Kampfes bewegen.

Die sowjetische Volkswirtschaft war zu Beginn der zwanziger Jahre durch Weltkrieg, Bürgerkrieg und Interventionskrieg völlig ruiniert. Wegen Brennstoff- und Rohstoffmangels lagen die meisten Betriebe still. Die Flugzeugindustrie befand sich auf einem sehr niedrigen Niveau. Viele Werke waren zerstört. Ihre Produktion sank stetig ab. Wurden im Wirtschaftsjahr 1921/22 noch 13 Flugmotoren und 43 Flugzeuge gefertigt, so konnten den Luftstreitkräften im Wirtschaftsjahr 1923/24 nur noch 13 Flugzeuge zur Verfügung gestellt werden. Die junge Sowjetrepublik war gezwungen, zur Deckung ihres Bedarfs die Masse ihrer Flugzeuge aus dem Ausland einzuführen. 1922 mußten 90 Prozent aller Flugzeuge importiert werden.

Nach wie vor bestand jedoch die Gefahr eines erneuten Überfalls der imperialistischen Staaten auf die Sowjetunion. Nach Abschluß des Bürgerkriegs verfügten die sowjetischen Fliegerkräfte am 1. Januar 1921 nur über 752 Flugzeuge, von denen 291 einsatzbereit waren. Der größte Teil des Flugzeugbestands war nicht nur überaltert, sondern schrottreif. Ein Drittel aller Flugzeuge war mehrfach repariert, überholt und geflickt worden. Sie mußten vernichtet werden. Auf die ernste Lage der sowjetischen Fliegerkräfte – angesichts der kapitalistischen Einkreisung – hatte bereits am 11. September 1920 der Stabschef der Luftstreitkräfte hingewiesen und ein Fünfjahresprogramm gefordert, in dessen Verlauf 240 Aufklärungs- und 20 Armeestaffeln sowie 20 Jagdflugzeugdivisionen zu je 5 Staffeln und 10 Spezialstaffeln aufgestellt werden sollten. Der Bau von 2 520 Flugzeugen, darunter 600 Jagdflugzeuge, hieß es in dem Bericht, «entspricht längst nicht dem europäisch-amerikanischen Maßstab und verurteilt die Luftflotte zu einer sehr untergeordneten Rolle in der Armee, während sie Anspruch auf eine selbständige Bedeutung und sehr reale Kraft erheben muß».

Unter unvorstellbaren Opfern, Entbehrungen und Anstrengungen mußten die sowjetischen Werktätigen – trotz ihrer geringen ökonomischen Möglichkeiten – den Aufbau einer starken, selbständigen Flugzeugindustrie forcieren. Am 30. Januar 1921 wandten sich die Vertreter der in Nikolajew versammelten Fliegereinheiten an alle Mitarbeiter der Luftfahrt und wiesen auf die Bedeutung eigener Luftstreitkräfte hin. Schon am 26. Januar 1921 beschloß die Sowjetregierung trotz Hungersnot im Lande, der Flugzeugindustrie 3 Millionen Goldrubel zum Ankauf von Flugzeugen und Motoren zur Verfügung zu stellen. Auf dem Augustplenum des ZK der KPdSU(B) im Jahre 1922 kam man überein, in den nächsten zwei Jahren 35 Millionen Goldrubel für die Entwicklung der Luftfahrt bereitzustellen. Doch selbst diese beträchtlichen Summen reichten zunächst nicht aus, um das notwendige Entwicklungstempo zu gewährleisten. Am 1. Dezember

TB-1 Die TB-1 wurde auf Beschluß des Stabes der sowjetischen Luftstreitkräfte im September 1924 in Auftrag gegeben. Unter Leitung von A. N. Tupolew war Anfang 1925 das Modell und im August der Prototyp fertiggestellt worden, der erstmals am 26. November 1925 flog. Es war das erste in Ganzmetallbauweise hergestellte schwere Bombenflugzeug der Welt, das in den späten zwanziger Jahren zu den besten Vertretern seiner Gattung zählte. Von 1928 bis 1932 wurde es in Serie gebaut. Mit 216 Exemplaren bildete es den Kern der sowjetischen Bombenfliegerkräfte.

1922 beschloß der Rat der Volkskommissare einen Plan zur Vervollständigung und zum Aufbau der Flugzeugindustrie. Zunächst wurden 1 218 000 Rubel zur Verfügung gestellt. Mit dieser Investition sollten künftig jährlich 1 000 Flugzeuge und 500 Flugmotoren gebaut werden. Als Übergangsmaßnahme wurden Flugzeuge aus dem Ausland importiert, zunächst 60 Fokker S 4, 125 Fokker D XI, 30 de Havilland SA, 21 Martinsyde F-4 «Buzzard» und 54 Hanriot HD-9.

Die enge Verbundenheit zwischen Volk und Luftfahrt unter sozialistischen Bedingungen fand ihren Ausdruck durch die am 8. März 1923 erfolgte Gründung der Gesellschaft der Freunde der Luftfahrt, die innerhalb von 10 Monaten 3 Millionen Goldrubel aus Spenden erhielt, die zum Kauf von 55 Flugzeugen und zur Bestellung von weiteren 65 Flugzeugen ausreichten.

Ab Ende 1923 vollzog sich in der sowjetischen Flugzeugindustrie eine Wende. Im Volkswirtschaftsjahr 1924/25 wurden bereits 264 Flugzeuge produziert. Ab 1925 war die Sowjetunion nicht mehr genötigt, Flugzeuge zu importieren. Neben der Reorganisation der technischen Grundlagen der Flugzeugindustrie war ein Stamm von Facharbeitern, Technikern und Konstrukteuren herangewachsen, die eine Periode einleiteten, in der zur Überraschung der internationalen Fachwelt die UdSSR mit Eigenkonstruktionen aufwartete, die teilweise Spitzenleistungen des damaligen Flugzeugbaus darstellten. Mit dem 1924 vom Tupolew-Kollektiv entwickelten Entwurf des zweimotorigen Ganzmetall-Eindeckers TB-1 (ANT-4) wurde eine völlig neue Richtung im Bombenflugzeugbau eingeschlagen. Im selben Jahr wurde der erste sowjetische Serienflugmotor M 5 im Testflug erprobt. Eines der ersten sowjetischen Flugzeuge, die mit dem M-5-Motor ausgerüstet wurden, war das Aufklärungsflugzeug R-1, von dem bis Ende 1924 100 Stück ausgeliefert wurden. Die Sowjetunion

konnte auf der Grundlage der erfolgreichen Entwicklung in der Luftfahrtindustrie am 24. September 1924 einen Dreijahresplan für die Entwicklung der Luftstreitkräfte verabschieden, der darauf orientierte, in kürzester Frist alle ausländischen Flugzeugtypen auszumustern und durch Eigenentwicklungen zu ersetzen. Bis Ende 1927 sollten die sowjetischen Luftstreitkräfte über 1 200 Flugzeuge verfügen.

Gleichzeitig wurden die sowjetischen Luftstreitkräfte reorganisiert. An ihre Spitze trat mit dem 15. April 1924 die Hauptverwaltung der Luftstreitkräfte unter der Leitung von P. I. Baranow, der seit 1912 den Bolschewiki angehörte, sein Stellvertreter war ab August 1926 Ja. J. Alksnis. Unter ihrem Kommando wurden Ende 1924 6 Fliegerabteilungen in Staffeln umgebildet, die je 3 Abteilungen zu insgesamt 18 Flugzeugen besaßen. Es bestanden Aufklärungs-, Jagd-, Schlachtflieger- und leichte Bombenfliegerstaffeln. 31 Prozent der Fliegerkräfte machten Aufklärer und leichte Bombenflugzeuge aus, 43 Prozent Jagdflugzeuge. Die Staffeln sollten in der Folgezeit zu Brigaden zusammengefaßt werden. Am 1. Oktober 1923 dienten 335 Flugzeugführer und 202 Beobachter in den sowjetischen Luftstreitkräften. Am 1. Oktober 1926 gliederten sie sich in 240 Aufklärungsflugzeuge (R-1, Fokker S 4), 40 leichte Bombenflugzeuge (R-1), 21 Schlachtflugzeuge (R-1), 116 Jagdflugzeuge (Fokker D XI und D XIII sowie Martinsyde F-4), 186 Verbindungsflugzeuge (R-1), 92 Seeflugzeuge, 32 Hilfsflugzeuge und 12 Transportflugzeuge, insgesamt 749 Flugzeuge.

Die Sowjetunion war durch ihre vielfältigen Anstrengungen auf dem Gebiet der Luftfahrt auf dem besten Wege, mit der Entwicklung der Luftstreitkräfte in den fortgeschrittensten kapitalistischen Ländern gleichzuziehen. Unter ungeheuren Anstrengungen gelang es, wesentliche Fundamente für die Serienproduktion moderner Flugzeuge zu legen, Voraussetzungen für die technisch-wissenschaftliche Weiterentwicklung zu schaffen und die Luftstreitkräfte auf die Anforderungen des Luftkriegs zu orientieren. Dank der vorausschauenden Politik der Kommunistischen Partei der Sowjetunion und der Sowjetregierung sowie dank der Schöpferkraft und dem Fleiß der sowjetischen Werktätigen war die UdSSR somit in der Lage, den neuen Anforderungen entsprechen zu können, die sich gegen Ende der zwanziger Jahre aus der Entwicklung der Militärtechnik ergaben.

Der Douhetismus

Im Sommer 1917 reiste eine Studiengruppe hoher amerikanischer Offiziere nach Westeuropa, um militärische Erfahrungen für den geplanten Einsatz ihrer Truppen an der Westfront zu sammeln. Besonders interessiert zeigten sie sich an jüngsten Entwicklungen im Luftkrieg, wo in den USA bisher kaum militärisch verwendbare Erfahrungen vorhanden waren. Bei ihrer Europarundreise gelangten sie auch nach Italien und berichteten fasziniert und enthusiastisch von ihrer Begegnung mit dem italienischen Flugzeugindustriellen Gianni Caproni und seinem engen Vertrauten, dem Fliegeroffizier Giulio Douhet, der die technischen Vorstellungen und Absichten Capronis in ein System militärtheoretischer Vorstellungen brachte. Das, was Douhet konzipierte, bei den italienischen Militärs jedoch auf heftige Ablehnung stieß und niemals von ihnen verwirklicht wurde, dünkte die amerikanischen Militärs immerhin so bemerkenswert, daß sie in Memoranden ihre Regierung ausführlich über diese mögliche Variante künftiger Kriegführung unterrichteten. Sie gaben damit zum erstenmal eine zusammenhängende Darstellung der Ideen Douhets, die dieser selbst erst 1921 in seinem Buch «Il dominio dell'aria» (Die Luftherrschaft) darlegte und deren Grundgehalt er in den kommenden Jahren bis zu seinem Tode im Jahre 1930 in Neuauflagen seines Buches und in Zeitschriftenbeiträgen erweiterte und präzisierte.

Douhet ging bei der Formulierung seiner Theorien von der im Verlauf des ersten Weltkriegs offenbar gewordenen Tatsache aus, daß jeder künftige Weltkrieg allumfassenden Charakter tragen würde, in dem ökonomischen und moralischen Faktoren eine erstrangige Bedeutung zukäme. Obwohl der bewaffnete Kampf der Truppen im Grunde genommen der entscheidende Prozeß des ersten Weltkriegs geblieben war, hatte er erkannt, daß die Einheit und Zusammenarbeit von Front und Hinterland einer der entscheidenden Faktoren für den Kriegsausgang geworden war.

Douhet zog daraus die Schlußfolgerung, in einem künftigen Krieg nicht die Streitkräfte, sondern das tiefe Hinterland als Hauptangriffsziel zu betrachten. Durch seine Zerstörung und Demoralisierung glaubte er den Krieg in kürzester Frist zu entscheiden. Mit dieser Annahme schien zahlreichen imperialistischen Militärtheoretikern auch ein Ausweg aus der Sackgasse gewiesen zu sein, in die die bürgerliche Militärwissenschaft im ersten Weltkrieg geraten war.

Douhets Lehre ging darüber hinaus von einer Reihe weiterer politischer Voraussetzungen aus. Sie verlieh der Furcht der herrschenden Kreise des Imperialismus Ausdruck, in der Epoche der sozialistischen Revolution Massenheere bewaffnen zu müssen, deren Moral im Sinne imperialistischer Kriegführung immer zweifelhaft blieb. Douhets Lehre suchte den objektiv unlösbaren Widerspruch jeder imperialistischen Kriegführung, den Zwang, alle Kräfte des Volkes für den Krieg mobilisieren zu müssen und auf der anderen Seite zu verhindern, daß eben diese bewaffneten und ausgebildeten Volkskräfte von innen heraus das System des Imperialismus und Militarismus sprengten, zu überwinden. Deshalb sprach er sich für die Schaffung von Eliteverbänden in Gestalt

Caproni Ca-5 Die Bombenflugzeuge des eng mit Giulio Douhet befreundeten italienischen Flugzeugindustriellen Caproni waren während des ersten Weltkriegs alle als Doppelrumpfflugzeuge mit einer zentralen Gondel ausgelegt. Die Ca-5 (Ca 46) kam ab Anfang 1918 von Frankreich und Italien aus zu Fernangriffen gegen Österreich zum Einsatz. Sie konnte 540 kg Bombenlast tragen und verfügte bei einer Besatzung von drei Mann über zwei MGs. Insgesamt wurden 255 Ca-5 in Italien gebaut. Nach dem Kriege dienten sie als achtsitzige Passagierflugzeuge, mit denen am 29. Januar 1919 der Liniendienst auf der Route Rom–Mailand aufgenommen wurde.

starker Bombenfliegergeschwader aus, in dem seiner Auffassung nach die Technik vor dem Menschen rangierte.

Land- und Seestreitkräfte sollten entsprechend dieser Konzeption klein gehalten werden und sich vor allem aus langdienenden, im imperialistischem Sinne zuverlässigen Kadern zusammensetzen. Gleichzeitig berücksichtigte Douhet auch Probleme der Rüstungspolitik. Er behauptete, die Flugzeugrüstung «erfordert im Vergleich zur Schaffung einer modernen und dem Rüstungsstand der Großmächte Europas ebenbürtigen Armee und Flotte keine außerordentlichen Geldmittel», womit er auch von der rüstungswirtschaftlichen Seite im Frieden höchste Kampfbereitschaft zu garantieren suchte, unter gleichzeitiger Vermeidung einer übermäßigen Belastung des imperialistischen Staatshaushalts durch Rüstungsausgaben.

Die wichtigste politische und gesellschaftliche Annahme jedoch, von der Douhet bei der Konzipierung seiner Luftkriegstheorie ausging, war, daß er die Widerstandskraft des Hinterlands, insbesondere die Moral der Bevölkerung, im Kriegsfall für sehr labil hielt.

Aus dem Blickwinkel dieses italienischen Militaristen, der sich dabei im Einverständnis mit dem Flugzeugindustriellen Caproni befand, war einerseits die Moral der Bevölkerung ein entscheidender Faktor für den Kriegsausgang, andererseits begriff er unter Moral der Bevölkerung und Festigkeit des Hinterlands offensichtlich vor allem die Fähigkeit des imperialistischen Staatsapparats, die werktätigen Massen in einem objektiv gegen ihre Lebensinteressen geführten Krieg unter Kontrolle und Aufsicht zu halten. Für ihn, der völlig in den Vorstellungen eines hierarchisch gegliederten, bürokratisch gezimmerten Obrigkeitsstaates lebte, für den der Begriff Volk identisch mit willenloser, gefügiger Masse war, die sich jedoch im ständigen Gegensatz zur herrschenden Klasse befand, war die Stabilität des Hinterlands nur bei absoluter Aufrechterhaltung der Tätigkeit des imperialistischen Staats- und Machtapparats gegeben. Der Zerfall des Staatsapparats unter einem Luftbombardement, die Zerschlagung lebenswichtiger Zentren mußte nach Douhet zwangsläufig zur Rebellion der Massen führen, mußte dazu beitragen, daß der betroffene imperialistische Staat den Krieg nach außen schnell aufgab, um «den inneren Krieg zu gewinnen».

Neben ihrer politischen Funktion und Zweckbestimmung spiegelte die Theorie Douhets den damals erreichten Stand der Kriegskunst, der Kriegführung und der Militärtechnik wider. Militärtheoretisch ging er davon aus, daß jeder künftige Krieg zu Lande und zur See ähnlich dem ersten Weltkrieg verlaufen würde. Wie schon der erste Weltkrieg würde er jedoch die Kräfte des ganzen Volkes beanspruchen. Den Sieg würde der erringen, der den materiellen und moralischen Willen des Gegners bräche. Das einzige Instrument, dieses Ziel unter den Bedingungen eines Stellungskrieges zu erreichen, dünkten ihm die Fliegerkräfte zu sein. Sie sollten dazu verwendet werden, mittels starker Bombenfliegergeschwader, die die Priorität innerhalb der gesamten Streikräfte innehielten und selbständig operierten, den Luftkrieg über die Fronten zu tragen und durch das schwere, ununterbrochene Bombardement der ökonomischen, militärischen und politischen Zentren des gegnerischen Hinterlands den Ausgang des Krieges im wesentlichen vorherzubestimmen. Zur Durchführung des ununterbrochenen Luftbombardements sollte die Luftherrschaft durch plötzliche, überraschende Präventivschläge auf die gegnerischen Luftstützpunkte, auf seine Flugzeugindustrie und im Luftkampf errungen werden.

Douhet meinte, nach der Erringung der Luftherrschaft könnte kein Volk den Luftangriffen auf Städte und Industriezentren längere Zeit widerstehen. Vor allem der Abwurf von Giftgasbomben würde rasch zu einer völligen Demoralisierung der Bevölkerung und zur Kapitulation des betreffenden Staates führen. Nach dem Grundsatz, zuerst kommt der Sieg und dann die Humanität, schrieb Douhet: «Ich halte es sogar für erlaubt und verdienstvoll, bewohnte Städte mit Giftgasbomben zu belegen – und zwar nicht, weil ich einen sadistischen Spaß am Massenmord habe, sondern weil dieser Angriff durch seine materielle und moralische Wirkung für einen Sieg entscheidend ist...» Dabei schätzte Douhet die für eine derartige Kriegsentscheidung notwendige Menge von Abwurfmitteln überaus optimistisch ein. Die Einäscherung einiger Großstädte reiche seiner Auffassung nach bereits aus, um die Kriegsentscheidung herbeizuführen.

Douhet stützte sich bei seiner Prognose über den Charakter des Luftkriegs auf folgende Faktoren:

1. Das am Ausgang des ersten Weltkriegs in die Bewaffnung eingeführte mehrsitzige schwere Bombenflugzeug mit einer starken Abwehrbewaffnung war im langsamen Geschwaderflug ein schwer zu bekämpfender Gegner für alle einsitzigen Jagdflugzeuge geworden. Die Wirksamkeit von Jagdflugzeugen gegenüber diesen Bombenflugzeugen schien fragwürdig, für Douhet sogar hinfällig geworden. Die technische Zukunft der Luftstreitkräfte schien ihm im Bau von «Luftkreuzern» zu liegen, die sich gleichzeitig für den Luftkampf wie für das Luftbombardement eigneten.

2. Die Hauptentwicklungslinien der Luftfahrttechnik wurden von Douhet dahingehend interpretiert, daß sie vor allem zu einer weiteren Verbesserung der Angriffsmittel führen würden. Die Entwicklung der Abwehrwaffen schien ihm zu stagnieren beziehungsweise wurde von ihm im Interesse einer aggressiven Luftkriegführung als zweitrangig angesehen. Er vertrat die Meinung, die Luftoffensive wäre die einfachste, die Luftdefensive dagegen die schwierigste Form des Luftkriegs, die gewaltige Mittel verschlang und beträchtliche Kräfte band. Sie sollten nach seiner Auffassung eher dazu benutzt werden, die Angriffswaffen zu verbessern und zu verstärken.

3. Die Überlegenheit der Luftangriffsmittel über die Luftverteidigung schien Douhet noch dadurch potenziert zu werden, daß sich die Reichweite und die Tragfähigkeit der Bombenflugzeuge stetig erhöhten, durch die starke Entwicklung der Zivilluftfahrt Hunderte potentielle Bombenflugzeuge zur Verfügung standen und immer wirksamere Abwurfmittel entwickelt wurden. Eine besonders große Rolle spielten dabei chemische Massenvernichtungswaffen, von deren Einsatz sich Douhet eine verheerende Wirkung versprach.

Was die Lehre Douhets so attraktiv für die herrschenden Kreise der imperialistischen Länder machte, war weniger der Tatsache zuzuschreiben, daß er, gestützt auf die sich im Verlauf des ersten Weltkriegs herausgebildeten Luftstreitkräfte, die mit revolutionierenden Elementen in das Militärwesen eindrangen, der Phantasie und Spekulation weiten Spielraum ließ. Es war vor allem der Umstand, daß er unter den Bedingungen der allgemeinen Krise des Kapitalismus und den Erschütterungen des Weltimperialismus, die hervorgerufen wurden durch die Entwicklung seiner inneren Widersprüche, eine Antwort auf Grundfragen imperialistischer Politik und Kriegführung zu geben schien.

Da alle Bereiche des gesellschaftlichen Lebens von der allgemeinen Krise erfaßt wurden, blieb es nicht aus, daß der Einfluß reaktionärer und negativer Faktoren auf die bürgerliche Militärwissenschaft zunahm. Sie

Caproni Ca-101 Die Caproni Ca-101 war
Mitte der dreißiger Jahre als Mehrzweckflugzeug für den Einsatz
in den italienischen Kolonien
entwickelt worden. Sie kam kurz vor
dem Überfall des italienischen Faschismus
auf Äthiopien in den Dienst der
Luftstreitkräfte. Sie diente während
der Aggression als Bombenflugzeug,
das zugleich auch Kampfstoffe
absprühte, wie als Transport- und
Sanitätsflugzeug. Nach Beendigung
der Aggression wurde sie aus den
italienischen Luftstreitkräften
ausgemustert.

verstärkte ihre abenteuerlichen und aggressiven Tendenzen bei der Lösung
militärischer Probleme.

Douhet war wohl der populärste Verfechter der Lehre vom alles
entscheidenden Luftkrieg, doch war er beileibe nicht der einzige imperialistische Militärtheoretiker, der solche Auffassungen verbreitete. In
Großbritannien folgten Frederick Sykes, Hugh Trenchard, J. M. Spaight,
zeitweise Basil Henry Liddell Hart und J. F. Ch. Fuller Douhets Spuren,
in den USA William Mitchell und W. C. Sherman, in Deutschland Hans
Ritter, Gotthard Sachsenberg, Robert Knauss unter anderen. Auch in
Japan verkündete Kriegsminister Yukio Ozuki in seinem Buch «Japan am
Kreuzweg»: «Der Sieg kann viel schneller errungen werden, wenn man
anstatt langwieriger Operationen und Angriffe auf Festungen die Flugzeuge
dazu benutzt, im Innern des feindlichen Landes Munitionsfabriken,
Banken und Regierungsgebäude zu vernichten. Durch Luftangriffe kann
man viel leichter Millionen von Zivilisten in großen Städten erschlagen als
tausend Soldaten, welche in Festungen oder Schützengräben in Deckung
sind. Der Sieg läßt sich rasch erreichen, wenn man den Feind demoralisiert

und vernichtet, indem man rücksichtslos alle Zivilisten tötet und zerschmettert, alt oder jung, Mann oder Frau, Greis oder Kind.»

Der unverhüllten Brutalität des japanischen Militarismus, der kaltblütig die Abschlachtung von Millionen als Kriegsziel proklamierte, stand die heuchlerische Humanität des britischen Militarismus ebenbürtig zur Seite, der den Luftüberfall und den Luftkrieg sogar als Art besonders menschlicher Kriegführung pries. Im März 1925 schrieb Liddell Hart in der «Empire Review»: «Das Flugzeug ist in der Lage, über die Regierung, Industrie und Volk des Feindes schützende Armee gleichsam hinwegzuspringen und so den Sitz von dessen Willen und Politik zu treffen. Wenn ein solcher Schlag genügend schnell und kraftvoll geführt wird, so gibt es keinen Grund, weshalb nicht in ein paar Stunden – oder höchstens Tagen – nach Beginn der Feindseligkeiten das Nervensystem eines der kämpfenden Länder gelähmt sein sollte. Ein moderner Staat stellt ein so kompliziertes und gegenseitig bedingtes Gefüge dar, daß es einem plötzlichen und überwältigenden Schlag aus der Luft ein überaus empfindliches Ziel bietet.» Liddell Hart gab aber gleichzeitig seinen Bedenken über eine solche Art der Kriegführung Ausdruck, die einzig und allein aus der politischen Lage des Weltimperialismus nach dem Sieg der Oktoberrevolution herrühren und auf eine der Ursachen hinweisen, weshalb kein imperialistischer Staat die Lehren der Luftkriegsextremisten zur Grundlage von Militärdoktrin und -aufbau machte. Er schrieb nämlich: «Aber eigene Interessen ... fordern von den kriegführenden Nationen, daß sie bemüht sind, ihr Ziel der moralischen Unterwerfung des Feindes mit der geringstmöglichen dauernden Schädigung von Leben und Industrie zu verbinden. Der Feind von heute ist der Kunde von morgen und der künftige Verbündete.»

Eine radikale Luftkriegführung in den Dimensionen eines Douhet oder Ozuki ließ nämlich eine Reihe imperialistischer Politiker und Militärs befürchten, daß sie damit geradewegs auf eine Unterminierung der eigenen Gesellschaft zusteuerten. In welcher Weise würden die Volksmassen auftreten, wenn Staats- und Militärapparat gelähmt wären? Beschwor man damit nicht geradewegs Chaos, Umsturz und Bürgerkrieg herauf, an deren Ende soziale Umwälzungen standen, die zwar zur politischen Entmachtung des Konkurrenten führen mußte, der doch aber gleichzeitig auch Klassenpartner war? Liddell Hart warnte deshalb davor, bei einer derartigen Kriegführung setze man die «eigene künftige Sicherheit aufs Spiel».

Anwendbar schien eine derartige terroristische Bombenkriegführung einer Reihe von imperialistischen Politikern deshalb nur gegenüber dem «inneren Feind» im eigenen Land, gegenüber einem sozialistischen Land und gegenüber den um ihre Unabhängigkeit kämpfenden Völkern Afrikas, Asiens und Lateinamerikas.

Neben diesen ausschlaggebenden klassenpolitischen Erwägungen kamen noch eine Reihe andere Faktoren, die dazu führten, daß die Militärdoktrin keines imperialistischen Landes sich mit den Theorien der Luftkriegsextremisten identifizierte. Nach dem Ende des ersten Weltkriegs mußten alle imperialistischen Staaten dazu übergehen, die Rüstungsausgaben erheblich zu vermindern und sich eines Teils ihres schweren Rüstungspanzers zu entledigen. In unterschiedlichem Ausmaß wurden große Teile der Fliegereinheiten bei allen imperialistischen Großmächten abgemustert. Zwischen den drei Teilstreitkräften entbrannte in der Regel ein heftiger Kampf über die Aufteilung des nun schmaleren Rüstungsbudgets, wobei sich meist die traditionellen Land- und Seestreitkräfte gegenüber dem Parvenü Fliegertruppe behaupteten. Für Jahre, teilweise – wie in Frankreich – für Jahrzehnte waren die Fliegertruppen angewiesen, von den Flugzeugbeständen des ersten Weltkriegs zu zehren. Neuentwicklungen mit ihren relativ hohen Kosten waren nicht gefragt und wurden vom Staatsapparat nicht honoriert. Mit dem am Ausgang des ersten Weltkriegs zur Verfügung stehenden Flugzeugmaterial war jedoch nicht daran zu denken, einen wirksamen Fernluftkrieg entfesseln zu können. Überdies wiesen die Generalstäbe der Land- und Seestreitkräfte darauf hin, daß die Luftkriegsextremisten den Beweis für ihre These schuldig geblieben wären und eine Orientierung der Fliegerkräfte auf derartige Aufgaben vor allem den Landtruppen die notwendige Luftunterstützung nahm. Da bis auf Großbritannien die Luftstreitkräfte den Land- beziehungsweise Seestreitkräften unterstellt waren, wurden die Fliegerkräfte vorrangig nach den Bedürfnissen dieser Teilstreitkräfte entwickelt.

In der Militärluftfahrt der frühen zwanziger Jahre dominierte der französische Einfluß. Der französische Imperialismus, den die Kommunistische Internationale 1922 als «das Schwert der Kapitalisten aller Länder» in der «internationalen Gegenrevolution wider Sowjetrußland» kennzeichnete, verfügte 1918 nicht nur über die stärksten Luftstreitkräfte, sondern vergrößerte, da er vergleichsweise am wenigsten abrüstete, seinen Vorsprung gegenüber allen anderen imperialistischen Mächten. Er war maßgeblich durch Bereitstellung von Flugzeugen, Ausbildungspersonal und Militärmissionen am Aufbau der Fliegerkräfte unter anderem in Polen, Rumänien, Jugoslawien und der Tschechoslowakei beteiligt. Dieser «Militärhilfe» lag die antisowjetische Konzeption eines cordon sanitaire zugrunde. Die französische Flugzeugindustrie verschaffte sich damit auch einen Absatzmarkt, der die Aufrechterhaltung einer starken Produktion gestattete. Französische Flugzeuge, Einsatzgrundsätze und Organisationsprinzipien fanden damit Eingang in die meisten europäischen Staaten.

1923 nannte der Generalinspektor der französischen Luftstreitkräfte, Marschall Marie Émile Fayolle, drei Aufgaben für die Fliegerkräfte im Krieg: Aufklärung, Luftkampf und Bombardierung. Die größte Aufmerksamkeit wurde der Luftaufklärung im Dienste der Landstreitkräfte geschenkt, für die man – entsprechend den verschiedenen Aufgaben – drei Flugzeugmuster vorsah: zweisitzige Divisionsaufklärungs-, dreisitzige Armeekorpsaufklärungs- und zweisitzige, mit hoher Geschwindigkeit und großer Reichweite versehene Armeeaufklärungsflugzeuge.

Unter Kampfflugzeugen begriff Fayolle ebenfalls drei Typen von Kampfflugzeugen: einsitzige Abfangjagd-, zweisitzige Begleitjagd- und dreisitzige Schlachtflugzeuge.

Als letzte Aufgabe der Luftstreitkräfte nannte Fayolle die Bombardierung, und zwar die Bombardierung bei Tag und bei Nacht durch dreisitzige Bombenflugzeuge unmittelbar auf oder in unmittelbarer Tiefe des Gefechtsfeldes und durch zwei- oder dreisitzige Nachtbombenflugzeuge, die sowohl an der Front wie auch im Hinterland des Gegners eingesetzt werden können, wo sie industrielle Ziele, Bahnhöfe, Verkehrsknotenpunkte usw. zerstören sollten.

Über die im ersten Weltkrieg gesammelten Erfahrungen hinaus sollten die Luftstreitkräfte bis zur Armeeebene entsprechend den Vorstellungen der Armeebefehlshaber und oberhalb der Armeeebene entsprechend den Weisungen des Oberbefehlshabers der Luftstreitkräfte eingesetzt werden. Praktisch lief diese Unterscheidung darauf hinaus, daß die Masse der Fliegereinheiten entsprechend der kontinental orientierten Militärdoktrin des französischen Imperialismus aufgesplittert dem Heer zugeteilt wurde, während je zwei Regimenter Bombenflugzeuge und Jagdflugzeuge in einer «Division Aérienne de Couverture» (Fliegerdivision der Deckung) zusammengefaßt wurden, deren Hauptaufgabe jedoch nicht die Führung eines selbständigen Luftkriegs war, sondern die vor allem als Reserve des Hauptquartiers auf dem Schlachtfeld diente.

Die Entwicklung der französischen Heeresfliegerkräfte 1918–1928

Zeit	Zahl der Flugzeuge	Zahl der Staffeln	davon Bombenstaffeln	Jagdstaffeln	Aufklärungsstaffeln	gemischte Staffeln
11. 11. 1918	3 437	260	32 (479)	83 (1 392)	145 (1 566)	–
Mitte 1925	1 100	107	32 (320)	32 (320)	43 (470)	–
Mitte 1928	1 540	138	30 (300)	32 (480)	44 (440)	32 (320)

Charakteristisch für das von Fayolle entwickelte und von den französischen Militärs gebilligte Konzept war, daß die Zahl der Flugzeugmuster relativ hoch war und die Luftkriegsdoktrin die Möglichkeit offenließ, die Luftstreitkräfte ausschließlich als Hilfswaffe zu benutzen – in Frankreich rangierten sie hinter Infanterie, Kavallerie, Artillerie und Pionieren als fünfte Waffe –, oder ob sie selbständige Kampfhandlungen durchzuführen hatten.

In der Praxis führten die Forderungen nach den verschiedensten Flugzeugtypen, die Ausdruck unausgereifter theoretischer Vorstellungen waren, dazu, daß die technische Ausführung seitens der Industrie mangelhaft blieb. Hinzu kam die Tatsache, daß der hohe Bestand an Flugzeugen mit seinen gewaltigen Unkosten laufende Erneuerungen nur in beschränktem Umfang zuließ. Die Quantität wurde in Frankreich der Qualität vorgezogen, was zur Folge hatte, daß die französischen Luftstreitkräfte gegen Ende der zwanziger Jahre veraltet waren. Die zahlenmäßige Stärke entsprach nicht mehr der tatsächlichen Schlagkraft. Ohne Folgen blieb diese Entwicklung auch nicht auf das Leistungsvermögen der französischen Flugzeugindustrie, die auch im Frieden prosperierte, weil sie ohne großen Aufwand die Serienproduktion der veralteten Flugzeuge rasch und billig ausführte. Da sie aber der technischen Vervollkommnung nur wenig Aufmerksamkeit zu schenken brauchte, war die einstmals führende französische Flugzeugindustrie 1928/29 von ihren Konkurrenten technisch überrundet worden.

Einen erheblichen Einfluß auf die Entwicklung der Luftkriegskonzeption hatten auch die Einsätze französischer Fliegerkräfte gegen die nationale Unabhängigkeitsbewegung in Afrika, Asien und im Fernen Osten.

Insbesondere der Einsatz französischer Kräfte gegen die marokkanische Unabhängigkeitsbewegung ab 27. April 1925 schien die Annahme französischer Luftkriegstheoretiker zu bestätigen, daß die Fliegerkräfte vor allem im taktischen Zusammenwirken mit motorisierten Kolonnen der Landstreitkräfte ihre höchste Wirksamkeit erreichten.

Die Einsätze von Flugzeugen gegen nationale Unabhängigkeitsbewegungen waren in den zwanziger Jahren für die imperialistischen Großmächte die wichtigste Quelle zur Sammlung von Erfahrungen. In Großbritannien zog man daraus allerdings andere Schlußfolgerungen als in Frankreich. Dort war nach 1918 die Royal Air Force unter dem starken öffentlichen Druck der Admiralität, die die Flotte als Hauptstreitmacht des britischen Imperiums ausgab, erheblich verringert worden, was die während des Krieges gewaltig angeschwollene Flugzeugindustrie in eine ernsthafte Krise stürzte. Die verbliebenen wenigen Staffeln der RAF ergänzten ihren Bedarf ausschließlich aus Kriegsbeständen, und in Europa wurde der Exportmarkt von Frankreich, in Übersee von den USA beherrscht.

Nur 18 Flugzeugfirmen konnten sich behaupten, während die anderen in Konkurs gingen oder sich auf Zivilbedarf umstellten. Für die britische Flugzeugindustrie ergab sich daraus der Zwang, qualitativ hochwertige

Flugzeuge produzieren zu müssen, die einerseits den hohen Ansprüchen der sich entwickelnden Verkehrsluftfahrt entsprachen und andererseits mit Erfolg der französischen und amerikanischen Konkurrenz auf dem Weltmarkt begegnen konnten.

Die Entwicklung der britischen Luftstreitkräfte 1918–1932

Zeit	Zahl der Flugzeuge	Zahl der Staffeln	Bomber-staffeln	Jagd-staffeln	Auf-klärungs-staffeln	Marine-staffeln	gemischte Staffeln
11. 11. 1918	3 300	188	?	?	?	?	?
Mitte 1920	371	33	10	7	5	?	20
Mitte 1925	550	59	11	9	5	16	18
Mitte 1928	800	85	18	12	6	23	16
Anfang 1932	1 000	90	35	17	10	12	26

Die britische Flugzeugindustrie investierte relativ hohe Summen in die Forschung und Entwicklung. Trotzdem blieben die Fortschritte anfangs gering. Wesentliche aerodynamische Verbesserungen, die über den am Ausgang des ersten Weltkriegs erreichten Stand hinausgingen, wurden nicht erzielt. Dagegen wurde planmäßig die PS-Leistung der Motoren erhöht und deren Gewicht weiter vermindert. Eine Reihe technische Neuerungen und Erfindungen – wie die 1920 vorgeführten einziehbaren Fahrgestelle und die durch Frederick Handley-Page entwickelten Schlitzflügel für die Verkürzungen von Start- und Landebahnen – bereiteten jedoch einen allmählichen qualitativen Umschwung vor. Anders als in Frankreich setzte in Großbritannien ab 1923/24 – ähnlich in den USA – eine Politik der ständigen Erneuerung des Flugzeugbestands ein. An die relativ kleinen Serien wurden dabei steigende technische Anforderungen gestellt. Der britische Imperialismus baute ab 1923 seine Luftstreitkräfte wiederum aus, um gegenüber Frankreich, dem damals ernsthaftesten Rivalen in Europa, rüstungsmäßig nicht ins Hintertreffen zu geraten und um ein militärisches Druckmittel gegenüber der UdSSR zu haben. Diese Aufrüstungspolitik stand im Zeichen der Forderungen der Flugzeugindustriellen, die Staatsaufträge verlangten, und unter dem Eindruck der überall in den britischen Kolonien aufflammenden Kämpfe der Völker um nationale Unabhängigkeit.

Den ersten Einsatz von Fliegerkräften gegen die revolutionäre Bewegung führte der britische Imperialismus bereits im Mai 1918 gegen die

Sowjetunion. Unter Generalmajor Frederick C. Poole beteiligte sich die RAF an dieser Intervention. Der Flugzeugträger «Vindictive» blockierte 1918 die Rotbannerflotte vor Kronstadt. Britische Fliegerkräfte traten an fast allen Fronten des Bürgerkriegs in Erscheinung: bei Zarizyn (Wolgograd), im Kaukasus und auf der Krim. Im Gegensatz jedoch zu ihren späteren kolonialen Einsätzen wurde die RAF geschlagen und mußte sich zurückziehen.

Eine Art Musterbeispiel des Einsatzes der Fliegerkräfte des britischen Imperialismus in den zwanziger Jahren war ihr «Wirken» im Irak. Statt der im Weltkrieg versprochenen Unabhängigkeit zwang Großbritannien dem Irak 1920 ein halbkoloniales Mandatssystem auf, das zu langwierigen Kämpfen zwischen den britischen Kolonialisten und der irakischen Unabhängigkeitsbewegung führte. Seit Ende des Krieges hatte der britische Imperialismus Ägypten zum Eckpfeiler des Stationierungssystems seiner Luftstreitkräfte gemacht, wo er 50 Prozent aller seiner in Übersee befindlichen Fliegerkräfte konzentrierte, um sich in den Besitz der Erdölfelder des Nahen Ostens zu setzen. Von Ägypten erfolgte daher auch Mitte 1920 die Verlegung von 8 Staffeln nach dem Irak. Der Einsatz dieser Staffeln – zwei Lufttransportstaffeln, vier Tagbomberstaffeln und zwei Jagdfliegerstaffeln – war eindeutig von dem Ziel diktiert, durch Terror die irakische Zivilbevölkerung zu demoralisieren und zur Unterwerfung zu zwingen. Die rückhaltlose Brutalität der Luftangriffe dünkte Winston S. Churchill und Trenchard so erfolgversprechend, daß sie im Oktober 1922 der RAF die gesamte Verantwortung für die «Befriedung» des Landes übertrugen.

Zum erstenmal wurden Landstreitkräfte der RAF unterstellt. Unter Führung von Vizeluftmarschall John Salmond wurde ein taktisches Verfahren ausgearbeitet, in dem die Luftstreitkräfte einerseits durch Terror-

Der erste militärisch bedeutsame Lufttransport erfolgte im Zusammenhang mit der Niederwerfung der nationalen Befreiungsbewegung im Irak durch britische Truppen. Mit der Vickers «Victoria» konnten 22 Soldaten befördert werden

bombardements die Moral lähmen, andererseits irakische Partisanengruppen aus der Luft stellen sollten, bis durch Transportstaffeln herbeigeschaffte Infanterietruppen ihre Vernichtung oder Gefangennahme herbeiführen konnten. Das erste größte Lufttransportunternehmen richtete sich im Februar 1923 gegen Kirkuk, als 480 Soldaten des 14. Sikhregiments abgesetzt wurden.

Nachdem die Bevölkerung des Landes, das über keine Luftabwehrmittel verfügte, sich den Terrorangriffen auf ihre Städte und Dörfer durch die Flucht entzog, setzten die britischen Kolonialisten Zeitzünderbomben ein, die unter der zurückkehrenden irakischen Bevölkerung schwerste Verluste hervorriefen.

Da es an Bombenflugzeugen mangelte, um die wahllose Terrorisierung zu forcieren, kamen der Staffelführer der 45. Lufttransportstaffel, Arthur Harris, der spätere Oberbefehlshaber des Bomber Command, und sein Stellvertreter, Robert Saundby, Jahre später ebenfalls sein Stellvertreter im Bomber Command, auf die Idee, auch die Transportmaschinen zu Bombenträgern umzurüsten, kam es doch sowieso nicht auf Präzision, sondern auf terroristische Massenwirkung an.

Die Schlußfolgerungen, die die Führung der RAF aus ihrem schmutzigen Luftkrieg im Irak, in Somaliland, im Sudan, in Aden, im Jemen und an der indischen Nordostgrenze zog, bestanden darin, daß zahlenmäßig begrenzte Luftstreitkräfte in der Lage wären, einen lokalen Konflikt zu entscheiden und ein Land mit Hilfe der «Landstreitkräfte zu pazifizieren».

Auf Grund unzulässiger Übertragung der Kampferfahrungen in den Kolonien entwickelte sich in der RAF die Meinung, daß Mehrzweckflugzeuge, die vor allem dazu geeignet waren, Bombenangriffe zu fliegen, den Kern einer Luftflotte bilden müßten. Stärker als je zuvor rückte die Vorstellung von der alles zermalmenden Wucht eines Fernbombenkriegs in den Mittelpunkt der britischen Kriegsplanung. Wesentlich belebt wurden derartige Auffassungen durch die sich Ende der zwanziger Jahre abzeichnenden politischen, militärischen und militärtechnischen Entwicklungstendenzen.

Zusammenwirken zwischen britischen Fliegerkräften und motorisierten Kolonnen im Irak

Technik, Taktik und Prognose

Betrachtet man die Hauptentwicklungslinien der bürgerlichen Luftkriegstheorie nach dem ersten Weltkrieg, so tendierte sie in zwei Richtungen: entweder zu einer Überbewertung der Rolle der Luftstreitkräfte in einem künftigen Krieg oder zu einer engen taktischen Begrenzung des Aufgabenbereichs der Fliegerkräfte. Die scheinbar extrem auseinandergehenden militärtheoretischen Auffassungen trafen sich technisch beim sogenannten Mehrzweck- oder Einheitsflugzeug, das in der Lage sein sollte, vielfältige taktische Aufgaben als Aufklärungsflugzeug, Bombenflugzeug, Transportflugzeug, Schlachtflugzeug, ja sogar als «Flugzeugzerstörungsmaschine» zu erfüllen.

Diese Tendenz zur Nivellierung des Flugzeugbestands beeinflußte stark die Konstruktion und Neuentwicklung von Flugzeugen durch die von Rüstungsaufträgen abhängigen Flugzeugfirmen in den kapitalistischen Staaten. Verbesserungen in den Flugleistungen der Militärflugzeuge wurden – wie im Kriege – vor allem durch den Einbau immer stärkerer Motoren erreicht.

Einen wesentlichen Einfluß auf die Weiterentwicklung der Flugzeugtechnik nach dem Kriege hatte die in allen Ländern sich rasch entwickelnde Verkehrsluftfahrt, bei der in den frühen zwanziger Jahren insbesondere Großbritannien und die USA vorangingen, die die Kontinente durch die Einrichtung regelmäßiger Flugverbindungen besser erreichbar machten. Die Sowjetunion und Deutschland stellten in der zweiten Hälfte der zwanziger Jahre den Anschluß zu diesen Staaten her.

Das in den imperialistischen Ländern auf rein kommerziellen Überlegungen fußende Verkehrsluftwesen zwang die Flugzeugfirmen, die Bau-, Unterhaltungs- und Wartungskosten der Flugzeuge niedrig zu halten und die Flugsicherheit ihrer Maschinen zu erhöhen. Einen zweiten wesentlichen Anstoß zur Erhöhung der Qualität erhielt die Flugzeugindustrie durch die Anforderungen der Sport-, Kunstflug-, Privat- und Rennfliegerei, die nach dem ersten Weltkrieg einen gewaltigen Auftrieb erlebte. Das Fliegen wurde zu einem snobistischen Vergnügen der bourgeoisen High Society, das angeführt wurde von den millionenschweren Finanzhyänen der Wall Street.

Insofern war es nicht überraschend, daß die Fortschritte in der Luftfahrt in der Regel zuerst im kommerziellen Flugwesen zum Tragen kamen, während die Militärbehörden erst nachzogen oder solchen Entwicklungen über Jahre hinaus ablehnend gegenüberstanden. Die imperialistischen Militärs bezeugten dabei in ihrer Haltung zur luftfahrttechnischen Entwicklung meist einen Konservatismus, der sie außerstande setzte, die Zeichen ihrer Zeit richtig zu deuten und zu erkennen, daß sich in der Luftfahrt der späten zwanziger Jahre ein qualitativer Sprung vollzog.

Zeit	Zahl der Staffeln	Bomber- staffeln	Jagd- staffeln	Schlacht- staffeln	Aufklärungs- staffeln
11. 11. 1918	45	7	20	–	18
Mitte 1920	27	4	4	–	19
Mitte 1925	32	8	8	2	14
Mitte 1928	32	8	8	2	14
Mitte 1932	45	12	16	4	13

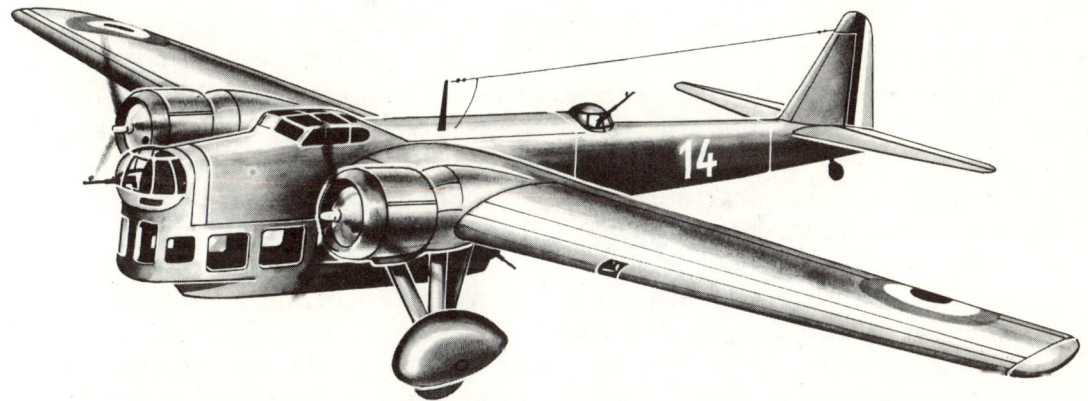

Amiot 143 Die Amiot 143 war das wichtigste Bombenflugzeug der Armée de l'Air von 1936 bis September 1939. Es war eines der typischsten Vertreter der sogenannten Mehrzweckflugzeuge Frankreichs. Es diente neben seiner Funktion als Tag- auch als Nachtbomben-, Aufklärungs- und schweres Jagdflugzeug.

Charakteristisch für die sich abzeichnende revolutionierende Entwicklung in der Flugzeugtechnik war der allgemeine Übergang zur Ganzmetallbauweise, die Bereitstellung betriebssicherer, leichterer, störungsarmer Hochleistungsmotoren, die aerodynamische Vervollkommnung des Zellenbaus, der allgemeine Übergang vom Doppel- zum Eindecker und die Einführung wirksamer Start- und Landehilfen (verbesserte, einziehbare Fahrgestelle, Verstelluftschrauben, Spaltflügel, Landeklappen usw.).

Die Luftfahrt machte Ende der zwanziger Jahre ihren ersten großen technischen Sprung in neue Dimensionen, der vor allem gekennzeichnet war durch eine erhebliche Steigerung der Fluggeschwindigkeit, mit der sich auch alle anderen flugtechnischen Eigenschaften wie Flughöhe, Nutzlast, Steiggeschwindigkeit und Zuverlässigkeit verbesserten. Ein Entwicklungsprozeß brach an, in dem die Flugzeuge immer schneller und höher flogen.

In keinem imperialistischen Land wurden zu diesem Zeitpunkt jedoch aus den neuen technischen Entwicklungsmöglichkeiten zweckentsprechende Schlußfolgerungen gezogen. Als Beispiel möge die Entwicklung in den Ländern mit den damals stärksten Luftstreitkräften stehen: in Großbritannien, insbesondere aber in Frankreich. Die englische Heeresleitung schwor weiterhin auf das Einheitsflugzeug, das ein englischer Kritiker als ein «jack-of-all-trades and master-of-none-concept» («Hans Dampf in allen Gassen und Meister keines Konzepts») bezeichnete.

Weder konzeptionell noch organisatorisch noch taktisch wurden entsprechende Schlußfolgerungen aus der technischen Weiterentwicklung gezogen, geschweige denn in der RAF durchgesetzt. Die wechselnden Konzeptionen innerhalb der RAF, die ihren Beleg in nicht weniger als 56 verschiedenen Konstruktionsanforderungen fanden, waren mehr ein Ausdruck für die Konzeptionslosigkeit als ein Zeichen, daß man sich in der Lage zeigte, den neuen technischen Bedingungen gerecht zu werden.

Ähnliche und noch krassere Erscheinungen prägten das Bild der französischen Luftstreitkräfte. Auch hier überstieg die neue technische Dimension, in die die Luftfahrt vorzustoßen schien, das Fassungs- und Begriffsvermögen der französischen Weltkriegstroupiers. Konnte man den britischen Militärs immerhin noch zubilligen, daß das Beharren auf der alten Konzeption noch ein Standpunkt war, so zeigten sich die französischen Luftmarschälle im Bewußtsein der eigenen Stagnation übereifrig und begannen umfassende Reorganisationspläne in Angriff zu nehmen, die, kaum begonnen, wieder fallengelassen wurden, um dann durch eine neue Variante ersetzt zu werden. Das alte Napoleonwort, daß ordre, contreordre zu desordre (Befehl, Gegenbefehl zu Desorganisation) führt, bestätigte sich hier schlagend.

Der 2. Oktober 1928 schien zunächst durch die Schaffung eines Luftfahrtministeriums eine wichtige Neuerung innerhalb der französischen Luftstreitkräfte zu bringen. Doch statt der geplanten Zentralisierung wurden zwei Drittel der Fliegerkräfte der Kommandogewalt des Ministeriums entzogen und auf das Kriegs-, Marine- und Kolonialministerium aufgeteilt. Seitdem wechselten von Jahr zu Jahr die Organisation der Zentralbehörde, ihre Zuständigkeiten und auch die Luftdoktrin. Am 15. März 1929 wurden alle Luftstreitkräfte in Frankreich in 3 Luftdivisionen mit 132 Staffeln zusammengezogen, jedoch nur, um im folgenden Jahr – am 28. August 1930 – daraus wieder eine «Fliegergruppe der Hauptreserve» in Stärke von 4 Bombenregimentern herauszuziehen, womit den Luftdivisionen das Rückgrat gebrochen wurde.

Im Januar 1932 wurde das Luftfahrtministerium sogar wieder aufgelöst und als Unterstaatssekretariat im Ministerium für Nationale Verteidigung geführt. Dieser Entscheid blieb jedoch nur 6 Monate in Kraft. Im Juni 1932 wurde das Luftfahrtministerium unter Pierre Cot wieder gegründet. Eine erneute Umgruppierung der Fliegerkräfte in mobile und immobile Verbände begann. Mit diesen Maßnahmen erzeugte man ein organisatorisches Chaos und kam keinen einzigen Schritt bei der technischen, taktischen und operativen Modernisierung der französischen Luftstreitkräfte voran.

Wie der französische Militärhistoriker Oberst Pierre le Goyet urteilt, bemerkte man Ende 1932, «daß es nur ein Nebeneinander gab und daß kein einziges modernes Flugzeug in den Dienst der Luftflotte gestellt worden war. In der Tat, nach vier Jahren Amtszeit gab es keine Luftarmee, aber allgewaltige technische Dienste und eine komplexe Organisation mit schlecht festgelegter Verantwortlichkeit.»

Vor denselben Problemen, der Anpassung ihrer Luftstreitkräfte an die neuen technischen Erfordernisse und einer zweckentsprechenden Bestimmung ihres Platzes und ihrer Rolle innerhalb der Streitkräfte, stand auch die Sowjetunion. Nur trug hier dieser Prozeß völlig andere Züge. Nicht, daß er konfliktlos war und daß in den Köpfen einiger Kommandeure keine Vorurteile ausgeräumt werden mußten. Wesentlich war jedoch, daß die Entwicklung der sowjetischen Luftstreitkräfte planmäßig verlief, ohne die spontanen Exzesse und organisatorischen Abstrusitäten, wie sie für eine Reihe imperialistischer Staaten kennzeichnend waren. Dies lag in erster Linie nicht daran, daß sich an der Spitze der sowjetischen Streitkräfte klügere Köpfe befanden, sondern vor allem an den unterschiedlichen gesellschaftlichen Voraussetzungen und Bedingungen. Kompetenzrivalitäten zwischen den Teilstreitkräften waren den sowjetischen Kommandeuren fremd, der verstaatlichten Flugzeugindustrie waren unter sozialistischen Verhältnissen alle Möglichkeiten zu einer ungehinderten und ungehemmten Entfaltung gegeben, ohne Absatzsorgen, ohne zermürbende Konkurrenzkämpfe und ständige Konkursbedrohungen.

Die sowjetische Militärwissenschaft fußte auf dem Marxismus-Leninismus, auf der Überlegenheit seiner philosophischen und methodologischen Grundlagen, und unterscheidet sich prinzipiell von allen bürgerlichen Theorien und Ansichten über den Krieg und das Militärwesen.

Den jungen Luftstreitkräften der Sowjetunion, ein Instrument in den Händen der Arbeiterklasse, den Frieden zu sichern und den Schutz des Luftraums vor jedem Aggressor zu garantieren, waren alle Elemente des aggressiven Abenteurertums, aber auch des verknöcherten Konservatismus wesensfremd.

Unter diesen Bedingungen waren die sowjetischen Luftstreitkräfte in der günstigen Lage, die Entwicklungstendenzen in der Luftfahrt wissenschaftlich vorausschauend und exakt planend zu bestimmen und Technik, Taktik und Organisation ihrer Fliegerkräfte darauf einzustellen.

Die Perspektiven der Militärluftfahrt hatte der bedeutende sowjetische Militärtheoretiker A. N. Laptschinski bereits im Mai 1920 in einem programmatischen Aufsatz umrissen, der in der Feststellung gipfelte: «Das

Flugzeug bricht energisch in das Gebiet der militärischen Ausrüstung als ein neuer selbständiger Faktor des Krieges ein, und nicht nur als ein unterstützendes Mittel.»

Die These vom Doppelcharakter der Einsatzmöglichkeiten der Luftstreitkräfte, die einerseits nichts gemein hatte mit den utopischen bürgerlichen Phantastereien eines alles entscheidenden Fernluftkriegs und auf der anderen Seite nicht identisch war mit der Degradierung der Luftstreitkräfte als Hilfswaffe der anderen Teilstreitkräfte, war ein Prinzip, das von der operativen Kunst der sowjetischen Luftstreitkräfte erstmals in derartiger Präzision herausgearbeitet wurde. Sie hielt daran fest, trotz der von einigen Militärs überschätzten Allgemeingültigkeit der Erfahrungen des Bürgerkriegs, der die Fliegerkräfte vor allem im engen Zusammenwirken mit den Landstreitkräften sah, und trotz der fehlenden ökonomischen Voraussetzungen zum Aufbau einer allseits starken Luftflotte.

Als im Jahre 1925 A. W. Sergejew mit seinem Buch «Die Strategie und Taktik der Roten Luftflotte» die Diskussionen über den weiteren Entwicklungsweg der sowjetischen Luftstreitkräfte eröffnete, fand er reges Interesse. Seine Thesen allerdings, die Fliegerkräfte zwar nicht als Hilfswaffe, aber auch nicht als selbständige Waffe aufzubauen, sondern vor allem als Unterstützungsmittel der Landstreitkräfte, wobei sich Sergejew zu stark von dem damaligen ökonomischen Entwicklungsstand der Sowjetunion und den Erfahrungen des ersten Weltkriegs und des Bürgerkriegs leiten ließ, stießen unter anderem auf den Widerspruch des jungen Fliegerkommandeurs W. W. Chripin. Dieser widerlegte die Auffassung Sergejews, die Luftstreitkräfte nur zu einer reinen Unterstützungswaffe auszubauen, deren Hauptaufgabe die Aufklärung sei. Chripin hob hervor, daß den Kern der Luftstreitkräfte Bomben-, Schlacht- und Jagdfliegerkräfte ausmachen müßten, wenn sie sich nicht selbst ihrer Kampfkraft berauben wollten. Er lehnte es ab, die Luftstreitkräfte nur eng an die Landstreitkräfte zu ketten und aus der gegebenen ökonomischen Rückständigkeit Sowjetrußlands ein Dogma zu machen, als ob das Land niemals über eine starke Luftflotte verfügen könne. Chripin schloß seine Kritik mit dem Aufruf, alle Kräfte zur Beschleunigung des Entwicklungstempos zu mobilisieren.

Die Überwindung der ökonomischen Rückständigkeit war das Hauptkettenglied für die weitere Entwicklung der sowjetischen Luftfahrt. Die Kommunistische Partei und die Sowjetregierung stellten deshalb im ersten Fünfjahrplan (1929–1932) die Aufgabe, das rückständige Agrar-Industrie-Land in einen Industriestaat umzuwandeln und damit die notwendigen technischen und ökonomischen Voraussetzungen zur Stärkung der Landesverteidigung zu schaffen.

Der Luftfahrtindustrie kam im Rahmen dieser Aufgaben eine große Bedeutung zu. Bis 1933 entstanden im Lande sechs große Flug-

Schwere Bombenflugzeuge vom Typ TB-3 im Flug

TB-3 Die TB-3 wurde 1929 von einer Konstrukteurgruppe unter Leitung von A. N. Tupolew als schweres Bombenflugzeug entworfen.
Der Erstflug fand am 22. Dezember 1930 statt. 1932 ging sie in die Serienproduktion. Die TB-3 war der erste freitragende viermotorige Ganzmetalleindecker und in bezug auf Tragfähigkeit und Leistung jedem anderen Bombenflugzeug seiner Zeit überlegen. Insgesamt wurden im Verlauf der Vorkriegsfünfjahrespläne 818 TB-3 gebaut. Bei Beginn des Großen Vaterländischen Krieges war sie als Bombenflugzeug veraltet und erlitt schwere Verluste. Die noch vorhandenen Bestände wurden nach der Anfangsperiode des Krieges in erster Linie als Transportflugzeuge eingesetzt.

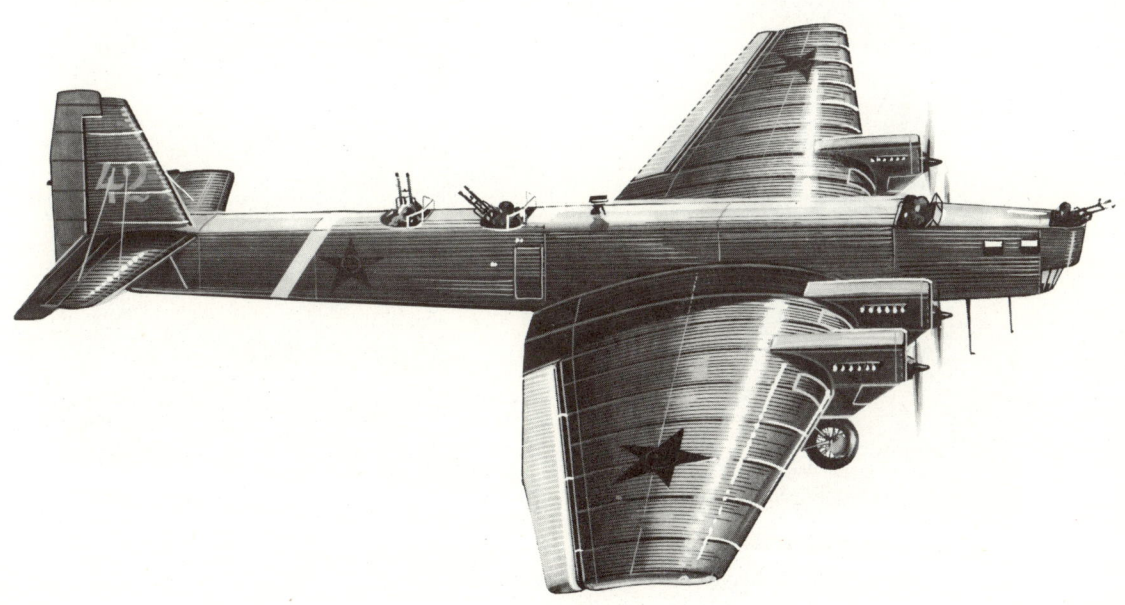

zeugzellenfabriken und vier Flugmotorenfabriken, die vor allem um Moskau konzentriert waren. Einen erheblichen Aufschwung nahm die Forschungs- und Entwicklungsarbeit. Neben dem ZAGI ragten das Konstruktionsbüro A. N. Tupolew und N. N. Polikarpows hervor. Auf dieser Grundlage konnte beim Revolutionären Kriegsrat im Februar 1929 eine Kommission gebildet werden, die – nach einem Vortrag Baranows – im Mai 1929 den Beschluß faßte, die Luftstreitkräfte völlig umzurüsten und auf einen technischen Höchststand zu bringen, mit dem die kapitalistischen Luftflotten nicht nur eingeholt, sondern überholt werden sollten. Mit der Einführung des Aufklärungsflugzeugs R-5, des Jagdflugzeugs I-5 sowie der für ihre Zeit hervorragenden Bombenflugzeuge TB-1 und TB-3 begannen sich nicht nur die sowjetischen Luftstreitkräfte zahlenmäßig rasch zu erweitern, sondern sie veränderten auch ihr Profil. Ihre Zahl stieg von Mitte 1928 bis Januar 1933 um das 2,6fache. Auch die Zusammensetzung der Fliegerkräfte veränderte sich. Dominierten bis 1929 die Aufklärungsflugzeuge – sie machten bis dahin 82 Prozent des Gesamtbestands aus –, so sank ihr Anteil gegen Ende des ersten Fünfjahrplans auf 31 Prozent, während der Anteil der Jagdflugzeuge auf 31 Prozent und der der Bombenflugzeuge sogar auf 38 Prozent anwuchs; das waren siebenmal mehr Bombenflugzeuge als 1929.

Parallel mit der technischen Umrüstung nahm die operative Kunst der sowjetischen Luftstreitkräfte in jenen Jahren einen bedeutenden Auf-

schwung. Im Herbst 1930 war auf Beschluß des ZK der KPdSU (B) bei der Shukowski-Akademie eine Fakultät für die Ausbildung höherer Kommandeure gebildet worden. Unter der Leitung von Ja. J. Alksnis, W. W. Chripin und S. A. Mesheninow wurde sie zum Hirn der sowjetischen Luftstreitkräfte, das sich vor allem der schwierigen Problematik widmete, die technisch revolutionierende Entwicklung im Luftfahrtwesen für die militärische Praxis auszuwerten und in bindende taktisch-operative Weisungen umzusetzen.

Sehr gründlich setzte man sich in der Akademie mit der Konzeption des Luftkreuzers oder des Einheitsflugzeugs auseinander und kam zu dem Ergebnis, daß höchste Kampfkraft nur in Spezialflugzeugen zu erreichen sei, eine unzulässige Normung und Nivellierung die Flugzeuge in die Lage brächte, keine Aufgabe voll erfüllen zu können.

Unter dem Eindruck der zu dieser Zeit lebhaft geführten Diskussion in der sowjetischen Militärwissenschaft über den Charakter der Anfangsperiode und das Problem der tiefen Operation bestimmten die sowjetischen Luftkriegstheoretiker Platz und Rolle der Luftstreitkräfte in den Streitkräften. Sie war das Ergebnis eines kollektiven, schöpferischen Prozesses, an dem namhafte sowjetische Feldherren wie M. N. Tuchatschewski und A. I. Jegorow teilnahmen, ebenso Kommandeure der Luftstreitkräfte wie Ja. J. Alksnis, W. W. Chripin, A. N. Laptschinski, S. A. Mesheninow, A. S. Algazin u. a. Mesheninow hatte bereits 1927

Repräsentanten der jungen
sowjetischen Luftstreitkräfte:
A. N. Laptschinski
Ja. J. Alksnis
W. W. Chripin

Sowjetische Flakgeschütze bei einer Parade auf dem Roten Platz

in seinem Buch «Die Luftstreitkräfte im Krieg und in der Operation» die besondere Aufmerksamkeit darauf gelenkt, daß die Luftstreitkräfte und die Luftverteidigungstruppen «als erste in den Kampf zum Schutz der Mobilisierung der Streitkräfte und des Landes eintreten werden. Daraus ergibt sich die Schlußfolgerung, daß sie schon in Friedenszeiten in Kampfbereitschaft sein müssen.»

Mesheninow stellte in aller Dringlichkeit die Frage nach dem möglichen Charakter und den Auswirkungen eines Fernluftkriegs und erklärte: «Die Fernfliegerkräfte stellen die Frage nach selbständigen Luftarmeen.» Ausführlich ging er auch auf die Fragen des Zusammenwirkens ein und forderte, die Luftstreitkräfte im Rahmen der Erdoperationen nicht als passive Kraft anzusehen, sondern sich ihrer operativen Kampfmöglichkeiten bewußt zu werden und sie in den Dienst einer erfolgreichen Kampfführung zu stellen.

Anknüpfend an Mesheninow stellte Laptschinski sein beispielhaftes Werk «Die Luftstreitkräfte im Kampf und in der Operation» (Moskau 1932) unter das Motto «Neue Menschen und neue Waffen erzeugen auch neue taktische und operative Formen». Er forderte das Lösen von alten Vorstellungen und meinte, die Kommandeure müßten sich auf «einheitlich geführte, einheitlich durchgeführte Luft-Land-Schlachten» einstellen. Er arbeitete für den Luftkrieg das Prinzip der Konzentration der Kräfte heraus, widmete sich den Problemen des Zusammenwirkens zwischen Land- und Luftstreitkräften, wobei er das Modell einer Luftarmee zur Erdunterstützung entwarf, das mit 901 Flugzeugen − darunter 252 Jagdflugzeugen, 312 leichten Bomben- und 76 schweren Bombenflugzeugen sowie 220 Aufklärungsflugzeugen – allen Anforderungen der Landstreit-kräfte gerecht werden konnte, und ging ausführlich auf die Problematik des Fernluftkriegs ein. Seiner scharfen, prinzipiellen Kritik des Douhetismus, dessen barbarische Leitsätze er für einen sozialistischen Staat politisch und moralisch als unannehmbar erklärte, stellte er die tatsächlichen Möglich-keiten und Ziele des Luftkriegs gegenüber. Diese militärtheoretischen Erörterungen fanden ihren Niederschlag in dem Beschluß des Re-volutionären Kriegsrates der UdSSR vom 23. März 1932 «Über die Grund-lagen der Organisation der Luftstreitkräfte in der Roten Arbeiter-und-Bauern-Armee», der die erste Umrüstungsphase der sowjetischen Fliegerkräfte abschloß. Erstmals wurden hier die neuen strategischen und operativen Grundsätze festgelegt und der Platz der Luftstreitkräfte in den Streitkräften und ihre Rolle im modernen Krieg definiert.

Der Beschluß orientierte einerseits die Fliegerkräfte im Rahmen der tiefen Angriffsoperation auf das enge und ständige Zusammenwirken mit beweglichen Großverbänden beim Durchbruch und beim Vorstoß in die

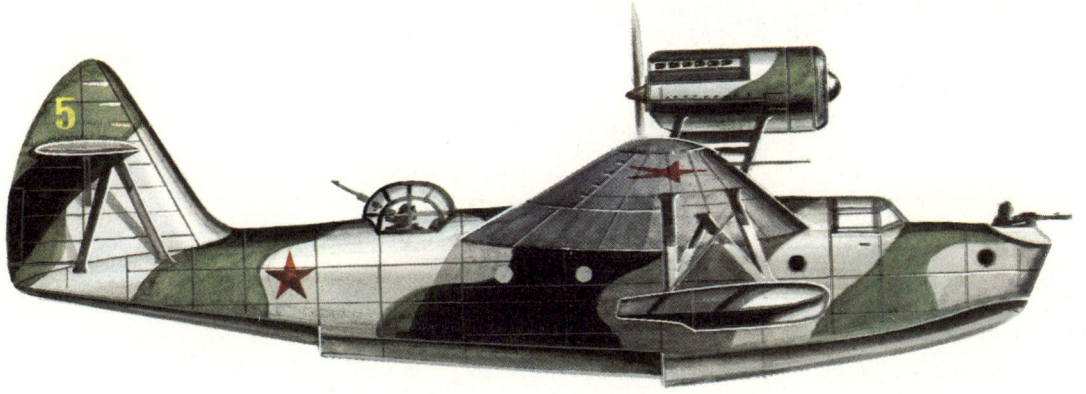

Berijew MBR-2 Das 1930/31 entworfene Flugboot gehörte zu einem der meist-gebauten Flugboote. Nach dem Erstflug im Jahre 1931 ging es 1934 in die Serienproduktion. Bis 1942 wurden 1300 Boote gebaut. Hauptverwendungszweck der MBR-2 war die Nahaufklärung über See. Sie stand bis 1942/43 im Dienst der sowjetischen Seefliegerkräfte und fand nach dem Krieg in der Volkswirtschaft Verwendung.

operative Tiefe. Gleichzeitig sah er die Lösung selbständiger operativer Aufgaben durch die Fernfliegerkräfte vor. Organisatorisch trug die Sowjetunion der Entwicklung der Fernfliegerkräfte dadurch Rechnung, daß sie Brigaden von Bombenfliegerkräften 1933 zu Korps zusammen-schloß. Damit entstanden erstmals in der Sowjetunion operative Verbände der Fliegerkräfte.

Zusammenwirken zwischen Panzern, Flugzeugen und Infanterie bei den
Sommermanövern der Roten Armee 1930

Überschaut man die Entwicklung der Luftstreitkräfte zu Ende der
zwanziger und zu Beginn der dreißiger Jahre in der Sowjetunion und in der
kapitalistischen Welt, so kommt man zu dem Ergebnis, daß unter den
Bedingungen eines raschen technischen Fortschritts, des stürmischen
quantitativen und qualitativen Anwachsens der Gefechtstechnik und der
Vernichtungsmittel die Sowjetunion zukunftsträchtige Wege für die
Lösung der aktuellen Probleme des bewaffneten Kampfes fand. Die
zahlenmäßige Stärke der sowjetischen Fliegerkräfte stieg von 1 394 Flugzeugen im Jahre 1928 auf 3 285 im Jahre 1932 und 6 672 Stück 1935.
Zutreffend definierte sie die Aufgaben der Fliegerkräfte im modernen
Krieg, die einerseits selbständig operativ-strategische Aufgaben zu lösen
hatten und andererseits die Handlungen der Land- und Seestreitkräfte
zuverlässig unterstützen sollten.

III

Im Angesicht der Aggressoren. Die Entwicklung der Militärluftfahrt bis zum zweiten Weltkrieg

Die Schattenluftwaffe

Der 11. März 1947 war ein grauer, trüber Frühjahrstag. Im Nürnberger Justizpalast wurde der zweite Nachfolgeprozeß gegen faschistische Kriegsverbrecher fortgesetzt. Das Ereignis des Tages war das Kreuzverhör des Haupt- und Alleinangeklagten Erhard Milch, in dessen Person – gleichsam als die Spitze des Eisbergs – die deutschen Flugzeugindustriellen unter der Anklage schwersten Kriegsverbrechens standen. In seiner Aussage enthüllte Milch schlaglichtartig und gewiß ungewollt das enge Zusammenspiel zwischen faschistischem Staat und Monopolen, als er die Vorgänge schildern mußte, die zu seiner Ernennung zum Staatssekretär für die Luftfahrt geführt hatten.

Milch holte weit aus, als er die Vorgeschichte seiner Kontaktaufnahme zu Hermann Göring in der Mitte der zwanziger Jahre schilderte. Sein Lebenslauf, sein Schicksal und seine Ideale waren dabei symptomatisch für jene Kreise des deutschen Imperialismus und Militarismus, die aus der Niederlage von 1918 nichts gelernt, aber auch nichts vergessen hatten, deren Sinnen und Trachten seitdem von radikalem Antidemokratismus, übersteigertem Nationalismus und unbändigem Chauvinismus erfüllt war. Geboren am 30. September 1892 als Sohn eines Marinebeamten, trat Milch 1910 als Fahnenjunker in das Fußartillerieregiment 1 in Königsberg (Kaliningrad) ein, wo er, zum Leutnant befördert, ab 1915 als Artillerieaufklärer Dienst tat. Im ersten Weltkrieg bis zum Hauptmann und Chef einer Jagdfliegerstaffel avanciert, riß ihn die Niederlage des deutschen Imperialismus aus seinen kühnen Träumen von weiterer Beförderung, deutscher Weltmachtstellung und «Siegfrieden». Sein ganzer Abscheu galt dem vermeintlichen «Dolchstoß», sein ganzer Haß der revolutionären Arbeiterbewegung. Trotz der offiziellen Auflösung der kaiserlichen Luftstreitkräfte am 21. Januar 1919 schloß sich Milch deshalb als Chef der

Erhard Milch 1947 vor dem amerikanischen
Militärtribunal im Justizpalast von
Nürnberg

Grenzschutzfliegerabteilung 412 jenen konterrevolutionären Kräften
innerhalb der Fliegertruppe an, die sich im Baltikum, in Bayern, in Berlin,
Sachsen und Thüringen mit Jagd- und Schlachtflugzeugen an der blutigen
Unterdrückung und erbarmungslosen Niederwerfung der deutschen
Arbeiterbewegung beteiligten. Er zählte damit zu den Kadern der seit dem
6. März 1919 aufgebauten Fliegertruppe in der Reichswehr. Wiegte sich
der deutsche Generalstab doch noch im Mai 1919 in der Illusion, als
antisowjetischer Partner der Entente eine Luftflotte von 1 800 Flugzeugen
mit fast 10 000 Mann behalten zu können. Doch die Bestimmungen des
Versailler Vertrags verboten Deutschland die Unterhaltung jeglicher
Luftstreitkräfte. Da die Ententemächte keine anspruchsvollen «Ern-
tehelfer» bei ihrem antisowjetischen Vorhaben zu benötigen meinten,
wurden im Laufe der nächsten Jahre 15 000 deutsche Flugzeuge und 28 000
Flugmotoren zerstört oder ausgeliefert. Milch indessen, von der Überzeugung beseelt, daß erst nach der Niederwerfung des «inneren Feindes»
erneut Aggressionspolitik betrieben werden könne, war inzwischen zum
Kommandeur einer Polizeifliegerstaffel ernannt worden. Doch Ende 1920
erfolgte auf Drängen der Entente auch die Auflösung der Polizei-
fliegerstaffeln.

Der 28jährige Erhard Milch traf in diesem Jahr eine Entscheidung, die
nicht nur für seine eigene spätere Karriere, sondern auch für die Politik
des deutschen Imperialismus bestimmend war. In nahezu wörtlicher
Übereinstimmung mit dem Programm Kurt von Schleichers, der am
20. Dezember 1918 ein Dreistufenprogramm der Revanchepolitik entwickelt hatte – Wiederherstellung der Ordnung im Inneren, Gesundung der
Wirtschaft und dann erst Wiedererrichtung der äußeren Macht –, handelte
Milch, als er 1921 Angestellter der von Junkers kontrollierten Lloyd-
Ostflug und Danziger Luftpostgesellschaft wurde. Denn hier, bei den nicht

Ju 52/3 m Die Ju 52 wurde 1928 in
Weiterentwicklung des Verkehrsflug-
zeugs W 33 entworfen. Am 13. Oktober
1930 absolvierte eine einmotorige
Version den Erstflug, 18 Monate
später flog die erste dreimotorige
Version, die Ju 52/3 m. Sie bildete
in den ersten Jahren der faschistischen
Diktatur als Behelfsbombenflugzeug
den Kern der sogenannten Risiko-
luftwaffe. 450 Ju 52 wurden als
viersitzige Bomberversionen gebaut.
Ab 1936/37 wurde sie zum Standard-
transportflugzeug der faschistischen
Luftwaffe, das bis Mitte 1944 in Serie
gebaut wurde. Insgesamt wurden
4 845 Ju 52/3 m gefertigt. ▽

Von Militärpiloten kaum zu unterscheiden:
Flugschüler der Deutschen Verkehrsfliegerschule Schleißheim

weniger als 34 existierenden Luftverkehrsgesellschaften, die eng mit den
verbleibenden Flugzeugfabriken verbunden waren, bestand die einzige
Chance in Deutschland, noch legal fliegen zu dürfen, neue Flugzeugmuster
in breiterem Umfang zu erproben und fliegendes Personal heranzubilden.

Im Gegensatz zu dem zwangsläufig bescheidenen Rahmen, den sich die
Reichswehr auf Grund ihres Etats und Personals auferlegen mußte, wurden
im Rahmen der 1924 gegründeten Sportflug GmbH und später der Deutschen Verkehrsfliegerschule bis 1933 nicht weniger als 3 200 Piloten
ausgebildet. Die Reichswehr investierte zwischen 1924 und 1927 nicht
weniger als 27 Millionen Mark für die Militärluftfahrt, während das
Reichsverkehrsministerium, wo der Vertrauensmann der Reichswehr, der
einstige Geschwaderkommandeur der «Englandzerstörer», Major a. D.
Brandenburg, als Ministerialrat eingebaut war, zusätzlich noch zwischen
10 bis 12 Millionen Mark zuschoß.

Reichswehr unterstützt die alljährlichen Rhönwettbewerbe. Doch das war der geringste Teil der Unterstützung für die illegale Luftaufrüstung im Vergleich zu den Millionen, die der Luftfahrtindustrie von der Reichswehr zuflossen

Angesichts der Luftrüstung im ersten Weltkrieg, als nahezu unbegrenzte Mittel zur Verfügung standen, empfanden die deutschen Flugzeugindustriellen jedoch die Verknappung der Staatsaufträge, da das Reichswehrministerium vorerst nur an der Entwicklung von Prototypen interessiert war, als doppelt hart.

Erhard Milch machte sich frühzeitig zu einem der Sprecher innerhalb des deutschen Imperialismus, der eine wesentliche Voraussetzung, jemals wieder zu einer starken Luftflotte zu kommen, darin erblickte, daß sich die Luftverkehrsgesellschaften in enger Anlehnung an Staats- und Militärapparat zusammenschlossen, daß sie eine Zentralorganisation bildeten, die nicht nur erfolgreich im Ausland konkurrieren konnte, sondern auch in der Lage war, vereint ihre Gruppeninteressen durchzusetzen. Einfluß erlangen konnten die Flugzeugfirmen und Flugzeuggesellschaften nur im Bündnis mit entscheidenden monopolkapitalistischen Gruppierungen.

Die erste große Fusion zwischen ihnen fand 1923 statt, als sich Firmen wie die Deutsche Luftreederei, Lloyd-Luftverkehr-Sablatnig, Lloyd-Ostflug, die Albatros-, die Dornier- und die Sablatnig-Werke mit Großreedereien wie der Hapag und dem Norddeutschen Lloyd sowie mit Großbanken vom Umfang der Deutschen Bank, mit Konzernen wie Siemens und der AEG zusammenschlossen.

Am 6. Januar 1926 schließlich fand dieser Prozeß seinen Abschluß, als der sich als einziger großer Konkurrent behauptende «Deutsche Aero-Lloyd» der Junkers-Werke durch Intervention des Reichsverkehrsministeriums mit der Deutschen Lufthansa zwangsfusioniert wurde. Milch hatte die Zeichen der Zeit rechtzeitig erkannt und sich bereits 1925 auf die Seite der stärkeren Bataillone geschlagen, die vor allem durch das Bankkapital vertreten wurden. Anfangs als Chef der Zentralverwaltung der Deutschen Lufthansa, dann Hauptdirektor der Technischen Verwaltung und schließlich der Handelsverwaltung, zählte Milch bald zu den politischen Managern des deutschen Finanzkapitals.

Schon vor 1933 Schützenhilfe für die faschistische Partei: Erhard Milch vermietete Hitler Ju 52 zur Durchführung seiner Wahlkampagnen

Es lag zum Teil in der Natur der kapitalistischen Flugzeugindustrie begründet, die ohne Staatsaufträge, die vor allem aus der Rüstungspolitik resultieren, nicht existieren kann, daß die Flugzeugindustriellen in ihrer Mehrheit jenem Flügel des deutschen Imperialismus anhingen, der forciert Kurs auf eine Politik der Remilitarisierung und Kriegsvorbereitung nahm. Das wurde zum Beispiel in ihrer Haltung gegen das Pariser Luftfahrtabkommen vom Sommer 1926 deutlich, das von Flugzeugindustriellen im Rahmen der Locarnopolitik Gustav Stresemanns gesehen und abgelehnt wurde. Verworfen vor allem deshalb, weil, wie der Inhaber der Albatroswerke, Walter Huth, meinte, «der deutschen Flugzeugindustrie eben der wichtigste Zweig abgeht, das ist der lukrative Bau von Kriegsflugzeugen». Zumindest für Milch war bezeichnend, daß er 1928 − als im Zeichen der heranreifenden Weltwirtschaftskrise der Staatsapparat seine Subventionen für die Lufthansa vermindern wollte − Kontakt zu keinem anderen als zu Hermann Göring aufnahm. damals Fraktionsvorsitzender der faschistischen Partei im Reichstag. Je schärfer sich die politischen und ökonomischen Gegensätze während der Weltwirtschaftskrise zuspitzten, mit besonders schwerwiegenden Folgen für die Luftfahrt, desto enger schlossen sich Männer wie Milch der faschistischen Bewegung an, deren Programm des Chauvinismus, Revanchismus und Antikommunismus ihren Klasseninteressen am meisten entsprach. Einst Anhänger von Stresemanns langfristiger Revisionspolitik, drängte Milch − und gleich ihm viele andere Flugzeugindustrielle, an ihrer Spitze ein Mann wie Willy Messerschmitt − auf eine kurzfristige Lösung.

Mit dem Versprechen einer umfassenden Hilfe für die Flugzeugindustrie, sobald er an die Macht gelangt sei, suchte Adolf Hitler noch am 4. Januar 1933 die letzten Zweifel bei zögernden Flugzeugindustriellen auszuräumen. Milch selbst, seit 1930 mit Hitler bekannt, wurde am 28. Januar 1933 von Göring über die unmittelbar bevorstehende Regierungsbildung unterrichtet, und es wurde ihm der Posten eines Staatssekretärs angeboten. Milch bat um Bedenkzeit. Am Abend traf er mit einem Teil des Vorstands der Lufthansa zusammen, der nahezu identisch war mit dem Vorstand der Deutschen Bank, und erörterte, ob die «Annahme dieses Vorschlags im Interesse der Deutschen Lufthansa» sei. Emil Georg von Stauss, Vorsitzender des Aufsichtsrates der Deutschen Bank, Kurt Weigelt, Direktor der Deutschen Bank und einer der Hauptmanager der Deutschen Lufthansa vor und nach dem zweiten Weltkrieg, sowie das Vorstandsmitglied der Deutschen Lufthansa Karl August Freiherr von Gablenz überzeugten Milch, daß sich die Deutsche Bank und die Deutsche Lufthansa mit der Übernahme dieses Postens nicht nur eine Schlüsselposition beim Aufbau der Luftwaffe sichern würden, sondern auch eine Zentralposition im staatsmonopolistischen Apparat eines faschistischen Deutschlands.

Der Einbau von Männern wie Milch sicherte bestimmten Monopolgruppierungen nicht nur einen überragenden Einfluß im Staatsapparat, sondern festigte auch das Bündnis zwischen Kapital und Faschismus und garantierte die Interessenidentität zwischen ihnen. Als Milch am 30. Januar 1933 im «Kaiserhof» von Göring zu seinem Stellvertreter als künftiger Reichsluftfahrtminister ernannt wurde, konnte er mit Fug und Recht von sich behaupten, diesen faschistischen Staat mit seiner Politik der Aggressionen und Annexionen gewollt zu haben. Er war gewollt nicht nur von Milch und seinen großkapitalistischen Hintermännern, sondern auch von allen jenen aggressiven Kreisen in der deutschen Flugzeugindustrie, die mit der Machterschleichung durch den Faschismus das große Rüstungsgeschäft witterten. Sie erblickten in Hitler und seiner Partei die Garanten dafür, daß dem Flugzeug im Zuge eines Revanchekriegs die Stellung zukam, wie sie Luftkriegsextremisten wie Douhet, Mitchell, Sykes und andere konzipiert hatten, was jedoch bislang beim Reichswehrministerium nicht auf eine entsprechende Bereitschaft getroffen war.

Es erscheint charakteristisch, daß einer der ernsthaftesten Anstöße, die Aufmerksamkeit des geheimen Fliegerstabs im Truppenamt auf die Theorie Douhets zu lenken, vom damaligen Direktor der Junkers-Werke, Gotthard Sachsenberg, kam. Sachsenberg, wie Milch Weltkriegsflieger und Baltikumkämpfer, einer jener Typen, in denen die Verfilzung von Industrie und Militär zeitig ihren Ausdruck fand, unterbreitete 1928 und 1929 dem Reichswehrministerium Denkschriften, in denen er sich für die Ausrüstung der Luftstreitkräfte mit einem einzigen Typ einsetzte, einem kombinierten

Suchte Douhets Ideengut für den deutschen Imperialismus nutzbar zu machen: Baltikumkämpfer und Junkersdirektor Gotthard Sachsenberg

Fracht-Bombenflugzeug, dem Träger des künftigen Krieges. Sachsenberg schrieb: «Das Bekenntnis maßgebender Militärs zu der These, daß man Luftangriffe nicht abwehren kann, bedeutet, daß der Luftkrieg und damit der Krieg der zivilisierten Nationen überhaupt heute im wesentlichen darauf hinauslaufen wird, von der ersten Kampfhandlung an den Versuch zu machen, sämtliche Kräfte des Gegners, die ihn irgendwie zur Führung eines Angriffs befähigen könnten, durch Präventivangriffe aus der Luft zu vernichten. Zu solchen der Zerstörung anheimfallenden Objekten gehören neben den Öldepots, chemischen, Motoren- und Flugzeugindustrien auch alle städtischen Flughäfen, die Zentralen der Kraft- und Verkehrswirtschaft sowie im weiteren Sinne ... die gesamte Industrie eines Landes überhaupt.» Das Reichswehrministerium verschloß sich derartigen Ansichten, obwohl in seinen Reihen Offiziere wie Bernhard Kühl wirkten, der im Juni 1924 ein 11 400-Flugzeugprogramm vorgeschlagen hatte, das die Bildung starker selbständiger Luftstreitkräfte vorsah, oder Offiziere wie Helmuth Wilberg, der 1926 «Richtlinien für die Führung des operativen Luftkrieges» ausgearbeitet hatte, die wesentlich in der Vorstellungswelt Douhets wurzelten, oder Offiziere wie Hans Jeschonnek, Kurt Student, Albert Kesselring und Hellmuth Felmy, die wiederholt darauf drängten, die Weichen für den Aufbau einer selbständigen Luftmacht – mit Bombenfliegerkräften im Mittelpunkt – zu stellen.

Alle diese Vorschläge konnten sich jedoch nicht durchsetzen. Die Reichswehrführung orientierte sich vor allem darauf, nur solche Fliegerkräfte aufzubauen, die in einem künftigen Aggressionskrieg aufklärten und den Schutz der Bodentruppen vor einem direkten Eingreifen gegnerischer Fliegerkräfte gewährleisteten. Dementsprechend sah das

143

Fliegeraufrüstungsprogramm von 1927, das bis 1932 verwirklicht werden sollte, die Aufstellung von 13 Aufklärungs-, 6 Jagd- und 3 Nachtbomberstaffeln – insgesamt etwa 150 Frontflugzeuge – vor. Mit diesem Programm geriet die Heeresleitung zunehmend in Gegensatz zu jenen besonders aggressiven Kreisen des deutschen Imperialismus, die im Flugzeug ein vorzüglich geeignetes Instrument zur Führung eines Aggressionskriegs erblickten und die das Tempo der geplanten Wiederaufrüstung wie auch Stärke, Schwerpunktbildung und Einsatzzweck der künftigen Luftstreitkräfte kritisierten. Noch bevor Hitler an die Macht geschoben wurde, wandte sich Reichswehrminister Schleicher am 10. Dezember 1932 an den Verkehrsminister Paul Freiherr Eltz von Rübenach und teilte ihm mit, daß er die vom Direktorium der Lufthansa und vom Präsidenten des Reichsverbands der Deutschen Luftfahrtindustrie unterbreiteten Vorschläge über eine forcierte Luftrüstung vollauf unterstütze. Er verlangte, umgehend 19,9 Millionen Mark bereitzustellen, um 8 Aufklärungsstaffeln, 6 Jagdstaffeln und 9 Bombenfliegerstaffeln aufstellen zu können. Obgleich diese Summen am 24. Januar 1933 bewilligt wurden, kam der Eifer der Reichswehr nun zu spät. Seit dem 30. Januar 1933 überspülte eine Welle des Luftkriegsfanatismus, deren Träger Industrielle, Fliegeroffiziere und faschistische Funktionäre waren, alle Vorschläge der Reichswehr.

Bereits am 9. Februar 1933, in einer der ersten Sitzungen des Kabinetts Hitler, wurde beschlossen, als Sofortmaßnahme 40 Millionen Mark für die

Claudius Dornier vor seiner Do K 3,
die er als schweres Bombenflugzeug für
die Reichswehr entwarf

Luftrüstung bereitzustellen. Vierzehn Tage später erteilte Milch sechs Konzernen – Heinkel, Arado, Dornier, BMW, Siemens & Halske und Argus – Aufträge in Höhe von 29 Millionen Mark. Am 11. März wurde die zweite Rate ausgeschüttet und unter dem irreführenden Namen «Arbeitsbeschaffungsprogramm» sieben Konzernen, darunter nun auch Junkers, Focke-Wulf und Daimler-Benz, weitere 11 Millionen Reichsmark zugeschanzt. Am 1. April 1933 wurde beim Reichskommissar für Luftfahrt ein Neuentwurf für den Haushalt 1933 angefertigt, der vorsah, statt 44 Millionen 1933 168 Millionen für die Luftfahrt auszuwerfen.

Aufstellung über die Verteilung der Mittel, die der Luftfahrtindustrie im ersten Halbjahr 1933 für Rüstungsaufträge zusätzlich zur Verfügung gestellt wurden

Heinkel-Konzern	10 957 338,– RM
Dornier-Konzern	9 392 000,– RM
BMW	7 744 300,– RM
Junkers-Konzern	6 087 393,– RM
Siemens/Halske	6 042 500,– RM
Arado-Konzern	5 849 000,– RM
Focke-Wulf-Konzern	2 767 000,– RM
Argus-Werke	1 566 030,– RM
Klemm-Werke	884 000,– RM
Bayerische Flugzeugwerke	745 000,– RM
Daimler-Benz	604 000,– RM
Hirth-Werke	413 000,– RM
Gesamt	53 051 561,– RM

Doch selbst das war ein bescheidener Anfang. Am 6. April 1933 fand in Anwesenheit der Großindustriellen Fritz Thyssen, Albert Vögler, Carl Friedrich von Siemens, Helmuth Hirth, Heinrich Koppenberg, Ernst Heinkel und anderer eine Beratung über den weiteren Kurs bei der Wiederaufrüstung zur Luft statt, in der die Monopolgewaltigen die Ausführungen eines gewissen Mehlich billigten, der erklärte, Deutschland müsse eine «operative Luft-Flotte» haben, «der die besondere Aufgabe der Störung und Zerstörung der benachbarten feindlichen Flugkräfte zufallen».

Was am 6. April in Umrissen angedeutet wurde, fand sich knapp vier Wochen später in einer ausführlichen, militärtheoretisch und militärtechnisch begründeten Denkschrift wieder, die Staatssekretär Milch vorgelegt und von ihm vollinhaltlich gebilligt wurde. Verfasser dieser Maidenkschrift war der ehemalige Fliegeroffizier und Verkehrsleiter der Lufthansa Dr. Robert Knauss, der jahrelang eng mit Milch zusammengearbeitet hatte. Er ging von dem Grundsatz aus, das Wesen der Luftwaffe «beruht in der weitreichenden, operativ beweglichen Schlagkraft der in der Luftflotte vereinigten Bombenträger».

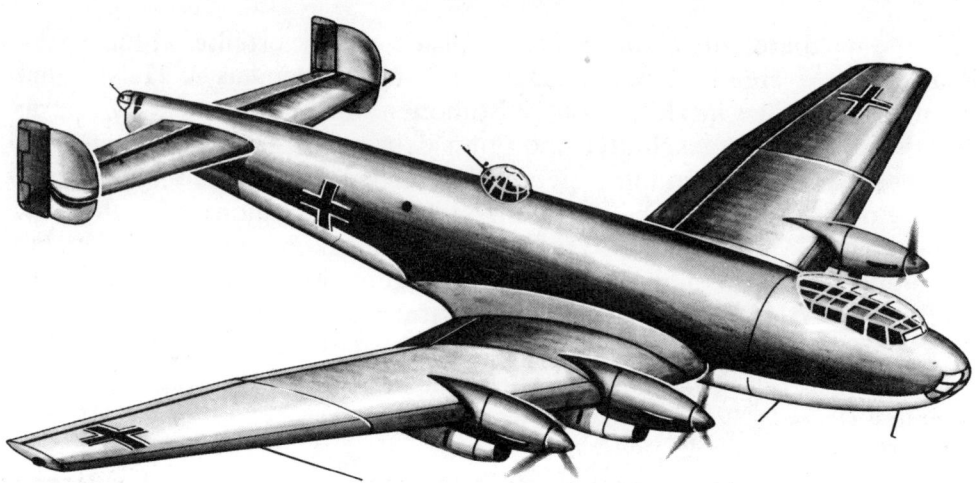

Ju 89 Im Oktober 1933 erteilte die faschistische Luftwaffenführung den Junkers-Werken und Dornier den Auftrag zur Entwicklung eines viermotorigen Fernbombenflugzeugs. Die Flugzeuge sollten bis 1936 zum Erstflug gestartet und bis 1939 in die Luftwaffe eingeführt sein. Bereits vor dem Erstflug der Ju 89 (Dezember 1936) und der Do 19 (30. Oktober 1936) wurde im Juli 1936 ein erster Vor-serienauftrag erteilt. Rohstoffschwierig-keiten und vor allem das Fehlen leistungs-starker Flugmotoren zwangen die faschistische Führung, 1936/37 die Entwicklung dieser als «Uralbomber» bezeichneten Flugzeuge abzubrechen und ein neues Bomberprogramm zu konzipieren, in dessen Mittelpunkt die He 177 stand. Nur 2 Ju 89 und 3 Do 19 wurden gebaut, die als Erprobungsträger verwendet wurden.

Auf die Schaffung einer starken Bomberflotte sollte sich die Rüstung des faschistischen Deutschlands konzentrieren, weil sie angeblich in der Lage wäre, wenn nicht schon aus eigener Kraft einen Krieg zu entscheiden, so doch zumindest als ein Risikofaktor zu wirken, der die bedrohten Nachbarn des deutschen Imperialismus davon abschrecken sollte, wirk-same kollektive Abwehrmaßnahmen gegen den potentiellen Aggressor zu ergreifen. Mit der Bomberflotte sollten nach den Vorstellungen von Knauss die Bevölkerung der benachbarten Hauptstädte durch den Abwurf von Brand-, Gas- und Sprengbomben terrorisiert, die gegnerischen Luft-streitkräfte auf ihren Flugplätzen niedergekämpft, die gegnerische Mo-bilmachung gestört und die Rüstungsindustrie zerstört werden. Als Opfer künftiger Luftüberfälle faßte Knauss in erster Linie Frankreich und Polen, in zweiter Linie Belgien und die Tschechoslowakei ins Auge. Zur Durch-führung eines derartigen selbständigen Luftkriegs schlug er die Aufstellung von 15 Bombergeschwadern mit 390 Maschinen sowie von 90 Fern-aufklärungsflugzeugen vor, die von einem Bomberkommando zentral geführt werden sollten.

Mit der Denkschrift von Knauss, die Milch billigte und die eine wörtliche Übertragung des Douhetismus auf die Verhältnisse des deutschen Imperialismus war, wurde der Versuch unternommen, diese Theorien erstmals in die Praxis umzusetzen. Die faschistische Diktatur war der geeignete Nährboden, um derartige unmenschliche und barbarische Theorien zu verwirklichen. Wenn die imperialistische Geschichtsschreibung meint, diese Denkschrift mit dem Hinweis abtun zu können, sie hätte keinen Einfluß auf die faschistische Luftrüstung gehabt, so fälscht sie die Geschichte. Betrachtet man die Planung der Luftwaffe im Jahre 1933, so wird vielmehr deutlich, wie entscheidend sie von douhetistischem Ideengut durchdrungen war. Im Juni 1933 legte das Reichsluftfahrtministerium ein Luftrüstungsprogramm vor, nach dem bis 1935 51 Fliegerstaffeln aufgebaut werden sollten, und zwar 12 Aufklärungs-, 6 Jagd-, 6 See- und nicht weniger als 27 Bombenfliegerstaffeln. Dementsprechend wurden am 15. Juni 1933 zusätzlich weitere 25 Millionen Reichsmark für die Luftrüstung bereitgestellt. Fast 8 Millionen sollten der Ausbildung des fliegenden Personals dienen, den Löwenanteil mit 17 Millionen schluckte die Flugzeugindustrie, der neben den Subventionen, die sie schon seit Jahren von der Reichsregierung erhielt, im ersten Halbjahr 1933 nicht weniger als 52 Millionen Mark zuflossen.

Jedoch auch dieses Programm entsprach noch nicht dem vom deutschen Imperialismus geforderten Aufrüstungstempo. Nachdem am 1. September 1933 das Luftschutzamt im Reichswehrministerium als Luftkommandoamt in das Reichsluftfahrtministerium übernommen und damit die Militärluftfahrt auch offiziell Göring und Milch unterstellt worden waren, erfolgte auf der Grundlage der Knauss-Denkschrift eine nochmalige Überprüfung der Rüstungslage, die in einer Forcierung der Aufrüstungsmaßnahmen gipfelte. Ende September/Anfang Oktober 1933 unterbreitete das Reichsluftfahrtministerium einen neuen Aufrüstungsplan, der bislang in der imperialistischen Geschichtsschreibung weder erwähnt noch berücksichtigt worden ist. Er sah vor, bis zum 1. Oktober 1935 eine Luftflotte von insgesamt 3584 Flugzeugen zu schaffen. Davon sollten 1610 Kampfflugzeuge sein, der Rest Ausbildungs-, Schul-, Reise- und Transportflugzeuge.

Fast die Hälfte aller Kampfflugzeuge – genau 789 Stück – sollten Bombenflugzeuge vom Typ Do 11, Do 13 und (als Behelfsbomber) vom Typ Ju 52 sein. Demgegenüber machten Jagdflugzeuge vom Typ Ar 64, Ar 65 und Ar 84 nur knapp 12 Prozent des Flugzeugbestands aus, während die Luftaufklärung mit den Typen He 45 und He 46 mit 30 Prozent noch relativ stark vertreten war. Für die Marine waren knapp 6 Prozent der zu beschaffenden Flugzeuge vorgesehen.

Bei der Stärke und Gliederung der Bombenfliegerkräfte fällt auf, daß damit weitgehend den Vorstellungen entsprochen wurde, wie sie Knauss im Mai 1933 entwickelt hatte. Gemäß einer Verfügung Görings vom 1. Dezember 1933 sollten nämlich bis zum 1. Oktober 1935 einem Befehlshaber der Bomberflotte 15 reguläre Bombengeschwader und 5 Behelfsbombengeschwader unterstellt werden. In der ersten Etappe − bis zum 1. Oktober 1934 − sollten 367 Flugzeuge (einschließlich der Behelfsbomber Ju 52) zur Führung eines Fernluftkriegs einsatzbereit sein und bis zum 1. Oktober 1935 eine Bomberflotte erster Linie mit 357 Flugzeugen, die sich nur noch aus den damals für modern eingeschätzten Bombenflugzeugen vom Typ Do 11 und Do 13 zusammensetzen sollte.

Mit den bis Ende 1933 eingeleiteten Rüstungs- und Organisationsplänen orientierte sich die faschistische Luftwaffenführung in erster Linie auf einen selbständigen Fernluftkrieg in der Art Douhets, der sich vor allem gegen die Zivilbevölkerung richtete. Fragen des Zusammenwirkens mit dem Heer wurden demgegenüber vernachlässigt. Ihre Konzeption beruhte auf einem überspitzten Angriffsdenken, der Überschätzung der Wirkungsmöglichkeiten der Bombenfliegerkräfte und der Unterschätzung der Luftverteidigung und der Möglichkeiten der Jagdfliegerkräfte.

Einsatzprinzipien, Gliederung und Luftkriegsdoktrinen vor Ausbruch des Krieges bei den Weltluftmächten

Das Jahr 1933 bedeutete vor allem durch seine politischen Ereignisse auch einen Einschnitt in der Luftkriegsgeschichte. Obwohl die technisch im vollen Fluß befindliche Entwicklung keine prinzipiell neuen Züge aufwies, nahm die Luftrüstung durch die Verschärfung der Kriegsgefahr in Europa und in Asien einen neuen Aufschwung. 1933/34 waren im wesentlichen die Jahre, in denen in fast allen Ländern die konstruktionsmäßigen Grundlagen für die Flugzeuge geschaffen wurden, mit denen die imperialistischen Staaten 1939 in den Krieg eintraten.

Ihnen lagen die Erfahrungen zugrunde, die sich aus der technisch revolutionierenden Entwicklung der Flugzeugtechnik gegen Ende der zwanziger Jahre ergeben hatten und deren Möglichkeiten nun voll ausgeschöpft wurden. Das mit Kolbenmotoren angetriebene Hochleistungsflugzeug trat damit in seine letzte Entwicklungsphase ein. Die Entwicklung der Luftkriegsdoktrin in den einzelnen Ländern wurde in erster Linie durch die politische Zielsetzung der jeweils herrschenden Klasse beeinflußt.

Von ihrem politischen Gehalt her standen sich die Luftkriegsdoktrinen des Sozialismus und des Kapitalismus konträr gegenüber. Ausgangspunkt der sowjetischen Luftkriegsdoktrin war es, den Frieden in der Welt unbedingt zu erhalten und den sozialistischen Staat zuverlässig vor allen Aggressionen zu schützen und zu bewahren. Allen imperialistischen Luftkriegsdoktrinen lag die Absicht zugrunde, die Luftstreitkräfte als Mittel zur Erhaltung ihrer überlebten Klassenherrschaft einzusetzen, ihre Macht zu behaupten oder – durch Krieg – zu erweitern.

Demonstrationsflug der deutschen «Risikoluftflotte» 1936

Innerhalb der Luftkriegsdoktrinen der imperialistischen Mächte gab es dabei zum Teil erhebliche Unterschiede. War die Luftkriegsdoktrin Großbritanniens und besonders Frankreichs in den dreißiger Jahren vor allem auf die Erhaltung ihres imperialistischen Besitzstandes ausgerichtet und seiner Ausdehnung auf nicht gewaltsamem Wege, so stand im Vordergrund der deutschen, japanischen und italienischen Luftkriegsdoktrin der offensive Einsatz der Luftstreitkräfte zur Neuaufteilung der Welt, die in erster Linie durch die Zerschlagung der Sowjetunion herbeigeführt werden sollte.

Diese politische Zielsetzung bestimmte in starkem Maße Struktur, Charakter und Einsatzmöglichkeiten der Luftstreitkräfte. Von der politischen Zielsetzung war deshalb die Beantwortung der Fragen abhängig, die sich aus der technischen Entwicklung der Flugzeuge ergaben, ihrer organisatorischen Probleme und ihres taktischen und operativen Einsatzes.

Das Problem der Stellung der Luftstreitkräfte innerhalb der Streitkräfte war komplex und konnte keinesfalls allein von seiner organisatorischen Form abhängig gemacht werden. Die Frage, um die es bei dieser Diskussion bei den Luftgroßmächten ging, lautete: Welchen Einfluß würden die Luftstreitkräfte künftig auf den Verlauf der Kampfhandlungen nehmen, und auf welche Weise würden sie dementsprechend am effektivsten eingesetzt und organisiert werden?

In den imperialistischen Hauptländern standen sich einerseits die Anhänger der Theorie vom alles entscheidenden Fernluftkrieg und die Verfechter des Prinzips der völligen Unterordnung der Luftstreitkräfte als Hilfswaffe der Land- und Seestreitkräfte gegenüber. Praktisch allerdings setzte sich in allen imperialistischen Ländern eine mittlere Linie durch, die sowohl einen Fernluftkrieg befürwortete als auch eine enge Unterstützung der anderen Teilstreitkräfte vorsah. Wesentlich waren die Akzente, die hier gesetzt wurden und die mehr oder minder stark in die eine oder andere Richtung tendierten.

Für das Schicksal des extremen Douhetismus war charakteristisch, daß er in den dreißiger Jahren in den imperialistischen Ländern nüchternen Überlegungen Platz machte. Die Ursachen dafür lagen im politischen wie im militärtechnischen Bereich. Die Errichtung der faschistischen Diktatur war auch für alle anderen imperialistischen Staaten ein Modellfall für die totale Manipulierung und Mobilisierung eines ganzen Volkes, die gekennzeichnet war durch den Versuch des deutschen Monopolkapitals, in bisher nicht dagewesenem Umfang alle Bereiche des gesellschaftlichen Lebens in einer neuen Stufe des staatsmonopolistischen Regimes zu umfassen und zu durchdringen.

Es schien möglich, den unüberbrückbaren Gegensatz zwischen Volksmassen und herrschender Klasse vorübergehend zu mildern. Statt einer absoluten Labilität des Hinterlands – wie sie Eckpfeiler der Lehre Douhets war – mußte jetzt mit einer solchen Festigkeit des Hinterlands gerechnet werden, daß es vorübergehend auch den Opfern und Leiden eines Fernluftkriegs standhalten könne. Hinzu kam, daß sich auch in den imperialistischen Ländern immer stärker die Erkenntnis durchsetzte, daß sich durch die Motorisierung und Mechanisierung die Möglichkeiten der Landstreitkräfte im bewaffneten Kampf veränderten. Die These Douhets, ein neuer Weltkrieg müsse ein Stellungskrieg sein, schien vielen zumindest fragwürdig und manchen gar hinfällig geworden zu sein.

Die sowjetische Militärwissenschaft bestimmte angesichts dieser Entwicklungstendenzen den Platz der Luftstreitkräfte in den Streitkräften dahingehend, daß die hauptsächlichen Aufgaben der Luftstreitkräfte im engen Zusammenwirken mit den Land- und Seestreitkräften und in selbständigen Operationen zu lösen sind. In der Felddienstordnung der Roten Armee von 1936 wurden die Ansichten über den Einsatz der Luftstreitkräfte mit den Worten formuliert: «Die Fliegerverbände handeln

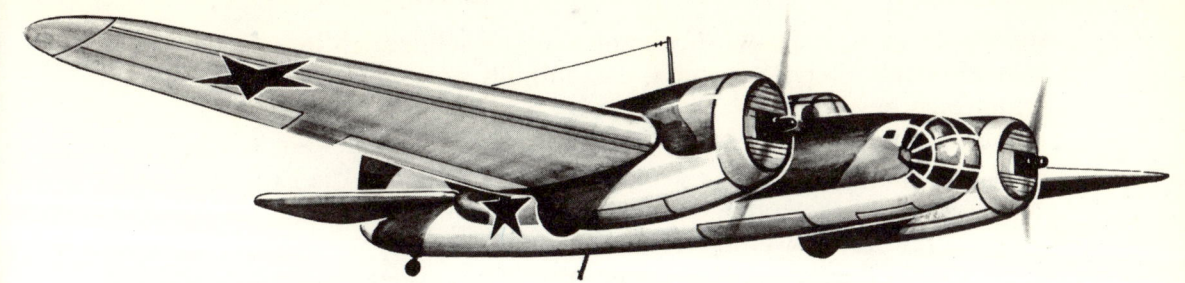

SB Die SB wurde 1933/34
von A. A. Archangelski, der bei
der Konstrukteurgruppe Tupolews
tätig war, als Schnellbomber entwickelt.
Zum Erreichen hoher Geschwindigkeiten
wurden an Stelle der bisher verwendeten Wellbleche sauber
beplankte Rumpfflächen mit sehr
windgünstigen Konturen benutzt.
Der Erstflug fand am 7. Oktober 1934
statt, 1935 wurde sie in die Serienproduktion übernommen und kam ab
Anfang 1936 in die Ausrüstung
der sowjetischen Luftstreitkräfte.
Die SB war das wichtigste Bombenflugzeug, das die UdSSR den
republikanischen Fliegerkräften
Spaniens zur Verfügung stellte. Beim
Überfall auf die UdSSR war die SB
veraltet. Ab Dezember 1941 wurde sie
weitgehend aus dem Einsatz gezogen.
Insgesamt wurden 6 656 Flugzeuge
dieses Typs gebaut.

außer in selbständigen Operationen im engen operativ-taktischen Zusammenwirken mit den allgemeinen Verbänden», wobei 1938 die Aufgaben der
Luftstreitkräfte noch dahingehend erweitert wurden, daß sie «selbständige
strategische Aufgaben» zu lösen hätten. Als wichtige Teilstreitkraft hatten
die Luftstreitkräfte in allen Perioden des Krieges wichtige operative
Aufgaben zu erfüllen. Ihr Kampfbeitrag fügte sich organisch in die
Kampfhandlungen der gesamten Streitkräfte ein, durch deren gemeinsame
Anstrengungen der Sieg errungen wurde. Entsprechend diesem Ver-
wendungszweck gliederten sich die sowjetischen Fliegerkräfte in drei
Hauptteile: in die Marinefliegerkräfte, die Frontfliegerkräfte und die
Fernfliegerkräfte. Ihre einheitliche Leitung war bis Ende der dreißiger
Jahre durch das Volkskommissariat für Verteidigung gegeben, unter dessen
Führung alle Fliegerkräfte vereinigt waren. Ab 1938 unterstanden die
Seefliegerkräfte dem Volkskommissariat für die Seestreitkräfte und glie-
derten sich entsprechend den sowjetischen Flottenverbänden. Für die
Organisation der sowjetischen Fliegerkräfte war charakteristisch, daß sie
das beste Zusammenwirken der verschiedenen Fliegergattungen unter-
einander und der Fliegerkräfte mit den Landstreitkräften ermöglichten.

In der Sowjetunion waren damit eine präzise, im wesentlichen richtige
und durch den Verlauf des zweiten Weltkriegs bestätigte Bestimmung der
Möglichkeiten der Fliegerkräfte in einem Kriege gegeben und
zweckentsprechende Organisationsformen zur Lösung ihrer Aufgaben
entwickelt worden. Wie wenig über die tatsächlichen Aufgaben der Luft-

streitkräfte ausgesagt wird, nimmt man ausschließlich ihre Organisation zum Maßstab aller Bewertung, das enthüllt sich bei einem Vergleich mit Frankreich beziehungsweise mit den USA.

Mit der Bildung eines Luftfahrtministeriums und der am 1. April 1933 erfolgten Schaffung einer «Armée de l'Air» schienen die Luftstreitkräfte in Frankreich – verglichen mit der Sowjetunion – eine weitaus bedeutendere Stellung einzunehmen, wenn man Organisationsformen als Kriterium für die Stellung der Luftstreitkräfte bewerten wollte. Tatsächlich jedoch sollten die französischen Luftstreitkräfte bis 1940 nie über den Zustand einer etwas bessergestellten Hilfswaffe der See- und insbesondere der Landstreitkräfte hinauskommen. Die Ursachen dafür waren primär politischer Natur. Sie lagen in der Befriedungspolitik des französischen Imperialismus gegenüber dem deutschen Imperialismus, dessen Aggression man nach Osten kanalisieren wollte, im Festhalten an überlebten strategischen und taktischen Konzeptionen, die davon ausgingen, auch mit den Waffen der dreißiger Jahre einen Krieg wie zwischen 1914 bis 1918 führen zu können, und in der Furcht, durch eine starke Luftrüstung dem deutschen Imperialismus einen Kriegsanlaß zu geben.

Die Geschichte der französischen Militärluftfahrt in den Vorkriegsjahren ist die Geschichte eines beispiellosen politischen Kapitulantentums und engstirniger militärischer Verknöcherung. Als Luftfahrtminister Cot am 27. Februar 1933 den Vorschlag unterbreitete, die französischen Luftstreitkräfte im Kriegsfall einer einheitlichen Leitung zu unterstellen und Verbände für eine selbständige Kampfführung zu bilden, erhob der Oberbefehlshaber der Landstreitkräfte, Maxim Weygand, sofort mit den Worten Einspruch: «Es gibt keinen Grund, eine neue und fehlerhafte Konzeption zuzulassen, die die Landarmee von einer Waffe isoliert, die integrierter Bestandteil ihrer großen Einheiten ist und eng mit ihr zusammenwirken muß.» Cot berührte in seiner Entgegnung ein Zentralproblem der gesamten französischen Politik und der Ansichten zur Kriegführung, wenn er darauf hinwies, wie Frankreich denn zum Beispiel seinen Bündnisverpflichtungen gegenüber Polen nachkommen wolle, wenn es seine Fliegerkräfte selbst entmanne und ausschließlich und einzig und allein auf die Zusammenarbeit mit dem Heere ausrichte. Dies war der erste, aber bei weitem nicht der letzte scharfe Zusammenstoß zwischen den Stäben der Luft- und der Landstreitkräfte.

Der schwelende, ständig ausgefochtene, nie gelöste Konflikt zwischen den Luft- und den Landstreitkräften in Frankreich – die Seestreitkräfte spielten in diesem Rahmen nur eine untergeordnete Rolle – war typisch und behinderte entscheidend die Herausarbeitung einer verbindlichen französischen Luftkriegsdoktrin und einer klaren Organisation der Fliegerkräfte. Er hatte überdies maßgeblichen Anteil an der verfehlten Flugzeugentwicklungspolitik in Frankreich.

Cot, die französischen Luftgenerale Victor Denain, Joseph Vuillemin, Paul François Armengaud vertraten den Standpunkt, daß «die Luftstreitkräfte in der Lage sein müssen, an selbständigen Luftoperationen, an Operationen in Verbindung mit dem Heere und der Marine und an der Verteidigung des nationalen Gebietes in der Luftverteidigung teilzunehmen». Für diesen Zweck erachtete es Cot, wie er am 26. Juni 1936 ausführte, für «notwendig, eine einzige Luftarmee zu schaffen, die insgesamt vorbereitet ist auf die Notwendigkeiten der Kooperation, es dabei aber völlig unnötig ist, sie in drei Teile zu zersplittern und damit ihre Schwächung zu provozieren». Er vertrat den völlig begründeten Standpunkt, daß nur im Zusammenwirken aller drei Teilstreitkräfte der Sieg herbeigeführt werden könne.

Entsprechend dieser Überzeugung leiteten Cot und General Denain seit 1933 umfassende Reformen in der Organisation der französischen Luftstreitkräfte ein, um aus der Masse der über das Land verstreuten und dem Heer zugeordneten Fliegereinheiten den Kern einer Luftarmee herauszuschälen. Der erste Schritt auf diesem Wege war die 1933/34 herbeigeführte Schaffung von 4 Luftregionen in Frankreich, denen jeweils zwei Luftbrigaden gemischter Zusammensetzung unterstanden.

Seinen Höhepunkt und Abschluß fand dieser Prozeß in der großen Reform vom 17. September 1936. Er trennte zwar die territoriale von der taktischen Organisation, legte aber den Grundstein für eine effektive Luftarmee, die selbständige Operationen führen konnte. Im I. Fliegerkorps (Paris) wurden 3 schwere Luftdivisionen (Toulouse, Orléans und Metz) mit insgesamt 7 Bomberbrigaden, die 9 Bombergeschwader und 9 Aufklärungsgeschwader umfaßten, gebildet, und im II. Fliegerkorps (Reims) wurden alle Jagdfliegerkräfte mit 8 Geschwadern in 3 Brigaden zusammengefaßt. Für die unmittelbare Zusammenarbeit mit dem Heer standen 26 Groupes aériens régionaux mit je 12 bis 20 Flugzeugen zur Verfügung. Die Seefliegerkräfte untergliederten sich in das Bordflugwesen, in Flottenbegleit- und Küstenstaffeln.

Die kleinste taktische und logistische Einheit war die Escadrille (Staffel), die bei den Jagdflugzeugen 15 Flugzeuge, bei den Aufklärern und Bombern je 10 Flugzeuge umfaßte. Die Stärke der Marineescadrille war niedriger; sie sah 10 Jagdflugzeuge, 8 Fernaufklärer, 12 Nahaufklärer oder 6 Torpedoflugzeuge vor.

Dieser klare Strukturaufbau wurde jedoch nur knapp zwei Jahre beibehalten. Nach dem Sturz der Volksfrontregierung und der Ablösung Cots durch den «Appeaser» Guy la Chambre setzten sich jene reaktionären und konservativen Kräfte des französischen Imperialismus durch, die sich alles versprachen von einer Beschwichtigung des deutschen Imperialismus und nichts von einem kollektiven Sicherheitssystem mit der Sowjetunion und der Einhaltung der französischen Bündnisverpflichtungen gegenüber Polen und der Tschechoslowakei. Am 3. September 1938 löste Chambre die Luftkorps auf, unterstellte die Luftbrigaden wieder den 4 Luftkreisen, die wiederum in je zwei Luftgaue unterteilt wurden. Der Befehlshaber im Luftkreis war gleichzeitig Kommandeur der neugeschaffenen Luftdivisionen, die aus 2 bis 3 Fliegerbrigaden bestanden. Die operativen Luftstreitkräfte Frankreichs waren damit zerschlagen.

Obwohl die französischen Politiker und Militärs diese Maßnahme als ausschließlich organisatorisch bedingt ausgaben − vor allem durch die teure Trennung von versorgungsmäßiger und taktischer Gliederung −, war sie in erster Linie politisch begründet. Sie war eine offene Absage, dem Annexionsstreben des deutschen Imperialismus Einhalt zu gebieten, und beschränkte die Tätigkeit der Fliegerkräfte ausschließlich auf die Defensive. Jene Kreise stellten es als Ziel hin, daß die «Luftstreitkräfte nicht für einen Stoß mit mehr oder weniger fernen Effekten, sondern auf das Aufhalten eines gegnerischen Schlages zu organisieren» seien.

Eine Folge der Septemberentscheidung war, daß die Luftstreitkräfte starr und dogmatisch in die Defensivkonzeption der Landstreitkräfte eingezwängt wurden. Ende 1938 kam die französische Führung zu dem Schluß, daß im Kriegsfall die «Armée de l'Air» zwar beibehalten, doch dem zuständigen Oberbefehlshaber der Landstreitkräfte auf dem Kriegsschauplatz zu unterstellen wäre. Die Folgen dieser verhängnisvollen Entscheidung mit allen ihren tragischen Konsequenzen für das fran-

Bloch 152 Die Bloch 152 flog erstmals am 15. Dezember 1938. Sie war das Ergebnis einer bereits 1934 erfolgten Ausschreibung für ein einsitziges Jagdflugzeug. Beim Kriegsausbruch 1939 war nur eine Staffel der Armée de l'Air mit der Bloch 152 ausgerüstet. Verzögerungen in der Auslieferung von Flugmotoren, Bewaffnung und Propeller hatten zur Folge, daß die Umrüstung der französischen Jagdfliegerkräfte auf dieses Muster später als geplant erfolgte. Nur drei Jagdfliegerstaffeln waren im Mai 1940 mit diesem Muster ausgestattet.

154

Bombardierung des auf Grund des Versailler Vertrages an die USA ausgelieferten
deutschen Schlachtschiffs «Ostfriesland» durch USA-Fliegerkräfte. Die Versenkung
der «Ostfriesland» durch Bombenflugzeuge im Jahre 1921 gab neuen Zündstoff für die
Auseinandersetzung zwischen Traditionalisten und Luftkriegsextremisten in den USA

zösische Volk sollten im Mai 1940 offenbar werden. Die Ursache dafür lag
weniger darin, daß die französischen Fliegerkräfte auf engste Zusammenarbeit mit dem Heer orientiert wurden, sondern vielmehr darin, daß die
revolutionierenden Möglichkeiten des Flugzeugs von den Schützengra-
benstrategen des französischen Generalstabs aus politischen Gründen
nicht ausgenutzt und aus engbrüstigem taktischem Schematismus nicht
erkannt wurden.

War das Klammern an Weltkriegserfahrungen und politisches Ka-
pitulantentum insbesondere für die herrschenden Kreise Frankreichs
charakteristisch, so war die Luftkriegsdoktrin der USA von einem weitaus
aggressiveren Geist erfüllt, der den Träumen des USA-Imperialismus nach
einem «amerikanischen Jahrhundert» entsprach. Auch in den Vereinigten
Staaten war die Entwicklung der Luftkriegsdoktrin von einem erbitterten,
mit allen Mitteln geführten Konkurrenzkampf zwischen den einzelnen
Teilstreitkräften geprägt, wobei er sich in den USA insbesondere zwischen
den Luft- und den Seestreitkräften zuspitzte, die sich gegenseitig den Rang
als potentielle Instrumente amerikanischer Expansion abzulaufen suchten.
Ein Opfer auf diesem Schlachtfeld war General Mitchell, der nach dem
ersten Weltkrieg insbesondere die Fähigkeit der Schlachtschiffe und
Kreuzer bestritt, die amerikanischen Weltmachtansprüche durchsetzen zu
können, wenn sie nicht die Hilfe starker, unabhängig geführter
Seefliegerkräfte besäßen. Seine Forderung nach Schaffung eines einheitlichen Gesamtoberkommandos mit einem Luftwaffengeneralstab,
wobei er keine Zweifel darüber ließ, daß die Fliegerkräfte die ent-

scheidende Stoßkraft künftiger USA-Annexionen wären, rief bei den um ihre Ressortzuständigkeiten besorgten Navy- und Army-Dienststellen heftigsten Widerspruch hervor und führte schließlich am 17. Dezember 1925 zu Mitchells Ausschluß aus den Streitkräften wegen «Schädigung ihres Ansehens».

Trotz dieser offiziellen Verurteilung blieben die extremen Luftkriegstheorien eines Mitchell, die noch angereichert wurden durch britisches und italienisches Ideengut, bestimmend für die theoretischen Vorstellungen der USA-Luftstreitkräfte. Sie fanden weite Publizität durch die Rückendeckung des ultrareaktionären Hearsttrustes und die Aktivitäten von Leuten wie Eddie Rickenbacker, Charles Lindbergh und der amerikanischen Legion. Es erscheint für die Entwicklung der amerikanischen Luftkriegsdoktrin typisch, daß es diesen extremen Kräften gelang, ihrer Doktrin Zug um Zug offizielle Anerkennung zu verschaffen, obwohl bis nach Beendigung des zweiten Weltkriegs die amerikanischen Luftstreitkräfte nicht als selbständige Teilstreitkraft anerkannt wurden, sondern getrennt vom Navy- und War Department geleitet wurden.

Obgleich die offizielle Militärdoktrin den Einsatz der Fliegerkräfte nur als Hilfswaffe plante, war die Fliegertruppe praktisch und theoretisch

Mitchell vor dem Militärtribunal

156

darauf vorbereitet, einen selbständigen Luftkrieg zu führen. Hauptziel ihres Einsatzes war die Brechung des gegnerischen Widerstandswillens, der zwar von allen Teilstreitkräften gemeinsam bekämpft, aber hauptsächlich durch die Luftstreitkräfte zerschlagen werden sollte. Für besonders störanfällig und empfindlich hielt man die Kriegswirtschaft eines Gegners, durch deren gezielte Bombardierung der Gegner zur Kapitalution durch Mangel an Waffen oder durch Erschütterung seiner Moral gezwungen werden könne.

Bis 1935 waren die amerikanischen Heeresfliegerkräfte auf die einzelnen Armeekorps aufgeteilt. Am 1. März dieses Jahres wurde durch die Schaffung des General Headquarters Air Force beim War Department und durch die Zusammenfassung aller Kampfverbände in drei Wings die Bildung einer operativen Luftstreitmacht vorbereitet. Jedes dieser Wings setzte sich aus mehreren Bomber-, Jagd-, Aufklärungs- und Schlachtflugzeuggruppen zusammen. Nur noch die Nahaufklärungsstaffeln verblieben direkt bei den Armeekorps. Daneben bestanden in Panama und auf den Philippinen Kolonialfliegerverbände. Taktische Grundeinheit in den USA war die Squadron (Staffel), die 28 Jagd- oder Schlachtflugzeuge beziehungsweise 13 Bomben- oder Aufklärungsflugzeuge umfaßte. 3 Squadrons bildeten eine Group (Gruppe), 2 bis 3 Groups einen Wing (Flügel).

Die Seefliegerkräfte, die vom «Bureau of Astronautics» im Navy Department geleitet wurden, gliederten sich vor allem in die Verbände der Marineluftwaffe und des Marinekorps, wobei die auf Flugzeugträgern stationierten Bomben-, Jagd-, Torpedo- und Aufklärerstaffeln den Kern der Seefliegerkräfte bildeten.

Die Luftdoktrin des britischen Imperialismus war am stärksten von dem Gedanken durchdrungen, daß in einem zukünftigen Krieg die Fliegerkräfte wahrscheinlich einen entscheidenden Einfluß auf den Verlauf und vor allem auf den Ausgang eines Krieges nehmen würden. Dieser Einfluß käme nach Auffassung der britischen Führung jedoch kaum im Zusammenwirken mit den anderen Teilstreitkräften zum Tragen, sondern vor allem durch selbständige Angriffs- und Verteidigungsoperationen der Luftstreitkräfte. Große Teile der britischen Führung neigten zu der Annahme, daß die Luftstreitkräfte und die Seestreitkräfte die Hauptlast der Kämpfe tragen würden, wobei die Bombenfliegerverbände durch das pausenlose schwere Bombardement des gegnerischen Hinterlands vor allem offensive Aufgaben, die Seestreitkräfte durch die wirtschaftliche Erdrosselung des Gegners von See her vor allem defensive Aufgaben zu lösen hätten. Den Landstreitkräften kam in diesem Konzept nur die Aufgabe zu, dem durch Luftbombardement und Wirtschaftsblockade erschütterten Gegner den letzten Stoß zu versetzen, der in einer Art Polizeiaktion ablaufen sollte.

Bei der Bestimmung der Hauptangriffsziele in einem Fernluftkrieg ging

Boeing B-17 «Fortress» III Die B-17
entstand 1934 im Ergebnis einer Ausschreibung für ein landgestütztes
Bombenflugzeug für Angriffe über
See. Am 28. Juli 1935 absolvierte sie
ihren Erstflug. Die B-17 zeichnete sich
durch gute Höhenflugeigenschaften,
geringe Schußempfindlichkeit und eine
starke Abwehrbewaffnung (13 MGs)
aus, die dem Flugzeug den Beinamen
«fliegende Festung» eintrugen. Sie
bildete gemeinsam mit der B-24 den Kern
der Fernfliegerkräfte der USA in
Europa. Insgesamt wurden
12 726 Flugzeuge dieses Typs gebaut.

158

der britische Imperialismus von den Lehren aus, die er aus dem Charakter damaliger Kriege und aus seinen Kolonialkriegen gezogen hatte. Die Kriegswirtschaft und die Moral des Gegners wurden für die verwundbarsten Stellen gehalten. Keine endgültige Klarheit bestand darüber, welcher Zielgruppe der Vorzug zu geben sei. Für ein Wirtschaftsbombardement sprach die Überlegung, damit einen imperialistischen Konkurrenten am nachhaltigsten schädigen und beeinträchtigen zu können und ihn auf diese Weise − ohne die Aufstellung von Millionenheeren und langwierigen Kampfhandlungen − zum Einlenken zu zwingen. Die befürchteten sozialen Folgen eines Weltkriegs konnten nach Meinung des um seinen Status quo besorgten britischen Imperialismus damit eingeschränkt werden. Als ein zweischneidiges Schwert sah man dagegen die Bombardierung und Terrorisierung der Zivilbevölkerung an, die man zwar für weitaus wirksamer erachtete, die jedoch gefährliche Folgen für den Bestand eines jeden imperialistischen Staates haben konnte. Generalmajor Fuller warnte 1937, das Ergebnis eines jeden Luftangriffs sei nicht nur «Tod und Vernichtung, sondern Panik und Revolution». Nicht zufällig trat deshalb bis 1939 die Planung eines Wirtschaftsbombardements stärker in den Vordergrund der britischen Luftkriegsstrategie.

Organisatorisch trug der britische Imperialismus seiner Überzeugung von der entscheidenden Bedeutung selbständiger Luftangriffs- und Luftverteidigungsoperationen 1936 durch eine große Reorganisation Rechnung, die gleichermaßen offensiven wie defensiven Tendenzen Raum gab. Statt der bisherigen Gliederung der RAF nach «Luftbezirken» und der Zusammenfassung von Jagd- und Bombenfliegerkräften in der Air Defence of Great Britain Command (Luftverteidigungskommando Großbritanniens) wurden Kommandos gebildet, die je aus einer Anzahl Gruppen von Fliegerverbänden gleicher Gattung bestanden.

Im Sommer 1936 wurden gebildet: Das Bomber Command als Kern der Fernfliegerkräfte, das Fighter (Jäger-) Command als Zentrale der Luftverteidigung und des Zusammenwirkens mit den Landstreitkräften, das Coastal (Küsten-) Command als Organ der Unterstützung der Seestreitkräfte sowie das Training Command als Ausbildungszentrale. 1937 mußte die RAF zwar Teile der Seefliegerkräfte an die Admiralität abgeben – die sogenannte Fleet Air Arm (Flottenfliegerkräfte) –, bildete dafür aber im Maintenance (Unterhalts-) Command ein zentrales Beschaffungs- und Versorgungsamt, übernahm durch das Reserve Command die Kontrolle des Zivilflugwesens und der Freiwilligeneinheiten und ordnete sich im Balloon Command weitere Teile der Luftverteidigung unter.

Taktische und logistische Grundeinheit der RAF war das Squadron (Staffel), das in der Vorkriegszeit bei einmotorigen Flugzeugen 12 und bei zweimotorigen Flugzeugen 10 zählte. 2 bis 3 Squadrons bildeten ein Wing (Flügel), mehrere Wings ein Group (Gruppe). Mit dieser Organisation hatte Großbritannien ein Modell für einen solchen Einsatz der Luftstreitkräfte geschaffen, der vor allem unabhängig von den anderen Teilstreitkräften durchgeführt werden sollte. Typisch für diese Struktur war, daß kein Kommando ausschließlich für das Zusammenwirken mit den Landstreitkräften vorgesehen war, diese Aufgabe vielmehr zusätzlich vom Fighter Command erfüllt werden sollte.

Im Gegensatz zu dieser Doktrin, die die Unabhängigkeit einer Teilstreitkraft betont in den Vordergrund stellte, befand sich die Luftkriegsdoktrin des deutschen Imperialismus. Obwohl an der Wiege der faschistischen Luftwaffe die Tendenzen überwogen, sie vor allem und ausschließlich als Instrument eines terroristischen und barbarischen Fernluftkriegs auf- und auszubauen, vollzog sich im Zuge der Wiederaufrüstungspoltik, beim Durchsetzen der Blitzkriegsstrategie und im Verlauf der Vorkriegsaggressionen im faschistischen Deutschland ein Wandel in den luftkriegstheoretischen Auffassungen. Sie trugen allerdings niemals den Charakter, wie er ihnen von der Mehrheit der imperialistischen Historiker zugeschrieben wird, die sich zu der Behauptung versteigen, die Luftwaffe wäre zu einer reinen Unterstützungswaffe des Heeres degradiert worden, weil sie auf diese Weise vermeinen, die Luftkriegsverbrechen des deutschen Imperialismus bagatellisieren zu können.

Angesichts der dominierenden Stellung des Heeres in den Streitkräften des deutschen Imperialismus war es zwangsläufig, daß sich die Doktrin der Luftwaffe der Kontinentalstrategie des faschistischen Deutschlands anpassen mußte. Einer der wichtigsten Grundsätze der faschistischen Militärdoktrin lautete, daß der Krieg durch die Anstrengungen aller Teilstreitkräfte entschieden wird. In der Luftwaffendienstvorschrift (LDv) 16 «Luftkriegführung» hieß es dazu: «Aufgabe der Luftwaffe ist es, durch Führung des Krieges zur Luft im Rahmen des Gesamtkrieges diesem Ziel

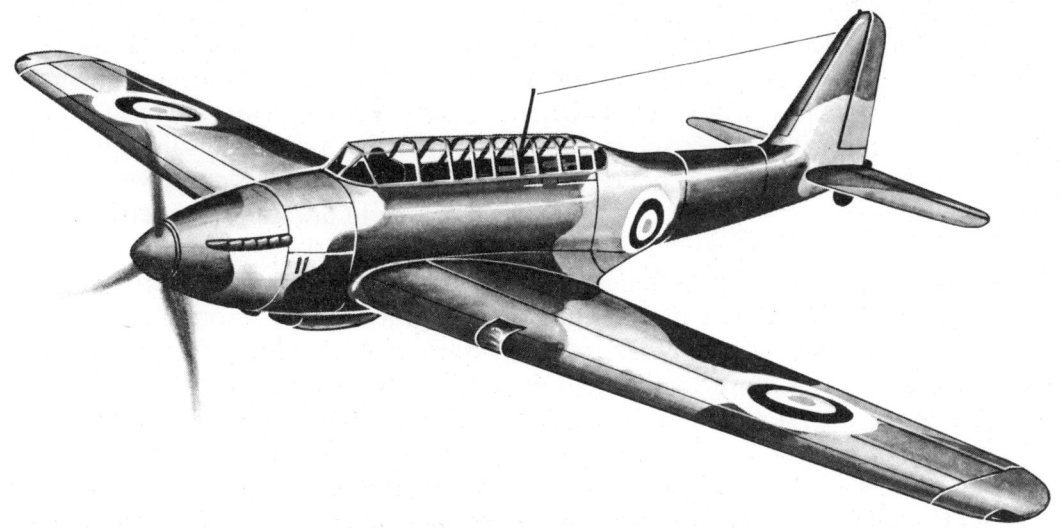

Fairey «Battle» Die Fairey «Battle» war
1937 als zwei-, später als dreisitziges
Tagbombenflugzeug entwickelt
worden, das in erster Linie dazu bestimmt
war, mit den Landstreitkräften zusammenzuwirken. Im Rahmen der englischen
Schattenfabriken wurde es in
Großserie gebaut. Insgesamt wurden
2 185 Flugzeuge dieses Typs produziert.
Obwohl es bei Kriegsausbruch 1939
bereits veraltet war, wurde es im Mai
1940 massenweise eingesetzt, erlitt
schwerste Verluste und wurde daraufhin
aus dem Einsatz gezogen.

Luftkrieg vorerst noch in der Retorte:
Faschistische Bomberbesatzungen bei der
Ausbildung am Zielgerät

zu dienen.» Das Hauptziel beim weiteren Aufbau der faschistischen
Luftwaffe bestand deshalb darin, ein Instrument zu schaffen, das flexibel
und elastisch genug war, um allen Anforderungen eines Aggressionskriegs
zu genügen, eine Aufgabe allerdings, der das faschistische Deutschland
kräftemäßig nicht gewachsen war. Die Luftwaffe paßte sich der Blitzkriegsstrategie jedoch nur in bestimmtem Umfang an. Sie verzichtete als
selbständige Teilstreitkraft niemals darauf, unter bestimmten Bedingungen

auch ihren eigenen Krieg führen zu können. Es hieß dazu in der LDv 16: «Der Kampf gegen die Kraftquellen beeinflußt den Kriegsverlauf an sich entscheidend. Er trifft den Gegner an der Wurzel seines Kampf- und Widerstandswillens. Er wirkt sich jedoch vielfach nur langsam aus und birgt die Gefahr in sich, daß er zu spät Einfluß auf den Kampf von Heer und Kriegsmarine gewinnt ... Sofern es sich nicht um Ziele handelt, deren Bekämpfung rasche Auswirkung auf den Kriegsverlauf erwarten läßt, ist der Kampf um die Kraftquellen und zur Unterbindung des Kraftstroms zur Front in der Regel nur dann angebracht, wenn die Operationen zu Lande oder zur See erst der Vorbereitung einer Entscheidung dienen, wenn entscheidende Kampfhandlungen ihr Ende gefunden haben oder wenn die Kriegsentscheidung allein durch Zerstörung der Kraftquellen zu erwarten ist.»

In dieser Einschätzung werden zwei typische Momente der faschistischen Luftkriegführung deutlich: das Streben nach einer raschen Kriegsentscheidung, das man in erster Linie durch das enge Zusammenwirken von Luft- und Landstreitkräften zu realisieren glaubte, und die Überzeugung, daß unter bestimmten Bedingungen die Luftwaffe allein einen Krieg entscheiden könne.

Bis 1939 hatte sich diese Auffassung so weit entwickelt, daß die Luftwaffenführung annahm, eine Aggression in Ost- und Südosteuropa würde vor allem durch enges Zusammenwirken zwischen Land- und Luftstreitkräften entschieden, während gegenüber Westeuropa ein langwieriger Stellungskrieg erwartet wurde, den die Luftwaffe allein entscheiden sollte.

Da die Sowjetunion als Haupthindernis auf dem Wege zur Weltherrschaft und als Hauptgegner des deutschen Imperialismus angesehen wurde, bestimmte das enge Zusammenwirken zwischen Heer und Luftwaffe, eine Strategie, mit der man die UdSSR in maßloser Überschätzung der eigenen und maßloser Unterschätzung der sowjetischen Möglichkeiten und Kräfte zu überrennen glaubte, in immer größerem Umfang Charakter und Aufgabe der Luftwaffe. Fernfliegerangriffe gegen die Sowjetunion hielt man für wenig erfolgversprechend. Die Luftwaffenführung meinte dazu 1938: «Rußland hat seine raumstrategische Lage weitgehend genutzt und seine wichtigsten Rüstungsindustrien so weit ins Innere verlagert, daß sie vom Westen praktisch unangreifbar sind ... Eine Terrorisierung der russischen Bevölkerung durch massierten Bombenabwurf auf die Großstädte, die, gegen westeuropäische Staaten angewandt, erfolgversprechend sein könnte, würde in Rußland keine entscheidende Wirkung auslösen. Es erscheint somit wenig wahrscheinlich, daß die Luftwaffe ... in der Lage sein wird, gegen Sowjetrußland eine schnelle Entscheidung zu erzwingen.» Auf der anderen Seite jedoch bereitete die Luftwaffe zielstrebig einen Fernluftkrieg gegen Frankreich und Großbritannien vor, der vor allem London und Paris treffen sollte. Mit erbarmungsloser Brutalität und

Ju 87 D-3 Mit der Entwicklung der Ju 87 suchte die faschistische Führung den Schwierigkeiten, die sie bei der Konstruktion von Bombenzielgeräten für den Horizontalflug hatte, aus dem Wege zu gehen. Die Arbeit an der Ju 87 begann 1933. Anfang 1935 flog der erste Prototyp. Im Frühjahr 1937 erfolgte die Auslieferung an die Luftwaffe, die sie im Rahmen der Legion Condor gegen das spanische Volk erprobte. Solange die faschistische Luftwaffe die Luftherrschaft besaß, trug die Ju 87 mit ihrer Zielgenauigkeit erheblich zu den Anfangserfolgen der Naziwehrmacht bei. Bereits 1940 im Verlauf der Luftschlacht um England mußte sie aus dem Einsatz gezogen werden, ebenso seit Ende 1943 an der deutsch-sowjetischen Front, wo sie nur noch zum Nachteinsatz verwendet wurde. Die späteren Versionen der Ju 87 wurden als Schlachtflugzeuge, vor allem als Panzerjagdflugzeuge eingesetzt. Insgesamt wurden 5 700 Flugzeuge dieses Typs gebaut.

zynischer Menschenverachtung plante die Luftwaffenführung, ihren Fernluftkrieg nach dem Prinzip zu führen, daß «Not kein Gebot» kenne und daß der Kampf um den Sieg alle Mittel heilige. Aufgabe der Luftwaffe in einem solchen Fernluftkrieg sollte es sein, den Willen des feindlichen Heimatheeres – das heißt der arbeitenden Zivilbevölkerung – zu brechen. Da das Völkerrecht für die faschistischen Luftkriegsstrategen nur Makulaturwert hatte, meinten sie, es komme bei der Realisierung ihrer Terrorstrategie «weniger darauf an, die Arsenale der wirtschaftlichen Technik zu zerstören, als vielmehr sie zu entvölkern».

Organisatorisch suchte die faschistische Luftwaffenführung dem Doppelcharakter der offensiven Aufgabenstellung ihrer Fliegerkräfte durch die Schaffung von Luftwaffenkommandos und schließlich durch die Bildung von Luftflotten zu entsprechen, die wohl geeignet waren, mit einer oder mehreren Heeresgruppen zusammenzuwirken, mit denen gleichzeitig aber auch ein selbständiger operativer Luftkrieg geführt werden konnte.

1939 verfügte die Luftwaffe über 4 Luftflotten und ein Luftwaffenkommando. Den Luftflottenkommandos unterstanden als operativ-taktische Verbände Fliegerdivisionen und als Rückgrat der Logistik

Luftgaukommandos. Taktische und logistische Grundeinheit der Luftwaffe war die Staffel mit 9 Einsatz- und 3 Reserveflugzeugen. Die Gruppe setzte sich aus 3 Staffeln mit 36 Flugzeugen zusammen. 3 Gruppen mit einer zusätzlichen Gruppenstaffel bildeten mit insgesamt 120 Flugzeugen ein Geschwader. Aus mehreren Geschwadern bestand eine Fliegerdivision.

Die Seefliegerverbände, ebenfalls im Rahmen der Luftwaffe integriert, unterstanden einem General der Luftwaffe beim Oberbefehlshaber der Marine.

Charakteristisch an dieser Struktur erscheint, daß die Luftflotten, denen sowohl Bomben-, Jagd-, Schlacht- und Aufklärungsfliegerkräfte als auch Flak- und Fallschirmjägertruppen unterstanden, gemischte Angriffsverbände waren, die von ihrer Struktur her zu beliebigen Aufgaben herangezogen werden konnten. Typisch für die aggressive faschistische Luftkriegskonzeption ist ferner, daß kein spezielles Kommando für die Luftverteidigung errichtet noch vorgesehen war.

In dieser Unterlassung kam die Überzeugung der faschistischen Führung zum Ausdruck, daß durch die Angriffstätigkeit ihrer Fliegerkräfte jeder ernsthafte Luftangriff auf ihr eigenes Hinterland am ehesten unterbunden werden könne. Sie gründete diese Annahme − getreu den Lehren

Fieseler Fi 156 Storch Die Fi 156 entstand 1936 im Ergebnis einer Ausschreibung für ein Kurzstart- und Kurzlandeflugzeug mit Langsamflugeigenschaften. Im selben Jahr erfolgte der Erstflug. Während des zweiten Weltkriegs war die Fi 156 das wichtigste Verbindungsflugzeug der faschistischen Wehrmacht. Allein von 1939 bis 1945 wurden 1 549 «Störche» produziert.

164

Douhets – darauf, daß der Luftangriff leichter und besser durchzuführen sei als die Luftverteidigung. In der LDv 16 hieß es deshalb: «Die Luftgefährdung des eigenen Landes zwingt von Kriegsbeginn an zu offensivem Einsatz von Kampfkräften gegen die Luftwaffe des Gegners im Feindgebiet.»

Auf Grund der Erfahrungen des ersten Weltkriegs war der faschistischen Führung bekannt, wie schwierig die Aufklärung und Vernichtung gegnerischer Fliegerkräfte war. Im Luftkampf war sie nur unvollkommen zu erreichen, auf dem Boden wegen der weitgehenden Dezentralisierung kaum möglich. Mit der Einführung neuer Hochleistungsflugzeuge zu Beginn der dreißiger Jahre wurden aber die Luftstreitkräfte – insbesondere die Bombenfliegerkräfte – in starkem Maße von gut ausgebauten Flugplätzen mit Betonpisten abhängig. Ihre Beweglichkeit verringerte sich damit. Die faschistische Führung erblickte darin die Möglichkeit – unter gleichzeitiger rücksichtsloser Ausnutzung des Überraschungsmoments –, die Luftherrschaft, zumindest die Luftüberlegenheit durch einen zermalmenden Schlag gegen die Fliegerkräfte des Gegners am Boden erringen zu können. Der Luftüberfall zu Beginn oder vor Beginn eines Krieges wurde als die Hauptmethode zur schnellen Herstellung einer Luftüberlegenheit angesehen, die durch pausenlose Angriffe auf die gegnerischen Luftstreitkräfte am Boden und in der Luft zur Luftherrschaft ausgebaut werden sollte, die erreicht schien, «wenn der Angreifer in dem von ihm bestimmten Schwerpunktraum zu der von ihm festgesetzten Zeit die von ihm erwählten Ziele unter geringen eigenen Verlusten und unter aktiver oder passiver Ausschaltung der feindlichen Abwehr mit guter Wirkung angreifen kann». Erst nach der Erringung der Luftherrschaft – das heißt nach der Zerschlagung der gegnerischen Fliegerkräfte – sollte sich die Luftwaffe anderen Aufgaben zuwenden.

Das Konzept der faschistischen Luftwaffe war – wie das des Blitzkriegs – auf die Erringung schneller Erfolge orientiert. Die Luftwaffenführung, die sich ihres begrenzten Potentials durchaus bewußt war, legte es von vornherein darauf an, den Krieg zur Luft durch einen mächtigen ersten Schlag vorherzubestimmen. Dieses Ziel sollte bei Kriegsbeginn erreicht werden, indem die Luftwaffe präventiv, blitzartig und überfallartig zuschlug.

Ein länger dauernder Kampf um die Luftherrschaft sollte unter allen Umständen vermieden werden, weil sich die Luftwaffe darin verschleißen konnte und sie solange von der Erfüllung anderer Kampfaufträge abgehalten wurde. Das Hauptmittel des Kampfes um die Luftherrschaft war demzufolge nicht wie im ersten Weltkrieg das Jagdflugzeug, sondern das Bombenflugzeug, während den Jagdfliegerkräften vor allem nur passive Aufgaben des Truppenluftschutzes gestellt wurden.

Auch in Großbritannien hielt man das Bombenflugzeug für das Hauptinstrument beim Kampf um die Luftherrschaft und maß dem Luftüberfall hohe Bedeutung zu. Er sollte jedoch in erster Linie nicht gegen die Luftstreitkräfte des Gegners, sondern vorwiegend gegen das Wirtschaftspotential und die Moral der Bevölkerung geführt werden. In Großbritannien hatte sich nämlich die Überzeugung herausgebildet, daß der Kampf um die Luftherrschaft völlig neue Züge tragen würde. Die britische Führung ging davon aus, daß die Bombenfliegerkräfte den Abwehrmitteln technisch weit überlegen seien – 1934 prägte der englische Premierminister Stanley Baldwin das Wort: Die Bomber kommen immer durch – und die gegnerischen Luftstreitkräfte kein geeignetes Ziel bildeten im Vergleich zu den Auswirkungen eines Bombardements auf Wirtschaft und Moral eines gegnerischen Staates. Nach britischer Auffassung brauchte man nicht erst den Umweg über die Zerschlagung der Fliegerkräfte des Gegners zu gehen, sondern konnte mit den verbesserten, durchschlagenden Angriffsmitteln sofort das gegnerische Hinterland desorganisieren und demoralisieren. Vom Aufbau einer starken Luftverteidigung, wie sie insbesondere in Großbritannien vorangetrieben wurde, versprach man sich nur einen zusätzlichen Beitrag beim Kampf um die Luftherrschaft, dessen Ausgang jedoch von den Anstrengungen des Bomber Command abhängig gemacht wurde.

Die unterschiedliche Einstellung des deutschen und des britischen Imperialismus zum Luftüberfall und zu den Methoden der Erringung der Luftherrschaft war in letzter Instanz ebenfalls nur Ausdruck der unterschiedlichen politischen und militärischen Zielsetzung beider imperialistischer Mächte.

Der Kampf um die Luftherrschaft wurde auch in der sowjetischen Militärwissenschaft als eine der Hauptvoraussetzungen für den Erfolg im gesamten Krieg betrachtet. Auf Grund der gestiegenen Möglichkeiten, die Fliegerkräfte des Gegners am Boden vernichten zu können, rückte diese Methode des Kampfes ebenfalls stärker in den Vordergrund. Die sowjetischen Luftkriegstheoretiker schätzten diese Methode «als das wirksamste Mittel zur Bekämpfung des Luftgegners» ein, hüteten sich aber davor, diese Methode als die hauptsächliche und vor allem die einzige anzusehen. Völlig zu Recht stellten sie zwar fest, daß das Flugzeug am Boden eine empfindliche und höchst verwundbare Waffe ist und daß die Flugzeuge einen Großteil ihrer Lebensdauer – zwischen 92 und 94 Prozent – auf dem Boden verbringen, aber neben dieser Methode der Kampf von Jagdflugzeugen an der Front und die Begleitung der Bombenflugzeuge durch Jagdflugzeuge ebenfalls weiterhin wichtige Methoden beim Kampf um die Luftherrschaft bleiben werden. Sie orientierten ihre Fliegerkräfte – von den Jagdflugzeugen bis zu den schweren Bomberkräften – darauf, den Kampf um die Luftherrschaft als eine ständige Aufgabe zu betrachten, an dem alle Arten von Flugzeugen beteiligt sind und bei dem alle Methoden zur Anwendung kommen, wobei die Zerstörung des feindlichen Flugplatznetzes im Vordergrund stehen soll. Als Teil des Kampfes um die Luftherrschaft wurde auch die Bombardierung der gegnerischen Luftrüstungsindustrie, der Ausbildungseinrichtungen, Lager, Hangars usw. im tiefen Hinterland angesehen. Chripin betonte, daß sich der Kampf um die Luftherrschaft in breiter Front und in großer Tiefe entwickeln werde, der unter der Leitung des Oberkommandos stehen müsse. Eine absolute Luftherrschaft zu erreichen, wurde angesichts der Tiefe des Raumes und der Dauer der Kämpfe zwischen großen Mächtegruppierungen für unwahrscheinlich angesehen. Laptschinski hob hervor, daß das Wesen der Luftherrschaft nicht darin bestehe, viel zu fliegen, sondern mit höchster Effektivität zu fliegen. Das Wesen der Luftherrschaft erblickte er darin, daß die Luftstreitkräfte den eigenen Streitkräften die besten Kampfmöglichkeiten schaffen und die gegnerischen Streitkräfte daran hindern, Nutzen aus der Kampftätigkeit ihrer Fliegerkräfte zu ziehen. Die Luftherrschaft sah er für gegeben an, wenn die eigenen Streitkräfte zur gegebenen Zeit und an gegebener Stelle jene Aufgaben durchführen können, die entscheidend für die eigenen Kampfhandlungen sind.

In der Sowjetunion teilte man die Auffassungen vieler imperialistischer Luftkriegstheoretiker nicht, die die Möglichkeiten der Luftverteidigung völlig negierten, weil sie im Bombenflugzeug die ideale, unbesiegbare Angriffswaffe sahen, die – wie besonders im faschistischen Deutschland – am besten geeignet schien, den Traum von der Welteroberung verwirklichen zu können. Angesichts der imperialistischen Bedrohung und der schnellen Entwicklung der Luftstreitkräfte gewann in der Sowjetunion das Problem der Verteidigung des ökonomischen und militärischen Potentials des Landes gegen mögliche Schläge aus der Luft große Bedeutung.

Seit Beginn der dreißiger Jahre unternahm die Sowjetunion deshalb bedeutende Anstrengungen, ein Luftverteidigungssystem aufzubauen. Entsprechend den praktischen Möglichkeiten und der technischen Vervollkommnung der Angriffs- und Abwehrmittel durchlief dieses System eine Reihe von Stufen und konnte bis Kriegsbeginn nicht voll beendet werden. Die Theorie des Einsatzes der Kräfte und Mittel der Luftverteidigung bezog sich anfangs nur auf die Verteidigung von besonders bedrohten Objekten, die innerhalb der Reichweite gegnerischer Bombenfliegerkräfte lagen. Unter der federführenden Leitung der innerhalb des Generalstabs der Roten Armee am 15. April 1930 gebildeten 6. Abteilung zu Fragen der Luftverteidigung wurde zwischen 1930 und 1932 eine Reihe von Maßnahmen beschlossen, die vorsahen, die Flakartillerieeinheiten in Divisionen zusammenzufassen und die Jagdfliegereinheiten zum Schutz von Moskau, Leningrad, Baku und anderen Gebieten zu verstärken. Gleichzeitig wurde eine umfassende Neuausrüstung der Luftverteidigungstruppen mit modernen Geschützen und Jagdflugzeugen eingeleitet.

Die Organisation der Luftverteidigung basierte auf sogenannten Punkten, denen ein vom Volkskommissar für Verteidigung eingesetzter Offizier vorstand, der die Tätigkeit sämtlicher ziviler und militärischer Organe, die für die Luftverteidigung eingesetzt werden konnten, koordinieren sollte. In den Militärbezirken wurden an Stelle der Abteilungen Verwaltungen geschaffen, die die Luftverteidigung auf lokaler Ebene organisierten. Der Verantwortungsbereich der Luftverteidigung erhöhte sich in dem Maße, wie die Kriegsgefahr wuchs, neue Mittel und Kräfte zur Verfügung standen und damit in der Sowjetunion ein immer umfassenderes System der Luftverteidigung aufgebaut werden konnte. Die am 5. April 1932 zur Verwaltung für Luftverteidigung ausgebaute Abteilung, an deren Spitze von 1934 bis 1936 S. I. Kamenew und nach seinem Tod A. I. Sedjakin stand, ging 1937 dazu über, große Verbände von Luftverteidigungstruppen zu schaffen. Zur Verteidigung von Moskau, Leningrad und Baku wurden dazu das 1., 2. und 3. Luftverteidigungskorps geschaffen, denen alle Flakartillerieverbände, Flakscheinwerferregimenter, Luftnachrichten-

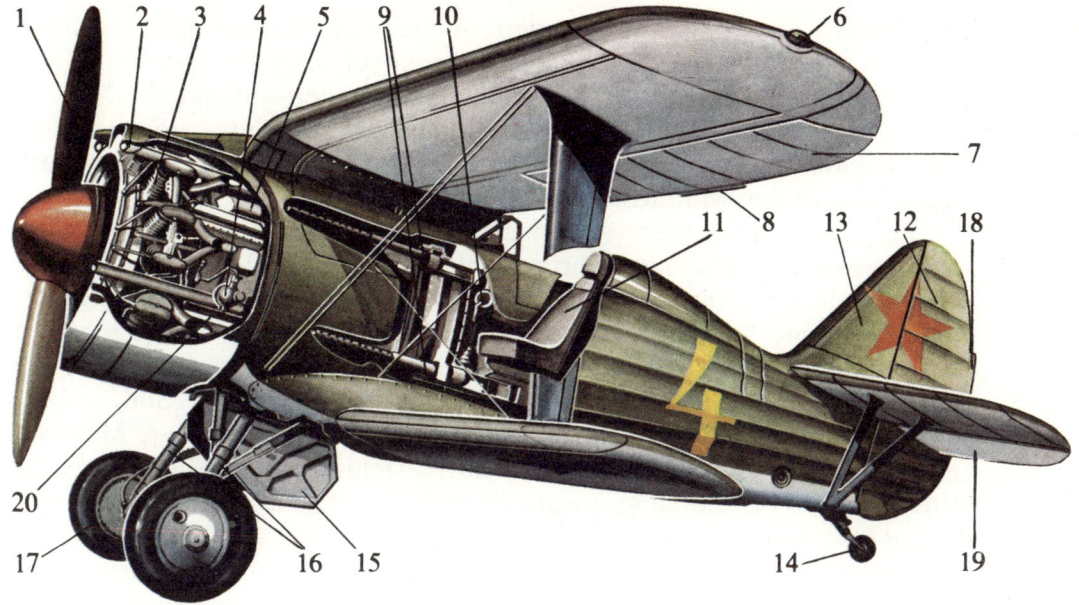

Röntgenschnitt der I-153

1 Metallverstelluftschraube
2 Ausschußöffnung für MG
3 9-Zylinder-Shretsow, M62-Sternmotor
4 Benzinpumpe
5 Öltank
6 Navigationslicht
7 Querruder
8 Querrudertrimmung
9 MG (4 x 7,62 mm)
10 Steuer

11 Pilotensitz
12 Seitenruder
13 Seitenflosse
14 Spornrad
15 Fahrwerkabdeckung
16 Federbeine
17 einziehbares Fahrgestell
18 Trimmkante
19 Höhenruder
20 Traggerüst für Motor

I-153 Die I-153 wurde von
N. N. Polikarpow aus der I-15
entwickelt. Ihr Erstflug fand 1938
statt. Das Flugzeug gehörte zu den
schnellsten Doppeldeckern, die je
gebaut wurden. Im Fronteinsatz wurde
es erstmals 1938/39 im Kampf gegen
die japanischen Aggressoren im Fernen
Osten eingesetzt. An der deutsch-
sowjetischen Front wurde es bis 1943
eingesetzt. Die Gesamtproduktion
der I-153 betrug 3 437 Stück.

regimenter, Sperrballonabteilungen sowie Fla-MG-Regimenter unterstanden. Zur Verteidigung anderer wichtiger Objekte wurden Luftverteidigungsdivisionen oder selbständige Brigaden aufgestellt. Nur die Jagdfliegerkräfte blieben noch außerhalb der Verantwortlichkeit der Luftverteidigungstruppen. Sie blieben den Befehlshabern der Luftstreitkräfte in den Militärbezirken unterstellt.

Die Organisation der sowjetischen Luftverteidigung wurde 1940/41 weiterentwickelt, als man Schritte einleitete, die den Übergang von der dezentralisierten Objekt- zur zentralisierten Raumverteidigung ermöglichten. Sie wurde allerdings nur auf lokaler Ebene vollzogen. Die Sowjetunion wurde entsprechend den Grenzen der Militärbezirke in die Luftverteidigungszonen Nord, Nordwest, West, Kiew, Süd, Nordkaukasus, Transkaukasien, Mittelasien, Transbaikal, Fernost, Moskau, Orjol und Charkow eingeteilt. Zur Luftverteidigungszone gehörten alle Mittel der Luftverteidigung – einschließlich der Jagdflieger, von denen 39 Regimenter in der Luftverteidigung eingesetzt werden sollten. Sie unterstanden operativ weiterhin den Oberbefehlshabern der Militärbezirke, denen auch die unmittelbare Führung der territorialen Luftverteidigung oblag. Die notwendige Zentralisierung der Luftverteidigung im Landesmaßstab unterblieb vorerst. Für die Organisation der sowjetischen Luftverteidigung war ihr Aufbau bei Moskau typisch. Um die Hauptstadt waren mehrere Ringe gelegt, in denen jeweils die einzelnen Gattungen der Luftverteidigungstruppen zum Einsatz kommen sollten. 250 bis 200 Kilometer vor der Stadt verlief der äußerste Ring, der Streifen der Warn- und Beobachtungsposten. 50 bis 60 Kilometer von ihm abgesetzt befand sich der zweite Warnstreifen, dem sich in einer Entfernung von 100 bis 120 Kilometern von der Stadt ein dritter Streifen anschloß, das «Feld der lückenlosen Beobachtung». Dieser Streifen deckte sich mit dem Handlungsraum der Jagdfliegerkräfte, die in einer Entfernung von 120 bis etwa 60 Kilometern vor der Stadt zum Einsatz kamen. Ihr Einsatzstreifen überlappte sich mit den Scheinwerferfeldern, die dazu bestimmt waren, bei Nachtangriffen gegnerische Flugzeuge für die eigenen Jagdflugzeuge anzustrahlen. In einer Entfernung von 30 bis 40 Kilometern von der Stadt befand sich die Feuerzone der Flakartillerie. Im Zentrum der Stadt gab es. die Ballonsperren.

Bei den vorgeschobenen Beobachtungsposten der Moskauer Luftverteidigung, deren Anzahl 580 betrug, von denen im Frieden 120 besetzt waren, befand sich im Raum Rshew und Wjasma auch ein selbständiges «Radiobataillon», in dem zwei Funkmeßstationen vom Typ RUS-1 zum Einsatz kamen. Das Verfahren der Funkortung von Flugzeugen, das die Grundlage zur Revolutionierung des gesamten Luftverteidigungssystems bildete, weil es den Übergang von der starren Objektverteidigung zur flexiblen und elastischen Raumverteidigung erlaubte, war zu Beginn der dreißiger Jahre von dem sowjetischen Wissenschaftler P. K. Ostschepkow theoretisch begründet worden. Die sowjetischen Militärs und Wissenschaftler hatten diesem Verfahren hohe Bedeutung zugemessen und Ostschepkow alle Hilfe gewährt, damit er im Juli 1934 in Leningrad die erste Funkmeßstation erproben konnte. Im Oktober 1934 ersuchte Tuchatschewski S. M. Kirow um Unterstützung bei der Fertigung der ersten 5 Stationen, die eine Ortung in Höhen von 10 000 Metern und auf eine Entfernung von 50 bis 200 Kilometern gestatten sollten. Jedoch erst 1939 wurde die erste Funkmeßstation RUS-1 in den Truppendienst eingeführt, die ihre Feuertaufe im finnisch-sowjetischen Krieg erhielt. RUS-1 ermöglichte jedoch nur die Feststellung gegnerischer Flugzeuge, ohne ihre Höhe, Zahl und Zugehörigkeit erkennen zu können. Die Ende 1940 eingeführte Funkmeßstation RUS-2 erlaubte in einem Umkreis von 120 Kilometern Flughöhe, Entfernung, Kurs und die ungefähre Anzahl gegnerischer Flugzeuge zu bestimmen.

Bei Kriegsausbruch verfügte die UdSSR jedoch nur über 30 Stationen vom Typ RUS-2 in der Luftverteidigung Moskaus und Leningrads. Auf dieser schmalen Basis, die die Probleme widerspiegelte, die sich in der UdSSR zwangsläufig beim Aufbau einer Elektroindustrie ergaben, wo es ungewöhnlich kompliziert war, sofort den Anschluß an die über große Traditionen und Erfahrungen verfügenden imperialistischen Elektrokonzerne zu finden, war es objektiv nicht möglich, von der Objekt- zur Raumverteidigung überzugehen.

Aus dem Verfahren der Funkmeßortung, in der Sowjetunion zuerst in seiner Bedeutung erkannt, wurden weitestgehende Konsequenzen in Großbritannien gezogen, wo seit Beginn der dreißiger Jahre die ersten Überlegungen angestellt wurden, wie die Funkortung für die Luftverteidigung nutzbar gemacht werden könnte. Den Anstoß dazu gaben die Luftmanöver der RAF im Jahre 1934, deren Verlauf die These zu bestätigen schien, daß der Bomber stets durchkommt. Nur jeder dritte Bomber war bei diesen Manövern von Jagdflugzeugen abgefangen worden. Die Tendenzen im Flugzeugbau schienen darauf hinzudeuten, daß die Bombenflugzeuge in der Geschwindigkeit immer mehr mit den Jagdflugzeugen gleichzogen. In der englischen Militärpresse wurden Überlegungen darüber angestellt, welche Auswirkungen diese Entwicklung auf die britische Luftverteidigung hätte. Es wurde zugrunde gelegt, daß ein Jagdflugzeug 50 bis 60 Minuten benötige, ehe es seinen Kampfraum erreicht (3 Minuten Zeit für Meldung, 3 Minuten Zeit für Befehlsausgabe an den Piloten, 10 bis 15 Minuten Startvorbereitungen, 30 bis 45 Minuten Flug bis zum Einsatzraum). In dieser Zeit konnte ein Bombenflugzeug mit etwa 300 Kilometern Geschwindigkeit in der Stunde etwa 250 Kilometer tief über englisches Territorium vorgedrungen sein. Das hieß praktisch, auch wenn die Küstenwache oder selbst Vorpostenboote sofort warnten, konnten die

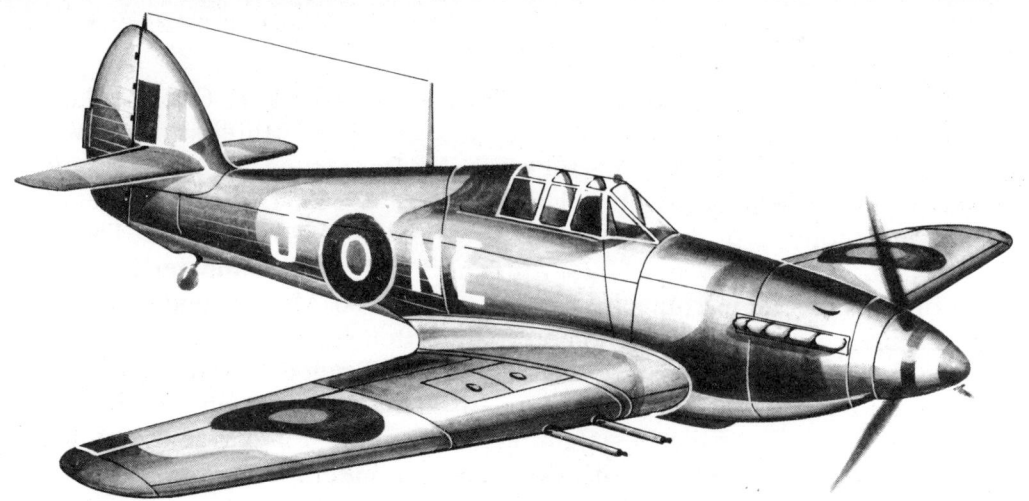

Hawker «Hurricane» IIC Hawker
«Hurricanes» stellten 1940 die Mehrheit
der englischen Jagdflugzeuge bei der
Verteidigung der britischen Inseln.
Der Prototyp war am 6. November
1935 erstmals geflogen. Im Oktober
1937 erfolgte die Auslieferung an die
ersten Staffeln des Fighter Command.

Insgesamt wurden bis September 1939
500 Flugzeuge ausgeliefert. Ab 1942
wurde die «Hurricane» vor allem als
Jagdbombenflugzeug weiter entwickelt. Zum Einsatz kamen sie
insbesondere als Panzerjagdflugzeuge.
Die Gesamtproduktion belief sich auf
14 533 Flugzeuge.

gegnerischen Bombenfliegerkräfte erst erreicht werden, nachdem sie
London bereits bombardiert hatten. Selbst bei einer Verkürzung der
Einsatzzeiten war kaum damit zu rechnen, den Gegner vor dem Ziel
abfangen zu können.

Jede Luftverteidigung schien für Großbritannien damit sinnlos geworden zu sein, wenn es nicht gelang, völlig neue Wege zu gehen. Die
Lösung kam nicht von den «Todesstrahlen», auf die das Luftfahrtministerium spekulierte, sondern von dem Spezialisten für Hoch-
frequenztechnik Robert Watson-Watt, der am 12. Februar 1935 dem
wissenschaftlichen Rat beim Luftfahrtministerium ein Memorandum
unterbreitete, in dem er das Prinzip der Ortung von Flugzeugen durch Funk
und dessen militärische Verwendungsmöglichkeit darlegte. Nach sofort
angestellten Untersuchungen, die auf langjährigen Forschungsergebnissen
beruhten, bewilligte die RAF 10 000 Pfund Sterling für weitere For-
schungen, eine Summe, die bis Kriegsbeginn auf 10 Millionen Pfund
anwachsen sollte. Bereits im Dezember 1935 beschloß das Luftfahrtministerium, bis 1937 5 Radarstationen beiderseits der Themse zum
Schutz Londons zu errichten. Trotz der Bedenken und Zweifel der britischen Kommandeure bestanden die ersten 3 Radarstationen im August
1937 ihre erste Prüfung bei Luftmanövern mit Auszeichnung. Sie orteten
auf 160 Kilometer bis in Höhen von 3 000 Metern anfliegende Flugzeuge.
Daraufhin sollte das Netz der Radarstationen auf 20 erweitert werden, die
bis zum 1. April 1939 einsatzbereit sein sollten.

Besuch des britischen Unterstaatssekretär Geoffrey Lloyd in Berlin zum Studium deutscher Luftschutzmaßnahmen. Lloyd erhielt wenig Anregungen. Im faschistischen Deutschland wurde die Luftverteidigung unterschätzt

Bei Kriegsbeginn konnten die 20 Stationen unter günstigen Umständen anfliegende Flugzeuge auf 200 Kilometer, aber mindestens auf 130 Kilometer feststellen, wenn sie nicht über 3 500 Meter oder unter 350 Meter flogen.

Die konsequente Ausnutzung des Radarsystems für die Luftverteidigung versetzte das Fighter Command in die Lage, von dem noch 1935 festgelegten Prinzip der Objektverteidigung abzugehen – damals war die Errichtung eines aus Flakartillerie, Jagdfliegern und Scheinwerfern gebildeten Riegels vorgesehen, der von Portsmouth über London bis nahe Newcastle reichte – und zur Raumverteidigung der dezentralisiert stationierten, aber zentral geführten Jagdfliegerkräfte übergehen zu können.

Die Luftverteidigung beruhte nun auf vier Jagdgruppen mit unterschiedlicher Staffelstärke. Dem Fighter Command unterstanden ferner 7 Flakdivisionen, die Scheinwerfereinheiten, das Beobachterkorps sowie das Balloon Command. Von seinem Hauptquartier in Stanmore aus war Luftmarschall Hugh Dowding in der Lage, alle Kräfte der Luftverteidigung zentral und unmittelbar führen zu können.

Die Steigerung der Höchstgeschwindigkeit
von schweren und leichten Bombenflugzeugen sowie von
Jagdflugzeugen zwischen 1918 und 1939

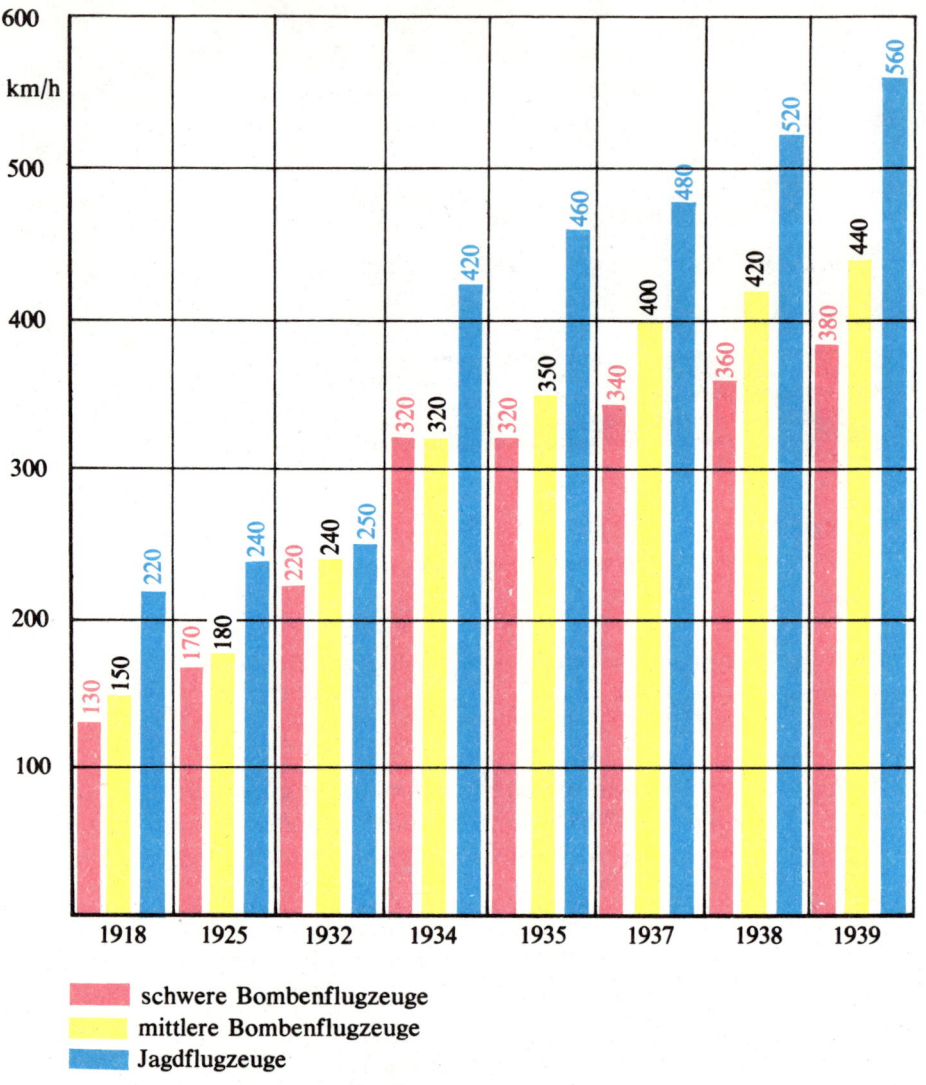

Verglichen mit Großbritannien, stagnierte in allen anderen imperialistischen Staaten die Luftverteidigung. Obwohl das britische System bei weitem nicht vollkommen war – vor allem die Probleme der Abwehr nächtlicher Luftangriffe wurden unzureichend berücksichtigt und praktisch kaum gelöst –, stellte es für die damalige Zeit ein hocheffektives System dar. Im faschistischen Deutschland wurde trotz der gegebenen Voraussetzungen – auch bei der Entwicklung von Funkmeßgeräten – von

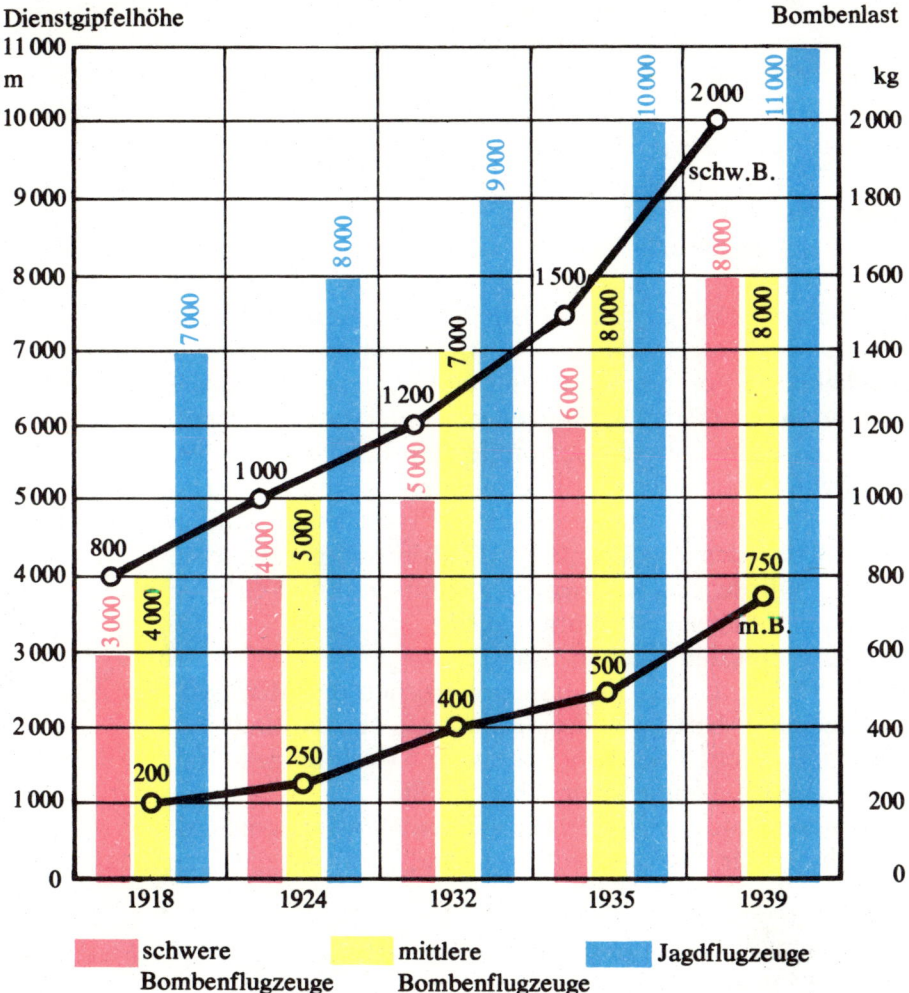

dem Grundsatz ausgegangen, daß die Luftwaffe angreift und nicht verteidigt. Hauptträger der Luftverteidigung war die Flakartillerie, von deren Wirkung sich die faschistische Führung übertriebene Ergebnisse versprach. Jagdfliegerkräfte wurden nur in höchst bescheidenem Umfang zur Verfügung gestellt. Es gab im faschistischen Deutschland weder eine zentrale Organisation der Luftverteidigung, geschweige denn besondere Luftverteidigungstruppen. Ihre Leitung lag in den Händen der Luftgaubefehlshaber, die sie ausschließlich nach lokalen Gesichtspunkten organisierten. Ähnlich war die Lage in den USA, in Frankreich, Italien und Japan.

Auf die Entwicklung der Taktik der Luftstreitkräfte übte die Flugtechnik einen entscheidenden Einfluß aus. Seit 1918 hatten sich die flugtechnischen Eigenschaften auf dem Gebiet der Reichweite, der Nutzlast, der absoluten Geschwindigkeit, der Gipfelhöhe und der Steigleistung entschieden verbessert. Demgegenüber hatte das absolute Gewicht der Flugzeuge zugenommen, hatten sich ihre Landestrecken beträchtlich vergrößert, war ihre Wendigkeit vermindert und hatte sich die Geschwindigkeitsdifferenz zwischen den einzelnen Flugzeugmustern reduziert.

Da für den Wirkungsgrad der Bombenflugzeuge Reichweite, Nutzlast, Gipfelhöhe und Geschwindigkeit bestimmend waren, alles Faktoren, bei denen erhebliche Fortschritte erzielt worden waren, während sich für die Jagdflugzeuge nur die Steigfähigkeit entschieden verbessert hatte, die für ihre Effektivität im Gefecht bestimmenden Faktoren wie Wendigkeit und ihr Geschwindigkeitsüberschuß gegenüber anderen Flugzeugarten sich jedoch verschlechtert hatten, sprach die bürgerliche Militärwissenschaft von einer Krise des Jagdflugzeugs. Im künftigen Luftkrieg – so wurde gefolgert – würde es im Gegensatz zum ersten Weltkrieg mehr Bombenkrieg und weniger Luftkämpfe geben.

In vielen imperialistischen Staaten wurde bezweifelt, ob das leichte Abfangjagdflugzeug, das im ersten Weltkrieg das Rückgrat der Kampfverbände gebildet hatte, noch eine Zukunft besitze und ob den Kern der Jagdverbände nicht vielmehr schwere Verfolgungs- und Flugzeugzerstörungsjagdflugzeuge ausmachen müßten.

Verwendungsmöglichkeiten für den leichten Jagdeinsitzer sah man vor allem noch in der Luftverteidigung, und zwar als Abfangjäger in der

Der Anteil der Fliegergattungen in den Luftstreitkräften vor Ausbruch des zweiten Weltkriegs (in Prozent)

	Bomben-, Sturz-Kampf- und Schlachtflugzeuge	Jagdflugzeuge	Aufklärungsflugzeuge
Sowjetunion	51,9	38,6	9,5
Deutschland	46,8	35,1	18,1
Japan	46,0	34,0	20,0
Italien	48,0	25,0	27,0
Großbritannien	43,0	48,0	9,0
Frankreich	30,0	41,0	29,0
USA	42,0	34,0	24,0

Die Steigerung der Reichweite von schweren und leichten Bombenflugzeugen sowie Jagdflugzeugen

schwere Bombenflugzeuge   leichte Bombenflugzeuge   Jagdflugzeuge

Luftverteidigung und zur taktischen Deckung der Land- und Luftstreitkräfte. Dieser Konzeption entsprang die Entwicklung der bekanntesten Muster imperialistischer Jagdflugzeuge, wie die britische Hurricane und Spitfire sowie die deutsche Me 109. Unterschiedlich wurde auch die Frage beantwortet, welche Bewaffnung für die Jagdflugzeuge vorzuziehen sei, um bei den hohen Geschwindigkeit und der verminderten Wendigkeit, die enge Kurvenkämpfe wie im ersten Weltkrieg unmöglich machte, zum Abschuß zu kommen. Man tendierte entweder zur Ausrüstung mit zahlreichen Maschinengewehren – dem sogenannten

Die Stärke der imperialistischen Luftstreitkräfte vor Ausbruch des zweiten Weltkriegs (in Stück)

	Bomben-, Sturz-, Kampf- und Schlachtflugzeuge	Ein- und zweisitzige Jagdflugzeuge	Nah- und Fernaufklärungsflugzeuge
Deutschland	1 582	1 180	622
Japan	1 461	1 080	639
Italien	1 400	750	450
Großbritannien	536	608	96
Frankreich	463	634	444
USA	628	489	359

Nachtanken in der Luft. Vorgeführt von einer Westland «Wallace» und Hawker «Hart» während der RAF-Manöver 1935

Schrotschußverfahren, wie bei der Spitfire und Hurricane mit je acht 7,7-mm-MGs — oder zum Einbau von Maschinengewehrkanonen, der sogenannten Büchsenschußmethode, wie sie bei den sowjetischen Typen Jak-3 und La-5 zur Anwendung kam.

Große Aufmerksamkeit schenkte man in einigen imperialistischen Ländern — besonders in Deutschland, Italien und Frankreich — dem Bau schwerer Jagdflugzeuge, als deren Prototyp die Me 110 angesehen werden kann. Sie sollten die neue Elite der Jagdfliegerkräfte des deutschen Imperialismus stellen und sowohl Langstreckenbegleitjäger wie auch Hauptgegner angreifender Bomberverbände sein.

In Italien verbreitete Amadeo Mecozzi die These, daß dieses schwere Jagdflugzeug den Grundtyp der Luftstreitkräfte eines Landes bilden könnte, weil es sowohl als Instrument zum Kampf um die Luftherrschaft, als Tiefangriffsflugzeug wie auch als Aufklärungsflugzeug zu verwenden sei.

Die Idee des Mehrzweckflugzeugs, dem viele Aufgaben übertragen werden konnten, ohne daß es für die Lösung einer Aufgabe maximale Voraussetzungen besaß, fand besonders in Frankreich Anklang und Verbreitung. Jahrelang war die französische Führung bemüht, ein solches «multiplace de combat» (Kampfmehrsitzer) zu entwickeln, das gleichzeitig als Infanterieflugzeug, schweres Jagdflugzeug, Bomberbegleitflugzeug und mittleres Bombenflugzeug verwendet werden konnte, das jedoch zwangsläufig weder ein brauchbares Bomben- noch ein Jagdflugzeug sein konnte. Diese für Frankreich verhängnisvolle Festlegung auf das Mehrzweckflugzeug resultierte aus der Abhängigkeit der französischen Luftstreitkräfte vom Heer, die die Fliegerkräfte dazu bewog, konstruktionsmäßig derartige Kompromißlösungen zu suchen. Typisches Flugzeugmuster dieser Art war die Amiot 143.

Bristol «Blenheim» Mk. IV Die Bristol Blenheim wurde 1935 als mittleres Schnellbombenflugzeug entwickelt. Der Erstflug fand am 25. Juni 1936 statt, ab 1937 erfolgte die Einführung in die RAF. Sie war der erste Ganzmetalleindecker der britischen Luftstreitkräfte und 1936 schneller als alle Jagdflugzeuge ihrer Zeit. Die «Blenheim» wurde von der RAF während des Krieges auf jedem Kriegsschauplatz und bei jedem Dienstzweig verwendet. Insgesamt wurden 4 442 Flugzeuge dieses Typs gebaut.

Cockpit des britischen Jagdflugzeugs Bristol «Bulldog»

Ähnlich wie bei den Jagdflugzeugen wurde in der militärwissenschaftlichen und militärtechnischen Literatur heftig das Problem diskutiert, welche Art von Bombenträgern die größten Erfolgsaussichten im Krieg haben würde. Scharf getrennt wurde in der Regel zwischen leichten und schweren Bombenflugzeugen. Erstere verloren in allen Ländern an Bedeutung und behaupteten sich nur in der Rolle als Unterstützungsflugzeuge der Landstreitkräfte. Sie waren in der Regel als Zweisitzer ausgelegt. In keinem imperialistischen Staat allerdings wurde der Weg zur Entwicklung von Schlachtflugzeugen beschritten und wurden dementsprechende Konstruktionslösungen gefunden. In den einzelnen Staaten wurden unterschiedliche Lösungen angestrebt, die alle darunter litten, daß die Flugzeuge unzureichend für ihre Hauptaufgaben ausgerüstet waren. In Großbritannien waren die Fairey «Battle» und die Bristol «Blenheim» als Bombenflugzeuge zur Unterstützung der Landstreitkräfte vorgesehen, sie entsprachen diesen Anforderungen jedoch nicht. Im faschistischen Deutschland, wo man der Bodenunterstützung wachsende Bedeutung zumaß, wurde ebenfalls kein Schlachtflugzeug entwickelt, sondern als Hauptunterstützungswaffe der Luftstreitkräfte wurde das Sturzkampfflugzeug Ju 87 bereitgestellt. Allein in der Sowjetunion wurden − wenn auch nach langwierigen Auseinandersetzungen − für die leichten Bombenfliegerkräfte spezielle Schlachtflugzeuge konzipiert und in die Bewaffnung eingeführt. Die Il-2 war jahrzehntelang Spitzen- und Mustererzeugnis dieser Flugzeuggattung.

Bei der Entwicklung weitreichender Bombenträger stand die kontrovers beantwortete Frage im Vordergrund, ob dem schnellen, leichtbewaffneten oder dem langsamen, schwerbewaffneten Bombenflugzeug der Vorzug zu geben sei. Eine klare Lösung wurde nicht erzielt. Nicht zuletzt unter dem Einfluß Camille Rougerons und entsprechend der strategischen Zielsetzung des deutschen Imperialismus beschritt der faschistische Luftwaffengeneralstab den Weg, seine Bombenfliegerflotte mit sogenannten Blitzbombern vom Typ Ju 88 und Do 17 auszurüsten, verwässerte jedoch die Idee des Schnellbombers mit höheren Geschwindigkeitsleistungen als Jagdflugzeuge durch die umfassende Aufgabenstellung für diese mittelschweren Bombenflugzeuge. Infolgedessen litt ihr Wirkungsgrad entweder unter dem Mangel einer zu geringen Geschwindigkeit oder zu schwacher Abwehrbewaffnung.

Demgegenüber beschleunigte der britische und amerikanische Imperialismus die Entwicklung schwerer und langsamerer Bombenflugzeuge mit einer starken Abwehrbewaffnung, von denen man annahm, sie wären in der Lage, sich der gegnerischen Luftverteidigung bei Nacht, aber auch bei Tage zu erwehren. Auch in der Sowjetunion wurde dem schweren Bombenflugzeug der Vorzug gegenüber dem mittleren Bombenträger gegeben. Große Aufmerksamkeit wurde in der sowjetischen Luft-

180

Das erste britische Bombenflugzeug mit einem schwenkbaren Waffenstand war die Boulton and Paul «Overstrand»

kriegslehre angesichts der Gefährdung der langsamen Bomberverbände durch gegnerische Jagdfliegerangriffe und Flakfeuer den Flugformationen dieser Verbände gewidmet. Grundsätzlich unterschied man zwischen den Angriffs- und Marschformationen des Verbands. Mit dem Fliegen im Verband sollte eine maximale Angriffskraft erzielt, die Treffwahrscheinlichkeit beim Bombenabwurf erhöht, die Feuerkraft in der Abwehr gesteigert und die Führung des Luftangriffs erleichtert werden.

Welche Marschformationen eingenommen wurden, hing in erster Linie von der Stärke der gegnerischen Luftverteidigung, der Art ihrer Einwirkung und der Wetterlage ab. Davon abhängig flog ein Verband in geschlossener Flugordnung bei der Abwehr von gegnerischen Jagdflugzeugen oder bei unsichtigem Flugwetter; in geöffneter Flugordnung, um die Wirkung des gegnerischen Flakfeuers herabzusetzen oder in gelöster Flugordnung beim Blindflug.

Die Übergänge von einer Flugordnung zur anderen erfolgten durch «Aufschließen» oder «Sackenlassen» oder durch Veränderung der Stellung im Verband zueinander.

Die Abstände und Zwischenräume betrugen bei den schweren sowjetischen Bombenfliegerkräften zwischen den einzelnen Flugzeugen in der geschlossenen Flugordnung 25 bis 50 Meter, in der geöffneten Flugordnung 100 bis 200 Meter, die Hoch- und Tiefstufung 25 bis 50 Meter.

Als Marschformationen kamen in Anwendung die Staffel in Keilformation mit Ketten in Rhombusformation, die Staffel in abgesetzter Keilformation mit Ketten in Rhombusformation, die Staffel in Reihe mit Ketten in Rhombusformation, die Staffel in Kolonne mit Ketten in

Staffel in Keilformation mit Ketten in Rhombusformation

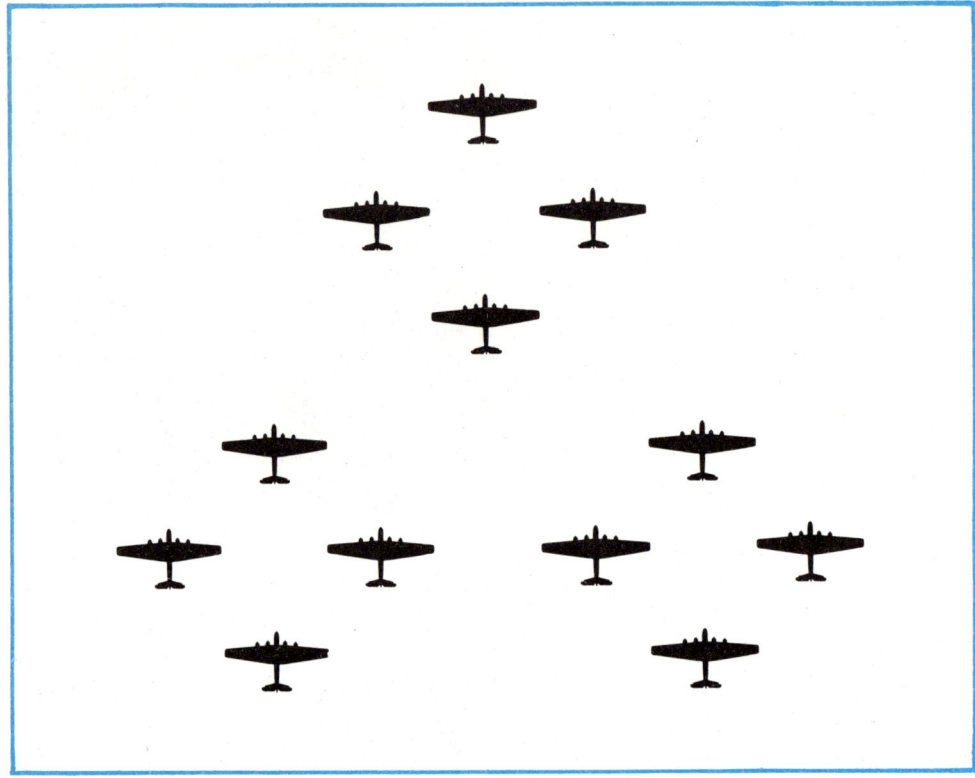

Staffel in Kolonne mit Ketten in Rhombusformation

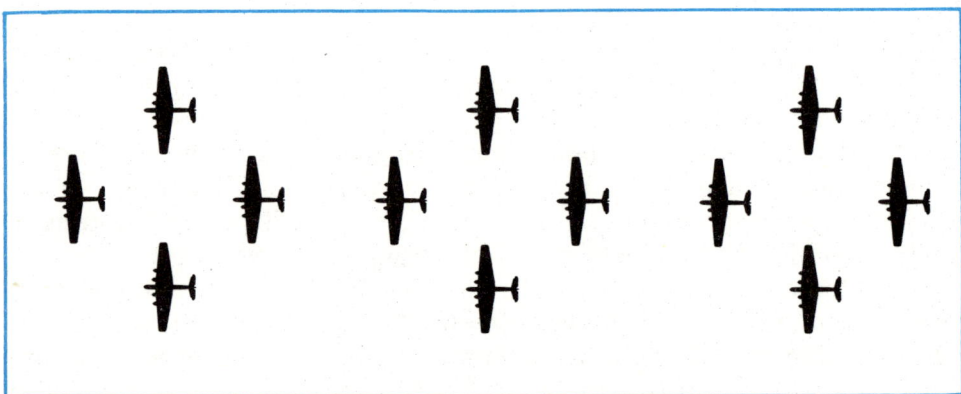

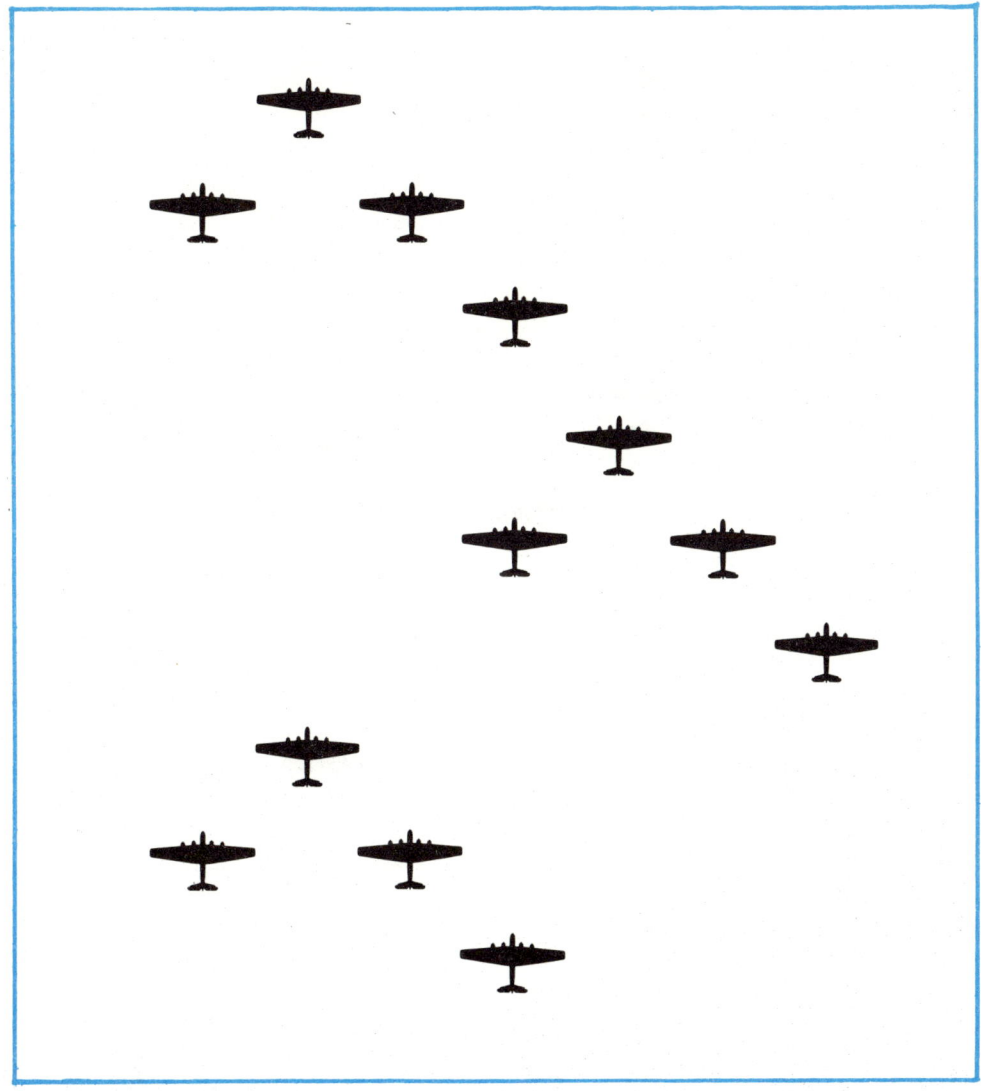

Rhombusformation, die Staffel in Keilformation mit Ketten in Winkelformation und die Staffel in abgesetzter Keilformation mit Ketten in Keilformation.

Welche Angriffsformation eingenommen wurde, war abhängig von der Stärke der Luftverteidigung über dem Zielgebiet und der Lage und Ausdehnung der Objekte. Die Staffel griff in Reihe mit Ketten in Rhombusformation kleine Objekte an, während die Formation in Reihe rechts oder links auf tiefe und breite Ziele oder lange und schmale Objekte angewendet wurde. Diese Formationen kamen jedoch nur in Betracht, wenn keine

Staffel in Reihe rechts mit Ketten in Rhombusformation

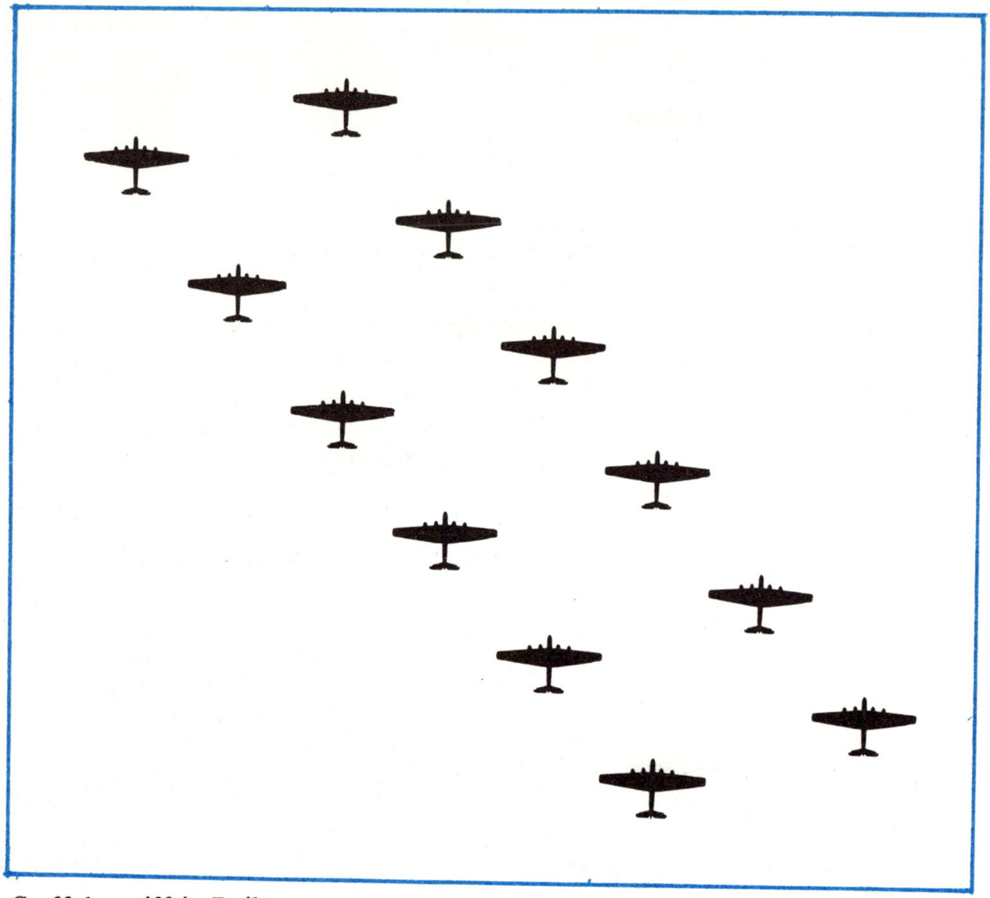

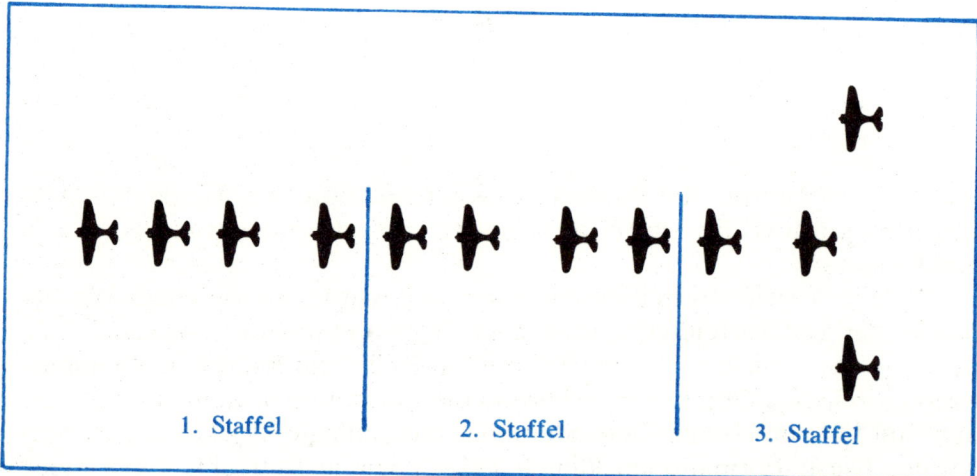

Staffelangriff in Reihe

1. Staffel   2. Staffel   3. Staffel

Staffel in Winkelformation mit Ketten in Rhombusformation

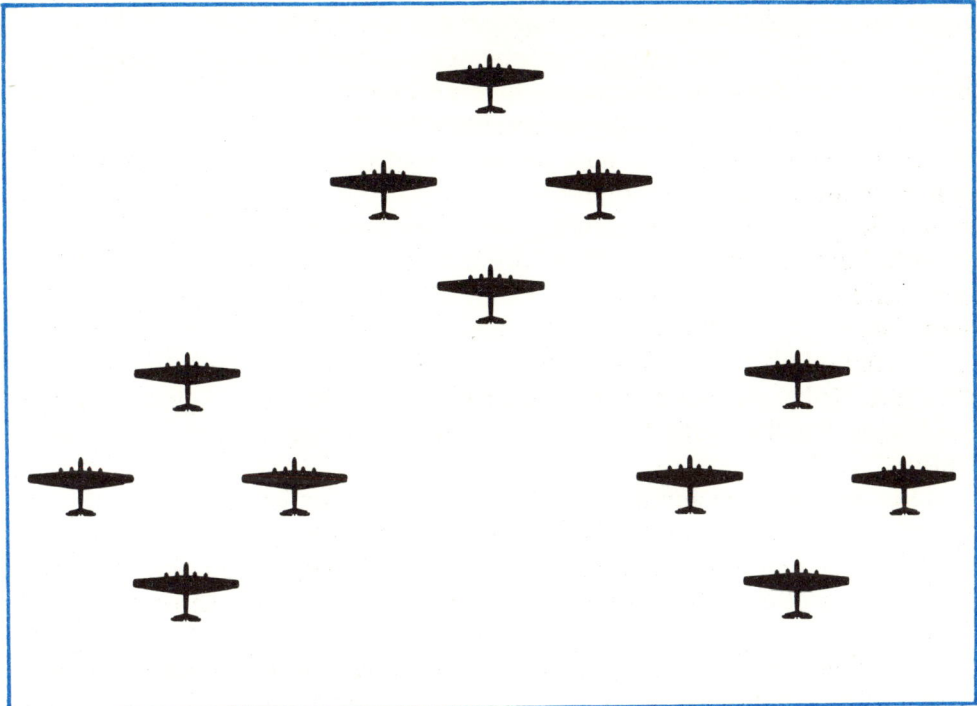

Staffelangriff in Linie

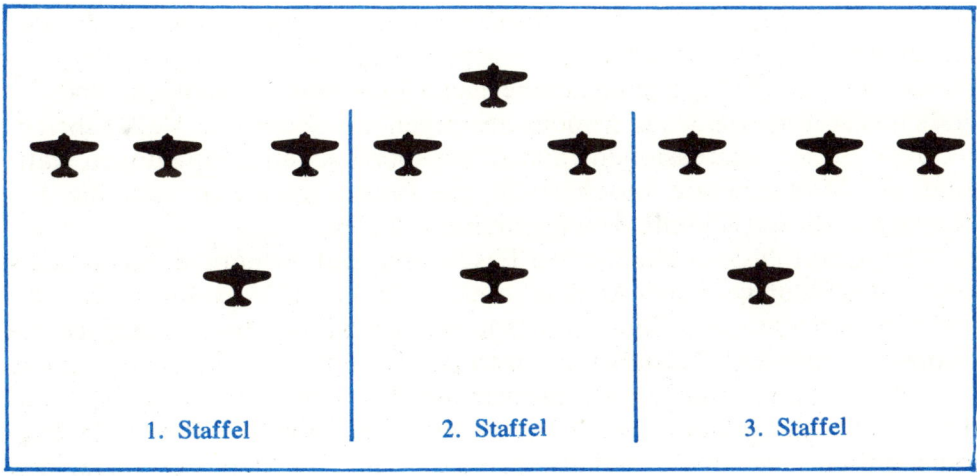

1. Staffel   2. Staffel   3. Staffel

starken Jagdfliegerangriffe zu erwarten waren. In Keil- oder Winkelformationen griffen die Staffeln große Objekte an, wenn mit starker gegnerischer Jagdfliegertätigkeit gerechnet werden mußte.

Die wichtigste und am häufigsten angewandte Formation innerhalb der Kette war bei den sowjetischen schweren Bombenfliegerkräften stets der Rhombus, der die besten Möglichkeiten für den Luftkampf wie für die Bombardierung von Zielen hat. Die Bombenfliegerkräfte erreichten durch den Formationsflug eine höhere Kampfkraft. Taktisch wurden sie deshalb in der Regel in Staffeln aufwärts bis zum Geschwader eingesetzt: Die Hauptunterschiede in den Flugformationen der einzelnen Luftmächte beschränkte sich im wesentlichen darauf, ob die Ketten 3 — wie im faschistischen Deutschland — oder 4 Flugzeuge wie in der UdSSR zählten.

Vornehmlich in Staffeln sollte der Einsatz der Schlachtfliegerkräfte erfolgen, wobei der staffelweise Angriff in Linie oder der Angriff in Reihe auf langgestreckte Marschziele oder Marschkolonnen am gebräuchlichsten waren.

Die Taktik der Jagdfliegerverbände ging demgegenüber von dem Grundsatz aus, daß der Geschwaderflug nur Marschformation sein konnte, während im Gefecht die Kette diejenige Gefechtseinheit ist, die trotz Einsatzes größerer Verbände immer für sich geschlossen bleibt und kämpft.

Die Ansichten über den Formationsflug waren in den dreißiger Jahren in fast allen Staaten nahezu deckungsgleich. Veränderungen ergaben sich erst im Ergebnis der Kampfhandlungen des zweiten Weltkriegs.

Luftkrieg über Äthiopien, China und Spanien

Von beträchtlicher Bedeutung für die Entwicklung der Taktik und der operativen Kunst der Luftstreitkräfte waren die Aggressionen, die der italienische Imperialismus 1935/36 gegen Äthiopien, der japanische Imperialismus ab 1937 gegen das chinesische Volk und der deutsche und der italienische Imperialismus gemeinsam gegen das spanische Volk führten.

Jede dieser Aggressionen fand unter spezifischen Bedingungen statt, und die Militärtheorie beschäftigte die Frage, inwieweit sich die Erfahrungen dieser Kämpfe verallgemeinern ließen.

Der Überfall des italienischen Faschismus auf Äthiopien, das damals letzte unabhängige Land Afrikas, am 3. Oktober 1935, sollte in der Art eines Kolonialkriegs geführt werden, bei dem Panzer und Flugzeuge die Stoßkeile bildeten. Zunächst drangen die italienischen Faschisten zügig vor, wobei Land- und Luftstreitkräfte auf das engste zusammenwirkten. Die schwachen äthiopischen Fliegerkräfte, sie zählten 6 Potez, 25 Tagbombenflugzeuge und 3 Schulflugzeuge, waren nicht in der Lage, den

Fiat CR-32 Die Fiat CR-32 bildete 1940 die Hauptausrüstung der italienischen Jagdfliegerkräfte, obwohl sie zu diesem Zeitpunkt bereits veraltet war. Sie war 1933 in die italienischen Luftstreitkräfte eingeführt worden. Im August 1936 stellte sie den Kern der Fliegerkräfte des Mussoliniregimes, die in Spanien intervenierten. Sie erwiesen sich dort den sowjetischen Jagdflugzeugen als unterlegen. Insgesamt wurden bis März 1939 1052 Flugzeuge dieses Typs gebaut. △

Savoia Marchetti SM-81 Die SM-81 war 1934 aus einem 18sitzigen Passagierflugzeug entwickelt worden. Ab 1935 wurde sie in die Ausrüstung der italienischen Luftstreitkräfte eingeführt und kam Ende des Jahres in Äthiopien erstmals zum Einsatz. Ab Ende Juli 1936 kam sie als erstes faschistisches Bombenflugzeug in Spanien zum Einsatz. Im März 1938 wurde die Serienproduktion der SM-81, von der insgesamt 530 Stück gebaut wurden, eingestellt. Bei Eintritt Italiens in den zweiten Weltkrieg befanden sich noch 300 Stück dieses inzwischen veralteten Typs im Dienst. ▽

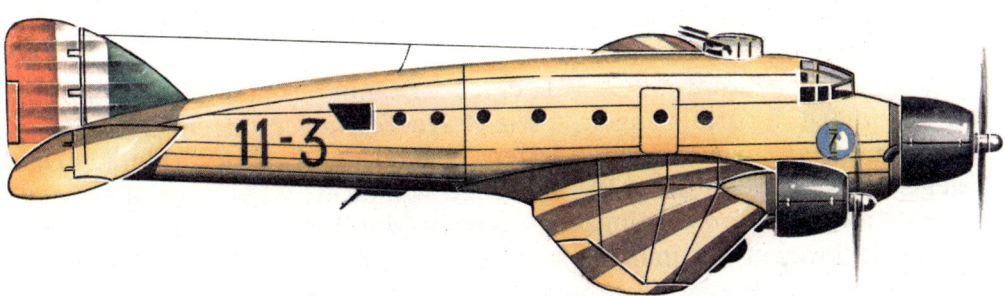

Aktionsradius der italienischen Luftstreitkräfte auch nur im geringsten einzuschränken. Trotzdem wurden die hochgespannten Erwartungen der italienischen Führung nicht erfüllt. Der von zwei Seiten geführte Zangenangriff blieb schon am 8. November 1935 stecken, die Verbindungslinien der italienischen Aggressionsarmee wurden durch Angriffe von Partisanen unterbrochen, der Widerstand an der Front versteifte sich.

«Gib ihm Zunder» – unter dieser Überschrift veröffentlichte die Nazipresse 1936 dieses Foto von einem italienischen Luftüberfall auf eine äthiopische Ansiedlung

Die italienischen Fliegerkräfte, die in drei großen Gruppen zusammengefaßt waren – der III. Luftbrigade mit 68 Aufklärungs- und Jagdflugzeugen vom Typ Romeo Ro-1 und vier Fiat CR-20, der 15. Bombergruppe mit 19 Caproni Ca-101, der 27. Bombergruppe mit 15 Caproni Ca-101 und 8 Jagdflugzeugen sowie 4 Heeresfliegerstaffeln und einem Seefliegerschwarm –, veränderten grundlegend ihre Taktik. Die Fliegerkräfte wurden auf 330 Flugzeuge verstärkt, wobei vor allem das neuentwickelte Bombenflugzeug Savoia-Marchetti SM-81 zugeführt wurde. 75 Prozent der italienischen Fliegerkräfte in Äthiopien bestanden schließlich aus Bombenflugzeugen. Ab Ende 1935, zum erstenmal am 23. Dezember 1935, wandten die italienischen Fliegerkräfte Gas, zunächst Tränengas, gegen die äthiopischen Streitkräfte an. Während sich die faschistischen Landstreitkräfte weitgehend passiv verhielten, steigerten die Luftstreitkräfte ihre Aktivität, bombardierten vom 6. bis 8. Dezember die offene Stadt Dessie, dehnten ihre Angriffe auf immer größere Teile des Landes aus. Dabei kam es ab Frühjahr 1936 zur Anwendung von Senfgas, das zunächst in Fässern auf die äthiopischen Soldaten herabgeworfen wurde, bis in die Savoia-Marchetti-Bombenflugzeuge Absprühvorrichtungen eingebaut worden waren, die nun im staffelweisen Einsatz von 9 bis 18 Flugzeugen große Flächen vergifteten.

Wie es in einem Korrespondentenbericht hieß, wurde das gesamte Land von Staffeln und Geschwadern auf das schwerste heimgesucht. «Dörfer, die keine Truppen bargen, Wasserstellen, auf die ganze Ortschaften angewiesen waren, Viehherden, die letzte Lebensmittelreserven bedeuteten, wurden von den italienischen Fliegern vernichtet.» Unter dem tödlichen Regen italienischer Senfgase, einem ätzenden Kampfstoff, der schmerzhafte Blasenbildungen auf der Haut hervorrief und dessen eingeatmete Dämpfe tödliche Lungenverätzungen verursachten, hatte nicht nur die Bevölkerung, sondern vor allem die äthiopische Armee zu leiden, die schlecht ausgerüstet war. Stiefel und Uniformen waren kaum vorhanden. Insgesamt flogen die italienischen Fliegerkräfte im Verlauf des sieben Monate währenden Krieges in 7 500 Einsätzen 40 000 Flugstunden und warfen 1 700 Zentner Bomben ab. Die italienischen Faschisten sahen die Mitwirkung der Luftstreitkräfte als kriegsentscheidend an. In Äthiopien führte der italienische Imperialismus einen Luftkrieg ganz in der Art Douhets, einen Giftgasluftkrieg des Terrors und der Barbarei, der ganz auf die Demoralisierung der Bevölkerung abgestimmt war. Das Bombenflugzeug war das fast ausschließliche Instrument des Luftkriegs, allerdings konnte es diese Rolle nur deshalb spielen, weil es keine Luftabwehr und fast keine Fliegerkräfte auf äthiopischer Seite gab. Der Luftkrieg in Äthiopien war somit in erster Linie ein Exempel für die unvorstellbare Luftkriegsbarbarei, mit der der internationale Faschismus die Menschheit bedrohte. Wie wenig sich die rein militärischen Erfahrungen − zum Beispiel über die Rolle des Bombenflugzeugs − übertragen ließen, bewiesen die Luftkampfhandlungen im Fernen Osten und in Spanien.

Im Fernen Osten hatte der japanische Imperialismus in Verfolgung seiner Expansionspolitik am 7. Juli 1937 China mit dem Ziel überfallen, es in eine japanische Kolonie zu verwandeln. Für seinen Angriff hatte Japan starke See- und Heeresfliegerkräfte zusammengezogen. Während in der Mandschurei die 300 Flugzeuge zählenden Heeresfliegerkräfte vor allem eng mit den Landstreitkräften zusammenwirkten, versuchten die japanischen Seefliegerkräfte einen strategischen Luftkrieg gegen die politischen Zentren Chinas zu führen. Dafür zogen sie zwei Flugzeugträgerdivisionen und zwei gemischte Luftflotten mit insgesamt 66 Jagd-, 51 Sturzkampf-, 54 Torpedo- und 48 Bombenflugzeugen zusammen, die am 14. August 1937 begannen, Schanghai, Hankou und Nanking (Nanjing) zu bombardieren. Die chinesischen Fliegerkräfte, die über 100 Jagdflugzeuge vom Typ Curtiss Hawk II, Fiat CR-30 und Breda Ba-27 verfügten und im Raum Nanking−Schanghai konzentriert waren, leisteten erbitterten Widerstand. Am 17. August schossen sie 11 von 12 Hankou angreifenden

Japanische Bomberbesatzungen bei der Zieleinweisung

Mitsubishi 89-Bombenflugzeugen ab. Die japanischen Imperialisten mußten bald zur Kenntnis nehmen, daß ihre Bombenflugzeuge gegen Jagdflugzeuge wehrlos waren. Sie begannen planmäßig den Kampf um die Luftherrschaft zu führen, überführten starke Jagdfliegerkräfte nach China, bombardierten systematisch die Frontflugplätze und Nachschubeinrichtungen der chinesischen Fliegerkräfte, die daraufhin gezwungen waren, ihre Kräfte nach Zentralchina zurückzuverlegen. Ab Ende 1937 behaupteten die japanischen Luftstreitkräfte die Luftherrschaft an der Front. Ab 1939 nahmen sie die systematische Bombardierung des chinesischen Hinterlands auf. Ihre Schläge richteten sich vor allem gegen Tschungking (Chongqing), den Sitz der chinesischen Regierung, das allein von Mai bis September 1939 22mal angegriffen wurde, 1940 168mal bei Tage und 14mal bei Nacht, wobei 3 717 Bombenflugzeuge eingesetzt waren.

Bei ihren Luftangriffen stießen die japanischen Fliegerkräfte auf den erbitterten Widerstand der chinesischen Luftverteidigung. Mit Unterstützung der Sowjetunion, die in proletarischer Solidarität dem seine Unabhängigkeit verteidigenden chinesischen Volk seit Ende August 1937 militärisch wirksamen Beistand gab, wurden die chinesischen Luftstreitkräfte reorganisiert, erhielten sie sowjetische Flugzeuge vom Typ I-15, I-16 und SB-2 und kämpften mehrere Staffeln mit sowjetischen Freiwilligen, darunter S. P. Suprun, W. K. Kokkinaki, G. P. Krawtschenko, N. G. Kulischenko, an der Seite der chinesischen Streit-

Die 1935 zum Erstflug gestartete
Mitsubishi A-5M war das erste
Trägerjagdflugzeug der japanischen Marine
Es wurde ab September 1937 gegen
China eingesetzt

Mitsubishi Ki-21 II b Vor dem Überfall
auf Pearl Harbor war die Ki-21
das wichtigste Bombenflugzeug der
Luftstreitkräfte der japanischen
Armee. Im November 1936 waren
die ersten Flugzeuge ausgeliefert
worden, die 1937 gegen das chinesische
Volk eingesetzt wurden. Auf Grund
der Einsatzerfahrungen, vor allem der
erlittenen hohen Verluste durch
chinesische und sowjetische
Jagdfliegerkräfte, wurden die Panzerung
und die Abwehrbewaffnung der Ki-21
laufend verstärkt. Obwohl 1941 bereits
veraltet, wurde sie bis September
1944 in Serie hergestellt. Die Gesamtproduktion belief sich auf 2 564
Flugzeuge.

kräfte gegen die japanischen Aggressoren. Die japanischen Bombenfliegerkräfte erlitten bei ihren Angriffen Verluste von 10 Prozent ihrer Einsatzstärke, wobei 50 Prozent von chinesischen Jagdflugzeugen abgeschossen wurden. Selbst die deutschen Militärbeobachter in China, die aus der japanischen Aggression Lehren für ihre Luftkriegführung zu ziehen suchten, stellten in einem Geheimbericht vom 6. Dezember 1937 fest: «Die chinesischen Flieger scheinen sich einzeln gut geschlagen zu haben, es fehlte aber die Übung im geschlossenen Einsatz. In ihrer zahlenmäßigen Unterlegenheit, der mangelnden Schulung im Verbandsflug und in der Vernichtung der Bodenorganisation durch die japanischen Marineflieger scheint der wichtigste Grund für das Zerschlagen der chinesischen Luftwaffe zu liegen.»

Der Kampf um die Luftherrschaft, das Zusammenwirken zwischen Luft- und Landstreitkräften sowie der operative Luftkrieg Japans gegen China standen nicht zufällig im Mittelpunkt der deutschen Berichterstattung; waren es doch dieselben Probleme, die die faschistische Luftwaffenführung in Spanien nicht nur theoretisch beschäftigten, sondern die sie hier praktisch – im «scharfen Schuß» – erprobte.

Die Intervention des deutschen und italienischen Imperialismus in Spanien war für die Überprüfung der Einsatzgrundsätze der faschistischen Luftwaffe und vor allem für die Erprobung ihres Flugzeugmaterials unter kriegsmäßigen Bedingungen von entscheidender Bedeutung, wobei im Rückblick gesagt werden muß, daß ohne das Eingreifen faschistischer Fliegerkräfte der Putsch der spanischen Reaktion vom 17./18. Juli 1936 wahrscheinlich zusammengebrochen wäre.

Die spanischen Luftstreitkräfte nämlich, die 1936 über 277 Flugzeuge verfügten – vor allem wurden Flugzeuge vom Typ Nieuport 52 C1 und Bréguet 19 A2 geflogen –, hielten in ihrer überwiegenden Mehrheit der Volksfrontregierung die Treue. 90 Prozent der Unteroffiziere, Mannschaften und Techniker und 30 bis 35 Prozent der Offiziere stellten sich auf ihre Seite. Die Volksfrontregierung verfügte somit über 214 Flugzeuge, während die Putschisten in Marokko, auf den Balearen und in einigen Teilen Spaniens nur 63 Flugzeuge besaßen. Es war deshalb von entscheidender Bedeutung, daß Benito Mussolini schon ab 15. Juli 21 Bombenflugzeuge für die Putschisten in Bereitschaft hielt und Hitler ihnen am 26. Juli 20 Ju 52 als erste Rate zur Verfügung stellte. Am 27. Juli 1936 flog die erste Ju 52 konterrevolutionäre Soldaten von Marokko nach Spanien. Im Verlauf dieses Unternehmens wurden 15 000 Söldner und 270 000 Kilogramm Kriegsmaterial auf das spanische Festland übergeführt. Am 31. Juli verabschiedete Milch 86 «Freiwillige» der Luftwaffe für die Intervention in Spanien. Sie bildeten den Kern der im November aufgestellten «Legion Condor», die zu diesem Zeitpunkt 20 Ju 52, 14 He 51, 6 He 45, eine He 59 und eine He 60 im Einsatz hatten. Bis Ende des Jahres

Hilfe für Putschisten: Ju 52 befördern
Söldner der spanischen Reaktion von
Marokko nach Spanien

Savoia Marchetti SM-79 Die SM-79 war
aus einem achtsitzigen Passagierflugzeug
entwickelt worden, das im Oktober
1934 zu seinem Erstflug gestartet
war. 1937 wurde es als Bombenflugzeug
in die italienischen Luftstreitkräfte
eingeführt. Sein erster militärischer
Einsatz erfolgte in Spanien.
Insgesamt wurden bis zum Frühjahr
1943 1 236 SM-79 gebaut.

wurde die Legion auf 56 Ju 52, 50 He 51, 12 He 70 und 12 He 46 verstärkt,
die in je einer Bomben- und Jagdfliegergruppe sowie einer Nah- und
Fernaufklärungsstaffel zusammengefaßt waren.

Wenn heute von imperialistischen Luftkriegshistorikern der Beitrag der
Legion Condor zum Gelingen des konterrevolutionären Putsches mit dem
Hinweis auf ihre geringe Stärke bagatellisiert werden soll, muß daran
erinnert werden, daß die Legion Condor mit ihren 130 Kampfflugzeugen
nicht nur mehr als die halbe Stärke der regulären republikanischen Luftstreitkräfte erreichte, sondern daß ihre Ausfälle regelmäßig ergänzt
wurden, daß sie ihre Kampfkraft also dauernd beibehielt und die Legion
einen Eliteverband hochgezüchteter Spezialisten und erfahrener Be-
rufssoldaten darstellte. Wenn man im zweiten Weltkrieg die Stellen-
besetzungen der Luftwaffe durchmustert, so wird man an führender Stelle
immer auf die Namen von Legionären stoßen, angefangen von Hugo
Sperrle über Wolfram von Richthofen, Hans Seidemann, Hermann
Plocher, Adolf Galland, Hannes Trautloft bis zu Werner Mölders und
Wolf-Dietrich Wilcke.

Zahlenmäßig noch stärker als die Legion Condor beteiligten sich die
italienischen Luftstreitkräfte am Kampf gegen die spanische Republik. Sie

setzten ein Jagdgeschwader mit drei Gruppen, drei Tag- und eine Nacht-bombenfliegergruppe sowie mehrere Schlacht- und Aufklärungsflieger-staffeln ein. Als Jagdflugzeug kam vor allem die Fiat CR-32, als Bomben-flugzeug die Savoia-Marchetti SM-79 und SM-81 an die Front. Insgesamt kamen 730 italienische Flugzeuge zum Einsatz, die 86 420 Einsätze bei 136 265 Flugstunden flogen. Die Personalstärke betrug 6 000 Mann.

Angesichts dieses beträchtlichen Materialeinsatzes auf seiten der faschistischen Putschisten und Interventen verloren die republikanischen Luftstreitkräfte die Luftüberlegenheit, die sie zu Beginn der Kämpfe innegehabt hatten. Die faschistischen Fliegerkräfte wurden um Madrid konzentriert, das ab Ende August, besonders aber seit Oktober 1936 bis zum Januar 1937 gnadenlos bombardiert wurde. Mindestens 2 200 bis 2 500 Madrider wurden Opfer des faschistischen Luftterrors, über 4 000 wurden verwundet. Die republikanischen Fliegerkräfte erlitten bei ihrem erbitter-ten Widerstand bedeutende Verluste. Frankreich und Großbritannien verweigerten unter dem Deckmantel der «Nichteinmischung» der Republik den Verkauf von Flugzeugen. In dieser angespannten Lage, da die Republik ohne Flugzeuge war, leistete einzig die Sowjetunion dem spanischen Volk rasche und wirksame Hilfe. Bereits im September 1936 hatten drei sowje-

Madrids Bevölkerung gehörte zu den ersten Opfern des Luftterrors der faschistischen Luftwaffe

I-16 Die I-16 wurde 1932 von N. N. Polikarpow entworfen. Der Erstflug fand im Dezember 1933 statt. Es war das erste Jagdflugzeug, das als freitragender Eindecker mit Einziehfahrwerk gebaut wurde, und es war in der Mitte der dreißiger Jahre das schnellste Jagdflugzeug der Welt. In den ersten Jahren des nationalrevolutionären Krieges des spanischen Volkes erwies es sich allen anderen Jagdflugzeugen als überlegen.

Von den Republikanern wurde sie «Mosca» (Fliege), von den Faschisten Rata getauft. Insgesamt wurden 6 555 Flugzeuge dieses Typs gefertigt, die auch im Juni 1941 – obwohl bereits veraltet – zahlenmäßig am stärksten in den sowjetischen Luftstreitkräften vertreten waren. Ab 1942/43 wurden sie von der Front abgezogen.

tische Flugzeugführer an den Kämpfen um Madrid teilgenommen, im November 1936 trafen die ersten 25 sowjetischen Jagdflugzeuge vom Typ I-16 auf dem Seeweg in Spanien ein, und am 6. November kam die erste Jägerstaffel vor Madrid zum Einsatz. Von nun an nahmen die spanischen Fliegerkräfte unter dem Kommando von Ignacio Hidalgo de Cisneros und sowjetische Flugzeugführer mit wachsendem Erfolg den Kampf gegen die faschistischen Fliegerkräfte auf. Am 31. Dezember 1936 zeichnete die Sowjetregierung unter anderen B. A. Turshanski, S. F. Tarchow, E. G. Schacht mit dem Titel Held der Sowjetunion für ihren Kampfeinsatz in Spanien aus. Im Januar 1937 stellten die faschistischen Fliegerkräfte auf Grund der wachsenden Luftabwehr ihre Terrorangriffe auf Madrid ein und versuchten im März 1937 von Nordosten her in den Luftraum der Stadt einzubrechen.

Vom 8. bis 21. März 1937 entwickelte sich die Schlacht von Guadalajara, in der das 50 000 Mann starke italienische Expeditionskorps von Einheiten der spanischen Volksarmee und der Internationalen Brigaden vernichtend geschlagen wurde. Am Sieg bei Guadalajara hatten die

Republikanische Flugzeugführer vor Madrid in Alarmbereitschaft. Im Hintergrund eine von der UdSSR gelieferte I-16, die sich zu Beginn des Krieges der Me 109 als überlegen erwies

republikanischen Fliegerkräfte einen hervorragenden Anteil. Sie hielten durch wirksame Schläge die italienischen Fliegerkräfte auf ihren Flugplätzen nieder und griffen vom 12. bis 16. März die italienischen Kolonnen entlang den Vormarschstraßen mit vernichtender Wirkung an. 130 Flugzeuge warfen insgesamt 11 000 Bomben ab. Der französische Fliegergeneral Maginel stellte fest: «Die Wirksamkeit des Fliegereinsatzes gegen Panzerverbände wurde im Falle Guadalajara deutlich. Sie wurden von den Flugzeugen zum überstürzten Rückzug gezwungen und hatten große Verluste.» Der Einsatz sowjetischer I-15- und I-16-Jagdflugzeuge, von Bombenflugzeugen vom Typ SB und von R-5-Aufklärungsflugzeugen veränderte das Kräfteverhältnis in der Luft zugunsten der Republik.

Die Legion Condor wurde deshalb im März 1937 umgerüstet. Statt der Ju 52, der Ju 86 und Do 17 wurden die Bombenfliegerkräfte auf die He 111, die Jagdfliegerkräfte zunehmend auf die Me 109 und die Schlachtfliegerkräfte von der Hs 123 auf die Ju 87 umgerüstet. Die alten Maschinen wurden an die spanischen Faschisten abgegeben.

Die Wirkung eines mit He111-Flugzeugen geflogenen Terrorangriffs wurde am 31. März 1937 bei Durango und am 26. April 1937 bei Guernica erprobt. In der Art seiner Durchführung und im Ausmaß der von ihm herbeigeführten Zerstörungen war der Luftüberfall auf Guernica bis dahin ohne Beispiel in der Luftkriegsgeschichte. Bei dem mehrere Stunden währenden barbarischen Luftbombardement des Stadtzentrums wurden 1 645 Spanier gemordet und 889 verwundet. Dieser Angriff läßt sich in seiner Wirkung nur mit den späteren Flächenangriffen des Bomber Command ab 1943 vergleichen. Das Massaker von Guernica wurde in Spanien nur noch von der barbarischen Bombardierung Barcelonas im

He 111 E-3 Die He 111 war das Standardbombenflugzeug der faschistischen Luftwaffe bis 1945, obwohl sie bereits nach den ersten beiden Kriegsjahren veraltet war. Ursprünglich als Schnellverkehrsflugzeug für die Lufthansa entworfen, flog der erste Prototyp am 24. Februar 1935 und wurde sofort in den Dienst der Luftwaffe gestellt. Der erste militärische Einsatz dieses als Schnellbombenflugzeug ausgelegten Typs erfolgte während der faschistischen Intervention in Spanien, wo es ohne Begleitschutz operieren konnte. Im Verlauf des zweiten Weltkriegs erlitt die He 111 nach dem Verlust der faschistischen Luftherrschaft überaus schwere Verluste, wurde aber bis Mitte 1944 in Serie gefertigt. Die Gesamtproduktion belief sich auf etwa 7 000 Stück.

März 1938 übertroffen. Die Luftangriffe auf Barcelona und Katalonien forderten insgesamt 4 000 Tote und 6 000 Verwundete unter der Zivilbevölkerung.

Der immer stärkere Einsatz vor allem modernster Flugzeuge auf seiten der faschistischen Staaten in Spanien – bis Anfang 1938 war die Legion Condor völlig auf neue Typen umgerüstet – führte trotz der Unterstützung der spanischen Republik durch die Sowjetunion – insgesamt kamen neben 49 Instrukteuren 141 sowjetische Flugzeugführer zum Einsatz, während die Legion 5 000 bis 5 500 Mann zählte – zu einem faschistischen Kräfteübergewicht. Die republikanischen Fliegerkräfte hatten stets ein Kräf-

198

teverhältnis von 1:4 bis 1:6 gegen sich. Vor allem die Intervention Deutschlands und Italien, die neben den Luftstreitkräften ständig neue Waffen und Truppen schickten, verhalf den Faschisten im Mai 1939 zum militärischen Erfolg.

Schon während des nationalrevolutionären Krieges des spanischen Volkes waren von der faschistischen Militärtheorie Schlußfolgerungen daraus für ihre künftige Luftkriegführung gezogen worden.

Die Lehren, die die Luftwaffenführung aus ihrem verbrecherischen und antidemokratischen Einsatz gegen das spanische Volk zog, waren umfassender Natur. Sie betrafen nicht nur die taktische, sondern ebenso die operative Luftkriegführung.

Eines der wichtigsten Ergebnisse, das die deutschen Faschisten für die Führung ihres künftigen Luftkriegs berücksichtigten, betraf die Wirksamkeit des taktischen Luftwaffeneinsatzes bei der Unterstützung des Heeres und der Marine. Hatte bislang insbesondere in den Spitzengremien der Luftwaffe Skepsis über die Möglichkeiten einer direkten und engen Zusammenarbeit mit den Landstreitkräften vorgeherrscht – wobei man

Protestdemonstration spanischer Werktätiger in Barcelona gegen den faschistischen Luftterror am 2. Juni 1937

Guernica nach dem barbarischen Bombardement

einseitig bestimmte Erfahrungen des ersten Weltkriegs auswertete –, so bewies vor allem der wirkungsvolle Einsatz republikanischer Fliegerkräfte in der Schlacht bei Guadalajara die Effektivität eines derartigen Einsatzes. Für die faschistische Luftwaffe wurde Guadalajara geradezu ein taktisches Lehrbeispiel, das sie nachzuahmen suchte. Die Jagdfliegerkräfte wurden von nun an stärker für den Bodeneinsatz ausgebildet und ausgerüstet. Außerdem suchte die faschistische Führung rasch Versäumnisse aufzuholen, die sie beim Aufbau von Schlachtfliegerkräften zugelassen hatte. Ab Mitte 1938 wurden derartige Verbände im faschistischen Deutschland aufgestellt, ohne daß allerdings geeignetes Flugzeugmaterial dafür bereitstand. Eine Entwicklung derartiger Spezialflugzeuge wurde nicht beschleunigt, weil die Luftwaffenführung in allzu enger und einseitiger Auswertung der Kriegserfahrungen in Spanien meinte, die vorhandenen Flugzeugtypen – vor allem die Hs 123 – würden den Anforderungen genügen.

Wesentlich für künftige Aufgabenstellungen an die Luftwaffe war auch die Erkenntnis, daß sich Fliegerkräfte, in weitaus stärkerem Maße, als man bisher in Rechnung gestellt hatte, zur Bekämpfung von Panzerverbänden eigneten. Diese Thematik rückte insbesondere seit Anfang 1939 in den Mittelpunkt des Zusammenwirkens zwischen Land- und Luftstreitkräften und war das Zentralthema für das Ausbildungsjahr 1939.

Endgültig gewann in den Luftwaffenstäben auf Grund der spanischen Erfahrungen auch die Ansicht Oberhand, daß den Sturzkampfflugzeugen eine überragende Bedeutung innerhalb der Bombenfliegerverbände zukam. Es wurde festgestellt, daß bei Luftangriffen republikanischer Fliegerkräfte bis zu 90 Prozent Fehlwürfe auftraten – dasselbe Ergebnis erwartete man auch von den Einsätzen der «Legion Condor» –, während demgegenüber Sturzkampffliegerangriffe eine wesentlich höhere Trefferquote aufzuweisen hatten. Die faschistische Führung forderte von nun an, daß jedes Bombenflugzeug zumindest zum Schrägangriff tauglich sein müsse.

Weitere Schlußfolgerungen der faschistischen Führung betrafen die Einführung neuer Gefechtsformen für die Jagdflieger, den Einsatz von Flugzeugen zum Truppen- und Materialtransport, die Rolle der Flak im Erdeinsatz und spezielle Maßnahmen zur Sicherung einer hohen Einsatzbereitschaft der Fliegerkräfte auf den Frontflugplätzen. Insgesamt besaßen die Erfahrungen in Spanien für die Luftwaffenführung Modellwert. Zwei wesentliche Fragen hielt die faschistische Führung noch nicht für ausreichend geklärt: auf welche Weise der Kampf um die Luftherrschaft geführt werden sollte – die Erfahrungen in Spanien betrachtete man auf Grund der begrenzt eingesetzten Kräfte für nicht ausreichend – und welche Erfolgsaussichten ein rücksichtslos geführter Fernluftkrieg gegen die Moral und die Kraftquellen des Hinterlands versprach. Trotz des Einsatzes mehrerer hundert faschistischer Flugzeuge und der barbarischen

Hauptbombenflugzeugmuster der republikanischen Fliegerkräfte: der von A. N. Tupolew entwickelte Schnellbomber SB

Bombardierung von Städten wie Guernica und Durango, von Madrid und Barcelona hielt man auch diese Erfahrungen für begrenzt. Andererseits nahm man gerade die begrenzten Erfahrungen in Spanien zum Maßstab, um nachzuweisen, daß beim gleichzeitigen Einsatz mehrerer hundert Bombenflugzeuge gegen ein einziges Ziel – einem gegenüber Spanien also mehrfach potenzierten Luftwaffeneinsatz – das Städtebombardement und die Industriebombardierung kriegsentscheidend wirken könnten.

In der Sowjetunion wurden die Erfahrungen des Luftkriegs in Spanien sorgfältig ausgewertet. Sie betrafen sowohl taktische wie auch technische Fragen. Die Hauptanstrengungen der republikanischen Fliegerkräfte hatten der unmittelbaren Unterstützung der Landstreitkräfte gegolten. Sie flogen dafür etwa 40 Prozent aller Einsätze; 25 Prozent richteten sich gegen Flugplätze, 30 Prozent gegen Verkehrsziele, Eisenbahnstationen, Häfen usw. Trotz der relativ schwachen Truppenluftabwehr der Faschisten erlitten die Schlachtfliegerkräfte dabei zum Teil schwerste Verluste, nach Angaben in der sowjetischen Militärpresse bis zu 50 Prozent. Im Gegensatz zu Schlußfolgerungen, die etwa in Frankreich und den USA in der Richtung gezogen wurden, die Fliegerkräfte nur noch in der operativen Tiefe des Schlachtfelds einzusetzen, regte der Oberbefehlshaber der sowjetischen Luftstreitkräfte, Alksnis, bereits 1937 die Entwicklung eines gut ge-

Geschwaderanflug eines faschistischen spanischen Bombenfliegerverbands 1939

panzerten und stark bewaffneten Schlachtflugzeugs an. Auf seine Anregung hin entwickelte S. W. Iljuschin das wohl berühmteste und beste
Schlachtflugzeug, das im zweiten Weltkrieg zum Einsatz kam, die Il-2.
Damit wurden einzig in der Sowjetunion die zweckentsprechenden Lehren
aus dem Einsatz der Luftstreitkräfte zur Unterstützung der Bodentruppen
gezogen, die während des zweiten Weltkriegs von hervorragender Bedeutung für den Sieg der sowjetischen Streitkräfte sein sollten.

Allerdings wurden diese Einsatzerfahrungen teilweise verabsolutiert
und führten zu einer Zuordnung großer Teile der Luftstreitkräfte auf die
allgemeinen Armeen, ein Mangel, der erst im Mai 1942 durch die Bildung
der Luftarmeen und die Schaffung von Fliegerkorps des sowjetischen
Oberkommandos überwunden wurde. Von der sowjetischen Militärtheorie
wurde der Grundsatz bestätigt, daß beim Kampf um die Luftherrschaft
Schlägen gegen das gegnerische Flugplatzsystem wachsende Bedeutung
zukam. Zugleich betonte sie die Bedeutung der Jagdfliegerkräfte beim
Kampf um die Luftherrschaft und hob besonders die Bedeutung von
Funkmitteln für ihren wirksamen Einsatz hervor.

Eine wichtige Schlußfolgerung, die die sowjetische Partei- und Re-
gierungsführung auf Grund des Verlaufs des Luftkriegs in Spanien 1938/39
zog, bestand darin, daß sie konsequent Kurs darauf nahm, die Luftstreitkräfte auf eine völlig neue Kampftechnik umzurüsten, weil sich
insbesondere die Geschwindigkeit und die Bewaffnung der sowjetischen

Jagdflugzeuge den modernsten faschistischen Jagdflugzeugen nicht mehr gewachsen zeigte. Erste Schlußfolgerungen waren 1938 gezogen worden, als man neue Anforderungen an moderne Jagdflugzeuge formulierte. Ein Jahr darauf wurden neue Arbeitsrichtlinien für jedes Konstruktionsbüro festgelegt.

Luftfahrtindustrie und Luftrüstung

Im Zuge der verschärften Kriegsvorbereitungen durch alle imperialistischen Staaten, verursacht durch die Aggressionen des deutschen, japanischen und italienischen Imperialismus, nahm das Wettrüsten in der imperialistischen Welt seit Beginn der dreißiger Jahre ein bisher nicht gekanntes Ausmaß an. Millionen- und Milliardensummen wurden vom imperialistischen Staat auf Kosten der Werktätigen bereitgestellt, um Kriegstechnik anzuhäufen. Der kostspieligste Zweig der Rüstungsindustrie war die Luftrüstungsindustrie, die, nach dem ersten Weltkrieg in vielen Ländern zur Bedeutungslosigkeit herabgesunken, sich nun rasch zu einer Großindustrie entwickelte, in der die Verflechtung zwischen Staatsapparat und Monopolkapital besonders eng war. Die Flugzeugindustrie aller imperialistischen Länder wurde geradezu zum Modellfall für die Interessenidentität zwischen Staat und Monopolen.

Diese Erscheinung war nicht zufällig, sondern lag in der besonderen Struktur und Aufgabenstellung der Flugzeugindustrie begründet.

Die Luftstreitkräfte waren nicht nur das kostspieligste Instrument imperialistischer Gewaltpolitik, sondern diese Teilstreitkraft war im Gegensatz zu den anderen Waffengattungen auch einem hohen Verschleiß im Kriegsfall ausgesetzt. Nach Berechnungen, die man 1938 in Großbritannien anstellte, mußten 1918 je Monat 52 Prozent aller Flugzeuge ersetzt werden, das heißt, im Verlauf eines Kriegsjahre mußten die Luftstreitkräfte sechsmal völlig erneuert werden. In einem künftigen Krieg rechnete man 1938 mit Verlustquoten von mindestens 50 bis 100 Prozent. Um also eine Luftflotte von 3000 Flugzeugen zu unterhalten, waren jährlich 18000 bis 36000 Flugzeuge herzustellen, ganz abgesehen von der Bereitstellung entsprechender Schul- und Übungsmaschinen.

Die imperialistischen Staaten mußten also beim Aufbau ihrer Luftrüstungsindustrie nicht nur darauf bedacht sein, mit dem technischen Fortschritt mitzuhalten, sondern auch über alle Voraussetzungen verfügen, um im Kriegsfall eine Massenproduktion aufnehmen zu können, wollte man nicht das Risiko eingehen, wie im ersten Weltkrieg die Luftstreitkräfte binnen kurzem auszubrennen.

Eine zu große Anhäufung von Flugzeugen in Depots vor Kriegsausbruch dagegen verbot sich von selbst wegen der raschen Veralterung

Rüstungsbudget imperialistischer Großmächte und der Anteil der Luftstreitkräfte am Gesamtbudget (in Millionen Dollar)

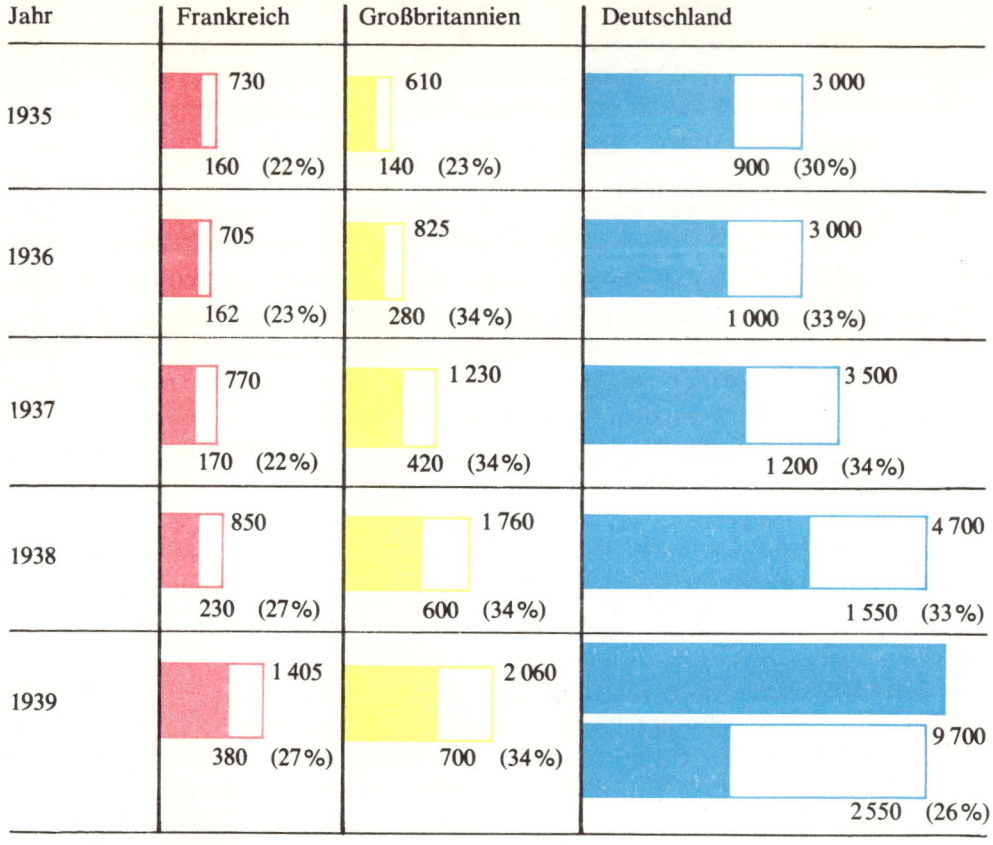

Jahr	Frankreich	Großbritannien	Deutschland
1935	730 / 160 (22%)	610 / 140 (23%)	3 000 / 900 (30%)
1936	705 / 162 (23%)	825 / 280 (34%)	3 000 / 1 000 (33%)
1937	770 / 170 (22%)	1 230 / 420 (34%)	3 500 / 1 200 (34%)
1938	850 / 230 (27%)	1 760 / 600 (34%)	4 700 / 1 550 (33%)
1939	1 405 / 380 (27%)	2 060 / 700 (34%)	9 700 / 2 550 (26%)

Gesamtrüstungsbudget

Luftstreitkräftebudget (in Prozent)

der Flugzeugtypen. Innerhalb eines auf Profit und Mehrwertaneignung beruhenden Wirtschaftssystems war es ungewöhnlich kompliziert und schwierig, die notwendigen Vorkehrungen zu treffen, um einen ununterbrochenen Nachschub gewährleisten zu können. Die imperialistischen Staaten sahen sich vor das Problem gestellt, Zehntausende von Facharbeitern qualifizieren zu müssen, an deren Ausbildung jedoch die Industrie im gegebenen Moment kein großes Interesse besaß. Sie mußten Werkanlagen bereitstellen, die die Massenproduktion aufnehmen konnten, Betriebe, in denen die Flugzeugkonzerne eine unliebsame, profitschmälernde Konkurrenz witterten. Sie mußten für Materialreserven sorgen, was vom Standpunkt des Kapitals nur die Anhäufung von totem Kapital bedeutete. Sie mußten im Interesse der Serienproduktion zur technischen Normung und Standardisierung übergehen, wenngleich die Flugzeugindustriellen das vor allem als einen Einbruch in Konstruktions- und Betriebsgeheimnisse empfanden und eine Profitschmälerung befürchteten. Sie mußten eine einheitliche, straffe Lenkung aller Kapazitäten anstreben; diesem Bemühen standen jedoch die Gesetze des Konkurrenzkampfes in der kapitalistischen Wirtschaft gegenüber.

Diese Probleme vermehrten sich noch durch die rasche Entwicklung der luftfahrttypischen Produktivkräfte. Der Bau von Flugzeugen wurde nicht nur immer teurer, sondern auch immer komplizierter. Nach polnischen Angaben verhielt sich der Wert je Kilogramm eines Flugmotors (= 100 gesetzt) zu anderen Metallwaren wie folgt: bei Geschützen – 60, bei Handfeuerwaffen – 40, bei Granaten – 7, bei Dampfturbinen – 3, bei Verbrennungsmotoren – 4. Die Herstellung eines Flugmotors erforderte 1935 einen fünfmal höheren Arbeitsaufwand als 1918. Im Unterhaus legte der britische Luftfahrtminister Lord Swinton (Bonar Law) im Mai 1938 dar, daß die künftigen Hochleistungsmotoren der RAF statt aus 1 700 Teilen aus nicht weniger als aus 11 000 Teilen bestehen und daß die modernen Bombenflugzeuge sich aus 70 000 Einzelteilen zusammensetzen, für die 6 000 bis 8 000 Zeichnungen erforderlich sind. Für ein Ganzmetallflugzeug waren 14 000 bis 18 000 Arbeitsstunden notwendig, für einen 800- bis 1 000-PS-Motor nochmals 8 000 bis 9 000 Arbeitsstunden. Eine gewaltige Anzahl von Arbeitskräften schien notwendig, um eine leistungsfähige Flugzeugindustrie im Kriege unterhalten zu können. Hinzu kam, daß die Flugzeuge auch einen weitaus höheren Aufwand an Wartung erforderten als 1918. Der französische Luftkriegstheoretiker Rougeron schätzte 1937, daß auf ein Mann fliegendes Personal vier Mann Bodenpersonal und 12,5 Rüstungsarbeiter kämen. Italienische Schätzungen sprachen davon, daß ein Mann fliegendes Personal 5 Bedienungskräfte und 33 Arbeiter erforderlich mache. Im Durchschnitt nahm man an, daß für ein zweisitziges Kampfflugzeug 60 Mann hinter der Front tätig sein mußten. Auch die Anforderungen an den Nachschub waren enorm gestiegen. Sowjetische Militärs gingen davon aus, daß ein Flugzeug täglich eine Tonne Nachschub benötigt, ein schweres Bombenflugzeug sogar 6 bis 8 Tonnen. Im ersten Weltkrieg dagegen reichten 4 Tonnen Betriebsstoff aus, um die Gefechtstätigkeit einer Flugzeugstaffel für zwei Wochen sicherzustellen.

Von großer Bedeutung für die Stellung der Flugzeugindustrie in den imperialistischen Staaten war die Tatsache, daß sie zu Beginn der dreißiger Jahre aus ihrer «Manufakturperiode» endgültig heraustrat. Statt der im ersten Weltkrieg weitgehend geübten Praxis, bis auf Motoren, Propeller, Waffen und später auch eine gewisse Funkausrüstung die Flugzeuge faktisch im autarken Eigenbau zu produzieren, war sie jetzt von einem Netz von Zulieferern und Unterlieferanten abhängig geworden beziehungsweise hatte sie sich abhängig gemacht. Zur Luftrüstungsindustrie im engeren Sinne gehörten nun alle Flugzeugzellenfabriken, Flugmotorenfabriken, Luftnachrichtengerätefabriken, Betriebe für die allgemeine Ausrüstung, Schußwaffenfabriken, Munitionsfabriken, Bodenausrüstungsfabriken, Bombenabwurfgerätewerke usw.

Die Luftrüstungsindustrie stellte vor Beginn des zweiten Weltkriegs einen mächtigen Wirtschaftsorganismus dar, der eng mit den politisch und ökonomisch einflußreichsten Monopolgruppierungen verflochten war und einen weitaus größeren Einfluß ausübte als im ersten Weltkrieg. Ihre Bindung an den imperialistischen Staat war noch enger geworden, und sie trat ihm mit größerem Gewicht als im ersten Weltkrieg gegenüber. Nach wie vor übte der Staatsapparat jedoch großen Einfluß als regulierendes und produktionsstimulierendes Organ auf sie aus.

Die Methoden der staatlichen Einwirkung und der Grad der Zusammenarbeit zwischen dem militärischen und dem industriellen Komplex waren in den einzelnen imperialistischen Ländern unterschiedlich. Sie hingen ab von der Strategie der herrschenden Klasse, dem Reifegrad der staatsmonopolistischen Entwicklung und den wirtschaftlichen Voraussetzungen.

Der staatsmonopolistische Kapitalismus faschistischer Prägung war ein hochgradig entwickelter Imperialismus, der die Schwächen des deutschen Kriegspotentials durch angespannteste Rüstung und umfassende staatsmonopolistische Regulierung und Kontrolle wettzumachen suchte. Die deutsche Flugzeugindustrie nahm unter diesen Bedingungen einen enormen Aufschwung. Stand sie 1933 unter den 279 Industriezweigen Deutschlands mit einem Anteil von 0,2 Prozent an der Gesamtindustrieproduktion an 97. Stelle, so hatte sie bis 1935 ihren Ausstoß um das Fünfzehnfache gesteigert und war auf den 14. Platz unter den Industriezweigen vorgestoßen. Gab es 1933 vier bedeutende Zellenwerke – Junkers, Heinkel, Dornier und Arado –, so wuchs ihre Anzahl bis 1937 auf 20. Insbesondere die Großindustrie, vertreten vor allem durch die AEG (AGO-Werke Oschersleben und Focke-Wulf) und AEG-Flugzeugbau, Flick, (ATG-Leipzig), Krupp (Weser Flugzeugbau), die Blohm-und-Voß-Werke Hamburg, die Howaldt-Werke Kiel, die Gothaer Waggonfabrik sowie der Henschelkonzern errichteten Flugzeugwerke, während Heinkel, Dornier und der in den Spitzenkreis der Flugzeugkonzerne vordringende Messerschmitt Zweigbetriebe in Rostock, Wismar, Oberpfaffenhofen und Regensburg aufbauten. Die Zahl der Beschäftigten in der deutschen Flugzeugindustrie stieg von 3988 am 31. Januar 1933 auf 11635 am 1. Oktober 1933, erreichte rund 30000 am 30. April 1934 und kletterte bis zum 31. Januar 1935 auf 53865. Sie hatte sich damit binnen zweier Jahre verdreizehnfacht. Von 1935 bis 1938 verfünffachte sich die Zahl

Die Flugzeugproduktion der großen Luftfahrstaaten (1930—1939)

Jahr	Sowjetunion	USA	Großbritannien	Deutschland	Japan
1930	899	3 437	1 434	—	445
1931	860	2 800	n. b.	13	368
1932	1 734	1 396	n. b.	36	691
1933	2 952	1 324	1 102	368	766
1934	3 109	1 615	1 108	1 968	688
1935	2 529	1 807	1 710	3 183	952
1936	3 578	3 010	1 830	5 112	1 181
1937	4 769	3 578	2 218	5 606	1 511
1938	5 469	3 623	2 828	5 235	3 201
1939	10 382	2 141	7 940	8 295	4 467
	36 281	24 731	(20 170)	29 816	14 210

der Arbeiter nochmals. Am 1. Oktober 1938 waren schließlich 293 000 Arbeiter in der Flugzeugindustrie beschäftigt, davon 146 300 in der Flugzellen-, 57 800 in der Flugmotoren-, 74 200 in der Flugausrüstungs- und 14 700 in der Wartungsindustrie. In der Flugmotorenindustrie, die für die langfristige Profitmaximierung besonders günstige Voraussetzungen bot, war die Konzentration der Produktion zugunsten einiger weniger Monopole noch ausgeprägter als in der Flugzellenindustrie. Hier hatten industrielle Außenseiter nicht einmal die Spur einer Chance, in die Herrschaftsbereiche der Großindustrie einbrechen zu können. Sie wurde dominiert von Junkers und Daimler-Benz, denen in einigem Abstand die Bayrischen Motorenwerke und die Siemens Flugmotorenwerke (ab 1936 Brandenburgische Motorenwerke, ab Juni 1939 mit BMW fusioniert) folgten. Bei Junkers war 1938 mit 18 160 Arbeitern jeder dritte in der Flugmotorenindustrie Tätige angestellt, Daimler-Benz brachte es auf 17 Prozent, BMW auf 14 und Bramo auf 12 Prozent.

Obwohl die Steuergelder großzügig flossen und sich die Flugzeugindustrie als treibende Kraft rückhaltlos das aggressive Kriegskonzept des deutschen Imperialismus zu eigen gemacht hatte, geriet die faschistische Luftrüstung bereits Ende 1935 in eine erste ernste Krise, als es nicht mehr gelang, die Industrie mit den geforderten und bis dahin reichlich fließenden Rohstoffen, Arbeitskräften und finanziellen Mitteln allseitig zu versorgen. Auf Verlangen der Flugzeugindustriellen wurde am 21. März 1936 von Milch die faktische Mobilmachung der Luftrüstungsindustrie angeordnet. Hauptgrund für die Krisenerscheinung war der Widerspruch zwischen dem seit 1935 eingeschlagenen Rüstungstempo und den begrenzten ökonomischen Ressourcen. In der Luftrüstung trat dieser Widerspruch in der Auseinandersetzung zutage, ob man sich auf die Produktion hochwertiger, materialintensiver Leistungsflugzeuge oder auf

Vom Tempo der faschistischen Luftrüstung geben folgende Zahlen eine Vorstellung:

Jahr	Datum	Beschäftigte Flugmotorenindustrie	Zellenindustrie	Flugzeugindustrie. Gesamt (in tausend)	Zahl der Flugzellenwerke	Produktionsfläche in m²
1938	1.10.	293,0	146,3	57,8	30	1 001 000
1938	1.4.	237,5	119,2	48,7		
1937	1.10.	229,2	118,9	47,6	20	720 000
1937	1.4.	225,4	118,5	48,7		
1936	1.10.	188,9	100,9	38,5	15	450 000
1936	1.4.	135,4	81,2	28,4		
1935	1.10.	84,4	56,5	19,2	14	231 000
1935	1.4.	65,5	43,8	15,8		
1934	1.10.	45,6	24,5	13,6	9	120 000
1934	1.4.	30,3	20,6	8,3		
1933	1.10.	12,1	7,5	4,1	4	30 000
1933	1.4.	5,9	4,3	1,6		

Beschäftigte Flugmotorenindustrie
Zellenindustrie
Flugzeugindustrie. Gesamt (in tausend)
Produktionsfläche in m²
Zahl der Flugzellenwerke

	1. RLM-Plan (Okt. 1933)	Flugzeugbeschaffungsprogramm 1934 (1.7.1934)	Flugzeugbeschaffungsprogramm 1935 (1.10.1935)	Flugzeugbeschaffungsprogramm 1936 (1.6.1936)	Flugzeugbeschaffungsprogramm 7a (1.4.1938)	Konzentriertes Flugzeugmuster-Programm (7.11.1938)	Flugzeugbeschaffungsprogramm 11 (1.4.1939)
Bombenflugzeuge	764	834	1 372	3 998	2 278	8 000	7 713
Sturzkampf- und Schlachtflugzeuge	–	51	399	676	656	2 250	1 184
Jagdflugzeuge	194	245	765	1 796	2 261	6 000	4 312
Nah- und Fernaufklärungsflugzeuge	513	662	448	607	846	750	1 447
Seeflugzeuge	89	153	–	207	814	2 500	655
Gesamt	1 560	1 945	2 984	7 284	6 855	19 500	15 311
Geplanter Abschluß des jeweiligen Programms	Oktober 1935	30. 3. 1935	31. 3. 1937	31. 3. 1938	1. 7. 1939	Frühjahr 1942	1. 4. 1942

die Serienproduktion leistungsschwächerer, materialsparender Flugzeuge konzentrieren sollte. Die Großindustrie setzte sich für den Übergang zur rationellen Massenproduktion ein, der die Konzentration der Produktion in ihren Händen bedeutete, während zahlreiche kleine Flugzeugfirmen, die nicht über die notwendigen eigenen Investitionsmittel verfügten, ihr Heil in der Einzelfertigung von leistungsfähigen Flugzeugen sahen, die jedoch einen hohen Materialverbrauch, hohen Arbeitskräfteeinsatz und überwiegend manuelle, handwerkliche Fertigungsmethoden bedingten. Im Interesse des raschen Aufbaus einer starken Luftflotte, mit dem Ziel in kürzester Frist einsatzbereite militärische Kraft anzuhäufen, nahm der deutsche Imperialismus den Nachteil hin, sein kriegswirtschaftliches Potential auf volkswirtschaftlich wenig effektive Weise zu mobilisieren und auszubauen.

Zwangsläufig wurden damit die Möglichkeiten begrenzt, die Produktion von Flugzeugen in dem geplanten Umfang steigern zu können. Nach der raschen Produktionserhöhung zwischen 1933 und 1936 stagnierte der

Hauptlieferant der Luftwaffe vor Kriegsentfesselung: Ernst Heinkel (erster von links) bei der Erprobung der He 111 im Windkanal

Produktionsausstoß und erfuhr erst 1938 einen neuen Aufschwung, als eine Reihe neuerbauter Werke die Produktion aufnahm. Charakteristisch für die Lage in der faschistischen Luftrüstungsindustrie zum Kriegsausbruch blieb die Tatsache, daß sie stets weit weniger erzeugte, als die weitgesteckten Pläne des Luftwaffengeneralstabs forderten und vorsahen. Trotz zahlreicher Eingriffe der Militärs gelang es nicht, die geplante radikale Typenvereinfachung durchzusetzen und die Entwicklungsarbeiten zu konzentrieren. Weiterhin wurden bedeutende Mittel und Anstrengungen von den Flugzeugindustriellen zum Teil vergeudet, um aus Konkurrenzgründen bestimmte Flugzeugmuster in die Bewaffnung einzuführen. Bedenklicher für die deutschen Imperialisten und Militaristen war der Umstand, daß unter den gegebenen Bedingungen im Kriegsfall mit keiner erheblichen Produktionssteigerung gerechnet werden konnte. Den beschränkten ökonomischen Ressourcen des faschistischen Deutschlands mußte die Strategie des Luftwaffeneinsatzes entsprechen. Einen langwierigen Abnutzungskrieg konnte die Luftwaffe nicht führen, so daß sie sich dementsprechend auf solche Feldzüge vorbereitete, die jeweils blitzartig ablaufen sollten und voneinander durch längere Auffrischungs- und Aufrüstungsperioden getrennt waren. Trotz eines ausgeprägten staatsmonopolistischen Zwangs- und Regulierungssystems gelang es dem deutschen Imperialismus nicht, die grundlegenden Schwächen seines Kriegspotentials zu überwinden. Er erreichte jedoch gegenüber seinen Nachbarn einen zeitweiligen Rüstungsvorsprung und milderte dadurch vorübergehend den unüberbrückbaren Widerspruch zwischen seinen Zielen und Möglichkeiten.

Frankreich und Großbritannien forcierten angesichts der raschen faschistischen Luftaufrüstung die eigene Rüstung. Grundsätzlich stellten sich für die herrschenden Kreise dieser Länder − wie auch für die USA − dabei dieselben Probleme, die sich eben aus dem privatkapitalistischen Eigentum an den Produktionsmitteln ergaben. In unterschiedlicher Weise kam in beiden Ländern die staatsmonopolistische Regulierung zum Tragen.

Frankreich, dessen Flugzeugindustrie sich seit den zwanziger Jahren im Niedergang befand, versuchte die Produktionskrise einzudämmen, indem es auf einen Zusammenschluß der Flugzeugwerke in mehrere Gruppen drängte. Man hoffte auf diese Weise, die Konkurrenz mildern zu können und weniger, dafür aber bessere Prototypen angeboten zu bekommen. Da sich aber auf der anderen Seite nichts an der Politik der französischen Luftfahrtbehörden änderte, die nur zögernd die Neuausrüstung ihrer Fliegerkräfte in Angriff nahmen und geringe Serien auflegen ließen, dauerte die Produktionskrise an. Sie wurde noch verschärft durch den schlechten Zustand der französischen Flugzeugwerke selbst, die, in kleinsten Einheiten organisiert, ungenügend und schlecht ausgerüstet waren und geringe Mittel für die Forschung und damit den Bau neuer Flugzeuge bereitstellten.

Das einzige Mittel, zu verhindern, daß sich die Flugzeugindustrie durch einen unkontrollierbaren Konkurrenzkampf selbst lahmlegte, sahen starke Gruppen der herrschenden Klasse Frankreichs in der Nationalisierung der Flugzeugindustrie, damit die Verteidigungsfähigkeit des Landes sichergestellt werden konnte. Mit diesem Schritt der französischen Volksfrontregierung am 11. August 1936 wollte man eine einzige Aufgabe lösen: die Produktionskapazität anheben. Das bisherige System hatte anschaulich unter Beweis gestellt, daß die Flugzeugindustriellen ohne das entschiedene

Die französischen Luftrüstungspläne 1933−1939

	Plan I (März/April 1933)	Plan II (September 1936)	Plan V (März 1938)	Plan V (Fassung vom April 1939)
Bombenflugzeuge	474	1 339	1 490	2 520
Jagdflugzeuge	480	756	2 127	2 925
Aufklärungsflugzeuge	411	645	1 081	2 577
Seeflugzeuge	−	56	−	−
Gesamt	1 365	2 796	4 698	8 022
Geplante Dauer	3 Jahre	5 Jahre	3 Jahre	2 Jahre

Eingreifen des Staates ihren Aufgaben nicht nachkommen konnten. Vom Staat gegebene Investitionen wurden verschleudert, Forschungsaufträge verschleppt, die Rationalisierung stagnierte. Die französische Flugzeugindustrie wurde in sechs Gesellschaften (West, Südwest, Nord, Zentrum, Südost und Süd) zusammengefaßt. Der Staat übernahm 51 bis 66 Prozent des Aktienkapitals. Er stellte an die Spitze dieser Gesellschaften zwangsvereinigter Flugzeugfirmen in der Regel ehemalige Industrielle wie Manus Olivier, Henry Potez, Marcel Bloch und Aréne. Das Herzstück dieser sechs Gesellschaften bildete in der Regel der stärkste Flugzeugkonzern, vor allem die Bréguet-Werke, die Potez-Werke, die Marcel-Bloch-Werke und die Lioré-et-Olivier-Werke.

Die Produktion sollte gesteigert werden, vor allem durch die Produktion genormter Einzelteile, die Schaffung leistungsfähiger Betriebsorganisationen und die staatlich finanzierte Ausbildung und Schulung von Facharbeitern. In Paris sollte die Forschung und Entwicklung konzentriert werden. Von der Durchführung dieser Maßnahmen versprach man sich, zur Massenfabrikation von Hochleistungsflugzeugen übergehen zu können. Diese Bemühungen scheiterten, weil die Flugzeugproduktion von einer Reihe Industrieller, die in der Nationalisierung eine Vorstufe der sozialen Revolution sahen, sabotiert wurde, die Zusammenfassung der dezentralisierten Werke in zentralen Gesellschaften noch keine rationelle Produktion garantierte, ungenügende Mittel zur Rationalisierung der

Ju 88 A-4 Die Ju 88 wurde 1935 als Schnellbombenflugzeug entwickelt. Der Prototyp flog am 21. Dezember 1936. Im Herbst 1938 wurde sie in Großserie gegeben. Die Auslieferung der ersten Flugzeuge konnte aber erst ab September 1939 erfolgen. Die Ju 88 war eines der vielseitig verwendetsten Kampfflugzeuge der faschistischen Luftwaffe, das vor allem als mittleres Bombenflugzeug, aber auch als Fernaufklärungs-, Torpedo-, Schlacht- und auch als Nachtjagdflugzeug eingesetzt wurde. Insgesamt wurden rund 15 000 Ju 88 produziert.

Französische Flugzeugproduktion 1936–1940

1936	569
1937	743
1938	1 382
1939	3 163
1940*	2 113 * bis 1. 6. 1940

Produktion bereitgestellt wurden und es trotz aller Bemühungen nicht gelang, sich auf die Fertigung weniger Flugzeugmuster zu beschränken. Der Konkurrenzkampf war nur in seiner Breite, nicht aber in seiner Intensität vermindert worden. Die Aufnahme von modernen Flugzeugen in die Serienproduktion wurde stets zu lange hinausgezögert. Der französischen Flugzeugindustrie gelang es auf diese Weise nicht, ihre Programme zu erfüllen und den Rüstungsvorsprung des faschistischen Deutschlands einzuholen. In ihrer Produktion blieb sie trotz der Nationalisierung mengenmäßig und technisch unter ihren Möglichkeiten.

Großbritannien hatte gegen Ende der zwanziger Jahre einem Niedergang seiner gesamten Flugzeugindustrie dadurch vorzubeugen versucht, indem es einem ganz kleinen Kreis von vier Flugzeugkonzernen – Vickers, Handley-Page, de Havilland und Armstrong-Whitworth – 1932 auf Forderung von Handley-Page eine Ausnahmestellung einräumte. Nur diese vier Firmen wurden mit Militäraufträgen bedacht, womit ihre Priorität sichergestellt war. Dafür sollten sie sich bereithalten, ihre Produktion im Kriegsfall ausweiten zu können. Dieser Entschluß der Regierung, die Zahl der Konkurrenten willkürlich zu beschränken, führte einerseits dazu, daß die vier staatlich geschützten Konzerne eine Monopolstellung errangen, die sie Neuerungen nur zögernd einführen ließen, während die sogenannten Außenseiterfirmen selbst mit ihren besten Modellen niemals Staatsaufträge erhielten. Eine derartige staatsmonopolistische Regulierung führte zum

Die britischen Luftrüstungspläne 1934–1938

	Plan A (Juli 1934)	Plan E (Mai 1935)	Plan F (Febr. 1936)	Plan L (März 1938)	Plan M (Nov. 1938)
Schwere Bomben-flugzeuge	80	240	240	752	1 360
mittlere Bomben-flugzeuge	96	216	750	600	–
leichte Bomben-flugzeuge	300	360	–	–	–
Torpedobomben-flugzeuge	24	24	32	–	–
Gesamt	500	840	1 022	1 352	1 360
Jagdflugzeuge	336	420	420	608	800
Aufklärungs-flugzeuge	124	252	294	413	389
Seeflugzeuge	213	213	312	–	–
Kolonial-flugzeuge	292	292	468	490	636
Gesamt	1 465	2 017	2 516	2 863	3 185
Geplanter Abschluß des Rüstungsplanes	Ende 1938/ Anfang 1939	31. 3. 37	31. 3. 39	Frühjahr 1940	1942

Beispiel dazu, daß der Martin-Bakker-M.B.2-Jäger der Firma Airspeed oder das Schlachtflugzeug Hawker «Henley» der Firma Hawker trotz überlegener Flug- und Gefechtseigenschaften abgelehnt wurden, während weitaus leistungsschwächere Maschinen in großer Zahl in die Bewaffnung der RAF eingeführt wurden.

Gefährlich wurde den herrschenden Kreisen Großbritanniens diese Methode der Regulierung in dem Moment, als nach der Annahme des ersten Aufrüstungsplans vom Juli 1934 im Mai 1935 eine bedeutende Verstärkung der Luftstreitkräfte vorgesehen war, die von den vier Stammfirmen der Flugzellenwerke und den vier Vorzugswerken der Flugmotorenindustrie – Armstrong Siddeleys Motors, Bristol Aeroplane, D. Napier and Son sowie Rolls-Royce – nur erfüllt werden konnte, wenn sie ihre Fabriken sofort vergrößerten, keine Export- und keine Zivilaufträge mehr annahmen. Der Einfluß der vier Flugzeugkonzerne auf den Staatsapparat war jedoch so groß und ihr Kampf um die Erhaltung ungeteilter Maximalprofite so heftig, daß der britische Imperialismus erst im Ergebnis der ersten faschistischen Aggressionen im März 1938, als seine Interessen unmittelbar gefährdet erschienen, darangehen konnte, die Exklusivität der «vier» völlig zu beseitigen.

Bereits im März 1936 hatte der britische Luftfahrtminister Swinton einen ersten Einbruch in diese Domäne eingeleitet. Mit den «Schattenfabriken» (shadow factories) sollten außerhalb der Luftrüstung stehende Motorenwerke eine Produktionsreserve für den Krieg schaffen. Die auf Staatskosten gebauten 5 Flugmotorenwerke, die zur Leitung und Nutzung an 5 Automobilfirmen übergeben wurden, sollten im engen gegenseitigen Zusammenwirken die Massenproduktion von Bristol-Mercury-VIII-Motoren aufnehmen.

1937 begann der britische Imperialismus, eine zweite Linie von «Schattenfabriken» aufzubauen, die direkt den Flugzeugkonzernen übereignet wurden. Neben der Errichtung weiterer Flugmotorenwerke stand der Neubau von großen Flugzellenwerken im Mittelpunkt dieses Programms. In das System der «Schattenfabriken» wurden bis Kriegsbeginn weitere 15 000 Kleinstunternehmer als Zulieferer einbezogen, die teilweise sogar in Heimarbeit beschäftigt wurden. Das führte zwar zu einer weitgehenden Dezentralisierung und Zersplitterung des britischen Flugzeugbaus, höheren Gestehungskosten, verhinderte aber, daß es im Kriege zu großen Engpässen bei der Flugzeugproduktion kam. Dem britischen Imperialismus gelang es auf diese − wenn auch ökonomisch wenig effektive − Weise, in kürzester Frist sein Luftrüstungspotential derart zu mobilisieren, daß es den Anforderungen der Luftstreitkräfte im Kriegsfall vor allem technisch, aber auch mengenmäßig weitgehend entsprechen konnte.

Serienproduktion der Hawker «Hurricane»
in Kingston-on-Thames

Zieht man das Fazit der strategischen, operativen, taktischen und technischen Entwicklung, die die Luftstreitkräfte in den dreißiger Jahren, insbesondere nach der Errichtung der faschistischen Diktatur in Deutschland, gewonnen haben, so kann festgestellt werden, daß die Politik der jeweils herrschenden Klasse entscheidend für die jeweilige Entwicklungsrichtung in den einzelnen Staaten war.

In erster Linie politische und erst in zweiter Linie technische Faktoren prägten das Bild der Luftstreitkräfte, ihre Einsatzgrundsätze in Angriff und Verteidigung. Die allgemeinen Prinzipien der Luftkriegskunst, die sich in dieser Periode herausgebildet haben, fanden im zweiten Weltkrieg Anwendung, wobei sich jedoch herausstellte, daß fast alle kriegführenden Staaten gezwungen waren, eine Reihe von Auffassungen zu korrigieren. Am ehesten entsprach in den Grundzügen die sowjetische Luftkriegsdoktrin den wesentlichen Anforderungen des modernen Krieges. Im einzelnen entsprach Großbritanniens Theorie der Luftverteidigung am meisten den Gegebenheiten des modernen Krieges, während die Anfangserfolge der faschistischen Luftwaffe nur eine scheinbare Bestätigung der faschistischen Luftkriegsdoktrin auf die Praxis waren. Allerdings kann nicht übersehen werden, daß die faschistische Luftwaffe Teilerkenntnisse des modernen Luftkriegs am konsequentesten genutzt und ihren Luftkriegshandlungen zugrunde gelegt hatte. Eine Ursache für diese Überlegenheit der faschistischen Luftwaffe ist der klare Kriegskurs des deutschen Imperialismus gewesen. Er löste den Krieg zu einem Zeitpunkt aus, als die deutsche Luftwaffe einen deutlichen technischen, zahlen- und ausbildungsmäßigen Vorsprung vor allen anderen Luftstreitkräften besaß.

IV

Luftkrieg 1939 bis 1945

Der Luftkrieg über Polen
und über dem westeuropäischen Kontinent

Der zweite Weltkrieg war drei Tage alt. Um Mitternacht des 3. September 1939 stiegen britische Piloten zu ihren ersten Flügen gegen das faschistische Deutschland auf. Eine der Maschinen kam unplanmäßig viel zu früh zurück. Der Vorgesetzte befahl den Flugzeugführer zu sich und verlangte eine Erklärung. Der Pilot blieb völlig gelassen. Er antwortete wahrheitsgemäß, daß seine Besatzung den Zielraum angeflogen und die Flugblätter abgeworfen habe. Doch der Commander war unzufrieden. «Haben Sie denn die Pakete nicht geöffnet?» – «Nein, Sir, hätte ich das tun sollen?» Der Commander starrte den Piloten entgeistert an. «Um Himmels willen, Mann! Haben Sie denn nicht daran gedacht, daß sie jemanden umbringen könnten?» Gleichgültig, ob die Wahrheit dieses Gesprächs bestätigt werden kann oder nicht, auf alle Fälle ist es gut erfunden. Sie beleuchtet die Atmosphäre, in der der deutsche Imperialismus zum zweitenmal in unserem Jahrhundert den Krieg entfesselte, verrät etwas von der Kriegführung der herrschenden Kreise Großbritanniens und Frankreichs, die noch immer hofften, einen Konflikt mit dem faschistischen Deutschland vermeiden und seine Aggression gegen die Sowjetunion lenken zu können, und läßt etwas von dem Hintergrund ahnen, auf dem sich der scheinbar unaufhaltsame Siegeszug der faschistischen Luftwaffe in der ersten Periode des zweiten Weltkriegs vollzog.

Denn während dem englischen Commander noch vor dem Gedanken schauderte, Deutschland zu bombardieren, brachte die Luftwaffe bereits Tod und Verderben über Hunderte von polnischen Dörfern, Ortschaften und Städten. Seit den frühen Morgenstunden des 1. September, genau seit 04.40 Uhr, griffen über 2 000 faschistische Flugzeuge Polen an.

Am Ausgang dieses Luftkriegs konnte angesichts der Ungleichheit der Kräfte kein Zweifel bestehen. Den 2 093 deutschen Flugzeugen konnte

Die Stärke der deutschen, britischen und französischen Luftstreitkräfte 1939

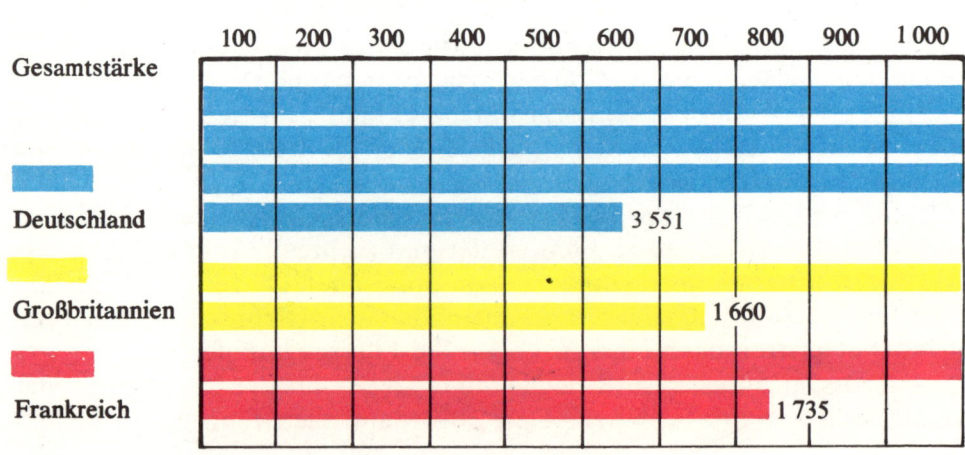

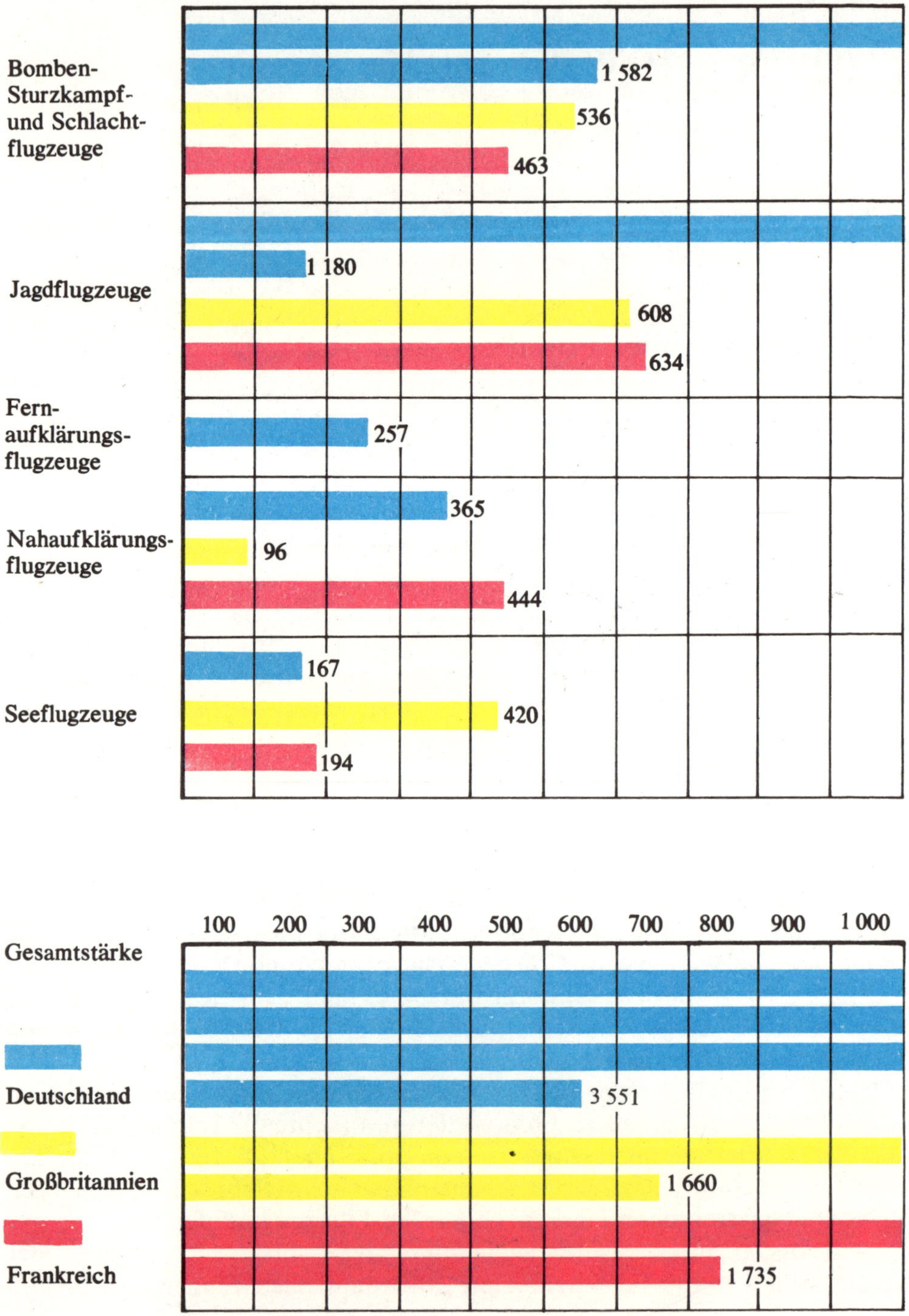

Bomben-Sturzkampf- und Schlachtflugzeuge: 1 582 / 536 / 463

Jagdflugzeuge: 1 180 / 608 / 634

Fernaufklärungsflugzeuge: 257

Nahaufklärungsflugzeuge: 365 / 96 / 444

Seeflugzeuge: 167 / 420 / 194

	100	200	300	400	500	600	700	800	900	1 000

Gesamtstärke

Deutschland: 3 551

Großbritannien: 1 660

Frankreich: 1 735

PZL-11c Die PZL-11 war eine Weiterentwicklung der von Zygmunt
Puławski konstruierten P-7.
Sie wurde ab 1935 in die polnischen
Fliegerkräfte eingeführt. Sie
bildete das Standardjagdflugzeug
der polnischen Fliegerkräfte. Insgesamt
wurden 175 PZL-11c gebaut, von denen
im September 1939 114 von der
faschistischen Luftwaffe abgeschossen
wurden. Im selben Zeitraum wurden
120 faschistische Flugzeuge vernichtet.

Görings Luftflotte startbereit. Besatzung
einer He 111 wird vor dem Angriff
auf Polen auf ihre Ziele eingewiesen

Polen nur 463 Flugzeuge entgegensetzen. Die faschistische Seite nutzte
diesen Umstand, um ihre Luftkriegstheorie gegen einen Gegner zu erproben, der ihr niemals gefährlich werden konnte. Die Erfahrungen, die
die Luftwaffe bei ihrer Intervention in Spanien, bei der Annexion Öster-
reichs und der Tschechoslowakei gewonnen hatte, wurden gegen Polen
erstmals umfassend verwertet und galten seitdem als Muster für die weiteren Angriffshandlungen der Luftwaffe.

Die personelle Aufrüstung der Luftwaffe

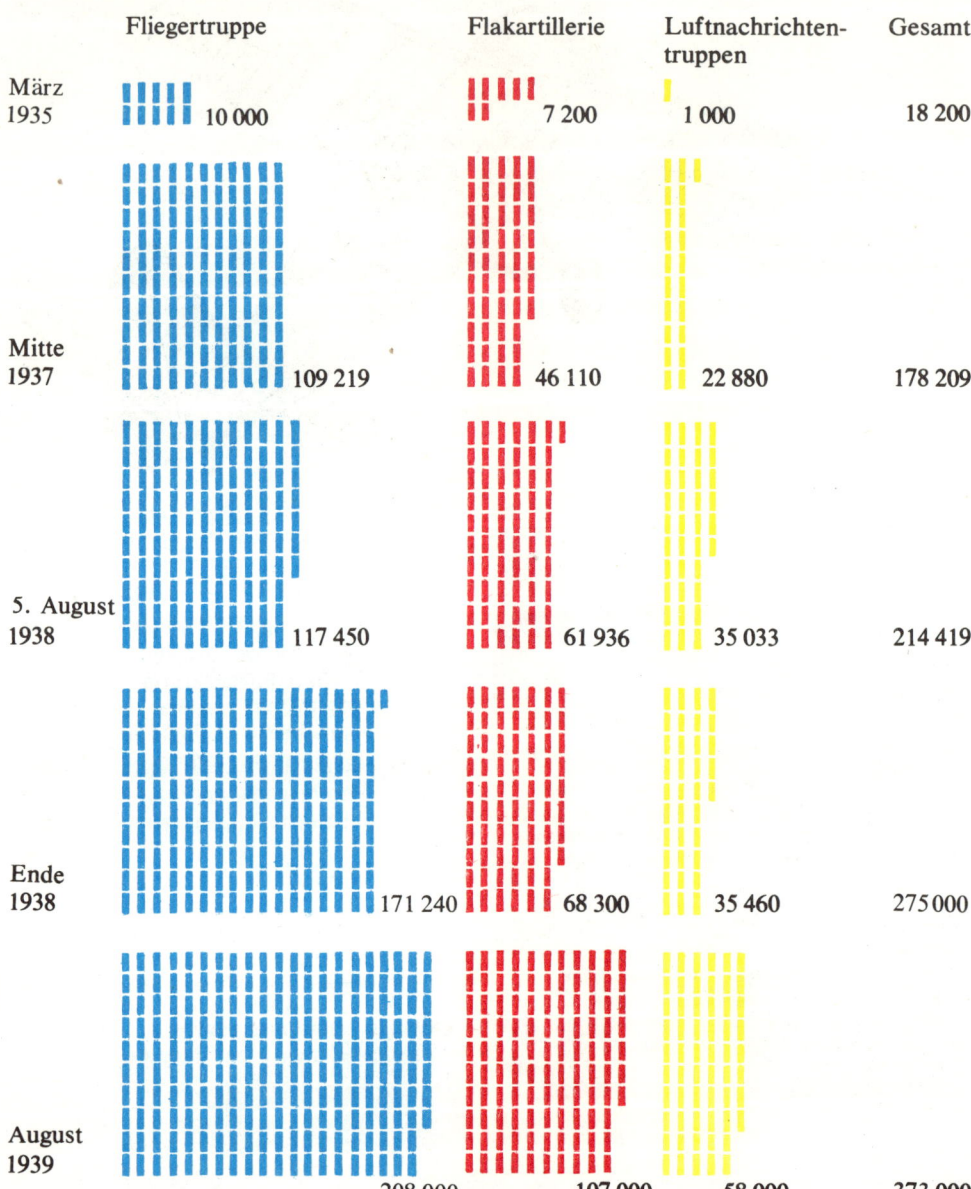

	Fliegertruppe	Flakartillerie	Luftnachrichten-truppen	Gesamt
März 1935	10 000	7 200	1 000	18 200
Mitte 1937	109 219	46 110	22 880	178 209
5. August 1938	117 450	61 936	35 033	214 419
Ende 1938	171 240	68 300	35 460	275 000
August 1939	208 000	107 000	58 000	373 000

220

Die Grundidee der operativen Luftkriegführung gegen Polen, die seitdem immer wieder zur Anwendung kam, wurde in einem Befehl an die Luftflotte 1 in die Worte gefaßt, daß «zu Beginn des Krieges in einem schlagartigen Angriff, dann in rollenden Einsätzen die polnischen Fliegerkräfte am Boden zu vernichten und danach der polnische Heeresaufmarsch mit der Masse der Luftangriffskräfte zu bekämpfen» sei. Der polnische Aufmarsch sollte durch Angriffe auf die Mobilmachungszentren und auf das polnische Eisenbahnnetz gestört, behindert oder sogar unterbunden werden. Bestandteil dieser operativen Luftkriegführung war auch die Vorbereitung von Terrorangriffen auf die polnische Hauptstadt, die unter dem Decknamen «Wasserkante» überfallartig am ersten Kriegstag geflogen werden sollten. Seit den «Erfahrungen» von Guernica, der Einschüchterung der tschechoslowakischen Regierung mit einer angedrohten Einäscherung von Prag hielt die Luftwaffenführung derartige Angriffe für äußerst wirksam, das Opfer der Aggression demoralisieren zu können. Hauptmittel dieser operativen Luftkriegführung waren 810 Bombenflugzeuge oder 70 Prozent des Gesamtbestands der Bombenfliegerkräfte, die in zwei Luftflotten beziehungsweise in drei Luftdivisionen und einem Luftwaffenkommando zusammengefaßt waren.

Deutlich abgehoben von dieser eigenständigen Luftkriegführung, auf die der Generalstab der Luftwaffe sein Hauptaugenmerk richtete und in der er eine Verwirklichung der Ideen Douhets erblickte, war das direkte Zusammenwirken zwischen Luft- und Landstreitkräften. Ihrem gemeinsamen Handeln war in Auswertung der faschistischen Erfahrungen in Spanien eine wachsende Bedeutung beigemessen worden. Die Einsätze der Legion Condor bei ihrer Intervention in Spanien hatten entscheidenden Einfluß auf die Entwicklung des unmittelbaren Zusammenwirkens zwischen Land- und Luftstreitkräften. Der Auswertestab «Rügen», der die «spanischen» Erfahrungen festhielt, erklärte, daß «es sich für den spanischen Krieg auch später immer wieder als gültige, feststehende Erfahrungen heraus(gestellt habe), daß auch der zäheste Verteidiger einem Bombenangriff, welcher sich wenigstens eine halbe Stunde hinzog, moralisch nicht gewachsen war, sobald es gelang, die angreifende Infanterie noch während des Bombenangriffs in Bewegung zu bringen».

Als das Tiefangriffsflugzeug wurde die Ju 87 betrachtet, aber auch die Bedeutung des Schlachtflugzeugs erkannt, für das allerdings im faschistischen Deutschland keine geeigneten Flugzeugmuster entwickelt worden waren, so daß auf die bereits veraltete Hs 123 zurückgegriffen werden mußte. Aus Hs 123 wurde bei der Vorbereitung des Überfalls auf die ČSR die erste Schlachtfliegergruppe der Luftwaffe gebildet.

Um ein reibungsloses Zusammenwirken zwischen Luftwaffe und Heer auf dem Gefechtsfeld herzustellen, wurden unter der Leitung des letzten Kommandeurs der Legion Condor, Freiherr Wolfram von Richthofen,

Flugzeugbestand am 1. September 1939
Flugzeugverluste der faschistischen und der polnischen Luftstreitkräfte
zwischen dem 1. und 30. September 1939

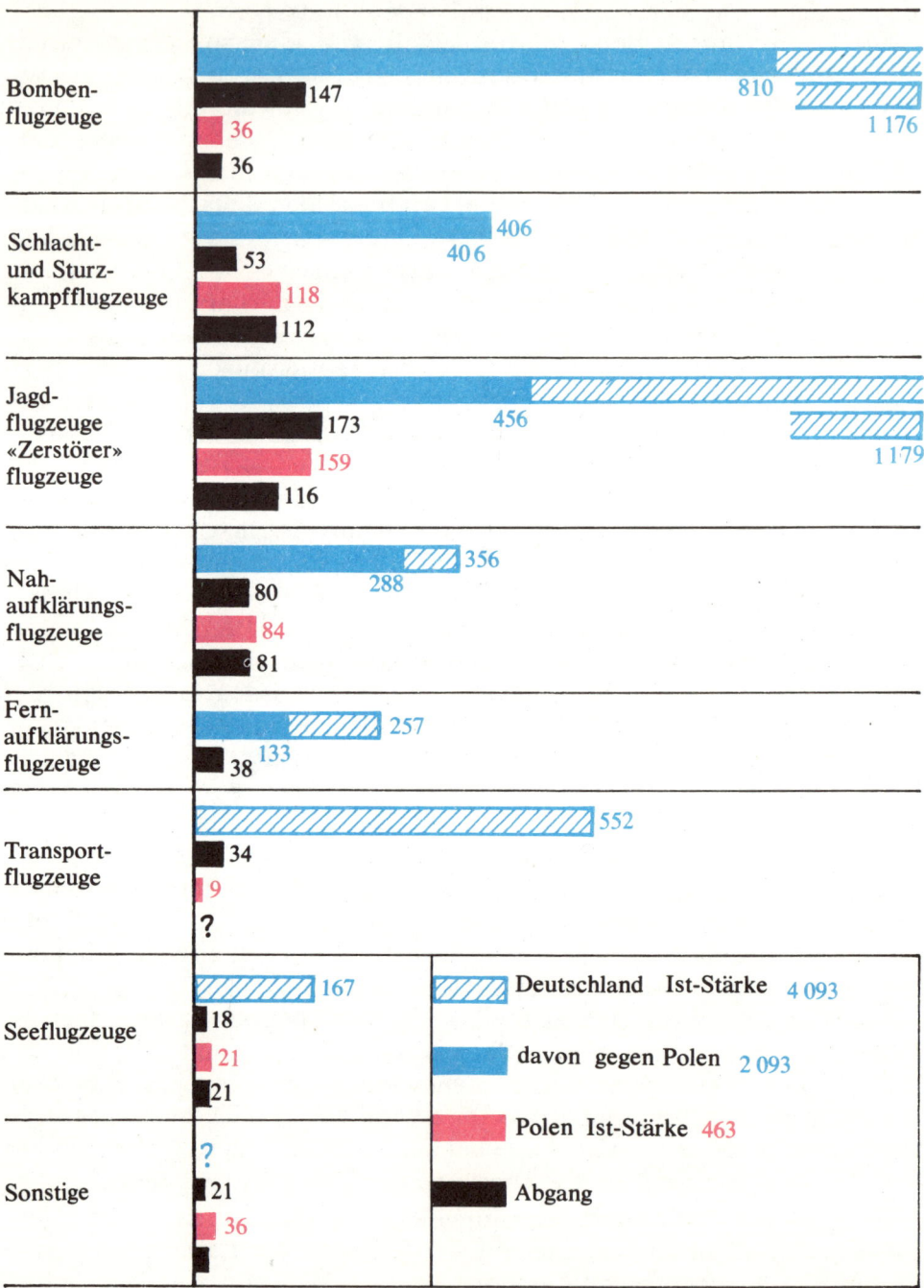

Bomben-
flugzeuge

Schlacht-
und Sturz-
kampfflugzeuge

Jagd-
flugzeuge
«Zerstörer»
flugzeuge

Nah-
aufklärungs-
flugzeuge

Fern-
aufklärungs-
flugzeuge

Transport-
flugzeuge

Seeflugzeuge

Sonstige

Deutschland Ist-Stärke 4093

davon gegen Polen 2093

Polen Ist-Stärke 463

Abgang

PZL-23 Karaš Die PZL-23 wurde 1931
auf Forderung des polnischen
Generalstabs als Aufklärungs- und
leichtes Bombenflugzeug entworfen.
Im September 1934 fand der Erstflug
statt, 1936 wurde die Serien-
produktion aufgenommen.
Insgesamt wurden 300 Flugzeuge dieses
Typs gebaut, von denen sich 203 im
September 1939 bei der polnischen
Fliegertruppe befanden. △

PZL-37 Loš Die PZL-37 wurde 1934
entworfen. Ende Juni 1936 flog der
Prototyp. Die Auslieferung dieses
mittleren Bombenflugzeugs an die
polnischen Fliegerkräfte begann im
Herbst 1938. Beim faschistischen
Überfall auf Polen im September 1939
waren auf Grund der zögernden Haltung
der Armeeführung nur 90 PZL-37 vorhanden, von denen 45 einsatzbereit
waren. ▽

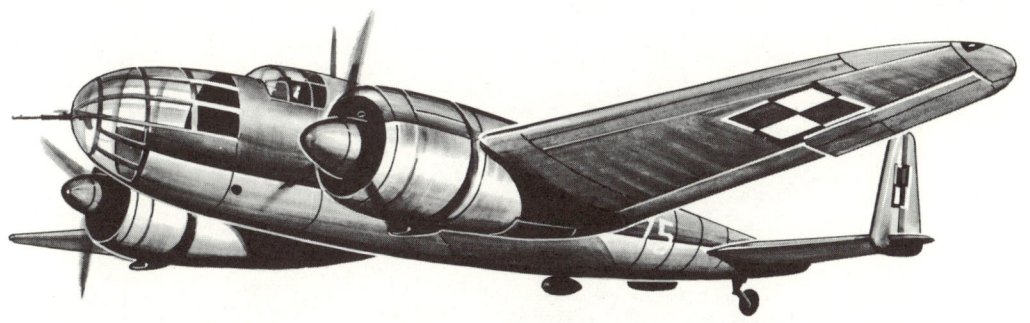

zweckentsprechende Einsatz- und Organisationsformen gefunden. Vor
allem die Bildung von beweglichen Luftnachrichtenverbindungstrupps, die
von vorderster Stellung aus ständig in Verbindung mit den fliegenden
Verbänden standen und sie ununterbrochen über die Luft- und Erdlage
unterrichteten, sicherte einen wirksamen Einsatz der Sturzkampffflieger-
kräfte. Richthofen wurde deshalb nach seiner Rückkehr aus Spanien mit
der Aufstellung eines Stabes «Fliegerführer z. b. V.» beauftragt, der die
Hauptkräfte der zur Heeresunterstützung vorgesehenen faschistischen
Fliegerkräfte kommandieren sollte. Dieser Verband in der Stärke
einer Fliegerdivision galt als der taktische Lehr- und Musterverband

Taktik eines Staffelangriffs faschistischer Sturzkampfflugzeuge

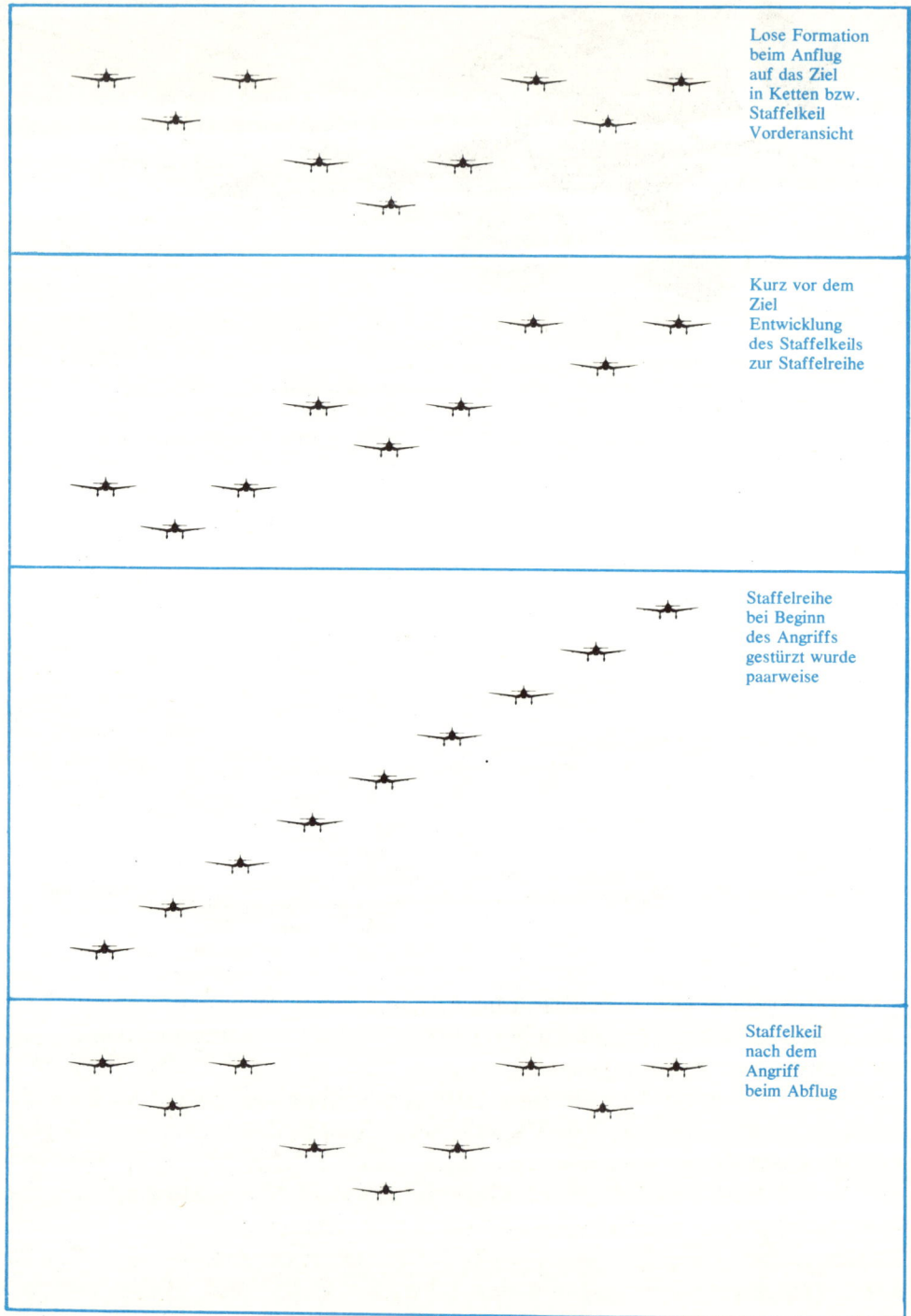

Lose Formation beim Anflug auf das Ziel in Ketten bzw. Staffelkeil Vorderansicht

Kurz vor dem Ziel Entwicklung des Staffelkeils zur Staffelreihe

Staffelreihe bei Beginn des Angriffs gestürzt wurde paarweise

Staffelkeil nach dem Angriff beim Abflug

Taktik eines Staffelangriffs faschistischer Sturzkampfflugzeuge

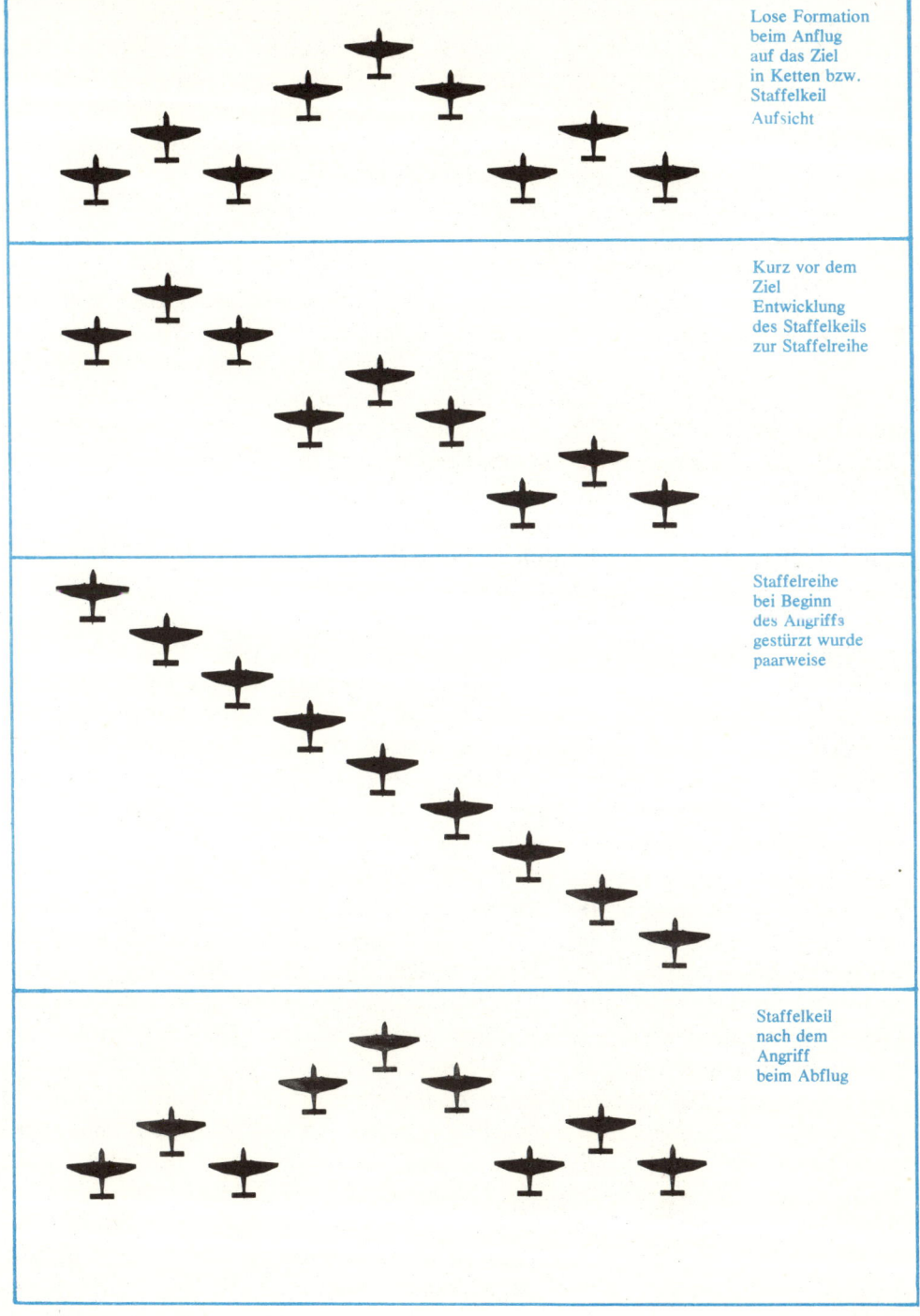

Lose Formation
beim Anflug
auf das Ziel
in Ketten bzw.
Staffelkeil
Aufsicht

Kurz vor dem
Ziel
Entwicklung
des Staffelkeils
zur Staffelreihe

Staffelreihe
bei Beginn
des Angriffs
gestürzt wurde
paarweise

Staffelkeil
nach dem
Angriff
beim Abflug

225

der faschistischen Luftwaffe zur Bodenunterstützung. Er umfaßte am 1. September 1939 5 von 9 Stukagruppen, die einzige Schlachtfliegergruppe, eine Gruppe Zerstörerflugzeuge sowie 3 Nahaufklärungsstaffeln. Seine Hauptaufgabe bestand darin, den Durchbruch des XVI. Panzerkorps in der Hauptangriffsrichtung Warschau zu unterstützen. Mit der Verbindung dieser Fliegerkräfte mit den gepanzerten Stoßkeilen der Wehrmacht schuf der deutsche Imperialismus jenes Instrument des Blitzkriegs, mit dem er die Neuordnung Europas herbeiführen wollte.

Der Verlauf des Luftkriegs gegen Polen bestätigte die faschistische Luftkriegsdoktrin nicht völlig; die Fehler und Schwächen dieser Doktrin blieben jedoch angesichts der Schwäche der polnischen Luftstreitkräfte und des Verrats der Westmächte an Polen – die ihm noch kurz vor dem Krieg wirksame Luftunterstützung zugesagt hatten – ohne Auswirkungen.

Als gefährlichstes Mittel des faschistischen Blitzkriegs stellte sich die Verbindung von Panzer und Sturzkampfflugzeug heraus, die die Voraussetzungen zu tiefen Frontdurchbrüchen und Einschließungsoperationen schufen. Erhebliche Beeinträchtigungen erfuhr die Kampfbereitschaft der polnischen Streitkräfte durch die systematische Bombardierung ihrer Verbindungs- und Nachrichtenlinien. Insgesamt flog die Luftwaffe zwischen dem 1. und 18. September 1939 9 029 Bombenfliegereinsätze, wobei sich das Verhältnis zwischen operativen und taktischen Einsätzen auf 5:4 belief.

Einen völligen Fehlschlag – in seiner Konsequenz von der Luftwaffenführung allerdings nicht erkannt – bedeutete dagegen der Überfall auf die polnischen Fliegerkräfte am Boden. Nur 7 Prozent aller polnischen Fliegerkräfte wurden am Boden vernichtet, weil die polnische Führung ihre Fliegerkräfte bereits vor dem Überfall dezentralisiert auf Feldflugplätzen untergebracht hatte. Die Luftwaffe hatte dessenungeachtet vom ersten Kriegstag an die Luftherrschaft inne, weil sie eine viereinhalbfache Übermacht besaß und qualitativ weit überlegen war. Außerdem wirkte sich die Zerschlagung der Boden- und Nachschuborganisation und die Störung des Nachrichtensystems empfindlich auf die Kampfkraft der polnischen Fliegerkräfte aus, und schließlich trug die zögernde, unentschlossene, beschwichtigende Haltung des polnischen Oberkommandos – zum Beispiel bei der Frage des Einsatzes polnischer Bombenfliegerkräfte gegen Objekte in Deutschland, die unterblieben, um den faschistischen Aggressor nicht zu reizen – ebenfalls dazu bei, daß die polnischen Fliegerkräfte überwältigt wurden. Das schloß nicht aus, daß polnische Piloten bis zuletzt heldenhaften Widerstand leisteten, zum Beispiel bei Tiefangriffen auf faschistische Vormarschkolonnen oder bei der Verteidigung Warschaus.

Der polnische Widerstand spiegelte sich auch in den relativ hohen Flugzeugverlusten der Luftwaffe wider, die vom 1. bis 30. September nach

Eines der Hauptmittel des Blitzkriegs: der Sturzkampfbomber Ju 87

eigenen Angaben 521 Flugzeuge über Polen verlor, wenn man in Betracht zieht, daß die Verluste der Luftwaffe in Spanien von 1936 bis 1939 96 Flugzeuge ausmachten. Auch die personellen Verluste waren nicht unbeträchtlich.

Der Luftkrieg gegen Polen wurde von der Luftwaffe nicht − wie Luftkriegshistoriker der BRD noch heute behaupten − «ritterlich» oder «menschlich», sondern barbarisch und unmenschlich geführt. Sein brutaler Charakter trat insbesondere bei der Bombardierung Warschaus zutage, das vom 17. September an schutzlos dem faschistischen Luftterror preisgegeben war. Binnen weniger Tage wurden 5 818 Tonnen Bomben auf die polnische Metropole abgeworfen, eine für die damalige Zeit unvorstellbare Konzentration von Vernichtungsmitteln, zieht man in Betracht, daß zum Beispiel auf Dresden während des gesamten Krieges «nur» 1 989 Tonnen Bomben fielen. Insgesamt warf die faschistische Luftwaffe 19 589 Tonnen Bomben über Polen ab; das entspricht etwa der während des Jahres 1941 auf Großbritannien abgeworfenen Menge.

Den Verlauf des Überfalls auf Polen sahen die aggressivsten Vertreter des deutschen Imperialismus als die Probe aufs Exempel an, daß auch in Westeuropa ein langwieriger Stellungskrieg vermieden werden könne, ein «operativer» Luftkrieg, den man ursprünglich in den Vorkriegsjahren geplant hatte, damit hinfällig sei und der Hauptverwendungszweck der Luftwaffe auch auf diesem Kriegsschauplatz im engen Zusammenwirken mit den Landstreitkräften liege.

Dem entsprachen die wichtigsten taktischen Schlußfolgerungen, die die Luftwaffenführung aus dem Luftkrieg gegen Polen zog und die sie dem Aufmarsch ihrer Fliegerkräfte gegen Westeuropa zugrunde legte.

Die personellen Verluste der faschistischen Luftwaffe und
der polnischen Fliegertruppe zwischen dem 1. und 30. September 1939

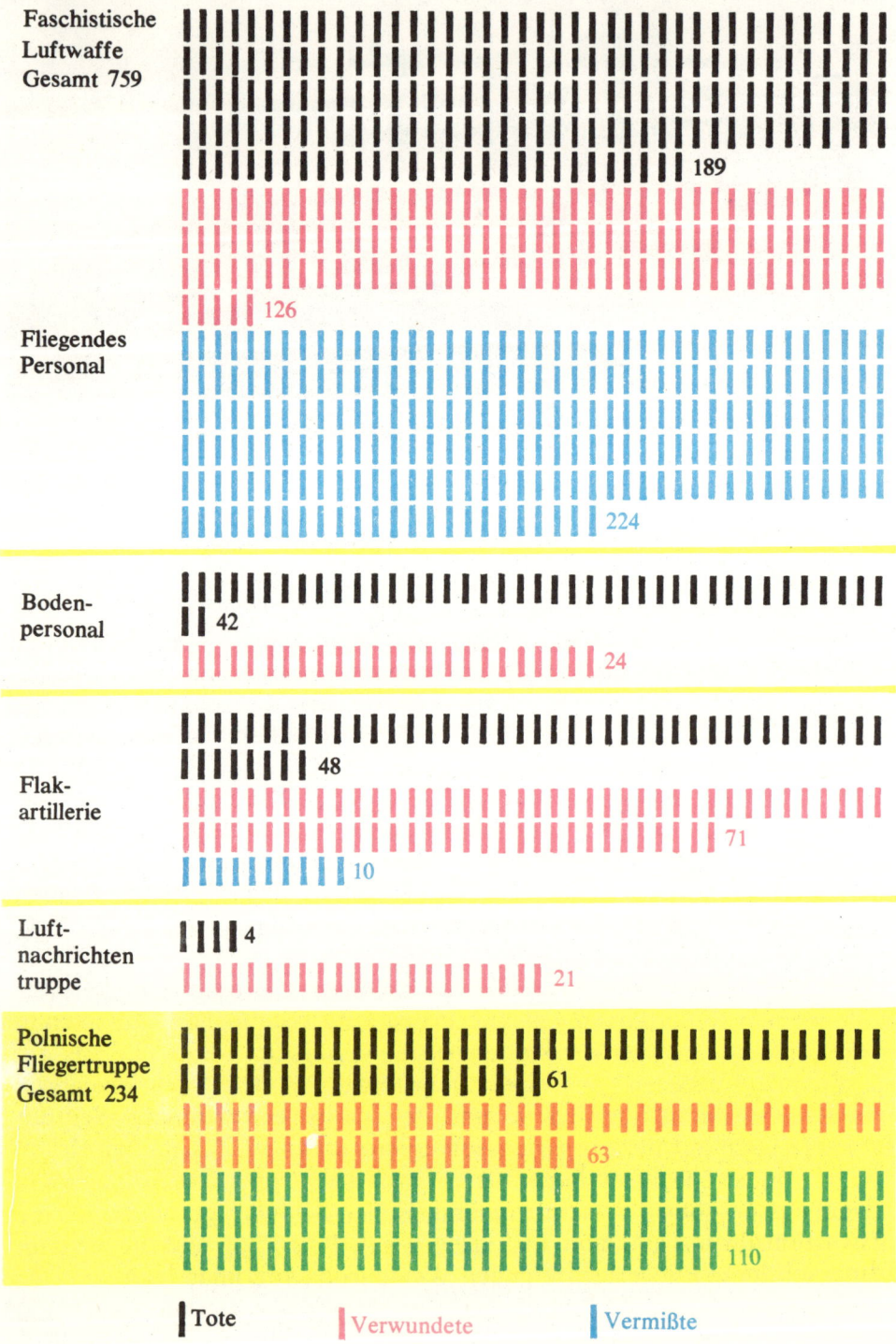

Faschistische Luftwaffe Gesamt 759

189

Fliegendes Personal

126

224

Boden-personal

42

24

Flak-artillerie

48

71

10

Luft-nachrichten truppe

4

21

Polnische Fliegertruppe Gesamt 234

61

63

110

| Tote | Verwundete | Vermißte |

In Süd-, West- und Nordwestdeutschland entfaltete die Luftwaffenführung im Zuge der Aggressionsvorbereitung zwei Luftflotten. Die Luftflotte 3 unter General der Flieger Hugo Sperrle mit dem I., dem II. und dem V. Fliegerkorps, dem I. Flakkorps, einem Jagdfliegerführer 2 sowie den Luftgauen XII (Wiesbaden) und VII (München) dislozierte ihre Kräfte im südwestdeutschen Raum, die Luftflotte 2 unter General der Flieger Albert Kesselring lag im nordwestdeutschen Raum. Ihr waren unterstellt das IV. Fliegerkorps und das VIII. Nahkampffliegerkorps, das II. Flakkorps, ein Jagdfliegerführer 1, die 7. Fliegerdivision sowie die Luftgaue VI (Münster) und XI (Hannover).

Charakteristisch für diese Organisation war einerseits die Tatsache, daß die Luftwaffenführung die Selbständigkeit auch der den Luftflotten unterstellten Verbände durch die Umbildung von Fliegerdivisionen in Fliegerkorps weiter vorantrieb. Dies geschah in erster Linie mit dem Zweck, eine noch engere Zusammenarbeit zwischen Heer und Luftwaffe herzustellen. Auf der anderen Seite bemühte sie sich jedoch, ihr etwas starres Organisationsprinzip variabler zu halten. Um die Fliegerkorps, stets gemischte Verbände, noch stärker auf ihre jeweiligen Schwerpunktaufgaben zu orientieren, bildete man innerhalb der Luftflotten Jagdfliegerführerstäbe, die alle Jagdfliegerkräfte der Fliegerkorps schwerpunktmäßig zum Einsatz bringen sollten, während bei den Fliegerkorps — als den eigentlichen operativen Verbänden — in der Hauptsache die Bombenfliegerkräfte verblieben. In der Praxis wurde das Verfahren modifiziert, weil jedes Fliegerkorps auf die Zusammenarbeit mit bestimmten Heeresverbänden festgelegt wurde und ihnen zu diesem Zweck auch Jagd-, Sturzkampf- und Fernaufklärungsfliegerkräfte zugeteilt werden mußten.

Noch stärker als beim Überfall auf Polen konzentrierte die Luftwaffenführung ihre fliegenden Verbände in der Hauptstoßrichtung. Während die Luftflotte 2 mit der Heeresgruppe B zusammenwirken sollte, wobei das IV. Fliegerkorps den Überfall auf die Niederlande unterstützen und gleichzeitig Fernfliegereinsätze über See gegen die englischen Seeverbindungen fliegen sollte und das VIII. Nahkampffliegerkorps in der Hauptsache den Vorstoß der Panzerkorps der 6. Armee nach Belgien hinein zu sichern hatte, war die Luftflotte 3 auf die Zusammenarbeit mit der Heeresgruppe A und C angewiesen. Der gegenüber der Maginotlinie liegenden Heeresgruppe C wurde jedoch kaum Luftunterstützung gewährt. Die Hauptfliegerkräfte wurden vielmehr zusammengezogen, um den Angriff der 4. Armee über die Ardennen zu unterstützen und gleichzeitig den Vorstoß der 16. und der 12. Armee zu decken. Die 4. Armee war auf Zusammenarbeit mit dem IV. Fliegerkorps angewiesen; zur Unterstützung des Durchbruchs der Panzergruppe Kleist, des ersten operativen Panzerverbands der faschistischen Wehrmacht, wurde ein besonderer Nah-

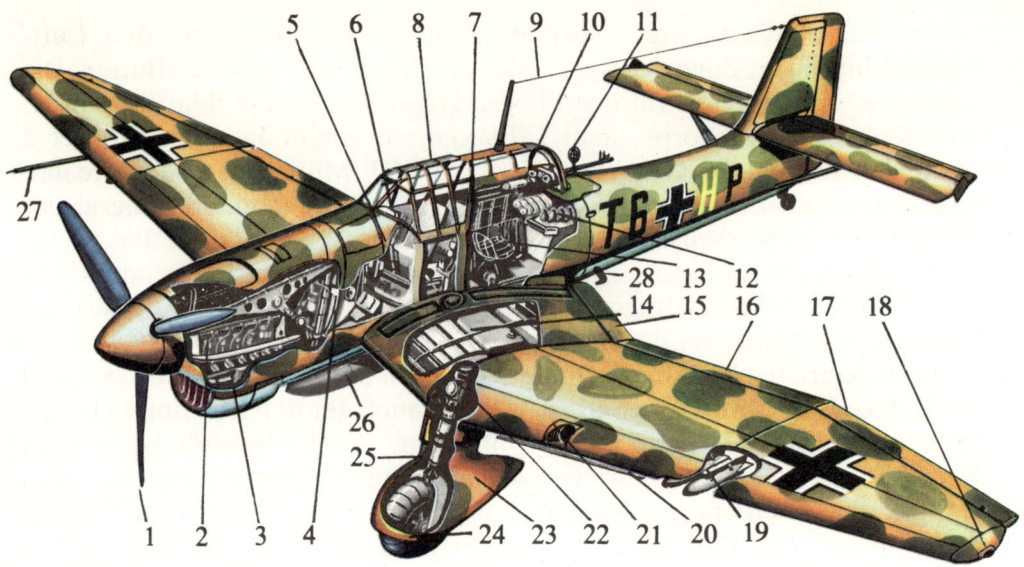

Röntgenschnitt der Junkers Ju 87

1 Junkers Verstelluftschraube
2 Motor Jumo 211
3 Kühler
4 Schmierstoffbehälter
5 Steuerknüppel
6 Reflexvisier
7 Funkgerät
8 Schiebedach für Flugzeugführer
9 Antennenmast
10 Schiebedach für Schützensitz
11 Linsenlafette mit MG
12 Sauerstoffflaschen
13 Schützensitz (drehbar)
14 Kraftstoffbehälter

15 innere Landeklappe
16 mittlere Landeklappe
17 Querruder
18 Positionslampe (Backbord)
19 Lastenträger mit Flügelbombe
20 Sturzflugbremse
21 Scheinwerfer
22 starres Flächen-MG
23 hintere Fahrgestellverkleidung
24 vordere Fahrgestellverkleidung
25 Fahrwerk
26 Ablenkgabel mit Rumpfbombe
27 Staurohr zum Messen der Geschwindigkeit
28 Auftritt für Einstieg

kampfverband Stutterheim gebildet, dessen Kern das verstärkte Kampf-geschwader 3 ausmachte. Das II. Fliegerkorps sollte die 12. und die 16. Armee unterstützen, und nur das V. Fliegerkorps war ausschließlich für operative Aufgaben im tiefen französischen Hinterland vorgesehen. Von den 14 Bombergeschwadern, die dem faschistischen Deutschland am 10. Mai 1940 zur Verfügung standen, waren 5 bei der Luftflotte 2, die in der niederländisch-belgischen Nebenrichtung handelte, und 8 bei der Luftflotte 3 eingesetzt, wo der Hauptschlag geführt werden sollte. Ein Bombergeschwader wurde von der Seekriegsleitung eingesetzt. Noch schärfer zusammengefaßt wurden die Sturzkampfverbände, deren 10 Gruppen ausschließlich beim VIII. (5), I. (3) und II. (2) Fliegerkorps zum Einsatz kamen.

Ähnlich wie beim Überfall auf Polen sollte es das erste Hauptziel der faschistischen Luftwaffe sein, die Luftherrschaft zu gewinnen, um sich dann vor allem der Erdunterstützung zu widmen. Allerdings betrachtete man die Erringung der Luftherrschaft für wesentlich schwieriger als im September 1939. Das resultierte einerseits aus den Erfahrungen in Polen und zum anderen aus der Größe des Kriegsschauplatzes und der Tatsache, daß die britischen und französischen Luftstreitkräfte weitaus stärker eingeschätzt wurden. Die Luftwaffenführung hielt es deshalb für unwahrscheinlich, daß es gelingen könnte, die Masse der britisch-französischen Fliegerkräfte mit dem ersten Schlag am Boden zu vernichten.

Sie drängte deshalb darauf, den Überfall auf Westeuropa erst bei Eintritt einer längeren Schönwetterperiode zu eröffnen – Bedingungen, die ihrer Ansicht nach erst im Frühjahr 1940 erwartet werden konnten. Außerdem erwog sie Varianten, wie sie das Problem lösen könnte, einerseits die anglo-französischen Luftstreitkräfte zu zerschlagen und gleichzeitig eine wirksame Bodenunterstützung zu gewährleisten, ohne dabei die Kräfte zu zersplittern. Mit Billigung von Sperrle schlug Erich von Manstein deshalb am 18. Dezember 1939 vor: «Um sicherzustellen, daß am A-Tag die gesamte Luftwaffe zur Unterstützung des Heeres frei ist, hat die Luftwaffe den Kampf zur Niederringung der feindlichen Luftwaffe bereits vor der Offensive zu Land durchzuführen. Sie hat hierzu die französische Luftwaffe an dem ersten Gutwetter-Tage, der einen Einsatz der Gesamtstärke erlaubt, zu überfallen und anschließend den Kampf gegen die feindliche Luftwaffe mit nach Stärke und Ziel wechselndem Einsatz bis zum Beginn der Erdoffensive fortzuführen.» Da man ohne die volle Mitwirkung der Luftwaffe im Erdeinsatz, dem man entscheidende Bedeutung beimaß, die Durchführung der Aggression in dem geplanten Blitzkriegstempo für nicht gesichert hielt und die Luftherrschaft nicht durch einen einzigen Schlag errungen werden konnte, hielt man dieses Verfahren für angebracht, den Widerspruch zwischen Kräften und Absichten zu mildern.

Für den am 17. Januar 1940 geplanten Angriff war vorgesehen, daß die Luftwaffe drei Tage vor Beginn der Offensive des Heeres unter Einsatz aller verfügbaren Mittel die Masse der belegten französischen Flugplätze in Nordost- und Ostfrankreich überfallen sollte, mit dem Ziel, die französischen Jagd- und Aufklärungsflugzeuge am Boden zu vernichten.

In dem Maße jedoch, wie der faschistische Feldzugsplan seit der 4. Aufmarschanweisung Gelb vom 24. Februar 1940 immer stärker darauf zugeschnitten wurde, durch die rücksichtslose Ausnutzung des Überraschungsmoments den Ausgang des Feldzugs vorherzubestimmen, er also immer deutlichere abenteuerliche Züge annahm, wurde davon Abstand genommen, durch die vorzeitige Eröffnung des Kampfes um die Luftherrschaft die britischen und französischen Armeen quasi vorzuwarnen.

Ende Februar 1940 wurde entschieden, daß die Luftwaffe zwanzig Minuten vor Angriffsbeginn des Heeres über den französischen Flugplätzen sein und dort ihr Vernichtungswerk beginnen sollte. Dieser Schlag sollte von einem Drittel der Verbände der Luftwaffe geführt werden. Ein zweiter Einsatz, der 180 Minuten nach der X-Zeit geflogen werden sollte, hatte bereits der Bodenunterstützung zu dienen. Dabei sollte es die Hauptaufgabe der Bombergeschwader sein, den «operativen» Luftkrieg zu führen, indem sie vor der Heeresgruppe A die Zuführung britischer und französischer Truppen an den Durchbruchsabschnitt in den Ardennen verhindern, jeden Widerstand der an der Grenze stehenden Truppen durch pausenlose Luftangriffe brechen und jeden Rückzug in eine Flucht verwandeln sollten. Vor der Heeresgruppe B war es dagegen das Ziel der faschistischen Führung, möglichst starke britische und französische Kräfte nach Belgien zu ziehen. Hier sollte die Luftwaffe nicht die rückwärtigen Verbindungen, sondern in erster Linie die vordersten Linien der Armeen der Westmächte bombardieren.

Die gesamten Jagdfliegerkräfte – in der Regel ein bis zwei Jagdgeschwader im Streifen jedes Fliegerkorps – sollten von der X-Zeit ab 60 Minuten lang ununterbrochen in der Luft gehalten werden, um die erste Welle der Bombenfliegerkräfte aufzunehmen. Ihre Hauptaufgabe sollte es sodann sein, die Luftüberlegenheit in ihrem Sektor zu erringen, den Luftschutz der Bodentruppen zu gewährleisten und die eigene Luftaufklärung sicherzustellen. Zu diesem Zweck sollte jede Jagdgruppe ununterbrochen eine ihrer drei Jagdstaffeln vom Tagesanbruch bis zum Dunkelwerden im Sperreflug einsetzen. Die beiden anderen Staffeln sollten jeweils in Bereitschaft gehalten werden, um möglicherweise schwerpunktmäßig eingesetzt zu werden.

Große Bedeutung maß die Luftwaffenführung den Flakkorps in der Luftverteidigung des Heeres zu. Diese Korps waren auf Grund der Erfahrungen beim Überfall in Polen gebildet worden und sollten die Konzentrierungsräume der Armeen, ihre Vormarschstraßen, ihre Bereitstellungsräume in Grenznähe sichern. Auch die Flakkräfte wurden rücksichtslos in den Hauptrichtungen konzentriert, unter Bloßlegung aller minder wichtigen Richtungen. So wurde das I. Flakkorps fast ausschließlich im Interesse der Panzergruppe Kleist eingesetzt.

Große Aufmerksamkeit schenkte die faschistische Führung der Herstellung einer ständigen und engen Verbindung zwischen den Land- und Luftstreitkräften im Gefecht. Die Zusammenarbeit zwischen den Armeen und Fliegerkorps wurde durch sogenannte Koluftstäbe hergestellt, bei

Einsatzschema des Jagdgeschwaders 77 zur Deckung der faschistischen Bodentruppen beim Überfall auf Belgien

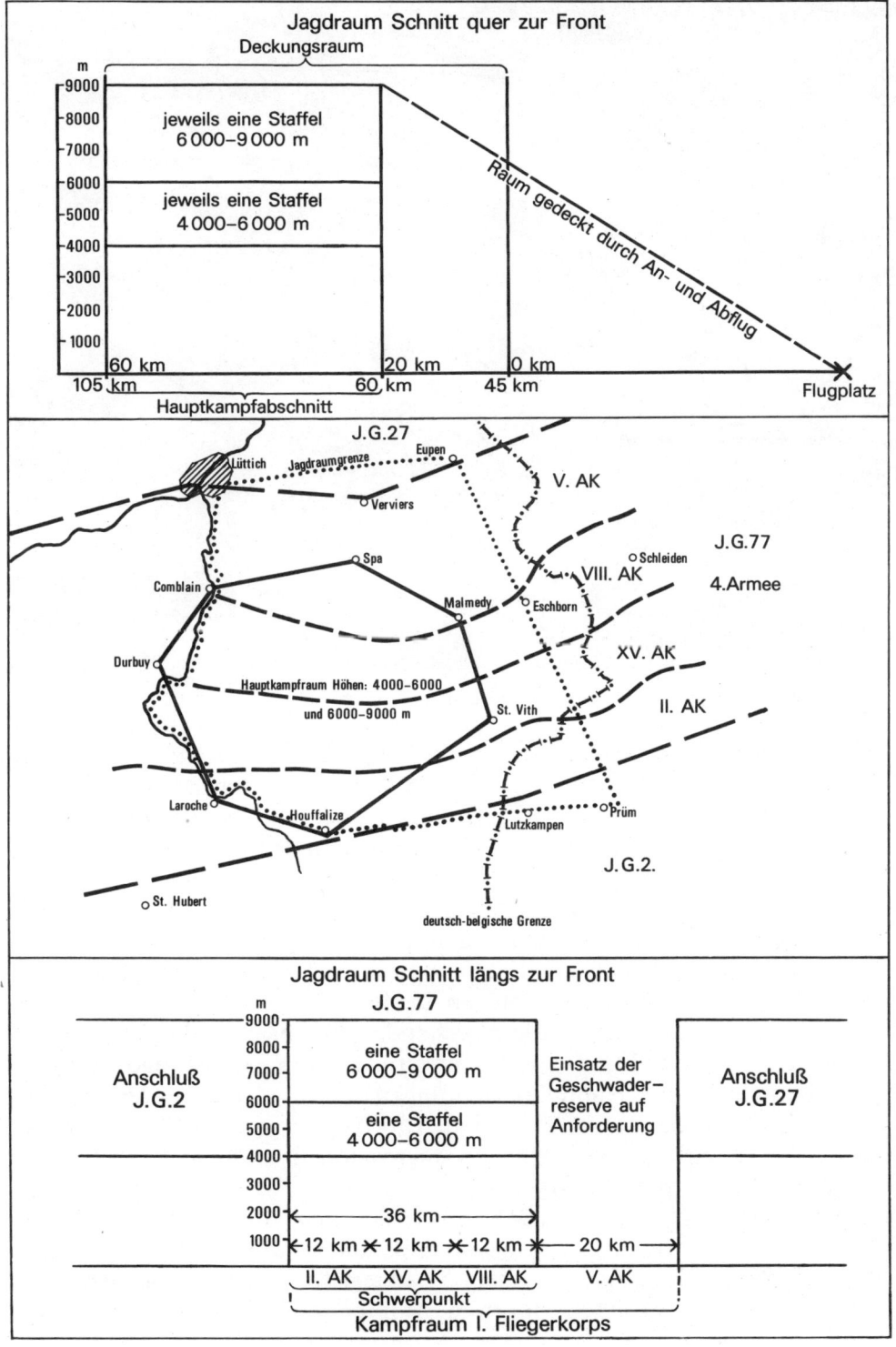

Jagdraum Schnitt quer zur Front

Deckungsraum

jeweils eine Staffel
6 000–9 000 m

jeweils eine Staffel
4 000–6 000 m

Raum gedeckt durch An- und Abflug

m
-9000
-8000
-7000
-6000
-5000
-4000
-3000
-2000
-1000

60 km   20 km   0 km
105 km   60 km   45 km   Flugplatz

Hauptkampfabschnitt

J.G.27

Lüttich   Jagdraumgrenze   Eupen

V. AK

Verviers

Spa

Schleiden

J.G.77

Comblain

Malmedy   Eschborn

VIII. AK

4.Armee

Durbuy

Hauptkampfraum Höhen: 4000–6000
und 6000–9000 m

XV. AK

St. Vith

II. AK

Laroche   Houffalize

Prüm

Lutzkampen

J.G.2.

St. Hubert

deutsch-belgische Grenze

Jagdraum Schnitt längs zur Front

J.G.77

Anschluß
J.G.2

eine Staffel
6 000–9 000 m

eine Staffel
4 000–6 000 m

Einsatz der
Geschwader-
reserve auf
Anforderung

Anschluß
J.G.27

m
-9000
-8000
-7000
-6000
-5000
-4000
-3000
-2000
-1000

36 km
12 km — 12 km — 12 km   20 km

II. AK   XV. AK   VIII. AK   V. AK

Schwerpunkt

Kampfraum I. Fliegerkorps

233

Am Boden zerschlagene französische Fliegerkräfte im Mai 1940

den einzelnen Armeekorps setzten die Fliegerkorps Verbindungsoffiziere mit Luftnachrichtentruppen ein, die die Aufgabe hatten, sich vom Ia des Armeekorps laufend über die Erdlage, über die gegnerischen Luftstreitkräfte, eigene Luftangriffsaufgaben usw. unterrichten zu lassen und diese Angaben und Aufträge dem Stab des Fliegerkorps zu übermitteln.

Die faschistische Luftwaffe erreichte im Frühjahr 1940 einen hohen Stand bezüglich der Ausbildung und Ausrüstung ihrer fliegenden Verbände, die sich auf ein Flugplatznetz und eine Bodenorganisation stützen konnten, deren Grundlagen in den Vorkriegsjahren geschaffen worden waren. Eine zweckentsprechende Organisation des Zusammenwirkens zwischen Land- und Luftstreitkräften, eindeutige Schwerpunktbildung in den Hauptstoßrichtungen sowie bereits in der brutalen Praxis des Luftkriegs erprobte und überprüfte Einsatzgrundsätze machten die Luftwaffe zu einem gefährlichen Aggressionsinstrument in den Händen des deutschen Imperialismus.

Der Luftüberfall am 10. Mai 1940, der propagandistisch durch die Bombardierung Freiburgs (Breisgau) eingeleitet wurde, das von Bombenflugzeugen des Kampfgeschwaders 51 angegriffen worden war, wobei im Verlauf weniger Minuten durch 69 Bomben 57 Freiburger gemordet wurden, richtete sich gegen 72 belgische, niederländische, nord- und ostfranzösische Flugplätze in einer Tiefe bis zu 500 Kilometern. Er führte zur Zerschlagung der belgischen und niederländischen Luftstreitkräfte und fügte den französischen und britischen Fliegerkräften in Frontnähe hohe Verluste zu. Es gelang der Luftwaffe auch in Westeuropa, sofort die Luftüberlegenheit zu erobern. Sie setzte danach ihre Sturzkampffliegergeschwader zur unmittelbaren und die Mehrheit der Bombenfliegergeschwader zur mittelbaren Unterstützung der Landstreitkräfte ein. Obwohl die französischen Jagdflieger in den ersten sechs Angriffstagen fast 2 000 Einsätze flogen und 273 faschistische Flugzeuge abschossen – die Gesamtverluste der Luftwaffe in den ersten zehn Tagen des Überfalls betrugen fast 700 Flugzeuge –, waren sie und die britischen Fliegerkräfte nicht in der Lage, einen wirksamen Einsatz der eigenen Bombenfliegerkräfte zu gewährleisten und die Landstreitkräfte zu entlasten.

Die Hauptursache für die Niederlage der französischen Luftstreitkräfte lag in der Vorkriegspolitik der herrschenden Kreise Frankreichs, in ihrer Beschwichtigungspolitik gegenüber dem faschistischen Deutschland und ihrem antisowjetischen Kriegskurs. Der auf einen politischen Kompromiß mit dem deutschen Imperialismus hinarbeitende französische Imperialismus hatte die Entwicklung der Luftfahrtindustrie während der Volksfrontregierung sabotiert und später mit nur unzureichenden Mitteln vorangetrieben.

Im Ergebnis dieser Politik verfügte die «Armée de l'Air» bei Kriegsausbruch im September 1939 in der Masse über einen völlig veralteten Flugzeugbestand. Am 16. August 1939 – als die französischen Luftstreitkräfte mobilisiert worden waren – besaß Frankreich insgesamt 7 450 Flugzeuge. Darunter waren 3 959 Kriegsflugzeuge, 2 691 Schulflugzeuge und 800 Flugzeuge, die für die vormilitärische Ausbildung genutzt wurden. Von den 3 959 Kriegsflugzeugen waren 1 264 völlig überaltet, 1 617 waren veraltet, und nur 1 078 rechnete man zu modernen Flugzeugen, obwohl ihre taktisch-technischen Daten in der Regel weit unter denen der faschistischen Flugzeugtypen lagen. Von den 3 959 Kriegsflugzeugen befanden sich außerdem 755 in Depots oder in Reparatur, und 262 waren in Übersee stationiert. In Frankreich selbst befanden sich somit nur 2 942 Flugzeuge zur Verfügung des Generalstabs der «Armée de l'Air», von denen jedoch nur 1 576 tatsächlich einsatzbereit waren, weil es an Flugmotoren, Ausrüstung, Bewaffnung, Piloten usw. mangelte. Diese 1 576 Flugzeuge gliederten sich in 734 Tag- und Nachtjagdflugzeuge, 402 Aufklärungs- und 440 Bombenflugzeuge. Bis zum 20. September 1939 gelang es, diese Zahl auf 1 610 zu steigern.

Bei den ersten Einsätzen der französischen Luftstreitkräfte – vornehmlich zu Aufklärungszwecken – zeigte sich jedoch eine so hoffnungslose Unterlegenheit zahlreicher französischer Flugzeugtypen wie der

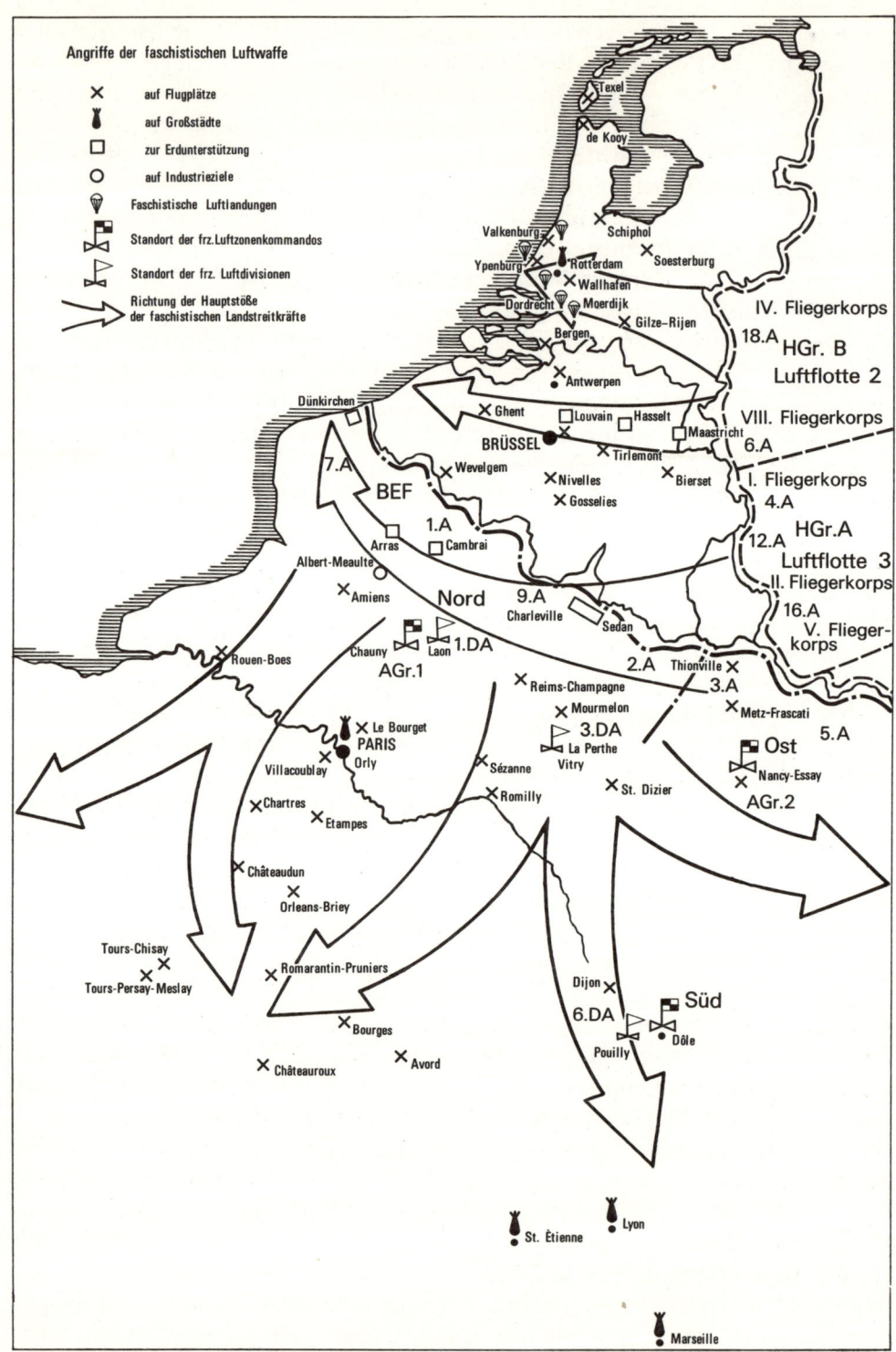

Dewoitine 520 Die Dewoitine 520 war
das beste Jagdflugzeug, über das
die Armée de l'Air im Mai 1940 verfügte.
Allerdings besaß sie am 10. Mai
nur 36 Stück dieses ab Mitte 1936
entwickelten Flugzeugs, von dem erst
im April 1939 die ersten 200 Stück
bestellt worden waren. Im Januar
1940 waren die ersten französischen
Jagdstaffeln damit ausgerüstet worden.
Nach der Okkupation Frankreichs
fielen über 300 Flugzeuge in die Hände
der Eroberer, die 1941 die Wiederaufnahme der Produktion befahlen.
Die Dewoitine 520 kam in den
Fliegerkräften Bulgariens, Rumäniens
und Italiens zum Einsatz. 1945
diente sie den Befreiungsstreitkräften
Frankreichs. Insgesamt wurden 905 D-520
produziert.

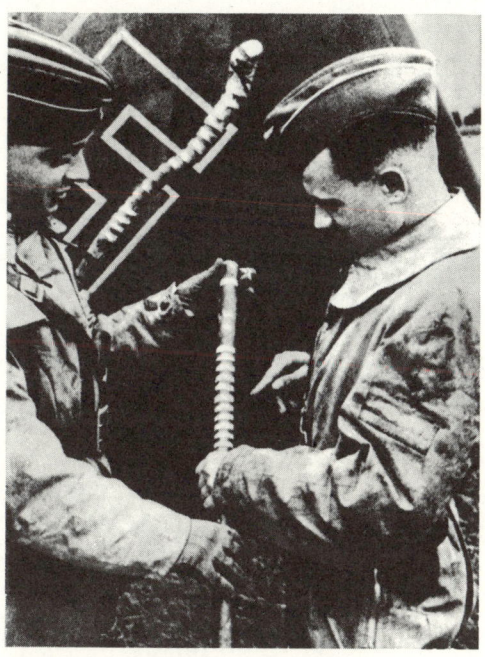

Rasche Erfolge gegen die überalterte
«Armée de l'Air» 1940.
Die Abschußziffern der
faschistischen Piloten schnellen hoch

Mureaux 113, 115 und 117, der Potez 25 und 39, der Bréguet 25, 27 und 39,
der Dewoitine 510, der Spad 510, der Nieuport-Delage 629 usw., daß die
französische Führung zahlreiche der mit diesen Typen ausgerüsteten
Staffeln aus der Front ziehen mußte, sie ins Hinterland verlegte oder an
ruhigen Frontabschnitten einsetzte. Die technische Unterlegenheit der

Die deutsche Luftwaffe beim Überfall auf Westeuropa

Schematische Darstellung der Gliederung der faschistischen Luftwaffe beim Überfall auf die UdSSR (22. 6. 1941)

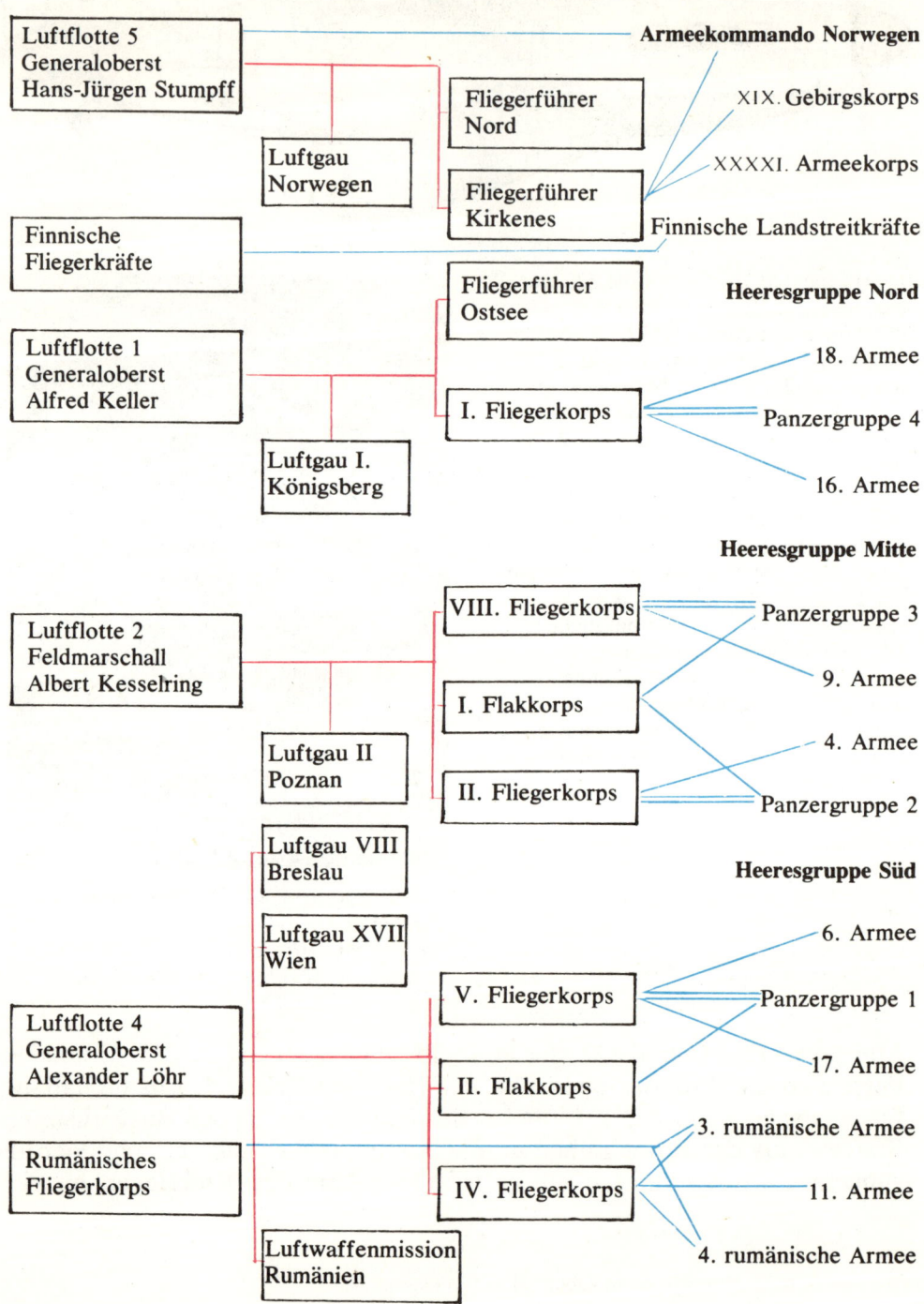

französischen Luftstreitkräfte wurde jedoch von den reaktionären Kreisen des französischen Imperialismus, die lieber Hitler als Léon Blum in Paris sehen wollten, zum Anlaß genommen, die völlige Passivität in der Luft, das Vermeiden jeglicher Luftkampfhandlungen mit der Luftwaffe, anzustreben. Mit der Behauptung, den Luftkrieg humanisieren zu wollen, lehnte das französische Kabinett jegliche Aktivität ihrer Fliegerkräfte im Hinterland des faschistischen Deutschlands ab. Dieselben Politiker jedoch, die in Westeuropa einen «humanen» Luftkrieg führen wollten, schreckten nicht im geringsten davor zurück, im Nahen Osten ihre Fliegerkräfte zum Überfall auf die sowjetischen Kaukasusgebiete bereitzustellen, um Baku, Batumi, Maikop und Grosny einzuäschern. Diese angebliche Humanität galt nur gegenüber dem deutschen Faschismus, den man nicht reizen wollte, sondern mit dem man eine Basis der Verständigung suchte; sie galt nicht gegenüber einem sozialistischen Staat.

Am 12. Januar 1940 hatte der französische Ministerpräsident Edouard Daladier General Maurice Gustave Gamelin und Admiral François Jean Darlan aufgefordert, eine Denkschrift über «eine eventuelle Intervention zur Zerstörung der russischen Erdölfelder auszuarbeiten». Anfang April legten nach detaillierten Absprachen zwischen den Regierungen Großbritanniens und Frankreich die Luftstäbe beider Länder Studien für einen derartigen Luftüberfall vor. Der französische Plan (RIP) sah den Einsatz von 9 Bomberstaffeln vor, die innerhalb 10 bis 45 Tagen 122 Erdölraffinerien (67 in Baku, 43 in Grosny und 12 in Batumi) vernichten sollten. Der englische Plan (MA 6) glich dem französischen. Er kalkulierte zwar Verluste bis zu 20 Prozent ein, behauptete jedoch, daß «die Zerstörung der vorgesehenen Ziele früher oder später zum totalen Zusammenbruch des Kriegspotentials der UdSSR führen würde». In ihrer antikommunistischen Verblendung verstiegen sich die englischen Bombergenerale allen Ernstes zu der Annahme, daß mit 10 Einsätzen von 117 Flugzeugen, die etwa 324 Tonnen Bomben abwerfen sollten, «der ganze Verlauf des Krieges entschieden werden kann». Der Luftüberfall sollte Ende Juni/Anfang Juli durchgeführt werden.

Beschäftigt mit antisowjetischen Kriegsabenteuern und nicht zu einer entschlossenen Kriegführung gegen das faschistische Deutschland bereit, war Frankreich nicht in der Lage, zwischen September 1939 und Mai 1940 seine Luftstreitkräfte zu verstärken und modern umzurüsten. Am 10. Mai 1940 verfügte die «Armée de l'Air» zwar über 3 284 Militärflugzeuge, von denen sich jedoch nur 1 558 in Frankreich befanden und eingesetzt werden konnten. 229 waren in Nordafrika stationiert, 82 in den übrigen französischen Kolonien, der Rest befand sich in der Umrüstung, in Depots, diente der Ausbildung und der Schulung des Personals.

Den Kern der französischen Luftstreitkräfte bildeten – neben 260 Bombenflugzeugen und 580 Fern- und Nahaufklärungsflugzeugen – 718

239

Jagdflugzeuge. Sie waren in 23 Gruppen mit je 23 Flugzeugen und 6 Staffeln gegliedert. Sie waren ausgerüstet mit Jagdflugzeugen vom Typ Morane-Saulnier 405/406, Curtiss H-75 Al und A2, Bloch 151 und 152 sowie einigen Dewoitine 520. Die Aufklärungsflugzeuge waren in 8 Gruppen zusammengefaßt und flogen vor allem die Muster Potez 63 und Mureaux 115, während die Bombenfliegerkräfte noch am Anfang ihrer Umrüstung standen. Nur 50 bis 60 Lioré et Oliver 451 und Amiot 354 waren zum Einsatz verfügbar. Die Masse der Bombenfliegerkräfte bestand aus veralteten Typen. Sie befanden sich außerhalb der Reichweite der Luftwaffe in Südfrankreich.

Die «Armée de l'Air» hatte im Zuge der seit 1938 vorgenommenen Zerschlagung ihrer selbständigen Fliegerkräfte ihre Organisation völlig von den Landstreitkräften abhängig gemacht. Im September/Oktober 1939 wurden zwei Luftarmeen gebildet, die jeweils einem der Landkriegsschauplätze in Nord- und Westfrankreich zugeteilt wurden. Doch selbst diese Struktur schien dem Oberbefehlshaber der Landstreitkräfte den Luftstreitkräften noch zuviel Spielraum für selbständige Aktionen zu lassen. Im Februar 1940 wurden deshalb die Luftarmeen aufgelöst und die Fliegerkräfte völlig den Landstreitkräften an- und untergliedert. Das betraf die gesamten Aufklärungsfliegerkräfte, die Masse der Jagdfliegerkräfte und Teile der Bombenfliegerkräfte. Mit dieser Zersplitterung ihrer Luftstreitkräfte auf die Feldarmeen vergab die französische Führung die letzte Möglichkeit, ihre zahlenmäßig überdies unterlegenen Fliegerkräfte zusammengefaßt an Schwerpunktabschnitten zum Einsatz bringen zu können. Aufgereiht und gleichmäßig verteilt wie Perlen an einer Kette, vornehmlich dazu angehalten, den taktischen Anforderungen von Armeebefehlshabern und Korpskommandeuren zu genügen, konnte von der «Armée de l'Air» im Mai 1940 keine operative Wirksamkeit mehr ausgehen, hatte sie sich doch selbst zu einer Hilfswaffe der Landstreitkräfte degradiert, mit tragischen Konsequenzen nicht nur für sich selbst, sondern für das Schicksal des gesamten französischen Volkes.

Der Zusammenbruch der französischen Luftstreitkräfte zeigte sich in aller Deutlichkeit beim Übergang der faschistischen Wehrmacht am 13. Mai über die Maas, der den Ausgang der Aggression in Westeuropa vorherbestimmte. Trotz des Einsatzes aller verfügbaren Fliegerkräfte gelang es nicht, den faschistischen Vormarsch aufzuhalten. Im Ergebnis ausgedehnter Luftkämpfe, an denen auf beiden Seiten Hunderte von Jagd- und Bombenflugzeugen teilnahmen, erlitten die französischen und englischen Bombenfliegerkräfte so schwere Verluste, daß sie nahezu operationsunfähig wurden. Auch die Einsatzstärken der faschistischen Luftwaffe, deren Nahkampffliegerkräfte den Panzerverbänden auf dem Fuß folgten und täglich bis zu neun Einsätze flogen, gingen im Verlauf der Aggression erheblich zurück, obwohl der Generalstab der Luftwaffe seine Fliegerkräfte – unter rücksichtsloser Bloßstellung der Nebenfronten – in

Stukaangriff auf
französischen Panzer-
kampfwagen

der Hauptstoßrichtung konzentrierte. Dem II. und dem V. Fliegerkorps
wurde die Aufgabe übertragen, die linke offene Flanke des Durchbruch-
keils aus der Luft zu sichern, während das VIII. (Nahkampf-) Fliegerkorps
unmittelbar mit der Panzergruppe Kleist zusammenwirkte und das I., das
IV. und das IX. Fliegerkorps die im Raum Dünkirchen eingeschlossenen
britischen und französischen Landstreitkräfte am Boden und über See
bombardierten.

Trotzdem gelang es ihnen nicht, das angestrebte Ziel − die Eingeschlossenen zu «pulverisieren», wie Richthofen gefordert hatte − zu
verwirklichen. Die Einsatzstärken der materiell und personell aus-
gepumpten Fliegereinheiten, die rücksichtslos bis zur äußersten Anspannung eingesetzt worden waren, sanken auf 30 bis 50 Prozent ab,
während zur gleichen Zeit etwa 200 britische Jagdflugzeuge täglich von

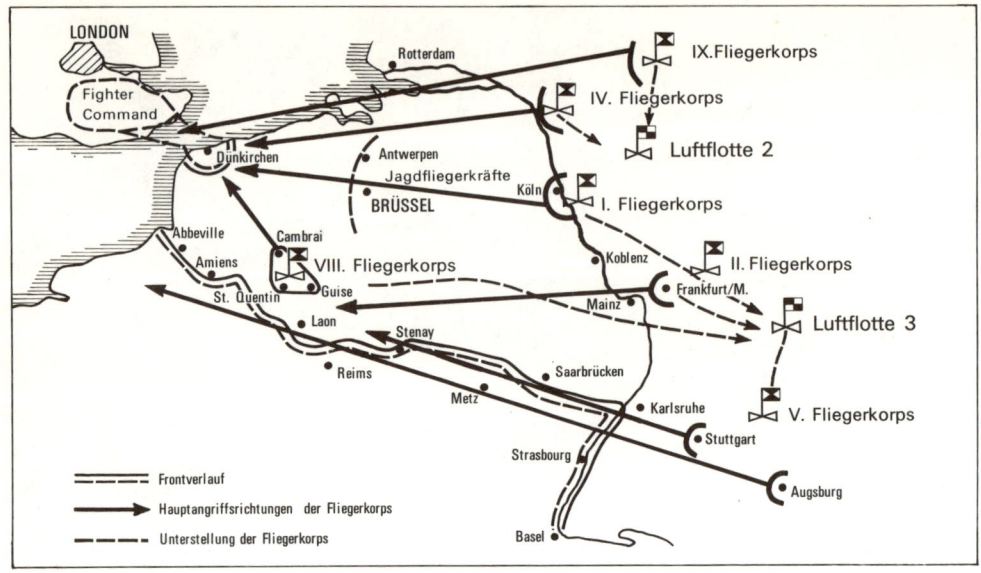

England aus die Sicherung des Luftraums über Dünkirchen übernahmen. In den Luftkämpfen um Dünkirchen büßte die Luftwaffe zum erstenmal die bisher unbestrittene Luftherrschaft ein. Zum erstenmal stieß sie an die Grenze ihrer − maßlos überbewerteten − Möglichkeiten. Entsprechende Schlußfolgerungen wurden nicht daraus gezogen, die Kämpfe um Dünkirchen vielmehr als ein unbedeutendes Zwischenspiel bagatellisiert.

Die Luftwaffe leitete die zweite Phase des Überfalls auf Westeuropa, zu der sie seit dem 31. Mai umgruppiert wurde, mit schweren Schlägen gegen das französische Hinterland ein. Diese Angriffe enthüllten in vollem Umfang die Behauptungen imperialistischer Luftkriegshistoriker, die Luftwaffe habe keinen Krieg gegen die Zivilbevölkerung geführt, als Legende.

Mit dem Angriff auf Freiburg bereitete die Luftwaffenführung ihre terroristische Luftkriegführung gegen die Bevölkerung Westeuropas vor. Die barbarische Bombardierung Rotterdams am 14. Mai 1940 durch Bombenflugzeuge vom Kampfgeschwader 54 war kein «bedauerlicher Irrtum», sondern geplanter Mord, der 980 Holländern das Leben kostete, 2 000 verletzte und 78 000 obdachlos machte. Mit derartigen Angriffen wie auf Rotterdam und ab 1. Juni auf Marseille, ab 3. Juni auf Paris, Dijon, Lyon und St. Étienne sollte die französische Bevölkerung geschockt,

Me 110 über Dünkirchen (Dunkerque)

Pariser Vorort nach der Operation «Paula»

242

Das Inferno von Rotterdam. Hinter den Geflüchteten erhebt sich eine Feuerwand

demoralisiert und kapitulationswillig gebombt werden. Das Unternehmen
«Paula», das die Luftwaffe für den 3. Juni anberaumte und am 5. und
9. Juni fortsetzte, richtete sich gegen die Reste der «Armée de l'Air» auf
ihren Flugplätzen in Ost- und Mittelfrankreich. Die französischen Luftstreitkräfte brachen unter diesen Schlägen fast völlig auseinander. Seit dem
10. Juni trafen die faschistischen Fliegerkräfte kaum noch auf Widerstand
in der Luft.

Die Luftstreitkräfte beider Seiten hatten im Verlauf der 42 Tage
(10. 5.–22. 6. 1940) dauernden Kampfhandlungen schwere Verluste erlitten. Die faschistischen Verluste beliefen sich auf insgesamt 2 073 Flugzeuge und 6 611 Mann. Die Royal Air Force verlor 944 Flugzeuge, darunter
386 Hurricanes und 67 Spitfires sowie 915 Mann fliegendes Personal. Von
725 französischen Jagdfliegerpiloten waren 410 getötet oder schwer verwundet worden.

Die dem Erdboden gleichgemachte
Innenstadt Rotterdams aus 3 000 Meter Höhe
aufgenommen

Die personellen Verluste der faschistischen Luftwaffe beim Überfall auf Westeuropa (Mai/Juni 1940)

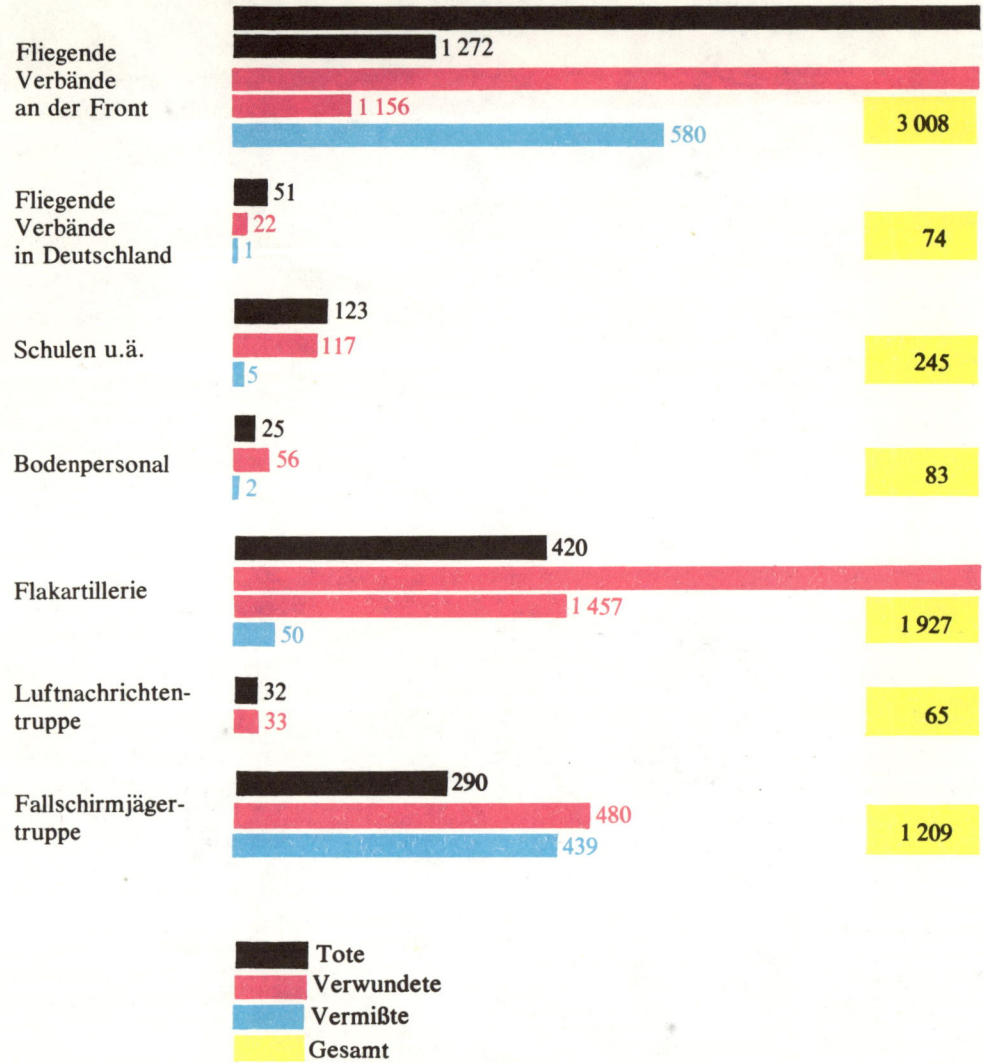

Fliegende Verbände an der Front
1 272
1 156
580
3 008

Fliegende Verbände in Deutschland
51
22
1
74

Schulen u.ä.
123
117
5
245

Bodenpersonal
25
56
2
83

Flakartillerie
420
1 457
50
1 927

Luftnachrichtentruppe
32
33
65

Fallschirmjägertruppe
290
480
439
1 209

Tote
Verwundete
Vermißte
Gesamt

Die Flugzeugverluste der faschistischen Luftwaffe beim Überfall auf Belgien, Luxemburg, die Niederlande und Frankreich

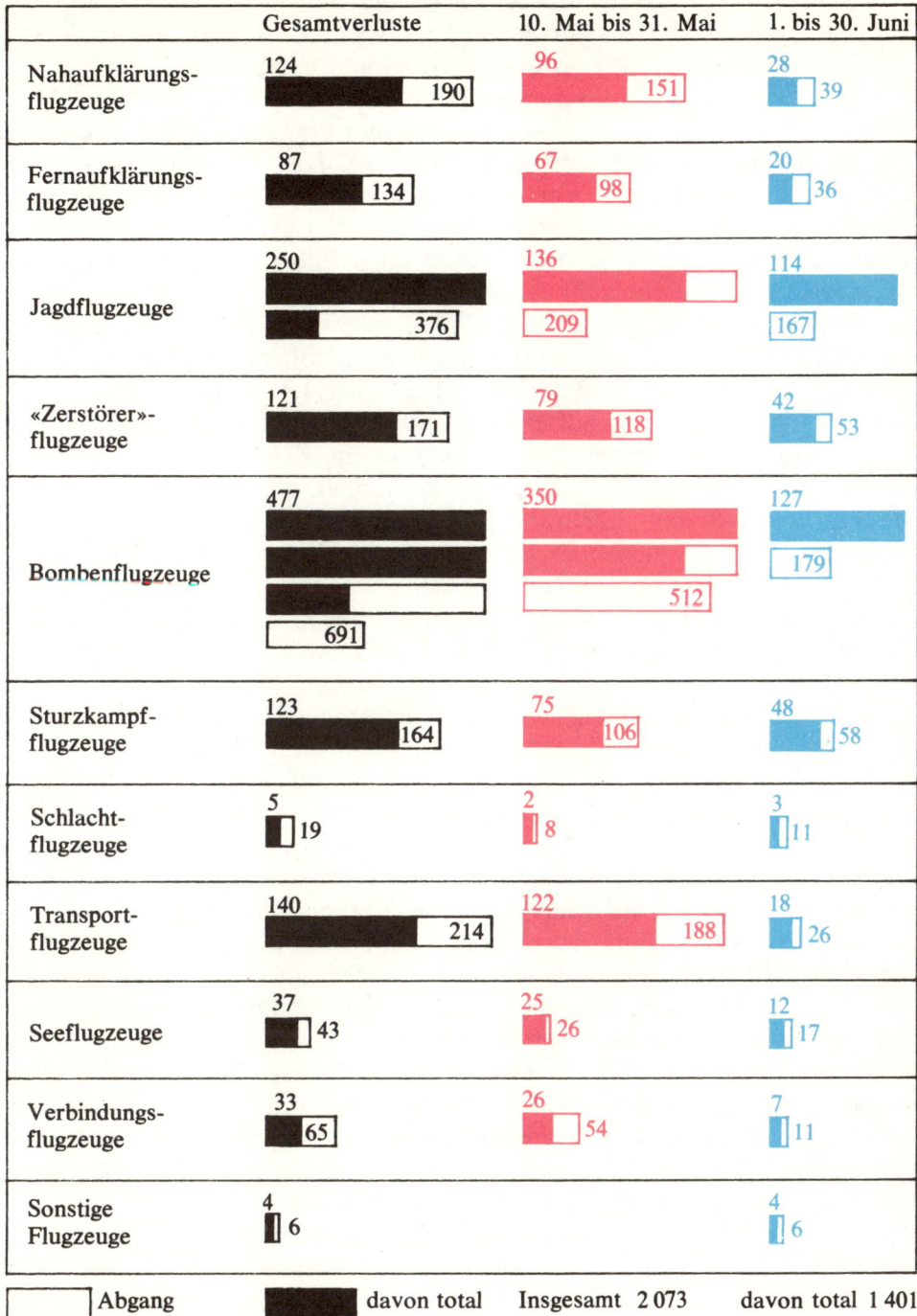

	Gesamtverluste	10. Mai bis 31. Mai	1. bis 30. Juni
Nahaufklärungs-flugzeuge	124 / 190	96 / 151	28 / 39
Fernaufklärungs-flugzeuge	87 / 134	67 / 98	20 / 36
Jagdflugzeuge	250 / 376	136 / 209	114 / 167
«Zerstörer»-flugzeuge	121 / 171	79 / 118	42 / 53
Bombenflugzeuge	477 / 691	350 / 512	127 / 179
Sturzkampf-flugzeuge	123 / 164	75 / 106	48 / 58
Schlacht-flugzeuge	5 / 19	2 / 8	3 / 11
Transport-flugzeuge	140 / 214	122 / 188	18 / 26
Seeflugzeuge	37 / 43	25 / 26	12 / 17
Verbindungs-flugzeuge	33 / 65	26 / 54	7 / 11
Sonstige Flugzeuge	4 / 6		4 / 6

☐ Abgang   ■ davon total   Insgesamt 2 073   davon total 1 401

Die Luftschlacht um England

Seit Jahrzehnten üben die Luftkampfhandlungen, die sich zwischen Juli und September 1940 zwischen der faschistischen Luftwaffe und der Royal Air Force abspielten, eine besondere Faszination auf die gesamte bürgerliche Luftkriegsgeschichtsschreibung aus. Die Luftschlacht um England wird unter der Feder dieser Historiker zu einer Entscheidungsschlacht des zweiten Weltkriegs, die angeblich schon vor dem Zusammenbruch des faschistischen Blitzkriegs vor Moskau den Ausgang des Krieges entschieden habe. In den Memoiren faschistischer Luftwaffengenerale wird die Luftschlacht überdies zu dem idyllischen Bild verklärt, als habe hier die letzte ritterliche Schlacht des Krieges stattgefunden. «Wir waren jung, unpolitisch, leichtsinnig und draufgängerisch», versichert Adolf Galland von den Piloten der faschistischen Luftwaffe. Johannes Steinhoff, ranghöchster Offizier der Luftstreitkräfte der BRD, sucht das Wesen der Luftschlacht um England auf einen sportlichen Wettkampf zu reduzieren, in dem junge, begeisterungsfähige Männer ihr Können und ihre Kräfte maßen. So behauptet Steinhoff: «Frappierend, wie sich diese jungen Männer beider Seiten ähneln. Meist kamen sie aus gleichen Motiven zur Fliegerei. Sie gehören keiner bestimmten gesellschaftlichen Schicht an, und die Offiziere unter ihnen zeichnen sich durch eine betonte Nonchalance aus, die – was die deutschen Jagdflieger angeht, gar nicht in die Klischeevorstellung vom damaligen deutschen Offizier und Soldaten paßt.»

Die Geschichtsklitterung der imperialistischen Historiographie beginnt meist schon damit, daß die Periodisierung der Luftschlacht um England nach Kriterien erfolgt, die sich ausschließlich auf den Verlauf der Luftkampfhandlungen beziehen. Bei derartigen Gliederungsversuchen wird in der Regel völlig der enge Zusammenhang übersehen, der zwischen den Planungen der Land-, Luft- und Seestreitkräfte bestand, und der strategische Hintergrund ignoriert, der den Verlauf und den Ausgang der Luftschlacht um England entscheidend beeinflußt hat.

Welchen Stellenwert nahm denn die Vorbereitung der Invasion Englands in der Strategie des faschistischen deutschen Imperialismus ein? Militärpolitisch wurde die gesamte Invasion sowie die Luftschlacht von der Tatsache bestimmt, daß innerhalb der Führung des faschistischen Deutschlands im Juni/Juli 1940 der Entschluß heranreifte, alle Kräfte für die Verwirklichung des strategischen Hauptziels des deutschen Imperialismus, des Überfalls auf die UdSSR, zu konzentrieren. Die Diskussionen und Erörterungen im faschistischen Oberkommando über den Zeitpunkt des Überfalls, über die Schaffung der dazu notwendig erachteten Voraussetzungen und die Bereitstellung entsprechender Kräfte und Mittel bildeten den Hintergrund für alle Entschlüsse im Sommer 1940. Allerdings wäre es verfehlt, daraus schließen zu wollen, die Luftschlacht um England wäre von Beginn an nur ein großangelegter Bluff, ein Täuschungsmanöver gigantischen Ausmaßes gewesen, das dazu gedient hätte, die Vorbereitungen für den Überfall auf die Sowjetunion zu verschleiern. Nach der Kapitulation Frankreichs, das als Festlandsdegen Großbritanniens angesehen wurde, verstieg sich die faschistische Führung zu der Annahme, daß England kapitulieren würde.

Die faschistische Wehrmacht sollte dann nach einer längeren Zwischenkriegspause umfassende Vorbereitungen für den Überfall auf die UdSSR treffen. Der britische Imperialismus lehnte jedoch unter dem Druck der Volksmassen und angesichts der unmittelbaren Bedrohung seiner eigenen Interessen- und Einflußsphären alle faschistischen Angebote ab, sich mit der Rolle eines Juniorpartners des deutschen Imperialismus zu begnügen. Ende Juli/Anfang August mußte die faschistische Führung endgültig zur Kenntnis nehmen, daß Großbritannien den Widerstand fortsetzen würde und ein Überfall auf die UdSSR frühestens Mitte 1941 möglich sein würde. Der Zeitgewinn, den der deutsche Imperialismus aus dem raschen Verlauf der Aggression in Westeuropa gezogen hatte, mußte sich in einen strategischen Zeitverlust verwandeln. Um die Zwangspause zu überbrücken, sich ein günstiges Kräfteverhältnis zu sichern und die besten Voraussetzungen für den Überfall auf die Sowjetunion zu ver-

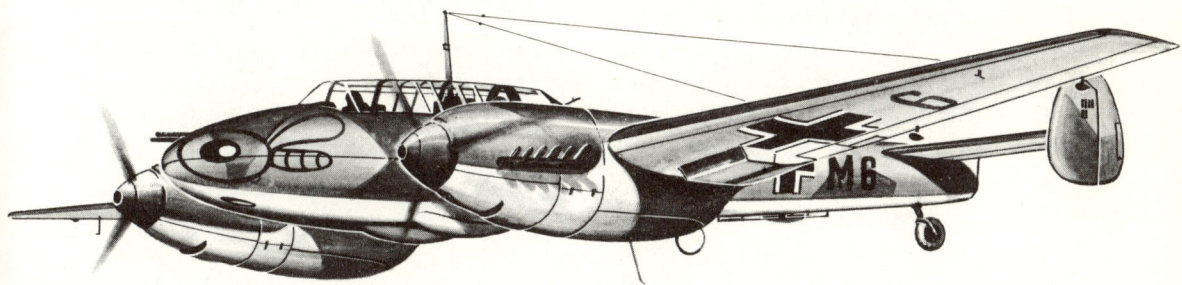

Me 110 C-1 Die Me 110 entstand auf Forderung der faschistischen Luftwaffenführung nach einem Flugzeugzerstörer. Die mit diesem Flugzeugmuster ausgerüsteten Staffeln sollten die künftige Elite der faschistischen Jagdfliegerkräfte bilden. Der Erstflug fand am 12. Mai 1936 statt. Anfang 1939 wurde sie bei der Luftwaffe eingeführt. Sie sollte noch in Spanien eingesetzt werden. In Polen wurde die Me 110 angesichts der faschistischen Luftüberlegenheit vor allem als Schlachtflugzeug verwendet. Ihre völlig unzureichende Eignung als Jagdflugzeug stellte sich somit erst während der Luftkampfhandlungen über England im Sommer 1940 heraus. Trotz hoher Verluste und unbefriedigender Leistungen wurde der Bau der Me 110 in verschiedenen Versionen bis 1945 fortgesetzt. Sie kam dabei insbesondere als Aufklärungs- und Nachtjagdflugzeug zum Einsatz. Insgesamt wurden etwa 6 150 Me 110 produziert.

schaffen, beschloß er, die Kriegführung gegen Großbritannien zu intensivieren, um England entweder zur Kapitulation oder zur «Verständigung» auf antisowjetischer Basis zu zwingen. Der Kriegführung gegen Großbritannien waren allerdings insoweit Grenzen gesetzt, als sie nicht die Substanz der faschistischen Land- und Luftstreitkräfte, die den Hauptschlag gegen die Sowjetunion führen sollten, angreifen durfte. Als dieser Punkt im September 1940 erreicht schien, brach die faschistische Führung die verschärfte direkte Kriegführung gegen England ab. Seit diesem Zeitpunkt diente die Kriegführung gegen Großbritannien dazu, das britische Kriegspotential zu beeinträchtigen, um völlige Rückenfreiheit beim Überfall zu haben, und zugleich wurde die Operation «Seelöwe» zum Rauchvorhang der forcierten Aufmarschvorbereitungen gegen die UdSSR.

Grundsätzlich fügten sich die Kampfhandlungen der faschistischen Luftwaffe in diese strategischen Konzeptionen ein. Bei ihrer Kriegführung gegen England heben sich vier Etappen voneinander ab. Die erste Etappe von der Kapitulation Frankreichs bis zum 7. August 1940 diente den Aufmarschvorbereitungen und der Auffüllung der Luftwaffe, mit denen zugleich politischer Druck auf den britischen Imperialismus ausgeübt werden sollte. In der zweiten Etappe − vom 13. bis 30. August 1940 − wurde die faschistische Luftwaffe vor allem zur Vorbereitung einer Großlandung der Landstreitkräfte in Großbritannien eingesetzt, mit der es zur Kapitulation gezwungen werden sollte. In der dritten Etappe, dem Höhepunkt der Luftschlacht um England − vom 31. August bis zum 17. September 1940 − sollte Großbritannien durch einen selbständig geführten Luftkrieg kapitulationsreif gebombt werden, während der Invasion selbst nur noch die Funktion eines vollendenden «Fangstoßes» zukommen sollte. In der vierten Etappe schließlich − 18. September 1940 bis 22. Juni 1941 − war die Luftwaffe im Zusammenwirken mit der Kriegsmarine zu einer Blockadekriegführung gegen Großbritannien übergegangen, mit der es auf die Dauer zermürbt und erdrosselt werden sollte.

Die faschistische Luftwaffenführung wertete den Verlauf des Überfalls auf Westeuropa als erneute Bestätigung ihrer taktischen und operativen Einsatzgrundsätze und der Überlegenheit ihrer Kampftechnik in der gesamten Breite.

Der Verlauf der Kampfhandlungen in Westeuropa, der vor allem durch den nationalen Verrat der herrschenden Kreise Frankreichs selbst die hochgespannten Erwartungen der deutschen Imperialisten und Militaristen übertroffen hatte, schwemmte auch in der Luftwaffenführung eine Woge chauvinistischer und militaristischer Überheblichkeit und Arroganz hervor. Der Siegestaumel, in dem sich die faschistischen «Neuordner» Europas befanden, verführte sie zu der Annahme, daß es für die Luftwaffe keinen ernst zu nehmenden Gegner mehr gebe. Angesichts der Fortsetzung des britischen Widerstands bereitete sich die faschistische Führung darauf vor, mit einem letzten großen Schlag auch Großbritannien zur Kapitulation zu zwingen. Die Aufgabe wurde von der Luftwaffe als nicht übermäßig schwierig angesehen. «Die Luftwaffe», so stellte der Führungsstab Ic am 16. Juli 1940 in einer vergleichenden Studie über die Kampfkraft von RAF und Luftwaffe fest, «ist der RAF hinsichtlich der Stärke, Ausbildung, Führung und Standortverteilung klar überlegen.» Die Zerschlagung der RAF wurde als eine Aufgabe angesehen, die binnen kürzester Frist erfüllt werden könnte. Entsprechend dieser Einschätzung bereitete sich die Luftwaffenführung auf einen harten, aber kurzen Kampf gegen die britischen Luftstreitkräfte vor.

Im Zuge der am 2. Juli 1940 befohlenen Planung aller Wehrmachtsteile zur Vorbereitung einer Landung gab die Luftwaffenführung am 11. Juli die «1. Weisung für die verschärfte Luftkriegführung gegen England» heraus, die vorsah, durch Störangriffe auf britische Industrie- und Luftrüstungsziele das Fighter Command zum Kampf zu stellen, es zu zerschlagen und die Luftüberlegenheit über Südengland zu erringen.

Zur Lahmlegung des Versorgungssystems wurde als erster Schritt die Unterbrechung der britischen Schiffahrt im Kanal befohlen. Die Luftwaffenführung bildete zu diesem Zweck aus Teilen des II. Fliegerkorps einen Stab «Kanalkampfführer» unter Oberst Johannes Fink, dem ein Bombengeschwader, zwei Sturzkampfgruppen und zwei Jagdgeschwader unterstellt wurden.

Die Vorbereitungen wurden wesentlich intensiviert, als das faschistische Oberkommando am 16. Juli 1940 die Weisung Nr. 16 herausgab, in der zur Landung in Großbritannien von der Luftwaffe gefordert wurde, daß die «englische Luftwaffe . . . moralisch und tatsächlich so weit niedergekämpft sein (muß), daß es keine nennenswerte Angriffskraft dem deutschen Übergang gegenüber mehr zeigt». Die Oberbefehlshaber der Luftflotten 2, 3 und 5 wurden daraufhin am 21. Juli 1940 zu einer Besprechung mit Hermann Göring nach Karinhall befohlen, wo die Grundlagen für die Führung des Luftkriegs abgesprochen wurden. In Karinhall kamen die faschistischen Luftwaffengenerale zu dem Entschluß, den Luftkrieg vorerst mit schwachen Kräften weiterzuführen und dabei besonders Luftrüstungsziele anzugreifen. Stärkere Kräfte sollten gegen die britische Schiffahrt und die britischen Seestreitkräfte in Scapa Flow zum Einsatz gebracht werden. Wenn der Hauptangriff auf die Landziele begänne, betonte Göring, dann müsse es sich um «heftige Angriffe zur Zermürbung des ganzen Landes» handeln. Bis zum 27. Juli legten die drei Luftflotten ihre Angriffspläne vor, denen zwar allen das Ziel zugrunde lag, die Luftherrschaft über Großbritannien zu erobern, die sich aber in den vorgeschlagenen Methoden unterschieden. Der Oberbefehlshaber der Luftflotte 3, Sperrle, trat für die Konzentration der Angriffe auf Häfen und Versorgungszentren ein, während das der Luftflotte 2 unterstellte II.

Stabsbesprechung der Luftwaffengeneralität zur Führung des Luftkriegs gegen Großbritannien

Fliegerkorps meinte, nur durch die Bombardierung Londons könnte das Fighter Command zum Kampf gestellt und entscheidend geschlagen werden.

In die Diskussion der Luftwaffenführung griff das OKW am 1. August 1940 entscheidend ein. In der Weisung Nr. 17 für die Führung des Luft- und Seekriegs gegen England wurde von der Luftwaffe gefordert, daß sie 1. die RAF und die britische Flugzeugindustrie zu vernichten, 2. die englische Lebensmittelversorgung zu zerrütten und 3. die englische Handels- und Kriegsflotte weitgehend zu schädigen habe. Bis zum 5. August sollte die verschärfte Luftoffensive ausgelöst werden.

Am 2. August 1940 wurde daraufhin vom Oberbefehlshaber der Luftwaffe eine neue Weisung an die drei Luftflotten herausgegeben. Zu einer präzisen Festlegung des Angriffsplans, der unter dem Decknamen «Adler» lief, und um Unstimmigkeiten in der Planung der drei Luftflotten zu beseitigen, trafen die Spitzen der faschistischen Luftwaffe am 6. August zu einer letzten Besprechung in Karinhall zusammen. Der Angriff sollte am ersten Tag in der Weise geführt werden, daß durch die Einsätze kleinster Bomberverbände auf das englische Flugplatzsystem in Südengland binnen vier Tagen dort die Luftüberlegenheit errungen wird. Durch Vorstöße der Luftflotten 2 und 3 allmählich bis zur Linie Kings-Lynn-Leicester sollte abschnittsweise die Luftüberlegenheit nach Norden ausgedehnt werden, wobei durch die Bedrohung Londons die britische Jagdabwehr auf alle Fälle gestellt werden sollte. Die Luftflotte 5 sollte von Norwegen und Dänemark aus durch Angriffe im Raum Newcastle am 3. Angriffstag die Luftverteidigung in diesem Abschnitt zerschlagen. Nach 14, spätestens nach 28 Tagen glaubte die Luftwaffenführung die Luftherrschaft errungen und damit alle Voraussetzungen zur Eröffnung der Operation «Seelöwe» geschaffen zu haben. In maßloser Überschätzung

Am Modell von Southampton werden die
Besatzungen für den Angriff vorbereitet

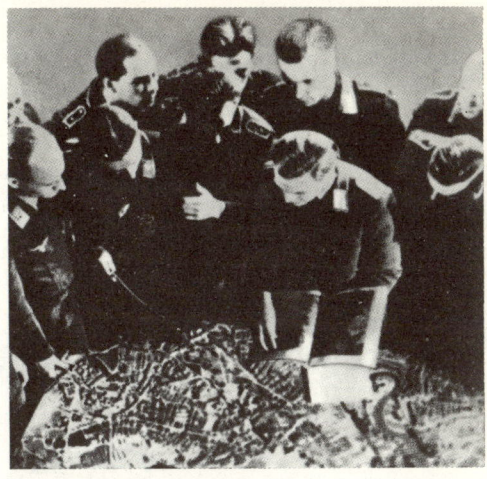

Southampton nach dem faschistischen
Luftangriff

ihrer Möglichkeiten erklärte die Luftwaffenführung allerdings schon zu
diesem Zeitpunkt, auch bei einer Nichtdurchführung von «Seelöwe» wäre
die Luftwaffe in der Lage, aus eigener Kraft Großbritannien derart zerstören und das britische Volk in einer solchen Weise terrorisieren zu
können, daß der britische Imperialismus kapitulieren würde.

Den Angriffsbeginn legte der Führungsstab der Luftwaffe am
10. August – nach Erhalt entsprechender Wettermeldungen – auf den

Supermarine «Spitfire» Mk. IX Eines der
besten Jagdflugzeuge des zweiten
Weltkriegs war die Supermarine
Spitfire beziehungsweise ihr
Gegenstück bei den Seestreitkräften
die Seafire, die beide in mehr als
40 Versionen gebaut wurden. Sie
erwies sich als ein überaus schnelles
und wendiges Jagdflugzeug. Ihren
Erstflug absolvierte sie am 5. März
1936. Im August des folgenden Jahres
wurde sie an die ersten Staffeln des
Fighter Command ausgeliefert.

Die Spitfire erwies sich neben der
Hurricane als Rückgrat der
britischen Luftverteidigung nicht nur
im Sommer 1940, sondern auch 1944 bei
der Abwehr der faschistischen Fi-103-
Angriffe. Einer Spitfire wird auch der
erste Abschuß einer Me 262 zugeschrieben.
Bis Oktober 1947 wurden serienmäßig
20 334 Spitfire hergestellt. Zuletzt
wurde sie von 1950 bis 1953
während der imperialistischen
Aggression in Korea eingesetzt.

13. August, 07.00 Uhr, fest. Zur Vorbereitung dieses Schlages führte die
Luftwaffe am 12. August mit zu Jagdbombern umgerüsteten Me 110
Überraschungsschläge gegen fünf britische Radarstationen, bei Dunkirk,
Pevensey, Rye, Dover und Ventnor, von denen jedoch nur letzteres über
Tage hinaus ausfiel. Damit hoffte sie, eine Lücke in das britische Radar-
system, dessen Wirkungsweise ihr insgesamt nur unzureichend bekannt
war, geschlagen zu haben.

Der Großangriff am Morgen des 13. August unterblieb, weil kurzfristig
der Angriffstermin auf den Nachmittag verlegt wurde. Da der Gegenbefehl
jedoch nicht mehr alle Verbände erreichte, eröffnete das Bombergeschwader 2 mit Angriffen auf Eastchurch und Sheernes die Luftoffensive. Ab Mittag intensivierten sich die Luftkampfhandlungen erheblich, als starke Teile der Luftflotte 3 ebenfalls Flugplätze und Ha-

Abgeschossene deutsche Bomberbesatzung
wird in Gefangenschaft gebracht

fenstädte in Großbritannien angriffen. Portsmouth und Portland wurden
schwer verwüstet. Daneben wurden 11 Flugplätze in Südengland bombardiert. 1485 Einsätze – davon zwei Drittel Jagdfliegereinsätze – flog die
faschistische Luftwaffe an diesem Tag gegen England. Die RAF stieg zu
700 Einsätzen auf, bei denen sie 13 Flugzeuge verlor und 45 Flugzeuge
abschoß. Mit unverminderter Wucht setzte die Luftwaffe am folgenden
Tag ihre Offensive mit Angriffen auf 8 britische Flugplätze fort. Der
geplante Angriff auf die Umgebung von London (Unternehmen «Lich-
termeer») mußte wegen ungünstiger Wetterbedingungen vorerst zurückgestellt werden, doch hielt das Oberkommando der Luftwaffe (OKL) nach
wie vor an der Auffassung fest, die Luftflotten 2 und 3 zu einheitlichen
Schlägen gegen ein Ziel zu bringen. Für den 15. August sah sie die
Möglichkeit, alle drei Luftflotten gleichzeitig zum Angriff gegen das
Fighter Command in der Luft und am Boden sowie gegen die britische
Flugzeugindustrie bringen zu können. Sie schätzte den bisherigen Verlauf
ihrer Luftoffensive so ein, daß die Bekämpfung der britischen Jagdfliegerkräfte in Südengland sehr gut gelungen sei. Sie gab an, das Verhältnis
zwischen den eigenen und den britischen Verlusten beliefe sich auf 1 : 3.
Acht britische Flugplätze hielt sie für völlig zerstört. Die Angriffe am
15. August sollten deshalb weiter nach Norden ausgedehnt werden. Durch
den Einsatz der Luftflotte 5 sollte die britische Luftverteidigung zer-
splittert werden. Seit dem frühen Morgen des 15. August stießen faschistische Fliegerkräfte aus verschiedenen Richtungen gegen die bri-

tischen Flugplätze vor, wobei besonders Middle Wallop schwer getroffen wurde, West Malling für Tage ausfiel und die ersten Bomben auf die Umgebung Londons, insbesondere auf den Flugplatz Croydon, niedergingen.

Mit einem völligen Mißerfolg endete dagegen der Einsatz von Teilen der Luftflotte 5, die den Raum Newcastle mit 65 He 111 und 35 Me 110 von Stavanger aus angriffen. Sie wurden von britischen Jagdfliegerkräften abgefangen und von ihren Zielen – den Flugplätzen Linton und Disfort – abgedrängt. Dabei verloren sie 8 Bomben- und 7 Zerstörerflugzeuge. Schwere Verluste erlitt auch das von Aalborg angreifende Bombergeschwader 30 bei seinem Angriff auf den Flugplatz Driffield und die Sturzkampfgeschwader des VIII. Fliegerkorps bei ihren Angriffen auf Flugplätze und Hafenstädte an der Kanalküste. Bei 1 786 Einsätzen hatte die faschistische Luftwaffe ihre bisher schwersten Verluste mit 75 Flugzeugen an einem einzigen Tag erlitten. Die Ausfälle des Fighter Command betrugen bei 899 Einsätzen 34 Flugzeuge.

Bei dem Versuch, Bilanz zu ziehen, kam der Führungsstab der Luftwaffe am 15. August trotzdem zu der illusionären Einschätzung, daß die RAF vom 1. Juli bis zum 15. August 762 Jagdflugzeuge verloren habe. Seiner Meinung nach verfügte sie nur noch über 430 Jagdflugzeuge, von denen 300 einsatzbereit seien. Tatsächlich verfügte das Fighter Command am 15. August über 672 einsatzbereite Jagdflugzeuge; weitere 235 Maschinen befanden sich in der Reserve.

Die faschistische Luftwaffenführung zeigte sich jedoch beunruhigt, daß die Kampfkraft des Fighter Command, wie die hohen Verluste am 15. August bewiesen, noch keineswegs wesentlich beeinträchtigt war. Auf einer Besprechung der Oberbefehlshaber der Luftflotten am selben Tag in Karinhall suchte man die Verluste insbesondere der Bombenfliegerkräfte durch eine neue Taktik zu vermindern. Galt bisher für den Einsatz der faschistischen Jagdflieger der Grundsatz, sie überwiegend in der «freien Jagd» handeln zu lassen und nur zum geringsten Teil im direkten Schutz, so sollten sie von nun an den Bombenfliegerkräften engsten Begleitschutz gewähren. Die faschistische Luftwaffentaktik geriet damit in einen Circulus vitiosus, denn der befohlene enge Begleitschutz schränkte die Möglichkeiten der faschistischen Jagdfliegerkräfte ein, möglichst viele britische Jagdflugzeuge zu vernichten, eine Aufgabe, für die sie gedrillt, ausgebildet und vorbereitet waren, eine Aufgabe auch, auf die ihre Flugzeuge und ihre Waffentechnik zugeschnitten waren.

Auf die britische Luftverteidigung wirkte sich die neue faschistische Angriffstaktik in doppelter Hinsicht aus. Einerseits vergrößerte der Einflug starker faschistischer Fliegerverbände die Möglichkeiten der RAF, rechtzeitig die Angriffsziele erkennen und die Abwehrkräfte entsprechend einsetzen zu können; auf der anderen Seite waren dem britischen Luft-

Tiefangriff auf einen englischen Flugplatz

verteidigungssystem von seiner Natur her gewisse Grenzen gesetzt worden, gleichermaßen wie der Angreifer seine Fliegerkräfte konzentrieren zu können. Mehr als vier Staffeln konnten nicht gleichzeitig funktechnisch von einer Abschnittsleitung geführt werden. Noch wesentlicher war jedoch, daß die britischen Jagdfliegerstaffeln auf Grund der kurzen ihnen zur Verfügung stehenden Vorwarnzeit nicht in der Lage waren, gleichzeitig mehr als zwei Staffeln von einem Flugplatz aus zu starten.

Die Luftverteidigung Großbritanniens beruhte bekanntlich seit dem Ende der dreißiger Jahre auf dem Prinzip der Raumverteidigung, das durch die Einführung des Radargeräts möglich geworden war. Verantwortlich für die Luftverteidigung war das Fighter Command, das im August 1940 unter dem Oberbefehl von Marschall Hugh Dowding stand und das sein Hauptquartier in Stanmore hatte. Ihm waren alle Jagdfliegerstaffeln unterstellt, die in vier Jagdgruppen zusammengefaßt waren. Diese waren jeweils für den Schutz eines bestimmten Gebiets verantwortlich. Dem Fighter Command unterstellt bzw. auf enge Zusammenarbeit mit ihm angewiesen

Taktische Formation der faschistischen Luftwaffe beim Anflug auf Ziele in Großbritannien (1940)

Indirekter Geleitschutz

Freie Jagd vor dem Kampfverband

Direkter Geleitschutz

Hawker «Hurricane»-Staffel beim Alarmstart

Ballonsperre vor dem Londoner Buckingham Palast ▷

258

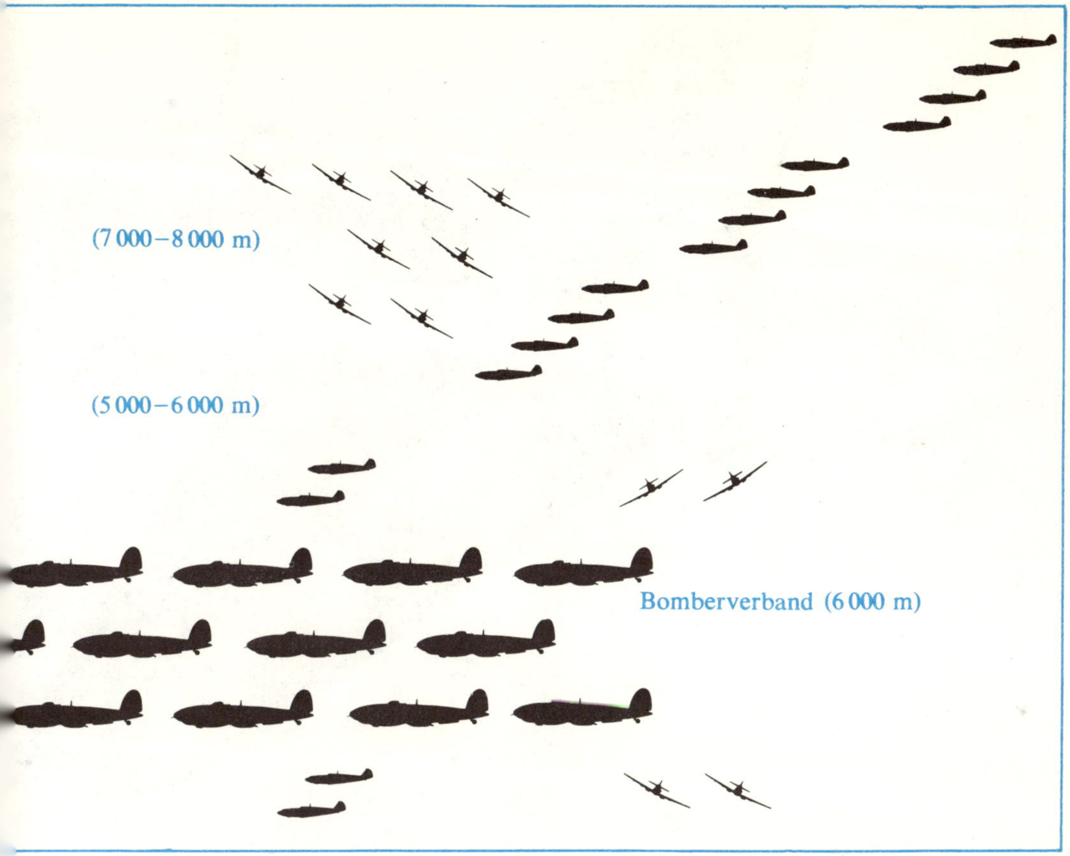

(7 000 – 8 000 m)

(5 000 – 6 000 m)

Bomberverband (6 000 m)

Flakgeschütze im Londoner Hydepark

Die britische Luftverteidigung im August 1940

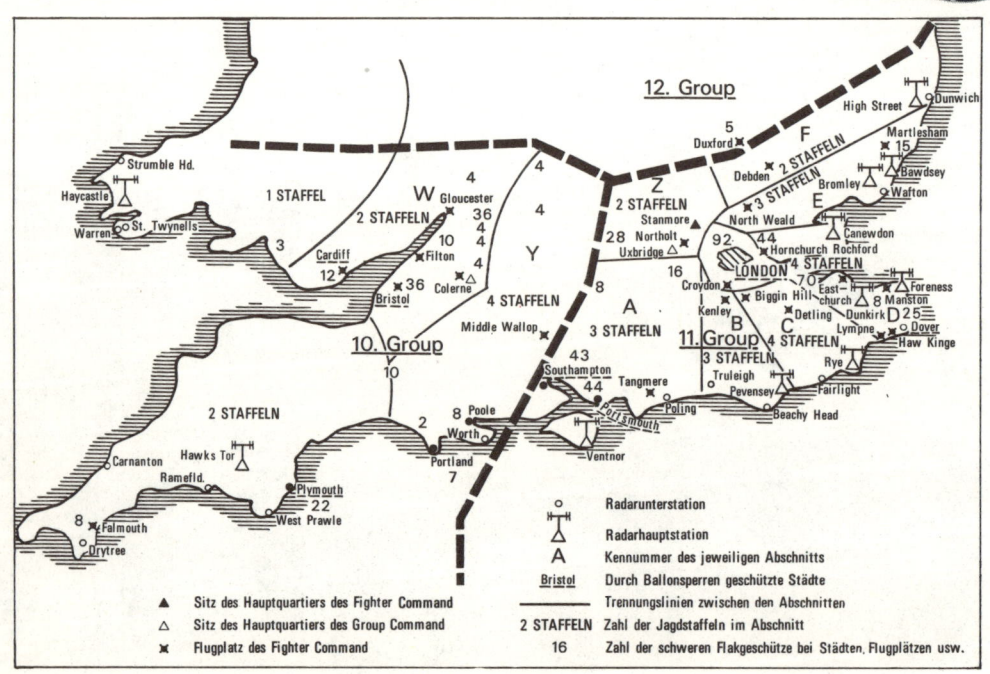

Me 109 F-4 Je zwei von drei im faschistischen Deutschland gebauten einsitzigen Jagdflugzeugen waren vom Typ Me 109. Im September 1935 startete sie zu ihrem Erstflug. 1937 wurde sie in die Ausrüstung der Luftwaffe eingeführt, im gleichen Jahr in Spanien im «scharfen Schuß» erprobt. Am 11. November 1937 stellte eine Me 109 mit einem speziell frisierten Motor einen neuen Geschwindigkeitsweltrekord für Landflugzeuge (610,55 km/h) auf. Als «schnellster Jäger» der Welt apostrophiert, sollten die faschistischen Jagdfliegerkräfte ausschließlich mit diesem Muster ausgerüstet werden. Die von Anfang an hohe Flächenbelastung der Me 109 hatte zur Folge, daß der Einbau stärkerer Motoren mit immer größeren Risiken erkauft wurde. Ab 1941 erwies sie sich den Jagdflugzeugen der Antihitlerkoalition insgesamt als unterlegen. Dessenungeachtet wurde die Serienproduktion bis Frühjahr 1945 fortgesetzt. Mit 35 000 Exemplaren war die Me 109 eines der meistgebauten Flugzeuge zwischen 1936 und 1945.

Die Zentrale der Radaroperationen in Bentley Prior

Der sechste Abschuß dieses britischen Jagdfliegers war eine He 111

waren das Balloon Command, das im August 1940 über 1 466 Sperrballons verfügte, das Royal Observer Corps, das Antiaircraft Command, das in seinen sieben Flakdivisionen im Juli 1940 über 1 163 schwere und 574 leichte Flakgeschütze verfügte, sowie die 60. Group (Signal Group), die für die Bedienung und Wartung der insgesamt 50 Radarstationen entlang der britischen Küsten verantwortlich war. Die Radarstationen konnten auf eine Reichweite von 130 bis 180 Kilometern Entfernung und Richtung sowie ungefähre Stärke und Höhe einfliegender Angriffsverbände feststellen. Die Meldungen der Radarstationen gingen direkt an das Fighter-Command-Hauptquartier nach Stanmore und wurden von dort aus an die vier Gruppen und Abschnitte weitergeleitet, von wo aus der Einsatz der Jagdfliegerstaffeln erfolgte.

Da sich die Angriffsrichtung und die voraussichtlichen Angriffsziele der faschistischen Luftwaffe selten eher feststellen ließen, bis sie die britische Küste passiert hatten – das heißt, sie hatten dann noch etwa zwanzig Flugminuten bis London –, verblieb dem Befehlshaber der hauptsächlich betroffenen 11. Group, Luftmarschall Keith Park, nur wenig Zeit, die Jagdfliegerkräfte starten und auf die erforderliche Höhe von 6 000 bis 7 000 Meter bringen zu können. Die geringe Vorwarnzeit machte es unmöglich, starke Jagdfliegerkräfte geschlossen an die faschistischen Fliegerkräfte heranbringen zu können, da eine Sammlung größerer Verbände in der Luft der faschistischen Luftwaffe Gelegenheit gegeben hätte, ihre Ziele ungestört zu bombardieren und abzufliegen. Ein zu frühes Starten konnte für das Fighter Command bedeuten, erst dann an den Gegner zu kommen, wenn der Treibstoff bereits zur Neige ging, was die Gefahr heraufbeschworen hätte, beim Nachtanken auf den Flugplätzen von faschistischen Angriffen überrascht zu werden.

In den Stäben der britischen Luftverteidigung begann man die Möglichkeiten zu überprüfen, auf welche Weise der konzentrierten Angriffskraft des Gegners massierte Abwehrkräfte entgegengeworfen werden könnten. Ab 27. August wurde als Aushilfsmittel das sogenannte Tally-Ho-System eingeführt, das den Jagdstaffeln der 11. Group erlaubte, nach Sichten faschistischer Fliegerkräfte direkt Staffeln aus anderen Abschnitten anzufordern. Zum anderen veränderte das Fighter Command seine Taktik insofern, als es die Kampfaufträge für die Hurricane- und Spitfirestaffeln spezifizierte. Während es die Aufgabe der schnelleren und rascher steigenden Spitfire sein sollte, die faschistischen Jagdfliegerkräfte vor ihren Zielen von den Bombenfliegerverbänden abzudrängen und in Luftkämpfe zu verwickeln, sollte die langsamere und nicht so steigfähige Hurricane vor allem gegen die faschistischen Bombenflugzeuge eingesetzt werden. Das Hauptproblem, das zu dieser Zeit nicht gelöst wurde, bestand darin, ein Zusammenwirken zwischen den Groups herzustellen.

Für die faschistische Luftwaffe machte sich die Veränderung der britischen Jagdfliegertaktik rasch bemerkbar. Trotz starken Jagdschutzes erlitten die faschistischen Bombenfliegergeschwader bei ihren Angriffen am 16. und 18. August auf die britischen Flugplätze Kenley und Tangmere, die beide erheblich zerstört wurden, sowie auf Croydon, West Malling, Manston und Biggin Hill weitere schwere Verluste. Am 16. August gingen 45, am 18. August sogar 71 Flugzeuge verloren, während die RAF 21 beziehungsweise 27 Jagdflugzeuge einbüßte. Nach einer erneuten Besprechung in Karinhall am 19. August gab die Luftwaffenführung am 20. August eine neue Weisung für die Fortsetzung der Luftoffensive heraus, in der als Hauptaufgabe weiterhin die Schwächung der britischen Jagdfliegerkräfte und ihrer Bodenorganisation bezeichnet sowie Angriffe auf Flugzeugwerke und erstmals auf Aluminium- und Walzwerke befohlen wurden.

Auf zwei Fragen versuchte die faschistische Führung vor allem eine Antwort zu finden: wie die Luftüberlegenheit über Großbritannien errungen werden könne und auf welche Weise die Bombenfliegerkräfte eingesetzt werden können, wenn sie ohne Jagdschutz handelten. Einerseits wurden die Ju-87-Verbände am 19. August — auf Grund schwerster Verluste — aus dem Einsatz gezogen. Darüber hinaus empfahl die faschistische Führung als taktisches Verfahren, durch pausenlose Einsätze das Fighter Command vor allem in der Luft zu zerschlagen. Die Bombenfliegerkräfte sollten dagegen unter Ausnutzung ungünstiger Witterung im Einzelflug oder unter starkem Jagdschutz bei Tage Großbritannien weiterhin angreifen.

Zur Verschärfung des Luftkriegs wurde den faschistischen Bombenfliegergeschwadern die Bombardierung aller Ziele — bis auf London — freigegeben. Die ersten Auswirkungen des immer barbarischer geführten Luftkriegs zeigten sich am 24. August, als in Ramsgate ganze Straßenzüge von faschistischen Bomben in Schutt und Asche gelegt wurden. Große Aufmerksamkeit schenkte die faschistische Führung der Intensivierung der Nachtangriffe gegen Flugzeugwerke und die RAF-Bodenorganisation. Sie begann, alle Jagdfliegerkräfte bei der Luftflotte 2 zu konzentrieren, und orientierte die Luftflotte 3 vor allem auf Nachtangriffe in Südengland. Am 27. August begann die Luftflotte 3 ein viertägiges Nachtbombardement gegen Liverpool-Birkenhead, bei dem von insgesamt 629 Bombenflugzeugen 455 Tonnen Spreng- und 1 029 Tonnen Brandbomben abgeworfen wurden. Mit den Angriffen auf Liverpool ging die Luftwaffe dazu über, den Terror gegen die Zivilbevölkerung in den Mittelpunkt ihrer Angriffe zu stellen.

Bekräftigt wurde diese Entwicklung durch eine Weisung Görings vom 30. August 1940 an die Luftflotten 2 und 3, die als Aufgabe für die Luftflotte 2 die Vernichtung der um London versammelten britischen Jagdfliegerstaffeln nannte, während der Luftflotte 3 die Aufgabe übertragen

Sorgenvolle Gesichter im Hauptquartier des Fighter Command. Das Zusammenwirken der Groups bei der Abwehr der Luftangriffe erweist sich Ende August als unzureichend

wurde, durch massierte Nachtangriffe auf Bristol und Liverpool die britische Bevölkerung zu terrorisieren und gleichzeitig ihre Versorgung zu desorganisieren. Bei Tage sollten Störangriffe gegen Flugzeugfabriken geflogen werden.

Die Nachtangriffe der Luftflotte 3 und die vorübergehend niedrigeren Verluste, die die Luftflotte 2 bei ihren Angriffen auf das Flugplatzsystem um London verzeichnete, verleiteten die Luftwaffenführung Ende August/ Anfang September zu der Annahme, die britische Luftverteidigung sei schwer angeschlagen und es bedürfe nur noch eines letzten zermalmenden Schlages. Sie behauptete, vom 8. bis zum 26. August 791 britische Jagdflugzeuge – 50 Prozent des Fighter Command – vernichtet zu haben. Am selben Tag meldete der faschistische Militärattaché Friedrich von Boetticher aus Washington, daß auch nach Ansicht des amerikanischen Kriegsministeriums «die Lage Englands gefährdet und ein Zusammenbruch Englands jederzeit zu befürchten sei».

Am 3. September 1940 legte das OKL dem OKW folgende Lagebeurteilung vor: «Die englische Jagdabwehr ist stark angeschlagen, werden die deutschen Angriffe auf die englischen Jäger im Laufe des Septembers bei günstiger Wetterlage fortgesetzt, so ist anzunehmen, daß die Luftangriffe auf die englischen Produktionsstätten und Hafenanlagen derart gesteigert werden können, daß die englische Bevorratung erheblich darunter leidet. Ob England dann noch weiterkämpft, ist die Frage.»

Sie drängte deshalb seit Ende August darauf, mit der uneingeschränkten Terrorisierung auch des größten Ballungsraums der englischen Bevölkerung, der Bombardierung von London, zu beginnen. Damit sollten nicht nur die «Überreste» des Fighter Command zum Kampf gestellt, sondern es sollte auch endgültig zum selbständigen Luftkrieg übergegangen werden. Das OKW machte sich die Lagebeurteilung des OKL zu eigen und erklärte am 4. September: «Bisherige *Ergebnisse des Luftkrieges* gegen England bestätigen höchste Erwartungen.»

Mit dem Entscheid der faschistischen Führungsspitze am 30. August, nur eine Landungsoperation begrenzten Ausmaßes gegen Großbritannien zu unternehmen, die ihm den Todesstoß versetzen sollte, wurde die selbständige Luftkriegführung vorübergehend zur Hauptmethode, mit der der deutsche Imperialismus den britischen Konkurrenten bezwingen wollte. Die Luftwaffe bereitete sich darauf vor, nach der Vernichtung des Fighter Command durch die rücksichtslose Terrorisierung des britischen Volkes den Krieg gegen Großbritannien zu entscheiden.

Die Wende in der Führung des faschistischen Luftkriegs gegen Großbritannien, die Anfang September 1940 stattfand, zählt zu den Ereignissen in der Geschichte des zweiten Weltkriegs, die von der bürgerlichen Historiographie planmäßig verfälscht oder zumindest im dunkeln gehalten werden. Diese Wende hat zum geringsten – wie von zahllosen imperialistischen Luftkriegshistorikern bis in die Gegenwart hinein behauptet wird – ihre Ursache in der angeblichen Empörung Hitlers und der faschistischen Clique über die ersten britischen Luftangriffe auf Berlin am 26. August 1940. Die Legende, daß ein Hitler durch die diabolischen Schachzüge eines Churchill provoziert wurde und die Schläge gegen die englischen Flugplätze abbrechen ließ, um als «Vergeltung» London zu bombardieren, hört sich zwar im Kolportagestil recht gut an und läßt sich gewiß auch publikumswirksam verkaufen, hat aber mit der geschichtlichen Wahrheit nichts gemein. Sie dient vielmehr dazu, die objektiven Gründe für das Scheitern des faschistischen Luftkriegs gegen Großbritannien durch subjektive Gründe – nach denen Hitler den angeblich möglichen Sieg verschenkt habe – zu verschleiern. Mit ihr wird ferner das Ziel verfolgt, die Hauptverantwortung für die Entfesselung des gnadenlosen Luftterrors vom deutschen auf den britischen Imperialismus abzuwälzen. Insbesondere die Luftkriegsgeschichtsschreibung der BRD sucht den Eindruck zu erwecken, als sei der faschistische Luftkrieg bis September 1940 ausschließlich gegen militärische Ziele geführt worden. 1 333 britische Zivilisten, die allein vom 10. Juli bis zum 31. August 1940 bei faschistischen Luftangriffen umkamen, zeugen jedoch davon, daß die Luftwaffe eben nicht nur militärische Ziele bombardiert hatte. Hier mag eingewandt werden – und die imperialistischen Luftkriegshistoriker haben keine Gelegenheit versäumt, diesen Tatbestand weitschweifig abzuhandeln –, daß Großangriffe auf London bis Anfang September ausdrücklich untersagt worden waren.

Nun widerspricht zwar schon die Tatsache, daß zahlreiche britische Städte im Juli und August schwer von Luftangriffen betroffen wurden, der

Behauptung, die Luftwaffe habe angeblich die Zivilbevölkerung schonen wollen. Was das Verbot der Angriffe auf London angeht, so ließ die faschistische Führung niemals den geringsten Zweifel daran aufkommen, daß die Einäscherung Londons das Endziel und die Krönung ihres Luftkriegs werden sollte. Allerdings sollten derartige Angriffe erst zu dem Zeitpunkt geflogen werden, wenn sich die faschistische Luftwaffe in den Besitz aller Vorteile gebracht hatte und die Luftüberlegenheit erreicht schien. Schon am 17. Januar 1940 hatte sie dieses Verfahren in einer Weisung mit den Worten angekündigt: «Es liegt aber nicht im Interesse der Gesamtkriegführung, durch eigene Initiative den Luftkrieg gegen England in vollem Maße zu entfesseln, bevor nicht auf unserer Seite eine günstige Ausgangsbasis geschaffen und starke, für den Einsatz gegen England geeignete Kräfte vorhanden sind.» Und genau diesen Zeitpunkt sah sie Anfang September für gekommen. Die britischen Luftangriffe auf Berlin, die durch die faschistischen Luftangriffe auf britische Städte seit Juli 1940 provoziert waren, dienten dabei als willkommener Vorwand vor der Weltöffentlichkeit, um mit geheuchelter Entrüstung den Luftterror gegen Großbritannien auch noch legitimieren zu können.

In der ersten Septemberwoche verstärkte sich im faschistischen Oberkommando der Eindruck, die britische Luftverteidigung sei so schwer angeschlagen, daß sie massierten Großangriffen keinen ernsthaften Widerstand mehr entgegensetzen könne. Am 2. September hieß es in den Aufzeichnungen des OKW: «Englische Gefangene klagen über Überanstrengungen, große Wirkung der deutschen Angriffe.» Am 3. September wurde festgestellt: «Seit dem 8. August seien 1 115 britische Jagd- und 52 Bombenflugzeuge vernichtet, 18 Flugplätze zerstört und weitere 26 beschädigt worden.» Am 4. September wurde registriert: «Abschußverhältnis hat sich merklich zu unseren Gunsten geändert.» Am 5. September schien sich dieser Eindruck zu bestätigen. Es hieß: «Bei den gestrigen Vorstößen der Luftwaffe wenig feindliche Jagdabwehr.» Und am 6. September hieß es schließlich: «Die englischen Jagdstaffeln sind von 12 bis 15 auf 5 bis 7 Flugzeuge abgesunken.»

In der Tat erlitt das Fighter Command in der ersten Septemberwoche bei den ununterbrochenen Tagesangriffen auf das Flugplatzsystem um London die schwersten Verluste in der Luftschlacht um England. Gingen in der letzten Augustwoche 162 Jagdflugzeuge verloren, davon 120 total, so büßte das Fighter Command vom 30. August bis zum 5. September 276 Flugzeuge ein, darunter 167 Totalverluste. Am empfindlichsten wogen dabei die Verluste an Piloten. Die Zahl der in der britischen Luftverteidigung zur Verfügung stehenden Jagdflugzeuge begann zurückzugehen. Durch die ununterbrochenen Angriffe auf die Flugplätze war die Einsatzbereitschaft der Jagdstaffeln erheblich gemindert, und es drohte eine Desorganisation des Nachrichten- und Leitwesens. Der Führung des Fighter Command

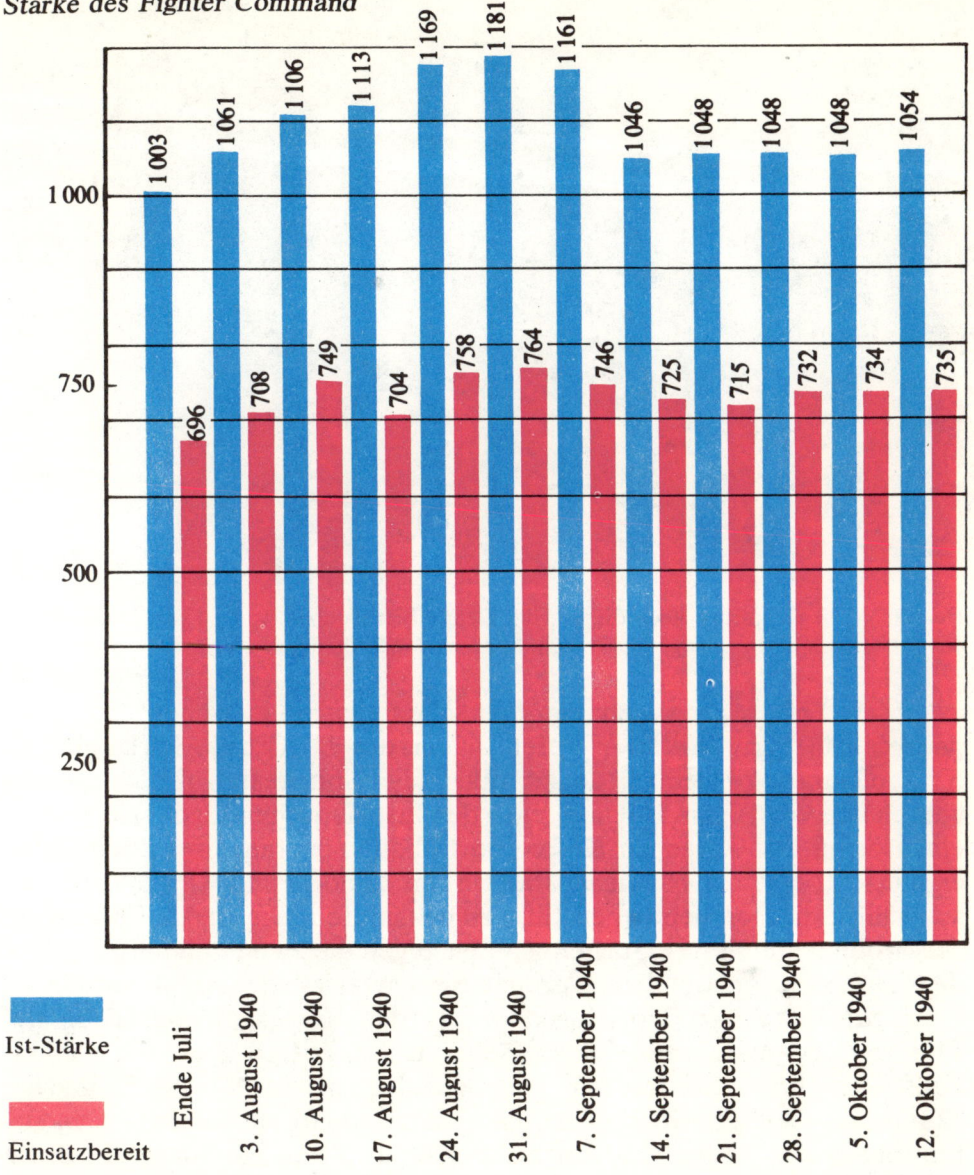

Stärke des Fighter Command

Ist-Stärke

Einsatzbereit

Ende Juli
3. August 1940
10. August 1940
17. August 1940
24. August 1940
31. August 1940
7. September 1940
14. September 1940
21. September 1940
28. September 1940
5. Oktober 1940
12. Oktober 1940

1003 — 696
1061 — 708
1106 — 749
1113 — 704
1169 — 758
1181 — 764
1161 — 746
1046 — 725
1048 — 715
1048 — 732
1048 — 734
1054 — 735

wurde offenbar, daß die 11. Group mit ihren 250 bis 300 Flugzeugen allein nicht in der Lage war, die faschistischen Luftangriffe abzuwehren. Eine zahlenmäßige Verstärkung der 11. Group hätten weder die Flugplätze noch das Kontroll- und Leitsystem bewältigen können. Notwendig war, das Zusammenwirken der 10. und 12. Group mit der 11. Group zu organisieren. Das stieß auf Schwierigkeiten, weil auf Grund der geringen Vorwarnzeiten die Staffeln der 10. und der 12. Group häufig zu spät alarmiert wurden und

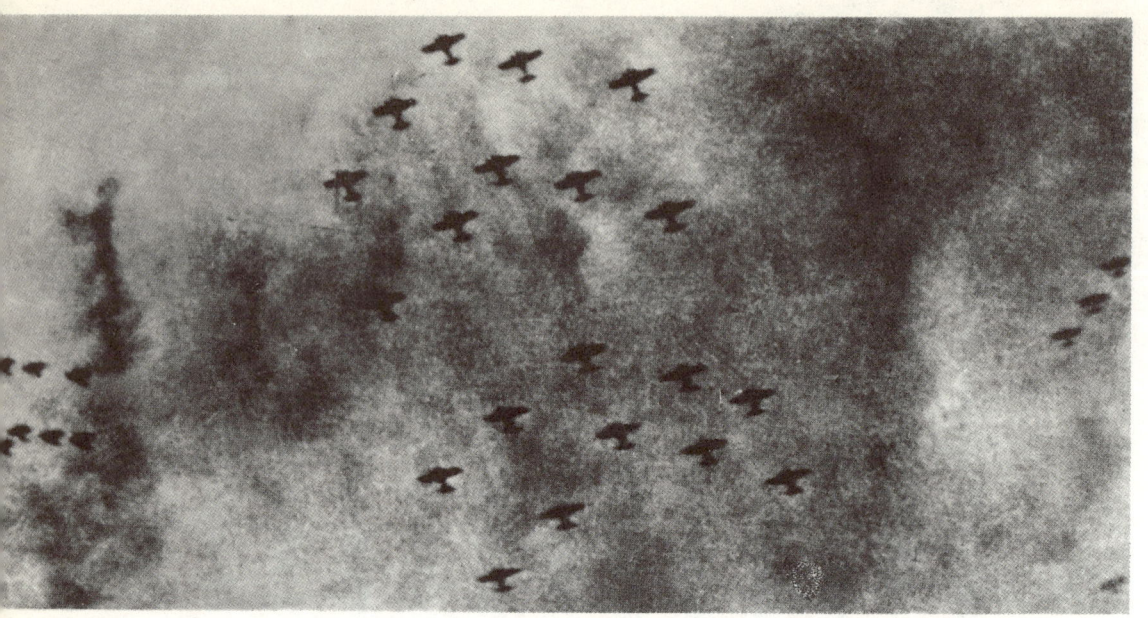

Dornierbombenflugzeuge über Biggin Hill. Deutlich erkennbar ist die Kampfformation des Verbandes und der enge Begleitschutz durch Jagdflugzeuge

es zudem Differenzen über den taktischen Einsatz zwischen den Gruppenbefehlshabern gab. Der Befehlshaber der 11. Group, Park, ging ab 5. September konsequent dazu über, die Spitfirestaffeln von Hornchurch und von Biggin Hill aus gegen den faschistischen Jagdbegleitschutz einzusetzen, der zwischen Küste und London abgefangen werden sollte; er konzentrierte die Hurricanestaffeln um London und wies sie an, ausschließlich die Bombenfliegerkräfte zu bekämpfen. Die an den Flügeln der 11. Group stationierten Staffeln sollten gegen die zweite und dritte Welle der faschistischen Bombenflugzeuge eingesetzt werden, denn auf Grund ihrer zahlenmäßigen Unterlegenheit wurden die Jagdfliegerkräfte der 11. Group bei massierten faschistischen Luftangriffen überrollt. Um das Kräfteverhältnis zu verändern, mußten deshalb die Staffeln der 10. und der 12. Group ebenfalls über dem Sektor der 11. Group handeln. Der Befehlshaber der 12. Group, Luftmarschall T. A. Leigh-Mallory, vertrat jedoch die Auffassung, daß sich nur starken Jagdfliegerkräften, die zumindest in Geschwaderstärke handelten, Erfolgsaussichten bieten würden. Da eine derartige Konzentration von Staffeln erheblich Zeit kostete, stießen die Staffeln der 12. Group bei ihren Einsätzen des öfteren ins Leere, erreichten bestenfalls die faschistischen Fliegerkräfte auf dem Abflug, wenn sie ihre Ziele bereits bombardiert hatten.

Die Wirksamkeit der britischen Jagdabwehr war unter diesen Umständen gering, und es zeigten sich bedenkliche Lücken im britischen

Stärke der zum Luftkrieg gegen England eingesetzten
faschistischen Fliegerkräfte (7. Sept. 1940)   (Ist-Stärke)

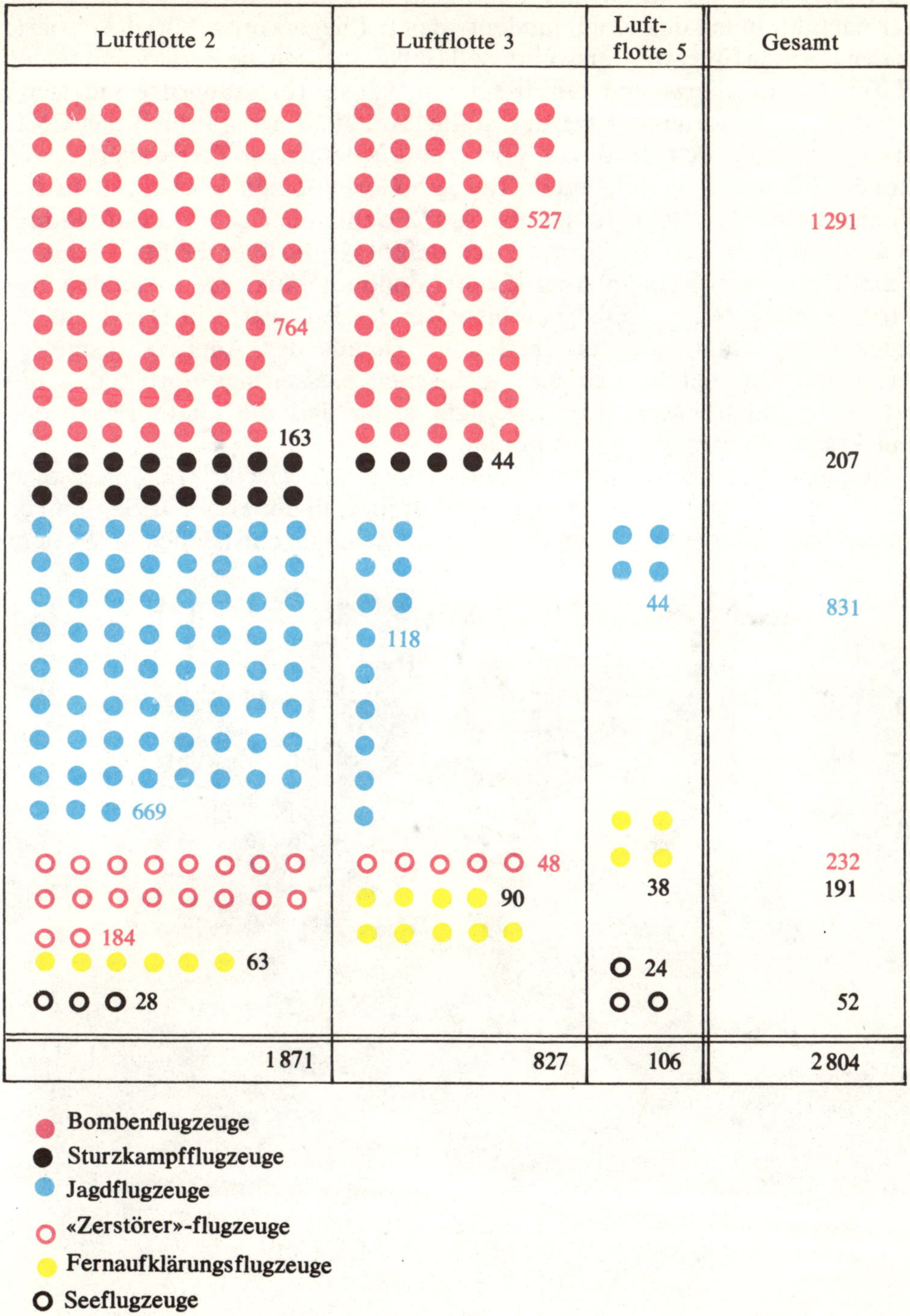

Luftflotte 2	Luftflotte 3	Luft-flotte 5	Gesamt
764	527		1 291
163	44		207
669	118	44	831
184	48	38	232
63	90		191
28		24	52
1 871	827	106	2 804

● Bombenflugzeuge
● Sturzkampfflugzeuge
● Jagdflugzeuge
○ «Zerstörer»-flugzeuge
● Fernaufklärungsflugzeuge
○ Seeflugzeuge

Luftverteidigungssystem, die von der faschistischen Führung als Zeichen des Zusammenbruchs gedeutet wurden. Bereits seit Ende August hatte die Luftwaffenführung darauf gedrängt, zum totalen Luftkrieg überzugehen, der nach Meinung des Kommandeurs des I. Fliegerkorps, Ulrich Grauert, in der Form geführt werden sollte, daß England durch die Zerstörung seiner Häfen «stranguliert» und durch schonungslose Terrorangriffe auf seine Großstädte demoralisiert werden sollte. Am 30. August erhielt das OKL die Zustimmung des OKW zur Vorbereitung derartiger Terrorangriffe auf London. Bereits am folgenden Tag gab Göring einen Vorbefehl für die Vorbereitung des Angriffs heraus. Am 2. September gab die Luftflotte 2 eine Weisung und die Luftflotte 3 den Befehl Nr. 80 über die beabsichtigte Kampfführung bei einem Angriff auf London heraus. Am folgenden Tag versammelten sich die Oberbefehlshaber der Luftwaffe in Den Haag zu einer Besprechung, in der die letzten Details des Angriffs festgelegt wurden. Dabei setzte sich die Auffassung Kesselrings durch, daß die britischen Jagdfliegerkräfte «erledigt» seien und die letzte Phase des Luftkriegs eingeleitet werden könne.

Propagandistisch wurde die neue Phase des Luftkriegs durch eine Hitlerrede im Berliner Sportpalast vorbereitet, in der er am 4. September unter dem hysterischen Jubel eines fanatisierten faschistischen Mobs dem

Am schwersten betroffen vom faschistischen Luftterror: die britische Arbeiterklasse. Wegen fehlender Luftschutzbunker in den Arbeitervierteln suchen sie Nacht für Nacht Zuflucht in der Untergrundbahn

270

britischen Volk die unverhüllte Luftbarbarei mit den Worten androhte, von nun an werde man Englands Städte «ausradieren». Am 5. September machte Hitler seine Drohung wahr und setzte den Beginn des ersten massierten Terrorangriffs auf London auf den Vormittag des 7. September fest.

In der Nacht vom 5. zum 6. September führten ausgewählte Staffeln der Bombenfliegergeschwader 2, 3, 26 und 53 mit 68 Flugzeugen den ersten nächtlichen Terrorangriff auf London durch. Er sollte weit übertroffen werden von dem Großangriff am 7. September auf das Zielgebiet «Loge», der auch in der Nacht fortgesetzt werden sollte. 625 Bomben- und 648 Jagdflugzeuge wurden zu diesem Luftüberfall zusammengezogen. Göring selbst übernahm von Cap Gris-Nez aus die Leitung dieses Vernichtungsangriffs. Die britische Luftverteidigung wurde von diesem Schlag überrascht und überrollt. Die Verluste der Luftwaffe mit 41 Flugzeugen lagen vergleichsweise wesentlich niedriger als bei vorangegangenen Einsätzen. Große Teile Londons wurden im Verlauf des Angriffs vernichtet. Über 1 000 Londoner fielen dem faschistischen Luftterror zum Opfer. Die faschistische Führung glaubte ihre Annahme bestätigt zu sehen, der RAF das Rückgrat gebrochen zu haben. Am 9. September meldete der Luftwaffenführungsstab, die Bombardierung Londons solle in der Weise fortgesetzt werden, «daß am Tage der Einsatz der Luftflotte 2 unter gleichzeitigem Einsatz stärkster Jagd- und Zerstörerverbände, bei Nacht der Einsatz durch die Luftflotte 3 durchgeführt werden soll bis zur Vernichtung der Hafenanlagen, der Versorgungs- und Kraftquellen der Stadt». Das Ziel bestand darin, das politische und wirtschaftliche Zentrum des britischen Empire zu zerstören und die Moral der Londoner Zivilbevölkerung zu erschüttern. Mit gespannter Aufmerksamkeit verfolgte die faschistische Führung die Entwicklung in Großbritannien. Über Rudolf Heß und dessen Vertrauten Albrecht Haushofer unterbreitete Hitler Vertretern des britischen Imperialismus erneut ein «Friedensangebot», zu dessen Annahme sie unter den Schlägen der Luftwaffe gezwungen werden sollten. Als der deutsche Militärattaché in Washington, General Boetticher, am 9. September gar meldete, durch die Luftangriffe sei die «Moral der englischen Bevölkerung stark angeschlagen, große Ermüdungserscheinungen, Optimismus verschwunden, Wirkung im Herzen Londons wie ein Erdbeben», erklärte Hitler dem Oberbefehlshaber der Marine, Erich Raeder, daß die Großangriffe auf London möglicherweise kriegsentscheidend wären und die systematische und langwährende Bombardierung Großbritanniens eine solche Haltung der englischen Regierung hervorrufen könne, die eine Landungsoperation überhaupt unnötig machte. Göring selbst orakelte am 14. September in der arroganten und überheblichen Weise der deutschen Militaristen, daß in spätestens 14 Tagen England endgültig kapitulationsreif gebombt sei. Mit großen Hoffnungen

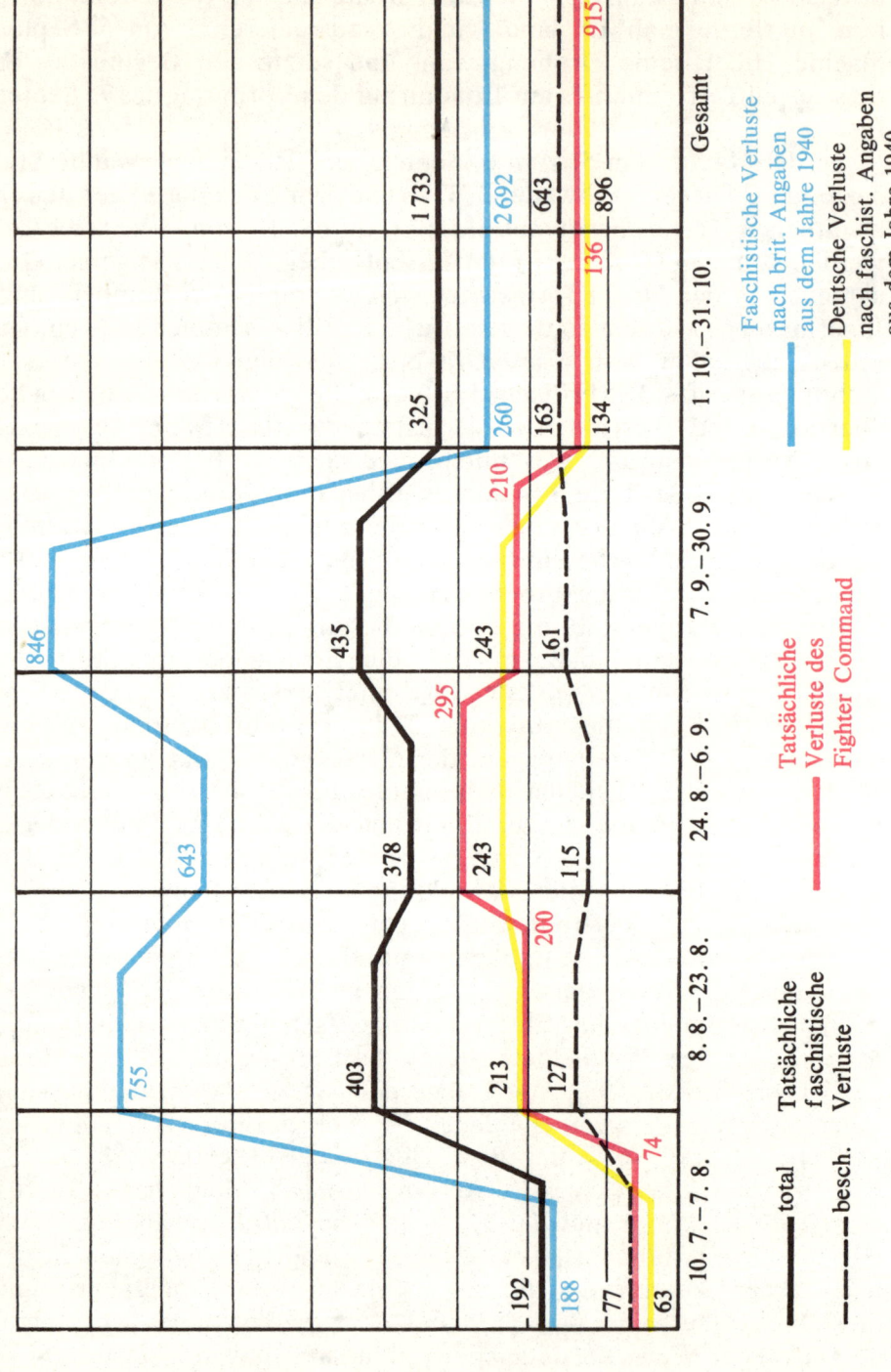

Die Verluste der faschistischen Luftwaffe und des Fighter Command zwischen dem 10. Juli und 31. Oktober 1940

Faschistische Verluste nach brit. Angaben aus dem Jahre 1940

Deutsche Verluste nach faschist. Angaben aus dem Jahre 1940

Tatsächliche Verluste des Fighter Command

Tatsächliche faschistische Verluste

—— total
–––– besch.

10. 7.–7. 8. | 8. 8.–23. 8. | 24. 8.–6. 9. | 7. 9.–30. 9. | 1. 10.–31. 10. | Gesamt

befahl das OKL deshalb für den 15. September einen erneuten Großangriff auf London, mit dem die Moral der englischen Bevölkerung entscheidend getroffen werden sollte. Entgegen allen Erwartungen trafen die faschistischen Bombenflieger jedoch auf den erbitterten Widerstand des Fighter Command, das die Luftwaffenführung längst zerschlagen glaubte. Nicht so sehr der Verlust von 56 Flugzeugen rief Bestürzung in der faschistischen Führung hervor als vielmehr die Tatsache, daß die zertrümmert geglaubte britische Luftverteidigung noch im wesentlichen intakt war. An diesem Tag war es dem Fighter Command erstmals gelungen, alle drei Groups gleichzeitig zum Einsatz kommen zu lassen.

Und obwohl Göring in einer Stabsbesprechung am 16. September die Luftwaffe auf eine neue Taktik orientierte, nämlich mit kleinen Bombenfliegergruppen unter überwältigendem Jagdschutz erneut die RAF zu stellen und auf diese Weise in vier bis fünf Tagen doch noch die Luftherrschaft zu erobern, zogen die maßgeblichen Vertreter der politischen und militärischen Führung des deutschen Imperialismus Mitte September aus dem Verlauf des Luftkriegs die Schlußfolgerung, daß Großbritannien mit den verfügbaren Kräften der Luftwaffe nicht zu schlagen wäre, eine Fortsetzung des Luftkriegs mit der bisherigen Intensität die Substanz der Luftwaffe angreifen würde. Am 17. September 1940 erließ das OKW den Befehl, daß die Operation «Seelöwe», die bei einem erfolgreichen Verlauf des Luftkriegs Anfang Oktober durchgeführt werden sollte, auf unbestimmte Zeit verschoben sei. Am 12. Oktober 1940 wurde die Landung für 1940 endgültig abgesagt und seitdem niemals mehr ernsthaft erörtert.

Trotz krampfhafter Bemühungen des OKL, den Luftkrieg in gewohnter Weise fortzusetzen, stagnierte er seit dem 15. September.

Das faschistische Oberkommando suchte Aufschluß darüber zu erhalten, welche Ursachen zu dieser Entwicklung geführt haben. Vom 18. bis 21. September 1940 wurde Generalmajor Walter Warlimont, Chef der Abteilung Landesverteidigung im Oberkommando der Wehrmacht, in die Niederlande, nach Belgien und nach Nordfrankreich entsandt, um «unmittelbare Eindrücke über den Stand der Vorbereitungen für das Unternehmen ‹Seelöwe› und den Stand des Luftkriegs zu gewinnen». Die Art und Weise, in der sich Warlimont seines Auftrags zu entledigen suchte, bestätigt einmal mehr die Feststellung, daß eine zum Untergang verurteilte Klasse unfähig ist, richtig zu urteilen und dementsprechende Schlußfolgerungen zu ziehen.

Im Verlauf der Unterredungen nämlich, die er mit Kesselring und dessen Stabschef Helm Speidel führte, hatten beide «über das nach wie vor ungünstige Wetter geklagt, das immer wieder die Verschiebung des Einsatzes starker Verbände notwendig mache». Speidel führte den enttäuschenden Verlauf des Luftkriegs gegen England darauf zurück, daß im September «nur noch 1 Tag guten Wetters zur Verfügung gestanden (habe),

He 111 bei einem Tagesangriff auf London über der Themseschleife

Splittergräben für Londons Arbeiterkinder, aus denen heraus sie den Anflug
faschistischer Bombengeschwader beobachten

so daß der Angriff nicht in der geplanten Form habe durchgeführt werden können». Die «Atempause», die Großbritannien dadurch gewann, so versicherte Speidel einem gläubigen Warlimont, habe England gerettet.

Die Legende vom Versagen des Generals «Wetter», die im Verlauf des faschistischen Eroberungskriegs beliebig ergänzt wurde, zum Beispiel durch den General «Winter», den General «Schlamm», den General «Frost», als nämlich die Wehrmacht an der deutsch-sowjetischen Front von Niederlage zu Niederlage taumelte, wurde im faschistischen Hauptquartier nicht nur willig aufgenommen, sondern bildete von nun an Haupt- gesprächsthema Hitlers, wenn er ausländischen Besuchern den für den deutschen Imperialismus enttäuschenden Verlauf des Luftkriegs gegen England erklären mußte. Dem italienischen Faschistenführer Roberto Farinacci beteuerte er am 1. Oktober 1940: «Das Wetter sei allerdings furchtbar schlecht. Seit Anfang August sei es am Kanal so unbeständig, daß großangelegte Operationen nicht angesetzt werden könnten... Er liege auf der Lauer, und wenn es vier bis fünf wirklich schöne Tage gäbe, würde er den Engländern die ganzen Anlagen zertrümmern.» Und Benito Mus-

Verwundete Besatzungsmitglieder einer He 111, die London angriff, werden nach der Rückkehr auf einem französischen Feldflugplatz abtransportiert

Auf Grund des Radarwarnsystems kaum zu überraschen: britische Jagdflieger beim Alarmstart

solini selbst versicherte er vier Tage später: «Nach einigen Stunden aller- dings schlug das Wetter wieder um... Seitdem warte die deutsche Wehrmacht nun jeden Tag seit vier Wochen auf gutes Wetter und würde in ihren Hoffnungen immer von neuem enttäuscht.» Wie man es auch nimmt, ob im Luftkrieg oder an der deutsch-sowjetischen Front, stets wurden die faschistischen Streitkräfte nach Auffassung der deutschen Militaristen nicht etwa von ihren Gegnern geschlagen, sondern immer von der Tücke des jeweiligen Wetters überwältigt, das überdies stets im Bunde mit dem Gegner war. Mit derart läppischen Erklärungen suchen noch heute Luftkriegshistoriker in der BRD ihr Publikum heim.

Die Ursachen, die zum Abbruch der Luftschlacht um England führten, lagen natürlich nicht im Wetter. Eine Ursache deutete der Chef des Luftwaffenführungsstabs, General Otto Hoffmann von Waldau, in einem

Gespräch mit Generalstabschef Franz Halder am 7. Oktober 1940 an. Er erklärte: «Unsere Luftführung hat englische Jagd etwa 100%ig unterschätzt.» Diese Unterschätzung betraf allerdings in erster Linie weniger die zahlenmäßige Stärke des Fighter Command als vielmehr die falsche Beurteilung und große Unterschätzung der Kampfkraft der Royal Air Force, die es seiner auf dem Radarsystem aufgebauten Taktik und Struktur verdankte. Die bisher von der faschistischen Luftwaffe bevorzugte Methode, die Luftschlacht durch überraschende Schläge gegen die gegnerischen Fliegerkräfte am Boden zu entscheiden, mußte aus diesem Grunde fehlschlagen. Die britische Luftverteidigung war stets in der Lage, die Masse ihrer Kräfte rechtzeitig zu warnen und in den Kampf zu werfen. Durch das Radarsystem konnte die britische Führung den faschistischen Luftüberfällen wirksam begegnen.

In den sich daraus entwickelnden Luftschlachten stellte sich heraus, daß die so lauthals gepriesene technische Überlegenheit der faschistischen Luftwaffe nicht mehr bestand. Die Bombenflugzeuge der Luftwaffe, ursprünglich als Schnellbomber konstruiert, die den Luftkampf möglichst meiden sollten, besaßen eine zu schwache Abwehrbewaffnung, waren bei Tagesangriffen überaus verwundbar und erwiesen sich als zu langsam. Auch durch den verstärkten Einsatz von Jagdflugzeugen zu ihrem Schutz konnten die Verluste der Bombenfliegergeschwader nicht wesentlich gemindert werden. Die deutschen Jagdflugzeuge dagegen, bis auf die Me 110 – die wegen ihrer unzureichenden technischen Leistungen gegen britische Jagdflugzeuge kaum einzusetzen war – als Abfangjäger konzipiert, hatten keine ausreichende Reichweite und waren nicht in der Lage, einen wirksamen Begleitschutz zu organisieren. Dabei traten schwerwiegende taktische Mängel, die in der Ausbildung selbst begründet lagen, und unzureichende technische Voraussetzungen, vor allem was die Funktechnik und die Bewaffnung der Jagdflugzeuge anbetraf, zutage.

Die letzte Ursache, daß es der faschistischen Luftwaffenführung im Verlauf der Kämpfe nicht gelang, ein zweckentsprechendes Zusammenwirken zwischen Bomben- und Jagdfliegerkräften herzustellen, lag in ihrem Grundsatz, die Luftwaffe greift an und verteidigt sich nicht. Das tiefe Hinterland sollte in erster Linie von den Bombenfliegerkräften – ohne Jagdschutz – angegriffen werden, während den Jagdfliegerkräften der unmittelbare Schutz des frontnahen Raums übertragen wurde. In ihrem überspitzten Angriffsdenken übersah die faschistische Luftwaffenführung die Wechselwirkung und Einheit von Luftangriff und Luftverteidigung und vernachlässigte die Probleme des Zusammenwirkens zwischen den einzelnen Fliegergattungen. Im Verlauf der Luftschlacht konnten die langjährigen Versäumnisse auf diesem Gebiet weder technisch noch taktisch wettgemacht werden. Die Folge dessen war eine schablonenhaft operativ-taktische Führung der faschistischen Angriffsverbände, die zwar durch häufige Änderung der taktischen Einsatzgrundsätze den Eindruck von Geschmeidigkeit hervorrufen konnte, aber damit nur ihre Unfähigkeit kaschierte, Lehren aus dem Verlauf der Kampfhandlungen zu ziehen.

Entscheidend für den Fehlschlag der faschistischen Luftoffensive war die Tatsache, daß zur Bombardierung eines so hochindustrialisierten Landes wie Großbritannien der Abwurf einer Bombenlast notwendig gewesen wäre, die die Möglichkeiten der faschistischen Bomberflotte weit überstieg. Die Theorie Douhets von der entscheidenden Wirkung von Bombenangriffen, die in modifizierter Form sowohl im faschistischen Deutschland als auch in Großbritannien und in den USA zahlreiche Anhänger gefunden hatte, wurde in der Luftschlacht um England eindeutig widerlegt. Die 1940 zur Verfügung stehenden Träger- und Abwurfmittel machten es jeder Luftstreitkraft unmöglich, den Krieg

Luftwaffenfriedhof. Die Trümmer abgeschossener deutscher Flugzeuge werden von englischen Arbeitern verschrottet

vor allem durch die Kampfhandlungen von Bombenfliegerkräften zu entscheiden. Der totale Luftkrieg des faschistischen Deutschlands mußte schon von diesen Bedingungen her zwangsläufig scheitern.

Auch die Hoffnungen, die die faschistische Führung gehegt hatte, die britische Bevölkerung durch Terrorangriffe demoralisieren zu können, erwiesen sich als falsch. Sie bewirkten das Gegenteil. Unter dem Luftbombardement wuchs unter dem Einfluß der fortschrittlichsten Kräfte innerhalb der britischen Arbeiterklasse die Kampfentschlossenheit des britischen Volkes, das nun begriff, was Faschismus bedeutete, und die Gefahr erkannte, die von der faschistischen Bedrohung für die Existenz Englands ausging. Sie übte einen immer stärkeren Einfluß auch auf die regierenden Kreise aus, einen kompromißlosen Kampf gegen die lebensbedrohenden Ziele des deutschen Imperialismus zu führen, und vereitelte auf diese Weise schon im Ansatz jeden Versuch der reaktionärsten Kreise des britischen Imperialismus, sich mit dem Hitlerfaschismus auf antisowjetischer Grundlage zu «verständigen». Gestützt auf diese Massenstimmung, mobilisierte die Churchillregierung starke Kräfte für die Luftverteidigung. Insbesondere in der britischen Rüstungs- und Flugzeugindustrie kämpften die englischen Werktätigen mit wachsendem Erfolg für die Steigerung der

Produktion und schufen damit die materiellen Voraussetzungen zur Fortsetzung des Widerstands. Durch seine Kampfentschlossenheit und Opferbereitschaft und nicht zuletzt durch seine Standfestigkeit, mit dem es den Terrorangriffen trotzte, leistete das britische Volk einen gewichtigen Beitrag zum Scheitern der faschistischen Luftoffensive.

Der wichtigste Faktor, daß die faschistische Führung Ende September 1940 den verschärften Luftkrieg einstellte und Großbritannien und das englische Volk den ihm vom deutschen Imperialismus zugedachten Schicksal entgingen, lag in der Existenz der Sowjetunion. Bekanntlich wurde die gesamte Luftschlacht um England von den Vorbereitungen zum Überfall auf die UdSSR überschattet. Ohne diese Tatsache ist sowohl der Ablauf als auch besonders der Abbruch der Luftschlacht nicht verständlich. Sie wurde Ende September in erster Linie deshalb abgebrochen, weil der Luftwaffe, wenn sie den Luftkrieg in der bisherigen Intensität fortsetzte, ein langwieriger Abnutzungskrieg drohte, der ihre volle Einsatzbereitschaft beim Überfall auf die Sowjetunion im Mai/Juni 1941 beeinträchtigen konnte.

In dem bereits erwähnten Gespräch zwischen Waldau und Halder wurde deutlich zum Ausdruck gebracht, weshalb ab Mitte Oktober die Luftkampfhandlungen über Großbritannien wesentlich gedrosselt werden sollten. Wörtlich fuhr Waldau nämlich fort: «Ab 1. November soll die Hälfte der Kampfverbände ruhen. Im Winter soll $^1/_3$ Einsatz, $^2/_3$ Ruhe haben.» Weshalb diese Ruhepause für notwendig gehalten wurde, machte Waldau in seinen abschließenden Bemerkungen deutlich, in denen er auf die «zahlreiche russische Luftflotte» hinwies. «Seelöwe» war nun endgültig in den Akten verschwunden, die faschistischen Militärs von Heer und Luftwaffe beschäftigte nur noch ein Thema: der «Fall Barbarossa».

Das bedeutete allerdings nicht, daß die Luftwaffe ihre Angriffe auf Großbritannien eingestellt hätte. Sie wurden eingeschränkt und dienten immer stärker dem Zweck, besonders im Frühjahr 1941, den Überfall auf die Sowjetunion zu verschleiern. Im Herbst 1940 jedoch führte die Luftwaffe einige ihrer brutalsten Schläge gegen das britische Volk, die auf der Annahme fußten, das englische Volk sei demoralisiert, und «schon die nächste Bombe (könnte) das Faß zum Überlaufen bringen».

Die Spekulation auf die angeblich niedrige Moral des britischen Volkes, das Dauerbelastungen nicht gewachsen wäre, war – neben der Verschleierung der Aufmarschvorbereitungen für das Unternehmen «Barbarossa» – ein Hauptmotiv des OKL zur Fortsetzung des Luftkriegs gegen Großbritannien. Entsprechend diesem Ziel wurden die Angriffstaktik erneut modifiziert und die Angriffsobjekte ausgewählt. Die Angriffe der Luftwaffe richteten sich von nun ab vorwiegend gegen die Bevölkerungszentren Großbritanniens und daneben gegen wirtschaftliche Ziele, besonders – neben der Flugzeug- und Flugmotorenindustrie – gegen solche Objekte, die, wie Hafenanlagen, Depots, Kraftwerke, Gaswerke, Wasserwerke, der Versorgung der britischen Bevölkerung dienten. Parallel mit der Intensivierung des Zufuhrkriegs über See hoffte die faschistische Führung, auf diese Weise Großbritannien lähmen und auf lange Sicht demoralisieren und wirtschaftlich ausschalten zu können.

Hauptzielgebiet der faschistischen Bombenfliegerkräfte blieb vorerst London, das vom 7. September bis zum 13. November Nacht für Nacht bombardiert wurde. Durchschnittlich griffen jede Nacht 150 bis 200 Flugzeuge die britische Metropole an. Insgesamt wurden 11 117 Einsätze geflogen, bei denen 13 651 Tonnen Sprengbomben und 12 586 Brandbombenkanister abgeworfen wurden. Den schwersten Angriff erlebte London in der Nacht vom 15. zum 16. Oktober 1940, als 410 Bombenflugzeuge 583 Tonnen Sprengstoff und 177 Schüttkästen mit Brandbomben über der Stadt abwarfen. London brannte in dieser Nacht an über 900 Stellen. Der Verkehr in der Innenstadt war durch Zerstörungen und Überflutungen des U-Bahn-Netzes zum Teil lahmgelegt, die Versorgung der Bevölkerung gefährdet, weil drei Wasserwerke, drei Gaswerke und zwei Elektrizitätswerke beschädigt sowie große Teile des Londoner Hafens verwüstet waren. Die Aufräumungs- und Bergungsarbeiten wurden durch zahlreiche Langzeitzünderbomben erschwert. Die Absichten, die die faschistische Führung mit diesem Angriff auf London verfolgte, gestand Göring in einem geheimen Tagesbefehl vom 16. Oktober 1940 ein, in dem es unter anderem hieß: «Deutsche Flieger, Kameraden, Ihr habt, vor allem in den letzten Tagen und Nächten, in ununterbrochenen, vernichtenden Schlägen dem britischen Weltfeind verheerende Wunden beigebracht. Mit Euren unermüdlichen todesmutigen Angriffen auf das Herzstück des englischen Weltreiches, die $8^1/_2$-Millionenstadt London, habt Ihr die britische Plutokratie in Angst und Schrecken versetzt.» Die Rechnung der faschistischen Führung ging jedoch nicht auf. Trotz der 68 ununterbrochenen Nachtangriffe stellte das britische Innenministerium fest, daß über die moralische Haltung der Londoner «nur gute Berichte eingegangen seien». Die Londoner trotzten der faschistischen Luftbarbarei, widerstanden dem Tod aus der Luft und meisterten Kälte, Finsternis und Versorgungsschwierigkeiten.

Auch im OKL mußte man Ende Oktober zur Kenntnis nehmen, daß sich London auf diese Weise nicht in die Knie zwingen ließ. Selbst faschistische Agenten meldeten, daß die Stimmung der Londoner zwar ernst, «aber keine Demoralisierung zu spüren» sei. Das OKL ordnete deshalb am 19. Oktober 1940 eine weitere Verschärfung der Luftkriegführung gegen die Versorgungsanlagen Großbritanniens an. Den Luftflotten 2 und 3 wurde befohlen, besonders die britischen Seehäfen zu bombardieren und zu verminen. Gleichzeitig wies es sie an, Nachtangriffe auf Liverpool, Birmingham und Coventry vorzubereiten. Am 7. November 1940 wurde dieser

Freiwillige Feuerwehr bei der Bekämpfung eines Großbrandes in der Londoner City

Befehl durch eine Weisung Görings weiter präzisiert. Danach sollten unter dem Decknamen «Einheitspreis», «Regenschirm» und «Mondscheinsonate» Großangriffe auf diese drei Städte bis zum 9. November vorbereitet werden.

Mit der vorübergehenden Einstellung der Nachtangriffe auf London, das bisher Hauptangriffsziel der Luftwaffe war, auf das über 80 Prozent aller Bomben abgeworfen wurden, deutete sich ein erneuter Wandel in der Terrorstrategie der faschistischen Führung an. Statt der pausenlosen

Bombardierung eines großen Objekts konzentrierte sie nun ihre Fliegerkräfte zur Führung vernichtender Schläge gegen einzelne Städte. Coventry und Birmingham sollten zu Exempeln der neuen Variante des faschistischen Luftkriegs statuiert werden.

Am Morgen des 14. November 1940 wurden die Luftflotten 2 und 3 angewiesen, in der Nacht Coventry zu bombardieren. Die faschistische Führung zog zu diesem Zweck alle ihre noch in Westeuropa verbliebenen Bombenfliegerkräfte heran. Insgesamt wurden 515 Bombenflugzeuge eingesetzt, von denen 449 Coventry erreichten. Die stärksten Kräfte stellte die Luftflotte 3 mit 342 Flugzeugen.

Über den Angriff auf Coventry liegt ein ausführlicher Bericht der Luftflotte 3 in den Akten vor, der einen Einblick in die Systematik des Terrors gestattet. Der Angriff wurde eröffnet von 13 He 111 der Kampfgruppe 100, die gegen 18.15 Uhr die britische Küste überflogen und um 20.20 Uhr Coventry erreichten. Ihre Hauptaufgabe war es, Brände in der Stadt zu entfachen, um das Ziel für die folgenden Bombengeschwader «auszuleuchten». 10 224 Brandbomben wurden von ihnen abgeworfen, die 8 große und zahlreiche kleine Brände verursachten. Das Feuer wurde genährt durch die Angriffe kleinerer Gruppen von faschistischen Flugzeugen. Um Mitternacht langten die Hauptkräfte des I., IV. und V. Fliegerkorps über Coventry an. In präzis geplantem Wechsel warfen sie schwere und mittelschwere Sprengbomben ab, die die Häuser in Trümmer legten, und Brandbomben, die die zerstörten Häuser sofort in Flammen setzten. Der Angriff zog sich bis gegen 03.00 Uhr hin. Besatzungen des Kampfgeschwaders 1, die gegen 03.30 Uhr Coventry angriffen, meldeten «Ganze Stadt Coventry wie ein Flammenmeer».

Der Angriff wurde von schwächeren Kräften, die den Luftschutz niederhalten sollten, bis gegen 06.00 Uhr hingeschleppt. In den letzten Stunden kamen zur Vollendung des Vernichtungswerkes vor allem schwerste Bomben (bis zu 1 800 Kilogramm), Flammölbomben und Langzeitzünderbomben zum Einsatz. Bei den letzten Angriffswellen wurden 50-Kilogramm-Sprengbomben mit Sirenen («Jericho») abgeworfen, die nach faschistischer Ansicht die letzte Stunde Coventrys einläuten sollten. Die Kampfgruppe 806, die kurz vor 06.00 Uhr über der verwüsteten Stadt kreiste, meldete, daß die «Stadtmitte ein einziges Flammenmeer» bilde. Insgesamt fielen in dieser Nacht 511,48 Tonnen Sprengbomben und 31 048 Brandbomben auf Coventry. Die Brände in der Stadt konnten erst in der folgenden Nacht unter Kontrolle gebracht werden. Zum erstenmal in diesem Krieg war ein Stadtzentrum weitgehend eingeäschert worden, waren ganze Straßenzüge abgebrannt und das Leben in einer Stadt durch den Ausfall des gesamten Wasser- und Gasnetzes lahmgelegt worden. 568 Einwohner wurden getötet, 863 schwer verletzt und 60 000 Gebäude – von 75 000 – zerstört oder beschädigt. Eine Stadt zu «coventrieren»,

Faschistische Bomberbesatzungen werden
in der Bereitschaftsmesse in die Ziele
des Nachtangriffs eingewiesen

wurde zum Synonym des sinnlosen, barbarischen Luftterrors gegen die
Zivilbevölkerung mit dem Ziel, die Städte dem Erdboden gleichzumachen
und ihr Leben auszulöschen.

Von der faschistischen Luftkriegsgeneralität ist nach dem Kriege jede
Terrorabsicht beim Angriff auf Coventry geleugnet worden. Er habe nur
der Flugmotorenindustrie in der Stadt gegolten. Kesselring «bedauerte aufs
tiefste», daß Gebiete in Mitleidenschaft gezogen wurden, «die keinesfalls
Ziel des Angriffs sein sollten», jedoch sei «durch Brände und durch
Brandwolken kein einwandfreies Zielen und Abkommen mehr möglich
gewesen». Diese auch vor dem Internationalen Militärgerichtshof in
Nürnberg aufgestellte Behauptung ist falsch und erlogen. Die ersten
Bomben nämlich, die von der Kampfgruppe 100 auf Coventry abgeworfen
wurden, fielen bei «guter Erdsicht» – wie übereinstimmend von allen
Besatzungen seinerzeit berichtet wurde – nicht etwa auf die Flugmotorenwerke, sondern mitten ins Stadtzentrum, um einen Flächenbrand
zu entfesseln. Und in dieses Brandzentrum hinein warf die Masse der
faschistischen Bombenflieger ihre Bomben, während Industrieziele dabei
als eine Art Zusatzprämie angesehen wurden. Wenn es noch eines Be-
weises bedurfte, so gab ihn Göring selbst, der am 21. November 1940 einen
geheimen Tagesbefehl herausgab, in dem es wörtlich hieß: «In den letzten
Nächten habe ich Euch zwei besondere Aufgaben gestellt: *die Vernichtung
der Stadt Coventry* und die Zerstörung der Kriegsindustrie in der Stadt
Birmingham.» Bei Göring ist keine Rede von der Zerstörung der Flugmotorenindustrie in Coventry, sondern es wird ausdrücklich als Zweck des
Angriffs die Vernichtung der Stadt angegeben. Und genau an diesen
Auftrag hatten sich die faschistischen Bomberpiloten in jener Brandnacht
vom 14. zum 15. November 1940 gehalten. Doch wer Wind sät, erntet
Sturm, lautet ein Sprichwort. Coventry wurde nicht nur zum Symbol
faschistischer Luftbarbarei, sondern auch Studienobjekt des britischen
Bomber Command, dem Coventry Modell für die Vorbereitung seiner
Flächenangriffe auf deutsche Großstädte war.

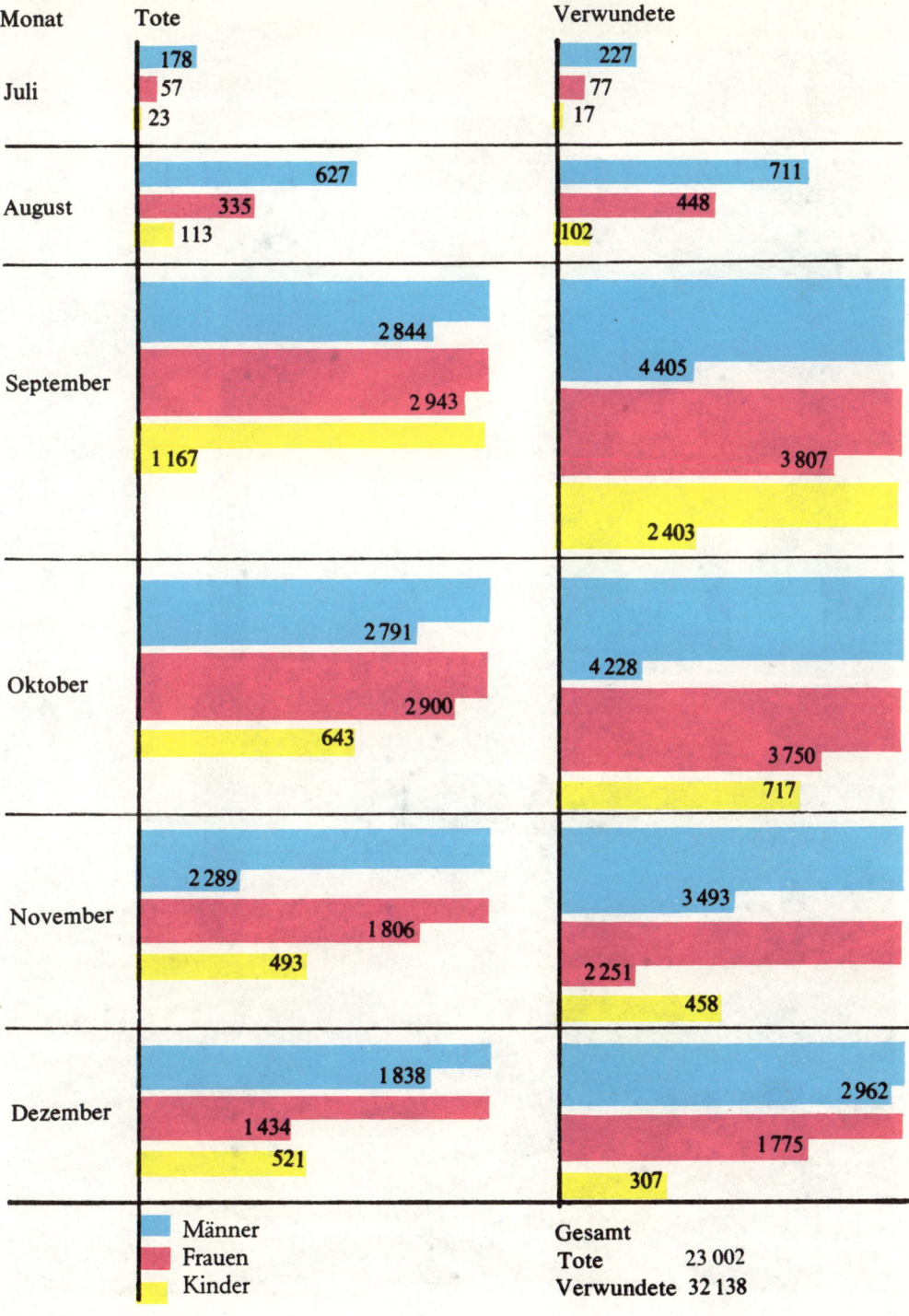

Luftkriegsopfer der britischen Zivilbevölkerung (2. Halbjahr 1940)

Monat	Tote			Verwundete		
Juli	178	57	23	227	77	17
August	627	335	113	711	448	102
September	2 844	2 943	1 167	4 405	3 807	2 403
Oktober	2 791	2 900	643	4 228	3 750	717
November	2 289	1 806	493	3 493	2 251	458
Dezember	1 838	1 434	521	2 962	1 775	307

Männer
Frauen
Kinder

Gesamt
Tote   23 002
Verwundete 32 138

Die Vorbereitung des Luftüberfalls auf die UdSSR

Frühjahr 1935. Großer Empfang in den Dornierwerken in Friedrichshafen. Als Gast wird Reichskriegsminister Werner von Blomberg begrüßt, dem das Geheimste des Geheimen gezeigt wird. In einem großen Hangar wird er vor eine gewaltige Attrappe geführt. Sie mißt 25 Meter in der Länge und ist fast 6 Meter hoch – der Prototyp eines viermotorigen Bombenflugzeugs. Interessiert und beeindruckt hört Blomberg den Erklärungen des Chefs des Technischen Amtes der Luftwaffe, Oberst Wilhelm Wimmer, zu, der ihm auseinandersetzt, die Do 19, die im Sprachgebrauch des Reichsluftfahrtministeriums nur als Uralbomber bezeichnet wird, habe eine Besatzung von 5 Mann, könne 5 500 Meter hoch, 2 000 Kilometer weit und 320 Kilometer in der Stunde fliegen. «Wann», fragt Blomberg, «glauben Sie, wird dieses Flugzeug einsatzbereit sein?» – «Fertig erprobt und mit ausgebildeten Besatzungen an der Front... in etwa vier bis fünf Jahren.» – «Das», sagt Blomberg und blinzelt dabei in den Himmel, «das kann genau richtig sein.»

Die Voraussage Blombergs erfüllte sich fast auf Tag und Stunde. Vier Jahre später entfesselte der deutsche Imperialismus den zweiten Weltkrieg, und ein Jahr darauf faßte er alle seine Kräfte zum Überfall auf die Sowjetunion zusammen.

Allerdings hatte der Luftkrieg, den der deutsche Imperialismus seit 1940 gegen die Sowjetunion vorbereitete, einen anderen Charakter, als er 1935 noch geplant worden war. Das war nicht zuletzt eine Lehre aus den Luftkampfhandlungen in den Jahren 1939/40, eine Konsequenz des begrenzten rüstungswirtschaftlichen Potentials und ein Ergebnis der luftstrategischen Überlegungen des Generalstabs der Luftwaffe in den Vorkriegsjahren. Bereits 1937 hatte Robert Knauss darauf hingewiesen, daß sich die Luftwaffe in ihrer Kriegführung sowohl auf das dichtbesiedelte, hochindustrialisierte West- und Mitteleuropa als auch auf die «weiten und leeren Räume» Osteuropas einstellen müsse, die unterschiedliche Forderungen an Einsatz und Organisation stellten. Gegenüber Osteuropa, das heißt vor allem gegen die Sowjetunion, orientierte der Generalstab die Luftwaffe in erster Linie auf einen Einsatz zur mittelbaren und unmittelbaren Unterstützung der Landstreitkräfte.

Bestätigt fand sich die Luftwaffenführung in ihren Überlegungen durch den Verlauf des Luftkriegs gegen Polen und Westeuropa und durch den Mißerfolg in der Luftschlacht um England. Noch stärker als zuvor betonte sie den Grundsatz, daß der Einsatz der Luftwaffe im Interesse der Landstreitkräfte zu erfolgen habe, da sie im Zusammenwirken zwischen

Coventry am Morgen nach dem Angriff

ihnen die Grundlage ihrer Blitzkriegserfolge sah. Bei der Vorbereitung des Überfalls auf die Sowjetunion änderte sich der Stellenwert der operativen Luftkriegführung, die bislang als Hauptaufgabe der Luftwaffe galt, und der unmittelbaren Bodenunterstützung. Die direkte Bodenunterstützung wurde von nun an genauso wichtig genommen wie die indirekte Unterstützung. Mehrmotorige Bombenflugzeuge, die bisher vor allem gegen Ziele im Hinterland eingesetzt worden waren, sollten nun unmittelbar an der Front zum Einsatz gelangen. Das setzte voraus, daß sich die Luftwaffe in den unbestrittenen Besitz der Luftherrschaft brachte, um große Verluste der Bombenfliegerkräfte im Tiefflug, wo sie von Jagdflugzeugen am leichtesten abgefangen werden konnten, auf ein Minimum zu reduzieren.

Die Eroberung der Luftherrschaft bei einem Überfall auf die Sowjetunion wurde nicht zuletzt deshalb vom Generalstab der Luftwaffe als erstes und wichtigstes Ziel angesehen. Für den Luftüberfall auf die am Boden befindlichen sowjetischen Fliegerkräfte setzte die Luftwaffenführung alle verfügbaren Kräfte – vorübergehend selbst auf Kosten der Bodenunterstützung – an, die sich in der ersten Woche des Überfalls vor allem auf diese Aufgabe konzentrieren sollten. Erst nach dem Erringen der vollständigen Luftherrschaft im frontnahen Raum sollte die Luftwaffe massiert in die Bodenkampfhandlungen eingreifen. Obwohl der Luftwaffenführung bewußt sein mußte, daß sie bei einem Luftüberfall nur Teile der sowjetischen Fliegerkräfte zerschlagen konnte, während die im Innern der Sowjetunion stationierten Kräfte für sie nicht erreichbar waren, spekulierte sie darauf, daß sich die sowjetischen Fliegerkräfte von dem Luftüberfall nie mehr erholen würden. Göring und der Luftwaffengeneralstab teilten vollauf die Meinung Halders, daß Sowjetrußland wie eine Fensterscheibe sei, gegen die man nur heftig zu schlagen brauche, um sie in tausend Teile zu zersplittern. Das Oberkommando der Luftwaffe hielt die dauernde Eroberung der Luftherrschaft für um so gewisser, als es die Möglichkeiten und die Potenzen der sowjetischen Luftstreitkräfte und ihre Flugzeugindustrie eindeutig unterschätzte. Die sowjetischen Luftstreitkräfte wurden für ein zahlenmäßig starkes Instrument – die Schätzungen über ihre Stärke schwankten zwischen 6 000 Kampfflugzeugen im Mai 1939, 10 500 im Februar 1941 und 13 000 bis 14 000 Anfang Juni 1941 – gehalten, deren Kampfkraft aber keineswegs ihrer Zahl entspreche. Höchstens 50 und mindestens 30 Prozent der Flugzeuge wurden als modern erachtet. Als durchweg veraltet sah man die Standardtypen der schweren Bombenflugzeuge, der Transportflugzeuge und der Marineflugzeuge an, für wenig besser hielt man die Aufklärungs- und Schlachtflugzeuge, während man die Jagdflugzeuge – vor allem die aus Spanien bekannte I-16 – und einen Teil der mittleren Bombenflugzeuge – namentlich die SB-2 – für gut hielt. Führung und Organisation der sowjetischen Luftstreitkräfte wurden als schematisch und unbeweglich abqualifiziert.

I-15 Die I-15 war 1932 von N. N. Polikarpow als Nachfolgemuster der
seit 1930 verwendeten I-5 entworfen
worden. Im Oktober 1933 absolvierte
sie ihren Erstflug. Am 21. November
1935 stellte der Testpilot

W. K. Kokkinaki mit diesem für seine
Zeit exzellenten Jagdflugzeug einen
Höhenrekord mit 14 575 m auf.
Im nationalrevolutionären Krieg des
spanischen Volkes wurde die I-15
«Chato» (Stupsnase) getauft. Insgesamt
wurden 3 082 Exemplare gebaut.

Den sowjetischen Flugzeugführern — deren «Ausbildungsstand aber nur
zum geringen Teil kriegsmäßigen Anforderungen» entspräche — und dem
sowjetischen Bodenpersonal wurde die Fähigkeit abgesprochen, die taktischen und technischen Probleme eines modernen Luftkriegs meistern zu
können.

Vor allem im Kriegsfall rechnete das Oberkommando der Luftwaffe
fest damit, daß die zahlenmäßige Stärke der sowjetischen Luftstreitkräfte
rapid absinken werde, weil die Flugzeuge angeblich weder ausreichend
gewartet würden noch genügend Ersatzteile zur Verfügung ständen. Die
Verluste dagegen könnten von der sowjetischen Flugzeugindustrie niemals
ersetzt werden. Die Geringschätzung der Möglichkeiten der sowjetischen
Flugzeugindustrie war ein Grundzug der abenteuerlichen faschistischen
Luftkriegsplanung. Im Juni 1941 urteilte man über sie: «Die russische
Flugzeugindustrie steht, was die Qualität und Anzahl der Werke anbetrifft,
weit hinter der deutschen Industrie zurück.» Für besondere Engpässe hielt
man den Mangel an Facharbeitern und Hochleistungsmotoren.

Imperialistische Historiker suchen heute vielfach die fundamentale
Fehleinschätzung des sowjetischen Potentials mit dem Argument zu
begründen, der faschistischen Führung hätten zuwenig Informationen zur
Verfügung gestanden. Das ist eine Legende. Nicht Informationsmangel,
sondern borniertre Überheblichkeit, von Klasseninteressen bestimmtes
Wunschdenken, das die Realitäten nicht zur Kenntnis nehmen wollte und

die Qualitäten einer sozialistischen Gesellschaftsordnung nicht zu werten wußte, waren der Hauptgrund für die Fehleinschätzung der sowjetischen Luftstreitkräfte und ihrer Industrie; denn das Oberkommando der Luftwaffe verschaffte sich nicht nur Informationen, sondern erhielt sogar von der Sowjetregierung bewußt Einblick in den Stand ihrer Flugzeugindustrie, was als Warnung an die Adresse der faschistischen Luftkriegsstrategen gedacht war.

Die Spionage gegenüber der Sowjetunion wurde von seiten der Luftwaffe langfristig betrieben. Seit 1937 erkundeten He 111 der Sonderstaffel Theodor Rowehl über dem Territorium der Sowjetunion. Diese Tätigkeit wurde ab Oktober 1940 wesentlich intensiviert. Die Staffel Rowehl konzentrierte sich von Werder, später von Fritzlar aus auf die Fotoaufklärung. Im Zuge der Aggressionsvorbereitung startete sie von Flugplätzen in Rumänien, Ungarn, Polen und Finnland aus. Sie sammelte insbesondere Material über die sowjetische Industrie, die Verteilung der sowjetischen Luft- und Landstreitkräfte, die Grenzbefestigungen, die Depots und Nachschubeinrichtungen der Roten Armee. Ihr Haupttätigkeitsgebiet lag im europäischen Teil der Sowjetunion. Vom Oktober 1939 bis zum Juni 1941 überflogen deutsche Flugzeuge mehr als 500mal die sowjetische Grenze.

Neben der Luftaufklärung zog das Oberkommando der Luftwaffe als Quellen die sowjetische Presse heran, aus der sie nichts Wesentliches entnehmen konnte, Agenten, die kaum Meldungen brachten, weißgardistische Emigranten, die nichts Wesentliches zu sagen hatten, und die Militärattachés, von denen jedoch ebenfalls kaum brauchbare Unterlagen geliefert wurden, mit Ausnahme des deutschen Luftattachés in Tokio, Wolfgang von Gronau, der mittels japanischer Hilfe Material über die

Il-4/DB-3f Das im Großen Vaterländischen Krieg von den sowjetischen
Luftstreitkräften am meisten genutzte
Bombenflugzeug war die Il-4, die
S. W. Iljuschin 1934 unter der
Bezeichnung DB-3 entwickelte. Seinen
Erstflug absolvierte das Flugzeug
1935. Ab 1937 wurde es in die
sowjetischen Luftstreitkräfte eingeführt. Insgesamt wurden 6 784
Flugzeuge dieses Typs bis zur Einstellung der Produktion im Jahre 1944
hergestellt. Mit einer Il-4 flogen
die Torpedofliegerkräfte der
Baltischen Rotbannerflotte am
7./8. August 1941 die ersten sowjetischen
Luftangriffe auf Berlin.

sowjetischen Luftstreitkräfte im Fernen Osten lieferte. Ebenso erhielt das
OKL umfangreiches Material aus Finnland. 1940 wurden die Luftattachés
in Moskau, Tokio, Ankara, Stockholm, Helsinki und Washington angewiesen, ihre Anstrengungen zur Erlangung von Informationen über die
sowjetischen Luftstreitkräfte zu vervielfachen.

Eine wichtige Informationsquelle war die Funküberwachung durch die
Luftwaffe. In Bulgarien, Rumänien, Ungarn, in der Tschechoslowakei, in
Polen, Ostpreußen, Finnland und Norwegen wurde ein Netz von Ab-
hörstationen aufgebaut, denen vor allem die Erkundung der sowjetischen
Luftstreitkräfte oblag.

Einen Einblick in den Leistungsstand der sowjetischen Flugzeugindustrie, den die Luftwaffenführung für ihre Spionagezwecke auszunutzen
suchte, erhielten führende Luftfahrtindustrielle Deutschlands, vertreten
unter anderem durch die ATG, Daimler-Benz, Henschel, und einige
Luftwaffenoffiziere unter Führung des Luftattachés in Moskau, Oberst
Heinrich Aschenbrenner, als sie vom 28. März bis zum 17. April 1941 zur
Besichtigung einiger Flugzeugzellen- und Flugmotorenwerke eingeladen
wurden. Die Vertreter des faschistischen Deutschlands konnten sich dabei
von dem hohen Leistungsstand der sowjetischen Flugzeugindustrie über-
zeugen. Sie zeigten sich besonders von dem hohen Grad der Standardisierung und Fließbandproduktion beeindruckt. Dabei kam es zu einer
Begegnung zwischen dem sowjetischen Konstrukteur A. I. Mikojan und
Aschenbrenner, in deren Verlauf Mikojan erklärte: «Wir haben euch alles
gezeigt, was wir haben und was wir tun können, um jeden, der uns angreift,
zu vernichten.» Die Wirkung dieser Besichtigungsreise spiegelte sich in
dem Bericht wider, den Aschenbrenner über diese Reise anfertigte, in dem
er auf die Unabhängigkeit jedes Werkes von Zulieferungen, auf die gute

Arbeitsorganisation, auf die sehr gute Werkzeugmaschinenausrüstung und auf den qualifizierten Stamm von Facharbeitern hinwies, wobei Aschenbrenner registrierte, daß 50 Prozent der Facharbeiter Frauen waren.

In der faschistischen Führung, im Reichsluftfahrtministerium und im Oberkommando der Luftwaffe wurden die Schlußfolgerungen dieses Berichts, in denen die Leistungsfähigkeit der sowjetischen Flugzeugindustrie betont wurde, abgelehnt. Hitler und Göring meinten, die Delegation wäre Potemkinschen Dörfern zum Opfer gefallen, und überdies passe alles das nicht in das Bild, das man sich von der sowjetischen Luftfahrt gemacht habe. Unbelehrbar und unverdrossen behauptete die Luftwaffenführung deshalb nach wie vor, die sowjetische Luftfahrt habe wohl einen gewissen Aufschwung genommen, auf absehbare Zeit sei aber keine Produktionssteigerung zu erwarten. Für die nächsten Monate sei vielmehr mit einem Abfall der Produktion zu rechnen. Sie ging deshalb davon aus, daß eine Umrüstung der sowjetischen Luftstreitkräfte für lange Zeit unmöglich sei. Die Flugzeugproduktion betrage im Höchstfall 5 000 Maschinen im Jahr.

«Selbst nach den pessimistischsten Berichten», so heißt es in einer Darlegung über den faschistischen Luftkrieg gegen die UdSSR, die im Auftrage der USA-Armee angefertigt wurde, «glaubten die Führer der deutschen Luftwaffe, daß die Luftwaffe absolut in der Qualität und in der Zahl auf den Schlachtfeldern des europäischen Rußlands überlegen sein würde... Die sowjetische Kriegswirtschaft wurde trotz ihrer günstigen Lage für unfähig gehalten, den Anforderungen der Streitkräfte in einem großen Krieg genügen zu können.»

Ungeachtet der Annahme des Oberkommandos der Luftwaffe, daß die deutschen Luftstreitkräfte in Zahl und Qualität den sowjetischen überlegen seien, bereitete es den Luftkrieg gegen die Sowjetunion langfristig vor, mobilisierte es die Ressourcen des okkupierten Europas, um einen Höchststand in der Stärke der Luftwaffe zu gewährleisten, und suchte es Verbündete für den antisowjetischen Kreuzzug zu gewinnen.

Die Luftwaffenführung wurde ebenso wie die anderen Wehrmachtsteile am 21. Juli 1940 in die Absichten der politischen Führung eingeweiht, die Sowjetunion noch 1940, spätestens 1941 zu überfallen. Nach dem Abbruch der Luftschlacht um England legten Hitler und Göring am 15. September 1940 die Grundlagen für den Luftwaffeneinsatz gegen die UdSSR fest, ein Auftrag, in den der Chef des Luftwaffenführungsstabes, Hoffmann von Waldau, Mitte November einen kleinen Kreis von Stabsoffizieren einweihte. Zu diesem Zeitpunkt hatten die Aufmarschvorbereitungen der Luftwaffe bereits begonnen. Am 28. September verlegte die Luftflotte 1 ihr Hauptquartier von Berlin nach Ostpreußen, um von dort aus die Vorbereitung des Kriegsschauplatzes für die Aggression, die seit dem 8. August unter dem Decknamen «Aufbau Ost» lief, besser überwachen und leiten zu können. Östlich der Oder, in Polen, in Mähren und Böhmen, wurde ein Netz von Flugplätzen angelegt, wurden Reparaturwerkstätten geschaffen, Depots errichtet sowie ein Nachrichtensystem aufgebaut. Allein im Bereich des Luftgaukommandos 2 (Poznań) wurden bis zum 22. Juni 1941 105 Flugplätze gebaut.

In eine neue Phase traten die Aufmarschvorbereitungen nach der Herausgabe der Weisung Nr. 21 (Barbarossa) am 18. Dezember 1940 und der Aufmarschanweisung für den Fall Barbarossa vom 31. Januar 1941. Zur Aufgabe der Luftwaffe hieß es darin, daß sie «die Einwirkung der russischen Luftwaffe soweit wie möglich zu lähmen und auszuschalten sowie die Operationen des Heeres in ihren Schwerpunkten ... zu unterstützen» habe. Zwischen dem 4. und dem 14. Januar wurde in einer Reihe von Besprechungen zwischen Adolf Hitler, Hermann Göring, Erhard Milch, Karl Bodenschatz und Hans Jeschonnek abgestimmt, in welcher Weise und mit welchen Kräften die Luftwaffe zum Einsatz gebracht werden sollte.

Das Hauptaugenmerk der faschistischen Führung richtete sich auf die Herstellung eines engen Zusammenwirkens zwischen Heer und Luftwaffe. Nachdem der Generalquartiermeister der Luftwaffe, Hans-Georg von Seidel, Anfang Januar mit Halder eine Besprechung über die zweckentsprechendste Organisation von Luftwaffe und Heer durchgeführt hatte, wurde am 20. Februar 1941 bei der Luftkriegsschule in Gatow ein Sonderstab unter Oberst i. G. Loebel gebildet, der alle Fragen der Koordinierung bearbeitete. Es wurden kleine Planungsstäbe eingesetzt, die die Überführung der Luftwaffenkräfte aus Westeuropa und aus Deutschland in den Osten vorbereiteten und Verbindungen zu den entsprechenden Heeresgruppen aufnahmen. Mit der Heeresgruppe Nord sollte die Luftflotte 1, mit der Heeresgruppe Mitte die Luftflotte 2 und mit der Heeresgruppe Süd die Luftflotte 4 zusammenwirken.

Die Stärke der faschistischen Fliegerkräfte, die gegen die Sowjetunion zusammengezogen wurden, ist von der imperialistischen Geschichtsschreibung systematisch untertrieben worden. Cajus Bekker zum Beispiel behauptet, nur 1945 Kampfflugzeuge hätten am 22. Juni 1941 aufgeboten werden können, Georg Feuchter spricht gar nur von 1300 Flugzeugen. Nach den gegenwärtig zur Verfügung stehenden Unterlagen sind diese Angaben nicht haltbar. Auskunft über die Ist-Stärke der fliegenden Verbände gibt die Tabelle auf S. 294.

Hinzugerechnet werden muß ferner die für «Barbarossa» gebildete Reserve des Oberbefehlshabers der Luftwaffe mit 30 Fernaufklärungs- und 19 Nahaufklärungsflugzeugen. Die Gesamtzahl der deutschen Flugzeuge erhöht sich damit auf rund 3100 Flugzeuge.

In den faschistischen Luftaufmarsch müssen auch die Fliegerkräfte der Satelliten und Verbündeten Hitlerdeutschlands mit einbezogen werden.

Ist-Stärke der faschistischen Fliegerkräfte am 22. Juni 1941

	Luft-flotte 5*	Luft-flotte 1	Luft-flotte 2	Luft-flotte 4	Gesamt
Operative Luftwaffe					
Bombenflugzeuge	10	270	344	331	945
Jagdflugzeuge	11	148	525	352	1 036
„Zerstörer"-flugzeuge	6	—	87	—	93
Sturzkampfflugzeuge	33	—	307	—	340
Fernaufklärungs-flugzeuge	10	50	30	30	120
Transportflugzeuge	40	44	83	85	252
Gesamt	110	512	1 376	798	2 796
Heeresfliegerkräfte					
Verbindungsflugzeuge	—	50	60	80	190
Nahaufklärungs-flugzeuge (Heer)	7	56	98	84	245
Nahaufklärungs-flugzeuge (Panzer)	—	18	54	30	102
Fernaufklärungs-flugzeuge (Tag)	—	30	40	40	110
Fernaufklärungs-flugzeuge (Nacht)	—	9	9	9	27
Gesamt	7	163	261	243	674
Insgesamt	117	675	1 637	1 041	3 470

* Gerechnet werden nur jene Fliegerkräfte, die gegen die UdSSR eingesetzt werden sollten.

Das stärkste Kontingent stellten die herrschenden Kreise Rumäniens. Unter dem Befehl des «Commandentul Fortelor Aeriene», Brigadegeneral Celareanu, wurden seit der Ankunft der deutschen Luftwaffenmission in Rumänien am 12. Oktober 1940 die rumänischen Luftstreitkräfte modernisiert, von deutschen Offizieren ausgebildet und für den Einsatz gegen die Sowjetunion vorbereitet.

Die rumänischen Fliegerkräfte, die im Juni 1941 über etwa 500 Flugzeuge verfügten, setzten 423 Maschinen zum Überfall auf die Sowjetunion ein. Sie waren in drei großen Gruppen zusammengefaßt. Die Hauptkräfte waren im rumänischen Fliegerkorps (Hauptquartier in Focşani) vereinigt, das über zwei Bomben-, ein Schlacht- und ein Jagdfliegergeschwader verfügte. Die Luftverteidigungskräfte waren in der II. und III. Luftregion (Bacău und Bukarest) konzentriert und verfügten über 3 Jagdfliegergruppen, eine Jagdfliegerstaffel und 2 Aufklärungsstaffeln. Ihnen unterstanden auch die Seefliegerkräfte. Zur Unterstützung der 3. und 4. rumänischen Armee wurden insgesamt 7 Aufklärungsstaffeln und 3 Kurierstaffeln verwendet. Die zum Überfall auf die UdSSR bereitgestellten rumänischen Fliegerkräfte bestanden aus 104 Bomben-, 32 Schlacht-, 170 Jagd-, 70 Aufklärungs-, 17 See- und 30 Kurierflugzeugen. Darunter befanden sich als Bombenflugzeuge 21 He 111, 14 Savoia-Marchetti SM-79, 9 PZL- 37, 14 Potez 63 und 14 Bristol «Blenheim», als Schlachtflugzeuge 36 IAR-38, als Jagdflugzeuge 20 He 112, 30 Me 109, 54 PZL-11, 20 PZL-24 und 10 Hawker «Hurricanes». Die rumänischen Fliegerkräfte wirkten bei den Aggressionshandlungen mit der faschistischen Luftflotte 4, im besonderen mit dem IV. Fliegerkorps, zusammen.

Nach Rumänien stellten die herrschenden Kreise Finnlands das stärkste Kontingent. Sie verfügten über 559 Flugzeuge. Die finnischen Luftstreitkräfte waren am 22. Juni 1941 in 3 Lento Rykmentti (Fliegerregimenter) gegliedert, die aus je 3 Staffeln bestanden. Das 2. und das 3. Regiment umfaßte die Jagdflugzeuge, das 4. die Bombenflugzeuge. Zum Einsatz kamen vor allem britische Hawker «Hurricanes» und Gloster «Gladiator», amerikanische Curtiss-Hawk 75 A und Brewster 239, französische Morane-Saulnier 406 und Caudron 714, italienische Fiat-G-50, niederländische und finnische Fokker D XXI, norwegische Ripons und Hovers MF-11 sowie deutsche Do 22. Insgesamt flogen die finnischen Luftstreitkräte 17 verschiedene Flugzeugtypen. Im Gegensatz zu der buntscheckigen Ausrüstung des 2. und des 3. Lento Rykmentti bestand das 4. (Bomber-) Regiment ausschließlich aus britischen Bristol «Blenheim». Zum Überfall auf die Sowjetunion bot der finnische Generalstab etwa 230 Jagd-, 41 Bomben- und 36 Schlachtflugzeuge auf, die eng mit der Luftflotte 5 zusammenwirkten.

Neben diesen beiden wichtigsten Verbündeten des faschistischen Deutschlands beim Überfall auf die UdSSR kamen noch Fliegerkräfte des slowakischen und kroatischen Satellitenstaates sowie Teile der Luftstreitkräfte Ungarns und Italiens an der deutsch-sowjetischen Front zum Einsatz.

Die kroatischen Luftstreitkräfte rekrutierten sich zu 75 Prozent aus den ehemaligen jugoslawischen Luftstreitkräften. Unter dem Kommando von «Marschall» Sladko Kvaternik wurden 4 operative Gruppen gebildet, von denen zwei Gruppen die «kroatische Luftwaffenlegion» bildeten, die ebenfalls bei der Luftflotte 4 eingesetzt wurde. Sie bestand aus einer Jagd- und einer Bombergruppe und zählte 50 bis 60 Flugzeuge.

In der Slowakei wurden unter aktiver Mitwirkung der am 9. Oktober 1939 eingerichteten Deutschen Luftwaffenmission (DLM) Bratislava im

Sommer 1940 ebenfalls Fliegerkräfte in Regimentsstärke zum Überfall auf die UdSSR bereitgestellt.

Das Regiment bestand aus einer Jagd- und einer Aufklärungsfliegergruppe zu je 3 Staffeln mit je 27 Flugzeugen und einer Kurierstaffel mit 9 Flugzeugen. Unter Führung eines Gefechtsstabes der DLM wurden 2 Jagdfliegerstaffeln und die Aufklärungsfliegergruppe − insgesamt also 51 Flugzeuge − zum Überfall auf die UdSSR vorbereitet. Zum Einsatz kamen Flugzeuge der ehemaligen tschechoslowakischen Luftstreitkräfte, als Jagdflugzeuge die Avia B-534, als Aufklärungsflugzeuge die Letov Š-328.

Die ungarischen Fliegerkräfte zählten 1940 326 Flugzeuge die in 5 Regimentern zusammengefaßt waren. Die Jagdflieger bildeten das 1. und 2., die Bombenflieger das 3. und 4., die Aufklärungsfliegerkräfte das 5. Regiment.

Im Rahmen des ungarischen «Schnellen Korps» wurden Fliegerkräfte in Stärke von einem Jagd- und einem Bomberregiment und mehrere Aufklärungsstaffeln eingesetzt. Zum Einsatz kamen vor allem italienische Jagdflugzeuge vom Typ Fiat CR-32, Fiat CR-42, Reggiane Re-2000 und Bombenflugzeuge vom Typ Caproni 101, 135 und 310 sowie als Aufklärer deutsche Muster vom Typ He 70, He 46, FW 58 und Arado 96. Die Stärke der ungarischen Fliegerkräfte an der deutsch-sowjetischen Front lag bei 100 Flugzeugen.

Ein etwa ebenso starkes Kontingent entsandten die herrschenden Kreise Italiens Ende Juli an den Südabschnitt der deutsch-sowjetischen Front. Das Commando Aviazione des Corpo de Spedizione Italiano verfügte über 3 Gruppen. Die 22. Gruppe mit 4 Staffeln und 51 Macchi-C-200-Jagdflugzeugen sollte zur Bodenunterstützung, die 61. Gruppe mit 22 Caproni Ca-311 zur Aufklärung und eine Gruppe mit 10 SM-81 zum Lufttransport eingesetzt werden. Einschließlich einer Verbindungsstaffel betrug die Gesamtstärke des italienischen Kontingents etwa 100 Flugzeuge.

Die Gesamtstärke der mit Hitlerdeutschland verbündeten faschistischen Luftstreitkräfte belief sich somit auf über 1 000 Flugzeuge, in denen fast alle Flugzeugmuster der kapitalistischen Welt zum Einsatz kamen.

Zum Überfall auf die UdSSR standen also nicht knapp 2 000 Flugzeuge bereit, sondern über das Doppelte, annähernd 4 500 Flugzeuge. Das war die stärkste Konzentration von Fliegerkräften, die es bislang in der Luftkriegsgeschichte gegeben hatte. Auf den anderen Kriegsschauplätzen behielt das Oberkommando der Luftwaffe nur ein Minimum an Kräften, das überdies vielfach noch als Reserve für die an der deutsch-sowjetischen Front eingesetzten Fliegerkräfte angesehen wurde.

Der Aufmarsch der Luftwaffe wurde mit der Verlegung der motorisierten Teile, einschließlich der Flakeinheiten und der Nachrichtentruppen, bis zum 15. Juni abgeschlossen. Die Masse der in Westeuropa

Die Verteilung der operativen Kräfte der Luftwaffe am 22. Juni 1941

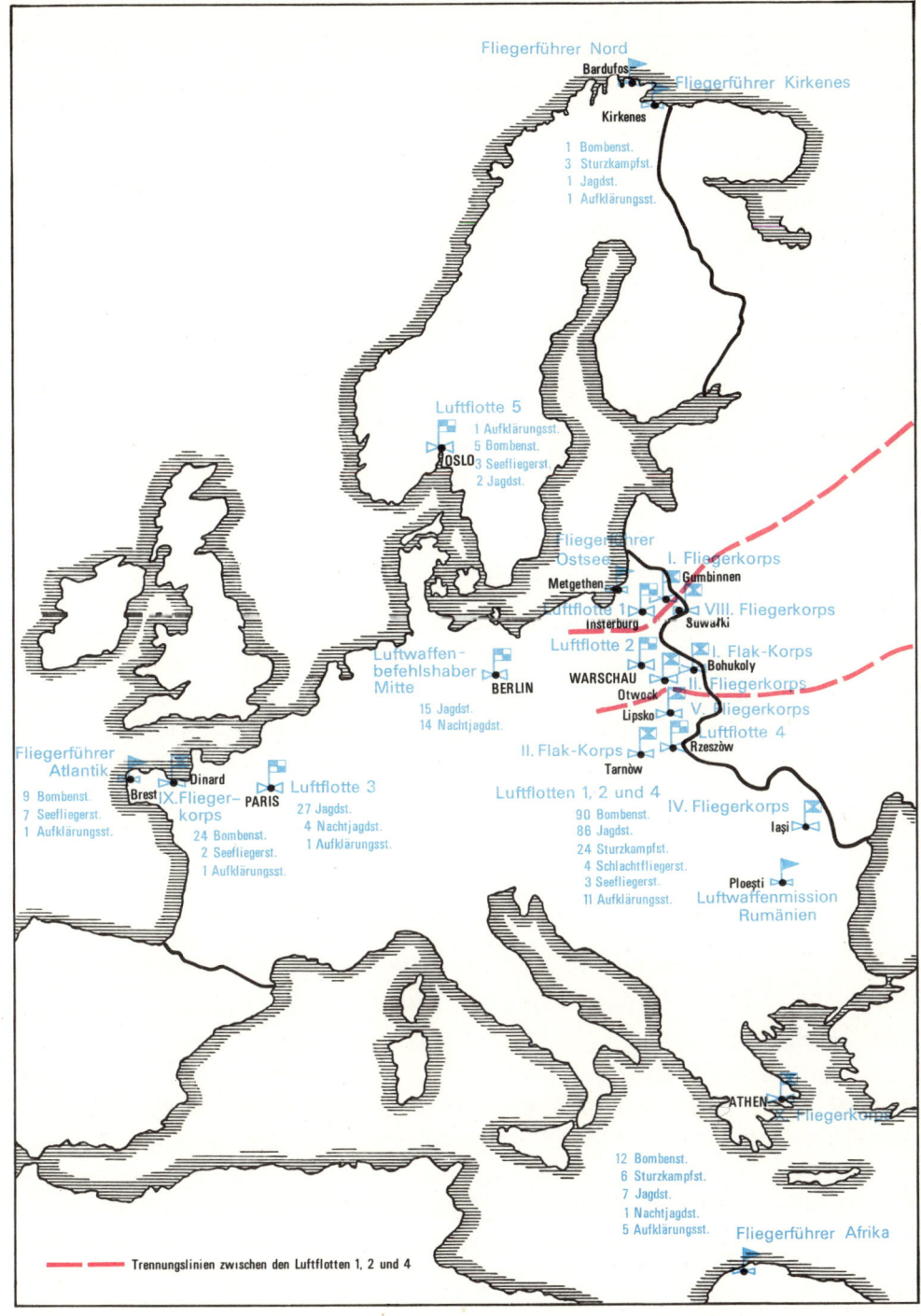

Fliegerführer Nord
Bardufos
Fliegerführer Kirkenes
Kirkenes

1 Bombenst.
3 Sturzkampfst.
1 Jagdst.
1 Aufklärungsst.

Luftflotte 5
1 Aufklärungsst.
5 Bombenst.
3 Seefliegerst.
2 Jagdst.
OSLO

Fliegerführer Ostsee
I. Fliegerkorps
Metgethen
Gumbinnen
Luftflotte 1
VIII. Fliegerkorps
Insterburg
Suwałki
Luftflotte 2
I. Flak-Korps
Bohukoly
WARSCHAU
Luftwaffen-
befehlshaber
Mitte
BERLIN
Otwock
II. Fliegerkorps
Lipsko
V. Fliegerkorps
15 Jagdst.
Luftflotte 4
14 Nachtjagdst.
II. Flak-Korps
Rzeszów
Tarnów

Fliegerführer
Atlantik
Dinard
Luftflotten 1, 2 und 4
IV. Fliegerkorps
9 Bombenst.
Brest
7 Seefliegerst.
IX. Flieger-
1 Aufklärungsst.
korps
Luftflotte 3
90 Bombenst.
Iaşi
PARIS
27 Jagdst.
86 Jagdst.
24 Bombenst.
4 Nachtjagdst.
24 Sturzkampfst.
2 Seefliegerst.
1 Aufklärungsst.
4 Schlachtfliegerst.
1 Aufklärungsst.
3 Seefliegerst.
Ploeşti
11 Aufklärungsst.
Luftwaffenmission
Rumänien

ATHEN
Fliegerkorps

12 Bombenst.
6 Sturzkampfst.
7 Jagdst.
1 Nachtjagdst.
5 Aufklärungsst.
Fliegerführer Afrika

Trennungslinien zwischen den Luftflotten 1, 2 und 4

Verteilung der faschistischen Luftwaffe auf die einzelnen Kriegsschauplätze am 22. 6. 1941

	West-europa	Mittel-meerraum	Luftver-teidigung Deutsch-land	Nord-europa	deutsch-sowjetische Grenze
Bombenflugzeuge	304	114	–	46	945
Jagdflugzeuge	234	44	109	40	1 036
«Zerstörer»-flugzeuge	–	27	102	–	93
Nachtjagd-flugzeuge	52	13	182	–	–
Sturzkampf-flugzeuge	–	66	–	–	340
Seeflugzeuge	99	–	–	33	
Fernaufkärungs-flugzeuge	30	50	–	10	287
Nahaufklärungs-flugzeuge (Heer)	–		–	–	252
Nahaufklärungs-flugzeuge (Pz.)	–	6	–	–	114
Verbindungsflugzeuge	–	–	–	–	190
Transportflugzeuge	–	–	–	–	252
Gesamt	719	320	393	129	3 509

und in Deutschland liegenden fliegenden Einheiten, die bisher noch immer die Fiktion von der Luftbedrohung Großbritanniens aufrechterhalten hatten, verlegten bis zum 20. Juni in den Aufmarschraum, wobei sie in kleinsten Formationen – in Ketten zu je drei Flugzeugen – unter Vermeidung des Überflugs städtischer Gebiete auf den Flugplätzen einfielen.

Der Luftkrieg an der deutsch-sowjetischen Front bis zum Scheitern des faschistischen Blitzkriegs vor Moskau

Als der deutsche Imperialismus am 1. September 1939 mit dem Überfall auf Polen den Krieg entfesselte, war die Sowjetunion gezwungen, dem Schutz des sozialistischen Aufbaus noch größere Aufmerksamkeit zuzuwenden und die Verteidigungsbereitschaft des Landes weiter zu erhöhen.

Das Verteidigungskomitee beim Rat der Volkskommissare beschloß 1939, 9 neue Flugzeugwerke und 7 Flugmotorenwerke zu bauen. 1940

Der Konstrukteur S. W. Iljuschin im Gespräch mit Testpiloten

wurden 7 weitere Betriebe – vor allem Automobilwerke – auf die Flugzeugproduktion umgestellt. Im selben Jahr gründete man ein Volkskommissariat für die Flugzeugindustrie. Die Anzahl der Flugzeugfabriken sollte bis Ende 1941 verdoppelt und ihre Kapazität 166 Prozent im Vergleich zu 1939 betragen. Die Planung sah vor, bis 1941 täglich 50 Militärflugzeuge zu bauen.

Von genauso großer Bedeutung war der Beschluß der sowjetischen Partei- und Staatsführung, die Luftstreitkräfte auf eine völlig neue Kampftechnik umzurüsten. Die Sowjetregierung schrieb deshalb – nach eingehender Beratung mit den führenden Konstrukteuren S. A. Lawotschkin, A. S. Jakolew, M. I. Gudkow, W. P. Gorbunow, S. W. Iljuschin, A. A. Archangelski, N. N. Polikarpow und den Flugmotorenkonstrukteuren W. J. Klimow, A. A. Mikulin und A. D. Schwezow – die Entwicklung moderner Jagd-, Schlacht- und Bombenflugzeuge aus, die die veralteten Jagdflugzeuge vom Typ I-15, I-16 und I-153 sowie die veralteten Bombenflugzeuge vom Typ TB-1 und TB-3 ablösen sollten. An dem Wettstreit zur Konstruktion eines Jagdflugzeugs beteiligten sich A. I. Mikojan, P. W. Suchoi, M. M. Paschinin, I. F. Florow, M. I. Gudkow, A. A. Borowkow, W. W. Schewtschenko, A. S. Jakolew, Koslow, N. N. Polikarpow, Silwanski und W. P. Jazenko.

Zur Serienreife wurden ab Mitte 1940 als Jagdflugzeuge die LaGG-3, die MiG-3 und die Jak-1 entwickelt, als Schlacht- oder Bombenflugzeug die Pe-2 und die Il-2. 1940 gelang es jedoch noch nicht, die Serienproduktion dieser Flugzeugtypen aufzunehmen, da erst bestimmte Mängel der Erprobungsmuster überwunden werden mußten. Die sowjetischen Luft-

MiG-3 Die MiG-3 wurde unter Leitung von A. I. Mikojan und M. J. Gurewitsch 1940 als Weiterentwicklung aus der MiG-1 entworfen. Sie flog erstmals Anfang 1941 und ging sofort in die Serienproduktion. Mitte 1941 wurden die ersten Staffeln der sowjetischen Jagdfliegerkräfte mit ihr ausgerüstet. Sie erwies sich in der Anfangsperiode des Großen Vaterländischen Krieges als eines der besten sowjetischen Jagdflugzeuge, das sich vor allem durch gute Höhenflugeigenschaften auszeichnete. Mängel in Bewaffnung und Wendigkeit führten dazu, daß bereits 1942 die Serienproduktion eingestellt wurde. Bis dahin waren 3 322 MiG-3 produziert worden. Sie kam von da an vor allem als taktisches Aufklärungsflugzeug und als Höhenjäger zum Einsatz.

streitkräfte erhielten in diesem Jahr nur 20 MiG-3, 64 Jak-1 und 2 Pe-2. Angesichts der drohenden faschistischen Aufmarschvorbereitungen gegen die UdSSR ab Herbst 1940 forcierte die sowjetische Führung Ende 1940/Anfang 1941 ihre Anstrengungen, die besten Flugzeugtypen schnellstens in Serie zu produzieren. Dank der aufopfernden Tätigkeit sowjetischer Ingenieure, Techniker und Arbeiter gelang es im ersten Halbjahr 1941, die Produktion moderner Flugzeugtypen beträchtlich zu erhöhen. Bis zum 22. Juni 1941 wurden 1 289 MiG-3, 322 LaGG-3 und 335 Jak-1, 485 Pe-2 und 249 Il-2 produziert. Dennoch überwogen beim Überfall des faschistischen Deutschlands auf die UdSSR in den Luftstreitkräften Maschinen alter Typen.

Nur etwa 21 Prozent der sowjetischen Fliegerkräfte waren mit modernen Flugzeugen ausgerüstet, deren Bedienung noch dazu von den Flugzeugführern erst erlernt werden mußte.

Neben den umfangreichen Maßnahmen der sowjetischen Führung, die darauf gerichtet waren, die Kampfkraft der Fliegerkräfte quantitativ und qualitativ zu erhöhen, wurden zahlreiche Schritte eingeleitet oder unternommen, um eigene Kampferfahrungen beziehungsweise die Luftkampfhandlungen nach den faschistischen Überfällen in Polen und in Westeuropa auszuwerten sowie die Ausbildung und die Organisation der sowjetischen Luftstreitkräfte zu vervollkommnen.

Im Juli 1940 wurden die Luftstreitkräfte grundlegend reorganisiert. Die bestehenden Luftbrigaden bildete man in Divisionen um, die in

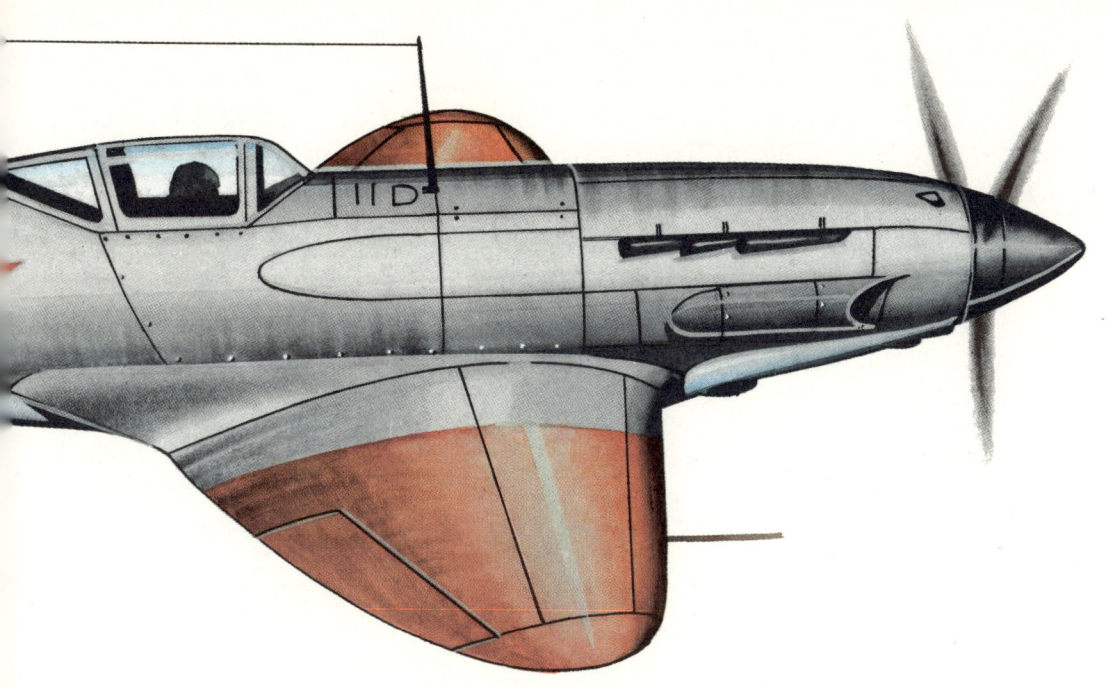

Regimenter gegliedert waren. Ein wichtiger Teil der Fliegerkräfte waren in der UdSSR auch nach der Reorganisation die Fernfliegerkräfte, die dem sowjetischen Oberkommando unterstanden. Sie hatten sich aus den im Jahre 1933 gebildeten Korps entwickelt, die 1936 zu drei Luftarmeen und 1939 wiederum in Korps umgebildet worden waren. Im Jahre 1940 verfügten die sowjetischen Fernfliegerkräfte über 5 Korps und 2 selbständige Divisionen. Insgesamt gehörten 13 Fern- und 5 Jagdfliegerdivisionen zu ihnen. Jedes Korps hatte 2 bis 3 Divisionen mit je 2 bis 3 Regimentern. Die Sollstärke eines Fernfliegerregiments betrug 40 Flugzeuge.

Den wichtigsten Teil der sowjetischen Luftstreitkräfte machten jedoch die in den Militärbezirken stationierten Frontfliegerkräfte aus. Ihre Organisationsform war die Division. Es bestanden im Juni 1941 9 Bomben-, 18 Jagdflieger- und 34 gemischte Fliegerdivisionen, die sich aus leichten Bomben-, Jagd- und Schlachtfliegerregimentern zusammensetzten und zu den Armeefliegerkräften gehörten. Zu einer gemischten Division zählten 4 bis 5 Regimenter. Sie war auf die enge Zusammenarbeit mit einer allgemeinen Armee angewiesen. Zu den Frontfliegerkräften zählten auch 10 selbständige Aufklärungsfliegerregimenter. Aufgaben der Nahluftaufklärung sowie der Luftverbindungen erfüllten 95 Korpsfliegerabteilungen, die den Schützen-, mechanisierten und Kavalleriekorps beigegeben waren.

Die Etatstärke eines Jagdfliegerregiments betrug 4 Staffeln mit insgesamt 60 Flugzeugen, die eines Schlachtfliegerregiments 5 Staffeln mit 60 Kampfflugzeugen und 3 Verbindungsflugzeugen, die eines Bombenfliegerregiments ebenfalls 5 Staffeln mit 60 Flugzeugen. Die kleinste Einheit war bei allen Fliegergattungen die Kette mit 3 Flugzeugen. Im Jahre 1940 unterschied man somit bei den sowjetischen Luftstreitkräften zwischen Fernflieger-, Frontflieger-, Armeeflieger- und Korpsfliegerkräften. Hinzu kamen noch die Seefliegerkräfte und die Fliegerkräfte der Luftverteidigung, letztere wurden von den Befehlshabern der Fliegerkräfte in den Militärbezirken bereitgestellt.

Am 20. Juni 1941, unmittelbar vor dem erzwungenen Kriegseintritt der UdSSR, wurde das erste Jagdfliegerkorps der Luftverteidigung aufgestellt. Unter der Bezeichnung 6. Jagdfliegerkorps gehörte es zur Luftverteidigung Moskaus. Die Fliegerkräfte der Luftverteidigung verwendeten vor allem I-16 und I-153. In den 39 Jagdfliegerregimentern, die für die Luftverteidigung vorgesehen waren, machten die modernen Jagdflugzeuge nur 10 Prozent des Bestands aus. Eine Ausnahme bildete das 6. Jagdfliegerkorps. Hier bestanden 45 Prozent des Flugparks aus Jak-1, MiG-3 und LaGG-3.

Zu den sowjetischen Seefliegerkräften gehörten im europäischen Teil der Sowjetunion 1 445 Flugzeuge; 114 waren der Nordmeerflotte, 707 der Baltischen Rotbannerflotte und 624 der Schwarzmeerflotte zugeteilt. Sie verfügten über 691 Jagdflugzeuge der Typen I-15, I-16 und I-153 sowie über 72 Jagdflugzeuge Jak-1, MiG-3 und LaGG-3, über 337 Bomben- und Torpedoflugzeuge der Typen DB-3, DB-3f, SB, TB-1 und TB-3 sowie Pe-2 und über 345 Flugboote, vor allem vom Typ MBR-2.

Die Struktur der sowjetischen Luftstreitkräfte ermöglichte nach den damaligen Erfahrungen ein wirksames Zusammenwirken insbesondere zwischen den Land- und Luftstreitkräften. Am Vorabend der faschistischen Aggression gab es in den sowjetischen Luftstreitkräften folgendes Verhältnis: Bombenfliegerregimenter – 45 Prozent; Jagdfliegerregimenter – 42 Prozent; Schlacht-, Aufklärungs- und andere Fliegerregimenter – 13 Prozent. Ausgerüstet waren die Jagdfliegerregimenter vor allem mit den Typen I-15, I-16 und I-153 sowie teilweise mit Jak-1, MiG-3 und LaGG-3. Die Bombenfliegerkräfte besaßen überwiegend TB-1, TB-3, DB-3, DB-3f, SB und einige Pe-2, die Aufklärungsfliegerkräfte vor allem R-5.

Außer den Maßnahmen, die dazu beitrugen, die Flugzeugbaukapazität zu vergrößern und modernere Flugzeuge zu entwickeln, wurden auch solche eingeleitet, die die Ausbildung der sowjetischen Luftstreitkräfte verbesserten. Das trug bedeutend dazu bei, die Kampfkraft der fliegenden Einheiten zu heben. Dazu gab das Volkskommissariat für Verteidigung am 10. Mai 1940 einen Befehl zur militärischen und politischen Ausbildung der Truppen im Sommer 1940 heraus, den ein Befehl vom 10. Januar 1941 für das Jahr 1941 präzisierte. Die sowjetischen Luftstreitkräfte wurden darin vor allem darauf orientiert, auch unter schwierigsten meteorologischen

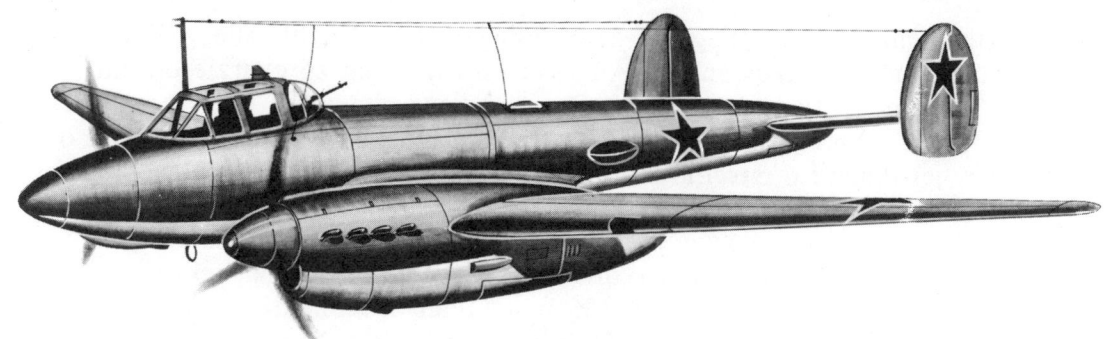

Pe-2 Den Kern der sowjetischen Bombenfliegerkräfte während des zweiten Weltkriegs bildete das 1939 von einem
Kollektiv unter Leitung von
W. M. Petljakow entwickelte Sturzkampfflugzeug Pe-2. Ursprünglich war
die Pe-2 als Langstrecken- und Höhen-
jagdflugzeug konstruiert worden.
Angesichts des Fehlens hochleistungs-
fähiger Bombenflugzeuge wurde die Pe-2,
die am 22. Dezember 1939 zum Erstflug
gestartet war, ab Ende 1940 zu einem
Bombenträger entwickelt, der sofort
in die Serienproduktion übernommen
wurde. In größerer Anzahl stand die Pe-2
den sowjetischen Luftstreitkräften ab
Herbst 1942 zur Verfügung. Daneben
erschien sie unter der Bezeichnung Pe-3
als Langstreckenjagdflugzeug an den
Fronten. Insgesamt wurden bis kurz nach
dem zweiten Weltkrieg 11 427 Pe-2 und
Varianten gebaut, die auch von den Fliegerkräften der polnischen und tschechoslowakischen Volksarmee geflogen wurden. △

LaGG-3 Die LaGG-3 entstand nach
einer 1938 herausgegebenen Ausschreibung unter Leitung von
S. A. Lawotschkin, W. P. Gorbunow
und M. I. Gudkow. Der Prototyp flog
unter der Bezeichnung LaGG-1
erstmals am 30. März 1939. Im
Frühjahr 1941 ging eine verbesserte
Version unter der Bezeichnung LaGG-3
in die Serienproduktion. Die ersten
Flugzeuge, gebaut unter Verwendung
eines neuentwickelten Holzbaustoffs,
kamen Mitte 1941 in die sowjetischen
Luftstreitkräfte. Die neuartige
Holzbauweise erlaubte den schnellen
und billigen Herstellungsprozeß
großer Serien. Anfang 1942
bildete die LaGG-3 den Kern der
sowjetischen Jagdfliegerkräfte, ehe
sie durch die Weiterentwicklung La-5
abgelöst wurde. Insgesamt wurden bis
1942 6 552 Exemplare dieses
Flugzeugs gebaut. ▽

Bedingungen zu fliegen, dem Fliegen bei Nacht allergrößte Aufmerksamkeit zuzuwenden, Angriffe im Sturzflug zu exerzieren und das Zusammenwirken zwischen Bombenfliegereinheiten und Landstreitkräften weiter zu verbessern. Bestimmend für die Weiterentwicklung der sowjetischen Luftstreitkräfte im ersten Halbjahr 1941 war ein Beschluß des ZK der KPdSU(B) und des Rates der Volkskommissare vom 25. Februar 1941. Er sah vor, die sowjetischen Fliegerkräfte beschleunigt auf die neue Kampftechnik umzurüsten und das fliegende Personal schnell darauf auszubilden. Ferner sollten 106 neue Fliegerregimenter entstehen, von denen 19 bis Ende Mai 1941 formiert werden konnten.

Abgeschlossen wurde mit dem 25. Februar 1941 auch die Reform des Ausbildungs- und Schulwesens der sowjetischen Luftstreitkräfte. Von nun an bestand das militärische Ausbildungssystem aus drei aufeinander aufbauenden Arten militärischer Lehranstalten. Ihre erste Stufe war eine Art Grundkurs (vier Monate in Friedens-, drei in Kriegszeiten), die zweite sah eine Flugzeugführerausbildung von neun beziehungsweise sechs Monaten vor. Den Abschluß bildete schließlich eine militärische Fachschule für den Kommandeursnachwuchs, deren Dauer auf zwei Jahre im Frieden und auf ein Jahr im Krieg bemessen war.

Ein weiterer Schritt, die Luftstreitkräfte zu stärken, war der Beschluß des ZK der KPdSU(B) und des Rates der Volkskommissare vom 10. April 1941 über die Reorganisation der rückwärtigen Dienste der Luftstreitkräfte. Bis dahin waren die rückwärtigen Dienste Teil der Fliegerverbände und -einheiten. Es hatte sich aber erwiesen, daß ein derartiges Organisationsprinzip die Beweglichkeit und Manövrierfähigkeit der Fliegerkräfte beeinträchtigte. Die rückwärtigen Dienste wurden nunmehr nach dem Territorialprinzip gegliedert. Ihren Kern bildeten die Luftbasierungsräume (Raiony Awiazionogo Basirowanija – RAB), die sich aus Fliegerstützpunkten – je Division einer – mit vier bis fünf Bataillonen des Flugwartungsdienstes – eines je Fliegerregiment – zusammensetzten.

In den westlichen Militärbezirken lief seit Ende 1940 ein umfangreiches Flugplatzbauprogramm, das vorsah, 190 neue Flugplätze zu errichten. Die neuen Flugzeugtypen machten es notwendig, die Start- und Landebahnen auszubauen oder zu verlängern und die Bodeneinrichtungen zu verbessern. Demzufolge waren die sowjetischen Fliegerkräfte, besonders die Jagdfliegertruppenteile, in den westlichen Militärbezirken auf wenigen Flugplätzen konzentriert, die zum Teil im grenznahen Raum lagen. Im Juni 1941 befanden sich die sowjetischen Luftstreitkräfte somit in einer umfassenden Reorganisation. Die rückwärtigen Dienste wurden umgestellt, neue Einheiten entstanden, und das Flugplatznetz baute man aus oder um. Neue Flugzeugmuster wurden übernommen sowie eingeflogen, und die Flugzeugführer und Besatzungen machten sich mit deren technischen und taktischen Eigenschaften vertraut.

Die Geschichte ließ der Sowjetunion zu wenig Zeit, um alle Vorbereitungen zur Abwehr der drohenden faschistischen Aggression abschließen zu können. Die wirtschaftlichen Möglichkeiten, die Kapazitäten der Flugzeug- und Flugmotorenindustrie waren noch nicht groß genug, um in so kurzer Frist den Bedarf der Luftstreitkräfte decken zu können.

Gegen 02.00 Uhr des 22. Juni 1941 machten sich die erfahrensten Bombenfliegerbesatzungen der Luftflotten 1, 2 und 4 startklar. Sie sollten zugleich mit dem Angriffsbeginn der faschistischen Bodentruppen die am weitesten vorgeschobenen Flugplätze sowjetischer Jagdfliegerregimenter überfallen. Zwischen dem Oberkommando des Heeres und der Luftwaffe hatte es in den letzten Tagen vor dem Überfall noch heftige Meinungsverschiedenheiten über die günstigste taktische Angriffszeit gegeben. Die Generale des Heeres wollten unter dem Schutz der Dunkelheit zum Überfall antreten, während die der Luftwaffe fürchteten, daß der Ausbildungsstand eines großen Teils ihres fliegenden Personals nicht ausreiche, um bei Nacht einen Luftüberfall mit vernichtender Wirkung auf die sowjetischen Flugplätze fliegen zu können. Schließlich einigten sich die Aggressoren auf einen Kompromiß: Ausgewählte Bombenflugzeuge sollten in großer Höhe noch vor dem Überfall die sowjetische Grenze überfliegen und teilweise noch vor Angriffsbeginn – um 03.15 Uhr – schlagartig vorgeschobene Flugplätze sowjetischer Jagdfliegerkräfte bombardieren. Gruppen von 4 bis 15 Bombenflugzeugen wurden auf je einen Flugplatz angesetzt. Vor allem durch den Masseneinsatz der neu entwickelten Splitterbombe vom Typ SD 2 gegen die sowjetischen Flugzeuge versprach sich die Luftwaffenführung eine vernichtende Wirkung.

Anderthalb Stunden bevor die faschistischen Bombenflugzeuge startklar gemacht wurden, war vom Volkskommissar für Verteidigung und dem Generalstabschef der Roten Armee eine Direktive an die Militärräte des Baltischen, Leningrader, Westlichen, Kiewer und Odessaer Militärbezirks ergangen, in der erklärt wurde, daß ein faschistischer Überraschungsangriff im Laufe des 22. und 23. Juni möglich wäre. Wörtlich hieß es: «Ich befehle..., am 22. 6. 41 vor dem Morgengrauen die gesamten Fliegerkräfte, darunter die Truppenflieger, auf die Feldflugplätze zu dezentralisieren und gründlich zu tarnen.»

Der Befehl erreichte die Militärbezirke und die Armeen, konnte aber nicht mehr allen Truppenteilen schnell übermittelt werden, da seit dem Morgengrauen eingeschleuste Agenten und Diversanten der faschistischen Wehrmacht die Leitungen unterbrachen und Kuriere abfingen. Der erste Schlag der faschistischen Luftwaffe traf deshalb viele Fliegerverbände und -einheiten völlig überraschend. Ihm folgte unmittelbar der erste Hauptangriff von 637 faschistischen Bomben- und 231 Jagdflugzeugen gegen 31 sowjetische Flugplätze. Einen zweiten massierten Schlag führten etwa 400 Bombenflugzeuge gegen weitere 35 Flugplätze in den Vormit-

Sowjetischer Feldflugplatz nach dem Luftüberfall am 22. Juni 1941

tagsstunden des 22. Juni. Damit wurden 66 sowjetische Flugplätze ge-
troffen, auf denen sich zu diesem Zeitpunkt rund 70 Prozent aller
Fliegerregimenter des Baltischen, Westlichen, Kiewer und Odessaer
Militärbezirks befanden.

Die sowjetischen Fliegerkräfte erlitten überaus schwere Verluste. Sie
waren besonders hoch bei den Fliegerkräften des Westlichen Besonderen
Militärbezirks, die unter dem Kommando von Generalmajor I. I. Kopez
standen, wo die Luftwaffe mit zwei Fliegerkorps – dem berüchtigten VIII.
und dem II. – den Hauptschlag gegen 26 Flugplätze führte.

Die Fliegerkräfte des Westlichen Besonderen Militärbezirks bestanden
am 22. Juni aus 11 Fliegerdivisionen. Zu den Frontfliegerkräften gehörten die 12. und die 13. Bombenflieger- sowie die 43., 59, und 60. Jagdfliegerdivision, zu den Armeefliegerkräften die 9., 10. und 11. gemischte
Fliegerdivision. Außerdem lag das 3. (Fern-)Fliegerkorps des Oberkommandos mit der 42. und 52. Bomben- und der 61. Jagdfliegerdivision
im Bereich des Militärbezirks. Die 11 Divisionen verfügten vor dem
Überfall über 1 560 Flugzeuge. Darunter befanden sich 377 SB, 42 Pe-2,
22 Ar-2, 24 Jak-4, 75 Su-2, 424 I-16, 262 I-153, 73 I-15, 233 MiG-3, 20 Jak-1
und 8 Il-2. Fast drei Viertel aller Flugzeuge (1 158 Maschinen) waren
veraltet.

306

Die Jagdfliegerkräfte lagen 80 bis 100 Kilometer, die Schlachtfliegerkräfte 100 bis 180 und die Bombenfliegerkräfte 300 bis 600 Kilometer von der Staatsgrenze entfernt. Einzelne Flugplätze der Jagdflieger befanden sich nur 20 bis 40 Kilometer von der Grenze entfernt. Sie gerieten in den Schußbereich der faschistischen Artillerie.

Im Ergebnis des Luftüberfalls, dessen Wirkung die faschistischen Fliegerkräfte durch den Einsatz von Scheinwerfern, Leuchtbomben und Sirenen zu steigern suchten, verloren die Fliegerkräfte des Militärbezirks – ohne die Fernfliegerkräfte – 47 Prozent ihrer Flugzeuge. Von 409 Flugzeugen der 9. gemischten Fliegerdivision gingen bis zum Ausgang des 22. Juni 347 verloren, bei der 10. gemischten Fliegerdivision 188 von 231 Flugzeugen und bei der 11. gemischten Fliegerdivision 127 von 188 Flugzeugen. Insgesamt fielen 738 Flugzeuge des Militärbezirks – 387 Bomben- und 351 Jagdflugzeuge – dem faschistischen Luftüberfall zum Opfer. 528 wurden am Boden zerstört, 210 gingen in Luftkämpfen verloren. Besonders schwer wog, daß besonders die mit MiG-3-Jagdflugzeugen ausgerüsteten Einheiten schwere Ausfälle hatten.

Der faschistische Luftüberfall forderte deshalb so hohe Verluste, weil er die Fliegerkräfte völlig überraschend traf, die Flakabwehr auf vielen Flugplätzen zu schwach war und die Nachrichtenverbindungen zwischen den Stäben, Verbänden und Einheiten bald ausfielen. Schon wenige Stunden vor dem Angriff waren im Ergebnis faschistischer Diversionshandlungen eine Reihe Verbindungen gestört, gegen 10.00 Uhr brachen

Jak-1 Die Jak-1 entstand ebenfalls im Ergebnis der 1938 erfolgten Ausschreibung für ein neues Jagdflugzeugmuster unter der Leitung von A. S. Jakowlew. Ihren Erstflug absolvierte sie unter der Bezeichnung I-26 im März 1939. Im Frühjahr 1941 begann die Serienproduktion eines verbesserten Typs. Nur wenige Exemplare konnten vor dem faschistischen Überfall an die Luftstreitkräfte ausgeliefert werden. In den ersten beiden Jahren des Großen Vaterländischen Krieges stellte die Jak-1 die Mehrheit der Ausrüstung der sowjetischen Jagdfliegereinheiten. Insgesamt wurden 8 721 Flugzeuge produziert.

alle Verbindungen zur 9., 10. und 11. gemischten Fliegerdivision ab. Hinzu kam, daß sich eine Reihe von Fliegerdivisionen in der Umstellung befand, wie die 59. und die 60. Jagdfliegerdivision. Die gemischten Fliegerdivisionen wie auch die 12. und 13. Bombenfliegerdivision wurden im Juni auf eine neue Kampftechnik umgerüstet. Auf einigen Flugplätzen hatten sich demzufolge Ansammlungen von 100 und mehr Flugzeugen ergeben.

Die Verluste der sowjetischen Fliegerkräfte in den anderen Militärbezirken waren wesentlich geringer, am geringsten bei den Fliegerkräften des Odessaer Militärbezirks, die unter dem Kommando von General F. G. Mitschugin standen. Dort hatte man bereits vor dem 22. Juni die Fliegerkräfte dezentralisiert und getarnt auf Feldflugplätzen untergebracht, die Kampfbereitschaft hergestellt und ein diensthabendes System für die Jagdfliegerregimenter eingeführt. Nur 6 Flugzeuge wurden während des faschistischen Luftüberfalls in diesem Militärbezirk am Boden zerstört.

Die Fliegerkräfte des Baltischen Besonderen Militärbezirks, die unter dem Befehl von General A. P. Ionow standen, wurden vom faschistischen Luftüberfall zu einem Zeitpunkt getroffen, da zahlreiche Verbände gerade von einer großen Nachtübung zurückkehrten. In der ersten Welle hatten hier 76 Bomben- und 90 Jagdflugzeuge der Luftflotte 1 7 sowjetische Flugplätze bombardiert.

Schwere Schläge führten die Luftflotten 2 und 4 auch gegen die Fliegerkräfte des Kiewer Militärbezirks, wo insgesamt 23 Flugplätze angegriffen wurden. In der ersten Welle hatte die Luftflotte 4 268 Bombenflugzeuge eingesetzt. Allerdings blieben auch hier die Verluste durch vorbeugende Dezentralisierungs- und Tarnmaßnahmen wesentlich geringer als im Westlichen Besonderen Militärbezirk. Insgesamt büßten die sowjetischen Luftstreitkräfte am 22. Juni 1941 1200 Flugzeuge ein, fast 900 am Boden und über 300 in Luftkämpfen. Das Oberkommando der faschistischen Luftwaffe triumphierte in einer Lagebeurteilung vom 23. Juni 1941: «Der überraschende Angriff auf die feindliche Luftwaffe an der Ostfront traf diese auf den durch die Aufklärung erfaßten Flugplätzen und führte zur Vernichtung von insgesamt 1111 Flugzeugen, davon im Luftkampf 223, am Boden zerstört 888 Flugzeuge. Damit wurde der Feind in der Luft entscheidend geschlagen.»

Mit dieser Behauptung irrte das faschistische OKL nicht nur grundsätzlich – wie der Ausgang des Luftkriegs an der deutsch-sowjetischen Front bewies –, sondern auch, was den Verlauf der Kampfhandlungen am 22. Juni betraf. Die sowjetischen Luftstreitkräfte gaben sich keineswegs geschlagen, sondern leisteten von der ersten Stunde an erbitterten, heldenhaften Widerstand.

Der Staffelführer im 127. Jagdfliegerregiment I. I. Drosdow flog am ersten Kriegstag 5 Einsätze und schoß zwei faschistische Flugzeuge ab;

der Politoffizier A. A. Artmejew stieg zu neun Einsätzen auf, wobei er drei faschistische Flugzeuge vernichtete. Bereits eine Viertelstunde nach dem Luftüberfall rammte in einem Luftkampf Leutnant D. W. Kokorjew vom 124. Jagdfliegerregiment der 9. gemischten Fliegerdivision bei Sambruw mit seiner MiG-3 ein faschistisches Bombenflugzeug. Kurze Zeit später vernichtete Oberleutnant I. I. Iwanow vom 46. Jagdfliegerregiment über Rowno eine He 111 durch Rammstoß. Er selbst kam dabei ums Leben. Der stellvertretende Kommandeur dieses Regiments, Politoffizier A. S. Danilow, wiederholte am selben Tag dieses Manöver. Durch Rammstöße brachten auch Unterleutnant L. G. Butelin, Leutnant P. S. Rjabzew, Oberleutnant N. P. Ignatjew und Oberleutnant A. I. Makljak faschistische Bomben- oder Jagdflugzeuge zum Absturz. Für den erbitterten Widerstand der sowjetischen Jagdfliegerregimenter spricht, daß von den Piloten des 123. Jagdfliegerregiments, die von Major B. N. Surin befehligt wurden, am ersten Kriegstag 20 faschistische Flugzeuge in Luftkämpfen abgeschossen wurden. Die sowjetischen Luftstreitkräfte nahmen den Kampf gegen die Luftwaffe und die Bodentruppen besonders seit den Mittagsstunden des 22. Juni auf. Um 07.15 Uhr hatte der Volkskommissar für Verteidigung die Direktive Nr. 2 erlassen, in der die Aufgaben der Fliegerkräfte wie folgt umrissen wurden: «Die Aufklärungs- und Kampfflugzeuge haben die Konzentrierungspunkte der Luftwaffe und die Gruppierung seiner Landstreitkräfte festzustellen. Durch mächtige Schläge von Bomben- und Schlachtflugzeugen sind die Flugzeuge auf den feindlichen Flugplätzen und die wichtigsten Gruppierungen seiner Landstreitkräfte zu vernichten. Die Fliegerkräfte haben ihre Angriffe über deutschem Gebiet bis in eine Tiefe von 100 bis 150 Kilometern vorzutragen.»

Trotz ihrer schweren Verluste gingen die sowjetischen Fliegerkräfte zu Gegenangriffen über. Gruppen von Flugzeugen des Baltischen Besonderen Militärbezirks griffen faschistische Truppenkonzentrationen bei Tilsit (Sowjetsk), Tauragé, Polukne und am Neman an. In Ostpreußen wurden Verkehrseinrichtungen bei Tilsit, Eydtkuhnen (Tschernyschewkoje), Gumbinnen (Gussew), Neidenburg (Nidzica) und Lötzen (Giżycko) bombardiert. Sie flogen am 22. Juni insgesamt rund 2 000 Einsätze. Erbitterten Widerstand leisteten auch die Fliegerkräfte des Westlichen Besonderen Militärbezirks. Von ihnen wurden 1 896 Einsätze geflogen. Besonders wirksam waren die Schläge von Bomben- und Schlachtfliegerkräften gegen faschistische Flugplätze bei Sokołów Podlaski, Siedlce, Lukow und Biała Podlaska. Kolonnen der Panzergruppen 2 und 3 wurden bei Ciechanowiec, Konstantynow, Augustów und Suwałki von der 12. und 13. Bombenfliegerdivision bombardiert. Allein 240 Einsätze flogen die Fliegerkräfte des Kiewer Militärbezirks gegen Teile der Panzergruppe 4 bei Ustilug und Gruberush.

Insgesamt starteten die sowjetischen Luftstreitkräfte am 22. Juni zu

6 000 Einsätzen und schossen in Luftkämpfen etwa 200 faschistische Flugzeuge ab. Die Anstrengungen der sowjetischen Fliegerkräfte zersplitterten sich jedoch auf breiter Front. Es gelang nicht, die Fliegerkräfte in den Hauptrichtungen zu konzentrieren. Hinzu kam, daß in vielen Fällen die Nachrichtenverbindungen zu den Bodentruppen unterbrochen waren. Das alles minderte erheblich die Effektivität des Einsatzes. Den sowjetischen Jagdfliegerkräften gelang es trotz aller Bemühungen nicht, die Bodentruppen ausreichend aus der Luft zu decken. Sie waren schweren massierten Schlägen der Luftwaffe ausgesetzt.

Wie wenig es jedoch der faschistischen Luftwaffe gelungen war, mit dem Luftüberfall die absolute Luftherrschaft zu erobern, wird unter anderem aus einem Bericht des IV. Fliegerkorps ersichtlich, das für den Ausgang des 22. Juni 1941 feststellte: «Die Jagdabwehr des Feindes tritt auch weiterhin zahlenmäßig stark in Erscheinung, häufig mit 15 bis 25 Flugzeugen, kann jedoch durch Begleitschutz niedergehalten bzw. durch überlegene Geschwindigkeit abgeschüttelt werden.»

Besonders wirksam zeigte sich schon in den ersten Tagen die sowjetische Flakartillerie. Bei den barbarischen Luftangriffen auf sowjetische Städte wie Ventspils, Liepāja, Šiauliai, Kaunas, Kronstadt, Vilnius, Grodno, Lida, Wolkowysk, Brest, Kobrin, Slonim, Baranowitschi, Minsk, Bobruisk, Shitomir, Kiew, Sewastopol, Ismail und viele andere Städte und Ortschaften des Baltikums, Belorußlands, der Ukraine, der Moldau und der Krim gerieten die faschistischen Luftpiraten unter das schwere Abwehrfeuer leichter und mittlerer Flakgeschütze. In einem «Erfahrungsbericht» des faschistischen Generalleutnants Leo Schwabedissen für die US Air Force hieß es dazu: «In einem Punkt stimmen alle deutschen Kommandeure völlig überein: Sie waren alle überrascht über die Operationen und die Wirksamkeit der gegnerischen Flakwaffe, die das deutsche Oberkommando als veraltet und wenig wirksam hingestellt hatte.»

Trotz der Erringung der Luftüberlegenheit am 22. Juni deutete sich mit dem heroischen Widerstand der sowjetischen Luftstreitkräfte bereits vom ersten Kriegstag an, daß die Aggressoren hier auf Soldaten gestoßen waren, die aufopferungsvoll und kompromißlos ihr sozialistisches Vaterland verteidigten und der Luftwaffe in hartnäckigen Kämpfen empfindliche Verluste zufügten. Der Plan des OKL, mit dem Luftüberfall die sowjetischen Luftstreitkräfte am Boden zu vernichten, war trotz schwerer sowjetischer Verluste mißlungen. Nur im Westlichen Besonderen Militärbezirk und zum Teil im Kiewer Militärbezirk waren große Teile der sowjetischen Fliegerkräfte zerschlagen worden, während die Fliegerkräfte der anderen Militärbezirke voll einsatzfähig blieben. Die sowjetischen Luftstreitkräfte behielten ihre Kampffähigkeit.

Trotz der faschistischen Luftherrschaft und der schweren am ersten

Die Bombardierung von Städten und Ortschaften war von Anfang an eines der
Hauptangriffsziele der Luftwaffe beim Überfall auf die UdSSR

Kriegstag erlittenen Verluste setzten die sowjetischen Luftstreitkräfte an
allen Frontabschnitten dem Aggressor erbitterten Widerstand entgegen.
Vom 22. Juni bis zum 10. Juli 1941 flogen sie insgesamt 47 000 Einsätze und
warfen 10 000 Tonnen Bomben auf den Gegner ab. 47 Prozent aller ihrer
Einsätze flogen sie zur Unterstützung der Landstreitkräfte.

Die Fliegerkräfte der Nordwestfront unterstützten die Operationen der
8. und der 11. sowjetischen Armee mit insgesamt 8 000 Einsätzen, wobei
sie allein im Verlauf des Gegenschlags bei Šiauliai–Tilsit 2 100 Starts
durchführten. Von den Fliegerkräften der Südwestfront wurden 10 000
Einsätze geflogen, von denen der Südfront über 5 000 und von denen der
Nordfront ebenfalls etwa 10 000.

Aktiv beteiligten sich an der Bekämpfung des Gegners auch die Fern-
fliegerkräfte sowie die den Flotten unterstellten Seefliegerkräfte. Die
Fernfliegerkräfte flogen in den ersten 18 Tagen des Krieges rund 2 300
Einsätze, wovon 95 Prozent der Unterstützung der Bodentruppen dienten.
Darüber hinaus flogen sie und Teile der Seefliegerkräfte, die insgesamt
2 000 Starts durchführten, Angriffe auf das Hinterland des Aggressors. Sie
richteten sich besonders gegen militärische und ökonomische Objekte in
Ostpeußen, so in Tilsit, Gumbinnen und Königsberg, in vom faschistischen

311

Deutschland besetzten Polen, in erster Linie gegen Flugplätze und Verkehrsziele bei Warschau, sowie in Rumänien.

Am 23. Juni 1941 flogen 10 sowjetische Bombenflugzeuge einen wirksamen Angriff gegen den Hafen von Königsberg. Noch effektiver waren allerdings die Schläge gegen den rumänischen Schwarzmeerhafen Constanţa, der am 25. Juni 1941 viermal bombardiert wurde, und gegen das rumänische Erdölgebiet. Nach mehreren vorangegangenen Angriffen flogen am 14. Juli 1941 6 sowjetische Bombenflugzeuge die Erdölfelder von Ploieşti an. Aus 2 000 Meter Höhe bombardierten sie die Astra-Romana und Orion-Raffinerie, setzten 5 kleine und 5 große Öltanks in Brand, vernichteten 12 Tankwagen und eine Ölraffinerie. Aus Furcht vor weiteren sowjetischen Angriffen auf das Erdölgebiet wurden deshalb ab 15. Juli alle rumänischen Jagdflugzeuge von der Front abgezogen und in den Raum Ploieşti verlegt.

Gleich große Wirkung wie diese Angriffe, die die faschistische Führung zwangen, ihre Luftverteidigung in Ostpreußen, im okkupierten Polen und in Rumänien zu verstärken, hatte die Zerstörung der strategisch wichtigen Eisenbahnbrücke bei Cernavodă, die das Erdölgebiet von Ploieşti mit dem Hafen Constanţa verband, am 10. August 1941 durch Fliegerkräfte der Schwarzmeerflotte. Um eine hohe Treffsicherheit bei der Vernichtung dieses Punktziels zu gewährleisten, wurden zwei Bombenflugzeuge TB-3 eingesetzt, die je zwei Jagdflugzeuge vom Typ I-16 trugen, von denen jedes zwei 250-kg-Bomben beförderte. In der Nähe des Ziels wurden die Jagdflugzeuge ausgeklinkt und griffen im Sturzflug das Ziel mit vernichtender Wirkung an, um dann mit eigener Kraft auf die Flugplätze auf der Krim zurückzukehren.

Auch in der Hauptstoßrichtung der faschistischen Aggression, in Belorußland, suchten die Fliegerkräfte der Westfront den faschistischen Vormarsch aufzuhalten. Sie flogen in den ersten Kriegstagen 7 000 Einsätze, unterstützten den Gegenschlag des 6. und des 11. mechanisierten Korps am 25. Juni bei Brody mit 780 Flugzeugstarts, wobei sie 30 deutsche Panzer, 16 Geschütze und 60 Fahrzeuge vernichteten. Die Armeefliegerkräfte der Westfront flogen in den ersten Kriegswochen 14,7 Prozent ihrer Einsätze gegen faschistische Truppenansammlungen, 16,5 Prozent gegen motorisierte Kolonnen, 21 Prozent gegen Panzergruppen, 24,9 Prozent zur Deckung der eigenen Truppen, 5 Prozent gegen faschistische Flugplätze, 4,5 Prozent gegen Brücken und Übergänge und 6,8 Prozent zur Aufklärung. Im Verlauf der ununterbrochenen Einsätze und der schweren Schläge der faschistischen Luftwaffe gegen die sowjetischen Flugplätze sank die Stärke der Fliegerkräfte an der Westfront rasch ab. Am 1. Juli verfügte sie nur noch über 498 Flugzeuge: 374 Bomben- und 124 Jagdflugzeuge. Am 6. Juli waren es nur noch 253 Flugzeuge: 150 Bomben- und 103 Jagdflugzeuge.

TB-3 als Mutterflugzeug für zwei unter
den Tragflächen angebrachte I-16

Die ersten Helden der Sowjetunion im
Großen Vaterländischen Krieg: (von links
nach rechts) M. P. Shukow, S. I. Sdorowzew und P. T. Charitonow

Am 30. Juni 1941 erklärten Marschall K. J. Woroschilow und B. M.
Schaposchnikow im Rat der Volkskommissare über die Lage der West-
front: «Notwendig sind im größtmöglichen Umfang Jagd-, Bomben- und
Schlachtflugzeuge, die, um das Wort zu gebrauchen, nicht schlechter,
sondern besser als die deutschen sind ... Es gibt nur 11 MiGs, und sie sind
den ganzen Tag im Einsatz. Sie sind eine fürchterliche Waffe für die
Deutschen. Gestern, am 29. Juni, schossen zwei unserer MiGs beim
Zusammentreffen sofort drei Messerschmitts ab.»

Von der hohen Kampfmoral der sowjetischen Flugzeugführer in den
ersten Kriegstagen zeugen zahlreiche Beispiele. So steuerte am 26. Juni
1941 der Brigadekommandeur des 207. Fernfliegerregiments, Hauptmann
N. F. Gastello, mit seinem nach Flakbeschuß in Brand gesetzten Flugzeug

bei Molodetschno in eine faschistische Fahrzeugkolonne, eine Tat, die am folgenden Tag Leutnant D. S. Tarassow bei Lwow wiederholte. Am 28. Juni rammte Oberleutnant N. F. Terechin zwei He 111, nachdem er vorher schon eine Heinkel im Luftkampf abgeschossen hatte. Zu den ersten Helden der Sowjetunion in diesem Krieg wurden drei Angehörige des 158. Jagdfliegerregiments, M. P. Shukow, S. I. Sdorowzew und P. T. Charitonow, ernannt, die sich bei der Verteidigung Leningrads ausgezeichnet hatten. Trotz der hohen Einsatzbereitschaft und des Heldentums der sowjetischen Luftstreitkräfte gelang es ihnen zu diesem Zeitpunkt noch nicht, wirksam Einfluß auf den Verlauf der Kampfhandlungen nehmen zu können. Die Ursachen dafür waren mannigfaltig. Eine bestand darin, daß die Effektivität der Luftunterstützung durch die bestehende Organisation behindert wurde. Die Masse der Fliegerkräfte befand sich im Juni/Juli 1941 unter der Verfügungsgewalt der Armeebefehlshaber. Am 6. Juli 1941 zum Beispiel stellte Marschall S. K. Timoschenko in einem Bericht an das Hauptquartier fest, daß sich von 253 Flugzeugen bei der Westfront 196 bei den Armeefliegerkräften befinden. Am 10. Juli 1941 unterstanden dem Oberbefehlshaber der Westfront von 389 Flugzeugen 166. Das Vorhandensein von Fliegerkräften der Armee erleichterte zwar das Zusammenwirken auf der Ebene allgemeine Armee – Fliegerverband, erschwerte aber die zentralisierte Führung der Fliegerkräfte im Maßstab der Front. Die Massierung von Fliegerkräften in der Hauptstoßrichtung der Front – unter Bloßlegung der Nebenabschnitte – wurde dadurch außerordentlich behindert. Es gelang nicht, starke und wirksame Schläge gegen die wichtigsten Ziele zu führen. Um die Führung der Luftstreitkräfte zu verbessern, hatte das sowjetische Oberkommando bereits zwischen dem 23. und 25. Juni aus den Fliegerkräften der Militärbezirke Fliegerkräfte der Fronten und Armeen geschaffen. Am 10. Juli 1941 wurden die Fliegerkräfte der verschiedenen Fronten den drei neugeschaffenen Oberkommandos, die jeweils für einen strategischen Abschnitt verantwortlich waren, unterstellt, um die Truppenführung beweglicher und flexibler zu halten.

Um den Landstreitkräften in den Hauptstoßrichtungen die notwendige Luftunterstützung geben zu können, schuf die sowjetische Führung im Sommer 1941 Fliegerverbände neuen Typs, die «Fliegergruppen der Reserve (RAG)». Zwischen August und Oktober 1941 wurden 6 derartige Gruppen geschaffen, deren Bestand zwischen 4 und 6 Regimentern von Jagd-, Schlacht- und Bombenflugzeugen schwankte. Die erste dieser Gruppen kam im August im Raum Brjansk zum Einsatz, die zweite und dritte bei Leningrad und am Wolchow, die vierte bei der Südwestfront und die sechste wiederum im Raum Brjansk. Sie unterstanden unmittelbar dem am 23. Juni 1941 gebildeten Oberkommando der Streitkräfte der UdSSR (Stawka). Auf ihre Leitung, ihren Einsatz und ihre Aufstellung nahm der am 27. Juni 1941 zum Oberbefehlshaber der Luftstreitkräfte der Roten

Die Leitung der sowjetischen Fliegerkräfte
in der Anfangsperiode des Großen Vaterländischen Krieges:

Militärbezirk	Front (ab 23. 6.)	Befehlshaber der Flieger- kräfte	Abschnitt (ab 10. 7.)	Oberbefehls- haber der Fliegerkräfte
Leningrader	Nordfront	General A. A. Nowikow		
			Nordwest- licher	General A. A. Nowikow
Baltischer	Nordwestfront	General A. P. Ionow ab 1. 7. General T. F. Kuzewalow		
Westlicher	Westfront	General A. I. Tajurski ab 2. 7. Oberst N. F. Naumenko	Westlicher	Oberst N. F. Naumenko
Kiewer	Südwestfront	General J. S. Ptuchin ab 1. 7. General F. A. Astachow		
			Südwest- licher	General F. J. Falalejew
Odessaer	Südfront	General F. G. Mitschugin ab 27. 6. General P. S. Scheluchin		

Armee – gleichzeitig stellvertretender Volkskommissar für Verteidigung – ernannte General P. F. Shigarew wesentlichen Einfluß, der gemeinsam mit dem Kriegsrat der Luftstreitkräfte an Stelle der bisherigen Verwaltung der Luftstreitkräfte der Roten Armee trat. Der Kriegsrat der Luft- streitkräfte wurde das entscheidende Organ, in dessen Händen die Führung der Kampfhandlungen in der Luft, die Vorbereitung der Kader und die Aufstellung der Fliegerreserven lag.

Die wesentlichen Veränderungen in der Führung der Luftstreitkräfte ergaben sich aus den Erfahrungen der ersten Kriegstage und dienten dazu, die sowjetischen Fliegerkräfte zu stärken und zu festigen.

Von gleich großer Bedeutung waren die taktischen und operativen Verallgemeinerungen, die die sowjetischen Luftstreitkräfte aus dem Verlauf der Kampfhandlungen zogen. Im Vordergrund stand dabei das Ringen, den Auswirkungen und Folgen der faschistischen Luftherrschaft in den Hauptstoßrichtungen zu begegnen. Dazu führte das sowjetische Oberkommando aktive und passive Maßnahmen durch.

Bereits drei Tage nach dem faschistischen Überfall bereitete das sowjetische Oberkommando einen massierten Schlag der Fliegerkräfte der Nordfront, der Baltischen Rotbannerflotte und der Nordmeerflotte gegen 19 Flugplätze der Luftflotte 5 und der finnischen Luftstreitkräfte vor, um die Fliegerkräfte des Gegners zu schwächen und an Angriffen auf Leningrad zu hindern. Im frühen Morgengrauen des 25. Juni starteten 263 Bomben- und 224 Jagdflugzeuge zum Angriff. Es gelang ihnen, den Gegner zu überraschen. Seine Luftabwehr trat erst in Tätigkeit, nachdem die sowjetischen Fliegerkräfte bereits die Flugplätze bombardiert, Hangars, Treibstoff- und Munitionslager in Brand gesetzt und zerstört hatten. Insgesamt wurden beim ersten Schlag 41 faschistische Flugzeuge – davon 11 in der Luft – vernichtet. Die Operation dauerte bis zum 2. Juli an. Nach Angaben der sowjetischen Luftaufklärung wurden 130 faschistische Flugzeuge zerstört.

Am 3. Juli befahl General Shigarew den Fliegerkräften der Nord-, Nordwest-, West- und Südwestfront, gemeinsam mit Fernfliegerkräften 31 Flugplätze des Gegners anzugreifen. Auf Grund ungünstiger Wetterbedingungen konnte dieser Befehl nicht ausgeführt werden. Nur einige Flugplätze des Gegners, besonders im Bereich der Westfront, wurden angegriffen. Zur Abwehr eines drohenden Schlags der faschistischen Luftwaffe gegen das sowjetische Flugplatzsystem befahl das sowjetische Oberkommando am 8. Juli, den faschistischen Schlägen zuvorzukommen und die faschistischen Fliegerkräfte am Boden zu zerschlagen. 125 Fernbombenflugzeuge bombardierten 14 Flugplätze, während die Fliegerkräfte der Nordwest-, Nord-, West- und Südfront mit 304 Einsätzen weitere 28 Flugplätze des Gegners angriffen. Allein von den Fliegerkräften der Westfront wurden 54 faschistische Flugzeuge am Boden zerstört.

Neben dieser großen Luftoperation bemühte sich die Führung der sowjetischen Luftstreitkräfte, den Einsatz ihrer Fliegerkräfte den konkreten Bedingungen des Kampfes besser anzupassen. Angesichts des Mangels an Jagdflugzeugen, die überwiegend zum Schutz der Bodentruppen eingesetzt werden mußten, waren die sowjetischen Bombenfliegerkräfte in den ersten Kriegstagen meist gezwungen, ohne Jagdschutz zu handeln. Das hatte schwere Verluste zur Folge. Überdies griffen die sowjetischen Bombenflugzeuge anfangs meist aus Höhen von 2 000 bis 3 000 Metern in die Erdkampfhandlungen ein, wodurch die Effektivität ihrer Schläge, besonders gegen motorisierte Kolonnen und Panzerabwehrabteilungen, litt. Die sowjetischen Bomberpiloten wurden angewiesen, ihre Angriffe in Höhen von 600 bis 1 000 Metern zu führen, bei schwacher Luftabwehr sogar im Tiefflug.

Für den Einsatz der meist veralteten Fernbombenflugzeuge erteilte das sowjetische Oberkommando dagegen am 3. Juli 1941 Weisung, daß sie bei Nacht und tagsüber in großen Höhen zum Einsatz kommen sollten, um hohe Verluste zu vermeiden. Zur Steigerung der Effektivität der Schläge der Bombenfliegerkräfte gegen lebende Ziele und gegen die Kampftechnik des Gegners wurden ab 10. Juli verbesserte Spreng-, Splitter- und Brandbomben bereitgestellt.

Eines der wichtigsten Probleme bestand in den ersten Kriegsmonaten darin, die Auswirkungen der faschistischen Schläge gegen das sowjetische Flugplatzsystem zu vermindern. Am 9. Juli 1941 gab General Shigarew eine Weisung heraus, in der es unter anderem hieß: «Bei der Basierung der Fliegerkräfte auf den Flugplätzen dürfen auf einem Flugplatz nicht mehr als 9 bis 12 Flugzeuge sein. Nach der Landung der Flugzeuge müssen sie sofort auf rückwärtigen Plätzen zerstreut und getarnt in Deckung gebracht werden.» Er forderte die strikte Einhaltung einer hohen Tarnungsdisziplin.

Am 15. Juli gab das sowjetische Oberkommando eine weitere Weisung heraus, die sich mit diesem Problem beschäftigte. Es hieß darin unter anderem, «...daß unsere Fliegerverbände, Korps, mehrere Regimenter zählende Divisionen mit Regimentern, die sich aus 60 Flugzeugen zusammensetzten, sehr schwerfällig, umfangreich und schlecht geeignet für eine bewegliche Kampfführung sind, gar nicht davon zu reden, daß die Stärke ihre Zerstreuung auf den Flugplätzen erschwert und es dem Gegner erleichtert, sie auf dem Boden zu vernichten. Die Erfahrungen der Luftstreitkräfte in den vergangenen Tagen zeigen, daß Regimenter mit 30 Flugzeugen und Divisionen mit zwei Regimentern ohne Korpsverbände eine bessere Form der Organisation der Luftstreitkräfte darstellen, da sie sich auch beweglicher führen lassen, so vor allem beim Manövrieren bei Überfällen des Gegners.»

Auf Grund dieser Erfahrungen setzten das sowjetische Oberkommando beziehungsweise der Oberbefehlshaber der Luftstreitkräfte am 7. beziehungsweise am 10. August 1941 die Soll-Stärke der sowjetischen Fliegereinheiten neu fest. Es wurde angestrebt, den Soll-Bestand jedes Regiments auf drei Staffeln mit 30 Flugzeugen und den jeder Division auf zwei Regimenter herunterzusetzen. Um das Zusammenwirken zwischen Jagd- und Bombenflugzeugen zu verbessern, wurden leichte Bombenfliegerregimenter aufgestellt, die über 20 Bomben- und 10 Jagdflugzeuge verfügten. Auch die Schlachtfliegerregimenter setzten sich gemischt aus 2 Schlacht- und einer Jagdfliegerstaffel zusammen. Am 20. August wurden diese Weisungen durch den Befehl ergänzt, daß alle Fliegerregimenter, die mit neuen Flugzeugen vom Typ Il-2, Pe-2, Jak-1 usw. ausgerüstet waren, nur eine Sollstärke von 20 Flugzeugen haben sollten. In diesem Zusammenhang stand auch die im August verfügte Auflösung der Fernfliegerkorps. Mit der Bildung der 81. Fernfliegerdivision am 15. Juli 1941, die sich aus dem 432. und dem 433. Bombenfliegerregiment zusammensetzte und mit Flugzeugen vom Typ TB-7 ausgerüstet war, bereitete das sowjetische Oberkommando den Neuaufbau der Fernfliegerkräfte vor.

Verluste der faschistischen Luftwaffe an der deutsch-sowjetischen Front 1941/1942

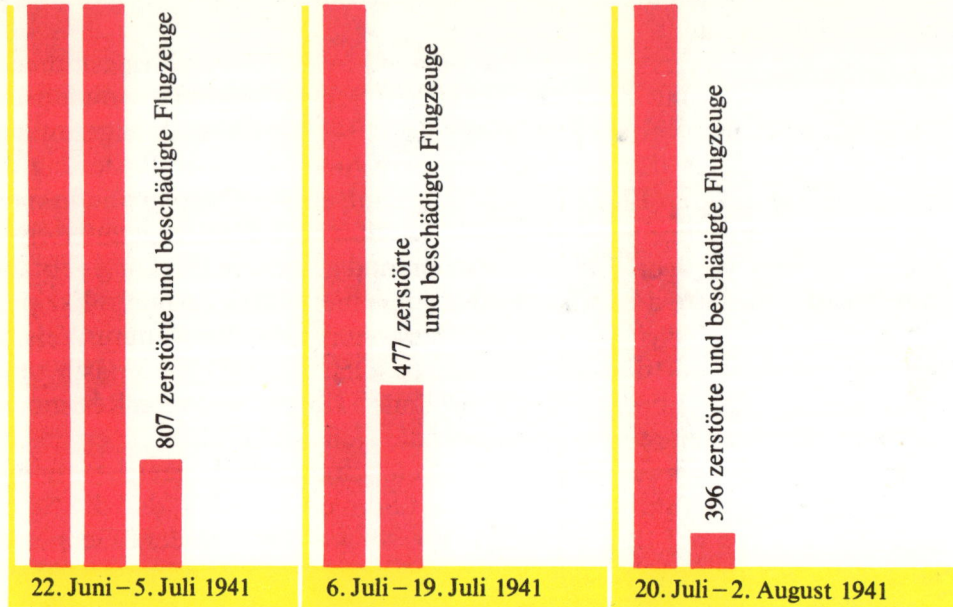

807 zerstörte und beschädigte Flugzeuge

477 zerstörte und beschädigte Flugzeuge

396 zerstörte und beschädigte Flugzeuge

22. Juni – 5. Juli 1941

6. Juli – 19. Juli 1941

20. Juli – 2. August 1941

Insgesamt wurden vom 22. Juni bis 2. August
1023 Flugzeuge total zerstört, 657 beschädigt.

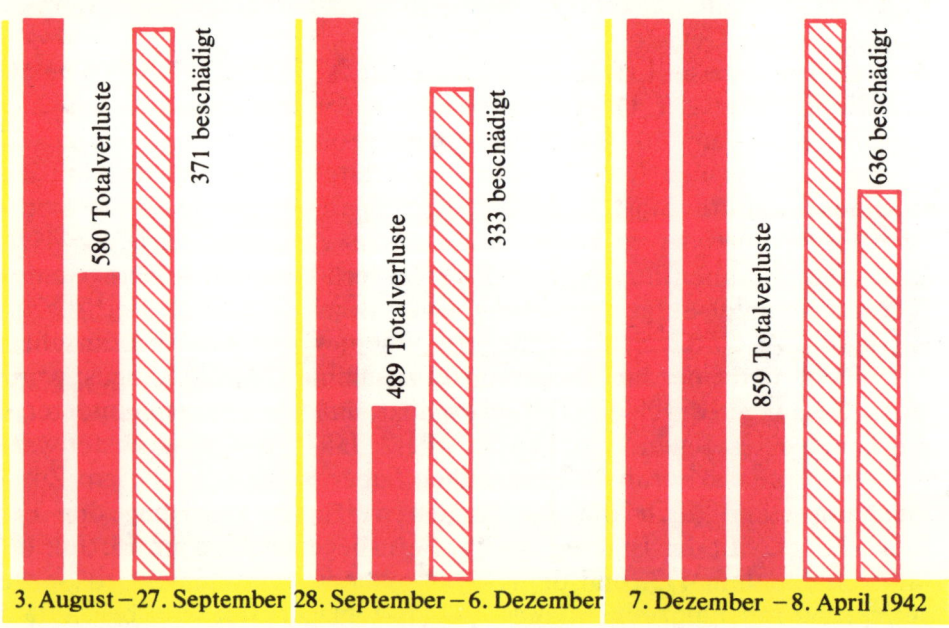

580 Totalverluste

371 beschädigt

489 Totalverluste

333 beschädigt

859 Totalverluste

636 beschädigt

3. August – 27. September

28. September – 6. Dezember

7. Dezember – 8. April 1942

Gesamtverluste: 2951 Totalverluste, 1997 beschädigte Flugzeuge

Von der faschistischen Luftkriegsleitung niemals erwartet: Massenproduktion des Schlachtflugzeugs Il-2 in einem hinter den Ural verlegten Werk im Juni 1942

Mit ihrem erbitterten und hartnäckigen Widerstand zur Luft durchkreuzten die sowjetischen Fliegerkräfte vom ersten Kriegstag an alle faschistischen Pläne zur Führung eines Blitzkrieges. In diesen für die Sowjetunion schweren Tagen bewiesen die sowjetischen Piloten Massenheroismus und größte Standhaftigkeit. Sie schufen damit die Voraussetzungen, den faschistischen Angriff zum Stehen zu bringen und eine Wende im Kriegsverlauf herbeiführen zu können. Die deutsch-sowjetische Front begann zum Grab der faschistischen Luftwaffe zu werden, zum entscheidenden Meilenstein auf dem Weg in ihre Niederlage. Von großer Bedeutung für den Kampf der sowjetischen Luftstreitkräfte erwiesen sich jetzt die langfristigen Maßnahmen der sowjetischen Partei- und Staatsführung zur Erhöhung der quantitativen und qualitativen Leistungen der Flugzeugindustrie. Sie haben in vieler Hinsicht den Sieg der sowjetischen Luftstreitkräfte im Großen Vaterländischen Krieg vorausbestimmt.

Trotz der komplizierten Lage, in die die Sowjetunion im Sommer und Herbst 1941 durch den faschistischen Vormarsch geriet, konnte im Osten des Landes auf der Grundlage der vor dem Kriege aufgebauten Werke eine

Moskau in Erwartung faschistischer Luftangriffe

leistungsfähige Flugzeugindustrie geschaffen werden, die vor allem nach der Evakuierung zahlreicher Flugzeugbetriebe hinter den Ural ab 1942 in der Lage war, zunehmend die Bedürfnisse der sowjetischen Luftstreitkräfte an neuen Flugzeugen zu befriedigen. Die Verlagerung großer Teile der sowjetischen Flugzeugindustrie von September bis Dezember 1941, als sich zeitweise fast alle größeren Werke des Landes «auf Rädern» befanden, war eine der erstaunlichsten rüstungswirtschaftlichen Leistungen des zweiten Weltkriegs, die bisher für unmöglich Gehaltenes Wirklichkeit werden ließ. Diese technische Glanzleistung, die von der faschistischen Führung niemals erwartet worden war, wurde möglich durch den Massenheroismus der sowjetischen Werktätigen, die unter den schwierigsten Bedingungen 12 bis 15 Stunden bei kargen Lebensmittelrationen in Frost und Schnee arbeiteten, um die Produktion von Flugzeugen aufzunehmen. «Mit Stolz denke ich daran zurück», schreibt der sowjetische Flugzeugkonstrukteur Jakowlew, «daß bereits drei Wochen nach dem Eintreffen der Transporte regelmäßig Flugzeuge das Werk verließen, und nach weiteren drei Monaten produzierten wir bedeutend mehr als zuvor in Moskau. Elf Monate vergingen, und wir bauten siebeneinhalbmal soviel als vor der Evakuierung.»

Obwohl die faschistische Luftwaffe in den ersten Monaten des Krieges die Luftherrschaft besaß, zeichneten sich in aller Schärfe schon die Probleme ab, deren das Oberkommando der Luftwaffe im Verlauf des Krieges immer weniger Herr werden sollte.

Am deutlichsten trat das bei den Versuchen des OKL hervor, einen strategischen Luftkrieg gegen das sowjetische Hinterland zu entfesseln. Seit Ende Juni nahm die faschistische Führung Kurs darauf, die sowjetische Hauptstadt zu bombardieren. Die wichtigsten Industrie- und Verkehrsobjekte sollten lahmgelegt, die Zivilbevölkerung terrorisiert werden, um auf diese Weise die geplante Vernichtung Moskaus einzuleiten und den Sturm auf die sowjetische Metropole vorzubereiten. Am 19. Juli 1941 wurden mit der Weisung Nr. 33 Luftangriffe auf Moskau befohlen, wozu der Luftflotte 2 vorübergehend noch zusätzlich zwei Bombenfliegergeschwader aus Westeuropa und eine Anzahl von anderen Frontabschnitten zugeteilt wurden.

Die faschistischen Bombenfliegerkräfte setzten sich aus Geschwadern zusammen, die bei der Terrorisierung der polnischen, französischen und britischen Zivilbevölkerung bereits reiche «Erfahrungen» gesammelt hatten, so das Kampfgeschwader 4 «General Wever», das Kampfgeschwader 53 «Legion Condor», die Kampfgeschwader 2, 3, 28 und 55. Die Luftangriffe auf die sowjetische Hauptstadt wurden in der Nacht vom 21. zum 22. Juli mit dem wellenweisen Anflug von 195 Bombenflugzeugen eröffnet. Schon bei diesem Angriff, der von 22.25 Uhr bis 03.35 Uhr dauerte, gelang es den faschistischen Fliegerkräften nicht, die Moskauer

Luftverteidigung zu überwinden und in das Stadtzentrum durchzubrechen. Zielpunkt aller faschistischen Angriffe war stets der Kreml. Vom 22. Juli bis zum 4. Oktober 1941 flog die faschistische Luftwaffe 30 Angriffe gegen Moskau, an denen etwa 4000 Flugzeuge beteiligt waren. Nur einem Bruchteil, etwa 3 Prozent, gelang es, ins Stadtinnere vorzudringen. Das 1. Luftverteidigungskorps verfügte am 22. Juli 1941 über 796 mittlere und 248 leichte Flakgeschütze sowie über 336 Fla-MGs. Sie wurden unterstützt von 618 Scheinwerferstationen und 303 Sperrballons, von denen sich im Juni 1941 37 im Stadtinnern befanden.

Diese Kräfte stützten sich auf 580 Luftmeldeposten und zwei Funk-meßstationen vom Typ RUS-1 sowie eine vom Typ RUS-2. Neben dem 1. Luftverteidigungskorps wurde Moskau vom 6. Jagdfliegerkorps ver-teidigt, das in seinen 11 Regimentern über 170 MiG-3, 75 LaGG-3, 95 Jak-1, 200 I-16 und 45 I-153 verfügte.

Zum Luftschutz Moskaus waren ab 11. Juli 1941 auf Anordnung des Stadtsowjets Feuerlöschkommandos gebildet worden, deren Stärke im September 13000 Gruppen mit 205000 Mitgliedern betrug. Außerdem wurden 6 Spezialregimenter und über 20 selbständige Abteilungen für den Katastrophenschutz und Sanitätsdienste sowie andere Hilfsdienste ge-bildet. Für den Luftwarndienst waren 200 Beobachtungstürme im Raum

Wie die Bürger Madrids und Londons suchen auch die Moskauer in der Metro Schutz vor dem faschistischen Luftterror

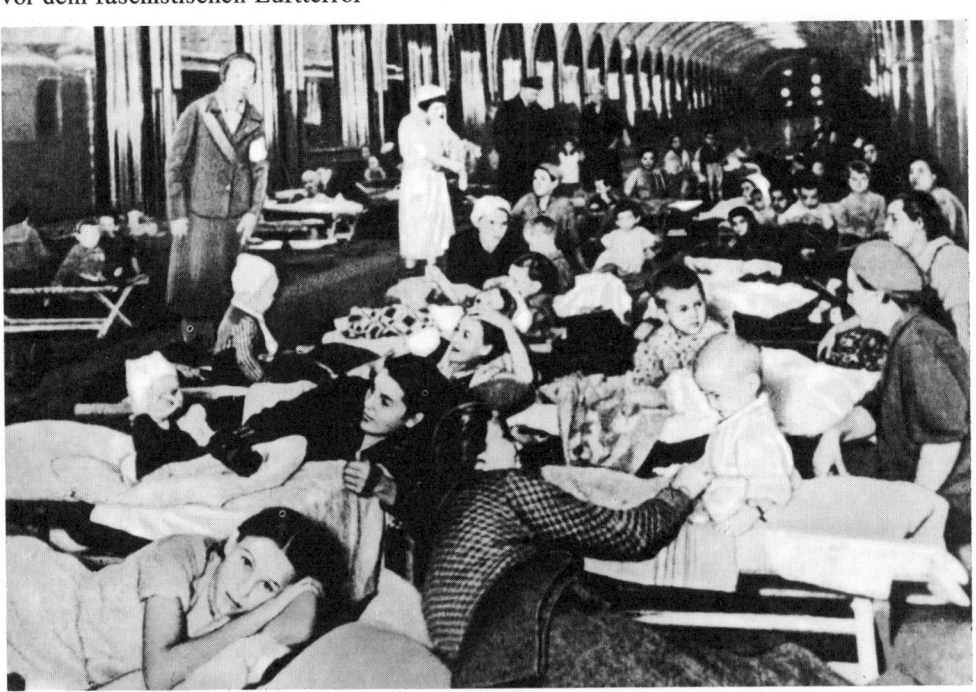

Die Organisation der Luftverteidigung Moskaus im Herbst 1941

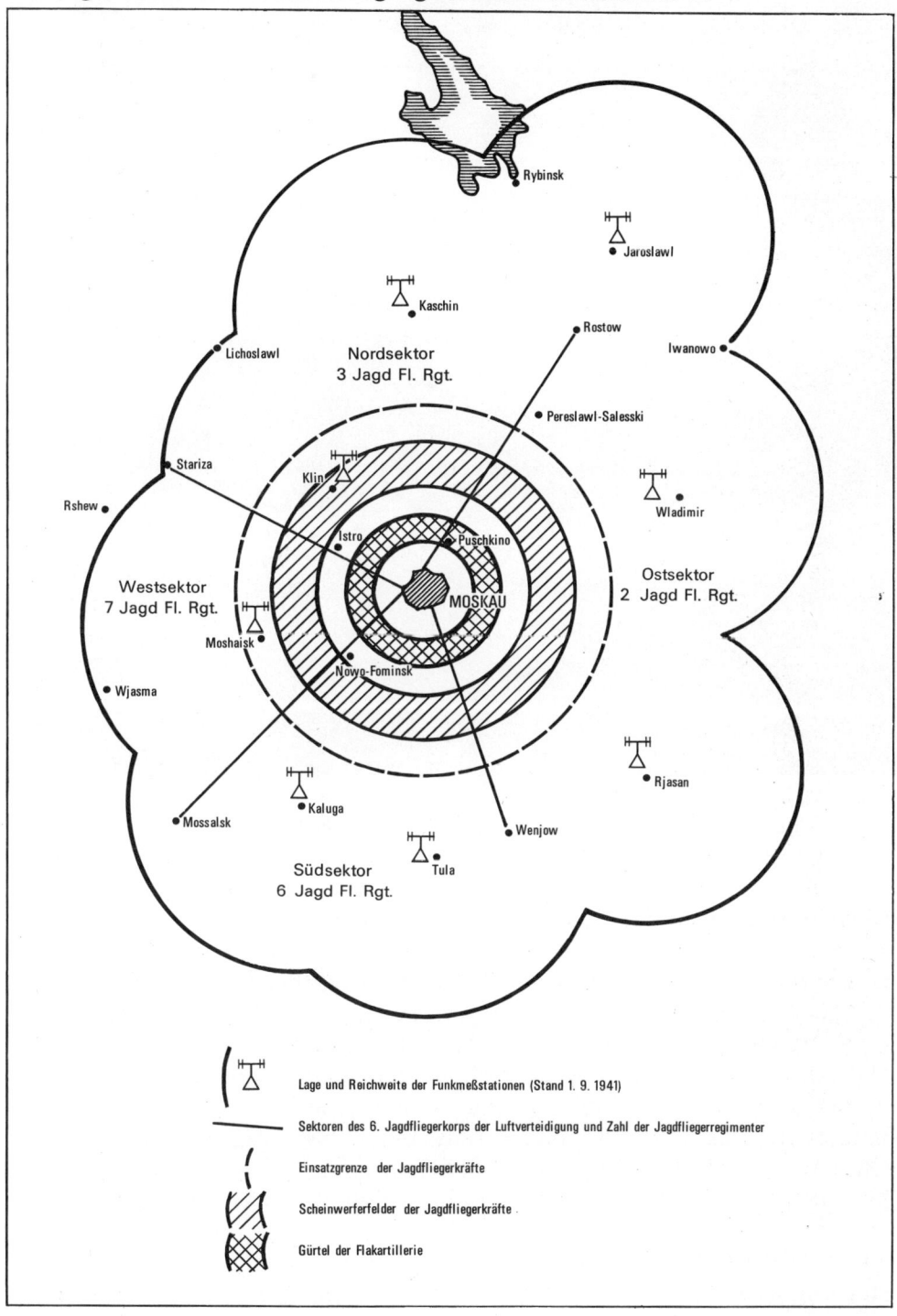

Rybinsk

Jaroslawl

Kaschin

Rostow

Lichoslawl

Iwanowo

Nordsektor
3 Jagd Fl. Rgt.

Pereslawl-Salesski

Stariza

Klin

Wladimir

Rshew

Istro

Puschkino

MOSKAU

Westsektor
7 Jagd Fl. Rgt.

Ostsektor
2 Jagd Fl. Rgt.

Moshaisk

Nowo-Fominsk

Wjasma

Rjasan

Mossalsk

Kaluga

Wenjow

Südsektor
6 Jagd Fl. Rgt.

Tula

Lage und Reichweite der Funkmeßstationen (Stand 1. 9. 1941)

Sektoren des 6. Jagdfliegerkorps der Luftverteidigung und Zahl der Jagdfliegerregimenter

Einsatzgrenze der Jagdfliegerkräfte

Scheinwerferfelder der Jagdfliegerkräfte

Gürtel der Flakartillerie

Sowjetische Flakartillerie bei der Abwehr eines nächtlichen faschistischen Terrorangriffs auf dem Leningrader Senatorenplatz am Fuß der Isaakskathedrale, deren goldene Kuppel während des Krieges mit einer Tarnfarbe bedeckt war, um den Luftpiraten nicht als Orientierungspunkt zu dienen.

Moskau und 19 in der Stadt eingesetzt. Für Luftalarm und Entwarnung waren 7 Funkzentralen und 80 Nebenstationen mit 130 Sirenen, 280 000 Lautsprechern sowie 206 Straßenwarngeräte vorhanden. Insgesamt standen 600 000 Dienstleistende im Einsatz des Moskauer Zivilluftschutzes.

Obwohl es gelang, massierte Angriffe der Luftwaffe auf das Stadtzentrum zu vereiteln, zeigten sich in den Kampfhandlungen der Luftverteidigungstruppen Mängel, wie unzureichende Konzentration des Flakfeuers, dagegen Konzentration der Scheinwerfer auf einzelne Objekte, während einzelne Jagdflugzeuge zu lange auf den Gegner warteten und unzureichende Methoden entwickelten, den Gegner aufzusuchen und abzufangen. Ihre gewachsene Kampfkraft stellten sie unter Beweis, als die Luftwaffe ab Oktober – im Zusammenhang mit der Offensive der Heeresgruppe Mitte auf Moskau – ihre Luftangriffe erneut intensivierte.

... nach dem Luftangriff. Während der 876 Tage dauernden Blockade warf die Naziluftwaffe 102520 Brand- und 4653 Sprengbomben auf Leningrad. Im Ergebnis des Luftbombardements und des Artilleriebeschusses wurden 16747 Leningrader getötet und 33782 verwundet

Vom 4. Oktober bis zum 6. Dezember 1941 flog die faschistische Luftwaffe 35 größere Angriffe, wobei sie angesichts der Abwehrkräfte der Moskauer Luftverteidigung neben Nachtangriffen Jagd-, Jagdbomben- und Schlachtflugzeuge bei Tage und in wechselnder Stärke überraschende Angriffe fliegen ließ. Insgesamt flog die Luftwaffe von Juli 1941 bis Januar 1942 bei 122 Angriffen 8000 Einsätze, wobei 952 Flugzeuge vernichtet wurden. Nur 229 faschistische Bombenflugzeuge brachen zum Stadtzentrum vor. Neben Moskau bombardierte die Luftwaffe auch andere Ziele im sowjetischen Hinterland. Ihre Hauptschläge richteten sich – neben Leningrad, das bis zum 6. Dezember von 36 Großangriffen heimgesucht wurde – gegen Orjol, Tula, Brjansk, Gorki, Rybinsk, Charkow, das Donezgebiet, Murmansk, die Kraftwerke am Weißen Meer und die Eisenbahnlinien um Moskau und Leningrad. Die große Rolle, die die Luftverteidigungstruppen beim Schutz des sowjetischen Hinterlands spielten, führte am 9. November 1941 zur Zentralisierung aller Luftverteidigungs-

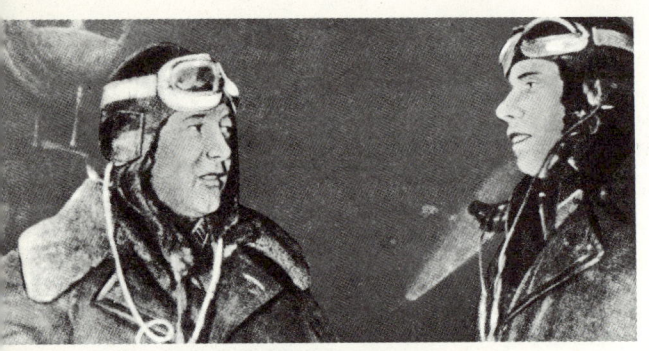

Oberst E. N. Preobrashenski und
Steuermann P. I. Chochlow vor dem
Start zum Flug nach Berlin

Pe-8 (TB-7) Die Pe-8 wurde 1934
von einer Konstruktionsgruppe unter
der Leitung von W. M. Petljakow als
Fernbombenflugzeug zunächst unter
der Bezeichnung ANT-42, später
TB-7, entwickelt. Der Erstflug fand
am 27. Dezember 1936 statt. Mit seinen
Flugeigenschaften, seiner Reichweite,
Bewaffnung und Bombenzuladung
zählte die Pe-8 zu den besten viermotorigen Bombenflugzeugen des
zweiten Weltkriegs. Wesentlichen
Anteil, daß die Pe-8 in der nur kleinen
Serie von 79 Stück gebaut wurde, hatte
der Umstand, daß die Beschaffung
geeigneter Flugmotoren lange Zeit
ungelöst blieb. 1941 wurde die 81. Fernfliegerdivision der neugebildeten ADD
mit diesen Flugzeugtypen ausgerüstet, die von 1941 bis 1943 mehrere
Angriffe auf Berlin, Königsberg,
Danzig usw. unternahm. Nach
Beendigung des zweiten Weltkriegs
wurde die Pe-8 für Arktisflüge und als
Erprobungsträger für Strahlflugzeuge
verwendet.

truppen. Gleichzeitig wurde dadurch eine schnellere Umgruppierung ihrer
Kräfte und Mittel ermöglicht. Beim Volkskommissar für Verteidigung
wurde die Funktion eines Stellvertreters für Luftverteidigung geschaffen.
Ihm wurden alle Luftverteidigungstruppen, die bisher den Befehlshabern
der Militärbezirke und Fronten zugeteilt waren, unterstellt und im Januar
1942 auch alle im Objektschutz eingesetzten Jagdfliegerkräfte. Die sowjetischen Luftverteidigungstruppen formierten sich damit zu einer selbständigen Teilstreitkraft.

Als Antwort auf die faschistischen Terrorangriffe auf Moskau, Leningrad und andere sowjetische Städte beschloß das sowjetische Hauptquartier, Gegenschläge auf politisch-ökonomische Zentren des faschistischen Hinterlands zu führen. Am 8. August, 21 Minuten nach Mitternacht, griffen 13 sowjetische Bombenflugzeuge vom Typ Il-4 unter dem Kommando von Oberst E. N. Preobrashenski die faschistische Hauptstadt an und bombardierten Rüstungsbetriebe im Berliner Norden, vor allem in Reinickendorf. Gleichzeitig warfen sie Flugblätter ab, die die Berliner über den Charakter des verbrecherischen Überfalls des deutschen Imperialismus auf die Sowjetunion aufklärten. In der folgenden Nacht griffen wiederum Kräfte des 1. Torpedofliegerregiments der Baltischen Rotbannerflotte Berlin an. Sie flogen insgesamt im August 81 Einsätze gegen die faschistische Metropole. Ende August/Anfang September wurden auch Kräfte der 81. Fernfliegerdivision gegen Berlin eingesetzt, dabei kam unter dem Kommando des Polfliegers M. W. Wodopjanow auch eine Gruppe von viermotorigen Bombenflugzeugen vom Typ TB-7 zum Einsatz. Neben Berlin griffen die sowjetischen Fernfliegerkräfte vor allem Ziele in Ostpreußen – Königsberg, Tilsit und Memel (Klaipeda) – sowie im rumänischen Erdölgebiet an, was die faschistische Führung zwang, auch ihre Luftverteidigung im Osten zu verstärken.

Im zweiten Halbjahr 1941 waren es vor allem zwei Hauptprobleme, die die Luftwaffenführung beschäftigten:

Auf welche Weise sie die Luftherrschaft auf die Dauer behaupten wollte. Schon geraume Zeit nach dem Luftüberfall wurde deutlich, daß es der faschistischen Luftwaffe bei weitem nicht gelungen war, die sowjetischen Fliegerkräfte in dem geplanten Umfang zu zerschlagen. Ganz abgesehen von den Fernfliegerkräften und den im Innern des Landes stationierten sowjetischen Frontfliegerkräften, die außerhalb ihrer Reichweite lagen, blieben auch große Teile der sowjetischen Luftstreitkräfte in den Grenzmilitärbezirken einsatz- und kampfbereit. Das traf besonders auf die Fliegerkräfte im Leningrader und im Baltischen Besonderen Militärbezirk zu, noch mehr auf die im Kiewer und Odessaer Militärbezirk untergebrachten sowjetischen Fliegerkräfte. Von einer Luftherrschaft konnte nur im Bereich der Heeresgruppe Mitte und der Luftflotte 2 gesprochen werden, während die Luftflotten 1 (Heeresgruppe Nord) und 4 (Heeresgruppe Süd) nur die Luftüberlegenheit behaupteten. Sowjetische Jagd- und Bombenfliegerkräfte tauchten an diesen Frontabschnitten immer von neuem überraschend auf und belegten Marschkolonnen, besonders an Engen und Übergängen, mit Bomben und Maschinengewehrfeuer.

Besonders wirksam war der Einsatz sowjetischer Fliegerkräfte in den Kämpfen bei Solzy (14. bis 18. Juli 1941), wo 235 Flugzeuge der Nordwestfront und das 1. Fernfliegerkorps in vier Tagen 1 500 Einsätze flogen und der Panzergruppe 4 hohe Verluste zufügten. Die Panzergruppe 4 meldete am 25. Juli an die Heeresgruppe Nord, daß «von eigener Luft-überlegenheit in Auswirkung auf die eigene Truppe schon seit Tagen nicht mehr gesprochen werden» kann.

Auf energischen Widerstand traf auch die Luftflotte 2 im Bereich der Heeresgruppe Mitte. Am 12. August 1941 meldete die 9. Armee «Feind hat im gesamten Armeebereich Luftüberlegenheit». Als die sowjetischen Luftstreitkräfte vom 29. bis 31. August mit 450 Flugzeugen der Westfront und des 3. Fernfliegerkorps eine Luftoperation gegen die Panzergruppe 2 durchführten, meldete die 2. Armee am 1. September: «Starke rote Luftttä-tigkeit, im Abschnitt der 2. Armee eindeutige russische Luftüberlegen-heit.»

Auf den härtesten Widerstand in der Luft stieß indessen die Luftwaffe im Südabschnitt der deutsch-sowjetischen Front, wo die sowjetischen Fliegerkräfte durch geeignete Maßnahmen die geringsten Verluste beim Luftüberfall erlitten hatten. Besonders bei den Kämpfen um den Dnepr hatten die sowjetischen Luftstreitkräfte entscheidenden Anteil an der Verzögerung des faschistischen Vormarsches, riefen durch die Zerstörung von Flußübergängen (besonders bei Gornostaipol am 24. August 1941) örtliche Krisen hervor und bekämpften – begünstigt durch das weite, offene Gelände – wirksam die faschistischen Angriffsspitzen. Wie es in einer für die Historical Division bestimmten Ausarbeitung faschistischer Generalstäbler heißt, zeigten die sowjetischen Piloten bei ihren Angriffen «Bereitschaft, Angriffsgeist, Mut und einen hohen Ausbildungsstand». Oberst Pelsmüller faßte seine Eindrücke für diese Zeit dahingehend zusammen, daß die sowjetische Luftwaffe die Bewegungen des deutschen Heeres immer wieder behinderte, ihm schwere Verluste zufügte, besonders in kritischen Situationen. Seiner Meinung nach erreichte die deutsche Luftwaffe nicht das Ausmaß der Zerstörungen wie in anderen Feldzügen. Vielmehr glaubte er, daß eine große Anzahl sowjetischer Fugplätze durch ihre Anlage, ihre Lage und ihre hervorragende Tarnung der Entdeckung durch die deutsche Luftwaffe entgangen war.

Zum erstenmal während der faschistischen Aggressionen übten die Kommandeure des Heeres Kritik an der unzureichenden Unterstützung der Luftwaffe. Die Luftwaffenführung suchte ihr auf verschiedenen Wegen zu begegnen. Auf der einen Seite wiederholte sie ihre Schläge gegen das sowjetische Flugplatzsystem. Am 13./14. Juli setzte sie dafür alle ihre an der deutsch-sowjetischen Front befindlichen Kräfte ein. Außerdem zog sie zusätzlich Fliegerkräfte von anderen Fronten ab. So wurden schon am 19. Juli die Kampfgeschwader 28 und 4 aus Frankreich zur Luftflotte 2 verlegt. Auf der anderen Seite mußte sie einräumen – im Gegensatz zu ursprünglichen Spekulationen –, daß die Luftwaffe an der deutsch-sowjetischen Front nicht in der Lage sein werde, an allen Abschnitten die

Luftüberlegenheit, geschweige denn die Luftherrschaft zu behaupten. Nur durch die Konzentration der Fliegerkräfte in den Hauptstoßrichtungen sei ihr Einsatz erfolgversprechend. Die Nachteile an den von Fliegerkräften entblößten Abschnitten müßten in Kauf genommen werden. In einer Denkschrift Hitlers vom 22. August 1941 wurde dieser Schwerpunktgedanke der Luftwaffe nachdrücklich unterstrichen und betont, daß Luftwaffe und motorisierte Verbände «ausschließlich operative Waffen in der Hand der Obersten Führung» sind, die unter keinen Umständen Bestandteile einer Heeresgruppe oder gar Armee werden dürfen.

Entsprechend dieser Konzeption begann die Luftwaffenführung, die Fliegerkorps in den Hauptangriffsrichtungen zu konzentrieren. Mit der Verlegung des VIII. (Nahkampf-)Fliegerkorps am 3. August von der Luftflotte 2 zur Luftflotte 1 gestand die faschistische Führung ein, daß ihr Plan eines «Achtwochenkriegs» gescheitert war und sie ihren Angriff nicht mehr an der gesamten Front gleichzeitig, sondern abschnittsweise nacheinander fortsetzen mußte. Dasselbe ereignete sich am Südabschnitt der deutsch-sowjetischen Front, wo im September 1941 der Angriff nur fortgesetzt werden konnte, indem die Luftflotte 2 ihre Fliegerkräfte gemeinsam mit der Luftflotte 4 einsetzte. Auch in anderer Hinsicht bedeutete der Luftkrieg an der deutsch-sowjetischen Front einen Wendepunkt. Das Konzept der operativen Verwendung vor allem der Bombenfliegerkräfte, deren Hauptaufgabe es in den ersten Wochen des Überfalls gewesen war, die sowjetischen Verkehrsverbindungen im Hinterland zu zerschlagen und Angriffe gegen Zentren der sowjetischen Bevölkerung und Industrie zu fliegen, mußte zunehmend zugunsten der unmittelbaren Unterstützung des Heeres gedrosselt werden, das sich ohne Mitwirkung der Luftwaffe auf dem Schlachtfeld immer weniger in der Lage sah, tiefe Durchbrüche zu erzielen. Immer größere Teile der Luftwaffe wurden zur Heeresunterstützung eingesetzt und dementsprechend auch organisiert. Bei der Luftflotte 2 zeigte sich schon in den ersten Tagen, daß allein das Zusammenwirken zwischen dem VIII. (Nahkampf-)Fliegerkorps und der Panzergruppe 2 keine ausreichende Erdunterstützung gab.

Ende Juni wurde aus Teilen des II. Fliegerkorps ein Nahkampfführerverband bei der Panzergruppe 3 eingesetzt. Um eine engere Zusammenarbeit zwischen der Panzergruppe 1 und dem V. Fliegerkorps herzustellen, wurde am 26. August ein Verband Nahkampfführer Süd gebildet, während beim IV. Fliegerkorps zur Unterstützung der 6. Armee ein Stab Nahkampfführer Nord zusammengestellt wurde. Bei der Luftflotte 1 dagegen wurde im Oktober aus dem I. Fliegerkorps ein Luftwaffenführer Tichwin gebildet. Damit waren große Teile der Luftwaffe im Bodeneinsatz gebunden, der besonders für die dazu nicht geeigneten Bombenfliegerkräfte äußerst verlustreich war. Verlustreich vor allem deshalb, weil die sowjetische Flakartillerie, die besonders in der Anfangsperiode des Krieges die

Il-2 Die Il-2 war das meistgebaute
und wirkungsvollste Schlachtflugzeug
des zweiten Weltkriegs. Sie wurde
im Ergebnis einer 1938 erfolgten
Ausschreibung unter Leitung von
S. W. Iljuschin konstruiert. Der erste
zweimotorige Prototyp flog am
30. Dezember 1939. 15 Prozent des
Startgewichts entfielen auf die Panzerung
des Motors, des Treibstofftanks, des
Kühlsystems und des Piloten. Ein
verbesserter, einmotoriger Prototyp

Hauptmittel zur Unterstützung der sowjetischen Landstreitkräfte: die Il-2

flog erstmals am 12. Oktober 1940, der im Frühjahr 1941 in Serie ging. Die ersten Kampfeinsätze fanden ab Juli 1941 statt. Die Il-2 erreichte schon bei ihren ersten Angriffen eine hohe Effektivität, erwies sich allerdings als äußerst verwundbar bei Angriffen von hinten. Ab Mitte 1942 wurden deshalb zweisitzige Flugzeuge mit einer entsprechenden Abwehrbewaffnung ausgeliefert. Diese Version unter der Bezeichnung Il-2 m3 kam ab Oktober 1942 an die Front. Anfang 1943 hatte die zweisitzige Version bereits zahlreiche Luftsiege über deutsche Jagdflugzeuge erzielt. Neben dem engen Zusammenwirken mit den Landstreitkräften hatte die Il-2 wesentlichen Anteil an der Zerschlagung der faschistischen Panzerkräfte aus der Luft. Bis 1945 wurden insgesamt 36 136 Flugzeuge dieses Typs gebaut.

Die Verstärkung der sowjetischen Luftstreitkräfte während der Verteidigungskämpfe und der Gegenoffensive bei Moskau

Bombenflugzeuge	Stärke am 1. Okt. 1941	Stärke am 10. Nov. 1941	Stärke am 5. Dez. 1941
Bombenflugzeuge	578	423	405
davon einsatzbereit	301	203	173
Schlachtflugzeuge	36	46	82
davon einsatzbereit	13	28	42
Jagdflugzeuge	285	658	674
davon einsatzbereit	201	497	480
Aufklärungsflugzeuge	37	11	32
davon einsatzbereit	30	10	24
Nachtbombenflugzeuge	–	–	183
davon einsatzbereit	–	–	140
Insgesamt	936	1 138	1 376
davon einsatzbereit	545	738	859

Hauptkraft der Truppenluftabwehr bildete, ein gefährlicher Gegner für die faschistische Luftwaffe war.

Wenn es der faschistischen Luftwaffe in den ersten Monaten des Überfalls trotzdem gelang, die Luftüberlegenheit in den Hauptstoßrichtungen weitgehend zu behaupten, so lag das neben den Auswirkungen des Luftüberfalls auch daran, daß sie den sowjetischen Luftstreitkräften zunächst auch taktisch und organisatorisch überlegen war.

Die grundlegende Gefechtsordnung der sowjetischen Jagdflieger bildete zu Beginn des Krieges die Kette (Sweno) zu drei Flugzeugen, die eng und nicht nach der Höhe gestaffelt geflogen wurde. Ein derartiger Einsatz schränkte das Manöver ein und gewährleistete nicht den gegenseitigen Schutz. Die Hauptmethode zum Schutz der Bodentruppen war das «pausenlose Sperrefliegen», das einen großen Kraftaufwand erforderte, angesichts der flugtechnischen Daten der sowjetischen Luftstreitkräfte und des Fehlens ausreichender Führungsmittel aber die einzige Methode war, um die Truppen zuverlässig aus der Luft zu schützen. Zum Verteidigungskampf mußten die sowjetischen Jagd- und Schlachtflugzeuge einen Vollkreis bilden, wodurch ein Flugzeug das andere schützte. Diese passive Verteidigung führte angesichts der überlegenen faschistischen Flugzeuge zu hohen Verlusten und zu dem Umstand, daß manchmal stärkere eigene Jagdfliegerkräfte von einer geringeren Anzahl Gegner gefesselt wurden.

Der hohe Bedarf an Jagdflugzeugen für den Schutz der Truppen vor Luftangriffen zwang zum Einsatz der Bomben- und Schlachtfliegerkräfte ohne Jagdschutz, was hohe Verluste zur Folge hatte. Wirksamste Erdunterstützung konnten die sowjetischen Schlachtflugzeuge geben, wenn sie im Tiefflug – 25 bis 50 Meter über dem Boden – die Front überflogen, zum Angriff aus 100 bis 200 Meter herabstürzend, ihr Ziel suchten und dann im Tiefflug zu ihren Flugplätzen zurückkehrten. Als bestes Flugzeug für diese Einsätze erwies sich die Il-2, mit der im Mai 1941 als erstes das 4. Schlachtfliegerregiment ausgerüstet worden war, das am 26. Juni mit 63 Flugzeugen bei der Westfront zum Einsatz kam. Die zweite Einheit war das 61. Schlachtfliegerregiment, das am 13. Juli bei Smolensk-Jelnja in die Kämpfe eingriff. Als außerordentlich empfindlich zeigte sich die zunächst einsitzige Il-2-Version jedoch bei gegnerischen Jagdflugzeugangriffen. Ein großer Mangel für die Erdunterstützung der sowjetischen Truppen bestand darin, daß die sowjetischen Bombenfliegerkräfte ihre Schläge in der Hauptsache auf mindestens 2 Kilometer von der Front zurückliegende Objekte in der Tiefe der gegnerischen Verteidigung richteten, um Verluste der eigenen Truppe zu vermeiden. Die Landtruppen blieben dadurch und auf Grund der Schwäche der Schlachtfliegerkräfte ohne ausreichende Luftunterstützung.

Die Lehren, die das sowjetische Oberkommando aus dem bisherigen

Verlauf des Luftkriegs zog, trugen ihre ersten sichtbaren Erfolge bei der Schlacht um Moskau, die das Scheitern des Blitzkrieges bedeuteten.

Weitaus stärker als bislang trug die sowjetische Führung dem Prinzip der Konzentration der Fliegerkräfte Rechnung und zog um Moskau fast 40 Prozent ihrer Fliegerkräfte zusammen, die damit in die Lage versetzt wurden, der faschistischen Luftwaffe zahlenmäßig überlegen zu sein und erstmals während des Großen Vaterländischen Krieges in einer Haupt-stoßrichtung die Luftüberlegenheit zu erringen. Während der Ver-teidigungskämpfe und der Gegenoffensive um Moskau flogen die sowje-tischen Fliegerkräfte 51 300 Einsätze, davon 86 Prozent zur Unterstützung der Landstreitkräfte und 14 Prozent zum Schutz der Hauptstadt.

Die Folgen der Niederlage bei Moskau auf die Luftkriegskonzeption der Luftwaffe

In der faschistischen Luftwaffenführung verschärfte die Niederlage bei Moskau die Krisis, die seit Monaten geschwelt hatte. Sie hatte ihre Ursache vor allem darin, daß seit dem 22. Juni 1941 die Kluft zwischen Verlusten und Neuzugängen immer weiter auseinanderklaffte, alle Hoffnungen der Luftwaffenführung auf eine Verdopplung (Elch-Programm) oder Ver-vierfachung (Göringprogramm) der Luftwaffe zerrannen. Die Verluste der Luftwaffe hatten sich seit dem Überfall auf die Sowjetunion sprunghaft erhöht. Sie lagen je Monat fast doppelt so hoch wie in den vorangegangenen Monaten, in denen die Luftwaffe die Schlacht um England geführt hatte, und waren nahezu dreimal so hoch wie in den ersten Monaten des Krieges, als die Wehrmacht Polen, Nord- und Westeuropa überfallen hatte. Es besteht kein Zweifel daran, daß die Verdopplung der Flugzeugverluste in erster Linie ein Ergebnis des heroischen Widerstands der sowjetischen Luftstreitkräfte war, ein Tatbestand, der bis zur Gegenwart von der reaktionären Luftkriegsgeschichtsschreibung geleugnet oder in Frage gestellt wird; sie möchte die Verluste der Luftwaffe vor allem auf die Kampfhandlungen der anglo-amerikanischen Luftstreitkräfte zurück-führen.

Die zur Verfügung stehenden Aktenunterlagen ergeben jedoch ein völlig anderes Bild. Von den 6 225 Flugzeugen, die die Luftwaffe vom 22. Juni bis zum 31. Dezember 1941 einbüßte, gingen 4 643 an den Fronten verloren, der Rest auf Schulen, bei der Erprobung, beim Einfliegen usw. Von den 4 643 Flugzeugen wurden 3 827 an der deutsch-sowjetischen Front vernichtet oder beschädigt, und zwar verlor die Luftwaffe vom 22. Juni bis zum 2. August 1 680 Maschinen, vom 3. August bis zum 27. September 951 und vom 28. September bis zum 31. Dezember 1 146 Flugzeuge, das

Die Flugzeugverluste der Luftwaffe vom 1. September 1939
bis zum 31. Dezember 1941

	vom 22. 6. 1941 bis 31. 12. 1941		vom 1. 9. 1939 bis 30. 6. 1940		vom 1. 7. 1940 bis 22. 6. 1941	
	Verluste	davon total	Verluste	davon total	Verluste	davon total
Aufklärer H	490	259	254	214	176	82
Aufklärer F	350	196	232	162	330	211
Jagdflugzeuge	1 836	1 010	1 043	535	1 766	1 100
«Zerstörer»- u. Nachtjagd- flugzeuge	292	181	301	189	663	463
Sturzkampf- flugzeuge	394	281	298	188	447	283
Bombenflugzeuge	2 126	1 259	1 246	766	2 782	1 688
Transportflugzeuge	185	126	325	191	391	203
Kurierflugzeuge	82	30	89	41	26	12
Wetterflugzeuge	34	26	–	–	30	19
Seeflugzeuge	66	51	176	131	191	147
Sonstige	370	158	40	19	198	105
Gesamt:	6 225	3 577	4 004	2 436	7 000	4 313
Verlust je Monat	1 037		400		583	

heißt, 82 Prozent aller bei Kampfhandlungen eingebüßten Flugzeuge gingen an der deutsch-sowjetischen Front verloren!

Bestätigt werden diese Angaben durch einen Blick auf die Personalverluste der Luftwaffe in diesem Zeitraum. Danach zählte die Luftwaffe vom 22. Juni bis zum 31. Dezember 1941 7 666 Tote und Vermißte an den Fronten. Wie Unterlagen des Generalquartiermeisters der Luftwaffe zeigen, betrugen die Verluste an der deutsch-sowjetischen Front 6 052 Mann, an der Westfront 1 175 Mann, in Afrika (berechnet allerdings seit dem 10. Januar 1941) 439 Mann. Das heißt, 79 Prozent aller Ausfälle erlitt die Luftwaffe an der deutsch-sowjetischen Front, 15 Prozent an der Westfront und 6 Prozent in Nordafrika.

Die hohen personellen, vor allem aber materiellen Verluste hatten um so größere Auswirkungen, als die deutsche Flugzeugindustrie seit Monaten nicht in der Lage war, den Anforderungen des Generalstabs der Luftwaffe nach mehr und nach besseren Flugzeugen zu entsprechen. Die Hauptursache für die Krisenerscheinungen in der deutschen Flugzeugindustrie lag in dem Grundwiderspruch zwischen den Zielen und Möglichkeiten der faschistischen Luftrüstungspolitik, die entsprechend der Blitzkriegskonzeption auf kurze, periodische Anspannungen ausgerichtet worden war. Die Erfordernisse eines jeweiligen Feldzugs hatten die Rüstungsproduktion bestimmt, die Pausen zwischen den Überfällen dazu

Materielle und personelle Verluste der fliegenden Verbände der Luftwaffe vom 1. 1. 1942 bis zum 31. 8. 1942

Flugzeugverluste 1. 1. 1942—31. 8. 1942

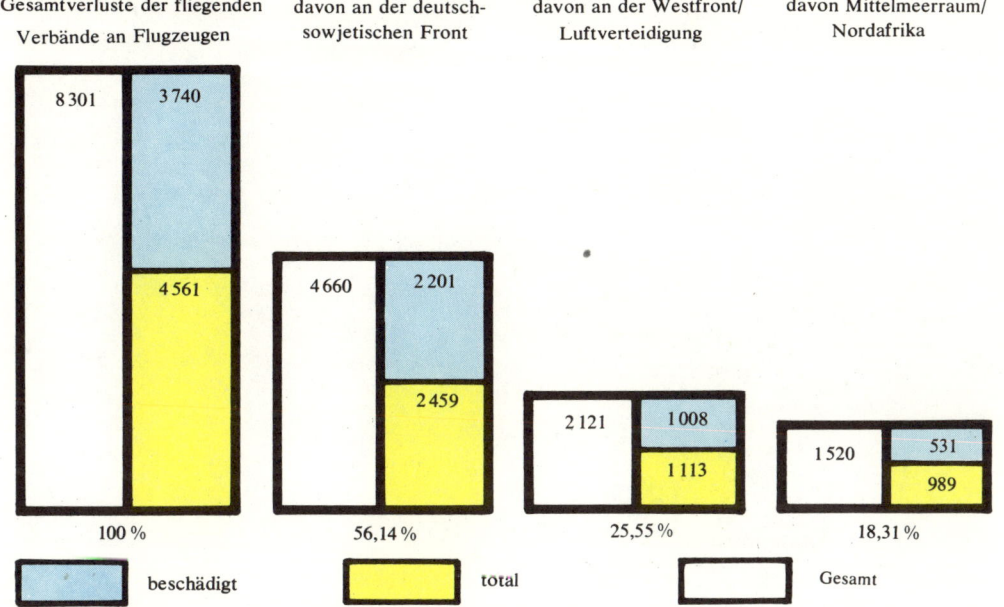

| Gesamtverluste der fliegenden Verbände an Flugzeugen | davon an der deutsch-sowjetischen Front | davon an der Westfront/Luftverteidigung | davon Mittelmeerraum/Nordafrika |

Personelle Verluste des fliegenden Personals 1. 1. 42—31. 8. 42

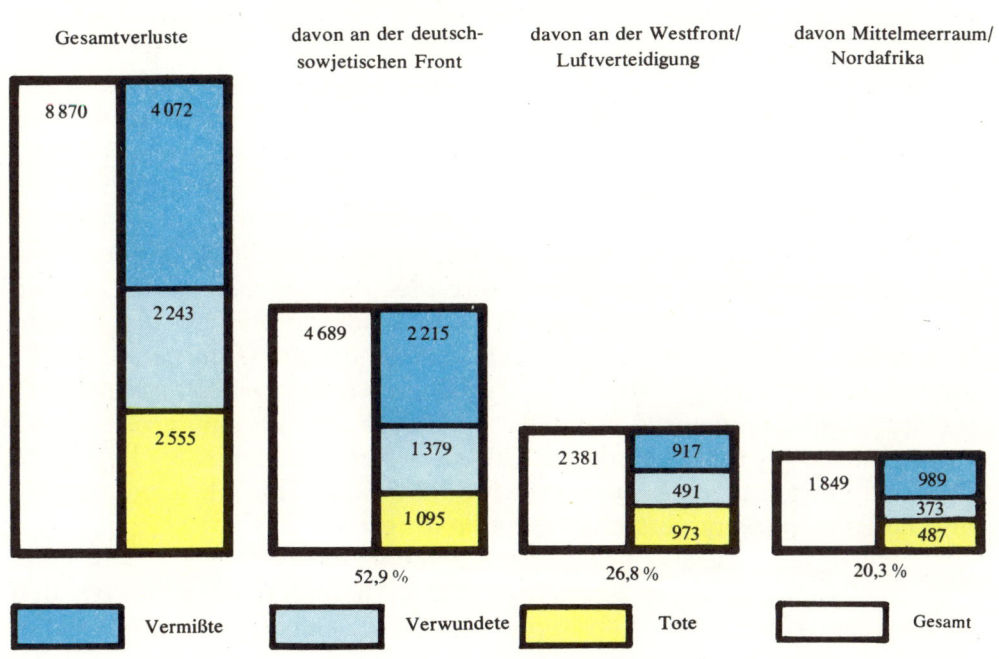

Gesamtverluste — davon an der deutsch-sowjetischen Front — davon an der Westfront/Luftverteidigung — davon Mittelmeerraum/Nordafrika

Verluste, mit denen die Luftwaffenführung nicht gerechnet hatte: von sowjetischen Partisanen abgeschossene Ju 52

ausgereicht, eine genügende Menge von Kriegsmaterial anzuhäufen, um den jeweiligen Überfall materiell sicherzustellen. Mit dem Scheitern des Blitzkriegs war diese Konzeption hinfällig geworden. Verschärft wurde die Situation noch dadurch, daß der deutsche Imperialismus im Zuge seiner hektischen Aufrüstungspolitik sein kriegswirtschaftliches Potential auf volkswirtschaftlich wenig effektive Weise mobilisiert hatte. Das traf besonders auf die Luftrüstungsindustrie zu, wo man im Interesse des raschen Aufbaus einer starken, einsatzbereiten Luftflotte den Nachteil hingenommen hatte, auch alle Flugzeugbetriebe und Werkstätten in die Rüstung miteinzubeziehen, die von ihren technologischen Möglichkeiten her gar nicht die Voraussetzungen für eine moderne Massen- und Serienproduktion boten. Die Flugzeugproduktion dieser Unternehmen war gekennzeichnet durch hohen Materialverbrauch, hohen Arbeitskräfteinsatz und überwiegend manuelle, handwerkliche Fertigungsmethoden. Lange Auslieferungszeiten, hohe Kosten und eine zahlenmäßig begrenzte Produktion waren eine Folge dieser Produktionstechnik. Ihr Ideal war das mit hohem Aufwand erstellte Qualitätsflugzeug, das durch zahlreiche Verfeinerungen, Zusatzeinrichtungen, Nachbauten usw., die gewaltige Kosten verursachten und beträchtliche Kapazitäten banden, jeweils den technischen Höchststand repräsentieren sollte. Gegen diese Konzeption der zwar hochwertigen, aber material- und arbeitsintensiven Hochleistungsflugzeuge wendeten sich in der Vorkriegszeit, besonders aber im Kriege die Vertreter der Großindustrie, wie insbesondere Karl Frydag von den Henschel-Werken, William Werner von der Auto-Union, der Vertreter Flicks und spätere Junkers-Generaldirektor Heinrich Koppenberg, die sich für die Fließbandfertigung, den Serienbau und die Massenproduktion einiger weniger Flugzeugmuster einsetzten und eine entsprechende Organisation der Industrie und der Zulieferbetriebe verlangten. Unter Anwendung aller dem staatsmonopolistischen Regime zur Verfügung stehenden Zwangs- und Druckmittel suchten sie eine Produktionssteigerung auf Kosten der Werktätigen und der kleineren Produzenten durch Konzentration und Leitung der Produktion in ihren Händen zu erreichen.

Ihr Konzept setzte sich in dem Maße durch, wie die Luftrüstungsindustrie immer weniger den Anforderungen der Kriegsführung genügte. Nachdem auch die Luftwaffe bei Moskau eine schwere Niederlage erlitten hatte, die Blitzkriegskonzeption endgültig gescheitert war und sich der deutsche Imperialismus auf einen langwierigen, materialintensiven Krieg einstellen mußte, der mit den bisherigen Methoden der Mobilisierung des Luftrüstungspotentials nicht durchgehalten werden konnte, stand der Konzeption der Vertreter der Großkonzerne nichts mehr im Wege. Schon in Vorbereitung des Überfalls auf die Sowjetunion hatte der deutsche Imperialismus die Basis seiner Luftrüstung zu erweitern gesucht. Unter der Leitung Ernst Udets jedoch, der als Generalluftzeugmeister seit 1936 einer der Hauptverantwortlichen für die Luftrüstung war, geschah dies hauptsächlich auf extensive Weise, in erster Linie durch die Heranziehung der französischen Luftfahrtindustrie. Nach einer Besichtigungsreise führender deutscher Flugzeugindustrieller, unter ihnen Koppenberg, Claudius Dornier, Vertreter von Junkers, Daimler-Benz, den Vereinigten Leichtmetallwerken und anderen in Frankreich, schlugen sie am 30. August 1940 vor, in Zukunft in sieben französischen Werken monatlich 300 Flugzeuge – 150 Jagd- und 150 Bombenflugzeuge – bauen zu lassen. Am 21. Oktober wandte sich daraufhin Göring an die Wirtschaftsdelegation bei der Deutschen Waffenstillstandskommission in Wiesbaden und schlug zur Produktionsaufnahme vor, daß das Reichsluftfahrtministerium die Anteile der französischen Regierung an der nationalisierten Flugzeugindustrie übernehmen sollte; ein Vorschlag, der nur die bedingte Zustimmung des Reichsverbands der Deutschen Luftfahrtindustrie fand, der durch seinen Vertreter von Bentheim Kurs auf die unmittelbare Führung der französischen Luftfahrtindustrie durch die deutschen Konzerne nahm. Udets Proteste, der die Abberufung Bentheims forderte, weil er eine Beeinträchtigung der französischen Rüstung fürchtete, scheiterten kläglich. Die zur «Betreuung» französischer Firmen eingesetzten deutschen Flugzeugkonzerne – wie Dornier, Junkers, Weser-Flugzeugbau, Messerschmitt, Focke-Wulf – übten eine immer stärkere Kontrolle über die französische Industrie aus. 1941 wurden bereits 1 609 Flugzeuge oder 13 Prozent aller faschistischen Flugzeuge in Frankreich, in der ČSR und in den Niederlanden gebaut. Doch diese Erweiterung reichte bei weitem nicht aus, um den ehrgeizigen Plänen der aggressivsten Teile des deutschen Imperialismus gerecht zu werden, die am Vorabend des Überfalls auf die Sowjetunion davon träumten, nach der Errichtung der kontinentalen Weltherrschaft auch die Weltluftherrschaft zu ergreifen.

Seit Februar 1941 beraten, wurde am 20. Juni 1941 die Weisung herausgegeben, die allgemeine Rüstungsproduktion zurückzuschrauben und dafür die Frontstärke der Luftwaffe zu vervierfachen. Mit der Verwirklichung dieses sogenannten Göringprogramms wurde jedoch nicht Udet, sondern der Hauptinteressenvertreter der Monopolbourgeoisie und schärfste Kritiker an Udets «unrationellen» Fertigungs- und Leitungsmethoden, die den selbständigen Flugzeugfirmen zuviel Spielraum ließen, Erhard Milch beauftragt, der sofort eine Sonderkommission einsetzte, die die Lage in der deutschen Flugzeugindustrie untersuchte. Milch stellte in diesem Zusammenhang Göring auch sofort die Kabinettsfrage, ob er oder Udet in Zukunft die Luftrüstung leiten sollten. Er unterbreitete ihm am 25. Juni den Text einer «Bevollmächtigung», die ihm zur Durchführung des Göringprogramms gestattete, Fabriken stillzulegen, zu beschlagnahmen, zu enteignen und zwangszuvermieten, Arbeitskräfte, Rohstoffe, Maschinen nach seinem Gutdünken zu verwenden, leitende Personen der gesamten Rüstungsindustrie ohne Rücksicht auf bestehende privatrechtliche Dienstverträge zu entfernen und zu versetzen, neue Gesellschaften zu bilden und unwirtschaftlich arbeitende Betriebe besser geleiteten Betrieben zu unterstellen oder anzugliedern.

Mit diesen Vollmachten wäre Milch in erster Linie die gesamte nichtmonopolisierte Flugzeugindustrie ausgeliefert worden. Jahre zuvor, am 6. April 1933, hatte Fritz Thyssen im Namen der deutschen Monopolbourgeoisie und in Anwesenheit Albert Vöglers und Ernst von Siemens' der selbständigen Flugzeug- und Flugmotorenindustrie die «beruhigende Erklärung» gegeben, daß sie keine Befürchtungen wegen «einer Majorisierung durch die Großindustrie» zu haben brauche. Jetzt war diese «Majorisierung» zur Tatsache geworden. Die Planung von Milchs Programm lag in den Händen des Vertreters der Auto-Union, Werner, und zur Durchsetzung des Programms versicherte sich Milch der Mitarbeit Vöglers. Zwar scheiterten am Widerstand anderer Monopolgruppierungen, die besonders eng mit der Heeres- und Marinerüstung verflochten waren, die Pläne Milchs, seine Vollmachten uneingeschränkt auszunutzen, doch wurde in einer Weisung Hitlers vom 14. Juli 1941 noch einmal bekräftigt, daß nach Beendigung des Krieges gegen die UdSSR der Schwerpunkt der

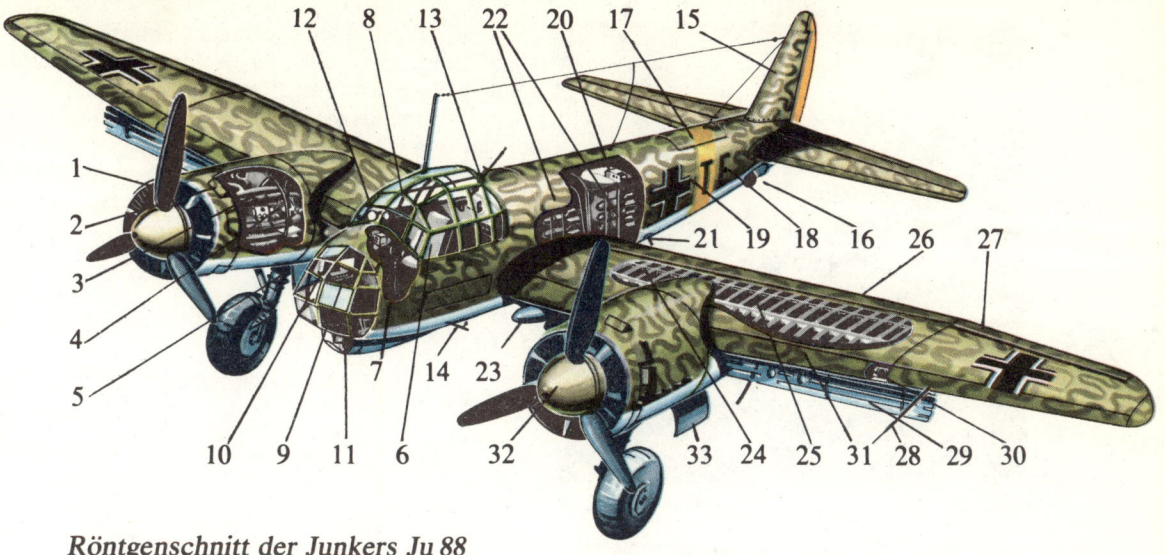

Röntgenschnitt der Junkers Ju 88

 1 Schmierstoff- und Ringkühler
 2 Kühlerklappen
 3 Motor Jumo 211
 4 Anzeigegeräte
 5 einziehbares Fahrwerk
 6 Kabine des Flugzeugführers
 7 Steuersäule
 8 abwerfbares Kabinendach
 9 Leuchtpatronenkasten
10 RAB (Reihenabwurfgerät für Bomben)
11 Zielgerät
12 A-Stand, MG-15
13 B-Stand, MG-15
14 C-Stand, MG-15
15 Seitenflosse
16 einziehbares Spornrad
17 Schlauchboot

18 Kraftstoff-Schnellablaß
19 Sauerstoffflaschen für Höhenatmer
20 Peilgerät
21 Schleppantenne
22 vorderer und hinterer Bombenraum
23 Lastenträger
24 Kraftstoffbehälter
25 Schmierstoffbehälter
26 Landeklappe
27 Querruder
28 Staurohr zum Messen
   der Geschwindigkeit
29 Sturzflugbremse (zweiteilig)
30 Scheinwerfer
31 Enteisungsanlage
32 Verstelluftschraube
33 Fahrwerkklappen

Rüstung auf die Luftwaffe übergehe, die in großem Umfang zu verstärken sei. Allerdings wurde bei den von Milch und seinen Industrievertretern eingeleiteten Untersuchungen bald offenbar, daß eine Vervierfachung der Luftwaffenstärke vorerst die Möglichkeiten der deutschen Luftrüstungsindustrie weit überstieg. Im August/September 1941 wurde deshalb im sogenannten Elch-Programm nur noch ihre Verdopplung gefordert. Aber selbst dieses Ziel setzte die rückhaltlose Unterordnung der selbständigen Flugzeugindustrie unter die Interessen der Monopolbourgeoisie voraus.

Den Heinkel, Messerschmitt, Dornier und anderen stand als Menetekel das Schicksal Hugo Junkers' vor Augen, der sich 1933 selbst als Mächtiger nicht gegenüber der vereinten Konkurrenz von Großindustrie

Wurde auf Betreiben der Rüstungskonzerne zum Sündenbock der fehlgeschlagenen Luftrüstung gemacht: Ernst Udet, hier noch im freundschaftlichen Gespräch mit einem seiner späteren Hauptankläger, Willy Messerschmitt

und Staatsapparat zu behaupten vermocht hatte. 1941 jedoch wurde dieser Interessenkonflikt nicht auf ihren Schultern ausgetragen. Zum Sündenbock wurden das Generalluftzeugmeisteramt und vor allem sein Vorgesetzter, Ernst Udet, Jagdflieger des ersten Weltkriegs und bekannter Kunstflieger der zwanziger Jahre, erklärt, der, von den Milchs und Werners getrieben, von den Messerschmitts und Heinkels, die unter ihm hohe Profite eingetrieben hatten, hintergangen und im Stich gelassen, am 17. November 1941 Selbstmord beging.

Der Tod eines faschistischen Generals mag im Gesamtbild des Krieges nur mäßig interessant erscheinen, für die faschistische Luftrüstung markierte sie jedoch einen Wendepunkt. Zum entscheidenden Mann wurde nun Erhard Milch, zum entscheidenden Organ der am 22. Mai 1941 gebildete Industrierat für die Luftwaffenindustrie, dem nach seiner Umgliederung unter Milch, Werner von der Auto-Union, Frydag vom Henschel-Konzern, Hans Heyne von der AEG, Rudolf Egger von Büssing, Rudolf Lahs von der Wirtschaftsgruppe Luftfahrtindustrie, Vögler von den Vereinigten Stahlwerken und Westrick von den Vereinigten Aluminiumwerken angehörten. Bereits bei seiner ersten Sitzung im Juni 1941 wurde das Programm des Industrierats dargelegt: Massenproduktion einiger weniger Flugzeuge unter Anwendung modernster Produktions- und Rationalisierungsmethoden. Der Weg dazu führte über die Bildung sogenannter Fertigungsringe, in denen verschiedene Firmen zusammengefaßt wurden, die unter der Leitung der Firma standen, die die «größten Erfahrungen und Erfolge» aufzuweisen hat, das heißt vor allem Firmen der Großindustrie. Binnen weniger Wochen wurden 102 Ringe gebildet, die Milch am 18. September 1941 dem Industrierat unterstellte. Am 2. März 1942 schließlich wurden die Ringe der Flugzeugindustrie zur besseren Leitung und Kontrolle drei Hauptausschüssen — Flugzeugzellen, Triebwerke, Flugzeugausrüstung – unterstellt. Ihre Leiter waren Karl Frydag vom Henschel-Konzern, William Werner von der Auto-Union und Hans Heyne von der AEG, alles Vertreter der Monopolbourgeoisie. Die Veränderungen in der staatsmonopolistischen Herrschaftsausübung fanden nicht nur in der Tätigkeit des Industrierats Ausdruck. Milch selbst berief bei der Neuorganisation der Ämter des Generalluftzeugmeisters ab 4. Oktober 1941 Vertreter der Monopole in das Reichsluftfahrtministerium; das neugebildete, entscheidende Planungsamt (vor allem für Fragen der Rohstoffbeschaffung und des Arbeitseinsatzes verantwortlich) wurde dem Vertreter der Lufthansa Karl August Freiherr von Gablenz übertragen.

Ende 1941/Anfang 1942 wurden im faschistischen Deutschland die Grundlagen für den Übergang zur Massenproduktion von Flugzeugen gelegt, die 1943/44 voll zur Wirkung gelangen sollten. Die seitdem ständig steigende Produktionskurve war jedoch begleitet von relativ geringen

Eine Serienproduktion, die nie anlief: Fertigungshallen der Messerschmittwerke für die Me 210. Das Flugzeug kam wegen unzureichender Flugeigenschaften nicht zum Masseneinsatz an die Front.

Fortschritten bei der Hebung der Qualität der Flugzeuge, der im Interesse einer Massenproduktion geringere Aufmerksamkeit geschenkt wurde. Die faschistische Luftwaffe verlor damit – in der gesamten Breite gesehen – ihren einstigen technischen Vorsprung und geriet auf die Dauer gegenüber den sowjetischen, amerikanischen und britischen Luftstreitkräften technisch ins Hintertreffen.

Die sowjetische Gegenoffensive bei Moskau, die sich zu einer allgemeinen Offensive der Roten Armee an der deutsch-sowjetischen Front ausweitete, traf die Luftwaffe in einem Augenblick, wo sie vermeint hatte, der Krieg im Osten sei gewonnen, und sie schon damit begonnen hatte, Teile ihrer Fliegerkräfte an andere Fronten zu verlegen, an Orte, wo sie bisher nur ein Minimum von Kräften unterhalten hatte, und dieses Minimum reichte keineswegs aus, um die dringendste Luftunterstützung zu geben. Das traf besonders auf den Mittelmeerkriegsschauplatz zu, wohin die Luftwaffe ab Januar 1941 das X. Fliegerkorps verlegt hatte, dessen Stärke von 320 Flugzeugen bis zum Spätherbst 1941 auf 76 Jagdflugzeuge und 79 Sturzkampf- und Bombenflugzeuge abgesunken war. Diese Flugzeuge waren ohnehin über den gesamten Mittelmeerraum verstreut. Die zahlenmäßig weit überlegenen englischen Luftstreitkräfte besaßen die Luftüberlegenheit, legten zunehmend die Versorgung über See lahm und unterstützten wirkungsvoll die britischen Angriffsoperationen im November 1941.

Im November/Dezember 1941 verlegte die Luftwaffenführung den Stab der Luftflotte 2 und Teile des II. Fliegerkorps in den Mittelmeerraum. Zur selben Zeit wurde das V. Fliegerkorps von der Luftflotte 4 von Rostow am Don nach Brüssel verlegt, um die Luftkriegführung gegen Großbritannien zu intensivieren. Die sowjetische Winteroffensive traf auf eine durch Verluste und Verlegungen dezimierte Luftwaffe, deren Luftflotten jeweils nur noch ein Fliegerkorps zählten. Mit Ausnahme des II. Fliegerkorps, das aus dem Mittelmeerraum nicht mehr herausgezogen werden konnte, wenn die faschistischen Truppen in diesem Raum nicht endgültig den englischen Luftstreitkräften schutzlos ausgeliefert sein wollten, dirigierte die Luftwaffenführung im Winter 1941/42 alle verfügbaren Fliegerkräfte erneut an die deutsch-sowjetische Front, verstärkte sie überdies durch Kräfte aus der Luftverteidigung, von der Westfront sowie durch neuaufgestellte Fliegerkräfte. Allein dem VIII. (Nahkampf-) Fliegerkorps wurden auf Befehl Hitlers vom 16. Dezember 1941 4 Bombenfliegergruppen, eine Nachtjagdzerstörergruppe und 5 Transportgruppen zugeführt.

Das V. Fliegerkorps wurde im Januar 1942 von Brüssel auf die Krim zurückverlegt. Teile der Luftflotte 5, die bisher in der Nordsee gegen die britischen Seeverbindungen eingesetzt waren, wurden verstärkt zur Unterstützung der faschistischen Lapplandarmee eingesetzt.

Alarmstart sowjetischer Jagdflieger im Hohen Norden. Bei der Verteidigung der Schiffsroute nach Murmansk wirkten sowjetische und britische Jagdflieger, die unter dem Kommando von H. N. G. Ramsbottom-Isherwood standen, eng zusammen

Nach Abschluß der besonders für die faschistische Luftwaffe kräftezehrenden Winterkämpfe, bei denen die Luftwaffe insgesamt von Januar bis März 1942 1 383 Flugzeuge einbüßte, davon über 1 100 an der deutsch-sowjetischen Front, war die Kampfkraft der Luftwaffe wesentlich gemindert; die Gruppen und Staffeln der einzelnen Geschwader waren völlig durcheinandergeworfen und an den verschiedensten Fronten eingesetzt. Bestehen blieb vielfach nur die Institution der Luftflotten, im Hohen Norden die Luftflotte 5, bei der Heeresgruppe Nord die Luftflotte 1, bei der Heeresgruppe Mitte an Stelle der Luftflotte 2 das am 10. April 1942 gebildete Luftwaffenkommando Ost und bei der Heeresgruppe Süd die Luftflotte 4. Aus den Trümmern des I. und V. Fliegerkorps waren die 1.,

2. und 3. Fliegerdivision gebildet worden, die vornehmlich als reine Luftunterstützungsverbände eingesetzt wurden. Ihre kampfkräftigsten Verbände – das VIII. (Nahkampf-) und das IV. Fliegerkorps – wurden bei der Luftflotte 4 im Südabschnitt der deutsch-sowjetischen Front zusammengezogen, wo 1942 der Hauptstoß nach Stalingrad (Wolgograd) und zum Kaukasus geführt werden sollte.

Um Kräfte einzusparen, wurde im Februar 1942 auch die Organisation der Luftaufklärungsverbände verändert. Die bisher dem Heer unterstellten Nah-, Panzer- und Fernaufklärungsstaffeln, die im Verlauf der ersten 6 Monate des Krieges gegen die UdSSR auf ein Drittel ihrer Stärke zusammengeschmolzen waren, wurden der Luftwaffenführung unterstellt, die 35 Nahaufklärungsgruppen und 23 Fernaufklärungsstaffeln neu bildete und den Fliegerkorps und Fliegerdivisionen unterstellte. Bereits im Oktober 1941 war das Kommando über die letzten Seefliegerstaffeln von der Seekriegsleitung an die Luftwaffenführung übergegangen, die nunmehr über alle fliegenden Einheiten verfügte.

Der Kampf um die Luftherrschaft an der deutsch-sowjetischen Front (Sommer 1942 bis Sommer 1943)

Für den Sommerfeldzug 1942 zog die Luftwaffenführung Fliegerkräfte in einer Stärke heran, die der vom 22. Juni 1941 ebenbürtig, wenn nicht noch überlegen war. Allein an Kampfflugzeugen waren von 4 262 einsatzbereiten Flugzeugen fast 3 000 an der deutsch-sowjetischen Front eingesetzt, und dort im besonderen bei der Luftflotte 4. Verändert hatte sich nicht die Stärke der Luftwaffe an der deutsch-sowjetischen Front – allerdings die Relationen zu anderen Kriegsschauplätzen, wo auf Grund des wachsenden zahlenmäßigen Umfangs der Luftwaffe (von 5 892 Flugzeugen im Juni 1941 auf 6 821 im Juni 1942) mehr deutsche Flugzeuge eingesetzt waren als im Juni 1941 –, sondern vor allem die Kampfkraft der sowjetischen Luftstreitkräfte, für die 1942 das Jahr der großen Reorganisation bedeutete.

Die Grundlage, auf der die sowjetischen Luftstreitkräfte 1942 ihre wachsende Kampfkraft aufbauen konnten, war die Entwicklung der sowjetischen Flugzeugproduktion. Im Verlauf des zweiten Weltkriegs stellte die sowjetische Flugzeugindustrie ihre Überlegenheit über die kapitalistische, staatsmonopolistisch regulierte deutsche Flugzeugindustrie unter Beweis und überrundete sie quantitativ und auch qualitativ. Die sowjetische Flugzeugindustrie erzielte diese Leistungen, obwohl die UdSSR zwei Drittel weniger Stahl und drei Viertel weniger Kohle als das faschistische Deutschland zur Verfügung hatte. Obwohl den sowjetischen

Macchi C-202 «Folgore» Mit der Macchi C-202 erreichte die italienische Flugzeugindustrie 1940 den Anschluß an die modernsten Jagdflugzeugmuster ihrer Zeit. Sie erwies sich als das beste italienische Jagdflugzeug des zweiten Weltkriegs. Gebaut wurden aber nur 1 500 Stück, da ihre Produktion von der Zulieferung des deutschen Motors DB 601 abhängig war. Die italienische Flugzeugindustrie sah sich deshalb genötigt, die Produktion veralteter Jagdflugzeuge fortzusetzen.

Die Produktion von Kampfflugzeugen in der UdSSR während des Großen Vaterländischen Krieges

		Gesamtproduktion	im Monatsdurchschnitt
2. Halbjahr	1941	9 780	1 630
	1942	25 436	2 120
	1943	34 900	2 908
	1944	40 241	3 353
1. Halbjahr	1945	20 104	3 350
Gesamt		130 461	
davon waren		59 000 Jagdflugzeuge	
		37 000 Schlachtflugzeuge	
		17 800 Bombenflugzeuge	

Flugzeugen eine einfache Bauweise und Technologie zugrunde lag, entsprachen sie dennoch den harten Anforderungen des Kampfes gegen die faschistische Luftwaffe, der damals stärksten Luftstreitmacht des Imperialismus. Die wichtigsten sowjetischen Flugzeugtypen erwiesen sich den faschistischen Flugzeugen im Verlauf des Krieges in ihren Kampfeigenschaften als überlegen, weil sie − zwischen 1939 und 1940 entwickelt

345

Jak-9 Die Jak-9 war das am meisten verwendete und meistgebaute Jagdflugzeug der sowjetischen Luftstreitkräfte im Großen Vaterländischen Krieg. Es diente als Abfang-, Begleit- und Langstreckenjagdflugzeug sowie als Jagdbombenflugzeug, speziell ausgerüstet zur Panzerbekämpfung. Sie kam in Weiterentwicklung der Jak-1 ab Oktober 1942 an die Front und gehörte zu den Flugzeugen, mit denen die sowjetischen Luftstreitkräfte 1942/43 die Wende im Luftkrieg herbeiführten. Insgesamt wurden von 1942 bis 1945 17 000 Flugzeuge dieses Typs gebaut. Die Jak-9 gehörte auch nach 1945 zur Ausrüstung der sowjetischen Jagdfliegerkräfte. 1950 kam sie zum letzten Mal in größerem Umfang bei den Fliegerkräften der KVDR zum Einsatz.

— erheblich verbesserungsfähig waren und über wirksamere Waffensysteme verfügten.

Auch die Luftwaffenführung mußte sich 1942 zu der späten Erkenntnis bequemen, daß sie die sowjetische Luftfahrtindustrie — trotz der vorhandenen Angaben — völlig unterschätzt hatte. In einem Bericht des Generalluftzeugmeisters vom Februar 1942 hieß es: «Das anfallende Beutegut erbrachte den eindeutigen Beweis für die unerwartete technische Entwicklung des Fluggerätes in den allerletzten Jahren, die auf einzelnen Gebieten bis zur Konkurrenzfähigkeit mit den besten Erzeugnissen Europas und Amerikas führte.»

Zur Flugmotorenindustrie hieß es im April 1942: «Es muß festgestellt werden, daß die sowjetische Flugmotorenindustrie in den letzten Jahren einen unerwartet großen Aufschwung erfahren hat und daß die Sowjets nicht nur mengenmäßig, sondern auch leistungsmäßig einen Vergleich mit den übrigen kriegführenden Ländern aushalten können.»

Die quantitativen und qualitativen Leistungen ihrer Flugzeugindustrie versetzten das sowjetische Oberkommando in die Lage, die von ihr ab Ende 1941 vorbereitete Reorganisation ihrer Fliegerkräfte ab Mai 1942 in Angriff zu nehmen. Die Zahl der bei den sowjetischen Luftstreitkräften eingesetzten Flugzeuge stieg von 2 495 im Dezember 1941 auf 3 164 im Mai 1942.

Am 15. März 1942 hielt der Oberbefehlshaber der sowjetischen Luftstreitkräfte, Shigarew, J. W. Stalin einen Vortrag über die Bildung von

Luftarmeen, ein Anliegen, dessen sich im April sein Nachfolger A. A. Nowikow besonders annahm.

Am 5. Mai 1942 wurde aus den Fliegerkräften der Brjansker Front die 2. Luftarmee und aus denen der Westfront die 1. Luftarmee gebildet. Am 6. und 7. Mai wurde aus den Fliegerkräften der Kalininer Front die 3. Luftarmee und aus denen der Südfront die 4. Luftarmee formiert. Im Laufe des Juni/Juli wurden weitere acht Luftarmeen aufgestellt.

Verändert wurde auch der Aufbau der Fliegerkräfte der Reserve. Im März/April 1942 waren neben den Reservefliegergruppen (RAG) Stoßluftgruppen des Hauptquartiers des Oberkommandos (UAG) getreten, die 3 und mehr Fliegerregimenter mit durchschnittlich 100 Flugzeugen zählten. Sie brachten jedoch auf Grund ihrer zahlenmäßigen Schwäche keine befriedigende Lösung des Problems, eine Front ausreichend mit Fliegerkräften zu verstärken. Im Juni/Juli 1942 wurden die Reservefliegerkräfte deshalb ebenfalls in Luftarmeen zusammengefaßt. Im Juni entstand die 1. Bombenfliegerarmee, am 1. Juli die 1. und 2. Jagdfliegerarmee, der je drei Jagdfliegerdivisionen angehörten. Der Einsatz dieser Verbände bewährte sich offensichtlich nicht. An ihre Stelle traten ab 28. August 1942 die Fliegerkorps der Reserve des Oberkommandos, die die Aufgabe hatten, die Luftarmeen in den Hauptangriffsrichtungen zu verstärken. 1942 wurden zehn derartige Korps aufgestellt, die 32 Prozent der gesamten Frontflieger ausmachten. Jedes Korps bestand aus mindestens zwei Divisionen, die mit den modernsten Flugzeugen ausgerüstet waren. Bis 1944 wurden 30 derartige Korps aufgestellt − 7 Bomben-, 11 Schlacht- und 12 Jagdfliegerkorps −, deren Anteil an den Frontfliegerkräften nun 43 Prozent betrug. Mit der Konzentration der Fliegerkräfte an den Hauptabschnitten des Kampfgeschehens bereitete die sowjetische Führung die schrittweise Gewinnung der Luftherrschaft vor.

Insgesamt wurden während des Großen Vaterländischen Krieges 18 Luftarmeen aufgestellt. Sie zählten − einschließlich der Verstärkungen durch die Fliegerkorps der Reserve − je 6 bis 12 Fliegerdivisionen und verfügten 1942/43 über durchschnittlich 900 bis 1 000, 1944/45 über 1 500 und in der Endphase des zweiten Weltkriegs über 2 500 bis 3 000 Flugzeuge.

In diesem Zusammenhang begann die sowjetische Führung auch, die gemischten Fliegerdivisionen aufzulösen. Sie wurden in Jagd-, Schlacht-, Bomben- und Nachtbombenfliegerdivisionen umgebildet, die jeweils drei Regimenter zählten.

Am 5. März 1942 waren bereits die Fern- und schweren Bombenfliegerkräfte aus der Unterstellung unter den Oberbefehlshaber der Luftstreitkräfte herausgelöst und unter der Bezeichnung Fernfliegerkräfte (Awiazija Dalnewo Dejstwija) dem Hauptquartier des Oberkommandos unmittelbar unterstellt worden.

Mit der Bildung der Luftarmeen und der Fliegerkorps der Reserve änderten sich die Voraussetzungen für das Zusammenwirken von Grund auf. Die Fliegerkräfte konnten nun zentralisiert geführt und in den wichtigsten Richtungen massiert eingesetzt werden.

Nicht nur mit der neuen Organisation wurde die Kampfkraft der sowjetischen Luftstreitkräfte bedeutend gehoben, sondern auch durch die taktischen und operativen Lehren, die aus dem Verlauf der ersten Kriegsmonate gezogen wurden. Durch die Verbesserung der Arbeit der rückwärtigen Dienste und des Wartungspersonals gelang es 1942, die Zahl der Einsätze je Flugzeug um das Doppelte zu steigern.

Die bedeutendste militärtheoretische Leistung der sowjetischen Luftstreitkräfte bestand jedoch in der Entwicklung von zweckentsprechenden Formen und Methoden der Luftunterstützung in der taktischen Tiefe und bei der Entwicklung des operativen Durchbruchs. Im Oktober 1942 wurde der Begriff der «Luftoffensive» eingeführt, der in der Felddienstordnung der Roten Armee vom 9. November 1942 verankert wurde. Unter Berücksichtigung der organisatorischen Veränderungen, der gestiegenen Quantität und Qualität der Flugzeuge und der gewonnenen Gefechtserfahrungen wurde ein geschlossenes System für das Zusammenwirken von Land- und Luftstreitkräften geschaffen, das – während des Krieges ständig weiter vervollkommnet – maßgeblichen Anteil an den Erfolgen der sowjetischen Streitkräfte hatte. In seiner Präzision und Wirksamkeit wurde das sowjetische System des Zusammenwirkens von keiner anderen Luftstreitmacht erreicht. Ihr Wesen bestand in der ununterbrochenen Unterstützung der Landstreitkräfte durch massierte Handlungen der Fliegerkräfte im Verlauf der Angriffsoperation. Sie erfolgte in zwei Perioden, als Luftvorbereitung des Angriffs und als Luftunterstützung der Bodentruppen. In der ersten Periode sollte während der einleitenden Luftvorbereitung die gegnerische Verteidigung durch Schläge auf Artilleriestellungen, Reserven, Stäbe, Nachrichtenzentralen usw. geschwächt werden. Hierbei spielten die Bombenfliegerkräfte die Hauptrolle.

Bei Angriffsbeginn wirkten die Fliegerkräfte, vor allem die Schlachtfliegerkräfte, unmittelbar mit den Bodentruppen beim Durchbruch der taktischen Verteidigungszone zusammen, hielten die gegnerischen Kräfte nieder und deckten durch Jagdfliegerkräfte die Bodentruppen.

Eine hohe Bedeutung für die wachsende Kampfkraft der sowjetischen Luftstreitkräfte kam der Lufttaktik zu, die weiteren Veränderungen unterworfen war. Die Bombenfliegerkräfte flogen ihre Angriffe bei Tag in Ketten oder Staffeln, vor allem in der Form des Ketten- oder Staffelkeils, der geöffneten oder geschlossenen Ketten- oder Staffelkolonne. Die Angriffe wurden wegen der zur Verfügung stehenden Flugzeuge meistens im Horizontalflug geflogen, jetzt aus 600 bis 1 000 Meter Höhe, weil hier die Treffgenauigkeit weit größer war als bei Angriffen aus 2 000 bis 3 000

Meter Höhe, wie es bei Kriegsbeginn noch die Regel war. Große Bedeutung erlangte 1942 der Einsatz von Bombenfliegerkräften bei Nacht. Starteten 1941 nur 6 Prozent bei Nacht, so waren es im November 1942 bereits 47 Prozent.

Die sowjetischen Jagdfliegerkräfte – verstärkt mit besseren und schnelleren Maschinen – gingen ebenfalls zu Gefechtsordnungen über, die in Tiefe und Breite dezentralisiert waren. Grundlage der Gefechtsordnung wurde seit der Schlacht bei Moskau anstatt der Kette aus 3 Flugzeugen das Paar. Eine Kette bestand seit September 1942 aus 4 Flugzeugen. Zum Kampf um die Luftherrschaft, zur Deckung der Bodentruppen oder zur Begleitung von Bomben- und Schlachtflugzeugen wurden die Jagdflugzeuge in Stoß- und Deckungsgruppen, nach der Höhe gestaffelt, aufgeteilt. In einigen Fällen wurde zusätzlich eine Reservegruppe gebildet. Die Veränderung der Gefechtsordnungen und die immer stärkere Führung der Jagdfliegerkräfte über Funk, in Verbindung mit dem Einsatz der verbesserten Flugzeugmuster vom Typ LaGG-3, La-5 und Jak-7, erhöhten die Kampfkraft der sowjetischen Jagdfliegerkräfte.

Am nachdrücklichsten wurde die Kampfkraft der sowjetischen Fliegerkräfte durch den raschen Ausbau der Schlachtfliegerverbände beeinflußt. Auch sie gingen 1942 zum Einsatz in Paaren und in Ketten zu vier Flugzeugen über. Ihre Hauptgefechtsordnung war die geöffnete Staffelkolonne mit 6 bis 8 Il-2, die ihre Angriffe im Tiefstflug aus 150 bis 300 Meter Höhe oder im Sturzflug aus 800 bis 1 200 Meter Höhe führten. Die Verluste der Il-2 bei ihren Tiefangriffen waren hoch, teils wegen des unzureichenden Jagdschutzes, teils wegen der fehlenden Abwehrbewaffnung der zunächst einsitzigen Il-2. Eine Wende trat mit der Auslieferung der zweisitzigen Il-2 m3 im Sommer 1942 ein, die über eine Abwehrbewaffnung im hinteren Sitz verfügte. Sie kam zunächst an der Nordwestfront, im Herbst 1942 bei der 16. Luftarmee im Raum Stalingrad zum Einsatz.

Die Kampfhandlungen bei Stalingrad leiteten nicht nur zu Lande, sondern auch in der Luft den grundlegenden Umschwung im Verlauf des zweiten Weltkriegs ein. War es der faschistischen Luftwaffe im Sommerfeldzug 1942 noch einmal gelungen, die Luftüberlegenheit zu behaupten, so nahmen die sowjetischen Luftstreitkräfte mit der Schlacht bei Stalingrad den Kampf um die Luftherrschaft an einem entscheidenden Frontabschnitt auf und schufen sich wesentliche Voraussetzungen zur Erringung der Luftherrschaft an der sowjetisch-deutschen Front.

Die Luftkampfhandlungen während der sowjetischen Stalingradoffensive wurden durch zwei Hauptereignisse markiert: Erstmals wurde in der Schlacht an der Wolga die Luftoffensive teilweise durchgeführt. Stalingrad war die Sternstunde der sowjetischen Schlachtfliegerverbände, die hier ihren ersten Masseneinsatz durchführten und maßgeblich den

Vom 23. bis 26. August erlebte Stalingrad das schwerste Luftbombardement des Krieges. Über 1 017 Stalingrader fielen dem faschistischen Luftterror zum Opfer

Verlauf der Bodenkampfhandlungen beeinflußten. Wurden die sowjetischen Armeen bei Moskau von ganzen 82 Schlachtflugzeugen — davon 42 einsatzbereit — unterstützt, so wirkten an der Wolga 555 Schlachtflugzeuge — davon 420 einsatzbereit — mit ihnen zusammen.

Das zweite wichtige Ereignis war der von sowjetischer Seite systematisch geführte Kampf um die Luftherrschaft, der sich von November 1942 bis Januar 1943 auf die Bekämpfung der Luftversorgung Stalingrads konzentrierte. Für die Luftblockade — die erste derartige Operation in der Luftkriegsgeschichte — der bei Stalingrad eingekreisten faschistischen Truppen entwickelten die sowjetischen Luftstreitkräfte und Luftverteidigungskräfte, die unter der Leitung von Generalleutnant Nowikow standen, das nachstehende System:

Von den frontnahen Flugplätzen aus wurden die Bomben- und Schlachtfliegerkräfte der 17. Luftarmee (Generalleutnant S. A. Krassowski) und ab Ende Dezember auch der 8. Luftarmee (Generalmajor T. T. Chrjukin) zur Bekämpfung des faschistischen Flugplatzsystems eingesetzt. Daran waren insbesondere das 1. und das 3. gemischte Fliegerkorps unter den Generalmajoren W. I. Schewtschenko und W. I. Aladinski und das 2. Bombenfliegerkorps unter Generalmajor I. L. Turkel beteiligt. Wirksame und überraschende Schläge gegen die faschistischen Fliegerkräfte am Boden wurden vor allem gegen Tazinskaja und Salsk geführt.

60 bis 80 Kilometer vom inneren Einschließungsring entfernt wurden 5 Jagdfliegerdivisionen der 16. (Generalleutnant S. I. Rudenko) und der 8. Luftarmee, und zwar die 235., 268., 287., 220. und die 102. Jagdfliegerdivision des Stalingrader Luftverteidigungskorps, zum Abfangen der faschistischen Transportfliegerkräfte an ihren Haupteinflugrichtungen eingesetzt. Jede Division war in einem bestimmten Sektor für die Luftblockade verantwortlich. Durch ein ausgedehntes System der Fliegerleitpunkte wurden die Jagdflugzeuge wirksam zum Einsatz gebracht. In den Haupteinflugrichtungen patrouillierten überdies ständig Streifen sowjetischer Jagdflugzeuge. In der Lufttaktik und im Luftgefecht konnten die sowjetischen Jagdflieger nun verstärkt zur Offensive übergehen.

Acht bis zehn Kilometer vor dem Einschließungsring waren in den Haupteinflugrichtungen Flaksperren errichtet worden, die die anfliegenden und zur Landung ansetzenden faschistischen Transportflugzeuge unter wirksamen Beschuß nahmen. Am 20. Dezember 1942 waren dafür 395

Stärke der sowjetischen Luftstreitkräfte am 20. November 1942 im Raum Stalingrad

	17. Luftarmee	2. Luftarmee	16. Luftarmee	8. Luftarmee	102. Jagdfliegerdivision der Luftverteidigung	Gesamt
Bombenflugzeuge	57	7	20	68	–	152
davon einsatzbereit	46	4	11	29	–	90
Schlachtflugzeuge	133	64	103	255	–	555
davon einsatzbereit	118	57	68	177	–	420
Jagdflugzeuge	169	31	107	408	88	803
davon einsatzbereit	147	23	81	235	33	519
Aufklärungsflugzeuge	6	15	3	15	–	39
davon einsatzbereit	6	12	2	3	–	23
Nachtbombenflugzeuge	76	54	116	121	–	367
davon einsatzbereit	71	48	98	91	–	308
Gesamt:	441	171	349	867	88	1 916
davon einsatzbereit	388	144	260	535	33	1 360

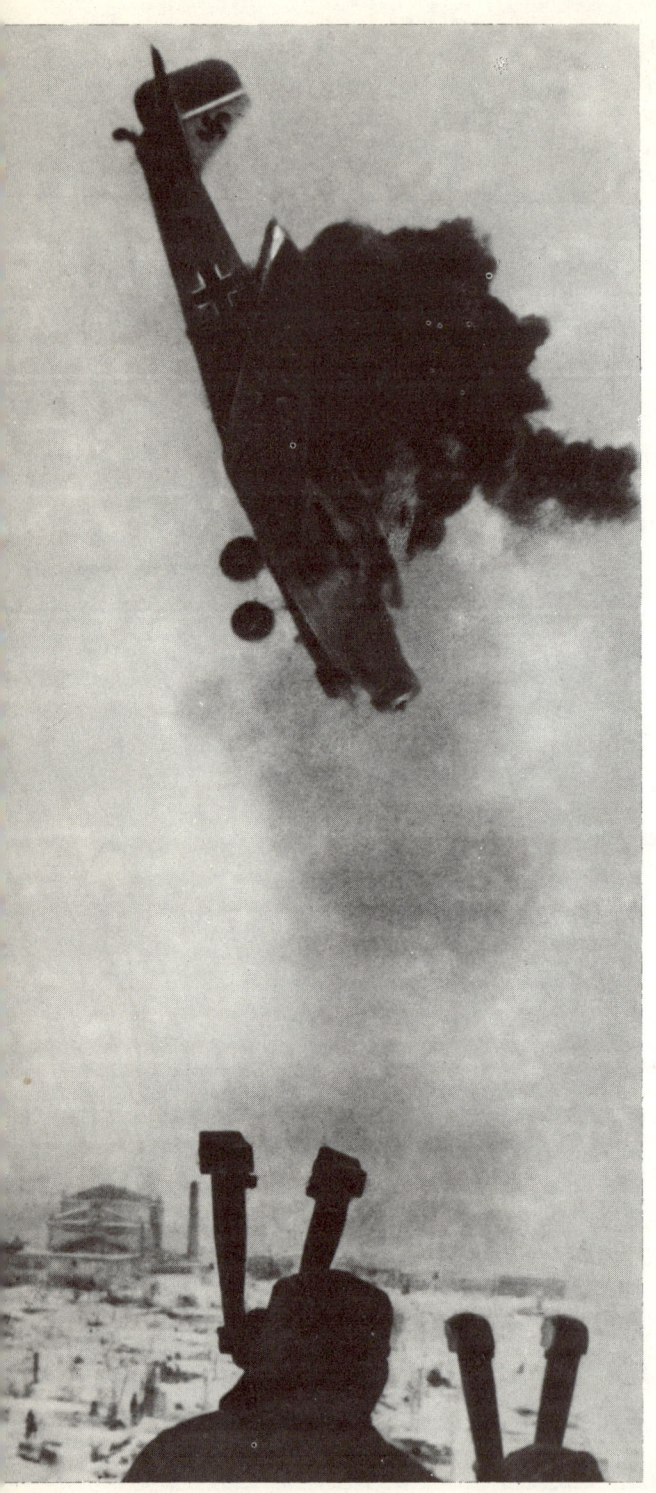

Von sowjetischer Flakartillerie bei
Stalingrad in Brand geschossene Ju 52

Po-2 wird zum Nachtangriff mit Bomben
beladen. 1941 als Notbehelf entwickelten
sich die leichten Bombenfliegerkräfte
im Laufe des Großen Vaterländischen
Krieges zu einer wirksamen Waffe

mittlere Flakgeschütze und 241 Fla-MGs eingesetzt. Anfang Januar 1943 konnte der eingekreiste Raum bei Stalingrad zu Dreiviertel vom sowjetischen Flakfeuer bestrichen werden. Nur der nördliche Teil des Kessels lag außerhalb ihres Feuerbereichs. Gegen die Flugplätze im Einschließungsraum – insbesondere gegen Pitomnik und Gumrak – waren bei Tag und bei Nacht ununterbrochen sowjetische Schlacht-, Jagd- und Bombenflugzeuge eingesetzt, die die zur Landung ansetzenden oder gelandeten faschistischen Transportmaschinen angriffen, ihnen schwere Verluste zufügten und erheblich zur Desorganisation des Flugbetriebs beitrugen. Nach Meinung des faschistischen Generals Hans Hube machte «die sehr starke sowjetische Luftwaffe über der Festung, was sie wollte».

Im Verlauf der Luftversorgung Stalingrads verloren die faschistischen Transportfliegerkräfte innerhalb von neun Wochen im fliegenden Einsatz 495 Flugzeuge total, das waren 5 komplette Geschwader oder ein gesamtes Luftkorps. Die höchsten Verluste hatten die Ju-52-Verbände, die 269 Maschinen einbüßten, gefolgt von den He-111-Staffeln, die 169 Maschinen verloren. Ferner büßte die faschistische Luftwaffe 42 Ju 86, 9 FW 200, 5 He 177 und eine Ju 290 ein. Die Gesamtverluste der faschistischen Transportfliegerkräfte – einschließlich der am Boden zerstörten oder bei der Flucht zurückgelassenen Flugzeuge – waren weit höher. Sie müssen auf fast 800 Flugzeuge geschätzt werden. Insgesamt verlor die faschistische Luftwaffe vom 1. Dezember 1942 bis zum 30. April 1943 8 810 Flugzeuge,

Ju 52 werden zum Flug nach Stalingrad startklar gemacht

darunter 1240 Transport-, 2075 Bomben-, 560 Sturzkampf- und 2575 Jagdflugzeuge. Die größten Verluste erlitten die zu zwei Dritteln an der deutsch-sowjetischen Front stehenden Fliegerkräfte der Luftwaffe durch die sowjetischen Luftstreitkräfte.

Die Luftkampfhandlungen bei Stalingrad waren die erste Etappe des vom sowjetischen Oberkommando planmäßig geführten Kampfes um die Luftherrschaft an der sowjetisch-deutschen Front. Die faschistische Luftwaffe ging aus diesen Kämpfen angeschlagen, aber noch keineswegs geschlagen hervor. Die Luftwaffenführung war zwar gezwungen, einen Teil ihrer zertrümmerten fliegenden Verbände − besonders Jagdfliegerkräfte − aus der Front zu ziehen, in Deutschland aufzufrischen und

Die Stärke der Kampfverbände der faschistischen Luftwaffe
an der deutsch-sowjetischen Front (in Gruppen)

	22. 6. 1941	19. 12. 1942	31. 1. 1943	10. 3. 1943
Bombergruppen	29 1/3	20 2/3	15 2/3	14 2/3
Stukagruppen	9 1/3	7	6 1/3	7
Schlachtgruppen	2	2 1/3	2	3
Jagdgruppen	20	19	7 1/3	13
«Zerstörer»-gruppen	2	2 1/3	2 1/3	1 1/3

Die Luftversorgung der eingeschlossenen faschistischen Truppen im Raum Stalingrad

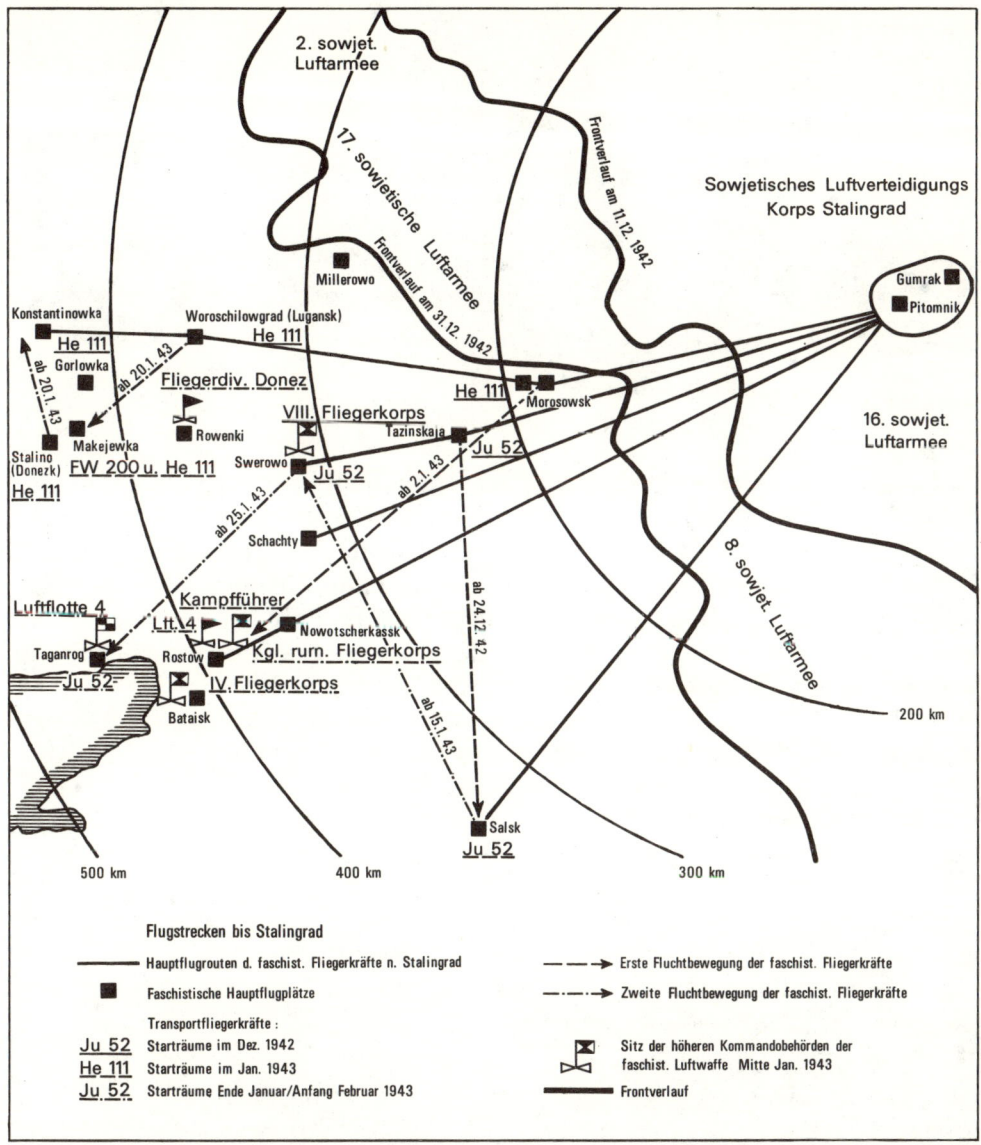

neu auszurüsten, sah jedoch die Zuführung starker Fliegerkräfte zu Beginn der geplanten Sommeroffensive («Zitadelle») vor. Im Frühjahr 1943 sank demzufolge vorübergehend die Stärke der Luftwaffe an der sowjetisch-deutschen Front.

Die Hauptkräfte beließ das Oberkommando der Luftwaffe bei der Luftflotte 4 im Südabschnitt der deutsch-sowjetischen Front, in der

Südukraine, auf der Krim und auf der Tamanhalbinsel, wo sie sämtliche Schlachtfliegerkräfte, 80 Prozent der Bombenflieger- und 70 Prozent der Sturzkampffliegerkräfte einsetzte. Die Luftflotte 4 umfaßte Ende März 3 Fliegerkorps: das I., IV. und VIII., sowie die Fliegerkräfte der Satellitenstaaten Ungarn, Rumänien, der Slowakei und Kroatien. Ihnen war nach der Erstarrung der Front in der Ukraine die Aufgabe übertragen worden, die 17. Armee, die auf der Tamanhalbinsel noch einen Brückenkopf im Kaukasus innehatte, mit allen Kräften aus der Luft zu unterstützen, um starke sowjetische Kräfte zu binden und Aus-

Abgeschossenes deutsches Bombenflugzeug im Zentrum Stalingrads

He 177 A-5 Die Heinkel 177 sollte nach der Ju 89 und Do 19 das strategische Bombenflugzeug der faschistischen Luftwaffe werden. Am 19. November 1939 startete sie zu ihrem Erstflug und wurde an der Wende 1940/41 an die Luftwaffe ausgeliefert. Die zahlreichen Flugunfälle, in erster Linie durch Erhitzung und Entzündung der jeweils doppelt gekoppelten Motoren verursacht, zwangen die Luftwaffenführung, das Flugzeug aus dem Einsatz zu ziehen. Eine neue Variante kam ab Ende 1942 bei der Luftversorgung Stalingrads zum Einsatz. Sie erfüllte jedoch nicht die in sie gesetzten Erwartungen. Im Oktober 1944 wurde die Produktion eingestellt. Bis dahin waren 1446 Stück gefertigt worden. ◁

Luftkampf über dem Kuban

gangspositionen für eine mögliche neue Offensive zu den kaukasischen Erdölquellen zu erhalten.

Seit Anfang 1943 intensivierte die Luftflotte 4 (Kommandeur Otto Deßloch), insbesondere das I. Fliegerkorps, seine Schläge gegen die bei Mys-chako gelandeten sowjetischen Truppen. Die etwa 1000 Flugzeuge zählenden faschistischen Fliegerkräfte, die über dem Kuban zum Einsatz kamen, flogen täglich zwischen 700 und 1500 Einsätze, während die sowjetischen Fliegerkräfte − die 4. Luftarmee mit etwa 250 Flugzeugen, die 5. Luftarmee mit 200 Flugzeugen, die 50. Fernfliegerdivision mit 60 und die Schwarzmeerfliegerkräfte mit 70 Flugzeugen − nur 300 bis 450 Einsätze je Tag flogen. Ihr Einsatz wurde einheitlich geleitet von Luftmarschall K. A. Werschinin. Die Lage der sowjetischen Streitkräfte komplizierte sich, als die 17. Armee am 17. April das Unternehmen «Neptun» eröffnete, mit dem der Brückkopf Mys-chako vernichtet werden sollte. 450 faschistische

Bomben-, Schlacht- und Sturzkampfflieger, gedeckt von 200 Jagdflugzeugen, führten einen massierten Schlag gegen den Brückenkopf,
Insbesondere die faschistischen Stukaverbände bombardierten in Wellen
von 25 Flugzeugen sowjetische Artilleriestellungen, Befestigungen und
Stützpunkte. Am 17. April flogen sie 494, am 18. April 511 Einsätze. Den
1 560 faschistischen Einsätzen konnten die sowjetischen Fliegerkräfte am
17. April nur 538 entgegensetzen. Die Luftwaffe beherrschte den Luftraum.

Angesichts der komplizierten Lage am Kuban beschloß eine Abordnung
des sowjetischen Hauptquartiers, der G. K. Shukow, S. M. Schtemenko

und der Oberbefehlshaber der sowjetischen Luftstreitkräfte Nowikow angehörten, die Fliegerkräfte der Nordkaukasusfront sofort zu verstärken. Ab 20. April trafen das 2. Bombenfliegerkorps und das 3. Jagdfliegerkorps bei der 4. Luftarmee, das 2. gemischte Fliegerkorps und die 282. Jagdfliegerdivision bei der 5. Luftarmee aus der Reserve des sowjetischen Oberkommandos ein. Die Stärke der sowjetischen Luftarmeen erhöhte sich auf 900 Flugzeuge, darunter 370 Jagd-, 170 Schlacht-, 165 Bomben- und 195 Nachtbombenflugzeuge. Damit war das zahlenmäßige Gleichgewicht der Kräfte hergestellt. Während die sowjetischen Jagdflieger zu 65 Prozent mit neuen Flugzeugen vom Typ Jak-1, Jak-7b und La-5 ausgerüstet — außerdem kamen auch englische und amerikanische Flugzeuge vom Typ Spitfire und Airacobra sowie B-25-Bombenflugzeuge zum Einsatz — und zahlenmäßig überlegen waren, verfügte die Luftflotte 4 über stärkere Bombenfliegerkräfte und hatte überdies den Vorteil, daß sich ihre Flugplätze 50 bis 100 Kilometer hinter der Front befanden, während die sowjetischen Luftstreitkräfte wegen des ungünstigen Geländes Anflugstrecken von 150 bis 200 Kilometer zu bewältigen hatten. Ab 19./20. April entwickelten sich über Mys-chako ausgedehnte Luftkämpfe. Die Aktivität der faschistischen Fliegerkräfte ging zurück. Flogen die Stukaverbände am 19. April noch 294 Einsätze, so flogen sie — wegen der hohen Verluste — am folgenden Tag nur noch 165 Einsätze, und diese noch bei Nacht. Am 21. April griffen die ebenfalls um eine Division verstärkten Fernfliegerkräfte in Gruppen von 5 bis 10 Flugzeugen faschistische Flugplätze in Sarabus und Saki auf der Krim an.

Die Angriffe der Luftwaffe gegen Mys-chako waren gescheitert, die Luftüberlegenheit ging auf die sowjetischen Fliegerkräfte über, die für den 29. April einen Angriff in Richtung Krymskaja vorbereiteten. Noch einmal versuchte das I. Fliegerkorps das Blatt zu wenden und griff überraschend — insgesamt 850 Einsätze — die sowjetischen Bereitstellungsräume an, denen nur 310 sowjetische Jagdfliegereinsätze gegenüberstanden. Dessenungeachtet führte die 4. Luftarmee, die am 24. April alle Fliegerkräfte der 5. Luftarmee übernommen hatte, am 29. April eine vierzigminutige Luftvorbereitung durch. Anschließend operierten 144 Bomben-, 82 Schlacht- und 265 Jagdflugzeuge drei Stunden lang über dem Gefechtsfeld. Den 1 208 sowjetischen Einsätzen standen nur 539 faschistische Einsätze gegenüber. Trotz der angestrengten Versuche des I. Fliegerkorps, die Luftüberlegenheit zurückzugewinnen, aus denen sich auf einem Abschnitt von 25 bis 30 Kilometern vom 29. April bis 12. Mai 40 große Luftgefechte entwickelten, an denen auf beiden Seiten jeweils 50 bis 80 Flugzeuge beteiligt waren, behaupteten die sowjetischen Fliegerkräfte die Luftüberlegenheit. Ab 4. Mai gingen sie dazu über, verstärkt Ziele im rückwärtigen Raum und die Flugplätze auf der Krim zu bombardieren.

Am 26. Mai trat die Nordkaukasusfront unter diesen Bedingungen zum

Durchbruch der «Blauen Linie» an. Erneut flogen die sowjetischen Fliegerkräfte eine vierzigminutige Luftvorbereitung und setzten zur unmittelbaren Bodenunterstützung 338 Flugzeuge – 84 Bomben-, 104 Schlacht- und 150 Jagdflugzeuge – ein. Um den drohenden Durchbruch zu verhindern, führte die Luftflotte 4 mit allen verfügbaren Bombenfliegerkräften – insbesondere vom IV. Fliegerkorps – am Ausgang des 26. Mai einen massierten Gegenschlag mit 600 Bomben-, Sturzkampf- und Schlachtflugzeugen, der innerhalb von 20 Minuten ablief. Es gelang ihr, vorübergehend noch einmal die Luftüberlegenheit zurückzugewinnen. Am 27. Mai flog sie 2685 Einsätze, fast das Dreifache der sowjetischen Einsätze! Doch auch unter diesen schwierigen Bedingungen gelang es den sowjetischen Fliegerkräften, sich zu behaupten, auf die Dauer den faschistischen Luftangriffen wirksam zu begegnen und ab Anfang Juni allmählich die Luftüberlegenheit zurückzugewinnen.

In der Luftschlacht am Kuban (17. April bis 7. Juni 1943) bewährte sich die neue Taktik der sowjetischen Luftstreitkräfte. Der faschistischen Luftwaffe wurde bei fast gleichen Kräften eine ernste Niederlage beigebracht. Das wurde besonders in der letzten Phase der Luftschlacht offenbar, als sich die sowjetischen Jagdfliegerkräfte trotz vorübergehender Unterlegenheit behaupteten. Entscheidenden Anteil daran hatte die Weiterentwicklung der Lufttaktik und der Leitsysteme. Die Staffelung der Einheiten nach der Höhe, der Aufbau der Gefechtsordnungen der Jagdflugzeuge in zwei, drei und vier Staffeln der Höhe nach – als «Kubantreppe» bezeichnet –, das allgemeine Durchsetzen des paarweisen Einsatzes der Jagdflugzeuge sowie die gute Organisation des Leitsystems erlaubten es den sowjetischen Jagdfliegerkräften, ihre Taktik beim Decken der Bodentruppen zu verändern. Sie verlegten den Sperrflugraum hinter die gegnerische Frontlinie und bekämpften die faschistischen Bomben- und Sturzkampfflieger bereits beim Anflug über seinem Gebiet. Das war bei der Abwehr der Maiangriffe von großer Bedeutung. Die Luftschlacht um den Kuban machte sowjetische Jagdflieger weltberühmt. An ihrer Spitze A. I. Pokryschkin, der über 20 Flugzeuge abschoß, und die Brüder D. B. und B. B. Glinka.

Die Luftschlacht war auch für die weitere Vervollkommnung des Zusammenwirkens zwischen Luft- und Landstreitkräften wichtig. Als idealtaktisches Verfahren bei der Luftoffensive schälte sich der Grundsatz heraus, daß die Führung der Fliegerkräfte beim ersten massierten Schlag auf die HKL des Gegners und während der Verfolgung in der Hand der Luftarmee liegen muß, während beim Kampf um die HKL und um das rückwärtige Verteidigungssystem die Führung der Fliegerkräfte teilweise dezentralisiert werden muß. Beim Durchbruch bestand die Aufgabe der Fliegerkräfte während der Artillerievorbereitung darin, jene Ziele niederzuhalten oder zu vernichten, die durch Artilleriebeschuß nicht erreicht

FW 190 D-1 Die Focke-Wulf 190 wurde
1937/38 konzipiert. Ihr Erstflug fand
am 1. Juni 1939 statt. Im Januar 1941
wurden die ersten Jagdflugzeuge an
die Luftwaffe ausgeliefert. Die robuste
und leistungsfähige Zelle erlaubte es,
die FW 190 zu einer starken und
schnellen Waffenplattform auszubauen. Die FW 190 fand insbesondere
als Abfangjagdflugzeug und als Jagdbomber Verwendung. Sie übertraf ab 1943
eindeutig die Leistungen der Me 109.
Insgesamt wurden 20 051 Flugzeuge
dieses Typs gebaut, davon 6 500 als
Jagdbomber.

Der Taktiker der sowjetischen Jagdfliegerkräfte: A. I. Pokryschkin (Mitte)

werden konnten, beim Angriff der Infanterie einen kurzen massierten
Schlag gegen die vorderste Stellung des Gegners zu führen und während
des Kampfes um die HKL 2 bis zu 3 Stunden ununterbrochen starke
Fliegerkräfte in der Luft zu halten, die die Bodentruppen deckten und
unterstützten.

Beim Kampf in der Tiefe waren ein ständiger Einsatz kleinerer Gruppen
von Fliegerkräften über dem Gefechtsfeld zu gewährleisten sowie stärkere
Fliegerkräfte in Frontnähe ständig abrufbereit zu halten. In dieser Form
wurde die Luftoffensive auf Grund der Erfahrungen am Kuban erstmals
in der Schlacht bei Kursk voll verwirklicht.

Insgesamt flogen die sowjetischen Fliegerkräfte vom 17. April bis zum
7. Juni 35 000 Einsätze, vernichteten 1 100 deutsche Flugzeuge, davon 800
in Luftkämpfen.

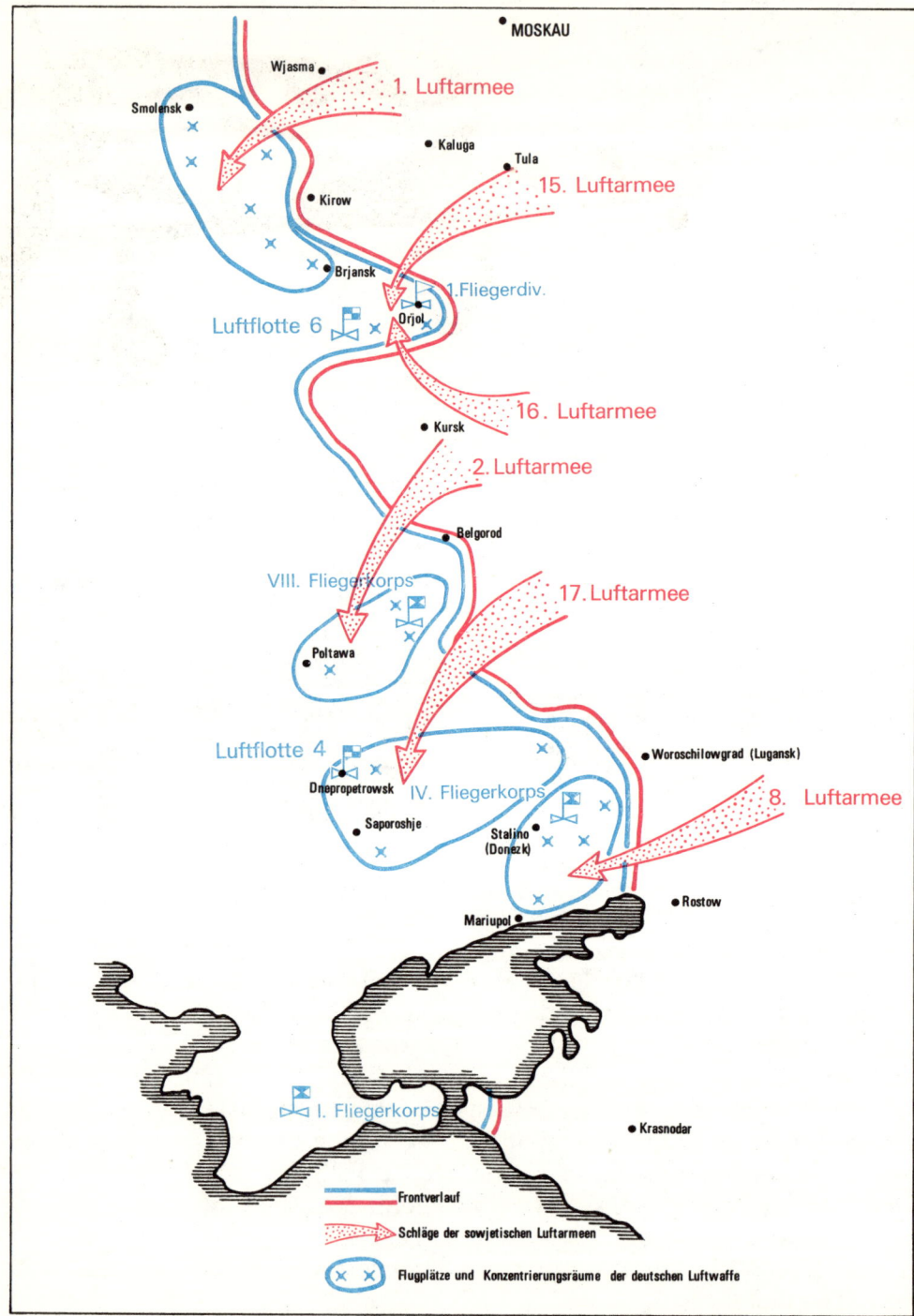

Auf der anderen Seite zeigte die Luftschlacht am Kuban, daß keine entscheidenden Ergebnisse im Kampf um die Luftherrschaft errungen werden können, wenn dieser Kampf nur im Rahmen einer Front, das heißt auf einem verhältnismäßig kleinen Abschnitt geführt wird, weil damit dem Gegner nicht die Möglichkeit genommen wird, mit seinen Kräften zu manövrieren, wie die Ereignisse um den 26. Mai bewiesen.

Eine neue Stufe des Kampfes um die Luftherrschaft an der sowjetisch-deutschen Front bedeutete die Vorbereitung der Schlacht bei Kursk von sowjetischer Seite. Dafür wurden die Kräfte von 6 Luftarmeen herangezogen, die in zwei Luftoperationen große Teile der Luftwaffe noch vor Beginn der Schlacht am Boden vernichten und ihre Kampfkraft entscheidend herabsetzen sollten. Die Leitung der Operation lag in den Händen von Luftmarschall Nowikow, der den Beginn der ersten Operation für den 6. Mai anberaumte, kurz vor der für den 10. bis 12. Mai erwarteten faschistischen Offensive im Raum Kursk.

In den frühen Morgenstunden des 6. Mai griffen Fliegerkräfte der 1., 15., 16., 2., 17. und 8. Luftarmee 17 deutsche Flugplätze der Luftflotten 4 und 6 auf einer Frontbreite von 1 200 Kilometern und einer Tiefe von 200 Kilometern an.

Die ersten Schläge waren von großer Wirksamkeit, überraschten die faschistische Luftverteidigung, die jedoch in den folgenden Tagen wachsenden Widerstand leistete. Die sowjetischen Verluste — am 6. Mai 21 Flugzeuge — stiegen auf 122 Maschinen.

Die zweite derartige Operation führte das sowjetische Oberkommando in Tag- und Nachtangriffen zwischen dem 8. und dem 10. Juni 1943 gegen 28 deutsche Flugplätze vor der Woronesher-, Zentral- und Westfront. Daran waren die Kräfte von drei Luftarmeen (1., 2. und 15.) und 8 Fernfliegerkorps beteiligt. Die faschistische Luftverteidigung, gewarnt durch

Die erste sowjetische Luftoperation gegen die faschistische Luftwaffe (6. bis 8. Mai 1943)

	Angriffszeit	Stärke der sowjetischen Fliegerkräfte	Verluste der Luftwaffe
6. Mai	1. Schlag 4.30−6.00 Uhr	404	213
	2. Schlag 15.00−20.00 Uhr	372	160
7. Mai	Gruppenweise während des ganzen Tages	145	127
8. Mai	Gruppenweise während des ganzen Tages	201	6
Gesamt		1 122	506*

* Darunter 77 in Luftkämpfen abgeschossene Flugzeuge.

die schweren Verluste im Mai, konnte jedoch nicht überrascht werden, und die Operation verlief insgesamt weniger erfolgreich. 223 faschistische Flugzeuge wurden im Verlauf schwerer Kämpfe vernichtet. Die Verluste, die die Luftwaffe im Laufe dieser Operation erlitt, wurden jedoch ersetzt durch die ab Mai 1943 aus Deutschland und Frankreich eintreffenden Verstärkungen.

Mit der Operation «Zitadelle» versuchte das faschistische Oberkommando nicht nur zu Lande, sondern auch in der Luft die strategische Initiative zurückzugewinnen und die Luftherrschaft zu erobern. Auf einem relativ schmalen Frontabschnitt von 150 Kilometern massierte die Luftwaffenführung Kräfte wie nie zuvor bei einer Offensive. 70 Prozent aller ihrer Kampffliegerkräfte an der deutsch-sowjetischen Front wurden bei den Luftflotten 4 und 6 zusammengezogen. Die Luftflotte 4 zog die Masse ihrer Kräfte im VIII. (Nahkampf-) Fliegerkorps zusammen, die Luftflotte 6 in der 1. Fliegerdivision. Insgesamt 22 Bomber-, $14^1/_3$ Jagd-, 9 Schlacht-, 3 «Zerstörer»-, $9^1/_3$ Sturzkampf- und 2 Panzerjagdgruppen wurden zur Vorbereitung und Durchführung der Operation

Kräfteverhältnis am Vorabend der Schlacht bei Kursk

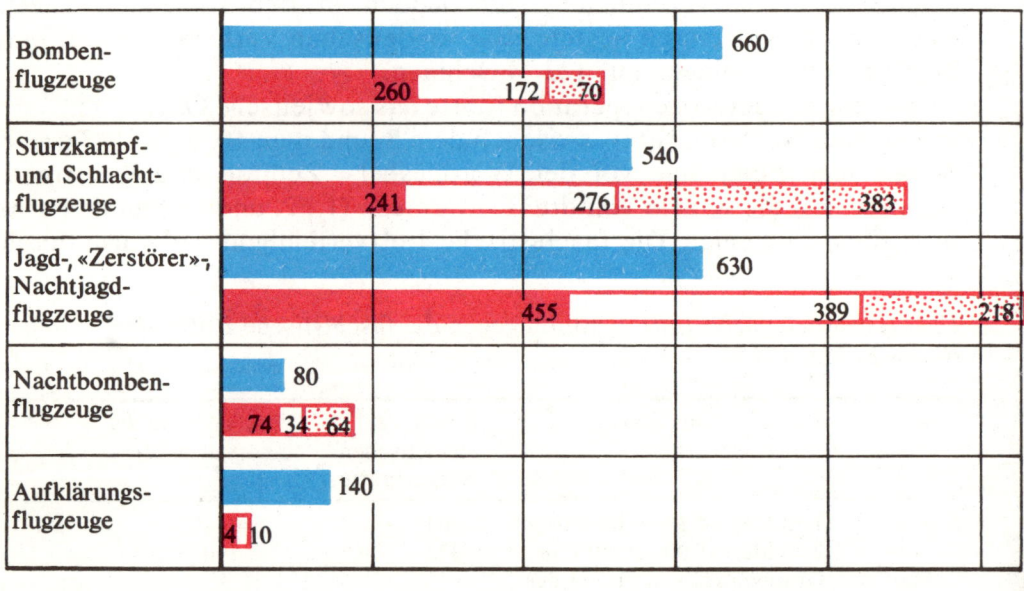

«Zitadelle» bereitgestellt. Dem Oberkommando der Luftwaffe gelang es auf diese Weise, ein fast annäherndes Kräfteverhältnis zu erreichen.

Den Kern der faschistischen Fliegerkräfte bildeten die Bomben- und Sturzkampffliegerkräfte, denen in Vorbereitung der Operation – insbesondere den bei der Luftflotte 6 konzentrierten – die Aufgabe übertragen wurde, die sowjetischen Aufmarschvorbereitungen im vorgesehenen Angriffsraum zu unterbinden. Dazu gingen die faschistischen Fliegerkräfte seit 12. Mai 1943 zur Bombardierung insbesondere der Eisenbahnstrecken Kastornoje–Kursk, Kastornoje–Liwny–Schtigry sowie Archangelskoje–Jelez–Uslowaja über. Die Angriffe wurden im Juni intensiviert; besonders schwere Angriffe wurden am 2. Juni gegen Kursk, am 13. Juni gegen Jelez und am Vorabend der Offensive gegen Jelez und Waluiki gerichtet. Die Arbeit der rückwärtigen Dienste der Sowjetarmee wurde dadurch erheblich erschwert, doch gelang es der Luftwaffe, die dabei auf den erbitterten Widerstand des den rückwärtigen Raum deckenden 9. Jagdfliegerkorps der Luftverteidigung traf, nicht, die sowjetischen Vorbereitungen ernsthaft zu behindern.

Die größten Erwartungen setzte der Generalstab der Luftwaffe erneut auf das Zusammenwirken der Fliegerkräfte mit den Panzerverbänden. Bei Angriffsbeginn sollte die Luftwaffe überfallartig die sowjetischen Fliegerkräfte auf dem Boden angreifen, die Luftüberlegenheit erringen und dann gemeinsam mit den Panzerverbänden über dem Gefechtsfeld zusammenwirken, wobei der Einsatz in einem vor allem von Sturzkampffliegerkräften geflogenen «Einbruchswirbel» gipfeln sollte. Nach dem Einbruch hatten Schlacht- und Jagdflugzeuge mit Bomben und Bordwaffen unterstützend einzugreifen.

Wie die faschistischen Landstreitkräfte bei Kursk übertriebene Hoffnungen auf den Einsatz der neuen Panzer vom Typ «Tiger» und «Panther» setzten, so glaubte auch die Luftwaffenführung mit dem Einsatz «ihrer» Geheimwaffe den Ausgang der Kampfhandlungen maßgeblich beeinflussen zu können.

Seit der Niederlage bei Moskau, bei der die Wehrmacht erstmals von starken sowjetischen Panzerverbänden überrollt worden war, beschäftigte die Luftwaffenführung das Problem der Panzerbekämpfung aus der Luft. Die immer besser gepanzerten sowjetischen T-34 erwiesen sich 1942 bei Bombenangriffen – auch durch die Ju 87 – als weitgehend unempfindlich. Nach verschiedenen Experimenten wurde im Sommer 1942 ein Erprobungskommando in Rechlin gebildet, das zwei Panzerjägerstaffeln aufstellte. Eine war mit der Ju 87 G ausgerüstet, die zwei 37-mm-Flakkanonen in den Flügeln eingebaut erhielt, und die Panzerjägerstaffel 92, die mit der Ju 88 P ausgerüstet war, unter deren Rumpf eine 75-mm-Pak eingebaut war. Anfang 1943 bei Brjansk, danach in der Luftschlacht am Kuban eingesetzt, zeigten sich bald die Mängel dieser beiden Flugzeuge

Gruppierung der sowjetischen und deutschen Fliegerkräfte am Vorabend der Schlacht bei Kursk

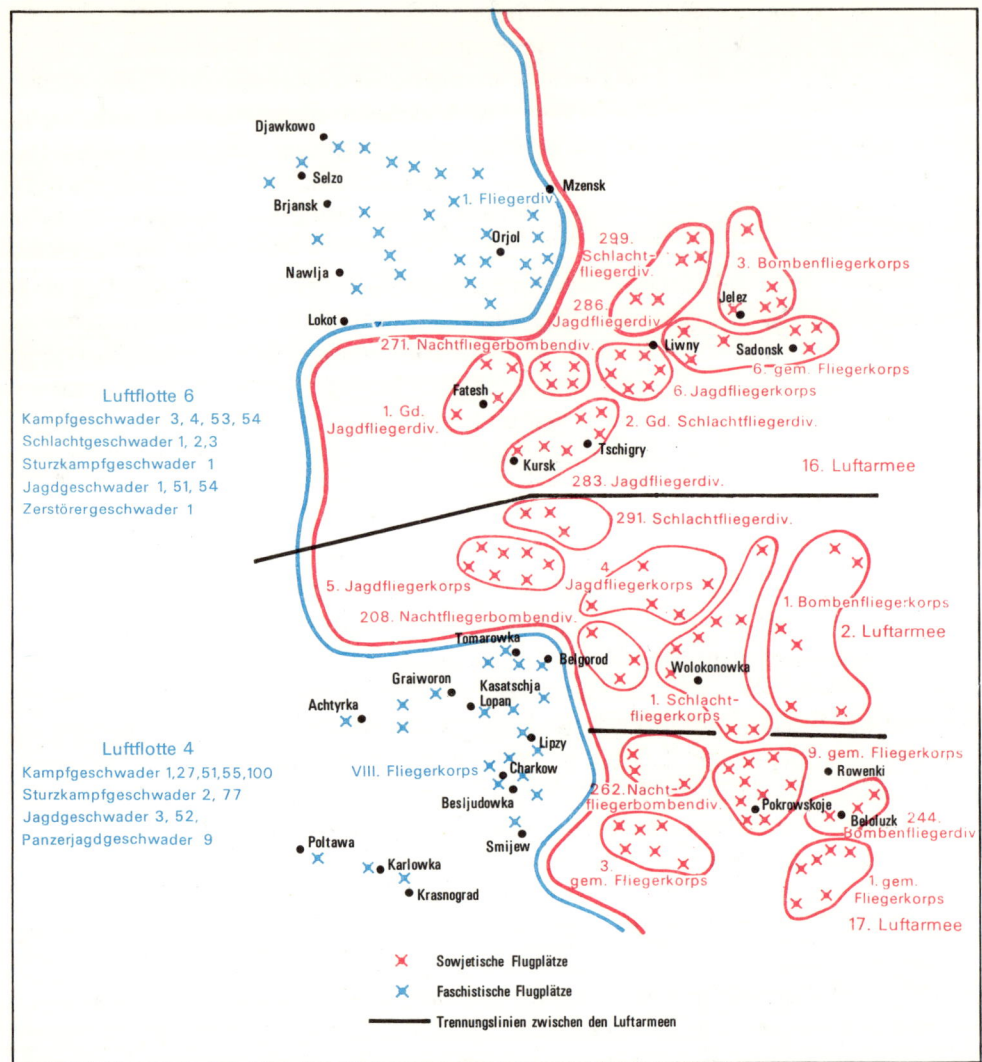

Zur Unterstützung von «Zitadelle» führten die faschistischen Bombenfliegerkräfte Schläge gegen das sowjetische Verkehrssystem

als «Panzerjäger». Sie konnten wegen ihrer schwachen Panzerung nur unter schwersten Verlusten über einem ausgebauten und durch Flakartillerie und Jagdfliegerkräfte gedeckten Stellungssystem zum Einsatz gebracht werden. Ihre geringe Geschwindigkeit, schwache Panzerung und schlechte Wendigkeit erlaubte den Einsatz nur im Bewegungskrieg. Ähnliche Erfahrungen mußte die Luftwaffenführung beim Einsatz der Me 110 als Panzerjäger machen. Am aussichtsreichsten erschien der faschistischen Führung der Einsatz der Hs 129 als Panzerjäger, die in der Panzerjägerstaffel 51 zusammengefaßt waren. Am Vorabend der Schlacht bei Kursk faßte sie vier Staffeln Hs 129 mit je 16 Flugzeugen als IV. Gruppe des Schlachtgeschwaders 9 zusammen. Sie sollten als Hauptstoßkraft — gemeinsam mit den wenigen anderen Panzerjägerstaffeln — mit Panzern vorgetragene sowjetische Gegenangriffe abwehren.

Mit dem 4. Juli 1943 begann die faschistische Luftoffensive bei Kursk. Am Morgen waren die letzten Fliegerkräfte auf ihren Flugplätzen eingetroffen. In Anwesenheit von Generalstabschef Jeschonnek kamen die faschistischen Fliegergenerale zu der Meinung, daß der erste Einbruch für den gesamten Kampfverlauf entscheidend sei. Gegen 15 Uhr bombardierten Stukaverbände des VIII. Fliegerkorps den Angriffsraum vor dem XXXXVIII. Panzerkorps. Der Hauptangriff sollte am frühen Morgen des 5. Juli mit Schlägen gegen das sowjetische Flugplatzsystem eröffnet werden. Diese Absicht mißlang. Als sich die faschistischen Bombenfliegerkräfte um 03.00 Uhr zum Angriff sammelten, meldete die Luftaufklärung den Anflug sowjetischer Fliegerkräfte in Stärke von 132 Schlacht- und 285 Jagdflugzeugen auf sieben Flugplätze des VIII. Fliegerkorps. Zwar gelang es der Führung des Fliegerkorps, durch den sofortigen Start seiner Verbände dem sowjetischen Schlag zu entgehen und durch massierte Schläge auf die sowjetischen Stellungen, die durch den Einsatz starker Fliegerkräfte gegen das faschistische Flugplatzsystem vorübergehend nicht aus der Luft gedeckt waren, einen taktischen Einbruch vorzubereiten; doch das Ziel, durch einen überraschenden Schlag vorübergehend die Luftherrschaft zu gewinnen, war nicht erreicht worden.

In den folgenden Tagen entbrannten für beide Seiten verlustreiche, ausgedehnte Luftschlachten. Bei der Luftflotte 6 gingen am ersten Tag 106, bei den gegenüberliegenden sowjetischen Luftstreitkräften 98 Flugzeuge verloren. Auf engstem Raum entwickelten sich ausgedehnte Luftkämpfe. Gruppen von 100 bis 150 faschistischen Sturzkampf- und Schlachtfliegern — gedeckt durch Jagdflugzeuge in Stärke bis zu 60 Flugzeugen — unterstützten jeden Angriffsversuch der faschistischen Panzerdivisionen. Die sowjetischen Jagdfliegerkräfte — in den ersten Tagen allerdings meist ohne entscheidenden Erfolg, weil sie sich stärker als notwendig auf Kämpfe mit den faschistischen Jagdfliegern einließen, anstatt ihre Hauptanstrengungen auf die Vernichtung der Bomben- und

Vom 1. April 1943 bis zum 2. Mai 1945 kämpfte Seite an Seite mit den sowjetischen Luftstreitkräften das französische Geschwader «Normandie-Njemen»

Sturzkampfflugzeuge zu richten – suchten diese Angriffe zu unterbinden und unterstützten die massierten Schläge ihrer eigenen Schlachtfliegerkräfte gegen Panzerkolonnen und Bereitstellungen des Gegners. Die endgültige Wende in den Luftkampfhandlungen im Raum Kursk, der Zeitpunkt, da die sowjetischen Luftstreitkräfte die Luftherrschaft behaupteten, trat mit dem 10. Juli ein. Waren die Luftflotten 4 und 6 in den ersten fünf Angriffstagen 15 057 Einsätze geflogen, so starteten sie in den folgenden sechs Tagen nur noch zu 11 174 Einsätzen. Gegenüber der Luftflotte 6 errangen die sowjetischen Luftstreitkräfte zuerst die Luftherrschaft, gegenüber der Luftflotte 4 seit dem 11. Juli. Seitdem ging besonders beim VIII. Fliegerkorps die Luftaktivität rasch zurück. Als die sowjetischen Streitkräfte am 17. Juli 1943 im Orjolbogen zur Gegenoffensive antraten, waren sie im Besitz der Luftherrschaft.

Am 18. Juli begann die Luftflotte 6 den Rückzug vorzubereiten. Gemäß der Taktik der verbrannten Erde zerstörte sie die Flugplätze und Unterkünfte, verminte das Gelände, wozu sie die in den Depots lagernden Bomben verwendete, die angesichts der hohen Verluste der Fliegerkräfte nicht mehr zum Abwurf gebracht werden konnten. Während die Stärke der faschistischen Fliegerkräfte von Tag zu Tag sank, führte das sowjetische Oberkommando seinen Luftstreitkräften neue Fliegerkräfte zu. Für den Gegenangriff zog das sowjetische Oberkommando 60 Prozent aller seiner Fliegerkräfte im Raum Kursk zusammen.

369

Jak-3 Die Jak-3 wurde im August 1943 an die sowjetischen Luftstreitkräfte ausgeliefert und entstand aus der Weiterentwicklung der Jak-1 bzw. Jak-9. Sie war in erster Linie dazu bestimmt, den Luftkampf in mittleren Höhen zu führen und die Landstreitkräfte zu unterstützen. Sie erwies sich in den geplanten Einsatzhöhen der Me 109 und FW 190 eindeutig als überlegen. Darüber hinaus wurde sie zum Begleitschutz der Pe-2 und Il-2-Flugzeuge eingesetzt. Jak-3-Flugzeuge flog auch das Geschwader Normandie-Njemen. Während des Großen Vaterländischen Krieges wurden insgesamt 4 848 Jak-3 gebaut, die auch nach 1945 zur Ausrüstung der sowjetischen Jagdfliegerkräfte gehörten.

In beiden Angriffen kam die Luftoffensive voll zur Geltung. Die größte Unterstützung gaben die sowjetischen Fliegerkräfte beim Durchbruch der Verteidigung, bei der Einführung von Panzerverbänden in die Kämpfe und bei der Eroberung von Stützpunkten. Den sowjetischen Fliegerkräften, die der faschistischen Luftwaffe schwerste Verluste zufügten, gelang es allerdings noch nicht, das Problem des Kampfes mit den operativen Reserven zufriedenstellend zu lösen. So war der deutsche Generalstab in der Lage, neue Kräfte heranzuführen und Einkreisungen seiner Armeen – wie die der 9. Armee im Orjoler Bogen – zu verhindern. Die faschistische Luftwaffe konzentrierte ihre Tätigkeit darauf, vorgestoßene sowjetische Panzerkeile, die ohne ausreichende Luftunterstützung handelten, anzugreifen und ihren Vormarsch zu verhindern. Ein typisches Beispiel für diese Einsätze war der massierte Einsatz der Luftflotten 4 und 6 vom 19. bis 21. Juli im Raum Chotynez gegen das 1. sowjetische Panzerkorps.

Die Luftwaffe war zwar noch gelegentlich in der Lage, den sowjetischen Vormarsch zu behindern, aber nicht mehr fähig, wie einst entscheidend den Verlauf der Bodenkampfhandlungen zu beeinflussen. Mit der Schlacht bei Kursk hatte die Luftwaffe eine weitere schwere Niederlage erlitten und endgültig die strategische Luftherrschaft verloren. Nach dieser Schlacht waren die sowjetischen Fliegerkräfte, die vom 5. Juli bis zum 23. August 1943 118 000 Einsätze geflogen und dabei 3 700 faschistische Flugzeuge vernichtet hatten, auf dem Wege, die absolute Luftherrschaft zu erringen.

Von der großen Wende im Verlauf des Luftkriegs nach der Schlacht bei Kursk zeugen auch folgende Zahlen, die schlaglichtartig den Weg der

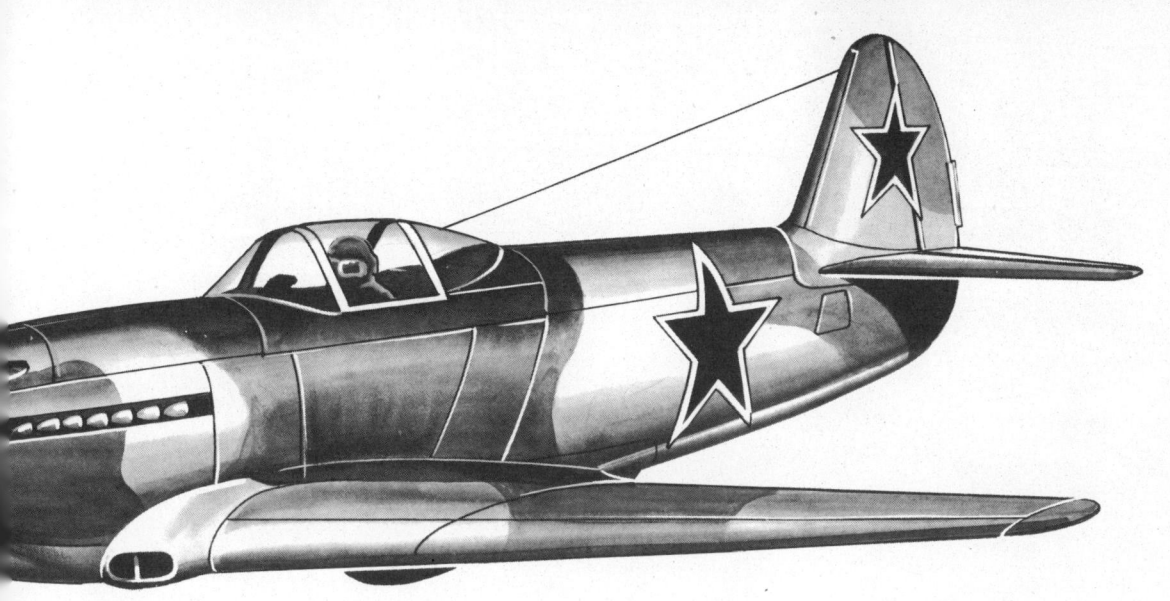

Kräfteverhältnis am Orjolbogen am 10. 7. 1943

	1. Luft-armee	15. Luft-armee	16. Luft-armee	Gesamt
Bombenflugzeuge	84	111	197	392
Schlachtflugzeuge	459	269	119	847
Nachtbomben-flugzeuge	191	326	71	588
Jagdflugzeuge	565	265	311	1 141
Aufklärungsflugzeuge	23	24	8	55
Gesamt	1 322	995	706	3 023*

* Außerdem wurden die 3 Luftarmeen durch 300 Bombenflugzeuge der ADD unterstützt.

Kräfteverhältnis im Belgoroder Bogen am 1. 8. 1943

	2. Luftarmee	5. Luftarmee	Gesamt
Bombenflugzeuge	86	126	212
Schlachtflugzeuge	254	181	435
Nachtbombenflugzeuge	73	–	73
Jagdflugzeuge	315	240	555
Aufklärungsflugzeuge	20	16	36
Gesamt	748	563	1 311*

* Die beiden Luftarmeen wurden außerdem von 200 Bombenflugzeugen der ADD und dem 9. Jagdfliegerkorps der Luftverteidigung unterstützt.

Von der Luftwaffe abgeworfene Bombenlast (Juni 1941 – April 1944)
in Tonnen

	Insgesamt	Monatsdurchschnitt
22. 6. 1941–30. 11. 1941	115 355	23 071
1. 12. 1941–30. 4. 1942	70 250	14 050
1. 5. 1942–30. 11. 1942	208 083	29 726
1. 12. 1942–30. 4. 1943	119 125	23 825
1. 5. 1943–31. 10. 1943	160 700	26 783
1. 11. 1943–30. 4. 1944	83 260	13 876

Luftwaffe in ihre Niederlage belegen. Deutlich wird, wie schwer die Luftwaffe durch die Schlacht bei Moskau angeschlagen wurde, sie im Sommer 1942 noch einmal alle Kräfte aufbot, um eine Wende herbeizuführen, die aber in die Katastrophe bei Stalingrad mündete und eine Wiederholung der Kraftanstrengung im Sommer 1943 ausschloß. Nach der Schlacht bei Kursk ist der deutliche Bruch in der Kampfkraft der Luftwaffe zu erkennen, die nun unter dem Niveau des Winters 1941/42 lag.

Die Folgen der Schlacht bei Kursk auf die faschistische Luftwaffe. Der westalliierte Fernluftkrieg und strategische Luftkriegspläne des OKL

Mit der Niederlage bei Kursk war die letzte strategische Offensive des deutschen Imperialismus fehlgeschlagen. Heer und Luftwaffe waren nicht mehr zu großen Angriffsoperationen fähig. Die in die Defensive gedrängte faschistische Wehrmacht stellte sich an der deutsch-sowjetischen Front auf die Führung eines langwierigen Verteidigungskrieges ein, der die Aufgaben der Luftwaffe ebenfalls veränderte. Ihre Hauptaufgabe bestand nunmehr darin, den Zusammenhalt der faschistischen Front zu wahren und sowjetische Durchbrüche zu verhindern. Das bedingte zwangsläufig eine Zersplitterung der Luftwaffe an der gesamten deutsch-sowjetischen Front und eine Veränderung ihrer Zusammensetzung.

Zur Hauptschlagkraft der Luftwaffe an der deutsch-sowjetischen Front entwickelten sich − nicht zuletzt unter dem Einfluß der Schlacht bei Kursk − die Schlachtfliegergeschwader. Die Ju 87 war angesichts der sowjetischen Luftherrschaft nur noch unter schwersten Verlusten einsetzbar. Die Schlacht bei Kursk bestätigte das. Waren die Sturzkampfgeschwader

Sowjetische Luftunterstützung in der Schlacht bei Kursk

bis zum September 1943 auf 12 Gruppen verstärkt worden – gegenüber 5 Schlachtfliegergruppen –, so veränderte sich seit Oktober 1943 das Verhältnis radikal zugunsten der Schlachtfliegerverbände, die teils mit der Hs 129, vor allem aber mit der zum Jagdbombenflugzeug umgerüsteten FW 190 ausgestattet wurden. Unter einem neu eingesetzten General der Schlachtflieger wurden bis zum Oktober 1943 5 Schlachtgeschwader mit 14 Gruppen und bis zum Dezember 1943 mit 24 Gruppen aufgestellt. Im Zusammenhang damit erfolgte ein starker Ausbau der Panzerjägerstaffeln. Bis zum 1. August 1943 standen 8 Staffeln bereit. Im Winter 1943/44 sollte ein Panzerjägergeschwader mit 3 Gruppen und 10 Staffeln gebildet werden. Außerdem begann die Luftwaffenführung die sowjetische Taktik der Nachtbombenflugzeuge zu kopieren. Zu Beginn des Krieges nicht ernst genommen, beunruhigten die sowjetischen Nachtangriffe die faschistische Führung in steigendem Maße. Im Herbst 1942 hatte die Luftflotte 4 als Gegenmaßnahme ebenfalls einige Staffeln aufgestellt, die als Stör-kampfflugzeuge bezeichnet wurden. Die Luftflotte 1 bildete Anfang 1943 die erste Gruppe von Störkampfflugzeugen, aber erst im Dezember 1943 befahl das OKL die Aufstellung des 1. Nachtschlachtgeschwaders. 1944 wurden 12 Geschwader aufgestellt, in denen vor allem die Ju 87, daneben die Arado 66, die Gotha 145, die Heinkel 46, die Fieseler 156 und die italienische CR-42 zum Einsatz kamen.

Der Übergang der Luftwaffe zur Defensive an der deutsch-sowjetischen Front erfolgte überdies zu einem Zeitpunkt, als die mit der Sowjetunion in der Antihitlerkoalition verbündeten USA und Groß-britannien im Mittelmeerraum und in Westeuropa ihre Luftkampf-handlungen wesentlich intensivierten.

Die Luftwaffenführung war gezwungen, stärkere Fliegerkräfte als bisher in Frankreich, im Mittelmeerraum und in der Luftverteidigung einzusetzen. Bis Mitte 1943, solange die faschistische Führung noch hoffte, die UdSSR durch Angriffsoperationen niederwerfen zu können, war die Masse der Fliegerkräfte an der deutsch-sowjetischen Front eingesetzt gewesen. Sie hatte es bis zur Schlacht bei Kursk vermocht, die Stärke ihrer Fliegerkräfte an dieser Front im wesentlichen konstant zu halten. Zum Luftüberfall auf die UdSSR hatte sie aus eigenen Kräften am 22. Juni 1941 3 100 Flugzeuge eingesetzt. Am 31. Mai 1943 verfügte sie über 3 215 Flugzeuge an dieser Front. Verändert hatte sich in der Zwischenzeit aller-dings das Verhältnis zwischen den an den verschiedenen Fronten ein-gesetzten Fliegerkräften, wie aus der Verteilung der Luftwaffe am 31. Mai 1943 hervorgeht.

Konzentrierte die Luftwaffe im Juni 1941 über zwei Drittel ihrer Fliegerkräfte an der deutsch-sowjetischen Front, so waren es Mitte 1943 etwa 50 Prozent, ohne daß sich jedoch ihre zahlenmäßige Stärke verringert hätte. Verstärkt worden war die Luftwaffe vor allem im Mittelmeerraum

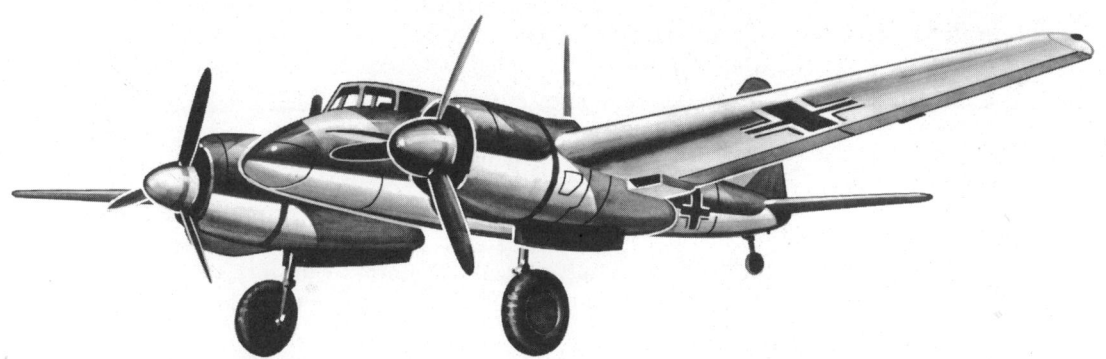

Hs 129 D Die Henschel 129 entstand nach der faschistischen Intervention in Spanien auf Forderung der Luftwaffenführung nach einem speziellen Schlachtflugzeug. Im Frühjahr 1939 flog der erste Prototyp. Die Leistungen waren aber derart unzureichend, daß die ersten 20 Vorserienflugzeuge im Sommer 1940 aus der Truppenerprobung gezogen werden mußten.

Im Dezember 1941 lief die Serienproduktion eines modifizierten Typs erneut an, der in größerer Stückzahl allerdings erst ab 1943 an die Front kam. Die Hoffnungen der Luftwaffenführung auf die Hs 129 als Panzerjäger erfüllten sich nicht. In allen Belangen erwies sie sich sowjetischen Schlachtflugzeugen als unterlegen. Insgesamt wurden 841 Flugzeuge dieses Typs gebaut.

— von etwa 7 Prozent auf 15 Prozent —, in der Luftverteidigung — von 8 Prozent auf 15 Prozent — und auf dem Balkan — von 0,2 Prozent auf 5 Prozent. In Norwegen blieben die Relationen nahezu konstant (von 3 Prozent auf 4 Prozent), während sich die deutschen Fliegerkräfte in Frankreich prozentual ebenfalls rückläufig — von 15 Prozent auf 11 Prozent — entwickelt hatten.

Das Neue nach der Schlacht bei Kursk bestand vor allem darin, daß sich nunmehr die zahlenmäßige Stärke der an der deutsch-sowjetischen Front stehenden Fliegerkräfte zu verringern begann, weil die Luftwaffenführung nicht mehr in der Lage war, kurzfristig Verbände aus Westeuropa, besonders aus Frankreich, in die Sowjetunion zu verlegen, sie vielmehr Fliegerkräfte von dort abziehen mußte. Während die Schlacht bei Kursk noch tobte, hatte die Luftwaffenführung derartige Verlegungen noch nicht vorgenommen. Als britische und amerikanische Truppen am 10. Juli 1943 auf Sizilien landeten, mußte die Luftflotte 3 in Frankreich die Masse ihrer Bomben- und Schlachtfliegerkräfte — insgesamt 8 Bombergruppen und das komplette Schnellkampfgeschwader 10 — an die Luftflotte 2 in Italien abgeben.

Viel größere Sorgen bereitete dem Oberkommando der Luftwaffe die Intensivierung des britisch-amerikanischen Luftkriegs gegen Deutschland, der 1943 mit dem Beginn des Tagesbombardements der 8. USA-Luftflotte und den andauernden Nachtangriffen des britischen Bomber Command in eine neue Phase getreten war.

Verteilung der Luftwaffe am 31. Mai 1943
(in Klammern: Stärke am 22. 6. 1941)

	Deutsch-sowjetische Front				Luftver-teidigung Luftwaffen-befehls-haber Mitte	Frank-reich	Nor-wegen	Ita-lien	Balkan Luftwaffen-kommando Südost
	Luft-flotte 1	Luft-flotte 4	Luft-flotte 5	Luft-flotte 6		Luft-flotte 3	Luft-flotte 5	Luft-flotte 2	
Nahaufklärungsflugzeuge	45	108	9	138	–	31	–	23	13
Fernaufklärungsflugzeuge	37	69	26	62	–	100	20	15	34
Jagdflugzeuge	102	171	73	201	296	328	76	287	90
Nachtjagdflugzeuge	6	17	–	9	456	–	–	24	–
«Zerstörer»- und Schlachtflugzeuge	–	166	13	38		–	–	158	16
Bombenflugzeuge	77	329	50	124	–	300	11	176	41
Sturzkampfflugzeuge	35	274	23	102	–	–	–	–	–
Nachtbombenflugzeuge	83	86	–	51	–	–	–	–	–
Transportflugzeuge	–	104	9	53	–	–	49	143	32
Seeflugzeuge	26	21	8	–	–	35	66	–	52
Seenotflugzeuge	–	9	13	–	30	21	19	8	4
Wettererkundungsflugzeuge	10	8	6	–	13	21	6	9	6
Minensuchflugzeuge	–	11	–	–	18	12	–	12	–
Korpstransportflugzeuge	–	43	5	9	3	8	4	9	4
Kurierflugzeuge	28	69	–	61	156	–	–	–	7
Verbindungsflugzeuge	36	60	–	9	4	8	–	22	–
Sonstige	–	183	–	110	22	–	–	23	–
Gesamt:	485	1 728	235	967	998 (393)	864 (719)	251 (129)	909 (326)	299 (10)

= 3 415 (3 509)

Wie an der deutsch-sowjetischen Front erlitt die Luftwaffe 1943 auch schwerste
Verluste im Mittelmeerraum: von amerikanischen Fliegerkräften auf Pantelleria am
Boden zerschlagene deutsche und italienische Flugzeuge

Die faschistische Führung hatte zur Abwehr der britischen Fernfliegeroffensive in der Vergangenheit – solange sie noch darauf spekulierte, den Ausgang des Krieges an der deutsch-sowjetischen Front zu
ihren Gunsten entscheiden zu können – nur geringe Kräfte bereitgestellt.
Seit dem Überfall auf die Sowjetunion bis zum Beginn der Schlacht bei
Stalingrad hatte sich die Zahl der Nachtjagdflugzeuge nur um etwa 100
erhöht. Am 22. Juni 1941 verfügte das OKL über 244 Nachtjagdflugzeuge,
über etwa genausoviel am 30. Juni 1942, und am 30. September 1942 waren
es 350.

Im selben Zeitraum hatte sich jedoch die Wucht der britischen Fernfliegerangriffe wesentlich intensiviert. Am 14. Feburar 1942 hatte das
britische Kriegskabinett beschlossen, daß das künftige Hauptziel der
Bombenangriffe die «Moral der feindlichen Zivilbevölkerung und besonders der Industriearbeiter sein» sollte. Der britische Imperialismus
hoffte, mit seiner an Douhet orientierten Bomberoffensive einen Zusammenbruch des faschistischen Hinterlands bewirken zu können, ohne daß
er seine Landstreitkräfte zur Landung in Europa – zur Errichtung einer
von der Sowjetunion und den Volksmassen geforderten zweiten Front –
einsetzte. Die Landstreitkräfte sollten nur im Anschluß an die Bomberoffensive in einer Art Polizeiaktion zum Einsatz gebracht werden. Die
britische Fernfliegeroffensive war somit Ausdruck einer Ermattungsstrategie besonders reaktionärer Kreise des Weltimperialismus, die der
Sowjetunion die Hauptlast des Krieges aufbürdeten. Sie war zugleich

Ausdruck des antihumanen Wesens jeder imperialistischen Kriegführung und terrorisierte in erster Linie die deutsche Bevölkerung. Allerdings darf nicht übersehen werden, daß der britische Luftkrieg in wachsendem Maße, besonders ab 1943, die militärischen und wirtschaftlichen Möglichkeiten des deutschen Imperialismus zur Führung seines verbrecherischen Krieges einschränkte und er insofern Bestandteil des gerechten Krieges der Antihitlerkoalition war.

Bei der Zielauswahl seiner barbarischen Flächenangriffe ließ sich das Bomber Command von Anfang an von dem Grundsatz leiten, vor allem solche Städte anzugreifen, die mit den zur Verfügung stehenden Navigationsmitteln leicht geortet, kaum verteidigt und durch ihre städtebauliche Struktur leicht das Opfer verwüstender Flächenbrände werden konnten.

Als ein solches Ziel galt 1942 Lübeck, dessen Innenstadt am 28./29. März von 234 Bombern ausgeglüht wurde, und Rostock, das zwischen dem 23. und 27. April viermal angegriffen und schwer getroffen wurde. Um die Vernichtungswirkung weiter zu erhöhen, setzte das Bomber Command am 30./31. Mai 1 046 Bomber gegen Köln ein. Die Ergebnisse dieser Flächenangriffe waren überall ähnlich: hohe Verluste unter der Zivilbevölkerung, schwere Verwüstung der Wohngebiete, doch nur unwesentliche Beeinträchtigungen der faschistischen Kriegsproduktion.

Gab Luftmarschall Harris im Februar 1942 freie Hand zur Intensivierung des Fernluftkriegs gegen Deutschland: Premierminister Churchill beobachtet den Start einer Short «Sterling»

Avro Lancaster B Mk III Die Avro Lancaster war während des zweiten Weltkriegs mit 7 366 Exemplaren das Standardnachtbombenflugzeug des britischen Bomber Command. Der Erstflug fand am 9. Januar 1941 statt. Im Dezember desselben Jahres erfolgte die Auslieferung an die Truppe. Ihren ersten Einsatz gegen das faschistische Hinterland flog die Lancaster am 17. April 1942 bei einem Angriff auf die MAN-Werke in Augsburg. Lancasterflugzeuge führten auch die Angriffe auf die Eder- und Möhnetalsperre am 17. Mai 1943 durch. Während des Krieges wurde die Bombenzuladung der Lancaster von ursprünglich 1 814 kg auf 5 443 kg gesteigert. Der Höhepunkt wurde mit dem Abwurf der schwersten Bombe des Krieges von 9 979 kg erreicht.

Der britische Stab der Fernfliegerkräfte suchte planmäßig eine deutsche Großstadt nach der anderen mittels des Einsatzes von je 1 000 Bombern auszubrennen. Die folgenden 1 000-Bomber-Angriffe auf Essen und Bremen schlugen allerdings fehl, jedoch war die Absicht der systematischen Auslöschung bei den Angriffen auf Essen, Bremen, Duisburg und Oberhausen (je vier Angriffe in einer Woche) sowie Stuttgart, Mainz und Dortmund (jeweils Doppelschläge) unverkennbar.

Bis Ende 1942 hatte die RAF 100 größere Angriffe geflogen, bei denen sie bei 17 Angriffen über 500 Tonnen Bomben abwarf. Die Vernichtungswirkung hatte sich gegenüber den Vorjahren beträchtlich erhöht. Hatten die britischen Fernfliegerkräfte zwischen Oktober 1940 und Februar 1942 je Monat 120 Wohngebäude zerstört und 219 Menschen getötet, so vernichteten sie zwischen März 1942 und Februar 1943 je Monat 1 330 Wohngebäude und töteten 679 Menschen.

Die faschistische Rüstungsindustrie war von den Luftangriffen nur unerheblich betroffen worden.

Das operative Konzept des Bomber Command sah für 1943 vor, unter Ausnutzung neuer, besserer Ortungsmittel und verbesserter Flugzeugmuster die Vernichtungswirkung je Angriff durch noch straffere Konzentration und höhere Bombenlast zu vervielfachen und in drei großen Phasen Hitlerdeutschland niederzuringen.

Produktion von «Window». Durch seinen
Einsatz wurde die faschistische
Luftverteidigung
im Juli 1943 überrumpelt

In der ersten Phase sollte das Ruhrgebiet schwer getroffen, darauf
aufbauend der Weg nach Nordwest- und Mitteldeutschland freigekämpft
werden, um in der dritten Phase einen Vernichtungsschlag gegen das
politische, administrative und ökonomische Zentrum Deutschlands, Berlin, zu führen, mit dem seine Niederlage besiegelt werden sollte.

Am 5. März 1943 begann die Royal Air Force mit einem Angriff von
442 Bombern auf Essen die erste Etappe ihrer Luftoperationen. Bis zum
14. Juli 1943 hatte sie 43 schwere Angriffe mit über 18 506 Einsätzen

Straße in Hamburg nach der Operation «Gomorrah»

B-17 in Kampfformation

geflogen. Die Angriffe waren von bisher nicht erlebter Wucht. Die Verluste an Wohnhäusern und an Menschen schnellten in die Höhe. Zum erstenmal wurden bei einem einzigen Luftangriff mehrere Tausend Menschen getötet. Im rheinisch-westfälischen Industrierevier hatten einige Angriffe erhebliche Auswirkungen auf die Produktion.

Am 24. Juli eröffnete das Bomber Command mit 791 Maschinen seine Vernichtungsoperationen gegen Hamburg (Deckname: Gomorrah). Innerhalb einer Woche war die Alsterstadt durch 3 095 Einsätze völlig verwüstet worden. Mit etwa 41 850 Toten hatte die RAF ein grausiges Beispiel des Flächenbombardements gegeben, das nun alle deutschen Städte bedrohte. Die faschistische Luftverteidigung war durch den Masseneinsatz und durch den Abwurf von Metallfolien, die die Ortung behinderten, überrollt worden. Mit nur 86 abgeschossenen Bombern bei dem mehrere Nächte andauernden Bombardement Hamburgs (2,8 Prozent der eingesetzten Kräfte) hatte das Bomber Command weitaus geringere Verluste zu verzeichnen, als man erwartet hatte. Hamburg war radikalen britischen Luftkriegsstrategen von nun an Vorbild, wie die wichtigsten deutschen Großstädte auszulöschen wären.

381

Aufbau US-amerikanischer «Combat Box» (1943)

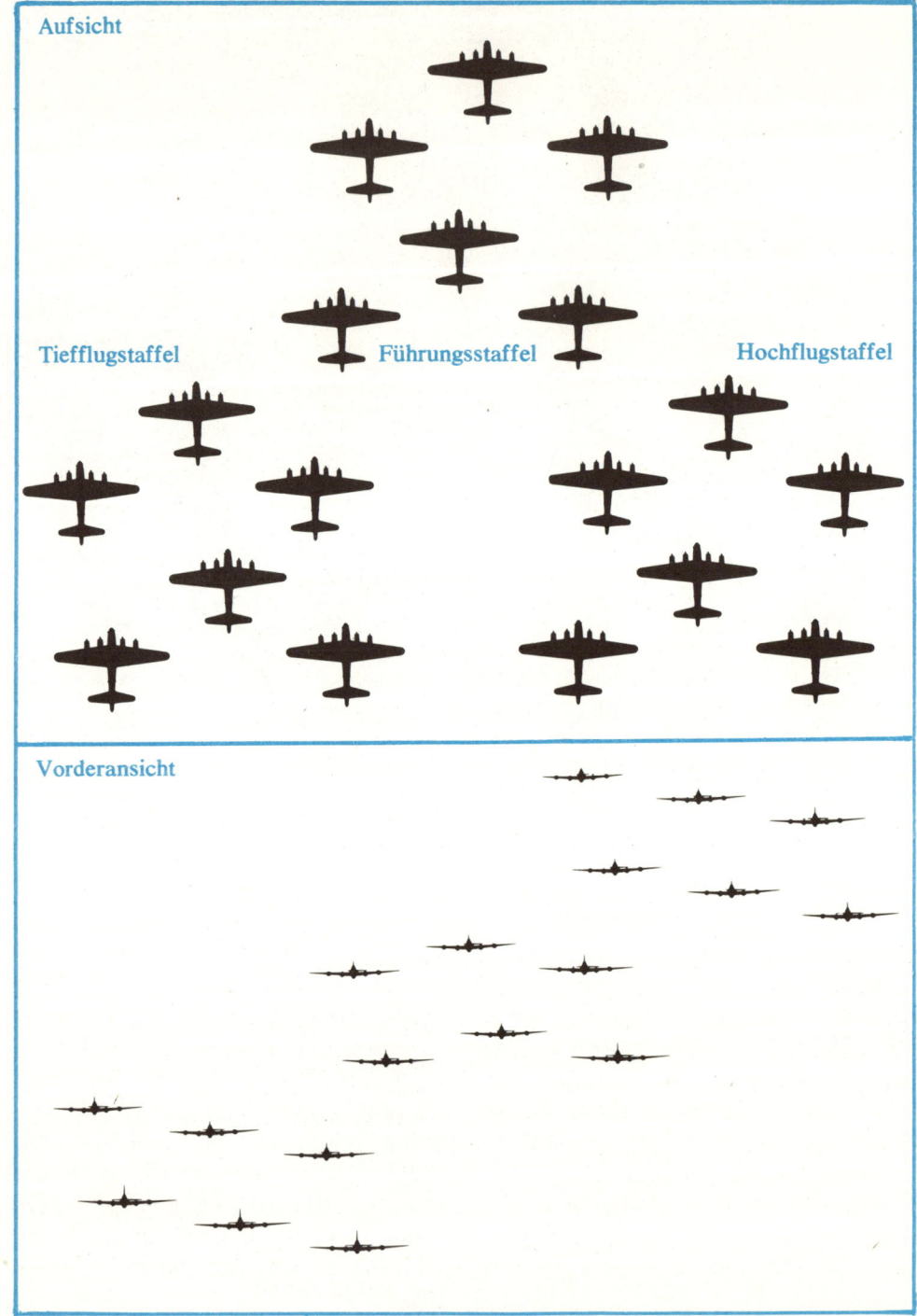

Aufsicht

Tiefflugstaffel   Führungsstaffel   Hochflugstaffel

Vorderansicht

Ab 27. Januar 1943 flogen in immer größerer Zahl amerikanische Bombenflugzeuge Ziele in Deutschland an. Ihre Schläge richteten sich gegen Wilhelmshaven, Bremen, Emden und Cuxhaven. Die Angriffe wurden vor allem gegen U-Boot-Werften und Flugzeugwerke geführt. Im Gegensatz zum britischen Imperialismus vertraten die herrschenden Kreise der USA die Ansicht, daß durch die Zerstörung von Eckpfeilern der faschistischen Kriegswirtschaft − als solche galten neben U-Boot-Werften und Flugzeugwerken Ziele der chemischen Industrie und Kugellagerbetriebe − entweder ein ökonomischer Zusammenbruch oder zumindest doch eine nachhaltige Schwächung des faschistischen Deutschlands bewirkt werden könne. Sie hielten diese Methode für zweckmäßiger, billiger und mit den zur Verfügung stehenden Kräften binnen kurzer Zeit für realisierbar. Hauptträger des amerikanischen Bombenkriegs waren die schwerbewaffneten Bombenflugzeuge vom Typ B-17 und B-24, die in engen taktischen Formationen − dem sogenannten Bomberpulk − handelten, die durch Ausschaltung aller toten Winkel den Flugzeugen höchsten gegenseitigen Schutz und größte Effektivität beim geschlossenen Bombenabwurf auf relativ kleine Zielgebiete gewähren sollen.

Jeder Pulk oder jede «Combat Box» bestand aus einer Gruppe von 18 Flugzeugen, die jeweils in einem Schwarm (Flight) von 6 Flugzeugen gemeinsam handelten. Jedes Flight bestand aus 2 Elements zu je 3 Flugzeugen. Drei Combat Boxes bildeten ein Angriffsgeschwader: sie deckten sich ebenfalls gegenseitig. In der Regel griffen die amerikanischen

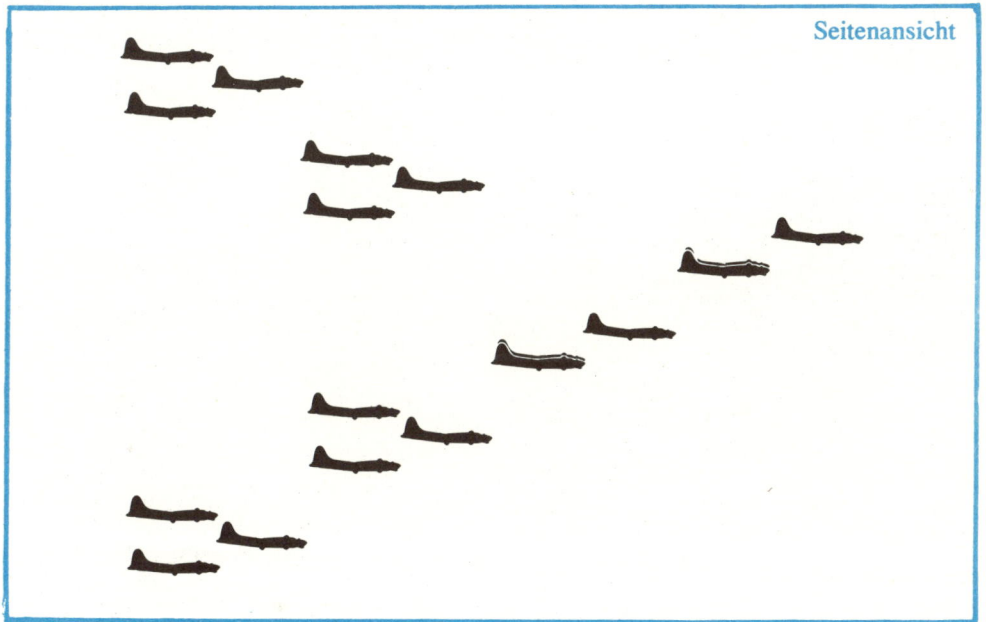

Seitenansicht

383

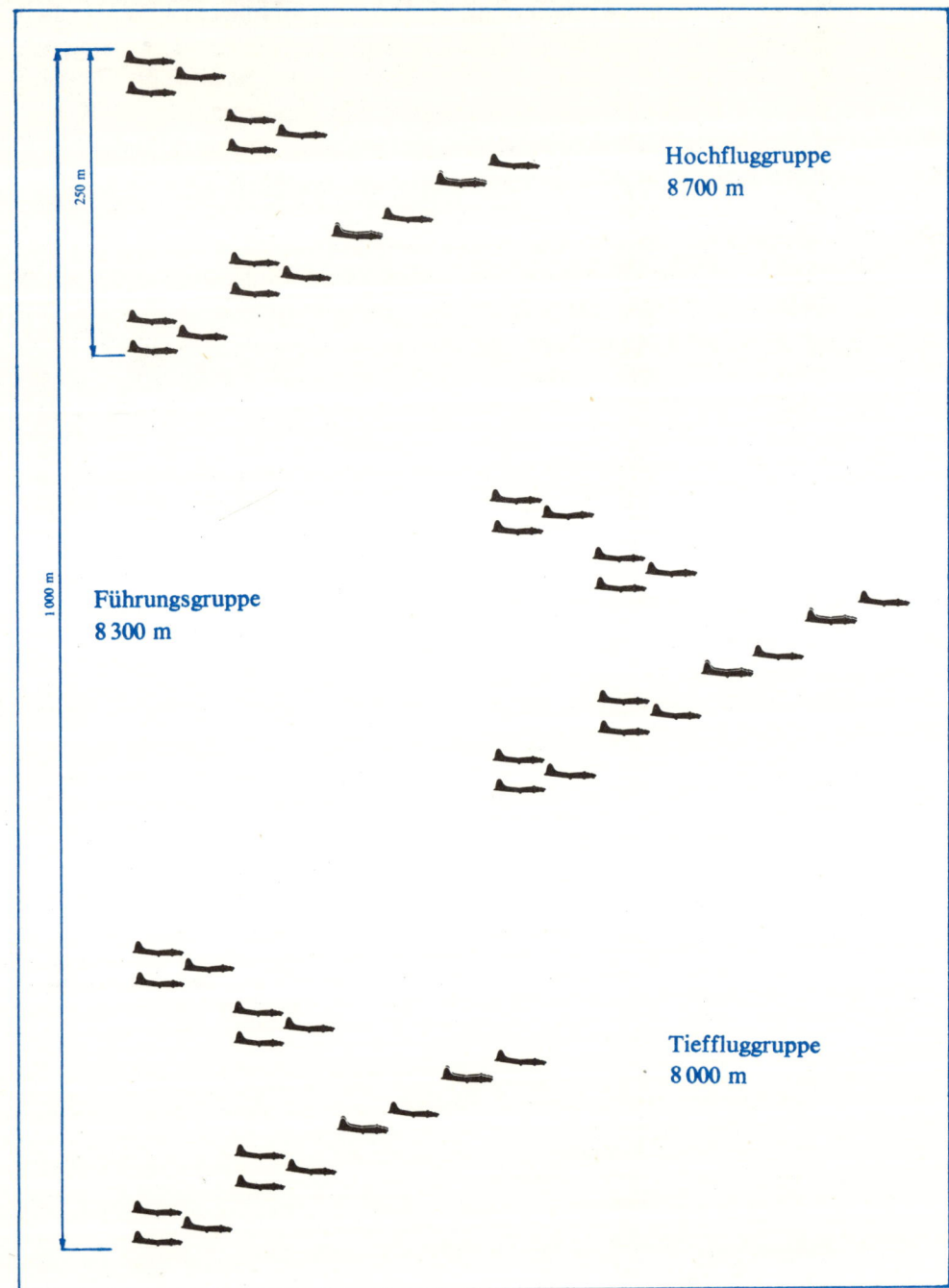

Hochfluggruppe
8 700 m

250 m

1 000 m

Führungsgruppe
8 300 m

Tieffluggruppe
8 000 m

Bombenfliegerkräfte nicht unter Geschwaderstärke Ziele im faschistischen Hinterland an. Im Angriffsgeschwader bekam jede Gruppe ihren Platz als Hoch-, Führungs- oder Tiefgruppe zugewiesen. Geflogen wurde in einer Höhe von 7 000 bis 8 000 Metern. Nach der Höhe staffelte sich die Combat Box auf 250 Meter, das Angriffsgeschwader auf 800 bis 1 000 Meter.

Die massierten englischen und amerikanischen Luftangriffe stellten die faschistische Luftverteidigung vor eine Reihe taktischer Probleme.

Bis Mitte 1943 beruhte die Abwehr der britischen Nachtangriffe auf dem Prinzip der Objektverteidigung. Ihre Grundlagen waren im Herbst 1941 geschaffen worden. Die Haupteinsatzart der Nachtjagdflugzeuge war zu diesem Zeitpunkt die «helle» Nachtjagd. Die faschistische Führung glaubte, durch einen 30 bis 35 Kilometer breiten Scheinwerferriegel in den Haupteinflugsrichtungen der britischen Bombenflugzeuge von Schleswig-Holstein bis nach Metz das Ruhrgebiet schützen zu können. Ein zweiter Scheinwerferriegel wurde westlich von Berlin und Magdeburg aufgebaut. In diese Zonen einfliegende Bombenflugzeuge wurden angeleuchtet, um den Jagdfliegern die Ziele sichtbar zu machen. Die helle Nachtjagd war jedoch stark wetterabhängig, passiv und somit wenig erfolgreich. Durch die verstärkte Zuführung von Funkmeßgeräten (vor allem «Freya» und «Würzburg») wurde es aber immer besser möglich, die Nachtjagdflugzeuge vom Boden aus an die Luftziele heranzuleiten. Das OKL begann, ein System sich überlappender Abfangräume für Nachtjagdflugzeuge (sogenannte Himmelbettstellungen) entlang der Nordseeküste und um Berlin zu schaffen.

Neben der «geführten» Nachtjagd wurde versucht, Flak und Jagdflieger zusammenwirken zu lassen (kombinierte Nachtjagd). Derartige Stellungen wurden bei den Großstädten Berlin, Hamburg, Kiel, Bremen, Köln, Düsseldorf, Frankfurt am Main, Darmstadt und München errichtet.

Bereits 1942 hatte sich durch den massierten Anflug der britischen Bombenflugzeuge (der sogenannte Bomberstrom) die «helle» Nachtjagd überholt. Im Juli 1942 wurden die Scheinwerferriegel deshalb aufgelöst. Nach den Plänen des OKL sollte nunmehr ganz Deutschland von einem Netz von Funkmeßleitstellen für Nachtjagdflugzeuge überzogen werden. Durch die Einführung von Bordfunkmeßgeräten (FuG 202 Lichtenstein BC ab Februar 1942), die den Flugzeugführern von maximal 4 000 Metern bis minimal 200 Metern eine selbständige Zielsuche gestatteten, konnte nun ein Jägerleitoffizier mehrere Jagdflugzeuge gleichzeitig an Luftziele heranleiten. Trotzdem überstieg dieses Vorhaben – angesichts des Kräfteverschleißes der Luftwaffe an der deutsch-sowjetischen Front – bei weitem die Kräfte. Allein 140 Mann waren notwendig, um ein einziges Nachtjagdflugzeug an die britischen Angriffsverbände zu bringen. Dieses System war darüber hinaus starr und unbeweglich, auf eine Art erweiterter Objektverteidigung orientiert, mit

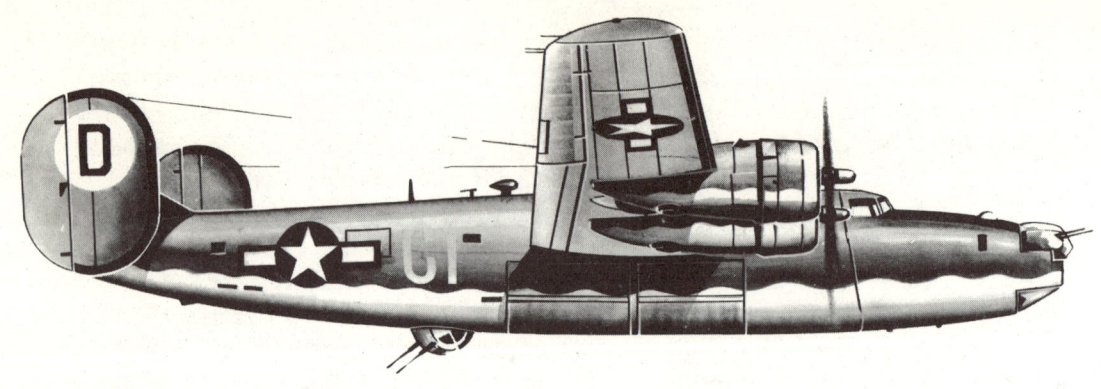

Consolidated B-24 J «Liberator» Das
meistgebaute viermotorige Bombenflugzeug des zweiten Weltkriegs war
die B-24, von der 18 188 Stück produziert
wurden. Der Erstflug fand am
29. Dezember 1939 statt. Im Juni 1941
wurden die ersten B-24 an die USA-
Luftstreitkräfte ausgeliefert.
Gemeinsam mit der B-17 bildeten
sie den Kern der strategischen
Fliegerkräfte der Vereinigten Staaten
im zweiten Weltkrieg. Eine noch
größere Rolle als in Europa spielten
sie auf Grund ihrer überlegenen
Reichweite bei den Kampfhandlungen auf
dem fernöstlichen Kriegsschauplatz. △

Handley-Page Halifax Mk III Bis zum
Masseneinsatz der Lancaster stellte der
viermotorige Halifaxnachtbomber den
Kern des britischen Bomber Command.
Das Flugzeug war 1937 in Auftrag gegeben
worden und absolvierte am 25. Oktober
1939 seinen Erstflug. Im November 1940
wurden die ersten Maschinen an die RAF
ausgeliefert. Ihren ersten Einsatz flogen
sie in der Nacht vom 11. zum 12. März 1941
gegen Le Havre. Insgesamt wurde die
Halifax bis zum November 1946 in neun
Versionen mit insgesamt 6 176 Stück
ausgeliefert. Die meistgebaute Version
war die ab 1943 gefertigte Mk III. Bis 1952
stand sie im Dienst der RAF. ▽

der es nicht möglich war, die zahlenmäßig starken britischen Verbände
abzufangen. Im Juli 1943, bei den britischen Angriffen auf Hamburg, erlitt
es sein endgültiges Fiasko.

   Die faschistische Luftverteidigung konnte den Kampf nur dann mit
Aussicht auf Erfolg fortsetzen, wenn es ihr gelang, gegen die starken
Bombenfliegerkräfte massiert Jagdfliegerkräfte in großen Verbänden

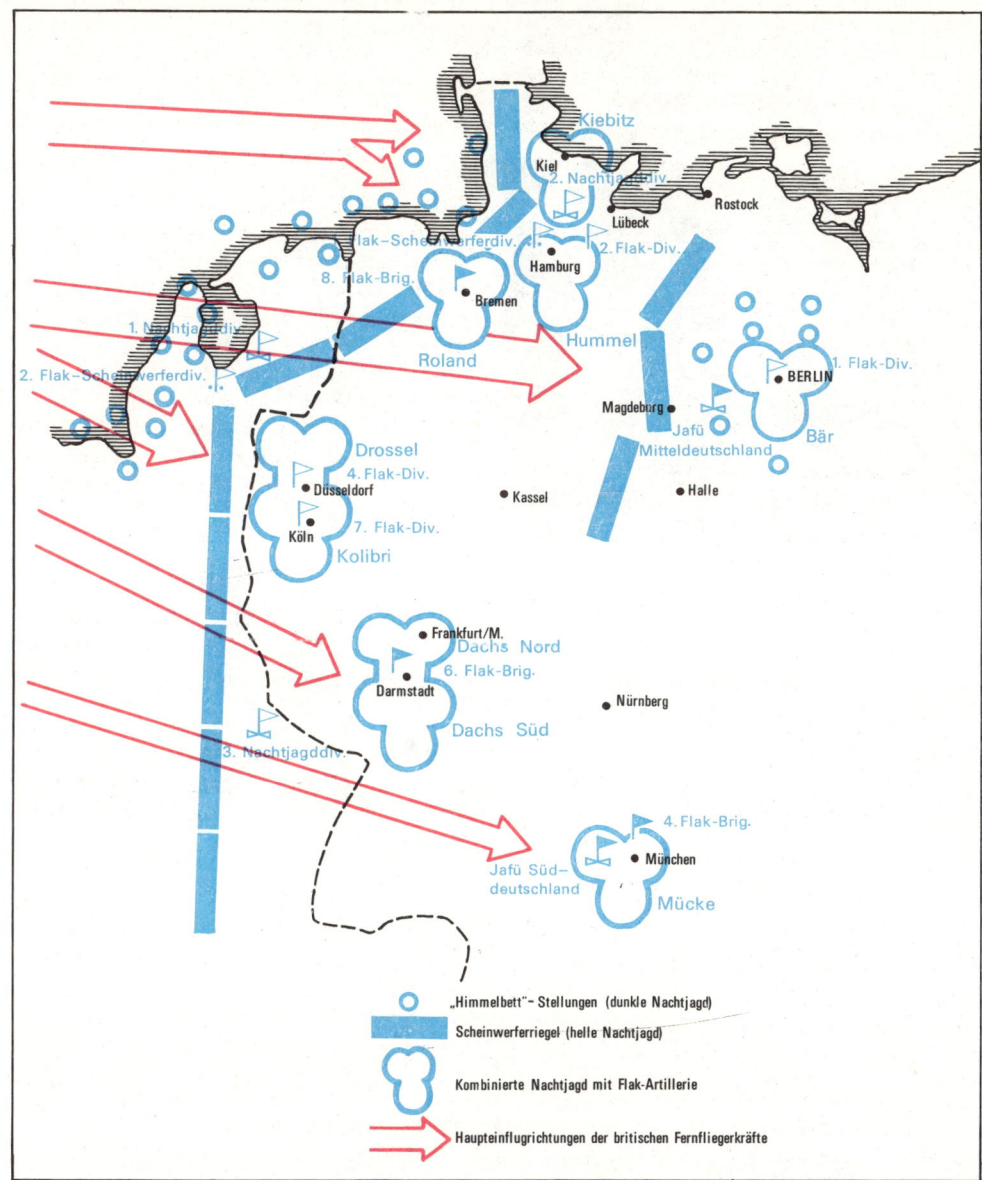

Kiebitz
Kiel
2. Nachtjagd-Div.
Rostock
Lübeck
Flak-Scheinwerferdiv. 2. Flak-Div.
8. Flak-Brig. Hamburg
Roland Hummel
Bremen
1. Flak-Div.
1. Nachtjagd-Div. BERLIN
2. Flak-Scheinwerferdiv.
Magdeburg
Jafü Bär
Mitteldeutschland
Drossel
4. Flak-Div. Kassel Halle
Düsseldorf
Köln 7. Flak-Div.
Kolibri
Frankfurt/M.
Dachs Nord
6. Flak-Brig.
Darmstadt Nürnberg
3. Nachtjagd-Div. Dachs Süd
4. Flak-Brig.
München
Jafü Süd-
deutschland
Mücke

○ „Himmelbett"-Stellungen (dunkle Nachtjagd)

▬ Scheinwerferriegel (helle Nachtjagd)

Kombinierte Nachtjagd mit Flak-Artillerie

➪ Haupteinflugrichtungen der britischen Fernfliegerkräfte

einzusetzen. Das bedingte, von der Objektverteidigung ab- und zur Raumverteidigung überzugehen.

Technisch möglich wurde diese neue Taktik durch den vermehrten Einsatz verbesserter Funkmeßgeräte, die die Durchführung von Luftoperationen gestatteten. Ab Ende 1943 erhielten die faschistischen Nachtjagdflugzeuge neue Funkmeßgeräte, das FuG 202 Lichtenstein SN

Rekonstruktion des Luftlagebilds im Gefechtsstand einer Jagdfliegerdivision

Do 217 N-2 Angesichts des Mangels an für die Nachtjagd geeigneten Flugzeugmustern sah sich die faschistische Luftwaffenführung 1942 gezwungen, die als Bombenflugzeug entwickelte Do 217 ab Herbst 1942 als Nachtjagdflugzeug umzubauen. Zeitweilig waren die Do 217 J und die Do 217 N die Standardnachtjäger der Luftwaffe. Von 1 730 Do 217, die von 1941 bis 1943 an die Luftwaffe geliefert wurden, waren 364 Nachtjagdflugzeuge. ▷

2, das eine größte Reichweite von 5 Kilometern, aber eine geringste von 400 Metern hatte, weshalb das alte Lichtensteingerät vielfach noch zusätzlich mitgeführt wurde. Dagegen sprachen das FuG 227 Flensburg und FuG 350 Naxos auf die Radarortungsgeräte der westalliierten Bombenflugzeuge an, was die faschistischen Jagdfliegerkräfte in die Lage versetzte, ohne Bodenführung die Bombenfliegerverbände orten und angreifen zu können. Diese Mittel kamen aber erst allmählich zum Einsatz. Als Notbehelf entstand im Sommer 1943 zunächst die Angriffsmethode «Wilde Sau», in der die Nachtjagdflugzeuge unmittelbar über dem Angriffsobjekt operierten. Ähnlich wie bei der «hellen» Nachtjagd nutzten sie die Aufhellung der Zielgebiete durch Scheinwerfer, Flächenbrände, Leuchtbomben und Zielmarkierungen dazu aus, um zum Angriff zu kommen.

Daneben schenkte die Luftwaffenführung der sogenannten Verfolgungsnachtjagd große Beachtung. Dabei leiteten Bodenstellen die Nachtjagdflugzeuge frühzeitig an den britischen Verband, worauf sie sich in den Bomberpulk hineinmanövrieren mußten. Dort nutzten sie die Tatsache aus, daß sie von den englischen Bordschützen durch die Abschußgefahr für die eigenen Flugzeuge kaum bekämpft werden konnten, und fügten dem Gegner hohe Verluste zu.

Weitaus bedeutsamer als alle taktischen Probleme war jedoch die Frage, welche Kräfte und Mittel in der Luftverteidigung bereitzustellen waren, und darüber hinaus, ob sie aktiv oder passiv zu führen wäre.

Die Luftkriegsgeschichtsschreibung in der BRD vertritt heute noch den

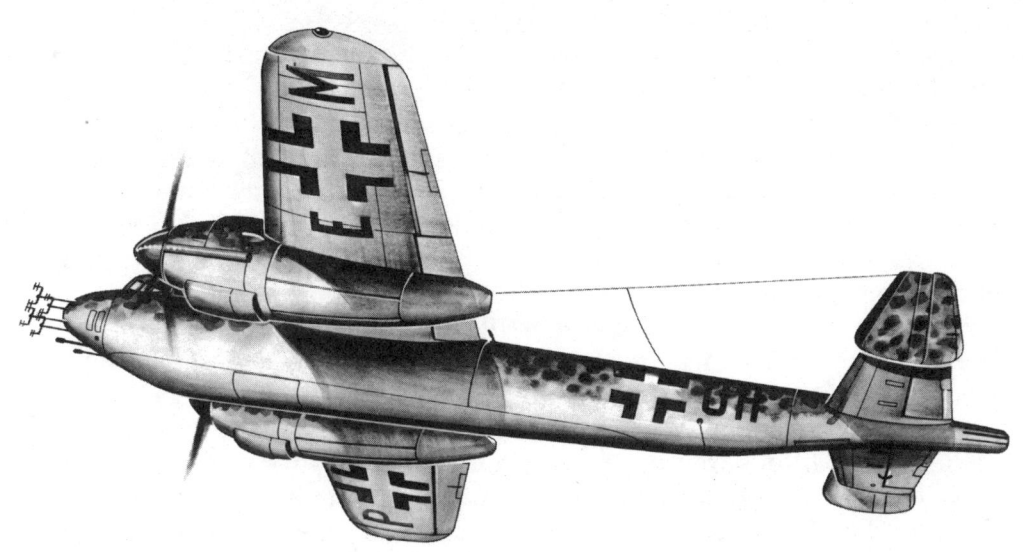

Standpunkt, allein der Starrsinn eines Hitlers und vielleicht noch die Unfähigkeit einiger Luftwaffenoffiziere wären daran schuld gewesen, daß man 1943 nicht die Zeichen der Zeit begriff, keine ausreichenden Fliegerkräfte in der Luftverteidigung konzentrierte und kein Konzept für eine wirksame Luftverteidigung entwickelte. Diese Kritiker übersehen bei ihrem Versuch, die objektiven Ursachen der Niederlage der Luftwaffe zu leugnen, die Tatsache, daß sich am Ausgang des Sommers 1943 sehr wohl zwei Konzeptionen herausgeschält hatten, wie die Luftwaffe den Krieg fortsetzen sollte.

Die eine Konzeption, vertreten von Göring, Milch und einer Reihe von Luftwaffengeneralen wie Kammhuber, Galland und anderen, sah die Zusammenziehung der Masse der Jagdfliegerkräfte in Deutschland und die Steigerung der Produktion von Jagdflugzeugen vor, um auf diese Weise den Kampf gegen die britischen und amerikanischen Bombenfliegerkräfte über Deutschland aufnehmen zu können. Hitler selbst, der Luftwaffengeneralstabschef Jeschonnek, der am 18. August 1943 wegen der Niederlagen der Luftwaffe in der Schlacht bei Kursk und über Deutschland Selbstmord beging, sein Nachfolger Günter Korten, Generäle wie von Greim, Rudolf Meister, Obersten wie Dieter Peltz und andere hielten an der Devise fest: «Die Luftwaffe greift an, sie verteidigt sich nicht.» Hitler brachte das auf die kurze Formel: «Terror bricht man nur durch Terror. Man muß zu Gegenangriffen kommen – alles andere ist Quatsch.»

In der Praxis setzte sich eine Kompromißlösung durch, bei der jedoch die Akzente vorerst noch auf der eigenen aktiven Luftkriegführung lagen.

Nach dem Selbstmord Jeschonneks wurden einige Jagdgeschwader von den Fronten nach Deutschland zurückverlegt. Von der deutsch-sowjetischen Front wurden zwei Jagdgeschwader – das 1. und das 3. –, von der Westfront eines – das 26. – und von der Italienfront das Jagdgeschwader 27 und Teile der Jagdgeschwader 51 und 54 nach Deutschland abgezogen. In der Luftverteidigung standen im Herbst 1943 7 Tagjagdgeschwader sowie einige Jagdgruppen und 6 Nachtjagdgeschwader, an der deutsch-sowjetischen Front 4 Tagjagdgeschwader, in Italien zwei und in Nordfrankreich eins. Am 15. Oktober 1943 wurden diese von den Fronten abgezogenen Kräfte im I. Jagdkorps zusammengefaßt, dem die 1. Jagddivision in Döberitz, die 2. in Stade und die 3. in Deelen unterstanden. Dem für die Luftverteidigung Deutschlands verantwortlichen Luftwaffenbefehlshaber Mitte waren darüber hinaus die 7. Jagddivision in Schleißheim und die 30. Jagddivision («Wilde Sau») unmittelbar unterstellt. Die Stärke der Jagdfliegerkräfte in der Luftverteidigung – einschließlich der in Nordfrankreich – stieg von 810 einmotorigen und 478 zweimotorigen Jagdflugzeugen am 1. Juli 1943 auf 964 einmotorige und 682 zweimotorige Jagdflugzeuge am 1. Oktober 1943.

Hand in Hand mit der Verstärkung der Luftverteidigung gingen jedoch die Bemühungen der faschistischen Führung dahin, selbst einen strategischen Luftkrieg zu entfesseln. Trotz des für sie enttäuschenden Verlaufs des Luftkriegs gegen Großbritannien und der Mißerfolge bei den Luftangriffen auf Moskau und Leningrad im Jahre 1941 beschäftigte sich das Oberkommando der Luftwaffe bereits im Mai 1942 erneut mit den Aufgaben von «Fernstflugzeugen».

In einer Denkschrift vom 27. April 1942 wurde vom Stab des Generalluftzeugmeisters gefordert, bis 1943 solche Flugzeuge – genannt wurden die He 177, die FW 200, die He 111 «Zwilling», die BV 222, die Ju 290, die Me 264, die BV 238, die FW 300 und die Do 214 – zu entwickeln, die in der Lage wären, Ziele an der amerikanischen Ostküste um New York, in Mittelafrika, im Persischen Golf, in Südostasien und in der Sowjetunion – besonders im Ural und in Zentralsibirien – zu bombardieren.

Die Forderung, den Bau derartiger strategischer Bombenflugzeuge zu forcieren, erwuchs nicht zuletzt aus dem kläglichen Scheitern der faschistischen «Baedekeroffensive» gegen Großbritannien im Frühjahr 1942. Am 14. April hatte das Oberkommando der Wehrmacht dem OKL die Durchführung von «Terrorangriffen gegen Städte außer London» befohlen. Hauptangriffsziele der faschistischen Luftwaffe, die in der Tat nach ihrer kulturhistorischen Bedeutung entsprechend dem Baedeker ausgewählt wurden, waren vor allem Bath, Exeter, Norwich und Canterbury. Die mit 100 bis 200 Bombenflugzeugen geflogenen Angriffe mußten ab 1. Juni 1942 – im Zusammenhang mit der faschistischen Sommeroffensive an der deutsch-sowjetischen Front – nahezu eingestellt werden und beschränkten sich von nun an auf unwirksame, schwache Störangriffe auf britische Hafen- und Industriestädte.

Eine Beeinträchtigung der britischen Nachtbomberoffensive war damit nicht zu erreichen. Nach der verstärkten Wiederaufnahme der britischen Luftangriffe im Winter 1943 befahl das OKW deshalb erneut, starke Bombenfliegerkräfte zu Terrorangriffen gegen London zusammenzuziehen. Obwohl Göring erklärte, diese Aufgabe wäre für die Luftwaffe nicht lösbar, «da müssen sie in Stalingrad nachsehen, da liegen meine Bomber zusammengeschlagen auf den Feldern», gab Milch die Losung aus, es komme darauf an, «den Engländern auch ein paar Millionen umzulegen». Am 14. März 1943 wurde ein sogenannter Angriffsführer England ernannt und beauftragt, mit 16 Fernaufklärern, 68 Do 217, 67 Ju 88 und 123 Jagdbombenflugzeugen vom Typ Focke-Wulf 190 einen Fernluftkrieg gegen Großbritannien zu entfesseln. Dieser Aufgabe war man schon kräftemäßig nicht gewachsen. Den 107 einsatzbereiten faschistischen Bombenflugzeugen standen zur selben Zeit täglich 515 einsatzbereite britische und etwa 200 amerikanische Bombenflugzeuge gegenüber.

Der Fernluftkrieg gegen Großbritannien war auch deshalb nicht lösbar, weil bereits im Juli 1943 die Hälfte der Bombenflieger- und die gesamten Jagdbombenfliegerkräfte nach Italien abgezogen wurden.

Dessenungeachtet hielten Teile der faschistischen Führung an dem Gedanken fest, nur durch einen eigenen Fernluftkrieg den Luftkrieg über Deutschland entscheiden zu können. Ihre Front wurde verstärkt durch Luftwaffengenerale, die an der deutsch-sowjetischen Front eingesetzt waren und die nach den Niederlagen der Luftwaffe bei Stalingrad und bei Kursk die Auffassung hegten, die Sowjetunion und ihre Luftstreitkräfte könnten nur noch wirksam getroffen werden, wenn man ihre Kraftquellen «direkt angreife». Am 5. März 1943 hatte der Führungsstab der Luftwaffe eine in diesem Sinne abgefaßte Weisung herausgegeben. Sie fand besonderen Anklang im Stab der Luftflotte 6, wo sich um von Greim, der seit dem Hitlerputsch von 1923 engste Beziehungen zur faschistischen Führungsspitze hatte und sich nach jahrelangem Befehl über das V. Fliegerkorps für einen Fernkampfspezialisten hielt, ein Kreis von Luftwaffenoffizieren gesammelt hatte. Diese Gruppe drängte seit dem Sommer 1942 auf die Entfesselung eines Luftkriegs gegen das sowjetische Hinterland. Am 12. Juni 1943 übersandte von Greim dem Generalstab der Luftwaffe eine Denkschrift über «Die Bekämpfung der sowjet-russischen Kriegswirtschaft», in der das Glaubensbekenntnis der faschistischen Luftkriegsstrategie seinen eindeutigsten Niederschlag fand.

Von Greim schlug vor: «Es kommt darauf an, die Kampfkraft und den inneren Widerstandswillen der russischen Wehrmacht planmäßig derart zu schwächen und auszuhöhlen, daß der Russe trotz einer noch großenteils intakten Armee und Luftwaffe für die Dauer gesehen zu ernsthaften gefahrdrohenden Durchbruchsangriffen nicht mehr in der Lage ist.»

Zu diesem Zweck schlug von Greim vor, systematisch wesentliche Teile der sowjetischen Rüstungsindustrie zu zerschlagen und eine scharfe Trennung zwischen Nahkampf- und Fernkampffliegerkräften durchzuführen. Von Greim wies darauf hin, daß die Fernfliegerkräfte bei einem derartigen Verwendungszweck «letzten Endes viel nutzbringender und wirtschaftlicher eingesetzt (werden), da der Erdkampf ihre volle Wirkung nicht mehr zur Entfaltung kommen läßt und meist höhere Verluste fordert». Den konterrevolutionären Hoffnungen der faschistischen Militärs, die allen Erfahrungen zum Trotz noch immer darauf spekulierten, die Moral der sowjetischen Bevölkerung zersetzen zu können, verlieh von Greim mit den Worten Ausdruck, daß die Luftangriffe einen «starken psychischen Druck» auf die Bevölkerung ausüben können, der ebenfalls von Bedeutung für den Ausgang der Kämpfe an der deutsch-sowjetischen Front sein könne.

Praktisch wirksam wurden diese theoretischen Erwägungen der faschistischen Luftkriegsgeneralität Anfang Juni 1943. Bei der Luftflotte 6 wurde eine Anzahl von Bombenfliegergeschwadern zusammengezogen, die den Auftrag erhielten – neben der Störung des Eisenbahnverkehrs aus dem Raum Moskau in den Raum Kursk –, Zentren der sowjetischen Rüstungsindustrie anzugreifen. Als Ziele wurden ausgewählt: Gorki, insbesondere die Molotow-Panzerwerke, das Kautschuk-Kombinat von Jaroslawl, die Ölraffinerien von Saratow, die Panzerschule und der Artilleriepark in Tula sowie Hafen- und Kanalanlagen im Raum Astrachan und an der Wolga.

Zu ihrem ersten Angriff auf Gorki zog die Luftflotte 6 168 Bombenflugzeuge heran, die in der Nacht vom 4./5. Juni 1943 224 Tonnen Bomben über der Stadt abwarfen. Derartige Angriffe wurden am 5./6. Juni, am 6./7. Juni und am 7./8. Juni wiederholt. Bei insgesamt 7 Angriffen auf Gorki wurden 654 Einsätze geflogen, bei denen 14 Flugzeuge – vor allem von der sowjetischen Flakartillerie – abgeschossen wurden.

Daneben griff die faschistische Luftwaffe zwischen dem 12. und 27. Juni 1943 achtmal bei Nacht mit insgesamt 420 Einsätzen die Ölraffinerien in Saratow an. Bei diesen Angriffen wurden 15 faschistische Bombenflugzeuge – 3 durch Jagdfliegerkräfte, 12 durch die Flakartillerie – vernichtet.

Auf eine noch wirksamere Abwehr stießen die faschistischen Bombengeschwader bei ihren beiden Angriffen auf Jaroslawl am 10. und 22. Juni 1943. Von den insgesamt 110 eingesetzten Flugzeugen gelang es nur 32 Flugzeugen, zum Zielgebiet durchzubrechen. Von den 12 vernichteten faschistischen Flugzeugen wurden 4 durch Jagdflugzeuge und 6 durch die Flakartillerie abgeschossen.

Röntgenschnitt der Focke-Wulf FW 190

1 verstellbares Luftschraubenblatt
2 Luftschraubennabe
3 Lüfterrad
4 Panzerring und Ölkühler
5 Staurohr zum Messen
  der Geschwindigkeit
6 Maschinengewehr
7 Querruder
8 Trimmkante
9 Traggerüst für Motor
10 Kabinenfront
11 Schiebehaube (abwerfbar)

12 Antenne
13 Seitenflosse
14 Seitenruder
15 Höhenruder
16 Höhenflosse
17 Spornrad
18 Führersitz
19 einschiebbare Einstiegleiter
20 Motor BMW 801
21 Kanone
22 einschwenkbares Fahrgestell
23 Bremsrad

Nach der Niederlage in der Luftschlacht bei Kursk war die Luftflotte 6 gezwungen, ihre Angriffe einzustellen. Trotzdem blieb innerhalb der faschistischen Luftwaffenführung der Gedanke lebendig, sobald es die Lage an der deutsch-sowjetischen Front gestattete, starke Bombenfliegerkräfte erneut zum operativen Einsatz zu bringen. Diese Ansicht wurde bei einem Teil der herrschenden Kreise im Herbst 1943 immer populärer, weil sie sich angesichts des Verlaufs der Kampfhandlungen keinen Illusionen mehr hingaben, daß die Niederlage des faschistischen deutschen Imperialismus nur noch hinausgezögert, aber nicht mehr abgewandt werden konnte. Von einem operativen Einsatz der Fernfliegerkräfte versprachen sich diese Kreise eine nachhaltige Schwächung der Sowjetunion, die ihrer Ansicht nach zu einer Aufwertung der Rolle der imperialistischen Klassenpartner in den USA und Großbritannien führen müßte. Ausdruck dieser Bestrebungen war der bereits am 11. April 1943 von Rüstungsminister Albert Speer unterbreitete Vorschlag, «ein Fachgremium von Industriellen mit der Aufgabe zu betrauen, in der sowjetischen Energiewirtschaft die entscheidend wichtigen Angriffsziele herauszusuchen».

Am 23. Juni 1943 war von Speer eine Kommission von deutschen Großindustriellen eingesetzt worden, die «lohnende Angriffsziele» für die Luftwaffe auswählen und vorschlagen sollte. Dieser Kommission gehörten unter anderen der IG-Farben-Gewaltige Karl Krauch sowie das Mitglied des Industrierats der Luftwaffe, der Stahlmagnat Vögler an. «Es wurde schnell festgestellt», schrieb Speer Jahre später, «es gab in Europa nur ein Wirtschaftsziel, das durch unsere verringerten Kräfte hätte zerstört werden können, und das waren die russischen Elektrizitätswerke im Ural, im Raum Moskau, Rybinsk und Gorki.»

Nachdem der fluchtartige Rückzug der Wehrmacht am Dnepr vorübergehend zum Stehen gekommen war, sich auf der anderen Seite der britisch-amerikanische Luftkrieg im Herbst 1943 weiter intensivierte, ohne daß die Luftverteidigung Wesentliches zu seiner Einschränkung hatte beitragen können, entschloß sich die faschistische Führung deshalb unter dem Druck von Monopolkreisen und Teilen des Oberkommandos der Luftwaffe, die verlorengegangene Initiative zur Luft dadurch zurückzugewinnen, daß sie selbst zu einem Fernluftkrieg überging. Sie lehnte zwar den Vorschlag einiger Luftwaffenoffiziere ab, auch die Gliederung der Luftwaffe den neuen Aufgaben anzupassen und anstatt der Luftflotten vier große Kommandos – eines für die strategische und eines für die taktische Luftkriegführung sowie ein Luftverteidigungs- und ein Lufttransportkommando – zu schaffen, doch versuchte sie, ihre Bombenfliegerkräfte in zwei große Gruppen zusammenzufassen. Eine sollte gegen Großbritannien, die andere gegen die Sowjetunion zum Einsatz kommen. Seinen Ausdruck fand diese Konzeption auch im Flugzeugproduktionsprogramm 224/1 vom 1. Dezember 1943, wo die Zahl der je Monat zu produzierenden Jäger drastisch von 4 150 auf 2 933 herabgesetzt wurde, um einem gigantischen He-177-Bauprogramm Platz zu machen, dem künftigen strategischen Bombenflugzeug. Die strategischen Luftkriegspläne des OKL vom November/Dezember 1943 richteten sich nicht nur gegen Großbritannien und die Sowjetunion. In maßloser Überschätzung ihrer Kräfte und in zynischer Brutalität erwog es die Einäscherung von Lissabon (Unternehmen Paukenschlag) oder die «Coventrierung» von Konstantinopel (Unternehmen Liman).

In Nordfrankreich begann man unter dem Kommando des IX. Fliegerkorps (General Peltz), drei verstärkte Bombergeschwader mit 524 Flugzeugen zusammenzuziehen, die ab Januar 1944 mit überraschenden, schweren Schlägen die britische Bevölkerung terrorisieren und die Kriegswirtschaft schädigen sollten. Noch größere Aufmerksamkeit wurde den strategischen Bombenfliegerkräften an der deutsch-sowjetischen Front gewidmet. Nachdem auch der Generalstab des Heeres, der sich bislang stets gegen eine strategische Luftkriegführung zugunsten einer engen taktischen Zusammenarbeit ausgesprochen hatte, in einem Schreiben feststellte: «Ein Grund der russischen Erfolge ist die verstärkte Feuerkraft und Beweglichkeit durch Ausstattung (mit) einer hohen Zahl von Maschinenwaffen, Geschützen, Panzern und Kfz, welche durch eine leistungsfähige Rüstungsindustrie ermöglicht worden ist und weiter ermöglicht wird. Eine wirksame Entlastung der Front vom Materialdruck der Roten Armee in den bevorstehenden Kämpfen könnte daher durch eine planmäßige, intensive Bekämpfung der Rüstungsindustrie erreicht werden», arbeitete der Luftwaffenführungsstab am 9. November eine Studie «Kampf gegen die russische Rüstungsindustrie» aus, in der insbesondere die Vorschläge der um Speer gruppierten Monopolherren verarbeitet wurden. Am 26. November 1943 gab Göring einen dementsprechenden Befehl heraus, in dem es hieß: «Ich beabsichtige, zur planmäßigen Bekämpfung der russischen Rüstungsindustrie die Masse der im Osten eingesetzten schweren Kampfverbände verstärkt durch Spezialverbände mit besonderer Treffgenauigkeit unter Führung des Generalkommandos IV. Fliegerkorps zusammenzufassen. Aufgabe dieser Verbände wird es sein, Vernichtungsangriffe gegen die russische Rüstungsindustrie zu führen, um den russischen Massen die Materialmengen von Panzern, Geschützen und Flugzeugen vor Erscheinen an der Front aus der Hand zu schlagen und dem schwer ringenden Ostheer größere Entlastung zu bringen als durch Einsätze auf dem Gefechtsfeld allein.»

Unter Generalleutnant Meister wurden dazu im Dezember 1943 unter dem Decknamen «Wiederauffrischungsstab Ost» bei Brest-Belostok (Białystok)—Dęblin—Baranowitschi drei verstärkte Bombenfliegergeschwader (KG 3, 4 und 55) mit einer Stärke von etwa 400 Flugzeugen zusammengezogen. Im Februar 1944 sollte die Luftoffensive beginnen, wobei Monopole und Generalstab der Luftwaffe damit rechneten, daß 50 bis 80 Prozent der sowjetischen Kapazität zerschlagen werden könnten.

Daß die Luftwaffenführung bereit war, vor keinem Verbrechen zurückzuschrecken, wenn es galt, die sowjetischen Kraftwerke auszuschalten, wird unter anderem auch daran deutlich, daß sich hinter den von Göring erwähnten «Spezialverbänden mit besonderer Treffgenauigkeit» die Aufstellung von «bemannten Geschoßflieger»kräften verbarg. Durch He 177 geschleppte Me-328-Flugzeuge sollten sich mit ihren Piloten auf die Kraftwerke stürzen.

Nie zuvor war von der Luftwaffenführung während des Krieges ein Plan mit größerem Enthusiasmus aufgegriffen worden als dieser, und nie zuvor brach eine Operationsabsicht kläglicher zusammen als diese. Wahrscheinlich ist dies auch der Hauptgrund, weshalb diesem letzten Aufbäumen des Oberkommandos der Luftwaffe gegen die langsam absolut werdende Luftherrschaft der Fliegerkräfte der Antihitlerkoalition in der Literatur keine Beachtung geschenkt worden ist; denn entweder verpufften die faschistischen Angriffsaktionen − wie gegen Großbritannien −, oder sie kamen − wie gegenüber der Sowjetunion − gar nicht erst über Planungen hinaus, weil der von den sowjetischen Streitkräften diktierte Verlauf der Kampfhandlungen die Luftwaffenführung zwang, ihre strategischen Fliegerkräfte zur taktischen Luftunterstützung einzusetzen.

Der «große» Schlag gegen London, von Göring selbst kommandiert, wurde in der Nacht vom 21. zum 22. Januar 1944 eröffnet. Doch von den 447 gestarteten Flugzeugen, die in zwei Wellen angriffen und die britische Taktik des Bomberstroms zu kopieren suchten, fand nur ein Bruchteil sein Ziel: Von 268 Tonnen Bomben, die London treffen sollten, fielen nur ganze 32 Tonnen auf ihr Ziel! Die Luftwaffe schleppte gleichwohl ihre Offensive − von den Engländern spöttisch als «Baby-Blitz» bezeichnet − mit 31 Angriffen, davon 14 gegen London, bis zum 29. Mai hin, wobei die Treffgenauigkeit im April/Mai 1944 gleich Null war. Sie verlor bei diesen Angriffen 329 Flugzeuge. Diese Angriffe bluteten die deutschen Bombenfliegerkräfte in Nordfrankreich aus. Von 695 einsatzbereiten Flugzeugen im Dezember 1943 sank ihre Stärke auf 144 im Mai 1944.

An der deutsch-sowjetischen Front dagegen kam das IV. Fliegerkorps erst gar nicht dazu, Fernfliegerangriffe durchzuführen.

Die sowjetische Winteroffensive 1944 zwang die faschistische Führung, das IV. Fliegerkorps zur mittelbaren Bodenunterstützung − vor allem durch Angriffe auf das Eisenbahntransportsystem im Rücken der Front − einzusetzen. Mit dem Beginn der Sommerkampfhandlungen an der deutsch-sowjetischen Front mußte das IV. Fliegerkorps im Juni/Juli 1944 aufgelöst werden.

Faschistische Luftrüstung 1944.
Der Jägerstab

Das Oberkommando der Luftwaffe mußte seine Pläne, mit Bombenflugzeugen einen Fernluftkrieg zu eröffnen, aufgeben, weil die wachsende Überlegenheit der sowjetischen Luftstreitkräfte an allen Abschnitten der sowjetisch-deutschen Front und die zunehmende Wucht der sowjetischen Offensiven auch die Luftwaffe immer mehr in die Defensive zwang und dadurch jede Reservebildung unmöglich gemacht wurde. Die faschistischen Fliegerkräfte wurden immer mehr zu einer Art «Frontfeuerwehr», die am schnellsten verlegt werden konnten. Hinzu kam, daß sich die Einsatzmöglichkeiten der faschistischen Bombenfliegerkräfte stetig verschlechterten. Sie trafen sowohl an der deutsch-sowjetischen Front wie auch in Italien und in Nordfrankreich auf den Widerstand der Fliegerkräfte der Antihitlerkoalition. Mit dem Verlust der Luftherrschaft waren ihre Einsätze zu einem immer größeren Risiko geworden.

Unter dem Eindruck des Verlustes der Luftherrschaft an den Fronten und des sich weiter verschärfenden britisch-amerikanischen Fernluftkriegs gegen das faschistische Hinterland vollzog nun auch die Luftwaffenführung an der Wende des Jahres 1943/44 den endgültigen Übergang zur strategischen Defensive.

Als eine ihrer Hauptaufgaben bei der beabsichtigten schrittweisen Wiedergewinnung der Luftüberlegenheit sah das OKL die Wiedergewinnung der Luftherrschaft über Deutschland, also den Kampf gegen die amerikanischen Bombenfliegerverbände bei Tage und gegen das Bomber Command bei Nacht an.

Der Hauptschlag der in Deutschland zusammengezogenen Jagdfliegerkräfte sollte gegen die 8. USA-Luftflotte geführt werden, deren Angriffe – so zum Beispiel gegen die Flugzeugwerke bei Oschersleben, Kassel, Bremen und Warnemünde im Juli 1943 und gegen das I.-G.-Farben-Bunawerk Hüls am 22. Juni 1943 – als am gefährlichsten für die faschistische Kriegswirtschaft angesehen wurden. Wenn es auch gelang, am 17. August 1943 den amerikanischen Verbänden bei ihren Angriffen auf die Messerschmittwerke bei Regensburg und die Kugellagerwerke in Schweinfurt die bisher schwersten Verluste zuzufügen, und die amerikanischen Bombenfliegerkräfte ähnliche hohe Verluste zwischen dem 8. und 14. Oktober hinnehmen mußten, als bei 1 411 Bombenfliegereinsätzen gegen Bremen, Anklam, Marienburg (Malbork), Gdynia, Münster und Schweinfurt insgesamt 128 Bombenflugzeuge abgeschossen wurden, so konnte auf diese Weise die Aktivität der amerikanischen Bombenfliegerkräfte zwar eingeschränkt, aber keineswegs gebrochen werden. Die Möglichkeiten der faschistischen Luftverteidigung reichten Ende 1943

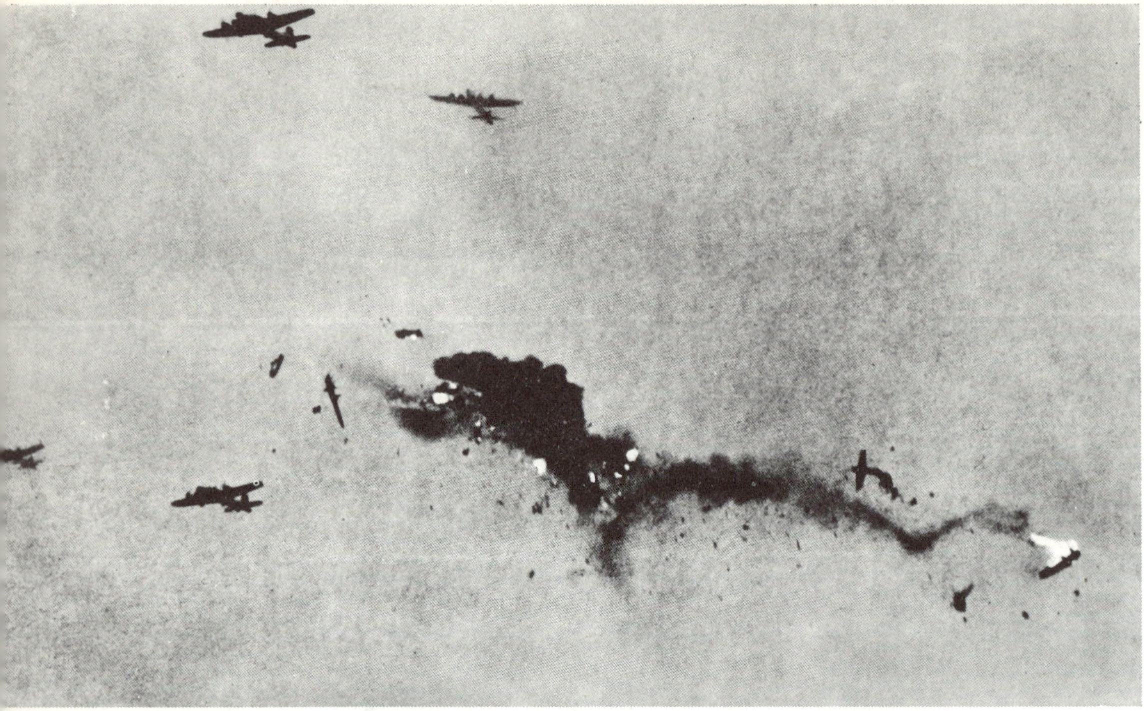

Schwere Verluste erlitt die 8. US Air Force am 17. August 1943 beim Angriff auf die Kugellagerwerke in Schweinfurt

Große Teile Schweinfurts sanken im Ergebnis des Angriffs in Trümmer

Martin B-26-55B «Marauder» Das Mittelstreckenbombenflugzeug B-26 entstand im Ergebnis einer Ausschreibung der USA-Luftstreitkräfte vom 25. Januar 1939. Da das Flugzeug ohne Prototypenerprobung sofort in die Serienherstellung ging, traten bei der Übernahme in den Truppendienst zunächst zahlreiche Unfälle auf, die dem Flugzeug den Beinamen «Witwenmacher» (Marauder) eintrugen. Zuerst vor allem auf dem fernöstlichen Kriegsschauplatz eingesetzt, wurde die B-26 ab 1944 zum meistverwendeten und am besten einsetzbaren Mittelstreckenbombenflugzeug in Europa, deren Verlustquote mit 0,5 Prozent niedriger als die aller anderen Flugzeugtypen lag. Insgesamt wurden bis 1945 6 678 Flugzeuge gebaut.

noch dazu aus, vorübergehend die Wirkungen der Bombardierungen zu begrenzen; sie war aber nicht mehr in der Lage, auf die Dauer wirksamen Widerstand zu leisten.

Die schweren Verluste der amerikanischen Bombenfliegerkräfte im Sommer/Herbst 1943 und vor allem die ausgebliebenen Rückwirkungen auf die faschistische Kriegswirtschaft lösten aber in der Luftkriegführung der USA tiefe Bestürzung aus. Die Luftkämpfe über Deutschland hatten bewiesen, daß die Vorstellungen von der Selbstverteidigungsfähigkeit der Bomberverbände illusionär waren und die faschistische Kriegswirtschaft durch die Zerstörung selbst wichtiger Eckpfeiler ihrer Produktion keineswegs zusammenbrechen würde.

Der amerikanische Generalstab, der ab 3. November 1943 zögernd seine Luftoffensive fortsetzte, zog daraus die Schlußfolgerung, die faschistische Luftwaffe und die Flugzeugindustrie als Hauptgegner zu betrachten, sich nicht auf eine passive Abwehr der faschistischen Jagdfliegerkräfte zu beschränken, sondern durch den Einsatz von Langstreckenbegleitjagdflugzeugen die Bombenfliegerverbände nicht nur zu schützen, sondern durch die Bekämpfung der Luftwaffe die Luftherrschaft zu erringen.

Bestärkt wurde der amerikanische Generalstab in seinem Beschluß durch den Verlauf der nächtlichen britischen Fernfliegeroffensive gegen Berlin. Der Oberbefehlshaber des Bomber Command, Arthur Harris, hatte Churchill am 3. November 1943 in Aussicht gestellt, daß durch die völlige

Nach der Ausbrennung Hamburgs startete die faschistische Führung im August 1943 in Berlin eine Kampagne zur «Selbsthilfe» bei der Brandbombenlöschung

Am Morgen nach dem Luftangriff....

Zertrümmerung Berlins, die die RAF 400 bis 500 Bombenflugzeuge kosten könnte, der Krieg gewonnen werden könne. Er ging dabei von der irrealen Voraussetzung aus, das Bomber Command habe im Verlauf der letzten Monate 19 deutsche Städte, darunter Hamburg, Köln, Essen, Dortmund, Düsseldorf, Aachen, Rostock, Kassel, Hannover, München, völlig zertrümmert und weitere 19 schwer angeschlagen. Nach seiner Auffassung lag die Produktion im Ruhrgebiet nahezu lahm. Harris' abenteuerliche und auf völlig irrealen Voraussetzungen beruhende Strategie war direkt gegen die Errichtung der zweiten Front gerichtet. Sie sollte dadurch überflüssig gemacht werden.

Churchill und eine Reihe britischer Politiker und Militärs bezweifelten zwar Harris' Prognosen, gaben aber ihre Zustimmung zur Durchführung der Operation, weil sie hofften, ihre Wirkung wäre so beträchtlich, daß die Invasion mit wesentlich geringeren Kräften in Szene gesetzt werden könne, als bisher angenommen wurde. Dies hätte dem britischen Imperialismus die Möglichkeit eröffnet, mit starken Kräften seine Mittelmeeroperationen fortzusetzen und den geplanten Balkanfeldzug, mit dem man der Sowjetunion in Mitteleuropa zuvorzukommen suchte, auszulösen.

Mit ihrem 444-Bomber-Angriff vom 18. zum 19. November 1943 auf Berlin leitete die RAF 16 schwere Angriffe gegen die Stadt ein. Mit der «Schlacht über Berlin» wollte Großbritannien seine Idee vom «comfortable war» (bequemen Krieg) krönen.

Obwohl die RAF bei ihren 9 111 Einsätzen gegen Berlin mit 492 verlorenen und 952 beschädigten Bombenflugzeugen ziemlich genau die Verluste erlitt, die Harris prophezeit hatte, und etwa ein Sechstel der bebauten Fläche Berlins bei den Angriffen zwischen November 1943 und

401

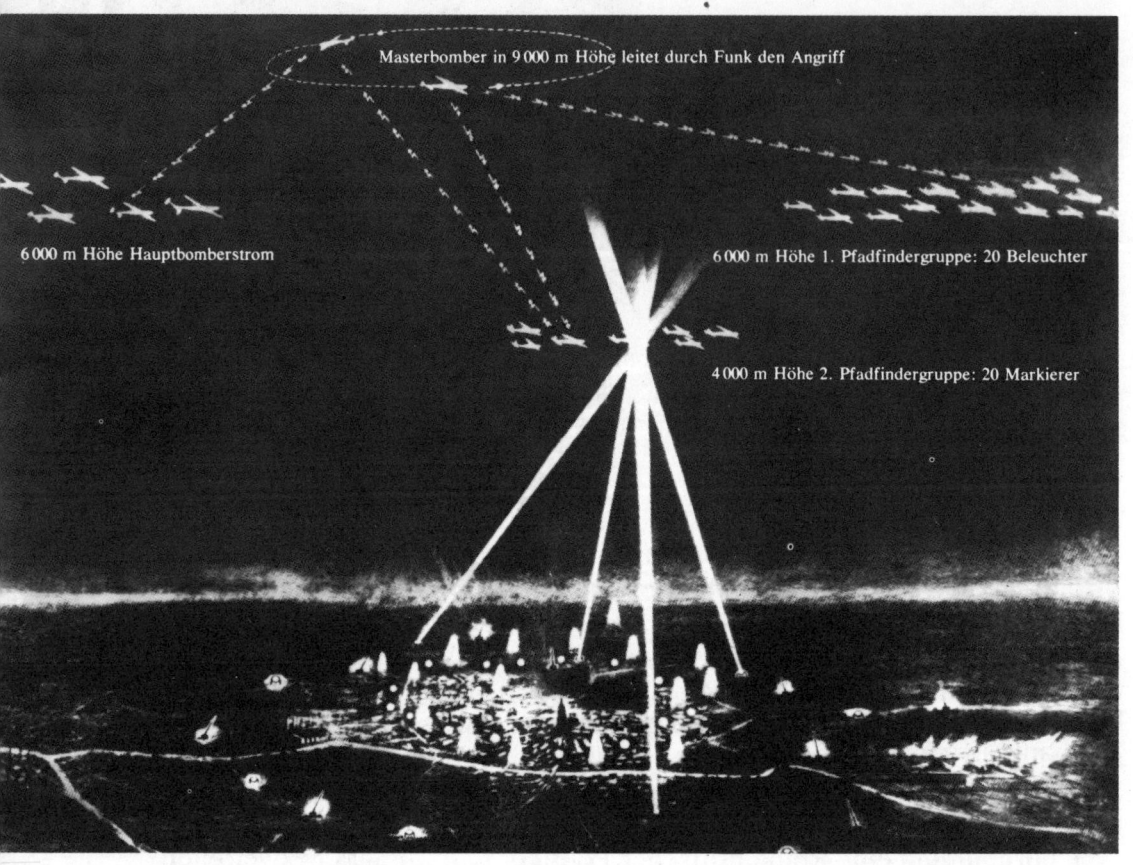

Taktische Formation der britischen Bombenfliegerkräfte beim Angriff auf Frankfurt/Main (1944)

Masterbomber in 9 000 m Höhe leitet durch Funk den Angriff

6 000 m Höhe Hauptbomberstrom

6 000 m Höhe 1. Pfadfindergruppe: 20 Beleuchter

4 000 m Höhe 2. Pfadfindergruppe: 20 Markierer

Scheinstadtanlage

● Rote Leuchtbomben
▯ Helle schwebende Leuchtbomben
Flak-Scheinwerfer
Flak-Batterien

März 1944 zertrümmert worden war, konnte man nicht davon sprechen, daß der britische Imperialismus dadurch auch nur einen Schritt dem Kriegsende nähergekommen wäre. Weder gelang es, die Berliner Rüstungsproduktion zu zerschlagen – sie stieg trotz der zum Teil schweren Bombardierung einiger Rüstungswerke an –, noch konnte auf diese Weise die Festigkeit des faschistischen Hinterlands ernsthaft erschüttert werden, etwa in der Weise – wie man in London offensichtlich erwartete –, daß Panik und Chaos ausbrechen würden und es zu spontanen Aktionen der Ausgebombten und Bombardierten gegen das faschistische Regime und seinen Krieg kommen würde.

402

Die Wirkung der britisch-amerikanischen Luftangriffe auf die Stimmung des deutschen Volkes äußerte sich vor allem in der Weise, daß im Zusammenhang mit der sich ständig verschlechternden militärischen Lage des deutschen Imperialismus an der deutsch-sowjetischen Front große Teile der Bevölkerung die von der faschistischen Propaganda erzeugten Illusionen verlor, das faschistische Deutschland könne den Krieg gewinnen. Die Luftkriegshandlungen über Deutschland wurden − besonders seit 1943/44 − von Millionen als ein sichtbares Zeichen der Unterlegenheit der faschistischen Streitkräfte gewertet. Die Einsicht, daß das faschistische Deutschland den Krieg verlieren würde, war jedoch 1943/44 für die überwiegende Mehrheit des deutschen Volkes noch keineswegs mit der Erkenntnis gepaart, daß der deutsche Imperialismus und Militarismus den Krieg − auch im Lebensinteresse des deutschen Volkes − verlieren müsse. Große Teile der deutschen Bevölkerung hatten sich vielmehr unter dem Einfluß der Blitzkriegssiege, der faschistischen Propaganda und der materiellen Korrumpierung mit der Politik des deutschen Imperialismus teilweise identifiziert und empfanden die drohende Niederlage des Regimes auch als ihre eigene Niederlage. So wuchs unter den Folgen des Luftkriegs zwar die Kriegsmüdigkeit und verschlechterte sich die Stimmung, war aber noch weit davon entfernt, in eine Antikriegsstimmung umzuschlagen oder zum Widerstand gegen das faschistische Regime zu führen. Überdies boten die barbarischen Formen, in denen sich der Luftkrieg verwirklichte, auch kaum einen Ansatz für eine Alternativentscheidung.

Im Rückblick muß die Bombenkriegführung des britischen Imperialismus, die auf unrealistischen Voraussetzungen aufbaute und im wesentlichen im Dienste einer imperialistischen Ermattungsstrategie stand, die sich gegen die Errichtung der zweiten Front wendete und die Hauptlast des Krieges skrupellos auf die Schultern der Sowjetunion abwälzte, als eine der teuersten Fehlentscheidungen des britischen Imperialismus im zweiten Weltkrieg angesehen werden. Der Verlauf des Fernluftkriegs bis zum Frühjahr 1944 bewies mit aller Eindeutigkeit, daß die USA und Großbritannien die Möglichkeiten der Fernfliegerkräfte, in einem relativ begrenzten Zeitraum, ohne Zusammenwirken mit anderen Teilstreitkräften, einen Krieg allein entscheiden zu können, extrem überschätzt hatten. Sie konnten im zweiten Weltkrieg vor allem durch die entsprechende Zielauswahl und einen zweckentsprechenden Einsatz, bei dem es auch gelingen mußte, eine dauerhafte Luftherrschaft zu gewinnen, einen wirksamen Beitrag zum Kriegsausgang leisten, aber angesichts der zur Verfügung stehenden kolbenbetriebenen Träger- und konventionellen Abwurfmittel keine Entscheidung herbeiführen.

Als ein wesentliches Mittel, das die Landung britischer und amerikanischer Truppen in Nordfrankreich erleichtern konnte, wurden die Fernfliegerkräfte deshalb ab Frühjahr 1944 von den entscheidenden Kreisen der

USA und Großbritanniens eingesetzt. Am 17. Februar 1944 revidierten die Vereinigten Stabschefs der USA und Großbritanniens die seit dem 10. Juni 1943 geltende Weisung über die «kombinierte Luftoffensive», die auf den totalen Sieg aus der Luft orientiert hatte, und umrissen als Hauptaufgabe der Bombenangriffe die «Gesamtverminderung der Stärke der deutschen Luftwaffe in den Fabriken, auf dem Boden und in der Luft..., um die Luftlage zu schaffen, die für ‹Overlord› (die Invasion in Nordfrankreich – O.G.) am besten geeignet ist».

Die Verwirklichung dieser Weisung wurde mit der «Big Week» eingeleitet, als die 8. und 15. USA-Luftflotte gemeinsam mit dem Bomber Command binnen 6 Tagen 26 schwere Angriffe gegen die deutsche Luftrüstungsindustrie flogen. Hauptangriffsziele der amerikanischen Bomberverbände waren vom 20. bis 25. Februar 1944 die Fertigungsstätten der Me 109, Me 110, der FW 190, der Ju 88 und Ju 188 im Raum Braunschweig – Leipzig und Regensburg, während das Bomber Command bei 2 351 Nachteinsätzen Leipzig, Stuttgart, Schweinfurt, Steyr und Augsburg angriff.

Die 3 300 Einsätze der 8. Luftflotte wurden von 3 260 Jagdfliegereinsätzen, die 500 Einsätze der 15. Luftflotte von 413 Jagdfliegereinsätzen geschützt. Die westalliierten Luftstreitkräfte erlitten zwar schwere Verluste – die 8. Luftflotte 137 Bombenflugzeuge, die 15. Luftflotte 89, das Bomber Command 157 sowie 28 Jagdflugzeuge –, doch bedeutete die Sechstageluftschlacht einen Wendepunkt im Luftkrieg über Deutschland. Die Luftwaffe zeigt sich im Verlauf der Kämpfe nicht mehr in der Lage, die anfliegenden amerikanischen Bombenfliegerverbände wie bisher in breiter Front zu bekämpfen. Sie begnügte sich damit, gegen einzelne Verbände, die möglichst nicht von Jagdflugzeugen begleitet waren, alle

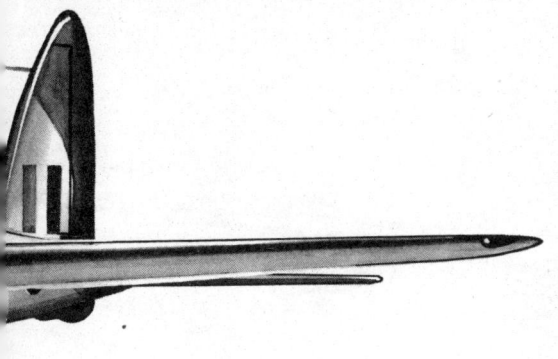

De Havilland «Mosquito» Mk. IV Eines der vielseitigsten Flugzeuge des zweiten Weltkriegs war die de Havilland «Mosquito», die Ende 1938 in Holzbauweise als unbewaffnetes Schnellbombenflugzeug entworfen worden war. Zunächst ab September 1941 als Fotoaufklärungsflugzeug in der RAF eingesetzt, wurde die «Mosquito» im Laufe des Krieges auch als Nachtjagd-, Jagd- und Jagdbombenflugzeug verwendet. Am bekanntesten wurde sie durch ihren Einsatz als Schnellbombenflugzeug gegen das faschistische Hinterland. Auf Grund seiner Geschwindigkeit und seiner Höhenflugeigenschaften war das Flugzeug für die faschistische Luftverteidigung nahezu unangreifbar. Nach den schweren Verlusten des Bomber Command in der «Schlacht um Berlin» 1943/44 flogen ausschließlich «Mosquitos» noch Bombenangriffe gegen die faschistische Hauptstadt. Insgesamt wurden 7 781 Flugzeuge dieses Typs gebaut.

Kräfte zusammenziehen, während sie andere Ziele schutzlos den Angriffen preisgab.

Zum anderen wurden der Luftwaffe in diesen Kämpfen Verluste zugefügt, die die bisherigen Ausfälle der Luftverteidigungskräfte in Deutschland und in Westeuropa weit übertrafen. Vom 22. Juni 1941 bis zum 31. Dezember 1943 hatte die Luftwaffe rund 15 000 Jagdflugzeuge verloren, davon jedoch nur 2 581 in Westeuropa und über Deutschland (rund 17 Prozent). Die überwiegende Masse war an der deutsch-sowjetischen Front verlorengegangen. Erst ab Anfang 1944 konnte man von der Errichtung einer «zweiten Front zur Luft» sprechen. Über Deutschland und Westeuropa wurden im Februar 1944 533 deutsche Jagdflugzeuge abgeschossen, an der deutsch-sowjetischen Front 466, im März 567 im Westen und 431 an der deutsch-sowjetischen Front, wobei zu berücksichtigen ist, daß die Gesamtstärke der faschistischen Jagdfliegerkräfte in der UdSSR mit 326 einsatzbereiten Jagdflugzeugen am 26. März 1944 knapp die Hälfte der in der Reichsverteidigung eingesetzten Kräfte ausmachte, die faschistischen Jagdfliegerkräfte in der UdSSR also buchstäblich in jedem Monat völlig ersetzt werden mußten.

Die «Big Week» wirkte sich – ganz im Gegensatz zu den übertriebenen Annahmen der englischen und amerikanischen Stäbe – weniger auf die Produktion der faschistischen Luftrüstungsindustrie – sie sank von 2 445

Flugzeugen im Januar 1944 auf 2 015 im Februar und stieg bereits im März wieder auf 2 672 Flugzeuge – als vielmehr auf die faschistische Luftstrategie und die Methoden zur weiteren Intensivierung der Luftrüstung aus.

Die deutsche Flugzeugindustrie hatte zwar seit Anfang 1942 ihre Produktion wesentlich erhöhen können – von 12 414 Flugzeugen im Jahre 1941 auf 15 401 1942 und 24 807 1943 –, doch hatte diese Produktionssteigerung nicht verhindern können, daß die Luftwaffe 1943 die Luftherrschaft verlor und in die Defensive gedrängt wurde.

Die Flugzeugproduktion in den Ländern der Antihitlerkoalition wuchs rascher als im faschistischen Deutschland. Hinzu kam, daß trotz der neuen staatsmonopolistischen Organisation in der Leitung und Lenkung der Luftfahrtindustrie die Konkurrenzkämpfe keineswegs schwanden, sondern nur auf höherer Ebene um so erbitterter fortgesetzt wurden.

Der Versuch Milchs im Januar 1942, die Entwicklung aller neuen Flugzeuge nur einem oder zwei Konzernen zu übertragen, war am Widerstand der Industriellen gescheitert, die ein unmittelbares Profitinteresse daran hatten, daß von ihnen entwickelte Flugzeuge in die Serienproduktion übernommen wurden. Statt einer geplanten Bereinigung stieg die Zahl der Flugzeugmuster und ihrer Varianten steil an, wie aus folgender Tabelle ersichtlich wird:

1939	17 Flugzeugmuster mit	3 Varianten
1940	14 Flugzeugmuster mit	6 Varianten
1941	16 Flugzeugmuster mit	7 Varianten
1942	22 Flugzeugmuster mit	6 Varianten
1943	23 Flugzeugmuster mit	10 Varianten
1944	27 Flugzeugmuster mit	11 Varianten

Dabei gingen nicht immer die besten Flugzeuge in die Serienproduktion, sondern es hing vom Einfluß und von der Stärke einzelner Konzerne ab, ob bessere oder zumindest gleichwertige Baumuster der Konkurrenz kaltgestellt und dafür ihre Typen gebaut wurden, die längst nicht mehr den Anforderungen des Kampfes entsprachen.

Das System der Ausschüsse und Ringe trug maßgeblich zur Konzentration der Produktion bei. Typisch für diesen Prozeß war die Tatsache, daß die von Großkonzernen kontrollierten Flugzeugwerke einen überragenden Einfluß in der Luftfahrtindustrie gewannen, daß sie sich weitaus stärkere Positionen sicherten als im ersten Weltkrieg.

Ihren ersten wirksamen Schlag gegen die faschistische Treibstoffversorgung führte die US Air Force im August 1943 mit Angriffen der 15. Luftflotte gegen Ploieşti

Eine spätere Variante des «bemannten» Geschosses war die bemannte Fi 103, in der eine Kabine für den Todespiloten eingebaut war. Nur der Zusammenbruch des Regimes verhinderte den Einsatz dieser Waffe

Ursprünglich auf den Bau von Sportflugzeugen begrenzt, wurde die von der AEG kontrollierte Focke-Wulf A.G. zu einem der stärksten Flugzeugkonzerne, übertroffen nur noch von der Messerschmitt A.G., die es – nicht zuletzt dank ihrer Beziehungen zur faschistischen Führungsspitze – verstand, sich in allen Kämpfen zu behaupten und ihr Imperium ständig auszubauen.

Auch Konzerne, die der Flugzeugindustrie bisher noch relativ ferngestanden hatten, waren in das Luftrüstungsgeschäft nicht nur eingestiegen, sondern nahmen eine führende Stelle darin ein. Typisches Beispiel dafür war der von Krupp kontrollierte Weser-Flugzeugbau, ein ausschließliches Nachbauwerk, das seit 1940 die gesamte Entwicklung und Steuerung der Serienfertigung eines der bekanntesten Flugzeuge, der Ju 87, leitete. Der faschistische «Stuka» war genaugenommen kein Produkt Junkers', sondern Krupps. Im Vergleich zu diesen aufstrebenden Konzernen – wobei die Betriebe, die sich in der Hand des faschistischen Staates befanden, wie Junkers und Arado, ihre Spitzenstellungen wahrten – verloren andere Konzerne relativ an Bedeutung. Heinkel zum Beispiel, einst Spitzenmanager der faschistischen Luftrüstung, mußte sich 1944 mit einer untergeordneten Stellung begnügen.

Die Stellung der einzelnen Konzerne in der faschistischen Luftrüstungsindustrie wurde nicht allein durch die Zahl der von ihnen ausgebeuteten Arbeitskräfte bestimmt. Die von ihnen unterhaltenen Beziehungen zum Staatsapparat beziehungsweise die Stellung, die einzelne Konzernvertreter im Staatsapparat innehatten, waren gleichfalls von wesentlicher Bedeutung. Auffällig ist zum Beispiel, daß sich einzelne Firmen besonders enger Beziehungen zur SS rühmen durften und von ihnen die Masse der billigsten Arbeitskräfte, die sie zu Tode ausbeuten konnten, zugewiesen erhielten. An der Spitze stand dabei gewiß nicht zufällig

Messerschmitt, bei dem Anfang 1944 etwa 5 000 KZ-Häftlinge ausgebeutet wurden, gefolgt von Heinkel – etwa 4 000 – und den Erla-Werken Leipzig mit 1 500 Häftlingen. Die industrielle Selbstverwaltung dagegen lag bis zum Ende des Krieges bei Frydag vom Henschel-Konzern, der später auch Direktor bei Heinkel wurde, und bei Heyne von der AEG-Hauptverwaltung. Zwischen den stärksten Konzernen gab es offensichtlich auch eine Aufteilung der Flugzeugindustrie in den okkupierten Ländern. Der größte Brocken, nämlich die französische Luftfahrtindustrie, stand seit dem 24. Februar 1943 unter der Leitung von Focke-Wulf, dessen Vertreter Vogel an diesem Tag als Sonderbeauftragter des RLM für alle Fragen der französischen Luftrüstung eingesetzt wurde. Sein Stellvertreter war bezeichnenderweise ein Mann der Messerschmittwerke. Unter ihrer Leitung «betreuten» die deutschen Flugzeugkonzerne, in erster Linie Focke-Wulf, aber auch Messerschmitt, Dornier, Junkers, Arado, Blohm & Voss, die französischen Betriebe.

Was für Focke-Wulf Frankreich, war für Messerschmitt Südosteuropa, wo sich der Konzern durch Eindringen in die ungarische und rumänische Flugzeugindustrie eine Vorzugsstellung sicherte. In welchem Maße die Flugzeugkonzerne aus der Aufrüstung und vor allem aus dem Krieg ein

Hauptorganisatoren der faschistischen
Luftrüstung: Karl Frydag vom Henschel-
Konzern und   Hans Heyne von der AEG

Die zehn stärksten deutschen Flugzeugkonzerne 1944 (Oktober)

Konzern	Arbeitskräfte im Stammwerk	Arbeitskräfte in ausgelagerten Betrieben	im Vergleich zu 1938
1. Junkers AG	21 989	26 977	25 855
2. Messerschmitt AG	14 273	19 177	9 257
3. Arado Flugzeugwerke GmbH	15 786	16 260	14 090
4. Focke-Wulf Flugzeugbau GmbH	11 920	17 042	8 428
5. Dornierwerke GmbH	10 095	15 407	15 344
6. Wiener Neustädter Flugzeugwerke GmbH	7 438	11 953	—
7. Ernst Heinkel AG	11 683	7 163	18 297
8. Erla-Maschinenwerke GmbH	10 025	8 276	4 310
9. Weser-Flugzeugbau	6 513	11 720	9 433
10. Henschel Flugzeugwerke AG	4 066	8 059	8 851

■ Arbeitskräfte im Stammwerk ■ Arbeitskräfte in ausgelagerten Betrieben ▮ im Vergleich zu 1938

Geschäft für sich machten, enthüllten die ausgewiesenen – in Wirklichkeit noch höher liegenden – Reingewinne des Junkers-Konzerns und der Erla-Maschinenwerke GmbH. Der Junkers-Konzern verzwölffachte zwischen 1933 und 1943 seine Gewinne, der Erla-Konzern versechzehnfachte sie sogar. Mit derartigen Profiten lagen die Flugzeugindustriellen in der Spitzengruppe der Kriegsgewinnler.

Umsatzsteigerungen der Messerschmitt A. G.

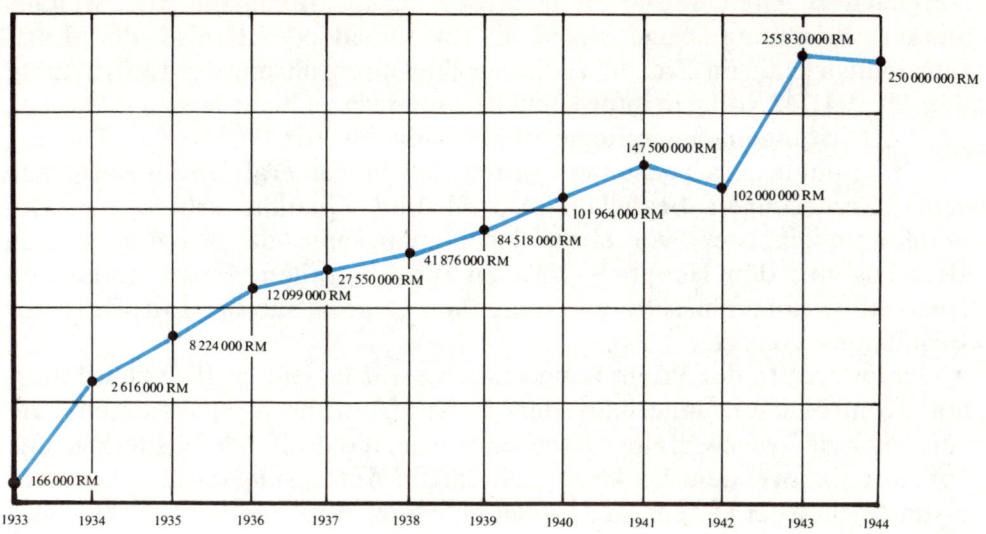

255 830 000 RM
250 000 000 RM
147 500 000 RM
102 000 000 RM
101 964 000 RM
84 518 000 RM
41 876 000 RM
27 550 000 RM
12 099 000 RM
8 224 000 RM
2 616 000 RM
166 000 RM

1933 1934 1935 1936 1937 1938 1939 1940 1941 1942 1943 1944

Reingewinne des Junkers-Konzerns

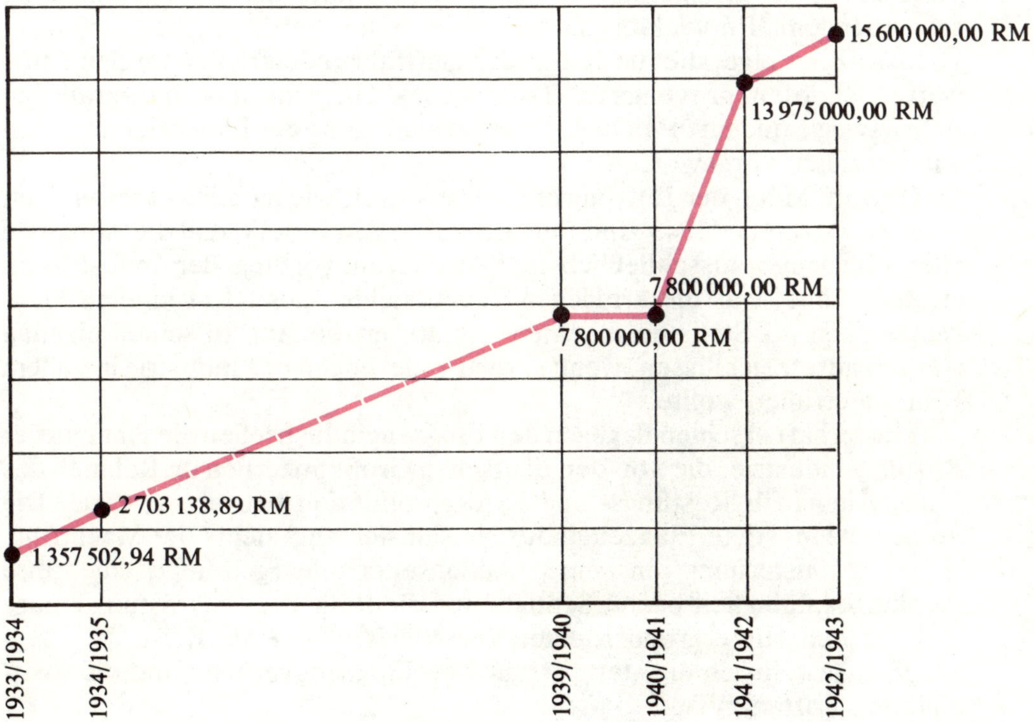

15 600 000,00 RM
13 975 000,00 RM
7 800 000,00 RM
7 800 000,00 RM
2 703 138,89 RM
1 357 502,94 RM

1933/1934 1934/1935 1939/1940 1940/1941 1941/1942 1942/1943

411

Obwohl Milch dem Expansionsdrang der Flugzeugkonzerne – etwa im Vergleich zu Udet – und ihrem Streben nach Maximalprofiten weitaus stärker Rechnung trug, sahen es entscheidende Kreise der Luftfahrtindustrie als ihr Ziel an, nicht nur die Durchführung der Luftrüstung, die seit 1941/42 völlig in ihrer Hand lag, sondern auch die gesamte Planung der Luftrüstung in eigene Regie zu übernehmen. Bis 1943 war die Planung der Programme derart gestaltet worden, daß der Generalstab der Luftwaffe seine Forderungen bezüglich Anzahl und Qualität erhob, der Generalluftzeugmeister, vor allem das Planungsamt, das Programm nach Beratung mit den Hauptausschüssen für Flugzellen, Flugmotoren und Ausrüstung aufschlüsselte und dann dem Generalstab der Luftwaffe zur Bestätigung vorlegte.

Gerade wegen der Programmgestaltung war es jedoch 1943 zu erbitterten Kontroversen innerhalb der Luftwaffenführung gekommen, die Ausdruck des verzweifelten Bemühens war, die drohende Niederlage aus der Luft abzuwenden. Da keine einheitliche Auffassung darüber bestand, ob im Zeichen der Defensive dem Jagdflugzeug, dem Bombenflugzeug oder den in Entwicklung begriffenen Raketen- und Düsenflugzeugen der Vorrang zu geben sei, die Schwerpunkte in den Programmen und Entwicklungsplänen entsprechend dem Kriegsverlauf häufig wechselten, sahen sich die Flugzeugkonzerne veranlaßt, sich mehrgleisig auf alle Möglichkeiten vorzubereiten. Mangelnde Schwerpunktbildung führte zu schleppendem Entwicklungstempo und hatte beträchtliche Reibungsverluste zur Folge, die die Kritik der Luftfahrtindustriellen an den Luftwaffenbehörden provozierte. Technisches Unvermögen, bürokratische Arbeitsweise und unzureichende Berücksichtigung der Industrieinteressen wurden ihnen vorgeworfen.

Obwohl Milch der Luftfahrtindustrie soweit wie möglich entgegenkam – am 6. Dezember 1943 zum Beispiel durch den Befehl, daß die Abnahme aller Flugzeuge ausschließlich in Selbstverantwortung der Industrie zu erfolgen habe, was die kritischen Bauaufsichten des RLM in allen Flugzeugwerken zu Statisten machte –, hätte er die Axt an seinen eigenen Ämtern ansetzen müssen, wenn er die Forderungen der Industrie in vollem Umfang erfüllen wollte.

Musterhaft erschien dagegen den Flugzeugindustriellen die Planung der Rüstungsindustrie, die von den deutschen Großkonzernen im Rahmen des Ministeriums für Rüstungs- und Kriegsproduktion betrieben wurde. Die vordem begünstigte Flugzeugindustrie sah sich angesichts der Machtfülle dieses Ministeriums in eine Außenseiterrolle gedrängt, die ihre Konkurrenzfähigkeit beeinträchtigte und die Rolle der Luftrüstung immer mehr in den Hintergrund rückte. Verschärft wurde die Krise der Flugzeugindustrie durch die stetig steigenden Flugzeugverluste und die westalliierten Luftangriffe.

Es waren also nicht nur ein, sondern mehrere Gründe, die am 1. März 1944 zur Bildung des Jägerstabs führten. Er war ein staatsmonopolistisches Leitungsorgan, dessen Aufgabe darin bestand, «ohne bürokratische Hemmungen durch unmittelbare Befehlsgebung» die Produktion von Jagdflugzeugen sicherzustellen und beträchtlich zu steigern. Mit ihm war ein weiterer Schritt zur Verschmelzung der Luftfahrtindustrie mit der gesamten Rüstungsindustrie vollzogen worden, der bereits Ende 1943 durch die Umbildung des Hauptausschusses für Flugzellenbau zum Hauptausschuß Flugzeugbau im Speerministerium eingeleitet worden war, das bereits Teile der Luftrüstungsplanung übertragen bekam. In diesem Zusammenhang wurden auch die Flugzeugindustriellen von diesem Ministerium – nicht mehr vom Generalluftzeugmeister – für die Ausnutzung und Ausplünderung der italienischen Flugzeugindustrie eingesetzt. Unter Leitung von Frydag übernahmen Messerschmitt, Focke-Wulf, Heinkel und Arado die Leitung der norditalienischen Flugzeugwerke. Darüber hinaus wurde der Jägerstab gebildet, um für eine rasche Beseitigung von Fliegerschäden zu sorgen und die Verlagerung der Flugzeugindustrie zentral zu steuern.

Eines der schwärzesten Kapitel der faschistischen Luftrüstung, für das sich einzig und allein Milch nach dem Kriege verantworten mußte, während die die Profite abschöpfenden Flugzeugkonzerne nie zur Verantwortung gezogen wurden, ist mit der Verlagerung der Flugzeugproduktion verbunden: die massenhafte brutale Ausbeutung von KZ-Häftlingen, die der von der SS praktizierten Methode der «Vernichtung durch Arbeit» glich. Bis weit in das Jahr 1943 hinein hatten die Flugzeugkonzerne und das OKL in der Illusion gelebt, ihre Luftrüstungsindustrie wäre durch Bombenangriffe nicht gefährdet. Messerschmitt hatte einst forsch erklärt, seine Werke lägen außerhalb der Reichweite britischer Flugzeuge. Nur Focke-Wulf, ein eng mit den USA-Monopolen verbundener Konzern, hatte 1941/42 begonnen, seine in Bremen befindlichen Stammwerke nach Marienburg, Sorau, Cottbus und Poznań zu verlagern, ein Beispiel, das für die meisten Konzerne nicht nachahmenswert erschien, weil es mit hohen Kosten verbunden war. Eine Wende vollzog sich Ende 1943 und besonders im Februar 1944, nach den schweren Angriffen auf einige Flugzeugwerke. Da die Luftwaffenführung nicht in der Lage war, einen ausreichenden Luftschutz zu gewährleisten, sah man das Allheilmittel zunächst in der verstreuten Verlagerung der größten Flugzeugwerke. 27 Großbetriebe sollten ihre Produktion auf 729 kleine Betriebe verteilen. Obwohl dadurch die Luftgefährdung vermindert wurde, wogen die Nachteile ungleich schwerer. Die Konzerne benötigten mehr Arbeitskräfte und mehr Werkzeugmaschinen, mußten vielfach von der Fließbandfertigung abgehen und wieder zur Handwerksproduktion übergehen, waren stärker vom überforderten Transportwesen abhängig, wobei trotz allem eine Hauptgefahr blieb: die Zerschlagung jener Werke, in denen die Flugzeuge montiert wurden. Die Verlagerung und Zerstreuung der Flugzeugindustrie war somit ein unter hohen Kosten und Kapazitätseinbuße erkaufter Notbehelf, der die Probleme nicht löste.

Als Alternative dazu entwickelte Göring die Vorstellung, die Produktion in Höhlen und Tunneln zu konzentrieren, die unangreifbar wären, eine höhere Rentabilität besäßen und weniger vom Transport abhängig wären. Hitler stellte sich die Sache so vor, «daß man in engen Gebirgstälern, etwa wie in der Sächsischen Schweiz, Dächer einziehen solle», die in mehreren Stockwerken eine «bombensichere Produktion» erlaubten.

Der Bau unterirdischer Anlagen erforderte Zeit, Geld und Arbeitskräfte in einem Ausmaß, über die die Luftwaffe Anfang 1944 nicht mehr verfügte. Das Höhlenbauprogramm wurde deshalb als zweite Etappe der Verlagerung angesehen, und die Luftwaffe verband sich am 14. Februar 1944 mit der SS-Führung, um Arbeitskräfte, das heißt KZ-Häftlinge, für dieses Bauprogramm zu erhalten. Zum Beauftragten des Jägerstabs für die unterirdische Verlagerung wurde der einstige RLM-Mitarbeiter und nunmehrige Leiter der Amtsgruppe C im Wirtschaftsverwaltungshauptamt der SS Dr. Heinz Kammler ernannt, unter dessen Kommando Zehntausende von Häftlingen durch Arbeit «vernichtet» wurden. Diese rücksichtslose Verwendung menschlicher Arbeitskraft lag völlig im Sinne des RLM, als deren Vertreter sich Milch wiederholt für derartige Praktiken ausgesprochen hatte; so am 25. März 1944 in einer Rede vor den Flotteningenieuren und Oberquartiermeistern, wo er sich für die Beaufsichtigung von Kriegsgefangenen durch die SS aussprach. «Diese Leute lassen sich nicht mit kleinen Mittelchen zu höheren Leistungen bringen. Sie werden eben nicht scharf genug angefaßt ... Mit dem Völkerrecht kann man hier nicht arbeiten ... dann bringen wir die Brüder mit der Peitsche wieder zur Arbeit. Dann ist die Peitsche das Gesundheitsmittel.» Dieselbe Haltung bekundete Milch, als im Stab des Generalluftzeugmeisters diskutiert wurde, wie man sich im Fall eines Streiks französischer Arbeiter bei der Invasion verhalten solle. «Ich würde dann bitten, daß ich zum Militärbefehlshaber ernannt würde. Dann würde ich die Belegschaft zusammentreiben und 50 Prozent erschießen lassen; diese Tatsache würde ich dann bekanntgeben, und die restlichen 50 Prozent, wenn nötig, mit Prügeln an die Arbeit bringen. Arbeiten sie nicht, würden sie auch zusammengeschossen ... Das Wort ‹Streik› darf überhaupt nicht gebraucht werden. Für uns gibt es nur ‹leben oder sterben›, aber nicht ‹streiken› ... Das Wort ‹Streik› bedeutet Tod für den, der es gebraucht.»

Dies war nicht das unverbindliche Geschwätz eines größenwahnsinnigen Luftmarschalls, sondern danach handelten die faschistischen Luftrüstungsbeauftragten. Am 1. Mai 1944 kam es zu einem Streik der Zwangsarbeiter in Mülsen St. Micheln, die für den Erla-Konzern

Tragflächen bauten. Bei dem Einsatz der faschistischen Polizei – die Fabrik ging in Flammen auf, und 100 bis 300 Tragflächen verbrannten – wurden 200 Häftlinge erschossen, 80 schwer verwundet, und 20 entflohen. Kammler erklärte daraufhin zynisch: «Wie üblich, kommt es nur daher, weil die Leute bemerkt haben, daß sie nicht mehr streng genug behandelt werden. Ich habe 30 Leute in Sonderbehandlung aufhängen lassen. Seitdem sie hängen, ist alles wieder in Ordnung gekommen.» Der Unmenschlichkeit der SS-Soldateska stand die Brutalität, mit der die Flugzeugindustriellen «ihre» KZ-Häftlinge behandelten, in nichts nach. Die Lebensverhältnisse in den Stollen bei Gusen zum Beispiel, wohin Messerschmitt die Produktion von Me-262-Flugzeugen verlagern ließ, waren nach Zeugenaussagen «schlimmer als die Hölle, waren schlimmer als der Steinbruch von Mauthausen; die Zivilisten bei Messerschmitt waren schlimmer als die SS». Und in nichts unterschieden sich diese Verhältnisse, ob bei Heinkel in Oranienburg oder in Barth, ob bei BMW, Dornier oder Siemens. Im März 1944 wurden 36 000 KZ-Häftlinge von der Flugzeugindustrie ausgebeutet, ihre Anzahl sollte auf 90 000 erhöht werden. Ein Großteil davon rekrutierte sich aus ungarischen Juden, von denen die Industrie 12 000 anforderte, die von der SS ab 27. Juni 1944 «gebündelt» zu je 500 «Stück» «abgegeben» wurden. Für die unterirdische Verlagerung der Flugzeugindustrie wurden zunächst 100 000 KZ-Häftlinge eingesetzt. Die bedeutendsten unterirdischen Fabrikanlagen wurden für die Produktion der A-4-Rakete und der Me 262 im Kohnstein (Mittelwerk GmbH), für die Produktion der Me 262 in Kahla und Kammsdorf, für Junkers in Staßfurt, für AGO bei Aschersleben, für Henschel bei Berlin, für Daimler-Benz bei Heidelberg und für BMW bei Markirch angelegt. Ab Mitte Mai 1944 wurde probeweise auf 200 000 Quadratmetern die unterirdische Produktion begonnen. Zwischen Juni und August verfünffachte sich diese Fläche.

Neben den unterirdischen Werkanlagen setzte die faschistische Führung die größten Hoffnungen auf die Errichtung gewaltiger Bunkerfabriken. Am 21. April 1944 teilte Hitler Speer mit, daß er der Organisation Todt den Bau von 6 Jägerfabriken befohlen habe. Jedes dieser Großwerke sollte 600 000 Quadratmeter Produktionsfläche haben. Als Standorte für 5 dieser Bunker waren Kauffering bei Augsburg (für Messerschmitt), Mühldorf am Inn, Vaihingen an der Enz, Glesch an der Erft und der Raum nördlich von Prag vorgesehen. Die Jagdflugzeugbunkerfabriken sollten etwa 30 Meter hoch, 300 bis 400 Meter lang, 90 Meter breit sein und bis zu sechs Stockwerke haben. Keines dieser Werke wurde bis Kriegsende fertig; Kauffering und Mühldorf zu etwa 50 Prozent, Vaihingen und Glesch zu etwa 10 Prozent. Eine letzte Notmaßnahme der faschistischen Führung zur Verlagerung ihrer Flugzeugindustrie war die Anlage sogenannter Waldfabriken, die zur Endmontage benutzt wurden.

Ausschließlich aus Holz gebaut, in der Nähe von Autobahnen angelegt, wurde in ihnen im Frühjahr 1945 ein Großteil der Me-262-Flugzeuge gebaut. Die Messerschmittwerke errichteten etwa ein Dutzend solcher Werkstätten bei Leipheim, Horgau, Schwäbisch-Hall, Gauting usw.

Neben diesen Verlagerungsmaßnahmen stand die Steigerung der Produktion im Mittelpunkt des Jägerstabs, der zwar von Speer und Milch geleitet wurde, dessen Organisator jedoch Karl Saur war, unterstützt von Personen wie Kammler, Walter Schlempp, Fritz Schmelzer, von den Konzernbeauftragten Frydag, Werner und Heyne. Die Produktion von Jagdflugzeugen wurde von ihnen von 1 638 Flugzeugen im März 1944 auf 3 375 im September 1944 heraufgetrieben.

Diese Verdopplung der Produktion wurde erreicht durch die Konzentration staatsmonopolistischer Regulierungsgewalt auf das Jagdflugzeugprogramm, durch die restlose Ausschöpfung der Potenzen und Kapazitäten der Luftfahrtindustrie, durch eine allgemeine Durchsetzung seit Jahren geforderter Rationalisierungsmaßnahmen, durch die Heraufsetzung der Arbeitszeit von 60 auf 72 Stunden in der Woche, durch die in vielen Betrieben eingeführte zweite Schicht, durch die Einführung der Siebentagewoche von März bis September 1944 und schließlich durch eine radikale Typenbeschränkung.

Saur erklärte, bei Gründung des Jägerstabs seien 45 Flugzeugmuster gebaut worden, im Juli 1944 nur noch 20 und im September 1944 nur noch 11, wobei 74 Prozent der Produktion auf die Me 109, die FW 190, sowie die Ju 88 – einschließlich der Nachfolgemuster Ju 188 und Ju 388 – entfielen. Durch die Beschränkung auf wenige Typen konnte die Kapazität der Werke weitaus höher ausgelastet und Leerlauf vermieden werden. Auf der anderen Seite flossen der Luftrüstungsindustrie seit März 1944 weitaus mehr Rohstoffe zu als früher, wurde eine Reihe von Werken der Heeres- auf die Luftrüstung umgestellt.

Imperialistische Historiker, die die Tätigkeit des Jägerstabs schildern, geraten in Euphorie. Der BRD-Historiker Gregor Janssen schreibt, der Jägerstab «hat in den fünf Monaten Ungeheures geleistet», er war die «letzte Maßnahme, das Steuer doch noch herumzureißen». Bei näherer Betrachtung kommt man jedoch zu dem Schluß, daß die Erfolge des Jägerstabs nur Scheinerfolge waren, die das Steuer niemals herumreißen konnten, sondern vielmehr die endgültige Niederlage der Luftwaffe einläuteten.

Am 5. Mai 1944 richtete die Abteilung Ia/Flieg eine Denkschrift an den Generalstabschef der Luftwaffe, in der ausgeführt wurde, «die Bildung des Jägerstabes habe zu einer völlig einseitigen Behandlung von Luftwaffenrüstungsfragen» geführt, die im «Sinne der Gesamtkriegführung untragbar» seien. Fast die Hälfte aller Bombenfliegergruppen – das heißt 23 Gruppen – müßten aufgelöst werden. «Diese Tatsache ist praktisch

416

gleichbedeutend mit dem Ende der offensiven Luftkriegführung und bedeutet fast den Tod der Kampffliegerwaffe.»

In der Tat war die Steigerung der Produktion von Jagdflugzeugen von radikal absinkenden Fertigungszahlen in der Bombenflugzeugproduktion begleitet, die die faschistische Führung zwang, eine steigende Anzahl von Bombenflugzeuggeschwadern aus dem Einsatz zu ziehen. Sie verfügten Anfang 1944 über 60 bis 70 Prozent ihres Sollbestandes. Angesichts der steigenden Verluste der faschistischen Bombenfliegerkräfte 1943/44 war für den Luftwaffengeneralstab absehbar, wann diese Waffe völlig außer Dienst gestellt werden mußte. Er schlug zur Behebung dieses Umstands die Steigerung der Bombenflugzeugproduktion und die Übernahme auch der letzten Reste der Luftrüstung in das Ministerium für Rüstung und Kriegsproduktion vor. Dieser letzten Auffassung waren nicht nur die Flugzeugindustriellen, sondern auch Speer und Milch, die am 20. Juni 1944 von Hitler die Weisung erwirkten, die gesamte Luftrüstung unter ihre Führung zu nehmen. Der Hauptausschuß Flugzeuge unter Frydag wurde in das Ministerium eingegliedert und ab 1. August 1944 Teil des Rüstungsstabes. Eine seiner ersten Maßnahmen bestand allerdings nicht darin, die Bombenflugzeugproduktion zu steigern, sondern sie völlig einzustellen. Im August 1944 ordnete Frydag die sofortige Umsetzung von 20 000 Arbeitern aus den Bomben- in die Jagdflugzeugwerke an.

Luftwaffe im Zweifrontenkrieg. Die Wunderwaffen

Das Konzept der faschistischen Luftrüstung und Luftstrategie, das in der Bildung des Jägerstabs seinen Ausdruck fand, sah für 1944 drei Schwerpunkte vor, denen sie alle anderen Probleme unterordnete: 1. Aufbau einer intakten Luftverteidigung, 2. Abwehr aller westalliierten Landungsversuche und 3. Festigung der deutsch-sowjetischen Front. Dementsprechend wurden die Prioritäten in der Luftrüstung gesetzt. 80 Prozent aller Anstrengungen sollten auf die Produktion von Jagdflugzeugen, der Rest auf den Bau von Schlacht- und Aufklärungsflugzeugen gelegt werden. Alle drei strategischen Absichten mißlangen jedoch völlig. Wie der Generalstab der Luftwaffe im März 1944 feststellte, bildete «eine intakte Luftverteidigung die Voraussetzung zur erfolgreichen Weiterführung des Krieges». Die Luftverteidigungskräfte wurden deshalb im ersten Halbjahr 1944 weiter verstärkt. Ihren Kern bildeten Jagdfliegerkräfte. Ausdruck dessen war auch die Ablösung des Generalobersts der Flakartillerie Weise durch den Generaloberst der Fliegertruppe Hans-Jürgen Stumpff am 6. Januar 1944 und die Bildung der Luftflotte Reich – an Stelle des Luftwaffenbefehlshabers Mitte – am 5. Februar 1944.

Trotz ihrer beträchtlichen Stärke war die faschistische Luftverteidigung nicht in der Lage, die schweren Luftangriffe, besonders die der amerikanischen Fliegerkräfte, zu verhindern. Am 6. März 1944 wurde Berlin erstmals bei Tage von 660 USA-Bombenflugzeugen, begleitet von 19 Jagdgruppen, angegriffen. Im Zeichen der stetig zunehmenden Kräfteüberlegenheit der Fliegerverbände der Antihitlerkoalition wurde die Luftwaffe unter wachsenden Verlusten weiter in die Defensive gedrängt. Die unbehindert im exakten Formationsflug einfliegenden Bomberpulks, die von jedermann beobachtet werden konnten, erzeugten bei der deutschen Bevölkerung Gefühle der Hilflosigkeit und des Ausgeliefertseins. In einem Bericht des faschistischen Sicherheitsdienstes vom Frühjahr 1944 hieß es: «Weiter wird vielfach darüber gesprochen, daß ‹der Feind nicht nur die Luftüberlegenheit, sondern auch die Luftherrschaft über Deutschland erobert hat›. Da in Mecklenburg am letzten Sonntag annähernd 60 Städte und Dörfer von amerikanischen Jagdverbänden am hellen Tage angegriffen worden sind, hat sich das Gefühl der Hilflosigkeit gegenüber dem Massenansturm des Gegners noch vertieft.»

Unfähig, den Bevölkerungsschutz zu organisieren, nicht bereit, den sinnlosen, verbrecherischen Krieg zu beenden, hetzte die faschistische Führung zu Ausschreitungen gegen abgeschossene «Terrorflieger» auf.

Am 28. Mai 1944 veröffentlichte Joseph Goebbels im «Völkischen Beobachter» ein «Wort zum feindlichen Luftterror», in dem er aufforderte, Auge um Auge, Zahn um Zahn zu vergelten und jeden «Kindesmörder» so zu behandeln, wie er es verdient. Das schrieb derselbe Goebbels, der dem britischen Volk auf dem Höhepunkt der Luftschlacht um England schwerste Repressalien angedroht hatte, «wenn wegen Luftnot mit dem Fallschirm abgesprungenen deutschen Fliegern durch die englische Bevölkerung etwas geschehe».

Am 30. Mai 1944 gab Martin Bormann ein Rundschreiben an alle faschistischen Reichs-, Gau- und Kreisleiter heraus, in dem er sich für eine Lynchjustiz an abgeschossenen Fliegern aussprach. Wenn es auch zu einzelnen Akten einer derartigen Mordjustiz kam, von der Mehrheit des deutschen Volkes wurden sie abgelehnt; im Gegenteil, die SS-Führung beklagte, daß «die deutsche Bevölkerung» gegenüber «abgeschossenen Feindfliegern» nicht den «entsprechenden Abstand wahrt» und «falsch verstandenes Mitleid» zeige. Heinrich Himmler befahl in solchen Fällen die sofortige Einweisung in ein Konzentrationslager.

Als verzweifeltes Aushilfsmittel, um überhaupt zu den stark jagdgeschützten Bombenfliegerkräften vordringen zu können, entwickelte die Luftflotte Reich ab Mai 1944 die sogenannte Sturmjagd, die die Selbstaufopferung der Jagdflieger zum Inhalt der Taktik machte. Zwar flauten im Mai 1944 die Schläge der britischen und amerikanischen Bombenfliegerkräfte gegen Deutschland ab, doch war dies nicht etwa Folge einer

Republic P-47 D-30 RE «Thunderbolt»
Die P-47 war mit 6 610 kg das schwerste
während des zweiten Weltkriegs eingesetzte Jagdflugzeug. Es war unter
Auswertung der ersten Luftkampfhandlungen in Europa 1939 entwickelt
worden und ab 1942 in den Dienst
der USA-Luftstreitkräfte gestellt
worden. Im April 1943 flog es die

ersten Einsätze im Europa und wurde
ab Juli 1943 als Langstreckenbegleitjäger verwendet. Mit
15 660 Flugzeugen war es das meistgebaute USA-Jagdflugzeug des
zweiten Weltkriegs, das in den
Fliegerkräften einiger kapitalistischer
Staaten noch bis Ende der sechziger
Jahre verwendet wurde.

verstärkten Abwehr seitens der faschistischen Luftverteidigung, sondern
ein Ergebnis der Konzentration der westalliierten Fliegerkräfte zur Vorbereitung der Invasion.

Bekanntlich hatten einflußreiche Kräfte des amerikanischen und britischen Imperialismus bis in das Frühjahr 1944 hinein die Hoffnung nicht
aufgegeben, das faschistische Deutschland in absehbarer Zeit allein durch
den Fernluftkrieg zerschlagen zu können. Doch im Frühjahr 1944 wuchs
für den amerikanischen und britischen Imperialismus die Gefahr, daß die
Sowjetunion aus eigener Kraft auch Westeuropa befreien könnte. Die
Invasion war nicht mehr zu verzögern. Alle strategischen Luftkriegspläne
wurden deshalb zurückgestellt. Gegen ihren heftigen Widerstand wurden
das Bomber Command sowie die 15. und die 8. USA-Luftflotte am
14. April 1944 dem Obersten Befehlshaber der alliierten Expeditions-
streitkräfte in Europa, Dwight D. Eisenhower, unterstellt.

Das alliierte Oberkommando (SHAEF) verfügte nach dieser Maßnahme
über insgesamt 12 000 Flugzeuge, darunter 3 467 schwere Bomben-, 1 654
mittlere Bomben-, 5 409 Jagd- und Jagdbomben-, 1 360 Transport- und 520
Aufklärungsflugzeuge. Kern dieser Luftstreitmacht bildeten neben den
Fernfliegerkräften die 2. und die 9. taktische Luftflotte. Die Hauptaufgabe
der Luftstreitkräfte vor der Invasion bestand darin, die Normandie vom
übrigen Frankreich zu isolieren (sogenannte interdiction) und damit die
Zuführung deutscher Reserven an den Brückenkopf zu vereiteln, zu-

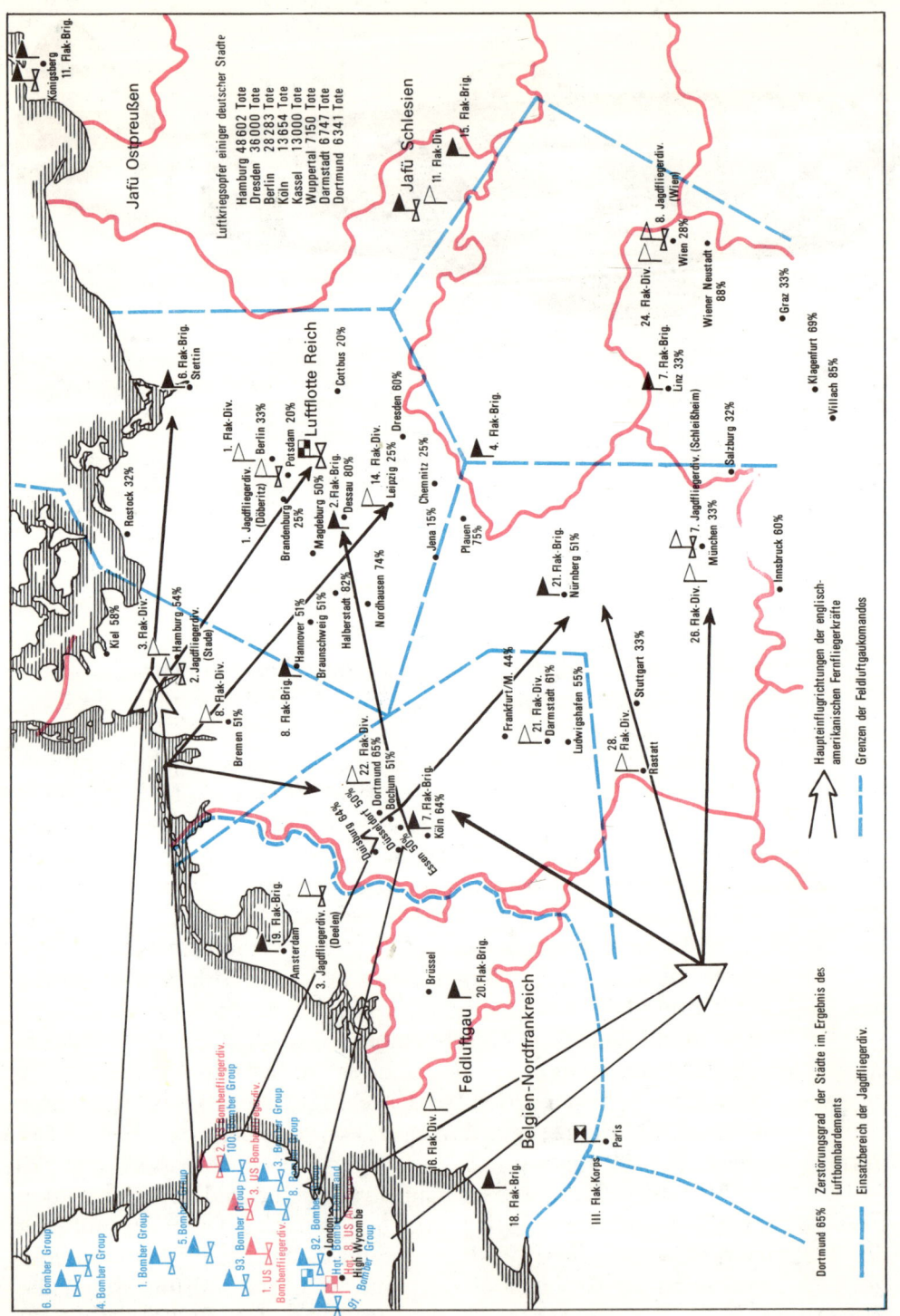

Luftkriegsopfer einiger deutscher Städte

Hamburg 48 602 Tote
Dresden 36 000 Tote
Berlin 28 283 Tote
Köln 13 854 Tote
Kassel 13 000 Tote
Wuppertal 7150 Tote
Darmstadt 6747 Tote
Dortmund 6341 Tote

Jafü Ostpreußen

Jafü Schlesien

Luftflotte Reich

Feldluftgau

Belgien-Nordfrankreich

11. Flak-Brig.
Königsberg

15. Flak-Brig.
11. Flak-Div.

8. Jagdfliegerdiv. (Wien)
Wien 28%

24. Flak-Div.
Wiener Neustadt 88%

Graz 33%

Klagenfurt 85%
Villach 85%

7. Flak-Brig.
Linz 33%

Salzburg 32%

7. Jagdfliegerdiv. (Schleißheim)
München 33%

Innsbruck 60%

16. Flak-Brig.
Stettin

1. Flak-Div.
1. Jagdfliegerdiv. (Döberitz)
Berlin 33%
Potsdam 20%
Brandenburg 25%
Magdeburg 50%
2. Flak-Div.
Dessau 80%
14. Flak-Div.
Leipzig 25% Dresden 60%
Chemnitz 25%

Cottbus 20%

4. Flak-Brig.

Rostock 32%

Kiel 58%
3. Flak-Div.
Hamburg 54%
2. Jagdfliegerdiv. (Stade)
8. Flak-Div.
Bremen 51%
8. Flak-Brig.
Hannover 51%
Braunschweig 51%
Halberstadt 82%
Nordhausen 74%
Jena 15% Plauen 75%

26. Flak-Div.
21. Flak-Brig.
Nürnberg 51%

Frankfurt/M. 44%
21. Flak-Div.
Darmstadt 61%
Ludwigshafen 55%
28. Flak-Div.
Stuttgart 33%
Rastatt

22. Flak-Div.
Dortmund 65%
Bochum 51%
7. Flak-Brig.
Köln 64%
Duisburg 64%
Düsseldorf 52%
Essen 50%

19. Flak-Brig.
3. Jagdfliegerdiv. (Deelen)
Amsterdam

Brüssel
20. Flak-Brig.

16. Flak-Brig.

18. Flak-Div.

III. Flak-Korps
Paris

6. Bomber Group
4. Bomber Group
1. Bomber Group
5. Bomber Group
93. Bomber Group
1. US Bomber Group
1. US Bombenfliegerdiv.
2. US Bombenfliegerdiv.
100. Bomber Group
8. US Bomber Group
92. Bomber Group
London
Hqt. 8. US Air Force
High Wycombe
97. Bomber Group

Haupteinflugrichtungen der englisch-amerikanischen Fernfliegerkräfte

Grenzen der Feldluftgaukommandos

Dortmund 65% Zerstörungsgrad der Städte im Ergebnis des Luftbombardements

Einsatzbereich der Jagdfliegerdiv.

mindest aber zu verzögern. Zur Verwirklichung dieses Ziels warfen die westalliierten Luftstreitkräfte von Mitte April bis zum 6. Juni 1944 71 000 Tonnen Bomben auf 51 Ziele ab. Daneben wurden seit dem 21. Mai ihre Anstrengungen auf die Zerstörung von Lokomotiven und Personen- und Güterwagen gelenkt. Im Ergebnis dieser Operation wurde die Kapazität des französischen Eisenbahnnetzes um 62 Prozent vermindert.

Fast gleich große Anstrengungen unternahm die westalliierte Führung zur Errichtung einer absoluten Luftherrschaft in Frankreich. Die Hauptschläge wurden gegen 32 Flugplätze der Luftwaffe geführt, in einem Radius von 150 Kilometern vom Brückenkopf entfernt wurden alle Flugplätze für eine Benutzung unbrauchbar gebombt.

Mit Beginn der Landung am 6. Juni 1944 konzentrierten sich die alliierten Fliegerkräfte auf den Schutz des gesamten Luftraums, die Unterstützung der Landstreitkräfte durch Bombardierung von Befestigungen, Bunkern, Stellungen usw. und auf die Bekämpfung des deutschen Nachschubs und aller Bewegungen im rückwärtigen Raum.

Am Invasionstag flogen sie 14 674 Einsätze. Demgegenüber nahmen sich die 500 Einsätze der Luftwaffe mehr als bescheiden aus und hatten nicht den geringsten Einfluß auf den Verlauf der Kampfhandlungen. Nur wenigen deutschen Flugzeugen gelang es überhaupt, bis zum Landeraum durchzudringen. Dabei hatte die faschistische Führung große Hoffnungen auf den Einsatz ihrer Luftwaffe gesetzt. Selbst der Oberbefehlshaber der westalliierten taktischen Fliegerkräfte bei der Invasion, Leigh-Mallory, hatte mit mindestens 1 000 bis 1 800 faschistischen Einsätzen gerechnet und eine ausgedehnte Luftschlacht über dem Landeraum nicht für ausgeschlossen gehalten. Eine solche Luftschlacht war auch in den Planungen des OKL vorgesehen.

Seit dem 6. Dezember 1943 entwarf das OKL einen Luftaufmarschplan unter dem Stichwort «Drohende Gefahr West». In der letzten Fassung vom 27. Februar 1944 hieß es dazu: «Der zusammengefaßte Einsatz aller fliegenden Verbände gerade in den ersten Stunden einer Landung kann entscheidend sein für den Ausgang des ganzen Unternehmens. In dieser Zeit kann der Luftwaffeneinsatz gar nicht massiert genug sein.» Zur Verstärkung der Luftflotte 3 in Frankreich war deshalb die Neuaufstellung von 2 Bomben- und 2 Jagdfliegergruppen sowie von 4 Jagd- und 2 Schlachtgeschwadern vorgesehen. Im Invasionsfall sollten ihr 4 Aufklärungsstaffeln und 3 Bombengeschwader mit 9 Gruppen und 1 Schlachtgeschwader mit 2 Gruppen von der Luftflotte 2 sowie 4 Jagdgeschwader mit 17 Jagdgruppen und 2 Nachtjagdgeschwader mit 7 Gruppen von der Luftflotte Reich zugeführt werden. Die Jagdfliegerverbände sollten vom

Der englisch-amerikanische Fernluftkrieg gegen das deutsche Hinterland (Verteilung der Kräfte mit Stand vom Frühjahr 1944)

Eine wichtige Voraussetzung für die Landung auf dem europäischen Festland war die Sicherung der Zufuhrwege von den USA nach Großbritannien. Britische Anson-Aufklärungsflugzeuge unterstützen Zerstörer bei der Suche nach deutschen U-Booten

II. Jagdkorps, die Bombenfliegerkräfte vom IX. Fliegerkorps und die Schlachtfliegerkräfte vor allem vom II. Fliegerkorps, das als Führungsstab ohne Verbände seit Dezember 1943 in Frankreich lag, eingesetzt werden. Am 31. Mai 1944 verfügte die Luftflotte 3 über 891 Kampfflugzeuge, darunter 288 Jagd-, 152 Bomben- und Torpedoflugzeuge und 13 Schlachtflugzeuge. Ihre Einsatzbereitschaft lag allerdings nur bei 50 bis 60 Prozent. Nur 156 Jagd- und 73 Bombenflugzeuge waren einsatzbereit.

Aus der Verstärkung der Luftflotte 3 entsprechend dem Stichwort «Drohende Gefahr West», die überhaupt erst am 7. Juni erfolgte, entwickelte sich jedoch ein Chaos, das den faktischen Zusammenbruch der Luftwaffe in Westeuropa einleitete. Als die ersten Flugzeuge im Verlauf des 7./8. Juni in Frankreich eintrafen, war der Überführungsplan durch die Zerstörung der Flugplätze geändert worden, was den Verbandsführern

422

allerdings nicht immer bekannt war. Die Maschinen mußten teilweise notlanden, vermischten sich mit anderen Geschwadern, gingen verloren. Die Luftwaffenführung besaß keinen Überblick mehr, wo sich die einzelnen Geschwader aufhielten bzw. welche Stärke sie hatten. Selbst Galland urteilt: «Es entwickelte sich bald ein heilloses Durcheinander.» Zahlreiche Flugzeuge wurden durch die westalliierten Fliegerkräfte und die französische Partisanenbewegung vernichtet oder beschädigt. Viele bruchgelandete oder beschädigte Flugzeuge konnten nicht repariert werden, weil die Instandsetzungsdienste überfordert waren und es an Ersatzteilen fehlte. Schließlich entschloß sich die Luftwaffenführung, ihre Verbände im Pas de Calais zu konzentrieren, da dort die Flugplätze noch am wenigsten zerstört waren. Ihre Konzentration in diesem Raum erleichterte den Westalliierten ihre Bekämpfung und eine noch wirksamere Abschirmung des Landeraums. An den Brennpunkten der Invasion konnte die Luftwaffe damit nicht mehr eingreifen. Die Land- und Seestreitkräfte blieben nahezu ohne jede Luftunterstützung.

Zu den Folgen der absoluten westalliierten Luftherrschaft stellte der Oberbefehlshaber West, Gert von Rundstedt, am 20. Juni 1944 in einem Erfahrungsbericht fest, daß die westalliierte Luftstreitmacht «in ihrer Reichweite fast unbegrenzt, nicht allein das Hauptkampffeld, sondern auch die Anmarsch- und Nachschubstraßen auf eine Tiefe von rund 150 bis 200 km unbegrenzt beherrscht. Je näher man dem Kampfraum kommt», bemerkte Rundstedt, «desto stärker treten zur ‹Straßenjagd› eingesetzte Jäger und Schlachtflieger in Erscheinung», die jede Bewegung auf Haupt- oder Nebenstraßen erfassen.

Die Taktik der Abriegelung des Gefechtsfelds, die wirksame Bekämpfung des rückwärtigen Raumes und aller Transportbewegungen standen bei den westalliierten Fliegerkräften auf einer hohen Stufe und wurden während des zweiten Weltkriegs von keiner anderen Luftstreitmacht erreicht. Das waren in erster Linie Erfahrungen, die die USA und Großbritannien aus dem Verlauf der Kampfhandlungen in Nordafrika gezogen, die ihren Niederschlag in der Felddienstvorschrift FM 100-20 «Command and Employment of Air Force» vom Juli 1943 gefunden hatten.

Ausgesprochen schwach war dagegen das unmittelbare Zusammenwirken zwischen Luft- und Landstreitkräften organisiert. In der erwähnten Dienstvorschrift hieß es: «In der Zone der Feindberührung ist es äußerst schwierig, Einsätze gegen feindliche Einheiten zu überwachen; sie sind sehr kostspielig und im allgemeinen höchst unwirksam. Die Ziele sind klein, liegen gut verstreut und sind schwer ausfindig zu machen. Hinzu kommt, daß immer die beträchtliche Gefahr besteht, gegen befreundete Streitkräfte vorzugehen. Nur zu kritischen Zeiten sind Einsätze im Bereich der Feinberührung von Vorteil.»

Ein spezielles Schlachtflugzeug war weder von den USA noch von

Lockheed P-38J15 «Lightning» Die
P-38 war 1937 als Langstreckenbegleitjäger in Auftrag gegeben worden. Der
Erstflug fand am 27. Januar 1939 statt.
In großem Umfang traten sie ab November
1942 bei der Landung englisch-amerika-
nischer Truppen in Nordafrika in
Erscheinung. Sie bewährte sich
hervorragend als Tiefangriffsflugzeug
und bei der Bekämpfung der faschistischen Transportflugzeuge, erwies
sich jedoch im Kampf Jäger gegen
Jäger, der meist in Höhen um 500 m
stattfand, als zu schwerfällig.
Ab 1943 wurde die P-38 durch
entsprechende Umbauten zum
wichtigsten Langstreckenbegleit-
jagdflugzeug der USA-Bombenflieger-
verbände. Auf dem fernöstlichen
Kriegsschauplatz kamen auf das Konto der
P-38 die meisten Abschüsse japanischer
Flugzeuge. Die Gesamtproduktion
betrug 9 927 Flugzeuge.

P-38 «Lightning» über der Normandie. Durch den Masseneinsatz ihrer Fliegerkräfte
riegelte SHAEF den Landungsraum vom übrigen Frankreich ab

Großbritannien entwickelt worden. Zu entsprechenden Einsätzen wurden vor allem zu Jagdbombenflugzeugen umgerüstete Jagdflugzeuge, aber auch mittlere und schwere Bombenflugzeuge eingesetzt, die besonders von Ende Juni bis Ende Juli bei den Durchbruchskämpfen der britisch-amerikanischen Truppen aus dem Normandiebrückenkopf zur unmittelbaren Erdunterstützung kamen, so bei Caen am 30. Juni, 1. Juli, 7. Juli, 18. Juli und bei St. Lô am 25. Juli. Ihre Einsätze trugen nur wenig zur Zertrümmerung der faschistischen Front bei; nach Auffassung einiger Militärs behinderten sie sogar eher den eigenen Durchbruch und führten häufig zur Bombardierung der eigenen Truppen. Am 17. August 1944 verbot deshalb SHAEF auch den taktischen Luftstreitkräften, Einsätze gegen die bei Falaise eingeschlossenen deutschen Truppen zu fliegen, um die eigenen Kräfte nicht zu gefährden. Von den 200 000 Einsätzen der amerikanischen taktischen Luftstreitkräfte vom Juni 1944 bis Mai 1945 in Westeuropa entfielen nur 20 Prozent auf die unmittelbare Unterstützung der Bodentruppen. Die westalliierten Luftflotten konzentrierten sich bis Kriegsende auf die Bekämpfung der Reste der Luftwaffe und des rückwärtigen Raumes.

Die 8. und die 15. Luftflotte sowie das Bomber Command wurden nach dem Ausbruch aus dem Brückenkopf aus der Kontrolle des SHAEF entlassen und nahmen mit voller Wucht die Bombardierung des faschistischen Hinterlands wieder auf. Ihre wirksamste Operation während des gesamten Krieges richtete sich gegen die faschistische Treibstoffwirtschaft. Am 12. Mai 1944 waren 935 viermotorige USA-Bombenflugzeuge zum Flug nach Deutschland gestartet. Ihre Ziele waren die Hydrierwerke bei Leuna, Böhlen, Lützkendorf, Zeitz und Brüx. 1 718 Tonnen Bomben warfen sie an diesem Tag auf fünf Hydrierwerke ab. Am 28. Mai traf ein neuer Schlag wiederum Leuna, Lützkendorf und Zeitz sowie Magdeburg, Ruhland und Espenhain. Diese Angriffe, mit denen 56 Prozent der Flugbenzinerzeugung lahmgelegt wurden, lösten eine derartige Bestürzung bei den herrschenden Kreisen Deutschlands aus, daß man sich fragt, weshalb die Hydrierwerke erst zu diesem späten Zeitpunkt von den britisch-amerikanischen Fernfliegerkräften angegriffen wurden.

Durchmustert man heute bestimmte faschistische Akten, so wird man feststellen, daß sie seit 1942, spätestens aber seit 1943 von der Furcht vor Luftangriffen auf die Hydrierwerke durchdrungen sind, die weder dezentralisiert noch − wegen der gewaltigen Kosten − verlagert und auch nicht unterirdisch betrieben werden konnten. Selbst bei den deutschen Militärs erregte die offensichtliche Schonung dieser Ziele Verwunderung. In einer Denkschrift des Generalstabs der Luftwaffe vom 14. April 1944 hieß es zu dieser Frage: «Hier erhebt sich die bis jetzt noch völlig ungeklärte und undurchsichtige Frage, warum der Anglo-Amerikaner diese Anlagen noch nicht zerschlagen hat, wozu er bei seiner in letzter Zeit so hochentwickelten Angriffstechnik ohne weiteres in der Lage wäre. Mit der Vernichtung unserer wenigen großen Raffinerien und Hydrierwerke könnte er einen Erfolg erringen, der tatsächlich die Möglichkeit einer Fortsetzung des Krieges durchaus in Frage stellen würde... Bei der großzügigen und auf lange Sicht eingestellten Politik der Engländer ist es durchaus denkbar, daß er es vielleicht deshalb nicht tut, um Deutschland nicht außerstande zu setzen, den Krieg gegen Rußland weiterzuführen, da ein Abringen der deutschen und russischen Kräfte gegeneinander in seinem Interesse liegt.»

Mit seiner Vermutung hatte der Verfasser offensichtlich nicht unrecht, wie Vorgeschichte und Verlauf der «Öloffensive» beweisen. Bevor es nämlich zu dem Angriff vom 12. Mai 1944 gekommen war, hatte es jahrelange Diskussionen darüber besonders in den USA gegeben. Auf strikte Ablehnung waren alle Pläne zur Bombardierung der Hydrierwerke beim Commitee on Operations Analyst gestoßen, in dem neben Militärs der Hauptdirektor des Morgan-Konzerns, Thomas W. Lamont, und einer der führenden Anwälte von Standard Oil, Elihu Root, saßen, Konzerne, die für ihre extrem antisowjetische Einstellung und für ihre engen Beziehungen zum deutschen Monopolkapital berüchtigt waren. In dieses Bild paßt auch die Empörung von I.-G.-Farben-Direktor Heinrich Bütefisch vom Mai 1944, als er vom Luftangriff auf Leuna erfuhr, weil er sich auf ein «gentlemen agreement» der Schwerindustrien Deutschlands und Amerikas berufen konnte, «durch das sichergestellt werden sollte, daß die deutschen Hydrierwerke, in die auch die Angelsachsen erheblich investiert hätten, nicht zerstört würden».

Daß es überhaupt zu den Maiangriffen kam, war ein Alleingang des amerikanischen Bombergenerals Carl A. Spaatz, der, ohne die Zustimmung Washingtons einzuholen, die Bombardierung der Hydrierwerke befahl. Sie wurde nach dem Gelingen der Invasion − als sich der amerikanische und britische Imperialismus darauf vorbereiteten, ganz West- und Mitteleuropa noch vor den sowjetischen Streitkräften unter seine Herrschaft zu bringen − als Hauptaufgabe der Fernfliegerkräfte ausgegeben, weil man sich nun aus der faschistischen Treibstoffknappheit unmittelbare Vorteile versprach. Ab Juni, besonders aber im Juli und August, führten die 8. und die 15. Luftflotte sowie das Bomber Command Schläge von bisher noch nicht gekannter Wucht gegen alle Hydrierwerke, deren Flugbenzinerzeugung im September 1944 auf 6 Prozent sank. Ihren Höhepunkt erreichte diese Angriffsserie zwischen dem 11. und 19. September. Keine einzige Tonne Flugbenzin wurde danach in Deutschland erzeugt. Für die Mächte der Antihitlerkoalition zeichnete sich die Möglichkeit ab, unter Ausnutzung dieser schwierigen Lage der faschistischen Wehrmacht die militärische Niederlage des deutschen Imperialismus rasch zu vollenden.

Daß diese Möglichkeit nicht Wirklichkeit wurde, lag daran, daß die

Angriffe auf die Hydrierwerke Ende September merklich abflauten, die chemische Industrie Deutschlands sich zeitweilig erholen konnte und sie ihre Flugbenzinproduktion von 6 Prozent im September auf 29 Prozent im November steigerte.

Nicht Schlechtwetterlagen, sondern politische und militärische Gründe führten zur Einstellung der Öloffensive. Im September 1944 nämlich geriet der westalliierte Vormarsch bei Arnheim und an der deutschen Grenze ins Stocken, während sich die sowjetischen Truppen unaufhaltsam den Grenzen Deutschlands näherten und im Oktober in Ostpreußen eindrangen. Eine völlige Zerstörung der faschistischen Treibstoffproduktion mußte jetzt nach Auffassung der britischen und amerikanischen Imperialisten wiederum einzig und allein der Sowjetunion nutzen, die dadurch in die Lage versetzt werden konnte, ganz Deutschland vor den westalliierten Armeen zu befreien. Selbst Vertreter des deutschen Imperialismus durchschauten diese Taktik und bauten auf sie. So gestand Speer im Mai 1945: «Wir hatten den Eindruck, und ich habe das meinen Männern oft gesagt, daß sie das Tempo der Zerstörungen bei uns so drosselten, daß ihre Invasion und ihre Angriffspläne damit gleichlaufen, d. h., daß unsere Widerstandskraft im Osten noch soweit aufrechterhalten blieb, bis sie ihre Etappen im Westen erreicht hatten... Ich war der Überzeugung, daß auch sie kein Interesse daran haben, daß der Russe bis an den Rhein ging... Ich nahm an, daß es auch für sie von Wert war, daß der Russe bei einem plötzlichen Zusammenbruch bei uns mit seinen Panzerspitzen nicht an das außerordentlich wichtige Gebiet bis zum Rhein vorstoßen konnte.»

Entsprechend seiner antisowjetischen Konzeption gewährte der britische und amerikanische Imperialismus der faschistischen Treibstoffwirtschaft eine Atempause, die den deutschen Imperialismus befähigte, seinen verbrecherischen Krieg um den Preis unersetzlicher Opfer an Menschenleben um einige Monate weiterzuschleppen. Statt 10 000 Tonnen Flugbenzin im September wurden im Oktober 20 000 Tonnen und im November 49 000 Tonnen erzeugt. Damit wurde die Anlage von Reserven ermöglicht, die die Luftwaffe in die Lage versetzte, im Dezember 1944 noch einmal in den Ardennen die Initiative zu ergreifen. Die antisowjetische Politik ihrer herrschenden Kreise sollten Zehntausende von Engländern und Amerikanern mit dem Leben und das westalliierte Oberkommando mit einer schweren Niederlage bezahlen, zu deren Überwindung sie die Sowjetarmee um rasche Hilfe bat.

Seit dem Übergang zur strategischen Defensive an der deutschsowjetischen Front im Herbst 1943 und der Verlegung von Jagdfliegerkräften in die Luftverteidigung hatte sich die Stärke der Luftwaffe an dieser Front vermindert. Das traf besonders auf die Jagdfliegerkräfte zu. Standen am Vorabend der Schlacht bei Kursk etwa 700 Jagd- und «Zerstörer»-flugzeuge an der deutsch-sowjetischen Front, so sank ihre

Gliederung der faschistischen Flieger- und Flakkräfte am 23. Juni 1944 an der deutsch-sowjetischen Front und in der Luftverteidigung

Zahl bis zum Februar 1944 auf 475 Flugzeuge, erreichte im Mai die Stärke von 505 Jagdflugzeugen und im Juni die von 550 Jagdflugzeugen. Die Stärke der Bombenflugzeuge dagegen blieb bis auf ein vorübergehendes Absinken im Frühjahr 1944 – im Zusammenhang mit der Aufnahme von Bombenangriffen auf London – stabil. Im Durchschnitt befanden sich 450 bis 500 Bombenflugzeuge im Einsatz gegen die Sowjetunion, von denen etwa 300 einsatzbereit waren. Sie machten zusammen mit den Schlacht- und Nachtschlachtgeschwadern den Kern der faschistischen Luftstreitkräfte an der

La-7 Mit der La-7 erzielten die sowjetischen Jagdfliegerkräfte ihre größten Erfolge. Sie wurde sowohl von I. N. Koshedub als auch von A. I. Pokryschkin geflogen. Im Jahre 1943 entwickelt, wurde sie ab 1944 an die sowjetische Luftstreitkräfte ausgeliefert. Sie erwies sich den zu dieser Zeit an der deutsch-sowjetischen Front eingesetzten faschistischen Jagdflugzeugen in allen Belangen überlegen. Insgesamt wurden 5 753 Flugzeuge dieses Typs gebaut.

deutsch-sowjetischen Front aus. Mit etwa 2 500 Flugzeugen bildete diese Front nach wie vor jenen Kampfabschnitt, an dem die Luftwaffe ihre stärksten Kräfte einsetzte. Doch war der Einfluß, den sie auf den Verlauf der Kampfhandlungen nehmen konnten, weitaus geringer als in den vorangegangenen Jahren. Dafür gab es eine Reihe von Ursachen. Sie lagen in erster Linie darin, daß die sowjetischen Luftstreitkräfte die Luftwaffe zahlenmäßig eindeutig distanzierten. Während die Stärke der Luftwaffe sank, stieg die Zahl der sowjetischen Flugzeuge rasch an. Verfügten sie im Januar 1943 über 8 818 Kampfflugzeuge, so waren es am 1. Juni 1944 14 787! Zugleich erhöhte sich die Qualität des sowjetischen Flugzeugbestands, während die Luftwaffe nach wir vor ihre alten, zwar verbesserten Typen flog. In die Bewaffnung der sowjetischen Luftstreitkräfte wurden 1944 die La-7 und die Jak-3 eingeführt, die den entsprechenden deutschen Jagdflugzeugen überlegen waren, und die Umrüstung der Fliegerkräfte auf neue Flugzeugtypen beendet.

Doch nicht nur quantitativ und qualitativ überrundeten die sowjetischen Luftstreitkräfte die Luftwaffe, sondern auch taktisch und strategisch. Die Luftwaffenführung suchte sich 1944 den Bedingungen der Defensive in der Luft anzupassen. Dazu reorganisierte sie ihre Verbindungsorgane zum Heer, dessen Unterstützung die immer ausschließlichere Aufgabe der Luftwaffe war. Sie schuf im Februar/März 1944 an Stelle der Koluftstäbe (Kommandeur der Luftwaffe) Fliegerverbindungsoffiziere (Flivo) bei den Heeresgruppen, Armeen, Armeekorps und Schwerpunktdivisionen. Sie stellten die Verbindung zwischen den Kommandostellen des Heeres und der Luftwaffe her, übermittelten die Aufträge und Wünsche des Heeres, regelten die entsprechende Zuteilung von Fliegerkräften auf Armeen und Korps, legten ihren Einsatz fest, leiteten die Luftaufklärung usw. Die

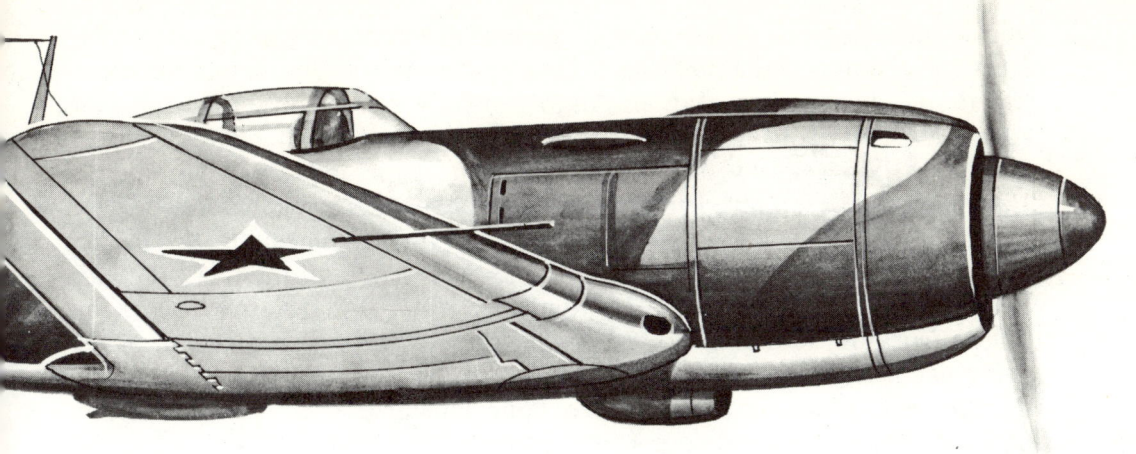

Verbindung zwischen den kämpfenden Truppen und den fliegenden Verbänden wurde von Fliegerleitoffizieren hergestellt, die bei Korps oder Schwerpunktdivisionen eingesetzt wurden. Man unterschied zwischen Fliegerleitoffizieren «Schlacht» und «Jagd». Mit diesen Maßnahmen suchte man noch engere Formen der Zusammenarbeit zwischen Heer und Luftwaffe zu finden. Der Einsatz der Luftwaffe litt jedoch darunter, daß sie entsprechend ihrer Taktik und Ausbildung unzureichend auf die Unterstützung von Verteidigungsoperationen vorbereitet war. Die Bombenfliegerkräfte konnten angesichts der wachsenden sowjetischen Truppenluftabwehr nicht mehr zu Einsätzen über dem Gefechtsfeld eingesetzt werden. Ihre Einsätze im sowjetischen Hinterland gegen wichtige Ziele blieben ebenfalls wegen der starken sowjetischen Luftverteidigung meist unwirksam und verlustreich. Sie konzentrierten sich zunehmend auf Angriffe auf Eisenbahnstrecken und Bahnhöfe, wozu im ersten Halbjahr 1944 vor allem das IV. Fliegerkorps eingesetzt wurde.

Das Fehlen eines geeigneten Schlachtflugzeugs – wie der sowjetischen Il-2 – prägte die Taktik der faschistischen Schlachtfliegerkräfte. Man unterschied drei Arten: Nachtschlachtflieger, die zur Bekämpfung von Stellungen, Unterkünften und des Straßenverkehrs eingesetzt wurden, Schlachtflieger und Panzerschlachtflieger. Als Schlachtflieger wurde vor allem die FW 190 eingesetzt, nachdem die Ju 87 im Frühjahr 1944 wegen hoher Verluste aus dem Tageseinsatz herausgezogen werden mußte. Mit dem Einsatz der FW 190 änderte sich die faschistische Schlachtfliegertaktik entscheidend. Statt eines engen Zusammenwirkens auf dem Gefechtsfeld trat die Bekämpfung von Zielen bis 50 Kilometer hinter der Front durch Bordwaffenangriffe auf Fahrzeuge, Kolonnen und Bereitstellungen. Eine unmittelbare Unterstützung auf dem Gefechtsfeld

431

wurde nur in dem seltenen Fall eigener Gegenangriffe gegeben. Die Luftwaffe unterschied 1944 vier Haupteinsatzarten der Schlachtfliegerkräfte: den zusammengefaßten Angriff auf ein klar bestimmtes Ziel, den rollenden Angriff durch den pausenlosen Angriff sich abwechselnder Einheiten, den wellenweisen Angriff und den freien Schlachtfliegereinsatz. Besonders diese letztere Einsatzart wurde bevorzugt, wegen der erhofften geringeren Verluste und weil die Luftwaffenführung angesichts des ihr zur Verfügung stehenden Flugzeugmaterials der Auffassung war, daß die Schlachtflugzeuge erst beim Bewegungskrieg, beim freien Einsatz, zur vollen Wirkung kämen. Das gilt insbesondere für den Einsatz der Panzerschlachtflugzeuge — der Ju 87, FW 190, Hs 129 —, die ausschließlich darauf gedrillt wurden, durchgebrochene Panzerverbände, die ohne entsprechende Deckung aus der Luft handelten, zu bekämpfen.

Warnung vor Luftangriffen im Sommer 1944 im okkupierten Polen — auch ein Ausdruck wachsender sowjetischer Luftüberlegenheit

Für die faschistischen Landstreitkräfte bedeutete diese Umstellung im Einsatz und in der Taktik der Luftwaffe, daß sie zu einem Zeitpunkt, da sie jeder Unterstützung dringend bedurften, auf dem unmittelbaren Gefechtsfeld die Mitwirkung der Luftwaffe entbehren mußten, was entscheidenden Einfluß auf die Führung ihrer Verteidigungs- und Angriffsoperationen hatte. Die Zusammenarbeit zwischen Heer und Luftwaffe, die der Form nach immer enger wurde, hatte einen wesentlichen Teil ihres Inhalts verloren.

Potenziert wurde die Schwäche der Luftwaffe, die aus ihrer eigenen Taktik und Flugzeugausrüstung erwuchs, durch die steigende Aktivität und wachsende Intensität der sowjetischen Luftstreitkräfte, von denen in dieser Periode des Krieges die Luftoffensive weiterentwickelt wurde. Mit der Herausgabe der Dienstvorschrift über das Zusammenwirken der Fliegertruppen mit den Bodentruppen im Jahre 1944 wurden die Erfahrungen verallgemeinert. Die Luftoffensive zerfiel nun in die Luftvorbereitung des Angriffs, wobei man zwischen dem einleitenden und dem unmittelbaren Angriff unterschied, und dem Kampf in der Tiefe des Gefechtsfeldes. Beim einleitenden Abschnitt der Luftoffensive gelang es den sowjetischen Luftstreitkräften — zum Beispiel bei der karelischen Angriffsoperation im Juni 1944 —, ihre Kräfte massiert einzusetzen und 80 bis 100 Tonnen Bomben auf einen Quadratkilometer Zielfläche abzuwerfen.

Besonders große Bedeutung kam dem Zusammenwirken zwischen Land- und Luftstreitkräfte beim Durchbruch der Verteidigung zu, da angesichts des Übergangs zur Defensive die faschistische Führung starke, tief gegliederte Verteidigungsstellungen schuf. Neben der Artillerie waren die Luftstreitkräfte das entscheidende Mittel, um die Verteidigung des Gegners zu schwächen und und niederzuhalten. Wirksam gelang das zum Beispiel bei der Angriffsoperation von Lwow-Sandomierz, als 250 Bombenflugzeuge zehn Minuten vor Angriffsbeginn durch einen schweren Schlag das gesamte Verteidigungssystem des Gegners im Durchbruchsabschnitt schwächten und sich daran unmittelbar ein einein-halbstündiger Einsatz von 350 Schlachtflugzeugen über dem Gefechtsfeld anschloß. Die Il-2 war auch 1944 das wichtigste Kampfmittel der sowjetischen Luftstreitkräfte über dem Gefechtsfeld, das maßgeblich zu den Siegen der sowjetischen Streitkräfte beitrug.

Wesentlich vervollkommnet wurden die sowjetischen Einsatzmethoden bei Angriffen in der Tiefe des Gefechtsfeldes. Durch die Zusammenfassung entsprechender Fliegerkräfte und ihren schwerpunktmäßigen Einsatz gelang es, wirksame Schläge gegen den zweiten und die

Sowjetische Jagdflieger an der Karelischen Front. Im Hintergrund ein im Lend-Lease-Programm geliefertes Jagdflugzeug vom Typ P-40

Dem engen Zusammenwirken zwischen Land- und Luftstreitkräften verdankte die Sowjetarmee im Sommer 1944 immer größere Erfolge

folgenden Verteidigungsstreifen des Gegners zu führen und ein hohes Angriffstempo zu gewährleisten. Wesentliche Fortschritte machten die rückwärtigen Organe auch bei der raschen Verlegung ihrer Fliegerkräfte. Doch gelang es nicht, alle Probleme zu lösen, was dazu führte, daß die Jagd- und Schlachtfliegerkräfte zum Beispiel bei der belorussischen oder später bei der Weichsel-Oder-Operation beträchtlich hinter den Landstreitkräften zurückblieben, was die faschistische Luftwaffe zu massierten Angriffen insbesondere gegen die sowjetischen Panzerverbände ausnutzte.

Unbefriedigend blieb der Einsatz der sowjetischen Fliegerkräfte gegen die operativen Reserven der Wehrmacht, die meistens nicht bei der Konzentrierung oder beim Anmarsch, sondern erst auf dem Schlachtfeld zerschlagen wurden. Obwohl sich die Anzahl derartiger Einsätze von 4,8 Prozent (1942/43) auf 6,6 Prozent (1944/45) steigerte, reichten diese Anstrengungen nicht aus, den Gegner wirksam zu behindern. Bei der begrenzten zahlenmäßigen Stärke der sowjetischen Bombenfliegerkräfte hätte dies nur erreicht werden können, wenn ihr Einsatz beim Kampf in der Tiefe der Verteidigung eingeschränkt worden wäre, was angesichts der verstärkten faschistischen Abwehr jedoch nicht für möglich gehalten wurde. Zur weiteren Verbesserung – insbesondere des Zusammenwirkens zwischen Luftstreitkräften und Panzerverbänden – wurden die den

Armeen und Panzerarmeen beim Durchbruch zugeteilten Fliegerkräfte, in der Regel in der Stärke von ein bis zwei Schlacht- und ein bis zwei Jagdfliegerdivisionen, gelegentlich zu einer «ständigen Gruppe» zusammengefaßt, die für längere Zeit besonders mit den Panzerarmeen zusammenwirkten.

Die Taktik der sowjetischen Jagdfliegerkräfte vervollkommnete sich durch die Bereitstellung neuer Flugzeugtypen und durch die umfassende Anwendung des Funkleitsystem ebenfalls. Der «Sperreflug» wurde nur noch über Konzentrierungsräumen und bei Truppenausladungen angewandt. Sonst war es üblich, die Masse der Jagdflugzeuge auf den Flugplätzen als Diensthabende zu belassen. Neben dem Schutz der Bomben- und Schlachtflieger im Rahmen der Luftoffensive gingen die Jagdflugzeuge dazu über, Einsätze gegen die faschistischen Bodentruppen zu fliegen. In immer größerem Maße flogen sie freie Jagd, nicht nur über der taktischen Zone des Gefechtsfeldes, sondern dehnten sie auch in die operative Tiefe aus.

Die sowjetischen Luftstreitkräfte überrundeten die Luftwaffe jedoch nicht nur taktisch, sondern auch strategisch. Das wurde während des Sommerfeldzugs 1944 offenbar, der von der sowjetischen Führung am 10. Juni 1944 mit der Wyborger Operation begonnen wurde. Die 13. Luftarmee, die am 3. Mai ihre einleitenden Angriffe aufgenommen hatte, flog am 9. Juni 1 150 Einsätze und hielt in den folgenden Tagen durch den massierten Einsatz von Bomben- und Schlachtfliegerkräften die finnische Abwehr wirksam nieder. Auf Grund der dringenden Hilferufe der finnischen Führung verlegte die Luftwaffe 50 bis 60 Flugzeuge von der Luftflotte 6 nach Karelien. Sie meinte dies um so leichter tun zu können, da sie für 1944 – wie 1943 – den Hauptstoß der Roten Armee im Süden der deutsch-sowjetischen Front erwartete. Doch genau gegen die Heeresgruppe Mitte und die geschwächte Luftflotte 6 richtete sich der nächste Hauptstoß, die Operation «Bagration», die am 23./24. Juni 1944 begann.

Vier sowjetische Luftarmeen, unterstützt von 16 Fernfliegerdivisionen und Kräften der Luftverteidigung, insgesamt fast 7 000 Flugzeuge, flogen am Angriffstag beinahe 10 000 Einsätze, erreichten also nahezu dieselbe Intensität wie die britisch-amerikanischen Luftflotten über dem Invasionsraum. Insgesamt flogen die sowjetischen Luftstreitkräfte bis zum Ende der belorussischen Operation am 29. August 156 711 Einsätze. Sie behaupteten die absolute Luftherrschaft und trugen wirksam zur Vernichtung der Heeresgruppe Mitte bei, eine für die faschistische Führung weitaus größere Katastrophe als die Niederlage bei Stalingrad. Um den raschen Vorstoß der sowjetischen Truppen an der Weichsel zum Stehen zu bringen, verlegte die Luftwaffenführung 190 Jagdbomber von der Westfront nach Polen und zog gleich starke Kräfte von der Luftflotte 4 in Rumänien ab. Gegen die Heeresgruppe Südukraine und die eben erst geschwächte Luftflotte 4 richtete sich jedoch die nächste große Angriffsoperation der Roten Armee, die am 20. August 1944 begann, am 23. August zum Sturz des Antonescu-Regimes führte und damit den Zusammenbruch der gesamten faschistischen Balkanfront einleitete.

Die Lage der faschistischen Luftwaffe an der deutsch-sowjetischen Front war von der Tatsache bestimmt, daß ihre Verbände wie eine Art Feuerwehr von Frontabschnitt zu Frontabschnitt geworfen wurden, um den völligen Zusammenbruch der Fronten zu verhindern. Das Kräfteverhältnis in der Luft hatte sich aber 1944 so weit zuungunsten der Luftwaffe entwickelt, daß ihr schwerpunktmäßiger Einsatz bei einzelnen Heeresgruppen Löcher an anderen Frontabschnitten riß. Die faschistischen Fliegerkräfte taumelten dementsprechend von einer Niederlage in die andere, waren nirgends stark genug, um sich auch nur annähernd behaupten zu können. Ein wichtiges Ergebnis der sowjetischen Sommeroffensive 1944 bestand schließlich darin, daß in ihrem Verlauf die hauptsächlich an der sowjetisch-deutschen Front eingesetzten faschistischen Bombenfliegerkräfte von den sowjetischen Fliegerkräften aufgerieben wurden. Die Hoffnung der Luftwaffenführung, daß die an der deutsch-sowjetischen Front eingesetzten Fliegerkräfte in der Lage wären, ohne nennenswerte Unterstützung von anderen Kriegsschauplätzen – besonders von der 1944 im Mittelpunkt stehenden Luftverteidigung – zu erhalten, den Bodentruppen die unumgängliche Unterstützung aus der Luft geben zu können, war gescheitert. Nicht nur von der Westfront, sondern auch von der Luftverteidigung mußten im Herbst 1944 Kräfte abgezogen und an die deutsch-sowjetische Front verlegt werden.

Neben den schweren Niederlagen an der deutsch-sowjetischen Front und an der Westfront erlitt auch die faschistische Luftverteidigung im zweiten Halbjahr 1944 ihre entscheidende Niederlage.

Seit der Bildung des Jägerstabs im März 1944 rückten die Fragen der Luftverteidigung immer stärker in den Mittelpunkt der faschistischen Luftstrategie. Aufgabe der Luftverteidigung sollte es sein, forderte der Luftwaffenführungsstab, «den laufend einfliegenden Gegner in den nächsten Wochen aus dem Luftraum über Deutschland (zu) vertreiben, um damit die geregelte Durchführung der deutschen Rüstungsindustrie sicherzustellen». Zu diesem Zweck unterstellte sich die Luftflotte Reich am 1. April 1944 die 7. Jagddivision in Schleißheim und am 15. Juni die 8. Jagddivision in Wien. Das I. Jagdkorps verfügte damit über 5 Jagddivisionen, die im November 1944 über 1 050 einmotorige und 57 zweimotorige Jagdflugzeuge verfügten, womit sie ihren zahlenmäßigen Höchststand erreichten. Die Zahl der Nachtjagdflugzeuge erreichte im November 1944 ebenfalls seinen Höchststand. Nicht weniger als 1 318 Nachtjagdflugzeuge – verglichen mit etwa 600 zu Jahresbeginn – in acht Geschwadern und zwei Schulgeschwadern standen zur Verfügung. Ebenso zahlenmäßig ein-

Eines der wirksamsten Bombenflugzeug-
muster der Sowjetarmee im Großen
Vaterländischen Krieg: die Tu-2

drucksvoll war die Stärke der Flakartillerie. Sie betrug im Juli 1944 1 557 schwere, 658 leichte und mittlere Flakbatterien sowie 362 Scheinwerferbatterien und 49 Luftsperrabteilungen. Nach Rohren berechnet, war damit jedes zweite schwere und jedes dritte leichte und mittlere Flakgeschütz in der Luftverteidigung eingesetzt.

Doch dieser imponierenden Papierstärke entsprach nicht mehr der Kampfwert der Luftverteidigungstruppen. Sie waren weder in der Lage, im Sommer 1944 die Zerschlagung der Hydrierwerke zu verhindern, noch konnten sie die seit September 1944 planmäßig geführten Angriffe gegen das Transportsystem oder das im Herbst mit verstärkter Wucht geführte Städtebombardement des Bomber Command mit besonders vernichtender Wirkung gegen Freiburg i. Br., Heilbronn, Ulm, Nürnberg, Essen, Bochum, Düsseldorf, Stuttgart usw. verhindern oder nur ernsthaft behindern. Das wird besonders deutlich bei den sinkenden Verlusten des Bomber Command über Deutschland, das bei seinen Nachtangriffen 1942 Verluste in Höhe von 3,9 Prozent seiner Einsatzstärke erlitt, 1943 3,6 Prozent, im ersten Halbjahr 1944 2,9 Prozent und im 2. Halbjahr 1,3 Prozent!

Der rapide Rückgang in der Abwehrkraft der faschistischen Luftverteidigung im zweiten Halbjahr 1944 – obwohl sie zu diesem Zeitpunkt über die zahlenmäßig stärksten Kräfte verfügte – hatte viele Ursachen. In Westeuropa ging das Funkmeßaufklärungs- und Luftmeldesystem im

Hauptträger der faschistischen Luftverteidigung in den letzten Kriegsmonaten: die Flakartillerie. In Berlin wurden seit 1941/42 im Zentrum der Stadt schwere Batterien auf Flakbunkern montiert

Zuge des Rückzugs verloren. Die faschistischen Luftverteidigungskräfte wurden weiter aufgesplittert, weil die westalliierten Fliegerkräfte nun in der Lage waren, nahezu beliebig aus allen Himmelsrichtungen nach Deutschland einzufliegen. Einen besonders schweren Schock für die faschistische Führung bedeutete die Tatsache, daß ab 2. Juni 1944 die Sowjetunion amerikanischen Bombenfliegerkräften Flugplätze in der Ukraine zur Verfügung stellte, die von der 15. USA-Luftflotte beziehungsweise der 8. Luftflotte als Zwischenstation dazu benutzt wurden, um von Italien beziehungsweise Großbritannien aus Ziele anzugreifen, die bisher außerhalb ihrer Reichweite lagen. Mit den immer höheren Einsatzstärken der britisch-amerikanischen Luftstreitkräfte konnte die Luftwaffe trotz aller Anstrengungen nicht Schritt halten. Eine der wichtigsten Ursachen bestand schließlich darin, daß die Luftwaffe einen Großteil ihres erfahrenen Personals, insbesondere im Verlauf der Luftschlachten im Frühjahr und Sommer 1943 an der deutsch-sowjetischen Front, eingebüßt hatte. Der Nachwuchs war unzureichend ausgebildet, weil keine Zeit zur Verfügung stand und die Treibstofflage, besonders nach der Zerstörung der Hydrierwerke und dem Verlust der rumänischen Erdölfelder, eine ausreichende Ausbildung unterband. Die Flugstunden für Flugschüler sanken von 260 Stunden (1942) auf 110 Stunden (1943) und schließlich auf 50 Stunden (1944). Hinzu kam, daß die Luftwaffe 1944 ihre Verbände weiterhin mit technisch nun eindeutig unterlegenen Flugzeugmustern ausrüstete.

Ihr Heil sah die faschistische Führung unter diesen Bedingungen darin, durch eine Reihe «Generalschlachten» das Kräfteverhältnis zur Luft doch noch verändern zu können. Sie versuchte dies im zweiten Halbjahr 1944 zum Beispiel bei der sogenannten Blitzluftschlacht über Oschersleben am 7. Juli 1944, als 400 Jagdflugzeuge einen Verband von etwa 400 USA-Bombenflugzeugen angriffen und 54 Maschinen abschossen. Die Fragwürdigkeit solcher Augenblickserfolge wird daraus ersichtlich, daß zur selben Zeit fast 700 andere USA-Bombenflugzeuge nahezu ungestört ihren Anflug fortsetzten und die Hydrierwerke bei Böhlen, Merseburg und Lützkendorf bombardierten. Ähnlich verliefen die Luftkämpfe zwischen dem 11. und dem 13. September 1944, als die Luftflotte Reich an drei Tagen noch einmal alle Kräfte mobilisierte, um die amerikanischen Bomberpulks zu zerschlagen. 100 amerikanischen Bomberverlusten standen 150 faschistische Ausfälle gegenüber. Diese Luftschlachten blieben 1944 die Ausnahme. Die Regel war, daß die amerikanischen und britischen Bomben-, Jagd- und Jagdbombenflugzeuge, ohne auf großen Widerstand zu stoßen, jedes beliebige Ziel angreifen konnten.

Die wachsende Kampfunfähigkeit ihrer Jagdflugzeuge und die Zerschlagung ihrer Bombenfliegerkräfte zwang die faschistische Führung im Herbst 1944 zu einer letzten großen Umsteuerung ihrer gesamten Luftrüstung. Von nun an sollte die Luftrüstung auf vier Säulen beruhen: die offensive Luftkriegführung auf den unbemannten Flugkörper und den A4-Raketen, die Luftverteidigung auf der Flakartillerie und den neu entwickelten Raketen- und Düsenflugzeugen. Am 4. November 1944 gab Speer die Bildung eines Arbeitsstabes Flakprogramm bekannt, dem eine kurzfristige Steigerung des Flakwaffen- und Munitionsprogramms folgte, das von nun an für die nächsten Monate die allerhöchste Dringlichkeitsstufe der Rüstungsprogramme erzielte. Dem Flakerlaß, der die Flakartillerie zum Hauptträger der Luftverteidigung machte, war am 12. Oktober 1944 ein Erlaß Hitlers vorangegangen, in dem die Flugzeugkonzerne und die faschistischen Rüstungsbeauftragten angewiesen wurden, den Schwerpunkt ihrer Anstrengungen auf die Produktion von Hochleistungsflugzeugen zu verlegen. Alle Schwierigkeiten, die einem hohen Ausstoß entgegenstanden, sollten durch besondere Beauftragte beseitigt werden. Hitler ernannte zu diesem Zweck Generalkommissar Philipp Kessler zum Beauftragten für die He 162, den Messerschmitt-Konzern und Gauleiter Fritz Sauckel zu Beauftragten für die Me-262-Produktion sowie weitere Beauftragte für die Arado 234, die Me 163 und die Do 335. Mit diesem Erlaß hatten jahrelange Auseinandersetzungen innerhalb der faschistischen Führung über die Rolle von Strahl- und Raketenflugzeugen ihr Ende gefunden. Bekanntlich war am 27. August 1939 das erste Strahlflugzeug der Welt, die He 178, erfolgreich geflogen worden. Daß im faschistischen Deutschland 1939 das erste Strahlflugzeug geflogen wurde, war unter anderem eine Folge des Versailler Vertrags, der die deutsche Flugmotorenindustrie auf Jahre entwicklungsmäßig zurückwarf. Diesen Vorsprung einzuholen lag in dem Bestreben des geschlagenen, aber wirtschaftlich mächtigen und über große wissenschaftliche Potenzen verfügenden deutschen Imperialismus. Obwohl der Brite Frank Whittle bereits Ende der zwanziger Jahre an der Konstruktion dieses neuartigen Flugzeugantriebs arbeitete, wurden im faschistischen Deutschland mittels staatlicher Unterstützung binnen weniger Jahre die Versuche theoretisch und praktisch abgeschlossen. Trotzdem unterblieb bis 1944 die Produktion von Strahl- und Raketenflugzeugen in Deutschland.

Eine Reihe imperialistischer Luftkriegshistoriker erklären diese Tatsache mit der Behauptung, die faschistische Führung – allen voran Hitler, Göring und Milch – hätte die Bedeutung dieser revolutionierenden Antriebsmittel nicht erkannt und wäre somit schuld an der Niederlage der Luftwaffe, die ihrer Ansicht nach durch den Einsatz von Strahlflugzeugen der gesetzmäßigen Niederlage entgangen wäre. Es besteht kein Zweifel darüber, daß die Zerschlagung einer mit Strahlflugzeugen ausgerüsteten Luftwaffe größere Opfer und Anstrengungen der Luftstreitkräfte der Antihitlerkoalition erforderlich gemacht hätte. Der Ausgang des Krieges wäre aber dadurch nicht beeinflußt worden. Daß es dazu nicht zu kommen brauchte, lag allerdings ebenfalls nur zum geringsten an der Uneinsichtigkeit der faschistischen Führungsspitze, die man heute als Allein- und Hauptschuldigen hinzustellen sucht. Zwei Hauptprobleme bestanden für das faschistische Regime bei der Einführung der Strahlflugzeuge. Eines bestand darin, daß die Umstellung der Serienproduktion auf die neuen Muster untragbare Produktionsausfälle mit sich gebracht hätte. Man hatte diese Erfahrungen 1938/39 machen müssen. In den ersten Kriegsjahren, als man in der Illusion des Blitzkriegs lebte und die deutschen Flugzeuge sich allen anderen Flugzeugmustern wenigstens ebenbürtig, wenn nicht überlegen zeigten, bestand keine Dringlichkeit, die Entwicklung dieser neuen Muster zu forcieren. Als die Entwicklungen im großen abgeschlossen waren, hatte sich das Kräfteverhältnis in der Luft soweit verändert, war das Verbundsystem der deutschen Flugzeugindustrie, was die Zulieferung aller Teile betraf, bereits so eng geworden, daß nur unter erheblichen Produktionsminderungen, und das zu einer Zeit, wo jedes

Flugzeug an der Front verlangt wurde, eine neue Serienproduktion hätte aufgenommen werden können. Die Entwicklungen waren wiederum nicht soweit abgeschlossen, daß die Serienproduktion der neuen Strahlflugzeuge nicht ein erhebliches Risiko bedeutet hätte. Dieses Risikos war sich unter anderen auch Messerschmitt 1943 durchaus bewußt, als er am 27. Juni 1943 Hitler nachdrücklich davor warnte, das «gesamte Jägerprogramm auf Strahljäger» umzustellen.

Um den Einsatz der neuen Flugzeuge zu gewährleisten, bedurfte es überdies eines langfristigen Umschulungsprogramms der Flugzeugführer, der Entwicklung neuer taktischer Grundsätze, der Anlage neuer, längerer Startbahnen usw. Der Generalstab der Luftwaffe entschied sich deshalb in voller Kenntnis der Lage dafür, lieber die Serienproduktion der veralteten Standardjagdflugzeuge hochzutreiben, als das Risiko einzugehen, Hochleistungsflugzeuge zu erhalten, für deren Einsatz weder die entsprechenden technischen, taktischen noch personellen Voraussetzungen geschaffen worden waren. Der größte Risikofaktor bestand aber darin, daß die faschistische Führung 1943 nicht wußte, ob im kommenden Jahr geeignete Triebwerke für die Strahlflugzeuge bereitstehen würden, die annähernd als betriebssicher anzusehen waren. 1943 befand sich sowohl der Jumo 004 − als auch das BMW-003-Strahltriebwerk noch in der Erprobung. Alle Spekulationen der imperialistischen Geschichtsschreibung, ob man nicht hätte früher zum Serienbau übergehen können, werden hinfällig, da erst ab Juni 1944 die Serienproduktion der Strahltriebwerke, die auch dann noch erhebliche Mängel aufwiesen, aufgenommen werden konnte. Und schließlich kam hinzu, daß Teile der faschistischen Führung, vor allem Hitler selbst, 1943/44 nicht in der Lage waren, die Konsequenzen aus dem veränderten Kräfteverhältnis zu ziehen, sondern − besonders bei der Me 262 − darauf bestanden, ihn nicht als Abfangjäger, auch nicht als Jagdbomber, wie die Mehrheit der faschistischen Luftkriegsgeneralität es wünschte, sondern als «Blitzbomber» einzusetzen, was die Produktion und Entwicklung dieses Strahlflugzeugs verzögerte. Erst im Herbst 1944, als die technische Unterlegenheit der Luftwaffe solche Ausmaße angenommen hatte, daß im Durchschnitt auf ein abgeschossenes Flugzeug der Fliegerkräfte der Antihitlerkoalition drei faschistische Flugzeuge kamen, entschloß sich die faschistische Führung, die Produktion auf Strahl- und Raketenflugzeuge zu konzentrieren. Im März 1944 hatte die Vorserienproduktion der Me 262 bei den Messerschmittwerken begonnen, im April waren 3, im Mai 7 Flugzeuge abgeliefert worden. Sie wurden von dem Einsatzkommando Me 262 in Lechfeld erprobt, wobei technische Rückschläge und die Forderungen nach dem Einbau entsprechender Waffensysteme immer neue Verzögerungen verursachten. Trotzdem wurden bis Ende Oktober insgesamt 265 Me 262 fertiggestellt.

Angesichts der wachsenden Luftüberlegenheit der Fliegerkräfte der

Taktisch-technische Leistungen der im zweiten Weltkrieg entwickelten Strahl- und Raketenflugzeugen

	Erstflug	Triebwerk	Höchst-geschwindig-keit	Flugzeug-gattung
UdSSR				
BI-I	15. 5. 1942	Raketen-triebwerk Duschkin D 1 A	800 km/h	Abfangjagd-flugzeug
Großbritannien				
Gloster G-40	15. 5. 1941	Gasturbine Power Jets W−1	745 km/h	Abfangjagd-flugzeug
USA				
XP-59 Aira-comet	1. 10. 1942	Gasturbine J−31 General Electric	715 km/h	Jagdflugzeug
Deutschland				
Me 262A- 1	18. 7. 1942	Gasturbinen Jumo 004	870 km/h	Jagd- und Jagdbomben-flugzeug
Me 163B-1	Sommer 1941	Raketen-triebwerk Walter HWK 509 A	880 km/h	Abfangjagd-flugzeug
He 162A-2	6. 12. 1944	Gasturbine BMW 003 E 1	840 km/h	Abfangjagd-flugzeug
Ar 234B-2	15. 6. 1943	Gasturbinen Jumo 004-B	760 km/h	Aufklärungs- und Bomben-flugzeug

Antihitlerkoalition begann man sowohl mit der Aufstellung von Jagd- als auch von Jagdbomberstaffeln. Die I. Gruppe des Bombergeschwaders 51 wurde im Oktober 1944 auf die Me 262 umgerüstet, und am 3. Oktober wurde das Erprobungskommando Lechfeld (mit insgesamt 40 Me 262) mit je einer Staffel nach Achmer und Hesepe bei Osnabrück verlegt, um von dort aus die einfliegenden Bomberpulks anzugreifen. Am 4. Oktober 1944 kam es zum ersten Einsatz von 4 Me 262, von denen zwei nach dem Bericht des Ingenieurs Ludwig Bölkow sofort beim Start von kanadischen Spitfire abgeschossen wurden und eine weitere beim Landeanflug vernichtet wurde.

Dem Probeverband gelang es zwar, binnen eines Monats 22 bis 26

BI-I

Gloster Meteor III

viermotorige Bombenflugzeuge abzuschießen, doch büßte er dabei 30 bis 37 Me 262 ein. Das war zwar noch ein wesentlich günstigeres Ergebnis, als die übrigen faschistischen Jagdflugzeuge erzielten, doch blieb ihr Einsatz weit hinter den hochgespannten Erwartungen des Oberkommandos der Luftwaffe zurück. Von Anfang an wurde deutlich, daß die Luftwaffe nicht in der Lage war, die technischen und taktischen Schwierigkeiten beim Einsatz der Me 262 zu meistern. Große Störanfälligkeit der Triebwerke verursachten nicht nur bei der Ausbildung, sondern auch beim Einsatz hohe Verluste. Hinzu kam, daß die Me 262 beim Start und bei der Landung eine wesentlich längere Zeit benötigte, bis sie einen sicheren Flugzustand erreichte, der überhaupt erst Voraussetzung war, Abwehrbewegung

Me 262 A1-a

vornehmen oder gar den Luftkampf aufnehmen zu können. Von den
alliierten Jagdfliegerkräften wurde diese Schwäche ausgenutzt, um die
Me 262 gerade in diesen kritischen Phasen anzugreifen. Zu diesen un-
gelösten technischen Problemen kamen taktische. Der hohe Treibstoff-
verbrauch gestattete in der Regel nur einen einmaligen Anflug, was eine
sehr gute Führung notwendig machte. Beim Angriff konnte die Me 262 bei
ihrem beträchtlichen Fahrtüberschuß nur direkt von hinten angreifen, und
der Flugzeugführer hatte für den gezielten Schuß, da die Waffen auf 400
Meter justiert waren, nur wenige Sekunden Zeit. Er mußte dabei die
Feuerfront der Bomberpulks durchbrechen, die bereits auf 1 200 bis 1 400
Meter schossen. Ein wirksamer Einsatz der Me 262 war somit nur bei
ausgezeichneter Heranführung des Verbands an das Ziel und gut ausgebildeten Flugzeugführern zu erwarten. Gerade daran mangelte es der
faschistischen Luftwaffe jedoch 1944. Sie versuchte zwar durch die
Aufstellung von Jagdfliegergeschwadern − wie des JG 7 im Januar 1945
und des Jagdverbands 44 im März 1945, die zu einem Schießkommando
zusammengebracht wurden − eine entsprechende Auslese zu treffen, doch
blieben selbst deren Erfolge mäßig.

Betrachtet man heute eine Reihe imperialistischer Luftkriegsdar-
stellungen, dann mutet der Einsatz der Me 262 wie ein einziger Siegeszug
an, dem nichts wiederstehen konnte. Prüft man jedoch die verfügbaren
Unterlagen, so ergibt sich ein wesentlich differenzierteres Bild. Ein-
zelerfolgen − wie dem vom 18. März 1945, der in jeder bürgerlichen
Beschreibung entsprechend ausgeschmückt wird − stehen reihenweise
Schlappen und Niederlagen gegenüber.

Großeinsätze der Me 262 im Jahre 1945

Datum	Eingesetzte Kräfte	Abschüsse	Verluste
18. 3.	36	24 Bomber	2
		5 Jagdflugz.	
4. 4.	49	5 Bomben-	
		flugz.	6
10. 4.	62	10 Bomben-	
		flugz.	32
24. 4.	16	3 Bomben-	
		flugz.	2
25. 4.	13	–	2

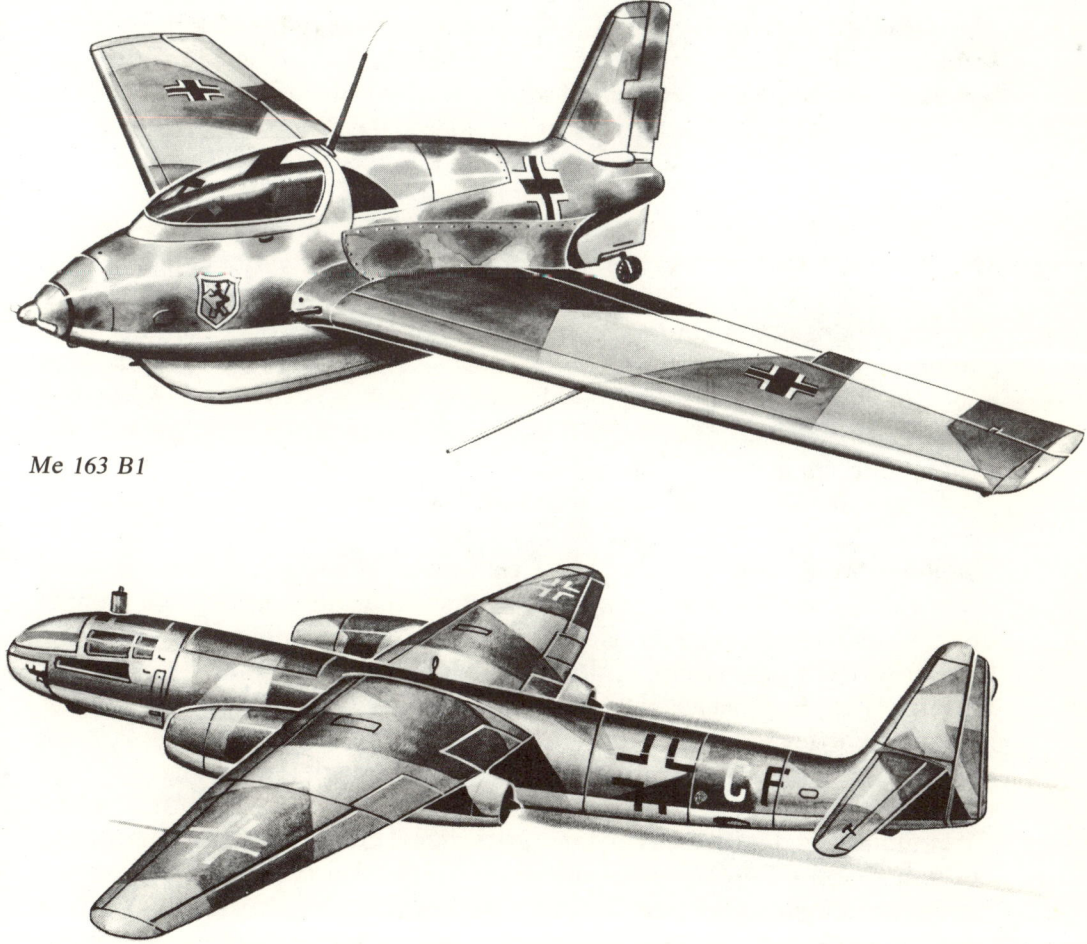

Me 163 B1

Arado 234 B2

Noch enttäuschender war der Einsatz der Me 262 bei den zu Jagdgeschwadern umgerüsteten Bombenfliegereinheiten, so der IV. Gruppe des Kampfgeschwaders 54 am 9. Februar 1945, die von dem Abwehrfeuer eines amerikanischen Bomberpulks voll erfaßt und total zerschlagen wurde.

Genauso erfolglos für die faschistische Führung verlief der Einsatz der Me 163, eines raketenbetriebenen Abfangjägers, der auf Grund seiner geringen Flugdauer ausschließlich zum Objektschutz bestimmt war. Im Herbst 1944 wurde eine Staffel, später eine Gruppe nach Brandis bei Leipzig verlegt, um die Leuna-Werke zu schützen. Etwas später wurde eine zweite Gruppe bei Stargard aufgestellt, die über den Hydrierwerken bei Pölitz zum Einsatz kam. Von der Me 163, bei deren Einsatz sich die technischen und taktischen Schwierigkeiten – ähnlich wie bei der Me 262 – vor allem auf Grund der kurzen Flugdauer potenzierten, wurden 1944 327 und 1945 nur noch 37 Stück produziert. Entgegen bürgerlichen Darstellungen, in denen behauptet wird, die Me 163 habe sich «bestens bewährt», löste die faschistische Luftwaffenführung am 12. April 1945 die I. und II. Gruppe des Jagdgeschwaders 400, in der 300 Me 163 zusammengefaßt waren, auf, wobei sie als Begründung angab, daß von diesem Flugzeug kaum Erfolge erzielt worden waren.

Sie hatte schon seit Ende 1944 deshalb Kurs darauf genommen, die Me 163 durch die kurzfristig entwickelte He 162, den Heinkel prahlerisch als «Volksjäger» ankündigte, zu ersetzen. Am 31. Dezember 1944 wurde das Erprobungskommando He 162 in Rechlin aufgestellt, das den Rahmenverband für die Bildung zahlreicher Geschwader abgeben sollte, war doch die Monatsproduktion auf nicht weniger als 4 000 Flugzeuge festgelegt worden. Bis Kriegsende wurden jedoch nur 116 Stück produziert, von denen keins mehr zum Einsatz kam.

Auch das Strahlflugzeug, von dem das OKL hoffte, es würde der künftige «Blitzbomber» sein, erfüllte nicht die Erwartungen. Die zweistrahlige Arado 234, von der bis Kriegsende 214 Stück gebaut wurden, erwies sich zwar als ein überlegenes Fernaufklärungsflugzeug, mit dem es der faschistischen Führung wieder möglich war, ab September 1944 über Großbritannien aufzuklären, doch sein Einsatz als Bombenflugzeug im Rahmen des Bombergeschwaders 76 verzögerte sich auf Grund technischer Schwierigkeiten – der Räumung der im okkupierten Polen liegenden Fertigungsstätten – und brach schließlich im April 1945 verlustreich zusammen.

Hauptmittel der offensiven faschistischen Luftkriegführung blieb somit der unbemannte Flugkörper Fi 103, der von der Luftwaffe entwickelt und für dessen Einsatz ab Ende 1943 das Flakregiment 155 [W] mit 5 000 Mann nach Frankreich verlegt worden war. Nach mehrfachen Verzögerungen, verursacht durch technische Rückschläge und westalliierte Luftangriffe, eröffnete die faschistische Führung – nach einer völlig mißglückten

Unterirdische Fertigungsstätte für die Fi 103. An der hohen Ausfallquote dieser blindwirkenden Terrorwaffe hatten Widerstandskämpfer wesentlichen Anteil

Generalprobe am 12. Juni — am 16. Juni den Fernbeschuß Londons. 244 Projektile wurden gestartet. Bis zum 22. Juni 1944 waren es 1 000 Stück. Die faschistische Propaganda bemühte sich, den Einsatz dieser «Wunderwaffe», der sogenannten V (Vergeltung) 1, als Wende im Kriegsverlauf hinzustellen. Doch ihr Einfluß auf den Verlauf des Krieges war gering. Insgesamt wurden bis zum 29. März 1945 10 492 Projektile gegen Ziele in Südengland und gegen London verschossen. Über 3 000 fielen sofort nach dem Start durch technische Mängel aus. Von den übrigen 7 488 wurden 1 847 von britischen Jagdflugzeugen, 1 878 von der Flakartillerie und 232 von Ballonsperren abgefangen. 2 419 fielen auf London, der Rest auf Südengland. Ab Ende 1944 wurden auch Antwerpen (8 696 Stück) und Lüttich (3 141 Stück) beschossen.

Die Fi 103 war eine reine Terrorwaffe, die dazu bestimmt war, Panik und Entsetzen unter der britischen Zivilbevölkerung zu verbreiten. Bis zu einem gewissen Grad gelang ihr das. So stellte der britische Innenminister, Herbert Morrison, am 26. Juli 1944 fest, daß durch deutsche V-Waffen bisher 691 000 Häuser in Mitleidenschaft gezogen worden seien. Die Gefahr einer Massenpanik zeichne sich ab. «Ich befürchte, daß mit dem Anwachsen der total zerstörten Flächen bei anhaltender Bombardierung auch der Zorn der Öffentlichkeit wächst. Ob sich dieser Zorn allein auf den Feind

Fi 103 wird abschußbereit gemacht

richtet, scheint fraglich, nachdem wir uns mit unserer Luftüberlegenheit und militärischen Stärke gebrüstet haben.»

Insgesamt wurden von den Flugkörpern 6 364 Engländer getötet und 17 981 verletzt. Dank der wirksamen britischen Luftverteidigung, die sich mit großem Erfolg rasch auf die Abwehr dieser Waffe einstellte, sowie durch ein ausgedehntes Warnsystem blieben die Auswirkungen dieser Angriffe begrenzt.

Unter Luftmarschall Roderic Hill wurde im Juli/August 1944 folgendes System der Bekämpfung der Fi 103 entwickelt: Über dem Kanal patrouillierten Jagdfliegerkräfte – vor allem wurden die Tempest V und die Spitfire XIV eingesetzt –, die schon über See die Flugkörper abfingen und

	Preis	Arbeits-stunden	Geschwindig-keit	Reich-weite	Spreng-ladung
Fi 103	3 500 RM	280	656 km/h	240 km	850 kg
A 4	38 000 RM	12 950	1 900 km/h	320−380 km	975 kg

Fi 103 kippt über London ab

sie entweder durch Beschuß oder durch ihr Abkippen zum Absturz brachten. An der Küste von St. Margarets Bay bis Cuckmere Haven und in der Themsemündung war ein Flakgürtel gebildet worden, in dem im August 1944 800 schwere und 1 800 leichte Flakgeschütze sowie 700 Raketenwerfer eingesetzt waren. Hinter dem Flakgürtel kamen erneut Jagdfliegerkräfte zum Einsatz, während die unmittelbaren Zugänge Londons durch Ballonsperren geschützt wurden. Ende August war die britische Luftverteidigung dieser Gefahr im wesentlichen Herr geworden, und sie begann bereits die Evakuierung der Londoner Bevölkerung abzubrechen, als am 8. September 1944, gegen 18.43 Uhr, in Chiswick die erste A4-Rakete detonierte, drei Briten tötete und 10 verletzte. Mit der A 4, der sogenannten

Die Wirkung einer detonierten Fi 103 in London

V 2, die vom Heereswaffenamt unter Leitung von Walter Dornberger und Wernher von Braun in Peenemünde entwickelt worden war, verfügte die faschistische Führung über eine Waffe, gegen die es 1944/45 noch keine Abwehr gab. Von diesen blind wirkenden Terrorgeschossen, die wahl- und nahezu lautlos ihre Opfer heimsuchten, wurden vom 8. September bis 13. Oktober 1944 21 auf Paris gezielt, von denen 19 ihr Ziel erreichten, 1 403 richteten sich gegen London und Südengland, von denen zwischen dem 8. September 1944 und 27. März 1945 1 054 einschlugen, und 2 050 gegen Antwerpen, Brüssel und Lüttich, die ab 13. Oktober 1944 in das Terrorbombardement einbezogen wurden. Bis zum 5. April 1945 gingen 1 675 Raketen in Belgien nieder. Von 3 474 Projektilen erreichten nur 2 748 das Zielgebiet. Jede fünfte Rakete fiel aus. Weitere 10 bis 12 Prozent aller A4-Geräte mußten schon vor dem Abschuß wegen technischer Mängel an die Mittelwerke im Kohnstein zurückgegeben werden. Fast ein Drittel aller Raketen fiel somit für die Terrorkriegführung aus. Wie hoch dabei der Anteil zu bemessen ist, den die Widerstandskämpfer des Konzentrationslagers Dora an dieser hohen Ausfallquote hatten, läßt sich heute nur schwer abschätzen. Ihre große Wirksamkeit steht aber außer jedem Zweifel. Sie retteten damit vielen Belgiern und Engländern das Leben.

Da keine Vorwarnung möglich war, verursachten einige A4-Geräte schwere Verluste unter der Zivilbevölkerung, so am 25. November 1944,

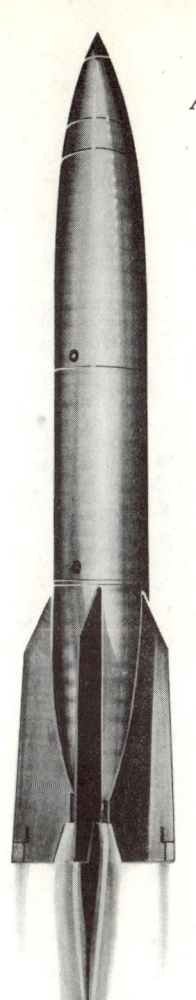

A 4 A

A 4 A-Rakete wird startklar gemacht

als eine von ihnen in einer Woolworth-Zweigstelle in der Londoner New Cross Road 160 Engländer tötete und 108 schwer verletzte. Insgesamt wurden 2 574 Briten durch den Raketenbeschuß getötet und 6 253 verletzt. Die Gesamtverluste der britischen Bevölkerung durch V-Waffen-Beschuß beliefen sich auf 8 938 Tote und 24 234 Verwundete. Etwa 28 000 Wohnungen wurden völlig, annähernd 1 Million teilweise zerstört.

Ähnlich hohe Menschenverluste hatte Belgiens Zivilbevölkerung zu beklagen. 6 448 Belgier fanden durch den Fernwaffenbeschuß den Tod, 22 524 wurden verletzt, 9 230 Wohnungen wurden völlig zerstört, 51 110 schwer und 153 540 leicht beschädigt.

Die herrschenden Kreise des britischen Imperialismus nahmen die V-Waffen-Angriffe zum Anlaß, um einer verschärften Luftkriegführung gegen das faschistische Hinterland das Wort zu reden. Churchill erwog im Sommer 1944, 100 deutsche Kleinstädte zur Vergeltung durch das Bomber

Einschlag einer A 4 A-Rakete in London. Das Leben geht weiter....

Immer schwerere Bombenkaliber werden von der RAF zum Einsatz gegen Deutschland gebracht. 1944 werden großkalibrige Minenbomben mit einem Sprengstoffgewicht von 3 700 Kilogramm abgeworfen, die im Umkreis von 110 Meter alle Gebäude zerstören

Command einäschern zu lassen. Derartige Überlegungen mündeten offenbar in den Plan «Thunderclap» (Donnerschlag), der im Herbst 1944 aufgestellt wurde. Er sah mehrere Varianten vor. Nach Variante 1 sollte ganz Deutschland tagelang durch den Einsatz aller verfügbaren Jagdflugzeuge, Jagdbomber und Bombenflugzeuge terrorisiert werden, die jeden Verkehr auf Straße oder Schiene lahmlegten. Pausenlose Angriffe auf alle zivilen Objekte, einschließlich Krankenhäuser und Kindergärten, empfahl Variante 2 während Variante 3 die Anregung Churchills von der Vernichtung einiger Dutzend deutscher Kleinstädte aufgriff. Das größte Interesse erregten jedoch die beiden letzten Varianten, in denen vorgeschlagen wurde, das schon schwer bombardierte Berlin nochmals in einem viertägigen Tag-und-Nacht-Bombardement in eine Trümmerlandschaft zu verwandeln oder aber die gesamte Kraft der Bomberverbände auf ein einziges Ziel zu konzentrieren, das bislang kaum von Luftangriffen betroffen worden war.

«Thunderclap», wie der zur selben Zeit aufgestellte amerikanische Alternativplan «Hurricane», der die Konzentration der gesamten Fliegerkräfte auf die Zerstörung des unmittelbaren Hinterlands der faschistischen Westfront vorsah, waren Ausdruck der verschärften Barbarisierung des imperialistischen Luftkriegs, dem einerseits das Bestreben zugrunde lag, doch noch durch einen unbeschränkten Luftkrieg eine Kriegsentscheidung allein durch Luftmacht herbeizuführen, der andererseits jedoch zunehmend von der Absicht diktiert wurde, durch die Demonstration der Schlagkraft und Vernichtungswirkung der Fernfliegerkräfte die Sowjetunion einzuschüchtern. Der Charakter der westalliierten Luftkriegführung begann sich zu wandeln. Statt Teil der gerechten Kriegführung der Antihitlerkoalition zu sein, wurde sie zunehmend ein Instrument der antisowjetischen Weltherrschaftspläne der reaktionärsten Kräfte des amerikanischen und britischen Imperialismus. Dieser Umschwung vollzog sich um die Jahreswende 1944/45 und wird vor allem durch zwei militärische Ereignisse geprägt: die Weichsel-Oder-Operation der Sowjetarmee und die Ardennenoffensive der faschistischen Wehrmacht.

Ardennenoffensive, Luftterror und die endgültige Zerschlagung der Luftwaffe an der sowjetisch-deutschen Front

In den Ardennen versuchte das faschistische Deutschland noch einmal, die strategische Initiative an sich zu reißen und die USA und Großbritannien zu Separatverhandlungen zu zwingen. Dafür zog es alle verfügbaren Kräfte heran. Auch starke Verbände der Luftwaffe wurden seit dem 21. Oktober 1944 an der Westfront konzentriert. Sie kamen vor allem von der Luftflotte Reich. Unter dem Befehl des Luftwaffenkommandos West kamen das II. Jagdkorps mit 7 Jagdgeschwadern zu 25 Gruppen, die 3. Jagddivision mit 4 Jagdgeschwadern zu 12 Gruppen und die 3. Fliegerdivision mit Teilen von drei Bombenfliegergeschwadern, drei Nachtschlachtgruppen und einem Nachtjagdgeschwader zum Einsatz. Trotzdem blieb das Kräfteverhältnis in der Luft so ungünstig für die Luftwaffe, daß dem Luftwaffeneinsatz in der Planung kaum große Bedeutung zugemessen wurde.

Durch die Eröffnung der Offensive in einer Schlechtwetterlage hoffte man vielmehr, die britischen und amerikanischen Fliegerkräfte vom Gefechtsfeld fernzuhalten. In den «Richtlinien für das Angriffsverfahren der Operation ‹Wacht am Rhein›» hieß es deshalb bezüglich des Luftwaffeneinsatzes: «Bei Besserung der Wetterlage liegt das Schwergewicht auf den Jagdverbänden, deren Hauptaufgabe es ist, die Panzerspitzen, Vormarschstraßen und Bereitstellungen abzuschirmen. Daneben ist ein überraschender Angriff gegen belegte frontnahe Flugplätze der feindlichen Nahkampfkorps durchzuführen. Der Einsatz zur unmittelbaren Unterstützung des Heeres kommt mit Rücksicht auf die geringe Zahl der eigenen fliegenden Verbände nur bei Schwerpunkten in Frage. Dabei müssen die Verbände bei Tage stark jagdgeschützt werden, so daß eine Schwächung der Jagdkräfte an anderer Stelle in Kauf genommen werden muß. Luftangriffe gegen Verkehrsknotenpunkte, Eisenbahn- und Straßenverkehr sind bei geeigneter Wetterlage Hauptziel der bei Nacht einzusetzenden Verbände.»

Der Einsatz der fliegenden Verbände der Luftwaffe war also von vornherein darauf beschränkt worden, nur passiven Schutz zu gewähren. Das einst im Mittelpunkt stehende enge Zusammenwirken zwischen Luft- und Landstreitkräften war nicht mehr möglich auf Grund der quantitativen und qualitativen Unterlegenheit der Luftwaffe. Obwohl die faschistische Führung 2 292 Flugzeuge im Bereich der Heeresgruppe B zusammenzog, darunter 40 Aufklärungs-, 171 Bomben-, 91 Schlacht- und 1 492 Jagdflugzeuge, von denen 1 376 am 16. Dezember 1944 einsatzbereit waren und sich darunter die Masse der Tagjagdgeschwader — 11 von insgesamt 18 — befand, konnte sie während der Kämpfe in den Ardennen nicht verhindern, daß die britischen und amerikanischen Fliegerkräfte die absolute Luftherrschaft behaupteten. Etwa 500 faschistischen Einsätzen je Tag zwischen dem 16. und 26. Dezember 1944 standen über 3 000 angloamerikanische Einsätze gegenüber, ein Verhältnis, das sich im Januar 1945 weiter zugunsten der Fliegerkräfte der USA und Großbritannien veränderte, als die Luftwaffe je Tag nicht mehr als 70 bis 80 Flugzeuge zum Einsatz bringen konnte. Auch die Hoffnung des OKL, durch einen «Großen Schlag» am 1. Januar 1945 auf 13 britische und 4 amerikanische Feldflugplätze das Kräfteverhältnis in der Luft zu seinen Gunsten zu verändern, scheiterte, weil trotz der taktischen Überraschung, die durch den Einsatz von 10 Jagdgeschwadern mit insgesamt 1 035 Jagdflugzeugen der 3. und der 8. Jagddivision, die von Pfadfinderflugzeugen an ihre Ziele geleitet wurden, erzielt wurde, nur 150 alliierte Flugzeuge zerstört und 111 beschädigt werden konnten, während die eigenen Verluste 277 Flugzeuge betrugen.

Trotz dieses in letzter Instanz fehlgeschlagenen Überraschungsangriffs deutete die faschistische Luftwaffe die ihr immer noch innewohnende Gefährlichkeit an. Obwohl die faschistische Luftwaffe die Luftüberlegenheit und die Luftherrschaft verloren hatte, war sie noch nicht zerschlagen und noch in der Lage, überraschende Gegenschläge zu führen und zeitweilig, unter Ausnutzung bestimmter für sie günstiger Umstände, die Initiative an sich zu reißen.

Die Niederlage in den Ardennen schockierte die britische und amerikanische Führung, nicht zuletzt die westalliierte Luftkriegsgeneralität, die sich eingestehen mußte, daß die Luftangriffe gegen das faschistische Hinterland nicht die Wirkung gehabt hatten, die man sich von ihnen versprochen hatte. Sie mußten nun endgültig erkennen, daß ein Sieg durch Luftmacht eine Illusion sei. Aus ihrer schwierigen Lage befreit wurden die westalliierten Streitkräfte durch die Eröffnung der Weichsel-Oder-Operation der Sowjetarmee, deren rasche Erfolge jedoch die herrschenden Kreise in Washington und London wiederum in Panik versetzten, da die sowjetischen Streitkräfte auf dem besten Wege waren, ganz Deutschland vom faschistischen Joch zu befreien. In dieser Situation ordnete die bri-

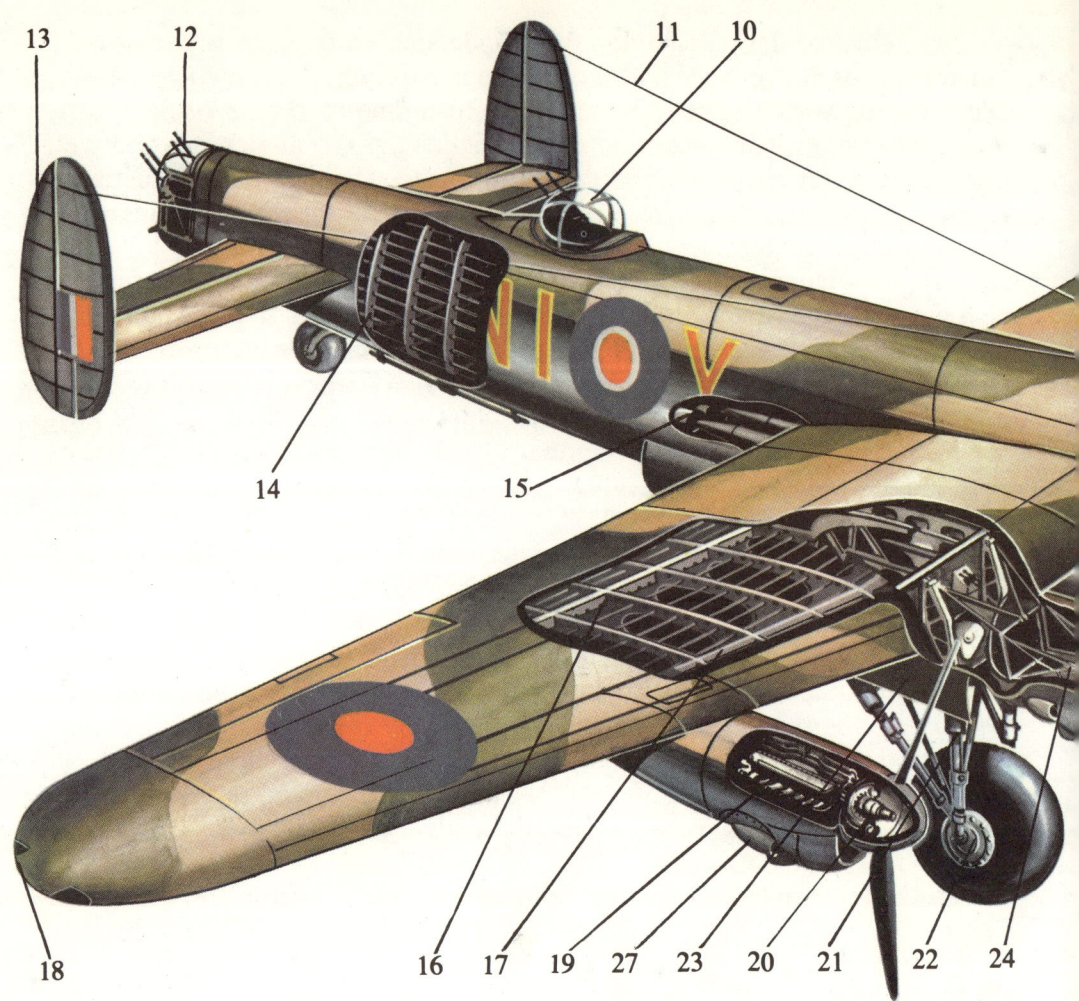

tische Führung, mit Unterstützung der amerikanischen Bombergenerale, am 25. Januar 1945 die Verlagerung der Anstrengungen der Bombenfliegerkräfte in den ostdeutschen Raum an, um angeblich deutsche Truppenbewegungen zu unterbinden. Als Hauptangriffsziele wurden neben Berlin, Magdeburg, Leipzig, Chemnitz (Karl-Marx-Stadt), Dresden, Breslau (Wrocław), Poznań, Halle, Erfurt, Weimar, Gotha und Eisenach genannt. Offiziell wurde diese Maßnahme als Unterstützung für die Sowjetarmee ausgegeben. Als der Oberbefehlshaber der britischen Luftstreitkräfte, Charles Portal, jedoch darauf hinwies, daß die schweren Bombenflugzeuge für diese Aufgaben kaum geeignet wären und Angriffe auf Hydrierwerke weitaus erfolgversprechender seien, machte Churchill in seiner Antwort klar, daß es nicht um die Verhinderung von Truppenbewegungen, sondern um die Zerstörung von Großstädten in Ostdeutschland

**Röntgenschnitt der Avro
«Lancaster»**

 1 Fenster für Bombenschützen
 2 Pilotensitz
 3 Zwillingsbugstand
   (Browning 303)
 4 Navigationsarbeitstisch
 5 Steuer
 6 Glaskuppel für Navigator
 7 Querruder
 8 Querrudertrimmung
 9 Navigationslichter
10 mittlerer oberer MG-Stand
   (Browning 303)
11 Antenne
12 Vierlingsheckstand
   (4× Browning 303)
13 Seitenruder
14 Rumpfstruktur
15 Bombenschacht
16 hinterer Hauptholm
17 vorderer Hauptholm
18 Formations-Haltelichter
19 Rolls-Royce Merlin-Motor
   (4× 1390 PS)
20 de Havilland Verstellpropeller
21 Öldruckfederbeine
22 hydraulische Radbremsen
23 Fahrwerkklappe
24 Traggerüst für Motor
25 Klappen für Bombenschacht
26 Bombenladung (10 000 kg)
27 Luftansaug mit Eisschutz

ging. Wie der britische Labourabgeordnete Richard Crossman schrieb, ging es Churchill «um den Donnerschlag einer Vernichtung durch einen anglo-amerikanischen Luftangriff, der so entsetzlich in seiner Zerstörung sein sollte, daß selbst Stalin davon beeindruckt sein würde».

Entsprechend diesem Konzept bereiteten die britischen und amerikanischen Bombergenerale seit dem 26. Januar fieberhaft Operationen vor, mit denen sie ihre Luftmacht, die in Zukunft sowjetische Städte bedrohen konnte, demonstrieren wollten. Der erste Schlag richtete sich am Vorabend der Konferenz von Jalta, wo man von einer Position der Stärke aus verhandeln wollte, am 3. Februar 1945 gegen Berlin. Etwa 1 000 «fliegende Festungen» führten den schwersten Angriff während des Krieges gegen die Stadt. Nach Angaben der faschistischen Ordnungspolizei wurden 2 893 Berliner getötet, 723 schwer und 1 210 leicht verletzt.

In der Nacht vom 13. zum 14. Februar 1945 erreichte dieses Massaker aus der Luft seinen Höhepunkt. Etwa 805 britische Bombenflugzeuge flogen in zwei Wellen zum Angriff auf Dresden an, das am folgenden Tag nochmals von 311 amerikanischen Viermotorigen angegriffen wurde. Mit über 35 000 Toten, 2 212 Schwer- und über 13 000 Leichtverletzten, 350 000 Obdachlosen sowie völliger Ausbrennung des Stadtkerns gaben die britisch-amerikanischen Fernfliegerkräfte eine Demonstration von «Luftmacht», wie sie von den reaktionärsten Kreisen in London und Washington gefordert wurde.

Ähnliche Terrorschläge richteten sich gegen Magdeburg, Chemnitz, Dessau, Leipzig, Halle und Bitterfeld. Die britisch-amerikanischen Fernfliegerkräfte setzten, obwohl angesichts der Agonie des faschistischen Regimes keine militärische Notwendigkeit mehr bestand, ihre Angriffe bis zum 5. Mai fort. So fiel am 14. April Potsdams Stadtkern 500 britischen Bombenflugzeugen zum Opfer, und am 25. April wurden die Škoda-Werke in Plzeň von der 8. USA-Luftflotte angegriffen. Bei den Angriffen im März/April 1945 mischte sich in die Vorstellung der Bombergenerale, damit die UdSSR einschüchtern zu können, auch die Absicht, den Nachkriegsaufbau in der sowjetisch besetzten Zone nach Kräften zu behindern oder solche Objekte zu zerstören, die mit der Entwicklung neuer Waffen beschäftigt waren, die nicht in den Besitz der Sowjetarmee gelangen sollten. Das ist erwiesen für den Angriff auf die Auer-Werke Oranienburg am 15. März 1945 (Aufbereitung von Thorium- und Uranerzen), der auf unmittelbare Anregung des amerikanischen Militärbevollmächtigten für das Atombombenprojekt, Leslie Groves, erfolgte. Selbst Speer stellte in einer Notiz vom 3. April 1945 fest: «Der amerikanische Luftkrieg wurde bis vor kurzem, das muß festgestellt werden, mit großer Systematik auf die Grundpfeiler des deutschen Wirtschaftslebens geführt. Trotzdem der Gegner glaubt, daß der Krieg für ihn in kürzester Frist beendet ist, hat er aber nun eine recht merkwürdige Umstellung vorgenommen ... wenn er neuerdings Industrien wie die Elektroindustrie in Berlin, die Werkzeugindustrie im sächsischen Raum oder die Glas- und die optische Industrie im Thüringer Raum systematisch angreift und zu zerstören versucht, obwohl deren Erzeugnisse sich im Rüstungsausstoß nicht vor Monaten auswirken können. Oder sind hier nicht nur reine Kriegsziele für diese Überlegungen maßgebend?» In der Tat war es auffällig, daß zweitrangige Wirtschaftsziele im Vordergrund standen und diese Ziele ausschließlich im Bereich der künftigen sowjetischen Besatzungszone lagen.

Die britischen und amerikanischen Fernfliegerkräfte konnten ab Ende Januar 1945 nahezu unbehindert alle Ziele bei Tag und bei Nacht angreifen, weil die faschistische Luftverteidigung zusammengebrochen war. Dies war nicht in erster Linie ein Ergebnis der Kampfhandlungen der westalliierten Luftstreitkräfte, sondern eine Folge der sowjetischen Weichsel-

Zwei Hauptverantwortliche für den Terrorangriff auf Dresden: Luftmarschall Harris
(sitzend) und sein Stabschef Saundby
(Mitte)

Oder-Operation. Sie leitete die völlige Zerschlagung der Luftwaffe durch
die sowjetischen Luftstreitkräfte ein, die in der Berliner Operation besiegelt wurde. Mit dem Beginn der sowjetischen Weichsel-Oder-Operation
nahm die faschistische Führung ihre letzte große strategische Umgruppierung im Verlauf des zweiten Weltkriegs vor, die — soweit es die
Luftwaffe betraf — die größte Umgruppierung seit dem 22. Juni 1941

Berlin nach dem USA-Luftangriff am 3. Februar 1945

459

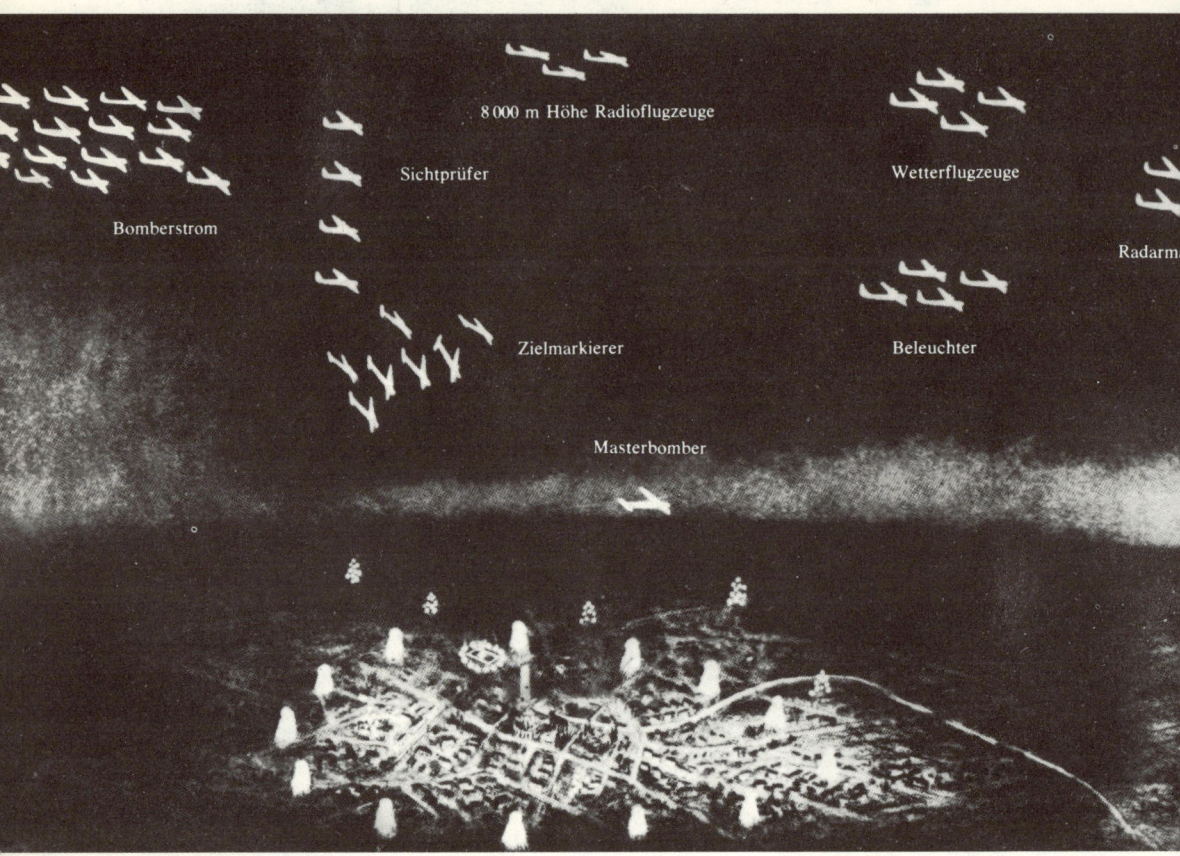

8 000 m Höhe Radioflugzeuge

Sichtprüfer

Wetterflugzeuge

Bomberstrom

Radarma

Zielmarkierer

Beleuchter

Masterbomber

Radarmarkierer
Beleuchter
Zielmarkiererbomben

bedeutete. Von nun an diktierte der Verlauf der Kampfhandlungen im Osten absolut alle Dispositionen der verbliebenen Reserven und Kräfte. Das betraf auch die Luftwaffe und insbesondere ihre fliegenden Verbände.

Nachdem der stellvertretende Chef des Wehrmachtführungsstabes, August Winter, bereits am 13. Januar den Beginn der sowjetischen Offensive als «eine neue Phase in dem Kampf um Großdeutschland» bezeichnet hatte, in dem es «jetzt ums Ganze» gehe, veranlaßten ihn die raschen sowjetischen Durchbruchserfolge, sich am 19. Januar in einer Denkschrift an Alfred Jodl zu wenden, in der er forderte, «unter bewußter Inkaufnahme des damit auf dem Westkriegsschauplatz verbundenen schwerwiegenden Risikos ein Höchstmaß an Kräften für die große Entscheidungsschlacht auf dem Ostkriegsschauplatz zusammenzuziehen». Für die Luftwaffe führte Winter dazu aus: «Die Luftverteidigung der Verkehrswege und der entscheidenden Schlüsselpunkte der Rüstung muß nunmehr m. E. für die nächste Zeit ausschließlich Flakartillerie übertragen werden. Sämtliche fliegenden Verbände sind schwerpunktmäßig anzusetzen, um a) die russischen Durchbruchsgruppen zu bekämpfen und abzustoppen, b) den Aufmarsch der 6. Panzerarmee zu stützen, c) den Gegenangriff der 6. Panzerarmee mit höchster Einsatzstärke zu unterstützen... Dementsprechend ist über den verfügbaren Treibstoff zu disponieren. Die Luftkriegführung auf allen anderen Kriegsschauplätzen spielt demgegenüber keine nennenswerte Rolle.»

Zur Luftunterstützung der Heeresgruppe A und der Heeresgruppe Mitte, gegen die sich der sowjetische Hauptstoß richtete, war die Luftflotte 6 eingesetzt, die am 6. Januar 1945 über 7 Schlachtfliegergruppen und 5 Jagdfliegergruppen mit insgesamt 364 Kampfflugzeugen verfügte. Bereits im Zuge der sowjetischen Angriffsvorbereitungen war die Luftflotte 6 auf Kosten der Westfront bis zum 12. Januar auf 8 Jagdgruppen und 10 Schlachtgruppen verstärkt worden. Am 12. Januar 1945 verfügte sie über fast 800 Flugzeuge, darunter 300 Tag- und Nachtjäger sowie fast 400 Schlachtflugzeuge.

Die sowjetischen Luftstreitkräfte eroberten sofort die Luftherrschaft und unterstützten wirksam die Bodenoperationen. Der Luftflotte 6 wurden deshalb bis zum 20. Januar weitere drei Jagdgeschwader von der Westfront zugeteilt. Ab 21. Januar begann die Verlegung weiterer Jagdfliegergeschwader an die deutsch-sowjetische Front. Bis zum 3. Februar wurden der Luftflotte 6 allein 5 neue Jagdgeschwader sowie starke Schlacht- und Aufklärungsfliegerkräfte zugeteilt. Ihre zahlenmäßige Stärke erhöhte sich – trotz der hohen Verluste und Einbußen während des fluchtartigen Rückzugs aus Polen und obwohl Teilkräfte zur Aufstellung des Luftwaffenkommandos Ostpreußen abgezweigt wurden – von 800 auf 1 838 Flugzeuge, darunter 632 Schlachtflugzeuge und 994 Jagdflugzeuge, von denen 1 129 Flugzeuge einsatzbereit waren.

Doch damit war der Umfang der Umgruppierung der faschistischen Fliegerkräfte keineswegs erschöpft. Große Teile der Luftflotte Reich, insbesondere die 1. Jagdfliegerdivision sowie die Fliegereinheiten des Luftgaukommandos III, das heißt alle Fliegerschulen, Ergänzungs-, Umrüstungs- und Erprobungseinheiten, wurden auf Befehl des Luftwaffenführungsstabes vom 1. Februar 1945 der Luftflotte 6 unterstellt. Außerdem wurden die Elitegeschwader 300 und 301 von der Westfront abgezogen und an der deutsch-sowjetischen Front eingesetzt. Mit Ausnahme geringer Fliegerkräfte, die an der Westfront und in der Luftverteidigung verblieben, und den bestehenden schwachen Strahlfliegerkräften waren Anfang Februar die meisten und kampfkräftigsten fliegenden Verbände an der deutsch-sowjetischen Front eingesetzt, von insgesamt 18 Jagdgeschwadern allein 12.

Neben der umfangreichen Umgruppierung fliegender Verbände von der West- an die Ostfront verlegte die faschistische Führung – ohne Rücksicht auf die Belange des Bevölkerungsschutzes und der Luftverteidigung – starke Flakartilleriekräfte an die deutsch-sowjetische Front. Das I. und das II. Flakkorps hatten an der deutsch-sowjetischen Front vom 12. bis 31. Januar 1945 unter anderem 88 10,5-cm-Geschütze, 648 8,8-cm-Flakgeschütze, 163 3,7-cm-Geschütze und 512 2-cm-Geschütze verloren, insgesamt 151 komplette schwere Batterien und 60 leichte und mittlere Batterien. Die Stärke der Flakartillerie im Bereich der Luftflotte 6 war damit um über die Hälfte gesunken. Die faschistische Führung befahl daraufhin bis zum 6. Februar 1945 die Verlegung von 327 schweren und 110 leichten und mittleren Batterien an die deutsch-sowjetische Front. Die Masse dieser Kräfte wurde aus dem Bereich der Luftflotte Reich ent-

Wesentlich zur Zertrümmerung der faschistischen Front im Winter 1945 trugen die sowjetischen Schlachtfliegerkräfte bei

Gliederung der faschistischen Fliegerkräfte im März 1945

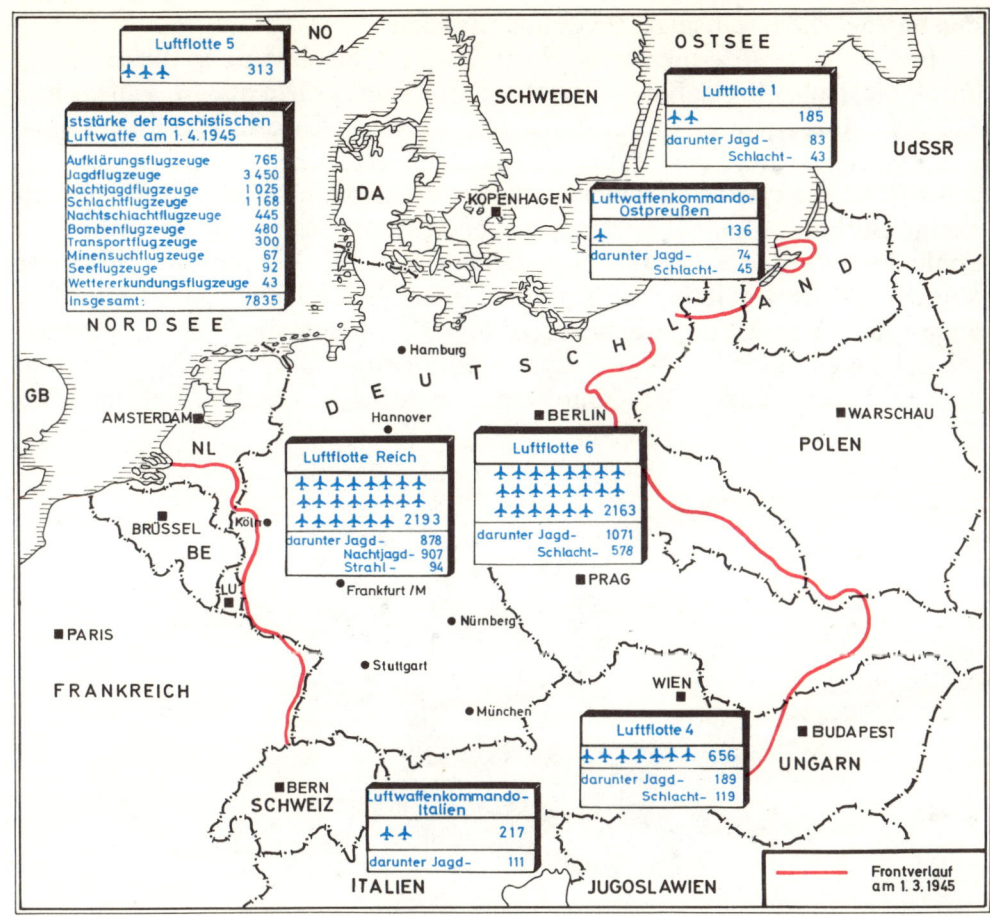

Inside map labels:

Luftflotte 5 — ✈✈✈ 313

Sollstärke der faschistischen Luftwaffe am 1.4.1945
Aufklärungsflugzeuge	765
Jagdflugzeuge	3 450
Nachtjagdflugzeuge	1 025
Schlachtflugzeuge	1 168
Nachtschlachtflugzeuge	445
Bombenflugzeuge	480
Transportflugzeuge	300
Minensuchtflugzeuge	67
Seeflugzeuge	92
Wettererkundungsflugzeuge	43
Insgesamt:	7835

Luftflotte 1 — ✈✈ 185
darunter Jagd- 83
Schlacht- 43

Luftwaffenkommando-Ostpreußen — ✈ 136
darunter Jagd- 74
Schlacht- 45

Luftflotte Reich — ✈ 2193
darunter Jagd- 878
Nachtjagd- 907
Strahl- 94

Luftflotte 6 — 2163
darunter Jagd- 1071
Schlacht- 578

Luftflotte 4 — ✈✈✈✈✈✈✈✈ 656
darunter Jagd- 189
Schlacht- 119

Luftwaffenkommando-Italien — ✈✈ 217
darunter Jagd- 111

Frontverlauf am 1.3.1945

NO, OSTSEE, SCHWEDEN, UdSSR, DA, KOPENHAGEN, NORDSEE, DEUTSCHLAND, Hamburg, GB, AMSTERDAM, NL, Hannover, BERLIN, WARSCHAU, POLEN, BRÜSSEL, Köln, BE, LU, Frankfurt/M, PRAG, PARIS, Nürnberg, FRANKREICH, Stuttgart, WIEN, München, BUDAPEST, UNGARN, BERN, SCHWEIZ, ITALIEN, JUGOSLAWIEN

---

nommen, der 271 schwere Batterien und 62 leichte und mittlere Batterien abzugeben hatte. Allein 123 schwere Batterien wurden dabei aus dem Luftgau VI (Münster) abgezogen, der die Heeresgruppe B bei der Ardennenoffensive unterstützt hatte. Die Masse dieser Kräfte war bis Ende Februar der deutsch-sowjetischen Front zugeführt worden.

Der Hauptzweck dieser strategischen Umgruppierung starker Luft- und Flakartilleriekräfte bestand darin, eine für möglich angesehene Forcierung der Oder aus der Bewegung durch die Sowjetarmee zu verhindern. Statt 500 bis 600 Einsätzen je Tag flog die faschistische Luftwaffe nun 1 000, teilweise bis 2 000 Einsätze je Tag.

Es gelang den faschistischen Fliegerkräften, an der Oder die Luftüberlegenheit zu erringen, den sowjetischen Bodentruppen Verluste zuzufügen und ihre Bewegungen zu behindern. Nach sowjetischen Angaben flogen die faschistischen Fliegerkräfte im Bereich der 1. Belorussischen Front vom 1. bis 10. Februar 13 950 Einsätze, denen nur 624 eigene Jagdfliegereinsätze gegenüberstanden.

Begünstigt wurde dieser vorübergehende Umschwung in der Luftlage durch die Tatsache, daß die sowjetischen Fliegerkräfte der 16. Luftarmee 120 bis 140 Kilometer hinter der Front lagen, weil sie in Frontnähe über kein wetterbeständiges Flugplatzsystem verfügten, während die faschistische Luftwaffe ein starkes und gut ausgebautes Flugplatzsystem im Raum Berlin, Mecklenburg und Sachsen hatte, von dem sie selbst bei Schlechtwetterlagen starten und landen konnte. Behindert wurde der Vormarsch der sowjetischen Truppen, einschließlich der Luftstreitkräfte, auch durch Versorgungsschwierigkeiten. Den faschistischen Fliegerkräften gelang es auf diese Weise, zum Aufbau einer faschistischen Front an der Oder beizutragen. Die Kampfhandlungen an der Oder im Februar 1945

Mistelkombination Ju 88S-1 und Me 109F
Mitte 1943 entwickelte die faschistische Luftwaffenführung aus dem Starrschleppverfahren die Idee, daraus eine Einsatzkombination zu machen, die als Ersatz für den Zielpunkteinsatz schwerer Bombenflugzeuge gedacht war. Zu diesem Zweck wurde ein bemanntes Jagdflugzeug mit einem unbemannten, mit Sprengstoff beladenen Bombenflugzeug verbunden, so daß der Pilot das Aggregat bis zum Ziel führen konnte, es dort ins Ziel stürzen ließ und mit dem Jagdflugzeug zurückkehrte. Anfang 1944 wurde die Me 109 in eine derartige Kombination mit der

Ju 88 gebracht und ab Juni 1944 an der Invasionsfront eingesetzt. Die erzielten Überraschungserfolge veranlaßten die Luftwaffenführung, 75 Mistelflugzeuge bauen zu lassen. Sie sollten gegen sowjetische Kraftwerke oder gegen die britische Flottenbasis Scapa Flow eingesetzt werden. Die hochgespannten Erwartungen der faschistischen Führung erfüllten sich nicht. Die im März/April 1945 gestarteten Misteleinsätze an der deutsch-sowjetischen Front endeten mit einer Katastrophe für die faschistische Luftwaffe.

legten jedoch gleichzeitig den Grundstein für die endgültige Zerschlagung und den völligen Zusammenbruch der faschistischen Luftwaffe. Er wurde in der zweiten Februardekade durch die sowjetischen Fliegerkräfte eingeleitet. Mit 5 453 Einsätzen übertraf die 16. sowjetische Luftarmee die 3 140 Einsätze der Luftwaffe. Die sowjetischen Luftarmeen fügten der Luftwaffe schwerste Verluste am Boden und in der Luft zu. Sie sicherten und unterstützten die Kampfhandlungen der sowjetischen Landstreitkräfte zuverlässig aus der Luft. Die Möglichkeiten der Luftwaffe, die Bodenkampfhandlungen zu beeinflussen, verringerten sich wesentlich. Charakteristisch für die zunehmende Wirkungslosigkeit der Luftwaffe war die Tatsache, daß sie ab Februar nicht mehr in der Lage war, den Heeresverbänden in Ostpreußen, Ostpommern und Niederschlesien wesentliche Luftunterstützung zu geben. In die Defensive gedrängt, beschränkte sie sich auf den Versuch, die Luftangriffe der starken sowjetischen Schlacht- und Bombenfliegerverbände auf Truppen, Stellungen, Nachschubwege usw. abzuwehren. Diese Bemühungen scheiterten. Nicht zuletzt durch die ununterbrochene Luftunterstützung gelang es dem sowjetischen Oberkommando, die Flankenbedrohung im Norden auszuschalten, die starken Gruppierungen der Wehrmacht in Pommern, Ostpreußen und Schlesien relativ rasch zu zerschlagen und alle Kräfte für die Vorbereitung der Berliner Operation zu konzentrieren.

Die Kampfkraft der Luftwaffe sank im Februar/März 1945 nicht nur durch die hohen Verluste − allein während der Weichsel-Oder-Operation wurden 909 Flugzeuge von sowjetischen Jagdflugzeugen abgeschossen −, sondern auch auf Grund der radikalen Schrumpfung ihrer Treibstoffreserven.

Die Aktivität der faschistischen Luftwaffe an der Oderlinie im Februar 1945 war überhaupt nur möglich auf Grund der Entscheidung der faschistischen Führung, die geringen zur Verfügung stehenden Treibstoffmengen vorrangig den an der deutsch-sowjetischen Front eingesetzten Fliegerkräften zuzuführen.

Im März 1945 spitzte sich die Treibstoffkrise zu, weil bereits große Mengen der Sperrbestände aufgebraucht waren. Die gesamte fliegerische Ausbildung wurde deshalb seit Mitte Februar schrittweise eingestellt. Der Luftwaffenführungsstab befahl am 13. Februar, die Ausbildung nur soweit fortzusetzen, wie die Piloten in den nächsten 4 bis 2 Wochen einsatzbereit wären. Die Ausbildung aller Jagdfliegerschüler wurde nur noch in einem einzigen Geschwader betrieben; alle anderen Ergänzungsjagdstaffeln wurden aufgelöst. Aufgelöst wurden ebenfalls die Reste der noch bestehenden Bombenfliegergruppen sowie Anfang April auch zahlreiche Jagdgruppen, nachdem am 1. April 1945 die Produktion aller kolbenbetriebenen Flugzeuge eingestellt worden war.

Die Treibstofflage zwang das OKL am 4. März zu einschneidenden

Anordnungen über den künftigen Luftwaffeneinsatz. Allen Fliegerkräften in der «Reichsverteidigung» – mit Ausnahme der Me-262-Staffeln – wurde ein künftiger Einsatz untersagt. Das bedeutete den totalen Zusammenbruch der Jagdfliegerkräfte in der faschistischen Luftverteidigung. Nur der Einsatz an der deutsch-sowjetischen Front sollte nach den alten Richtlinien erfolgen. Doch auch den an der deutsch-sowjetischen Front eingesetzten Fliegerkräften wies Luftwaffengeneralstabschef Karl Koller am selben Tag eine Dringlichkeitsliste der Einsätze zu. Danach war in erster Linie die Luftversorgung Breslaus, Glogaus (Głogów) und die von Graudenz (Grudziądz) sicherzustellen, in zweiter Linie waren die Oderbrückenköpfe der Sowjetarmee, die Weichselbrücken und der Eisenbahnverkehr in Polen anzugreifen, und schließlich war die Heeresgruppe Mitte zu unterstützen, wobei die faschistische Führung allerdings festlegte, daß im Raum Berlin die eigenen Einsätze ebenfalls einzustellen seien.

Um trotz der gesunkenen Einsatzmöglichkeiten eine hohe Effektivität zu gewährleisten, ließ die faschistische Führung innerhalb der fliegenden Verbände eine scharfe Musterung durchführen und das fliegende Personal in drei Kategorien einteilen; in das Spitzenpersonal, das nunmehr die Masse der Einsätze flog, in «moralisch voll einsatzfähige» Piloten, denen es aber an der notwendigen Ausbildung fehlte, und in «moralisch und körperlich nicht einsatzbereite» Piloten, die aus den Geschwadern entfernt wurden. Aus den «moralisch voll einsatzfähigen, aber unausgebildeten Piloten» rekrutierte die verbrecherische Führung des deutschen Imperialismus vor allem jene jungen Flieger, die zu Selbstaufopferungseinsätzen veranlaßt wurden, für die eine Reihe faschistischer Luftwaffenoffiziere – insbesondere der berüchtigte Oberst Hajo Herrmann – seit März 1945 forciert Stimmung machten.

Trotzdem wäre es ein Trugschluß, anzunehmen, die Treibstoffkrise hätte die faschistische Luftwaffe zur Untätigkeit verurteilt. Natürlich behinderte die Treibstoffknappheit ihre Handlungen ganz erheblich, doch erreichte die faschistische Führung durch die Konzentration aller Kräfte und Mittel, an der deutsch-sowjetischen Front einsatzfähig zu bleiben. Entscheidend für den Zusammenbruch der Luftwaffe war letztlich ihre militärische Niederlage gegen die sowjetischen Fliegerkräfte.

Selbst die begrenzten Aufgaben, die die faschistische Führung ihren Fliegerkräften in der Weisung vom 4. März 1945 stellte und wozu Material, Personal und Treibstoff in ausreichendem Maße bereitgestellt wurden, konnten nicht gelöst werden.

Eine Luftaufklärung wurde den faschistischen Fliegerkräften im Laufe des März von den sowjetischen Luftstreitkräften zunehmend unmöglich gemacht. Die sowjetischen Luftsperren in den Schwerpunkträumen suchten die faschistischen Aufklärer durch Tiefflüge zu unterlaufen, die jedoch, wie es in einem Erfahrungsbericht hieß, fast immer zu Kühlertreffern und

Notlandungen führten. Eine Aufklärung war nur noch in großen Höhen mittels Lichtbild möglich. Schwerste Verluste verursachte die massierte sowjetische Bodenabwehr in den Reihen der faschistischen Schlachtfliegerkräfte, die in ihren Berichten betonten, daß das «feindliche Flakfeuer stets sehr gut lag». Sie suchten deshalb, Angriffen in der frontnahen Zone auszuweichen und Nebenziele im unmittelbaren Hinterland anzugreifen. Insbesondere die Jagdgeschwader hoben die hohen Verluste hervor, die sie bei Tiefangriffen erlitten.

An der starken sowjetischen Luft- und Bodenabwehr scheiterten auch alle Anstrengungen der faschistischen Führung, die Oder- und Weichselübergänge zu zerstören. Das für diese Zwecke ab 1. März 1945 bereitgestellte Kampfgeschwader 200 und der ihm unterstellte Gefechtsverband Helbig griffen unter Anwendung aller ihnen verfügbaren Mittel – von Kugelminen über hochexplosive Wasserstoffballons, Mistelflugzeuge bis Selbstaufopferungsflugzeuge – die Oderübergänge an, ohne mehr zu erreichen als gelegentliche Treffer, die die systematischen Aufmarschvorbereitungen der Roten Armee nicht ernsthaft behinderten.

Besonders beunruhigt zeigte sich die Luftwaffenführung über die zunehmende Wirkungslosigkeit ihrer Jagdfliegerkräfte. Zwar gelang es einigen faschistischen Jagdfliegern noch, sich im Luftkampf zu behaupten, doch insgesamt konnten sie im Kampf mit sowjetischen Bomben- und Schlachtfliegerverbänden, die in der Regel stark jagdgeschützt waren, nicht mehr bestehen. In den Kämpfen mit den sowjetischen Jagdflugzeugen, insbesondere mit der sehr wendigen und steigfähigen Jak-3, erlitten die faschistischen Jagdflieger immer höhere Verluste, die «das bisher unangezweifelte Überlegenheitsgefühl des deutschen Jägers zu erschüttern» begannen, wie es in einem Erfahrungsbericht hieß.

Das angebliche Überlegenheitsgefühl der seit fast zwei Jahren ununterbrochen geschlagenen faschistischen Luftwaffe schwand im Frühjahr 1945 angesichts der wachsenden technischen Überlegenheit der sowjetischen Luftstreitkräfte endgültig dahin, die nicht nur immer bessere Flugzeugmuster zum Einsatz brachten, sondern auch auf funkmeßtechnischem Gebiet den einstigen faschistischen Vorsprung wettmachten.

Mitte April waren die faschistischen Fliegerkräfte – durch die Einstellung der Produktion von kolbenbetriebenen Flugzeugen konnten die Verluste nicht mehr ersetzt werden – weitaus schwächer als im Februar und März 1945. Die Luftflotte 6 zum Beispiel verfügte gegenüber fast 3 000 Flugzeugen im März 1945 nur noch über 2 500 Flugzeuge, wobei besonders die Stärke der Jagdfliegerkräfte von fast 1 400 auf 1 000 abgesunken war. Überdies verbarg sich hinter der scheinbar noch imponierenden zahlenmäßigen Stärke der Luftwaffe die Tatsache, daß sie vielfach nur noch die Ansammlung toter Kampftechnik bedeutete, denen kein entsprechender Kampfwert mehr zukam.

Der niedrige Kampfwert der Luftwaffe, die durch die Fliegerkräfte der Antihitlerkoalition schwer angeschlagen war, enthüllte sich in aller Deutlichkeit im Verlauf der letzten großen Operation des zweiten Weltkriegs in Europa, der Berliner Operation. Die faschistische Luftwaffenführung hatte am Vorabend der Berliner Operation, am 12. April 1945, ihre Fliegerkräfte an der Oderfront noch einmal geteilt. Im Norden stand das Luftwaffenkommando Nordost unter General Fiebig, das dem Oberkommando der Luftwaffe unmittelbar unterstellt wurde und mit der Luftflotte Reich zusammenwirken sollte, die angesichts der herannahenden Spaltung des Kriegsschauplatzes in einen Nord- und Südraum im Norden den Luftkrieg zu führen beabsichtigte. Am Südteil der Oderfront waren die Kräfte der Luftflotte 6 unter General von Greim zusammengezogen worden, der am 19. April alle verbliebenen Fliegerkräfte – das Luftwaffenkommando West, das Luftwaffenkommando 4 und das am 12. April mit der Führung aller Strahlfliegerkräfte beauftragte IX. Fliegerkorps – unterstellt wurden. Ihre Hauptaufgabe sahen die faschistischen Fliegerkräfte darin, bei Beginn der sowjetischen Offensive die Oderbrücken «mit allen verfügbaren Mitteln» anzugreifen, ihre Schlachtfliegereinsätze gegen die sowjetischen Panzerverbände zu konzentrieren, deren Durchbruch zu verhindern und den Luftraum durch eigene Jagdflugzeuge in den Schwerpunkträumen freizukämpfen.

Stärke der faschistischen Fliegerkräfte am 16. 4. 1945 an der Oder/Neiße

	Bomben-flug-zeuge	Schlacht-flug-zeuge	Jagd-flug-zeuge	Nacht-schlacht-flug-zeuge	Auf-klärungs-flug-zeuge	See-flug-zeuge	Gesamt
Luftwaffen-Kommando Nordost	125	326	622	125	157	78	1 433
Luftflotte 6	35	301	306	38	111	–	791

Den sowjetischen Luftstreitkräften waren im Rahmen der Berliner Operation folgende Hauptaufgaben übertragen worden: Sicherung der Luftherrschaft, Schutz der Front und des rückwärtigen Gebiets vor Schlägen der faschistischen Luftwaffe, Unterstützung der Bodentruppen bei der Überwindung von Oder, Spree und Neiße und beim Durchbruch der gegnerischen Verteidigung sowie Sicherung der Panzerverbände bei ihrer Einführung in die Kämpfe.

Mit einem Kräfteverhältnis von über 3 : 1 besaßen die sowjetischen Luftstreitkräfte eine eindeutige zahlenmäßige Überlegenheit, doch hatte die faschistische Führung an der Oderfront stärkere Fliegerkräfte zu-

Stärke der sowjetischen Luftstreitkräfte für die Berliner Operation

Front	Luft-armee	Jagd-flugzeuge	Schlacht-flugzeuge	Bomben-flugzeuge	Auf-klärungs-flugzeuge	Gesamt
2. Belorussische Front	4.	602	449	283	26	1 360
1. Belorussische Front	16.	1 567	731	762	128	3 188
	18.	–	–	800	–	800
1. Ukrainische Front	2.	1 106	529	422	91	2 148

sammengezogen als zum Beispiel in der Schlacht bei Kursk, die durchaus in der Lage waren, hartnäckigen Widerstand zu leisten.

Wenn imperialistische Luftkriegshistoriker den Anschein zu erwecken suchen, als habe die Luftwaffe nach der Ardennenoffensive nahezu aufgehört zu existieren, so beweisen die Luftkampfhandlungen im April 1945 an der deutsch-sowjetischen Front, daß die Luftwaffe nicht von selbst zusammenbrach, sondern durch die Schläge der sowjetischen Luftstreitkräfte endgültig zerschlagen wurde.

Richtig ist allerdings, daß die Luftwaffe an der Westfront ihre Kampftätigkeit im April weitgehend eingestellt hatte. Das Luftwaffenkommando West verfügte Mitte April über 10 Bomben-, 24 Aufklärungs-, 152 Tag- und 147 Nachtjagd- sowie über 53 Strahlflugzeuge. Das waren 386 Kampfflugzeuge gegenüber insgesamt 3 000 Kampfflugzeugen, die sich zum selben Zeitpunkt an der gesamten deutsch-sowjetischen Front von der Ostsee bis nach Österreich und Jugoslawien befanden. Durch die Konzentration von über 75 Prozent seiner Kräfte in der Berliner Richtung wollte das OKL dazu beitragen, die Einnahme Berlins durch die Rote Armee zu verhindern und Deutschlands Metropole den Westmächten in die Hände zu spielen. Für die Kampfkraft der sowjetischen Luftstreitkräfte in der Berliner Operation spricht, daß es der Luftwaffe trotz stärksten Kräfteeinsatzes nicht gelang, auch nur ein einziges Ziel zu erreichen.

In der ersten Angriffsphase zwischen dem 16. und 18. April konzentrierten die sowjetischen Luftarmeen ihre Handlungen auf die Unterstützung der Bodentruppen und den Schutz der Oderübergänge. 743 Bombenflugzeuge der 18. Luftarmee führten am 16. April einen massierten Schlag gegen die Widerstandszentren der faschistischen Verteidigungsfront an den Seelower Höhen, 668 Bomben- und Schlachtflugzeuge der 2. Luftarmee gegen die Stellungen der 4. Panzerarmee an der Neiße. Sie wurden abgelöst durch die wellenweisen Angriffe von Schlachtfliegern. Das OKL setzte daraufhin starke Fliegerkräfte zum Angriff auf die Oderübergänge ein, wobei unter anderen 10 Mistelflug-

Sowjetische Schlachtflieger im April 1945 über Berlin

zeuge und 10 Selbstaufopferungsflugzeuge zum Einsatz kamen, ohne daß es ihnen gelang, einen Übergang zu vernichten. Es zeugt von der Abwehrkraft der sowjetischen Luftstreitkräfte und für die gesunkene Kampfkraft der faschistischen Luftwaffe, daß es ihr trotz stärksten Kräfteeinsatzes nicht gelang, einen Oderübergang nachhaltig zu zerstören.

Die Luftwaffe flog an diesem Tag nahezu 1 500 Einsätze gegenüber etwa 6 700 sowjetischen Einsätzen. Zu einem Höhepunkt der Luftkampfhandlungen kam es am 17./18. April, nachdem die sowjetischen Truppen die ersten Verteidigungsstellungen durchbrochen hatten und die Luftwaffe alle verfügbaren Kräfte zur Bekämpfung der durchgebrochenen sowjetischen Panzertruppen und zur Unterstützung ihrer Bodentruppen einsetzte. Im Raum Cottbus—Görlitz sowie zwischen den Seelower Höhen und Berlin entwickelte sich zum letztenmal während des zweiten Weltkriegs in Europa eine Luftschlacht, an der bei einzelnen Luftkämpfen auf beiden Seiten Hunderte von Flugzeugen eingesetzt waren. Allein die 16. Luftarmee schoß im Raum Berlin vom 16. bis 20. April 497 faschistische Flugzeuge ab. Im Raum Cottbus—Görlitz versuchte die Luftflotte 6, die am 17. April eingeführten sowjetischen Panzerverbände zu zerschlagen, zu deren Sicherung die 2. Luftarmee 75 Prozent aller ihrer Einsätze flog. Ab 18. April konzentrierte die Luftflotte 6 ihre Schlacht- und Jagdfliegerkräfte zur Bekämpfung des sowjetischen Vormarsches auf den Straßen Lübbenau—Lübben, Luckau—Baruth, Spremberg—Cottbus. Doch es gelang

Das Ende der Luftwaffe!

ihnen weder die sowjetischen Panzerspitzen aufzuhalten noch die Luftunterstützung der 2. Luftarmee für die 1. Ukrainische Front zu verhindern. Am 22. April befahl das OKL deshalb, neben der Luftflotte 6 auch das Luftwaffenkommando Nordost und das IX. Fliegerkorps für diese Angriffe heranzuziehen.

Angesichts des unaufhaltsamen sowjetischen Vormarsches wurden am 25. April schließlich weitere Geschwader von der Westfront abgezogen und die gesamten Strahlfliegerkräfte nach Prag beordert, um von dort aus in die Kämpfe bei Berlin einzugreifen. Am 26. April 1945 wurden 31 Me 262 der I/KG(J) 51 zur Erdzielbekämpfung im Raum Cottbus—Bautzen eingesetzt. In den nächsten Tagen zerbrach jedoch unter Schlägen der Sowjetarmee und ihrer Luftstreitkräfte sowie der westalliierten Truppen die Luftwaffe. Die Befehlsführung ging verloren, die Einsatzbereitschaft sank rapide ab. Flog die Luftflotte 6 Mitte April durchschnittlich 400 Einsätze am Tag, so waren es am 29. April 74 und einen Tag später 76.

Weder Munition noch Treibstoff standen noch ausreichend zur Verfügung. Der Luftraum wurde absolut von den sowjetischen Luftstreitkräften beherrscht, die zwischen dem 19. und dem 25. April täglich 6 400 und zwischen dem 26. April und dem 2. Mai täglich 3 600 Einsätze flogen.

Nach sechs Kriegsjahren lag damit «die Spitze am Schwert», wie Göring einst die faschistische Luftwaffe charakterisiert hatte, stumpf und zerbrochen am Boden, vernichtet vor allem von den Fliegerkräften jenes Staates, der die Hauptlast im zweiten Weltkrieg getragen und am meisten zum Sieg über den faschistischen deutschen Imperialismus und seine Luftwaffe beigetragen hatte.

Am 8. Mai 1945 begegnete zwei sowjetischen Jagdflugzeugen, die vom Kommandeur der 7. Gardejagdfliegerdivision, G. A. Lobow, und seinem Begleiter Swidirow gesteuert wurden, im Raum Melnik eine He 111. Sie wurde von ihnen abgeschossen. Das war wohl der letzte Luftkampf, der während des zweiten Weltkriegs in Europa stattfand. In Europa schwiegen nach der bedingungslosen Kapitulation der Wehrmacht in den Nachtstunden des 8. Mai 1945 die Waffen. Nur in Asien dauerte der Luftkrieg noch an.

Luftkrieg im Fernen Osten 1941 bis 1945

Der Beginn des Krieges im Fernen Osten mit dem japanischen Überfall auf Pearl Harbor am 7. Dezember 1941 und sein Verlauf in den ersten Monaten des Jahres 1942, als Malaya, Niederländisch-Indien, die Philippinen und zahlreiche Inseln im Pazifik von den japanischen Aggressoren besetzt und erobert wurden, hatte in mancher Beziehung den Blitzkriegserfolgen des faschistischen Deutschlands in den ersten beiden Jahren des zweiten Weltkriegs geglichen. Auch die japanischen Imperialisten verdankten ihre Anfangserfolge zum großen Teil der Beschwichtigungspolitik der herrschenden Kreise der USA und Großbritanniens in den Vorkriegsjahren und dem rücksichtslosen, überraschenden und massierten Einsatz moderner militärischer Kampfmittel. Es gelang dem japanischen Aggressor, in der Anfangsperiode mit seinen in den Kämpfen gegen das chinesische Volk kriegserprobten Elitetruppen sich zeitweilig Vorteile zu verschaffen. Überrumpelte der deutsche Imperialismus seine Opfer durch die Kombination von Panzer und Flugzeug, so erzielte der japanische Imperialismus seine größten Erfolge durch die Kombination von Schiff und Flugzeug. Die japanischen Fliegerkräfte waren im Dezember 1941 in zwei völlig voneinander unabhängige Gruppierungen geteilt, in die des Heeres und der Seestreitkräfte. Die kampfkräftigsten Verbände waren in der 1. Luftflotte zusammengefaßt worden, die im wesentlichen alle trägergestützten Seefliegerkräfte umfaßte und den Schlag gegen Pearl Harbor durchführte. Die 1. Luftflotte bildete mit ihren 490 Flugzeugen die Elite der ja-

Mitsubishi A-6M «Zero-Sen» Die Mitsubishi «Zero-Sen» war das meistgeflogene, meistgebaute und bekannteste japanische Jagdflugzeug des zweiten Weltkriegs. Sie übertraf als erster bordgestützter Jagdeinsitzer die Leistungen der von Landbasen gestarteten Jagdflugzeuge. Am 1. April 1939 zum Erstflug gestartet, wurde das Flugzeug während der Aggression Japans in China erprobt und in die Ausrüstung der japanischen Seefliegerkräfte eingeführt. Die «Zero-Sen» stellte beim Überfall auf Pearl Harbor den Kern der japanischen Jagdfliegerkräfte. Ab Anfang 1943 büßte sie ihre technische Überlegenheit auf dem fernöstlichen Kriegsschauplatz ein. Insgesamt wurden 10 937 Flugzeuge dieses Musters gebaut.

Pearl Harbor nach dem
japanischen Luftüberfall

Mitsubishi G4M2 Die Mitsubishi G4M2
entstand 1939 auf Forderung der japanischen Marineleitung nach einem mittelschweren Bombenflugzeug, das eine
Reichweite von 4 700 km haben sollte.
Dieser Forderung konnte nur durch den
Einbau so umfangreicher Kraftstofftanks
in das Flugzeug Rechnung getragen werden,
daß für Panzerung weder Gewicht noch
Platz blieb. Nach Anfangserfolgen 1941/42
machten die ungeschützten 5 000-Liter-
Tanks das Flugzeug äußerst verwundbar.
Trotz schwerster Verluste in der Schlacht
bei den Salomonen im August 1942 wurden
beim Typ G4M2 die Treibstoffzuladungen
weiter erhöht. Bei Kriegsende diente die
G4M2 als Träger für die bemannte
Okha-Bombe. Die Gesamtproduktion
erreichte 2 479 Flugzeuge.

panischen Fliegerkräfte mit hoch trainierten und hervorragend ausgebildeten Piloten, die über umfangreiche Kriegserfahrungen in China
verfügten. Die landgestützten Seefliegerkräfte, die die japanische Marine
bei ihren Aggressionen in Indochina, Malaya und Niederländisch-Ostindien
unterstützten, waren in der von Admiral Nishizo Tsukahara kom-
mandierten 11. Luftflotte organisiert, die aus drei Luftflottillen mit in-
gesamt 500 Flugzeugen bestand. Jede Luftflottille bestand aus drei Luft-
gruppen mit etwa 150 Flugzeugen. Einschließlich der bordgestützten
Flugzeuge auf Schlachtschiffen und Kreuzern, den Flugbooten, Reserve-
und Schulfliegereinheiten zählten die japanischen Seefliegerkräfte vor
Kriegsausbruch 3 300 Flugzeuge.

Die Heeresfliegerkräfte verfügten vor der Aggression über 4 300 Flugzeuge, von denen etwa 2 000 in 5 Luftdivisionen einsatzbereit waren. Die
1., 2. und 4. Luftdivision waren in Japan, in der Mandschurei und in China
stationiert, die 3. Luftdivision unter General Michio Sugawara wirkte mit
352 Flugzeugen mit den Landstreitkräften bei der Eroberung Malayas, die
5. unter Einyo Obata mit 150 Flugzeugen bei der Eroberung der Philippinen
zusammen. Jede Luftdivision bestand aus zwei bis drei Luftbrigaden, jede
Luftbrigade aus drei bis vier Luftregimentern. Jede Brigade zählte 90 bis
120 Flugzeuge, jede Division 275 bis 350 Flugzeuge.

B-17 kehrt von einem Bombenangriff auf die Salomonen zurück

Mittels seiner technisch und taktisch hochentwickelten Seefliegerkräfte gelang es den japanischen Militärs, 1942 die Luftüberlegenheit zu erringen und zeitweilig zu behaupten. Unter dem Schutz vor allem seiner Trägerflugzeuge konnte die japanische Kriegsflotte im pazifischen Raum frei und ungehindert manövrieren und die strategische Initiative behaupten. Der Versuch des japanischen Imperialismus, eine Neuordnung im Fernen Osten durchzuführen, wurde zu einem Zeitpunkt unternommen, als die Blitzkriegsstrategie des deutschen Imperialismus, des stärksten und gefährlichsten Partners der Achse, vor Moskau bereits ihr Fiasko erlitt, die Niederlage der faschistischen Mächte, die an der sowjetisch-deutschen Front in die Tat umgesetzt wurde, bereits unabwendbar geworden war. Dank der an der sowjetisch-deutschen Front herbeigeführten Wende im Verlauf des zweiten Weltkriegs gelang es den westlichen Partnern der Antihitlerkoalition, den USA und Großbritannien, relativ rasch, ihre schweren Verluste aus der Anfangsperiode zu ersetzen, der Offensive des japanischen Imperialismus die Spitze abzubrechen, ihn in die Defensive zu zwingen und schließlich selbst zur Offensive überzugehen. Die Wende im Kriegsverlauf im Pazifik zugunsten der Mächte der Antihitlerkoalition wurde durch zwei Seeluftschlachten eingeleitet; durch die Schlacht in der Korallen-See am 7./8. Mai und die Schlacht bei Midway am 3./4. Juni 1942.

Douglas A-20 «Havoc» greift japanischen Frachter an

    In der Korallen-See traf ein japanisches Landeunternehmen gegen Port Moresby, mit dessen Einnahme Australien isoliert und invasionsreif gemacht werden sollte, auf den Widerstand eines amerikanischen Flottenverbands unter Admiral Jack Fletcher.

Kräfteverhältnis in der Schlacht
in der Korallen-See

	Kreuzer	Zerstörer	Flugzeugträger	Trägerflugzeuge
USA-Streit-kräfte	8	13	2	143
Japanische Streitkräfte	9	15	3	157

Am 7. Mai stellten japanische Aufklärungsflugzeuge der Träger «Zuikaku» und «Shokaku» Fühlung zum amerikanischen Verband her, gegen den 78 japanische Trägerflugzeuge eingesetzt wurden. Das, was die japanische Aufklärung jedoch für die USA-Hauptstreitkräfte hielt, war in Wirklichkeit nur die Brennstoffgruppe, von der ein Tanker und ein Zerstörer versenkt wurden.

Während die japanischen Bombenflugzeuge ein Nebenziel angriffen, entdeckte die USA-Aufklärung den leichten Träger «Shoho» (12 000 Tonnen), der von 93 USA-Bombenflugzeugen mitsamt seinen 21 Flugzeugen versenkt wurde. Der japanische Flottenverband drehte auf diese Nachricht hin bei und ließ die für Port Moresby bestimmte Landegruppe kehrtmachen, bis die Lage geklärt war. Wegen einer Schlechtwetterfront entdeckten sich beide Flottenverbände nicht, obwohl sie in unmittelbarer Nähe operierten. Japanische Trägerflugzeuge hielten sogar irrtümlich die Träger «Lexington» und «Yorktown» für eigene Flugzeugträger und versuchten auf ihnen zu landen. Am 8. Mai standen beide Kampfgruppen knapp 200 Seemeilen auseinander und näherten sich bis auf 30 Seemeilen. Die USA-Fliegerkräfte führten den ersten Schlag gegen den japanischen Flottenverband, erzielten aber nur einen Treffer auf der «Shokaku». Die japanischen Trägerflieger erreichten den USA-Verband gerade in dem Augenblick, als den Sperre fliegenden Jägerstaffeln der Brennstoff zur

Douglas «Havoc» wird bei einem Angriff auf Neu-Guinea von japanischer Flak in Brand geschossen

Neige gegangen war. Die «Lexington» wurde durch zwei Torpedos und mehrere Bomben schwer getroffen; sie sank am Abend des 8. Mai.

Taktisch hatten die japanischen Kräfte zwar in dieser Seeschlacht, die ausschließlich durch die Trägerflugzeuge beider Flotten entschieden wurde, während die Überwasserkriegsschiffe beider Seiten weit außerhalb des Bereichs ihrer Geschütze blieben, einen Erfolg errungen durch die Versenkung des 30 000-Tonnen-Trägers «Lexington», aber sie hatten zum erstenmal Abstand von einer Landeoperation nehmen müssen. Die Sturmflut japanischer Aggressionen war in der Korallen-See zum Stillstand gekommen.

In der Schlacht in der Korallen-See zeichnete sich bereits ab, daß die USA auf Grund ihrer fortgeschrittenen Funkmeßtechnik in der Lage waren, den Standort der japanischen Verbände rascher festzustellen, daraus taktische Vorteile zu ziehen, die wesentlichen Einfluß auf den Verlauf der Seeluftschlachten haben konnten.

Mit dem Ziel, die Hauptkräfte der amerikanischen Flotte, vor allem die Flugzeugträger, zum Kampf zu stellen, bereitete die japanische Führung Ende Mai 1942 einen Schlag gegen die Insel Midway vor. Das Ziel sollte durch Nebenangriffe in Richtung Aleuten bis zum letzten Augenblick verschleiert werden. Das japanische Oberkommando besaß ein eindeutiges Kräfteübergewicht, es verhielt sich bei den Schlachtschiffen 11 zu 0, bei den Flugzeugträgern 8 zu 3, bei den Kreuzern 22 zu 13, bei den Zerstörern 65 zu 28 und bei den U-Booten 21 zu 19. 427 japanische Trägerflugzeuge standen 233 amerikanischen Trägerflugzeugen gegenüber. Um das Überraschungsmoment auszunutzen und die USA-Führung über die Richtung des Hauptstoßes zu täuschen, zersplitterte die japanische Führung ihre Kräfte in vier Hauptgruppen, die weit voneinander abgesetzt in den Pazifik vorstießen. Der erste Schlag gegen Midway sollte von der Trägergruppe unter Vizeadmiral Chuichi Nagumo mit 4 Trägerschiffen («Akagi», «Kaga», «Hiryo» und «Soryo»), 2 Schlachtschiffen, 2 Kreuzern und 12 Zerstörern, die über 86 bordgestützte Bomben-, 93 Torpedo- und 93 Jagdflugzeuge verfügten, geführt werden.

Die Führung der USA-Seestreitkräfte hatte die japanische Hauptangriffsrichtung frühzeitig erkannt und konzentrierte bei Midway drei Flugzeugträger («Enterprise», «Yorktown» und «Hornet»), 8 Kreuzer und 17 Zerstörer. Die 233 Trägerflugzeuge wurden von 131 auf Midway stationierten Flugzeugen unterstützt. Trotz allgemeiner Kräfteunterlegenheit besaß die USA-Führung damit an Ort und Stelle den Japanern überlegene Kräfte, wobei die zahlenmäßige Überlegenheit der Fliegerkräfte eine entscheidende Rolle spielen sollte.

Am 4. Juni 1942 führten 108 japanische Trägerflugzeuge den ersten Schlag gegen die Insel Midway, die als «unsinkbarer» Flugzeugträger galt. Durch das Radar rechtzeitig erfaßt, ging der japanische Schlag aus der Luft

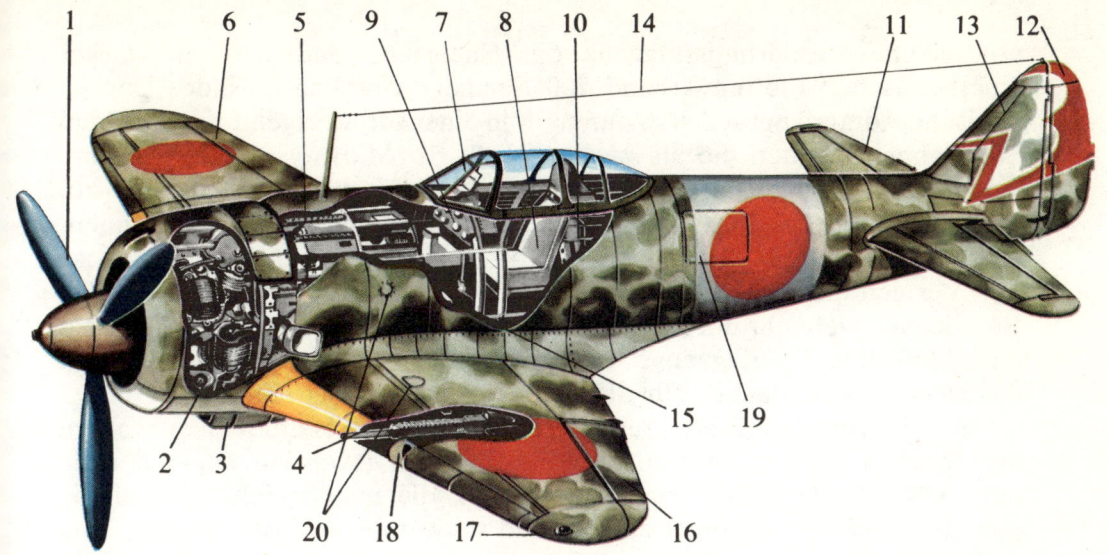

Röntgenschnitt der Ki44 II (Japan)

1 verstellbare Luftschraube
2 Motor Nakajima Ha 109 14 Zylinder
3 Ölkühler
4 Maschinenkanone Ho-301 (40 mm)
5 Maschinengewehr Ho 103 Typ 1
  (12,7 mm)
6 Querruder
7 Schiebehaube
8 Führersitz
9 Instrumentenbrett
10 Oxygenbehälter
11 Höhenruder
12 Seitenruder
13 Seitenflosse
14 Radioantenne
15 Ruderpedale
16 Trimmkante
17 Positionslicht
18 Landescheinwerfer
19 Luke für Funkgerät
20 Einfüllöffnungen
   für Treibstofftanks

ins Leere, richtete zwar schweren Sachschaden an, doch blieb der Flugplatz für die rechtzeitig gestarteten USA-Flugzeuge benutzbar. Teile der amerikanischen Fliegerkräfte griffen indessen den japanischen Trägerverband erfolglos und unter hohen Verlusten an.

Die japanischen Angriffsbesatzungen meldeten über Funk, daß der Angriff auf Midway wiederholt werden müsse. Nagumo entschloß sich daraufhin, die an Deck der Träger stehenden 93 Flugzeuge, die für den Fall des Auftauchens amerikanischer Seestreitkräfte mit Torpedos ausgerüstet waren, auf Bomben umzurüsten. Während das japanische Wartungspersonal fieberhaft die Torpedos wechselte, griffen erneut von Midway aus gestartete USA-Bombenflugzeuge den Trägerverband an, wurden jedoch zum zweitenmal, ohne ein Schiff zu treffen, von der japanischen Jagdabwehr abgewiesen. Gegen 08.30 Uhr erhielt Nagumo von einem Aufklärungsflugzeug die Nachricht, daß sich ein starker amerikanischer Flottenverband 200 Seemeilen östlich befinde. Der japanische Admiral befand sich nunmehr in einer schwierigen Lage: Auf den Startbahnen standen die als zweite Welle für Midway mit Bomben beladenen Flugzeuge bereit, die sofort starten mußten, um die zurückkehrenden 102 Maschinen der ersten Welle aufnehmen zu können. Doch das Hauptziel des japanischen Vorstoßes war nicht Midway, sondern die Vernichtung der USA-Flotte, deren Schiffe jedoch kaum durch Bomben als vielmehr durch Torpedos versenkt werden konnten. Nagumo entschloß sich, die Flugzeuge wiederum auf Torpedos umzuarmieren und das Deck frei zu machen für die rückkehrende 1. Angriffswelle.

Der Führung des USA-Trägerverbands war bereits am frühen Morgen der Standort des japanischen Verbands bekannt geworden, gegen den sie um 07.00 Uhr 116 Flugzeuge starten ließ, die nur staffelweise auf die japanischen Flugzeugträger stießen und schwerste Verluste erlitten. Von 42 Torpedoflugzeugen der drei USA-Träger kehrten nur 4 zurück.

Nach der Abwehr dieser Schläge bereitete die japanische Führung ihrerseits den Angriff auf den amerikanischen Flottenverband vor. Der Angriff war für 10.30 Uhr vorgesehen. Die Decks waren überfüllt von den warmlaufenden Flugzeugen, als gegen 10.20 Uhr 36 Trägerflugzeuge der «Enterprise» – für die Japaner überraschend – die Träger «Akagi» und «Kaga» angriffen. «Kaga» erhielt vier Treffer, die binnen weniger Minuten das gesamte Oberdeck mit seinen 70 Flugzeugen in ein Flammenmeer verwandelten. «Akagi» wurde dreimal getroffen. Fast gleichzeitig mit diesen beiden Angriffen wurde auch die «Soryo» von 17 Kampfflugzeugen der «Yorktown» bombardiert und schwer getroffen. Am Ausgang des 4. Juni waren alle drei Träger gesunken. Dessenungeachtet befahl Nagumo, mit 40 Flugzeugen vom letzten verbliebenen Träger «Hiryo» den amerikanischen Flottenverband anzugreifen. Im Bombenhagel der japanischen Angreifer wurde die «Yorktown» so schwer beschädigt, daß sie ebenfalls im Laufe des 6. Juni sank. Die USA-Führung setzte weiterhin alle Kräfte ein, um den japanischen Trägerverband endgültig zu zerschlagen. Sie schalteten am Nachmittag auch die «Hiryo» aus und konzentrierten ihre Angriffe nunmehr auf die Schlachtschiffe und Kreuzer.

Obgleich die japanische Schlachtflotte noch völlig intakt war, hatte sie durch die Vernichtung der Flugzeugträger ihre Kampfkraft zur Luft eingebüßt. Die japanische Führung sah damit keine Aussicht mehr, die Seeluftschlacht mit Erfolg fortsetzen zu können. Admiral Isoroku Yamamoto gab nach dem erfolglosen Versuch, mit seinen Schlachtschiffen den amerikanischen Trägerverband zu stellen, am 5. Juni Befehl, das Unternehmen Midway aufzugeben.

Die Seeluftschlacht bei Midway erhärtete für den fernöstlichen Kriegsschauplatz, daß das Schlachtschiff vom Flugzeugträger überrundet wurde, und dokumentierte die maßgebliche Rolle, die den Fliegerkräften bei allen Operationen zu Lande und zu Wasser auf diesem Kriegsschauplatz zukam.

Einen erheblichen Anteil an den militärischen Erfolgen der Westmächte hatten ihre Fliegerkräfte, die sich von ihren schweren Verlusten schnell erholten und bei denen man Mitte 1942 bereits zur Bildung von Luftarmeen übergehen konnte.

Die Aufgaben der alliierten Luftstreitkräfte auf dem fernöstlichen Kriegsschauplatz waren dabei vielseitiger und zum Teil von größerer Bedeutung als auf dem europäischen Kriegsschauplatz. Das ergab sich vor allem aus den geographischen Bedingungen dieses Kriegsschauplatzes. Charakteristisch für ihn waren die langgestreckten Verbindungslinien, die sich am leichtesten durch das Flugzeug überbrücken ließen, das Nebeneinanderbestehen ausgedehnter Fronten zu Lande und zu Wasser sowie die Tatsache, daß alle Hauptoperationen im Fernen Osten in der Regel im Zusammenwirken zwischen Land-, Luft- und Seestreitkräften durchgeführt wurden.

Ein Hauptbestandteil der amerikanischen Fliegerkräfte im Fernen Osten waren die Seefliegerkräfte, die der Marine unterstanden und sich aus bordgestützten Trägerflugzeugen, landgestützten Seeflugzeugen und den Fliegerstaffeln des Marinekorps zusammensetzten. Ihre Hauptaufgabe war es, die gegnerischen Flottenkräfte auf See zu vernichten, Flottenstützpunkte, Hafenstädte und andere wichtige strategische Ziele an der Küste anzugreifen, die eigenen Flottenkräfte aus der Luft zu sichern sowie Seelandungen aus der Luft zu unterstützen. Die Seefliegerkräfte waren entweder fester Bestandteil der Seestreitkräfte (Naval Aviation) oder gehörten den Fliegerkräften des Marinekorps (Marine Corps Aviation) an.

Die Hauptaktivität der Seefliegerkräfte lag in den Weiten des Zentralpazifik, die wenig Möglichkeiten zur Anlage von Flugplätzen boten und den Einsatz von Trägerflugzeugen zu einem Erfordernis machten. Dieser Seekriegsschauplatz stand unter dem Kommando von Admiral Chester Nimitz, unter dessen Befehl sich die Masse der amerikanischen Seefliegerkräfte befand. Die Seefliegerkräfte wurden unterstützt von Luftarmeen, die dem amerikanischen Heer unterstellt waren. Im Zentralpazifik war die 7. Luftarmee eingesetzt, auf dem südwestpazifischen Kriegsschauplatz wurden unter dem Kommando von General Douglas MacArthur 2 Luftarmeen, die 5. und die 13., eingesetzt, die hier eine ungleich größere Rolle als die Seefliegerkräfte spielten. Am 15. Juni 1943 wurden die 5. und die 13. Luftflotte unter der Bezeichnung Far Eastern Air Forces einem Luftoberkommando unterstellt: 1945 wurde ihm auch die 7. Luftflotte angegliedert.

Neben den beiden pazifischen Kriegsschauplätzen bestanden im Fernen Osten in Burma, Indien und in China Landkriegsschauplätze, auf denen ebenfalls zum Teil beträchtliche Fliegerkräfte eingesetzt waren. Auf dem burmesischen Kriegsschauplatz wirkten britische und amerikanische Fliegerkräfte im Air Command South East Asia zusammen, das aus der 3. britischen taktischen Luftflotte und der 10. amerikanischen Luftflotte bestand. In China war die 14. amerikanische Luftflotte eingesetzt, die die Aufgabe hatte, die Truppen Tschiang Kai-sheks im Kampf gegen Japan zu unterstützen. Nur unwesentliche Bedeutung erlangte die in Alaska stationierte 11. USA-Luftflotte, die vor allem bei den Kämpfen um die Aleuten zum Einsatz kam.

Die unterschiedlichen Gegebenheiten des fernöstlichen Kriegsschauplatzes bedingten die jeweilige Hauptaufgabenstellung der Fliegerkräfte. Während die 7. Luftflotte vor allem im Interesse der Seestreitkräfte zur Seeaufklärung, zur Bombardierung japanischer Inselfestungen, zum Begleitschutz und zum Angriff gegen japanische Flottenkräfte gebraucht wurde, dienten die Far Eastern Air Forces vor allem den Interessen des amerikanischen Heeres bei ihrem Vormarsch von Neuguinea zu den Philippinen und in das Vorfeld des japanischen Mutterlandes. Ihre Hauptaufgabe bestand darin, die japanischen Truppen auf den Inseln oder im Landungsgebiet von ihren Verbindungen zu trennen, die Luftüberlegenheit im Landungsraum herzustellen und eng mit den Landstreitkräften zusammenzuwirken. Die Tätigkeit der auf dem asiatischen Festland eingesetzten Fliegerkräfte beschränkte sich dagegen darauf, direkt oder indirekt aus der Luft mit den Landstreitkräften zusammenzuwirken, wobei der Lufttransport in den unwegsamen und wegearmen Gebieten Burmas und Chinas eine besondere Rolle spielte.

Die Fliegerkräfte Großbritanniens und insbesondere der USA, die den Hauptteil der Fliegerkräfte stellten, wurden im Verlauf des Krieges gegen Japan vor eine Reihe von Aufgaben gestellt, die sie vor Kriegsbeginn nur zum Teil oder überhaupt nicht gelöst hatten.

Befangen in der Vorstellung, daß der Luftkrieg gegen Japan durch den Einsatz schwerer Bombenflugzeuge entschieden werden könne, die von China beziehungsweise von den Philippinen aus die japanische Hauptstadt und andere Großstädte einäschern sollten, Voraussetzungen, denen durch den raschen japanischen Vormarsch in Südostasien jeder Boden entzogen worden war, hatte man die Rolle der Bombenfliegerkräfte überschätzt und die Bedeutung der Jagdfliegerkräfte unterschätzt. Als Hauptmittel zur Erringung der Luftherrschaft erwies sich jedoch auch im Pazifik das Jagdflugzeug. Insbesondere die Vereinigten Staaten waren gezwungen, binnen kurzer Zeit Langstreckenjagdflugzeuge und Trägerjagdflugzeuge mit großer Reichweite zu entwickeln und an die Front zu bringen, um die Luftüberlegenheit zu erkämpfen, deren Besitz Vorbedingung für die Eröffnung jeder großen Gegenoffensive war. Auf den amerikanischen Flugzeugträgern stieg die Zahl der Jagdflugzeuge auf Kosten anderer Flugzeuggattungen von 26 Jagdflugzeugen je Flugzeugträger im Jahre 1941

North American B-25J «Mitchell» Die B-25
«Mitchell», benannt nach dem USA-Luftkriegsextremisten der zwanziger Jahre,
war mit 9 816 Flugzeugen das meistgebaute
zweimotorige Bombenflugzeug der USA-
Luftstreitkräfte des zweiten Weltkriegs.
Sie startete zu ihrem Erstflug am 19. August
1940. Berühmtheit erlangte dieses Flugzeug
durch den Angriffsflug am 18. April 1942
auf Tokio. Gegen Ende des zweiten Weltkriegs wurde die B-25 in Ermangelung
eines geeigneten Schlachtflugzeugs
zunehmend zur Unterstützung der Landstreitkräfte eingesetzt.

über 35 (Ende 1942) auf 72 im Jahre 1944 an. Ähnlich verlief die Entwicklung bei den britischen Trägern, wo sich das Verhältnis zwischen Jagdflugzeugen, Sturzbombern und Torpedoflugzeugen von $1:2:4^1/_2$ im Jahre 1939
bis 1944 in ein Verhältnis von $2:1$ zwischen Jagdflugzeugen und Torpedoflugzeugen veränderte. Auch innerhalb der amerikanischen Luftflotte
stieg der Anteil der Jagdfliegerkräfte schneller als der der Bombenflugzeuge.

Bis Ende 1943 hatten die USA und Großbritannien den ausbildungsmäßigen, taktischen und technischen Vorsprung der japanischen
Fliegerkräfte eingeholt oder sie schon überrundet. Die kampferfahrenen
japanischen Piloten, die vor dem Kriege im Durchschnitt zwischen 300 und
600 Flugstunden absolviert hatten, ehe sie den Verbänden zugeteilt worden
waren, befanden sich nun in der Minderheit, da die meisten gefallen waren.
Die neu rekrutierten Piloten waren flüchtig und oberflächlich ausgebildet
worden. Sie erwiesen sich den westalliierten Piloten als unterlegen. Auch
der vorübergehende technische und taktische Vorsprung der japanischen
Luftstreitkräfte war von den westalliierten Fliegerkräften längst wettgemacht worden. Entscheidend war schließlich, daß die japanische Flugzeugindustrie von der Massenproduktion der britischen und amerikani-

schen Flugzeugkonzerne überrundet wurde. Gegenüber den 58 822 Flugzeugen, die Japan zwischen 1941 und 1944 produzierte, wurden allein in den USA im selben Zeitraum 259 485 Maschinen gefertigt. 1943 gelang es den USA, im Pazifik die Luftüberlegenheit zu erringen und schrittweise zur Luftherrschaft auszubauen. Als verzweifeltes Mittel gegen die Luftherrschaft der englischen und amerikanischen Fliegerkräfte, die den japanischen Luftstreitkräften keine Möglichkeit mehr ließen, die alliierten Landungen zu behindern, geschweige denn zu vereiteln, ging die japanische Führung ab 1945 dazu über, Selbstaufopferungsverbände aufzustellen und einzusetzen, die sich mit der gesamten im Flugzeug befindlichen Bombenlast auf ihre Ziele stürzten. Die Kamikazeeinsätze des japanischen Imperialismus waren in letzter Instanz ein Eingeständnis der ausweglosen Lage, in die die herrschenden Militärs und die tonangebenden Konzerne, die Zaibatsus, das Land manövriert hatten.

Der Grad der Luftüberlegenheit der USA und Großbritanniens im Fernen Osten bestimmte in erheblichem Umfang die Strategie und Taktik jedes Landeunternehmens. Sie wurden stets so angelegt, daß sie innerhalb des Aktionsradius der eigenen Fliegerkräfte lagen. Erste Hauptaufgabe der See- und Heeresfliegerverbände war die Niederkämpfung der japanischen Fliegerkräfte auf den Flugzeugträgern oder auf ihren Flugplätzen. Dieser Phase schloß sich die Bekämpfung der japanischen Versorgungs- und Verbindungslinien über See an, die die Insel beziehungsweise den künftigen Kampfraum isolieren und sturmreif machen sollte (sogenanntes interdiction). Auch hier gelang es den amerikanischen Fliegerkräften erst im Laufe des Jahres 1943/44, ein derartiges Fluggerät an die Front zu bringen und die Ausbildung der Piloten und die Taktik der Verbände so weit zu vervollkommnen, daß eine wirksame Unterbrechung von Nachschub und Versorgung möglich wurde. Gelang es, hierbei zweckentsprechende Einsatz- und Organisationsprinzipien zu entwickeln, so blieb die Intensität und die Wirksamkeit des engen Zusammenwirkens zwischen Luft- und Landstreitkräften bei der Landung und beim Vormarsch der Bodentruppen in das Landesinnere bis gegen Ende des pazifischen Krieges unbefriedigend und rief ungezählte Klagen des amerikanischen Heeres hervor.

Insbesondere die amerikanischen Luftstreitkräfte, die offiziell vom Heere befehligt wurden, lehnten es ab, taktische Fliegerkräfte zur ständigen Unterstützung der Landstreitkräfte bereitzustellen, weil sie befürchteten, eine derartige Bereitstellung würde die Anstrengungen der Luftstreitkräfte zersplittern und sie zu einer Hilfswaffe des Heeres degradieren. Es wurde von den Kommandeuren der Luftstreitkräfte kein effektives System der Zusammenarbeit mit den Bodentruppen entwickelt, so daß ihre Bodeneinsätze nicht abgestimmt, überwacht und gelenkt werden konnten. Das führte häufig dazu, daß entweder die eigenen Truppen – deren Stellungen im Dschungel schwer auszumachen waren – bombardiert oder sekundäre Ziele weit hinter der Front angegriffen wurden. Auch der Einsatz von schweren Bombenflugzeugen erwies sich als wenig effektiv. Die wirksamste Luftunterstützung wurde den Bodentruppen von den Fliegerkräften des Marinekorps zuteil, die sich als eine Art Spezialverband ausschließlich dem engen Zusammenwirken (close air support) mit der Marineinfanterie bereits vor dem Kriege gewidmet hatten. Wesentliche Voraussetzung dafür war, daß die Kommandogewalt über die Landetruppen wie über die Fliegerkräfte in der Hand eines Befehlshabers lagen und eine ständige enge Verbindung zwischen Luft- und Bodentruppen hergestellt wurde. Auf diese Weise wurde erreicht, daß eine Unterstützung aus der Luft bis 200 Meter vor den eigenen Stellungen gesichert war.

Charakteristisch für die Rolle, die die Bodenunterstützung in den Luftstreitkräften der USA und Großbritanniens spielte, war die Tatsache, daß auch für den Pazifik kein spezielles Schlachtflugzeug entwickelt wurde, sondern für diese Zwecke in erster Linie Jagdflugzeuge, die zu Jagdbombern umgerüstet worden waren, oder Torpedoflugzeuge und Bombenflugzeuge zum Einsatz kamen.

Insgesamt gesehen, war die Unterstützung, die die amerikanischen und britischen Fliegerkräfte ihren Bodenverbänden gaben, schwach und unzureichend. Das betraf auch ihren Einsatz auf dem burmesisch-indischen und auf dem chinesischen Kriegsschauplatz. In vielen Fällen war das Ausbleiben einer wirksamen Luftunterstützung mitverantwortlich dafür, daß die Kämpfe auf den einzelnen Inseln und Inselgruppen langwierig und verlustreich waren.

Trotzdem gelang es den westalliierten Verbündeten, sich im Laufe des Jahres 1944 immer näher an das japanische Mutterland heranzuschieben. Der amerikanischen Führung eröffnete sich damit die Möglichkeit, die bereits 1940/41 geplante und teilweise vorbereitete strategische Bombardierung des japanischen Hinterlandes vornehmen zu können. Bis dahin hatten die amerikanischen Fliegerkräfte nur einen einzigen Angriff auf Japan durchgeführt, der am 18. April 1942 von 16 B-25 unter Führung von Brigadegeneral James D. Doolittle auf Tokio, Nagoya, Kobe und Yokohama geflogen worden war. Ab Ende 1942/Anfang 1943 stand den USA in der B-29 ein hierfür geeignetes Instrument zur Verfügung, das eine hohe Traglast hatte und über eine Reichweite von 5 520 Kilometern verfügte. Mit dem Entschluß der amerikanischen Führung am 8. November 1943, eine Fernfliegeroffensive gegen Japan zu eröffnen, trat der Luftkrieg im Fernen Osten in eine neue Phase.

Der Offensive lag ursprünglich die Absicht zugrunde, durch ein Präzisionsbombardement bei Tage die japanische Kriegswirtschaft zu zerschlagen und die japanischen See- und Luftstreitkräfte derart zu desorganisieren, daß sie nicht mehr in der Lage wären, der für 1945 geplanten Landung in Japan ernsthaften Widerstand entgegenzusetzen. In den Kreisen der amerikanischen Luftkriegsgeneralität spekulierte man allerdings darauf, daß die Fernfliegeroffensive auch ohne Invasion Japan zur bedingungslosen Kapitulation zwingen könne.

Sie schätzten, daß 784 B-29, die mit 50 Prozent Gefechtsstärke fünf Angriffe im Monat fliegen sollten, in einem halben Jahr ihren strategischen Auftrag erfüllen könnten. Durchgeführt werden sollte die Offensive von Indien (aus dem Raum Kalkutta–Kharagpur) und von China (aus dem Raum Chengdu) aus. Zur Leitung dieser Offensive, die den Decknamen «Matterhorn» erhielt, schufen sich die herrschenden Kreise der USA in der 20. Luftflotte ein Instrument, das nicht nur den Bestrebungen der amerikanischen Luftkriegsgeneralität nach einer eigenen und unabhängigen Repräsentation Ausdruck verlieh, sondern gleichzeitig Vorläufer des Strategischen Bomber Kommandos (SAC) des USA-Imperialismus werden sollte, eines der Eckpfeiler der amerikanischen Politik der Stärke nach dem zweiten Weltkrieg.

Die 20. Luftflotte, die ab 4. April 1944 ihre Tätigkeit aufnahm, wurde nicht wie die anderen Luftflottten im Fernen Osten dem Oberbefehlshaber eines Kriegsschauplatzes unterstellt, sondern direkt den amerikanischen Stabschefs. Ihr erster Oberbefehlshaber wurde General Henry H. Arnold.

Arnold nannte vier Hauptziele, die von der 20. Luftflotte, die vorerst nur aus dem XX. Bomber Command mit 112 B-29 bestand, angegriffen werden sollten: Großstädte, Stahlwerke, Werften und Flugzeugbetriebe. Eröffnet wurde die Fernfliegeroffensive am 5. Juni 1944 mit einem Angriff von 98 B-29, die von Kharagpur aus den Verkehrsknotenpunkt der japanischen Truppen Bangkok anflogen. Der nur mäßige Erfolg dieses Angriffs veranlaßte die amerikanische Führung am 15. Juni 1944, direkt ein Ziel in Japan anfliegen zu lassen, und zwar die Eisen- und Stahlwerke bei Yawata. Insgesamt flog das XX. Bomber Command zwischen Juli und September 1944 470 Einsätze gegen Ziele im japanischen Hinterland. Ihre Auswirkungen blieben jedoch unbedeutend und weit hinter den übertriebenen Erwartungen der amerikanischen Bombergenerale zurück.

Die Ursachen dafür sahen sie jedoch nicht in ihrer fehlerhaften Konzeption der Überschätzung der Bomberwaffe, sondern sie nahmen an, durch personelle Umbesetzungen, durch die Verlegung der 20. Luftflotte vom asiatischen Festland auf die näher an Japan gelegenen Flugbasen auf Saipan, Guam und Tinian sowie durch eine neue Zielauswahl die Wirksamkeit der Angriffe erhöhen zu können. Die Fernfliegerkräfte wurden im November 1944 darauf orientiert, die japanischen Flugzeugzellen- und Flugmotorenwerke als Hauptangriffsziel zu betrachten. Zwischen dem 24. November 1944 und dem 19. Januar 1945 flog die 20. Luftflotte insgesamt 10 schwere Angriffe gegen derartige Ziele, an denen 833 Flugzeuge

B-29 im Angriff auf Japan

teilnahmen. Obwohl die Angriffe die Krise der japanischen Luftrüstung verschärften und die Produktion absank, führten sie nicht zu einem sofortigen Absinken der Kampfkraft der japanischen Luftstreitkräfte. Das Oberkommando der amerikanischen Fliegerkräfte war auf der Jagd nach raschen Erfolgen im Fernen Osten. Es wollte dort dem Krieg ein Ende machen, bevor die von den kommunistischen Parteien geführten nationalen Befreiungsbewegungen weiter erstarkten und bevor die Sowjetunion in den Krieg gegen Japan eintrat. Es zeigte sich enttäuscht über den bisherigen Einsatz ihrer Fernfliegerkräfte gegen Japan und erwog neue Varianten, wobei es nicht davor zurückschreckte, jedes Mittel anzuwenden, das Erfolg versprach.

Das Oberkommando wurde dieser Sorge enthoben durch die Eigenmächtigkeit des neuen Befehlshabers des XXI. Bomber Command, Curtis LeMay, der Anfang März 1945 beschloß, die bisherige Zielauswahl und Angriffsmethode radikal umzustellen. Nicht mehr die Bombardierung von kriegswirtschaftlichen Zielen wurde als Hauptaufgabe angesehen, sondern die rücksichtslose Terrorisierung der Zivilbevölkerung. Statt Tagesangriffe aus großer Höhe zu fliegen, ordnete LeMay Nachtangriffe aus 2 000 bis 3 000 Meter Höhe an, bei denen es nicht darauf ankam, präzis zu treffen,

sondern Bombenteppiche auf große Flächen zu legen. Hauptabwurfmittel wurde die Brandbombe beziehungsweise die von Standard Oil und Chemikern des Dupont-Konzerns entwickelte Napalmbombe.

Am 9. März 1945 erprobte die 20. Luftflotte bei einem Nachtangriff auf Tokio die neue Terrorstrategie mit vernichtender Wirkung. In diesem schwersten Luftangriff des zweiten Weltkriegs, der mit konventionellen Abwurfmitteln geflogen wurde, verbrannten und erstickten 83 793 Tokioter, wurden 40 918 verwundet und eine Million obdachlos gemacht. 267 000 Häuser wurden vernichtet.

Die Brandkatastrophe von Tokio nahmen die Ausbrennungsstrategen des Pentagon zum Anlaß, LeMays Strategie nicht nur zu billigen, sondern derartige Angriffe auch gegen Nagoya, Osaka und Kobe fliegen zu lassen. Die amerikanischen Bombergenerale entwickelten den Plan, insgesamt 33 japanische Großstädte auf diese Weise einzuäschern.

Mit der Beendigung des zweiten Weltkriegs in Europa war auch das Schicksal des japanischen Imperialismus besiegelt. Ungeachtet dessen intensivierten die amerikanischen Fernflieger ihre Angriffe und dehnten sie auf immer neue Städte aus. Von Juni bis August 1945 flogen sie 60 schwere Angriffe auf 58 japanische Städte, wobei es den amerikanischen Bombergeneralen in einigen Fällen gelang, japanische Städte buchstäblich dem Erdboden gleichzumachen. So wurde die Stadt Toyama am 1. August 1945 zu 99,5 Prozent ausgebrannt, Nazamu am 16. Juli 1945 zu 89,5 Prozent vernichtet und Fukui am 19. Juli 1945 zu 84,8 Prozent zerstört.

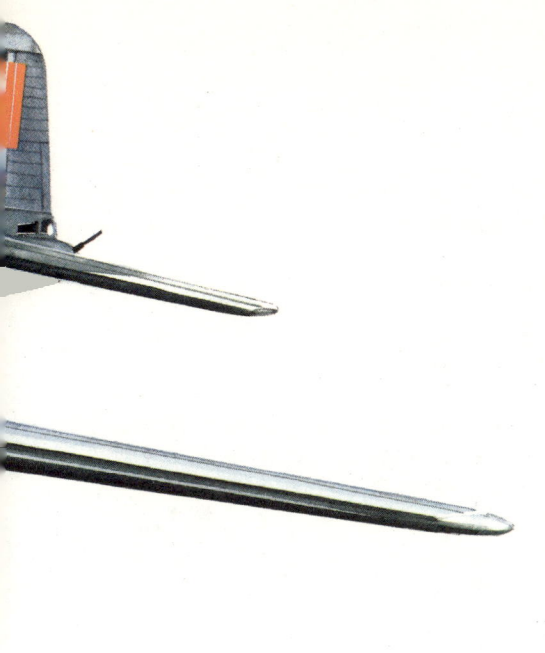

Boeing B-29 «Superfortress» Die B-29 wurde bereits vor dem Eintritt der USA in den Krieg entwickelt. Sie entstand aus der Forderung nach einem Hemisphären-bomber. Beim Erstflug am 21. September 1942 lagen bereits Bestellungen in Höhe von 1 700 Flugzeugen vor. Die B-29 wurde als Höhenbombenflugzeug entworfen, dessen Rumpf mit kreisförmigem Quer-schnitt unter Druck gesetzt werden konnte und das serienmäßig ausschließlich mit ferngesteuerten Waffenständen aus-gerüstet war. Ab Juni 1944 erfolgte der erste militärische Einsatz im Fernen Osten. Die B-29 war der Hauptträger des strate-gischen Luftkriegs gegen Japan. Von Flugzeugen dieses Typs wurden die ersten Atombomben abgeworfen. Die B-29 war der erste Kernwaffenträger der Luftkriegs-geschichte. Reaktionäre Kreise des Pentagons sahen die B-29 vorübergehend als die Hauptwaffe in einem Krieg gegen die Sowjetunion an. Bei der imperiali-stischen Aggression in Korea bildete die B-29 den Kern der USA-Bombenflieger-kräfte. Die Gesamtproduktion belief sich bis 1946 auf 3 870 Stück. ◁

Nakajima Ki-84 «Hayate» Die Ki-84 bildete 1944/45 das Rückgrat der japanischen Luftverteidigung. Das 1942 als Tag- und Nachtjagdflugzeug sowie als Jagdbomber entwickelte Flugzeug kam ab Mai 1944 in die Ausrüstung der japanischen Luft-streitkräfte. In Wendigkeit und Steigfähig-keit war sie den alliierten Jagdflugzeugen überlegen, war jedoch langsamer als die USA-Jagdflugzeuge, besonders in Höhen über 9 000 m. Insgesamt wurden 3 470 Ki-84 gebaut. △

Er organisierte die Ausbrennungsoffensive gegen Japans Großstädte:
General Curtis LeMay (links)

Auswirkung der US-Luftangriffe auf die sechs größten Städte Japans

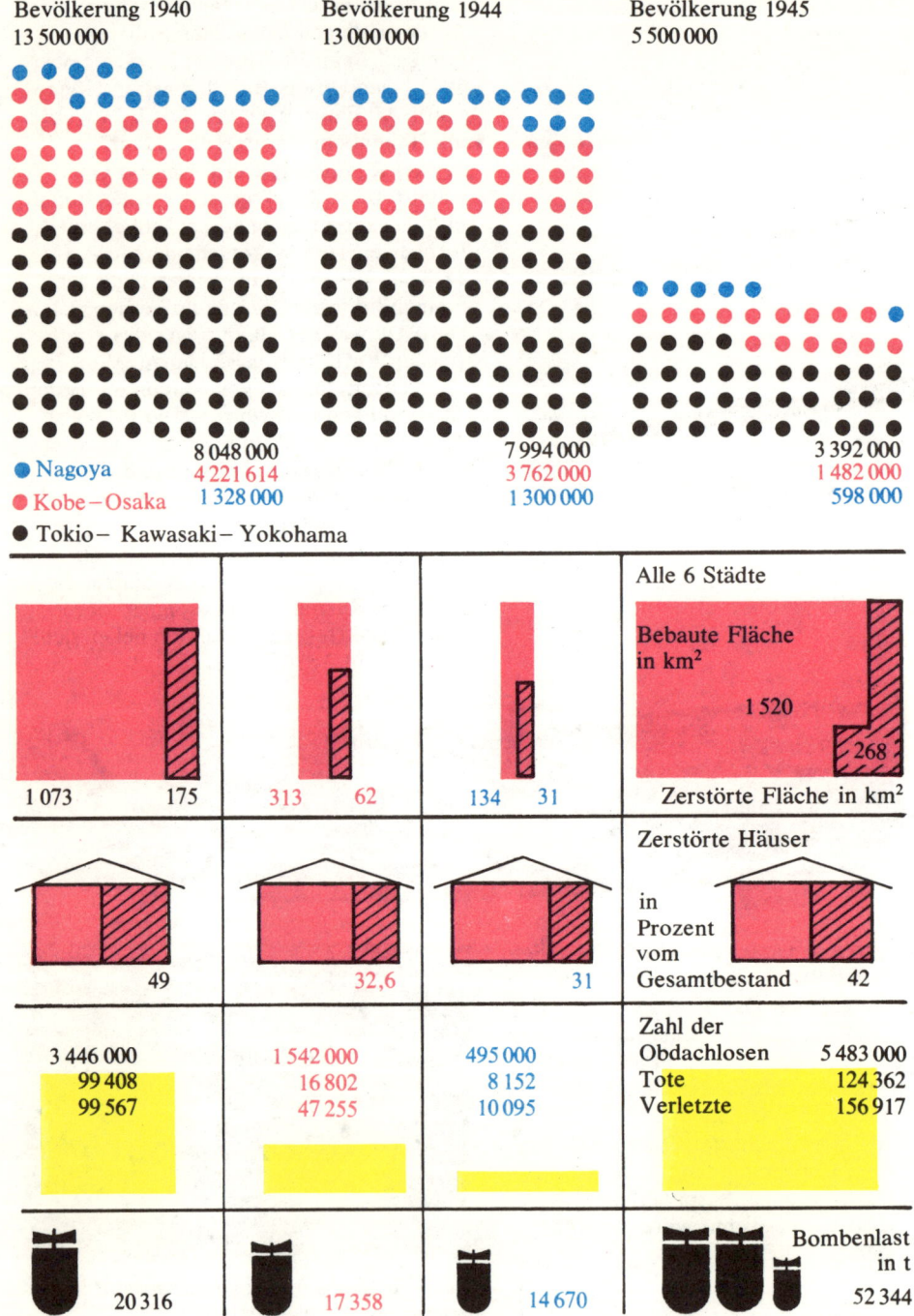

Bevölkerung 1940	Bevölkerung 1944	Bevölkerung 1945
13 500 000	13 000 000	5 500 000

8 048 000	7 994 000	3 392 000
4 221 614	3 762 000	1 482 000
1 328 000	1 300 000	598 000

● Nagoya
● Kobe−Osaka
● Tokio− Kawasaki− Yokohama

Alle 6 Städte

Bebaute Fläche in km²

1 073	175	313	62	134	31	1 520	268

Zerstörte Fläche in km²

Zerstörte Häuser

in Prozent vom Gesamtbestand

49	32,6	31	42

3 446 000	1 542 000	495 000	**Zahl der Obdachlosen** 5 483 000
99 408	16 802	8 152	**Tote** 124 362
99 567	47 255	10 095	**Verletzte** 156 917

20 316	17 358	14 670	Bombenlast in t 52 344

Eines der Zentren der amerikanischen Atombombenproduktion: Oak Ridge in Tennessee

Diese Angriffe waren insofern völlig sinnlos, als die Städte keine wesentlichen Industrien beherbergten. Sie dienten in erster Linie dazu, die «soziale, ökonomische und politische Struktur Japans völlig zu vernichten». Sie waren von der Überlegung diktiert, Furcht und Schrecken nicht nur in Japan, sondern in ganz Asien zu verbreiten und die Völker mit dieser Demonstration amerikanischen Vernichtungspotentials einzuschüchtern und den neokolonialistischen Ambitionen des USA-Imperialismus gefügig zu machen.

Um den Fernluftkrieg weiter zu forcieren, wurden die 20. Luftflotte und die aus Europa verlegte 8. Luftflotte am 10. Juli 1945 in den United States Army Strategic Air Forces in the Pacific (USASTAF) zusammengeschlossen. Durch ihren Einsatz sowie durch den Abwurf von Kernwaffen vermeinte man, Japan doch noch vor dem Kriegseintritt der UdSSR zur Übergabe an die USA zwingen und so das internationale Kräfteverhältnis im Fernen Osten zugunsten des Imperialismus verschieben zu können. Der Abwurf der Atombombe war, wie der britische Wissenschaftler Patrick Blackett schrieb, «nicht so sehr der letzte militärische Akt des zweiten Weltkriegs als vielmehr die erste größere

491

Yokusuka MXY - 7 Okha Modell 11 Neben dem Einsatz von Kampfflugzeugen zum Kamikaze-Einsatz entwickelte die japanische Marineleitung ab August 1944 die Idee einer menschlichen Bombe mit dem Projekt MXY 7 Okha. Die Okha wurde von einer Mitsubishi G4M2 bis 80 km vor dem Ziel getragen und aus etwa 8 000 m Höhe ausgeklinkt. Der Pilot sollte im Sturzflug mit seinem bis auf 1 000 km/h beschleunigenden Raketenmotor auf das Ziel herabstürzen. Der erste Einsatz der Okha 11 erfolgte am 21. März 1945. Insgesamt wurden 755 Okha-Bomben produziert.

Operation im kalten diplomatischen Krieg gegen die Sowjetunion», die mit dem amerikanischen Kernwaffenmonopol erpreßt, bedroht und eingeschüchtert werden sollte.

Der Abwurf der beiden Atombomben am 6. August 1945 auf Hiroshima und am 9. August 1945 auf Nagasaki, der 120 000 Japanern das Leben kostete, beendete nicht den zweiten Weltkrieg im Fernen Osten, sondern sollte nach amerikanischen Auffassungen Präludium eines dritten Weltkriegs sein.

Der Abwurf der Kernwaffen rief zwar Bestürzung bei den herrschenden Kreisen des japanischen Imperialismus hervor, jedoch keine Bereitschaft, bedingungslos zu kapitulieren. Sie stellte sich erst ein, nachdem die Sowjetarmee ab 8. August die japanischen Landstreitkräfte in der

Atombombe dieses Typs (Deckname Little Boy) wurde über Hiroshima abgeworfen

Die Atombombe «Fat Man» wurde am 16. Juli in Alamogordo getestet, eine ähnliche auf Nagasaki abgeworfen

Japanischer Kamikazeflieger stürzt sich am 8. Mai 1945
auf das USA-Schlachtschiff «Missouri»

Die Flugzeugproduktion in den am zweiten Weltkrieg beteiligten Hauptmächten der Antihitlerkoalition und der Achse

Jahr	Sowjet-union	USA	Groß-britannien	Deutsch-land	Japan	Italien
1939	10 382	2 141	7 940	8 295	4 467	1 692
1940	10 565	6 086	15 049	10 247	4 768	3 257
1941	15 735	19 433	20 094	12 414	5 088	3 503
1942	25 436	47 836	23 672	15 401	8 861	2 818
1943	34 900	85 898	26 263	24 807	16 693	1 930
1944	40 241	96 318	26 461	40 593	28 180	—
1945	20 104**	46 001***	12 070****	7 539*****	11 066******	
	157 363	303 713	131 549	119 296	79 123	13 200

      * bis August 1943
    ** bis Juni 1945
  *** bis August 1945
 **** bis September 1945
 ***** bis April 1945
****** bis 15. August 1945

Mandschurei zerschlagen hatte und die führenden politischen und militärischen Vertreter Japans die Aussichtslosigkeit einer Fortsetzung des Krieges erkennen mußten, was sie am 14. August 1945 zwang, die Kapitulationsbedingungen anzunehmen.

Der japanische Imperialismus wurde geschlagen durch die gemeinsamen Anstrengungen der Land-, Luft- und Seestreitkräfte der Antihitlerkoalition. Ein erheblicher Beitrag wurde dabei von denjenigen Fliegerkräften der USA und Großbritanniens geleistet, die in stetigem engem Zusammenwirken mit Land- und Seestreitkräften die japanischen Verteidigungsstellungen im Pazifik, die japanische Flotte und Luftwaffe zerschlugen und damit die Voraussetzungen zur endgültigen Niederwerfung des japanischen Aggressors schufen. Besiegelt wurde die Niederlage Japans durch die Zertrümmerung des Kerns seiner Landstreitkräfte durch die Sowjetarmee, die damit einen entscheidenden Beitrag zur endgültigen Niederlage des japanischen Imperialismus leistete. Die sowjetischen Luftstreitkräfte im Fernen Osten verfügten im August 1945 über drei Luftarmeen und über die Fliegerkräfte der Pazifikflotte mit insgesamt 5 000 Flugzeugen, darunter 1 364 Bomben-, 308 Schlacht- und 288 Transportflugzeugen.

Für die Luftoperationen der sowjetischen Fliegerkräfte im Fernen Osten war charakteristisch, daß sie ungleich stärkere Kräfte als in Europa für die Luftaufklärung − 2- bis 3mal soviel − und für die Bekämpfung des rückwärtigen Raumes − 13 Prozent aller Einsätze, in Europa dagegen 6,6 Prozent − einsetzte.

Mit der Kapitulation des imperialistischen Japans am 2. September 1945 war der zweite Weltkrieg beendet.

Ergebnis und Folgen des Luftkriegs im zweiten Weltkrieg

Im zweiten Weltkrieg waren die Luftstreitkräfte zu einer mächtigen Teilstreitkraft geworden, die einen entscheidenden Einfluß auf den Ausgang und den Verlauf der Kampfhandlungen nahm. Obwohl die Luftstreitkräfte keinen Krieg allein durch Luftmacht entscheiden konnten, war ohne die Erringung der Luftherrschaft kein Sieg mehr möglich. Für ihre wachsende Bedeutung sprechen schon die Produktionszahlen in allen am Krieg beteiligten Staaten, die eine Vorstellung davon geben, in welchem Maße die Volkswirtschaft für die Belange der Luftrüstung herangezogen wurde.

Aus den Produktionszahlen geht die eindeutige Unterlegenheit der faschistischen Koalition hervor, eine der Ursachen für ihre unvermeidliche Niederlage im Luftkrieg; kamen doch auf eines ihrer Flugzeuge drei der Antihitlerkoalition.

In allen Ländern überwog während des Krieges die Produktion von Jagdflugzeugen. In der Sowjetunion waren es 59 000, in den USA 99 000, in Großbritannien 54 000, in Deutschland 53 000 und in Japan 30 000. An zweiter Stelle stand in der Sowjetunion die Produktion von Schlachtflugzeugen – insgesamt 37 000 –, in den USA und Großbritannien die von Bombenflugzeugen – 98 000 beziehungsweise 28 000. Bombenflugzeuge rangierten auch im faschistischen Deutschland und in Japan in der Produktion mit 18 000 beziehungsweise 15 000 Stück an zweiter Stelle. In der Sowjetunion wurden während des Krieges 17 800 Bombenflugzeuge gebaut.

Die Luftrüstung war offensichtlich in allen am Krieg beteiligten Ländern der teuerste Teil der Rüstung. In den USA beanspruchte allein der Flugzeugbau – ohne Bewaffnung, Ausrüstung, Munition, Bomben usw. – ein Viertel der gesamten Kriegsausgaben, im faschistischen Deutschland machte die Flugzeugproduktion wertmäßig 40 Prozent der Gesamtrüstung aus. Obwohl die deutsche Flugzeugindustrie zwischen 1933 und 1945 ihre Produktionsmethoden durch den Übergang zur Massenfertigung erheblich rationalisierte und modernisierte, ist es interessant zu beobachten, daß die mit der Serienproduktion verbundene Kostensenkung keinen entsprechenden Niederschlag in der Preisbildung fand. Eine Gegenüberstellung der Preise verschiedener Flugzeugmuster zwischen 1933 und 1941 macht das deutlich:

Preise von Flugzeugzellen zwischen 1933 und 1941
(in Reichsmark)

1933	1941	Preis mit Motor
Jagdflugzeuge		
Arado 65 50 900,—	Me 109 E 58 800,—	85 970,—
Arado 66 32 000,—	Me 110 C 155 800,—	210 140,—
Bombenflugzeuge		
Do 11 141 900,—	Do 17 Z 185 500,—	235 000,—
	He 111 H 203 900,—	265 650,—
	Ju 88 A 245 200,—	306 950,—
	Ju 87 B 100 300,—	131 175,—
Transportflugzeuge		
Ju 52 136 000,—	125 800,—	163 000,—
Seeflugzeuge		
He 60 68 800,—	Arado 196 111 700,—	124 400,—
He 59 172 380,—		
Dornier Wal 140 810,—		

Eine Hurricane I kostete mit Motor, Ausrüstung und Bewaffnung 1940 40 000 Dollar (etwa 160 000 Reichsmark), eine Spitfire 1943 45 000 Dollar (etwa 180 000 Reichsmark). Die höchsten Preise für ihre Flugzeuge verlangten die amerikanischen Konzerne. Das Jagdflugzeug P-47 «Thunderbolt» kostete 1942 105 594 Dollar, eine P-38 «Lightning» 120 407 Dollar, während North American für die P-51 «Mustang» 58 698 Dollar erhielt. Verglichen allerdings, mit den Kosten, die je Bombenflugzeug anfielen, nahmen sich die Profite der Jagdflugzeughersteller noch bescheiden aus. Consolidated Vultee erhielt für jede B-24 «Liberator» 1942 304 391 Dollar, Boeing für die B-17 «Fortress» 258 949 Dollar und für die B-29 sogar 893 730 Dollar. Im Vergleich zum ersten Weltkrieg gewann die Luftrüstungsindustrie während des Krieges einen überragenden Einfluß in den imperialistischen Staaten. Das traf sowohl auf das faschistische Deutschland zu, wo die Flugzeugindustrie eine unheilige Allianz mit den Großbanken und Großkonzernen – Deutsche Bank, AEG, Krupp, Flick, Henschel usw. – eingegangen war, noch stärker allerdings auf die Vereinigten Staaten, wo die Flugzeugkonzerne 1939 mit 280 Millionen Dollar Reinwert den 41. Platz in der amerikanischen Wirtschaft einnahmen, 1944 jedoch im Ergebnis der gewaltigen Kriegsgewinne zum führenden und beherrschenden Industriezweig des amerikanischen Monopolkapitals aufgerückt waren.

Diesen schwindelerregenden Aufstieg verdankten sie dem Rüstungsgeschäft und der innigen Verbindung mit Staats- und Militärapparat. Der gefährliche Einfluß, den diese Konzerne, die auf Krieg und Rüstung orientiert waren – insbesondere die fünf mächtigsten: Douglas, Consolidated Vultee, Boeing, North American und Lockheed –, auf die

Serienproduktion von Jak-Flugzeugen 1943

amerikanische Politik ausübten, sollte bestimmend für den Kurs des USA-Imperialismus nach dem zweiten Weltkrieg sein. Von diesen Kreisen wurde seit 1944 die Losung propagiert, daß die USA nach dem Krieg berufen seien, die Weltherrschaft anzutreten, und das wichtigste Instrument dafür das Flugzeug sei. In maßloser Überbewertung der amerikanischen Luftstreitkräfte suchten sie den Eindruck zu erwecken, als halte keine andere Luftstreitmacht der Welt einen Vergleich mit den Leistungen und der Stärke der US Air Force aus.

Wie aus heute verfügbaren Unterlagen hervorgeht, flogen die Army Air Forces von 1941 bis 1945 insgesamt 2 362 800 Einsätze, davon fast 2 Millionen 1944/45. Sie warfen dabei 2 Millionen Tonnen Bomben ab. Im Vergleich dazu flogen die sowjetischen Frontfliegerkräfte während des Krieges insgesamt 3 223 000 Einsätze, rechnet man die Einsätze der Luftverteidigungs-, Fernflieger- und Seefliegerkräfte hinzu, 4 Millionen Einsätze, also fast 900 000 beziehungsweise 1,7 Millionen Einsätze mehr als die amerikanischen Luftstreitkräfte. Fast 1,7 Millionen Frontfliegereinsätze wurden davon bis Ende 1943 geflogen, als es galt, im Kampf gegen die Luftwaffe die Luftherrschaft zu erringen. Sie brachten dabei 600 000 Tonnen Bombenlast zum Abwurf.

Zieht man überdies in Betracht, daß von den 2,3 Millionen Einsätzen der USA-Luftstreitkräfte 1,7 auf Europa entfielen und ganze 235 000 Einsätze bis zum 31. Dezember 1943 geflogen wurden, so wird offenbar, wer bis dahin auch im Luftkrieg die Hauptlast des Krieges getragen und den entscheidenden Anteil bei der Wende des Luftkriegs zugunsten der Antihitlerkoalition hatte.

Die britischen Luftstreitkräfte in Europa flogen 1,6 Millionen Einsätze, wobei 700 000 auf das Fighter Command, 364 000 auf das Bomber Command und 327 000 auf die taktischen Luftstreitkräfte entfielen. Zieht man dabei in Betracht, daß das Fighter Command seine größte Aktivität während der Schlacht um England entfaltete, kommt man zu dem Schluß, daß von Juni 1941 bis zum Mai 1945 die Luftanstrengungen der sowjetischen Luftstreitkräfte die der westalliierten Fliegerkräfte bei weitem überwogen.

Die Einsätze der faschistischen Luftwaffe beliefen sich an der deutsch-sowjetischen Front nach sowjetischen Angaben auf etwa 1,8 Millionen Einsätze. Die größten Anstrengungen unternahm die Luftwaffe dabei in den ersten siebzehn Monaten des Großen Vaterländischen Krieges, als sie fast 1 Million Einsätze flog, 1942/43 waren es in 13 Monaten 471 611 und in den letzten vierzehn Monaten 334 499 Einsätze.

Der Weg der Luftwaffe in ihre gesetzmäßige Niederlage wird nicht nur durch ihre sinkenden Einsätze dokumentiert, sondern vor allem auch durch das Ansteigen ihrer Verluste. Nach den Unterlagen des Generalquartiermeisters der Luftwaffe verloren die faschistischen Luftstreitkräfte vom 1.9. 1939 bis zum 31. 3. 1945 101 283 Flugzeuge. Diese Zahlen umfassen alle Totalverluste bis zu Schäden von 10 Prozent sowie alle Ausfälle, die in den Ergänzungs- und Ausbildungseinheiten sowie bei der Flugerprobung und bei der Industrie auftraten. Diese Verluste verteilten sich auf die einzelnen Perioden des Krieges wie folgt:

	Gesamtverluste	Monatsdurchschnitt
I. Periode 1. 9. 1939—21. 6. 1941	9 980	454
II. Periode 22. 6. 1941—30. 11. 1942	20 833	1 254
III. Periode 1. 12. 1942—31. 12. 1943	26 005	2 000
IV. Periode 1. 1. 1944—31. 3. 1945	44 465	2 964

Eine genaue aktenmäßig fundierte Aufschlüsselung, wo die Luftwaffe Flugzeugverluste in welcher Höhe erlitt, ist gegenwärtig noch nicht möglich. Aufgrund der erhaltengebliebenen Unterlagen der Luftwaffe kann heute jedoch schon folgendes festgestellt werden: Ihre schwersten Verluste erlitt die Luftwaffe in der ersten Periode des Großen Vaterländischen Krieges an der deutsch-sowjetischen Front. Unter den Schlägen der sowjetischen Luftstreitkräfte wurde die Elite der faschistischen Fliegergeschwader angeschlagen. Von diesen Ausfällen sollte sie sich während des gesamten Krieges nicht mehr erholen. Sie bestimmten

Die durchschnittlichen Monatsverluste der Luftwaffe an Flugzeugen (1. 9. 1939 bis 31. 3. 1945)

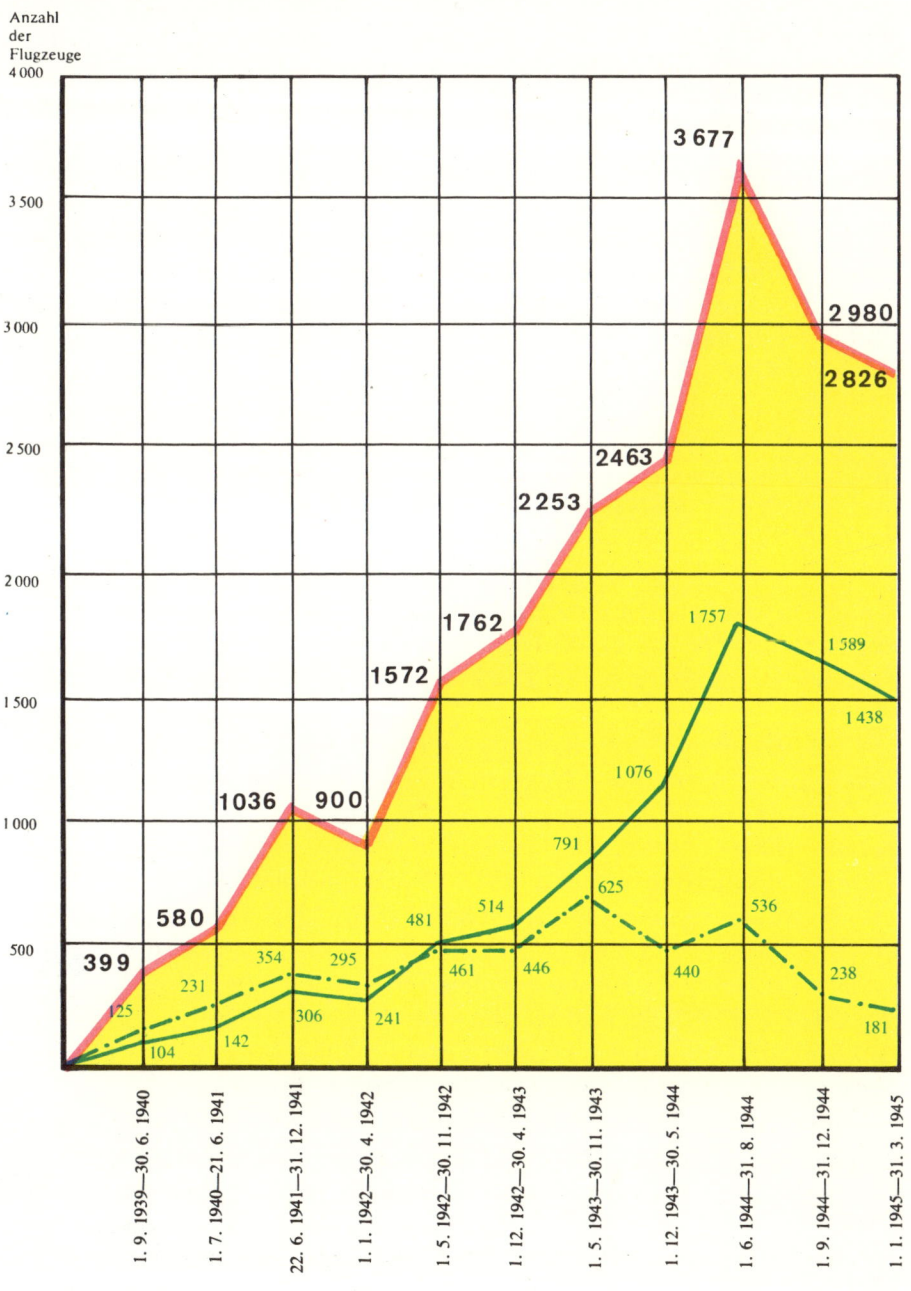

Anzahl der Flugzeuge

davon Jagd-flugzeuge   davon Bomben-flugzeuge

die Niederlage der Luftwaffe voraus. Im zweiten Halbjahr 1941 gingen 3 827 Flugzeuge im Fronteinsatz gegen die sowjetischen Luftstreitkräfte verloren. Das waren 80 Prozent der Gesamtausfälle der Luftwaffe in diesem Zeitraum. Für die Zeit vom 1. Januar bis zum 31. August 1942 berechnete der Luftwaffenführungsstab in einer Aufstellung für Hitler die Frontflugzeugverluste auf 8 288 Flugzeuge. Davon gingen 4 660 an der deutsch-sowjetischen Front (56,14 Prozent), 2 121 in Westeuropa und in der Luftverteidigung (25,55 Prozent) sowie 1 520 in Nordafrika bzw. im Mittelmeerraum (18,31 Prozent) verloren. Vom September 1943 bis Oktober 1944 machten die Frontflugzeugverluste 35 660 Flugzeuge aus, von denen 8 600 an der deutsch-sowjetischen Front (24,2 Prozent), 12 807 in der Luftverteidigung (35,9 Prozent), 9 785 an der Westfront (27,4 Prozent) und 4 468 in Italien, im Mittelmeer bzw. auf dem Balkan in Verlust gingen (12,5 Prozent).

Auf den gesamten Krieg berechnet, war somit die deutsch-sowjetische Front jener Kriegsschauplatz, auf dem die Luftwaffe ihre schwersten und höchsten Verluste, besonders im Zeitraum zwischen 1941 und 1943, erlitt, von denen sie sich nicht mehr erholen sollte.

Daß die deutsch-sowjetische Front auch im Luftkrieg im Gegensatz zu den von wenig Sachkenntnissen geprägten, desto stärker von antikommunistischer Militanz durchtränkten Behauptungen von Historikern der Bundeswehr die Hauptfront des zweiten Weltkrieges war, wird auch deutlich, wenn man einen Blick auf die personellen Ausfälle der Luftwaffe wirft. Vom 1. Juni 1941 bis zum 30. November 1944 verlor sie 114 731 Mann an Toten, davon 92 406 im Kampf. Diese Verluste verteilten sich auf die Fronten wie folgt: in Westeuropa und in der Luftverteidigung 23 329 Tote, im Mittelmeerraum 18 194 Tote, an der deutsch-sowjetischen Front 50 883 Tote oder 55 Prozent aller unwiederbringlichen Verluste. Im Kampf verwundet wurden 181 738 Angehörige der Luftwaffe, davon 110 785 an der deutsch-sowjetischen Front, 33 083 in der Luftverteidigung und in Westeuropa und 37 870 im Mittelmeerraum. Von 122 333 «Vermißten» gerieten 43 361 an der deutsch-sowjetischen Front, 37 687 an der Westfront, 37 000 in Nordafrika und 4 277 in Italien in Gefangenschaft. Auch hierbei erlitt die Luftwaffe erst ab 1943/44 größere Verluste gegenüber den westlichen Alliierten der Antihitlerkoalition.

Ein weiteres Indiz für die Intensität der Luftkampfhandlungen an der deutsch-sowjetischen Front ist die Tatsache, daß sich der Generalstab der Luftwaffe während des gesamten Krieges gezwungen sah, die stärksten Kräfte der Luftwaffe an der deutsch-sowjetischen Front einzusetzen. Der durchschnittliche Ist-Bestand der Hauptflugzeuggattungen betrug im Juli 1941 68,1 Prozent aller Kräfte, im Dezember 1941 58,8 Prozent, lag im Jahre 1942 bei 47 Prozent, 1943 bei 45 Prozent und 1944 bei 40 Prozent.

Die Höhe der Gesamtflugzeugverluste der Luftwaffe im zweiten

Verteilung der faschistischen Fliegerkräfte 1943/44 auf die einzelnen Kriegsschauplätze

	1943			1944					
	August	Oktober	Dezember	Januar	März	Mai	Juni	August	November
deutsch-sowjetische Front	2 693	2 095	2 888	2 726	2 999	3 125	3 267	2 948	2 675
Westfront	774	936	1 147	1 303	1 037	1 039	450	1 130	1 356
Luftver-teidigung	1 498	1 526	1 537	1 482	1 627	1 625	1 572	1 284	2 096
Italienfront	841	571	341	441	556	424	353	189	104
Balkanraum	451	586	537	533	604	565	567	566	—
Norwegen[1]	406	434	170	165	203	197	204	218	295

[1] Nur in Südnorwegen liegende Geschwader, die in Nordnorwegen stationierten Fliegerkräfte, wurden ab Dezember 1943 den an der deutsch-sowjetischen Front eingesetzten Teilen der Luftwaffe zugerechnet

✈ 1 – 200, ✈✈ 201 – 400 . . .

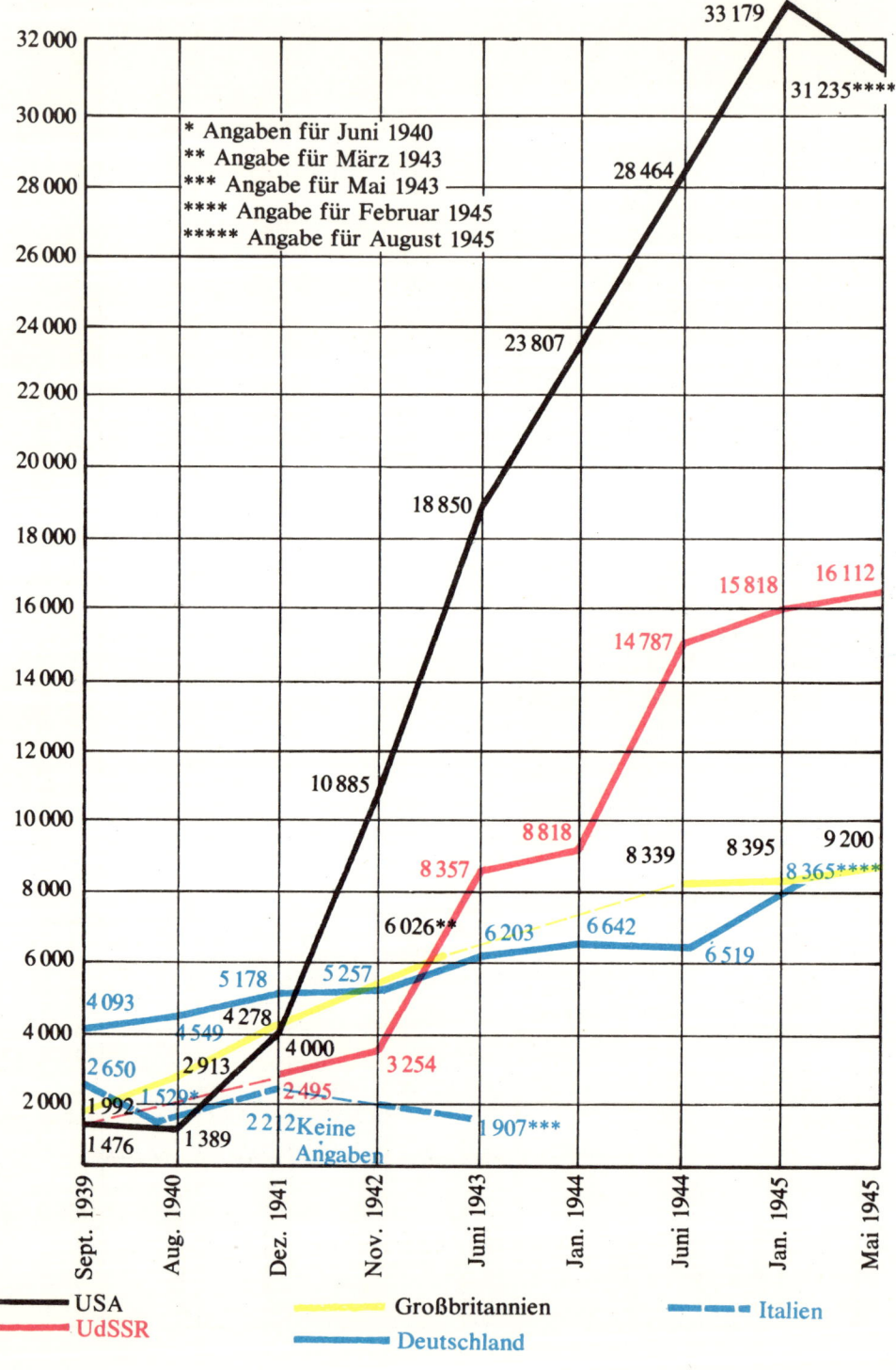

Stärke der Luftstreitkräfte im zweiten Weltkrieg (ohne Seefliegerkräfte)

* Angaben für Juni 1940
** Angabe für März 1943
*** Angabe für Mai 1943
**** Angabe für Februar 1945
***** Angabe für August 1945

33 179
31 235****
28 464
23 807
18 850
10 885
15 818
16 112
14 787
8 357
8 818
8 339
8 395
9 200
6 026**
6 203
6 642
8 365****
5 178
5 257
6 519
4 093
4 549
4 278
4 000
2 650
2 913
3 254
1 992
1 520*
2 495
1 476
1 389
2 212 Keine Angaben
1 907***

Sept. 1939
Aug. 1940
Dez. 1941
Nov. 1942
Juni 1943
Jan. 1944
Juni 1944
Jan. 1945
Mai 1945

USA
UdSSR
Großbritannien
Deutschland
Italien

Die Entwicklung der Stärke der faschistischen Luftwaffe

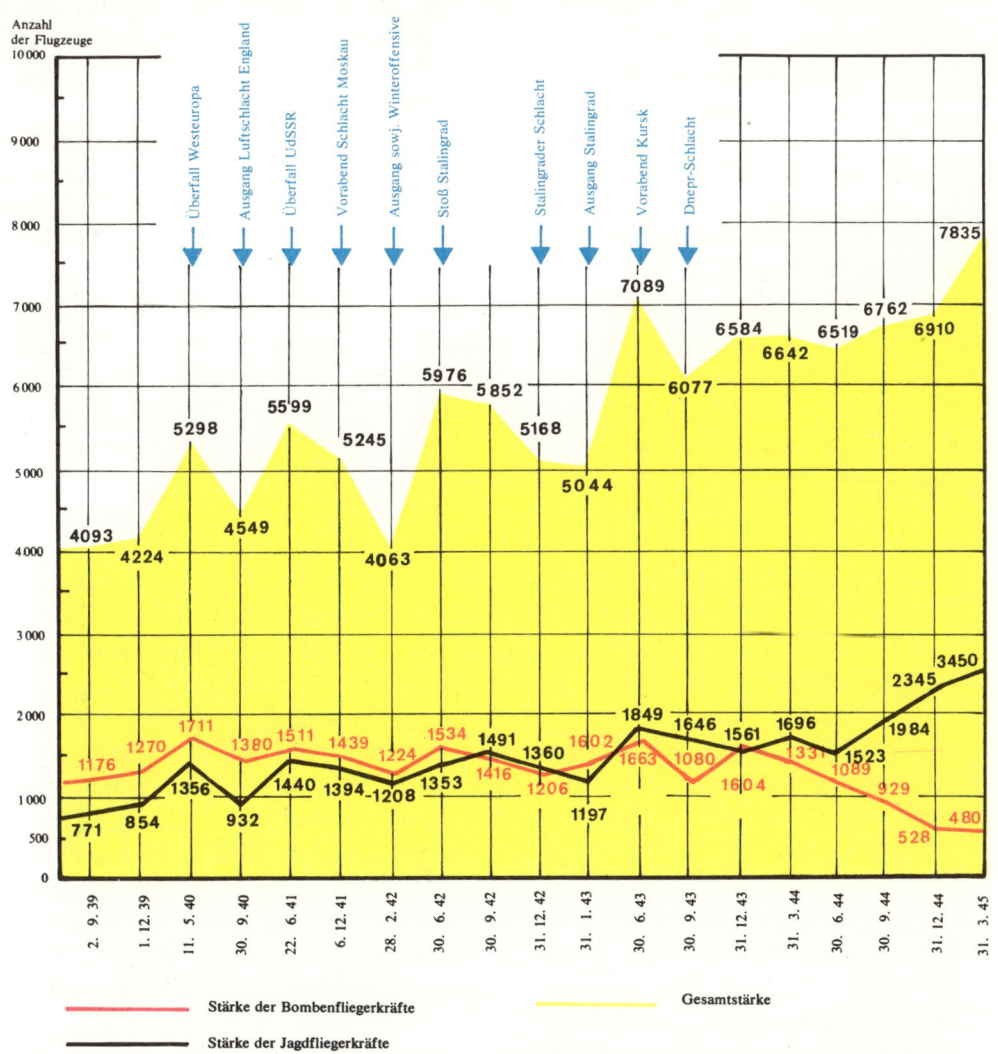

Stärke der Bombenfliegerkräfte
Stärke der Jagdfliegerkräfte
Gesamtstärke

Weltkrieg exakt zu bestimmen, ist angesichts der kaum vorhandenen Unterlagen eine schwer zu lösende Aufgabe. Die letzte bisher bekannt gewordene zusammenfassende Verlustberechnung erfaßt den Zeitraum vom 1. September 1939 bis zum 10. Januar 1945. Ihr zufolge büßte die Luftwaffe in dieser Zeit durch Gefechtsverluste 40 613 Flugzeuge total und 20 492 als beschädigt (insgesamt 61 105 Maschinen), durch Betriebsverluste 10 457 Flugzeuge total und 15 171 als beschädigt (insgesamt 25 628 Maschinen) sowie durch Verluste an Schulen 11 442 Flugzeuge total und 9 931 als beschädigt (insgesamt 21 373 Maschinen) ein, was einen Gesamtverlust von 108 106 Flugzeugen — davon 62 512 als Totalausfälle und 45 594 als beschädigt — ausmacht. Um die Höhe der tatsächlichen Kriegsverluste berechnen zu können, muß von dieser Gesamtsumme die Zahl der Schulflugzeuge, sie betrug 15 428 Maschinen, abgezogen werden. Die Kriegsflugzeugverluste betrugen also bis zum 10. Januar 91 293 Flugzeuge. Vom 1. Januar bis 31. März 1945 betrugen die Kriegsverluste weitere 8 478 Flugzeuge, so daß sich die Gesamtverluste — bis auf die letzten fünf Kriegswochen — auf 99 771 Flugzeuge belaufen. Darunter befanden sich 41 452 Jagd-, 10 221 Nachtjagd- und Zerstörer-, 8 548 Schlacht-, 22 037 Bomben-, 6 141 Transport-, 3 598 Nah- und 3 135 Fernaufklärungsflugzeuge.

Die Verluste der amerikanischen Luftstreitkräfte — ohne jene Ausfälle, die bei der Erprobung, der Ausbildung, bei der Industrie, durch technisches Versagen auftraten usw. — betrugen von 1942 bis 1945 22 948 Flugzeuge, 18 418 auf dem europäischen und 4 530 auf dem asiatischen Kriegsschauplatz. In den einzelnen Jahren beliefen sich die Verluste wie folgt: 1942 485 (141 über Europa), 1943 3 847 (3 028), 1944 13 289 (11 618) und 1945 5 330 (3 631). Die Verluste, die nicht im Kampfeinsatz auftraten, erreichten ebenfalls 22 000 Flugzeuge.

Die Angaben über die Gesamtverluste der Hauptkommandos der britischen Luftstreitkräfte beim Kampfeinsatz schwanken zwischen 15 000 bis 20 000 Flugzeugen. Die schwersten erlitt das Bomber Command (8 325 bis 10 688), gefolgt vom Fighter Command (3 558 bis 4 760), den taktischen Luftstreitkräften (2 115 bis 2 822) und dem Coastal Command (1 547).

Die italienischen Flugzeugverluste während des Krieges werden mit 5 272 angegeben, von ihnen gingen 3 269 im Kampf oder im Einsatz verloren, 1 771 durch Unfälle, und 232 wurden wegen Überalterung zerstört.

In allen am Krieg beteiligten Ländern — das traf trotz der hohen Verluste selbst für das faschistische Deutschland bis zum Februar 1945 zu — stieg die Zahl der in den Luftstreitkräften eingesetzten Flugzeuge beträchtlich an. Die sowjetischen Luftstreitkräfte vervierfachten ihre Stärke, Großbritannien verfünffachte sie, die USA verachtfachten sie, und Deutschland verdoppelte sie.

Wie wichtig es ist, die Stärkeangaben nicht zu verabsolutieren, wird dann deutlich, wenn man sich nochmals die Einsatzzahlen ins Gedächtnis ruft. Trotz weitaus höherer Flugzeugbestände flogen die amerikanischen Luftstreitkräfte weitaus weniger Einsätze als die sowjetischen Luftstreitkräfte, die britischen Luftstreitkräfte sogar nur die knappe Hälfte der sowjetischen Einsätze.

Technisch war der zweite Weltkrieg Höhepunkt und Endpunkt der Entwicklung des kolbenbetriebenen Motorflugzeugs. Das Flugzeug stieß 1943/44 an die Grenzen seines Leistungsvermögens. Eine bedeutende Geschwindigkeitssssteigerung war mit Kolbentriebwerken und Luft-

Technisch-taktische Daten einiger Jagdflugzeugmuster

	Einsatzjahr	Höchstge-schwindigkeit	Gipfelhöhe	Reichweite
UdSSR				
Jak-3	1943	650 km/h	10 700 m	900 km
La-7	1944	680 km/h	11 800 m	800 km
USA				
Republic P-47 D-25				
«Thunderbolt»	1944	690 km/h	12 200 m	1 530 km
Lockheed P-38L				
«Lightning»	1944	630 km/h	12 200 m	3 640 km
Großbritannien				
Supermarine				
Spitfire MK VIII	1943	650 km/h	13 100 m	1 060 km
Hawker «Hurricane»				
II B	1941	540 km/h	12 200 m	700 km
Deutschland				
Messerschmitt	1941	628 km/h	11 300 m	710 km
Me 109 F-3				
Focke Wulf 190 D 1	1943	690 km/h	11 000 m	900 km
Italien				
Macchi C 202				
Folgore	1942	600 km/h	11 500 m	760 km
Japan				
Mitsubishi A 6 M 2				
«Zero-Sen»	1940	535 km/h	10 300 m	1 870 km
Nakajima Ki-84				
Ia «Hayate»	1944	680 km/h	10 500 m	1 250 km

schrauben nicht mehr möglich. Gleichzeitig in mehreren Ländern − in erster Linie in Deutschland, Großbritannien und in der Sowjetunion − begann man, sich um die Lösung des Problems der weiteren Geschwindigkeitssteigerung mittels Raketen und Gasturbinen zu bemühen.

Wesentlichste Merkmale der technischen Entwicklung waren die weitere Steigerung der Höchstgeschwindigkeit und der Flughöhe, der umfassende Einsatz der Funkmeßtechnik, nicht nur in der Luftverteidigung, sondern auch in der offensiven Luftkriegführung, sowie der Einsatz von Raketen zum Fernbeschuß, in der Luftverteidigung und bei der Bewaffnung der Flugzeuge. Die Geschwindigkeitssteigerung fand ihren Ausdruck vor allem in den Leistungen der Jagdflugzeuge.

Der Luftkrieg von 1939 bis 1945 war auch eine Probe aufs Exempel für die Luftkriegstheorien, die insbesondere die bürgerliche Militärtheorie jahrzehntelang beschäftigt hatten.

Im Verlauf des zweiten Weltkriegs spielten die Luftstreitkräfte − wie

Technisch-taktische Daten einiger Bomben- und Schlachtflugzeugmuster

	Einsatzjahr	Höchst-geschwin-digkeit	Gipfelhöhe	Reich-weite	Bomben-last
Schlachtflugzeuge					
UdSSR					
Il-2	1941	430 km/h	6 000 m	600 km	500 kg
Il-10	1944	560 km/h	7 000 m	850 km	600 kg
Deutschland					
Junkers Ju 87					
D-1	1940	400 km/h	7 300 m	1 000 km	1 800 kg
Henschel Hs 129					
B-3	1943	400 km/h	9 000 m	780 km	100 kg
zweimotorige Bombenflugzeuge					
UdSSR					
Il-4	1940	430 km/h	9 700 m	3 800 km	2 000 kg
Pe-2	1941	580 km/h	8 800 m	1 200 km	1 000 kg
USA					
North American B-25J «Mitchell»	1943	440 km/h	7 600 m	2 060 km	1 300 kg
Martin B-26 Bl-55 «Marauder»	1943	450 km/h	6 000 m	1 770 km	1 800 kg
Großbritannien					
Bristol «Blenheim» Mk IV	1940	428 km/h	8 300 m	2 350 km	450 kg
de Havilland «Mosquito» IV Srs. II	1942	610 km/h	11 300 m	3 010 km	900 kg
Deutschland					
Heinkel He 111H	1939	430 km/h	8 400 m	2 800 km	2 000 kg
Junkers Ju 88A-4	1940	470 km/h	8 200 m	2 730 km	3 000 kg
Italien					
Savoia-Marchetti SM-79-II Sparviero	1939	430 km/h	7 000 m	2 330 km	1 500 kg
Japan					
Mitsubishi Ki-21-IIb	1940	480 km/h	10 000 m	2 170 km	1 000 kg
Mitsubishi G4M2	1941	437 km/h	9 000 m	6 050 km	1 000 kg

in der Militärtheorie allgemein angenommen wurde – eine bedeutende Rolle, ihr Masseneinsatz beeinflußte wesentlich den Verlauf der Kampfhandlungen auf den Land- und Seekriegsschauplätzen. Die Land- und Seestreitkräfte konnten in der Regel nur dann erfolgreich operieren, wenn sie mit den Luftstreitkräften engstens zusammenwirkten.

Wie wir gesehen haben, dominierte in der Flugzeugproduktion aller kriegführenden Staaten der Jagdflugzeugbau. Das war kein Zufall und – mit Ausnahme des faschistischen Deutschlands – bereits vor Ausbruch des zweiten Weltkriegs für alle Länder typisch. Dem Jagdflugzeug kam im zweiten Weltkrieg in allen Luftkriegskonzeptionen eine Schlüsselstellung zu, denn es war das Hauptmittel zur Erringung der Luftüberlegenheit und der Luftherrschaft. Daß das faschistische Deutschland bis 1941/42 dabei eine Ausnahme bildete, lag in erster Linie an seiner von der Blitzkriegskonzeption bestimmten Luftkriegstheorie, die dem Luftüberfall, der Zerschlagung der gegnerischen Luftstreitkräfte auf dem Boden eine überragende Bedeutung beimaß und die Erringung der Luftherrschaft durch Jagdfliegerkräfte nur für zweitrangig hielt. Erst nach dem Scheitern des Blitzkriegs in der Schlacht bei Moskau begann sich die faschistische Luftkriegstheorie zu verändern.

Der Kampf um die Luftherrschaft war die wichtigste Aufgabe der

Technisch-taktische Daten einiger schwerer Bombenflugzeuge

	Einsatzjahr	Höchstgeschwindigkeit	Gipfelhöhe	Reichweite	Bombenlast
UdSSR					
Pe-8	1943	440 km/h	10 000 m	4 025 km	2 000 kg
USA					
Boeing B-17G					
Fortress III	1943	438 km/h	10 700 m	3 000 km	5 000 kg
Consolidated					
B-24					
«Liberator»	1943	483 km/h	10 500 m	2 750 km	2 700 kg
Boeing B-29					
«Superfortress»	1944	575 km/h	10 200 m	5 220 km	9 000 kg
Großbritannien					
Handley-Page					
Halifax B.MK. III	1943	453 km/h	7 300 m	3 200 km	5 900 kg
Avro Lancaster					
B.MK. III	1943	435 km/h	6 560 m	3 600 km	6 350 kg
Deutschland					
Heinkel He 177					
A-5	1943	565 km/h	8 000 m	3 650 km	7 200 kg

Luftstreitkräfte, weil ihr Besitz erst die Voraussetzung zum wirksamen Einsatz der Aufklärungs-, Schlacht- und Bombenfliegerkräfte schuf. Keine Luftstreitkraft konnte diesem Kampf auf die Dauer ausweichen, wie es das britische Bomber Command jahrelang versucht hatte, ehe es nach der verlustreichen «Luftschlacht um Berlin» gezwungen war, seine Strategie zu verändern. Es erwies sich auch, daß das Bombenflugzeug allein niemals in der Lage sein konnte, die Luftherrschaft zu erringen. Die amerikanische Theorie eines «Luftkreuzerkriegs» brach im Sommer/Herbst 1943 unter hohen Verlusten zusammen.

Der von der sowjetischen Luftkriegstheorie am Vorabend des Krieges herausgearbeitete Grundsatz, daß die Jagdfliegerkräfte das entscheidende Mittel im Kampf um die Luftherrschaft bilden, bestätigte sich im Verlauf des Krieges. Von den sowjetischen Luftstreitkräften wurde im Verlauf des Großen Vaterländischen Krieges jeder dritte Einsatz (35,2 Prozent) im Kampf um die Luftherrschaft geflogen. Die Jagdfliegerkräfte machten 1944 42 Prozent des Flugzeugbestands aus. Im faschistischen Deutschland veränderte sich der Anteil der Jagdfliegerkräfte von 29 Prozent (1939) auf 57 Prozent (1944). In den USA stieg der Anteil der Jagdfliegerkräfte von 18 Prozent (1942) auf 27 Prozent bei Kriegsende.

Grundsätzlich verschiedene Standpunkte nahmen die sowjetische und die britisch-amerikanische Luftkriegstheorie bei der praktischen Beantwortung der Frage ein, welchen Gebrauch die Luftstreitkräfte von der Luftherrschaft machen sollten. Die herrschenden Kreise der USA und Großbritanniens verfolgten während des zweiten Weltkriegs das Ziel, die Luftstreitkräfte nach der Erringung der Luftherrschaft vor allem gegen das faschistische Hinterland einzusetzen. Sie versprachen sich vom strategischen Bombardement kriegsentscheidende Auswirkungen, demgegenüber hielten sie Fragen des Zusammenwirkens, insbesondere zwischen Luft- und Landstreitkräften, zwar für notwendig, aber für zweitrangig. Der zweite Weltkrieg machte zweifellos deutlich, daß den selbständigen Operationen der Fernfliegerkräfte eine wachsende Bedeutung zukam. Das entsprach den Grundsätzen der sowjetischen Militärwissenschaft aus der Vorkriegszeit, die die Bedeutung des Einsatzes von Fernfliegerkräften gegen das tiefe Hinterland eines Aggressors stets betont und dem durch die Aufstellung von Fernfliegerkräften entsprochen hatte. Ihre Kampfhandlungen konnten zwar zum Ausgang eines Krieges beitragen, nicht aber Kriegsentscheidungen herbeiführen, weil die Möglichkeiten der Fernfliegerkräfte, was Abwurf- und Trägermittel anbetraf, begrenzt waren. Der zweite Weltkrieg bestätigte diese Thesen. Im Verlauf des Luftkriegs gegen Deutschland, Italien und Japan warfen die britischen und amerikanischen Luftstreitkräfte insgesamt 2 865 850 Tonnen Bomben ab. Davon entfielen 2,1 Millionen Tonnen auf die Fernfliegerkräfte — auf die 8., 15. und 20. USA-Luftflotte sowie auf das britische Bomber

Über Deutschland abgeworfene Bombenlast der britischen und amerikanischen Fernfliegerkräfte 1939 bis 1945

Jahr	Bomber Command	8. USA-Luftflotte	15. USA-Luftflotte	Verluste der deutschen Zivilbevölkerung Tote	Verwundete
1939	8 t	—	—	—	—
1940	9 001 t	—	—	1 150	3 509
1941	27 539 t	—	—	3 253	8 363
1942	42 031 t	—	—	6 825	24 350
1943	124 789 t	26 477 t	100 t	83 882	164 285
1944	276 275 t	289 055 t	24 543 t	111 404	175 788
1945	179 948 t	195 725 t	10 531 t	nicht bekannt	
	659 591 t (= 54,7%)	511 257 t (= 42,3%)	35 174 t (= 3,0%)		
Insgesamt 1 206 022 t					

Command. Fast 2 Millionen Tonnen fielen dabei auf Deutschland und die von ihm okkupierten Gebiete.

Diese gewaltige Bombenlast verteilte sich zu 55,8 Prozent auf Städte- und Verkehrsziele, zu 9,3 Prozent auf Ziele der chemischen Industrie, zu 1,8 Prozent auf Ziele der Flugzeugindustrie und zu 2,6 Prozent auf andere Industrieziele wie Kugellagerwerke und U-Boot-Werften und zu 30,5 Prozent auf militärische Ziele wie U-Boot-Stützpunkte, Flugplätze, V-Waffen-Basen. Entsprechend dieser Verteilung waren die Auswirkungen. Am schwersten wurden die Städte Deutschlands betroffen. 131 deutsche Großstädte wurden durch Großangriffe betroffen, an der Spitze Berlin mit 29 Großangriffen. Dabei wurden 654 000 Häuser beziehungsweise 4 110 000 Wohnungen (etwa 20 Prozent des Bestands) völlig oder schwer zerstört. 13,7 Millionen Menschen wurden durch den Luftkrieg obdachlos, 410 000 getötet und 650 000 verwundet. Die 12 am schwersten vom Luftkrieg betroffenen Städte auf dem Gebiet der Deutschen Demokratischen Republik waren: Halberstadt (82 Prozent aller Wohnungen zerstört), Dessau (80 Prozent), Plauen (75 Prozent), Nordhausen (74 Prozent), Dresden (60 Prozent), Magdeburg (50 Prozent), Berlin und Rostock (je 32 Prozent), Leipzig, Brandenburg und Chemnitz (je 25 Prozent) sowie Potsdam (20 Prozent).

In Japan wurden durch den Luftkrieg etwa 350 000 Japaner (230 000 durch konventionelle Luftkriegsmittel und 120 000 durch Kernwaffenangriffe) getötet und 500 000 schwer oder leicht verletzt, 3,7 Millionen japanische Wohnungen (oder 24 Prozent des Gesamtbestands) wurden zerstört, wodurch 8,5 Millionen Japaner obdachlos wurden. Im Vergleich dazu wurden durch den faschistischen Luft- und Fernwaffenkrieg gegen

Großbritannien, mit dem der Terrorkrieg gegen die Zivilbevölkerung im zweiten Weltkrieg eröffnet wurde, 60 595 Briten getötet und 86 182 verwundet. Insgesamt − einschließlich der Fernwaffen − wurden 74 172 Tonnen Sprengstoff auf Großbritannien abgeworfen.

Durch den japanischen Fernluftkrieg gegen China wurden von 1939 bis 1945 77 105 Menschen getötet, 78 394 verletzt sowie 376 729 Häuser zerstört. Die japanischen Luftstreitkräfte flogen von 1937 bis Kriegsende 12 592 Fernfliegerangriffe und warfen dabei 258 148 Bomben ab.

Der imperialistische Fernluftkrieg im zweiten Weltkrieg war in der Hauptsache gegen die Zivilbevölkerung, insbesondere gegen die Arbeiterklasse gerichtet. Sie erlitt die größten Verluste und hatte die höchsten Opfer zu tragen.

Im Vergleich dazu wurde durch den Fernluftkrieg die wirtschaftliche Aktivität des deutschen Imperialismus nur partiell und zeitweilig, zunehmend gegen Kriegsende, wirksam beeinträchtigt und begrenzt, wie die effektivste Teiloffensive, die Bombardierung der Hydrierwerke, bewies. Eine Kriegsentscheidung wurde durch die Fernfliegeroffensive nicht herbeigeführt und eine wirksame Beeinträchtigung der faschistischen Kriegswirtschaft auch erst nach dem 1. Juli 1944 − danach fielen 72 Prozent aller auf Deutschland abgeworfenen Bomben − erreicht, als die Kriegsentscheidung an der deutsch-sowjetischen Front längst herbeigeführt worden war und es vor allem nur noch darum ging, die Niederlage des deutschen Imperialismus rasch zu vollenden.

Der von der sowjetischen Militärtheorie aufgestellte Grundsatz, die Anstrengungen der Luftstreitkräfte vor allem mit denen der Land- und Seestreitkräfte zu koordinieren, weil nur durch das enge Zusammenwirken aller drei Teilstreitkräfte die Kriegsentscheidung herbeigeführt werden könne, bestätigte sich im Verlauf des zweiten Weltkriegs. Die sowjetischen Frontfliegerkräfte flogen 46,5 Prozent aller ihrer Einsätze zur Unterstützung der Landstreitkräfte. Angesichts des Fehlens ausreichend starker Bombenfliegerkräfte in den Reihen der Frontfliegerkräfte, auf die 76 Prozent aller Starts der sowjetischen Luftstreitkräfte entfielen, war es notwendig, auch die Fernfliegerkräfte zur Bodenunterstützung heranzuziehen. 43 Prozent aller ihrer Einsätze entfielen darauf.

Selbständige Luftoperationen zur Niederhaltung und Zerstörung ökonomischer und politischer Zentren des Gegners konnten deshalb nur mit begrenzten Kräften und selten durchgeführt werden. Von den 215 000 Einsätzen der Fernfliegerkräfte richteten sich 7 394 gegen das faschistische Hinterland. Neben den Angriffen auf Berlin am 8., 9. und 12. August 1941, die der faschistischen Führung bewiesen, daß die sowjetischen Fliegerkräfte nicht zerschlagen waren und ihre Terrorangriffe auf Moskau, Leningrad, Kiew und andere sowjetische Städte nicht ungestraft blieben, wurden 1942 vor allem bei Nacht Schläge gegen militärische Ziele in

510

Königsberg (19. Juli 1942), Danzig (Gdańsk), Ploieşti, Tilsit, Kolberg (Kołobrzeg), Neustettin (Szczecinek), Memel, Schneidemühl (Piła) und Berlin (27. August, 30. August und 10. September 1942) geführt, 1943/44 gegen Ziele in Königsberg (13., 15., 17. und 27. April 1943), Insterburg (Tschernjachowsk) (23. April 1943), Tilsit (17., 21. und 29. April) und Helsinki (7., 17. und 27. Februar 1944).

Im Frühjahr 1945, besonders im März/April, griffen die am 6. Dezember 1944 in der 18. Luftarmee zusammengeschlossenen Fernfliegerkräfte – sie bestanden aus 4 Fliegerkorps zu je vier Luftdivisionen – bei Tag und bei Nacht wichtige Objekte des Gegners im Hinterland, wie Truppen, Lager, Stützpunkte in Breslau, Königsberg, Danzig, Fürstenwalde und um Berlin, an. Die Kampfhandlungen der sowjetischen Fernfliegerkräfte gegen wichtige Objekte des Gegners im Hinterland waren ein Bestandteil der Gefechtstätigkeit der sowjetischen Luftstreitkräfte.

Die entscheidende Hauptaufgabe der sowjetischen Luftstreitkräfte bestand jedoch nach der Erringung der Luftherrschaft darin, die Truppen des Gegners und seine Kampftechnik auf dem Gefechtsfeld zu vernichten. Die Frontfliegerkräfte flogen deshalb 93 Prozent ihrer Einsätze in eine Tiefe von 50 Kilometern, die Schlachtfliegerkräfte sogar 80 Prozent aller ihrer Einsätze bis zu 10 Kilometer Tiefe. Die sowjetischen Luftstreitkräfte sammelten während des Krieges außerordentlich reiche Erfahrungen in der Sicherstellung der Operationen der Landstreitkräfte und trugen durch ihre Kampfhandlungen erfolgreich dazu bei, die Hauptkräfte der Wehrmacht während des zweiten Weltkriegs zu zerschlagen. Mit der erfolgreichen Lösung der zweiten Hauptaufgabe der Luftstreitkräfte – aktiv an der Zerschlagung der Landstreitkräfte des Gegners teilzunehmen – realisierte die sowjetische Militärdoktrin den Grundsatz, daß der Sieg nur bei vereinten Anstrengungen aller Teilstreitkräfte und Waffengattungen möglich ist.

Amerikanische Luftlandeoperation während des Koreakrieges

V

Die Entwicklung der Luftstreitkräfte in den Nachkriegsjahren (1945 bis 1953)

Die Entwicklung der sowjetischen Luftstreitkräfte nach dem zweiten Weltkrieg (1945 bis 1953)

Das Jahr 1945 brachte den Völkern den langersehnten Frieden. Der Sieg der Sowjetunion im Großen Vaterländischen Krieg bestimmte nicht nur den Ausgang des zweiten Weltkriegs, sondern hatte auch gewaltige internationale Auswirkungen. Das internationale Kräfteverhältnis veränderte sich grundlegend zugunsten des Sozialismus. Es entwickelte sich das sozialistische Weltsystem.

Der Sieg über den faschistischen deutschen Imperialismus und den japanischen Militarismus eröffnete dem sowjetischen Volk die Möglichkeit, seine Kräfte auf den friedlichen Aufbau des Landes zu konzentrieren.

Der Krieg und die zeitweilige Besetzung sowjetischer Gebiete durch die deutschen Faschisten hatte der Sowjetunion ungeheuren Schaden zugefügt. Es war der schwerste und opferreichste Krieg des Sowjetvolks, das 20 Millionen Menschen verloren hatte. 1 710 sowjetische Städte und 70 000 Dörfer waren von den faschistischen Okkupanten in Schutt und Asche gelegt worden. Ganz oder teilweise waren 32 000 Industriebetriebe und 65 000 Kilometer Eisenbahnstrecke zerstört worden. Der der UdSSR zugefügte materielle Schaden belief sich auf 679 Milliarden Rubel. Der Krieg verzögerte den weiteren sozialistischen Aufbau in der Sowjetunion um mehr als zehn Jahre.

Zur raschen Überwindung der Kriegsschäden und zur Wiederherstellung der Volkswirtschaft beschloß der Oberste Sowjet der UdSSR am 23. Juni 1945 das Gesetz über die Demobilisierung von 13 Jahrgängen. Die Demobilisierung begann am 5. Juli 1945 und wurde Anfang 1948 beendet. Von den sowjetischen Streitkräften wurden 8,5 Millionen Soldaten entlassen, darunter 287 000 Generale und Offiziere. 1945/46 wurden der Volkswirtschaft 150 000 Fahrzeuge und über 1 Million Pferde von der Sowjetarmee zur Verfügung gestellt.

In Übereinstimmung mit den Prinzipien ihrer Außenpolitik zog die Sowjetunion ihre Streitkräfte aus den von ihr befreiten Gebieten und Ländern zurück: im September 1945 aus Nordnorwegen, im November aus der Tschechoslowakei, im April 1946 von Bornholm, im Mai aus der Mandschurei und aus dem Nordiran, im Dezember 1947 aus Bulgarien und Ende 1948 aus Korea. 1948 zählte die Sowjetarmee 2 874 000 Mann, im Vergleich zu 11 365 000 Mann im Mai 1945.

Doch schon bald nach Beendigung des zweiten Weltkriegs beschworen insbesondere die herrschenden Kreise der USA neue unmittelbare Kriegsgefahren herauf. Ihre Pläne waren gegen die UdSSR und die volksdemokratischen Staaten gerichtet. Im Gegensatz zur Sowjetunion beließen die USA nicht nur starke Kräfte in fast allen von ihnen besetzten Gebieten, sondern begannen rings um die sozialistischen Staaten einen Stützpunktring aufzubauen.

Bei der Planung der weiteren Entwicklung der Volkswirtschaft mußten die Kommunistische Partei und die Sowjetregierung deshalb in vollem Maße die Erfahrungen des Krieges berücksichtigen, zu dessen wichtigsten Lehren es gehörte, daß keinerlei Gleichgültigkeit und Sorglosigkeit geduldet werden darf, solange der Imperialismus und die von ihm ausgehende Kriegsgefahr den Sozialismus bedrohen. Trotz der unermüdlichen Bemühungen der Sowjetunion, günstige außenpolitische Bedingungen für den ungestörten, friedlichen Aufbau zu sichern, gingen die herrschenden Kreise der USA dazu über, die Vereinbarungen der Antihitlerkoalition zu mißachten und Kurs auf die Errichtung der Weltherrschaft zu nehmen. Sie erklärten die Sowjetunion offen zu ihrem Hauptfeind, entfesselten 1947 den kalten Krieg, suchten die UdSSR mit ihrem zeitweiligen Kernwaffenmonopol und ihren starken Fernfliegerkräften einzuschüchtern und schufen 1949 mit der NATO einen aggressiven Militärblock. Die Sowjetunion war im Interesse des Schutzes des Sozialismus im eigenen Land und der volksdemokratischen Revolution in zahlreichen Staaten Europas und Asiens gezwungen, der Entwicklung und Festigung der Streitkräfte weiterhin große Aufmerksamkeit zuzuwenden. Das galt in besonderem Maße auch für die sowjetische Luftfahrt und die Luftstreitkräfte, die sich nach dem zweiten Weltkrieg weiterhin rasch in technischer und taktischer Hinsicht entwickelten.

Angesichts der vom USA-Imperialismus ausgehenden Kriegsgefahren – in großem Umfang wurden neue strategische kernwaffentragende Bombenflugzeuge in Dienst gestellt – mußte nicht nur Schritt mit der technischen Entwicklung gehalten werden, sondern es mußte auch die notwendige Umrüstung auf die neuen technischen Kampfmittel in kürzester Frist erfolgen.

Von entscheidender Bedeutung für den gesamten Flugzeugbau nach dem zweiten Weltkrieg war die Ablösung des Verbrennungsmotors durch

MiG-15 bis Zu den besten Jagdflugzeugen seiner Zeit gehörte die MiG-15. Sie war ab März 1946 von A. I. Mikojan und M. I. Gurewitsch als einsitziger Strahljäger entwickelt worden. Der Erstflug des Prototyps fand am 2. Juni 1947 statt. Im März 1948 ging sie in die Serienproduktion. Insgesamt wurden etwa 20 000 Flugzeuge dieses Typs gebaut. Ihr erster militärischer Einsatz fand während der USA-Aggression in Korea 1951 statt. △

Il-10 Die Il-10 war eine Weiterentwicklung der Il-2. Die Serienproduktion begann im Herbst 1944. Das Flugzeug kam noch während des Großen Vaterländischen Krieges zum Einsatz. Gegenüber der Il-2 war die Il-10 in Ganzmetallbauweise gefertigt, besaß einen leistungsstärkeren Motor und verfügte über eine wesentlich stärkere Bewaffnung. Die Il-10 stand bis Ende der vierziger Jahre im Dienst der sowjetischen Luftstreitkräfte und der anderer sozialistischer Armeen. ▽

das Strahltriebwerk. Das löste in den ersten Nachkriegsjahren eine stürmische Entwicklung in der gesamten Luftfahrt, anfangs besonders in der Militärluftfahrt, aus, die bis heute andauert, und fand insbesondere in der Zunahme der Geschwindigkeit und Gipfelhöhe der Flugzeuge ihren Ausdruck. Beim Übergang zum Strahlantrieb kann man in der Sowjetunion im wesentlichen zwei Etappen feststellen. In der ersten Etappe erprobte man die Strahlantriebe in bereits bewährten Jagdflugzeugen, während man in der zweiten Etappe Flugzeuge zu entwickeln begann, die die Eigenheiten des Strahlantriebs berücksichtigten.

Während des Krieges hatte S. A. Lawotschkin seine Jagdflugzeuge La-7 und La-9 zusätzlich mit Flüssigkeitsraketentriebwerken ausgerüstet, um die Geschwindigkeit zu erhöhen. So wurde die Leistung dieser Flugzeuge gesteigert, ohne die Serienproduktion unterbrechen zu müssen. Damit war eine kurzfristige Leistungssteigerung während des Flugs möglich. Der nächste Schritt bestand darin, einen kombinierten Antrieb einzubauen, das heißt, neben dem herkömmlichen Kolbentriebwerk ordnete man ein Strahltriebwerk an. So wurden die Jagdflugzeuge I-250N von A. I. Mikojan und M. I. Gurewitsch und die Jak-3 von A. S. Jakowlew ausgerüstet. Beide Maschinen erreichten Geschwindigkeiten von etwa 800 Stundenkilometern.

Die ersten sowjetischen Strahlflugzeuge waren die Jak-15 und die MiG-9, die am 24. April 1946 zu ihren ersten Testflügen starteten. Ende 1946 wurde die MiG-9, die auf der ersten Luftparade der Nachkriegszeit in Tuschino am 18. August 1946 der Öffentlichkeit vorgeführt wurde, in Serienproduktion genommen. In Tuschino wurde auch das erste sowjetische Flugzeug gezeigt, das mit Strahltriebwerken eigener Konstruktion flog, das Jagdbombenflugzeug Su-9, dessen Weiterentwicklung – die Su-11 – im April 1948 seine Werkerprobungen beendete.

Das letzte mit Kolbenmotoren ausgerüstete Jagdflugzeug der UdSSR war die La-11, die im August 1947 erprobt wurde.

Das Fundament für die Überlegenheit der UdSSR im Jagdflugzeugbau der Nachkriegszeit wurde mit der MiG-15 gelegt, deren Prototyp am 2. Juni 1947 zum erstenmal flog. Sie ging im März 1948 in die Serienproduktion und übertraf in ihren Kampfeigenschaften alle anderen Jagdflugzeugmuster.

Am 27. Juli 1947 erfolgte auch der erste Versuchsflug der mit drei Strahltriebwerken ausgerüsteten Tu-73, des ersten Strahlbombers der Sowjetunion, der in kleiner Serie gefertigt wurde. In der Folgezeit wurden die sowjetischen Jagdflugzeuge mit neuen und leistungsfähigen Triebwerken ausgestattet. Die Luftstreitkräfte erhielten die Jagdflugzeuge MiG-17 und Jak-23. Die Bombenfliegerkräfte erhielten ab 1949 mit der Il-28 weitere Strahlflugzeuge, während die Fernfliegerkräfte seit 1947 mit viermotorigen Flugzeugen vom Typ Tu-4 ausgerüstet wurden. Die so-

Il-28 in Gefechtsformation

wjetische Flugzeugtechnik begann in diesem Zeitraum, die am weitesten
entwickelten imperialistischen Staaten auf dem entscheidend gewordenen
Gebiet der Strahlflugzeugtechnik nicht nur einzuholen, sondern auch zu
überholen.

Am 26. Dezember 1948 und im Januar 1949 gelang es dem sowjetischen
Piloten O. W. Sokolowski, mit dem Versuchsflugzeug La-176 zunächst im
Stich-, dann auch im Horizontalflug die Schallmauer zu durchbrechen.
Vom Dezember 1949 bis zum Februar 1950 erzielte der Pilot I. W.
Iwanschenko mit einer MiG-17 mehrmals Überschallgeschwindigkeiten im
Horizontalflug, eine Leistung, die von keinem Serienkampfflugzeug eines
imperialistischen Staates zu diesem Zeitpunkt erreicht wurde. Diese tech-
nischen Spitzenleistungen der sowjetischen Flugzeugindustrie auf dem
Gebiet des modernen Strahljägerbaus trugen wesentlich dazu bei, daß sich
das Kräfteverhältnis in der Luft gegen Ende der vierziger Jahre zugunsten
der UdSSR veränderte und die Menschheit vor der Gefahr eines vom
Imperialismus entfesselten atomaren Vernichtungskriegs bewahrt blieb.

Mit der qualitativen Veränderung der sowjetischen Luftstreitkräfte

MiG-17 Eines der meistverwendeten
Flugzeuge nach dem zweiten Weltkrieg war
die MiG-17. Sie entstand 1949 als eine
Weiterentwicklung der MiG-15 und
wurde als Abfangjagdflugzeug entworfen.
Ab 1952 wurde sie in die Bewaffnung der
sowjetischen Luftstreitkräfte eingeführt.
Sie wurde auch noch von den Fliegerkräften
der DRV in den ersten Jahren zur Abwehr
der USA-Terrorangriffe eingesetzt.

wuchsen ihre Rolle und ihr spezifisches Gewicht bei der Lösung einer
Vielzahl strategischer und operativer Aufgaben ganz beträchtlich. Das
schlug sich in der sowjetischen Kriegskunst nieder.

In den ersten Nachkriegsjahren ging sie vor allem von der Auswertung
der Erfahrungen des Großen Vaterländischen Krieges aus und berücksichtigte in starkem Maße die Veränderungen, die sich aus der
Umbewaffnung der Luftstreitkräfte ergaben. Anfang der fünfziger Jahre
wurden neue Vorschriften und Anweisungen für alle Fliegergattungen
herausgegeben. Die sowjetische Strategie ging von 1945 bis 1953 von der
Annahme aus, daß ein neuer vom Imperialismus entfesselter Weltkrieg die
Auseinandersetzung zwischen zwei mächtigen Koalitionen, zwischen dem
von den USA geführten Lager des Imperialismus und der sozialistischen
Staatengemeinschaft, bedeuten würde. Die Kampfhandlungen würden zu
Lande, zu Wasser und in der Luft geführt werden. Ihr Hauptinhalt wäre
die Zerschlagung der Streitkräfte. Fernfliegerkräfte würden Schläge gegen

das tiefe Hinterland führen. Der Krieg würde durch die Anstrengungen aller Teilstreitkräfte entschieden werden, wobei den Landstreitkräften die entscheidende Rolle zufallen würde.

Entsprechend diesen Voraussetzungen und den wachsenden Möglichkeiten der Luftstreitkräfte bestimmte die sowjetische Militärstrategie ihre Aufgaben. Es war vorgesehen, daß die Luftstreitkräfte selbständige Operationen durchführen und eng mit den Land- und Seestreitkräften zusammenwirken sollten.

Selbständige Luftoperationen sollten vor allem zum Erreichen von zwei Hauptzielen geflogen werden. Wichtigstes Ziel war angesichts der steigenden Gefahr eines imperialistischen Luftüberfalls mit Kernwaffen die Erringung der Luftherrschaft, die vor allem durch die Zerschlagung der gegnerischen Fliegerkräfte und seines Kernwaffenpotentials am Boden und in Luftkämpfen hergestellt werden sollte. Die Erringung einer absoluten Luftherrschaft wurde nur theoretisch als möglich angesehen. Die

Luftherrschaft sollte deshalb in strategischen Hauptrichtungen oder auf dem entscheidenden Kriegsschauplatz erobert werden. Zu diesem Zweck war vorgesehen, mehrere Luftarmeen unter einheitlicher Führung einzusetzen.

Als weiterer wichtiger Bestandteil einer selbständigen Luftkriegführung wurden Schläge gegen Wirtschaftszentren des Gegners angesehen. Der sowjetische Militärtheoretiker E. I. Taterschenko schrieb im Mai 1946: «Es ist nunmehr unbestreitbar, daß es neben taktischen Fliegerkräften, deren Hauptaufgabe im direkten, unmittelbaren Zusammenwirken mit den Landstreitkräften besteht, auch Fernfliegerkräfte geben muß.» Die Fernfliegerkräfte sollten Werke der Rüstungsindustrie, Flottenstützpunkte, Häfen, Eisenbahnknotenpunkte und andere Objekte zerstören. Zur Luftunterstützung der Landstreitkräfte waren wie im Großen Vaterländischen Krieg Luftarmeen vorgesehen, deren Angriffe sich in immer stärkerem Maße auch auf das rückwärtige Frontgebiet richten sollten.

Im Zusammenhang mit der Einführung von Kernwaffen wuchs insbesondere die Rolle der Fernfliegerkräfte, den damals einzig verfügbaren Trägermitteln derartiger Abwurfmittel. Einer Physikergruppe unter Leitung von I. W. Kurtschatow gelang es Ende 1947, ihre im Krieg begonnenen Forschungsarbeiten abzuschließen und das Kernwaffenmonopol der USA zu brechen. Am 29. August 1949 fand die erste sowjetische Kernwaffendetonation statt. Die amerikanische Politik der Stärke, die auf dem für aggressive Luftüberfälle gedrillten Strategic Air Command beruhte, erlitt damit und mit dem Aufbau starker sowjetischer Fernfliegerkräfte ihr Fiasko.

Die sowjetischen Fernfliegerkräfte waren am Ausgang des Krieges, am 6. Dezember 1944, in der 18. Luftflotte zusammengefaßt worden. Sie setzten sich unter der Führung von Marschall A. E. Golowanow aus vier Korps mit je vier Divisionen zusammen und unterstanden dem Oberkommando der Luftstreitkräfte. Im Februar 1946 wurden die Fernfliegerkräfte in die Dalnjaja Awiazija (AD) umgebildet und erhielten ihre organisatorische Selbständigkeit. Die Sowjetunion trug damit der Tatsache Rechnung, daß sich die Rolle der Fernfliegerkräfte beim Einwirken auf Objekte im tiefen Hinterland erhöht hatte. Sie erwiesen sich in diesen Jahren als ein wichtiger Faktor zur Erhaltung des Weltfriedens. Der wachsenden Rolle der Transportfliegerkräfte wurde im selben Jahr durch die Bildung der Luftlande- und Transportfliegerkräfte entsprochen.

Auch die Bedeutung der sowjetischen Luftverteidigungskräfte zum Schutz der sozialistischen Heimat wuchs angesichts der militanten Aggressionspolitik des USA-Imperialismus, der 1950 seine südkoreanischen Vasallen zum Überfall auf die Koreanische Volksrepublik anstachelte. 1948 wurden die sowjetischen Luftverteidigungstruppen zur vierten Teilstreitkraft der Sowjetarmee – neben Land-, Luft- und Seestreitkräften

Der Konstrukteur der ersten sowjetischen
Atombombe: I. W. Kurtschatow

Tu-4 Die Entwicklung der Tu-4 begann
im März 1945. Sie wurde als Nachfolgemuster der Pe-8 als schweres Bombenflugzeug entworfen. 1947 fand die Flugerprobung statt. Mit dem in Serienproduktion genommenen Flugzeug
begegneten die sowjetischen Luftstreitkräfte der Luftbedrohung durch das
US Strategic Air Command. ▽

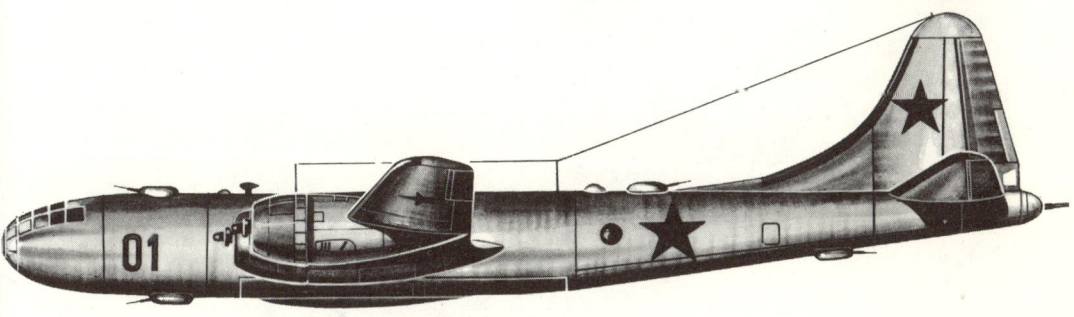

Der Oberbefehlshaber der Fernfliegerkräfte
A. E. Golowanow im Gespräch mit dem
Konstrukteur der schweren sowjetischen
Bombenflugzeuge A. N. Tupolew

Il-28 Die Il-28 wurde 1947 als Nachfolgemuster der Pe-2 entwickelt. Sie wurde zum
meistgebauten Strahlbombenflugzeug der
Welt. Der Erstflug fand am 8. August 1948
statt. 1949 wurde die Serienproduktion
aufgenommen. 1949/50 wurde sie in den
Dienst der sowjetischen Luftstreitkräfte
gestellt.

Sahen in der US Air Force das Welt-
herrschaftsinstrument des USA-
Imperialismus: Luftfahrtminister Stuart
S. Symington und General Carl Spaatz

Convair B-36 Die Convair B-36 war das
letzte mit Kolbenmotoren angetriebene
strategische Bombenflugzeug der USA.
Der Auftrag zur Entwicklung dieses
interkontinentalen Bombenflugzeugs war
bereits am 11. April 1941 erteilt worden,
als sich die USA darauf vorbereiteten,
vom amerikanischen Kontinent aus
unmittelbar das faschistische Hinterland
anzugreifen. Im Juni 1943 wurde der Auftrag
zum Bau von 100 Flugzeugen erteilt.
Am 8. August 1946 machte der Prototyp
seinen Erstflug, 1947 wurde die Serienproduktion aufgenommen. Von 1948 bis
1955 bildete die B-36 den Kern des Strategic
Air Command.

– umgebildet. Zum ersten Oberbefehlshaber der Luftverteidigungstruppen wurde Marschall L. A. Goworow ernannt. Bis 1952 waren die Jagdfliegerkräfte der Luftverteidigung auf Strahlflugzeuge umgerüstet worden. Der Flakartillerie wurden neue automatische und halbautomatische Flakgeschütze von Kaliber 57 mm, 100 mm und 130 mm zur Verfügung gestellt sowie Flakartilleriefeuerleitgeräte und Funkmeßstationen. Die Ausrüstung der Truppen des Luftmeldedienstes mit neuen Funkmeßstationen wurde weiter verbessert.

Die Einführung der Strahlflugzeuge veränderte auch die Taktik der einzelnen Fliegergattungen. Die Jagdflugzeuge benötigten immer stärker funktechnische Mittel, um gegnerische Flugzeuge, die mit hoher Geschwindigkeit flogen, abfangen zu können. Sahen bis Ende 1949 die Einsatzprinzipien der sowjetischen Jagdfliegerkräfte vor, 66 Prozent in Stoßgruppen zur Bekämpfung gegnerischer Bombenflugzeuge einzusetzen, daneben Begleit- und Führungsgruppen zu bilden, so zeigten die Luftkampfhandlungen in Korea, daß diese Kampfformationen die Jagdflugzeuge zu unbeweglich machten und ihre Führung im Kampf erschwerten. Ihre Gefechtsformationen veränderten sich. Sie zergliederten sich in der Front nach Tiefe und Höhe. Außerdem zeigte sich, daß die Strahlflugzeuge am wirksamsten in Paaren und Ketten handelten. Bestätigt wurde darüber hinaus der theoretische Grundsatz der operativen Kunst der sowjetischen Luftstreitkräfte, daß der erste Angriff entscheidend sein muß. Er bot die günstigsten Bedingungen für den Erfolg im Luftkampf.

Die Bombenfliegerkräfte erhielten die Möglichkeit, ihre Ziele aus großer Höhe zu bombardieren, auch wenn sie die Objekte nicht visuell auffaßten. Wie früher sollten sie ihre Ziele in starken Gruppen, die in geschlossenen Formationen flogen, angreifen.

Die Einführung der Strahlflugzeuge mit verbesserter Bewaffnung und Ausrüstung setzte neue, höhere Maßstäbe an die Ausbildung und Erziehung des fliegenden Personals der sowjetischen Luftstreitkräfte. Um die neue Technik zu meistern, wurde im Herbst 1946 unter Leitung von Oberst P. S. Akulenko ein Ausbildungszentrum für Jagdfliegerpiloten geschaffen. Bis Ende 1947 waren bereits 500 Piloten auf Strahlflugzeuge umgeschult worden. Bei der Ausbildung der Jagdflugzeugführer wurde besonderer Wert auf eine hohe Meisterschaft bei der Handhabung des Flugzeugs, hohe Schießleistungen und maximale Ausnutzung der Visiereinrichtungen gelegt, um den Anforderungen, die der Luftkampf unter den neuen Bedingungen stellte, gerecht zu werden. Damit der wachsende Bedarf an gut ausgebildeten militärischen Kadern gedeckt werden konnte, wurde unter Leitung der Kommunistischen Partei der Sowjetunion und der Sowjetregierung das System der militärischen Lehranstalten weiter ausgebaut und verbessert.

Von entscheidender Bedeutung auch für die weitere Entwicklung der

Luftstreitkräfte waren die Versuche sowjetischer Forscher, in diesem Zeitraum neben dem Flugzeug Trägermittel für Kernsprengladungen zu schaffen. Besonders der Raketenentwicklung wurde große Aufmerksamkeit geschenkt. Am 15. Juli 1946 wurden Raketen gezündet. Im folgenden Jahr konnte die Erprobung der ersten ballistischen Rakete erfolgreich abgeschlossen werden. 1950 war bereits das Versuchsprogramm einer weiter verbesserten Variante dieser ballistischen Rakete beendet.

Die sowjetischen Luftstreitkräfte und ihre operative Kunst beruhten zwischen 1945 und 1953 auf den Erfahrungen des Großen Vaterländischen Krieges, wobei die Veränderungen in der Bewaffnung und im organisatorischen Aufbau der Streitkräfte berücksichtigt wurden. Sie bereiteten den Übergang zu einer neuen Entwicklungsetappe vor. Entscheidende militärtechnische Meilensteine auf diesem Weg waren die Brechung des amerikanischen Atombombenmonopols 1949/53, die Entwicklung ballistischer Raketen und die raschen Fortschritte der sowjetischen Flugzeugtechnik, die in einigen Bereichen bereits die Führung innehatte.

Die Luftkriegsdoktrin des USA-Imperialismus im Zeichen des «kalten Krieges»

Bereits 1944 bildete sich angesichts der herannahenden Niederlage der Achsenmächte in den USA endgültig ein Block reaktionärer Politiker, Militärs und Konzernherren heraus, die die Weichen der amerikanischen Außen- und Militärpolitik nach der Zerschlagung der deutschen und japanischen Konkurrenz auf die Vorbereitung einer Auseinandersetzung mit der Sowjetunion zu stellen suchten, die in den Augen des amerikanischen Imperialismus das Haupthindernis bei der Etablierung einer amerikanischen Weltherrschaft war.

Ohne ihre antisowjetische Haltung vorerst offen zu bekunden, begannen diese Kreise zielstrebig die öffentliche Meinung in dem Sinne zu beeinflussen, daß die USA nach Beendigung des Krieges keineswegs angebliche Fehler des ersten Weltkriegs wiederholen dürften. Als ihr Wortführer galt Marineminister James Forrestal, der im Frühjahr 1944 im Senat die Erhaltung starker amerikanischer Streitkräfte forderte, auf der Errichtung eines globalen amerikanischen Stützpunktsystems bestand und auf die Beibehaltung einer hohen Rüstungsproduktion drang.

Das Schwergewicht der Rüstung sollte auf die See- und Luftstreitkräfte gelegt werden. Vor allem die Führung der amerikanischen Luftstreitkräfte entwickelte ab 1943 besonders ehrgeizige Pläne für die Nachkriegszeit, die davon ausgingen, daß die USA nach dem Kriege eine Luftstreitmacht von 105 Gruppen mit 500 000 Mann Personal beibehalten sollten. Bei Ausbruch des zweiten Weltkriegs hatten die USA demgegenüber 30 Fliegergruppen besessen, beim Überfall auf Pearl Harbor 67 Gruppen. Bei einer Verwirklichung dieses Plans wären vier Fünftel des gesamten Militäretats für die Luftstreitkräfte verwendet worden.

Nicht nur in breiten Kreisen der Öffentlichkeit, sondern auch innerhalb der amerikanischen Streitkräfte setzte deshalb nach dem Ende des zweiten Weltkriegs eine erbitterte Auseinandersetzung darüber ein, ob die Vereinigten Staaten überhaupt einer solchen gewaltigen Militärmacht bedurften und ob die Luftstreitkräfte dabei zur Hauptschlagkraft werden sollten.

Im Zeichen der wachsenden antikommunistischen Hysterie der herrschenden Kreise des USA-Imperialismus – öffentlich verkündet durch die berüchtigte Fultonrede Winston S. Churchills am 4. März 1946 – und der Nichtanerkennung des durch den zweiten Weltkrieg entstandenen neuen Kräfteverhältnisses setzten sich unter Führung von Harry S. Truman die Kreise des amerikanischen Monopolkapitals durch, die den Siegeslauf des Sozialismus und Kommunismus mit Waffengewalt aufzuhalten suchten. Ihren Ausdruck fanden diese Bestrebungen in der Trumandoktrin, die, am 12. März 1947 verkündet, Ausgangspunkt der amerikanischen Globalstrategie wurde. Damit war aber für die herrschenden Kreise der USA noch nicht die Frage entschieden, welches militärische Machtmittel sie für am erfolgversprechendsten in dieser Auseinandersetzung hielten. Mit den besten Aussichten gingen in diesen Kampf um Prioritäten die Luftstreitkräfte, die nach den Atombombenabwürfen auf Japan – noch vor der Veröffentlichung entsprechender Untersuchungsberichte, die ihre Thesen im Prinzip widerlegten – die Behauptung aufstellten, der zweite Weltkrieg hätte bewiesen, Luftstreitkräfte allein wären in der Lage, eine militärische Auseinandersetzung zu entscheiden. Ein knappes Jahr nach Kriegsende verkündete der Oberbefehlshaber der amerikanischen Heeresfliegerkräfte, Henry H. Arnold, daß «ein künftiger Krieg wahrscheinlich durch irgendeine Form der Luftmacht entschieden sein würde, ehe die Landstreitkräfte in der Lage wären, mit dem Feind in Hauptschlachten zusammenzutreffen. Das ist die größte militärische Lektion unserer Geschichtsperiode.»

Bewußt wurde von den reaktionärsten Kreisen des USA-Imperialismus die Legende genährt, daß die Air Force – im Besitz des Kernwaffenmonopols – jeden Krieg rasch gewinnen könnte. 1946 erklärte der ehemalige USA-Botschafter William C. Bullitt: «Dank dem Besitz der Atombombe und einer Luftwaffe von überwältigender Stärke sind wir heute der Sowjetunion weit überlegen und in der Lage, sie zu vernichten.»

Die These von der alles entscheidenden Luftmacht hatte organisatorische Konsequenzen für die amerikanischen Luftstreitkräfte. Im

Zeichen des kalten Krieges wurden sie auf Weisung des neuen Oberbefehlshabers der Heeresluftstreitkräfte, Carl A. Spaatz, am 21. März 1946
umgegliedert. Die amerikanischen Luftstreitkräfte – mit Ausnahme der
Seefliegerkräfte – wurden in drei große Kampfkommandos zusammengefaßt: in das Air Defense Command (ADC), das für die Luftverteidigung der USA zuständig wurde, in das Tactical Air Command
(TAC), das für das Zusammenwirken zwischen Land- und Luftstreitkräften vorgesehen war, und in das Strategic Air Command (SAC), das den
künftigen strategischen Fernluftkrieg führen sollte.

Das Schwergewicht lag von vornherein beim Ausbau des SAC, das bei
seiner Gründung über 37 000 Mann und 600 Flugzeuge verfügte, vor allem
über Bombenflugzeuge vom Typ B-17, B-25 und B-29. Im Mai 1946 wurde
ihm die 509. Composite Group unterstellt, der damals einzig verfügbaren
Einheit, die Kernwaffen zum Abwurf bringen konnte und die die Vernichtung von Hiroshima und Nagasaki durchgeführt hatte. Den Kern des
SAC bildeten die ihm im Juni 1946 unterstellte 8. und die 15. Luftflotte.
Unter ihrem ersten Oberbefehlshaber nahmen die strategischen
Fliegerkräfte sofort Kurs auf die Errichtung eines globalen Stützpunktsystems, dessen Basen sich in den USA, in Alaska, in Japan, auf Okinawa,
in Großbritannien und in der amerikanisch besetzten Zone Deutschlands
befanden. Neben den drei Hauptkommandos wurden 1946 auch die fünf
großen Überseekommandos, die Far East Air Forces mit Hauptquartier in
Japan, die United States Air Forces in Europe mit Hauptquartier in
Westdeutschland, das Carribean Air Command, das Alaskean Air Command und die 7. Luftflotte im Pazifik institutionalisiert.

Charakteristisch für das weitere Vordringen des militanten und pro-
nonciert antisowjetischen Denkens der Bombergenerale war die Tatsache,
daß ihre Ideen nicht nur die Luftkriegsdoktrin der USA prägten, sondern
auch entscheidenden Einfluß auf die Militärdoktrin des USA-
Imperialismus überhaupt nahmen. Nicht zuletzt unter dem Eindruck der
Theorie vom alles entscheidenden Fernluftkrieg stimmte der amerikanische Kongreß 1947 den Vorschlägen der Luftkriegsextremisten vom
Schlage eines Carl Spaatz und Stuart S. Symingtons zu, die erstens den
Aufbau einer die ganze Welt umspannenden Kette von Bomberstütz-
punkten und zweitens die Verstärkung der Luftstreitkräfte forderten, was
den amerikanischen Steuerzahler zunächst 20 Milliarden Dollar kosten
sollte. Spaatz und Symington verlangten als Sofortprogramm den
Bau von 630 schweren Bombenflugzeugen vom Typ B-29 oder B-36
sowie die Unterhaltung einer 20 000 Flugzeuge starken amerikanischen
Luftstreitmacht. Dieses Programm bedeutete eine 15fache Steigerung
der Rüstungsausgaben – verglichen mit denen der Jahre von 1925
bis 1934.

Für die gewachsene Rolle, die den Luftstreitkräften in den aggressiven

Plänen des USA-Imperialismus nach 1945 zukam, sprach auch, daß sie durch National Security Act vom 26. Juli 1947 als dritte Teilstreitkraft – neben Land- und Seestreitkräften – offiziell anerkannt wurden. Am 18. September 1947 trat dieses Gesetz in Kraft, und ab 1. Oktober 1947 gliederten sich die USA-Streitkräfte dementsprechend.

Gegen Ende der vierziger Jahre waren die amerikanischen Luftstreitkräfte jedoch mehr als nur die dritte Teilstreitkraft. Gegen den zähen Widerstand insbesondere des Oberkommandos der Seestreitkräfte gelang es der Führung der Luftstreitkräfte, in zwei Konferenzen der obersten Militärs – vom 12. bis 14. März 1948 in Key West und vom 20. bis 22. August 1948 in Newport – ihre strategischen Vorstellungen durchzusetzen. Entsprechend der Militärdoktrin der USA waren sie nun die wichtigste Teilstreitkraft, die von ihren rings um das sozialistische Lager angelegten Stützpunkten aus einen möglichst kurzen, für die USA fast risikolosen, die eigenen Kräfte sparenden globalen Krieg führen sollten, der durch den Einsatz von Kernwaffen gegen die als militärisch bedeutend angesehenen «Kraftquellen» der Sowjetunion entschieden werden sollte. Die amerikanischen Militärs glaubten, mit den Luftstreitkräften, insbesondere mit den Kernwaffenträgern des SAC, über die «absolute Waffe» zu verfügen, mit der ein Krieg beliebig gewonnen werden könne. Den See- und vor allem den Landstreitkräften kam in dieser Konzeption nur eine zweitrangige Stellung zu.

Ideologisch beruhte diese Doktrin auf dem Antikommunismus, außenpolitisch auf einem System von Kriegspakten, dessen Kernstück die 1949 geschaffene NATO (North Atlantic Treaty Organization) war. Militärisch beruhte sie auf dem Gedanken vom Präventivkrieg und vom Luftüberfall, lebte von der Überschätzung der Möglichkeiten der Luftstreitkräfte und dem Atomwaffenmonopol.

Allerdings setzte sich diese Konzeption nicht unangefochten durch. Weniger aus realer Einsicht in die Schrecken eines atomaren Krieges und der militärischen Fragwürdigkeit einer solchen totalen Vernichtungsstrategie als vielmehr aus Prioritäts-, Konkurrenz- und Zweckmäßigkeitsgründen verhielten sich die Oberbefehlshaber der USA-Landstreitkräfte reserviert und bekämpften die Admirale der USA-Seestreitkräfte diese Konzeption erbittert. Die Befehlshaber der amerikanischen Landstreitkräfte fürchteten – wie sich herausstellte, zu Recht –, daß die einseitig forcierte Aufrüstung des SAC zu Lasten der taktischen Fliegerkräfte gehen würde.

Das Oberkommando der USA-Seestreitkräfte warf den Luftkriegsextremisten im Broady-Bericht vor, sie überschätzten die Möglichkeiten des schweren Bombenflugzeugs und stellten damit das strategische Luftkriegskonzept überhaupt in Frage. Ihrer Ansicht nach – und sie war genausowenig überzeugend – sollten schwere Flugzeugträger den militärischen

Kern amerikanischer Globalstrategie bilden. Diese Auseinandersetzung innerhalb der herrschenden Kreise des USA-Imperialismus war eine Wiederholung des Streits zwischen William Mitchell und der Admiralität in den frühen zwanziger Jahren. Nur sein Ausgang unterschied sich wesentlich. Endete er damals mit einem Rückschlag für die USA-Luftkriegsextremisten, so errangen sie 1948/49 einen vollen Sieg, obwohl die Methoden, mit denen Bombergenerale, Luftfahrtpolitiker und Flugzeugindustrielle arbeiteten, eher den Staatsanwalt als Kongreß und Abgeordnetenhaus hätten beschäftigen müssen.

Im April und Mai 1949 zirkulierten in der Presse, im Kongreß und in der Flugzeugindustrie anonyme Dokumente, in denen der Führung der Luftstreitkräfte vorgeworfen wurde, daß das neue Rückgrat des strategischen Luftkommandos, das Bombenflugzeug B-36, weder den militärischen Anforderungen entsprach noch Sieger einer Ausschreibung gewesen wäre. Die Festlegung der B-36 als *das* Bombenflugzeug sei vielmehr durch Korruption und Bestechung bedingt.

Obwohl das amerikanische Abgeordnetenhaus im August 1949 versicherte, daß bei der Untersuchung sich auch nicht die geringste Spur eines Verdachts ergeben hätte, daß Bestechung, Korruption oder Begünstigung zur Serienproduktion der B-36 geführt hätten, bestätigten die Tatsachen den Verdacht.

Die B-36 erfüllte in der Tat zu keinem Zeitpunkt die hochgestochenen Erwartungen des SAC. 1948/49 eingeführt, wurde sie ab 1955 wieder ausgemustert, nachdem Versuche, die Milliarden gekostet hatten, unternommen worden waren, das Flugzeug zu modernisieren. Der hartnäckige Verteidiger der B-36, der Chef des Air Material Command, General Joseph McNarney, übernahm nach seiner Entlassung aus den Luftstreitkräften den 100 000-Dollar-Präsidenten-Posten der Consolidated Aircraft Company, derselben Gesellschaft, die an der B-36 Milliarden verdient hatte. Vermittelt wurde dieses schmierige Geschäft zwischen Bombergeneralen und Flugzeugindustrie durch den einstigen Flugzeugproduzenten und ersten Luftfahrtminister der USA, Symington, einen radikalen Einpeitscher des kalten Krieges und forcierter Luftrüstung.

Die Ehrenrettung der Luftfahrtextremisten durch USA-Regierung und Kongreß war nur das äußere Anzeichen dafür, welche Position die Luftfahrtindustrie, die Luftstreitkräfte und ihre Luftkriegstheorie in den USA Ende der vierziger Jahre errungen hatten. Das fand seinen deutlichsten Ausdruck in den militärischen Aufwendungen des USA-Imperialismus für den Ankauf von Flugzeugen. Betrug er 1947 4 Prozent der Rüstungsausgaben, so stieg er auf 5,9 Prozent im Jahre 1948, auf 18,1 Prozent 1953, auf 22,9 Prozent 1954 und auf 24,7 Prozent 1955. Die Gesamtaufwendungen zwischen Land-, See- und Luftstreitkräften verhielten sich von 1950 bis 1957 in Milliarden Dollar wie folgt:

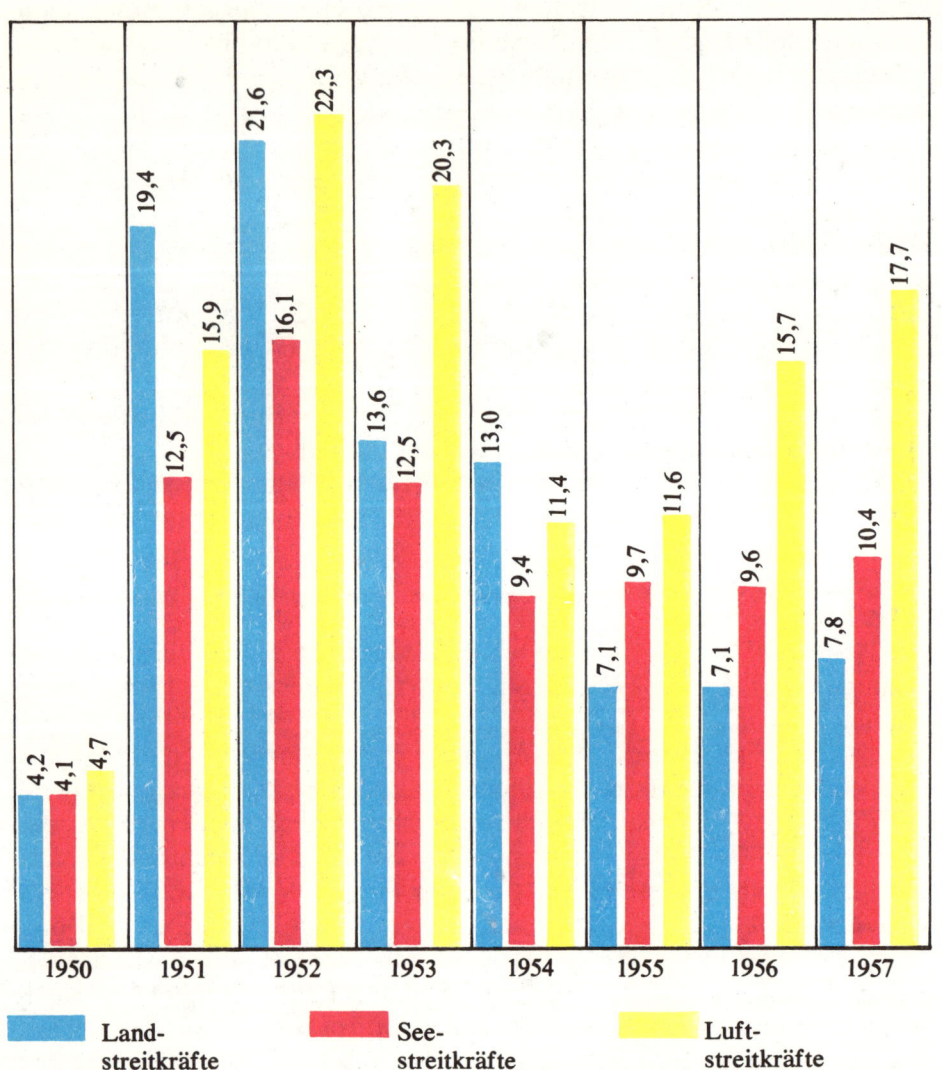

Gesamtaufwendungen der Rüstungen für die Land-, See- und Luftstreitkräfte des USA-Imperialismus

	Land-streitkräfte	See-streitkräfte	Luft-streitkräfte
1950	4,2	4,1	4,7
1951	19,4	12,5	15,9
1952	21,6	16,1	22,3
1953	13,6	12,5	20,3
1954	13,0	9,4	11,4
1955	7,1	9,7	11,6
1956	7,1	9,6	15,7
1957	7,8	10,4	17,7

Das Atombombenmonopol der USA in den ersten Nachkriegsjahren war Eckpfeiler der gesamten Luftkriegskonzeption und faszinierte darüber hinaus auch die Militärs anderer Teilstreitkräfte. So schlug schon am 21. November 1945 USA-General Douglas MacArthur vor: «Wir sollten uns auf Unannehmlichkeiten vorbereiten und wenigstens tausend Atombomben in England und in den Staaten anhäufen. Wir müssen sichere Flugplätze in Bergstollen anlegen, so daß wir unsere Operationen von England aus sogar dann fortsetzen können, wenn wir angegriffen werden. Im Pazifik würden wir mit den neuen Superbombern von Amerika aus Rußland attackieren können, nachdem wir sie in Okinawa wieder aufgetankt haben. Mit solch einem koordinierten Angriff von Osten und Westen könnte Rußland zu Verstand gebracht werden, wenn es Unruhe veranlaßt. Wir müssen uns sofort darauf vorbereiten.» Obwohl diese globale atomare Vernichtungsstrategie, die MacArthur hier vorschlug, bald zur offiziellen amerikanischen Militärdoktrin wurde, bezweifelten – wie gezeigt – schon bei ihrer Genesis Militärs und Politiker auch des USA-Imperialismus ihre militärische Wirksamkeit.

Wenn von imperialistischen Luftkriegshistorikern heute behauptet wird, es sei ein Zeichen für die «maßvolle», «friedliche» Politik des USA-Imperialismus, wenn er trotz Atombombenmonopols zwischen 1945 und 1949 keinen Gebrauch von Kernwaffen gegen die UdSSR und die volksdemokratischen Staaten gemacht hatte, so übersehen diese Apologeten nicht nur die gewaltigen politischen und moralischen Schwierigkeiten, die der USA-Imperialismus kurz nach dem zweiten Weltkrieg allein im eigenen Lande hätte überwinden müssen, um den einstigen Verbündeten zu überfallen. Sie verkennen auch völlig den damaligen technischen Entwicklungsstand der Kernwaffen, der keinen Vergleich mit modernen Entwicklungen standhält. 1945 wurden lediglich erste Elemente eines Prozesses eingeleitet, die erst an der Wende der fünfziger Jahre zu einer Revolution im Militärwesen führen sollten. Es wurde errechnet, daß etwas mehr als 400 Atombomben erforderlich gewesen wären, um dieselben materiellen Schäden anzurichten, wie sie der britisch-amerikanische Luftkrieg von 1943 bis 1945 in Deutschland verursacht hat. Im Frühjahr 1949 verfügten die USA über 200 bis 500 Atombomben bei einer Produktionskapazität von einer Bombe je Woche. Um also dieselben – wie wir gesehen haben – keinesfalls kriegsentscheidenden Verwüstungen in der UdSSR anzurichten wie in Deutschland, hätten die USA gegen das fünfzigmal größere Territorium der Sowjetunion Tausende von Atombomben einsetzen müssen, die der Zivilbevölkerung zwar entsetzliche Verluste zugefügt, aber keinesfalls kriegsentscheidend gewirkt hätten! Dabei soll in diesem Zusammenhang ganz davon abgesehen werden, über welche Mittel und Möglichkeiten die sowjetische Luftverteidigung verfügte, sollen die Überlegenheit des sozialistischen Wirtschaftssystems, der Widerstand der Volksmassen in den imperialistischen Ländern selbst usw. außer acht gelassen werden. Wichtig bleibt für unsere Betrachtung nur die Tatsache, daß militärisch die USA-Luftkriegsstrategie der späten vierziger und frühen fünfziger Jahre auf unrealen, abenteuerlichen und unhaltbaren Voraussetzungen beruhte. Auch im Besitz des Atombombenmonopols und entsprechender Trägermittel waren die Luftstreitkräfte zu diesem Zeitpunkt keinesfalls in der Lage, einen Weltkrieg aus eigener Kraft zu entscheiden.

Die Ausrichtung der amerikanischen Militärkdoktrin auf die Vorstellung der Bombergenerale, mit wenig Menschen, viel Kernwaffen und schweren Bombenflugzeugen einen Krieg zu entscheiden, resultierte jedoch nicht nur aus einer extremen Überschätzung dieser Waffen und auch nicht nur aus den Interessen bestimmter Rüstungsmonopole, die aus der Luftrüstung die größten Profite zogen, sondern war auch Ausdruck eines gesellschaftlichen Problems des USA-Imperialismus, nämlich eine antisowjetisch gedrillte Massenarmee zu unterhalten. Der außerordentlich starke Widerstand großer Teile des amerikanischen Volkes am Ende der vierziger Jahre gegen die Militarisierung des Lebens und gegen die Politik der Stärke und Gewalt war einer der wesentlichen Gründe für die USA-Militärs, sich alles von einem «Druckknopfkrieg» zu erhoffen, der von einem relativ kleinen Kreis hochspezialisierter Kader geführt werden konnte.

Diesem Widerstand breiter Kreise des amerikanischen Volkes war es wesentlich zuzuschreiben, daß der USA-Imperialismus nach Beendigung des Krieges die Stärke seiner Streitkräfte − vor allem der während des Krieges aufgeblähten Luftstreitkräfte − reduzieren mußte, eine Erscheinung allerdings, gegen die die Generale der Air Force und die Luftfahrtindustriellen von Anfang an opponierten.

Amerikanische Luftfahrthistoriker versuchen dagegen mit den sinkenden Einsatzzahlen ihres Flugzeugbestands zu beweisen, daß der Kurs der USA-Militärpolitik auf die Vermeidung militärischer Konflikte gerichtet gewesen sei. Sie geben an, von 63 715 Flugzeugen am 1. August 1945 sei der einsatzbereite Flugzeugbestand auf 25 088 im Juni 1947 gesunken, von dort auf 22 375 im Juni 1948 und auf 19 911 im Juni 1949, auf 16 857 Flugzeuge im Juni 1950. Dabei wird jedoch übersehen, daß einerseits ein größerer Bestand von Flugzeugen als Reserve eingelagert wurde und andererseits eine rasche Umrüstung der USA-Luftstreitkräfte auf neue Düsenflugzeuge erfolgte, die die militärischen Möglichkeiten der amerikanischen Luftstreitkräfte − trotz sinkender Einsatzzahlen − potenzierte. Die Stärke der USA-Luftstreitkräfte pendelte sich für die nächsten 10 Jahre auf etwas über 20 000 Flugzeuge ein, wogegen sich die Zahl der Geschwader − indirekt Ausdruck der wachsenden Kampfkraft − zwischen 1946 und 1960 verdoppelte.

Eine Vorzugsstellung in der Aufrüstungspolitik nahm angesichts der strategischen Konzeptionen des USA-Imperialismus das SAC ein. Seine Stärke verfünffachte sich von 1946 bis 1956.

Neben der materiellen und personellen Aufblähung dieses Kommandos ging eine systematische Umrüstung und Modernisierung vor sich. Die noch im zweiten Weltkrieg eingesetzten Bombenflugzeuge vom Typ B-25, B-26 und B-29 wurden ausgemustert und ab August 1948 durch die B-36, ab Ende 1951 durch die B-47 und ab 1955 durch die B-52 ersetzt. Unter seinem 1949

Zahl der Geschwader und der verfügbaren Flugzeuge der US-Luftstreitkräfte

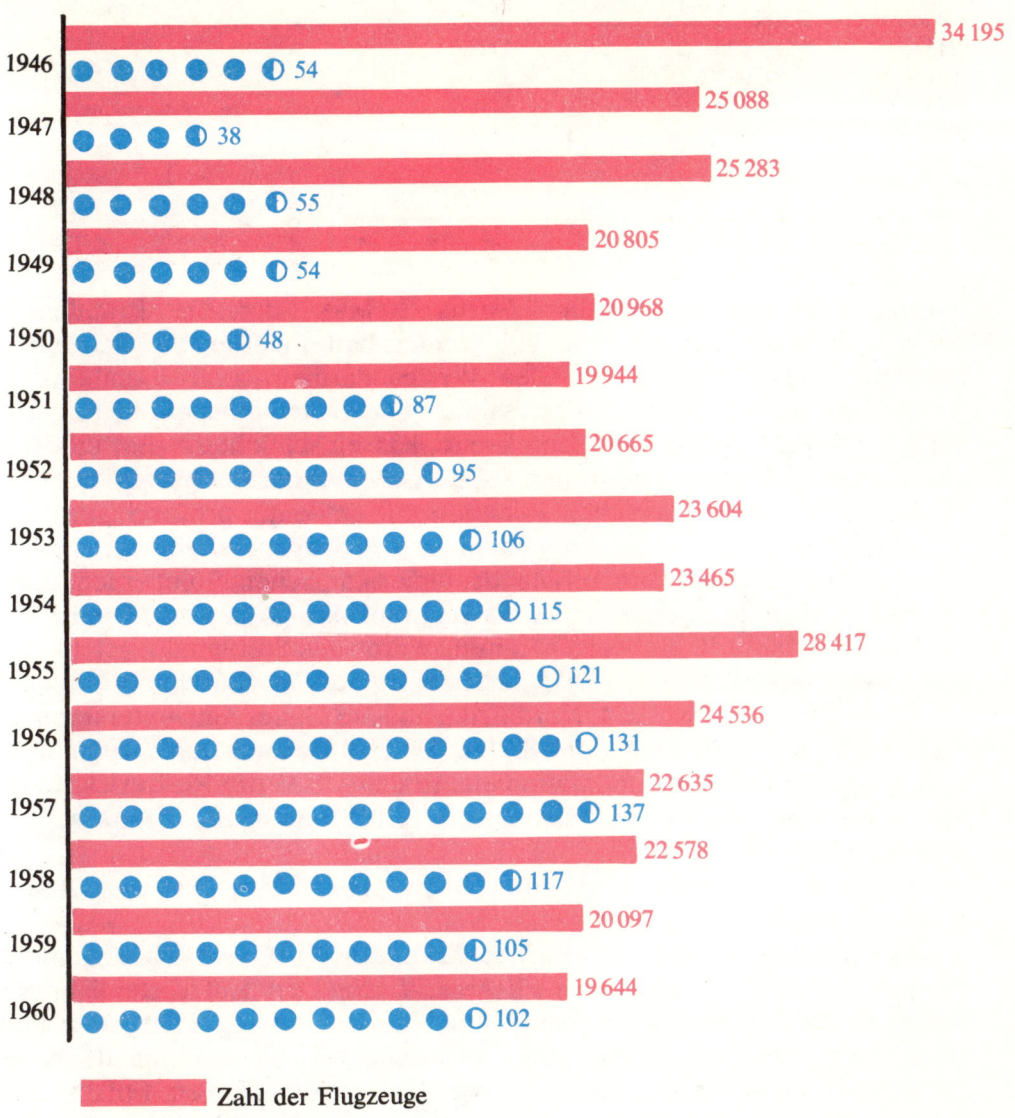

1946   34 195   54
1947   25 088   38
1948   25 283   55
1949   20 805   54
1950   20 968   48
1951   19 944   87
1952   20 665   95
1953   23 604   106
1954   23 465   115
1955   28 417   121
1956   24 536   131
1957   22 635   137
1958   22 578   117
1959   20 097   105
1960   19 644   102

Zahl der Flugzeuge

● Zahl der Geschwader

Jahr	Zahl der Flugzeuge	Personalbestand
1946	600	37 000
1947	1 000	50 000
1949	1 030	63 000
1952	1 300	154 000
1954	2 500	189 000
1956	3 000	210 000

eingesetzten Oberbefehlshaber Curtis LeMay, der die Brandbombenangriffe auf Japans Großstädte inszeniert hatte, wurde das SAC zu *der* Schwertspitze des amerikanischen Weltgendarmen, zum «Schild» der weltweiten amerikanischen Aggressions- und Diversionspolitik, das die Völker Afrikas, Asiens und Lateinamerikas einschüchtern und das sozialistische Weltsystem bedrohen sollte. LeMay, dieser zigarrenkauende Haudegen der amerikanischen Reaktion mit eindeutig profaschistischen Neigungen, war nicht nur der lautstärkste Propagandist seiner eigenen Waffe, sondern auch Symbolfigur *des* amerikanischen Bombergenerals, der sich völlig den Ideen eines Vernichtungskriegs gegen die UdSSR verschrieben hatte. Unter seiner Leitung wurde das Stützpunktsystem des SAC weiter ausgebaut. Bis 1955 verfügte es über 32 Stützpunkte in den USA und über 11 in England, Nordafrika und auf Guam. Ihm unterstanden drei Luftflotten – die 15., 2. und 8., letztere ab 1956 auch in Neufundland, Labrador und auf Grönland stationiert, in den USA, die 16. Luftflotte in Spanien sowie drei Luftdivisionen in Großbritannien, Französisch-Marokko und auf Guam.

Um die Mobilität des SAC zu erhöhen, ging LeMay 1949 dazu über, eine Lufttankerflotte aufzubauen.

Im Vergleich zur unablässigen Verstärkung des SAC seit 1946 stagnierte die Entwicklung der taktischen Fliegerkräfte und der Luftverteidigungskräfte. Im Dezember 1948 wurden beide Kommandos sogar aufgelöst und Bestandteile des neugeschaffenen «Continental Air Command». Die Einseitigkeit und Selbstüberschätzung der amerikanischen Luftkriegsdoktrin enthüllte sich bereits gegen Ende der vierziger Jahre, als es der Sowjetunion am 29. August 1949 endgültig gelang, das amerikanische Kernwaffenmonopol zu brechen, zeigte sich noch deutlicher beim Zusammenbruch der amerikanischen Aggression in Korea (1950 bis 1953) und wurde eindeutig, als die UdSSR am 12. August 1953 die erste transportable Wasserstoffbombe zündete, die eine neue Periode in der internationalen Entwicklung der Luftstreitkräfte und ihrer Doktrin einleitete.

Die Boeing B-47, Nachfolgemuster der skandalumwitterten B-36

Luftkrieg in Korea

In der Entwicklung der aggressiven Militärdoktrin des USA-Imperialismus nach 1945 kam dem Überfall auf die koreanische Volksrepublik eine entscheidende Bedeutung zu. Er steckte erstmals sichtbar die Grenzen der «Politik der Stärke» ab, enthüllte die Haltlosigkeit aller amerikanischen Spekulationen auf eine «Kriegführung ohne Menschen», die den Luftstreitkräften eine überragende Stellung im Rahmen der Streitkräfte und der Kriegführung eingeräumt hatten.

Der Überfall auf die koreanische Volksrepublik war Teil der amerikanischen Globalstrategie jener Jahre, das durch den zweiten Weltkrieg zugunsten des Sozialismus veränderte Kräfteverhältnis im Fernen Osten gewaltsam rückgängig zu machen. Bereits seit 1946 rüsteten die USA die südkoreanische Bürgerkriegsarmee mit modernen Waffen aus. Im Juni 1949 erschien eine 492 Mann starke USA-Militärdelegation in Südkorea, die sich die Aufgabe stellte, die südkoreanische Armee für die Aggression zu drillen. Im Juni 1950 umfaßten die südkoreanischen Landstreitkräfte 94 808 Mann und 1 865 Angehörige der Luftstreitkräfte. Hinzu kamen 48 273 Polizisten und 6 145 Grenzsoldaten. Unter dem Eindruck amerikanischer Zusagen, im Kriegsfall umfassende Unterstützung zu geben, angesichts der Tatsache, daß die USA im Fernen Osten eine starke Gruppierung von Land-, Luft- und Seestreitkräften zusammenzogen – sie zählten 82 871 Mann bei den Landstreitkräften, die über 1 081 Geschütze und 495 Panzer verfügten, 33 625 Angehörige der Far Eastern Air Forces, die 1 172 einsatzbereite Flugzeuge in 5 Jagd-, 2 Bomber- und einem Transportfliegergeschwader besaßen, und einen Flottenverband von 26 Kampfschiffen und 200 Transporteinheiten –, erklärte der von den USA nach Südkorea gebrachte Präsident Li Sing Man, mit Nordkorea werde man in zwei Wochen Schluß machen, Kim Ir Sens Leute in die Berge jagen und dort aushungern. Um ein entsprechendes Klima zu erzeugen, provozierten die Aggressoren allein von Januar bis September 1949 432 Grenzverletzungen, drangen 71mal Flugzeuge nach Nordkorea vor.

Angesichts der unverhüllten Kriegsvorbereitungen der USA-Marionetten, über die der Regierung der Koreanischen Volksdemokratischen Republik (KVDR) seit Mai 1949 genaue Informationen vorlagen, wurde die koreanische Volksarmee verstärkt. Vier neue Divisionen wurden aufgestellt. Die Luftstreitkräfte, deren Kern eine Jagd- und eine Schlachtfliegerdivision bildeten, sollen über etwa 120 Flugzeuge verfügt haben, und zwar über 40 Jagd-, 70 Schlacht- und 10 Aufklärungsflugzeuge. Als Jagdflugzeug stand die Jak-9, als Schlachtflugzeug die Il-10 zur Verfügung.

Als die südkoreanischen Streitkräfte am 25. Juni 1950 den 38. Breitengrad überschritten und 2 bis 3 Kilometer tief auf das Territorium der Volksrepublik vordrangen, stießen sie auf 5 abwehrbereite Divisionen der Volksarmee, die sofort zum Gegenangriff antraten, die südkoreanischen Streitkräfte in die Flucht schlugen, am 28. Juni Söul befreiten

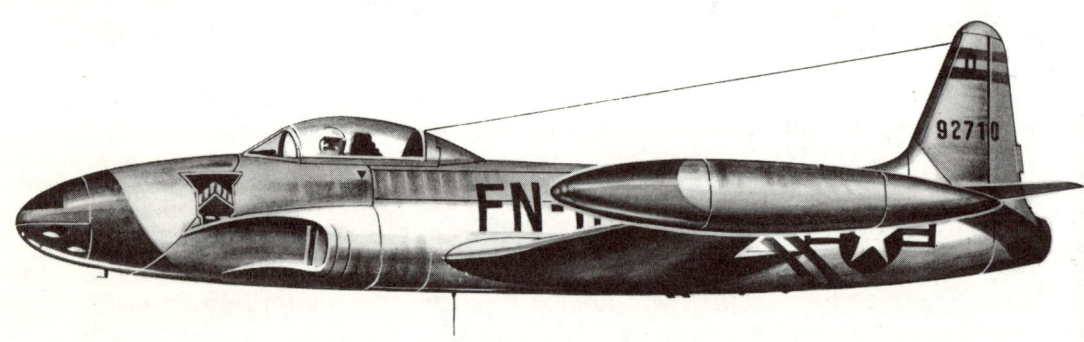

Lockheed F-80C «Shooting Star» Mit dem Bau der Lockheed F-80 wurde am 23. Juni 1943 unter Benutzung eines englischen Strahltriebwerks begonnen. Am 8. Januar 1944 erfolgte der Erstflug. Die Auslieferung der ersten Serienmuster begann im Frühjahr 1945. Bis Ende 1945 waren 45 F-80 einsatzbereit. Sie kamen während des zweiten Weltkriegs nicht mehr zur Verwendung. Von 1945 bis 1949 wurden 1 700 F-80 gebaut, die während der USA-Aggression in Korea neben der F-84 den Kern der USA-Jagdbombenfliegerkräfte stellten.

Das Schlachtflugzeug Il-10 und das Jagdflugzeug Jak-9 —
Hauptflugzeugmuster der
Fliegerkräfte der KVDR 1950

und entlang den Hauptstraßen in verschiedenen Richtungen nach Süden
vordrangen. Die USA, verblüfft über den nicht erwarteten Rückschlag
ihrer Satellitentruppen, befahlen am 27. Juni den Einsatz von Luft- und
Seestreitkräften gegen die KVDR. Die amerikanische Führung setzte dabei
übertriebene Erwartungen auf die Far Eastern Air Forces, deren Kern 73
B-26- und 27 B-29-Bombenflugzeuge, 47 F-51-, 504 F-80- und 42 F-82-Jagd-
flugzeuge bildeten. Außerdem standen 179 Transport-, 48 Fernaufklärungs-
und 252 Nah- und Verbindungsflugzeuge bereit. Schon am 26. Juni griffen
US-amerikanische Fliegerkräfte in die Kampfhandlungen ein, und am 27.
kam es zu ersten Luftkämpfen zwischen Jak-9-Flugzeugen und US-
amerikanischen F-82-Twin-«Mustangs». Am 30. Juni weitete Harry S.
Truman die Intervention des USA-Imperialismus gegen die KVDR aus,
indem er zur Unterstützung der zerschlagenen südkoreanischen Truppen
den Einsatz amerikanischer Divisionen befahl. MacArthur hatte ihm in
maßloser Überschätzung der eigenen Kräfte und extremer Unterschätzung
der Volksarmee am Vortag versichert, zwei USA-Divisionen reichten
völlig aus, um der KVDR den «Garaus zu machen». Das Oberkommando

der 5. USA-Luftflotte behauptete: «Wenn die 5. Luftflotte an die Arbeit geht, bleibt nicht ein einziger Nordkoreaner übrig.»

Obwohl die 5. Luftflotte am 5. Juli Jagdfliegerkräfte nach Taejon und ab 14. Juli nach Taegu verlegte, die gemeinsam mit Düsenjagdflugzeugen, die von Japan aus starteten, ununterbrochen angriffen, ab 16. Juli zwei Bombergruppen des SAC Terrorangriffe gegen das koreanische Hinterland flogen, wurden die amerikanischen Streitkräfte geschlagen und im Brückenkopf Pusan eingeschlossen.

Durch die Heranziehung weiterer Land-, See- und Luftstreitkräfte — ab 22. Juli griffen Trägerflugzeuge der amerikanischen Seefliegerkräfte, ab 5. August die Fliegerkräfte des Marinekorps in die Kampfhandlungen ein, während das SAC zwei weitere B-29-Gruppen von Okinawa aus Terrorangriffe fliegen ließ — konnten die Aggressoren den Brückenkopf von Pusan behaupten. Der USA-Imperialismus gab seinen Interventionsstreitkräften ab Mitte Juli eine verhältnismäßig stärkere Luftunterstützung, als sie die amerikanischen Truppen 1944 bei der Invasion erhalten hatten. Die zahlenmäßig weit überlegenen und auch technisch überlegenen amerikanischen Fliegerkräfte begannen die Luftüberlegenheit zu erringen. Die Fliegerkräfte der koreanischen Volksarmee waren aber noch in der Lage, ihren Bodentruppen wirksame Unterstützung zu geben, wie am 13. Juli bei Taejon, als Jak-9-Flugzeuge mit großer Wirkung Angriffe gegen die 24. USA-Division flogen.

Zum Einsatz ihrer in Japan stationierten Düsenflugzeuge als Jagdbombenflugzeuge zur unmittelbaren Bodenunterstützung errichteten die amerikanischen Fliegerkräfte ein taktisches Kontrollsystem über dem Gefechtsfeld, das folgendermaßen arbeitete: Von den Heeresfliegerkräften wurde der Angriffsraum mit T-6-Flugzeugen aufgeklärt und den anfliegenden Düsenjägerflugzeugen über der japanischen See das Angriffsziel mitgeteilt. Über dem Brückenkopf nahmen die Armeeflugzeuge direkt mit ihnen Kontakt auf und begleiteten sie bis in den Angriffsraum. In einer Höhe von 5000 Metern kreisten die Jagdbombenflugzeuge über ihrem Ziel und griffen im Sturzflug — unter Verwendung von Sturzflugbremsen, mittels deren sich ihre Geschwindigkeit der von Kolbenflugzeugen anglich — an. Die Konzentration zahlenmäßig weit überlegener Fliegerkräfte erlaubte es den USA-Aggressoren ab Ende Juli 1950, ihre Angriffe gegen das Verkehrsnetz und das Versorgungssystem der Volksarmee mit voller Wucht zu führen.

Am 27. Juli gab das Oberkommando der amerikanischen Fliegerkräfte im Fernen Osten einen Plan heraus, der von der illusionären Vorstellung lebte, durch die Zerstörung von Verkehrsknotenpunkten und -verbindungen und durch die Einäscherung koreanischer Großstädte — vor allem von Pjöngjang, Wŏnsan und Hamhyng — die Aggression kurzfristig beenden zu können. Bis dahin waren die USA-Fliegerkräfte 8750 Einsätze

Als Kontrollflugzeug über dem Gefechtsfeld in Korea
eingesetzt: North American T-6

Das Bombenflugzeug B-26 «Invader» wurde seit September 1950 vor allem
bei Nachtangriffen eingesetzt

geflogen, 4 600 zur Bodenunterstützung, 2 550 gegen Verkehrsziele und 1 600 zur Aufklärung und zum Lufttransport. Derartige Angriffe wurden begünstigt, weil der Volksarmee nur wenige Transportwege zur Verfügung standen. Gleichzeitig verschärften die amerikanischen Luftpiraten ihre terroristische Luftkriegführung gegen die koreanische Zivilbevölkerung. Systematisch griffen B-29-Verbände die Bevölkerungs- und Industriezentren der KVDR an, MacArthur befahl: «Alles, was sich bewegt, zum Stillstand zu bringen. Alles, was stillsteht, bewegen. Jede männliche Person nördlich der Kampflinie muß als rechtmäßiges Ziel betrachtet werden.» Mit diesem berüchtigten Befehl wurde jeder Koreaner, ob Frau oder Kind, zum Freiwild der amerikanischen Piloten. Durch die beträchtliche Verstärkung ihrer Fliegerkräfte errangen die Aggressoren im August 1950 die Luftherrschaft. Gegenüber 4 600 Einsätzen zur Bodenunterstützung im Juli wurden im August 7 400 geflogen. Gleichzeitig terrorisierten die Bombenfliegerkräfte ab 4. August das koreanische Hinterland, am 7. August wurden Pjöngjang, am 8., 9. und 10. August Wŏnsan und andere nordkoreanische Städte bombardiert. Bei Tag und Nacht griffen Bomben-, Jagd- und Jagdbombenflugzeuge den Verkehr auf Straße und Schiene an.

Die Versorgungsschwierigkeiten, in die die Volksarmee geriet, die absolute Luft- und Seeherrschaft der amerikanischen Aggressoren, die ständig frische Kräfte nach Korea führten, während die Verluste der Einheiten der Volksarmee wuchsen, die sich seit Monaten ununterbrochen im Kampf befanden, veränderten das Kräfteverhältnis zugunsten der Aggressoren. Am 15. September 1950 traten die Aggressoren zur Offensive an und landeten gleichzeitig im Rücken der Volksarmee. Unter zum Teil schweren Verlusten durch die USA-Luftstreitkräfte mußte sich die Volksarmee nach Norden zurückziehen. Sie ging angesichts der Luftherrschaft endgültig dazu über, alle Kampfhandlungen und alle Marschbewegungen in die Nacht zu verlegen. Die 5. Luftflotte zog daraufhin B-26-Invader-Fliegerkräfte heran, die vor allem zu nächtlichen Störeinsätzen bereitstanden.

Siegesgewiß bereiteten sich die Aggressoren zum Stoß bis an die Grenzen der Sowjetunion und Chinas vor. Die amerikanischen Bombergenerale versicherten jedermann, der Krieg in Korea beweise, wie Aggressionen durch Luftmacht zu gewinnen seien, und zogen bereits die ersten B-29-Gruppen aus dem Einsatz in Korea. Das Bomber Command der Far Eastern Air Forces verkündete: «Wir haben alle Ziele ausgelöscht.»

Der überfallenen KVDR wurde zu diesem Zeitpunkt umfassende materielle, technische und andere Hilfe von seiten der Sowjetunion zuteil.

F-80 «Shooting Star» im Tiefangriff mit Napalmbomben auf die nordkoreanische Ortschaft Suan

541

Röntgenschnitt der MiG-15

1 Lufteinlauf für Triebwerk
2 Landescheinwerfer
3 Foto-MG
4 Gleichrichter
5 Akkumulator
6 Funksendegerät
7 Funkempfangsgerät
8 Visier
9 flache Kabinenfrontscheibe
10 Kabinenklappdach
11 Staurohr zum Messen
    der Geschwindigkeit
12 Positionslicht
13 Antenne
14 Hauptkraftstoffbehälter
15 Triebwerkwartungsklappe
16 Turbinenluftstrahltriebwerk
    RD-45 FA
17 Bremsklappe, beidseitig
18 Schubrohr
19 hinterer Kraftstoffbehälter
20 Grenzschichtzäune
21 Kraftstoffzusatzbehälter
22 Hauptfahrwerk
23 Luftkanal, beidseitig
24 Katapultsitz
25 Patronenmagazin
26 12,7-mm-MG (UBK-E)
27 Bugfahrwerkklappe
28 Bugfahrwerk

Chinesische Freiwillige unterstützten ab Ende Oktober die Volksarmee. Am 25. Oktober ging die Volksarmee − völlig überraschend für die USA wie auch für die amerikanische Luftaufklärung, die keinerlei Anzeichen für eine Gegenoffensive entdeckt hatte − zum Angriff über und warf die Aggressoren unter schweren Verlusten bis Juni 1951 bis südlich von Söul zurück. Die amerikanischen Truppen erlitten eine der schwersten Niederlagen in ihrer ganzen Geschichte.

Es gelang der Volksarmee, die Aggressoren an den Rand einer völligen Niederlage zu drängen, ohne daß sie zu irgendeinem Zeitpunkt die Luftherrschaft innehatte. Sie wurde ausgeglichen durch eine geschickte Ausnutzung der natürlichen geographischen Bedingungen und

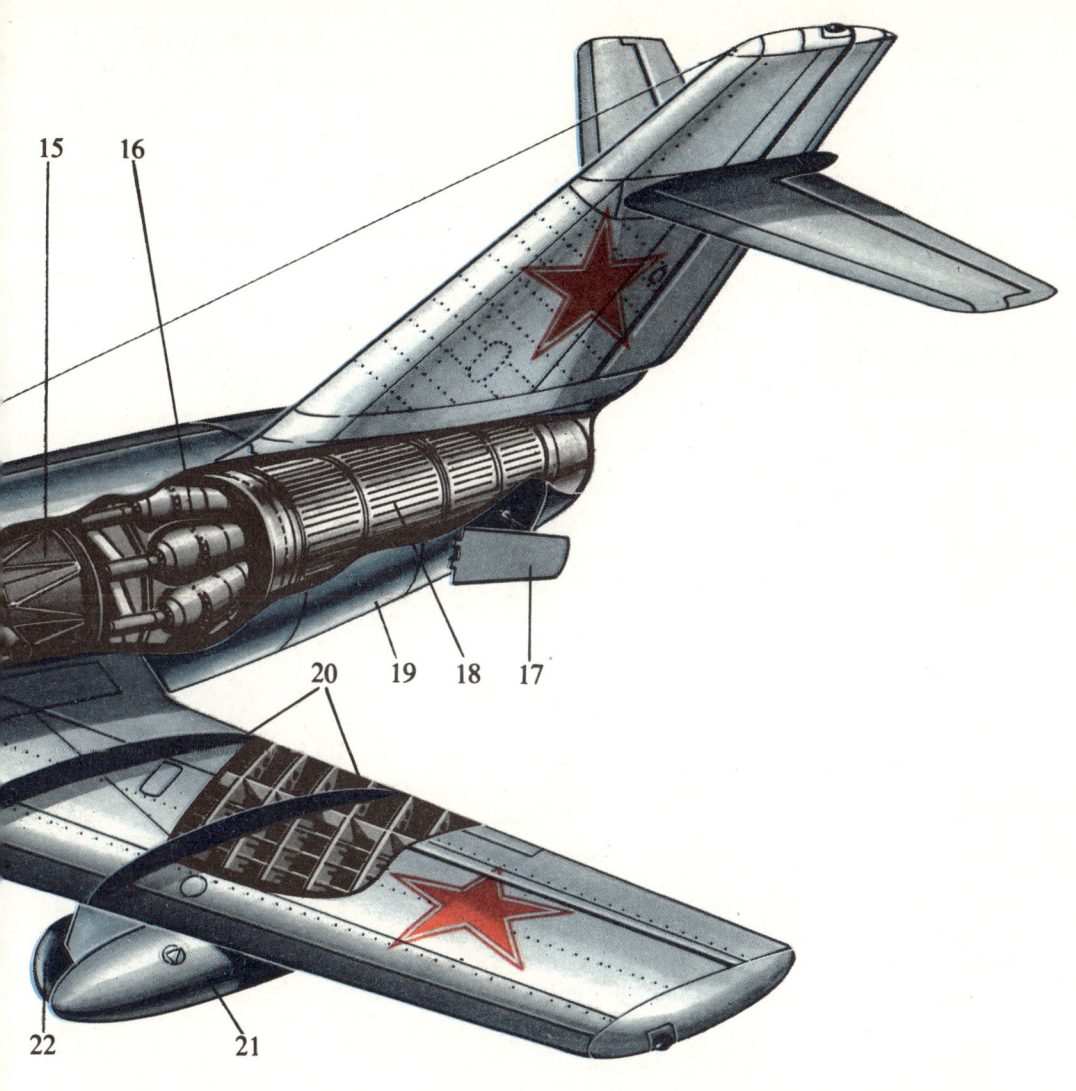

15   16

20   19   18   17

22   21

zweckentsprechende Anpassung der Taktik und Technik der Volksarmee an die Bedingungen der Luftherrschaft. Ihre Angriffe führte die Volksarmee unter Ausnutzung des deckungsreichen Gebirgsgeländes, abseits der großen Verbindungsstraßen, mit einer leichten Infanteriebewaffnung, vor allem MPi, MGs und Granatwerfer, in der Nacht. Sie folgte den fliehenden Aggressoren dicht auf den Fersen und nahm damit den amerikanischen Fliegerkräften jede Möglichkeit, wirksame Angriffe zu fliegen, obwohl die USA-Fliegerkräfte täglich zu über 1 000 Einsätzen aufstiegen. Der Nachschub dagegen konnte auf ein Mindestmaß beschränkt werden und entzog sich somit ebenso weitgehend der Lufteinwirkung. Hinzu kam, daß in Auswertung der Erfahrungen die Truppenluftabwehr weitaus besser organisiert wurde. Vor allem wurde die Flak-artillerie, die anfangs relativ schwach war, auf das Fünf- bis Sechsfache verstärkt. Die amerikanischen Flugzeuge mußten nun auf Höhen von 7 000 bis 8 000 Metern gehen, um dem wirkungsvollen Flakfeuer zu entgehen. Ihre Treffgenauigkeit verringerte sich dadurch erheblich.

Von großer Bedeutung war schließlich, daß Anfang November 1950 die Jagdfliegerkräfte der KVDR mit den ersten MiG-15-Flugzeugen aus-gerüstet wurden. Sie kamen vor allem zum Schutz von Industriezentren und von Kraftwerken in Nordostkorea zum Einsatz. Am 8. November 1950 kam es zu ersten Luftkämpfen zwischen der MiG-15 und der amerikani-schen Lockheed F-80 «Shooting Star», die die Unterlegenheit dieses amerikanischen Strahlflugzeugs gegenüber der MiG-15 bewiesen. Dasselbe Schicksal teilte die F-84 «Thunderjet», und erst mit der F-86 «Sabre» gelang es den USA, ein der MiG-15 fast gleichwertiges Flugzeug aufzubieten. Die amerikanischen Terrorbomber flogen von nun an nicht mehr ungestraft in das tiefe Hinterland. Entsprechend hohe Verluste waren die Folge. Bereits Ende 1950 verlegte die Air Force das 27. Jagdgeschwader nach Korea, dessen ausschließliche Aufgabe es war, Begleitschutz für die B-29-Ver-bände zu fliegen. Der Raum entlang des Amnokkang (Yalujiang) wurde von den amerikanischen Piloten als «MiG-Allee» gefürchtet, und, wenn möglich, gemieden. Der Einsatz der MiG-15, die Besetzung wichtiger USA-Luftstützpunkte in Südkorea, besonders von Kimpo bei Söul, führte auch zu neuen Angriffen der Luftstreitkräfte der KVDR. Ihr Kampf richtete sich vor allem gegen die gegnerischen Luftstreitkräfte am Boden und in der Luft, gegen die Truppen des Gegners auf dem Gefechtsfeld sowie gegen Eisenbahnbrücken und Übergänge.

Die Lage der amerikanischen Aggressionsstreitkräfte und ihrer Ver-bündeten war um die Jahreswende 1950/51 so katastrophal, daß der amerikanische Imperialismus ernsthaft den Einsatz von Atomwaffen erwog. Im Pentagon wurde geplant, am 25. November 1950 bei Tontschkona eine 40-Kilo-Tonnen-Bombe zu zünden, mit der 15- bis 20 000 Koreaner getötet werden sollten, und zwischen dem 27. und 29. Dezember sollten gar 6 Atombomben auf den Raum Kymčhón-Pengan den Tod von 96 000 Menschen herbeiführen. Daß der USA-Imperialismus dieses Verbrechen nicht wagte, war einzig und allein der Existenz der So-wjetunion zuzuschreiben. Der Oberbefehlshaber der USA-Luftstreit-kräfte, Hoyt S. Vandenberg, an dem die Wirkungslosigkeit der USA-Luft-angriffe 1950/51 in Korea offensichtlich nicht spurlos vorübergegangen war, warnte vor der Entfesselung eines totalen Krieges. Er befürchtete, daß dieser zur Bindung amerikanischer Streitkräfte im Fernen Osten führen würde, so daß gegenüber der Sowjetunion kaum mehr Kräfte verfügbar blieben. Endgültig ernüchternd wirkte auf die erhitzten Gemüter des Pen-tagons die Nachricht, daß die UdSSR im Oktober 1951 zwei weitere Atombombenexplosionen ausgelöst hatte, ein von den USA entfesselter Kernwaffenkrieg in Korea also nicht ohne Risiko auch für den USA-Imperialismus sein würde.

Bei der Fortsetzung des Krieges in Korea setzten die USA nach wie vor die größten Hoffnungen auf die Luftstreitkräfte, deren Möglichkeiten durch einen neuen Operationsplan voll ausgeschöpft werden sollten. Statt der unmittelbaren Bodenunterstützung, die sich in den vergangenen Monaten als wenig effektiv erwiesen hatte, wurden die Fliegerkräfte darauf orientiert, erstens den Kampf um die Luftherrschaft mit allen Mitteln zu führen und zweitens das Nachschub- und Versorgungssystem der Volksarmee zu lähmen und zu erdrosseln. Ab April 1951 griffen die amerikanischen Luftstreitkräfte die Flugplätze Sinyidžu, Wŏnsan, Pjöngjang, Sinjang, Anak, Ongdźin, Kongdónk und andere an. Im Raum Pjöngjang und am Yalujiang fanden vor allem vom April bis Juni 1951 erbitterte Luftkämpfe zwischen koreanischen und amerikanischen Jagd- und Bombenflugzeugen statt. Trotz aller Anstrengungen gelang es den amerikanischen Bombergeneralen nicht, die Jagdfliegerkräfte der KVDR zu vernichten. Größte Bestürzung löste im Pentagon die Tatsache aus, daß im Oktober 1951 in einer Woche von MiG-15-Flugzeugen 5 B-29 abgeschossen und 8 schwer beschädigt wurden. Vandenberg sah sich im November 1951 zu dem Eingeständnis gezwungen, daß sich die MiG-15 in vieler Beziehung als weit besser als die F-86 erwiesen habe. «Die Luftherrschaft», erklärte er, «über Nordwestkorea ist zwar keinesfalls verlorengegangen, aber längst nicht mehr so stark wie einst.»

Daneben begannen die USA-Luftstreitkräfte ab Juni 1951 ihre Luftangriffe gegen das Versorgungssystem der Volksarmee. Auf Befehl von General Mathew B. Ridgeway konzentrierten sie sich zunächst auf die Bombardierung des Verkehrs auf 8 Hauptstraßen. Lag der Verkehr hier lahm, so unterstellte man, wäre die Volksarmee isoliert und von jedem Nachschub abgeschnitten. Die Bekämpfung des Verkehrs auf je drei Straßen wurde der 5. Luftflotte und den Fliegerkräften des Marinekorps übertragen, zwei Küstenstraßen sollten von den Trägerflugzeugen der Task Force 77 blockiert werden. Die Stärke der amerikanischen Fliegerkräfte hatte sich im Frühjahr 1951 auf 1 441, im Sommer 1951 sogar auf 1 600 Flugzeuge erhöht.

Trotz eines erbarmungslosen Tag-und-Nacht-Bombardements, das insbesondere unter der koreanischen Zivilbevölkerung ein Blutbad anrichtete und den Terror vom Sommer 1950 weit übertraf, war dem Straßenbombardement kein wesentlicher Erfolg beschieden. Am 18. August 1951 wurde die Operation Strangle auch auf das Eisenbahnnetz ausgedehnt. Zehn Monate lang hämmerten die amerikanischen Fliegerkräfte bei Tag und Nacht auf das tiefe Hinterland ein, meldeten die Besatzungen phantastisch hohe Zahlen angeblich zerstörter Fahrzeuge, Lokomotiven,

Waggons usw., ohne daß es gelang, den Nachschub für die Volksarmee zu beeinträchtigen. Im Gegenteil, die Volksarmee verfügte über eine steigende Zahl schwerer Waffen an der Front, wies alle Durchbruchsversuche der Aggressoren unter hohen Verlusten für den Angreifer ab. Von November 1951 bis April 1952 flogen die USA-Fliegerkräfte monatlich 9000 Einsätze gegen das Verkehrswesen, dagegen wurden teilweise nur noch 339 Einsätze im Monat zur Bodenunterstützung geflogen. Einem Air-Force-General entrang sich angesichts der wachsenden Kampfkraft der Volksarmee trotz des Einsatzes der Masse der Fliegerkräfte für «Strangle» das Eingeständnis: «Wie sie es geschafft haben, die Truppen trotz aller Schwierigkeiten zu versorgen, ist ein Wunder.»

Was dem Bombergeneral wie ein Wunder erschien, war ein Ausdruck der hervorragenden Kampfmoral der Volksarmee und des koreanischen Volkes in diesem vaterländischen Befreiungskrieg. Durch die vereinten Anstrengungen von Volk und Armee gelang es, die schweren Zerstörungen, die durch die Operation Strangle im Hinterland angerichtet worden waren, immer wieder zu beheben und unzerstörbare Nachschublinien aufrechtzuerhalten. Für die Aufrechterhaltung des Straßenverkehrs wurden 20 000 Mann in 12 Regimentern mit je drei Bataillonen zu je 500 Mann für bestimmte Straßenabschnitte verantwortlich gemacht, die sich dabei auf die Hilfe und Unterstützung der Bevölkerung verlassen konnten. Der Eisenbahnverkehr wurde durch drei Brigaden zu je 9000 Mann aufrechterhalten, die in Abteilungen zu je 300 Mann eingesetzt waren. Sie verfügten über das notwendige Reparaturmaterial, um sofort Straßen und Eisenbahnstrecken wieder durchlässig zu machen.

Der Verkehr wickelte sich nur bei Nacht ab. Bei Tage waren die Züge in Tunneln, die Fahrzeuge in Höhlen untergebracht. Ein Straßenwarnsystem verhinderte jede Überrumpelung. Ein bevorzugtes Ziel der amerikanischen Fliegerkräfte waren Brücken und Übergänge. Zu deren Schutz wurde von der Volksarmee ein System der Tarnung geschaffen, das von Unterwasserbrücken bis zum Vortäuschen zerstörter Brücken und Pontonbrücken, die tagsüber sicher untergebracht waren, reichte. In Notfällen wurden Züge oder Fahrzeuge an Flüssen mehrfach umgeladen, ehe sie an die Front kamen. Unterstützt wurde diese Organisation des Transports durch die Verstärkung der Flakartillerie. 1951 waren nur noch 25 Prozent der Flakgeschütze zur Truppenluftabwehr, dagegen 75 Prozent zur Luftverteidigung der Verbindungswege und Industrie- und Bevölkerungszentren eingesetzt. Auch von der Flakartillerie wurden wirksame Methoden zur Bekämpfung der Fliegerkräfte entwickelt. Durch Bildung von Flakfallen, Vortäuschung von Verkehrstauungen zum Beispiel, wurden Flugzeuge angelockt und vernichtet. Diese Maßnahmen vor allem zwangen die amerikanischen Luftstreitkräfte, ihre B-29-Bombenflugzeuge mit Radarausrüstung nur noch bei Nacht einzusetzen, während

Bahnhof im Raum Wŏnsan unter amerikanischem Napalmbombardement

B-26-Verbände zusammen mit Transportflugzeugen handelten, die Leuchtbomben abwarfen, um das Zielgebiet zu erhellen.

Die Operation Strangle erwies sich in ihrer Zielstellung als ein völliger Fehlschlag, war vor allem Instrument und zunehmend ein Vorwand zur Terrorisierung der Zivilbevölkerung. Selbst General Ridgeway räumte

North American F-86D «Sabre» Die F-86
gehörte in den fünfziger und sechziger
Jahren zu den wichtigsten Mehrzweck-
jagdflugzeugen und Jagdbombenflugzeugen
der NATO. Es war 1952 das erste USA-
Flugzeug, das zum Einsatz nuklearer
Waffen auf dem Gefechtsfeld vorbereitet
war. Der Erstflug fand am 1. Oktober 1947
statt. Es wurde erstmals bei der USA-
Aggression in Korea eingesetzt.

Trotz der Zerschlagung des Eisenbahnnetzes
behauptete die koreanische Volksarmee
ihre Kampfkraft

548

1952 ein, die «fortdauernde Luftüberlegenheit an und unmittelbar hinter
der Front habe ebensowenig wie die Operation Strangle gegen die weit zu-
rückliegenden Verbindungslinien vermocht, die Wiedererstarkung der
kommunistischen Verbände zu verhindern».

Die amerikanischen Imperialisten, die nicht begreifen konnten, daß der
Krieg verloren war, wollten 1952 die Entscheidung herbeiführen. Sie
verstärkten die Einsätze ihrer Fliegerkräfte auf dem Gefechtsfeld, die nun
je Monat über 3 000 Einsätze flogen. Doch alle ihre Offensiven endeten mit
einem Mißerfolg. Die Bodengewinne standen in keinem Verhältnis zu den
schweren Verlusten. Der Krieg wurde endgültig zum Stellungskrieg. Die
Volksarmee baute ihre Stellungen pioniermäßig aus, schuf bombensichere
Unterkünfte, die allen Angriffen − selbst möglichen Kernwaffenschlägen
− widerstanden. Nach dem Fehlschlag von «Strangle» und dem Scheitern
aller Durchbruchsversuche an der Front gingen die amerikanischen
Bombenfliegerkräfte dazu über, den Luftkrieg gegen die Zivilbevölkerung
und ihre Lebensgrundlagen zu intensivieren. Damit vermeinte man, den
Ausgang des verlorenen Krieges doch noch verändern zu können, zumindest aber die koreanische Waffenstillstandsdelegation − seit dem
10. Juli 1951 verhandelten beide Seiten nach einer diplomatischen Initiative
der UdSSR mit Unterbrechung im neutralisierten Kesŏng − unter Druck
setzen zu können, damit sie die anmaßenden Forderungen des USA-
Imperialismus annähme. Man wollte zumindest auf dem Papier den Krieg
gewinnen. Im Januar 1952 begannen amerikanische Fliegerkräfte mit dem
Masseneinsatz von bakteriologischen Kampfmitteln, die Cholera, Pest,
Milzbrand, Ruhr und Typhus verbreiten sollten.

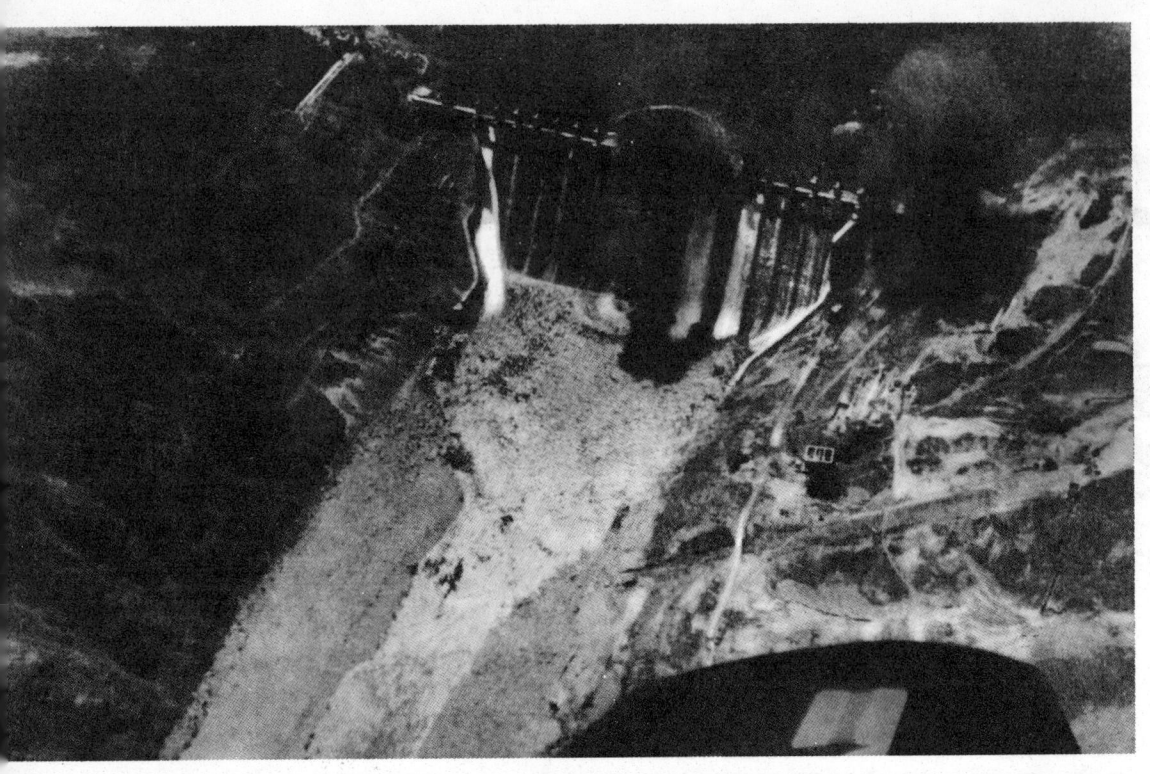

Nach dem USA-Piratenakt am 23. Juni 1952: zerstörte Kraftwerke der KVDR bei Hungnan

Ab Mitte 1952 traten Überlegungen, die Nachkriegsentwicklung in der KVDR entscheidend zu hemmen, immer stärker in den Mittelpunkt der verbrecherischen amerikanischen Luftkriegspolitik.

Am 23. Juni 1952 überfielen 350 amerikanische Bomben- und Jagd-bombenflugzeuge, die von 100 F-86 «Sabre» begleitet wurden, wellenweise die koreanischen Wasserkraftwerke am Yalujiang. Gleichzeitig griffen Marineflugzeuge Kraftwerke am Sŏnčhŏn und Hungnan an.

Die Taktik glich sich in allen Fällen. Der erste Hauptschlag wurde mit schweren Sprengbomben gegen die Turbinenhäuser geführt, die danach mit Napalmkanistern bombardiert wurden, um nachhaltige Zerstörungen anzurichten. Fünf derartige Großangriffe − 23., 26. und 27. Juni sowie am 3. und 16. Juli − wurden geflogen. Dabei wurden in den Angriffen am 23., 26. und 27. Juni insgesamt 1 400 Einsätze gestartet. Verstand es die imperialistische Propaganda, diese Angriffe noch als kriegswichtig hin-zustellen, so bedeutete die Einäscherung von 78 am Yalujiang gelegenen Städten und Ortschaften am 20. Juli 1952 durch Napalmbomben Mord aus der Luft. Dieser Luftkriegsbarbarei lag ein Plan der Far Eastern Air Forces vom 5. Juli zugrunde, der den Übergang zu einer reinen Terrorstrategie

550

darstellte und die Auslöschung von Pjöngjang vorsah. Am 11. Juli warfen sie binnen 11 Stunden in 1 254 Einsätzen 1 400 Tonnen Bomben und 43 200 Liter Napalm auf Pjöngjang ab. Am 4. August wurde die Hauptstadt erneut von 273 Flugzeugen angegriffen. Washington gestand am 6. August 1952 zynisch ein, daß man «mit einer systematischen Bombardierungskampagne begonnen habe, die bewußt darauf abzielt, den Willen des Gegners zu brechen». Am 29. August erlebte Pjöngjang den schwersten Luftangriff des Krieges, als 1 403 Einsätze bei Nacht gegen die Stadt geflogen wurden.

Ende 1952/Anfang 1953 versuchten die amerikanischen Luftpiraten darüber hinaus, die gesamten industriellen Grundlagen der koreanischen Volkswirtschaft systematisch zu zerstören oder lahmzulegen, um eine erfolgreiche Nachkriegsentwicklung der Koreanischen Volksrepublik von vornherein zu verhindern. Am 17./18. November 1952 überfielen Träger-flugzeuge Fabriken und Grubenanlagen bei Cŏngdžin, Kjunghyn und Kilču, am 18. November Schiffswerften, Eisengießereien und Kraftwerke bei Hverjŏng, am 9. Dezember Fabriken bei Musan, Hjesan und Radžin. Ab Januar gingen die Luftpiraten dazu über, Fabriken und Werke im Raum Sinyidžu, bei Wŏnsan und Pjöngjang zu bombardieren. Die Luftüberfälle wurden eingestellt, als die amerikanischen Fliegerkräfte im März 1953 auf eine immer stärkere Luftabwehr stießen.

Buchstäblich bis zum letzten Augenblick, bis zum 27. Juli 1953, als der Waffenstillstand in Kraft trat, suchte der USA-Imperialismus die Zivil-bevölkerung zu dezimieren und sie ihrer Lebensgrundlagen zu berauben. Wenige Wochen vor Beendigung des Krieges, zu einem Zeitpunkt, da bereits die Urkunden in Kesŏng unterschriftsreif waren und nur die USA sich noch weigerten, ihre Niederlage einzugestehen, überfielen und zer-störten 53 amerikanische Jagdbomberflugzeuge vom Typ F-84 «Thunder-jet» am 13. Mai 1953 den Toksan-Damm, der als Wasserspeicher für den Reisanbau diente. Einen ähnlichen Schlag führten 90 Thunderjets am 15./16. Mai gegen den Chansan-Damm. Am 21./22. Mai richtete sich ein derartiger Angriff gegen den Damm von Kuwonga. Doch durch das Ablassen des Wassers gelang es der KVDR, die verbrecherischen Ab-sichten des USA-Imperialismus, durch Überschwemmungen die Reisernte zu vernichten und eine Hungersnot heraufzubeschwören, zu vereiteln.

Nach über drei Jahren endete die Aggression des Imperialismus in Korea am 27. Juli 1953 mit einer Niederlage der USA, die keines ihrer Kriegsziele erreicht hatten, obwohl sie ein Drittel ihrer Landstreitkräfte und 35 Prozent ihrer Luftstreitkräfte gegen die KVDR eingesetzt hatten.

Von den amerikanischen Luftstreitkräften waren in Korea 1 040 708 Einsätze geflogen – das entsprach fast der Zahl der Einsätze in Europa während des gesamten zweiten Weltkriegs – und 1 Million Tonnen Bom-ben abgeworfen worden, d. h. monatlich fast 28 000 Tonnen gegenüber 17 500 Tonnen im Monat während des zweiten Weltkriegs in Europa.

Mord aus der Luft

– Flächenbombardement
durch B-29-Flugzeuge

– Pjöngjang unter amerikanischem
Bombenhagel

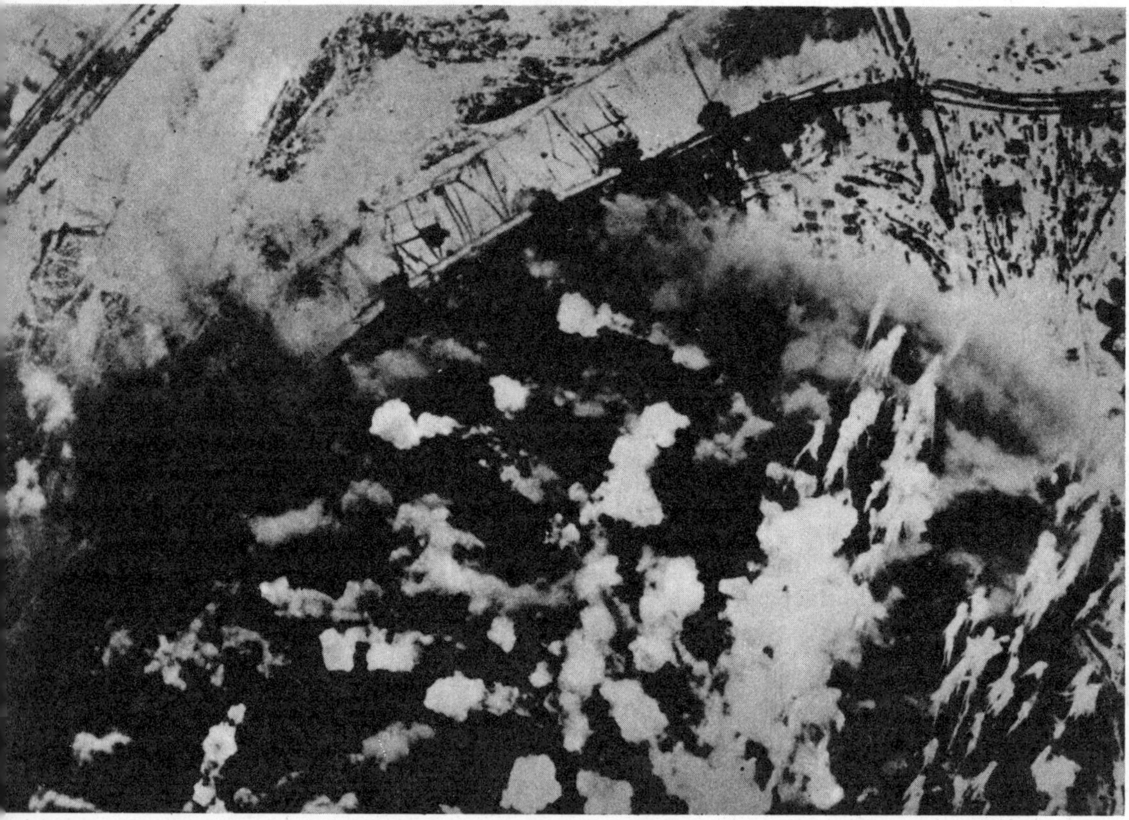

Allein die Far Eastern Air Force flog 720980 Einsätze, von denen sich 66 997 gegen die koreanischen Luftstreitkräfte, 192 581 gegen Großstädte und Verkehrsziele und 57 665 gegen Bodenziele auf dem Gefechtsfeld richteten. Ferner wurden 181 659 Transporteinsätze geflogen, und 222 073 Starts dienten der Aufklärung, der Luftkontrolle, Rettungsflügen usw. Die meisten Einsätze wurden von Jagdbombenflugzeugen geflogen, insgesamt über 350 000. Von B-29-Bombenflugzeugen wurden bei 21 000 Einsätzen 167 000 Tonnen Bomben abgeworfen. Die den USA-Luftstreitkräften zugefügten Verluste betrugen 3 314 Flugzeuge. Der Hauptanteil kam dabei auf das Konto der Flakartillerie. Auf je $6^1/_2$ von der Flakartillerie vernichtete Flugzeuge kam ein im Luftkampf abgeschossenes USA-Flugzeug.

Die Luftkampfhandlungen in Korea waren teilweise von erheblicher Bedeutung für die Entwicklung der Kriegskunst, oder sie bestätigten bestimmte Luftkriegserfahrungen des zweiten Weltkriegs:

1. Eindeutig widerlegt wurde die im Zeichen des kalten Krieges vom USA-Imperialismus bis zum Überdruß strapazierte These, daß durch Luftmacht ein Krieg entschieden werden könne. Die Annahme, einen «Krieg ohne Menschen» führen zu können, wurde ad absurdum geführt. Selbst auf einem begrenzten Kriegsschauplatz, im Besitz der Luftherrschaft, war es den amerikanischen Luftstreitkräften nicht möglich, weder durch einen strategischen Luftkrieg, dessen Brutalität sie im Verlauf des Krieges immer höher schraubten, noch durch die «Abriegelung des Gefechtsfeldes» mit Hilfe der Luftstreitkräfte den Ausgang der Kampfhandlungen entscheidend beeinflussen zu können. Es gelang der koreanischen Volksarmee durch aktive und passive Luftverteidigungsmaßnahmen, die Auswirkungen des umfassenden und barbarischen Luftbombardements weitgehend zu paralysieren. Das Hauptmittel der Luftverteidigung bildete die Flakartillerie.

2. Die Kampfhandlungen in Korea zeigten, daß die USA in Überschätzung ihrer strategischen Fliegerkräfte die Bedeutung der taktischen Fliegerkräfte unterschätzt hatten. Diese konnten während des gesamten Krieges keinen entscheidenden Einfluß auf die Kampfhandlungen nehmen. Das lag einerseits in den Maßnahmen der Volksarmee begründet (Verlegung aller Angriffe und Bewegungen in die Nacht, pioniermäßiger Ausbau der Stellungen usw.), zum anderen in der Unfähigkeit der USA-Luftstreitkräfte, zweckentsprechende Formen des Zusammenwirkens zwischen Luft- und Landstreitkräften zu entwickeln. Der Einsatz von Kontrollflugzeugen für die Luftunterstützung erwies sich als äußerst schwierig, schuf Engpässe im Nachrichtenwesen und entsprach nicht den Anforderungen der Bodentruppen. Die Verbindungen zwischen Luft- und Landstreitkräften waren unzureichend, das Zusammenwirken zwischen ihnen schwach entwickelt. Ein Zeichen

dafür war, daß der Oberbefehlshaber der 8. USA-Armee, James A. van Fleet, seit Dezember 1951 hartnäckig, aber vergeblich, versuchte, Jagdbomberstaffeln jedem Korps direkt zu unterstellen, weil es in der Regel bis zu vier Stunden dauerte, ehe angeforderte Fliegerkräfte Luftunterstützung gaben. Ihren Ausdruck fand die unzureichende Zusammenarbeit zwischen Luft- und Landstreitkräften in der wiederholten Schwerpunktverlagerung des Einsatzes der taktischen Fliegerkräfte und in der Erprobung immer neuer Methoden der Leitung und Lenkung taktischer Fliegerkräfte durch Bodenstationen. Die Fliegerkräfte der amerikanischen Seestreitkräfte und des Marinekorps entwickelten ihre sogenannte «Cherokee»-Taktik, deren Wesen darin bestand, daß sie nicht durch Leitflugzeuge geführt wurden, sondern langfristig gegen bestimmte Ziele in der Frontzone vorbereitet wurden.

3. Die Schwierigkeiten der Bodenunterstützung lagen zum Teil auch darin begründet, daß vor allem kolbenbetriebene Flugzeuge als Jagdbombenflugzeuge eingesetzt wurden – da in den USA kein entsprechendes Schlachtflugzeug vorhanden war –, die angesichts der starken Bodenabwehr hohe Verluste erlitten. Die als Jagdbombenflugzeuge eingesetzten Düsenflugzeuge flogen zu schnell bei einer viel zu kleinen Bombenbeladung. Bei ihnen konnte die Schlachtfliegertaktik vergangener Kriege nicht angewendet werden. Eine Bekämpfung von Zielen unmittelbar vor der Gefechtsordnung der Truppen war ihnen nicht möglich. Zwangsläufig galt ihr Einsatz vor allem Zielen in der Tiefe des Gefechtsfelds, wobei vor allem Raketen und erstmals im Masseneinsatz Napalmbomben zur Bekämpfung von Panzern, Truppenansammlungen, befestigten Stellungen usw. zur Anwendung kamen. Das düsenbetriebene Jagdflugzeug übernahm mit diesen Abwurfmitteln in wachsendem Maße Aufgaben der leichten und mittleren Bombenflugzeuge.

4. Erstmals kämpften über Korea Düsenjagdflugzeuge in größerem Umfang auf beiden Seiten. Anfangs wurden diese Luftgefechte in größeren Formationen – in Staffel- oder Geschwaderstärke – durchgeführt, doch setzte sich im Verlauf der Kampfhandlungen vor allem der paarweise Einsatz von Düsenjagdflugzeugen durch. Von den USA wurden zur Deckung ihrer Bomben- und kolbenbetriebenen Jagdbombenflugzeuge Düsenjäger paarweise im Sperrflug in großen Höhen eingesetzt. Technisch erwies sich die MiG-15 allen vergleichbaren imperialistischen Typen als überlegen. Stets kämpften die Fliegerkräfte der KVDR jedoch unter den Bedingungen der gegnerischen Luftherrschaft und zahlenmäßiger Unterlegenheit.

5. Große Bedeutung für die amerikanische Intervention in Korea hatten die Transportfliegerkräfte, die allein 500 Flugzeuge zählten. Sie stellten die dauernde Verbindung der USA mit dem Kriegsschauplatz her und

erlaubten die rasche Überführung frischer Kräfte und Mittel an die Front. Von Japan nach Korea wurden allein durch Lufttransport 42 000 Soldaten und 25 000 Tonnen Kriegsmaterial übergeführt.

Wichtige Erkenntnisse für die Luftkriegführung brachte der Einsatz von Hubschraubern. Sie waren im Rahmen der Army Aviation vom Beginn des Überfalls an in Korea eingesetzt. Ursprünglich vor allem als Rettungsgerät und Gefechtsfeldaufklärer verwendet, wurden Hubschrauber in zunehmendem Maße als Transportmittel für Soldaten und Material in der Kampfzone eingesetzt.

Im September 1951 wurden sie als taktisches Kampfmittel eingesetzt. Sie setzten Stoßtrupps an der Front auf Berghöhen ab. Im Januar 1953 wurde die erste, im Juli die zweite Hubschrauberkompanie nach Korea verlegt.

Vom amerikanischen Imperialismus wurde der koreanische Kriegsschauplatz − ähnlich wie es der deutsche Imperialismus in Spanien getan hatte − auch als Exerzierfeld zur Erprobung neuer Waffen angesehen. Dazu gehörte neben dem Einsatz chemischer und bakteriologischer Kampfmittel die Erprobung neuer Flugzeugtypen, Abwurfmittel und bestimmter Radargeräte. Sie waren von nicht unbedeutendem Einfluß auf die weitere Entwicklung von Taktik, Organisation und Einsatzprinzipien der amerikanischen Luftstreitkräfte.

Ein Exkurs: Die Luftfahrtindustrie der USA

Die Aggression des amerikanischen Imperialismus in Korea, die für Hunderttausende den Tod bedeutete, brachte die amerikanische Flugzeugindustrie aus allen Schwierigkeiten, in die die Luftrüstungskonzerne nach dem zweiten Weltkrieg geraten waren. Das Gespenst der wirtschaftlichen Rezession, das sie − ähnlich wie am Ausgang des ersten Weltkriegs − fürchteten, war zeitweilig gebannt; denn der Übergang des USA-Imperialismus zu einer militanten Weltgendarmenpolitik in den frühen fünfziger Jahren wurde zum Ausgangspunkt einer Rüstungspolitik in den USA, die gegenwärtig in ihren Ausmaßen die Hochkonjunktur des zweiten Weltkriegs bald um das Doppelte übertrifft!

In der fast sechzigjährigen Geschichte der amerikanischen Flugzeugindustrie spiegeln sich besonders eindrucksvoll charakteristische Merkmale der monopolistischen Entwicklung, der Militarisierung der Wirtschaft und der Herausbildung des militärisch-industriellen Komplexes, dessen harten Kern heute die Flugzeug- und Raketenindustrie in den USA bildet, wider.

Die Geschichte der amerikanischen Flugzeugindustrie ist in erster Linie die Geschichte einer Kriegsindustrie und ihrer Unterwerfung unter die

Herrschaft einiger weniger Monopolgruppen. Vor dem ersten Weltkrieg war die amerikanische Flugzeugindustrie – selbst an europäischen Verhältnissen gemessen – ein bedeutungsloses Nichts. 1914 wurden von 16 Werkstätten 168 Arbeiter beschäftigt, die 49 Flugzeuge produzierten. Der Eintritt der USA in den Weltkrieg trieb die Produktion schlagartig empor. Von April 1917 bis November 1918 wurden über 13 000 Flugzeuge gebaut, die einen Wert von 113,7 Millionen Dollar verkörperten, während 1914 der Gesamtwert nur 800 000 Dollar betragen hatte. Bei Kriegsende verfügte die Flugzeugindustrie über eine Jahreskapazität von 20 000 Flugzeugen und beschäftigte 175 000 Menschen. Doch genauso schnell wie sich die amerikanische Flugzeugindustrie im Weltkrieg aufgebläht hatte, brach sie nach dem ersten Weltkrieg zusammen. 1919 waren nur noch 3 543 Menschen in ihr tätig, 1921 sogar nur 1 395. Ein Aufschwung zeichnete sich erst 1925 ab. Er war das Ergebnis eines höchst interessanten Vorgangs. Zum erstenmal entdeckten die amerikanischen Finanzmagnaten, welche gewinnbringenden Möglichkeiten in der Luftfahrt schlummerten. Durch eine entsprechende Gesetzgebung, die den gesamten Luftpostdienst und den Lufttransport privaten Fluggesellschaften überließ, eröffnete sich ein Binnenmarkt und wurde die Ausfuhr von Flugzeugen begünstigt. Zwischen 1926 und 1929 bildete sich erneut die amerikanische Luftfahrtindustrie heraus, deren Werke sich unter dem Einfluß großer Monopole zu Gesellschaften zusammenschlossen, die Flugzeugproduktion und Luftverkehr in einer Hand betrieben. So entstand die Curtiss-Wright Corporation, in der 41 Betriebe mit 13 Flugzeugwerken fusionierten, die 1929 350 Flugzeuge und 1 150 Motoren herstellten. Im Dezember 1928 bildete sich die größte Gesellschaft, die United Aircraft und Transport Co., in der sich Boeing, Chance Vought, Pratt & Whitney, Sikorski und Northrop, insgesamt 9 Flugzeugwerke mit einer Produktionskapazität von 1 000 Flugzeugen und 2 500 Motoren, unter der Regie von Standard Oil, General Motors und der National City Bank zusammenschlossen. Ähnliche Vereinigungen erfolgten in Detroit sowie an der amerikanischen Westküste. Bis 1929 stieg die Zahl der Arbeiter in den Flugzeugwerken auf 18 600. Der Produktionswert erreichte mit 71 Millionen Dollar seinen Friedenshöchststand. Dieser Produktionszuwachs, das schien besonders bedeutungsvoll, erfolgte vor allem durch den Bau von Passagier- und Sportflugzeugen. Von 6 193 im Jahre 1929 gebauten Flugzeugen waren nur 677 Militärflugzeuge und 5 516 Zivilflugzeuge. 1929 war die amerikanische Flugzeugindustrie als einzige der imperialistischen Welt und zum erstenmal in ihrer Geschichte unabhängig vom militärischen Sektor geworden.

Die große Weltwirtschaftskrise von 1929 drohte die gesamte Flugzeugindustrie zu zertrümmern. Daß sie nicht in ihrer Gesamtheit Bankrott anmelden mußte, lag bezeichnenderweise daran, daß die amerikanischen Streitkräfte – anders als 1918 – durch ein forciertes Bauprogramm die

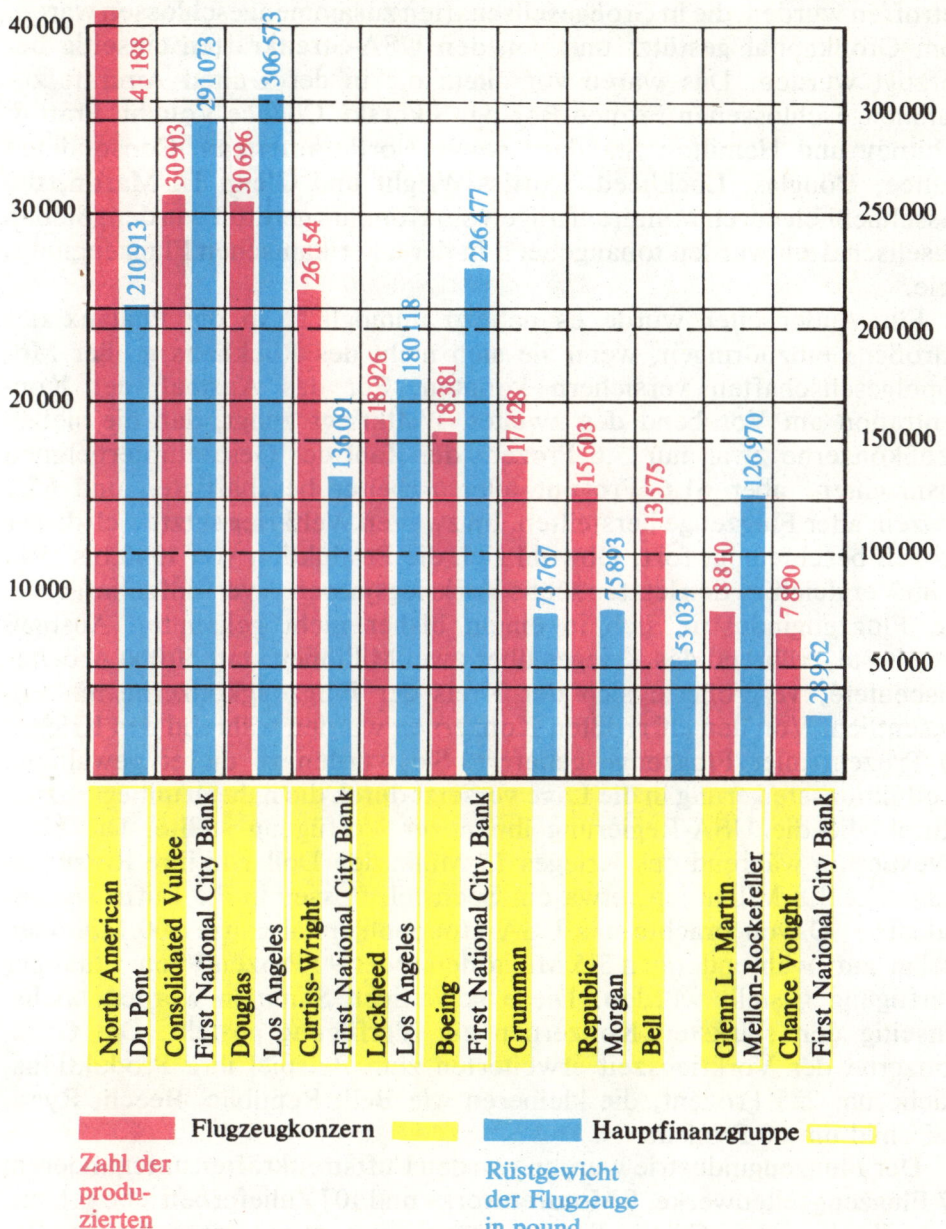

Der Anteil von 11 Flugzeugkonzernen an der US-Flugzeugproduktion im zweiten Weltkrieg

Konzern	Finanzgruppe	Zahl der produzierten Flugzeuge	Rüstgewicht der Flugzeuge in pound
North American	Du Pont	41 188	210 913
Consolidated Vultee	First National City Bank	30 903	291 073
Douglas	Los Angeles	30 696	306 573
Curtiss-Wright	First National City Bank	26 154	136 091
Lockheed	Los Angeles	18 926	180 118
Boeing	First National City Bank	18 381	226 477
Grumman		17 428	73 767
Republic	Morgan	15 603	75 893
Bell		13 575	53 037
Glenn L. Martin	Mellon-Rockefeller	8 810	126 970
Chance Vought	First National City Bank	7 890	28 952

Flugzeugkonzern   Hauptfinanzgruppe

Zahl der produzierten Flugzeuge

Rüstgewicht der Flugzeuge in pound

557

Flugzeugindustrie stützten und über die Krise retteten. Es war aufschlußreich, daß vor allem jene Flugzeugwerke am wenigsten von der Krise
betroffen wurden, die in Großgesellschaften zusammengeschlossen waren,
vom Großkapital gestützt und von den USA-Streitkräften einseitig bevorzugt wurden. Das waren vor allem die in der United Aircraft zusammengeschlossenen Firmen Boeing, Sikorski, Chance Vought, Pratt &
Whitney und Hamilton Standard sowie North American, Consolidated
Vultee, Douglas, Lockheed, Curtiss-Wright und Glenn L. Martin, die
ausschließlich durch Militäraufträge vom Konkurs gerettet wurden. Sieben
Gesellschaften wurden tonangebend in der amerikanischen Flugzeugindustrie.

Für Außenseiter wurde es nahezu unmöglich, in die Phalanx der
«Großen» einzudringen, wenn sie sich nicht des Rückhalts großer Mo-
nopolgesellschaften versichern konnten. Für das Ausmaß der Konzentration am Vorabend des zweiten Weltkriegs zeugt, daß die sieben
Großkonzerne zwar nur 5,6 Prozent der Zahl der Gesamtunternehmen
ausmachten, aber 61,6 Prozent aller Arbeiter beschäftigten und 65,1
Prozent aller Flugzeuge herstellten. Im zweiten Weltkrieg setzte sich dieser
Prozeß beschleunigt fort. Obwohl sich die Produktion von 1940 bis 1945
– im Vergleich zu den letzten sechs Vorkriegsjahren – verfünfzehnfachte,
die Flugzeugindustrie sich in einem bisher nicht gekannten Ausmaß
erweiterte, während des Krieges über zwei Millionen statt 50 000 Arbeiter
ausbeutete, vergrößerte sich der Kreis der Flugzeugkonzerne nur un-
wesentlich. Von den elf größten Konzernen wurden während des Krieges
70 Prozent aller Flugzeuge geliefert. Sie wurden zu dieser gewaltigen
Produktionssteigerung in die Lage versetzt durch die nahezu unbegrenzten
Mittel, die die USA-Regierung ihnen zur Verfügung stellte. Die USA
investierten während des Krieges 25 Milliarden Dollar in ihre Rüstungsindustrie. 3,8 Milliarden, etwa ein Sechstel, flossen in die Luftrüstungsindustrie. Davon brachte das USA-Monopolkapital ganze 300 Millionen
Dollar auf, während ihnen 3,5 Milliarden (oder 90 Prozent) vom Staat zur
Verfügung gestellt wurden. Diese gewaltigen Summen wurden höchst
einseitig den stärksten Konzernen zur Verfügung gestellt. Die Großkonzerne der Vorkriegszeit erweiterten zum Beispiel ihre Produktionsfläche um 225 Prozent, die kleineren wie Bell, Republic, Beech, Ryan,
Fairchild um 60 Prozent.

Der Flugzeugindustrie wurden von den Luftstreitkräften unter anderem
57 Flugzeugzellenwerke, 8 Motorenwerke und 107 Zulieferbetriebe gebaut.
Das Kapital der Curtiss-Wright-Corporation stieg unter diesen Bedingungen von 10 Millionen Dollar im Jahre 1939 auf 54 Millionen Dollar
im Jahre 1944. Im selben Maße errang die Flugzeugindustrie 1944 einen
führenden Platz in der amerikanischen Wirtschaft. Nahm sie 1939 mit 280
Millionen Dollar Produktionswert den 41. Platz in der USA-Industrie ein,

so entsprach ihr Produktionswert 1944 16 Milliarden Dollar, das heißt, er war um das Siebenundfünfzigfache gestiegen. Die hohen Kriegsgewinne, die die Monopole aus der Luftrüstung zogen, lassen es verständlich erscheinen, wie schmerzlich ihnen die Beendigung des Krieges und der Verlust dieser Superprofite anmuten mußte. Unter diesem Blickwinkel ist es keineswegs überraschend, feststellen zu müssen, daß aus den Kreisen der Luftfahrtindustrie, der sie finanzierenden Kapitalgruppen und der mit ihnen verbundenen Generalität noch während des Krieges Stimmen laut wurden, die sich für eine starke USA-Luftmacht, die in keinerlei Beziehung zu irgendwelchen Notwendigkeiten der Landesverteidigung stand, aussprachen.

Den größten Dienst leistete der Oberbefehlshaber der amerikanischen Luftstreitkräfte Arnold mit der radikalen Verschrottung amerikanischer Flugzeuge am Ende des zweiten Weltkriegs – von drei Flugzeugen wurden zwei zerstört –, um eine Krisis der Luftfahrtindustrie wie am Ende des ersten Weltkriegs zu vermeiden und den amerikanischen Steuerzahler auf diese Weise zu zwingen, neue Kosten auf sich zu nehmen, um die Luftstreitkräfte mit modernen Flugzeugen neu auszurüsten. Es ist in diesem Zusammenhang vielleicht bezeichnend, daß von der USA-Flugzeugindustrie während des Krieges höchst geringe Anstrengungen unternommen wurden, um die Fliegerkräfte auf Düsenflugzeuge umzurüsten. Diese Umrüstung sollte das Nachkriegsgeschäft beleben.

Trotz dieser «vorbeugenden» Maßnahmen schrumpfte die Flugzeugindustrie nach Beendigung des Krieges, wenngleich auch weitaus geringer als nach 1918. Vorübergehend diente der zivile Markt als Ausgleich, doch 1948 war auch der dort vorhandene Nachholebedarf gedeckt. Statt für 16 Milliarden Dollar je Jahr zu produzieren, fertigte die USA-Industrie 1947 Flugzeuge im Wert von 1,2 Milliarden Dollar. Damit lag sie zwar beträchtlich unter dem Kriegsniveau, aber noch ungleich höher als in der Aufrüstungsperiode vor dem zweiten Weltkrieg.

Der Anteil der Rüstungsindustrie an der Gesamtproduktion machte 1947 8 Prozent aus (gegenüber 1,9 Prozent 1939). Diese Tatsache war Ausdruck der wachsenden Militarisierung der Wirtschaft der imperialistischen Staaten, besonders in den USA. Sie bedeutete Umstellung der Wirtschaft im Interesse der aggressivsten und zugleich mächtigsten Monopole, die aus dem Rüstungsgeschäft Maximalprofite zogen. Den Löwenanteil dieser Profite strich eine kleine Fraktion des Monopolkapitals ein, die sich auf die ausschlaggebenden Zweige der Kriegsindustrie wie Elektronik, Flugzeug- und Raketenbau konzentrierte. Die Flugzeugkonzerne behaupteten sich nach 1945 als führender Zweig der Rüstungsindustrie und gehörten zum reaktionärsten Flügel der amerikanischen Monopolbourgeoisie, die vor allem auf die Politik des kalten Krieges, der Verschärfung der Beziehungen zur Sowjetunion und der Kriegsvorbereitung setzten.

In den USA begann nach dem zweiten Weltkrieg jene charakteristische Identitätsverschmelzung zwischen den Interessen der Flugzeugmonopole und der hinter ihnen stehenden Finanzgruppen mit den Bestrebungen des Pentagons, deren Fundamente in den Kriegsjahren gelegt worden waren. Die Herausbildung eines militärisch-industriellen Komplexes in den USA

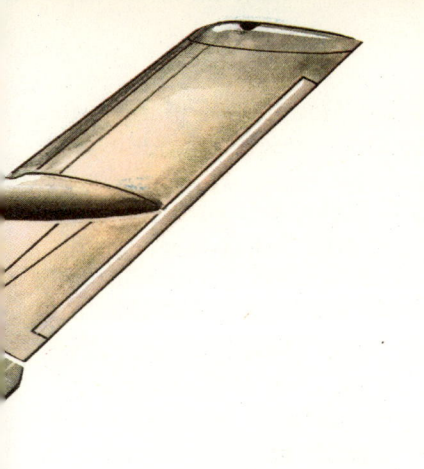

Boeing B-52E «Stratofortress» Die B-52 stellt bis Mitte der siebziger Jahr noch den Kern der fliegenden Einheiten des Strategic Air Command. Die Entwicklungsarbeiten begannen 1946. Der Prototyp flog erstmals am 15. April 1952. Ab 1955 wurde sie dem SAC zugeführt. Die B-52 war als Atom- und Wasserstoffbombenträger sowie ab 1959 als strategischer Lenkwaffenträger für nahezu zwanzig Jahre eines der wichtigsten Instrumente zur Realisierung der aggressiven USA-Luftkriegsdoktrin. Insgesamt wurden von 1954 bis 1962 446 B-52 als Kernwaffenträger und 193 als strategische Raketenträger gebaut. Zum verbrecherischen Masseneinsatz kam die B-52 bei der USA-Aggression in Südostasien.

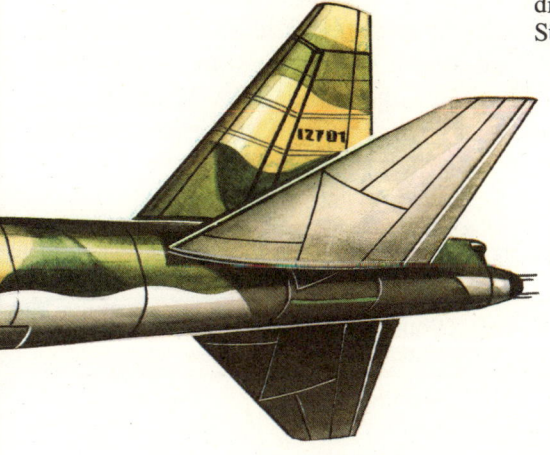

war auf der einen Seite davon geprägt, daß führende Vertreter der Flugzeugkonzerne Spitzenpositionen in der amerikanischen Regierung übernahmen. Namen wie Leonard Root, William Burden, Earl Johnson, Herbert Hoover jr., die fast alle als ehemalige Direktoren von Consolidated Aircraft, Lockheed oder Boeing entscheidende Posten im Kriegsministerium bekleideten, mögen als Beispiel stehen. Das charakteristischste gab vielleicht Frank Pace jr., USA-Kriegsminister von 1950 bis 1953, der vorher Generaldirektor von General Dynamics war, das den Flugzeugkonzern Consolidated Vultee aufkaufte. General Dynamics, einer der größten Rüstungskonzerne der USA, ist vielleicht der Konzern par excellence, in dem die unheilvolle Allianz zwischen Industrie und Militärs ihren Ausdruck findet. Nicht weniger als 50 Prozent der Direktoren sind ehemalige Militärs. In seinen Gehaltslisten führt der Konzern nicht weniger als 186 pensionierte hohe Offiziere. Neben der Delegierung von Konzernvertretern in die Regierung ist dies die zweite Hauptverbindungslinie zwischen Industrie und Regierung, die Übernahme von Generalen und Admiralen in die Dienste der Flugzeugkonzerne. Ihre Hauptaufgabe besteht in der Anknüpfung oder Wahrung von Beziehungen zur Regierung und zur Heeresverwaltung. Für diese von den Rüstungskonzernen als entscheidend wichtig angesehene Aufgabe wurden 1959 1 426 Militärs, darunter 251 ehemalige Generale und Admirale, mit Gehältern von insgesamt 16 Millionen Dollar beschäftigt. Derartige selbst für die USA ungewöhnlich hohe Gehälter erklären sich nur, wenn man weiß, daß einmal erteilte Rüstungsaufträge der Regierung den Konzernen ungewöhnlich günstige Bedingungen einräumen. Die USA-Regierung stellt bei einem Auftrag aus den Mitteln des Volkes mindestens drei Viertel des Kapitals zur Verfügung, sichert den gesamten Absatz, übernimmt den größten Teil der Forschungs- und Entwicklungsarbeiten, überläßt dem Konzern jedoch den gesamten Profit. Unter diesen Bedingungen steigt die Zahl der von den Rüstungskonzernen beschäftigten ehemaligen Offiziere ständig an. 1969 waren in 88 Konzernen bereits 2 072 ehemalige hohe USA-Militärs vom Oberst an tätig. Führend sind daran die Luftrüstungskonzerne beteiligt. Sechs von ihnen haben über ein Drittel aller Offiziere in ihre Dienste

USA-Flugzeugkosten 1917–1970 (in Dollar)

Jahr	Jagdflugzeuge Typ	Preis	Bombenflugzeuge Typ	Preis
1918	Spad	10 242	Martin	50 000
1939	P-38 «Lightning»	134 284	B-17 Flying Fortress	301 221
1942	P-47 «Thunderbolt»	105 594	B-24 «Liberator»	304 391
1944	P-52 «Mustang»	51 572	B-29 «Superfortress»	605 360
1950	F-86 F «Sabre»	219 460	B-36	1 542 000
1958	F-104 G «Starfighter»	1 360 000	B-52 «Stratofortress»	8 000 000
1962	F-4D Phantom II	2 235 000		
1966	F-106 A «Delta Dart»	3 305 000		
1968	F-111	5 880 000		
siebziger Jahre	F-15	etwa 15 000 000	B-1A	etwa 54 000 000

gestellt. Lockheed nicht weniger als 210, Boeing 169, McDonnell Douglas 141, North American Rockwell 104 und United Aircraft 48. So gelang es den Flugzeugkonzernen, aus dem von ihnen selbst investierten Kapital Profitraten zu ziehen, die weit über dem Niveau der übrigen Konzerne lagen. Die durchschnittliche Profitrate der 500 größten USA-Gesellschaften betrug 1957 11,4 Prozent, die der 12 größten Rüstungskonzerne, darunter 9 Flugzeugkonzerne, jedoch 17,9 Prozent!

Damit nicht genug. Gewaltige Mittel wurden der Flugzeugindustrie darüber hinaus von der Regierung zur Verfügung gestellt. Nach der Intervention in Korea wurden in die USA-Luftfahrtindustrie erneut wie im zweiten Weltkrieg 3,5 Milliarden Dollar investiert, 2,3 Milliarden stellte die USA-Regierung bereit. Unter diesen Bedingungen erfuhr die Flugzeugindustrie in den fünfziger Jahren einen beispiellosen Aufschwung und eine Explosion ihrer Profite. Bis 1957 stieg der Wert der von ihr erzeugten Produkte auf 11,7 Milliarden Dollar und lag damit zu Friedenszeiten fast auf der Höhe der Kriegskonjunktur (1943: 12,5 Milliarden Dollar). Die Flugzeugindustrie beschäftigte 861 000 Arbeiter, das heißt über 5 Prozent aller in der Industrie Tätigen. Die Reingewinne von Boeing erhöhten sich von 10 Millionen Dollar im Jahre 1950 auf 38 Millionen 1957, die von Curtiss-Wright von 13 auf 51 Millionen, die von United Aircraft von 10 auf 40 Millionen Dollar. Es waren vor allem jene Konzerne, die die größten Rüstungsaufträge zugeschanzt erhielten. Die Spitzenposition nahm Boeing ein, das von 1950 bis 1957 Heeresaufträge im Wert von 7,7 Milliarden Dollar erhielt, gefolgt von United Aircraft mit 6,2 Milliarden und General Dynamics mit 5,6 Milliarden.

In welch ungeheurem Ausmaß die Luftfahrtindustrie aus dem Wettrüsten des amerikanischen Imperialismus seine Profite zog, wird auch deutlich, wenn man die Preisentwicklung der Flugzeuge – selbst unter Berücksichtigung der wachsenden Geldentwertung im Imperialismus – berücksichtigt.

Die Erweiterung der Flugzeugproduktion ging Hand in Hand mit der wachsenden Steigerung der Rüstungskosten. 1957 – das Jahr, in dem der erste sowjetische Sputnik gestartet wurde – stoppte vorübergehend die Expansion der Flugzeugkonzerne. Ihre Profite sanken. Die Profitrate betrug 1958 13,6 Prozent (gegenüber 17,9 Prozent 1957), lag allerdings noch immer beträchtlich höher als die der übrigen Industrie mit 9,1 Prozent. Die Jahre ab 1957 bedeuteten für die USA-Luftfahrtindustrie die Ausweitung ihrer Produktion auf Raketen- und Lenkwaffen sowie Erzeugnisse der Raumfahrt, die nun einen immer größeren Platz einnahmen.

In den frühen sechziger Jahren erfuhr die Luftfahrtindustrie einen erneuten beträchtlichen Aufschwung, der seinen Gipfel im Jahre 1968 erreichte, als die USA-Luft- und -Raumfahrtindustrie im Ergebnis der verschärften Luftkriegführung in Vietnam, der israelischen Aggression und des Wettrüstens einen Umsatz von fast 30 Milliarden Dollar machte, das heißt fast doppelt soviel wie auf dem Höhepunkt des zweiten Weltkriegs, und nahezu eineinhalb Millionen Arbeiter, Techniker und Wissenschaftler ausbeutete. Die Steigerung der Profite der größten Truste spiegelt sich deutlich in ihren Umsätzen wider.

Die USA-Luftfahrtindustrie wird gegenwärtig von sechs Giganten beherrscht, hinter denen vor allem das New-Yorker Finanzkapital der Wallstreet (First National Bank, die zweitgrößte Bank der imperialistischen Welt), das Großkapital der Los-Angeles-Gruppe und – besonders seit 1966 – die Rockefeller-Gruppe steht, die ihre McDonnell-Werke durch den Aufkauf von Douglas zu einem der stärksten Luftfahrtkonzerne machte.

Das profitträchtigste Jahr der USA-Luftfahrtindustrie, des eigentlichen Nutznießers des verbrecherischen USA-Krieges in Vietnam, bezahlte das amerikanische Volk mit einer Verschlechterung seiner Lebensbedingungen, mit einer Wirtschaftskrise, deren Folgen die Monopole und das Finanzkapital auf die Bevölkerung abzuwälzen versuchten. Sie war hervorgerufen worden durch einseitige Rüstungsbelastungen und eine Aufblähung der Rüstungsindustrie, die die Labilität des USA-Imperialismus erhöhten. Durch seine Rüstungs- und Kriegspolitik war der USA-Imperialismus nicht in der Lage, die dringendsten sozialen und ökonomischen Bedürfnisse der Gesellschaft, wie etwa auf dem Gebiet des Gesundheits- und Bildungswesens, der Vollbeschäftigung und des Umweltschutzes, zu befriedigen.

Die zunehmende ökonomische Labilität, die Verschärfung des Klassenkampfes im Lande und die Beeinträchtigung der politisch-moralischen Position des USA-Imperialismus in der Auseinandersetzung mit dem Sozialismus zwangen ihn dazu, seine Rüstungskosten nicht weiter zu steigern. Er traf und trifft dabei auf den erbitterten Widerstand des militärisch-industriellen Komplexes, der aus dem Sinken seiner Profite den nationalen Notstand erklärt wissen möchte. Heute lebt die USA-Luftfahrtindustrie zu 80 Prozent von Staats-, und hier vor allem von Rüstungsaufträgen.

Noch deutlicher wird das Interesse, das die größten Luftfahrttruste an einer Politik des Wettrüstens und der Spannungen, der Nährung und Schürung von Konflikten haben, wenn man die Umsätze von drei führenden Konzernen auf den Anteil der Rüstung hin untersucht.

Den größten Anteil erreichte das Rüstungsgeschäft 1968 und besonders 1969, als Lockheed zum Beispiel hundertprozentig seine Kapazitäten in den Dienst des Pentagons stellte.

Eine Ausnahme im großen Rüstungsgeschäft macht gegenwärtig nur Boeing, einst mit 70 Prozent seiner Kapazitäten Hauptlieferant der Air Force, bei dem zu Beginn der siebziger Jahre Militäraufträge etwa 35 Prozent des Umsatzes ausmachen. Dies ist dem Trust vor allem durch den

Umsätze der führenden sechs Konzerne 1954–1970 (in Millionen Dollar)

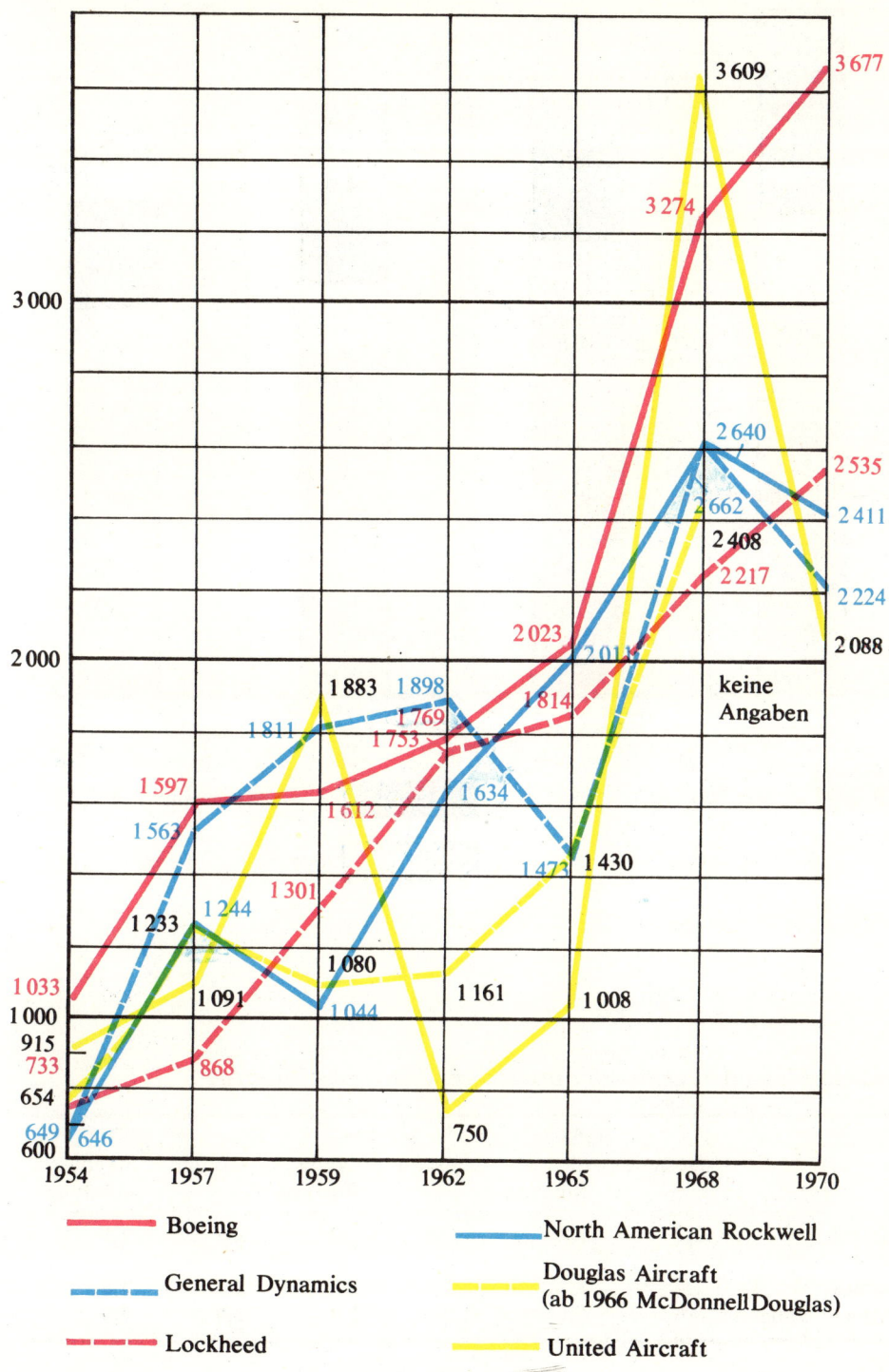

3 609
3 677
3 274
2 640
2 662
2 535
2 411
2 408
2 217
2 023
2 011
2 224
2 088
keine Angaben
1 883 1 898
1 811
1 769
1 753
1 814
1 597
1 634
1 563
1 612
1 473 1 430
1 301
1 233 1 244
1 080
1 091
1 044
1 161 1 008
1 033
1 000
915
733
868
654
649 646
750
600

1954   1957   1959   1962   1965   1968   1970

——— Boeing   ——— North American Rockwell

– – – General Dynamics   ——— Douglas Aircraft
                              (ab 1966 McDonnell Douglas)

– – – Lockheed   ——— United Aircraft

565

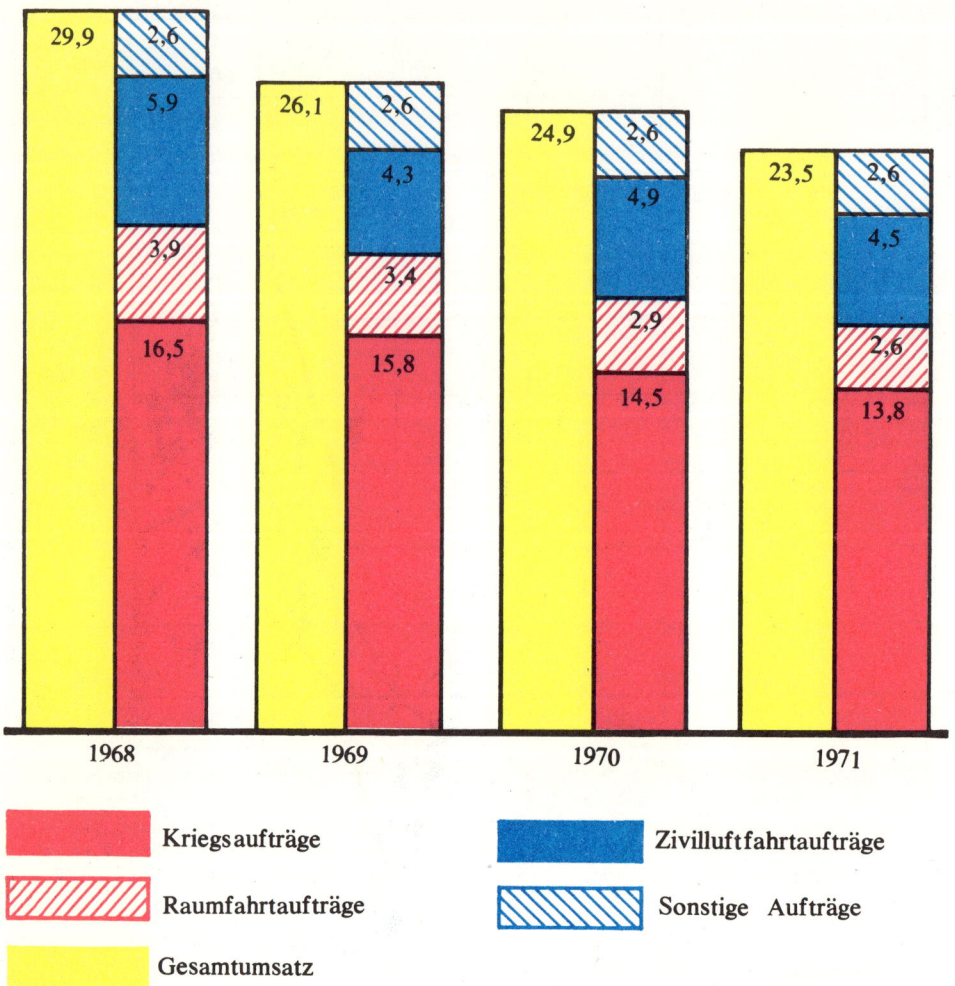

Umsätze der USA-Luftfahrtindustrie (in Milliarden Dollar)

Kriegsaufträge

Raumfahrtaufträge

Gesamtumsatz

Zivilluftfahrtaufträge

Sonstige Aufträge

Umsatz in Milliarden Dollar der drei führenden USA-Konzerne

	1968 Gesamt	1968 davon Rüstung	1969 Gesamt	1969 davon Rüstung	1970 Gesamt	1970 davon Rüstung
Lockheed	2,2	1,9	2,0	2,0	2,5	1,8
General Dynamics	2,7	2,2	2,5	2,0	2,2	1,8
McDonnell Douglas	3,6	1,1	2,0	1,0	2,0	0,9

566

Verkauf von Passagierflugzeugen gelungen. Auch andere USA-Flugzeugtruste wie Lockheed und McDonnell Douglas machen angesichts der verringerten Rüstungsaufträge Anstrengungen, den Verkehrsflugzeugbau zu forcieren. Der Fast-Bankrott von Lockheed macht allerdings sichtbar, welche Schwierigkeiten es den Flugzeugkonzernen bereitet, mit verminderten Rüstungsmilliarden des Pentagons im Konkurrenzkampf zu bestehen. Für die Festlegung des künftigen Kurses des USA-Imperialismus wird es von entscheidender Bedeutung sein, inwiefern es den realistischen Kräften innerhalb der herrschenden Kreise, die die Lage des USA-Imperialismus stabilisieren wollen, gelingen wird, die Versuche des militärisch-industriellen Komplexes, das Wettrüsten fortzusetzen und weiterhin am Rande eines atomaren Vernichtungskriegs zu balancieren, zu zügeln oder auch nur in bestimmtem Maße einzuschränken. Bisher sind derartige Versuche schon im Ansatz gescheitert. Ihre Zukunftsaussichten beurteilen die Vertreter der Luftrüstungsindustrie als durchaus chancenreich. Sie spekulierten mit Recht auf ein neues großes Rüstungsgeschäft in der Mitte der siebziger Jahre, von dem sie Umsätze in Höhe von 50 Milliarden Dollar erreichten. Es ist den progressiven Kräften in den USA nicht gelungen, den Einfluß und die Macht dieser Großhändler des Todes zurückzudrängen, wovon die Entwicklung der weltweiten Abrüstungs- und Entspannungspolitik bedeutend beeinflußt wurde.

Leonid Iljitsch Breshnew stellte auf dem XXIV. Parteitag der KPdSU am 30. März 1971 fest:

«Obwohl die Kräfte der Aggression und des Militarismus schon zurückgedrängt sind, sind sie dennoch nicht unschädlich gemacht worden. In den Nachkriegsjahren zettelten sie über 30 Kriege und bewaffnete Konflikte verschiedener Größenordnung an.»

Die Luftstreitkräfte imperialistischer Staaten
waren an den wichtigsten Aggressionen wie folgt beteiligt:

1945–1954	Kolonialkrieg des französischen Imperialismus gegen das vietnamesische Volk. Einsatz französischer Jagdbombenflieger und erstmalige Verwendung von Hubschraubern.
1945–1954	Krieg des britischen Imperialismus gegen die Unabhängigkeitsbewegung in Malaya. Einsatz von Flugzeugen und Hubschraubern gegen die Befreiungskräfte.
1947–1949	Einfall Pakistans in Kaschmir. Bombenangriffe auf indische Städte und Häfen.
1948–1949	Erster Aggressionskrieg Israels gegen die arabische Liga. Einsatz von Bomben- und Jagdbombenflugzeugen.
1950–1953	Imperialistische Aggression gegen die Koreanische Volksdemokratische Republik. Strategischer und taktischer Luftkrieg des USA-Imperialismus. Erstmals Luftkämpfe von Düsenjagdflugzeugen.

1952—1953	Einsatz britischer Fliegerkräfte zur Unterdrückung der Befreiungsbewegung in Kenia.
1954	Überfall von den USA ausgehaltener Söldner und Fliegerkräfte auf Guatemala.
1954—1958	Einsatz britischer Fliegerkräfte gegen die zypriotische Unabhängigkeitsbewegung.
1954—1962	Krieg des französischen Imperialismus gegen die algerische Unabhängigkeitsbewegung. Einsatz von Hubschraubern und Jagdbombenflugzeugen gegen die algerische Volksarmee.
1954—1958	Amerikanische Jagdbombenflugzeugangriffe auf das chinesische Festland, um die Okkupation der Inseln Djinmön und Madso aufrechtzuerhalten. Erster Einsatz des Composite Air Strike Force.
1956	Israelisch-britisch-französischer Überfall auf Ägypten. Luftlandungen, taktischer und strategischer Luftkrieg.
1958	Amerikanische Intervention gegen die libanesische Volksbewegung. Einsatz der Composite Air Strike Force.
1959—1960	Von den USA finanzierte Luftüberfälle auf Kuba.
1960—1965	Von internationalen Monopolen geschürter und genährter Bürgerkrieg im Kongo. Jagdbombenfliegereinsätze.
1960—1974	Krieg des portugiesischen Imperialismus gegen die Befreiungsbewegung von Angola. Einsatz von Jagdbombenflugzeugen und Hubschraubern.
1961	Einsatz britischer See- und Luftstreitkräfte in Kuweit zur Bedrohung des Irak.
1961	Vom USA-Geheimdienst inszenierte Luft- und Seelandung in Kuba («Schweinebucht»). Bombardierung Havannas.
1962	Kampfhandlungen der vom britischen Imperialismus unterstützten Malaiischen Föderation gegen den Volksaufstand in Brunei. Einsatz britischer Jagdbombenflugzeuge und Hubschrauber.
1962	Beginn der Intervention amerikanischer Luftstreitkräfte gegen das südvietnamesische Volk. Entfesselung des bisher längsten und intensivsten Luftkriegs in der Geschichte. Masseneinsatz von Hubschraubern und chemischen Kampfstoffen. Erster Kampfeinsatz von Überschallbombern.
1964—1968	Luftkrieg des USA-Imperialismus gegen die DRV. Erste Luftkämpfe zwischen Überschallflugzeugen und Einsatz von Luftabwehrraketen.
1965	USA-Intervention gegen die Volksbewegung in der Dominikanischen Republik. Luftlandungen.
1965	Entfesselung von Kämpfen in Kaschmir durch Pakistan. Bombenangriffe indischer und pakistanischer Luftstreitkräfte. Luftlandungen.
1967	Dritter Aggressionskrieg Israels gegen die arabischen Länder. Luftüberfall Israels und taktischer Luftkrieg.
1967—1970	Von internationalen Monopolen inszenierter Bürgerkrieg in Nigeria. Taktischer Luftkrieg.
1971	Luftkrieg zwischen Pakistan und Indien. Taktischer und operativer Luftkrieg.
1972—1973	Erneuter verschärfter Luftkrieg des USA-Imperialismus gegen die DRV.
1973	Luftkrieg des USA-Imperialismus gegen Laos und Kambodscha.
1973	Vierter Aggressionskrieg Israels gegen die arabischen Länder.

VI

Luftstreitkräfte, Luftkriegskonzeptionen und Luftkriege der jüngsten Vergangenheit

Zwei Strategien – zwei Entwicklungslinien. Die sowjetischen und amerikanischen Luftstreitkräfte im Kernwaffen- und Raketenzeitalter

Die in historisch beispiellos kurzer Frist erzielten Fortschritte der Sowjetunion auf dem Gebiet der Entwicklung von Kernwaffen, der Raketentechnik und des Baues von Strahlflugzeugen verändern seit Mitte der fünfziger Jahre das militärische Kräfteverhältnis zwischen Imperialismus und Sozialismus weiter zugunsten der Sowjetunion und den mit ihr im Warschauer Vertrag verbündeten Staaten. Bei den sowjetischen Streitkräften wurden Raketenkernwaffen eingeführt. Dadurch wuchs ihre Schlagkraft rasch an. Grundlegende Veränderungen im Militärwesen bahnten sich an.

Einen nicht zu unterschätzenden Anteil an dem neuen militärischen Kräfteverhältnis zwischen Sozialismus und Kapitalismus hatten die aufsehenerregenden Erfolge der sowjetischen Luftfahrt seit 1957, die von großer Bedeutung für die Erhaltung des Weltfriedens waren, der durch den imperialistischen Überfall auf Ägypten im Herbst 1956 aufs schwerste bedroht war.

Die wirtschaftliche und militärische Stärke der Sowjetunion, nicht zuletzt die ihrer Luftstreitkräfte, waren ein entscheidendes Mittel bei der Verteidigung des Friedens und gaben die Möglichkeit, die imperialistischen Aggressoren daran zu hindern, die Völker in neue Kriegsabenteuer zu stürzen. Die sowjetischen Luftstreitkräfte wurden in den Jahren von 1954 bis 1959 völlig auf Strahlflugzeuge umgerüstet, die zu diesem Zeitpunkt das wichtigste Mittel zur Beförderung von Kernwaffen waren. Der Umfang der von ihnen zu lösenden Aufgaben wuchs angesichts dieser Bedingungen weiter an.

Die Fernfliegerkräfte gewannen innerhalb der sowjetischen Luftstreitkräfte eine größere Bedeutung als vorher. Die sowjetische Militärwissenschaft ging von der Annahme aus, falls es dem Weltimperialismus

Sowjetische Jagdbombenflugzeuge beim Start

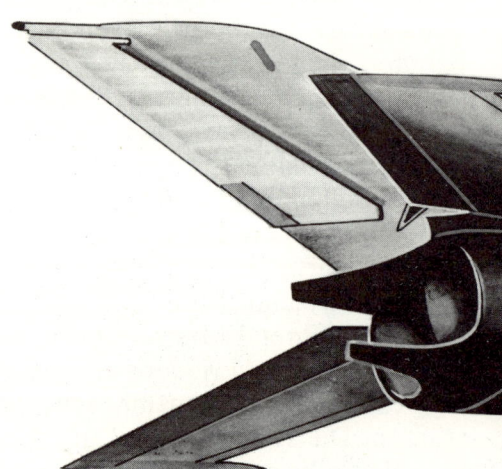

MiG-19 Die MiG-19 wurde zwischen 1952
und 1954 von A. I. Mikojan und
M. I. Gurewitsch als einsitziges Überschall-
jagdflugzeug entworfen. Ihren Erstflug
absolvierte sie Ende 1953. Anfang 1955
wurde sie in den Dienst der sowjetischen
Luftstreitkräfte gestellt.

570

gelingen sollte, einen neuen Weltkrieg zu entfesseln, würde er den Charakter eines allgemeinen Kernwaffenkriegs annehmen, in dem Kernwaffen und ihre Trägermittel, vor allem Flugzeuge, die Hauptkampfmittel wären. Kernwaffenschläge würden sich in erster Linie gegen die Rüstungsindustrie, die Verbindungswege, die Führungszentren und die strategischen Kernwaffenkräfte des Gegners richten.

In diesem Zusammenhang wurde auch das Problem des Kampfes um die Luftherrschaft neu gestellt. Das Hauptziel bestand nun darin, die kernwaffentragenden Trägermittel des Gegners am Boden und in der Luft zu vernichten. Die Hauptrolle beim Kampf um die Luftherrschaft fiel damit den strategischen Fliegerkräften zu, die durch die Zerstörung der Flugplätze der strategischen Bombenfliegerkräfte entscheidende Voraussetzungen zur Erringung der Luftherrschaft schaffen würden.

Die Erringung der Luftherrschaft auf einem Kriegsschauplatz oder mehreren benachbarten Kriegsschauplätzen sollte im engsten Zusammenwirken zwischen Fern- und Frontfliegerkräften erfolgen. Ihre Schläge hatten sich in erster Linie gegen Flugplätze, gegen das Leitsystem und

gegen Kernwaffenlagerstätten zu richten. Doch nicht nur die Aufgaben der sowjetischen Fernfliegerkräfte veränderten sich. In gleichem Maß traf dies auf die Frontfliegerkräfte zu. Sie wurden in diesen Jahren an Stelle von Schlachtflugzeugen mit strahlgetriebenen Jagdbombenflugzeugen ausgerüstet, die über bessere Kampfeigenschaften bei der Unterstützung der Bodentruppen verfügten. Auch die Methoden der Luftunterstützung der Landstreitkräfte wandelten sich. Statt des Angriffs starker Gruppen von Flugzeugen in der Tiefe des gegnerischen Hauptverteidigungsstreifens und der taktischen Zone wurden die Fliegerkräfte nunmehr in kleinsten Gruppen oder einzeln zur Luftunterstützung in der operativen Tiefe eingesetzt, die außerhalb der Reichweite der Feuermittel der Landstreitkräfte lag. Die Veränderungen im taktischen Einsatz erwiesen sich angesichts der wachsenden Feuerkraft der Landstreitkräfte, der erhöhten Wirksamkeit der Luftangriffsmittel, der gewachsenen Fluggeschwindigkeit und der verstärkten Gegenwirkung der Luftverteidigungsmittel als notwendig und zweckmäßig.

Besonders große Bedeutung erlangte unter den Bedingungen eines allgemeinen Kernwaffenkriegs die Luftverteidigung. Im Mai 1954 wurde die Zentralverwaltung der Luftverteidigungstruppen in ein Oberkommando der Luftverteidigungstruppen mit größeren Befugnissen umgewandelt. Für die Entwicklung der Luftverteidigung war die Einführung von Fla-Raketen von grundlegender Bedeutung. Sie begann 1952. Auch die Jagdfliegerkräfte erhielten Raketenwaffen. Es wurden neue Methoden zur Führung von Luftverteidigungsoperationen ausgearbeitet. Sie beruhten auf der Ortung

Suchoi-7 B Die Su-7 ist eines der wichtigsten Jagdbomber- und Erdkampfflugzeuge der sowjetischen Luftstreitkräfte. Sie wurde Mitte der fünfziger Jahre entwickelt und bei der Luftparade in Moskau-Tuschino 1956 erstmals der Öffentlichkeit vorgestellt.

Erdkampfunterstützung durch MiG-19-Flugzeuge

und Verfolgung von Luftzielen auf große Entfernungen, auf ständiger Einwirkung von Jagdflugzeugen auf Luftziele an den gegnerischen Einflugstrecken, auf Vernichtung von Luftangriffsmitteln im Zielgebiet durch Fla-Raketen, Flakartillerie und Abfangjagdflugzeuge. Durch den Aufbau eines weitreichenden Funkortungs-, Warn- und Leitsystems war es möglich, massierte Luftangriffe auf schmaler oder breiter Front, in geringen oder großen Höhen, bei Nacht und unter komplizierten meteorologischen Bedingungen abzuwehren. Für die Truppen des Luftmeldedienstes führte diese technische Umrüstung zu einer qualitativen

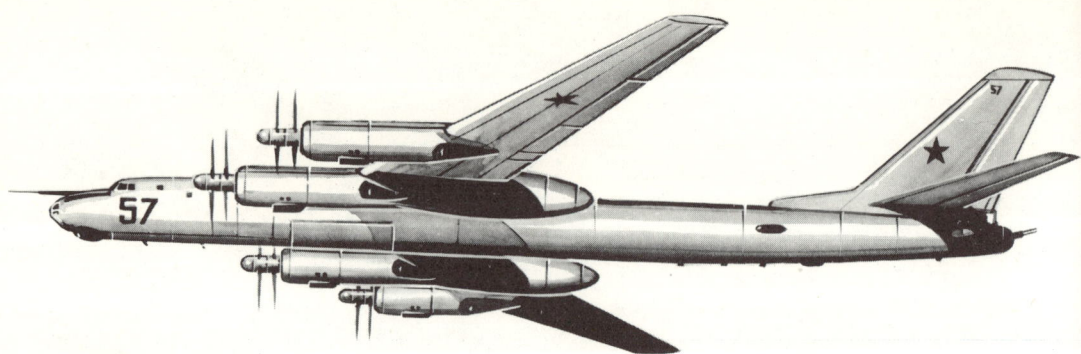

Tu-20 Die Tu-20 wurde in den frühen fünfziger Jahren als schweres Bomben- und Fernaufklärungsflugzeug mit Propeller-turbinenantrieb entworfen. Sie wurde 1955 der Öffentlichkeit vorgestellt. In der Folge-zeit wurde die Tu-20 als strategischer Raketenträger weiterentwickelt. △

Tu-22 Als strategischer Raketenträger wurde das Überschallbombenflugzeug Tu-22 seit 1959 in den Dienst der sowjeti-schen Luftstreitkräfte gestellt und 1961 erstmalig der Öffentlichkeit vorgestellt. Sie gehörte zu den leistungsfähigsten mittleren Fernkampfflugzeugen, die in hohen Stückzahlen produziert wurden. ▽

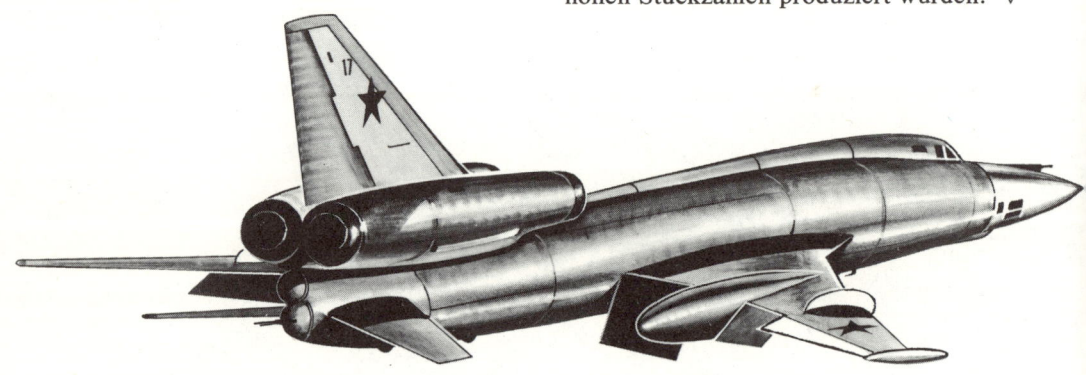

Tu-28 Die Tu-28 wurde als zweistrahliges Überschallkampfflugzeug entwickelt. Der Erstflug des Prototyps fand 1955 statt, der Öffentlichkeit wurde sie im Juni 1956 vorgestellt. Neben der Verwendung als operativ-taktischer Raketenträger dient sie als schwerer Langstreckenjäger der sowjetischen Luftverteidigung. ▽

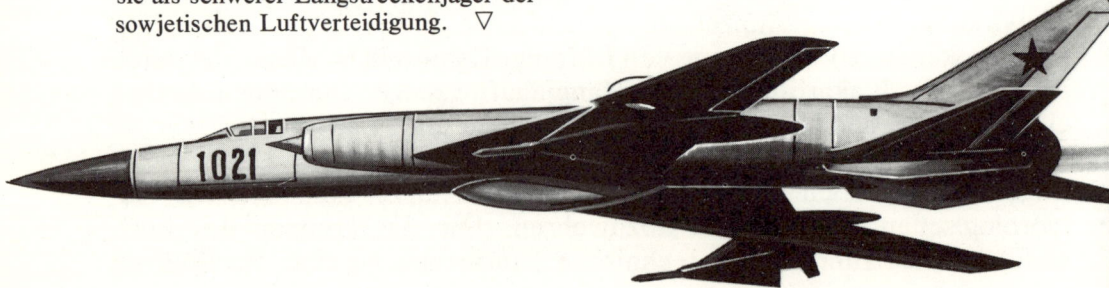

574

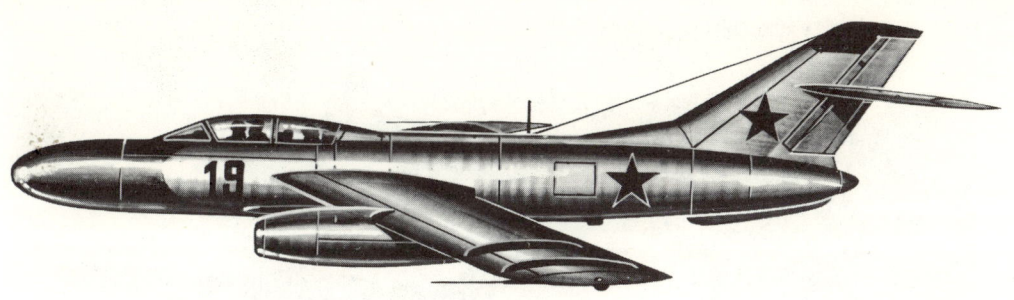

Jak-25 Die Jak-25 wurde 1950/51 als erstes
sowjetisches Nachtjagdflugzeug für den
Allwettereinsatz entwickelt. 1953 wurde
die Serienproduktion aufgenommen. Auf
der Flugparade in Tuschino 1955 wurde es
erstmals der Öffentlichkeit vorgestellt.

Umwandlung in eine neue Gattung; die funktechnischen Truppen der
Luftverteidigung. Gelenkte Fla-Raketen, raketentragende Abfangstrahl-
flugzeuge, automatisierte Führungssysteme und funkelektronische Technik wurden damit allmählich zum Kern der Luftverteidigung der Sowjetunion.

Die wachsende Stärke und Überlegenheit der sowjetischen Luftstreitkräfte dokumentierte sich besonders eindrucksvoll auf den Luftparaden
in Tuschino. Am 20. Juli 1954 stand diese ganz unter dem Eindruck der
Erfolge, die die sowjetische Flugzeugindustrie bei der Schaffung starker
Fernfliegerkräfte erreicht hatte. Mit den strategischen Strahlbombenflug-
zeugen Tu-16 und Mjassischtschew M-4, die an diesem Tag der Weltöffentlichkeit erstmals vorgestellt wurden, brachte die Dalnjaja Awiazija
nicht nur endgültig die Legende von der angeblichen Überlegenheit des
Strategic Air Command zum Zusammenbruch, sondern bewies den klaren
Vorsprung der sowjetischen Flugzeugtechnik auch auf diesem Gebiet.

Noch größer war der Schock, den die Luftparade von Tuschino am
3. Juli 1955 in der imperialistischen Welt erzeugte. Die «Daily Mail» vom
4. Juli 1955 schrieb unter der Überschrift «Die beunruhigendste Rote
Luftparade» unter anderem, daß «die Russen sowohl Amerika als auch
Großbritannien in einigen der wichtigsten Kategorien der Kampfflugzeuge
wahrscheinlich weit voraus sind». Und der ehemalige USA-Luftfahrt-
minister Stuart S. Symington meinte: «Jetzt ist es klar, daß wir einen Teil
jener Luftmacht verloren haben, von der wir glaubten, daß sie uns in der
Vergangenheit gehört habe.» Das bezog sich in erster Linie auf die Vor-
führung des ersten einsatzreifen Überschalljagdflugzeugs der Welt, der
MiG-19, von der 48 in Tuschino flogen, aber auch auf das zweistrahlige

Lufttankmanöver schwerer sowjetischer Bombenflugzeuge

Allwetterjagdflugzeug Jak-25 sowie das schwere PTL-Langstreckenbombenflugzeug Tu-20.

Zusammen mit der sensationellen Luftparade vom 24. Juli 1956 in Tuschino gaben diese Flugzeuge einen überzeugenden Beweis von der militärischen Stärke der sowjetischen Luftstreitkräfte, die «Die Welt» am 25. Juli 1956 zu dem Eingeständnis zwangen: «Die amerikanischen Sachverständigen sind darüber betroffen, mit wieviel Schwung und Qualität die Russen die bisherige technische Vorherrschaft der USA zunichte gemacht haben. Aber es ist weder eine Täuschung noch ein Wunder, daß die Russen heute Düsentriebwerke besitzen, die doppelt so mächtig sind wie die stärksten westlichen Turbinen.» Erstmals wurde 1956 in Tuschino das Jagdflugzeug MiG-21 vorgestellt.

Die Luftparaden in Tuschino unterstrichen die Feststellung des damaligen sowjetischen Verteidigungsministers G. K. Shukow am 16. März 1957: «Gegenwärtig gibt es in der Welt keinen Winkel, in dem sich ein Aggressor verstecken könnte. Die sowjetischen Luftstreitkräfte sind in der Lage, vernichtende Schläge gegen jeden Feind zu führen, wo immer er sich auch befinden oder verstecken mag.» Die einstige Unverwundbarkeit des Territoriums der USA war Mitte der fünfziger Jahre damit in Frage gestellt. Der endgültige Verlust des Kernwaffenmonopols, der Rückstand in der Entwicklung thermonuklearer Waffen, die aufsehenerregenden Erfolge der sowjetischen Luftfahrt und die im Korcakrieg zusammengebrochene Konzeption einer «Kriegführung ohne Menschen» hatten bedeutende Auswirkungen auf die amerikanische Militärdoktrin. Zwar wiegten sich die Bombergenerale noch in der Illusion, sie verfügten über ein der Sowjetunion überlegenes atomares Potential, und glaubten insbesondere an einen Vorsprung bei den Trägermitteln, doch hatte sich für den USA-Imperialismus das Risiko eines von ihm entfesselten Kernwaffenkriegs

Suchoi-9B Das Abfangjagdflugzeug Su-9 entstand gleichzeitig neben der Su-7. Sie ergänzt für bestimmte Zwecke den Aufgabenbereich der MiG-21.

Der Öffentlichkeit vorgestellt wurde sie während der Luftparade in Moskau-Tuschino im Juli 1956.

beträchtlich vergrößert. Die Schlußfolgerungen des amerikanischen Militarismus, wie sie John Foster Dulles 1954 unter dem Schlagwort «New Look» zog, lauteten dahingehend, die Kernwaffenrüstung zu forcieren, weil das SAC auch weiterhin als das kriegsentscheidende Instrument angesehen wurde, das schon in der Anfangsperiode des Krieges durch einen massierten Schlag die Kriegsentscheidung herbeiführen sollte. Daneben wurden aber auch auf Grund der Erfahrungen der Intervention in Korea die konventionellen Streitkräfte − insbesondere durch die Heranziehung der Verbündeten der USA − verstärkt, die unter dem «Schild» des «apokalyptischen Schwerts» des strategischen Bomberkommandos «am Rande des Krieges balancieren» sollten.

Die Politik der Stärke, unter dem Schlagwort des «massierten Gegenschlags», der «massierten Vergeltung» nur notdürftig getarnt, blieb weiterhin voll gültig, wurde aber seit 1954 durch neue Elemente erweitert, die vor allem das Risiko für die USA in einem Kernwaffenkrieg mindern und in verstärktem Maße die Verbündeten vor den Karren amerikanischer Kriegspolitik spannen sollten.

Wenn auch die Priorität des SAC unbestritten blieb, mußte doch die amerikanische Führung den taktischen Fliegerkräften und der Luftverteidigung größere Aufmerksamkeit schenken als in den vergangenen Jahren.

Völlig neu wurde in den USA auf Grund der sowjetischen Erfolge die Frage nach der Luftherrschaft gestellt. War in den USA in den Jahren des Kernwaffenmonopols diesem Problem eine nur untergeordnete Bedeutung beigemessen worden, weil man annahm, daß selbst schwere Verluste von Bombenflugzeugen bei weitem ausgeglichen würden durch die verheerenden Schäden, die sie anrichteten, so begannen die USA angesichts der wachsenden Verwundbarkeit ihres Territoriums im Fall einer Aggression, dem Kampf um die Luftherrschaft nun wieder eine erstrangige Bedeutung zuzumessen.

Am 1. Januar 1951 wurde das Air Defense Command wiedergegründet. Es wurde mit dem Ausbau eines Systems von Funkmeßstationen an der nördlichen Grenze der Vereinigten Staaten beauftragt, das in der Folgezeit auch auf Kanada ausgedehnt wurde und 1955 im wesentlichen errichtet war. Neben diesem Pinetreesystem wurden von der kanadischen Regierung entlang dem 55. Breitengrad und von den USA entlang den Küsten Alaskas und Kanadas weitere Funkmeßstationen errichtet; die Mid Canada Radar Line und die Distant Early Warning Line, die 1957 beziehungsweise 1958 fertiggestellt waren. 1957 wurde die Luftverteidigung Nordamerikas in die Hände des North American Air Defense Command (NORAD) gelegt. 70 Prozent seiner Kräfte wurden vom US-amerikanischen ADC gestellt, das ab 1950 auf Allwetterjäger vom Typ F-89 und F-94, ab 1953 auf die North American F-86 D «Sabre» umgerüstet wurde.

Republic F-84 «Thunderstreak» – bis Mitte der sechziger Jahre eines der wichtigsten
kernwaffentragenden Jagdbombenflugzeuge der USA und der NATO

Beträchtlich verstärkt wurden seit Beginn der amerikanischen Aggression in Korea auch die taktischen Fliegerkräfte. Das Tactical Air Command
war am 1. Dezember 1950 wiedererrichtet worden und zählte Ende 1950
520, 1953 1 100 Flugzeuge, die in drei Luftflotten zusammengefaßt waren.
Von besonderer Bedeutung für die Steigerung der Schlagkraft des TAC war
die Tatsache, daß ab 1953 amerikanische Jagdbombenflugzeuge – die

Republic F-84G «Thunderjet» – für den Einsatz taktischer Kernwaffen vorbereitet wurden. Das TAC wurde Mitte der fünfziger Jahre zu *dem* Einsatzverband des amerikanischen Imperialismus, der am schnellsten an beliebige Punkte des Erdballs verlegt werden konnte, wenn es galt, Interessen des USA-Imperialismus gewaltsam durchzusetzen oder den Kampf der nationalen Unabhängigkeitsbewegung der Völker im Bombenhagel zu ersticken. Zu diesem Zweck wurden aus den drei Luftflotten gemischte Verbände von Jagdflugzeugen, Jagdbombern, Aufklärungs- und Transportflugzeugen gebildet, die sogenannte Composite Air Strike Force, die unter anderem 1958 bei der amerikanischen Intervention im Libanon unrühmliche Publizität erlangte.

Während der gesamten fünfziger Jahre wurde die Militärdoktrin der USA weiterhin entscheidend von ihrer Luftkriegsdoktrin geprägt.

Obwohl sich das internationale Kräfteverhältnis in den fünfziger Jahren immer weiter zuungunsten des amerikanischen Imperialismus verschob, versuchten die Bombergenerale den Eindruck aufrechtzuerhalten, daß es dem USA-Imperialismus gelungen sei, mit der Einführung des strategischen Bombenflugzeugs B-52 (seit 1955) seine Überlegenheit an strategischen Angriffsmitteln auf viele Jahre hinaus zu untermauern.

Die wachsenden Zweifel von Vertretern des USA-Imperialismus an ihrer angeblichen Überlegenheit, die gepaart waren mit der Absicht, dem amerikanischen Volk weitere Rüstungslasten aufzubürden, spiegelten sich im Bericht des Symington Subcommittees wider, das – auf Grund der sowjetischen Luftfahrterfolge – am 17. April 1956 seine Tätigkeit mit dem Zweck aufgenommen hatte, das Kräfteverhältnis in der Luft zu analysieren. In seinem 1 863 Seiten langen Bericht kam es zu dem Eingeständnis, daß die UdSSR die USA in der Produktion und in der Qualität von Flugzeugen überträfe, seine Forschung überlegener und die sowjetischen Triebwerke stärker als die amerikanischen wären. Doch schloß es sich auch dem Urteil der Bombergenerale an, daß das Flugzeug für absehbare Zeit das entscheidende Mittel zur Beförderung von Kernwaffen bliebe. Über die Geisteshaltung des strategischen Bomberkommandos wußte der britische «Daily Mirror» am 2. Februar 1955 zu berichten: «Die Festlegung auf und gegen die Sowjetunion ist absolut und total. Sie sind hier davon besessen, und man kann nicht umhin zu fürchten, daß ihr Haß gegen Rußland ihr Urteil beeinflussen werde. Alle Karten, alle Pläne, alle die gewaltigen Vorbereitungen sind gegen das große Land gerichtet.»

In welchem Maße der eifernde Antikommunismus der Bombergenerale das Urteil der amerikanischen Politiker trübte, wurde aller Welt am 4. Oktober 1957 offenbar. Der Start eines künstlichen Erdtrabanten kündete der ganzen Welt von den Erfolgen der Sowjetunion im Raketenbau und bei der Eroberung des Kosmos. Die einstige Unverwundbarkeit des Territoriums der USA war damit endgültig beendet. Die Strategie des «massiven

Lockheed F-104G «Starfighter» Die F-104
wurde zu Beginn der fünfziger Jahre als
Abfangjagdflugzeug entwickelt. Am 7. Juli
1954 flog der erste Prototyp. Am 26. Juni
1958 wurden die ersten Flugzeuge bei der
US Air Force eingeführt, 1960 aber bereits
zurückgezogen, nachdem man begonnen
hatte, die F-104 nicht zuletzt auf Forderung
der Bundeswehrführung zu einem Mehr-
zweckjagdflugzeug und kernwaffentragenden Jagdbomber weiterzuentwickeln.
Die daraus entstandene Version F-104G
bildete in den sechziger Jahren den Kern
der aggressiven Luftstreitkräfte des
BRD-Imperialismus. Von seiner konstruk-
tiven Anlage her war die F-104G von der
Vielzahl der nun an sie gestellten Aufgaben überfordert. Bis Anfang 1980
verlor die Bonner Luftwaffe 190 Starfighter durch Flugunfälle. Ab 1974 wurde
damit begonnen, den Starfighter in der
BRD außer Dienst zu stellen.

Gegenschlags» begann zusammenzubrechen. Der Wert ihrer strategischen Bombenfliegerkräfte minderte sich. Die amerikanischen Bombergenerale hatten damit ihren einstigen Vorsprung bei den Trägermitteln vor aller Welt verloren.

Raketenwaffen wurden von nun an zunehmend das wirksamste Mittel zur Beförderung von Kernmunition. Die Sowjetunion entwickelte als erste Raketen strategischer Bestimmung, Interkontinental- und Mittelstreckenraketen.

Seit 1957 setzte in den USA und in den mit ihr verbündeten NATO-Staaten eine Phase des angestrengten Suchens nach den Ursachen des Scheiterns ihrer Strategie ein und der Versuch, eine Militärdoktrin zu entwickeln, die dem veränderten Kräfteverhältnis entsprach.

Die Reaktion des Weltimperialismus auf diese plötzliche und einschneidende Veränderung des militärischen Kräfteverhältnisses zugunsten der sozialistischen Staaten enthüllten einmal mehr die abenteuerlichen, unwissenschaftlichen und aggressiven Merkmale seiner Militärdoktrin. Die britische Regierung veröffentlichte am 4. April 1957 ihr jährliches Weißbuch über die Militärpolitik des britischen Imperialismus, das 1957 jedoch – nach den Äußerungen britischer Journalisten – wie «eine kleine Atombombe» einschlug. Im Kern sah das britische Weißbuch nämlich nicht mehr und nicht weniger als die Verschrottung der gesamten Luftstreitkräfte vor, die – nach englischer Prognose – 1965/67 völlig, bis auf wenige Flugzeuge, ihre Daseinsberechtigung verloren hätten. Wörtlich hieß es: «Mit Rücksicht auf die voraussichtlichen Fortschritte beim Einsatz von ballistischen Fernwaffen und Abwehrraketen hat sich die britische Regierung entschlossen, die Entwicklung bemannter Überschallbomber einzustellen... Im übrigen werden die Arbeiten für ein Abwehrsystem mit Boden-Luft-Fernlenkwaffen fortgesetzt werden, die zu gegebener Zeit an die Stelle der bemannten Flugzeuge des Fighter Command treten sollen.» Bei dieser extremen, einseitigen Ausrichtung auf die Raketenwaffe wurde völlig außer acht gelassen, daß die Luftstreitkräfte auch weiterhin ihren Platz in den Streitkräften behalten würden. Aus einer Veränderung ihres Einsatzzweckes wurde fälschlich abgeleitet, daß sie ihre Daseinsberechtigung verloren hätten.

Für die Reaktion in den Vereinigten Staaten war 1957/58 kennzeichnend, daß man in der Strategie einen überraschenden Kernwaffenschlag in den Vordergrund stellte, mit dem man alle Hauptaufgaben des Krieges zu lösen hoffte. Zur Führung eines überraschenden Kernwaffenschlags wurde das SAC seit dem 1. Oktober 1958 ständig in höchster Alarmbereitschaft gehalten. Die B-52-Geschwader des SAC wurden 1958 verlegt und auf 50 Basen verteilt. Diese Alarmkräfte – je Basis in Stärke von 15 Bomben- und 10 Tankerflugzeugen – sollten damit jedem möglichen Gegenschlag entzogen werden. Die B-47-Geschwader wechselten ständig ihre Flugplätze mit den Geschwadern anderer Kommandos und wurden auch auf Zivilflugplätzen untergebracht. Ein Teil der schweren Bombenflugzeuge befand sich von nun an mit Kernwaffen an Bord ständig in der Luft. Bei ihren 24stündigen Einsätzen wurden sie in der Luft nachgetankt. Ihre Alarmflüge fanden auf drei nördlichen Routen (Alaska, Kanada und Grönland) und einer südlichen Route (bis zum Balkan) statt.

Zwar wurde in den USA niemals die Existenzberechtigung der Fliegerkräfte oder auch nur der schweren Bombenfliegergeschwader ernsthaft in Frage gestellt, doch mußten sich auch die Bombergenerale zu der Erkenntnis durchringen, daß ihre Fernfliegerkräfte trotz aller Maßnahmen durch die Ende der fünfziger Jahre eingeleitete Bildung von Raketentruppen in der Sowjetunion ihre Position als Hauptschlagkraft der Streitkräfte eingebüßt hatten.

Die USA sahen sich gezwungen, ihre Fernfliegerkräfte schrittweise einzuschränken und das Schwergewicht auf die Entwicklung strategischer Raketensysteme zu legen. Vorübergehend suchte zwar die Air Force die Raketenlücke durch ihre vermeintliche Überlegenheit an taktischen Atomwaffen auszugleichen, die man heuchlerisch als quasi-konventionelle Waffen, als sogenannte saubere Atomwaffen ausgab, um noch zeitweilig die Strategie des «massiven Gegenschlags» am Leben zu erhalten. Doch das Schwergewicht innerhalb der Luftstreitkräfte verlagerte sich auch in den USA-Streitkräften immer stärker zugunsten der Raketentruppen, die in den USA einen wesentlichen Teil der Luftstreitkräfte ausmachten.

Unter den Bedingungen eines Raketenkernwaffenkriegs veränderten sich die Technik, die Aufgaben und der Einsatzzweck der Luftstreitkräfte erneut. R. J. Malinowski erklärte am 23. Oktober 1961 auf dem XXII. Parteitag der KPdSU dazu: «In den Luftstreitkräften sind die veralteten Kolbenflugzeuge vollständig durch moderne Strahlflugzeuge ersetzt worden... Auch die Kanonen- und MG-Bewaffnung der Flugzeuge wurde durch eine Raketenausrüstung ersetzt. Immer umfassender werden raketentragende Flugzeuge eingesetzt, die in der Lage sind, mit Kernsprengköpfen versehene Raketen über eine lange Strecke gegen den Aggressor zu tragen und in seine Luftverteidigungszone einzudringen. Dadurch haben sich die Möglichkeiten unserer Luftstreitkräfte in einem Kriegsfall erhöht.»

Für die Entwicklung der sowjetischen Streitkräfte war seit 1960 die massenweise Einführung von strategischen Raketenwaffen charakteristisch, die im selben Jahr zur Bildung von strategischen Raketentruppen führten. Die Raketentruppen wurden zur wichtigsten Teilstreitkraft der Sowjetarmee. Zunächst wurden Interkontinentalraketen und Raketen mittlerer Reichweite der ersten Generation eingeführt, die durch strategische Raketen einer neuen Generation, vor allem Interkontinentalraketen mit Festtreibstoffen, beweglichen Raketensystemen und schließlich durch Globalraketen unbegrenzter Reichweite ersetzt wurden.

Durch folgende Faktoren wurde die Entwicklung der sowjetischen Luftstreitkräfte unter diesen Bedingungen geprägt:
- Die sowjetischen Fern- und Frontfliegerkräfte wurden zu Kernwaffenträgern (Bomben und Raketen).
- Die Methoden der Leitung und Führung der Luftstreitkräfte veränderten sich einschneidend durch die Einführung verschiedenster funkelektronischer Einrichtungen, die den Übergang zu automatisierten Leitsystemen gestatteten.
- Den Veränderungen im Einsatz der Fliegerkräfte wurde operativ und taktisch in der Herausgabe neuer Vorschriften und Kampfanweisungen entsprochen.
- An die Ausbildung und Erziehung der Angehörigen der sowjetischen Luftstreitkräfte wurden neue, höhere Anforderungen gestellt, um die neue Kampftechnik meistern und effektiv einsetzen zu können.

Im Mittelpunkt der operativen Kunst der sowjetischen Luftstreitkräfte stand seit 1960 unter anderem die Aufgabe, die Methoden des Einsatzes der Fernfliegerkräfte in Verbindung mit den Handlungen der strategischen Raketentruppen auszuarbeiten. Der Haupteinsatzzweck der strategischen Bombenflugzeuge war es, im Zusammenwirken mit den strategischen Raketentruppen und Atom-U-Booten Kernwaffenschläge in der Tiefe von Land- und Seekriegsschauplätzen zu führen.

Bei Entfesselung eines allgemeinen Kernwaffenkriegs durch den Imperialismus konnten die militärpolitischen und strategischen Ziele eines solchen Krieges nur durch die Vernichtung der strategischen Kernwaffenmittel des Aggressors, die Zerschlagung seiner Streitkräfte in kürzester Frist sowie durch die Ausschaltung seines kriegswirtschaftlichen Potentials und der Desorganisation seines Leitungssystems erreicht werden.

MiG-21 Eines der leistungsfähigsten
Abfangjagdflugzeuge der Welt ist die
MiG-21. Der Erstflug des Prototyps
fand 1955 statt. Ab 1959 wurde die Serienproduktion aufgenommen. Ihr erster
militärischer Einsatz, bei dem sie sich allen
vergleichbaren USA-amerikanischen
Mustern als überlegen erwies, fand 1966
im Rahmen der Fliegerkräfte der DRV
bei der Abwehr von Terrorangriffen statt.

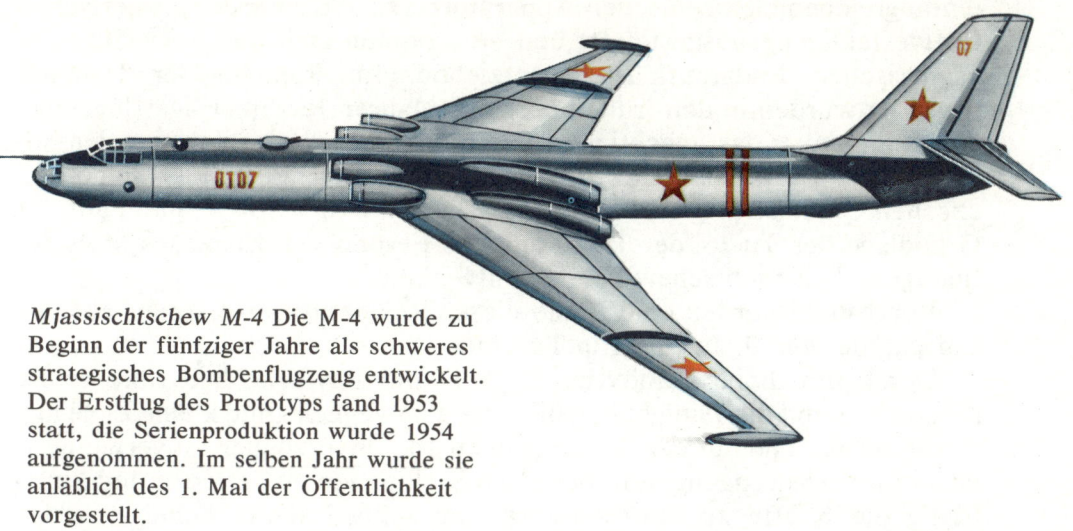

Mjassischtschew M-4 Die M-4 wurde zu
Beginn der fünfziger Jahre als schweres
strategisches Bombenflugzeug entwickelt.
Der Erstflug des Prototyps fand 1953
statt, die Serienproduktion wurde 1954
aufgenommen. Im selben Jahr wurde sie
anläßlich des 1. Mai der Öffentlichkeit
vorgestellt.

Das strategische Bombenflugzeug nahm trotz der Existenz der Raketenwaffe und trotz seiner relativ hohen Verwundbarkeit weiterhin einen
wichtigen Platz innerhalb der Streitkräfte ein. Es war besonders dazu
geeignet, bewegliche oder ungenügend aufgeklärte Boden- und Seeziele zu
vernichten. Sein Einsatz konnte ferner elastisch und flexibel gehalten
werden. Das Hauptproblem beim Einsatz von strategischen Bombenflugzeugen bestand in der Überwindung der gegnerischen Luftverteidigung.
Dazu wurden verschiedene Wege beschritten. Die strategischen Bombenflugzeuge wurden zu Raketenträgern entwickelt, die aus großer Entfernung
von den Luftverteidigungszonen ihre Schläge führten. Sie wurden mit

umfangreichen elektronischen Apparaturen zur Störung der gegnerischen Luftverteidigung ausgestattet, und sie konnten sich durch Tiefflug der gegnerischen Radaraufklärung entziehen. Im Rahmen der Dalnjaja Awiazija wurden in den frühen sechziger Jahren Raketenträgerflugzeuge eingeführt, die das mächtigste und modernste Waffensystem der sowjetischen Luftstreitkräfte zur Vereitelung aller Pläne der imperialistischen Globalstrategie bildeten. Sie wurden in der Sowjetunion auf der Grundlage der Tu-16, der Tu-20 und des Fernbombenflugzeugs M-4, der heutigen Mjassischtschew 201-M, entwickelt.

Vorgestellt wurden eine Reihe dieser Raketenträger erstmals auf der Luftparade vom 9. Juli 1961 in Tuschino.

Durch ihre hohe Manövrierfähigkeit und Beweglichkeit, ihre große Reichweite und die Fähigkeit, selbständig bewegliche und kleine Ziele auf dem Festland und auf der See zu suchen und unverzüglich zu vernichten, rasch ihre Anstrengungen in beliebige Richtungen zu verlegen und kurzfristig die Kräfte zu konzentrieren, um schnell starke Schläge in der operativen und taktischen Tiefe mit Kernwaffen und konventionellen Vernichtungsmitteln zu führen, blieben die Luftstreitkräfte auch unter den Bedingungen eines Raketenkernwaffenkriegs eine wichtige Teilstreitkraft. W. D. Sokolowski betonte 1963 in seinem Werk «Militärstrategie»: «Wenn insgesamt von der Entwicklung der Fliegerkräfte die Rede ist, muß anerkannt werden, daß ihre Kampfmöglichkeiten hinsichtlich ihres Einsatzes im modernen Krieg noch nicht voll ausgeschöpft sind. Ihre weitere Vervollkommnung unter Berücksichtigung der Entwicklungstendenzen der Raketen und der Funkelektronik, ihre Befähigung zur flugplatzlosen Basierung und die Verbesserung ihrer flugtechnischen Daten können die Einsatzmöglichkeiten der Fliegerkräfte bei der Erfüllung von Aufgaben im Gefecht und in der Operation beträchtlich vergrößern.»

Das traf in besonderem Maße auch auf die Einsatzmöglichkeiten der mit den Landstreitkräften zusammenwirkenden Frontfliegerkräfte zu. Sie machten den stärksten Teil der Fliegerkräfte aus. Obwohl ein Teil der Aufgaben, die bisher taktische Fliegerkräfte gelöst hatten, von operativ-taktischen Raketenkräften übernommen wurden, waren ihre Kampfmöglichkeiten damit bei weitem nicht erschöpft. Die operative Kunst der sowjetischen Luftstreitkräfte ging davon aus, daß 50 bis 60 Prozent der Ziele auf dem Gefechtsfeld beweglich wären, deren Bekämpfung Hauptaufgabe der taktischen Fliegerkräfte sei, während die Raketenkräfte vor allem gegen stationäre Ziele einzusetzen seien. Bei Kampfhandlungen ohne Kernwaffeneinsatz blieben die Fliegerkräfte auch Hauptangriffsmittel gegen stationäre Ziele.

Den Kern der taktischen Fliegerkräfte machten Jagdbombenflugzeuge aus, die einen großen Gefechtsbereich hatten und in der Lage waren, den Kampf aus der Luft und in der Luft zu führen. Um die Ge-

Mjassischtschew 201 M Die Mjassischtschew 201 M wurde aus der M-4 als strategischer Raketenträger und als Fernaufklärungsflugzeug weiterentwickelt. In dieser Form wurde sie erstmalig im Juli 1961 der Öffentlichkeit vorgestellt.

fechtsmöglichkeiten der taktischen Fliegerkräfte zu erhöhen, war man in der Sowjetunion darum bemüht, die Raketenbewaffnung der Flugzeuge weiter zu verstärken, ihre Start- und Landeeigenschaften − vor allem Kurz- und Senkrechtstarteigenschaften − zu verbessern und durch die Einführung automatisierter Leitsysteme die Heranführung an Luft- und Bodenziele zu erleichtern. Das Jagdbombenflugzeug entwickelte sich zum taktischen Raketenträger und hochleistungsfähigen Mehrzweckkampfflugzeug. Um die Abhängigkeit insbesondere der taktischen Fliegerkräfte von ausgebauten Flugplätzen zu vermindern, wurden in der Sowjetunion Flugzeuge entwickelt, die, wie die Luftparade am 9. Juli 1967 in Domodedowo bewies, über eine veränderliche Tragflügelgeometrie, zusätzliche Triebwerke für Kurzstart und -landung oder für Senkrechtstart und -landung verfügten.

Wachsende Aufmerksamkeit durch die sowjetische Militärstrategie erfuhren die Luftaufklärung und der Lufttransport. Untersuchungen über den möglichen Verlauf der Kampfhandlungen unter den Bedingungen eines Raketenkernwaffenkriegs zeigten, daß alle Teilstreitkräfte in dieser oder jener Weise auf Luftaufklärungsangaben angewiesen waren, die eine der wichtigsten Quellen sind, um rasch Informationen über Bewegungen und Handlungen des Gegners an der Front und im Hinterland zu erhalten. Der Aufgabenbereich der Luftaufklärung wuchs an, weil unter den neuen Bedingungen die Entfaltung der gegnerischen Landstreitkräfte stark dezentralisiert erfolgen würde und die Aufklärung eines völlig neuen Zielgebiets hinzukam − das der Raketenmittel des Aggressors, die von den Fliegerkräften systematisch und ununterbrochen aufgeklärt werden

mußten. Angesichts der hohen Beweglichkeit moderner Operationen wurden höhere Anforderungen an den Lufttransport gestellt, um im breiten Umfang Luftlandetruppen und Ausrüstung im Rücken des Gegners abzusetzen. Neben dem Lufttransport von motorisierten Schützen- und Panzertruppen und der Bereitstellung dementsprechender Transportflugzeuge wie der im Februar 1965 zum Erstflug gestarteten An-22 «Antäus» wurden starke Luftlandetruppen geschaffen, die über Transportflugzeuge und Hubschrauber verfügten. Auch auf dem Gebiet des Hubschrauberbaus war es der UdSSR Mitte der fünfziger Jahre gelungen, den Vorsprung der USA einzuholen und sie in den sechziger Jahren auf wichtigen Gebieten zu überholen.

Die gewaltigen Fortschritte der sowjetischen Luftfahrtindustrie, die in den fünfziger Jahren immer entscheidender wichtige Entwicklungsabschnitte der Flugtechnik bestimmte und in den sechziger Jahren mit Pionierleistungen das Profil des Flugzeugbaus prägte, waren der Hintergrund, auf dem sich die sowjetischen Luftstreitkräfte zu den führenden in der Welt entwickelten. War die Sowjetunion 1955 Inhaber von

Auch unter den Bedingungen eines Kernwaffen-Raketenkriegs kommt dem Zusammenwirken zwischen Luft- und Landstreitkräften hohe Bedeutung zu

Senkrechtstarter der sowjetischen Luftstreitkräfte

88 Weltrekorden − von damals insgesamt 269 vergebenen −, und das vor allem auf dem Gebiet des Fallschirmsports, der Sportflugzeuge und der Leichtflugzeuge, so wurden von sowjetischen Flugzeugen 1959 von 360 Weltrekorden 140 gehalten (100 von den USA, 29 von Italien, 28 von Frankreich). Darunter befanden sich der absolute Geschwindigkeitsrekord, der Höhenweltrekord und der Langstreckenrekord für Militärflugzeuge. Von 1959 bis 1969 wurden 650 Weltrekorde von sowjetischen Flugzeugen und Sportlern aufgestellt. Am 1. Januar 1964 hatten sowjetische Flugzeuge von 545 Weltrekorden 236 errungen, die USA dagegen nur 150. Von insgesamt 709 von der Fédération Aéronautique Internationale bis Mitte 1970 registrierten Weltrekorden gehörten 296 der UdSSR.

Mit der Entwicklung der Luftangriffsmittel, besonders der Raketenkernwaffen, wuchs die Rolle der Luftverteidigung außerordentlich an. Die sowjetischen Luftverteidigungstruppen, die nun zugleich auch mit der Aufgabe der Raketenabwehr betraut waren, wurden fast vollständig umgerüstet und reorganisiert. In der UdSSR wurde ein wirksames Ra-

589

Mi-4 Der erste militärisch einsatzfähige sowjetische Hubschrauber war die Mi-4. Die Entwurfsarbeiten begannen im Oktober 1951, der Erstflug des Prototyps fand im April 1952 statt. Die Mi-4 ist der in größter Stückzahl gebaute Kolbenmotorhubschrauber. △

Ka-20 Die Ka-20 wurde als schwerer Kampfhubschrauber für die sowjetischen Seestreitkräfte Ende der fünfziger Jahre entwickelt. Sie ist einer der ersten sowjetischen Kampfhubschrauber und vor allem zur Bekämpfung von U-Booten vorgesehen. Die Ka-20 wurde erstmals bei der Luftparade im Jahr 1961 der Öffentlichkeit vorgestellt. ▽

Eröffnung der Luftparade in Domodedowo am 9. Juli 1967: Strategischer Raketenträger in Begleitung von Jagdflugzeugen

ketenabwehrsystem entwickelt und ein weitreichendes System zur lückenlosen Luftraumüberwachung geschaffen. Neue Fla-Raketenkomplexe entstanden, die eine Probe ihrer gestiegenen Kampfkraft am 1. Mai 1960 gaben, als sie ein amerikanisches Spionageflugzeug vom Typ U-2 aus 21 000 Meter Höhe abschossen. Die Jagdfliegerkräfte der Luftverteidigung wurden weiter vervollkommnet und erhielten einsitzige Allwetterabfangjagdflugzeuge zur Bekämpfung hoch- und tieffliegender Ziele und schwere Langstreckenjagdflugzeuge zum Schutz des sozialistischen Luftraums. Für die technische Entwicklung der Jagdflugzeuge in den sechziger Jahren waren der rasche Anstieg der Flughöhe – von 20 000 Metern Ende der fünfziger Jahre auf 30 000 Meter zu Ende der sechziger Jahre – und die Steigerung der Horizontalgeschwindigkeit von 2 bis 2,5 Mach am Ende der fünfziger Jahre auf 3 Mach Ende der sechziger Jahre charakteristisch. Die bemannten Mittel der Luftverteidigung, also die Jagdfliegerkräfte, behaupteten in vollem Umfang ihren Platz. Sie wirkten gemeinsam mit Flakgeschützen verschiedener Kaliber, Fla-Raketen und Funkmeßstationen hoher Leistung zusammen.

Für die Entwicklung der Taktik der Luftverteidigung war in dieser Periode die Ausarbeitung von Methoden des Zusammenwirkens zwischen Jagdfliegerkräften und Fla-Raketentruppen typisch. Die Jagdfliegerkräfte sollten gegnerische Luftangriffsmittel an den entfernten Zugängen der zu

Sowjetisches Transportflugzeug An-22 «Antäus»

schützenden Objekte vernichten, Fla-Raketen an den unmittelbaren Zugängen. Darüber hinaus wurden Zonen geschaffen, in denen Fla-Raketen und Jagdflugzeuge unmittelbar zusammenwirkten.

Die sowjetischen Luftstreitkräfte, ihre Organisation und Ausrüstung, Technik und Taktik sowie vor allem ihre operative Kunst hielten mit dem stürmischen wissenschaftlich-technischen Fortschritt, mit der technischen Revolution im Militärwesen Schritt und beurteilten die Entwicklung des Militärwesens richtig. Im Gegensatz zu imperialistischen Doktrinen fügte sich die operative Kunst der sowjetischen Luftstreitkräfte organisch in die sowjetische Kriegskunst ein, die die fortgeschrittenste Position in der Welt innehatte. Die Ende der fünfziger Jahre aufkommenden imperialistischen Theorien von der Überlebtheit der Luftstreitkräfte sowie die Theorie vom Druckknopfkrieg, der einzig und allein von Raketenwaffen entschieden werde, wurden von der sowjetischen Militärtheorie abgelehnt.

Die Schwierigkeiten, den Platz der Luftstreitkräfte in den Streitkräften und in der Militärdoktrin unter den neuen Bedingungen zutreffend zu bestimmen, spiegelten sich bei der Entwicklung der USA-Luftstreitkräfte in den sechziger Jahren deutlich wider.

Mit dem endgültigen Verlust der Unverletzlichkeit der USA in einem Weltkrieg war ein Eckpfeiler der alten Aggressionsstrategie des USA-Imperialismus und der NATO-Staaten zusammengebrochen.

Da die bisherige Doktrin der «massiven Vergeltung» auf Grund des veränderten Kräfteverhältnisses das Risiko in einem Weltkrieg für die USA beträchtlich steigerte, der amerikanische Imperialismus aber weiterhin an seiner aggressiven Weltgendarmenpolitik festhielt, entwickelten die amerikanischen Militärtheoretiker die Theorie der sogenannten «abgestuften Abschreckung», wonach die Methoden der Kriegseröffnung und -führung «flexibel» zu halten seien. Amerikanische Militärtheoretiker, an erster Stelle Maxwell D. Taylor, rieten zu einem Militärprogramm, das den amerikanischen Imperialismus in die Lage versetzen sollte, sowohl einen weltweiten Kernwaffenkrieg als auch begrenzte Kriege führen zu können. Für die amerikanischen Luftstreitkräfte bedeutete diese strategische Neuorientierung, die 1961 unter Präsident John F. Kennedy und Kriegsminister Robert S. McNamara zur Militärdoktrin wurde, daß sie starke Raketentruppen zur Lösung strategischer Aufgaben schufen, die nun an Stelle der Fernfliegerkräfte zunehmend die Hauptschlagkraft des SAC ausmachten.

Nach dem Start des sowjetischen Sputniks arbeitete eine Kommission unter Nelson D. Rockefeller ein umfassendes Programm zur Intensivierung der Raketenrüstung aus. Beginnend mit der Einführung der Atlas-Rakete (ab 1959), entwickelten die USA in den sechziger Jahren die Titan- und die interkontinentale Minuteman-Rakete, die Mitte der sechziger Jahre weit-

Am 1. Mai 1960 aus 21 000 Meter Höhe abgeschossen: USA-Spionageflugzeug U-2

gehend verbunkert untergebracht waren. Im Vergleich dazu nahm die relative und absolute Stärke der Fernfliegerkräfte ab. Rühmte sich der USA-Imperialismus noch 1960, daß die Bombenfliegerkräfte des SAC 90 Prozent der Feuerkraft der «freien Welt» besäßen, so verfügten sie 1963 noch über 630 B-52, 800 B-47 und 110 B-58, 1967 über 680 und 1971 nur noch über 520 Bombenflugzeuge, darunter 450 B-52 und 70 F-111. Einige B-52 sind zu Raketenträgern umgerüstet worden.

1971 gliederte sich das SAC (Hauptquartier in Offut, Nebraska) in die 2., 8. und 15. Luftflotte mit insgesamt 14 Luftdivisionen, davon 7 Bombenflieger- und 6 Strategische Weltraumdivisionen, die vor allem bei der 15. Luftflotte konzentriert waren. Die USA-Raketendivisionen verfügten 1971 über 1 054 Raketen, darunter etwa 1 000 Minuteman-Raketen, 500 davon vom Typ III mit Mehrfachsprengköpfen. SAC verfügte zu diesem Zeitpunkt über 70 Stützpunkte in allen Teilen der Welt, wobei der größte Auslandsstützpunkt Guam ist. 420 Lufttankflugzeuge sollen eine hohe Einsatzbereitschaft und Eindringtiefe gewährleisten. Die strategischen Aufklärungsfliegerkräfte des SAC sind bei der 1. Strategic Aerospace Division konzentriert.

Beträchtlich verstärkt wurde im Zeichen der neuen Doktrin das Luftwarnsystem. Am 1. Oktober 1960 nahm das Funkmeßfrühwarnsystem gegen ballistische Flugkörper (Ballistic Missile Early Warning System − BMEWS) seine Tätigkeit auf. Es beruht auf drei funktechnischen Posten in Grönland (Thule), in Alaska (Clear) und in Großbritannien (Fylingdales).

594

MiG-25 Das schwere Abfang- und All-
wetterlangstreckenjagdflugzeug wurde
erstmalig bei der Luftparade in Domede-
dowo im Juli 1967 unter der Bezeichnung
E-266 vorgestellt. Der Erstflug des
Prototyps fand 1962 statt, in die Serienproduktion wurde es ab 1964 übernommen.

Die gemeinsamen Waffenübungen der verbündeten Armeen («Oktobersturm», «Oder/Neiße», «Quartett» und «Schild 72») legten Zeugnis von der militärischen Kraft und Stärke der sozialistischen Staatengemeinschaft ab: Fliegerkräfte, Luftlandetruppen und Hubschrauber im Einsatz beim Manöver «Schild» im September 1972

Zur Ortung und Kontrolle kosmischer Mittel wurde das funktechnische System SPADATS (Space Detection and Tracking System) geschaffen, dem 1963 125 Beobachtungsstellen unterstanden. Ende der sechziger Jahre wurde in den USA mit dem Aufbau zweier weiterer Radarsysteme begonnen: mit dem OTH-System (Over-the-Horizon), das es gestatten soll, Flugzeuge auf weite Entfernungen zu entdecken, und dem Airborne Warning and Controll System (AWACS), das die Unterbringung leistungsfähiger Funkmeßstationen in Flugzeugen vorsieht und das Unterfliegen des Radarschattens unterbinden soll. Es ist interessant, daß die Entscheidung für AWACS nach dem israelischen Luftüberfall 1967 auf die arabischen Staaten getroffen wurde.

Stark ausgebaut wurde im Zeichen der «flexiblen Reaktion» das Tactical Air Command, das von seinem Hauptquartier in Langley (Virginia) die 9., 19. und 12. Luftflotte und drei Spezialzentren befehligt. TAC wurde zur Zentrale der amerikanischen Luftstreitkräfte, die konterrevolutionäre Methoden zur Bekämpfung von Partisanen und Unabhängigkeits-

bewegungen entwickelte. Das am 27. April 1962 in Englin gebildete Special Air Warfare Center unterhält Zweigstellen in Afrika, Lateinamerika und vor allem in Südostasien. Unter seiner Leitung wurden spezielle «Counter Insurgency Aircraft» wie die T-28 und die Douglas A 1 E entwickelt. TAC ist ferner dazu bestimmt, im Kriegsfall die taktischen Fliegerkräfte der USA in Übersee zu verstärken, und ist verantwortlich für die Kriegsplanung der Luftkriegshandlungen im Mittleren Osten, in Südostasien und in Afrika südlich der Sahara.

Entsprechend der Globalstrategie des USA-Imperialismus unterhalten die amerikanischen Luftstreitkräfte drei große Kommandos in Übersee. An erster Stelle standen zu Beginn der siebziger Jahre die Pacific Air Forces, die ihr Hauptquartier auf Hawaii haben. Sie setzten sich aus der 5. Luftflotte in Japan, der 7. Luftflotte in Südvietnam und der 13. Luftflotte auf den Philippinen zusammen. Von diesen Kräften wurde im Zusammenwirken mit Teilen des SAC, des TAC und von Seefliegerkräften seit dem 4. August 1964 der barbarische Luftkrieg gegen die Demokratische Republik Vietnam geführt, auf den im folgenden noch näher einzugehen sein wird.

Doch nicht im Fernen Osten, sondern in Westeuropa befinden sich nach wie vor die stärksten und kampfkräftigsten Verbände der US Air Force. Den United States Air Force in Europa (USAFE) unterstehen drei amerikanische Luftflotten – die 3. in Großbritannien, die 16. in Spanien, die 17. in der BRD. Bei einer Aggression sollen sie teilweise mit den drei taktischen Luftflotten der NATO-Verbündeten, der 4. in der BRD, der 5. in Italien und der 6. in der Türkei, verschmelzen.

Eines der ältesten Überseekommandos des USA-Imperialismus befindet sich in der Panamakanalzone. Das United States Air Force Southern Command (USAFSO) überwacht in erster Linie Latein- und Mittelamerika. Es hält besonders zu den reaktionären Regimen Südamerikas enge Beziehungen und ist zudem eines der Zentren zur Entwicklung von Methoden zur Bekämpfung von Partisanenbewegungen.

Die amerikanischen Streitkräfte verfügten Mitte 1971 – trotz des Verlustes und der Räumung zahlreicher Stützpunkte – über 492 große und 2972 kleine Stützpunkte in dreißig Staaten. Der Löwenanteil davon entfällt auf die BRD mit 200 USA-Basen, gefolgt von Japan mit 50 und Südkorea mit 41.

Auch in den sechziger Jahren verfügten die USA-Luftstreitkräfte über eine zahlenmäßige Stärke von etwa 20 000 Einsatzflugzeugen. Nach Angaben des Pentagons zählten die amerikanischen Fliegerkräfte (einschließlich der Seefliegerkräfte) am 30. Juni 1965 beziehungsweise 30. Juni 1967 folgende Flugzeuge:

Modernes sowjetisches Abfangjagdflugzeug

Stärke der USA-Fliegerkräfte am 30. Juni 1965 bzw.
am 30. Juni 1967

	Aktiv	Gesamt*	Aktiv	Gesamt
Taktische Kampfflugzeuge	4 785	6 261	5 205	6 244
Abfangjäger	1 246	1 662	1 008	1 491
Aufklärungsflugzeuge	554	892	769	1 124
Bombenflugzeuge	1 107	1 729	747	1 645
Transportflugzeuge	3 010	4 266	2 606	3 841
Schulflugzeuge	4 784	6 080	4 936	6 242
Andere Flugzeuge	4 753	6 271	4 720	5 961
Gesamt	20 239	27 161	19 991	26 548
Hubschrauber	5 380	6 223	8 174	9 343

* einschließlich Reserve.

Die Zahlen sind auch in anderer Beziehung aufschlußreich. Sie zeigen die wachsende Bedeutung, die der USA-Imperialismus den taktischen Fliegerkräften, den Aufklärungsflugzeugen und vor allem den Hubschraubern beimißt, während die Anzahl der Bombenflugzeuge drastisch zurückgegangen und die der Abfang- und Transportflugzeuge gesunken ist. Nach den bisher vorliegenden Angaben hat sich dieser Trend bis in die achtziger Jahre fortgesetzt. Die USA wollen zu diesem Zeitpunkt über 490 einsatzbereite Fernbomben-, 9 300 Kampf- und Aufklärungs- und 1 800 Transportflugzeuge sowie über 10 000 Hubschrauber im Bestand haben.

Das rasche Anwachsen der Hubschrauberkräfte, bedingt vor allem durch die Aggression in Vietnam, stärkte die Rolle der Heeresfliegerkräfte, die den Landstreitkräften unterstehen, außerordentlich. Sie verfügten 1967 über 12 000 Flugzeugführer gegenüber 37 000 bei der Air Force.

Die amerikanischen Luftstreitkräfte bilden also nach wir vor einen wesentlichen Eckpfeiler der amerikanischen Militärdoktrin und sind eines der wichtigsten Exekutivorgane der Militärstrategie. Nicht übersehen werden kann allerdings, daß ihnen längst nicht mehr die Bedeutung beigemessen wird wie etwa in den fünfziger Jahren. Das findet einerseits Erklärung darin, daß ein Großteil der strategischen Aufgaben der Bombenflugzeuge an interkontinentale Raketen übergegangen ist, andererseits aber auch darin, daß kernwaffentragende Raketen zeitweise vom USA-Imperialismus wie auch von den NATO-Staaten als die totale, allentscheidende Waffe angesehen worden sind. Das führte nicht nur zu einer kostenbedingten Einschränkung bei der Luftrüstung, sondern

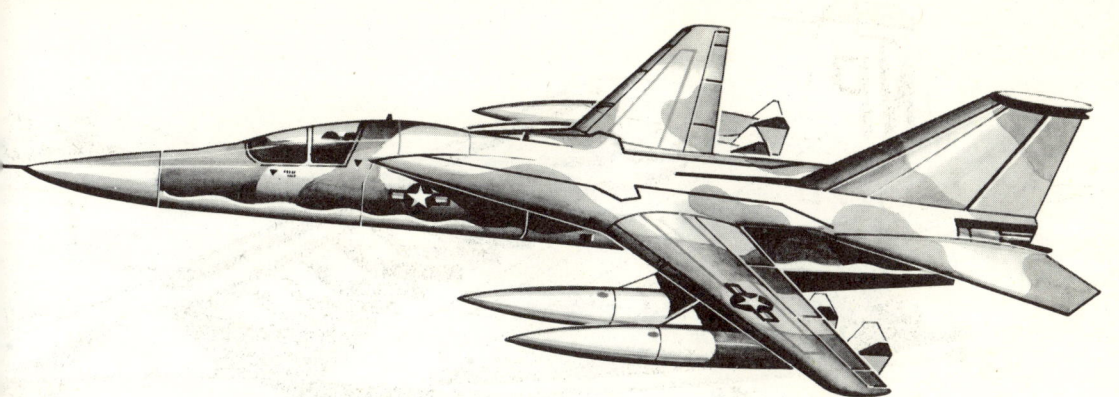

General Dynamics F-111A Die F-111 war
das erste USA-Militärflugzeug mit
variabler Tragflügelgeometrie und gleichzeitig das erste Jagdflugzeug, das sowohl
von Air Force als auch von Navy entwickelt wurde. Ab 1959/60 entwickelt,
flog der Prototyp erstmals am 21. Dezember
1964. Während der bis 1966 während
Flugerprobung gingen auf Grund konstruk-
tiver Mängel wenigstens 15 Flugzeuge
verloren, so daß die Auslieferung der
ersten Serienmodelle erst im Oktober 1967
erfolgte. Die Produktion wurde von 1 700
auf 400 herabgesetzt. Während des Einsatzes gegen die DRV erlitt die F-111
derartige Verluste, daß sie 1968/69
Flugverbot erhielt. Angesichts des Fehlens
eines modernen strategischen Bombenflugzeugs wurde versucht, die F-111 als
Bombenflugzeug umzubauen. Statt der
geplanten 210 Stück wurden jedoch nur
76 dem SAC überstellt.

auch zu einer Beschränkung ihrer übrigen strategischen und taktischen
Aufgabenbereiche.

Besonders augenfällig wird das bei einer Betrachtung der amerikani-
schen Luftverteidigung. Wuchs in der UdSSR die Rolle der Luft-
verteidigung stetig, so stagnierte sie in den USA und wies sogar rückläufige
Tendenzen auf. Die Ursachen dafür sind mannigfaltig. Der wichtigste
Grund besteht offensichtlich darin, daß im Zeichen der Präventivkriegs-
theorie des Pentagons die Luftverteidigung auf Kosten der strategischen
Angriffswaffen vernachlässigt wurde und dem Jagdflugzeug eine geringe
Wirksamkeit in der Luftverteidigung beigemessen wurde. Nach USA-
Angaben nahmen die Kräfte der Luftwaffenverteidigung zwischen 1961
und 1970 die aus der Statistik auf S. 602 ersichtliche Entwicklung.

Auffällig dabei ist, wie die USA-Aggression in Vietnam seit 1964 die
Stärke der Luftverteidigungskräfte beeinträchtigt hat. Seitdem beschleunigte sich der – zu diesem Zeitpunkt sicherlich nicht geplante –
Abbau der Luftverteidigung. Für die Stagnation der USA-Luftstreitkräfte
im Zeichen einer Überschätzung der Raketen spricht auch, daß seit Mitte
der sechziger Jahre die Entwicklung bestimmter Nachfolgemuster für
veraltete Flugzeugtypen – wie der B-52 – unterblieb. Dabei spielten
Fragen der Budgetaufteilung gleichfalls eine große Rolle. Angesichts der

enormen Kriegskosten in Vietnam und der forcierten Raketenrüstung genossen die Luftstreitkräfte nicht mehr die einstige Vorzugsstellung.

Mitte der siebziger Jahre befand sich die Luftkriegskonzeption des USA-Imperialismus in einer Übergangsphase, die widersprüchliche Erscheinungen erzeugte. Er war gezwungen, sein globalstrategisches Konzept dem internationalen Kräfteverhältnis anzupassen. Das militärische Kräfteverhältnis wurde davon bestimmt, daß es sich rascher und tiefgreifender, als es je von den herrschenden Kreisen der USA für möglich gehalten wurde, zugunsten der UdSSR und der sozialistischen Staatengemeinschaft veränderte. Die USA-Politik des Wettrüstens nach dem zweiten Weltkrieg, die in entsprechenden Doktrinen ihren Niederschlag fanden, Doktrinen, die alle Ausdruck der sich in der Welt vollziehenden Entwicklungen und Veränderungen im Kräfteverhältnis zwischen Kapitalismus und Sozialismus waren, hatten nicht verhindern

Douglas AD-1 «Skyraider» Die Douglas «Skyraider» wurde 1944 auf Forderung der USA-Navy entwickelt. Der Erstflug erfolgte am 18. März 1945. Sie war als bordgestütztes Bomben-, Torpedo- und Aufklärungsflugzeug entworfen worden. Insgesamt wurden 28 Versionen gebaut. Zum erstenmal wurde es während der USA-Aggression in Korea eingesetzt. In der Folgezeit wurde der «Skyraider» von Frankreich im Kampf gegen die algerische Befreiungsbewegung eingesetzt. Bis zur Produktionseinstellung am 18. Februar 1957 waren 3180 «Skyraider» produziert worden. Anfang der sechziger Jahre stellte ihn die Navy außer Dienst. 1963 wurde der «Skyraider» reaktiviert, als das USAF Special Air Warfare Center seine Eignung als «COIN»- (Counterinsurgency – Gegenaufstands-) Flugzeug entdeckte. Ab 1963 wurde der «Skyraider» im zunächst verdeckten Krieg des USA-Imperialismus in Indochina eingesetzt, wo er bis zu Beginn der siebziger Jahre Verwendung fand. ◁

Boeing/Vertol CH-47A «Chinook» Der schwere militärische Transporthubschrauber CH-47 wurde 1958 in Auftrag gegeben. Er flog erstmals am 21. September 1961. 1963 wurde er in die Serienproduktion gegeben. Seine Hauptaufgaben bestehen im Lufttransport von Truppen und schwerem Kriegsmaterial, im Bergen beschädigter Flugzeuge und im Absetzen von Stoßtrupps bis zu 44 Mann Stärke ◁

McDonnell F-4D «Phantom» II Die Phantom ist seit Mitte der sechziger Jahre das wichtigste Kampfflugzeug der NATO-Staaten, das erstmals während der Aggression gegen die DRV massenweise eingesetzt wurde. Der Erstflug dieses als Allwetterjagd- und -Jagdbombenflugzeugs entworfenen Typs fand am 27. Mai 1958 statt. Am 29. Dezember 1960 wurden die ersten 21 Flugzeuge an die US Navy übergeben. △

Entwicklung der US-Luftverteidigung zwischen 1961 und 1970

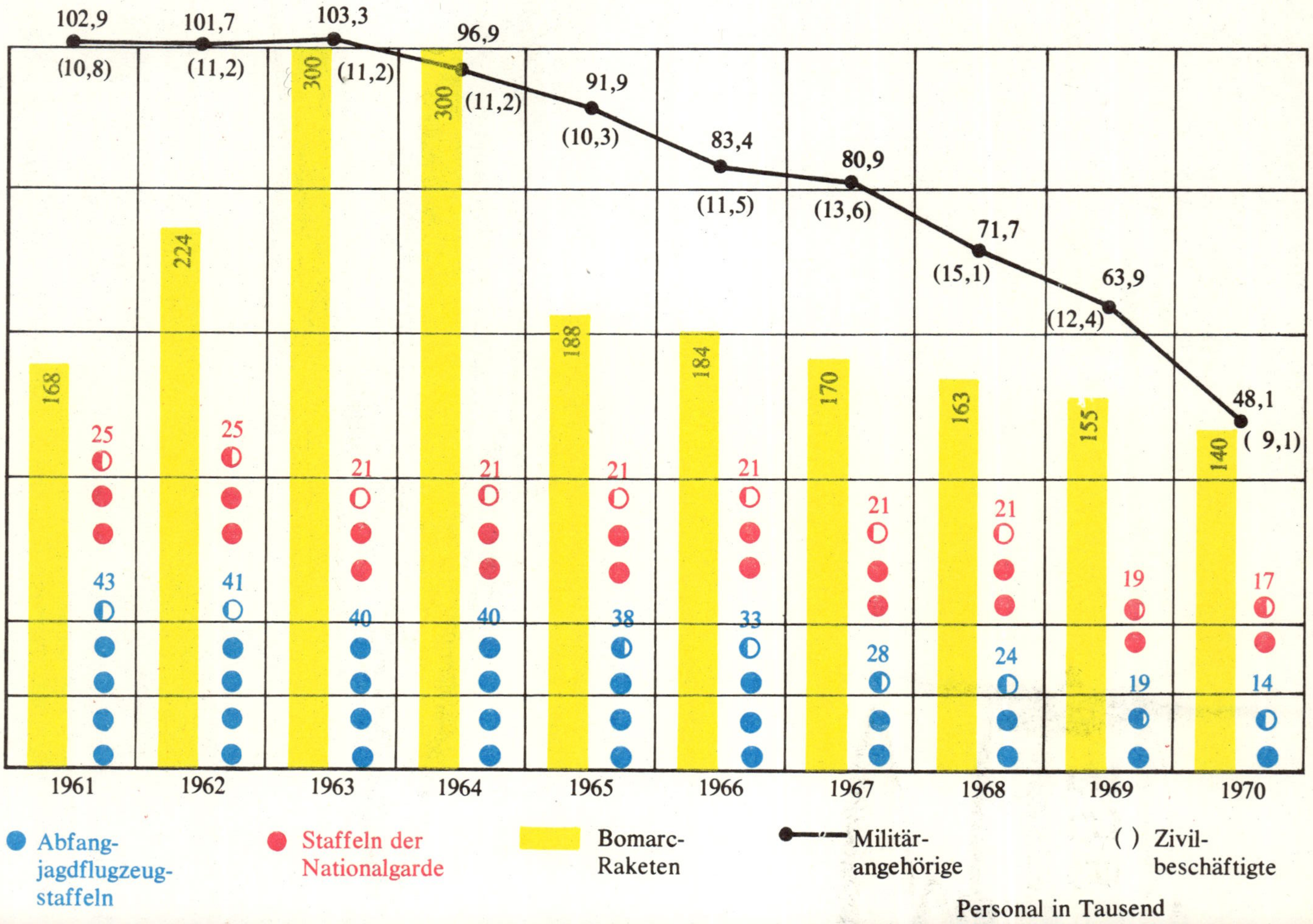

	1961	1962	1963	1964	1965	1966	1967	1968	1969	1970
Militärangehörige	102,9	101,7	103,3	96,9	91,9	83,4	80,9	71,7	63,9	48,1
(Zivilbeschäftigte)	(10,8)	(11,2)	(11,2)	(11,2)	(10,3)	(11,5)	(13,6)	(15,1)	(12,4)	(9,1)
Bomarc-Raketen (gelb)	168	224	300	300	188	184	170	163	155	140
Staffeln der Nationalgarde	25	25	21	21	21	21	21	21	19	17
Abfangjagdflugzeugstaffeln	43	41	40	40	38	33	28	24	19	14

Legende:
- Militärangehörige
- ( ) Zivilbeschäftigte
- Bomarc-Raketen
- Staffeln der Nationalgarde
- Abfangjagdflugzeugstaffeln

Personal in Tausend

604

können, daß der USA-Imperialismus in seiner Aggressionspolitik Niederlage auf Niederlage erlitt. Sein militärischer und politischer Handlungsspielraum wurde ständig weiter eingegrenzt. Die Folge dieser Entwicklung sind zwei Einstellungen in den USA: Forcierung der Rüstung, um für die USA irgendeinen Vorteil zu erlangen, oder Einschränkung der strategischen Rüstungen, um Mittel zu gewinnen, die Konkurrenzfähigkeit des USA-Imperialismus gegenüber seinen imperialistischen «Partnern» zu heben, eine weitere Schwächung der Vormachtstellung des USA-Imperialismus in der imperialistischen Welt zu verhindern und seine Position im Lande selbst zu stabilisieren. Die Politik der Nixonregierung lavierte zwischen diesen beiden Polen. Mit dem Abkommen über die Begrenzung der strategischen Rüstungen, das sie am 26. Mai 1972 mit der Sowjetunion abgeschlossen hat, konnte der Rüstungswettlauf eingedämmt werden; es schien sich die Möglichkeit zu bieten, den Weltfrieden dauerhafter zu machen.

In den USA verkündete Kriegsminister Laird am 9. März 1971 vor dem Militärausschuß des Repräsentantenhauses den Übergang zu einer neuen Strategie, der «Strategie der realistischen Abschreckung», nachdem gerade erst vor vier Jahren die NATO-Staaten sich die amerikanische Strategie der «flexiblen Reaktion» offiziell zu eigen gemacht hatten. Laird definierte das Wesen der «neuen» USA-Strategie mit den Worten: «Die Politik der Vergangenheit beruhte auf Reaktion und Gegenzügen. Unsere neue Strategie ist positiv und aktiv. Die Politik der Vergangenheit konzentrierte sich auf Eindämmung. Die neue Strategie betont ein abgewogenes, bedeutsames Engagement und dynamische Verhandlungen von der Position der Stärke aus.» Ihren Ausdruck findet diese Politik der Stärke darin, daß die Nixonregierung die größten Anstrengungen unternommen hat, um vor allem die nukleare Schlagkraft des USA-Imperialismus zu erhöhen. Sie konzentrierte sich seit Anfang der siebziger Jahre auf drei Hauptprojekte:

1. auf die Einführung der Multiple Independent Recentry Vehicles (MIRV), Interkontinentalraketen des Typs Minuteman III mit 5 bis 10 atomaren Sprengköpfen, die 1968 erprobt wurden;
2. auf den Bau eines strategischen Bombenflugzeugs, der B-1A, das ab 1976 bei SAC in Dienst gestellt und bis 1977/78 alle anderen Bombenflugzeuge ersetzt haben sollte. Die B-1A soll nach amerikanischen Angaben Tragflächen mit unterschiedlicher Pfeilung besitzen, für den Hoch- und Tiefflug geeignet sein und eine um 40 Prozent kürzere Startstrecke als die B-52 haben. Diesem Bomberprogramm schenkten die herrschenden Kreise der USA größte Aufmerksamkeit, weil es — wie die USA-Presse schreibt — «als eines der elastischsten und gewaltigsten Elemente der strategischen Macht des Landes Ende der siebziger Jahre und Anfang der achtziger Jahre angesehen wird».

3. auf den weiteren Aufbau eines Raketenabwehrsystems. Nach den Plänen der Nixonregierung sollte in den nächsten Jahren das im Bau befindliche Abwehrsystem bei den Minuteman-Raketenstellungen Grandfork (Dakota) und Malmstrom (Montana) vollendet werden, um dann die Raketenstellung Whiteman (Missouri) in das System mit einzubeziehen. Noch nicht entschieden war die Frage, wo die vierte ABM-Stellung errichtet werden soll: zur Deckung des Raketenstützpunktes Warren oder zum Schutz der Umgebung Washingtons, wo sich die Einsatzführung der strategischen Streitkräfte der USA befindet.

Um trotz verstärkter Raketen- und Kernwaffenrüstung das Kriegsrisiko für die Vereinigten Staaten zu mindern, verlegten die USA-Militärs einen Teil ihrer Interkontinentalraketen und der Fernfliegerkräfte auf Flugzeugträger oder Unterseeboote, die auf den Weltmeeren stationiert wurden.

Das neue militärpolitische Konzept zielte darüber hinaus auf eine Umstellung und Überprüfung des USA-Militärsystems ab. Die Ziele des USA-Imperialismus sollten mit veränderten Mitteln und Methoden, mit qualitativ verbesserten Streitkräften durchgesetzt werden; denn die gewaltigen Ausgaben für dieses Rüstungsprogramm der siebziger Jahre – ein einziges Exemplar der 240 bestellten B-1A sollte 54 Millionen Dollar kosten, im Vergleich dazu betrug der Preis einer B-29 600 000 Dollar und der einer B-52 8 Millionen Dollar – zwangen die USA, die Ausgaben für die Rüstung der konventionellen Streitkräfte zu kürzen. Diese Kürzung betraf vor allem die taktischen Fliegerkräfte und die Seefliegerkräfte. Die taktischen Fliegerkräfte wurden in den nächsten Jahren von 74 auf 68 Staffeln gebracht, die Trägergeschwader von 12 auf 11 reduziert.

Ihre Schlagkraft sollte aber unter diesen Bedingungen nicht nur erhalten, sondern sogar gesteigert werden. Dem entsprach ein umfangreiches Entwicklungsprogramm – das größte seit Jahren – zur Verstärkung der vor allem für die konventionelle Kriegführung vorgesehenen Fliegerkräfte. Neben dem Programm zur Schaffung eines Luftüberlegenheitsjagdflugzeugs, der F-14 und F-15, wurden erstmals spezielle Erdkampfflugzeuge für Land- und Seestreitkräfte, z. B. die A-10, entwickelt sowie kostengünstige Leichtbaujäger wie die F-16 und F-17 konstruiert. 1976 begann man in den USA, dieses langfristige Umrüstungsprogramm der taktischen Fliegerkräfte zu realisieren. Große Aufmerksamkeit schenkte man der Konstruktion elektronischer Stör-, Aufklärungs- und Frühwarnflugzeuge.

Kriegsminister Laird forderte vor allem billigere, effektivere und flexiblere Waffensysteme. In diesem Zusammenhang müssen auch die Pläne der Nixonregierung beachtet werden, die 1973 von der Wehrpflicht abging und eine Berufsarmee schuf. Diese Überlegungen sind allerdings auch Ausdruck der Tatsache, daß sich der amerikanische Imperialismus seit der Aggression in Vietnam einem immer stärker werdenden Demoralisie-

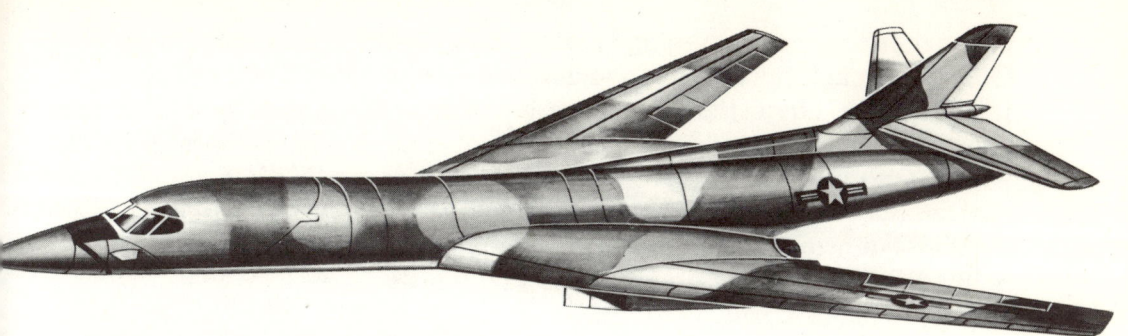

North American Rockwell B-1 Die Projekt-
arbeiten für die North American Rockwell B-1 begannen 1965. 1970 wurde der
erste Auftrag erteilt, der vorsah, daß der
erste Prototyp Mitte 1974 fliegen sollte.
Im Juni 1977 wurde der Bau eingestellt. Im Oktober
1981 belebte die Reagan-Regierung auf Forderung
des SAC-Oberbefehlshabers Richard Ellis das Programm. Unter der Bezeichnung B-1 B sollen bis Juni
1988 100 Bomber − vor allem als Abschußbasen für
Marschflugkörper − in den Dienst gestellt werden.

rungsprozeß seiner Streitkräfte — auch seiner als Elite angesehenen
Luftstreitkräfte — gegenübersah.

Um einen Ausweg aus seinen Schwierigkeiten zu finden, forderte der
amerikanische Imperialismus die «verstärkte partnerschaftliche Hilfe»
durch seine Verbündeten, denen er einen immer größeren Teil der Rüstungslasten − besonders bei den konventionellen Streitkräften − aufzubürden versuchte.

Die Strategie der «realistischen Abschreckung» enthüllte sich als ein
Versuch der herrschenden Kreise der USA, einen Ausweg aus ihrer
perspektivlosen Aggressions- und hektischen Rüstungspolitik zu finden.
Sie war gekennzeichnet durch die historische Defensivstellung des Imperialismus und reflektiert nach eigenem Eingeständnis die Tatsache,
«daß die strategisch-technologisch-wirtschaftliche Dominanz der Vereinigten Staaten vorbei ist».

Das Konzept der «realistischen Abschreckung» war somit vor allem
Ausdruck des erzwungenen Anpassungsprozesses der USA-Globalstrate-
gie an das neue internationale Kräfteverhältnis der frühen siebziger Jahre.
Es zielte darauf ab, die Lage des USA-Imperialismus zu stabilisieren,
seine Vorherrschaft im verbliebenen Einflußbereich in variablen Formen
aufrechtzuerhalten sowie in größerer Arbeitsteilung mit anderen imperialistischen Zentren an verschiedenen Fronten der Klassenauseinander-
setzung mit dem Sozialismus zu Gegenangriffen überzugehen.

Die Veränderungen im Kräfteverhältnis zugunsten des Sozialismus
haben den Imperialismus in die Defensive gezwungen, besonders dort, wo

die sozialistischen Staaten und andere progressive Kräfte mit der größten Geschlossenheit auftraten. In anderen Teilen der Welt dagegen sucht der Imperialismus den ihm noch verbliebenen Spielraum maximal auszunutzen, um mit militärischer Gewalt seine Vorherrschaft aufrechtzuerhalten und das Kräfteverhältnis zu verändern.

Der Schwerpunkt seiner konterrevolutionären Anstrengungen lag im Nahen Osten und in Südostasien, wo besonders die Luftstreitkräfte als Schwertspitze der Aggression eingesetzt wurden.

Der imperialistische Luftkrieg im Nahen Osten

Ein «heißer Punkt» der Weltpolitik ist seit Beendigung des zweiten Weltkriegs der Nahe Osten. Ausgelöst durch die Veränderungen im internationalen Kräfteverhältnis zugunsten des Sozialismus, schwand seit 1945 zunehmend der Einfluß der imperialistischen Großmächte auf diesen Raum, der jedoch durch seine gewaltigen Erdölreserven, zwei Drittel der zur Zeit bekannten Vorräte, und durch seine große militärstrategische Bedeutung für sie nach wie vor eines der verlockendsten Objekte ihrer Macht- und Ausbeutungspolitik blieb.

An die Stelle halb und ganz abhängiger Mandatsverwaltungen und korrupter Kolonialregime traten nationalrevolutionäre Regierungen. Je entschiedener sich die arabische Unabhängigkeitsbewegung gegen die Herrschaftsansprüche der Westmächte und die des besonders seit dem zweiten Weltkrieg im Nahen Osten Fuß fassenden USA-Imperialismus zur Wehr setzte, desto stärker orientierten sich diese auf die zionistische Bourgeoisie Israels, deren Großmachtgelüste seit dem Krieg gegen die arabische Liga 1948/49 immer deutlicher hervorgetreten waren. 1950 schlossen die herrschenden Kreise Israels ein Militärabkommen mit den USA, das den Grundstein zu einer Aufrüstungspolitik bildete, für die nicht weniger als 14 Prozent des Nationaleinkommens aufgewendet wurden. In zunehmendem Maße verflochten sich die Interessen der reaktionärsten Kreise der NATO mit denen des zionistischen Regimes, das in seiner Außenpolitik in Opposition zu den sozialistischen Staaten und zur nationalen Befreiungsbewegung der Völker Afrikas und Asiens geriet. Israel wurde zum Sturmtrupp des Weltimperialismus im Nahen Osten, zum Gendarmen der internationalen Konterrevolution in diesem Raum.

Die herrschenden Kreise Israels entwickelten eine Militärdoktrin, die den spezifischen Bedingungen ihres Landes entsprach und Ideen des Blitzkriegs kopierte. Angesichts der ausgedehnten, schwer zu verteidigenden Grenzen, der Konzentration von 80 Prozent der Industrie um

Tel Aviv und Haifa, die sie überaus verwundbar für Luftangriffe machte, und der begrenzten zur Verfügung stehenden militärischen Kräfte und Mittel mußte bei der Realisierung jeder Aggressionspolitik ein langer Krieg vermieden werden. Jeder Krieg sollte überraschend mit mächtigen Schlägen, vor allem von Panzer- und Fliegerkräften, eröffnet werden, die die strategische Initiative sicherten. Mit der raschen Zerschlagung der arabischen Hauptkräfte sollten die politischen Ziele binnen kürzester Frist realisiert werden. Diese Grundkonzeption bestimmte Taktik, Gliederung, Ausrüstung und Ausbildung der israelischen Streitkräfte, die als hochbewegliche Stoßarmee aufgestellt wurden, durchdrungen vom Angriffsgeist, bewaffnet vor allem mit Angriffsmitteln.

Die militärische Macht Israels wurde seit 1952 in raschem Tempo durch die imperialistischen Mächte ausgebaut, weil 1952 mit dem Sturz des Faruk-Regimes in Ägypten und der Bildung einer nationalrevolutionären Regierung unter Gamel Abdel Nasser im Jahre 1954, dem Sieg der demokratischen Kräfte in Syrien im selben Jahr und der Ablösung des britischen Reaktionärs General John Bagot am 1. März 1956 als Oberbefehlshaber der Arabischen Legion die imperialistischen Positionen im Nahen Osten weiter untergraben wurden.

Die Verstaatlichung des Suezkanals am 26. Juli 1956 durch Ägypten wurde vom britischen und französischen Imperialismus zum Vorwand genommen, im Komplott mit der israelischen Reaktion, die sich weitere Annexionen versprach, die ägyptische Revolution gewaltsam niederzuwerfen und die Vorherrschaft des Imperialismus in diesem Raum erneut fest zu verankern. Seit dem Frühjahr 1956, seit der Verabschiedung Bagots plante die britische Regierung unter Anthony Eden die Zerschlagung der ägyptischen Revolutionsregierung. Im Juli wurde ein gemeinsamer französisch-britischer Generalstab gebildet. Das Szenarium der Aggression sah vor, daß Israel Ägypten auf der Sinaihalbinsel angreifen sollte, diese erobert werden sollte, woraufhin sich Großbritannien und Frankreich «vermittelnd» einschalten und die Trennung der beiden «kriegführenden Seiten» dies- und jenseits des Suezkanals verlangen würden. Als «Friedensapostel» getarnt, die angeblich einen Kriegsbrand löschen, wollten sich britische und französische See- und Luftlandetruppen des Suezkanals und der Häfen Alexandria und Suez bemächtigen. Dieser Plan des französischen und britischen Oberkommandos diente zur Tarnung der Aggression vor der Weltöffentlichkeit, denn sowohl in London wie in Paris war man sich bewußt, daß die ägyptische Revolutionsregierung dieses Ultimatum niemals annehmen würde. Darauf wurde auch der Angriffsplan abgestimmt. Ursprünglich hatte der britische Luftmarschall Edmund C. Hudleston, dem die Führung der Luftoperationen übertragen wurde und der ein fanatischer Anhänger der Idee vom «Sieg durch Luftmacht» war, vorgeschlagen, nach Ablehnung des Ultimatums einen acht- bis zehntägigen totalen Luftkrieg gegen Ägypten zu führen. Die Luft- und Seelandungen sollten dann folgen, «wenn kein Widerstand bemerkbar oder der Widerstand unbedeutend sei». Dieser Plan mußte fallengelassen werden. Der französische Generalstabschef André Beaufre wies darauf hin, daß mit etwa 500 Flugzeugen – mehr konnten bei Wahrung des überfallartigen Charakters der Aktion nicht zusammengezogen werden – der Erfolg eines solchen Luftkriegs fraglich sei. Der französische Admiral Pierre Barjot riet dazu, sofort nach dem Ultimatum zu landen. Der britische General Charles F. Keightley erklärte, eine Landung könne erst nach Ausschaltung der ägyptischen Fliegerkräfte und nachhaltiger Schwächung ihrer Kampfmoral durchgeführt werden. Hinzu kam, daß die herrschenden Kreise Israels darauf drängten, die britisch-französischen Fliegerkräfte sollten sofort überfallartig die ägyptischen Luftstreitkräfte am Boden zerschlagen, um auf diese Weise den von Israel auf der Sinaihalbinsel geplanten Blitzkrieg wirksam zu unterstützen. Das englisch-französische Oberkommando entschied sich deshalb dafür, den Luftkrieg gegen Ägypten nicht 8 bis 10 Tage, sondern 4 bis 5 Tage zu führen. Innerhalb der ersten 48 Stunden sollten die ägyptischen Fliegerkräfte zerschlagen und die absolute Luftherrschaft hergestellt werden.

Das Wesen der zweiten Etappe des Luftkriegs wurde mit dem Begriff «aeropsychologische» Phase umrissen. Von den britischen und französischen Fliegerkräften sollten Angriffe auf wichtige wirtschaftliche Ziele (Bahnhöfe, Benzinlager, Brücken usw.) geführt und die Terrorisierung der Zivilbevölkerung durch Flugblattabwurf angedroht werden. In einem dieser Flugblätter hieß es: «Wir werden euch bombardieren, wo immer ihr seid. Seid gewiß, eure Dörfer werden ausgelöscht werden. Seid gewiß, eure Frauen und Kinder, Väter und Großväter müssen aus ihren Häusern fliehen und werden ihr Eigentum verlieren. Wenn ihr die Dörfer nicht verlaßt, werden sie zerstört, und eure Häuser werden in Trümmer gelegt. Ihr habt eine Sünde begangen, die Sünde, Nasser euer Vertrauen zu schenken. Wir werden alles zerstören.» General Beaufre erklärte dazu: «Es ging darum, das Leben des Landes lahmzulegen, um die Unfähigkeit der Regierung und ihrer Streitkräfte zu zeigen.»

Auf Grund dieser Entscheidung des britisch-französischen Oberkommandos änderte der israelische Generalstab noch am 26. Oktober 1956 die Aufgaben für seine Luftstreitkräfte. Statt eines Überfalls auf die ägyptischen Flugplätze sollten sich die israelischen Fliegerkräfte nach dem Plan «Kadesh» auf die Unterstützung der Landstreitkräfte und auf die Luftverteidigung beschränken. Damit wurde auch die politische Absicht verfolgt, Ägypten über das Ausmaß des geplanten Überfalls zu täuschen und den Eindruck zu erwecken, es handele sich um eine der zahlreichen israelischen Übergriffe gegen seinen ägyptischen Nachbarn, der keine außerordentlichen militärischen Maßnahmen notwendig mache.

Die Stärke der imperialistischen Fliegerkräfte, die zum Überfall auf Ägypten zusammengezogen wurden, ist gegenwärtig noch nicht genau bekannt. Schätzungsweise setzte Großbritannien etwa 300 und Frankreich rund 200 Flugzeuge ein. Den Kern der englischen Fliegerkräfte stellte die Fleet Air Arm, die einen Verband von 5 Flugzeugträgern mit 14 Seefliegerstaffeln im Mittelmeer einsetzte. Die übrigen Fliegerkräfte waren in Malta sowie in Akrotiri und Tymbou auf Zypern stationiert. Zum Einsatz kamen vor allem als Bombenflugzeuge die Vickers «Valiant» und die «Canberra» B-6, als Jagdbombenflugzeuge Armstrong Whitworth «Sea Hawks», «Sea Venoms» Mk 21, F-84 F «Thunderstreaks», «Wyverns» und als Jagdflugzeuge die Hawker-Siddeley «Hunter».

Die Stärke der israelischen Fliegerkräfte betrug am 29. Oktober 1956 136 einsatzbereite Flugzeuge. Darunter befanden sich 16 Mystères, 22 Ouragans, 15 Meteors, 29 Mustangs, 17 Harvards, 16 Mosquitos, 16 Dakotas, 3 Nords und 2 B-17-Bombenflugzeuge. Die ägyptischen Fliegerkräfte befanden sich 1956 noch im Aufbau. Ein Großteil ihrer Flugzeugausrüstungen setzte sich aus britischen Flugzeugen zusammen. Nach einem 1955 geschlossenen Handelsvertrag zwischen der ČSR und Ägypten trafen Ende des Jahres MiG-15- und Il-28-Flugzeuge in Ägypten ein. Am Vorabend des Überfalls sollen die ägyptischen Fliegerkräfte über zwei einsatzbereite MiG-15-Staffeln mit insgesamt 30 Flugzeugen, über je 1 Staffel Vampire- und Meteor-Flugzeuge (insgesamt 27) sowie über eine Staffel Il-28-Flugzeuge (12) verfügt haben. Neben diesen 69 einsatzbereiten Kampfflugzeugen standen 3 Transportstaffeln mit 60 Flugzeugen bereit. Die imperialistischen Luftstreitkräfte verfügten also am Vorabend des Überfalls über eine Kräfteüberlegenheit von 10 : 1! Selbst die israelischen Fliegerkräfte verfügten über eine doppelte Überlegenheit.

Am 29. Oktober 1956 begann die imperialistische Aggression mit dem Überfall israelischer Panzer- und motorisierter Verbände, die in drei Stoßkeilen angriffen, auf der Sinaihalbinsel.

Am 30. Oktober griffen von 07.30 bis 9.30 Uhr ägyptische Vampire- und MiG-Flugzeuge in die Bodenkampfhandlungen ein. Sie bombardierten israelische Truppen auf der Straße El Kuntilla-Bîr Thamâda. Am Nachmittag entwickelten sich Luftkämpfe über dem Raum El Kabrit, an dem 12 MiG-15 und 8 Mystères beteiligt waren. Insgesamt flogen die ägyptischen Fliegerkräfte etwa 50 Einsätze.

Weitaus wirkungsvoller als am Vortag war am 31. Oktober ihr Eingreifen in die Bodenkampfhandlungen. Durch Tiefangriffe behinderten sie den Vorstoß der 9. israelischen Brigade nach Sharm-esh-Sheikh, beschossen israelische Kolonnen bei Bîr Thamâda und auf der Straße zwischen Elat und Nakhl. Am wirksamsten war ihr Einsatz bei den Kämpfen um den Mitlapaß, wo von 12.30 Uhr bis 20.00 Uhr israelische Luftlandetruppen durch ununterbrochene Angriffe von 4 Meteors, durch

Aus dem Waffenarsenal der imperialistischen Aggressoren gegen Ägypten im Jahre 1956
Bombenflugzeug Vickers «Valiant»

Jagdflugzeug Armstrong
Whitworth «Sea Hawk»

Allwetterjäger und
Jagdbomber De Havilland
«Sea Venom»

English Electric «Canberra» B Mk VIII
Der Auftrag zum Bau eines Prototyps der
Canberra wurde am 7. Juni 1946 erteilt.
Sie sollte das erste Strahlturbinenflugzeug
der RAF sein. Am 13. Mai 1949 flog der
Prototyp. Im Mai 1951 wurde sie in den
Dienst der britischen Luftstreitkräfte
gestellt. 12 Jahre lang wurde dieses
Bombenflugzeug serienmäßig in England
hergestellt. Insgesamt wurden etwa
700 Flugzeuge dieses Musters gebaut,
die heute noch in der RAF Verwendung
finden.

613

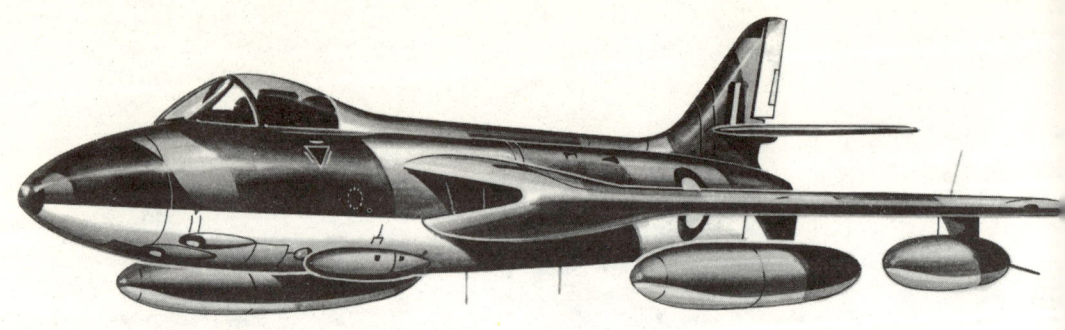

Hawker «Hunter» F Mk VI F Die Hawker Hunter wurde zu Beginn der fünfziger Jahre als Jagd- und Jagdbombenflugzeug in mehreren Versionen entwickelt. Der Erstflug fand am 20. Juni 1951 statt. Insgesamt wurden 1 525 «Hunters» in England und 391 in den Niederlanden und Belgien produziert. Die beim Überfall auf Ägypten 1956 eingesetzte Version war als Jagdflugzeug ausgelegt und wurde in 415 Exemplaren gebaut. Dieser Typ hatte seinen Erstflug am 22. Januar 1954 absolviert und stand bis Mitte der sechziger Jahre im Dienst der RAF.

6 MiG-15-Flugzeuge gedeckt, niedergehalten wurden. Il-28-Flugzeuge griffen das israelische Hinterland an, während Patrouillen von 4 bis 8 MiG-15-Flugzeugen die ägyptischen Bodentruppen, besonders die 1. Panzerbrigade, aus der Luft zu decken suchten. Insgesamt wurden 100 Einsätze geflogen. Die israelischen Luftstreitkräfte wurden ebenfalls vor allem zu Tiefangriffen eingesetzt. Sie bemühten sich, die Verbindungen zwischen dem Gazastreifen und Ägypten zu unterbrechen. Es gelang ihnen nicht, den Widerstand der ägyptischen Fliegerkräfte zu brechen und die Luftüberlegenheit zu erringen. Vielmehr verzögerte sich durch den Widerstand der ägyptischen Fliegerkräfte das Tempo der Aggression, mußten die Israelis höhere Verluste hinnehmen, als sie erwartet hatten. Das israelische Oberkommando drängte deshalb auf den raschen Beginn des Luftüberfalls durch die britisch-französischen Fliegerkräfte, der am Abend des 31. Oktober, noch vor Ablauf des am 30. Oktober erlassenen Ultimatums, begann.

Um 17.40 Uhr starteten Trägerflugzeuge sowie britische und französische Bombenfliegerkräfte von Zypern aus und griffen die Flugplätze Kabrit, Fâyid, Kasparit, Kairo-West, Almaza sowie weitere Plätze in der Kanalzone und auf der Sinaihalbinsel an. Das Bombardement wurde bei Nacht fortgesetzt. Insgesamt wurden in den ersten 48 Stunden 10 ägyptische Flugplätze angegriffen. Am 2. November wurde auch der Flugplatz Luxor aus der Luft überfallen. Trotz voreiliger Erfolgsmeldungen des französischen Oberkommandos, daß bereits nach dem ersten Schlag die absolute Luftherrschaft errungen sei, dauerte der Widerstand der ägyptischen Fliegerkräfte an. Er wurde allerdings zunehmend schwächer. Am

1. November wurden alle Marschbewegungen der ägyptischen Streitkräfte in die Nacht verlegt. Ein Teil der ägyptischen Staffeln entzog sich der geplanten Zerschlagung auf dem Boden offensichtlich durch das Ausweichen in benachbarte, befreundete arabische Länder. Die imperialistischen Fliegerkräfte errangen bis zum 3. November die Luftherrschaft. Das machten sich insbesondere die israelischen Aggressoren zunutze, die nun unbehindert durch ägyptische Luftangriffe ihren Vorstoß fortsetzen konnten. Die britischen und französischen Fliegerkräfte bombardierten nach der Erringung der Luftherrschaft Depots, Radarstationen, Rangierbahnhöfe und Truppenansammlungen. Massierte Luftangriffe wurden in Vorbereitung der Luft- und Seelandung gegen die Kanalzone, besonders gegen Port Said, Fuad, El Ismaîlîya und Suez geflogen.

Nach fünftägigem Bombardement sprangen am 5. November britische und französische Fallschirmjäger bei Port Said und Port Fuad ab und trafen auf den erbitterten Widerstand ägyptischer Streitkräfte, auch von Fliegerkräften, die britische Fallschirmjäger bei Gamil angriffen. An der Seite der regulären Truppen kämpften Arbeiter und Studenten unter Führung spontan entstandener Widerstandskomitees. Der Plan der Westmächte und der zionistischen Bourgeoisie, den Suezkanal zu annektieren, die Regierung Nasser zu stürzen und ihre Vorherrschaft im Nahen Osten zu etablieren, scheiterte an der Entschlossenheit des ägyptischen Volkes und an der entschiedenen Haltung der Sowjetunion, die am 5. November in einer Note an die drei Aggressoren unmißverständlich zu verstehen gab, daß eine Fortsetzung ihrer Intervention nicht ungestraft bleiben würde. «In welcher Lage würde sich Großbritannien befinden, wenn es von stärkeren Staaten überfallen würde, die über alle Arten moderner Vernichtungswaffen verfügen. Ja, solche Länder brauchten heutzutage nicht einmal See- oder Luftflotten an die Küsten Großbritanniens zu entsenden, sondern sie könnten andere Mittel einsetzen, zum Beispiel die Raketentechnik. Falls Raketenwaffen gegen Großbritannien oder Frankreich zum Einsatz kämen, so würden sie dies sicher als barbarische Aktion bezeichnen. Wodurch unterscheidet sich davon nun der unmenschliche Überfall, der von den Streitkräften Großbritanniens und Frankreichs auf das fast waffenlose Ägypten verübt wurde?» Die entschlossene Unterstützung Ägyptens durch die UdSSR zwang Frankreich und Großbritannien am 22. November 1956, seine Truppen aus Ägypten abzuziehen. Am 8. März 1957 räumten die israelischen Aggressoren die letzten von ihnen okkupierten ägyptischen Gebiete.

Statt der erhofften Schwächung der antiimperialistischen Bewegung in Ägypten und im ganzen Nahen Osten festigte die entschiedene Unterstützung Ägyptens durch die Sowjetunion das Bündnis zwischen dem sozialistischen Weltsystem und der arabischen nationalen Befreiungsbewegung. Israel wurde nach der gescheiterten Suezaggression von Jahr

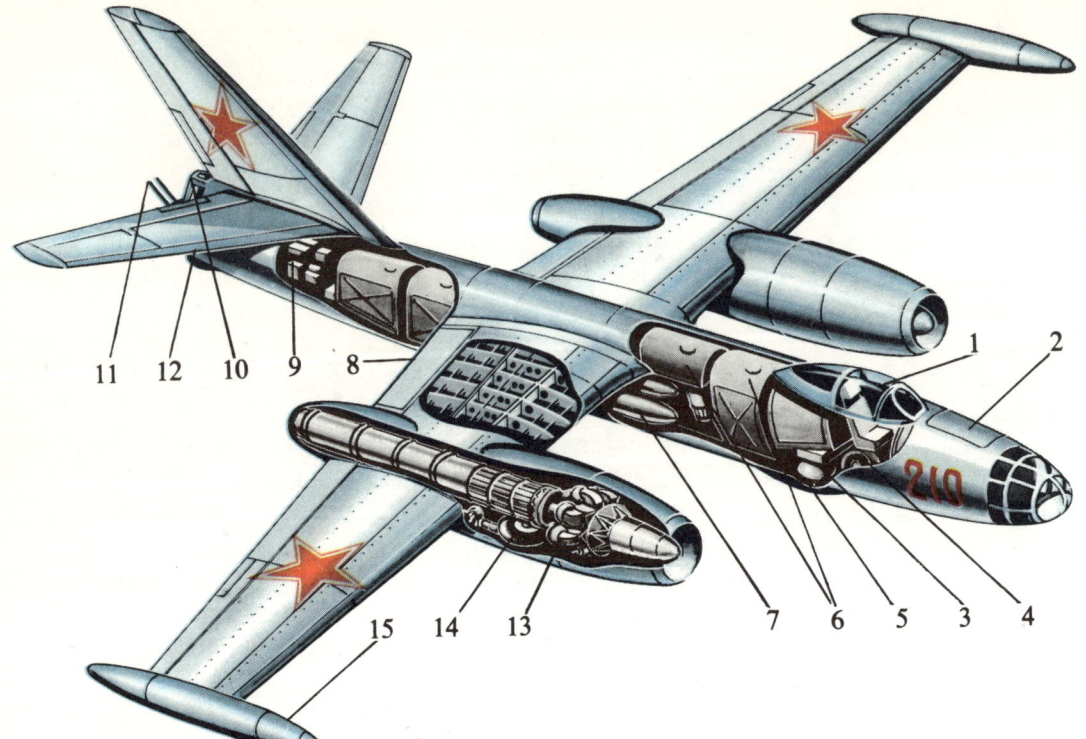

Röntgenschnitt der Iljuschin IL-28

1 Kabine des Flugzeugführers
2 Einstiegluke
3 23-mm-Maschinenkanone, beidseitig
4 Bugfahrwerk
5 Funkmeßwanne
6 Hauptkraftstoffbehälter
7 Bombenschacht
8 Starthilfsraketen, beidseitig
9 elektronische Geräte

10 Funker/Heckschütze und Bewaffnung,
   zwei 23-mm-Kanonen
11 Heckbewaffnung
12 Antennenanlage
   für elektronisches Visier
13 Turbinenluftstrahltriebwerk WK-1
14 Hauptfahrwerk
15 Kraftstoffzusatzbehälter

zu Jahr mehr zu einer Bastion des Imperialismus im Nahen Osten. Die
Lehren, die die herrschenden zionistischen Kreise aus dem Fehlschlag
ihrer Aggression zogen, lauteten, den nächsten Schlag noch rücksichtsloser, überraschender und vor allem gestützt auf das eigene Kräftepotential
zu führen. Das betraf besonders die Luftstreitkräfte. Ihr Einsatz hatte 1956
nicht den Erwartungen des israelischen Oberkommandos entsprochen. Der
Oberbefehlshaber der israelischen Luftstreitkräfte, Ezer Weizman, gab die
Richtlinien aus, die den Flugzeugführern jahrelang eingeschärft und nach
denen sie ausgebildet wurden:

616

- Ein Krieg gegen Ägypten ist unvermeidlich.
- Der Luftkrieg muß mit dem ersten Schlag entschieden werden.
- Der Luftüberfall ist überraschend mit vernichtender Wucht zu führen.

Das israelische Oberkommando vertrat nach 1956 die Auffassung, daß bei jeder künftigen Aggression die Luftstreitkräfte eine Hauptrolle spielen würden. Es verstärkte deshalb die Luftstreitkräfte und ging zu ihrer durchgängigen Ausrüstung mit Düsenflugzeugen über. Entsprechend den Blitzkriegsvorstellungen der zionistischen Führung sollte die Luftherrschaft durch die Zerschlagung der gegnerischen Fliegerkräfte am Boden hergestellt werden, und die Luftstreitkräfte sollten sich dann völlig auf die Unterstützung der Landstreitkräfte konzentrieren. Es bemühte sich, die neuesten Methoden bei der Organisation seiner Fliegerkräfte zugrunde zu legen. Das betraf besonders die Verbesserung der Arbeit der Wartungsdienste. Kapitalistische betriebswissenschaftliche Methoden wurden angewendet, um jederzeit eine hohe Einsatzbereitschaft zu gewährleisten. Die Ausbildung wurde möglichst gefechtsnah durchgeführt. Größte Aufmerksamkeit wurde dabei der sicheren Beherrschung des Flugzeugs unter allen Bedingungen, dem Tiefangriff, der Schießausbildung und dem Bombenabwurf geschenkt, wozu in der Negevwüste ein entsprechendes Übungsgelände zur Verfügung stand. Die israelischen Fliegerkräfte handelten stets in Formationen von vier Flugzeugen, die in Paaren flogen.

Hawker Siddeley HS-1127 «Harrier» Die HS-1127 ist eines der ersten militärisch verwendbaren Senkrecht- und Kurzstartflugzeuge der NATO. Sie ist seit 1957 entwickelt worden. Der Bau begann 1959, der Erstflug fand am 21. Oktober 1960 statt. Im Oktober 1964 wurde die erste Nullserie innerhalb der NATO erprobt.

Hauptflugzeugmuster der israelischen Aggressoren 1967
Mirage III C
Vatour II

Dassault Super «Mystère» B-2 Die Super
Mystère wurde 1953 als Abfang- und
Jagdbombenflugzeug entwickelt. Sie war
das erste in Westeuropa in Serie hergestellte
Überschallflugzeug. Von insgesamt 180
gebauten Flugzeugen wurden 156 in der
französischen Luftverteidigung und 24
von den israelischen Luftstreitkräften
verwendet, die sie 1967 beim Überfall
auf die arabischen Staaten einsetzten.

618

Im Verlauf eines Jahrzehnts wurden die israelischen Luftstreitkräfte zur Schwertspitze einer Aggressionsarmee ausgebaut. Die herrschenden Kreise des Landes erwarteten von ihnen, daß sie bei einem erneuten Überfall die zwar gut ausgerüsteten, aber militärisch nicht hinreichend organisierten und geführten arabischen Luftstreitkräfte niederwerfen können. Bei dieser Aggression sollte es wiederum darum gehen, durch die militärische Zerschlagung der arabischen Streitkräfte die fortschrittliche Entwicklung im Nahen Osten aufzuhalten, die engen, freundschaftlichen Beziehungen der arabischen Staaten zu den sozialistischen Ländern zu unterbrechen, und auf Kosten der arabischen Welt einen israelischen Großmachtstaat im Nahen Osten zu errichten, der als Brückenkopf des um seinen Einfluß und um die Erdölreserven fürchtenden Weltimperialismus zu dienen hatte.

Der Überfall vom 5. Juni 1967 wurde durch Israel langfristig vorbereitet. Er wurde politisch so raffiniert getarnt, daß die Angriffsvorbereitungen als Defensivmaßnahmen zum Schutz vor einem angeblich drohenden Überfall der Vereinigten Arabischen Republik, Syriens und Transjordaniens ausgegeben werden konnten. Wie 1956 verstand es die zionistische Führung, die Rolle eines bedrohten Unschuldslammes zu spielen, dem angeblich ein Kampf ums «Überleben» aufgezwungen wurde. In Wirklichkeit bereitete sie die Bevölkerung damit psychologisch auf die angeblich unvermeidbare Auseinandersetzung vor und suchte sich die günstigsten Bedingungen für die Führung eines Überraschungsschlags zu sichern. Dabei bediente sie sich der verschiedensten Methoden. Sie suchte den Eindruck zu erwecken, als würde sie ihre Hauptanstrengungen gegen Syrien richten, und gab sich den Anschein, als vertraue sie einer Schlichtung des Konflikts durch die Vereinten Nationen.

Große Bedeutung maß das israelische Oberkommando der Aufklärung und der Spionage bei. Dem im Mai 1967 fertiggestellten Luftüberfallsplan lagen Luftaufnahmen des arabischen Raums und umfangreiche Agenten-

meldungen über Belegung der Flugplätze, Lage der Radarstationen und der Raketenstellungen zugrunde. Die Einflüge israelischer Fliegerkräfte in das Gebiet der VAR dienten wenige Wochen vor der Aggression vor allem auch dazu, Lücken im Radarnetz auszuspähen und die Reaktionszeit der Jagdfliegerkräfte der VAR zu erproben.

Die Stärke der israelischen Fliegerkräfte am Vorabend des Überfalls betrug etwa 400 Flugzeuge, von denen 96 Prozent einsatzbereit waren. Die Personalstärke machte 8 000 Mann aus. Die Jagd- bzw. Jagdbombenflugzeuge setzten sich zusammen aus 70 bis 80 «Mirage» III CJ, 24 «Super Mystére» B-2, 60 «Mystére» IV A, 45 MD-450 «Ouragan», die taktischen Erdkampfflugzeuge aus 60 «Fouga Magister» I AI und 48 A-4 ««Skyhawk»», die leichten Bombenflugzeuge aus 25 SNIAS ««Vautour»» II. Dazu kamen 30 Hubschrauber der Typen Sikorski S-58 B und Sud Aviation «Super Frelon» sowie Transporthubschrauber zweier Staffeln.

Die Luftstreitkräfte der drei arabischen Staaten Ägypten, Syrien und Jordanien verfügten im Juni 1967 über insgesamt 550 Flugzeuge. In Ägypten lag ihre Einsatzbereitschaft nur bei 50 Prozent. Die Gründe dafür bestanden vor allem im Mangel an Wartungskapazität, in unzureichender Beherrschung der modernen Flugzeugtechnik und in bestimmten negativen Verhaltensweisen einer Reihe ägyptischer Fliegeroffiziere.

Im Bestand der Luftstreitkräfte Ägyptens befanden sich unter anderem: 50 MiG-15, 100 MiG-17, 80 MiG-19, 50 MiG-21, 20 Tu-16 und 30 Il-28, im Bestand der Luftstreitkräfte der Syrischen Arabischen Republik 24 MiG-15, 48 MiG-17, 26 MiG-21 und 4 Il-28; und im Bestand der Luftstreitkräfte des Haschemitischen Königreiches Jordanien 12 Hawker «Hunter», 16 Vampire FB-52 und 12 andere Jagdflugzeuge.

Der Luftangriff der israelischen Streitkräfte begann am 5. Juni 1967 um 7.45 Uhr gegen neun Flugplätze in Ägypten. Während sonst Aggressoren ihre Luftüberfälle meist im Morgengrauen ausführen, hatte Israel den Kriegsbeginn um mehrere Stunden verschoben. Die israelische Führung ging von der Annahme aus, daß die Wachsamkeit der ägyptischen Luftverteidigung in der Morgendämmerung am höchsten sei und in den Stunden darauf nachlassen würde, allein schon deshalb, weil dann ihre Patrouille fliegenden Flugzeuge zum Nachtanken landen müßten. Ferner sprach für die Wahl der Angriffszeit, daß um 8.00 Uhr in den Ministerien und Stäben Ägyptens die Arbeitszeit beginnt und daß folglich beim Überfall die verantwortlichen ägyptischen Persönlichkeiten vermutlich nicht sofort erreichbar wären und keine unmittelbaren Maßnahmen veranlassen könnten. Schließlich versprach der zur Angriffszeit zu erwartende Sonnenstand die beste Sicht.

Eines der Hauptprobleme der Aggressoren bei ihrem Luftüberfall bestand darin, das ägyptische Frühwarnsystem zu unterlaufen. Dazu benutzte man zwei Verfahren: Erstens drangen die israelischen Piloten

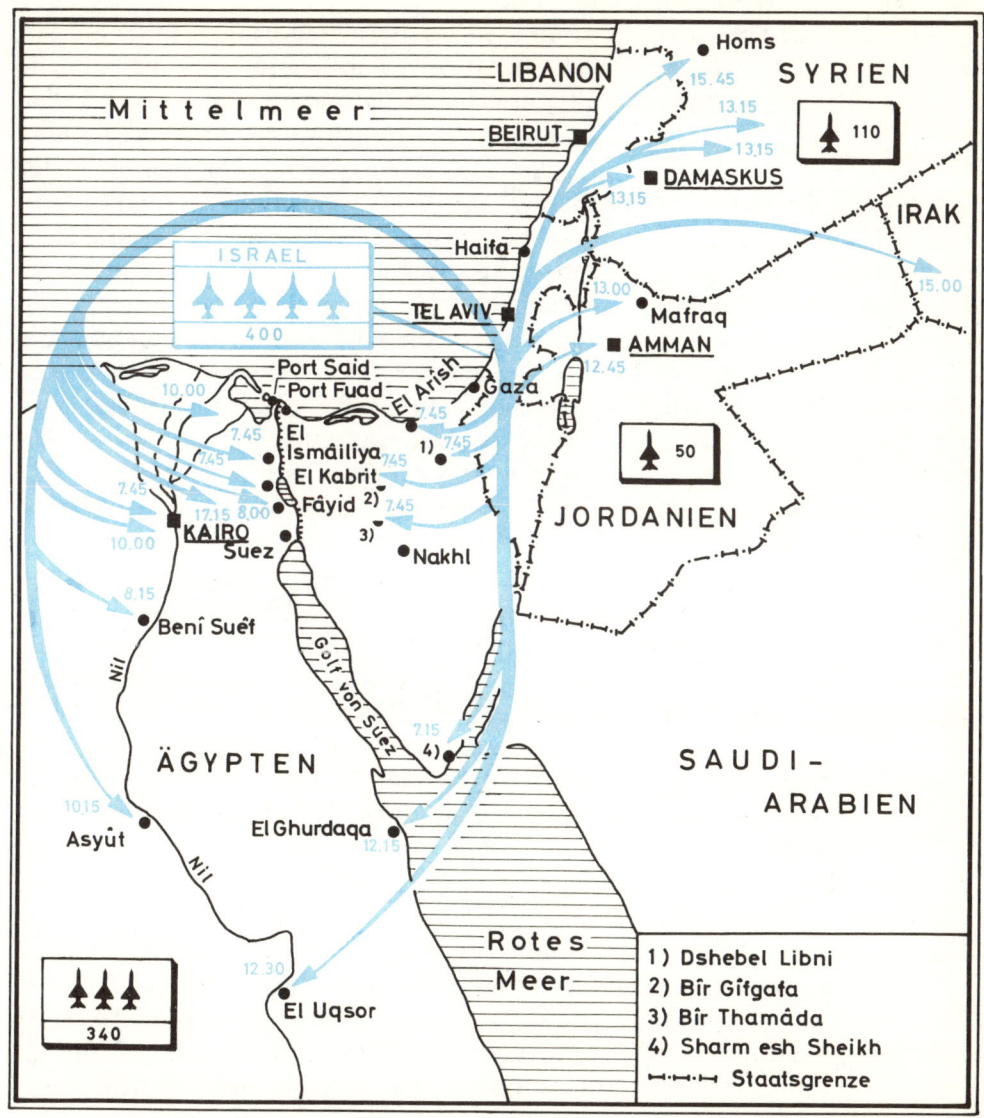

in 9 Meter Höhe über dem Boden oder dem Meer, weitgehend unentdeckt von Radargeräten, zu ihren Zielen vor. Zweitens starteten die meisten Angriffsgruppen auf das Mittelmeer hinaus und flogen so weit nach Westen, daß sie ihre Ziele gewissermaßen von hinten her angriffen. Zur Bombardierung der Flughäfen im Süden Ägyptens dienten die zweistrahligen Flugzeuge vom Typ «Vautour», die weit ausholend die Südspitze der Sinaihalbinsel und das Rote Meer überquerten. Diese Bom-

benflugzeuge flogen mit nur einem eingeschalteten Triebwerk im Sparflug und verlängerten so ihre Reichweite.

Trotz der beiden Taktiken, im Niedrigflug einzudringen und sich auf Umwegen dem Ziel anzunähern, ist bis heute unklar, weshalb die Radaraufklärung Ägyptens völlig überrascht wurde. Allerdings muß man berücksichtigen, daß sie durch Sabotage, elektronische Störmaßnahmen und ähnliches beeinträchtigt wurde. Eine Rolle spielte während der Kämpfe die Tatsache, daß der israelische Funkabhördienst den taktischen Funkverkehr störte und der israelische Geheimdienst den ägyptischen Kode kannte. Das hatte teilweise zur Folge, daß ägyptische Flugzeuge zur Landung auf bereits von israelischen Truppen besetzten Flugplätzen auf der Sinaihalbinsel veranlaßt wurden, die ägyptischen Piloten über die Beschaffenheit von Zielobjekten irregeführt oder zur Rückkehr auf ihre Flugplätze befohlen wurden. Welche dubiose Rolle darüber hinaus das mit elektronischen Geräten gespickte Nachrichtenschiff der USA «Liberty» dabei gespielt hat, das vor der Küste Ägyptens kreuzte, oder welchen Ablenkungseffekt die Trägerflugzeuge der 6. USA-Mittelmeerflotte ausgeübt haben, ist bis heute nicht mit Sicherheit zu klären.

Der Luftüberfall begann gleichzeitig auf zunächst 9 ägyptische Flugplätze, wovon sich 5 auf der Sinaihalbinsel (El Arîsh, Bîr Gifgâfa, Dshebel Libni, Bîr Thamâda, Sharm esh Sheikh), 2 am Suezkanal (El Ismâilîya, El Kabrit) und 2 bei Kairo befanden. Eine Viertelstunde später wurde außerdem der am Suezkanal liegende Flugplatz Fâyid angegriffen, der zuvor noch vom Morgennebel verdeckt war.

Die ersten Schläge richteten sich gegen die Flugplätze, von denen aus die MiG-21 starten konnten, die folgenden gegen jene, auf denen die MiG-19, MiG-17 und MiG-15 konzentriert waren. Die letzten Angriffe richteten sich gegen die Flugplätze von Il-28 und Tu-16.

Jeder der zehn Flugplätze wurde in der ersten Welle von je vier Flugzeugen, die in einer Höhe von 70 Meter mit einer Geschwindigkeit von 0,85 bis 0,90 Mach anflogen, angegriffen, und dann im Tiefstflug bombardiert. Die abgeworfenen Bomben und abgefeuerten Raketen blockierten die Startbahnen, vernichteten die Hangars und Depots. Beim zweiten Anflug mit gedrosselter Geschwindigkeit und teilweise mit ausgefahrenem Fahrgestell wurden aus 20 Meter Höhe die auf den Pisten stehenden Flugzeuge zum Teil durch Bordwaffenbeschuß zerstört. Um die Start- und Landebahnen nachhaltig unbrauchbar zu machen, verwendeten die Aggressoren Spezialwaffen. Jede dieser 550 kg schweren Abwurfkörper war mit Bremsraketen ausgestattet, die eine Abdrift verhindern sollten, und mit Antriebsraketen versehen, die die Bombe dicht über dem Erdboden wie einen Pfeil in den Grund bohrten. Darüber hinaus wurden über den ägyptischen Flugplätzen Zeitzünderbomben abgeworfen.

Der Luftüberfall dauerte etwa zweieinhalb bis drei Stunden, von

07.22 Uhr, als die ersten israelischen Flugzeuge starteten, bis gegen 10.00 Uhr, als die letzten israelischen Flugzeuge wieder landeten. Es wurden zwei Schläge geführt, jeweils in drei Wellen. Als die erste Welle die ägyptischen Flugplätze überfiel, war die zweite in der Luft, und die dritte startete. Sie flogen in Abständen von zehn Minuten. Jeder Schlag dauert somit etwa 80 Minuten. Zwischen dem ersten und zweiten Schlag lagen 20 Minuten, in denen die israelischen Flugzeugführer offensichtlich die Flugzeuge wechselten, um den Luftüberfall in kürzester Frist fortzusetzen. Das israelische Oberkommando hatte zur Führung dieser Angriffe alle verfügbaren Kräfte zusammengezogen. Die Luftverteidigung war völlig entblößt worden. Nur 12 Flugzeuge blieben in der Reserve.

Im Ergebnis dieses Überfalls wurden 25 Flugplätze der arabischen Staaten getroffen und 70 Prozent der Flugzeuge am Boden zerstört. Die israelischen Luftangriffe wurden im Laufe des Nachmittags fortgesetzt. Sie richteten sich gegen die Radarstationen der VAR und die Flugplätze der jordanischen und syrischen Luftstreitkräfte. Die israelischen Angriffe wurden in der Dämmerung und in der Nacht durch Störangriffe auf die Flugplätze fortgesetzt, wobei vor allem Zeitzünderbomben abgeworfen wurden. In den ersten beiden Kriegstagen sollen die israelischen Fliegerkräfte je Tag 1000 Einsätze geflogen sein, das heißt bei einer Einsatzbereitschaft von etwa 400 Flugzeugen $2^{1}/_{2}$ Einsätze täglich. Nach eigenen Angaben verlor der Aggressor etwa 10 Prozent seiner Fliegerkräfte bei diesen Angriffen, vor allem im Ergebnis der Flakabwehr.

Im Besitz der Luftherrschaft setzte das israelische Oberkommando seine gesamten Fliegerkräfte zur Unterstützung der Panzer- und motorisierten Kräfte ein, die in drei Hauptrichtungen auf die Sinaihalbinsel einfielen. In der zweiten Phase des israelischen Luftkriegs gegen die arabischen Staaten wurden die Fliegerkräfte vor allem zur Abriegelung des Gefechtsfelds eingesetzt. Sie griffen ägyptische Kolonnen, Truppenkonzentrationen und Marschbewegungen in der Tiefe des Gefechtsfelds an. Hauptziel waren Panzerverbände, die mit Raketen bekämpft, sowie Infanteriekolonnen, die mit Napalmbomben beworfen wurden. Angesichts des offenen Wüstengeländes, das den arabischen Truppen kaum Möglichkeiten zur Deckung bot, übten die israelischen Luftstreitkräfte maßgeblich Einfluß auf den Verlauf der Kampfhandlungen aus. Der Luftherrschaft beraubt, teilweise ohne Verbindung, zerbrach trotz stellenweise erbitterter Gegenwehr die Verteidigungsfront der ägyptischen Truppen auf der Sinaihalbinsel, gelang es dem Aggressor, bis zum Suezkanal vorzustoßen, in Transjordanien Ostjerusalem zu erobern und bis zur Jordanlinie vorzudringen, während der israelische Angriff gegen Syrien an den Golanhöhen abgeschlagen wurde.

Ägypten erlitt durch die Aggression einen schweren militärischen Rückschlag. Die Hauptursachen für die militärische Niederlage bestanden darin, daß die Kräfte des israelischen Aggressors unterschätzt und der wahrscheinliche Charakter seiner Handlungen fehlbeurteilt wurden. Sie sind ferner darin zu sehen, daß es an einer ausreichenden Vorbereitung und Mobilmachung der Truppen zur Abwehr des Angreifers mangelte.

Das zeigte sich besonders deutlich bei den Luftstreitkräften. Daß der Überfall des Aggressors derart verheerende Auswirkungen hatte, lag an der Konzentration starker Fliegerkräfte auf wenigen großen Flugplätzen, der schlechten Organisation der Tarnung und der niedrigen Kampfbereitschaft der Fliegerkräfte.

Angesichts der Erfahrungen, die die nationalrevolutionäre Befreiungsbewegung der arabischen Länder bereits mit den aggressiven Politikern und Militärs Israels gemacht hatte, mußten alle aktiven und passiven Möglichkeiten genutzt werden, um eine Überraschung der Luftstreitkräfte und deren damit mögliche Vernichtung auszuschalten. Dazu hätten neben einer eventuellen Verlegung der Fliegerkräfte in die Tiefe des arabischen Raums vor allem ihre Dezentralisierung und gedeckte Bereitstellung gehört. Darüber hinaus mußte eine möglichst ununterbrochene, lückenlose Luftraumüberwachung gewährleistet und schließlich eine stete hohe Einsatz- und Abwehrbereitschaft der eigenen Flieger- und Luftverteidigungskräfte gesichert werden. Gegenüber einem zu allem entschlossenen Aggressor durften weder Sorglosigkeit noch Unentschlossenheit geduldet werden, mußte dafür gesorgt werden, daß die vorhandenen modernen Waffen sicher beherrscht und meisterhaft geführt werden.

Der Luftüberfall der israelischen Luftstreitkräfte zeigte, daß die Operationen zur Vernichtung der arabischen Fliegerkräfte am Boden mit gleichzeitiger Zerstörung der Flugplätze am Beginn eines Krieges den israelischen Aggressoren einen Vorsprung verschafften, der von den arabischen Fliegerkräften während des gesamten Verlaufs der Kampfhandlungen nicht mehr eingeholt werden konnte und in entscheidender Weise den Verlauf des Krieges vorherbestimmte.

Die arabischen Staaten verloren in diesem Krieg 540 Flugzeuge, von denen 90 Prozent am Boden zerstört wurden. Israel büßte insgesamt 46 Flugzeuge ein.

Die Verlustquote des Aggressors von über 10 Prozent der eingesetzten Fliegerkräfte am 5. Juni bewies, welche Möglichkeiten die Luftverteidigung Ägyptens selbst unter diesen außergewöhnlich ungünstigen Umständen noch hatte. Denn derartig hohe Verluste — das zeigt die Geschichte des Luftkrieges — sind auf die Dauer für jeden Aggressor nicht tragbar.

Überdies zeigen selbst die wenigen Angriffe, die die Fliegerkräfte der arabischen Staaten nach dem Luftüberfall noch durchführen konnten, über welche Möglichkeiten auch derjenige noch verfügt, der in der Luft unterlegen ist. Wenn sie die israelischen Angriffsoperationen auch nicht entscheidend behinderten, so störten sie sie doch empfindlich.

Eine weitere wichtige Ursache für die Niederlage der arabischen Staaten bestand in dem militärischen Versagen bestimmter Führungskader der VAR-Streitkräfte und in der Weigerung von Offizieren, ihrer patriotischen Pflicht nachzukommen, weil sie gegen die Hauptlinie der Regierungspolitik eingestellt waren, die auf eine tiefgreifende soziale Umgestaltung des Landes abzielte. Die antidemokratische, konterrevolutionäre Haltung bestimmter Offiziersgruppen schließt die Möglichkeit vorsätzlichen militärischen Verrats und von Sabotage nicht aus. Die sowjetische Zeitschrift «Sa Rubeshom» schrieb: «Den Luftstreitkräften als privilegiertester Waffengattung gehörten entsprechend der lange vor der Revolution entstandenen Tradition Vertreter sehr reicher Familien an. Diese Offiziere hatten schon 1961 die Gesetze über die Nationalisierung einiger Volkswirtschaftszweige, die Einschränkung des Großgrundbesitzes und die Entsendung von Arbeitern und Fellachen in das Parlament feindselig aufgenommen. Außerdem ist ein Typ des geschäftemachenden Offiziers entstanden, der sich mehr um seine persönliche Bereicherung als um die Gefechtsausbildung der Soldaten kümmerte.»

Als nachteilig, die israelische Aggression sofort abwehren zu können, erwies sich auch, daß die gemeinsamen Verteidigungsmaßnahmen zwischen der VAR, Syrien und Jordanien nicht präzis und straff genug aufeinander abgestimmt waren. Welches Fiasko der Aggressor bei seinem Luftüberfall hätte hinnehmen müssen, wenn die mit der VAR verbündeten Fliegerkräfte Transjordaniens und Syriens binnen anderthalb Stunden einen Gegenschlag gegen die israelischen Fliegerkräfte geführt hätten, die zu diesem Zeitpunkt auf den Flugplätzen aufgetankt oder startklar gemacht wurden, läßt sich kaum vorstellen.

Trotz des militärischen Erfolgs haben der Aggressor und die ihn sekundierenden Mächte keine ihrer politischen Absichten im Nahen Osten realisieren können. Israel und seine imperialistischen Hintermänner haben das Ziel ihrer Globalstrategie, die Herrschaft der imperialistischen Mächte im Nahen Osten wiederherzustellen und die nichtkapitalistische Entwicklung in der VAR und Syrien abzubrechen, nicht erreicht. Ihre Pläne scheiterten am Widerstand der arabischen Massen und an der Haltung der sozialistischen Staaten, vor allem der Sowjetunion, die sich als fester Verbündeter der arabischen Befreiungsbewegung erwies und die Aggressionslust Israels zügelte. Mit ihrer Unterstützung konnten die überfallenen arabischen Länder die volle Verteidigungskraft wiederherstellen, festigte sich besonders die Zusammenarbeit zwischen der VAR und Syrien. «Die Vorteile», so erklärte Leonid Breshnew auf dem XXIV. Parteitag der KPdSU, «die der räuberische Überfall den Eroberern eingebracht hat, sind letzten Endes trügerisch. Sie werden verschwinden wie eine Fata Morgana im Sande von Sinai. Je länger eine politische Regelung im Nahen Osten hinausgeschoben wird, desto stärker werden die Empörung der Weltöffentlichkeit und der Haß der arabischen Völker gegen den Aggressor und seine Gönner anschwellen, desto größeren Schaden werden die Machthaber Israels ihrem Volk und ihrem Lande zufügen.»

In welchem Umfang es den arabischen Ländern gelang, ihre Verteidigungskraft mit Hilfe der Sowjetunion zu stärken, offenbarte sich während des vierten arabisch-israelischen Krieges vom 6. bis 24. Oktober 1973. Sein militärisches Hauptergebnis bestand darin, daß die israelische Militärdoktrin, die von der Voraussetzung der israelischen Luftherrschaft über Ägypten und Syrien, den israelischen Vorteilen in der Bewaffnung und im technologischen Niveau ihres Einsatzes ausging, zusammenbrach.

Durch den Einsatz entsprechender sowjetischer Waffensysteme, von denen die arabischen Länder effektiven Gebrauch machten, gelang es den arabischen Staaten erstmals, die israelische Luftherrschaft zu brechen und den israelischen Fliegerkräften die bisher schwersten Verluste zuzufügen.

Die Stärke der arabischen Luftstreitkräfte im Oktober 1973 betrug in Syrien 354 Kampfflugzeuge und 59 Hubschrauber, in Ägypten 601 Jagd- und Jagdbombenflugzeuge (vor allem MiG-21 und Su-7), 46 Bombenflugzeuge und 196 Hubschrauber.

Israel verfügte über 522 Kampfflugzeuge, darunter 162 Douglas A-4 «Skyhawk», 127 F-4E «Phantom», 70 «Mirage» III CJ, 20 «Super Mystére» B-2 und 52 Hubschrauber.

Erlitten im Oktoberkrieg 1973 schwerste Verluste durch sowjetische Boden-Luft-Raketen: von den USA an Israel gelieferte Jagdbombenflugzeuge Douglas «Skyhawk»

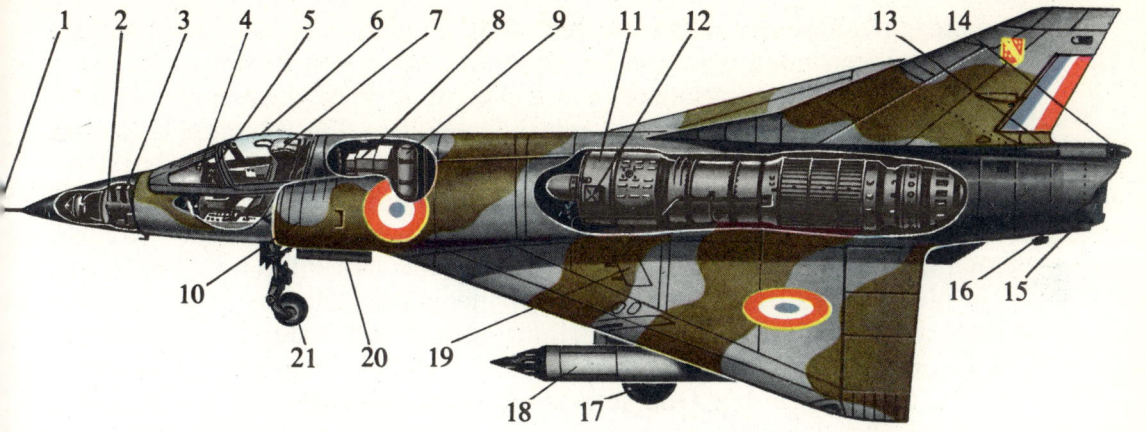

Röntgenschnitt der Mirage III-C

1 Staurohr
2 Funkmeßanlage
3 Feuerleit- und Navigationsgerät
4 Funkmeßvisier
5 Gerätetafel
6 absprengbare Kabinenhaube
7 Schleudersitz
8 elektronische Geräte
9 Druckluftspeicher
10 Lufteinlaß
11 Strahlturbine SNECMA ATAR 9c

12 Schmierstoffbehälter
13 Heckwarngerät
14 Bremsschirmbehälter
15 Schubrohr
16 Nachbrenner
17 Hauptfahrwerk
18 Behälter für ungelenkte
   Luft-Luft-Raketen
19 obere Bremsklappe
20 Bugfahrwerkklappe
21 Bugfahrwerk

Dassault Mirage III E Die Mirage III
wurde als Jagd- und Jagdbombenflugzeug
in mehreren Varianten für die Armée
de l'Air entwickelt. Der Prototyp flog
am 17. November 1956. Ab 1960 wurde
die Mirage in die französischen Luftstreitkräfte eingeführt. Die Version Mirage III
CJ wurde für den Verkauf nach Israel
entwickelt. 72 Stück wurden geliefert.
Sie bildeten 1967 den Kern der israelischen
Überfallkräfte.

Am 6. Oktober 1973 forcierten ägyptische Einheiten gegen 14.00 Uhr
— unterstützt von Hubschraubern des Typs Mi-8 — den Suezkanal.
Gleichzeitig griffen syrische Truppen die Stellungen der Okkupanten auf
den Golanhöhen an. Der Versuch der zwei Stunden später startenden
israelischen Fliegerkräfte, zu den 10 Übersetzstellen und zu den
50 Fähren zu gelangen und sie zu zerstören, mißlang. Beim ersten Angriff
verloren die Israeli 4 Flugzeuge. Was dann geschah, vergleicht der israelische Historiker Chaim Herzog mit Zuständen wie in einem Tollhaus.

Die sieggewohnten israelischen Piloten stießen auf eine Luftabwehr, die nicht zu überwinden war. Sie beruhte auf dem engen Zusammenwirken von im wesentlichen stationären Fla-Raketenbatterien, die den oberen und mittleren Luftraum schützten, mit beweglichen Fla-Raketeneinheiten, Fliegerabwehrraketen der Truppenluftabwehr sowie mit motorisierten, radargesteuerten Vierlings-Fla-Geschützen vom Kaliber 23 mm und Jagdflugzeugen. Bei den wiederholten israelischen Angriffen kam es zu ausgedehnten Luftgefechten, in denen die israelischen Piloten erstmals seit 1956 nicht die Luftüberlegenheit zu erringen vermochten.

Nach den für sie schlechten Erfahrungen in den ersten Kriegsstunden versuchten die israelischen Fliegerkräfte, im Tiefflug mit Überschallgeschwindigkeit zu den Übersetzstellen durchzubrechen.

Diese Taktik verminderte nicht nur die Genauigkeit des Bombenabwurfs, sie erhöhte auch das Risiko, von anderen Waffen abgeschossen zu werden. Unter Ausnutzung des Geländereliefs griffen sie in Paaren oder wellenweise, in Abständen von 2,5 Kilometern, an. Zwar wurden einige Pontonbrücken beschädigt, die rasch wieder ausgebessert werden konnten, der Übersetzverkehr konnte aber auch mit dieser Taktik nicht wesentlich behindert werden. Zudem verlegte die ägyptische Führung ihre Fähren wiederholt, um den Angriffen kein festes Ziel zu bieten. Wie der ägyptische Generalstabschef Saad el Shazly hervorhob, erwiesen sich bei der Abwehr der in extrem niedrigen Höhen angreifenden israelischen Flugzeuge, außer Rauchvorhängen und der leichten Flak, besonders die Raketen vom Typ SA-7 — Einmann-Fla-Raketen der motorisierten Schützen — als außerordentlich wirksam.

In der Nacht vom 6. zum 7. Oktober entwarf Kriegsminister Moshe Dayan in einem Telefongespräch mit General Benjamin Peled ein äußerst deprimierendes Bild von der Lage an der syrischen Front und befahl ihm, alle Anstrengungen der israelischen Luftstreitkräfte dorthin zu verlegen. Nach einem Ablenkungsangriff am frühen Morgen des 7. Oktobers konzentrierte sich die israelische Luftstreitmacht auf den Raum der Golanhöhen. Wie am Suezkanal trafen die israelischen Luftstreitkräfte auch hier auf einen unerwarteten und heftigen Widerstand. «Der Angriff», so Herzog, «sollte sich besonders tragisch entwickeln, viele israelische Flugzeuge wurden abgeschossen. Mit Grauen mußten die israelischen Einheiten, die auf den Golan-Höhen kämpften, mit ansehen, wie sich der Himmel mit wellenförmigen Spuren füllte, Spuren von Dutzenden von Raketen, die gegen die israelischen Flugzeuge abgeschossen worden waren. Obwohl die Soldaten unter schwerem Druck standen, unterließen sie von nun an ihre Bitten um Luftunterstützung.»

An diesem Frontabschnitt wurden den israelischen Fliegerkräften die bislang schwersten Verluste im Luftkrieg zugefügt. Dem syrischen Vorstoß zur Befreiung des okkupierten Geländes begegnete die israelische

«Kfir»-C 2 Die von der Israel Aircraft Industries produzierte «Kfir» C-2 steht seit 1975 im Dienst der israelischen Luftstreitkräfte. Seine Konstruktion beruht auf vom israelischen Geheimdienst aus der Schweiz beschafften Unterlagen der französischen Mirage III, die mit Dokumentationen über die Mirage 5 ergänzt wurden. Nach mehrfachen Namensänderungen erhielt das als Jagd- und Erdkampfflugzeug verwendete Flugzeug 1975 die Bezeichnung «Kfir» (Kleiner Löwe). Etwa 110 Flugzeuge stehen im Dienst der israelischen Luftstreitkräfte.

Führung mit massierten Luftangriffen. 50 bis 60 der erfahrensten israelischen Piloten wurden in sogenannten «Hunter»-Staffeln zusammengezogen, die den Himmel «freifegen» sollten.

Die Verluste Israels kamen auch hier in erster Linie auf das Konto des zweckmäßig aufgebauten Luftverteidigungssystems, dessen Kernstück die Fla-Raketen bildeten. Der Schock, den die israelischen Elitepiloten bei diesen verlustreichen Angriffen erlitten hatten, bewirkte, daß von ihrer Seite aus die Luftoperationen für mehrere Stunden völlig eingestellt wurden. Auch in den Luftkämpfen behaupteten sich die syrischen Luftstreitkräfte. Der Verteidigungsminister Syriens, General Mustafa el Tlass, erklärte dazu, daß während der Hauptluftkämpfe am 7., 8. und 11. Oktober die meisten israelischen Flugzeuge durch Raketen abgeschossen worden seien. In der ersten Woche verloren die Israelis insgesamt 80 Flugzeuge, davon rund 66 Prozent über den Golanhöhen.

Nachdem es den israelischen Fliegerkräften an der Front nicht gelungen war, die arabischen Streitkräfte zu zerschlagen und zu demoralisieren, unternahmen sie am 9. Oktober einen Terrorangriff auf Damaskus. «Phantom»-Jäger überfielen die syrische Hauptstadt und feuerten ihre Raketen wahllos in Wohnviertel. Zerstört wurden unter anderem Wohnhäuser, das Al-Shark-Krankenhaus, eine Taubstummenschule und das sowjetische Kulturzentrum. Wie die USA-Fliegerkräfte zur selben Zeit in Vietnam machten die israelischen Jagdbomber auch vor der Anwendung von Kugelbomben gegen die Zivilbevölkerung nicht halt.

Die schweren Flugzeugverluste an der Golan- und an der Suezfront ließ die Führung der israelischen Luftstreitkräfte nach Methoden suchen, um vor allem die treffsichere Raketenabwehr der arabischen Staaten auszuschalten. Das sich als unbrauchbar erwiesene Dogma, zuerst die arabischen Flugplätze und Flugzeuge zu vernichten und dann massiert die Bodentruppen zu unterstützen, mußte fallengelassen werden. Den israelischen Luftstreitkräften wurde folgende Aufgabe gestellt: Zuerst die Luftverteidigung der arabischen Nachbarstaaten niederzuhalten, dann die Luftherrschaft zu erkämpfen und anschließend die Landstreitkräfte zu unterstützen. Diese Aufgabe ist während des gesamten Krieges 1973 nicht erfüllt worden, was seinen Ausdruck auch in den erheblich verlangsamten Operationen der israelischen Landstreitkräfte fand. Die israelischen Fliegerkräfte gingen also in dieser Phase des Krieges in einer bestimmten Reihenfolge vor: Ausschaltung der arabischen Radarstationen, Bombardierung und Raketenbeschuß der Fla-Raketenstellungen und Flugplätze für Jagdflugzeuge und dann erst Angriffe auf die eigentlichen Zielobjekte.

Um die Treffsicherheit der Fla-Raketen zu vermindern, griffen die israelischen Piloten die Stellungen der arabischen Truppen nicht mehr im Tiefflug, sondern im Stechflug bei dauernder Kursänderung an. Dabei wurde von Hubschraubern das Gefechtsfeld beobachtet, damit die Flugzeuge gestarteten Raketen ausweichen konnten. Darüber hinaus wurden Metallfolien zur Störung der Ziellenkvorrichtungen der Raketen abgeworfen, elektronische Störmaßnahmen eingeleitet und gegen die Einmann-Fla-Raketen Blitzlichtkartuschen ausgestoßen, deren plötzliche Hitzeausstrahlung die anfliegende Rakete vom Ziel ablenken sollte.

Als eine der wesentlichsten Voraussetzungen jedoch, um Breschen in das Radar- und Raketensystem Ägyptens und Syriens zu schlagen, erwies sich die Lieferung von amerikanischen Fernlenkwaffen an die israelischen Okkupanten. Mit der Walleye-Bombe, der Maverick-Bombe und der Shrike-Rakete wurden die israelischen Piloten in die Lage versetzt, außerhalb des Raketenabwehrschirms Radar- und Raketenstellungen der arabischen Truppen anzugreifen.

Zeitweilig eingetretene Lücken konnte die arabische Luftverteidigung rasch schließen. Vielfach versuchte sie, die israelischen Luftangriffe durch Raketensalven zu neutralisieren. Als Nachteil bei diesem Masseneinsatz von Raketen erwies sich jedoch, daß nicht nur deren Verbrauch enorm anstieg, sondern daß auch eigene Flugzeuge getroffen wurden, da die Raketen keine Freund-Feind-Kennungsgeräte hatten. Nach Angaben in der westlichen Militärliteratur sollen dadurch 40 bis 80 ägyptische Flugzeuge abgeschossen worden sein.

Trotz aller taktischen Neuerungen vermochten die israelischen Luftstreitkräfte jedoch nicht die arabische Luftverteidigung zu überwinden, geschweige denn zu zerschlagen. Das israelische Oberkommando sah sich deshalb zu dem überaus verlustreichen Schritt gezwungen, durch Infanterie- und Panzerverbände einen breiten Keil in die ägyptischen Luftverteidigungsstellungen zu treiben. Am 15. Oktober forcierten die israelischen Landstreitkräfte den Suezkanal an der Nahtstelle zwischen der 2. und 3. ägyptischen Armee, so daß die israelischen Luftstreitkräfte Operationsraum gewannen. Die ägyptischen Piloten mußten nun ohne den entsprechenden Rückhalt ihrer Luftverteidigung eingesetzt werden, da die Fla-Raketenbatterien, deren Inbesitznahme eines der Hauptziele der Israelis war, zurückgezogen werden mußten.

Nach erbitterten Kämpfen errangen die israelischen Luftstreitkräfte die Initiative in der Luft, während die israelischen Bodentruppen rechts und links vom Brückenkopf die ägyptischen Raketenstellungen aufzurollen versuchten. In dieser Phase des Krieges erlitten die ägyptischen Luftstreitkräfte mit 180 Flugzeugen und 40 Hubschraubern zwar die schwersten Ausfälle, vereitelten aber trotzdem das Ziel der israelischen Führung, die Luftherrschaft an sich zu reißen.

Wie sehr sich der Charakter der Luftkampfhandlungen im Oktober 1973 von dem im Juni 1967 unterschied, wird aus der Verschiebung der Verlustverhältnisse zwischen beiden Seiten deutlich. Israel verlor im Herbst 1973 insgesamt 115 Flugzeuge und 2 Hubschrauber, das waren 22 Prozent seines Bestandes, wobei 90 Prozent davon auf die arabische Luftverteidigung, insbesondere Fla-Raketensysteme und radargesteuerte Flakgeschütze, zurückzuführen sind. Die arabischen Staaten büßten im Herbst 1973 insgesamt 387 Flugzeuge und 41 Hubschrauber ein. Das waren 38 Prozent ihres Bestandes. 86 Prozent wurden dabei in Luftkämpfen vernichtet. Belief sich das Verhältnis zwischen arabischen und israelischen Flugzeugverlusten im Juni 1967 auf 13,5:1, so sank es im Oktober 1973 auf 3,3:1.

Das Bild des Luftkrieges im Oktober 1973 im Nahen Osten war wesentlich durch die erheblich gestiegene Wirksamkeit moderner Defensivwaffen geprägt. An ihnen zerschellte die ausschließlich auf den Blitzkrieg eingestellte Konzeption der israelischen Luftstreitkräfte, deren Nimbus einer unbesiegbaren Teilstreitkraft nun dahingeschwunden war. Die israelische Militärdoktrin, die von einer ständigen und unbegrenzten Überlegenheit Israels über die arabischen Nachbarstaaten ausging und auf der Annahme beruhte, stets die Luftherrschaft im Nahen Osten ausüben zu können, hatte im Oktober 1973 eine vernichtende Abfuhr erlitten.

Luftkrieg in Vietnam

Der Krieg des amerikanischen Imperialismus gegen die Völker von Indochina war ein wesentlicher Teil der amerikanischen Globalstrategie, dessen Wurzeln bis in die frühen fünfziger Jahre zurückreichen. Seit 1950 wuchs der USA-Imperialismus an Stelle des französischen Kolonialregimes

Französische Flugzeuge kehren von Angriffsflügen in Indochina auf von den USA gekauften Flugzeugträgern zurück

zunehmend in die Rolle eines Gendarmen gegen die nationale Befreiungsbewegung der Völker Indochinas hinein und finanzierte schließlich zu 80 Prozent den «schmutzigen Krieg» Frankreichs in Indochina. Die Hauptmotive der vorerst noch völlig geheimgehaltenen amerikanischen

Intervention in Indochina lagen in dem konterrevolutionären Bestreben des USA-Imperialismus, eine sozialistische Entwicklung Indochinas zu verhindern, die Befreiungsbewegung einzudämmen und zu zerschlagen und in Indochina das imperialistische Kolonialregime zu verewigen. Anfang 1954 waren die herrschenden Kreise der USA angesichts der drohenden militärischen Niederlage Frankreichs bereit, amerikanische Streitkräfte in Indochina einzusetzen. Der USA-Präsident Eisenhower schrieb dem britischen Premier Winston S. Churchill am 5. April 1954: «Wenn Indochina in die Hände der Kommunisten übergeht, dann wäre die Endwirkung auf unsere und Ihre globalstrategische Position mit dem daraus resultierenden Wechsel in den Machtverhältnissen durch ganz Asien und den Stillen Ozean verhängnisvoll, und ich weiß, sie sind für Sie und mich nicht akzeptabel.»

Um die für sie verhängnisvolle und nicht akzeptable Entwicklung zu verhindern − in der Indochina eine Schlüsselstellung in der Auseinandersetzung zwischen Sozialismus und Imperialismus beigemessen wurde, in erster Linie für Südostasien, darüber hinaus für die Entwicklung des Kräfteverhältnisses in der Welt −, war die Eisenhower-Dulles-Regierung sogar entschlossen, Kernwaffen in Indochina einzusetzen. Im Frühjahr 1954 bot sie der französischen Regierung 4 MK-21-Atombomben zum Kauf an, die von B-36-Bombenflugzeugen bei Diên-biên phú abgeworfen werden sollten. Selbst nachdem der Oberbefehlshaber der bei Diên-biên phú eingeschlossenen französischen Verbände, General Henri Navarre, diesen Plan − wegen Gefährdung der eigenen Truppen − abgelehnt hatte, hielten die Pentagonstrategen an ihrer verbrecherischen Absicht fest. In einer Studie der Vereinigten Stabschefs über eine mögliche USA-Intervention in Südostasien vom 26. Mai 1954 hieß es: «Durch Vernichtung der kommunistischen Streitkräfte in Indochina Bedingungen zu schaffen, unter denen die Streitkräfte der Union-Staaten die Verteidigung Indochinas übernehmen könnten. Zur Realisierung dieses Konzepts wären in der Hauptsache folgende Maßnahmen erforderlich: a) Luftoperationen zur Unterstützung der verbündeten Bodentruppen in Indochina durchzuführen. Der Einsatz von Atomwaffen wird für den Fall erwogen, daß eine solche Maßnahme militärisch vorteilhaft erscheint.»

Durch das Genfer Indochina-Abkommen vom Juli 1954, das ganz Vietnam die Freiheit versprach, wurden die USA jedoch daran gehindert, ihre Interventionspläne zu verwirklichen. Sie orientierten sich nunmehr darauf, in Südvietnam die französische Kolonialherrschaft durch die amerikanische Vorherrschaft zu ersetzen, ein ihnen höriges Marionettenregime zu etablieren, die patriotische Volksbewegung in Südvietnam zu ersticken, die im Genfer Abkommen vorgesehenen Wahlen zu sabotieren, weil sie angesichts der Stimmung unter der Bevölkerung einen überwältigenden Sieg der von Ho chi Minh geführten Partei der Werktätigen Vietnams befürchteten, und zugleich einen geheimen Sabotagekrieg gegen die Demokratische Republik Vietnam zu eröffnen. Der schonungslose Terror des korrupten, totalitären Diem-Regimes gegen das Volk, die Ermordung von Kommunisten, Buddhisten und Intellektuellen, die Rückgängigmachung der Bodenreform, die Überfremdung Südvietnams durch den USA-Imperialismus engten die soziale Basis des Diem-Regimes immer mehr ein. Dies führte ab 1959 zu Abwehr- und Widerstandsaktionen der südvietnamesischen Bevölkerung, die rasch das gesamte Land erfaßten und die Befreiung großer Teile Südvietnams von der Herrschaft des Diem-Regimes zur Folge hatten. Um einen völligen Zusammenbruch des von ihnen protegierten Diem-Regimes zu vermeiden, ging der amerikanische Imperialismus seit 1961 immer stärker dazu über, neben der seit 1954 betriebenen Agententätigkeit gegen die DRV und der Ausbildung und Ausrichtung der Söldnertruppen Diems nach US-amerikanischem Vorbild als Berater getarnte USA-Soldaten nach Südvietnam zu entsenden.

Unter Präsident Kennedy erhöhte sich die Zahl der Berater von 685 auf 16 000 Mann, die durch einen Anti-Guerilla-Krieg den Aufstand des südvietnamesischen Volkes unterdrücken sollten. Zugleich intensivierte Kennedy den verdeckten Krieg gegen die DRV. Es sollten Untergrundbasen und Gruppen für Sabotage und Störaktionen in der DRV aufgezogen werden. Durch Aufklärungsflugzeuge wurde der Luftraum der DRV wiederholt verletzt. Am 14. April 1961 war auf Weisung des Oberbefehlshabers der USA-Luftstreitkräfte, Curtiss LeMay, auf dem Stützpunkt Englin eine Spezialkampfausbildungsstaffel geschaffen worden, die unter dem Decknamen «Jungle Jim» die Intervention amerikanischer Fliegerkräfte in Vietnam vorbereitete. Sie wurde auf Befehl Kennedys vom 11. Oktober 1961 nach Südostasien verlegt. Ihre Stärke betrug zunächst 151 Mann mit 8 T-28, 4 SC-47 und 4 RB-26. Erstmals im Dezember 1961 flogen USA-Piloten mit Flugzeugen, die mit südvietnamesischen Kennzeichen getarnt waren, Einsätze gegen die patriotische Volksbewegung im Raum Saigon.

Durch zwei Weisungen Kennedys im November 1961 wurde die amerikanische Einmischungspolitik eskaliert. Am 13. November befahl er, 40 H-21-Hubschrauber und 16 C-123-Flugzeuge sowie weitere 30 T-28-Flugzeuge nach Südvietnam zu verlegen; am 30. November gab der amerikanische Präsident freie Hand zum Unternehmen «Ranch Hand», dem Einsatz von 6 C-123-Flugzeugen zum Abstreuen chemischer Kampfmittel. Ende 1961 waren bereits vier vom USA-Brigadegeneral H. Anthis kommandierte Fliegerabteilungen in Tan Son Nhut stationiert die offiziell den Auftrag hatten, Piloten des Diem-Regimes auszubilden, tatsächlich aber Einsätze gegen die Volksbefreiungsstreitkräfte Südvietnams flogen. Bereits 1961 wurden durch chemischen Kampfstoffeinsatz 560 Hektar «entlaubt», 1962 bereits 11 030 Hektar. Am 2. Februar 1962 wurde ein chemisches Kampfflugzeug vom Typ C-123 bei seinem verbrecherischen Einsatz abgeschossen. Es war der erste Abschuß eines amerikanischen Flugzeuges in Südostasien.

Der US-amerikanische Truppeneinsatz in Südvietnam

April 1961	685 Mann
November 1961	985 Mann
Januar 1962	2 646 Mann
Juni 1962	5 576 Mann
Dezember 1962	11 000 Mann
Oktober 1963	16 732 Mann

Trotz der massiven Unterstützung des Diem-Regimes durch den USA-Imperialismus errangen die bewaffneten Befreiungskräfte Südvietnams immer größere Erfolge, während sich die Hoffnungen der amerikanischen Generale, die militärische Stärke des Regimes rasch zu erhöhen, nicht erfüllten. Ungeachtet des raschen Aufbaues zweier mit amerikanischen Flugzeugen ausgerüsteter und von USA-Beratern kommandierter Jagdgeschwader des Diem-Regimes blieb ihre Effektivität gering, ihre Zuverlässigkeit im Sinne der herrschenden Clique niedrig. Das von amerikanischen Technikern im Februar 1962 für die taktische Kontrolle aller Flugeinsätze installierte Radarsystem wurde erstmals am 27. Februar 1962 erprobt, als zwei südvietnamesische Piloten den Präsidentenpalast in Saigon angriffen, wobei ein Flugzeug abgeschossen, das andere sich der Verfolgung durch Flucht nach Kampuchea entzog.

Unter maßgeblicher Mitwirkung des Chefs der britischen Militärmission in Saigon, Robert K. Thompson, suchten die USA-Militärs eine Antipartisanenstrategie zu entwickeln, die sich zunächst an den Erfahrungen des britischen Kolonialeinsatzes von 1948 bis 1959 in Malaya orientierte. Hauptsäulen dieser «Strategie» waren neben «Entlaubungseinsätzen» die Taktik der befestigten Dörfer und der Masseneinsatz von Hubschraubern. Am 23. Dezember 1961 war der erste mobile Einsatz von 360 Diem-Söldnern, geflogen von USA-Hubschraubern, gegen Kräfte des Volkswiderstandes gestartet worden. Im Laufe des Jahres 1962 experimentierten die amerikanischen Militärs in zunehmender Stärke mit der Verwendung von Hubschraubern. Dabei wurde ihnen nach ersten empfindlichen Einbußen bewußt, daß nur die absolute Überlegenheit in der Luft sowie die ununterbrochene Sicherung der Hubschrauber durch Fliegerkräfte eine taktische Verwendung mit tragbaren Verlusten gestattete. Ohne entsprechende Luftsicherung mußten Hubschraubereinheiten, wie am 23. Dezember 1962 bei Tuy-hoa, schwerste Verluste durch den Beschuß automatischer Waffen hinnehmen.

Im November 1963 brach trotz massiver amerikanischer Unterstützung das Diem-Regime zusammen. Die befreiten Gebiete hatten sich beträchtlich erweitert. Am 21. Dezember 1963 stellte USA-Kriegsminister McNamara in einem Memorandum an Präsident Lyndon B. Johnson über die Situation in Südvietnam fest:

«Die Lage ist höchst beunruhigend. Die gegenwärtigen Tendenzen werden, sofern sie nicht in den nächsten zwei, drei Monaten umgekehrt werden, im günstigsten Fall zu einer Neutralisierung, mit größerer Wahrscheinlichkeit aber zu einem kommunistisch beherrschten Staat führen.»

Um die Positionen des USA-Imperialismus zu erhalten, schlug McNamara unter anderem eine Verstärkung der verdeckten Kriegführung gegen die DRV vor. Angesichts der schweren Schläge, die der USA-Imperialismus und sein Marionettenregime 1964 hinnehmen mußten, wurden in den herrschenden Kreisen der USA Überlegungen angestellt, wie der Krieg gegen die Völker Indochinas, insbesondere gegen das vietnamesische Volk, mit Aussicht auf Erfolg zu führen sei. Immer stärker trat dabei die Tendenz in den Vordergrund, den Interventionskrieg nicht nur auf Süd-, sondern auch auf Nordvietnam auszudehnen, um ein für allemal den Sozialismus auf dem Boden Vietnams zu beseitigen.

Die Hilfe und Unterstützung, die der Norden Vietnams dem patriotischen Befreiungskampf im Süden des Landes gab, suchten der amerikanische Geheimdienst, die amerikanischen Diplomaten und Generale als Vorwand auszunutzen, neben der direkten Aggression gegen Südvietnam auch einen verschärften verdeckten Krieg gegen Nordvietnam zu eröffnen beziehungsweise das Marionettenregime dazu zu ermuntern, durch Luft- und Seestreitkräfte den Krieg nach Nordvietnam zu tragen. Je mehr sich die Lage des Saigoner Marionettenregimes verschlechterte, desto stärker befürworteten einflußreiche Kreise in der Johnsonregierung den Plan, auch zu direkten militärischen Aktionen gegen die DRV überzugehen. Die USA-Stabschefs und besonders McNamara schlugen im Winter 1964 vor, solche Voraussetzungen zu schaffen, die einen Luftüberfall amerikanischer Bombenfliegerkräfte auf die DRV ermöglichen. McNamara schlug zwei Varianten für eine derartige Eskalation vor. Als «Grenzkontrolle beziehungsweise Vergeltungsaktion» getarnt, sollte die Bombardierung Nordvietnams und die Verminung seiner größeren Häfen aus der Luft aufgezogen werden oder ein abgestufter offener militärischer Druck auf die DRV mittels Luftangriffen auf militärische und industrielle Ziele ausgeübt werden. Die Angriffe sollten von der Saigoner Luftwaffe, vor allem aber von einem amerikanischen Geschwader, das unter dem Decknamen «Farmgate» bereits seit längerer Zeit unter südvietnamesischen Hoheitszeichen Einsätze in Südvietnam flog, durchgeführt werden. Johnson billigte zwar die Empfehlungen McNamaras, doch hielt es die USA-Regierung bis zur Eröffnung des offenen Luftkriegs für erforderlich, ihr Saigoner Marionettenregime zu stärken. Außerdem hoffte sie, die DRV durch die Drohung mit Bombenangriffen, durch eine Politik von Zuckerbrot und Peitsche einzuschüchtern und zur Kapitulation vor dem USA-Imperialismus zu zwingen.

Als wirksames Mittel, militärischen Druck auf die DRV auszuüben, sah sie die weitere Verschärfung des verdeckten Krieges an, dessen Maßnahmen seit dem 1. Februar 1964 im Operationsplan 34 A zusammengefaßt waren. Sie sahen U-2-Spionageflüge über der DRV, Entführungen und Ermordungen nordvietnamesischer Bürger, Sabotage, die psychologische Kriegführung, Kommandounternehmen von Agenten zur Sprengung von Brücken usw. vor. Ziel dieses Plans war es, «Verwüstungen, wirtschaftlichen Verlust und ständige Beunruhigung zu verursachen». Diese Kriegführung sollte allmählich immer mehr verschärft werden und schließlich im Luftüberfall auf die DRV gipfeln. Kerntruppe dieser subversiven Kriegführung waren seit 1964 amerikanische Fliegerkräfte, die von Laos aus — getarnt als Teil der laotischen Fliegerkräfte — mit 25 bis 40 T-28-Jagdbombenflugzeugen die laotischen und vietnamesischen Befreiungskräfte bombardierten. Zur selben Zeit präzisierte die politische und militärische Führung des USA-Imperialismus ihre weiteren Pläne zur Eskalation des Krieges in Indochina, die sie im April 1964 in einer Art «Drehbuch» der Aggression zusammenfaßte. Der Grundgedanke dieser verbrecherischen Planung bestand darin, durch Steigerung des Tempos und der Härte der Schläge der verdeckten Kriegführung die DRV zu Abwehrmaßnahmen zu provozieren, die vor der Weltöffentlichkeit den gewünschten Vorwand zur Eröffnung des Luftkriegs geben sollten, der vorerst in einzelnen Schlägen — als sogenannte Vergeltung getarnt — geführt und allmählich zu einem ununterbrochenen Bombardement ausgeweitet werden sollte.

Im Mai 1964 legten die USA-Stabschefs einen dementsprechend präparierten Angriffsplan vor, der die Zerstörung von 94 Zielen in der DRV vorsah. Der Operationsplan 37/64 sah zunächst die Bombardierung einiger militärischer Ziele vor, konzentrierte sich aber vor allem auf solche ökonomischen und industriellen Ziele, von denen sich die amerikanischen Bombergenerale einen raschen Zusammenbruch der DRV versprachen. Die Luftkriegspläne des USA-Imperialismus gegen die DRV gingen von der Überzeugung aus, daß es nach der Entfesselung eines systematischen Bombenkriegs der ohne jede Behinderung operierender US Air Force binnen kürzester Frist gelingen würde, das Wirtschaftsleben in der DRV völlig zu lähmen, das gesellschaftliche Leben zu desorganisieren und die politische Führung des Landes allen politischen Erpressungen gefügig zu machen.

Der Glaube des Pentagons an die unwiderstehliche Allmacht, Zerstörungskraft und Überlegenheit ihrer Air Force, die Annahme, mit einer —

Das Flugzeug, mit dem der
USA-Imperialismus den Luftkrieg gegen
die DRV eröffnete:
die North American T-28

wie man vermeinte – im zweiten Weltkrieg erprobten Luftkriegsdoktrin, einer barbarischen Strategie, die jedoch der Mottenkiste entlehnt war, alle militärischen und politischen Probleme schnell, billig und wirksam lösen zu können, enthüllte einmal mehr die Unfähigkeit der amerikanischen Militärs, den Einfluß politischer, militärischer, ökonomischer und moralischer Faktoren ganz zu erkennen, umfassend einzuschätzen und entsprechend zu berücksichtigen. In ihrer Erkenntnisfähigkeit blieb sie innerhalb der Klassenschranken der kapitalistischen Gesellschaft, war durchdrungen von den aggressiven politischen Zielen des USA-Imperialismus und geprägt von der Überschätzung militärtechnischer Faktoren.

Der Irrglaube von der entscheidenden Bedeutung des strategischen Luftbombardements wurde im Sommer 1964 von der gesamten politischen und militärischen Führung der USA geteilt. Man sah deshalb in der Entfesselung des Luftkriegs das Hauptmittel, um eine Wende im Indochinakrieg zu eigenen Gunsten herbeizuführen. Entsprechend den Fortschritten der patriotischen Befreiungsbewegung, die 1964 nahezu vier Fünftel Südvietnams beherrschte, forcierte die Johnsonregierung ihre Provokationspolitik, um auf der Stufenleiter der langfristig geplanten Eskalation eine neue Sprosse zu erreichen. Die geheimen Überfälle nach dem Diversionsplan 34 A waren im Sommer 1964 weiter verstärkt worden. Am 1. und 2. August bombardierten T-28-Jagdbombenflugzeuge Ortschaften in der DRV, die an der Grenze zu Laos lagen. Der USA-Zerstörer «Maddox» drang am 2. August in die Hoheitsgewässer der DRV ein, um Sabotageunternehmen abzusichern. Als nordvietnamesische Flotteneinheiten die USA-Schiffe aus den Hoheitsgewässern herauszumanövrieren suchten, überfielen Trägerflugzeuge der «Ticonderoga» die nordvietnamesischen Patrouillenboote. Am 3./4. August drangen auf ausdrücklichen Befehl Johnsons erneut der Zerstörer «Maddox», verstärkt durch den Zerstörer «Turner Joe», in die Hoheitsgewässer der DRV ein, um jenen Zwischenfall zu provozieren, der den Vorwand zu einer weiteren Eskalation des Krieges abgeben sollte. Auf die Nachricht, daß ein Angriff auf «Maddox» und «Turner Joe» vielleicht unmittelbar bevorstehe, wählten die Vereinigten Stabschefs Ziele für Luftangriffe – entsprechend dem Plan 36/64 – in der DRV aus, entschied das amerikanische Kabinett, als «Vergeltungsschläge» getarnte Luftüberfälle auf die DRV zu eröffnen. Unter dem Decknamen «Pierce Arrow» («Durchdringender Pfeil») überfielen amerikanische Trägerflugzeuge am 4./5. August Hongay, Lochau, Phuc-yên, Quangkhe und Vinh. Über der Provinz Nghê-an wurde am 5. August 1964 das erste amerikanische Flugzeug von der Luftabwehr der DRV vernichtet. Zur gleichen Zeit verstärkten die USA ihre Fliegerkräfte in Südvietnam. Entsprechend längst vorbereiteten Aufmarschplänen trafen am 5. August die ersten F-102-Delta-Dagger-Düsenjagdflugzeuge in Saigon ein, wurden Jagdbombengeschwader nach Thailand verlegt, Fliegerkräfte aus den USA auf vorgeschobene Basen im Pazifik übergeführt und der Flugzeugträgerverband der 7. Flotte um weitere Einheiten verstärkt.

Der Luftüberfall vom 5. August 1964 wurde von den herrschenden Kreisen der USA als ein wesentlicher Schritt angesehen, um ihre Kriegführung in Südostasien weiter zu intensivieren. USA-Botschafter Taylor kabelte am 10. August 1964 an Washington, daß das Saigoner Kanh-Regime nur eine Chance von 50 zu 50 habe, dieses Jahr zu überstehen. Er schlug deshalb vor, bis zum 1. Januar 1965 alle Maßnahmen zu treffen, um den unbeschränkten Luftkrieg gegen die DRV aufnehmen zu können. Der Berater McNamaras, William P. Bundy, entwarf dementsprechend einen Fahrplan der weiteren Eskalation des Krieges, der ab Januar im unbegrenzten Luftkrieg gegen die DRV gipfeln sollte.

Um das Volk Vietnams unter Druck zu setzen, es zur Annahme der erpresserischen Forderungen der USA und die patriotische Befreiungsbewegung zur Kapitulation zu zwingen, dehnten die amerikanischen Interventen den Krieg in Indochina weiter aus, verlegten sie neue Kräfte und Mittel nach Südostasien. Am 16., 17. und 28. Oktober griffen USA-Fliegerkräfte erneut Ziele in der DRV an. Die Truppenstärke erhöhte sich von 16 500 im Dezember 1963 auf 23 000 Mann, wobei das Personal der Air Force, das in der 2. Fliegerdivision zusammengefaßt war, von 4 300 auf 6 000 Mann anstieg.

Am 1. November 1964 entwarfen die Vereinigten Stabschefs einen detaillierten Plan der Luftkriegsoperationen gegen die DRV. Er sah zwei «Operationen» vor. Zunächst einen als «Vergeltungsaktion» getarnten Schlag gegen Laos und den südlichen Teil der DRV bis zum 19. Breitengrad, um danach sofort zu einer systematischen, aber rasch durchgeführten Bombardierung der DRV überzugehen, die so lange

Von Anfang an stießen die USA-Luftaggressoren auf den erbitterten Widerstand der nordvietnamesischen Flakartillerie

andauern sollte, bis alle 94 ausgewählten Ziele ausgelöscht und die totale Vernichtung der DRV erreicht wäre, wobei zunächst die Flughäfen und Treibstofflager vernichtet werden sollten.

Ihr Ziel bestand darin, den Krieg in Südostasien durch ein «schnelles In-die-Zange-Nehmen» der DRV binnen kürzester Frist zu entscheiden. Die Stabschefs schlugen dazu auch den Einsatz von B-52-Verbänden aus Guam vor. Auf der Grundlage des Vorschlags der Stabschefs entwickelte Botschafter Taylor, zugleich einer der einflußreichsten Militärtheoretiker der USA, am 27. November den Plan, den Luftkrieg gegen die DRV ebenfalls in zwei Etappen zu führen. In einer dreißig Tage währenden Operation sollte das Gebiet der DRV südlich des 19. Breitengrads systematisch bombardiert und danach der offene Luftkrieg auf ganz Nordvietnam ausgedehnt werden. Taylor rechnete damit, daß zwei bis sechs Monate Luftkrieg die DRV zur Kapitulation vor den USA zwingen würden. Der Berater McNamaras, Bundy, machte sich Taylors Etappentheorie völlig zu eigen und befürwortete eine Luftstrategie des «langsamen In-die-Zange-Nehmens».

Trotz des Widerstands der Vereinigten Stabschefs, die sich für ein «hartes erstes Zuschlagen» gegen die DRV aussprachen, so erklärte

640

General Earl C. Wheeler, «je härter wir von vornherein zuschlagen, um so größer sind unsere Erfolgsaussichten», setzte sich im amerikanischen Kabinett jene vor allem militärpolitisch begründete Variante durch, die sich für ein «langsames Auspressen» der DRV aussprach, die durch sorgfältig kalkulierte Dosen brutaler Gewaltanwendung zermürbt, demoralisiert und kapitulationsreif gebombt werden sollte. Der Vorschlag der USA-Militärs, sofort unbegrenzte Gewalt anzuwenden, einen durch nichts beschränkten Luftkrieg zu eröffnen, gefährdete in den Augen der imperialistischen Politiker die Realisierung ihrer Eskalationsstrategie, beschwor für sie die Gefahr herauf, daß die Haltung der UdSSR und ein internationaler Proteststurm die sofortige Einstellung des Bombenkriegs erzwang und die USA zu einem Zeitpunkt an den Verhandlungstisch zwang, da sie nicht von einer Politik der Stärke aus verhandeln konnten.

Die gegensätzlichen Meinungen innerhalb der amerikanischen Führung, wie der Luftkrieg gegen die DRV am zweckentsprechendsten zu führen sei, waren ein Ausdruck dafür, wie sich die Entwicklung des internationalen Kräfteverhältnisses in den Köpfen imperialistischer Militärs und Politiker widerspiegelte. Die Mehrheit von ihnen erkannte, daß eine Politik der unbeschränkten Gewaltanwendung angesichts des Kräfteverhältnisses zwischen Sozialismus und Imperialismus zum sofortigen Scheitern ihrer Aggressionspolitik führen würde. Sie versprachen sich, durch die Politik der Eskalation die Weltöffentlichkeit täuschen, das bestehende Kräfteverhältnis zumindest vorübergehend unterlaufen zu können, und spekulierten darauf, die antisowjetische Politik der maoistischen Führung für ihre Aggression ausnutzen zu können. Demgegenüber steuerten vor allem der amerikanische Generalstab und die hinter ihm stehenden politischen und wirtschaftlichen Kräfte des USA-Imperialismus eine abenteuerliche Strategie des «alles oder nichts». In Fehleinschätzung des internationalen Kräfteverhältnisses, in krasser Unterschätzung der Möglichkeiten des vietnamesischen Volkes und der DRV glaubten sie an einen raschen Sieg in Südostasien, der vor allem von den Luftstreitkräften herbeigeführt werden sollte.

Direkt vorbereitet wurde die neue Phase des amerikanischen Luftkriegs gegen die DRV durch verstärkte Angriffe an der laotisch-vietnamesischen Grenze, in deren Verlauf wiederholt das Territorium der DRV bombardiert wurde. Angesichts der wachsenden Labilität ihres Saigoner Marionettenregimes und der Erfolge der bewaffneten Befreiungsbewegung in Südvietnam, die im Dezember 1964 und Januar 1965 den von USA-Beratern geführten Marionettentruppen bei Binh-gia eine schwere Niederlage zufügten, entschloß sich die Johnsonregierung, um einer Niederlage zu entgehen, den Angriff von südvietnamesischen Befreiungskräften auf den Luftstützpunkt Pleiku, bei dem 31 USA-Flugzeuge vernichtet wurden, zum Vorwand zu nehmen, die erste Etappe ihrer Luftoperationen, die unter dem

Kodenamen «Flaming Dart» (Flammender Pfeil) lief, gegen die DRV zu eröffnen. Am 7. Februar griffen 49 Düsenflugzeuge A-4«Skyhawk» und F-8«Crusader», die von den Trägern «Coral Sea» und «Hancock» starteten, die Dörfer Liem Cong Tay, That-le und Song-song in den Provinzen Quang-binh und Kinh-linh an. Am 8. Februar wurde das Bombardement mit Luftüberfällen auf Laos fortgesetzt. Am 11. Februar starteten 128 USA- und 28 südvietnamesische Flugzeuge zu Angriffen auf Chang-hoa, Chop-lee und Cua-lo. Mit der verlogenen Behauptung, die USA wollten damit die «Aggression» Nordvietnams gegen Südvietnam verhindern, das heißt eine «Aggression» von Vietnamesen gegen ihr eigenes Land, suchten die USA ihre Luftkriegsverbrechen vor der Weltöffentlichkeit zu rechtfertigen und bereiteten den systematischen Luftkrieg gegen die DRV vor, indem sie stufenweise, fast unmerklich die angeblichen Vergeltungsschläge zu einem unbefristeten Bombenkrieg gegen die DRV ausweiteten.

Am 13. Februar erteilte Johnson den Befehl, daß nach dem 20. Februar unter dem Decknamen «Rolling Thunder» die Bombardierung der DRV zu beginnen sei. Zunächst sollte sich die Operation «Rollender Donner» auf die Südprovinzen der DRV bis zum 19. Breitengrad beschränken. Jede Woche sollten ein bis zwei Angriffe auf jeweils zwei bis drei Ziele geflogen werden. Mit dieser Politik der sogenannten anhaltenden Repressalien, die genau dosiert wurden, damit nach den Worten Bundys in der DRV «die Erwartung von Schlimmerem immer bestehen bleibt», vermeinte man, das vietnamesische Volk demoralisieren und zur Aufgabe seines Befreiungskampfes zwingen zu können.

Am 2. März 1965 eröffneten 160 Flugzeuge vom Typ F-100 «Super Sabre» und F-105 «Thunderchief» mit der Bombardierung von Xum-bany, auf das 200 Tonnen Bomben abgeworfen wurden, die Operation Rollender Donner. Sie wurde am 8. und 11. März fortgesetzt und erreichte am 14./15. März ihren vorläufigen Höhepunkt, als binnen 24 Stunden 200 USA-Flugzeuge vor allem die Tigerinseln und Phu-qui überfielen.

Wenn die Vertreter des USA-Imperialismus mit ihren Luftüberfällen auf die DRV gehofft hatten, diese einschüchtern und überraschen zu können, so erfüllten sich diese Erwartungen von Anfang an nicht. Sie stießen vom ersten Tag an auf eine erbitterte Abwehr. Bereits bei ihrem Angriff am 5. August 1964 wurden 8 USA-Maschinen abgeschossen, die Februarangriffe kosteten die USA-Fliegerkräfte 22 Flugzeuge, und am 31. März 1965 meldete die nordvietnamesische Luftverteidigung den Abschuß des 100. USA-Flugzeugs über der Provinz Ha-tinh. Am 3. April 1965 erzielten die nordvietnamesischen Fliegerkräfte einen großen Erfolg. Im engen Zusammenwirken mit den Selbstschutzformationen der Werktätigen und den Flakeinheiten der Land-, Luft- und Seestreitkräfte schossen vor allem MiG-17-Jagdflugzeuge im Laufe des 3. und 4. April 1965 57 Flugzeuge der Interventen ab. Bis zum 17. April waren die Verluste der

Mit Luftangriffen von Flugzeugträgern «Coral Sea» und «Hancock» aus gestartet, eröffnete der USA-Imperialismus am 7. Februar 1965 die Operation «Flaming Dart»

amerikanischen Fliegerkräfte und die ihrer Saigoner Marionetten auf 200 Flugzeuge angestiegen!

Die Ernüchterung in den militärischen und politischen Führungskreisen Washingtons über diesen nicht erwarteten Verlauf ihrer ersten Luftüberfälle auf die DRV schlug sich in einer kontroversen Diskussion im März/April 1964 nieder. Kriegsminister McNamara verfaßte bereits am 17. Februar ein scharfes Memorandum an den Vorsitzenden der Vereinigten Stabschefs, General Wheeler, in dem er kritisierte, daß bei den «Flaming Dart»-Angriffen von 491 angegriffenen Gebäuden nur 47 zerstört und 22 beschädigt wurden. «Die vier Angriffe (bei zwei Einsätzen) haben einen verhältnismäßig geringen Schaden in den Zielbereichen verursacht ... Es ist doch hoffentlich nicht beabsichtigt, bei 267 Einsätzen in den nächsten Monaten nicht mehr auszurichten als bei diesen ersten vier.» Wheeler erwirkte daraufhin am 9. März von Johnson die Zustimmung, auch Napalm gegen die DRV einsetzen zu dürfen, das zum erstenmal bei

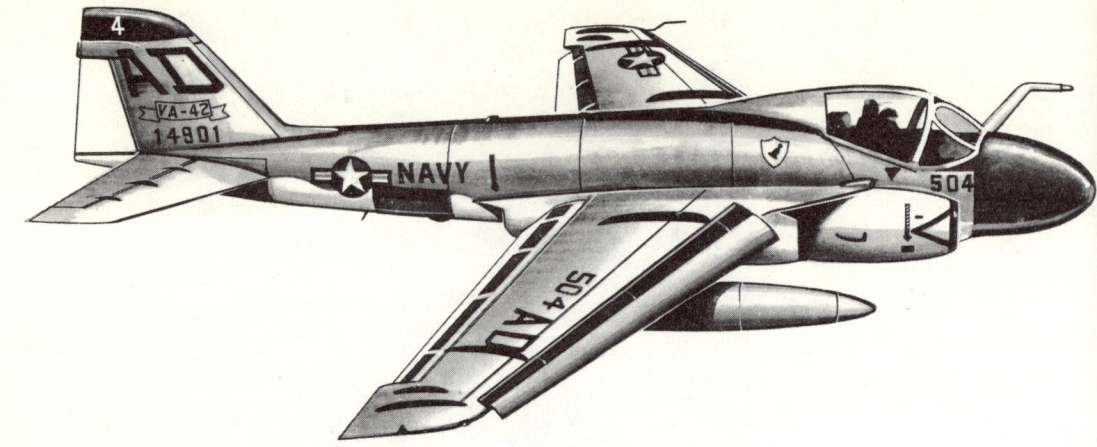

Grumman A-6A «Intruder». Die Grumman A-6A wurde 1956 auf Forderung der USA-Admiralität als Nachfolgemuster des Skyraiders entwickelt. Am 19. April 1960 erfolgte der Erstflug. Am 5. Juli 1965 starteten die ersten Intruder vom Deck des USA-Flugzeugträgers «Independence» zu Terrorangriffen gegen die DRV.

den Angriffen am 14./15. März verwendet wurde. Taylor und General William C. Westmoreland traten hingegen die Flucht nach vorn an und empfahlen «einen etwas dynamischeren Ablauf» des Luftbombardements, das «gnadenlos auch über den 19. Breitengrad hinaus geführt» werden sollte, um der «DRV endlich die Daumenschrauben anzulegen». Die Vereinigten Stabschefs und den Oberbefehlshaber der USA-Streitkräfte im Pazifik, Admiral Ulysses S. Sharp, beunruhigten neben der geringen Wirkung der Luftangriffe die hohen Verluste. Sharp schlug den 21. März als «Radarvernichtungstag» vor. Das gesamte Radarwarnsystem der DRV sollte an einem Tag zerstört werden, um die Verluste zu vermindern. Darüber hinaus legte er nahe, den Luftkrieg zu intensivieren und vorerst auf die südlichen Provinzen der DRV zu konzentrieren, dort den Verkehr auf Straßen und Eisenbahnen lahmzulegen, es vom übrigen Vietnam zu isolieren und so eine Unterstützung der südvietnamesischen Befreiungsbewegung durch die DRV zu unterbinden.

Für eine radikale, schonungslose, uneingeschränkt terroristische Luftkriegführung sprach sich der Oberbefehlshaber der US Air Force, General John P. McConnel, aus, der eine 28tägige Bomberoperation gegen die DRV forderte. Von Süden aus vorgehend, sollte in 2- bis 6tägigen Intervallen der Luftkrieg nach Hanoi getragen und das Land durch den Einsatz von B-52-Bombenflugzeugen völlig verwüstet werden. In den Beratungen der Vereinigten Stabschefs einigte man sich auf einen Kompromiß zwischen den Forderungen Sharps und McConnels. Vorerst sollten die südlichen Provinzen der DRV systematisch mit Bomben umgepflügt werden, wobei Verkehrs- und Radarziele den Vorrang erhielten, um schließlich nach und nach den «Marsch nach Norden» antreten zu können, schließlich sollte die DRV von allen Verbindungen zur Außenwelt und zu den sozialistischen Staaten getrennt werden. Danach sollten alle Fabriken und wirtschaftlichen Ziele in der DRV zertrümmert werden. Der Berater McNamaras, John T. McNaughton, warnte in einer Studie vom 24. März davor, daß Programm der Stabschefs als Aktionsplan anzunehmen, weil es für den USA-Imperialismus das Risiko eines konventionellen oder gar atomaren Krieges mit den sozialistischen Staaten in sich barg. Der Luftterror sollte deshalb nicht überstürzt gesteigert werden, sondern «hingezogen», allmählich verschärft werden. Johnson gab den Bombergeneralen daraufhin zwar grünes Licht, die Zahl der anzugreifenden Ziele zu vergrößern, behielt sich aber wöchentlich die Entscheidung darüber vor, welche Ziele bombardiert werden sollten.

Die USA-Luftstreitkräfte begannen sich somit seit April 1965 auf einen langfristigen Bombenkrieg gegen die DRV einzustellen, nachdem ihre Illusionen über die entscheidende Wirkung einiger schwerer Schläge aus der Luft rasch im Abwehrfeuer der nordvietnamesischen Luftstreitkräfte verflogen waren und ein massiertes, unbeschränktes Luftbombardement gegen die DRV, wie es von den Ultras des USA-Imperialismus verlangt wurde, auf Grund des internationalen Kräfteverhältnisses, der Existenz der Sowjetunion und der sozialistischen Staatengemeinschaft, unmöglich war. In seiner Bedeutung für die Kriegführung in Indochina trat damit der Luftkrieg vorübergehend an die zweite Stelle, hinter die Anstrengungen der amerikanischen Landstreitkräfte, durch die Konzentrierung um-

Ein Opfer des amerikanischen Luftterrors

fangreicher Truppenkontingente in Südvietnam die Befreiungsbewegung niederzuwerfen.

Die Angriffe der amerikanischen Fliegerkräfte richteten sich 1965 vor allem gegen die Transportwege und ab Sommer gegen die Transportmittel – wie Fahrzeuge, Schiffe, Lokomotiven –, gegen die 47,35 Prozent aller Angriffe geflogen wurden. Gegen militärische Objekte wurden 22,45 Prozent, gegen ökonomische Ziele 18,30 Prozent und gegen zivile Einrichtungen wie Wohnsiedlungen, Krankenhäuser, Schulen, 11,90 Prozent aller Einsätze geflogen.

Die Luftangriffe erfolgten ununterbrochen. Etwa jeden dritten bis fünften Tag fand ein großangelegter Angriff statt, bei dem jeweils 20 bis 30, teilweise auch 40 bis 60 Flugzeuge ein einziges Ziel angriffen. Dazwischen lagen Angriffe kleinerer Gruppen. Bei ihren Angriffen flogen die USA-Fliegerkräfte in 3000 bis 8000 Meter Höhe. Ihre Gefechtsordnung bestand aus 3 bis 6 Gruppen von 4 bis 8 Flugzeugen, die 4 bis 6 Kilometer voneinander entfernt waren.

Diese Taktik der USA-Fliegerkräfte erlitt ihr Fiasko, als am 26. Juli 1965 nordwestlich von Hanoi 3 F-4C «Phantom» von S-2-Flakraketen abgeschossen wurden. Die US Air Force und Navy waren auf diesen Einsatz nicht vorbereitet. Um dem gefürchteten Raketenbeschuß zu entgehen, griffen die USA-Flugzeuge zunächst im Tiefstflug an, was sie jedoch noch stärker als vorher in den Wirkungsbereich der Flakartillerie brachte. Die USA-Luftkriegsgeneralität strebte deshalb die Vernichtung der Flakraketenbatterien an und befahl für den 27. Juli 1965 einen Großangriff gegen sie. Dieser Anschlag schlug unter hohen USA-Verlusten fehl. Erst später wurde von den USA-Militärs erkannt, daß die Raketenstellungen weitaus beweglicher waren, als sie ursprünglich angenommen hatten. Die USA-Fliegerkräfte intensivierten deshalb mit Flugzeugen der Typen RF-101, RF-4C sowie unbemannten Flugkörpern vom Typ BQM-34A die Luftaufklärung und setzten unmittelbar vor ihren Angriffen Aufklärungsflugzeuge im Tiefflug zur Aufklärung der Raketenstellungen ein. Die Gefechtsordnungen ihrer Gruppen wurden aufgelockert, weil mit einer Rakete teilweise zwei Luftziele vernichtet worden waren. Die Abstände zwischen den Angriffsgruppen betrugen nunmehr 8 bis 10 Kilometer, zwischen den einzelnen Flugzeugen 800 bis 1600 Meter gegenüber ursprünglich 50 bis 150 Metern. Trotz dieser Veränderungen stiegen die Verluste der USA-Fliegerkräfte weiterhin an. Vom 17. April 1965 bis zum 27. November 1965 wurden nach nordvietnamesischen Angaben 500 USA-Flugzeuge über der DRV vernichtet.

Obwohl die USA-Luftpiraten ihre Luftkriegsanstrengungen gegen die DRV beträchtlich erhöhten, die Zahl der Einsätze stieg von 500 je Woche im Juli 1965 auf 1500 im Dezember 1965, erwies sich das Konzept des Pentagons, das Verkehrs- und Transportsystem in der DRV lahmlegen zu können, bereits 1965 als ein grandioser Trugschluß. Selbst der amerikanische Geheimdienst kam im November 1965 zu dem Schluß: «Die nordvietnamesischen Transporteinrichtungen waren spartanisch und auf den ersten Blick gegen Luftangriffe völlig ungeschützt, dafür aber flexibel und so ausgelegt, daß die Kapazität den Bedarf bei weitem übertraf.» Und dieses Ergebnis wurde erzielt, obwohl USA-Fliegerkräfte in 55 000 Einsätzen 33 000 Tonnen Bomben auf die DRV abgeworfen hatten – das heißt dreimal soviel wie die US Air Force im Jahre 1942.

Vom 24. Dezember 1965 bis zum 31. Januar 1966 stellten die USA ihre Luftangriffe gegen die DRV ein. Diese Pause – vor der Weltöffentlichkeit demagogisch als Zeichen amerikanischer Friedenspolitik ausgegeben – wurde in Wirklichkeit dazu benutzt, den weiteren Kurs des Luftkriegs zu präzisieren und den Flugzeugpark und das fliegende Personal voll aufzufüllen. Aus dem Fehlschlag ihres Luftkriegs gegen die DRV zogen die herrschenden Kreise der USA nicht etwa die Schlußfolgerung, ihn einzustellen, sondern sie bereiteten seine weitere Verschärfung vor. McNamara empfahl Johnson am 30. November 1965: «Die Bombardierung Nord-Vietnams ... im Verlauf der nächsten sechs Monate erweitern wir allmählich die Ziele im Nordosten (Hanoi-Haiphong), ... hinzu kommen die Bombardierung von Erdöldepots und Kraftwerken sowie die Verminung der Häfen.»

Zu diesem Zweck verstärkten die USA ihre Fliegerkräfte in Südostasien. Die Personalstärke allein der Air Force stieg von 4 300 (31. 12. 1963) und 6 000 (31. 12. 1964) bis auf 17 150 Mann (20. 11. 1965). Im ersten Halbjahr 1966 verdoppelte sie sich auf 38 000 Mann. Der Luftkrieg wurde nunmehr von drei Zentren aus geführt: *Von der 7. USA-Luftflotte*, die im Januar 1966 an Stelle der 2. Luftdivision von Südvietnam aus alle Luftoperationen und Einsätze koordinierte. Bei ihrem Hauptquartier in Tan Son Nhut befanden sich Verbindungsstellen des SAC, des Marinekorps und der 7. USA-Flotte. Die Stärke der 7. Luftflotte betrug Anfang 1966 etwa 1 000 Kampfflugzeuge und 1 500 Hubschrauber. Es war vorgesehen, den Luftkrieg gegen die DRV durch den Einsatz von B-52-Flugzeugen weiter zu verschärfen. Die B-52-Verbände, die im Rahmen der 3. Fliegerdivision des SAC von Guam aus mit 40 bis 50 Flugzeugen erstmals am 18. Juni 1965 in der Nähe Saigons gegen die Volksbefreiungskräfte eingesetzt worden waren, sollten nunmehr auch Ziele in der DRV bombardieren.

Neben der 7. Luftflotte hatte die *7. USA-Flotte* ständig 3 bis 4 Flugzeugträger vor der vietnamesischen Küste im Einsatz. Jeder Träger hatte 55 bis 80 Flugzeuge an Bord, was einer Gesamtstärke von etwa 240 Flugzeugen entsprach. Hinzu kamen zwei Jagdbombergruppen des Marinekorps mit etwa 100 Flugzeugen. Starke amerikanische Fliegerkräfte, unter anderen 17 Jagdbomberstaffeln, 3 Abfangjägerstaffeln und 3 Auf-

Mit elektronischen Abtastgeräten
ausgerüstet, um den tödlichen Salven
durch Fla-Raketen zu entgehen:
RF-4C-Aufklärungsflugzeug der US Air Force

klärungsstaffeln, befanden sich unter dem *Kommando der 13. Luftflotte*
in Thailand. Sie zählten etwa 400 Flugzeuge. Die Gesamtstärke der
USA-Fliegerkräfte betrug Anfang 1966 etwa 1 800 Flugzeuge und sollte bis
Ende des Jahres auf etwa 2 200 bis 2 500 ansteigen. Dieser bedeutenden
Massierung von Fliegerkräften, der zahlenmäßig größten seit Beendigung
des zweiten Weltkriegs, wobei die gewachsene Kampfkraft je Flugzeug —
die weitaus größer war als im zweiten Weltkrieg oder während der amerikanischen Intervention in Korea — noch unberücksichtigt bleibt, standen
die Luftverteidigungskräfte eines 16-Millionen-Volks gegenüber, die ein
Territorium zu verteidigen hatten, das von seiner geographischen Lage her
denkbar ungeeignet für die Abwehr eines Bombenkriegs war. Das langgestreckte Land, das im Norden eine Breite von 450 bis 500 Kilometern,
im Süden von nur 70 bis 100 Kilometern hat, besitzt Tausende Kilometer
Seegrenze im Osten und eine ebensolange Dschungelgrenze mit Ge-
birgscharakter im Westen, was den USA-Luftpiraten den Anflug erleichterte und erlaubte, im Radarschatten einzufliegen. Angesichts der
Stationierung der USA-Fliegerkräfte mußte mit Luftangriffen aus drei

Himmelsrichtungen gerechnet werden, wobei die Vorwarnzeiten teilweise extrem kurz sein würden.

In den Luftverteidigungskräften der DRV wirkten die regulären Truppen der Volksarmee mit den regionalen Truppen, den Volksmilizen und den Selbstverteidigungskräften der Betriebe und landwirtschaftlichen Produktionsgenossenschaften zusammen. Sie erfüllten jeweils spezielle Aufgaben.

Kennzeichnend für das Luftverteidigungssystem der DRV – und eine seiner Hauptstärken – war das enge Zusammenwirken zwischen Volk und Armee, die Teilnahme des gesamten Volkes an der Luftverteidigung des Landes in einem Ausmaß, das die Geschichte bisher noch nicht kannte, sowie die hohe moralisch-politische Geschlossenheit des Volkes, dem Luftterror zu trotzen und den Kampf bis zur endgültigen Befreiung Vietnams fortzusetzen.

Den Kern der Luftverteidigungskräfte bildete die Volksarmee. Sie war seit 1966 mit leichten, mittleren und schweren Flakgeschützen ausgerüstet. Kamen 1964/65 vor allem die 20-mm-Flak «Oerlikon», die sich als Fla-MG besonders zur Bekämpfung tieffliegender Ziele bis zu 1 500 Meter eignete, das sowjetische 37-mm-Flakgeschütz, das ebenfalls vor allem zur Abwehr von Tiefangriffen verwendet wurde, sowie das 85-mm-Flakgeschütz zum Einsatz, so wurde das Luftverteidigungssystem der DRV durch die Ausrüstung mit 57-mm- und 100-mm-Flakbatterien erheblich verstärkt und modernisiert. Die neuen Waffensysteme verfügten über Funkmeß- und Kommandogeräte, die die Bekämpfung von Luftzielen bei jeder Tages- und Nachtzeit und unter allen Wetterbedingungen ermöglichten. Sie wurden vor allem zur Verteidigung besonders wichtiger Objekte eingesetzt und vorrangig im sogenannten roten Dreieck – Hanoi – Haiphong – Nam-dinh –, dem Delta des Roten Flusses, wo der größte Teil der Bevölkerung lebt, konzentriert. Nicht nur die Zahl der radargesteuerten Flakgeschütze wuchs an – nach US-amerikanischen Angaben verfügte die DRV im Oktober 1965 über 8 000 Flakgeschütze –, sondern zugleich erfolgte auch der Ausbau und die Festigung der Fla-Raketentruppen. Die Anzahl der Fla-Raketen-Batterien stieg nach US-amerikanischen Angaben von 4 im Juli 1965 auf 9 im September, auf 25 im Dezember und auf 60 im Februar 1966. In den nordvietnamesischen Luftstreitkräften wurden die MiG-17 und die MiG-19 gegen die Luftaggressoren verwendet.

Neben den regulären Truppen ruhte die Luftverteidigung auf den Einheiten der Volksmiliz, die im Rahmen der Städte und Gemeinden gebildet wurden. In Kompanien von 60 bis 70 Mann nahmen sie an der Abwehr von Luftangriffen teil oder waren als Pioniere und Sanitäter tätig. Zur Bekämpfung der Luftpiraten waren sie mit Fla-MGs und Handfeuerwaffen ausgerüstet. Am 17. März 1965 war es der Miliz von Dien-hong zum erstenmal gelungen, eine A-4 «Skyhawk» mit Handfeuerwaffen abzuschießen, am 18. Oktober desselben Jahres gelang das der Miliz von Phule, die mit zwei Schüssen eine F-4 «Phantom» zum Absturz brachte. Einen bedeutenden Platz im Luftverteidigungssystem der DRV, das von der engen Verbundenheit zwischen Volk und Armee zeugt, nahmen die Selbstschutzformationen der Werktätigen in Stadt und Land ein. Sie wirkten bei der aktiven und passiven Luftverteidigung mit. Im Rahmen von Kompanien nahmen spezielle Züge gemeinsam mit regulären Truppen an der Verteidigung ihrer Werke, Betriebe, Schulen, Institutionen usw. teil. Sie waren vor allem mit Fla-MGs und leichten Flakgeschützen ausgerüstet. Bei der Luftverteidigung größerer Betriebe wurden Kampfgruppen-bataillone eingesetzt, die über mehrere Fla-Züge verfügten. Die Ausbildung ihrer Angehörigen erfolgte täglich zwei Stunden lang außerhalb ihrer Arbeitszeit. Die Selbstschutzformationen wurden ferner zur Entschärfung von Bomben und Minen eingesetzt, fanden als Luftbeobachter Verwendung, als Pioniere und Sanitäter, als Verantwortliche für die Einhaltung der passiven Luftschutzmaßnahmen sowie als Festnahmetrupps für abgeschossene Flugzeugführer und abgesetzte Spionage- und Sabotagetrupps.

Neben der aktiven Luftverteidigung wurden von Partei und Regierung der DRV umfangreiche Maßnahmen der passiven Luftverteidigung eingeleitet. Die Bevölkerung von besonders gefährdeten Großstädten wurde zum großen Teil evakuiert, besonders Kinder und ältere Leute. Die Betriebe wurden weitgehend verlagert, und zwar wurden sie in viele kleine Betriebe dezentralisiert, die getarnt und gedeckt − teilweise unterirdisch oder in Höhlen − untergebracht wurden. Zum Schutz der Zivilbevölkerung wurde die DRV mit einem Netz von Splitter- und Laufgräben, Unterständen, Betonzylindern, die industriell gefertigt wurden, überzogen, die die Menschenverluste unter den Terrorschlägen der USA-Luftpiraten niedrig hielten. Allein für die 400 000 Menschen zählende Bevölkerung der Provinz Ha-tinh wurden 355 000 Schützenlöcher auf den Feldern, 190 000 entlang den Straßen, 150 000 Luftschutzbunker, 165 000 Unterstände und 2 000 Kilometer Splitter- und Laufgräben geschaffen.

Als die amerikanischen Fliegerkräfte im Februar 1966 ihre Luftangriffe wieder aufnahmen, stießen sie auf eine Luftabwehr, die die amerikanische Zeitschrift «Air Force» vom April 1966 zu dem Eingeständnis zwang: «Amerikanische Piloten gestehen ein, daß das nordvietnamesische Flakfeuer schwerer als in Korea ist und an einigen Stellen der Konzentration gleichkommt, auf die man im zweiten Weltkrieg gestoßen ist.» Die größte Besorgnis löste im Pentagon der steigende Einsatz von Fla-Raketen aus, der die amerikanischen Fliegerkräfte zu neuen Einsatzmethoden zwang.

Selbstschutzkräfte der DRV bei der Verteidigung eines Flußübergangs mit Handfeuerwaffen

Milizionäre und Soldaten der vietnamesischen Volksarmee beim Löschen von Bränden in Haiphong

Jeder Einsatz von USA-Fliegerkräften wurde nun von C-121-Constellation-Flugzeugen begleitet, die, mit hochempfindlichen Radargeräten ausgerüstet, das Hinterland der DRV überwachten und Raketenstarts sofort an die Terrorflieger meldeten, die sich daraufhin durch Steilflüge, Steilkurven oder Turns den Fla-Raketen zu entziehen suchten. Ende März 1966 wurden durch Flugzeuge vom Typ F-105 und F-4C erfolgreich Raketenausweichmanöver durchgeführt. Daneben gaben die USA-Fliegerkräfte jedem Bombenpulk einen aus vier Flugzeugen bestehenden «eisernen Schwarm» mit. Ein Flugzeug diente als Pfadfinder, das mit seinen Geräten die Radarsignale der Raketenstellungen aufnahm, die daraufhin mit Luft-Boden-Raketen vom Typ «Strike», die den Radarleitstrahlen folgten und eine Reichweite von 16 Kilometer hatten, beschossen wurden. Den Luftverteidigungskräften der DRV gelang es jedoch im Laufe des Jahres 1966, die «Strike» durch Radargeräte von den eigenen Radarleitstrahlen und damit vom Ziel abzulenken.

Dem Schutz der Kinder vor den Auswirkungen der barbarischen USA-Luftangriffe galt die besondere Aufmerksamkeit von Partei- und Staatsführung der DRV

652

Die nach wie vor verlustreichen Angriffe veranlaßten die Vereinigten Stabschefs, auf eine rasche Verschärfung des Luftkriegs gegen die DRV zu dringen, von der sie sich doch noch einen totalen militärischen Luftsieg versprachen. Als das entscheidende Ziel galten ihnen die Erdöl-, Treibstoff- und Schmierstofflager in der DRV. Sie erklärten, ein vernichtender Schlag gegen diese Zielgruppe wäre der weitaus wirksamste Schlag, den die USA führen könnten. In einem Memorandum vom 10. November 1965 versicherten sie, daß «die Volksrepublik Vietnam kaum eine Möglichkeit hätte, sich von den Folgen der Luftangriffe gegen diese Öllager zu erholen». Der Oberbefehlshaber der USA-Streitkräfte im Pazifik, Sharp, teilte diesen Glauben und erklärte, diese Luftoperation würde die DRV an den Konferenztisch zwingen, wo sie sich dem Diktat der USA zu fügen hätte, und dem Befreiungskampf in Südvietnam ein Ende setzen.

Obwohl McNamara diesem Plan schon im März 1966 zustimmte, wurde seine Ausführung bis zum Juni 1966 hinausgezögert, da es der USA-Imperialismus angesichts der internationalen Friedensbemühungen im Frühjahr 1966 nicht wagte, den Luftkrieg im Augenblick weiter auszuweiten. Einen großen Einfluß auf den schließlichen Befehl zur weiteren Verschärfung des Luftkriegs hatte ein Memorandum des ehemaligen USA-Geheimdienstoffiziers und Johnsonberaters W. Rostow vom 6. Mai 1966, der an Planung der Öloffensive gegen das faschistische Deutschland teilgenommen hatte und vermeinte, eine Wiederholung eines derartigen Schlags müßte mindestens dieselben Auswirkungen haben wie 1944.

«Ich halte es für durchaus möglich», erklärte Rostow Johnson, «daß die militärischen Auswirkungen einer systematischen und fortgesetzten Bombardierung der Öllager in Vietnam rascher und unmittelbarer eintreten können, als aus konventionellen Geheimdienstanalysen ersichtlich ist.» Am 22. Juni 1966 befahlen die Stabschefs die Bombardierung der Öllager. Wörtlich hieß es: «Die Aktion soll mit ersten Angriffen gegen Öl-, Treibstoff- und Schmierstoffdepots im Raum Haiphong und Hanoi beginnen, und zwar, falls technisch durchführbar, am selben Tag. Größtes Gewicht ist auf den Überraschungseffekt zu legen... Weitgehender Einsatz erfahrener Rolling-Thunder-Mannschaften... Ausführung nur bei Wetterlagen, die Sichtanflug auf die Ziele und höchste Zielgenauigkeit garantieren... maximaler Einsatz elektronischer Abwehrvorrichtungen gegen Boden-Luft-Raketen und Zielerfassung durch Flugabwehrgeschütze, ..., maximaler Einsatz von Präzisionswaffen, soweit mit dem Einsatzauftrag vereinbar.»

Der Angriff wurde am 29. Juni 1966 mit 46 Flugzeugen gegen die unmittelbare Umgebung Haiphongs und Hanois gestartet. Die USA-Militärs verkündeten einen großen Sieg. Die Tanklager Hanois seien völlig, die Haiphongs zu 80 Prozent vernichtet worden. Die 7. Luftflotte versicherte, dies wäre der «bedeutendste und wichtigste Schlag des Krieges». McNamara beglückwünschte die Bomberpiloten, lobte ihre «ausgezeichnete Arbeit», und das herrschende Amerika schwamm in wildem Jubel und versuchte sich glaubhaft zu machen, daß der Krieg in Indochina gewonnen wäre. Im Juli forderte McNamara Sharp auf, der «Strangulierung» der DRV die höchste Priorität im Luftkrieg zuzuerkennen. Doch der Siegestaumel des USA-Imperialismus sollte nicht lange andauern. Im Laufe des Juli und besonders des August stießen die USA-Fliegerkräfte auf einen immer härteren Widerstand über der DRV.

Der 7. August 1966 ging in die Geschichte der US Air Force als Black Sunday (Schwarzer Sonntag) ein, als nicht weniger als 8 Flugzeuge über der DRV abgeschossen wurden, in der ersten Augustwoche 41 und im ganzen Monat 105 Flugzeuge. Derartig hohe Verluste hatten die USA-Fliegerkräfte in einem Monat noch nicht erlitten. Überdies berichtete der USA-Geheimdienst: «Im Laufe des Sommers wurde immer klarer, daß wir zwar einen großen Teil der Lagerkapazität Nordvietnams vernichtet haben, daß jedoch genügend weitverstreute Lager übriggeblieben waren, um zusammen mit den fortgesetzten Importen den laufenden Bedarf zu decken . . .» Die Öloffensive der USA gegen die DRV endete mit einem eklatanten Mißerfolg. Weder gelang es, die Operationen der vietnamesischen Streitkräfte mittels Treibstoffverknappung zu behindern, noch erfüllten sich die Erwartungen des USA-Imperialismus auf einen Sieg durch Luftmacht. McNamara verlieh seiner Enttäuschung und seinem Zorn über diesen Fehlschlag gegenüber den Bombergeneralen Ausdruck, von denen er wissen wollte, wie sie sich denn die Diskrepanz zwischen den optimistischen Siegesmeldungen und den kläglichen Ergebnissen erklärten. Er suchte die «Schuldigen» an der falschen Stelle; gescheitert war diese Luftoperation vor allem und in erster Linie am Widerstand des vietnamesischen Volkes, seinen vorbeugenden Maßnahmen zur Abwehr dieser Schläge, seiner Improvisationsfähigkeit, Anpassungsfähigkeit und seiner Entschlossenheit, den Luftschlägen des Aggressors zu trotzen, sowie an der Hilfe der sozialistischen Länder.

Immerhin hatte dieser Fehlschlag zur Folge, daß einige Kräfte innerhalb der politischen Führung des USA-Imperialismus begannen, sich nicht mehr alles vom Luftkrieg zu versprechen. Für die Ultras des USA-Imperialismus, insbesondere für ihre reaktionärste Fraktion, die sich um die Vereinigten Stabschefs gruppierte, war die fehlgeschlagene Öloffensive jedoch nur Anlaß, weitere verschärfende Maßnahmen zur Luftkriegführung gegen die DRV zu fordern und durchzusetzen. Teile der herrschenden Kreise der USA empfahlen angesichts des Mißerfolgs des Luftkriegs gegen die DRV wie auch des Scheiterns ihres Landkriegs gegen die bewaffneten Befreiungskräfte in Südvietnam, die USA solle sich in aller Öffentlichkeit für einen längeren Krieg in Indochina rüsten, zu diesem

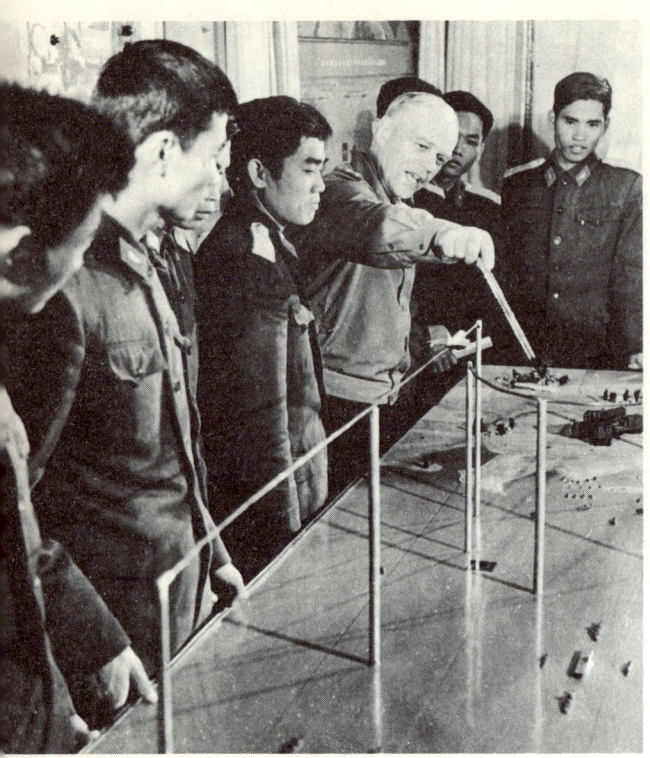

Wesentlichen Anteil an dem schweren Rückschlag, den die USA-Luftstreitkräfte im August 1966 hinnehmen mußten, hatten die Jagdfliegerpiloten der DRV, die in der Sowjetunion mit modernster Kampftechnik und Taktik vertraut gemacht worden waren

Zweck den Luftkrieg in der gleichen Weise wie bisher fortsetzen und eine elektronische Barriere zur Abgrenzung von Nord- zu Südvietnam errichten, um durch einen langwierigen Abnutzungskrieg, dessen Dauer auf mehrere Jahre veranschlagt wurde, die vietnamesische Volksbefreiungsbewegung niederzuwerfen. Die USA-Behörden in Saigon und die Vereinigten Stabschefs drängten dagegen auf weitere, rasche Verstärkungen der USA-Truppen in Südvietnam und eine weitere Eskalation des Luftkriegs gegen die DRV. Sie versprachen sich von diesen Maßnahmen, daß der USA-Imperialismus in absehbarer Zeit den Krieg zu seinen Gunsten entscheiden könne. Riet Kriegsminister McNamara auf Grund der enttäuschenden Ergebnisse der Bombardierungskampagne dazu, den Luftkrieg nicht weiter auszudehnen, weil «das Programm ‹Rolling Thunder› durch die Bombardierung des Nordens weder die Infiltration fühlbar beeinflußt noch Hanois Moral gebrochen hat», wie er am 14. Oktober 1966 schrieb, und das, obwohl der Luftkrieg seit Jahren ständig verschärft worden war − von 4 000 Einsätzen je Monat gegen die DRV Anfang 1966 auf 6 000 Mitte 1966, bis auf 12 000 je Monat Ende 1966 −, so protestierten die Stabschefs heftig gegen die Möglichkeit, den Luftkrieg etwa «einfrieren» zu lassen. 12 000 Einsätze je Monat schienen ihnen bei weitem nicht auszureichen. Sie empfahlen, «steigenden Druck» auf die DRV auszuüben und einen «harten Schlag» gegen militärische Einrichtungen und Rüstungsbetriebe zu führen. Dazu forderten sie am 14. Oktober 1966 Angriffe auf bisher ausgesparte Räume bei Hanoi und Haiphong, vietnamesische Stahlwerke, Wärmekraftwerke, Schleusen und Dämme sowie auf die Öllager in Hanoi, Haiphong, Phuc-yên und Kep sowie die rücksichtslose Bombardierung von Luftabwehrraketenstellungen.

Admiral Sharp forderte, die Anzahl der Einsätze von B-52-Bombenflugzeugen, die am 12. April 1966 bei einem Angriff auf den Raum Mu-gia die größte Abwurfmenge – 635 Tonnen Sprengstoff – seit Beendigung des zweiten Weltkriegs auf ein einziges Ziel abgeworfen hatten, von 60 auf 800 je Monat zu erhöhen.

Vom radikalen Flächenbombardement, das unterschiedslos militärische und nichtmilitärische Ziele dem Erdboden gleichmachte, versprach sich dieser Ausbrennungsstratege die größten Erfolge. Trotz der selbst in den Angriffsbefehlen der US Air Force gewahrten Heuchelei der regierenden Vertreter des USA-Imperialismus, keinen Luftkrieg gegen die Zivilbevölkerung der DRV führen zu wollen, bewies die Praxis des amerikanischen Luftkriegs, der auf die Brechung der Moral abzielte, von Anfang an, daß die Dezimierung der Zivilbevölkerung der USA-Luftterrorstrategie immanent war. Mit der wahllosen Bombardierung von Zielen, die im Ermessen der Flugzeugführer lagen, die ab 1965 «bewaffnete Aufklärung» flogen, war diese Terrorstrategie eingeleitet worden. Sie wurde besonders augenfällig durch die Verwendung sogenannter antipersonal weapons durch die Air Force. Sowohl die ab Februar 1965 eingesetzte «Ananasbombe» wie auch die ab April 1966 abgeworfenen berüchtigten «Kugelbomben» waren ausschließlich dazu bestimmt, die Verluste unter der Zivilbevölkerung zu vergrößern. Völlig abweichend von herkömmlichen Bombenformen wurden sie eigens für die Tötung lebender Ziele außerhalb von Deckungen entwickelt, das heißt für verbrecherische Einsätze gegen die Bevölkerung.

Während sich der USA-Imperialismus angesichts der internationalen Proteste gegen seinen mörderischen und verbrecherischen Luftkrieg Beschränkungen bei der Bombardierung der beiden größten Städte der DRV – Hanoi und Haiphong – auferlegen mußte, ging er im Zuge der weiteren Verschärfung seines Luftkriegs, die ab Ende 1966 eingeleitet wurde, immer rücksichtsloser dazu über, alle übrigen Großstädte, Ortschaften und Dörfer der DRV zu terrorisieren und zu zerstören. Die Forderungen der Vereinigten Stabschefs leiteten eine neue Stufe in der terroristischen Luftkriegspolitik des USA-Imperialismus gegen die DRV ein. Sie war 1966 unter anderem durch die ab 14. Juni intensivierte Bombardierung der Deichanlagen und des Bewässerungssystems, eine ausschließlich gegen die Bevölkerung gerichtete Terrormaßnahme, die nicht im geringsten Zusammenhang mit irgendwelchen angeblichen

Antipersonal Weapons des USA-Imperialismus:
links eine Ananasbombe, rechts Teil einer Kugelbombe

militärischen Notwendigkeiten der USA-Kriegführung stand, eingeleitet worden. Am 19. Juli 1966 wurde Viêt-tri, eine der sechs Großstädte der DRV, Zentrum der Leichtindustrie des Landes, durch einen Terrorangriff schwer verwüstet. Am 6. August wurden durch Luftangriffe auf 30 Kilometer Deichanlagen 12 000 Hektar überschwemmt. Im September 1966 dehnten USA-Fliegerkräfte ihre Giftgaskriegführung auf die entmilitarisierte Zone zwischen der DRV und Südvietnam aus. Den vorläufigen Höhepunkt dieser USA-Terrorstrategie stellte eine Serie schwerer Luftangriffe am 2., 4., 13. und 14. Dezember 1966 auf die Umgebung und eine Reihe von Wohnsiedlungen Hanois dar. Dem USA-Luftterror gegen Hanoi fielen 1966 289 Menschen zum Opfer, 1 000 wurden verwundet und 1 310 Gebäude zerstört.

Der offene Luftterror der USA gegen die DRV verstärkte die internationale Protestbewegung. Die Berichte des stellvertretenden Chefredakteurs der «New York Times», Harrison E. Salisbury, aus Hanoi machten Millionen US-Amerikaner zum erstenmal mit den Auswirkungen des verbrecherischen USA-Bombardements bekannt. Obwohl die Johnsonregierung den terroristischen Charakter des Luftkriegs zu leugnen suchte, schätzte selbst der USA-Geheimdienst, daß die Bevölkerungsverluste in der DRV von 13 000 im Jahre 1965 auf 23 000 bis 24 000 im Jahre 1966 angestiegen seien. Gegenüber 33 000 Tonnen Bomben waren 1966 128 000 Tonnen Bomben auf die DRV abgeworfen worden, das war fast dreimal soviel, wie die US Air Force 1943 auf das faschistische Deutschland abgeworfen hatten. Obwohl die USA-Fliegerkräfte 1966 fast viermal soviel Bomben auf die DRV abgeworfen hatten wie 1965, urteilte der USA-Geheimdienst, daß die Bombenangriffe 1966 «kaum mehr er-

658

Modernes Abfangjagdflugzeug der
Luftverteidigung der DRV

reichten als 1965». Das vietnamesische Volk setzte im Norden und Süden des Landes ungebrochen und erfolgreich seinen Kampf gegen die ausländischen Interventen und ihre Helfershelfer fort.

Aus dem erneuten Scheitern ihrer Luftoperationen gegen die DRV zogen die reaktionärsten Kreise des USA-Imperialismus, abenteuerlich wie eh und je, den Schluß, die Kriegsanstrengungen weiter zu erhöhen und 1967 zum Entscheidungsjahr des Indochinakriegs zu machen. Die USA-Luftstreitkräfte in Südostasien wurden weiter verstärkt. Ihre Personalstärke wuchs von 38 000 (Juni 1966) über 46 000 (Oktober 1966) auf 55 000 Mann zu Beginn des Jahres 1967 an. Allein die Stärke der 7. USA-Luftflotte stieg von etwa 1 000 auf 1 500 Kampfflugzeuge. Insgesamt waren 1967 etwa 3 000 Flugzeuge und 1 800 Hubschrauber in Indochina eingesetzt.

Die Luftverteidigung der DRV festigte sich 1966 weiter. Ihre Entwicklung war vor allem durch drei Faktoren gekennzeichnet:
– durch die Eingliederung der Fla-Raketentruppen als Hauptglied in die Luftverteidigung der DRV;
– durch die Einbeziehung moderner sowjetischer Abfangjagdflugzeuge, der MiG-21, in das System der Luftverteidigung;
– durch die Einfügung zahlreicher Funkmeßstationen – vor allem Frühwarn-, Jägerleit- und Geschützrichtstationen – in die Luftverteidigung des Landes.

Ende 1966 war mit Hilfe der sozialistischen Staaten, vor allem der Sowjetunion, ein Luftverteidigungssystem entstanden, das stützpunktartig die wichtigsten Zentren des Landes schützte, in erster Linie den Raum Hanoi, Haiphong und die wichtigsten militärischen, industriellen und Verkehrsziele. Seine Wirksamkeit hatte sich bereits 1966 bestätigt. Nach US-amerikanischen Angaben hatten sich die Flugzeugverluste über der DRV 1966 verdoppelt! Am 29. April 1966 war das 1 000. USA-Flugzeug, am 14. Oktober das 1 500. über der Provinz Nghê-an abgeschossen worden. Das 1 600. Flugzeug war am 4. Dezember über Hanoi vernichtet worden. Allein die Luftverteidigung Hanois holte 1966 53 USA-Luftpiraten vom Himmel. Die wachsende Abwehrkraft der nordvietnamesischen Luftverteidigung veranlaßte Kriegsminister McNamara am 17. November 1966 zu dem indirekten Eingeständnis: «In dem Maße, wie wir jetzt operieren, glaube ich, daß unsere Bombenangriffe nur sehr geringe Ergebnisse bringen und die Kosten für das Leben der Piloten und der Flugzeuge nicht rechtfertigen.»

Um die Flugzeugverluste zu vermindern, modifizierten die USA-Fliegerkräfte ihre Taktik bei ihren verbrecherischen Luftüberfällen weiter. Sie entwickelten ein flexibles System, um die Radaraufklärung der Luftverteidigung der DRV irrezuführen und zu täuschen. Eine Methode bestand darin, durch elektronische Verschleierungen die nordvietnamesischen Funkmeßstationen zu verwirren und dies zu überraschenden Schlägen kleiner Fliegergruppen auszunutzen. 5 bis 7 Minuten vor einem Luftangriff versuchten in Flugzeuge vom Typ EF-10B, RB-66 oder RA-5C eingebaute Sender die Tätigkeit der nordvietnamesischen Funkmeßstationen zu stören. Den Angriffsverbänden wurden Flugzeuge vom Typ EA-6A «Intruder» beigegeben, die durch ihren mitgeführten Störsender den Sendebereich der für die Steuerung der Fla-Raketen notwendigen Geräte überdecken und einsatzunfähig machen sollten. Zur passiven Störung der Funkmeßstationen der DRV wurden – wie bereits im zweiten Weltkrieg – Stanniolfolien abgeworfen. Um die Radaraufklärung zu unterfliegen und eine visuelle Aufklärung zu unterbinden, überflogen die von Südvietnam und von der 7. USA-Flotte gestarteten Jagdbombenflugzeuge die Küste meist im Tiefstflug, die Seefliegerkräfte in Höhen von 300 bis 500 Meter, während der Einflug von Bombenflugzeugen – vor allem aus Thailand – häufig unter dem Schutz eines 200 Meter breiten und 200 bis 300 Meter hohen Rauchvorhangs geschah. Der Einsatz der Seeflieger- und Bombenfliegerverbände wurde dabei von Flugzeugen vom Typ E-2A «Hawkeye» geleitet, die die Angreifer auch vor nordvietnamesischen Jagdflugzeugen warnen sollten und zur Leitung der eigenen Jagdfliegerkräfte bestimmt waren. Auch die ursprünglich nur zur Aufklärung von Raketenstellungen bestimmten Flugzeuge vom Typ EC-121 wurden dafür eingesetzt.

Die Bombardierung der Ziele erfolgte entweder aus dem Horizontal-, aus dem Steig- oder dem Sturzflug. Wurden die Angriffe aus 500 Meter oder tiefer durchgeführt, so erfolgte die Bombardierung im Horizontalwurf, wobei Napalmbomben, Splitter- und Sprengbomben mit Verzögerungszünder zum Abwurf kamen. Vor dem Sturzflug stieg das Flugzeug 3 bis 5 Kilometer vor dem Ziel auf 1 200 bis 1 500 Meter Höhe und stürzte in einem Winkel von 10 bis 15 Grad auf 800 Meter. Dabei wurden vorwiegend Sprengbomben mit Verzögerungszünder und Raketen eingesetzt. In niedrigen Höhen wurde der Bombenwurf beim Steigflug durchgeführt.

Bei Luftüberfällen auf ein stark verteidigtes Ziel griffen die USA-Luftpiraten massiert, konzentriert und schnell hintereinander an, was jedoch in der Regel wirkungslos war, weil die Bomben weitab vom Ziel niederkamen. Die USA-Fliegerkräfte setzten daher gegen solche Ziele die Luft-Boden-Rakete «Bullpup» ein, die 14 Kilometer vor dem Ziel abgeschossen wurde. Ein konzentriertes Abwehrfeuer der Luftabwehr unterbrach jedoch meist die Lenkung der Rakete durch den Flugzeugführer. Die USA-Fliegerkräfte suchten daher die Luftverteidigung eines starken Objekts durch Scheinangriffe von Flugzeugen aus verschiedenen Richtungen, die das Feuer der Luftabwehr auf sich ziehen und sich in dem Moment wieder entfernen sollten, da die eigentliche Angriffsgruppe am Ziel eintraf, abzulenken und zu zersplittern.

Doch trotz dieses gewaltigen materiellen und technologischen Aufwands der stärksten Militärmacht des Imperialismus und einer ständig verfeinerten Taktik gelang es den amerikanischen Luftpiraten nicht, ihre Verluste zu vermindern noch eine entscheidende Wirkung zu erzielen.

Um die Wirksamkeit des Bombardements ging es vor allem in der Auseinandersetzung zwischen verschiedenen Gruppen des amerikanischen Militärapparats. Während McNamara und sein Gehirntrust sich nach den bisherigen Erfahrungen vor allem für eine Bombardierung der Verkehrsziele einsetzten, forderten die hinter den Vereinigten Stabschefs stehenden Kreise den Übergang zu einem unbeschränkten Luftbombardement fast aller Ziele, die Eröffnung des strategischen Luftkriegs. Für die politischen Verhältnisse in den USA an der Jahreswende 1966/67 war es kennzeichnend, daß sich die Konzeption der aggressivsten, abenteuerlichsten und reaktionärsten Kreise durchsetzte. Gleichsam nebenbei wurde dabei die Bombardierung des Straßen- und Eisenbahnnetzes, des rollenden Verkehrs und der Land- und Wassertransportmittel intensiviert. Die Schläge der USA-Luftpiraten richteten sich dabei seit Oktober 1966 besonders gegen das Eisenbahnnetz der DRV. Schwere Angriffe wurden besonders gegen Thanh-hoa, Ha-tinh, Quang-binh, Dông-hoi, Viêt-tri, Ninh-binh, Nam-binh und die Straßen und Eisenbahnlinien nördlich von Hanoi geführt.

Zur Eröffnung des strategischen Luftkriegs gegen die DRV, der die zunächst schwerste Phase des Luftbombardements einleitete, kam es Ende Februar 1967, als USA-Präsident Johnson in der ersten Etappe der Früh-

Röntgenschnitt der F-4B «Phantom»

1 Radar mit Antenne
2 Radargeräte
  (Feuerleitung von Navigation)
3 Gerätetafel (Instrumentenbrett)
4 druckdichte Kabinenhauben
5 Schleudersitze
6 Zusatztank
7 Bremsklappe
8 Strahlturbine General Electric
  I-79-GE8
9 Staurohr
10 Bremsfallschirmbehälter
11 Landehaken
12 Nachbrenner
13 Navigationslicht
14 Hauptfahrwerk
15 Zusatztank
16 Hauptholm
17 Luft-Luft-Rakete «Sparrow» AIM-7E
18 linker Lufteintrittskanal
   für Triebwerk
19 Vorflügel
20 Querruder
21 einziehbare Einstiegleiter
22 Bugfahrwerk
23 Infrarotfeuerleitgerät

jahrluftoffensive die Bombardierung von fünf Wärmekraftwerken und des Stahlwerks von Thai-nguyên, von Flüssen und Flußmündungen sowie die Durchführung einer Seeblockade bis zum 20. Breitengrad befahl.

Am 10. März 1967 überfielen amerikanische Fliegerkräfte das größte Stahlwerk der DRV, Thai-nguyên, und das Kohlekombinat Hông-gai. Am folgenden Tag wurde dieser Angriff wiederholt. Insgesamt wurde das Stahlkombinat Thai-nguyên im Frühjahr 1967 10mal bombardiert. Der 14. März stellte einen vorläufigen Höhepunkt der USA-Luftangriffe gegen die DRV dar, als 400 Flugzeuge 128 Objekte bombardierten. Am 17. und 25. März fiel das Wärmekraftwerk Băc-giang bei Hanoi den USA-Terrorfliegern zum Opfer.

Die Zerstörung der beiden Wärmekraftwerke Haiphongs gab die USA-Regierung für den 22. März frei.

Die USA-Fliegerkräfte trafen bei ihren Angriffen auf eine Luftverteidigung, die den Aggressoren zunehmend schwere Verluste zufügte. Das traf besonders auf die Luftverteidigung Hanois und Haiphongs zu, bei

662

der es sich nach den Worten des Oberbefehlshabers der US Air Force, McConnel, «um die stärkste Konzentration von Luftabwehrwaffen handelte, die jemals bekannt geworden ist von irgendeiner Stadt oder irgendeinem Raum in der Welt». Amerikanische Flugzeugführer erklärten, daß «die Verteidigung Londons, Berlins, der deutschen Ölraffinerien und anderer Schlüsselziele der Vergangenheit niemals konkurrieren könnte mit dem nordvietnamesischen Hornissennest».

Besonders empfindlich zeigten sich die USA-Luftaggressoren bei den verstärkten Angriffen nordvietnamesischer Jagdflugzeuge. Der militärpolitische Kommentator der New York Times, Hanson W. Baldwin, schrieb: «Die sowjetischen Jäger dieses Typs sind bei Verteidigungsoperationen äußerst wirksam, da zumeist schon ihr Auftauchen in der Nähe einer Gruppe amerikanischer Jagdbomber genügt, daß die USA-Flugzeuge ihre Bomben wahllos abwerfen, um sich für Kampf oder Flucht manövrierfähiger zu machen.» Die amerikanischen Fliegerkräfte sahen sich deshalb genötigt, den Begleitschutz ihrer Bombenfliegerkräfte beträchtlich

Fla-Raketeneinheit der vietnamesischen Volksarmee. Sie waren für die Luftaggressoren die gefürchtetsten Gegner

zu erhöhen. Betrug das Verhältnis zunächst etwa 1:3 oder 1:4, so belief es sich nun auf 1:1. Die USA-Jagdflugzeuge flogen meist den Bombenfliegerkräften voraus, um die nordvietnamesischen Jagdflugzeuge abzufangen. Sie handelten dabei meist in zwei Paaren. Zwei Flugzeuge sollten als Köder dienen, um vietnamesische Jagdflugzeuge auf sich zu ziehen, ihrem Angriff durch erhöhte Geschwindigkeit, Tiefstflug und Kursmanöver zu entgehen, um so dem zweiten Paar die Möglichkeit zu geben, überraschend von hinten anzugreifen. Hohe Verluste erlitten die amerikanischen Fliegerkräfte durch die Taktik der nordvietnamesischen Fliegerkräfte, MiG-17- und MiG-21-Flugzeuge gemeinsam handeln zu lassen, wobei die MiG-21 nach einem Angriff auf die MiG-17 aus der Überhöhung die USA-Luftpiraten überraschend von hinten angriff und sie durch Raketen- und Bordwaffenbeschuß zum Absturz brachte. Welche Wirksamkeit auch ältere Flugzeuge – wie die MiG-17 – in den Händen kampfentschlossener, gut ausgebildeter Flugzeugführer haben, bewies ein im Raum Hanoi stationiertes Jagdgeschwader der DRV, das bis Mitte 1967 in 48 Luftkämpfen 67 USA-Flugzeuge abschoß, darunter 29 Phantom, 18 Thunderchief, 6 Crusader, 6 Skyhawk, 5 Intruder und 2 Dakota.

Um die ständig steigenden Verluste durch nordvietnamesische Jagdflugzeuge zu vermindern beziehungsweise völlig auszuschalten, eröffnete
die US Air Force eine Luftoffensive gegen die Jagdfliegerkräfte der DRV.
Am 2. Januar 1967 starteten 60 Phantom und 25 Thunderchief von Thailand
aus einen «Anti-MiG-Angriffsflug». Sein Ergebnis war geringfügig. Seit
März 1967 und besonders seit dem 23. April griffen deshalb USA-
Fliegerkräfte die Flugplätze in der DRV, wo man Jagdfliegerkräfte ver-
mutete, an. Sie richteten sich besonders gegen Kep, Kiên-an, Bai-thuong
und Hoa-lac.

Wie der Verlauf des Luftkriegs gegen die DRV im Jahre 1967 bewies,
war jedoch auch dieses Bombardement ein Fehlschlag. In ihrer Zerstö-
rungs- und Vernichtungswut ordnete die USA-Regierung am 8. April die
Bombardierung weiterer Ziele, wie bestimmter Wohnviertel in Hanoi und
Haiphong, Kraftwerke, Umspannwerke und ein Zementwerk bei Haiphong
an. Ermutigt durch die weitere Eskalation des Luftkriegs forderten die
alten Luftkriegsextremisten des USA-Imperialismus, wie Stuart S.
Symington am 3. April die völlige Einäscherung von Haiphong, und am
10. April meldete sich auch Curtis LeMay, dieser Prototyp des ge-
wissenlosen USA-Bombergenerals, zu Wort. Er verstieg sich zu dem
barbarischen Begehren, die DRV «in die Steinzeit zurückzubombar-

Neben den Fla-Raketen behauptete die Flakartillerie ihren Platz im System
der Luftverteidigung der DRV

665

dieren», den totalen Luftkrieg zu entfesseln, wenn notwendig sogar Kernwaffen einzusetzen, und verlangte, «wir müssen bereit sein, unser Bombardement fortzusetzen, bis wir alles von Menschenhand Geschaffene in Nordvietnam vernichtet haben».

Ende April 1967 war der Punkt erreicht, wo selbst der Vorsitzende der Vereinigten Stabschefs, General Wheeler, einräumen mußte, alle bedeutenden Ziele in der DRV bombardiert zu haben.

Das Ergebnis dieses massiven, über drei Jahre währenden Luftbombardements war für den USA-Imperialismus überaus kläglich. Keinem seiner politischen, strategischen und militärischen Ziele war er um einen Schritt näher gekommen. Trotz der weiteren Eskalation des Luftkriegs war es weder gelungen, die Regierung der DRV zu Verhandlungen zu zwingen, in denen die USA, von der Politik der Stärke ausgehend, die Kapitulation am Verhandlungstisch erreichen wollte, noch war es gelungen, die bewaffnete Volksbefreiungsbewegung in Südvietnam zu zerschlagen und ihre Unterstützung durch das vietnamesische Volk zu unterbinden. Das Prestige der stärksten Militärmacht des Imperialismus war vielmehr in Vietnam erschüttert worden. Vor aller Welt hatten sich die USA als erbarmungsloser, vor keinem Mittel zurückschreckender Gendarm gegen die Völker und ihren Befreiungskampf in einem Maße entlarvt, das nicht nur in der gesamten Welt, sondern auch in den Vereinigten Staaten selbst eine Protestbewegung entstehen ließ. Diese Protestbewegung bedrohte die politische Stabilität des USA-Imperialismus. Alle Spekulationen der USA-Politiker, das vietnamesische Volk von den sozialistischen Staaten trennen zu können, waren kläglich zusammengebrochen. Die Sowjetunion und die anderen sozialistischen Länder leisteten dem vietnamesischen Volk allseitige politisch-moralische, ökonomische und militärische Hilfe, die zu einer ständigen Modernisierung ihrer Streitkräfte führte und diese immer besser in die Lage versetzte, den Terrorschlägen der USA-Luftpiraten zu trotzen. Schon Mitte 1966 erklärten Mitarbeiter des USA-Instituts für Verteidigungsanalysen, «daß Hanois kommunistische Freunde die entstandenen Kosten in einem Ausmaß aufgefangen haben, daß die Wirkung der amerikanischen Bombenangriffe erheblich abgeschwächt wurde».

Als die Vertreter des USA-Imperialismus deshalb im Mai 1967 Bilanz über ihren jahrelangen Luftterror gegen die DRV, besonders in den letzten Monaten, zogen, mehrte sich selbst im Kriegsministerium und im USA-Geheimdienst die Kritik an der bisherigen Luftstrategie. Sie wurde von McNamara, Rostow, McBundy, McNaughton und anderen imperialistischen Politikern verworfen, weil sie der Politik und den Interessen des USA-Imperialismus schädlich war, bei einer Fortsetzung sogar gefährlich werden konnte und militärisch erfolglos war. Der USA-Geheimdienst berichtete im Mai 1967, daß 27 Monate Bombenkrieg «bemerkenswert wenig an Hanois Gesamtstrategie geändert haben». Die Stimmung in der DRV wurde trotz des erbarmungslosen Luftterrors «als stoische Entschlossenheit mit einem beträchtlichen, noch ungebrochenen Durchhaltevermögen» charakterisiert. Von diesen Vertretern des USA-Imperialismus wurde deshalb vorgeschlagen, das Luftbombardement auf das Gebiet der DRV zwischen dem 17. und 20. Breitengrad zu konzentrieren und nur gelegentlich Luftüberfälle auf den Norden der DRV durchzuführen. Auf diese Weise vermeinte man, den Kampf der Volksbefreiungsbewegung in Südvietnam ersticken und von jeglicher Hilfe abschneiden zu können. Ein wichtiger Grund bestand schließlich auch darin, die hohen Flugzeugverluste über der DRV zu vermindern. Bis zum 17. Mai 1967 waren nach nordvietnamesischen Angaben 1900 USA-Flugzeuge über der DRV abgeschossen worden. McNamara und andere amerikanische Politiker wiesen darauf hin, daß «die Bombenangriffe gegen den Raum Hanoi–Haiphong außerordentlich hohe Verluste unter den amerikanischen Piloten forderten». McNaughton führte an, daß am 5. Mai 1967 die Verlustquote «über Hanoi und Haiphong sechsmal so hoch lag wie über dem ganzen übrigen Nordvietnam... Bei einer Beschränkung der Angriffe auf den Bereich südlich des 20. Breitengrads wurde eine Verringerung dieser Verluste um mehr als 50 Prozent vorausgesagt.»

Schon der Vorschlag, die Bombardierung der DRV auf einen bestimmten Raum zu begrenzen, löste bei den Ultras des USA-Imperialismus, repräsentiert durch die Interessenvertreter der Luftfahrtindustrie im Kongreß und im Senat wie Symington, Arthur E. Smith, Harry E. Byrd, und bei den Vereinigten Stabschefs wütende Proteste aus. General Wheeler erklärte am 24. Mai 1967, eine Beschränkung des Bombenkriegs auf das Gebiet südlich des 20. Breitengrads würde ein «Diên-biên phù in der Luft» bedeuten. Sie schlugen vielmehr vor, den Luftkrieg weiter auszuweiten, den Hafen Haiphong völlig zu zerschlagen, um alle «ausländischen Schiffe 'rauszuschmeißen», die letzten noch verbliebenen Ziele in der DRV zu vernichten und möglicherweise Laos, Kambodscha und selbst die DRV mit einem Landkrieg zu überziehen. Um ihre Entschlossenheit zu betonen, sich an diesem Konzept festzuklammern, ließen sie am 19. Mai auf Hanoi den bis dahin schwersten Terrorangriff des Krieges fliegen. Er kostete die USA-Luftpiraten allerdings 10 Flugzeuge. Im Mai erreichten die USA-Flugzeugverluste die neue Rekordhöhe von 148 Flugzeugen. Der Einfluß des militärisch-industriellen Komplexes war jedoch im Mai 1967 noch ausschlaggebend. Die Intensität des Luftkriegs wurde weiter hochgeschraubt. Ab Mai wurde eine neue Luftoffensive gegen das Deich- und Regulierungssystem der DRV eröffnet. Ab 8. Juni wurden systematisch die Schiffsleiteinrichtungen der DRV bombardiert, und am 8. Juli begann die planmäßige Einäscherung aller Ortschaften, die sich entlang der Nationalstraße 5 (Hanoi—Haiphong)

Abschuß eines USA-Flugzeugs über der
DRV

Gefangengenommener USA-Pilot auf den
Trümmern seines Flugzeugs

befanden. Johnson schließlich verkündete am 20. Juli eine weitere Eskalation des Luftkriegs. Nach dem Programm Rolling Thunder 57 sollten
weitere Bahnhöfe, Brücken und Lager in Hanoi und Haiphong vernichtet
werden, weitere 16 Ziele wurden zur sogenannten Einäscherung freigegeben, so daß überhaupt nur noch vier Ziele in der Demokratischen
Republik Vietnam blieben, die noch nicht von USA-Luftüberfällen heimgesucht wurden.

668

In einem bisher nichtgekannten Ausmaß überfielen USA-Luftpiraten nun die DRV. Im Juli flogen binnen 24 Stunden 500 USA-Flugzeuge 170 Angriffe. Mit besonderer Wucht wurden weiterhin Hanoi und Haiphong heimgesucht, doch dehnten sich die Luftangriffe im August bis dicht an die chinesisch-vietnamesische Grenze aus, richteten sich gegen Kraftwerke, Brücken und Bahnhöfe. Doch die Schlacht um die Verbindungslinien wurde von den USA-Fliegerkräften verloren. Wie der Verkehrsminister der DRV, Phan Trong Tue, 1968 erklärte, kam es bei dem Ausmaß und der Härte der Schläge in manchen Provinzen anfänglich zu einer Verwirrung, doch dank den vorausschauenden Maßnahmen von Partei und Regierung und dem Massenheroismus der Werktätigen gelang es, das Funktionieren des Verkehrs- und Transportwesens aufrechtzuerhalten. Allein 1966/67 wurden 107 Kilometer Straße neu angelegt. Zum Schutz der Brücken und

Amerikanischer Blindgänger wird nach dem Luftangriff unschädlich gemacht

Fähren wurden Scheinanlagen angelegt, Reservematerial bereitgestellt, die Brücken getarnt, bei Tage auseinandergenommen, unter Wasser gelegt, Beschädigungen vorgetäuscht und in großem Umfang Gebrauch von Kabel«brücken» zur Überwindung von Flüssen gemacht. Die Straßen wurden von «Jungen Freiwilligenbrigaden» instand gehalten. Die von B-52-Flugzeugen bei ihrem Angriff auf Mu-gia angerichteten Straßenschäden wurden in kaum einem halben Tag beseitigt.

Zum Symbol des Widerstandswillens des vietnamesischen Volkes in der Schlacht um die Verbindungswege wurde die Brücke von Ham-rong, zwischen Thanh-hoa und Nam-dinh. Sie wurde vom 3. April 1965 bis Ende 1966 über 200mal von 1560 USA-Flugzeugen angegriffen. Bis zum 31. Dezember 1967 waren 365 Angriffe auf die Brücke von Ham-rong geflogen worden, 60 Angriffe, an denen mehr als 60 Flugzeuge teilnahmen, 78, an denen 10 bis 20 beteiligt waren, und 227, bei denen 2 bis 6 Flugzeuge anflogen. Bis zum 1. November 1968 waren insgesamt 1000 große, mittlere oder kleine Angriffe auf die Brücke geflogen worden. Sie war mehrfach getroffen, beschädigt und ausgebessert; doch sie blieb benutzbar.

Im August versuchte die Air Force erneut, die Jagdfliegerkräfte der DRV zu zerschlagen. Nach marktschreierischen Erfolgsmeldungen im August wurde den USA-Fliegerkräften im Oktober 1967 von denselben als bereits vernichtet ausgegebenen MiG-Jagdflugzeugen in den erbittertsten Luftkämpfen des gesamten Krieges eine schwere Niederlage zugefügt. Die ausgedehntesten Luftkämpfe entwickelten sich am 12. Oktober über Haiphong. Selbst nach amerikanischem Eingeständnis erreichten die Jagdflugzeuge der DRV eine Abschußquote von 1:3. Angesichts des harten Widerstands der Jagdfliegerkräfte der DRV bei den USA-Angriffen auf Hanoi, Haiphong, den Flugplatz Cat-bi und Phuc-yên sahen die USA ihre Luftherrschaft als bedroht an. Nicht zuletzt um ihre Verluste zu vermindern – am 18. Oktober war das 2401., am 6. November das 2500. und am 26. November das 2600. USA-Flugzeug über der DRV abgeschossen worden –, verlegten die USA-Luftpiraten ihre Angriffe stärker in die Nacht. Am 24. Oktober wurden Hanoi und Haiphong erstmals bei Nacht bombardiert. Als USA-Fliegerkräfte am 19. November Hanoi, Haiphong und Thanh-hoa angriffen, erlitten sie mit 17 Abschüssen die bisher schwersten Verluste an einem Tag. Die USA-Bombenfliegerkräfte, die am folgenden Tag Hanoi anflogen, stürzten sich aus großen Höhen fast senkrecht auf ihre Ziele, um den tödlichen Fla-Raketen zu entgehen. Hanoi blieb auch im Dezember das bevorzugte Angriffsziel der USA-Luftpiraten, die am 14. Dezember in zwei Wellen den bis dahin schwersten Luftangriff auf die Hauptstadt der DRV flogen. Im Ergebnis des verbrecherischen Bombardements Hanois, das vom 29. Juni 1966 bis zum 31. Dezember 1967 83mal von insgesamt 1397 Flugzeugen bombardiert wurde, die 4557 Spreng- und 440 Kugelbomben abwarfen, erhöhten sich die Bevölkerungsverluste 1967 gegenüber 1966 um mehr als das Fünffache. 1602 Bürger Hanois starben unter dem amerikanischen Luftterror, 4200 wurden verletzt. 3640 Wohngebäude wurden zerstört.

Eine Bilanz des Luftterrors gegen die DRV gab Admiral Sharp am 1. Januar 1968. Danach waren allein vom 1. Januar bis zum 15. Oktober 1967 122960 Angriffe gegen das Verkehrsnetz der DRV und Laos' geflogen worden. 9740 Einsätze richteten sich gegen die Energieversorgung, das

«Search-and-Destroy»-Aktion amerikanischer Infanterie in Südvietnam

Eisen- und Stahlwerk von Thai-nguyen und das Zementwerk von Haiphong. Voller barbarischer Genugtuung behauptete Sharp, die Werke seien völlig vernichtet, die Stromerzeugungskapazität auf 15 Prozent gesenkt, der Hafen Haiphong weitgehend lahmgelegt, das Verkehrswesen erheblich desorganisiert und die Ernte zum großen Teil vernichtet. Sein Bericht legte die Vermutung nahe, der Sieg durch Luftmacht stünde unmittelbar bevor. Der Oberbefehlshaber der USA-Truppen in Südvietnam, General Westmoreland, verkündete siegesgewiß am 27. November 1967: «Die vierte und letzte Etappe des Krieges liegt in Reichweite – die Hoffnungen des Gegners sind bankrott.» Und in seinem Jahresabschlußbericht vom 27. Januar 1968 hieß es: «Das Jahr endete damit, daß der Feind seine Zuflucht immer mehr bei einer Verzweiflungstaktik sucht, um doch

671

noch einen militärischen oder psychologischen Sieg zu erringen. Bei all diesen Bemühungen waren ihm nur Mißerfolge beschieden.»

Angesichts dieser Siegeseuphorie der amerikanischen Ultras fiel es ihnen um so leichter, auf die Dienste des einstigen Einpeitschers des Luftkriegs gegen die DRV, McNamara, zu verzichten. Nicht zuletzt seine späte Kritik an der USA-Luftkriegsstrategie hatte zu seiner Verabschiedung geführt. Am 1. Februar 1968 hielt er seine Abschiedsrede vor dem Militärausschuß des Senats, in der er nochmals seine Zweifel an der Wirksamkeit des USA-Bombardements äußerte. Er stieß auf taube Ohren. Die Ultras des USA-Imperialismus waren Argumenten nicht zugänglich. Sie mußten durch Taten von dem Scheitern ihrer Luftkriegsdoktrin überzeugt werden. Und die Belehrung, die sie erhielten, sorgte dafür, daß die Illusionen von einem «greifbar nahen Sieg» – in erster Linie durch Luftmacht errungen – wie Spreu im Winde verflogen.

Der Schlag wurde von den bewaffneten Volksbefreiungskräften Südvietnams geführt, die am 30./31. Januar 1968 zur Großoffensive gegen die amerikanischen Aggressoren und ihre Marionetten antraten. Eindeutig enthüllte sich damit die Tatsache, daß trotz der großsprecherischen Feststellungen Sharps und Westmorelands der Luftkrieg gegen die DRV auch 1967 nicht die von den USA erhofften Ergebnisse gebracht hatte. Darüber hinaus wurde deutlich, daß es auch im Süden Vietnams den Aggressoren trotz des Masseneinsatzes von Soldaten und modernstem technischem Material, trotz vorübergehender Scheinerfolge im Jahr 1967 nicht gelungen war, den Volksbefreiungskräften die Initiative zu entreißen. Brach gegen die DRV das strategische Luftkriegskonzept des Pentagons zusammen, so scheiterte im Süden des Landes seine taktische Luftkriegführung.

Die Luftkriegführung des USA-Imperialismus in Südvietnam war gekennzeichnet durch eine noch weitaus rücksichtslosere Mißachtung aller Normen des Völker- und Kriegsrechts als gegen die DRV. Den Hauptanteil daran trugen die amerikanischen Luftstreitkräfte, die seit Beginn der sechziger Jahre die Volksbefreiungskräfte aus der Luft zu zerschlagen suchten. Für die gesamte taktische Luftkriegführung der Air Force galt der Grundsatz, daß militärische Erfolge nicht auf Grund taktischer oder operativer Meisterschaft errungen werden sollen, sondern durch die Entfaltung einer gewaltigen materiellen Überlegenheit, in der Herstellung einer alles zerstörenden Feuerkraft. Entsprechend diesem Grundsatz traten die leichten, speziell zur Partisanenbekämpfung entwickelten «Counter-Insurgency Aircraft» wie die T-28 und T-37 in Vietnam in ihrer Bedeutung rasch hinter den taktischen Fliegerkräften zurück, die den größten Teil der Einsätze flogen. Ihre Hauptaufgabe bestand in der Unterstützung der Landstreitkräfte beim Angriff und in der Verteidigung und in der Überwachung ganz Südvietnams, um die Volksbefreiungskräfte an jedem beliebigen Ort anzugreifen.

Die Luftstreitkräfte der Aggressoren (USAF, US Navy und USA-Marinekorps wie auch die Fliegerkräfte des Saigoner Marionettenregimes) unterstanden taktisch einem Führungssystem, dem «Tactical Air Central Center» (TACC) in Tan Son Nhut. In den vier Korpsbereichen Südvietnams befand sich je ein «Air Support Operation Command» (ASOC), bei denen die Kommandeure der Landstreitkräfte ihre Wünsche für Luftunterstützung anmeldeten, die von dort aus an TACC weitergegeben wurden, das über Einsatz und Stärke der teilnehmenden Fliegerkräfte entschied. Am Einsatzort selbst wurden die Fliegerkräfte von vorgeschobenen Fliegerleitoffizieren, die von leichten Verbindungsflugzeugen aus den Einsatz der Flugzeuge dirigierten, in ihre Angriffsziele eingewiesen. Ein derartiges System schuf für die USA-Aggressoren die Möglichkeit, die Luftoperationen streng zu kontrollieren und die Fliegerkräfte zu massieren. Seit 1967 standen mindestens über 2 000 taktische Kampfflugzeuge für den täglichen Einsatz zur Verfügung.

Obwohl die südvietnamesischen Volksbefreiungskräfte nur über geringe Luftabwehrmittel verfügten, die USA-Luftstreitkräfte jederzeit die ungeteilte Luftherrschaft besaßen, entsprachen die Einsätze der taktischen Fliegerkräfte bei weitem nicht den militärischen Hoffnungen des USA-Oberkommandos. Selbst den mit modernsten Feuerleit- und Navigationsgeräten ausgerüsteten Flugzeugen bereitete die Zielfindung außerordentlich große Schwierigkeiten. Das lag einerseits in der für die Luftaggressoren ungünstigen dichten Bewaldung großer Teile Südvietnams und zum anderen in der außergewöhnlich geschickten Anpassung der Operationen der Volksbefreiungskräfte an diese natürlichen Bedingungen sowie in ihrer vorzüglichen Tarnung.

Die USA-Besatzungen griffen deshalb bestimmte Zielräume entweder auf «Verdacht» hin oder ohne Sicht an. Mit dieser gewaltigen, wenn auch profitbringenden Verschwendung von Abwurfmitteln stand die völlige militärische Wirkungslosigkeit derartiger Angriffe in Übereinstimmung. Immer charakteristischer für den Einsatz der taktischen Fliegerkräfte, die dafür auch B-52-Bombenfliegereinheiten heranzogen, waren Flächenangriffe, wozu neben schweren Sprengbomben vor allem das Napalm in einem bisher nicht gekannten Ausmaß eingesetzt wurde.

Das Napalm wurde zur grausamsten Waffe der Luftaggressoren in Südvietnam, ein Vernichtungsmittel, unter dem vor allem die Zivilbevölkerung Südvietnams wegen des wahllosen, barbarischen USA-Flächenbombardements zu leiden hatte.

Es stellte sich nämlich rasch heraus, daß eine unmittelbare Bodenunterstützung der USA-Truppen − eine Taktik, die von den USA-Luftstreitkräften schon immer unterbewertet wurde − für die amerikanischen Soldaten mindestens genauso, wenn nicht − angesichts des unzureichenden Erdausbaus der Stellungen − noch gefährlicher war. Be-

sonders 1966 häuften sich die Angriffe von USA-Flugzeugen auf eigene Verbände, die in den USA öffentliches Aufsehen erregten, als bekannt wurde, welche Wirkungen mit Napalm geflogene Angriffe auf die USA-Soldaten hatten. Der kanadische Fernsehkorrespondent Morley Safer beschrieb einen solchen Angriff wie folgt: «Wir flogen in den Schlamm. Ich hob den Kopf, und der Dschungel vor uns stand in Flammen. Dutzende von Menschen brachen aus ihm heraus, manche schreiend, manche sich im Schlamm wälzend. In einem Augenblick war alles vorüber. Wir erreichten die Menschen gerade in dem Augenblick, als die Sanitäter Hautstücke und verkohlte Uniformen von ihnen herunterschnitten... Sie schleppten den Oberfeldwebel herbei. Es war ein Anblick, der unerträglich war und von dem man dennoch in schauerlicher Weise nicht loskam. Es klang wie das Geräusch einer Holzsäge, wenn er atmete. Die Sanitäter versuchten, mit Hilfe eines Gummirohrs die Mund-an-Mund-Methode anzuwenden, dann starb er ohne einen Laut, während wir in ohnmächtigem Schrecken zusahen.»

Die USA-Kommandeure gingen deshalb zunehmend davon ab, Luftunterstützung vor den eigenen Linien anzufordern. Wurden solche Angriffe trotzdem angefordert, so räumten die USA-Bodentruppen vorher einen breiten Streifen als «Sicherheitszone». Wie fragwürdig ein solches Verfahren war, wird auch daraus ersichtlich, daß eine der Hauptmethoden der südvietnamesischen Volksbefreiungskräfte – neben einem umfangreichen Ausbau der Stellungen –, die USA-Luftherrschaft zu unterlaufen, darin bestand, die eigenen Kräfte möglichst nah an den Gegner heranzuschieben, um so den Luftschlägen zu entgehen. Je weniger «Close Air Support»-Einsätze die taktischen Fliegerkräfte flogen, um so stärker wurden sie zur Bombardierung und Einäscherung von Dörfern, Weilern oder «verdächtigen» Gebieten eingesetzt. Jeden auch nur mutmaßlichen Widerstand glaubten die USA-Luftpiraten durch die schonungslose Ausbrennung brechen zu können. Ergänzt wurde diese barbarische Ausbrennungsstrategie durch die Verseuchung großer Teile Südvietnams mit chemischen Kampfstoffen, vor allem durch Herbizide. Sie sollten die «Entlaubung» des Dschungels und die Vernichtung der Reisernte in den von der Volksbewegung befreiten Gebieten bewirken. Die chemische Kriegführung der USA, die seit 1961 betrieben wurde und 1967 zur Bildung einer entsprechenden Kampfstaffel führte, verunstaltete in bisher nicht gekannten Dimensionen die Fauna und Flora Südvietnams, mit Schäden, deren Ausmaß auf Menschen, Pflanzen- und Tierwelt heute noch nicht abzusehen ist.

Absprühen von Kampfstoffen durch USA-Flugzeuge in Südvietnam

Von Herbizide-Einsatz betroffen:

Jahr	vergiftete Flächen	vergiftete Menschen	getötete Menschen
1961	560 ha	182	—
1962	11030 ha	1220	38
1963	320000 ha	9000	80
1964	500230 ha	11000	120
1965	700000 ha	146247	351
1966	876500 ha	258000	nicht bekannt
1967	903300 ha	279000	233
1968	989300 ha	302000	nicht bekannt
1969	1087000 ha	342886	500

An Stelle des taktischen Flugzeugs trat für die Bodenunterstützung der USA-Bodentruppen in Vietnam zunehmend der Hubschrauber, der hier zum erstenmal massenweise eingesetzt wurde. Bekanntlich hatte der französische Imperialismus in seinem schmutzigen Krieg gegen das vietnamesische Volk erstmals 1950 Hubschrauber mit leichter Bewaffnung eingesetzt. Die ersten von den USA gegen das vietnamesische Volk eingesetzten Hubschrauber unterschieden sich noch nicht wesentlich von ihnen. Ihre Hauptaufgabe bestand in Beobachtungs-, Rettungs- und Verbindungsflügen. Im Zusammenhang mit dem in den USA zu Beginn der sechziger Jahre unternommenen Versuch, eine «Antipartisanentaktik» zu entwickeln und im Ergebnis der technischen Weiterentwicklung des Hubschraubers – Ersatz des Kolbenmotors durch Strahlturbinen, dadurch Erhöhung der Nutzlast und Flugstabilität, Steigerung der Fluggeschwindigkeit und Reichweite – nahm der Hubschrauber bald einen zentralen Platz in der Taktik der amerikanischen Aggressoren in Vietnam ein. Sein Hauptnachteil, die gegenüber Flugzeugen wesentlich geringere Fluggeschwindigkeit, fiel auf Grund der absoluten Luftherrschaft des USA-Imperialismus in Südvietnam kaum ins Gewicht.

Der Hubschrauber wurde von den Aggressoren auf Grund der besonderen militärischen und Geländebedingungen als Hauptmittel benutzt, um die Beweglichkeit ihrer Bodentruppen zu erhöhen. Er wurde darüber hinaus eines der wichtigsten Mittel, um den Bodentruppen bei ihren Angriffen Feuerunterstützung zu geben. Die Umwandlung des Hubschraubers in ein Kampfgerät, in eine fliegende Waffenplattform, die mit Maschinenkanonen, Geschoßwerfern, Granatwerfern und Raketen in die Kampfhandlungen eingriff, ließ eine völlig neue Gattung von Hubschraubern entstehen, den Kampfhubschrauber, in den USA-Streitkräften in Vietnam zuerst durch die AH 1 G Huey Cobra vertreten.

Gendarmen der Luft: USA-Hubschrauber bei der Überwachung eines
südvietnamesischen Dorfes

In großem Umfang wurden Hubschrauber seit 1964 im Rahmen der 1.
Luftkavalleriedivision, die als Spezialverband für Aktionen gegen die
nationale Befreiungsbewegung an beliebigen «Brennpunkten» der Welt
aufgestellt worden war, in Südvietnam eingesetzt. Die Division verfügte
für 15 787 Mann über 428 Hubschrauber. Ein Drittel der Division konnte

678

mit einem Hubschraubereinsatz verlegt werden. 93 Hubschrauber vom Typ OH 13 «Sioux» dienten zur Luftaufklärung, 287 Hubschrauber vom Typ UH-1B oder 1D dienten als Transport- oder Kampfhubschrauber, und 48 mittlere Hubschrauber vom Typ CH-47A «Chinook» wurden ausschließlich zum Lufttransport eingesetzt. Die Hubschrauberkräfte unterstanden der Divisionsfliegergruppe und gliederten sich in zwei leichte Hubschrauberbataillone und ein mittelschweres Hubschrauberbataillon sowie eine allgemeine Luftunterstützungskompanie. Außerdem war ein Teil der Artillerie luftbeweglich gemacht worden. Das Luftartilleriebataillon verfügte über drei Batterien zu je 24 Raketenwerfern XM-3 auf Hubschraubern vom Typ UH-1B. Die drei Haubitzenbataillone der Division wurden durch das mittelschwere Hubschrauberbataillon zum Einsatz gebracht. Mit diesem Spezialverband suchte das Pentagon über Jahre nach einer Taktik, die die Niederwerfung der südvietnamesischen Volksbefreiungskräfte bewirken sollte. Alle Versuche schlugen fehl. Trotz der erhöhten Beweglichkeit des Aggressors erwiesen sich die Volksbefreiungskräfte als beweglicher. Sie wichen den massierten Angriffen der weithin hörbaren Hubschraubergeschwader entweder rechtzeitig aus und bestimmten selbst Wahl und Zeitpunkt des Gegenangriffs oder lockten die USA-Hubschrauber in Hinterhalte oder Flakfallen.

Das taktische Verfahren der Luftkavalleriedivision, zuerst durch Hubschrauber Patrouillen in den befreiten Gebieten abzusetzen, die die Partisanenkräfte in den Kampf verwickeln sollten, und dann durch den Einsatz starker, durch Hubschrauber herangeführter Kräfte und durch die Feuerunterstützung von Hubschraubern den Kampf zu entscheiden, erwies sich militärisch ebensowenig wirksam wie das von der Luftkavalleriedivision ausgeklügelte stay-behind-Verfahren, mit dem die Partisanenkräfte durch Frontalangriffe gefesselt, aus der Luft umfaßt werden sollten.

Im Einsatz von Hubschraubern sah das Pentagon offensichtlich das Allheilmittel, den verbrecherischen Krieg gegen das Volk von Südvietnam zu seinen Gunsten entscheiden zu können. Binnen kürzester Zeit versechsfachte sich die Anzahl der Hubschrauber in Südvietnam. Waren es 1965 500, so stieg ihre Zahl bis zum März 1966 auf 1 700, erreichte 1966 2 500, 1967 etwa 3 000 und 1968 rund 3 300. Neben der 1. Luftkavalleriedivision kam die 101. Luftlandedivision mit über 400 Hubschraubern zum Einsatz. Die zur Unterstützung der übrigen USA-Divisionen vorgesehenen Hubschrauber waren in der 1. Heeresfliegerbrigade zusammengefaßt, die sich in vier Fliegergruppen gliederten. Sie verfügten über 40 Hubschrauberbataillone mit insgesamt 70 Staffeln, die nach Angriffs-, Angriffsunterstützungs-, Aufklärungs-, Überwachungs-,

Einsatz eines schweren Transporthubschraubers vom Typ «Chinook» in Südvietnam

Mehrzweck- und schweren Transportstaffeln unterschieden wurden. Obwohl die weitgesteckten Hoffnungen, die das amerikanische Oberkommando an den Hubschraubereinsatz knüpfte, sich nicht erfüllten, bildeten die Hubschrauber das Rückgrat der amerikanischen Bodentruppen in Südvietnam, deren Einsatz – im Zusammenwirken mit Luftstreitkräften – die USA-Aggressoren vor noch schwereren Niederlagen und Rückschlägen im Kampf gegen die Volksbefreiungskräfte bewahrte.

Ungleich stärker als die taktischen Fliegerkräfte unterstützten Hubschrauber ununterbrochen die Interventen. Flogen die taktischen Fliegerkräfte zum Beispiel 1968/69 monatlich durchschnittlich 15 000 bis 20 000 Einsätze, so starteten allein im April 1969 Hubschrauber zu 800 000 Einsätzen! Je Hubschrauber wurden durchschnittlich 250 Einsätze je Monat und 8 bis 9 am Tag geflogen.

Trotz absoluter Luftherrschaft und relativ geringen Luftabwehrmitteln der Volksbefreiungskräfte erlitten die Hubschrauberkräfte Verluste in einer Höhe, die es im Gegensatz zu der lautstarken USA-Propaganda zweifelhaft erscheinen lassen, ob sich Hubschrauber gleichermaßen unter den Bedingungen eines modernen Krieges würden behaupten können. Selbst nach den offensichtlich beträchtlich untertriebenen Angaben des Pentagons über die Luftkriegsverluste in Vietnam verloren die USA von 1961 bis 1971 (März) 4418 Hubschrauber total in Südvietnam. Verteilt auf die einzelnen Jahre, geben selbst diese zu niedrig gehaltenen Verlustangaben einen Anhaltswert dafür, wann die Hubschrauberkräfte und auf Grund welcher Faktoren sie ihre schwersten Verluste erlitten.

Selbst diese ungefähren Zahlen belegen, daß die Volksbefreiungskräfte zunehmend wirksamer die Hubschrauber bekämpften, 1967/68 fast jeden Tag zwei von ihnen abschossen. Deutlich wird aber auch, daß eines ihrer wichtigsten Mittel Angriffe auf die am Boden befindlichen Hubschrauber waren, von denen fast jeder zweite bei einem Überraschungsangriff vernichtet wurde. Trotz der hohen Hubschrauberverluste, die der USA-Imperialismus hinnehmen mußte, bereits 1969 übertraf die Zahl der abgeschossenen Hubschrauber in Südvietnam die Höhe der Verluste der Air Force während des Überfalls auf die Koreanische Volksdemokratische Republik, besaßen sie eine relativ größere Überlebenschance als Flugzeuge. Amerikanischen Angaben zufolge muß mit einer Generalüberholung oder Notlandung eines Hubschraubers, verursacht durch Beschuß, alle 3 600 Flugstunden gerechnet werden, alle 9 250 Flugstunden mit einem Totalverlust. Das Pentagon behauptet, auf 500 Einsätze entfiele ein Treffer, auf 6 000 bis 7 000 eine Notlandung und auf etwa 19 000 ein Totalverlust.

Besonders schwere Verluste erlitten die amerikanischen Fliegerkräfte und Hubschraubergruppen während der Großoffensive der Volksbefreiungskräfte ab Ende Januar 1968. Schlagartig wurden unter anderem 30 Luftbasen, darunter 11 der entscheidenden Luftstützpunkte, an-

Bell UH-1 B «Iroquois» Der wichtigste Kampfhubschrauber der USA-Aggressoren in Indochina war die UH-1B. Sie war 1956 in Auftrag gegeben und flog erstmals 1958. Ihre Hauptaufgabe bestand im Schutz von Transporthubschraubern, in der Sicherung der Luftlandung aus der Luft und der Feuerunterstützung beim Angriff.

USA-Hubschrauberverluste in Südvietnam

Jahr	Verluste im Kampf	Verluste am Boden	Insgesamt
Jan. 1961—Mitte 1965	7	295	302
Mitte 1965—Mitte 1966	152	133	285
Mitte 1966—Mitte 1967	211	200	411
Mitte 1967—Mitte 1968	511	550	1 061
Mitte 1968—Mitte 1969	370	549	919
Mitte 1969—März 1971	1 029	861	1 440
April 1971—Aug. 1973			450
Insgesamt	2 280	2 588	4 868

gegriffen, der Flugzeugbestand reduziert und die Start- und Landebahnen zum großen Teil zerstört.

Die Großoffensive der Volksbefreiungskräfte kam für das USA-Oberkommando – besonders was ihre Stärke und Durchschlagskraft anbetraf – völlig überraschend. Statt der vom Pentagon für 1968 erhofften militärischen Entscheidung zu seinen Gunsten wurde deutlich, daß der Plan des USA-Imperialismus, den Widerstandswillen des vietnamesischen Volkes durch den Luftkrieg zu brechen, gescheitert, sein Vorhaben, die Hilfe der DRV für den Süden zu unterbinden, mißlungen war und seine Rechnung, die Volksbefreiungsbewegung in Südvietnam durch großangelegte «Säuberungs- und Vernichtungsaktionen» zu dezimieren, nicht aufgegangen war. Die bisherige USA-Strategie war am Ende.

Trotz pausenlosen Bombardements aller Versorgungs- und Verbindungswege, einer ununterbrochenen Luftüberwachung war es den USA-Militärs weder gelungen, die Angriffsvorbereitungen der Volksbefreiungskräfte zu erkennen, geschweige denn, sie zu unterbinden. Die lautstark gefeierten Erfolge der USA-Militärs stellten sich als Scheinerfolge heraus, als Ergebnis der planmäßigen Zurückhaltung der Kräfte der Volksbefreiungsbewegung.

Herausgerissen aus ihren Siegesillusionen, zeigten sich die Politiker und Militärs des USA-Imperialismus zunächst schockiert, ratlos und deprimiert. Die ersten, die die Sprache wiederfanden, waren die Vereinigten Stabschefs und die USA-Generale in Südvietnam. Sie forderten am 3. Februar 1968 das nahezu uneingeschränkte Bombardement aller Ziele in Hanoi und in Haiphong. Dies sei angeblich notwendig, verkündeten die Stabschefs, um «die Möglichkeiten zur Kriegführung im Süden» für die Volksbefreiungskräfte einzuschränken, eine Begründung, die angesichts der offensichtlichen Wirkungslosigkeit des bisherigen Luftbombardements selbst in Washington abgelehnt wurde. Angesichts der Aussichtslosigkeit, in Südostasien zu einem Erfolg zu kommen, angesichts der Mißerfolge der USA-Streitkräfte in Südvietnam, der steigenden Verluste, der anwachsenden Kosten und der anschwellenden Protestbewegung in den USA und in der Welt wagte es die politische Führung des USA-Imperialismus auch nicht, die allgemeine Mobilisierung im Lande zu befehlen, um neue Truppen nach Südvietnam entsenden zu können. Pentagon- und Geheimdienstexperten rechneten aus, daß die USA mindestens 1 Million bis 1,5 Millionen Soldaten einsetzen müßten, was jährlich Kosten von 100 Milliarden Dollar verursachen würde, um den Krieg fortzusetzen. In dem Maße, wie sich bei den herrschenden Kreisen des USA-Imperialismus die Einsicht durchsetzte, daß der Luftkrieg gegen die DRV gescheitert war und der Krieg in Südostasien nicht von den USA entschieden werden könne, ein Prozeß, der sich über Wochen und Monate erstreckte und von erbitterten Rivalitätskämpfen zwischen verschiedenen Gruppen der herrschenden Kreise begleitet war, begannen die USA ihre bisherige Kriegführung zu überprüfen und nach Möglichkeiten zu suchen, um durch scheinbare Friedensgesten eine Lage zu schaffen, die es ihnen erlaubte, den verlorenen Krieg am Verhandlungstisch zu gewinnen.

Zunächst jedoch, nach der Ablösung von Kriegsminister McNamara durch Clark M. Clifford, entwarfen die Vereinigten Stabschefs, Luftfahrtminister Brown und Clifford selbst neue Pläne zur Eskalation des Luftkriegs gegen die DRV und intensivierten den Luftterror gegen den Norden und Süden des Landes.

Flogen die taktischen Fliegerkräfte 1967 100 000 Einsätze, so waren es

Fiel seiner eigenen Terrorstrategie zum
Opfer: USA-Kriegsminister Robert
McNamara, hier bei einer Inspektion auf
einem Flugzeugträger vor den Küsten
Indochinas

vom Februar bis Juni 1968 95 078 Einsätze. Gegen die DRV wurden
weiterhin vor allem barbarische Luftangriffe auf Hanoi geführt, wobei am
14. Februar der Sender Hanoi angegriffen und Haiphong, das Kohlen-
bergwerk Cam-pha, das Stahlwerk Thai-nguyên sowie die Flugplätze
Kanap und Kep bombardiert wurden. Daneben verschärften die USA das
Terrorbombardement gegen die südlichen Provinzen der DRV, um jegliche
Hilfe für den Süden des Landes zu unterbinden.

Eine weitere Intensivierung des Luftkriegs wurde von Clifford und den
Stabschefs am 3. März erwogen. Angesichts der Wirkungslosigkeit dieses
Bombardements und der weiter wachsenden Verluste – am 6. Januar 1968
war das 2700. und am 17. März das 2800. Flugzeug über der DRV abgeschossen worden – drängten maßgebliche Kreise der politischen Führung auf einen neuen politischen und militärischen Kurs. In einer Denkschrift wurde – zwar die Niederlage verschleiernd – festgestellt: «Wir
haben mit hohem Einsatz ein Unentschieden erreicht. Nun muß nach einer
neuen Strategie gesucht werden.» Diese «neue Strategie» fand ihren
Ausdruck unter anderem in der Erklärung Johnsons am 31. März 1968, in
der er ankündigte, die USA-Aggressoren würden Ziele in der DRV nicht
mehr über den 20. Breitengrad hinaus angreifen.

Mit dieser sogenannten Einschränkung des Luftbombardements versuchten die USA-Aggressoren, Nord- und Südvietnam hermetisch voneinander zu trennen und jede Unterstützung für die Volksbefreiungskräfte im Süden Vietnams unmöglich zu machen. In einer Sprachregelung
erklärte das USA-Außenministerium darüber hinaus, daß «auf Grund
witterungsbedingter Einschränkungen die Bombardierung von Gebieten

nördlich des 20. Breitengrads zumindest in den nächsten vier Wochen ohnehin behindert worden» wäre und das «nicht eingesetzte Potential an Flugzeugen in Laos und in Südvietnam eingesetzt werden» könne. Auf einem Gebiet von etwa 200 Kilometer Länge und 60 bis 80 Kilometer Breite, von 4 Millionen Menschen bewohnt, ging ein Bombenhagel nieder, der alle bis dahin geltenden Maßstäbe übertraf. Griffen im März 1968 3 000mal USA-Luftpiraten die DRV an, so waren es im April 7 000 und im Mai sogar 10 000 Einsätze. Am 2. Juli dehnten B-52-Bombenflugzeuge ihre barbarischen Flächenbombardements auf die DRV aus. Systematisch sollten die südlichen Provinzen der DRV in eine tote Zone umgewandelt, Haus für Haus, Ortschaft für Ortschaft ausgebrannt und pulverisiert werden. Die Provinzen Vinh-linh, Quang-binh, Ha-tinh und Nghê-an wurden zu den schwerstbombardierten Gebieten, die es bisher in der Luftkriegsgeschichte gab. Allein auf die 400 000 Bewohner der Provinz Quang-binh fielen zweieinhalb Millionen Bomben. Von den etwa 100 000 Gebäuden der Provinz wurden bis April 1968 73 000 niedergebrannt und zerstört. Typisch für die verbrecherische Angriffstaktik der USA-Luftpiraten waren die Verwendung neuer Terrorbomben gegen die Zivilbevölkerung (die «Orangen»-Splitterbombe ab August 1968, die «Bohrerbombe» − gegen die in Erdlöchern Schutz suchende Bevölkerung bestimmt − ab Oktober 1968 sowie die im gleichen Monat erstmals abgeworfene «Spinnenbombe») und wellenartige Angriffe auf Städte und Ortschaften. Dabei wurden zuerst Kugel- und Splitterbomben, dann schwerkalibrige Sprengbomben und schließlich Phosphor und Napalm abgeworfen. Welle auf Welle flog solche Angriffe, manchmal ununterbrochen Tag und Nacht, 24 Stunden lang. Wurden im zweiten Weltkrieg Rotterdam, Coventry und Dresden zu Synonymen imperialistischer Luftkriegsbarbarei, so wurden allein in der Provinz Quang-binh 187 Städte und Ortschaften in des Wortes buchstäblichster Bedeutung pulverisiert. Stellvertretend für alle mag das Schicksal der Gemeinde Ngu-thuy stehen, die in einem 13stündigen Bombardement, von 7.00 Uhr nachmittags bis 6.00 Uhr morgens, durch den Abwurf von 20 000 Kugelbomben, 350 Spreng-, 302 Phosphor- und Napalmbomben sowie durch Raketenbeschuß von einem Tag zum anderen von der Landkarte verschwand. Von diesem Dorf blieb nur noch Sand.

Von der Partei- und Staatsführung der DRV wurden zur Abwehr der Folgen des barbarischen Luftbombardements umfangreiche Dezentralisierungsmaßnahmen getroffen, ein System von Schutzbauten für die Zivilbevölkerung errichtet und die Luftverteidigungskräfte in den südlichen Provinzen verstärkt. Am 8. Mai wurde das 2 900. und am 25. Juni das 3 000. USA-Flugzeug über der DRV abgeschossen.

Die USA-Fliegerkräfte verstärkten daraufhin ab Juli ihre Angriffe gegen das Luftverteidigungssystem der DRV, suchten die Raketenabschußstellungen, Flakbatterien und Radarstationen zu vernichten. Mit geringem Erfolg. Bei ihren Angriffen auf die DRV mußten die USA-Fliegerkräfte weitere Verluste hinnehmen, nicht zuletzt durch immer häufigere Angriffe vietnamesischer MiG-Flugzeuge verursacht, ohne dem mit ihrem Luftbombardement angestrebten Ziel auch nur einen Schritt näherzukommen.

Die einflußreiche USA-Zeitschrift «Foreign Affairs» bemerkte dazu: «Aus militärischen wie auch politischen Erwägungen scheinen die Bombenangriffe nicht mehr das wert zu sein, was man für sie bezahlt. Die amerikanischen Verluste übersteigen immer mehr die dem Gegner zugefügten Schäden.»

In der Tat hatte die Eskalation der amerikanischen Kriegführung in Vietnam eine Kostenexplosion zur Folge gehabt, die die Wirtschaftsstabilität des USA-Imperialismus in Frage stellte. Bis Anfang 1971 beliefen sich die Gesamtkosten des USA-Krieges gegen das vietnamesische Volk auf 219 Milliarden Dollar. Damit lagen sie 11mal höher als die Kriegskosten bei der USA-Aggression in Korea und erreichten 80 Prozent der Kriegsausgaben des zweiten Weltkriegs.

Einen erheblichen Anteil an diesen Kosten hatte der Luftkrieg gegen die DRV. Die direkten Ausgaben sollen nach USA-Angaben von 1965 bis

Das US-Kriegsbudget und die Kriegskosten in Vietnam (in Milliarden Dollar)

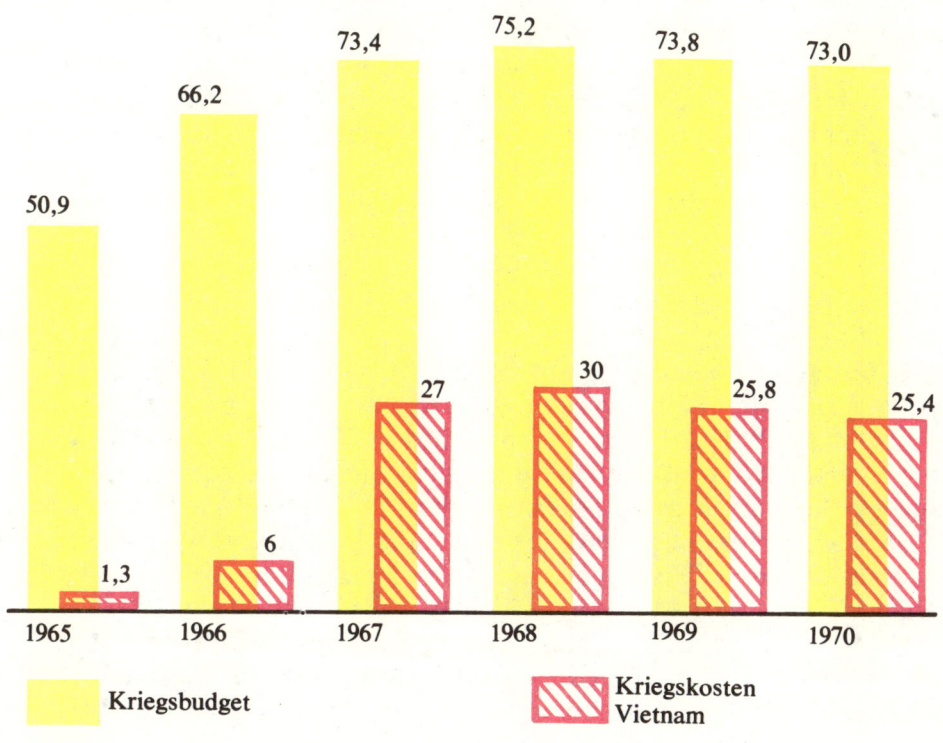

November 1968 die phantastische Höhe von 4 Milliarden Dollar betragen haben. Bis dahin sollen die Luftverteidigungskräfte der DRV nach denselben Angaben Flugzeuge im Werte von 2 Milliarden Dollar vernichtet haben. Jedes über der DRV abgeschossene Flugzeug kostete den USA 2 bis 3 Millionen Dollar. Allein jede Flugstunde kostete 700 Dollar an Treibstoff. So sollen die Ausgaben für den berüchtigsten ersten Angriff von B-52-Bombenflugzeugen am 12. April 1966 auf Mu-gia 21 Millionen Dollar betragen haben.

Noch empfindlicher wurden die USA durch die hohen Ausfälle an Piloten über der DRV getroffen. Der seit 1966 bestehende Mangel an Flugzeugführern sollte durch Verlängerung der Einsatzzeit in Vietnam, die Einziehung von Reservisten und die Mobilisierung von Teilen der Nationalgarde behoben werden. Bis zum 1. November 1968 fielen 1 500 Angehörige des fliegenden Personals, wurden 2 600 verwundet und etwa 722 als vermißt geführt. Die hohen Personalverluste und die ständig steigenden Kosten und Verluste bei den Luftangriffen bei gleichzeitig sinkender Wirksamkeit nötigte selbst die Ultras des USA-Imperialismus, Abstand von ihrem fehlgeschlagenen Luftkriegskonzept zu nehmen.

Von entscheidender Bedeutung für die Einstellung des verbrecherischen Luftkrieges gegen die DRV am 1. November 1968 war der ungebrochene Widerstandswille des vietnamesischen Volkes. Es trotzte dem barbarischen Luftkrieg der stärksten imperialistischen Militärmacht nicht nur heroisch, sondern fügte ihr auch empfindliche Schläge zu. Die Demoralisierung in den USA-Streitkräften stieg an. Sie fand ihren Ausdruck in Massendesertionen, wie sie die USA in ihrer Geschichte bisher noch nicht erlebt hatten. Die Abwehr der amerikanischen Terrorstrategie wurde dem vietnamesischen Volk durch die allseitige Hilfe erleichtert, die ihm von seiten der sozialistischen Staatengemeinschaft, vor allem von der Sowjetunion, zuteil wurde. Sie übernahm 70 Prozent aller Lieferungen an die DRV. Eine große Rolle spielte auch die internationale Solidaritätsbewegung für den Kampf des vietnamesischen Volkes, nicht zuletzt auch in den Vereinigten Staaten selbst.

Im Verlauf der ersten 45 Monate währenden Phase des USA-Luftkrieges gegen die DRV wurden ihr schwere Schäden zugefügt. Die amerikanischen Fliegerkräfte waren in diesem Zeitraum zu 304 000 Jagdbomber- und 2 380 strategischen Bomberflugzeugeinsätzen gegen die DRV gestartet. Sie warfen dabei 643 000 Tonnen Bomben auf das Territorium der DRV ab. Im zweiten Weltkrieg hatten die USA dagegen während des gesamten Krieges im Fernen Osten 530 000 Tonnen Bomben zum Abwurf gebracht.

Die von der amerikanischen Regierung mit großem Propagandaaufwand verkündete Einstellung des Terrorbombardements gegen die DRV erwies sich jedoch nicht als Anfang eines Umbruchs in ihrer Südostasien-

Umfang der Desertionen in den USA-Streitkräften während der Intervention in Südostasien

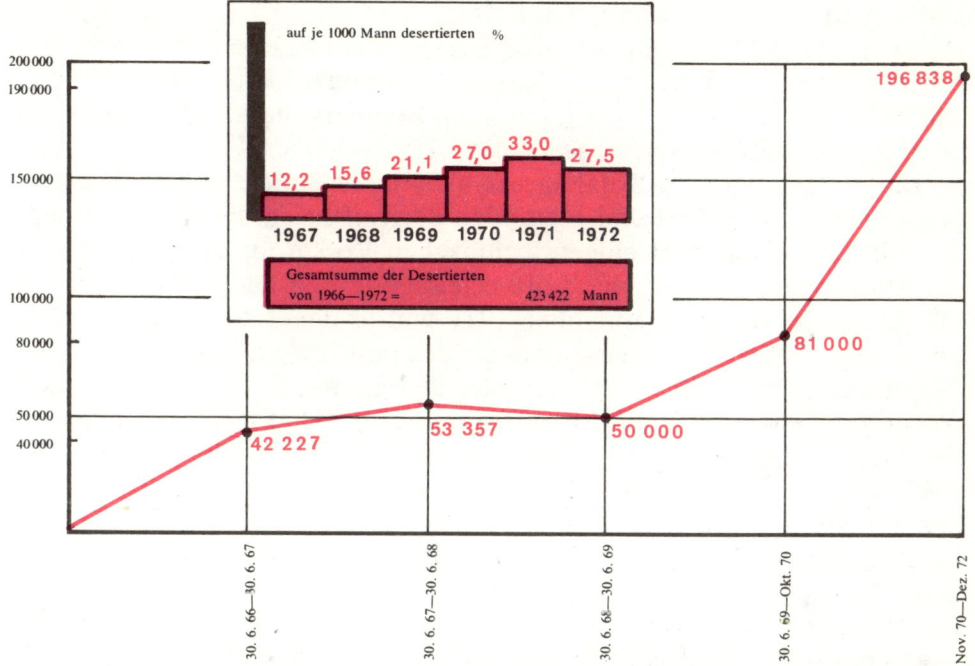

politik, sondern als Vorstufe eines der gnadenlosesten Kapitel in der Luftkriegsgeschichte.

Zum Anlaß nahm die USA-Regierung unter Präsident Richard Nixon die Tatsache, daß die DRV unter tatkräftiger Hilfe der UdSSR ihr Luftverteidigungssystem im Süden der DRV ausbaute und das völkerrechtswidrige Eindringen amerikanischer Aufklärungsmittel in ihr Territorium zu verhindern suchte. Nach knapp 14 Monaten des sogenannten Bombardierungsstopps erteilte Nixon im Februar 1970 in provokatorischer Anmaßung amerikanischer Gewohnheitsrechte den USA-Fliegerkräften in Südostasien den Auftrag, einen Präventivschlag gegen Flakbatterien und Raketenstellungen der Volksarmee zu führen. Anfang Mai 1970 überfielen 500 USA-Flugzeuge in einem zweitägigen Bombardement Stellungen der Luftverteidigung im Süden der DRV. Während der nächsten 6 Monate wurden diese Angriffe mit wechselnder Intensität fortgeschleppt.

Am 21. November 1970 starteten amerikanische Kommandoeinheiten zu einem Luftlandeangriff im Raum Hanoi, an dem HH-53-Hubschrauber, A-1 E «Skyraider» und C-130 E-Transportflugzeuge beteiligt waren. Ziel des Unternehmens sollte die Entführung über der DRV abgeschossener und gefangengenommener amerikanischer Piloten sein. Das Unternehmen endete mit einem völligen Fehlschlag. Der bis im Detail vorbereitete Überfall stieß ins Leere. «Vergeltung» nahmen die USA-Bomberpiloten dafür sechs Stunden später mit einem von 200 Flugzeugen durchgeführten Luftangriff auf Mu-gia und Ban-karai.

Bis Ende 1970 hatten die USA-Fliegerkräfte insgesamt 60 größere Angriffe auf das Territorium der DRV unternommen. Wie in den sechziger Jahren intensivierten die amerikanischen Bombergenerale 1971 von Monat zu Monat ihre Luftaktivität gegen die DRV, schienen sie auf einen Anlaß hinzuarbeiten, der den Totaleinsatz aller ihrer Kräfte zuließ. Dabei erprobten sie neue Mittel und Methoden der Luftkriegführung, offenbar in der Absicht, einen zeitweiligen technischen Vorsprung zu gewinnen, der bei massiertem Einsatz die Luftverteidigung der DRV überrollen und lahmlegen sollte. Im September 1971 wurde das Langstreckenelektroniksystem LORAN in Dienst gestellt, das den Einsatz von Jagdbombenflugzeugen unter beliebigen Wetterbedingungen garantieren sollte. Außerdem kamen neue Abwurfmittel zum Einsatz, vor allem lasergesteuerte Bomben mit hoher Präzision. Laserbomben wurden von zwei Flugzeugen an das Ziel gebracht, eines «leuchtete» das anzugreifende Objekt mit einer Laserlichtquelle aus, während ein Jagdbomber, zumeist vom Typ A-7, die Bombe 50 Kilometer vom Ziel entfernt abwarf.

Die in der Nacht vom 29. zum 30. März 1972 eröffnete Offensive der vietnamesischen Volksstreitkräfte, die binnen weniger Tage das südvietnamesische Marionettenregime in seinen Grundfesten erschütterte, veranlaßte Nixon am 7. Mai 1972, die Verminung von Haiphong und aller anderen Hafenstädte der DRV anzuordnen. Drei Tage später befahl er die Entfesselung eines totalen Luftkrieges gegen den Norden des Landes, von dem einzig Haiphong und Hanoi ausgenommen werden sollten. Mit der als «Linnebacker I» bezeichneten Luftoperation beabsichtigte der USA-Imperialismus die DRV von allen ihren Verkehrsverbindungen zum sozialistischen Ausland, insbesondere von der Sowjetunion, abzuschneiden, seine wirtschaftliche Struktur zu vernichten und die Regierung der DRV zu zwingen, ihre Hilfe für die demokratische Bewegung im Süden des Landes einzustellen. Wochenlang überschütteten amerikanische Jagdbomber und eine Armada von B-52-Bombenflugzeugen die DRV mit einem Bombenhagel. Im Verlauf dieser Terrorangriffe wurde zum Beispiel Hong-gai 172mal aus der Luft angegriffen. 2950 Bomben wurden über ihm abgeworfen und dabei alle seine Häuser zerstört. Auf Nam-dinh

Die Blitze des Strategic Air Command trafen nicht. Trümmer einer am 18. Dezember 1972 über der Provinz Vinh-phu abgeschossenen B-52

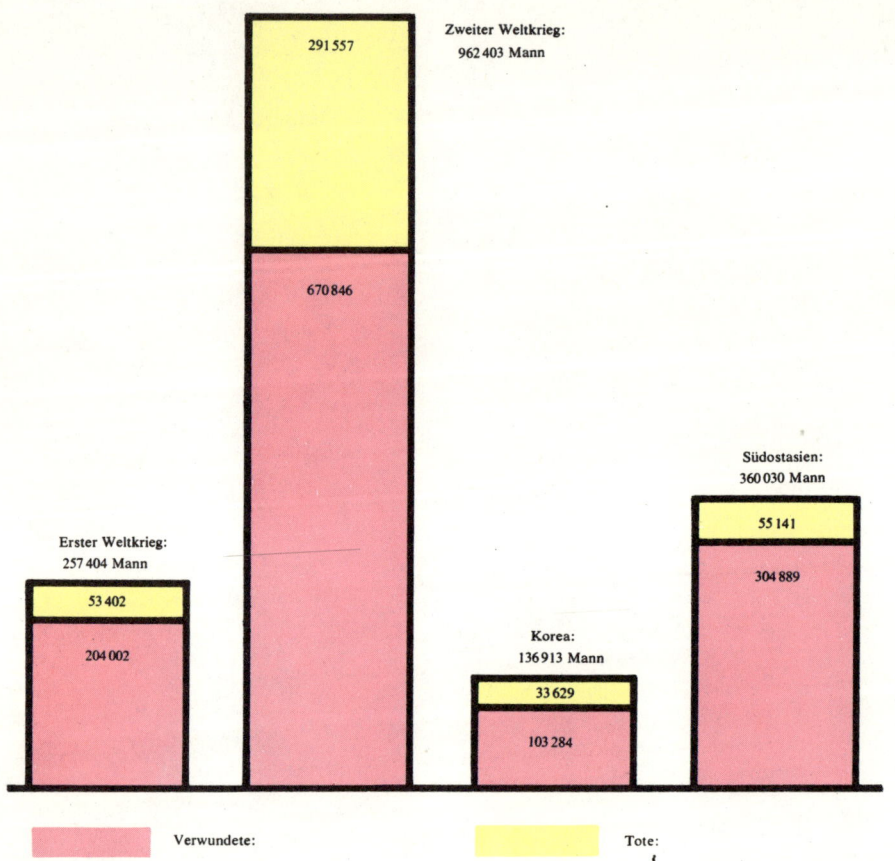

Menschenverluste der USA-Streitkräfte im ersten und im zweiten Weltkrieg sowie während der Aggression in Korea und der Intervention in Südostasien

Zweiter Weltkrieg:
962 403 Mann
291 557
670 846

Erster Weltkrieg:
257 404 Mann
53 402
204 002

Südostasien:
360 030 Mann
55 141
304 889

Korea:
136 913 Mann
33 629
103 284

Verwundete:　　Tote:

wurden vom 16. April bis zum 30. September bei 33 Überfällen 1 171 Bomben abgeworfen und 70 Prozent seiner Häuser zerstört.

Ergänzt wurde diese erpresserische Bombardierungspolitik mit Versuchen der USA-Diplomatie, der in Paris befindlichen Delegation der Regierung der DRV ihre Bedingungen aufzuzwingen. Als die Verhandlungen am 13. Dezember aufgrund der anmaßenden Haltung der USA in eine Sackgasse gerieten, gab Nixon den drängenden Bombergeneralen am 18. Dezember 1972 die Erlaubnis, Hanoi und Haiphong zu bombardieren, mit dem offen erklärten Ziel, «ein Maximum der Zerrüttung des ökonomischen, militärischen und politischen Lebens des Landes zu verursachen».

Dieser Vernichtungsschlag gegen das Herz Vietnams, auf den die aggressivsten und militantesten Vertreter der amerikanischen Regierung und des Generalstabes seit Jahren hingearbeitet hatten, war seit langem sorgfältig und detailliert vorbereitet worden. In der als «Linnebacker II» bezeichneten Operation flossen alle Erfahrungen ein, die die amerikanischen Aggressoren von 1964 bis 1968 und von 1970 an im Luftkrieg gegen die DRV gesammelt hatten. Die angestrebte Perfektion des Luftüberfalls erweckt den Eindruck, als sollte durch einen zermalmenden Schlag in letzter Minute dem bereits vom Imperialismus verlorenen Krieg in Südostasien in einer Art Generalschlacht eine Wende verliehen werden.

Die Hauptaufmerksamkeit des Plans galt der Niederhaltung und Ausschaltung der überaus wirksamen Luftverteidigung im Raum Hanoi und Haiphong, um einen ungehinderten Masseneinsatz der B-52-Bombenflugzeuge zu gewährleisten, die zu dem zerstörerischsten Großangriff der Luftkriegsgeschichte verwendet werden sollten. Es war beabsichtigt, in einem rollenden dreitägigen Tag- und Nachteinsatz Hanoi und Haiphong als politische und ökonomische Zentren auszulöschen. Im Verlauf der schließlich 11 Tage dauernden Operation vom 18. bis zum 29. Dezember 1972 wurden 2 113 Jagdbomben- und 729 B-52-Bombenfliegereinsätze geflogen. Alle B-52- und 1 082 Jagdbomber-Einsätze fanden bei Nacht statt.

Eine Vorstellung von den umfangreichen Vorkehrungen der Aggressoren gegen die Luftverteidigung der DRV vermittelt die Tatsache, daß 70 Prozent aller Jagdbombenflugzeuge für den Jagdschutz und die verschiedensten Formen der elektronischen Störung verwendet wurden.

Eingeleitet wurden die nächtlichen Terrorangriffe durch mehrere Gruppen von F-4-«Phantom»-Flugzeugen, die Wolken von Stanniolstreifen zur Störung und Lahmlegung der Radarortungsgeräte der Luftverteidigung abwarfen. Eine dichte Wolke von Düppeln sollte im Luftraum zwischen 8 000 und 12 000 Metern jede präzise Ortung unterbinden.

Fünf Minuten vor Angriffsbeginn trafen über Hanoi und Haiphong Gruppen von je 4 Flugzeugen ein, deren Hauptaufgabe darin bestand, die gefürchteten Luftabwehrraketen niederzuhalten. Die als «Wild Weasel» (Wilde Wiesel) oder «Iron Hand» (Eiserne Hand) bezeichneten Gruppen von vier Flugzeugen, je zwei F-105 G und F-4 CJ, waren mit elektronischen Geräten zur Ortung der Raketenstellungen ausgerüstet. Mit Luft-Boden-Raketen wurde versucht, die Raketenbatterien auszuschalten. Gleichzeitig mit diesen Fliegerkräften machte die Führung der USA-Luftstreitkräfte in Südostasien umfangreichen Gebrauch von Flugzeugen, die mit Elektronik vollgestopft waren. Sie hatten den Auftrag, das Radar- und Verbindungssystem der Luftverteidigung zu stören und als fliegende Leitzentralen sowohl für die Bombardierungskräfte als auch für alle anderen Flugzeuge zu dienen.

Zum Schutz der Bombardierungskräfte, insbesondere der B-52, aber auch der mit Laserbomben ausgerüsteten F-4, die in Hanoi die städtischen

Typische Angriffsformation der USA-Fliegerkräfte bei ihren Luftüberfällen auf die DRV 1967/68

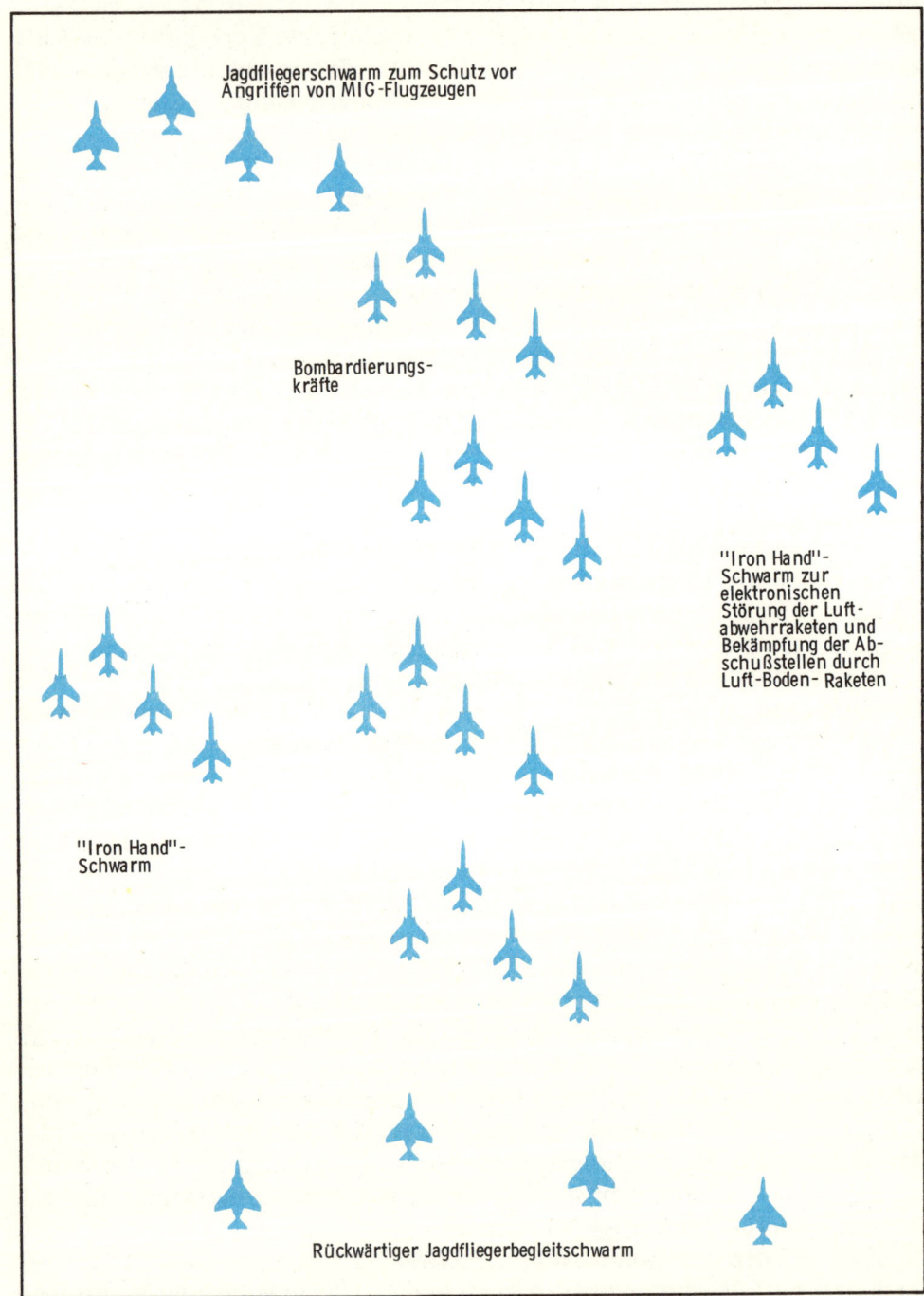

Kraftwerke, den Rundfunk und Versorgungsbetriebe zerstören sollten, sowie der seit Herbst 1972 erneut eingesetzten F-111, die im Tiefflug Flugplätze, Raketenstellungen, Flakbatterien und Eisenbahnknotenpunkte angreifen sollte, wurden Patrouillen von je 12 F-4-Jagdflugzeugen vorangeschickt, die die Jagdfliegerflugplätze der DRV überwachen und den Start von MiG-Flugzeugen unterbinden sollten. Außerdem wurden jedem Bombardierungsverband, dessen Stärke vielfach nur drei Flugzeuge ausmachte, 16 F-4 zum engen Begleitschutz mitgegeben.

Die breite Anwendung von Bomben und Raketen mit Fernseh- oder Laserzielsuchlenkung setzte die amerikanischen Bombardierungskräfte in die Lage, ihre Ziele aus großen Entfernungen anzugreifen und zum Teil außerhalb der Reichweite von Luft-Boden-Raketen und der schweren Flakartillerie zu operieren.

In der Annahme, wirksame Methoden zur elektronischen Störung der Boden-Luft-Raketen der vietnamesischen Luftverteidigung entwickelt zu haben und in der Furcht vor dem tödlichen Abwehrfeuer der leichten und mittleren Flakartillerie sowie der neu eingesetzten SA-7 «Strela», die besonders für tieffliegende Flugzeuge gefährlich war, sollte die Bombardierung Hanois und Haiphongs aus großen Höhen, zwischen 8 000 und 12 000 Metern, erfolgen.

Das Dezemberbombardement bedeutete die härteste Prüfung für das Luftverteidigungssystem der DRV. Allein in Haiphong fielen den Terrorangriffen 1 000 Bürger zum Opfer, und in Hanoi wurden nach Angaben der «Kommission zur Untersuchung der US-Kriegsverbrechen» 1 318 Zivilisten gemordet und 1 261 verwundet. Trotz umfassender elektronischer Störmaßnahmen, zahlreicher Ablenkungs- und Scheinangriffe sowie des überwältigenden Einsatzes von Jagdbombern und strategischen Bombern, die Hanoi und Haiphong mit einem Hagel von Bomben überschütteten, zerbrach die Luftverteidigung der DRV nicht unter dem Ansturm der amerikanischen Fliegerkräfte, sondern teilte schwere Abwehrschläge aus.

Hatten sich die amerikanischen Bombergenerale nach ihren Erfahrungen im Frühjahr 1972 der Illusion hingegeben, es wäre ihnen gelungen, die Leitsysteme der Boden-Luft-Rakete der DRV-Luftverteidigung auszuschalten, so bewiesen die unerwartet hohen Flugzeugverluste über Hanoi und Haiphong, daß die Volksstreitkräfte diese elektronischen Maßnahmen unterlaufen hatten. Insgesamt wurden nach Angaben der DRV 81 amerikanische Flugzeuge während der Operation «Linnebakker II» vernichtet. Von den 200 eingesetzten B-52, die 729 Einsätze flogen, wurden mindestens 17 abgeschossen und drei so schwer beschädigt, daß sie abgewrackt werden mußten. Die Verlustquote lag damit bei 8,5 Prozent. Nie zuvor hatten die strategischen Bombenfliegerkräfte ähnlich hohe Verluste hinnehmen müssen.

Obgleich die Führung der amerikanischen Fliegerkräfte in Südostasien alle technischen Mittel aufgeboten hatte, um gerade den Einsatz der B-52 sicherzustellen, erwiesen sich die Raketenbatterien um Hanoi und Haiphong in den ersten Angriffstagen als eine fast undurchdringliche Sperre für die Luftpiraten, die erst dann durchbrochen werden konnte, als die Luftverteidigung der DRV Schwierigkeiten hatte, den hohen Raketenverbrauch der ersten Tage durch einen entsprechenden Nachschub über die zerstörten und seit Mai 1972 blockierten Häfen zu ersetzen. Eine der Heldentaten dieses vom Pentagon als «Elf-Tage-Krieg» bezeichneten schonungslosen Luftterrors vollbrachte am 27. Dezember 1972 Leutnant Pham Tuan, dem es gelang, die erste B-52 im Luftkampf abzuschießen.

Im Verlauf des amerikanischen Luftkrieges von 1970 bis 1972, vor allem jedoch während der beiden «Linnebacker»-Operationen, waren die USA-Luftstreitkräfte zu 51 000 taktischen und 9 800 strategischen Bombardierungseinsätzen gegen die DRV gestartet, bei denen sie 233 000 Tonnen Bomben abwarfen. Wenn auch das Pentagon die brutale Einäscherung großer Teile von Hanoi und Haiphong als «Erfolg» buchen konnte, vermochte auch diese Eskalation des Luftterrors des amoklaufenden amerikanischen Imperialismus den Ausgang der Auseinandersetzung in Südostasien nicht mehr zu ändern. Der amerikanische Imperialismus erlitt eine Niederlage. Am 15. Januar 1973 mußten die USA die Bombardierung der DRV endgültig einstellen und von allen Verminungs- und Blockademaßnahmen Abstand nehmen.

Am 23. Januar 1973, um 12.30 Uhr, unterzeichneten im großen Festsaal des ehemaligen Hotel Majestic an der Avenue Kleber in Paris der Sonderberater des amerikanischen Präsidenten Henry Kissinger und Le Duc Tho als Vertreter der DRV das Abkommen über die Beendigung des Krieges und die Wiederherstellung des Friedens in Vietnam. Die verbrecherische Aggression des USA-Imperialismus war damit endgültig gescheitert. Das Friedensabkommen war ein großer Sieg für das vietnamesische Volk in seinem langjährigen, heroischen und opferreichen Kampf für Freiheit, Unabhängigkeit und Frieden, der mit Unterstützung der sozialistischen Staatengemeinschaft unter Führung der Sowjetunion errungen worden war.

Von 1962 bis zum 31. August 1973, als die letzten amerikanischen Luftstreitkräfte das Territorium Südvietnams verließen, waren von ihnen 6 566 000 Tonnen Bomben über Südostasien abgeworfen worden. Der größte Teil davon entfiel mit 3,1 Millionen Tonnen auf den südlichen Teil Vietnams. Auf die DRV wurden 841 000 Tonnen abgeworfen, auf Laos 2,08 Millionen Tonnen und auf Kampuchea 545 000 Tonnen.

In Südostasien wurden von den Fliegerkräften der USA mehr als dreimal soviel Bomben abgeworfen wie im zweiten Weltkrieg an allen

Hauptangriffsziele der amerikanischen Terrorfliegerkräfte bei ihren Luftüberfällen im Dezember 1972 auf die DRV

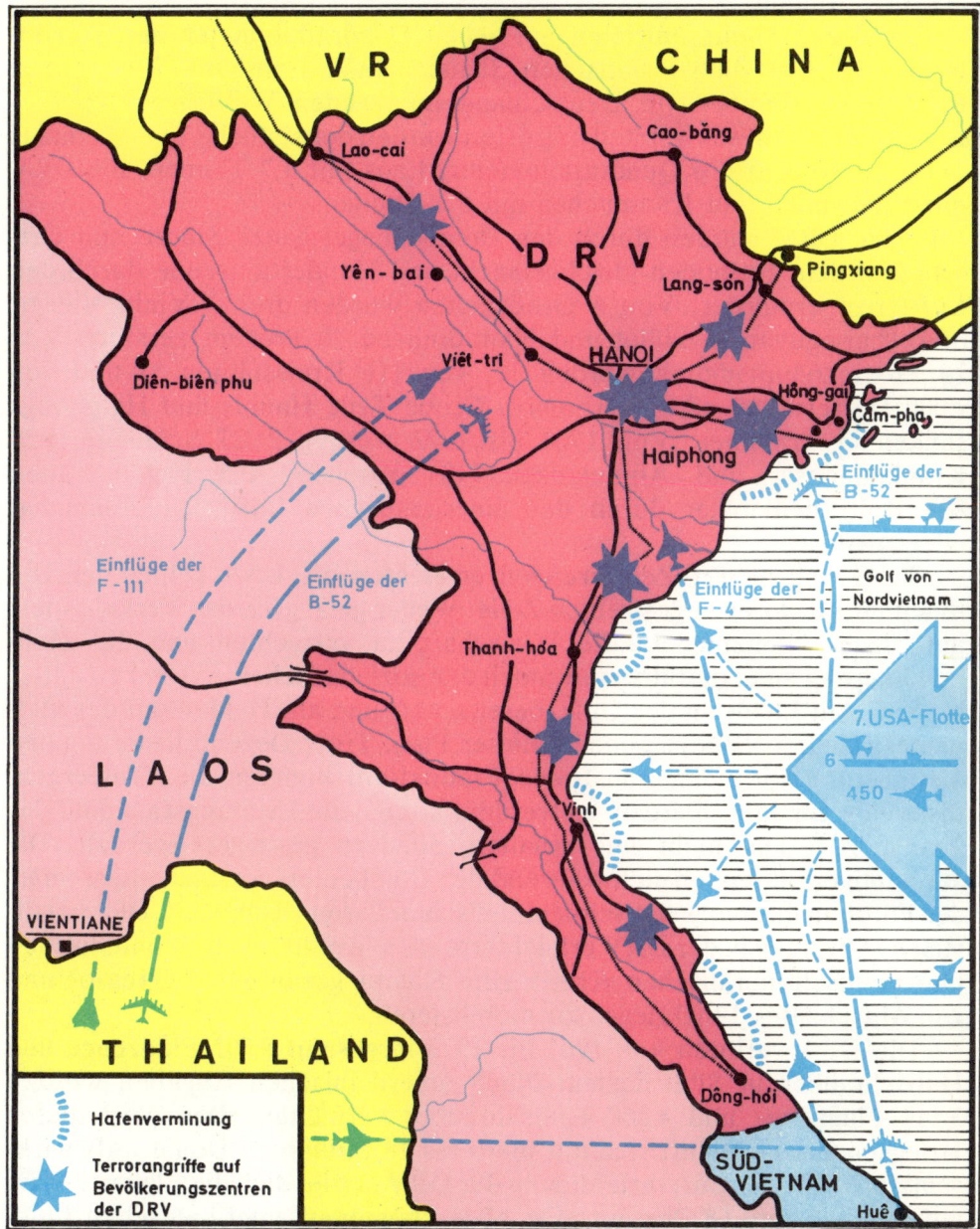

Fronten (2,1 Millionen Tonnen), viermal soviel Bomben wie auf Europa (1,6 Millionen Tonnen) und fast fünfmal soviel Bomben wie auf Deutschland (1,3 Millionen Tonnen). Allein gegen die DRV waren von den USA

Fliegerkräften anderthalbmal soviel Bomben eingesetzt worden wie von ihnen 1941 bis 1945 im Fernen Osten und fünfmal soviel wie gegen Japan (171 000 Tonnen).

Im Durchschnitt entfielen auf jeden Quadratkilometer der Territoriums der drei südostasiatischen Staaten SRV, Laos und Kampuchea 8,3 Tonnen Bomben (in Deutschland im zweiten Weltkrieg waren es 2,7 Tonnen). Am schwersten betroffen wurden der südliche Teil Vietnams mit 18,1 Tonnen pro Quadratkilometer, Laos mit 8,7 Tonnen, die DRV mit 5,2 Tonnen und Kampuchea mit 3,1 Tonnen.

In der DRV wurden durch den Bombenhagel ganze Städte und Ortschaften dem Erdboden gleichgemacht und Hunderttausende durch den Luftterror ermordet. Von 6 Großstädten wurden drei — Vinh, Viêt-tri und Thai-nguyên — völlig und Nam-dinh zu 70 Prozent zerstört. Von 29 Provinzhauptstädten wurden 12, von 116 Kreisstädten 51 und von 4 000 Dörfern 300 völlig zerbombt. Große Teile Hanois und Haiphongs sanken in Trümmer. Von 1964 bis 1972 wurden 2 923 Schulen, 1 850 Krankenhäuser und Ambulanzen, 484 Kirchen, 465 Pagoden und 808 Kulturdenkmäler durch den amerikanischen Luftkrieg beschädigt oder zerstört.

Trotz ungeheurer Zerstörungen erreichten die USA keines der von ihnen im Luftkrieg angestrebten Ziele. Weder gelang es, das Verkehrsnetz auf Dauer lahmzulegen, die Wirtschaft zu vernichten und die Zivilbevölkerung zu demoralisieren, noch den sozialistischen Aufbau zu unterbinden. Am Fleiß, an der Opferbereitschaft und am Heldentum des vietnamesischen Volkes zerschellte dieser Plan. Trotz Dezentralisierung und Verlagerung stieg die industrielle Produktion, konnten die Ernteergebnisse Jahr für Jahr übertroffen werden, konnte die Leistungsfähigkeit des Transportwesens nicht nur erhalten, sondern gesteigert werden. Die Werktätigen schlossen sich während des Bombenterrors noch enger unter der Führung ihrer marxistisch-leninistischen Partei zusammen. Die sozialistische Ordnung in der DRV erleichterte es, alle militärisch-ökonomischen und politisch-moralischen Kräfte zum Kampf gegen den Aggressor und zur Abwehr des Luftkrieges zu mobilisieren.

Die USA verloren von 1961 bis 1973 insgesamt 8 602 Flugzeuge und Hubschrauber in Südostasien. Nach amerikanischen Angaben wurden 3 744 Flugzeuge und 4 868 Hubschrauber vernichtet. Der Wert dieses Kriegsmaterials beläuft sich auf mehr als 18 Milliarden Dollar. Als wirksamste Waffe der Luftverteidigung der DRV erwies sich die Flakartillerie, auf deren Konto 68 Prozent aller abgeschossenen amerikanischen Flugzeuge kamen, gefolgt von den Fla-Raketenbatterien (etwa 22 Prozent) und den Jagdfliegerkräften mit etwa 10 Prozent.

Der verbrecherische USA-Luftkrieg in Südostasien zeitigte eine Reihe von Erscheinungen, die teils zur Modifizierung vorherrschender Einsatz-

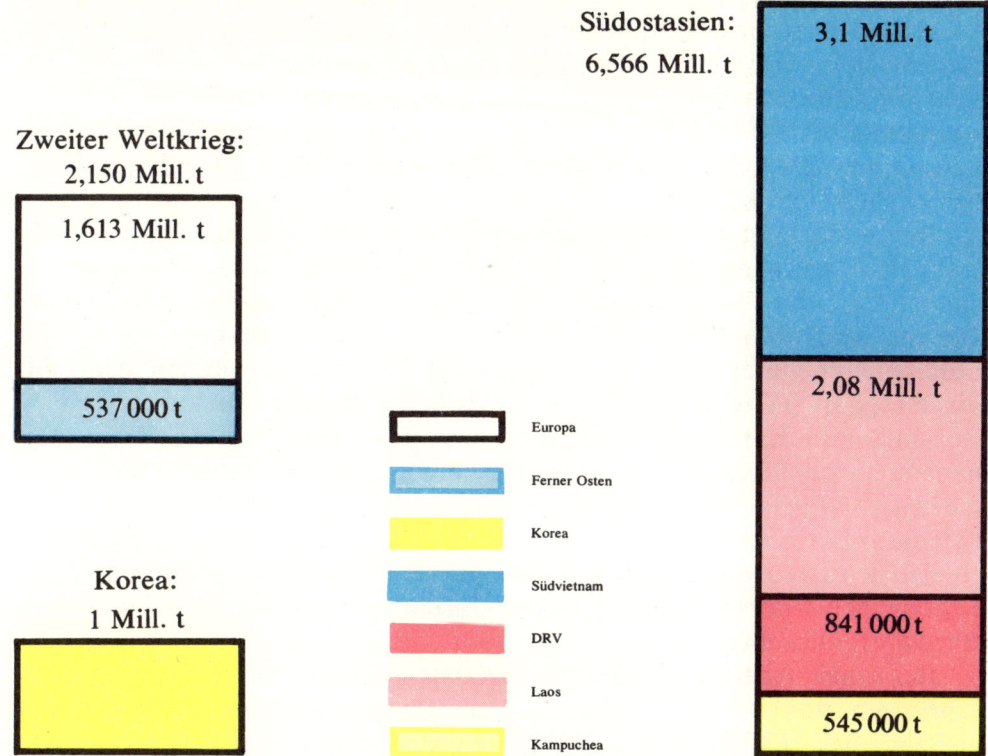

Von den USA-Luftstreitkräften im zweiten Weltkrieg während der Aggression in Korea und während der Intervention in Südostasien abgeworfene Bombenlast

Südostasien:
6,566 Mill. t

3,1 Mill. t

Zweiter Weltkrieg:
2,150 Mill. t

1,613 Mill. t

2,08 Mill. t

537 000 t

Europa

Ferner Osten

Korea

841 000 t

Korea:
1 Mill. t

Südvietnam

DRV

Laos

545 000 t

Kampuchea

grundsätze führten, teils den Anstoß zu technischen Weiterentwicklungen gaben, die noch am Ende der siebziger Jahre im vollen Fluß waren.

Die militärwissenschaftlichen Schlußfolgerungen aus dem Verlauf des Luftangriffs- und Luftverteidigungskrieges in Südostasien waren umfassender Natur. Sie betrafen sowohl Taktik, Bewaffnung, Abwurfwaffen als auch Ausrüstung, in der der Elektronik eine immer ausschlaggebendere Funktion zukam.

Eines der wichtigsten Probleme, das mit dem Luftkrieg gegen die DRV neu aufgeworfen wurde, war die Führung des Luftkampfes. Bei Beginn der Aggression waren die Fliegerkräfte der DRV zahlenmäßig gering. Sie zählten etwa 36 Flugzeuge vom Typ MiG-15/17. Der erste Einsatz von MiG-21-Flugzeugen wurde von amerikanischen Piloten Ende 1965 beobachtet. Nach amerikanischen Angaben überstieg die Stärke der Jagdfliegerkräfte der DRV selten 100 Flugzeuge, von denen $2/3$ die Typen MiG-15/17 und MiG-19 ausmachten. Die USA-Fliegerkräfte kämpften also unter den Bedingungen einer mehrfachen zahlenmäßigen Überlegenheit und — für die meisten Flugzeugtypen zutreffend — technischen

Überlegenheit. Trotzdem übte der Einsatz der vietnamesischen Jagdflieger einen wesentlichen Einfluß auf den Verlauf der Luftkampfhandlungen aus. Er fand seinen Ausdruck vorrangig darin, daß die USA-Fliegerkräfte einen wachsenden Anteil ihrer Flugzeuge ausschließlich im Begleitschutz verwenden mußten. Kam zu Beginn der Luftaggression auf vier bis fünf Bombenträger ein Jagdflugzeug, so veränderte sich das Verhältnis bis 1967/1968 auf eins zu eins, und 1972 kehrte sich das Verhältnis um, als auf einen Bombenträger in der Regel zwei Jagdschutzbegleitflugzeuge kamen.

Der gefürchtetste Gegner für die USA-Piloten war die MiG-21, die trotz ihrer geringen Zahl die amerikanischen Fliegergenerale zwang, ab Januar 1967 die F-4 «Phantom» vor allem als Jagdflugzeug einzusetzen. Die am häufigsten angewendete Taktik der MiG-21 bestand darin, sich radargeleitet hinter einen amerikanischen Verband zu setzen, dann mit einer Geschwindigkeit von 1,4 Mach den amerikanischen Verband unter Beschuß von Luft-Luft-Raketen anzugreifen, das Flugzeug dann steil nach oben zu steuern und den Angriff zu wiederholen. Zumeist handelten die MiG-21-Flugzeuge in Paaren, von denen eines den Phantomgeleitschutz ablenkte. Bei Kämpfen zwischen der MiG-21 und der F-4 auf Nahdistanz spielte der Bordwaffenbeschuß eine große Rolle. Nach amerikanischen Erhebungen wurden 50 Prozent aller Luftkämpfe im Kurvenkampf durch Bordwaffenbeschuß entschieden.

Bei einer Analyse, was sich für den Luftkampf aufgrund der Erfahrungen von Vietnam und des Luftkrieges 1973 im Nahen Osten geändert hat, reicht es sicherlich nicht aus, nur von einer Rückbesinnung auf Erfahrungen des zweiten Weltkrieges zu sprechen. Die Anforderungen, die an Jagdflugzeuge und ihre Piloten gestellt werden, um unter modernen Gefechtsbedingungen erfolgreich handeln zu können, sind komplexer und komplizierter geworden.

Eine der wichtigsten Erfahrungen besteht darin, daß neben dem Kampf aus großer Entfernung und auf mittlere Reichweite, die im Luftkampf nach wie vor eine entscheidende Rolle spielen, dem Luftkampf auf Nahdistanz ein weitaus höherer Stellenwert als bisher beigemessen werden muß. Das moderne Jagdflugzeug führt in seiner Bewaffnung Raketen großer Reichweite, die auf 100-Kilometer-Distanz gestartet werden, Luft-Luft-Raketen mittlerer Reichweite (Start bei etwa 20 Kilometern) und Bordwaffen oder Luft-Luft-Raketen für den Kampf auf Nahdistanz. Für den Kampf auf große und mittlere Entfernungen bedarf das Jagdflugzeug nach wie vor der gezielten Funkmeßsuche vom Boden aus, die unterstützt wird durch selbständige Funkmeßrundumbeobachtung. Größere Bedeutung als zuvor erhält jedoch die visuelle Beobachtung durch den Piloten.

Bei den Luftkämpfen in Vietnam und Nahost erwiesen sich über-

McDonnell Douglas F-15 «Eagle». Die
McDonnell Douglas F-15 «Eagle» ist als
Gegenstück zur F-14 das erste von den
amerikanischen Luftstreitkräften nach
den Erfahrungen des Vietnamkrieges in
Auftrag gegebene Jagdflugzeug. Der
Prototyp flog am 21. Januar 1972. Ab
14. November 1974 begann die Ausrüstung
der Air Force mit der F-15 B. Der zunächst
auf 720 Maschinen dieses Typs erteilte Rüstungsauftrag ist inzwischen auf 1 266 Flugzeuge ausgeweitet worden, die bis 1990 in
Dienst genommen werden sollen. Ursprünglich als reines Abfangjagdflugzeug
mit großem Flugbereich konstruiert, wurde
sein Aufgabenspektrum durch Jagdbom-
beraufträge erweitert, so daß die F-15 nunmehr in der Version E zum Hauptträger
taktischer Erdeinsätze wurde. Zum Haupt-
muster eines leichten Abfangjägers wurde
die F-16 ausgelegt. △

Grumman F-14 A «Tomcat» Die Grumman F-14 «Tomcat» war das erste von
den USA-Seestreitkräften bestellte Jagdflugzeug, das in Auswertung der Kriegserfahrungen in Vietnam besser für Aufgaben des Luftkampfes geeignet sein
sollte. Die als Jagd- und Jagdbombenflugzeug entwickelte Maschine flog erstmals
am 21. Dezember 1970. Bis Ende 1978
waren alle 334 von der US-Navy bestellten Flugzeuge ausgeliefert worden. Der
freitragende Mitteldecker mit veränderli-
cher Flügelgeometrie entspricht nach
Einschätzung der militärischen Führung
der USA nicht mehr den Anforderungen
und soll in absehbarer Zeit durch die F-18
ersetzt werden. ▽

ragende Geschwindigkeit und maximale Flughöhe nicht als die wichtigsten Parameter des Jagdflugzeuges, sondern ein Schub-Masse-Verhältnis, das eine hohe Beschleunigung im Luftkampf gestattet, ferner eine geringe spezifische Flächenbelastung, die eine vermehrte Manövrierfähigkeit im schallnahen Bereich garantiert, und eine entsprechende Bewaffnung für die Führung des Luftkampfes auf verschiedene Entfernungen, wobei hier erhebliche Anstrengungen bei der Vervollkommnung der Visier- und Zieleinrichtungen gemacht werden. Luftkämpfe auf Nahdistanz fanden in Höhen von 1 500 bis 7 000 Metern statt, dauerten zwei bis sechs Minuten und wurden auf Distanzen zwischen 150 und 1 100 Metern entschieden.

Kam in den klassischen Luftkämpfen vergangener Jahrzehnte der gedeckten Annäherung aus der Sonne oder aus Wolken eine ausschlaggebende Funktion zu, so spielt beim modernen Luftkampf die Niederhaltung des gegnerischen Funkmeßsystems, seine Täuschung, der Einflug in Lücken des gegnerischen Systems eine entscheidende Rolle. Der Kampf gegen die funkelektronischen Maßnahmen wirkt sich bis auf die Gefechtsordnungen der Jagdfliegerkräfte aus, die die Entfaltung von der Vorgefechts- zur Gefechtsordnung bis zum letzten möglichen Moment verzögern, um den Gegner über die eigenen Absichten zu täuschen.

Beruhte die klassische Taktik der Jagdfliegerkräfte auf dem Prinzip der Schlag- und Deckungsgruppe, so ist an ihre Seite zusätzlich die Demonstrationsgruppe getreten. Ihre Aufgabe besteht in der Täuschung der gegnerischen Funkmeßbeobachtung, in der Aufspaltung der Gefechtsordnungen des Gegners und des Aufsichziehens des Gegners, um die Handlungen der Schlaggruppe zu erleichtern. Die Schlaggruppe, früher zahlenmäßig stärkster Teil der Gefechtsordnung, handelt heute in niedrigen Höhen, um sich der gegnerischen Funkmeßortung zu entziehen und in geringer zahlenmäßiger Stärke, da die starke Raketenbewaffnung eine gleichmäßige Verteilung zwischen Schlag-, Deckungs- und Demonstrationsgruppe erlaubt.

Die Kampfhandlungen in Vietnam haben auch deutlich gemacht, daß der mit dem Einsatz von Strahlflugzeugen zum Standard erhobene Einsatz von Jagdflugzeugen zu zweit oder zu viert angesichts eines modernen Luftverteidigungssystems nicht mehr ausreicht. Über der DRV mußten die amerikanischen Fliegerkräfte zu einem immer stärkeren Einsatz ihrer Jagdflugzeuge übergehen, um den Bombenträgern überhaupt wirksamen Schutz geben zu können. Der Einsatz von Jagdfliegerstaffeln, die gemeinsam handelten, wurde zur Regel. Der Luftkampf auf Nahdistanz, von dem die amerikanischen Fliegerkräfte in Vietnam durch die MiG-Flugzeuge überrascht wurden, warf auch neue Probleme der Leitung der Jagdfliegerkräfte auf, die teils bodengelenkt, aber in Staffelstärke heute auch wieder direkt durch einen Kommandeur aus der Luft geführt werden.

Am deutlichsten zeichnete sich der neue Entwicklungstrend im Jagdflugzeugbau der USA in den siebziger Jahren ab. Angesichts der Unterlegenheit der F-4 «Phantom» im Luftkampf auf Nahdistanz gegenüber den MiG-Flugzeugen sowjetischer Konstruktion, begann das Pentagon ab Ende der sechziger Jahre den Auftrag für die Entwicklung neuer Jagdflugzeuge zu erteilen, die einen Umbruch in der bisherigen Anlage des amerikanischen Jagdflugzeugbaues bedeuteten. Mit der ab 1970 zum Erstflug gestarteten Grumman F-14 «Tomcat», der 1972 gestarteten McDonnell Douglas F-15 «Eagle», fortgesetzt mit der F-16 von General Dynamic und F-17 von Northrop im Jahre 1974 sowie schließlich der McDonnell Douglas/Northrop F-18 «Hornet» (1978) wurde eine neue Generation von Leichtbaujägern entwickelt, denen die Erfahrungen der Luftkämpfe von Vietnam und des Nahen Ostens zugrunde lagen. Unter Verzicht auf Maximalgeschwindigkeiten und übergroße Reichweiten wurde versucht, das Schub-Masse-Verhältnis erheblich zu verbessern. Äußerlich ähnlich durch die hohen tropfenförmigen Kabinendächer für eine bessere visuelle Beobachtung, gleichen sich F-14, F-15, F-16, F-17 und F-18 im Innern auch durch den Verzicht auf abgesenkte Sitze zugunsten einer Rundumsicht. Als den typischsten Vertreter dieser neuen Generation von Jagdflugzeugen der USA, die ganz im Zeichen des Luftüberlegenheitsjägers für das Luftduell stehen, muß die F-18 «Hornet» angesehen werden. Bei ihr wurden auf Kosten der Reichweite und Bewaffnung größter Wert auf hohe Manövrierfähigkeit für den Luftkampf gelegt. Technologisch wurde das u. a. durch weit nach vorn gezogene Flügelunterkanten, durch Hochauftriebshilfen, durch elektrische Flugsteuerung sowie durch den wachsenden Einsatz von leichten Kohlenstoff-, Glas- und Borfaserkunststoffen (bis zu 30 Prozent) unterstützt.

Eine neue Dimension erreichte im Ergebnis der massierten Luftabwehr der DRV, die auf dem engen Zusammenwirken von Boden-Luft-Raketen, der Flakartillerie und den Jagdfliegerkräften beruhte, die elektronische Kriegführung, der ein entscheidender Stellenwert im Einsatz der Fliegerkräfte zukam. Der Einsatz spezieller Flugzeuge vom Typ RC-121 und RD-66 zur Führung der funkelektronischen Gegenwirkung machte schließlich bis zu 40 Prozent aller Einsätze der USA-Fliegerkräfte in Vietnam aus. Gewaltige Ausgaben erforderte es, starke Kräfte der Angriffsflugzeuge, besonders der B-52, mit komplexen elektronischen Alarm- und Verteidigungssystemen auszurüsten. Diese Anlagen, die die B-52 vor Boden-Luft-Raketen sichern sollten, begünstigten vorübergehend die ab 16. April 1972 anlaufenden Terroreinsätze der B-52 gegen Haiphong und später gegen Hanoi.

Die verlustreichen Einsätze der USA-Fliegerkräfte über Vietnam gaben auch den Anstoß zur verstärkten Entwicklung und dem vermehrten Einsatz von unbemannten Flugkörpern, die gleichsam die Scheide zwischen bemannten Flugzeugen und Raketen darstellten. Sie erlangten wie die von Trägerflugzeugen aus gestarteten Ryan BQM 34 «Firebee» zunächst gegen Ende der sechziger Jahre als Luftaufklärungsmittel Bedeutung. Ab 1970 wurden sie von den USA angesichts der verstärkten Luftabwehr der DRV auch als Waffenplattform zum Abschuß von Raketen gegen Funkmeßstellen, Raketenbatterien usw. eingesetzt.

Von heute noch nicht abzusehender Tragweite waren die gegen die DRV zum Einsatz gekommenen Abwurfmittel der USA-Aggressoren. Die «klassischen Bomben» wurden von ihnen als nicht genügend effektiv angesehen. Der Einsatz der sogenannten Kugelbomben ab 1965 eskalierte im Verlauf des Krieges schließlich bis zum Einsatz von Flächenbomben, die im Umkreis von 2,5 km² alles Leben vernichteten und Verletzungen bis zu einem Umkreis von 8 km² hervorriefen. Mit dem Einsatz derartiger flächenvernichtender Abwurfmittel näherte sich der USA-Imperialismus gefährlich der Schwelle, die ihn noch von dem Einsatz taktischer Atomwaffen trennte. Der Masseneinsatz derartiger Abwurfmittel, die teilweise bereits ferngesteuert wurden, machen die Gefahr deutlich, die der Menschheit gegenwärtig selbst bei einer konventionellen Luftkriegführung durch den Imperialismus drohen.

Nach Ansicht der USA-Militärs lag der größte Mangel ihrer Abwurfmittel in der Aggression gegen die DRV in der geringen Treffwahrscheinlichkeit gegen Punktziele. Beim Terrorbombardement gegen Vietnam und beim Einsatz der israelischen Fliegerkräfte 1973 gegen die arabischen Staaten wurden in wachsendem Maße Bomben und Raketen mit Fernseh- oder Lasersystemen der Zielsuchlenkung eingesetzt. Lagen die Abweichungen beim Abwurf konventioneller Bomben vom geplanten Zielpunkt zwischen 70 bis 120 Metern, so sank die Abweichquote bei 70 Prozent der neuen Abwurfmittel auf 4 Meter.

Die mit Fernsehkameras ausgestatteten Walleye- und Maverick-Bomben konnten allerdings nur unter günstigen meteorologischen Wetterbedingungen — wie sie z. B. im Nahen Osten vorherrschen, wo sich überdies die Ziele deutlich vom unbewachsenen Gelände abheben — verwendet werden, unter komplizierten Bedingungen und bei begrenzter optischer Sicht sind sie praktisch unwirksam.

Je länger, desto stärker konzentrierte man sich deshalb auf die Zielsuchlenkung mittels Lasersystemen. Die Schwierigkeiten bestehen allerdings darin, daß beim Anflug aus großen Höhen — neben der Gefahr der frühzeitigen Ortung durch die Luftverteidigung — die Laserstrahlen in beträchtlichem Maße durch die Luftschichten absorbiert werden, während bei Tiefflug nicht nur die Zielauswahl eine weitaus geringere ist, sondern sich auch die Möglichkeiten der Luftverteidigung, das Flugzeug zu vernichten, wesentlich erhöhen.

Dessenungeachtet stellen Bomben und Raketen mit Lasersystemen der Zielsuchlenkung gegenwärtig die gefährlichsten Präzisionswaffen dar. Ihre Abwehr stellt hohe Anforderungen an jede Luftverteidigung. Aktive Lasergegenwirkung ist durch Fla-Raketen, die sich selbständig auf die Quelle der Laserstrahlung lenken, durch Blendung und Niederhaltung der Laserausstrahlungssysteme und durch künstliche Lichtziele möglich. Passive Lasergegenwirkung kann durch entsprechende Tarnanstriche, die in hohem Maße das Laserlicht absorbieren, aber auch durch künstliche Rauchwolken erreicht werden. Eine der wesentlichsten Aufgaben jeder Luftverteidigung wird aber darin bestehen, der Aufklärung von Laserstrahlen die notwendige Aufmerksamkeit zu widmen.

Große Bedeutung kam in den Luftkampfhandlungen über Vietnam dem Einsatz der Hubschrauber zu, die zunehmend an die Stelle der traditionellen Heeresfliegerkräfte traten. Nach USA-Plänen sollen die künftigen Heeresfliegerkräfte zu 82 Prozent aus Hubschraubern und nur zu 18 Prozent aus Flugzeugen bestehen. Durch die Entwicklung entsprechender Kampfhubschrauber realisierte sich das Zusammenwirken zwischen Landstreitkräften und Fliegerkräften immer stärker und immer mehr auf dem Weg über den Einsatz entsprechender Hubschrauberkräfte. Ob sich die Erfahrungen des amerikanischen Hubschraubereinsatzes während des schmutzigen Krieges in Vietnam völlig auf andere Kriegsschauplätze übertragen lassen, muß allerdings angesichts der Kampfhandlungen im Nahen Osten bezweifelt werden.

In den späten siebziger Jahren ist jedoch die Tatsache unübersehbar geworden, daß durch die Ausrüstung der Hubschrauber mit Panzerabwehrlenkraketen die Kampfkraft des Hubschraubers eine enorme Aufwertung erfahren hat.

Von einigen imperialistischen Militärtheoretikern wurde die Einführung dieses neubewaffneten Kampfhubschraubers auf eine Ebene mit der Entwicklung des Panzerwagens in den zwanziger und dreißiger Jahren unseres Jahrhunderts gestellt. Sie fordern, den Hubschrauber völlig aus der Vorstellungswelt der fliegenden Kräfte zu streichen, ihn vielmehr ausschließlich als revolutionierendes Kampfmittel der Landstreitkräfte anzusehen. Seine Taktik soll nicht der der Luftstreitkräfte, sondern der der Landstreitkräfte entlehnt werden und fest in deren Gefechtsordnungen verankert werden. Als seine Hauptstärken bei einem Einsatz auch auf dem europäischen Kriegsschauplatz werden seine Beweglichkeit, seine Stabilität und seine Schwebefähigkeit angesehen. Der Erdabwehr soll sich der Kampfhubschrauber vor allem durch Fliegen in Bodennähe, unter extremer Ausnutzung des Geländereliefs und der Bewachsung, durch geräuscharme Annäherung und durch Panzerung seiner lebenswichtigen Teile sowie durch Steigerung der Reichweite seiner Feuermittel entziehen.

Su-20 Neben der MiG-23 wurde auf der
Luftparade in Domodedowo im Juli 1967
das Jagd- und Erdkampfflugzeug Su-20
vorgestellt, das ebenfalls mit variabler
Flügelpfeilung versehen ist. Die aus der
Su-7 abgeleitete Su-20 konnte viele
Baugruppen dieses Musters übernehmen
und damit auf rationellste und effektivste
Weise dem technischen Fortschritt im
Militärwesen bei sparsamster Verwendung des sozialistischen Nationaleinkommens Rechnung tragen. Anläßlich der
Militärparade der Polnischen Volksarmee
am 22. Juli 1974 wurde eine weiter fort-
geschrittene Version der Su-20 gezeigt.

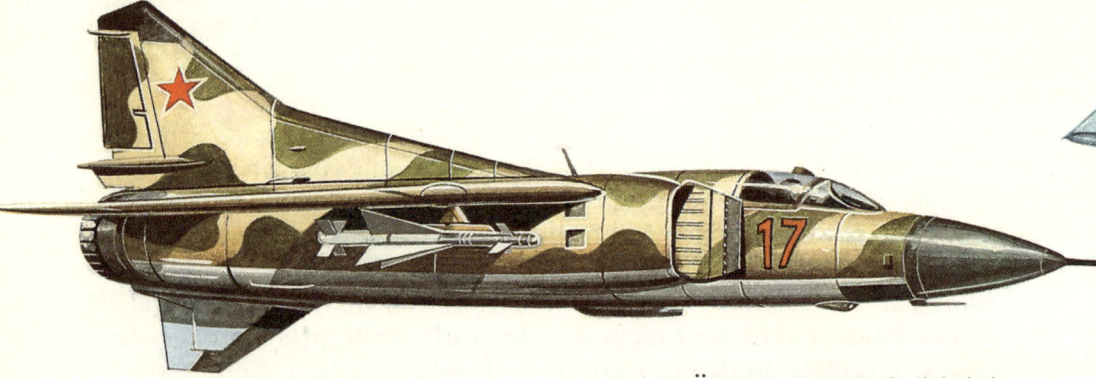

MiG-23 Die MiG-23 ist eines der ersten
in Großserie gebauten Schwenkflügel-
flugzeuge der sowjetischen Luftstreitkräfte. Es wurde der Öffentlichkeit am
9. Juli 1967 während der Luftparade in
Moskau-Domodedowo vorgestellt. Die
MiG-23 dient vor allem als Abfangjagdflugzeug, hat eine Höchstgeschwindigkeit
von 2,3 Mach in großen Höhen und

erreicht Überschallgeschwindigkeit in
Bodennähe. Seine Operationshöhe beträgt
18 000 Meter, seine Reichweite 1 000
Kilometer. Es findet auch als Aufklä-
rungs- und Erdkampfflugzeug Verwendung. Speziell als Jagdbomberversion
wurde von der sowjetischen Flugzeugindustrie die MiG-27 entwickelt, die im
wesentlichen nach dem Baukastensystem
aus MiG-23-Teilen besteht.

Mi-24 D Der sowjetische Kampfhubschrauber Mi-24 D gilt als einer der am
schwersten bewaffneten Hubschrauber der
Welt. Er ist mit Panzerabwehrraketen,
einer 23-mm-Kanone und verschiedenen
Typen ungelenkter Raketen ausgerüstet.

Er wurde aus der Mi-8 entwickelt und
flog erstmals 1972. Seine Besatzung zählt
3 Mann sowie 8 bis 10 Soldaten. Die
Mi-24 D erreicht eine Maximalgeschwindigkeit von 310 km/h, hat eine Gipfelhöhe
von 4500 Metern und eine Reichweite
von 720 Kilometern. Beim Manöver
«Beresina» wurden seine Flugeigenschaften und Flugleistungen eindrucksvoll
demonstriert.

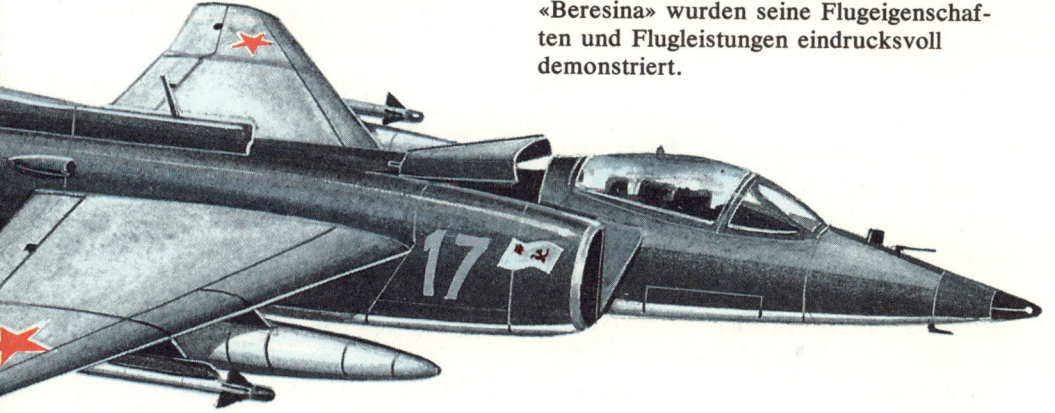

Jak-36 Das Jagdflugzeug Jak-36 mit
VTOL-Eigenschaften wurde auf der
Luftparade in Moskau-Domodedowo im
Juli 1967 erstmals öffentlich vorgestellt.
Für die Zuschauer beeindruckend war
das schnelle Abheben der senkrecht
startenden und landenden Jak-36, die
ohne Betonpisten von jeder Waldlichtung

aus eingesetzt werden kann. Die zwei
nebeneinanderliegenden Triebwerke des
Senkrechtstarters haben je eine Schwenk-
düse, die den Startvorgang ermöglichen,
und vier Druckgasdüsen, die für die
Stabilisierung im Vertikalflug sorgen. Das
Flugzeug kommt vor allem im Rahmen
der sowjetischen Seestreitkräfte zum
Einsatz.

In der Sowjetunion war der Übergang vom unbewaffneten bzw. leicht-
bewaffneten Hubschrauber zur Waffenplattform, die auch gepanzerten
Zielen gefährlich werden konnte, mit der Mi-8 vollzogen worden, die zu
Beginn der sechziger Jahre in den Truppendienst gestellt wurde. Mit 16
in zwei Kassetten mitgeführten Raketen war bereits eine beachtliche
Feuerkraft erreicht worden. Die Vorzüge des Übergangs zum Turbinen-

antrieb kamen bei der neuen Hubschraubergeneration am deutlichsten bei der in den siebziger Jahren in Dienst gestellten Mi-24 zum Ausdruck. Neben einer motorisierten Schützengruppe trägt die Mi-24 eine Kanone, verschiedene Typen ungelenkter Raketen und gelenkte Panzerabwehrraketen.

In den USA und in anderen imperialistischen Ländern (z. B. in Großbritannien, in der BRD und in Italien) hatte die Auswertung der Kriegserfahrungen in Vietnam und im Nahen Osten zur Folge, daß eine breite Palette von Hubschraubern entwickelt wurde, bei denen sich allerdings in jüngster Zeit eine klare Konzentration auf die Entwicklung von Panzerabwehrhubschraubern ergeben hat. Forciert wurde dieser Trend in der Öffentlichkeit mit der brunnenvergiftenden Behauptung von der angeblich bestehenden Lücke im Panzerabwehrsystem der NATO in Europa. Typische Muster imperialistischer Panzerabwehrhubschrauber sind die amerikanischen Typen Bell AH-1 «Huey Cobra» und Hughes AH-64, die französische «Alouette III», die in der BRD vom Messerschmitt-Bölkow-Konzern entwickelte Bo 105 M (PAH 1) und PAH 2.

Im unmittelbaren Zusammenhang mit der geplanten immer stärkeren Verwendung von Hubschraubern zur Panzerbekämpfung muß auch der Umstand gesehen werden, daß die Vereinigten Staaten in den siebziger Jahren erstmals auch spezielle Erdkampfflugzeuge konstruierten, die wirksamer als die bisher gebauten Jagdbombenflugzeuge die Truppen unmittelbar auf dem Gefechtsfeld unterstützen sollten. Die 1970 in Auftrag gegebene und seit 1976 im Truppendienst stehende Fairchild A-10 kann als Prototyp dieser Entwicklungsrichtung angesehen werden, deren Beschaffungszahlen stetig erhöht wurden und die bis 1983 mit 733 Stück Hauptschlagkraft der taktischen Fliegerkräfte der USA-Luftstreitkräfte sein soll. In jüngster Zeit ging das Pentagon auch dazu über, die F-15 und F-16 für Aufgaben der Panzerbekämpfung aus der Luft umzurüsten. In der BRD soll diese Funktion vor allem von der Panavia «Tornado» wahrgenommen werden.

In der Sowjetunion, die dem engen Zusammenwirken von Land- und Luftstreitkräften stets eine hervorragende Bedeutung beigemessen hat, war für die Weiterentwicklung der Jagdbombenflugzeuge die Konstruktion von Schwenkflügelflugzeugen wegweisend. Aus der Su-7 B wurde unter Übernahme vieler Baugruppen das Jagd- und Erdkampfflugzeug Su-20 entwickelt, das mittels seiner angespreizten Tragflügel eine solche Mindestgeschwindigkeit erreichte, daß der Einsatz von kleinsten Flugplätzen aus möglich wurde. Einen ähnlich militärisch rationellen und volkswirtschaftlich günstigen Weg der konsequenten Fortführung eines bereits im Truppendienst bewährten Flugzeuges beschritt die sowjetische Verteidigungsindustrie beim Schwenkflügeljagdflugzeug MiG-23. In der zweiten Hälfte der siebziger Jahre wurde die MiG-23 zu einer Jagd-

Fairchild Hiller A-10 A Die Fairchild
Hiller A-10 A ist seit Jahren das erste
Erdkampfflugzeug, das vom Pentagon
nach Beendigung der Aggression in
Vietnam in Auftrag gegeben wurde. Der
Erstflug fand am 10. März 1972 statt. Im
Mai 1979 fand der Erstflug einer zweisit-
zigen Version statt. Mit 733 bestellten
Flugzeugen dieses Typs, die bis 1983
übernommen werden sollen, bildet die
A-10 A in den achtziger Jahren das
Rückgrat der taktischen Fliegerkräfte der
US Air Force. 1979 wurden die ersten
Erdkampfflugzeuge nach Sempach in die
BRD verlegt, um — wie die Presse
berichtete — «näher an ihre potentiellen
Einsatzorte» zu kommen. △

Sikorsky UH-60 A Die Sikorski UH-60
wurde im Auftrag der USA-Landstreitkräfte als Mehrzweckhubschrauber
konstruiert, die die Bell UH-1 ersetzen
soll. Der Prototyp flog im Oktober 1974.
1976 erhielt die Sikorsky Aircraft Division
der United Technologies Corporation eine
Bestellung von 1 107 UH-60 A im Wert
von 3,6 Milliarden Dollar zugesprochen.
Die Sikorsky-Werke wurden damit vor der
drohenden Pleite gerettet, denn ihre
Kapazitätsauslastung betrug 1976 nur
23 Prozent. Die UH-60 soll eine Gipfelhöhe von 5 800 Metern erreichen, eine
Flugdauer von 2,3 bis 3 Stunden haben
und eine Reichweite von 550 Kilometern
besitzen. ▽

bomberversion unter der Bezeichnung MiG-27 fortentwickelt. Unter
Wahrung der Grundstruktur des Ausgangstyps wurde unter optimalen
Bedingungen ein spezielles Erdkampfflugzeug geschaffen.
    Vergleicht man demgegenüber die Luftrüstungspolitik der USA und
anderer NATO-Staaten in den siebziger Jahren, die sich gegen Ende des

Jahrzehnts geradezu hektisch beschleunigte und sich in zahlreichen Flugzeugmustern verschiedenster Aufgabenbereiche niederschlug, so zielte diese Politik darauf ab, mittels kräftiger Vorausrüstung eine Veränderung des Kräftegleichgewichts herbeizuführen. Deutlichster Ausdruck dessen ist, daß die USA wie kein anderes imperialistisches Land in den siebziger Jahren eine völlige Umrüstung ihrer Fliegerkräfte in Angriff genommen hat, die nach bisherigen Vorstellungen in den frühen achtziger Jahren im wesentlichen abgeschlossen sein soll.

Epilog

«Der große Aufschwung begann am Freitag», dem 4. Januar 1980, konstatierte Edmund Greenslet, Vizepräsident einer Forschungsgesellschaft. Für einige Tage stand die New Yorker Börse kopf. Binnen weniger Tage schnellten die Preise der auf dem Wertpapiermarkt gehandelten Aktien der amerikanischen Rüstungsindustrie derart in die Höhe wie kaum zuvor. Den fettesten Schnitt machten die Luftrüstungskonzerne. Die Northrop-Aktien verbesserten sich zwischen dem 3. und 8. Januar 1980 von 40 auf $49\frac{1}{2}$ Punkte, die Lockheed-Aktien von $35\frac{3}{8}$ auf $43\frac{3}{4}$, die McDonnell-Douglas-Aktien von $36\frac{1}{2}$ auf $42\frac{3}{8}$, die General-Dynamics-Aktien von 62 auf 69, Boeing-Aktien von $50\frac{1}{4}$ auf 58 und die Rockwell-Industries-Aktien von $47\frac{1}{4}$ auf 55.

Was an der Jahreswende 1979/1980 vordergründig als Reaktion auf die Volksrevolution im Iran und vor allem auf die internationalistische Unterstützung der revolutionären Kräfte Afghanistans durch die Sowjetunion ausgegeben wurde, war hintergründig das Produkt einer langfristigen Strategie der militantesten Kreise des USA-Imperialismus. Die beachtlichen Veränderungen im internationalen Kräfteverhältnis zugunsten des Sozialismus, die sich in den siebziger Jahren vollzogen hatten, wobei der Herstellung der strategischen Parität zwischen der Sowjetunion und den Vereinigten Staaten von Amerika ein nicht zu unterschätzender Stellenwert zukam, und das Anwachsen des revolutionären Weltprozesses in einem Tempo, der mit den bisherigen Methoden imperialistischer Herrschaftsausübung nicht mehr zu stoppen war, ließen die Strategie des Weltimperialismus hinfällig werden, den Sozialismus in der Umarmung erwürgen und Veränderungen des Kräfteverhältnisses durch Erosion der sozialistischen Staaten von innen herbeizuführen. Der Ausweg, den die militantesten Kreise des Imperialismus in dieser Situation suchten, be-

Umsätze der USA-Luftfahrtindustrie
(in Milliarden Dollar zum jeweiligen Zeitwert)

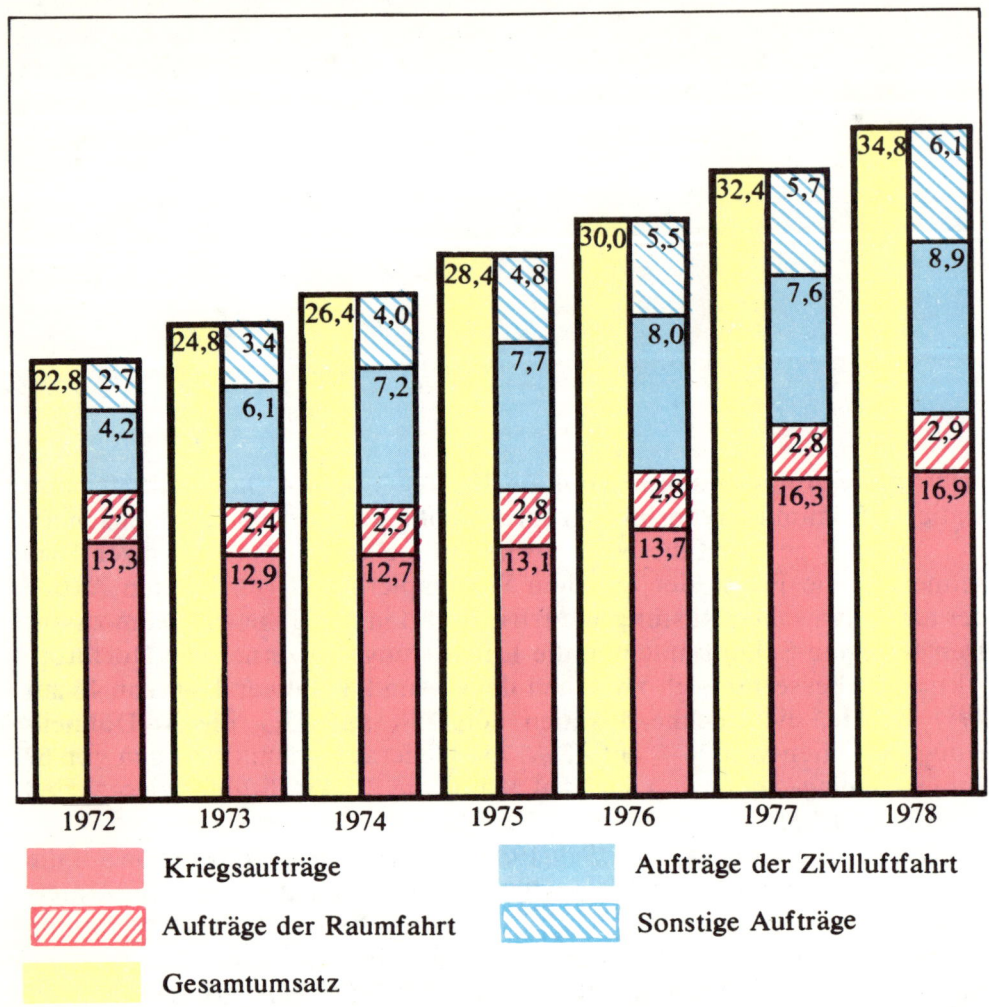

stand im Ankurbeln einer neuen Qualität von Hochrüstung, im Versuch, das annähernde militärische Gleichgewicht, das sich im Laufe der siebziger Jahre zwischen Imperialismus und Sozialismus herausgebildet hatte, durch militärische Überlegenheit zu unterlaufen, mit dem unveränderten globalstrategischen Ziel, den Vormarsch des Sozialismus zu stoppen und den Kapitalismus zu restaurieren und dabei die Sowjetunion und die anderen Kräfte des Friedens und sozialen Fortschritts nicht nur mit Androhung des Gebrauchs bewaffneter Gewalt zu erpressen, sondern auch, sobald dies günstig erscheint, gegen diese skrupellos einzusetzen.

Die Weichen für eine derartige Politik des Übergangs zur politischen Konfrontation wurden nicht erst 1980 gestellt, sondern im Rückblick läßt sich gerade bei der Entwicklung der amerikanischen Luftrüstungsindustrie ablesen, daß dieser Kurs spätestens seit 1977 eingeschlagen wurde.

Den Scheitelpunkt des Rüstungsbooms in den USA bedeutete das Jahr 1968, als die USA-Aggression in Vietnam ihren Höhepunkt erreicht hatte. Mit über 28,9 Milliarden Dollar hatte die amerikanische Luftrüstungsindustrie alle Rekorde vergangener Kriegskonjunkturen gebrochen. Von 1968 an begannen jedoch die Umsätze dieses Industriezweiges Jahr für Jahr zu schrumpfen. Die niedrigsten Umsätze wurden 1972 mit 22,8 Milliarden Dollar gemacht. Es schien sich die Möglichkeit abzuzeichnen, als ob die Großhändler des Todes auf einen Teil ihrer Profite in der Rüstung zugunsten der Lösung gesamtgesellschaftlicher Probleme des USA-Imperialismus verzichten mußten.

Doch die Hoffnung erfüllte sich nicht. Im selben Jahr 1969, als die Hochrüstungskonjunktur abzuflauen begann, vergab die USA-Regierung zum ersten Mal seit mehreren Jahren die Großaufträge für neue aufwendige Flugzeug- und Raketenentwicklungen. In Auftrag gegeben wurden unter anderem die F-14 für Grumman, die F-15 für McDonnell Douglas und die S-3 A für Lockheed, die eine erneute Rüstungskonjunktur für Mitte der siebziger Jahre in Aussicht stellten. Dieses Umrüstungsprogramm begann sich ab Mitte der siebziger Jahre in wachsendem Umfang auszuwirken, als die Luftfahrt- und Raketenindustrie erneut zu expandieren begann, ohne allerdings bereits den Umfang der Hochrüstungsphase im Vietnamkrieg erreicht zu haben.

Der Umschwung trat 1977 ein. Nach dem jeweiligen Dollarwert berechnet, hatte die Luftrüstungsindustrie den Anschluß an die Profite des Jahres 1968 gefunden. Der Umsatz lag mit 32,4 Milliarden Dollar erheblich über dem Jahre 1968. Noch wichtiger war, daß die Umsätze aus den Aufträgen des Kriegsministeriums rasch anwuchsen. 1978 lagen die Umsätze mit 34,8 Milliarden Dollar bereits deutlich über den Rekordumsätzen des Jahres 1968. Das Jahr 1979 war mit 43 Milliarden Dollar das bislang erfolgreichste Geschäftsjahr der amerikanischen Luft- und Raumfahrtindustrie. Wenn man sich dabei in Erinnerung ruft, daß 1977 in den USA das langfristige Strategiekonzept zur Debatte stand, das im Mai 1978 in die Verabschiedung des Langzeitrüstungsprogramms der NATO und im Dezember 1979 in die Brüsseler Beschlüsse zur Produktion und Stationierung amerikanischer Kernwaffensysteme in Westeuropa mündete, wird der enge Zusammenhang der sich belebenden Rüstungskonjunktur in der Luftfahrtindustrie der USA sichtbar.

Lange vor der Schwelle zu den achtziger Jahren waren also von den USA und der NATO die Weichen auf Hochrüstung gestellt worden, diente die Kampagne einer sogenannten Nachrüstung, die Legende von einer

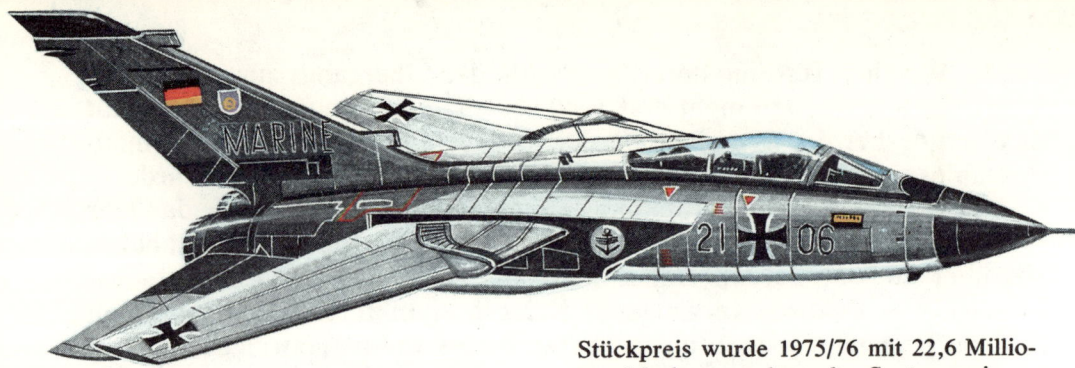

Panavia MRCA «Tornado», Dassault Breguet/Dornier «Alpha-Jet», Dornier Do-28 D «Skyservant», MBB Bo-105
Kennzeichnend für die Entwicklung der Luftstreitkräfte der BRD ist der Umstand, daß mit Beginn der achtziger Jahre die Umbewaffnung auf Kampfflugzeuge stattfindet, an denen die eigene Rüstungsindustrie stark beteiligt ist. Als Hauptkampfflugzeug wird voraussichtlich ab April 1981 die gemeinsam von der BRD, Großbritannien und Italien gefertigte Panavia «Tornado» in die Luftstreitkräfte der Bundeswehr eingeführt werden. An der am 26. März 1969 gegründeten Panavia Aircraft GmbH sind der Messerschmitt-Bölkow-Blohm-Konzern und die British Aircraft Corporation zu gleichen Teilen (42,5 Prozent) und die zum FIAT-Konzern gehörende Aeritalia zu 15 Prozent beteiligt. Dieses von der BRD-Regierung als das «größte technologische Projekt seit Christi Geburt» bezeichnete Rüstungsgerät hat sich bislang als das teuerste und aufwendigste Rüstungsvorhaben in der Geschichte des deutschen Imperialismus erwiesen. Der

Stückpreis wurde 1975/76 mit 22,6 Millionen Mark angegeben, der Systempreis wird 1980 auf etwa 65 Millionen Mark geschätzt. Insgesamt sollen 809 Stück dieses Mehrkampfflugzeuges gefertigt werden, von denen Großbritannien 385, die BRD 324 und Italien 100 erhalten sollen. In der BRD ist zunächst die Ausrüstung der Jagdbombengeschwader 31, 32, 33 und 34 mit je 15 «Tornados» und der Marinefliegergeschwader 1 und 2 mit je 18 «Tornados» vorgesehen. Anfang 1983 soll die volle Einsatzbereitschaft der ersten Geschwader hergestellt sein, bis September 1988 die Umrüstung abgeschlossen sein. Die «Tornado», deren Maximalgeschwindigkeit in geringer Höhe bei 1,1 Mach und in großen Höhen mit 2,2 Mach angegeben wird, startete am 14. August 1974 in der BRD und am 30. Oktober 1974 in Großbritannien zu ihrem Erstflug. Das als Jagdbomben-, Abfangjagd- und Aufklärungsflugzeug vorgesehene Gerät soll in erster Linie als leichter Bomber mit Eindringtiefen von 60 bis 260 Kilometer eingesetzt werden und ist für diesen Zweck auch als Kernwaffenträger vorgesehen.

Vor allem für Aufgaben der unmittelbaren Unterstützung der Landstreitkräfte auf dem Gefechtsfeld ist der von den

französischen Firmen Dassault/Bréguet und dem BRD-Konzern Dornier ebenfalls seit 1969 entwickelte «Alpha Jet» bestimmt. Die Planung sieht den Bau von 375 Flugzeugen vor, von denen die BRD 175 Stück erhält. Der Stückpreis lag 1979 bei 13 Millionen Mark, der Systempreis bei 19,5. Der französische Prototyp flog am 26. Oktober 1973 in Istres, der BRD-Prototyp am 9. Januar 1974 in Oberpfaffenhofen. Seit dem 20. März 1980 ist die Umrüstung der einstigen Waffenschule Fürstenfeldbruck als Jagdbombengeschwader 49 auf den «Alpha Jet» abgeschlossen. Zwischen 1981 und Januar 1983 erfolgte die Umbewaffnung des leichten Kampfgeschwaders 43 in Oldenburg und des leichten Kampfgeschwaders 41 in Husum auf den «Alpha Jet». Seit geraumer Zeit im Dienst der BRD-Luftwaffe befindet sich als erstes Flugzeug aus eigener Produktion, das in größeren Mengen bestellt wurde, die von Dornier bereits in den fünfziger Jahren konstruierte, in den sechziger Jahren fortentwickelte Do-28 D «Skyservant». Der Prototyp flog am 23. Februar 1966, der Serienbau begann 1967. Die BRD-Luftwaffe bestellte 1970 insgesamt 121 Flugzeuge, die für Transport- und Verbindungsaufgaben, für Sanitätszwecke und

zum Absetzen von Fallschirmjägern verwendet werden. 20 Do-28 D fliegen in der Marineluftwaffe der BRD als Aufklärungsflugzeuge, die vor allem den Schiffsverkehr der sozialistischen Staaten im küstennahen Gebiet überwachen.

Die Geschichte des vom Messerschmitt-Bölkow-Blohm-Konzern gebauten Hubschraubers Bo-105 ist die fast klassisch zu nennende Mutation eines zivilen Fluggerätes zu einem gefährlichen Militärinstrument. Der Anfang der sechziger Jahre als ziviler Hubschrauber konstruierte Typ flog erstmals am 16. Februar 1967. Mitte der siebziger Jahre begann sich die Bundeswehr für den Bo-105 zu interessieren und kaufte einige Dutzend an. 1979 bestellte sie 212 modifizierte Bo-105, die als Panzerabwehrhubschrauber verwendet werden.

SAAB Ja-37 «Viggen», Mirage F-1,
General Dynamics F-16, McDonnell
Douglas Northrop F-18 «Hornet» Als
Jahrhundertgeschäft wurde der 1975 mit
allen Mitteln ausgetragene Kampf zwischen dem schwedischen Flugkonzern
SAAB, der seine Ja-37 «Viggen» anbot,
dem französischen Marcel-Daussault-
Konzern, der mit der Mirage F-1 kon-
kurrierte, und den amerikanischen Rü-
stungsgiganten Northrop und General
Dynamics, die ihre F-17 bzw. F-16
feilboten, um ein Nachfolgemuster für
das Lockheed-Skandalflugzeug F-104
«Starfighter» bezeichnet. Der Streitwert
war beträchtlich. Er lag bei über 6 000
Millionen Dollar. Kein Wunder, daß
keine Erpressung, keine Drohung, keine
Nötigung gescheut wurden, um als Sieger
aus diesem profitabelsten Geschäft
hervorzugehen. Als Hauptabnehmer für

dieses Flugzeug kamen — nach dem
Entschluß der BRD-Regierung bis zur
Einführung der Panavia «Tornado» die
F-4 «Phantom» als Überbrückungsflug-
zeug anzukaufen — die vier NATO-
Staaten Belgien, die Niederlande, Dänemark und Norwegen in Frage. In
Europa suchten zwei Konzerne dem
übermächtigen Einfluß der USA-Monopole Einhalt zu gebieten. Die schwedi-
sche Regierungsfirma SAAB, die mit
ihrem ausgereiften Konstruktionsentwurf
«Viggen» (Erstflug 23. Februar 1972) in
die Konkurrenz eingriff, versprach sich
aufgrund der guten Beziehungen zu
seinen skandinavischen Nachbarn eine
Chance, unterschätzte aber die NATO-

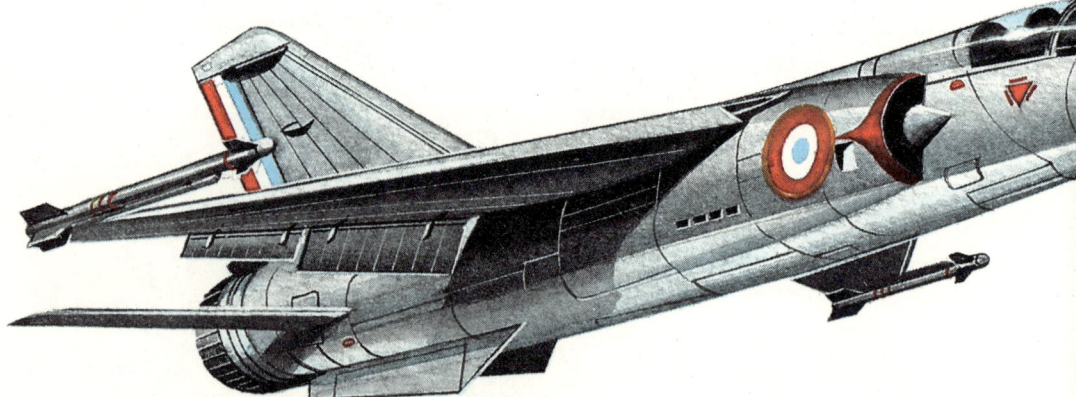

Bindungen dieser Staaten, die um Schweden willen keinen Streit mit den USA wagten. Anders dagegen der französische Konkurrent Dassault, der seine Mirage F-1 (Erstflug 23. Dezember 1966) «E» — Europa — nennen ließ und mit tätiger Mithilfe der französischen Regierung die Entscheidung um den Nachfolgejäger als Kampf um die Identität Westeuropas ausgab. Insbesondere Belgien und die Niederlande wurden unter so massierten Druck gesetzt, daß der niederländische Verteidigungsminister Henk Vredeling später erklärte: «Wir wollten uns für euch entscheiden, aber ihr seid zu weit gegangen.» Der wütende Kampf der Interessenvertreter der Monopole, wobei sich Paul Stehlin in Frankreich und Prinz Bernhard von den Niederlanden als

emsige Sachwalter der USA-Monopole bemühten, erreichte Ende 1974 seinen Höhepunkt, als die vier Regierungen der potentiellen Käuferländer übereinkamen, dasselbe Flugzeug zu wählen. War die französische Regierung schon nicht wählerisch in der Wahl ihrer Mittel, so griff nun mit rüder Hemdsärmligkeit das Pentagon und Kriegsminister James Schlesinger selbst in den Kampf ein. Sie forderten, daß diesseits und jenseits des Atlantiks nur ein und dasselbe Flugzeug im Dienst stehen dürfe. Das hieß, der Entscheid müsse für ein amerikanisches Flugzeug ausfallen. Um den NATO-Europäern überhaupt die Möglichkeit einer Wahl zu geben, protegierte die USA-Regierung das Flugzeug eines ihrer stärksten, am längsten im Rüstungs-geschäft stehenden Konzerne: die F-16 von General Dynamics. Der Konzern, bekannt dafür, seinen Vorstand mit überdurchschnittlich vielen pensionierten Generalen und Admiralen aufzufüllen, machte das Rennen. Im Januar 1975 erhielt nicht Northrop, sondern General Dynamics den Auftrag, 650 F-16 für die US Air Force zu liefern. Damit war auch der Ausgang des Kampfes in Europa vorherbestimmt. Im Februar bereisten

Vertreter von General Dynamics Europa und bearbeiteten ihre Kunden. In NATO-Europa machte das Pentagon unverhohlen Propaganda für die F-16 und drohte den Käufern, daß die ganze Zukunft der NATO-Verteidigung hinfällig würde, falls kein amerikanisches Flugzeug gekauft werden würde. Ein Luftfahrtmanager kommentierte: «Ich schäme mich, Amerikaner zu sein.» General Dynamics schämte sich nicht. Ende Mai 1975 entschieden sich die Regierungen Norwegens, Dänemarks und der Niederlande, kurz darauf auch Belgien, die F-16 zu erwerben. Die Schlacht um das Jahrhundertgeschäft war geschlagen. Die USA-Luftfahrtindustrie hatte ihre europäische Konkurrenz aus dem Felde geworfen und ihre Übermacht behauptet. Den vier NATO-Ländern wurde der Kauf der F-16 durch Beteiligung am Bau schmackhaft gemacht. Für sie wurden 348 Flugzeuge gefertigt (116 für Belgien, das am 26. Januar 1979 das erste erhielt, 102 für die Niederlande, erstes Flugzeug am 1. Juni 1979, 72 für Norwegen und 58 für Dänemark, die ihre ersten Flugzeuge im Januar 1980 überstellt bekamen). Im Überschwang des Sieges spekulierte General Dynamics mit der F-16 das Jahrtausendgeschäft machen zu können.

Es wurde ein Absatz von über 4000 Flugzeugen erwartet. Doch die Lorbeeren welkten schnell dahin. Der am 2. Februar 1974 zum Erstflug aufgestiegene Leichtbaujäger hielt nicht alles, was man sich von ihm versprochen hatte. Der Stückpreis von 5,42 Millionen Dollar sowie der Systempreis von über 6 Millionen Dollar wird heute auch in den USA als viel zu hoch empfunden, vor allem aber mehren sich die kritischen Stimmen über taktische und technische Mängel des Flugzeuges, dessen Eignung als Abfangjagdflugzeug für den Luftkampf nicht so überragend ist, wie erwartet worden war.

Bedrohung durch die Sowjetunion nur noch dem Zweck, bereits vollendeten Tatsachen eine gleißnerische Legitimation vor dem eigenen Volk und den Völkern der Welt zu geben.

In der Retrospektive zeichnen sich auch Maßnahmen der USA-Regierung, die vor der Weltöffentlichkeit als Zeugnisse einer biederen Entspannungsbereitschaft ausgegeben wurden, als langfristige Schritte ab, das bestehende militärische Kräfteverhältnis einseitig zu verändern. Als im Juni 1977 Präsident Carter seinen überraschenden Beschluß verkündete, das bislang teuerste Rüstungsvorhaben in der amerikanischen Geschichte, den Bau des strategischen Bombenflugzeuges B-1, einzustellen, konnte das, oberflächlich gesehen, den Eindruck erwecken, als sei damit den von jeher besonders militanten und antikommunistischen Bombergeneralen des Strategic Air Command die Flügel atomarer Weltbedrohung wenigstens gestutzt worden. Wie sich jedoch in den folgenden Wochen und Monaten immer deutlicher herausschälte, hatte Carter keinen Entscheid gegen den militanten Block der «Falken» getroffen,

sondern sich für eine Alternative aggressiver Politik entschieden. Diese Alternative, die lange Zeit Hand in Hand mit der Konstruktion der B-1 lief, hieß Cruise Missile, jenem Marschflugkörper, der als unbemannte Lenkwaffe mit Eigenantrieb den Großteil seiner Flugweite im aerodynamischen Flug zurücklegt. Das seit 1972 von den USA-Behörden entwickelte Gerät erhielt strategische Bedeutung durch zwei technische Konstruktionen: durch den Bau eines kleinen Strahltriebwerkes mit extrem niedrigem Kraftstoffverbrauch, das der Lenkwaffe die große Reichweite verlieh, und durch die Entwicklung eines radargestützten Geländekennungsgerätes, das auf mikroelektronischen Bauelementen beruhte und der Cruise Missile die geforderte Zielgenauigkeit gab.

Das zwischen 1980 und 1983 entwickelte Cruise-Missile-Programm sah die Fertigstellung von 8346 Flugkörpern – ursprünglich waren 4365 geplant – mit einem Kostenaufwand von fast 15 Milliarden Dollar bis 1991 vor, von denen 6920 flug-, 502 land- und 924 seegestützt sein sollen. Mit diesem Waffensystem wurden in den siebziger Jahren nicht nur die zu SALT II führenden strategischen Rüstungsverhandlungen zwischen der UdSSR und den USA unterlaufen, sondern man glaubte in den USA auch, einen technologischen Rüstungsvorsprung gewinnen zu können, der die Sowjetunion zu außerordentlichen und kostenaufwendigen, Jahrzehnte währenden Abwehrmaßnahmen zwingen würde.

Im Dezember 1982 wurden die ersten fluggestützten Cruise Missiles in die Bewaffnung des Strategic Air Command eingeführt. In Griffis/New York wurde die erste B-52 G-Staffel mit Marschflugkörpern vom Typ Boeing AGM-86 B ausgerüstet. Im Oktober/November 1983 begann mit der Stationierung der ersten von 464 Marschflugkörpern vom Typ BGM-109 G in Großbritannien und in der BRD die Aufstellung von landgestützten Flugkörpern in Westeuropa. Mit der Umrüstung von U-Booten und der Schlachtschiffe «Iowa» und «New Jersey» zu Waffenträgern mehrerer hundert seegestützter Marschflugkörper, die im Fernen Osten basiert werden sollen, plante das Pentagon eine Triade künftiger Einsatzmöglichkeiten dieser Waffen, mit

Boeing E-3 A (AWACS) Am 8. Juli 1970 erhielt Boeing vom Pentagon den Auftrag, die zu Erprobungszwecken gebaute EC-137 D zum Trägerflugzeug des Systems AWACS (Airborne Warning and Control System) fortzuentwickeln. Mit diesem am Ende der siebziger Jahre von den europäischen NATO-Staaten übernommenen System wurde ein weitreichender Kontroll- und Spionagemechanismus zur Luftraumüberwachung sowie zur Führung von Luftoperationen gegen die sozialistischen Staaten geschaffen. Der Erstflug der Boeing E-3 A fand am 24. Februar 1975 statt.

der sie weit über das hinausgreift, was seinerzeit der Öffentlichkeit mitgeteilt wurde.

Hauptträger der Cruise Missile sollten 104 B-52 G und 98 B-52 H sein. Ende der achtziger Jahre soll dazu der strategische Bomber B1-B treten. Jede B-52 soll 20, jede B-1B 30 Marschflugkörpern als Abschußbasis dienen. Die Cruise Missile soll nach Abschuß zunächst in einer Einsatzhöhe von 1 500

Taktisch-technische Daten der amerikanischen Marschflugkörper

	Seegestützte Marschflugkörper (SLCM = Sea-Launched Cruise Missile)		Landgestützte Marschflugkörper (GLCM = Ground-Launched Cruise Missile)	Luftgestützte Marschflugkörper (ALCM = Air-Launched Cruise Missile)	
	Landziele	Seeziele			
Typen:	BGM-109 A BGM-109 G	BGM-109 B	BGM-109 G	AGM-109 H/USAF AGM-109 L/Navy	AGM-86B
Länge	6,4 m	6,4 m	6,4 m	H = 5,9 m L = 4,8 m	6,3
max. Durchmesser	54 cm	54 cm	54 cm	54 cm	61 cm
Gewicht	A = 1202 kg G = 1270 kg	1224 kg	1202 kg	H = 1406 kg L = 998 kg	1360 kg
Flügelspannweite	2,6 m	2,6 m	2,6 m	H = 2,6 m L = 2,4 m	3,6 m
Reichweite	A = 2870 km* G = 1490 km	530 km	2870 km*	H = 530 km L = 640 km	2870 km*
Marschgeschwindigkeit	885 km/h	885 km/h	885 km/h	885 km/h	885 km/h
Gefechtskopf	konv./nuklear	konventionell	nuklear	konventionell	nuklear

* Mit Zusatztanks Erweiterung bis zu 3200 km

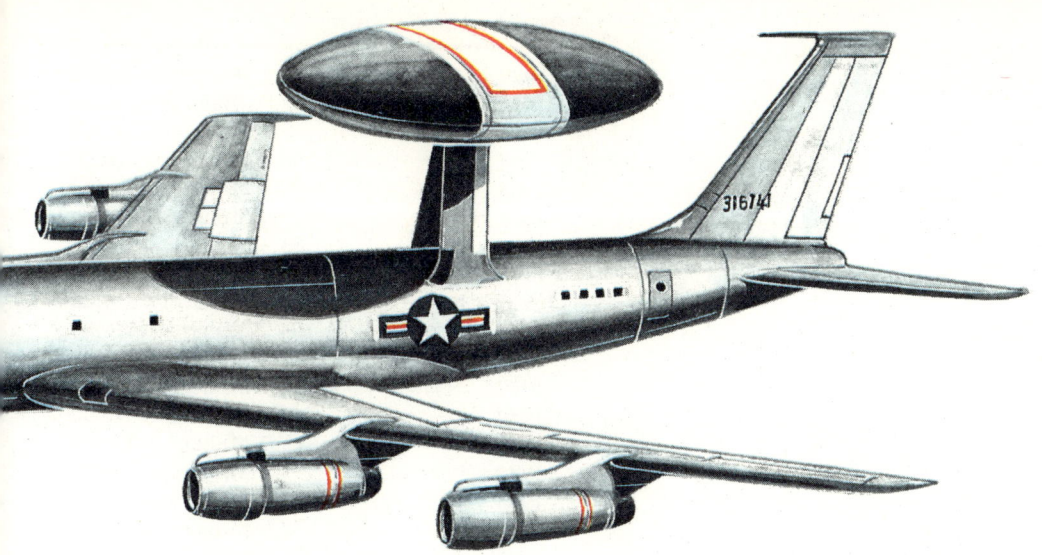

Boeing AGM-86 A ALCM (Cruise Missile) Die Boeing-Werke nahmen im Auftrag des Pentagons seit 1973 die Entwicklung von Flügelraketen auf. Im März 1976 fand der Erstflug der Prototypen statt, die die Bezeichnung Boeing AGM-86 trugen. Sie waren vier Meter lang und besaßen eine Reichweite von 1 200 Kilometern. Nach der Streichung des strategischen Bombenflugzeuges B-1 wurden Boeing und General Dynamics von den amerikanischen Streitkräften aufgefordert, die Cruise Missile vor allem hinsichtlich ihrer Reichweite fortzuentwickeln. General Dynamics konstruierte

die BGM-109 «Tomahawk», Boeing die ALCM-B. Nach einem von Ende 1979 bis Anfang 1980 durchgeführten Vergleichsschießen entschied sich das Pentagon Ende März 1980, Boeing den lukrativen Rüstungsauftrag von 5,2 Milliarden Dollar zum Bau von zunächst 3 000 Flügelraketen zu überlassen. 1980 wurden die ersten 225 ausgeliefert. Die AGM-86 B hat eine Länge von 6,3 Metern, wiegt 1360 Kilogramm und soll – aufgrund größerer Treibstofftanks – eine Reichweite von 2 870 Kilometern mit nuklearem Gefechtskopf haben.

bis 3 000 Metern das Luftverteidigungssystem anfliegen und dort in einer Höhe von 30 Meter über Land, 15 Meter über See und 90 Meter über Gebirge sein Ziel anfliegen. Jeweils zwei bis drei Cruise Missile sollen gleich-

1949	13,5 Milliarden Dollar
1954	42,8 Milliarden Dollar
1961	47,8 Milliarden Dollar
1964	50,0 Milliarden Dollar
1968	80,7 Milliarden Dollar
1970	77,8 Milliarden Dollar
1974	85,3 Milliarden Dollar
1975	90,9 Milliarden Dollar
1976	96,0 Milliarden Dollar
1977	104,2 Milliarden Dollar
1978	112,0 Milliarden Dollar
1979	124,8 Milliarden Dollar
1980	143,9 Milliarden Dollar
1981	167,9 Milliarden Dollar
1982	198,5 Milliarden Dollar
1983	202,8 Milliarden Dollar
1984	238,6 Milliarden Dollar
1985	305,0 Milliarden Dollar

zeitig aus verschiedenen Richtungen eingesetzt werden. Als ein außerordentlich schwer zu ortendes Objekt wird die Cruise Missile deshalb angesehen, weil sie nicht nur im Tiefflug angreift, sondern im Vergleich zur B-52 einen 1 000 mal kleineren Radarquerschnitt aufweist, im Vergleich zur F-16 einen 100 mal kleineren.

An Stelle der Euphorie, mit der die extremistischen Kreise der Weltreaktion die Entwicklung dieser Waffe vorangetrieben hatten, trat angesichts sowjetischer Verteidigungsmaßnahmen in den letzten Jahren eine gewisse Skepsis militärischer und politischer Kreise selbst innerhalb der NATO, die den Anspruch in Frage stellen, ob das Luftverteidigungssystem der sozialistischen Staatengemeinschaft mit dieser Waffe auch nur annähernd so durchbrochen werden könnte, wie gewisse NATO-Planer und profitlüsterne Rüstungsindustrielle seinerzeit in Aussicht gestellt hatten. Die Geschwindigkeit der Cruise Missile ist nicht annähernd so hoch, daß sie nicht von Abfangjägern gestellt und wiederholt angegriffen werden könnte, besonders dann, wenn diese Jagdflugzeuge mit nach unten gerichteten Radaranlagen und Bordwaffen ausgerüstet sind. Mit einem sogenannten Draufsichtradar ist es überdies möglich, die Cruise Missile frühzeitig auszumachen und die zu ihrer Bekämpfung notwendigen Maßnahmen rechtzeitig einzuleiten. Das wichtigste Element ihres Einsatzes, die Überraschung, ginge damit verloren. Überdies wuchsen Zweifel über die Zuverlässigkeit und allseitige Anwendbarkeit des hochgelobten Tercom (Terrain Contour Matching = Geländevergleichssystem), das gleichsam Hirn der Cruise Missile ist. Idealerweise benötigt Tercom für seine volle Leistungsfähigkeit ein markantes Geländerelief, mit Bergkuppen und Hügeln für die Kurssuche. Ein flaches, welliges Geländeprofil ohne präzise Markierung erschwert offenbar die Arbeitsweise bzw. macht den Anflug bestimmter Geländemarkierungen notwendig, was gleichermaßen die Konzentration der Abwehr auf derartige Flugschneisen bedeuten kann. Ein Ausweg, die Unsicherheit des einzelnen Geräts auszugleichen, sah die amerikanische Rüstungsplanung darin, die Produktion drastisch in die Höhe zu treiben. 50 Prozent aller Cruise Missiles sollen dabei mit atomaren Sprengköpfen versehen werden.

Produktionsplanung der Marschflugkörper in den USA Anfang 1988

	1980	1981	1982	1983	1984	1985	1986	1987	1988	1989	1990	1991
Fluggestützte Cruise Missile	225	480	440	480	480	492	547	664	946	1116	1116	934
Seegestützte Cruise Missile	6	50	88	120	312	348	–	–	–	–	–	–
Landgestützte Cruise Missile	–	7	54	120	120	120	120	15	–	–	–	–

Die Cruise Missile schien den Strategen des Pentagons darüber hinaus seinerzeit eine der idealen Waffen zu sein, um die Sowjetunion zwingen zu können, im Interesse ihrer Abwehr Einschränkungen in volkswirtschaftlich produktiven Zweigen, im besonderen im Konsumsektor, vorzunehmen. Jene bei der Einführung der Trident-U-Boote ausgesprochene Erwartung führender Kreise des USA-Imperialismus, «Trident stellt eine geniale, epochale Entwicklung dar. Dies einmalige Projekt kompliziert die strategischen Planungen eines Gegners und überfordert dessen Wirtschafts- und Finanzkraft, wenn es total ausgeschaltet werden soll, auf absehbare Zeit in solchem Maße, daß Experten es für die gelungenste strategische Entwicklung der Neuzeit halten», ließ sich voll und ganz auf die mit der Einführung der Cruise Missile verknüpften Illusionen des Imperialismus übertragen. Ihre Spekulationen, den Sozialismus totrüsten zu können, beruhten auf einer Überschätzung der technologischen Möglichkeiten des Imperialismus und einer Unterschätzung der der sozialistischen Staatengemeinschaft unter Führung der Sowjetunion zur Verfügung stehenden Potenzen. Historische Erfahrungen, die zeigten, daß derartige Kalkulationen in der fast siebzigjährigen Geschichte der Sowjetunion bislang noch nie aufgegangen sind, wurden auch diesmal leichtfertig in den Wind geschlagen.

Der an der Schwelle der achtziger Jahre von den aggressivsten Kreisen des Imperialismus, vor allem der USA und der NATO, vollzogene Übergang zu einer Politik der verschärften Konfrontation stellte den Versuch dar, einen Ausweg aus der weiteren Verschärfung der ökonomischen, sozialen und politischen Krisenerscheinungen des Kapitalismus und der Einschränkung der äußeren Machtpositionen des Weltimperialismus zu finden. Durch Hoch-

und Überrüstung soll das annähernde militärische Gleichgewicht zwischen den USA und der UdSSR zerstört und eine militärische Dominanz der NATO errichtet werden. Die sozialistischen Staaten sollten nicht nur totgerüstet, nicht nur militärisch erpreßbar gemacht werden, sondern das offen erklärte Ziel dieser antisowjetischen «Kreuzzugspolitik» bestand darin, einen begrenz- und gewinnbaren Kernwaffenkrieg vorzubereiten, mit dem ein grundlegender Umschwung zu Gunsten des Imperialismus herbeigeführt werden soll. Diese Politik war von einer umfassenden Ausrichtung aller Teile der Streitkräfte auf eine derartige Auseinandersetzung begleitet, wobei das Schwergewicht auf die Erringung einer Überlegenheit bei den strategischen Waffensystemen bestand. Eine der ersten Maßnahmen der Regierung Ronald Reagans sah deshalb vor, nicht nur das Cruise-Missile-Programm weiter aufzustocken, sondern auch den im Juni 1977 angeordneten Baustopp der B-1 am 2. Oktober 1981 aufzuheben. Mit der Verabschiedung dieses strategischen Bomberbauprogramms, das über 28 Milliarden Dollar verschlingen sollte, beabsichtigte das Pentagon, ab Ende 1986 die ersten 15 B-1B in den Dienst des SAC zu stellen und bis Juni 1988 das strategische Bomberarsenal um insgesamt 100 derartige Flugzeuge zu erhöhen.

Die seit 1981 in den USA beschlossenen Rüstungsprogramme sahen zugleich eine sprunghafte Vermehrung der neu in die Bewaffnung eingeführten taktischen Kampfflugzeuge vor, um die Schlagkraft auch für einen konventionellen Krieg zu steigern. Die Vorbestellungen für die F-15 wurden auf 1107 Flugzeuge gesteigert, von der F-16 wurden statt 1388 bis Ende 1983 2433 in Auftrag gegeben, und General Dynamics frohlockte gewiß nicht zu Unrecht, daß die F-16 in absehbarer Zeit die Schallgrenze von 5000 produzierten Flugzeugen durchbrochen haben wird. Von der F-18, die der US Navy mit gewaltigen Aufpreisen von der Rüstungsindustrie feilgeboten wird, was zu mancherlei Auseinandersetzungen führte, hat man schließlich doch 1377 in Auftrag gegeben. Auf allen Gebieten befinden sich die amerikanischen Luftstreitkräfte – einschließlich der fliegenden Verbände von Marine und Heer – seit Beginn der achtziger Jahre im Prozeß der Umrüstung auf neues Flugzeug- und Hubschraubermaterial. Für die Hubschrauberverbände wurde die Konstruktion eines mit Luft-Luft-Raketen ausgerüsteten Luftkampfhubschraubers in Aussicht genommen, der OH-58 D «Kiowa», der die Luftherrschaft über dem Gefechtsfeld sichern soll. Bis 1987/1988 sollen 883 Stück in die Truppe eingeführt werden.

Am bestürzendsten an der Hochrüstungsphase in den USA und in den NATO-Staaten mutete an, daß diese fieberhafte Rüstungskonjunktur in Permanenz die kommenden Jahrzehnte bestimmen sollte. Während die Umrüstungsphase der Luftstreitkräfte noch im vollen Gang war, wurden im Hinblick auf das Jahr 2000 bereits Forderungen und Ansprüche formuliert, die das System der Hochrüstung allem Anschein nach verewigen sollten. Detaillierte Pläne wurden entwickelt, wie der künftige Überlegenheitsjäger der neunziger Jahre beschaffen sein muß, obgleich die mit soviel Vorschußlorbeeren bedachte F-16 noch längst nicht völlig eingeführt war. Bereits 1983 legte das Pentagon ausführliche Modernisierungspläne vor, wie die Kampfkraft der neuen Flugzeuggeneration durch vollständig digital gesteuerte Raketenbewaffnung, durch verbesserte Radar-, Ziel-, Navigationsausrüstungen weiter erhöht werden kann. Noch bevor die erste B-1B dem SAC überhaupt unterstellt wurde, entstanden auf den Reißbrettern verschiedener Luftrüstungskonzerne Prototypen einer neuen Generation von strategischen Bombenflugzeugen, die sogenannten «Stealth»-Bomber. Hinter den wie Flugreptilien der Kreidezeit anmutenden Konstruktionsentwürfen verbarg sich die Schaffung eines strategischen Einsatzmittels, das durch strömungsgünstige Leitwerke und Flügel, durch das Weglassen der Seitenleitwerke und durch eine Außenschicht aus Kunststoffen für jede Radaraufklärung unauffindbar sein soll. Ein solches Flugzeug würde, wie das Pentagon annimmt, «das militärische Gleichgewicht beträchtlich verändern». Northrop, Boeing, Vought, General Electric u. a. sind an den Entwicklungsarbeiten für dieses Flugzeug tätig, das Anfang der neunziger Jahre an die Seite der B-1B treten soll.

Zwischen den maßgeblichen Rüstungskonzernen der Vereinigten Staaten tobte ein erbitterter Konkurrenzkampf, der an die Jägerkonkurrenz der siebziger Jahre erinnert. Es ging darum, welcher Konzern den Zuschlag für den Jäger der neunziger Jahre erhalten soll: Boeing, Grumman, Rockwell oder General Dynamics. Das Jagdflugzeug war zwar erst 1987/88 als Prototyp vorgesehen, um zwischen 1993 und 1995 in den Dienst der Air Force gestellt zu werden, aber wie die bewegte Geschichte der großen amerikanischen Luftrüstungskonzerne auswies, war keiner von ihnen zur Profitmaximierung mehr in der Lage, wenn er nicht in entscheidendem Maße in die Hochrüstung integriert wird. Die Gegensätze und Kämpfe zwischen den Luftrüstungskonzernen hatten sich in den achtziger Jahren in einem ungeheuren Maße verschärft. Sie wurden bis an die Grenze der Legalität geführt, was illegale Bestechungs- und Korruptionsaffären heute fast zu Kavaliersdelikten verklärte.

Die gewaltige Anhäufung modernsten Kriegsmaterials und der von einer «Kreuzzugsideologie» geprägte militante antisowjetische politische Kurs der amerikanischen Regierung blieben nicht ohne folgenschwere Auswirkungen auf die strategische Doktrin der amerikanischen Luftstreitkräfte. Im Zusammenhang mit dem im August 1982 in Kraft gesetzten Field Manual 100-5/Air-Land-Battle sowie den Erwägungen für die Luft-Land-Schlacht im Jahre 2000 trat die Absicht offen zutage, die bisherige Hemmschwelle für den Einsatz atomarer Waffen auf dem Gefechtsfeld und im unmittelbaren Hinterland noch weiter abzusenken und die Unterschiede zwischen einem konventionellen und einem atomaren Krieg fast völlig zu verwischen.

Seit Mitte der achtziger Jahre zeichnete sich erneut ab, daß den Luftstreitkräften im System der Gesamtstreitkräfte der NATO eine Rolle zuwuchs, die sie zu einer entscheidenden Säule jeglicher Kriegführung machte. Die Doktrin der «Land-Luft-Kriegführung», gekoppelt mit der Konzeption des «Kampfes in der Tiefe» (FOFA-Konzept), beruhte auf den wesentlich erweiterten und verbesserten materiell-technischen Voraussetzungen, wie sie namentlich in der Luftfahrt- und Raketentechnik zur Anwendung kamen, und soll ein hohes Niveau des Zusammenwirkens zwischen Land- und Luftstreitkräften gewährleisten, bei dem wiederum den Luftstreitkräften die ausschlaggebende Rolle im Kampf zufällt. Basierend auf einem weiter vervollkommneten System von Aufklärungs- und Zielauffassungsmitteln sowie von Leiteinrichtungen und einer neuen Generation von Bekämpfungsmitteln – vor allem von modularen Präzisionsabstandswaffen, von Lenkbomben, druckwellenerzeugenden Aerosol- und lasergelenkten Hartzielbomben sowie flächendeckenden Zerstörungsmitteln – wuchs den Luftstreitkräften ein Vernichtungspotential zu, das die Zerstörungskraft der herkömmlich konventionellen Waffen um ein Vielfaches übertrifft und sich in seiner Wirkung der von Kernwaffen kleinerer Detonationsstärken nähert. Es kann überdies massiert und geballt, reaktionsschnell und präzis, überraschend und flexibel sowie kräftesparend gegen beliebige Ziele auf dem Gefechtsfeld wie in der Tiefe des Kriegsschauplatzes (bis zu 800 Kilometer) eingesetzt werden.

Möglicherweise werden erst nachkommende Generationen die ganze Tragweite des in der Mitte der achtziger Jahre in Gang gekommenen Prozesses ermessen können, der sich dann als ein Wendepunkt in der Entwicklung der Menschheit erweisen wird. Das militärstrategische Gleichgewicht wurde von der Sowjetunion und ihren Verbündeten zu einem Zeitpunkt errungen, als infolge grundlegender Entwicklungsprozesse der letzten Jahrzehnte, namentlich qualitativer Veränderungen im Militärwesen, Krieg und militärische Gewalt zu völlig untauglichen, selbstmörderischen Mitteln zur Lösung politischer und sozialer Gegensätze geworden waren. Angesichts der quantitativen Anhäufung und qualitativen Entwicklung vor allem der nuklearen Massenvernichtungsmittel drohte der Menschheit nunmehr in einem dritten Weltkrieg die biologische Selbstauslöschung und Selbstvernichtung. Erstmals in der menschlichen Geschichte war eine Situation entstanden, wo Geschichte überhaupt ihr Ende finden konnte, wo jegliche Zukunft am Ende war.

Indes haben die Kernwaffen nur den fundamentalen Charakter der militärtechnischen Veränderungen unterstrichen. Sie sind ebenso der Mutation bisher als konventioneller Waffen empfundener Systeme geschuldet, die am Ausgang des 20. Jahrhunderts eine Vernichtungsdimension erreicht haben, die in ihrer Wirkung – besonders in dicht besiedelten Regionen wie Mitteleuropa mit seinen Kernkraftwerken und seinem Netz chemischer Industrieanlagen – der von kleineren Atomwaffen gleicht.

Der Scheideweg, vor dem die Menschheit stand, die Umbruchsituation, in der sie sich befand, bedurfte der Grundzüge eines neuen Denkens und Handelns in bezug auf die Friedenssicherung. Die entscheidenden Impulse für diese neue Politik gingen vom Sozialismus aus. Er wies der Menschheit den Weg, wie sie ihre Unsterblichkeit zurückgewinnen kann. Das am 8. Dezember 1987 in Washington zwischen der Sowjetunion und den USA geschlossene Abkommen über die Beseitigung von 2703 Mittelstreckenraketen längerer und kürzerer Reichweite stellt einen ersten Schritt auf dem langen, schwierigen und komplizierten Weg dar, mehr gegenseitige Sicherheit durch weniger Waffen zu erlangen. Er steht vielleicht am Anfang einer Entwicklung, die darauf abzielt, den Übergang in das Jahr 2000 ohne Nuklearwaffen zu vollziehen, er kann die Initialzündung zu einem weltweiten Prozeß werden, die Rüstungspotentiale in einem solchen Maße einzuschränken, wie sie ausschließlich für die defensive Verteidigung notwendig sind. Der Weg zu einem atomwaffenfreien, waffenarmen Jahrtausend fordert politische Phantasie, Beharrungsvermögen und Standfestigkeit. Noch längst nicht hat die Politik der friedlichen Koexistenz über die Politik der Stärke obsiegt, noch behauptet sich die Philosopohie der Macht in vielen Bastionen gegenüber der Philosophie des Friedens.

Quellen und Literatur

Der Darstellung der Geschichte der Luftstreitkräfte des imperialistischen Deutschlands, insbesondere der Luftwaffe, liegen zahlreiche Archivalien zugrunde. Es handelt sich dabei in erster Linie um Bestände des Militärarchivs der Deutschen Demokratischen Republik. Folgende Aktengruppen wurden ausgewertet:

Reichsluftfahrtministerium, darunter vor allem Generalluftzeugmeister, Technisches Amt sowie die Akten verschiedener Flugzeugkonzerne, insbesondere Junkers, Focke Wulf, und Messerschmitt;

Oberkommando der Luftwaffe, darunter vor allem Akten des Luftwaffenführungsstabs, des Generalquartiermeisters der Luftwaffe, des Sonderstabs Milch, der Luftflotten 3 und 6, des Luftgaukommandos VIII, der deutschen Luftwaffenmission Rumänien, des Kommandos der Erprobungsstellen Rechlin und verschiedener Luftkriegsschulen.

Zusätzlich herangezogen wurden Akten des Oberkommandos der Wehrmacht, des Oberkommandos des Heeres und verschiedener Heeresgruppen und Armeen, die angesichts der weitgehenden Vernichtung der Akten der Luftwaffe gelegentlich die Rekonstruktion von Vorgängen und Einsätzen der faschistischen Luftstreitkräfte ermöglichten.

Ergänzt wurden diese Materialien durch Bestände des Zentralen Staatsarchivs Potsdam, die in erster Linie Auskunft über die Flugzeugproduktion im ersten Weltkrieg sowie über die Auswirkungen des Luftkriegs zwischen 1942 und 1945 geben. Herangezogen wurden Akten des Reichsministeriums für Rüstungs- und Kriegsproduktion, des Reichsministeriums für Propaganda und Volksaufklärung, des Reichsführers SS und verschiedener Instanzen der faschistischen Partei sowie das Pressearchiv des Reichslandbundes.

Daneben wurden im Institut für Marxismus-Leninismus beim ZK der SED Akten des Chefs der Ordnungspolizei benutzt, im Archiwum Głównej Komisji Badania Zbrodni Hitlerowskich w Polsce Unterlagen der Nürnberger Nachfolgeprozesse, insbesondere die Protokolle und Dokumentensammlungen im Fall Milch, im Centralne Archiwum Wojskowe Materialien über die Vorbereitung und Führung des Luftkriegs gegen Polen, im Vojensky Historicky Archiv Prag Akten über die faschistische Luftrüstung in der Endphase des zweiten Weltkriegs.

Im Bundesarchiv Koblenz geben vor allem die Bestände des Reichsfinanzministeriums Auskunft über die Finanzierung der faschistischen Luftrüstung sowie Akten des Reichsministeriums für Rüstungs- und Kriegsproduktion, vor allem Jägerstab und Rüstungsstab, Einblick in Vorgänge der deutschen Luftrüstung in der zweiten Hälfte des Krieges.

Im Bundesarchiv/Militärarchiv Freiburg wurden vor allem die Unterlagen des Generalquartiermeisters/6. Abteilung für die Darstellung der Stärke, Verteilung und Verluste der Luftwaffe herangezogen.

Eine Bibliographie aller benutzten Bücher und Zeitschriftenartikel würde den Rahmen des Buches sprengen. Berücksichtigt werden deshalb hier vor allem solche Publikationen, die entweder Teil der amtlichen Kriegsgeschichtsschreibung sind, wesentlich neues, auf Archivalien beruhendes Material bieten oder einen Abriß größerer zusammenhängender Abschnitte der Luftkriegsgeschichte geben. Völlig verzichtet wurde auf die Aufnahme von Erinnerungen, zeitgenössischen Publikationen zum Luftkrieg oder zur Luftkriegslehre bzw. auf Dienstvorschriften, Weisungen und ähnliches sowie auf Typenbücher oder -sammlungen.

Auswahlbibliographie

Gebhard Aders, Geschichte der deutschen Nachtjagd 1917–1945, Stuttgart 1977.

Air Force Combat Units of World War Second. Edited by M. Maurer, USAF Historical Division Air University, Department of the Air Force, New York 1963.

J. J. Andruchow, Wertolety w woorushennoi borbe, Moskau 1972.

Awiazija i Kosmonawtika SSSR, Moskau 1968.

Awiazija naschej rodiny. Sbornik statej shurnala «Westnik Wosduschnowo Flota», Moskau 1955.

A. Baranow/W. Orlow, Prowal amerikanskoi wosduschnoi agressii protiw DRV. In: Wojenno-istoritscheski Shurnal, H. 2/1970.

W. M. Besymjanny/W. I. Lawrentjew/J. L. Sliwin/A. N. Schaturny, Na strashe neba. Kratki otscherk Moskowo okruga protiwowosduschnoi oborony, Moskau 1968.

Carl Berger, The United States Air Force in Southeast Asia, 1961—1973, Washington 1977.

Axel Braun, B-1 Projekt und die Modernisierung der strategischen Bomberflotte der USA, Frankfurt/Main 1978.

Arnold Brophy, The Air Force, New York 1956.

Hilmar Freiherr von Bülow, Geschichte der Luftwaffe, Frankfurt/Main 1937.

L. E. O. Charlton, War over England, London–New York 1936.

Basil Collier, The Defence of the United Kingdom, London 1957.

Wesley Frank Craven/James Lea Cate, The Army Air Forces in World War II, Bd. I–VII, 5. Auflage, Chicago 1964ff.

A. Chjupenen, PWO Vetnama w period oswoboditelnoi woiny. In: Westnik PWO, H. 4/1977.

Paul Deichmann, German Air Force in Support of the Army, New York 1968.

Der militärische Heimatluftschutz im Weltkrieg 1914–1918, Berlin 1943.

Der Luftschutz im Weltkrieg, Berlin 1941.

Die Luftstreitkräfte in der Abwehrschlacht zwischen Somme und Oise vom 8. bis 12. August 1918 und Rückblicke auf ihre vorangegangene Entwicklung, Berlin 1942.

Die Militärluftfahrt bis zum Beginn des Weltkrieges 1914, Textband, Frankfurt/Main 1965.

G. S. Desnizki, Tschasowyje wosduschnych prostorow rodiny, Moskau 1961.

P. D. Dus, Istorija wosduchoplawanija i awiazija w SSSR. Period perwoi mirowoi woiny (1914–1918gg), Moskau 1960.

Karl-Heinz Eyermann, Der große Bluff. Aus Geheimarchiven der deutschen Luftfahrt, Berlin 1963.

A. G. Fedorow, Awiazija w bitwe pod Moskwoi, Moskau 1971.

Georg W. Feuchter, Der Luftkrieg, 3. Auflage, Frankfurt/Main 1964.

Robert Frank Futrell, The United States Air Force in Korea, 1950–1953, New York 1961.

Alfred Goldberg, A history of the United States Air Force 1907–1957, New York 1957.

P. le Goyet, Évolution de la doctrine d'emploi de l'aviation française entre 1919 et 1939. In: Revue d'histoire de la deuxiéme guerre mondiale, Nr. 73/1969.

William Green/John Fricker, The Air Forces of the World. Their History, Development and Present Strenght, London 1958.

Olaf Groehler, Stärke, Verteilung und Verluste der deutschen Luftwaffe im zweiten Weltkrieg. In: Militärgeschichte, H. 3/1978.

John Herington, Air War against Germany and Italy 1939–1943, Canberra 1954.

– Air Power over Europe 1944–1945, Canberra 1963.

Chaim Herzog, Entscheidung in der Wüste. Die Lehren des Jom Kippur-Krieges, Frankfurt/Main 1975.

Edward L. Homze, Arming the Luftwaffe. The Reich Air Ministry and the German Aircraft Industry, 1919–1939, Lincoln-London 1976.

David Irving, Die Tragödie der Deutschen Luftwaffe. Aus den Akten und Erinnerungen von Feldmarschall Milch, Frankfurt/Main 1970.

— Die Geheimwaffen des Dritten Reiches, Gütersloh 1966.

M. N. Koschewnikow, Roshdenije wosduschnych armii. In: Wojenno-istoritscheski Shurnal, H. 9/1972.

— Kommandowanije i schtab WWS sowetskoi armii w welikoi otetschestwennoi woine 1941—1945 gg., Moskau 1977.

Adam Kurowski, Lotnictwo Polskie w 1939 roku, Warschau 1962.

P. Kutachow, Manewr silami awiazii. In: Wojenno-istoritscheski Shurnal, H. 8/1972.

– Prowedenije wosduschnych operazii. In: Wojenno-istoritscheski Shurnal, H. 6/1972.

Asher Lee, Air Power, London 1955.

Monro MacCloskey, The United States Air Force, New York 1967.

Ladislaus Madarász/Eugen Büttner, Die k.u.k. Luftfahrttruppen im Weltkriege. In: Militärwissenschaftliche und technische Mitteilungen, Sonderheft, LIX. Jahrgang, Wien 1928.

Francis K. Mason, Battle over Britain, A. History of the German air assaults on Great Britain 1917–1918 and July–Dezember 1940, London 1969.

William W. Momyer, Air Power in Three Wars (WW II, Korea, Vietnam), o. O. 1978.

John H. Morrow jr., Building German Airpower, 1909—1914, Knoxville 1976.

Georg Paul Neumann, Die deutschen Luftstreitkräfte im Weltkriege, Berlin 1920.

A. A. Nowikow/M. Koshewnikow, Borba sa strategitscheskoje gospodstwo w wosduche. In: Wojenno-istoritscheski Shurnal, H. 3/1972.

Matsatake Okumiya/Jiro Horikushi, Zero. The Story of the Japanese Navy Air Force 1937–1945, London 1957.

A. Orlow, Agressija Israilja na Blishnem Wostoke. In: Wojenno-istoritscheski Shurnal, H. 6/1968.

Pierre Paquier, L'aviation de renseignement française 1939–1940, Paris 1947.

Die Pentagon-Papiere, Die geheime Geschichte des Vietnam-Krieges, München–Zürich 1971.

Hermann Plocher, The German Air Force versus Russia, Bd. I–III, New York 1968.

A. Przeniczny, Sił i straty w dotychaczasowych dzialniach powietrznych. In: Mysl Wojskowa, H. 12/1976.

Walter Raleigh/H. A. Jones, The War in the Air, Bd. I–IV, Oxford 1922–1937.

Denis Richards/H. S. George Saunders, Royal Air Force 1939–1945, Bd. I–III, London 1953.

Andrzej Rzepniewski, Wojna Powietrzna w Polsce 1939, Warschau 1970.

Walter Schwabedissen, The Russian Air Force in the Eyes of the German Commanders, New York 1968.

Sowjetskije wojenno-wosduschnyje sili w welikoi otetschestwennoi woine 1941–1945gg, Moskau 1968.

I. W. Timochowitsch, Sowjetskaja awiazija w bitwe pod Kurskom, Moskau 1959.

– Nekotoryje woprossy operatiwnowo iskusstwa WWS. In: Wojenno-istoritscheski Shurnal, H. 11/1971.

– Operatiwnoje iskusstwo sowjetskich WWS w Welikoi Otetschestwennoi Woine, Moskau 1976.

J. Truelle, La production aéronautique militaire française jusqu'en juin 1940. In: Revue d'histoire de la deuxiéme guerre mondiale, Nr. 73/1969.

S. Tschepeljuk, Raswitije taktiki schturmowoi awiazije w welikoi otetschestwennoi woine. In: Wojenno-istoritscheski Shurnal, H. 2/1970.

United States Strategic Bombing Survey, o. O. 1945ff.

European War, Bd. 1 The United States Strategic Bombing Survey: Summary Report
    (European War),
    Bd. 3 The Effects of Strategic Bombing on the German War Economy,
    Bd. 4 Aircraft Division Industry Report,
    Bd. 64b The Effects of Strategic Bombing on German Morale, Bd. I–II.

Pacific War   Bd. 1 Summary Report (Pacific War).
    Bd. 3 The Effects of Atomic Bombs on Hiroshima and Nagasaki.
    Bd. 14 The Effects of Strategic Bombing on Japanese Moral,
    Bd. 15 The Japanese Aircraft Industry.

Rolf Wagenführ, Die Flugzeugindustrie der anderen, Berlin 1939.

Theo Weber, Die Luftschlacht um England, Wiesbaden 1956.

Charles Webster/Noble Frankland, The Strategic Air Offensive against Germany 1939–1945, Bd. I–IV, London 1961.

Walter Weidauer, Inferno Dresden, 2. Aufl., Berlin 1968.

J. G. Weraks, Das Zusammenwirken von Luft- und Landstreitkräften in den Angriffs-operationen der Sowjetarmee im Großen Vaterländischen Krieg. In: Zeitschrift für Militärgeschichte, H. 1/1970.

K. A. Werschinin, Raswitije operatiwnowo iskusstwa Sowjetskich Wojenno-Wosdusch-nych Sil. In: Wojennaja Mysl, H. 6/1967.

– Wojenno-Wosduschnyje Sili. In: Wojenno-istoritscheski Shurnal, H. 9/1967.

Gerhard Wissmann, Geschichte der Luftfahrt, 2. Aufl., Berlin 1970.

Derek Wood/Derek Dempster, The narrow margin. The Battle of Britain and the Rise of Air power 1930–1940, London 1961.

Woiska protiwo-wosduschnoi oborony strany, Moskau 1968.

Woprossy strategii i operatiwnowo iskusstwa w sowjetskich wojennych trudach 1917–1940, Moskau 1965.

Woprossy taktiki w sowjetskich wojennych trudach 1917–1940, Moskau 1970.

Anthony Verrier, Die Bomberoffensive gegen Deutschland 1939–1945, Frankfurt/Main 1970.

Voisin, La Doctrine de l'aviation française de combat au cours de la guerre 1915–1918, Paris 1932.

Karl Heinz Völker, Die Entwicklung der militärischen Luftfahrt in Deutschland 1920–1933, Stuttgart 1962.

– Die deutsche Luftwaffe 1933–1939, Stuttgart 1967.

– Dokumente und Dokumentarfotos zur Geschichte der deutschen Luftwaffe, Stuttgart 1968.

Der Zivile Luftschutz in Deutschland. Dokumentation und Erfahrungsbericht über Aufbau und Einsatz, bearb. von Erich Hampe, Frankfurt/Main 1963.

Personenverzeichnis

Achmatowitsch, E. I. 105
Akaschew, K. W. 105, 106
Akulenko, P. S. 524
Aladinski, W. I. 351
Algazin, A. S. 133
Alksnis, Ja. J. 112, 133, 201
Anostschenko, A. D. 105
Anthis, H. 634
Archangelski, A. A. 151, 299
Aréne 212
Armengaud, Paul François 153
Arnold, Henry H. 486, 526, 559
Artmejew, A. A. 309
Aschenbrenner, Heinrich 290, 291
Astachow, F. A. 315

Bagot, John 609
Baldwin, Hanson W. 663
Baldwin, Stanley 166
Ball, Albert 62
Ballin, Albert 14
Baranow, P. I. 112, 132
Barjot, Pierre 610
Barraca, Francesco 67
Beaufre, André 610
Bekker, Cajus 293
Bentheim, von 337
Bernhard, Prinz der Niederlande 715

Berthold, Rudolf 62
Beseler, Hans Hartwig von 18
Bishop, William A. 66
Blackett, Patrick 491
Bleichröder, Hans von 50
Blériot, Louis 12, 13
Bloch, Marcel 212
Blomberg, Werner von 287
Blum, Léon 237
Bodenschatz, Karl 293
Boelcke, Oswald 62
Bölkow, Ludwig 442
Boetticher, Friedrich von 264, 271
Bormann, Martin 418
Borowkow, A. A. 299
Borsig, Ernst von 14
Brandenburg, Ernst 74, 75, 139
Braun, Wernher von 450
Breshnew, L. I. 567, 625
Brown 682
Brussilow, A. A. 102
Bütefisch, Heinrich 427
Bullitt, William C. 526
Bundy, William P. 639, 640
Burden, William 561
Butelin, L. G. 309
Byrd, Harry E. 667
Bytschkow, F. I. 105

Caproni, Gianni 112, 113, 114

Carter, James 716
Celareanu 294
Chambre, Guy la 153, 154
Charitonow, P. T. 313, 314
Chowlow, P. I. 326
Chripin, W. W. 130, 133, 167
Chrjukin, T. T. 351
Churchill, Winston S. 123, 265, 378, 400, 401, 451, 453, 456, 457, 526, 633
Cisneros, Ignacio Hidalgo de 195
Clifford, Clark M. 682, 683
Coppens, Willy 67
Cot, Pierre 128, 152, 153
Crossman, Richard 457
Curtiss 86

Daladier, Edouard 239
Danilow, A. S. 309
Darlan, François Jean 239
Dayan, Moshe 628
Denain, Victor 153
Deßloch, Otto 357
Ditfurth, Theodor von 15
Doolittle, James D. 485
Dornberger, Walter 450
Dornier, Claudius 99, 144, 206, 337, 338
Douhet, Giulio 112—118, 123, 142, 143, 148, 150, 165, 189, 221, 278, 377

Dowding, Hugh   173, 257
Doyle, Arthur Conan   12
Drosdow, I. I.   308
Dubenskij, P. S.   105
Dulles, John Foster   578
Duval, Marie-Victor   67

Eden, Anthony   609
Egger, Rudolf   340
Eisenhower, Dwight D.
  419, 633
Elgott, Helmrich von   9
Ellis, Richard C.   607
Eltz von Rübenach, Paul
  Freiherr von   144
Ely, Eugene   17
Etrich, Igo   10
Euler, August   30

Falalejew, F. J.   315
Farinacci, Roberto   276
Farman, Henry   13
Farman, Maurice   22
Fayolle, Marie Émile   119,
  120
Felmy, Hellmuth   143
Feuchter, Georg   293
Fiebig, Martin   468
Fink, Johannes   251
Fleet, James A. van   554
Fletcher, Jack   476
Flick, Friedrich   50, 337
Florow, I. F.   299
Fokker, Anthony   32, 33
Fonck, René   66
Forrestal, James A.   525
Frantz, Joseph   29
Frunse, M. W.   109
Frydag, Karl   337, 340, 341,
  409, 413, 416, 417
Fuller, J. F. Ch.   117, 159

Gablenz, Karl August
  Freiherr von   142, 341
Galland, Adolf   193, 248,
  389, 423
Gamelin, Maurice Gustave
  239
Garros, Roland   30, 31
Gastello, N. F.   313
Gavotti, Giulio   9
Glinka, B. B.   360

Glinka, D. B.   360
Goebbels, Joseph   418
Göring, Hermann   137, 141,
  142, 147, 148, 219, 251,
  263, 270, 271, 273, 281,
  282, 284, 288, 292, 293,
  333, 337, 338, 389, 391,
  395, 396, 414, 440, 472
Golowanow, A. E.   520, 521
Gorbunow, W. P.   299, 303
Goworow, L. A.   524
Goyet, Pierre le   129
Grauert, Ulrich   270
Greenslet, Edmund   709
Greim, Robert Ritter von
  389, 391, 392, 468
Gronau, Wolfgang von   290
Groves, Leslie   458
Gudkow, M. I.   299, 303
Gurewitsch, M. I.   300, 515,
  516, 570
Guynemer, Georges   45, 61,
  66

Halder, Franz   277, 280,
  288, 293
Handley-Page, Frederick
  122, 213
Harris, Arthur   124, 378,
  400, 401, 459
Haushofer, Albrecht   271
Heinkel, Ernst   145, 206,
  210, 339, 340, 408, 409,
  415, 446
Herrmann, Hajo   466
Herzog, Chaim   627, 628
Heß, Rudolf   271
Heyne, Hans   340, 341, 409,
  416
Hill, Roderic   448
Himmler, Heinrich   418
Hindenburg, Paul von   48
Hirth, Helmuth   145
Hitler, Adolf   141, 142, 144,
  192, 237, 265, 270, 271,
  276, 292, 293, 329, 338,
  342, 389, 414, 415, 417,
  437, 440, 441
Ho Chi Minh   633
Hod, Mordechai   620, 621
Hoeppner, Erich von   48,
  49, 63

Hoffmann, Siegfried   15
Hoover, Herbert jr.   561
Hube, Hans   353
Hudleston, Edmund C.   609
Huth, Walter   141

Ignatjew, N. P.   309
Iljuschin, S. W.   202, 293,
  299, 330
Immelmann, Max   62
Ionow, A. P.   308, 315
Iwanow, I. I.   309
Iwanow, I. J.   104
Iwanschenko, I. W.   517

Jakowlew, A. S.   299, 307,
  319, 516
Jane, F. T.   15, 16
Janssen, Gregor   416
Jazenko, W. P.   299
Jegorow, A. I.   133
Jeschonnek, Hans   143, 293,
  368, 389, 390
Jodl, Alfred   460
Johnson, Lyndon B.   642,
  645, 654, 661, 683
Jungmeister, J. W.   107
Junkers, Hugo   90, 339

Kamenew, S. I.   168
Kammhuber, Josef   389
Kammler, Heinz   414—416
Keightley, Charles F.   610
Kennedy, John F.   593, 634
Kerenski, A. F.   104
Kesselring, Albert   143, 230,
  270, 273, 284
Kessler, Philipp   439
Kim Ir Sen   536
Kirow, S. M.   171
Kissinger, Henry   694
Klimow, W. J.   299
Knauss, Robert.   117, 145,
  146, 147, 287
Kokkinaki, W. K.   169, 190
Kokorjew, D. W.   309
Koller, Karl   466
Kopez, I. I.   306
Koppenberg, Heinrich   145,
  337
Korten, Günter   389
Koshedub, I. N.   430

Koslow 299
Krassnow 104
Krassowski, S. A. 350
Krauch, Karl 394
Krawtschenko, G. P. 190
Krupp, Friedrich 408
Kühl, Bernhard 143
Kulischenko, N. G. 190
Kurtschatow, I. W. 520, 521
Kuzewalow, T. F. 315
Kvaternik, Sladko 295

Lahs, Rudolf 340
Laird 605, 606
Lamont, Thomas W. 427
Landau, S. J. 105
Laptschinski, A. N. 129, 133, 134, 167
Larin, Ju. 101
Lawotschkin, S. A. 299, 303, 516
Le Duc Tho 694
Leigh-Mallory, T. A. 268, 421
LeMay, Curtis 487—489, 534, 634, 665
Lenin, W. I. 26, 49, 101, 103, 104, 109
Liddell Hart, Basil Henry 117, 118
Lindbergh, Charles 156
Li Sing Man 536
Lloyd, Geoffrey 173
Lobow, G. A. 472
Loebel 293
Ludendorff, Erich 48, 87

MacArthur, Douglas 481, 530, 531, 537, 539
Maginel 196
Makljak, A. I. 309
Malinowski, R. J. 583
Mannock, Edward 66
Manstein, Erich von 232
Marinowitsch, P. 67
McBundy, William P. 666
McConnel, John P. 644, 663
McNamara, Robert S. 593, 639, 640, 645, 654—656, 660, 661, 666, 672, 682, 683
McNarney, Joseph 529

McNaughton, John T. 645, 666
Mecozzi, Amadeo 178
Mehlich 145
Meister, Rudolf 389, 395
Mesheninow, S. A. 133, 134
Messerschmitt, Willy 141, 206, 339, 340, 409, 413, 415, 441
Metzler 15
Mikojan, A. I. 291, 299, 300, 515, 516, 571
Mikulin, A. A. 299
Milch, Erhard 137, 138, 140—142, 145, 147, 192, 207, 292, 293, 338—341, 389, 391, 407, 412—415, 417, 440
Mitchell, William 117, 142, 155, 156, 529
Mitschugin, F. G. 308, 315
Mölders, Werner 193
Moizo 9
Moltke, Helmuth von 11
Moshajew, A. W. 103
Morrison, Herbert 447
Mussolini, Benito 192, 276

Nagumo, Chuichi 478—480
Nasser, Gamel Abdel 609, 610, 615
Naumenko, N. F. 315
Navarre, Henri 633
Nimitz, Chester 481
Nixon, Richard S. 687, 690
Nowikow, A. A. 315, 347, 350, 359, 363
Nungesser, Charles 66

Obata, Einyo 474
Olivier, Manus 212
Olszewski 9
Osterkamp, Theo 62
Ostschepkow, P. K. 171
Ozuki, Yukio 117, 118

Pace, Frank jr. 561
Park, Keith 268
Parseval, August von 13
Paschinin, M. M. 299
Peled, Benjamin 628

Pelsmüller 328
Peltz, Dieter 389, 395
Petljakow, W. M. 327
Peuty, du 39, 43
Phang Trong Tue 669
Pham Tuan 694
Piazza 9
Pinsard, Armand 45
Plocher, Hermann 193
Pokryschkin, A. I. 360, 361, 430
Polikarpow, N. N. 108, 132, 169, 195, 289, 299
Poole, Frederick C. 123
Portal, Charles 456
Posadowsky-Werner, Arthur Graf von 16
Possi 9
Potez, Henry 212
Potrashizki, I. I. 107
Preobrashenski, E. N. 324, 326
Ptuchin, J. S. 315
Puławski, Zygmunt 219

Quénault, Louis 29

Raeder, Erich 271
Ramsbottom-Isherwood, H. N. G. 343
Rathenau, Walter 14, 16
Reagan, Ronald 722
Richthofen, Manfred Frh. v. 62, 63, 65, 66
Richthofen, Wolfram Freiherr von 193, 221, 223, 241
Rickenbacker, Eddie 67, 156
Ridgeway, Mathew B. 545, 547
Ritter, Hans 117
Rjabzew, P. S. 309
Rockefeller, Nelson D. 593
Röchling, August 50
Root, Elihu 427
Root, Leonard 561
Rostow, Walt W. 654, 666
Rougeron, Camille 180, 205
Rowehl, Theodor 290
Ruda, de 9
Rudenko, S. I. 351

Rumpler, Edmund   21
Rundstedt, Gerd von   423

Sachsenberg, Gotthard   117, 142, 143
Safer, Morley   675
Salisbury, Harrison E.   658
Salmond, John   123
Sauckel, Fritz   440
Saundby, Robert   124, 459
Saur, Karl   416
Schacht, E. G.   195
Schaposchnikow, B. M. 313
Scheluchin, P. S.   315
Schewtschenko, W. W.   299
Schiukow, S. W.   107
Schleich, Eduard Ritter von 62
Schleicher, Kurt von   138, 144
Schlempp, Walter   416
Schlesinger, James   715
Schmelter, Fritz   416
Schneider, Franz   30
Schtemenko, S. M.   358
Schumski, N. E.   107
Schwabedissen, Leo   310
Schwezow, A. D.   299
Sdorowzew, S. I.   313, 314
Sedjakin, A. I.   168
Seidemann, Hans   193
Seidel, Hans Georg von 293
Sergejew, A. W.   105—107, 130
Sharp, Ulysses S.   644, 654, 655, 657, 670—672
Shazly, Saad el   628
Sherman, W. C.   117
Shigarew, P. F.   315—317, 346
Shukow, G. K.   358, 577
Shukow, M. P.   313, 314
Shukowski, N. E.   107
Siegert, Wilhelm   49
Siemens, Carl Friedrich von 145
Siemens, Ernst von   338
Sikorski, I. I.   35, 36
Silwanski   299
Smith, Arthur E.   667

Sokolowski, O. W.   517
Sokolowski, W. D.   586
Solowow, M. A.   106
Spaatz, Carl A.   427, 523, 527
Spaight, J. M.   117
Speer, Albert   394, 395, 415—417, 428, 439, 458
Speidel, Helm   273, 276
Sperrle, Hugo   193, 230, 232, 251
Stalin, J. W.   346, 457
Stauss, Emil Georg von 142
Stehlin, Paul   715
Steinhoff, Johannes   248
Stinnes, Hugo   14, 50
Strasser, Peter   73
Stresemann, Gustav   141
Stuart   523
Student, Kurt   143
Stumpff, Hans-Jürgen   417
Suchoi, P. W.   299
Sugawara, Michio   474
Suprun, S. P.   190
Surin, B. N.   309
Swidirow   472
Swinton, Lord (Bonar Law) 205, 214
Sykes, Frederick   117, 142
Symington, Stuart S.   523, 527, 529, 575, 665, 667

Tajurski, A. I.   315
Tarassow, D. S.   314
Tarchow, S. F.   195
Taterschenko, E. I.   520
Taylor, Maxwell D.   593, 639, 640, 644
Terechin, N. F.   314
Thompson, Robert K.   634
Thomsen, Hermann   26
Thyssen, Fritz   145, 338
Timoschenko, S. K.   314
Tlass, el Mustafa   629
Trautloft, Hannes   193
Trenchard, Hugh   36, 43, 68, 70, 117, 123
Truman, Harry S.   526, 537
Tschiang Kai-shek   482
Tsukahara, Nishizo   474

Tuchatschewski, N. N. 133, 171
Tupolew, A. N.   110, 111, 131, 132, 151, 201, 521
Turkel, I. L.   351
Turshanski, B. A.   195

Udet, Ernst   62, 66, 337, 338, 340, 412

Vandenberg, Hoyt S.   544, 545
Vögler, Albert   145, 338, 340, 394
Vogel   409
Vredeling, Henk   715
Vuillemin, Joseph   153

Waldau, Otto Hoffmann von   276, 280, 292
Warlimont, Walter   273, 276
Wassiljew, I. W.   107
Watson-Watt, Robert   172
Weigelt, Kurt   142
Weise, Hubert   417
Weizman, Ezer   616
Wells, Herbert G.   12, 13
Werner, William   337, 338, 340, 341, 416
Werschinin, K. A.   357
Westmoreland, William C. 644, 671, 672
Westrick, Ludger   340
Weygand, Maxim   152
Wheeler, Earl G.   641, 643, 666, 667
Whittle, Frank   440
Wiener, Otto   18
Wilberg, Helmuth   143
Wilcke, Wolf-Dietrich   193
Wimmer, Wilhelm   287
Winter, August   460, 461
Wodopjanow, M. W.   325
Woroschilow, K. J.   313
Wright, Orville   13
Wright, Wilbur   12, 13, 14

Yamamoto, Isoroku   480

Zeppelin,
   Ferdinand Graf von   10, 11

734

Ortsverzeichnis

Aachen 401
Aalborg 256
Achmer 442
Ain Zara 9
Akrotiri 611
Alamogordo 492
Alexandria 609
Almaza 614
Amiens 94
Anak 545
Ankara 291
Anklam 397
Antwerpen 447, 450
Archangelskoje 365
Arnhem 428
Aschersleben 415
Astrachan 392
Augsburg 379, 404, 415
Augustów 309

Bačau 295
Bac-giang 662
Bai-thuong 665
Baku 167, 168, 239
Bangkok 468
Ban-karai 688
Baranowitschi 310, 395
Barcelona 196, 197, 199, 201
Barth 415
Baruth 471
Bath 390
Batumi 239
Bautzen 471

Belostok (Białystok) 395
Bentley Prior 261
Berlin 49, 50, 70, 138, 174, 265, 266, 270, 292, 293, 324—326, 380, 385, 400—402, 405, 415, 418, 438, 453, 456—459, 464—466, 469—471, 505, 509—511, 663
Biała Podlaska 309
Biggin Hill 263, 268
Bingh-gia 641
Bîr Gifgâfa 622
Birmingham 281, 283, 284
Bîr Thamada 622
Bitterfeld 458
Bobruisk 310
Bochum 437
Böhlen 426, 439
Brandenburg 511
Brandis 446
Bratislava 295
Braunschweig 404
Bremen 379, 383, 385, 397, 413
Breslau (Wrocław) 456, 466, 511
Brest 310, 395
Bristol 264
Brjansk 314, 325, 365
Brody 312
Brüssel 342, 450, 711
Brüx 426
Bukarest 295

Caen 426
Calais 12
Cam-pha 683
Canterbury 390
Cap Gris-Nez 271
Cat-bi 670
Cernavodă 312
Chang-hoa 642
Charkow 170, 325
Chemnitz (Karl-Marx-Stadt) 456, 458, 511
Chengdu 486
Chiswick 449
Čŏngdžin 551
Chop-lee 642
Chotynez 370
Ciechanowiec 309
Clear 594
Constanţa 312
Cottbus 413, 470, 471
Coventry 281, 283, 287, 684
Croydon 256, 263
Cua-lo 642
Cuckmere Haven 449
Cuxhaven 383

Damaskus 629
Danzig (Gdańsk) 327, 511
Darmstadt 385
Dęblin 395
Deelen 390
Den Haag 270
Dessau 458, 509
Dessie 188

Detroit 556
Diedenhofen 81
Diên-biên-phú 633, 667
Dien-hong 649
Dijon 242
Disfort 256
Döberitz 390
Domodedowo 587, 591,
    595, 704, 705
Dong-hoi 661
Dortmund 379, 401
Dover 12, 36, 76, 254
Dresden 227, 456, 458, 511,
    684
Driffield 256
Dschebel Libni 622
Dünkirchen (Dunkerque)
    36, 241, 242
Düsseldorf 36, 385, 401,
    437
Duisburg 379
Dunkirk 254
Durango 196, 201

Eastchurch 254
Echterdingen 14
Eisenach 456
El Arîsh 622
El Ismâilîya 615, 622
Elat 611
Emden 383
Englin 599
Erfurt 456
Espenhain 426
Essen 83, 379, 380, 401,
    437
Exeter 390
Eydtkuhnen
    (Tschernyschewskoje)
    309

Falaise 426
Fâyid 622
Focşani 294
Frankfurt a. Main 385
Freiburg i. Br. 36, 83, 235,
    242, 437
Friedrichshafen 287
Fritzlar 290
Fürstenfeldbruck 713
Fürstenwalde 511
Fukui 488

Furnes 36
Fylingdales 594

Gamil 615
Gatow 293
Gauting 416
Gdynia 397
Glesch 415
Glogau (Głogów) 466
Görlitz 470, 471
Gorki 325, 392, 394
Gornostaipol 328
Gotha 206, 456
Grandfork 606
Graudenz (Grudziądz) 466
Griffis 717
Grodno 310
Grosny 239
Gruberush 309
Guadalajara 195, 196, 200
Guernica 196, 199, 201, 221
Gumbinnen 309, 311
Gumrak 353
Gusen 415

Haifa 609
Haiphong 647, 649, 652,
    654, 657, 662, 665, 667,
    668—671, 683, 688, 690,
    691, 693, 694, 696
Halberstadt 509
Halle 456, 458
Ham 94
Hamburg 83, 206, 380, 381,
    385, 386, 400, 401
Hamhyng 538
Ham-rong 670
Hankou 189
Hannover 230, 401
Hanoi 644, 646, 647, 649,
    654, 656—658, 661, 662,
    664, 666—670, 682, 683,
    687, 688, 690, 691, 693,
    694, 696, 701
Ha-tinh 661
Havanna 568
Heidelberg 415
Heilbronn 437
Helsinki 291, 511
Hesepe 442
Hiroshima 492, 527
Hjesan 551

Hoa-lac 665
Hongay 639
Hong-gai 662, 688
Horgau 416
Hornchurch 268
Hüls 397
Hunghada 621
Hungnan 550
Husum 713
Hverjong 551

Insterburg
    (Tschernjachowsk) 511
Ismail 310
Istres 713

Jablonna 36
Jalta 457
Jaroslawl 392
Jelnja 332
Jelez 365

Kabrit 611, 614, 622
Kahla 415
Kairo 622
Kairo-West 614
Kalkutta 486
Kammsdorf 415
Kanap 683
Karlsruhe 36
Kasparit 614
Kassel 397, 401
Kastornoje 365
Kauffering 415
Kaunas 310
Kenley 263
Kep 657, 665, 683
Kesong 549, 551
Key West 528
Kharagpur 486
Kiel 206, 385
Kien-an 665
Kiew 104, 310, 510
Kilču 551
Kimpo 544
Kings-Lynn 252
Kingston-on-Thames 215
Kirkuk 124
Kitty Hawk 12
Kjunghyn 551
Kobe 485, 488
Kobrin 310

Köln 36, 83, 378, 385, 401
Königsberg (Kaliningrad)
  137, 311, 312, 325, 327,
  511
Kohnstein 415, 450
Kolberg (Kołobrzeg) 511
Kongdónk 545
Konstantinopel 395
Konstantynow 309
Kronstadt 123, 310
Krymskaja 359
Kuntilla 611
Kursk 361, 363, 365, 366,
  368—370, 373—375, 389,
  391, 393, 428, 469
Kuwonga 551
Kymčhŏn 544

Langley 596
La Panne 36
Lechfeld 441, 442
Le Havre 386
Leicester 252
Leipheim 416
Leipzig 206, 404, 409, 446,
  456, 458, 509
Leipzig-Lindenthal 50
Leningrad 104, 167, 168,
  171, 314, 316, 321, 324,
  325, 390, 510
Leuna 426, 427
Lida 310
Liem Cong Tay 642
Liepāja 310
Linton 256
Lissabon 394
Liverpool 263, 264, 281
Liwny 365
Lochau 639
Lötzen (Gizycko) 309
London 12, 71, 73—77, 162,
  172, 173, 252, 255, 256,
  258, 262—266, 268, 270,
  271, 273, 274, 276, 281,
  282, 324, 390, 391, 396,
  402, 429, 447, 449—452,
  455, 458, 609, 663
Luckau 471
Ludwigshafen 36
Lübben 471
Lübbenau 471
Lübeck 378

Lüttich 447, 450
Lützkendorf 426, 439
Lukow 309
Luxor 614, 621
Lwow 314
Lwow-Sandomierz 433
Lyon 242

Madrid 194—196, 201, 324
Magdeburg 385, 426, 456,
  458, 511
Maikop 239
Mailand 112
Mainz 379
Malmstrom 606
Mannheim 83
Manston 263
Margate 76
Marienburg (Malbork) 397,
  413
Markirch 415
Marseille 242
Mauthausen 415
Melnik 472
Memel (Klaipéda) 325, 511
Merseburg 439
Metz 153, 385
Middle Wallop 256
Minsk 310
Molodetschno 314
Moskau 103, 104, 107, 132,
  134, 167, 168, 170, 171,
  248, 291, 298, 302,
  319—325, 331, 333, 337,
  342, 349, 350, 365, 373,
  390, 394, 475, 505, 510
Mühldorf 415
Mülsen, St. Micheln 414
München 83, 230, 385, 401
Münster 230, 397, 463
Mu-gia 669, 688
Murmansk 324, 343
Musan 551
Mys-chako 357, 359

Nagasaki 492, 527
Nagoya 485, 488
Nakhe 611
Nam-binh 661
Nam-dinh 649, 670, 688
Nanking (Nanjing) 189
Nazamu 488

Neidenburg (Nidzica) 309
Netheravon 20
Neustettin (Szczecinek)
  511
Newcastle 173, 252, 256
Newport 528
New York 86, 709
Ngu-thuy 684
Nikolajew 110
Ninh-binh 661
Nordhausen 509
Norwich 390
Noyon 94
Nürnberg 137, 138, 284,
  437

Oak Ridge 491
Oberhausen 379
Oberpfaffenhofen 206, 713
Offut 592
Oldenburg 713
Okinawa 531, 538
Ongdźin 545
Oranienburg 415, 458
Orjol 170, 325
Orléans 153
Osaka 488
Oschersleben 206, 397, 439
Osnabrück 442

Paris 71, 72, 80, 141, 153,
  162, 212, 242, 450, 609, 690
Pearl Harbor 191, 472, 473,
  526
Peenemünde 450
Pengan 544
Petersburg (Leningrad) 36
Petrograd 104
Pevensey 254
Phuc-yên 639, 657, 670
Pitomnik 353
Pjöngjang 538, 540, 545,
  551, 552
Plauen 509
Pleiku 641
Ploiești 312, 407, 511
Plzeň 458
Pölitz 446
Polukne 309
Port Fuad 615
Portland 255
Port Moresby 476, 477

Port Said 615
Portsmouth 173, 255
Potsdam 458, 509
Poznań 293, 413, 456
Prag 221, 415, 471
Pskow 104
Pusan 538

Quang-binh 661
Quangkhe 639

Radžin 551
Ramsgate 76, 263
Râs Banâs 619
Rechlin 365, 446
Regensburg 206, 397, 404
Reims 153
Rom 112
Rostock 206, 378, 401, 509
Rostow 342
Rotterdam 242, 244, 684
Rowno 309
Rshew 170
Ruhland 426
Rybinsk 325, 394
Rye 254

Saigon Ho-Chi-Minh-
Stadt 639
Saint Étienne 242
Saint Lô 426
Saint Margarets Bay 449
Saki 359
Salsk 351
Sambruw 309
Sarabus 359
Saratow 392
Schanghai (Shanghai) 189
Schleißheim 139, 390, 436
Schneidemühl (Piła) 50,
511
Schtigry 365
Schwäbisch Hall 416
Schweinfurt 396—399, 404
Sempach 707
Sewastopol 310
Sharm esh Sheikh 622
Sheernes 254
Shitomir 310
Šiauliai 310, 311
Siedlce 309
Sinjang 545

Sinyidžu 545, 551
Slonim 310
Smolensk 332
Söul 536, 542, 544
Sokołów Podlaski 309
Solzy 327
Sŏnčhŏn 550
Song-song 642
Sorau 413
Southhampton 253
Southend 76
Spremberg 471
Staaken 85
Stade 390
Stalingrad (Wolgograd)
344, 349—351, 353, 354,
356, 357, 373, 377, 391,
435
Stanmore 173, 257, 262
Stargard 446
Staßfurt 415
Stavanger 256
Steyr 404
Stockholm 291
Stuttgart 15, 379, 404, 437
Suan 540
Suez 609, 615
Suwałki 309

Taegu 538
Taejon 538
Taguira 9
Tangmere 263
Tan Son Nhut 634, 647, 673
Tauragé 309
Tazinskaja 351
Tel Aviv 609
Thai-nguyên 662, 670, 671,
683, 696
Thamad 611
Thanh-hoa 661, 670
That-le 642
Thule 594
Tilsit (Sowjetsk) 309, 311,
325, 511
Tokio 291, 483, 485, 488
Tontschkona 544
Toulouse 153
Toyama 488
Tschungking (Chongqing)
190
Tula 325, 392

Tuschino 516, 572, 575,
577, 586
Tuy-hoa 635
Tymbou 611

Ulm 437
Uslowaja 365
Ustilug 309

Vaihingen 415
Ventnor 254
Ventspils 310
Verdun 37, 40—43, 46, 53,
55—57
Viet-tri 658, 661, 696
Vilnius 310
Vinh 639, 696

Waluiki 365
Warnemünde 397
Warren 606
Warschau 50, 226, 227, 312
Washington 264, 271, 291,
427, 455, 458, 549, 606
Weimar 456
Werder 290
West Malling 256, 263
Whiteman 606
Wien 436
Wiesbaden 230, 337
Wilhelmshaven 383
Wismar 206
Wjasma 170
Wolchow 314
Wolkowysk 310
Wŏnsan 538, 540, 545, 547,
551

Xum-bany 642

Yawata 486
Yokohama 485

Zarizyn (Wolgograd) 123
Zarskoje Selo 104
Zeesen 50
Zeitz 426

Typenverzeichnis

A 4 A-Rakete (V 2) 415, 439, 449—452

Albatros — Gesellschaft für Flugzeugunternehmungen m.b.H.
D III 46, 54, 90
D V 54

Allgem. Elektrizitäts-Gesellschaft, Flugtechn. Abteilung
AEG G III 72

Amiot Avions
143 127, 179
354 240

Antonow
An-22 «Antäus» 588, 592
Ar-2 306

Arado Flugzeugwerke GmbH
Ar 64 147
Ar 65 147
Ar 66 374
Ar 84 147
Ar 96 296
Ar 234 440, 442, 445, 446

Armstrong Whitworth Ltd.
«Sea Hawk» 611, 612

Avia
B-534 296

AVRO, A. v. Roe, Miles Plating
Lancaster 379, 508
Anson 422

Bell Aircraft Corporation
P-39 «Airacobra» 359
XP-59 «Airacomet» 442
UH-1 «Iroquois» 679, 681, 707
OH-13 «Sioux» 679
AH-1 «Huey Cobra» 676, 706

Berijew
MBR-2 135, 302

Blériot Aeronautique
Blériot XI 12, 21

Bloch
Bloch 151 240
Bloch 152 154, 240

Blohm & Voss Schiffswerft, Abteilung Flugzeugbau
BV 222 390
BV 238 390

Boeing Aircraft Corporation

B-17 «Fortress» 158, 381, 383, 386, 475, 496, 507, 527, 562, 611
B-29 «Superfortress** 485—487, 489, 496, 507, 527, 532, 537, 538, 540, 544, 545, 552, 553, 562, 606
B-47 «Stratojet» 532, 535, 582, 594
B-52 «Stratofortress» 532, 561, 562, 580, 582, 594, 601, 605—607, 640, 644, 647, 657, 669, 673, 684, 686, 688, 691, 693, 694, 701, 717, 718, 720
E-3 A (AWACS) 718, 719

AGM-86 717—721
AGM-109 717—721

Boeing — Vertol
CH-47 «Chinook» 603, 679

Bolchowitinow
Bl-1 442, 443

Boulton and Paul Ltd.
Overstrand 181

Breda Societa Italiana par Costruzioni Meccaniche
Ba-27 189

Bréguet Ateliers
d'Aviation
Bréguet XIV 90, 97
Bréguet 19 192
Bréguet 25 237
Bréguet 27 237
Bréguet 39 237

Brewster Aeronautical
Corporation
Brewster 239 295

Bristol British and
Colonial Aeroplane Co.
Bristol «Blenheim» 179, 180,
295, 506
Bristol «Bulldog» 179

Caproni Societa
di Aviazione
Ca-3 90
Ca-5 114
Ca-46 112
Ca-101 117, 188, 296
Ca-135 296
Ca-310 296
Ca-311 296

Caudron Aeroplanes
R-11 94, 97
Caudron 714 295

Cesna
T-37 672

Consolidated Vultee
Aircraft Corporation
B-24 «Liberator» 158, 383,
386, 496, 507, 586

Convair
B-36 523, 527, 529, 532,
535, 633
B-58 «Hustler» 594
F-102 Delta «Dagger» 693
F-106 Delta «Dart» 562

Curtiss — Hawk
Curtiss Hawk II 189
Curtiss Hawk 75 240, 295
P-40 «Warhawk» 433

Curtiss-
Wright Corporation
Curtiss JN-4 86

Dassault Avions
Mirage III 618, 620, 626,
627, 629
Mirage 5 629
Mystère IV 611, 620
Super «Mystère» 618, 620,
626
Ouragan 611, 620
Mirage F-1 714

Dassault/Bréguet/Dornier
«Alpha Jet» 712

De Havilland
DH-4 68, 90
DH-9 108
DH-SA 111
«Mosquito» 405, 506, 611
DH-100 «Vampire» 611,
620
DH-112 «Sea Venom» 611,
612

Dewoitine
D-510 237
D-520 237, 240

Dornier Werke GmbH
Do K 3 144
Do 11 147, 148
Do 13 147, 148
Do 17 180, 196
Do 19 146, 287, 357
Do 22 295
Do 214 390
Do 217 388, 391
Do 335 440
Do 28 D «Skyservant» 713

Douglas Aircraft
Corporation
A-1 «Skyraider» 599, 603,
687
A-4 «Skyhawk» 620, 626,
642, 649, 664
A-20 «Havoc» 476, 477
C-47 «Dakota» 611, 664
SC-47 634

RB-66 «Destroyer» 660
RD-66 701

English Electric Ltd.
Canberra 611, 612

Etrich
Taube 10, 21

Fairchild Engine & Airplane
Corporation
C-123 «Forwarder» 634
A-10 A 706, 707

Fairey Aviation Company
Battle 161, 180

FIAT, Fabbrica Italiana
Automobili Torino
CR-20 188
CR-30 189
CR-32 187, 194, 296
CR-42 Falco 296, 374
G-50 «Freccia» 295

Fieseler Werke GmbH
Fi 156 Storch 164, 374
Fi 103 (V 1) 254, 446—450

Focke-Wulf Flugzeugbau
GmbH
FW 58 296
FW 190 361, 370, 374, 391,
393, 404, 416, 431, 432, 505
FW 200 353, 390
FW 300 390

Fokker Aeroplanbau
E I 32, 33, 39, 90
E II 32
E III 32
E IV 32
Dr I 66
D VII 90, 91
D VIII 90, 91
D XI 111, 112
D XIII 112
D XXI 295
S 4 111, 112

General Dynamics
F-111 562, 584, 601, 699

F-16 606, 699, 701, 706, 714, 720, 722
BGM-109 718, 719

Gloster
Gladiator 295
G-40 442
Meteor 443, 611

Gothaer Waggonfabrik
G IV 74—76, 90
G V 75
G 145 374

Grumman Aircraft Engineering Corporation
E-2 «Hawkeye» 660
A-6 «Intruder» 644, 660, 664
F-14 «Tomcat» 606, 699, 701, 711

Halberstädter Flugzeugw.
C V 95

Handley-Page Ltd.
O/100 71
O/400 70, 71, 90, 92
Halifax 386, 507

Hanriot
HD-9 111

Hawker Ltd.
«Hart» 178
«Hurricane» 172, 177, 178, 215, 244, 254, 258, 262, 268, 295, 496, 505
«Henley» 214
«Tempest» 448

Hawker-Siddeley
P-1127 617
«Hunter» 611, 612, 620

Heinkel A. G.
He 45 147, 192
He 46 147, 193, 296, 374
He 51 192, 193
He 59 192
He 60 192
He 70 193, 296

He 111 196, 197, 210, 219, 256, 261, 264, 274, 276, 283, 290, 295, 309, 314, 353, 390, 472, 506
He 112 295
He 162 440, 442, 446
He 177 146, 353, 357, 390, 394, 396, 508
He 178 440

Henschel Flugzeugwerke AG
Hs 123 196, 200, 221
Hs 129 368, 374, 375, 432, 506

Hover
MF-11 295

Hughes Aircraft Company
OH-58 D «Kiowa» 722
AH-64 706
I-5 132
I-15 168, 169, 190, 196, 289, 299, 302, 306
I-16 190, 195, 196, 288, 299, 302, 306, 312, 320
I-153 289, 299, 302, 306, 320
I-250 516
Ilja Muromez 35, 36, 90, 102

Iljuschin
Il-2 180, 202, 299, 300, 306, 317, 321, 330—332, 349, 370, 431, 433, 506, 515, 620
Il-4 (DB-3d) 291, 302, 324, 506
Il-10 506, 515, 536, 537
Il-18 620, 622
Il-28 516, 517, 523, 611, 614, 620, 622

Industria Aeronautica Romana
IAR-38 296

Israel Aircraft Industries
«Kfir» C-2 629

Jakowlew
Jak 1 (I-26) 299, 300, 302,

306, 307, 317, 320, 346, 359, 370
Jak-3 178, 370, 430, 467, 505, 516
Jak-4 306
Jak-7 349, 359
Jak-9 346, 370, 536—538
Jak-15 516
Jak-23 516
Jak-25 575, 577
Jak-36 705

Junkers Flugzeug- und Motorenwerke
Cl I 89
W 33 139
Ju 52 139, 141, 147, 192, 193, 196, 336, 352—354
Ju 86 196, 353
Ju 87 163, 180, 196, 221, 227, 263, 365, 373, 374, 408, 431, 432, 506
Ju 88 180, 213, 365, 391, 404, 416, 464, 506
Ju 89 146, 357
Ju 188 404, 416
Ju 290 353, 390
Ju 388 416

Kamow
Ka-20 590

Lawotschkin/Gorbunow/Gudkow
LaGG-1 303
LaGG-3 299, 300, 302, 303, 320, 349

Lawotschkin
La-5 178, 303, 349, 359
La-7 430, 505, 516
La-9 516
La-11 516
La-176 517

Letov
Š-328 296

Ling Temco Vought Aircraft Corporation
A-7 «Corsair» 606
F-8 «Crusader» 642, 664

741

Lioré et Olivier
Etablissements
451 240

Lockheed Aircraft
Corporation
P-38 «Lightning» 424, 425,
496, 505, 562
F-80 «Shooting Star» 536,
537, 540, 544
F-104 «Starfighter» 562,
581
U-2 591, 594, 637
**C-121 «Super Constella-
tion»** 652
EC-121 660
RC-121 701
S-3 A 711

Luftschiffe
Lebaudy-Luftschiff 10
Zeppelin-Luftschiff 10, 11,
13, 14, 35, 71—74, 86, 97

Luftverkehrsgesellschaft
C II Roland 55

Macchi
C-200 «Saetta» 297
C-202 «Folgore» 345, 505

Martin-Bakker Corporation
M. B. 2 214

Martin, Glenn L.
Corporation
B-26 «Marauder»/Invader
399, 506, 532, 537, 539,
540, 547
RB-26 634

Martin & Handasyde/
Martinsyde
F-4 «Buzzard» 111, 112

Mc Donnell Douglas
Corporation
F-4 «Phantom» 562, 603
626, 646, 650, 652, 662,
691, 693, 698, 699, 701

RF-4 «Phantom» 646, 648,
664, 665, 691
RF-101 «Voodoo» 646
F-15 «Eagle» 562, 606,
699, 701, 706, 711, 714,
722
F-18 «Hornet» 699, 701
714, 722

Messerschmitt A. G./
Bayrische Flugzeugwerke
Me 109 177, 196, 261, 295,
361, 370, 404, 416, 464, 505
Me 110 178, 242, 249, 254,
256, 278, 368, 404
Me 163 440, 442, 445, 446
Me 262 254, 415, 416,
440—446, 466, 471
Me 264 390
Me 328 396

Messerschmitt-Bölkow-
Blohm GmbH
Bo-105 (PAH 1, PAH 2)
706, 713

Mikojan/Gurewitsch
MiG-1 300
MiG-3 299, 300, 302, 306,
307, 309, 320
MiG-9 516
MiG-15 515, 516, 518, 542,
543, 552, 609, 612, 620, 622
MiG-15/17 697
MiG-17 516—518, 620, 622
664
MiG-19 570, 573, 575, 620,
622, 649, 697
MiG-21 577, 620, 622, 626,
659, 664, 697, 698
MiG-23 704, 706
MiG-25 595
MiG-27 704, 707

Mil
Mi-4 588
Mi-8 627, 705
Mi-24 D 705, 706

Mistelflugzeuge 464, 467, 469

Mitsubishi Heavy
Industries Ltd.
A 5 M 191
89 190
A 6 M «Zero-Sen» 473, 505
G 4 M 2 474, 492, 506
Ki-21 191, 506

Mjassischtschew
M-4 575, 585—587
M-201 586, 587

Morane — Saulnier
Aeroplanes
Typ N 29—31
Typ L 30
405/406 240, 295

Mureaux
113 237
115 237, 240
117 237

Nakajima Aircraft Company
Ki-84 «Hayate» 489, 505

Nieuport Societe Anonyme
des Etablissements
11 30, 31
16 39
17 41, 90
52 192
629 237
Nord 611

North American Aviation
B-25 «Mitchell» 359, 483,
485, 506, 527, 532
P-51 «Mustang» 496, 535,
562, 611
F-82 «Twin Mustang» 537
F-86 «Sabre» 544, 545, 548,
550, 562, 578
F-100 «Super Sabre» 642
RA-5 «Vigilante» 660
T-6 538, 539
T-28 599, 634, 637, 638, 672
T-2 «Harvard» 611

North American Rockwell
B-1 B 562, 605, 607, 718,
719, 722—723

Northrop Aircraft Inc.
F-89 «Scorpion» 578
F-17 606, 701

Panavia MRCA
«Tornado» 706, 712

Państwowe Zaklady
  Lotnicze
PZL-11 219, 295
PZL-24 295
PZL-23 «Karaś» 223
PZL-37 «Loš» 223, 295

Petljakow
Pe-2 299, 300, 302, 306,
  317, 370, 506, 523
Pe-8 (Ant-42, TB-7) 317,
  325, 327, 507, 521

Pfalz-Flugzeugwerke
GmbH
D III 95

Polikarpow
Po-2 (U-2) 108, 352

Potez Avions
25 186, 237
39 237
63 240, 296
Fouga Magister 620
R-1 108, 111, 112
R-5 132, 196, 302

Reggiane Officine
Meccaniche Italiane
Re 2000 Falco I 297

Republic Aviation
Corporation
P-47 «Thunderbolt» 419,
  496, 505, 562
F-84 «Thunderjet» 536,
  544, 551, 580
F-84 «Thunderstreak» 536,
  579, 611
F-105 «Thunderchief» 642,
  652, 664, 665, 691

Riesenflugzeuge 78, 80
Ripon 295

Romeo Industrie
Meccaniche e Aeronautiche
Meridionali
Ro-1 188

Royal Aircraft Factory
SE-5 59, 90
RE-8 38

Rumpler Flugzeugwerke
«Taube» 9, 14, 21, 53

Ryan Aeronautical Co.
BQM 34 «Firebee» 702

SAAB
Ja-37 «Viggen» 714

Savoia-Marchetti
SM-79 «Sparviero» 193,
  194, 296, 506
SM-81 187, 188, 194, 296
SB-2 (SB, Ant-40) 151, 190,
  196, 201, 288, 302, 306

Siemens-Schuckert-Werke
A. G.
R VII 90
R VIII 53

Sikorsky Aircraft
Division of United
Technologies Corporation
H-21 634
HH-53 687
S-58 B 620
UH-60 A 707

Sopwith Aviation
Company
Triplane 54, 66, 89
Camel 54, 65, 70, 90
Salamander 44
Delphin 90

SPAD, Societe Anonyme
pour l'Aviation
et des derives
Spad XIII 61, 90, 562
Spad 510 237

Staaken Zeppelin Werft
R XIV 90
R VI 85
Rs IV 99

Suchoi
Su-2 306
Su-7 572, 577, 626, 704, 706
Su-9 516, 577
Su-11 516
Su-20 704, 706

Sud Aviation
Vautour 618, 620, 621
Alouette III 706
Super Frelon 620

Supermarine Aviation
Works Ltd.
«Spitfire» 177, 178, 244,
  254, 262, 267, 359, 448, 496,
  505
«Seafire» 254
TB-1 (ANT-4) 110, 111,
  132, 299, 302
TB-3 (ANT-6) 131, 132,
  299, 302, 312, 313

Tupolew
Tu-2 437, 516
Tu-4 516, 521
Tu-16 575, 586, 620, 622
Tu-20 574, 577, 586
Tu-22 574
Tu-28 574
Tu-73 516

Vickers Ltd.
Victoria 124
Valiant 611, 612

Voisin
Typ 3 29

Westland Aircraft Ltd.
Wallace 178
Wyvern 611

Yokusuka MXY
Okha 492

Groehler, Olaf :
Geschichte des Luftkriegs 1910–1980 / von Olaf Groehler. —
8. Aufl. — Berlin : Militärverlag der DDR, 1990. — 744 S. :
456 Abb., 16. Ktn.

ISBN 3-327-00218-5

8. Auflage
© Militärverlag der Deutschen Demokratischen Republik (VEB) — Berlin, 1990
Printed in the German Democractic Republic
Satz: Grafischer Großbetrieb Völkerfreundschaft Dresden
Druck: Druckerei des Ministeriums für Nationale Verteidigung (VEB) — Berlin — 3 2364-9
Buchbinderische Verarbeitung: Interdruck, Grafischer Großbetrieb Leipzig
Lektor: Egon Krenz
Gesamtgestaltung: Wolfgang Ritter
Zeichnungen: Ralf Swoboda
Kartenzeichnungen: Hans-Georg Müller/Karl Hafenrichter
Diagramme: Karl Liedtke/Karl Hafenrichter
Redaktionsschluß: 1. 12. 1988
Lizenz-Nr. 5 · LSV: 0545
Bestellnummer: 746 236 8
04100 20.80